Blödtner · Bilke · Heining

Lehrbuch Buchführung
und Bilanzsteuerrecht

 Online-Version inklusive!

Stellen Sie dieses Buch jetzt in Ihre „digitale Bibliothek" in der NWB Datenbank und nutzen Sie Ihre Vorteile:

▶ Ob am Arbeitsplatz, zu Hause oder unterwegs: Die Online-Version dieses Buches können Sie jederzeit und überall da nutzen, wo Sie Zugang zu einem mit dem Internet verbundenen PC haben.

▶ Die praktischen Recherchefunktionen der NWB Datenbank erleichtern Ihnen die gezielte Suche nach bestimmten Inhalten und Fragestellungen.

▶ Die Anlage Ihrer persönlichen „digitalen Bibliothek" und deren Nutzung in der NWB Datenbank online ist kostenlos. Sie müssen dazu nicht Abonnent der Datenbank sein.

Ihr Freischaltcode:

VIKBDDXKXXAQHLBPUSQPD

Blödtner/B./H.,Lehrbuch Buchführung und Bilanzsteuerrecht

So einfach geht's:

①. Rufen Sie im Internet die Seite **www.nwb.de/go/online-buch** auf.

②. Geben Sie Ihren Freischaltcode in Großbuchstaben ein und folgen Sie dem Anmeldedialog.

③. Fertig!

Alternativ können Sie auch den Barcode direkt mit der **NWB Mobile** App einscannen und so Ihr Produkt freischalten! Die NWB Mobile App gibt es für iOS, Android und Windows Phone!

Die NWB Datenbank – alle digitalen Inhalte aus unserem Verlagsprogramm in einem System.

Steuerfachkurs · Lehrbuch

Lehrbuch Buchführung und Bilanzsteuerrecht

Von
Dipl.-Finanzwirt Wolfgang Blödtner, Regierungsdirektor a. D.
Dipl.-Ökonom Kurt Bilke
Dipl.-Finanzwirt Rudolf Heining, Regierungsdirektor a. D.

11., völlig überarbeitete Auflage

nwb AUSBILDUNG

Bearbeiterhinweis:

Teil A.	Heining
Teil B.	Bilke (Kapitel 1, 2, 4, 6, 7, 8)
	Blödtner (Kapitel 3, 5, 9)
Teil C.	Heining
Teil D.	Heining
Teil E.	Bilke
Teil F.	Blödtner

ISBN 978-3-482-**65931**-7

11., völlig überarbeitete Auflage 2015

© NWB Verlag GmbH & Co. KG, Herne 1986
www.nwb.de

Alle Rechte vorbehalten.

Dieses Buch und alle in ihm enthaltenen Beiträge und Abbildungen sind urheberrechtlich geschützt. Mit Ausnahme der gesetzlich zugelassenen Fälle ist eine Verwertung ohne Einwilligung des Verlages unzulässig.

Satz: Griebsch & Rochol Druck GmbH & Co. KG, Hamm
Druck: Stückle Druck und Verlag, Ettenheim

VORWORT

Buchführung und insbesondere das Bilanzsteuerrecht sind Kernbereiche des heutigen Wirtschaftslebens. Ohne eingehende Kenntnisse auf diesen Gebieten sind eine grundlegende Ausbildung wie auch unternehmerische Tätigkeit undenkbar. Was für die tägliche Praxis gilt, gilt in noch höherem Maße für die Ausbildung, sowohl in der Verwaltung als auch in den vielfältigen Zweigen wirtschaftlicher Betätigung.

Hinzu kommt, dass sich die Rechnungslegung in der Bundesrepublik Deutschland mittlerweile drei verschiedener Systeme bedient, die in der Praxis zu beachten sind:

▶ Dem HGB, das sich durch das BilMoG der internationalen Rechnungslegung IFRS angenähert hat,
▶ dem Einkommensteuerrecht für die steuerliche Gewinnermittlung und Bilanzierung,
▶ den IFRS, die verpflichtend für kapitalmarktorientierte Unternehmen gelten bzw. in vereinfachter Form als IFRS-SMEs auch freiwillig von anderen Unternehmen angewendet werden können.

Weiterhin ist mit dem Steuerbürokratieabbaugesetz die sogenannte E-Bilanz eingeführt worden, die alle bilanzierenden Unternehmer ab 2013 betrifft. Ein besonderes Kapitel behandelt diese Neuregelung.

Das vorliegende Lehrbuch vermittelt deshalb das erforderliche Wissen aus den Bereichen Buchführung, Bilanzsteuerrecht und Unternehmenssteuerrecht für Einzelunternehmen, Personengesellschaften und Kapitalgesellschaften. Außerdem werden die Grundlagen der internationalen Rechnungslegung und der Konzernrechnungslegung dargestellt. Die Darstellung beschränkt sich dabei nicht nur auf die rechtliche Würdigung, sondern zeigt anhand vieler Beispiele auch den buchtechnisch richtigen Lösungsweg auf. Damit ist eine erfolgreiche Prüfungsvorbereitung gewährleistet.

Zahlreiche Übersichten und Schaubilder zu den einzelnen Kapiteln erleichtern das Eindringen in die schwierigen Rechtsgebiete. Durch Kontrollfragen am Schluss eines Kapitels kann der Lernerfolg überprüft werden.

Inhalt und Aufbau des Lehrbuchs sind das Ergebnis langjähriger Erfahrungen der Autoren in Praxis und Ausbildung des gehobenen Dienstes der Finanzverwaltung an der Fachhochschule für Finanzen des Landes NRW Nordkirchen sowie in der Steuerberater- und Bilanzbuchhalterausbildung.

Deshalb ist das Lehrbuch bestens geeignet für Studenten in den entsprechenden Fachrichtungen an Fachhochschulen – insbesondere angehende Diplom-Finanzwirte – und Universitäten, sowie für Personen, die sich auf die Steuerberaterprüfung, Bilanzbuchhalterprüfung oder Prüfung zum Steuerfachwirt vorbereiten. Auch für die praktische Arbeit in der Steuerberaterpraxis und den Buchhaltungen und Steuerabteilungen der Industrie- und Handelsbetriebe ist das Buch ein bewährtes Hilfsmittel.

Gegenüber der 10. Auflage wurde das Buch weiter verbessert und erweitert. Der Regierungsentwurf des Bilanzrichtlinie-Umsetzungsgesetzes wurde berücksichtigt. Weitere Änderungen der

VORWORT

bilanzsteuerlichen Regelungen durch Gesetzgebung, Verwaltung und Rechtsprechung sowie die Entwicklung der IFRS wurden aufgenommen.

Die Rechtslage entspricht dem Stand 1. 4. 2015.

Für Anregungen und Hinweise sind wir auch weiterhin sehr verbunden.

Bonn, Haltern, Lüdinghausen *Wolfgang Blödtner*
Im Juni 2015 *Kurt Bilke*
Rudolf Heining

Wichtiger Hinweis:

Die teilweise in den einzelnen Beispielen verwendeten Jahreszahlen (01, 02 ...) sind fiktive Zahlen, die mit den kalendarischen Zahlen nicht im Zusammenhang stehen.

Die Rechtslage entspricht aber stets den zurzeit geltenden Vorschriften und Anweisungen, Stichtag 1. 4. 2015.

Kein Produkt ist so gut, dass es nicht noch verbessert werden könnte. Ihre Meinung ist uns wichtig! Was gefällt Ihnen gut? Was können wir in Ihren Augen noch verbessern? Bitte verwenden Sie für Ihr Feedback einfach unser Online-Formular auf:

www.nwb.de/go/feedback_lb

Als kleines Dankeschön verlosen wir unter allen Teilnehmern einmal pro Quartal ein Buchgeschenk.

INHALTSÜBERSICHT

	Rdn.	Seite
Vorwort		V
Inhaltsübersicht		VII
Abbildungsverzeichnis		IX
Literaturhinweise		XI
Abkürzungsverzeichnis		XIII

Teil A: BUCHFÜHRUNG — 1 — 7

		Rdn.	Seite
Kapitel 1:	Einführung	1	7
Kapitel 2:	Buchführungs- und Aufzeichnungsvorschriften	14	11
Kapitel 3:	Die Buchführungssysteme	24	16
Kapitel 4:	Inventur – Inventar – Bilanz	58	26
Kapitel 5:	Das Konto	100	39
Kapitel 6:	Der Buchungssatz	117	47
Kapitel 7:	Der Kontenabschluss	123	49
Kapitel 8:	Die Mehrwertsteuerkonten	140	57
Kapitel 9:	Die Warenkonten	149	60
Kapitel 10:	Buchungen zum Jahresabschluss	200	72
Kapitel 11:	Buchung besonderer Geschäftsvorfälle	336	90

Teil B: BILANZIERUNG UND BEWERTUNG NACH HANDELS- UND STEUERRECHT — 601 — 137

		Rdn.	Seite
Kapitel 1:	Bilanzauffassungen	601	137
Kapitel 2:	Prinzipien bei der Bilanzaufstellung	608	140
Kapitel 3:	Zurechnung von Wirtschaftsgütern	629	156
Kapitel 4:	Maßgeblichkeit der Handelsbilanz für die Steuerbilanz	654	168
Kapitel 5:	Betriebsvermögen nach Handels- und Steuerrecht	669	177
Kapitel 6:	Bewertung nach Handels- und Steuerrecht	803	245
Kapitel 7:	Bilanzberichtigung und Bilanzänderung	1194	418
Kapitel 8:	Gewinnkorrekturen außerhalb der Bilanz	1213	426
Kapitel 9:	Die Gewinnermittlungsarten des Einkommensteuerrechts	1229	434

Teil C:	**BESONDERHEITEN BEI PERSONENGESELLSCHAFTEN**	1331	476
Kapitel 1:	Handelsrechtliche Grundlagen	1331	476
Kapitel 2:	Mitunternehmerschaften	1390	489
Kapitel 3:	Gründung von Mitunternehmerschaften	1410	491
Kapitel 4:	Betriebsvermögen der Mitunternehmerschaften	1460	502
Kapitel 5:	Sonderbetriebseinnahmen und -ausgaben	1490	507
Kapitel 6:	Gewinnermittlung und Gewinnverteilung bei einer Mitunternehmerschaft	1560	522
Kapitel 7:	Besonderheiten	1590	528
Teil D:	**BESONDERHEITEN BEI KAPITALGESELLSCHAFTEN**	1701	548
Kapitel 1:	Zivilrechtliche Grundlagen der GmbH	1701	548
Kapitel 2:	Handelsrechtliche Grundlagen	1733	555
Kapitel 3:	Die Steuerbilanz der Kapitalgesellschaft	1763	567
Kapitel 4:	Beteiligungen, Beteiligungserträge und Veräußerungsgewinne	1765	568
Kapitel 5:	Verdeckte Einlagen	1772	571
Kapitel 6:	Besondere Buchungen bei Kapitalgesellschaften	1777	573
Teil E:	**E-BILANZ UND EINNAHMENÜBERSCHUSS- RECHNUNG (ANLAGE EÜR)**	1801	578
Kapitel 1:	E-Bilanz	1801	578
Kapitel 2:	Anlage EÜR	1808	581
Teil F:	**INTERNATIONALE RECHNUNGSLEGUNG UND KONZERNABSCHLUSS**	1851	585
Kapitel 1:	Internationale Rechnungslegung	1851	585
Kapitel 2:	Konzernrechnungslegung	1909	629
Stichwortverzeichnis			641

ABBILDUNGSVERZEICHNIS

		Seite
ABB. 1:	Das betriebliche Rechnungswesen	8
ABB. 2:	Buchführungspflichten nach Handelsrecht und Steuerrecht	14
ABB. 3:	Arbeitsablauf bei der EDV-Buchführung	26
ABB. 4:	Arten der Geschäftsvorfälle	36
ABB. 5:	Konten der doppelten Buchführung	44
ABB. 6:	Die Sachkonten	46
ABB. 7:	RAP – sonstige Forderungen – sonstige Verbindlichkeiten	79
ABB. 8:	Buchungen beim Übergang von Betriebsvermögen gegen Zahlung von Raten und Renten	116
ABB. 9:	Wichtige Bilanzierungs- und Bewertungsgrundsätze	154
ABB. 10:	Zurechnung von Wirtschaftsgütern	158
ABB. 11:	Erbbaurecht	166
ABB. 12a:	Maßgeblichkeit der Handelsbilanz für die Steuerbilanz	175
ABB. 12b:	Ausnahmen vom Grundsatz der Maßgeblichkeit	176
ABB. 13:	Zugehörigkeit von Wirtschaftsgütern zum Betriebsvermögen	185
ABB. 14:	Zusammensetzung des Eigenkapitals bei den einzelnen Rechtsformen	207
ABB. 15:	Bilanzsteuerrechtliche Behandlung des Grundstücks	216
ABB. 16:	Bilanzsteuerrechtliche Behandlung von Grundstücken und Gebäudeteilen	220
ABB. 17:	Die bilanzsteuerrechtliche Behandlung von Gebäudeaufwendungen durch Vermieter (Eigentümer) und Mieter	234
ABB. 18:	Nutzungsrechte	241
ABB. 19:	Vorsteuer und Anschaffungskosten (§ 9b Abs. 1 EStG)	262
ABB. 20:	Änderung der Vorsteueraufteilung	262
ABB. 21:	Abgrenzung zwischen Aufwand und Kosten	273
ABB. 22:	Herstellungskosten nach Handels- und Steuerrecht	281
ABB. 23:	Unterschied Teilwert – gemeiner Wert	290
ABB. 24:	Bewertungsmaßstäbe für HB und StB	296
ABB. 25:	Einteilung des Anlagevermögens	299
ABB. 26:	AfA-Methoden (außer Gebäude)	315
ABB. 27:	Abschreibungen nach Handels- und Steuerrecht	326
ABB. 28:	Bewertung der Wirtschaftsgüter des Anlagevermögens	334
ABB. 29:	Bewertung der Wirtschaftsgüter des Umlaufvermögens	346
ABB. 30:	Sonstige Bewertungen nach § 6 EStG	364
ABB. 31:	Latente Steuern (§ 274 HGB)	382
ABB. 32:	Rückstellungen nach Handels- und Steuerrecht	385
ABB. 33:	Rücklage für Ersatzbeschaffung	398

ABB. 34:	Rücklage nach § 6b EStG	411
ABB. 35:	Bilanzänderung und Bilanzberichtigung	425
ABB. 36:	Besonderheiten bei der steuerlichen Gewinnermittlung	432
ABB. 37:	Gewinnermittlungsarten	467
ABB. 38:	Steuerliches Betriebsvermögen einer Mitunternehmerschaft	490
ABB. 39:	Vererbung von Mitunternehmeranteilen	542
ABB. 40:	Aufbau des IAS/IFRS-Regelungswerks	586
ABB. 41:	Bewertungsmaßstäbe nach IAS/IFRS	600
ABB. 42:	Finanzinstrumente in IFRS 9 beim erstmaligen Ansatz Einordnung nach jeweiligem Geschäftsmodell	605
ABB. 43:	Grundsätze der Bilanzierung von Leasingverhältnissen	615
ABB. 44:	Unterschiedliche Ansatz- und Bewertungsregelungen nach Handelsrecht und internationaler Rechnungslegung (IAS/IFRS)	619

LITERATURHINWEISE

Blödtner/Bilke/Heining, Fallsammlung Buchführung, Bilanzen, Berichtigungstechnik, 10. Aufl. Herne 2015

Deutsche Steuererlasse 4. Aufl. Herne 2015

Bolin/Ditges/Arendt, Internationale Rechnungslegung nach IFRS, 4. Aufl. Ludwigshafen 2013

Federmann, Handbuch der Bilanzierung, Loseblattwerk, Freiburg

Grünberger, IFRS 2014, 12. Aufl. Herne 2014

Hoffmann/Lüdenbach, IAS/IFRS – Texte, 2014/2015, 7. Aufl. Herne 2014

Kirsch, Einführung in die internationale Rechnungslegung nach IFRS, 9. Aufl. Herne 2013

Koltermann, Fallsammlung Bilanzsteuerrecht, 17. Aufl. Herne 2015

Lüdenbach/Christian, IFRS-Essentials, 3. Aufl. Herne 2015

Meyer, Bilanzierung nach Handels- und Steuerrecht, 26. Aufl. Herne 2015

Schmidt, Einkommensteuergesetz, 34. Aufl. München 2015

Segebrecht/Gunsenheimer, Die Einnahmenüberschussrechnung nach § 4 Abs. 3 EStG, 14. Aufl. Herne 2015

Theile, Bilanzrechtsmodernisierungsgesetz, 3. Aufl. Herne 2011

ABKÜRZUNGSVERZEICHNIS

A

AB	Anfangsbestand
Abs.	Absatz
Abschn.	Abschnitt
abzgl.	abzüglich
AfA	Absetzung für Abnutzung
AfaA	Absetzung für außergewöhnliche Abnutzung
AfS	Absetzungen für Substanzverringerung
AG	Aktiengesellschaft
AK	Anschaffungskosten
AktG	Aktiengesetz
AN	Arbeitnehmer
ANK	Anschaffungsnebenkosten
AO	Abgabenordnung
a. o. Aufw.	außerordentliche(r) Aufwand/Aufwendungen
a. o. Ertr.	außerordentliche(r) Ertrag/Erträge
AoH	Anschaffungs- oder Herstellungskosten
apl.	außerplanmäßig
Art.	Artikel

B

BA	Betriebsausgaben
BAB	Betriebsabrechnungsbogen
BBK	Buchführung, Bilanz, Kostenrechnung (Zeitschrift)
BE	Betriebseinnahmen
betr.	betreffend
BewG	Bewertungsgesetz
BFH	Bundesfinanzhof
BGB	Bürgerliches Gesetzbuch
BGBl	Bundesgesetzblatt
BilMoG	Bilanzrechtsmodernisierungsgesetz
BilReG	Bilanzrechtsreformgesetz
BilRUG	Bilanzrichtlinie-Umsetzungsgesetz
BMF	Bundesfinanzministerium
Bp	Betriebsprüfung
BStBl	Bundessteuerblatt
BV	Betriebsvermögen
bzw.	beziehungsweise

C

cif	cost, insurance, freight

D

d. h.	das heißt
DIHT	Deutscher Industrie- und Handelstag
DM	Deutsche Mark
DRSC	Deutsches-Rechnungslegungs-Standards-Commitee

E

EB	Eröffnungsbilanz/Endbestand
EDV	Elektronische Datenverarbeitung
Erl.	Erlass
ESt	Einkommensteuer
EStDV	Einkommensteuer-Durchführungsverordnung
EStG	Einkommensteuergesetz
EStH	Einkommensteuer-Hinweise
EStR	Einkommensteuer-Richtlinien
EuGH	Europäischer Gerichtshof
EU	Europäische Union/Einzelunternehmen
€	Euro
EUR	Euro
EÜR	Einnahmenüberschuss-Rechnung
EURLUmsG	EU-Richtlinien-Umsetzungsgesetz
EUSt	Einfuhrumsatzsteuer
evtl.	eventuell
EW	Einheitswert

F

FA	Finanzamt
FinMin	Finanzministerium
FinVerw	Finanzverwaltung
Ford.	Forderung(en)

G

GbR	Gesellschaft bürgerlichen Rechts
gem.	gemäß
ggf.	gegebenenfalls
GenG	Genossenschaftsgesetz
GewSt	Gewerbesteuer
GKR	Gemeinschaftskontenrahmen
GmbH	Gesellschaft mit beschränkter Haftung

GmbHG	GmbH-Gesetz
GMZ	Grundmietzeit
GoB	Grundsätze ordnungsmäßiger Buchführung
grds.	grundsätzlich
GrEStG	Grunderwerbsteuergesetz
GruBo	Grund und Boden
GuV	Gewinn und Verlust
GWG	Geringwertige Wirtschaftsgüter

H

h. A.	herrschende Ansicht
HAÜ	Hauptabschlussübersicht
HB	Handelsbilanz
HGB	Handelsgesetzbuch
HK	Herstellungskosten
HR	Handelsregister
HS	Halbsatz

I

IAS	International Accounting Standards
IASB	Organisation zur Erstellung der IFRS
i. d. R.	in der Regel
IFRS	International Financial Reporting Standards
i. H. v.	in Höhe von
IKR	Industriekontenrahmen
InvZulG	Investitionszulagengesetz
i. S.	im Sinne
i. V. m.	in Verbindung mit

K

KapESt	Kapitalertragsteuer
KapGes	Kapitalgesellschaft
Kfz	Kraftfahrzeug
KG	Kommanditgesellschaft
Kj	Kalenderjahr
KO	Konkursordnung
KSt	Körperschaftsteuer

L

Lkw	Lastkraftwagen
LSt	Lohnsteuer
LStR	Lohnsteuer-Richtlinien

M

MUE	Mitunternehmererlass

N

Nr.	Nummer

O

OHG	Offene Handelsgesellschaft

P

PB	Prüferbilanz
PE	Privatentnahme
PersGes	Personengesellschaft
Pkw	Personenkraftwagen
PV	Privatvermögen

R

RAP	Rechnungsabgrenzungsposten
RBW	Restbuchwert
RfE	Rücklage für Ersatzbeschaffung
RND	Restnutzungsdauer

S

s. b.	sonstiger betrieblicher (Ertrag bzw. Aufwand)
SBK	Schlussbilanzkonto
Sa.	Summe
SEStEG	Gesetz über steuerliche Begleitmaßnahmen zur Einführung der Europäischen Gesellschaft und zur Änderung weiterer steuerrechtlicher Vorschriften
SGB	Sozialgesetzbuch
sog.	so genannt
St.	Stück
StB	Steuerbilanz
StEntlG	Steuerentlastungsgesetz
Stpfl.	Steuerpflichtiger

T

TW	Teilwert
Tz	Textziffer

U

u. a.	unter anderem
u. E.	unseres Erachtens
UmwG	Umwandlungsgesetz
UmwStG	Umwandlungssteuergesetz
Urt.	Urteil
US-GAAP	Generally Accepted Accounting Principles
USt	Umsatzsteuer
UStAE	Umsatzsteuer-Anwendungserlass
UStG	Umsatzsteuergesetz
usw.	und so weiter
uWA	unentgeltliche Wertabgaben

V

Verb.	Verbindlichkeiten
verb. U.	verbundene Unternehmen
VermBG	Vermögensbildungsgesetz
Vfg.	Verfügung
vgl.	vergleiche
v. H.	vom Hundert
VO	Verordnung
VoSt	Vorsteuer
VZ	Veranlagungszeitraum

W

WAB	Warenausgangsbuch
WE	Wareneinkauf
WEB	Wareneingangsbuch
WechsG	Wechselgesetz
WEK	Wareneinkaufskonto
WG	Wirtschaftsgut
Wj	Wirtschaftsjahr
WV	Warenverkauf
WVK	Warenverkaufskonto

Z

z. B.	zum Beispiel
ZPO	Zivilprozessordnung
z. T.	zum Teil
Zu.	Zugang

TEIL A: BUCHFÜHRUNG

		Rdn.	Seite
Kapitel 1:	**Einführung**	1	7
1.1	Begriff	1	7
1.2	Geschichtliche Entwicklung	2	7
1.3	Buchführung als Teil des betrieblichen Rechnungswesens	4	7
1.4	Bedeutung der Buchführung	11	11
Kapitel 2:	**Buchführungs- und Aufzeichnungsvorschriften**	14	11
2.1	Buchführungspflicht nach Handelsrecht	15	11
2.2	Buchführungspflicht nach Steuerrecht	17	12
	2.2.1 Abgeleitete Buchführungspflicht nach § 140 AO	17	12
	2.2.2 Originäre Buchführungspflicht nach § 141 AO	18	12
2.3	Grundsätze ordnungsmäßiger Buchführung	19	13
2.4	Aufbewahrungsfristen	21	16
2.5	Buchführung und Aufzeichnungen	22	16
2.6	Verstoß gegen Buchführungs- und Aufzeichnungspflichten	23	16
Kapitel 3:	**Die Buchführungssysteme**	24	16
3.1	Allgemeines	24	16
3.2	Bestandteile einer Buchführung	26	17
	3.2.1 Der Buchungsbeleg	26	17
	3.2.2 Die Grundbücher	27	17
	3.2.3 Das Hauptbuch	28	17
	3.2.4 Die Nebenbücher	29	18
3.3	Buchführungssysteme	30	18
	3.3.1 Die einfache Buchführung	30	18
	3.3.2 Die doppelte Buchführung	33	19
3.4	Formen der doppelten Buchführung	35	20
	3.4.1 Übertragungsbuchführung	35	20
	3.4.2 Durchschreibebuchführung	37	20
	3.4.2.1 Allgemeines	37	20
	3.4.2.2 Kontenplan – Kontenrahmen	41	22
	3.4.3 Die EDV-Buchführung	46	23
	3.4.3.1 Sachkonten (Kontennummern entsprechend „DATEV-Kontenrahmen")	52	25
	3.4.3.2 Personenkonten	52	25

TEIL A — Buchführung

		Rdn.	Seite
Kapitel 4:	**Inventur – Inventar – Bilanz**	**58**	**26**
4.1	Allgemeines	58	26
4.2	Inventur	59	27
4.3	Inventar	62	27
4.4	Die Bilanz	64	28
4.4.1	Bedeutung der Bilanz	64	28
4.4.2	Änderung der Bilanz durch Geschäftsvorfälle	71	29
4.4.2.1	Betriebsvermögensumschichtungen	73	29
4.4.2.2	Betriebsvermögensveränderungen	77	31
Kapitel 5:	**Das Konto**	**100**	**39**
5.1	Allgemeines	100	39
5.2	Grundsätze für die Kontenentwicklung	108	42
5.3	Kontenarten	109	42
5.3.1	Bestandskonten	110	42
5.3.2	Erfolgskonten	112	43
5.3.3	Gemischte Konten	115	46
Kapitel 6:	**Der Buchungssatz**	**117**	**47**
6.1	Allgemeines	117	47
6.2	Angaben im Buchungssatz	118	47
6.3	Erweiterter Buchungssatz	119	48
6.4	Auslegung von Buchungssätzen	120	48
6.5	Zusammenfassung	121	48
6.6	Übungen	122	49
Kapitel 7:	**Der Kontenabschluss**	**123**	**49**
7.1	Abschluss der Bestandskonten	124	49
7.2	Abschluss der Konten Entnahmen und Einlagen	127	50
7.3	Abschluss der Erfolgskonten	130	51
7.3.1	Abschluss der Aufwandskonten	132	51
7.3.2	Abschluss der Ertragskonten	133	52
7.3.3	Abschluss des GuV-Kontos	134	52
7.4	Abschluss des Kapitalkontos	136	53

			Rdn.	Seite
7.5	Abschluss der gemischten Konten		137	55
7.6	Schematische Gesamtdarstellung der Kontenabschlüsse		139	56

Kapitel 8: Die Mehrwertsteuerkonten — 140, 57

8.1	Das Umsatzsteuerkonto		140	57
8.2	Das Vorsteuerkonto		143	57
8.3	Abschluss der Mehrwertsteuerkonten		145	58
	8.3.1	Abschluss des Vorsteuerkontos	145	58
	8.3.2	Abschluss des Umsatzsteuerkontos	146	58

Kapitel 9: Die Warenkonten — 149, 60

9.1	Allgemeines			149	60
9.2	Wirtschaftliche Begriffe zum Warengeschäft			151	60
	9.2.1	Wareneinsatz		151	60
	9.2.2	Wirtschaftlicher Umsatz		153	61
	9.2.3	Der Rohgewinn		154	61
	9.2.4	Der Rohgewinnsatz und der Rohgewinnaufschlagsatz		155	61
9.3	Das einheitliche Warenkonto			157	62
9.4	Die getrennten Warenkonten			160	62
	9.4.1	Das Wareneinkaufskonto (WEK)		162	63
	9.4.2	Das Warenverkaufskonto (WVK)		166	63
	9.4.3	Abschluss der getrennten Warenkonten		167	64
		9.4.3.1	Der Nettoabschluss	167	64
		9.4.3.2	Der Bruttoabschluss	168	64
9.5	Die Buchung der Erwerbsnebenkosten			170	65
9.6	Die Buchung von Preisnachlässen			173	66
	9.6.1	Rabatte		174	66
	9.6.2	Boni		175	67
	9.6.3	Skonti		176	67
	9.6.4	Sonstige Entgeltsminderungen		180	69
9.7	Die Buchung von Warenentnahmen, Warenverderb oder Schwund			184	70
	9.7.1	Warenentnahmen		184	70
	9.7.2	Warenverderb, Schwund		187	71

Kapitel 10: Buchungen zum Jahresabschluss — 200, 72

10.1	Allgemeines	200	72
10.2	Die Buchung der Abschreibungen	202	72

			Rdn.	Seite
10.3	Buchungen zur Abgrenzung der betrieblichen von der privaten Sphäre		204	73
	10.3.1	Private Pkw-Nutzung	204	73
		10.3.1.1 Allgemeines	204	73
		10.3.1.2 Zuordnung zum Unternehmen	211	74
		10.3.1.3 Nicht dem Unternehmen zugeordnete Fahrzeuge	213	74
		10.3.1.4 Besteuerung der nichtunternehmerischen Nutzung eines dem Unternehmen zugeordneten Fahrzeugs	214	74
		10.3.1.5 Wahlrechte	216	75
		10.3.1.6 Miete oder Leasing von Fahrzeugen	217	75
10.4	Die Buchung der nichtabzugsfähigen Betriebsausgaben nach § 4 Abs. 5 EStG		263	75
10.5	Die Buchung von Rechnungsabgrenzungen, sonstigen Forderungen und sonstigen Verbindlichkeiten		265	76
	10.5.1	Allgemeines	265	76
	10.5.2	Rechnungsabgrenzungen	267	76
	10.5.3	Sonstige Forderungen und sonstige Verbindlichkeiten	271	77
10.6	Rückstellungen		275	80
10.7	Die Hauptabschlussübersicht		278	81
	10.7.1	Bedeutung und Begriff	278	81
	10.7.2	Aufbau der Hauptabschlussübersicht	279	82
10.8	Storno- und Berichtigungsbuchungen		291	84
	10.8.1	Allgemeines	291	84
	10.8.2	Stornobuchung	292	85
	10.8.3	Berichtigungsbuchungen	294	85
10.9	Übungsfall zum Jahresabschluss		296	86

Kapitel 11:	Buchung besonderer Geschäftsvorfälle		336	90
11.1	Die Buchung von Löhnen und Gehältern		336	90
	11.1.1	Allgemeines	336	90
	11.1.2	Buchung von vermögenswirksamen Leistungen	338	91
	11.1.3	Buchung von Lohnvorschüssen (Arbeitgeberdarlehen)	340	92
	11.1.4	Buchung von Sachzuwendungen	342	92
		11.1.4.1 Überlassung von Werkswohnungen	343	93
		11.1.4.2 Kostenlose Kantinenverpflegung	344	93
		11.1.4.3 Verbilligte Essen in Gaststätten	346	93
		11.1.4.4 Freie Unterkunft und freie Verpflegung	349	94
	11.1.5	Buchungen bei geringfügigen Beschäftigungen	350	94
11.2	Buchungen beim Wechselgeschäft		353	95
	11.2.1	Begriff	353	95
	11.2.2	Bedeutung	354	95

			Rdn.	Seite
	11.2.3	Der Wechsellauf	355	96
		11.2.3.1 Aufbewahrung des Wechsels	356	96
		11.2.3.2 Weitergabe des Wechsels an Geschäftsfreunde	357	97
		11.2.3.3 Wechsel-Diskontierung	360	97
	11.2.4	Die Wechselprolongation	365	98
	11.2.5	Der Wechselprotest und Wechselregress	370	99
11.3	Wertberichtigungen		372	101
	11.3.1	Allgemeines	372	101
	11.3.2	Berechnung der Höhe der Wertberichtigung	376	101
11.4	Buchungen bei Wertpapieren		385	103
	11.4.1	Festverzinsliche Wertpapiere	385	103
	11.4.2	Anteile an Kapitalgesellschaften	387	104
	11.4.3	Der Erwerb junger Aktien	390	105
11.5	Buchungen bei Kommissionsgeschäften		393	106
	11.5.1	Allgemeines	393	106
	11.5.2	Einkaufskommission	394	107
	11.5.3	Verkaufskommission	396	107
11.6	Die Buchung von Darlehen		400	109
	11.6.1	Allgemeines	400	109
	11.6.2	Fälligkeitsdarlehen	402	109
	11.6.3	Tilgungsdarlehen	408	109
	11.6.4	Vorzeitige Darlehenstilgung	410	110
11.7	Buchungen beim Renten- und Ratenkauf		411	111
	11.7.1	Allgemeines	411	111
	11.7.2	Buchungen beim Ratenkauf	413	111
	11.7.3	Buchungen beim Rentenkauf	420	113
		11.7.3.1 Begriff	420	113
		11.7.3.2 Betriebliche Versorgungsrenten	422	113
		11.7.3.3 Betriebliche Veräußerungsrenten	425	114
		11.7.3.4 Änderung der Rentenzahlungen aufgrund einer Wertsicherungsklausel	428	115
		11.7.3.5 Buchungen beim vorzeitigen Wegfall der Rentenschuld	429	115
		11.7.3.6 Buchungen beim Übergang von Betriebsvermögen gegen Zahlung von Raten und Renten	430	115
11.8	Buchungen bei Leasinggeschäften		432	117
	11.8.1	Allgemeines	432	117
	11.8.2	Leasingarten	434	117
		11.8.2.1 Anzahl und Tätigkeit der beteiligten Personen	434	117
		11.8.2.2 Die Einteilung kann aber auch nach der Art des Leasinggegenstandes vorgenommen werden	434	117
		11.8.2.3 Für die steuerliche Beurteilung ist die Einteilung nach der Vertragsgestaltung maßgebend	434	118

TEIL A Buchführung

		Rdn.	Seite
11.8.3	Steuerliche und buchmäßige Behandlung	435	118
11.8.3.1	Operating-Leasing	436	118
11.8.3.2	Finanzierungs-Leasing	437	118
11.8.3.3	Spezial-Leasing	452	123
11.9	Buchungen beim Tausch von Wirtschaftsgütern	453	123
11.9.1	Allgemeines	453	123
11.9.2	Tausch mit Baraufgabe	455	124
11.9.3	Tausch mit Baraufgabe und verdecktem Preisnachlass	456	124

Teil A: Buchführung

Kapitel 1: Einführung

1.1 Begriff

Die Buchführung ist eine **Zeitabschnittsrechnung**, d. h., alle Vorgänge, die den betrieblichen Bereich berühren, werden für einen bestimmten Zeitabschnitt (Wirtschaftsjahr) so erfasst, dass sie sich von ihrer Entstehung bis zur Abwicklung nachvollziehen lassen.

Unerheblich ist es dabei, ob diese Vorgänge zu einer Veränderung des Betriebsvermögens führen, ob sie sich ausschließlich im betrieblichen Bereich oder zwischen dem privaten und dem betrieblichen Bereich abspielen.

1.2 Geschichtliche Entwicklung

Zwar wurden schon Jahrtausende v. Chr. von den Kaufleuten Aufzeichnungen über ihre Geschäftstätigkeit vorgenommen, doch erst mit der Prägung von Münzen wurde es möglich, diese Aufzeichnungen zahlenmäßig darzustellen. Sie erfolgten meist in der Familienchronik und beschränkten sich auf die Abwicklung von Kreditgeschäften.

Mit der stetigen Expansion der Handelshäuser und dem Beginn des Industriezeitalters wurden detaillierte und genauere Aufzeichnungen unerlässlich. So wurde schon zu Beginn des 16. Jahrhunderts die aus Italien kommende und erstmals von dem Mönch Luca Pacioli beschriebene **doppelte Buchführung** in Deutschland angewendet.

Die bekannten Kontenseitenbezeichnungen „Soll" und „Haben" sind ebenfalls italienischen Ursprungs und bedeuten: Buchung auf der linken Seite, der Konteninhaber soll zahlen und bei Buchung auf der rechten Seite, der Konteninhaber hat zu bekommen. Die Bezeichnungen stammen aus der Zeit, als sich die Aufzeichnungen fast ausschließlich auf Kreditgeschäfte (Forderungen und Verbindlichkeiten) beschränkten.

Das von Pacioli beschriebene System der doppelten Buchführung mit **Grundbuch** (Memorial), **Hauptbuch** und **Nebenbüchern** ist bis heute im Prinzip unverändert geblieben, wenn auch die Formen und die Technik sich verändert haben.

1.3 Buchführung als Teil des betrieblichen Rechnungswesens

Das betriebliche Rechnungswesen hat die Aufgabe, alle Vorgänge und Prozesse, die sich wert- oder mengenmäßig ausdrücken lassen, zu erfassen. Es entwickelte sich aus der Buchführung und trug der fortschreitenden Industrialisierung dadurch Rechnung, dass die Aufzeichnungen in der Buchführung um die Erfassung und Auswertung aller Daten erweitert wurden, die der Unternehmer benötigt, um die Wirtschaftlichkeit seines Betriebs zu kontrollieren und für die Zukunft zu planen.

ABB. 1:	Das betriebliche Rechnungswesen

Das gesamte betriebliche Rechnungswesen hat mehrere, verschiedenartige Aufgaben zu erfüllen. Es umfasst daher alle Verfahren zur ziffernmäßigen Erfassung und Zurechnung der betrieblichen Vorgänge und gliedert sich in vier Grundformen:

Buchführung und Bilanz
(Finanzbuchhaltung)

I. Begriff:
Ziffernmäßige Erfassung aller Geschäftsvorfälle eines Zeitabschnitts (Wirtschaftsjahr), und zwar chronologisch (im Grundbuch) und sachlich (auf Sachkonten) geordnet.

II. Aufgaben:
- Informationsquelle,
- Beweismittel,
- Beleihungsunterlage,
- Grundlage der Besteuerung.

III. Grundform:
Doppelte Buchführung.
Führung entweder handschriftlich, maschinell oder mit EDV-Anlage.

Kostenrechnung
(Betriebsbuchhaltung)

I. Begriff:
Ziffernmäßige Erfassung aller angefallenen Kosten eines Zeitabschnitts, geordnet nach:
- der Art ihrer Entstehung,
- dem Ort ihrer Entstehung,
- ihrer Verrechnung.

II. Aufgaben:
- Gewährleistung der Wirtschaftlichkeit der betrieblichen Leistungserstellung,
- Schaffung von Unterlagen für die Bewertung hergestellter Erzeugnisse,
- Schaffung von Unterlagen für die Statistik und Planung.

III. Grundform:
- Kostenartenrechnung,
- Kostenstellenrechnung,
- Kostenträgerrechnung.

Statistik (Vergleichsrechnung)	Planung
I. Begriff: Gegenüberstellung betrieblicher Kennzahlen mehrerer Zeitabschnitte.	**I. Begriff:** Festlegung der zukünftigen Entwicklung des Betriebes.
II. Aufgaben: ▶ Feststellung und Kontrolle der bisherigen Entwicklung des Betriebes, ▶ Schaffung von Grundlagen und Erkenntnissen für die Planung, ▶ Zeitvergleich, ▶ Soll-Ist-Vergleich.	**II. Aufgaben:** ▶ Anpassung der Betriebsstruktur an veränderte wirtschaftliche Verhältnisse, ▶ Ausbau und Erschließung neuer Absatzmärkte.
III. Grundform: Statistik ist keine geschlossene Gesamtrechnung, sondern besteht aus Einzelstatistiken, wie z. B. ▶ Einkaufsstatistik, ▶ Verkaufsstatistik, ▶ Kostenstatistik.	**III. Grundform:** Einzelplanung, wie ▶ Absatz, ▶ Produktion, ▶ Beschaffung. Gesamtplanung = Zusammenfassung aller Einzelplanungen

6 Eingeteilt wird das Rechnungswesen in folgende vier Bereiche:

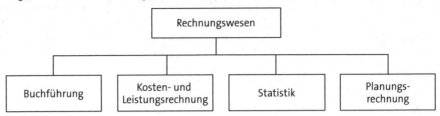

7 a) Die **Buchführung**, die mit ihrem Zahlenmaterial eine wichtige Grundlage für das gesamte Rechnungswesen bildet und damit eine Kernfunktion im Rechnungswesen erfüllt.

8 b) Die **Kosten- und Leistungsrechnung**, die mit dem Zahlenwerk der Buchführung und den sog. kalkulatorischen Kosten (Kosten, die nur für Zwecke der betrieblichen Kalkulation angesetzt werden), die Selbstkosten, getrennt nach Betriebsabteilungen, für die betrieblichen Leistungen ermittelt.

Der Unterschied zur Buchführung besteht im Wesentlichen darin, dass die Kosten- und Leistungsrechnung nur die Kosten erfasst, die für die Erstellung der betrieblichen Leistungen üblich und angemessen sind, während die Buchführung alle Geschäftsvorfälle aufzeichnet, auch soweit sie außergewöhnlich sind, oder mit der eigentlichen Betriebstätigkeit in keinem Zusammenhang stehen (z. B. Hilfsgeschäfte).

9 c) Die **Statistik** als weiterer Zweig des Rechnungswesens baut auf dem Zahlenwerk von Buchführung und Kostenrechnung sowie eigener Erhebungen auf, ermittelt betriebliche Kennzahlen und zeigt durch den Vergleich von Zahlen und Daten wichtige Zusammenhänge auf. Dem Unternehmer dient sie der Betriebskontrolle.

10 d) Die **Planungsrechnung** verarbeitet das Zahlenmaterial aus der Buchführung, der Kosten- und Leistungsrechnung und der Statistik und ermöglicht so dem Unternehmer, wirtschaftlich notwendige Entscheidungen für die Zukunft zu treffen.

Während früher mancher Unternehmer das betriebliche Rechnungswesen (ausgenommen die Buchführung) als eine lästige und unproduktive Sache ansah, wuchs im Zuge notwendiger Rationalisierungsmaßnahmen die Bedeutung ständig an. Denn wer vermeidbare Kostenbereiche ausmerzen will, muss diese erst erkennen, und diese Information liefert das Rechnungswesen.

Dank moderner EDV-Anlagen ist heute eine nahezu unbegrenzte Ausweitung des betrieblichen Rechnungswesens technisch möglich. Praktische Grenzen werden allerdings durch die Wirtschaftlichkeit solcher Anlagen gezogen.

1.4 Bedeutung der Buchführung

Alle Privatpersonen, die zum Monatsersten ihren Arbeitslohn oder sonstige Bezüge aufteilen in

- Beträge für evtl. Ratenzahlungen,
- Rücklagen für größere Anschaffungen oder für Urlaub,
- Beitragszahlungen für Versicherungen,
- Mietzahlungen oder monatlich wiederkehrende Kosten und
- Kosten für den Lebensunterhalt,

machen eine Buchführung. Dabei werden schriftliche Aufzeichnungen nur dann gemacht, wenn z. B. der Nachweis geführt werden soll, dass das Haushaltsgeld nicht mehr ausreicht.

Der Unternehmer, der seine Geschäftsvorfälle nicht im Kopf behalten kann, muss auf seine Aufzeichnungen zurückgreifen, wenn er feststellen will, welche Forderungen und Schulden er hat. Seine Buchführung zeigt ihm aber nicht nur Stand und Veränderung seines betrieblichen Vermögens, sondern auch Erfolg oder Misserfolg seiner betrieblichen Tätigkeit an.

Damit ist die Buchführung vorrangig eine **Informationsquelle** für den Unternehmer selbst.

Auch im Rechtsstreit mit Geschäftspartnern über ausgeführte Lieferungen und Leistungen oder über geleistete Zahlungen (z. B. Schmiergelder) dient die Buchführung als Nachweis. Sie wird damit zum **Beweismittel**.

Aber auch dritte Personen (z. B. Gläubiger, Banken) sind an der Buchführung interessiert, denn daraus können Rückschlüsse auf die Darlehenswürdigkeit des Unternehmens geschlossen werden. Insoweit dient die Buchführung als **Beleihungsunterlage**.

Nicht zuletzt für das Finanzamt erlangt die Buchführung Bedeutung, denn der Gewinn wird bei der Einkommen-, Gewerbe- und Körperschaftsteuer, die Umsätze bei der Umsatzsteuer und der Stand des betrieblichen Vermögens bei der Ermittlung des Einheitswerts (im Wesentlichen für Zwecke der Grundsteuer) zu Grunde gelegt. Die Buchführung ist damit auch die wichtigste **Grundlage** für die **Besteuerung.**

Kapitel 2: Buchführungs- und Aufzeichnungsvorschriften

Wegen der außerordentlichen Bedeutung der Buchführung und um eine einheitliche Aussagekraft zu gewährleisten, wurde sowohl im Handelsrecht als auch im Steuerrecht eine Reihe von Vorschriften erlassen, die klarstellen, wer Bücher führen muss und welche Grundsätze für eine ordnungsmäßige Buchführung gelten.

2.1 Buchführungspflicht nach Handelsrecht

Nach § 238 HGB ist jeder Kaufmann verpflichtet, Bücher zu führen und in diesen seine Handelsgeschäfte und die Lage seines Vermögens nach den Grundsätzen ordnungsmäßiger Buchführung ersichtlich zu machen. Außerdem ist er zu Beginn seines Handelsgewerbes und am Schluss jedes Geschäftsjahres verpflichtet, ein Inventar und eine Bilanz aufzustellen (§§ 240 u. 242 HGB).

16 Diese Verpflichtung gilt für **Kaufleute** i. S. d. §§ 1 – 6 HGB. Sie beginnt,

- bei Kaufleuten kraft Betätigung nach § 1 HGB mit Beginn der Tätigkeit,
- bei Kaufleuten kraft Eintragung nach § 2 HGB mit Eintragung im Handelsregister,
- bei Formkaufleuten nach § 6 HGB mit Entstehung der Gesellschaft.

HINWEIS:

Von den Verpflichtungen nach §§ 238 – 241 HGB wurden nach Inkrafttreten des Bilanzrechtsmodernisierungsgesetzes (BilMoG) nach § 241a HGB Einzelkaufleute, die nicht Kapitalmarkt orientiert sind, befreit, wenn sie in zwei aufeinander folgenden Geschäftsjahren nicht mehr als 500 000 € Umsatzerlöse und 50 000 € Jahresüberschuss ausweisen.

Neben dem HGB finden sich im Aktiengesetz, im GmbHG und im GenG Vorschriften zur Buchführung, die nicht nur für die betreffenden Gesellschaftsformen Anwendung finden. Insbesondere sind die ergänzenden Vorschriften für Kapitalgesellschaften nach § 264 ff. HGB zu beachten. Seit dem 1. 1. 2002 sind zusätzlich von bestimmten offenen Handelsgesellschaften und Kommanditgesellschaften die Vorschriften des zweiten Abschnitts des HGB (§§ 264 –335b HGB) zu beachten.

Für Kleinstkapitalgesellschaften wurden mit dem MicroBilG v. 27. 12. 2012 (BGBl 2012 I 2751) zahlreiche Erleichterungen eingeführt.

2.2 Buchführungspflicht nach Steuerrecht

2.2.1 Abgeleitete Buchführungspflicht nach § 140 AO

17 Nach § 140 AO sind alle, die nach nicht steuerlichen Vorschriften zur Buchführung verpflichtet sind, auch für steuerliche Zwecke daran gebunden. Damit werden die handelsrechtlichen Vorschriften zu steuerlichen Pflichten erklärt und damit erzwingbar gemacht.

2.2.2 Originäre Buchführungspflicht nach § 141 AO

18 Diese Vorschrift erweitert den Kreis der Buchführungspflichtigen auf Gewerbetreibende und Land- und Forstwirte, die nach den Feststellungen der letzten Veranlagung bestimmte Grenzen bezüglich Umsatz oder Gewinn überschritten haben.

In diesen Fällen beginnt die Buchführungspflicht mit Beginn des auf die Aufforderung des Finanzamts folgenden Wirtschaftsjahres.

BEISPIEL: In der Anlage zum Einkommensteuerbescheid für 01 hat das Finanzamt den Unternehmer wegen Überschreitung der Gewinngrenze aufgefordert, künftig Bücher zu führen. Der Bescheid wird am 10.10.02 zugestellt. Wirtschaftsjahr = Kalenderjahr.

Der Unternehmer muss ab 1.1.03 eine Buchführung einrichten.

2.3 Grundsätze ordnungsmäßiger Buchführung

Aus den §§ 238 – 244 HGB, §§ 148 – 161 AktG, §§ 41 – 42 GmbHG sowie den §§ 140 – 154 AO i.V.m. R 5.2 EStR ergeben sich folgende Grundsätze für die Ordnungsmäßigkeit der Buchführung.

19

▶ Alle Geschäftsvorfälle müssen vollständig, richtig und zeitgerecht erfasst werden, sodass sie sich von ihrer Entstehung bis zur Abwicklung verfolgen lassen.

▶ Die Eintragungen sind in einer lebenden Sprache vorzunehmen.

▶ Buchungen dürfen nicht nachträglich so verändert werden, dass der ursprüngliche Inhalt nicht mehr feststellbar ist.

▶ Buchungen dürfen nicht ohne Beleg vorgenommen werden.

▶ Bei Kreditgeschäften sind die Entstehung der Forderungen und Schulden und ihre Tilgung als getrennte Geschäftsvorfälle zu behandeln.

▶ Die Buchführung muss so beschaffen sein, dass sie einem sachverständigen Dritten innerhalb angemessener Zeit einen Überblick über die Geschäftsvorfälle und über die Vermögenslage des Unternehmens vermitteln kann.

| ABB. 2: | Buchführungspflichten nach Handelsrecht und Steuerrecht |

Buchführungspflicht nach Handelsrecht

I. Ziel
Im Vordergrund steht der Gläubigerschutz.

II. Personenkreis
1. § 1 HGB:
   Kaufmann ist, wer ein Handelsgewerbe betreibt.
   Ausnahme:
   Es ist kein in kaufmännischer Weise eingerichteter Geschäftsbetrieb erforderlich.
2. § 2 HGB:
   Kaufmann kraft Eintragung.
3. § 6 HGB:
   ▸ Personengesellschaften, soweit sie ein Handelsgewerbe betreiben.
   Ausnahme:
   Es ist kein in kaufmännischer Weise eingerichteter Geschäftsbetrieb erforderlich.
   ▸ Kapitalgesellschaften kraft Rechtsform (§ 3 AktG).

III. Inhalt der Verpflichtung
1. Nach § 238 HGB ist jeder Kaufmann verpflichtet, Bücher zu führen und darin seine Handelsgeschäfte und die Lage seines Vermögens nach den Grundsätzen ordnungsmäßiger Buchführung ersichtlich zu machen.
2. Aufbewahrung der entsprechenden Unterlagen nach § 257 HGB.
3. Einzelkaufleute, die an den Abschlussstichtagen von zwei aufeinanderfolgenden Geschäftsjahren nicht mehr als 500 000 € Umsatzerlöse und 50 000 € Jahresüberschuss aufweisen, sind von der handelsrechtlichen Buchführungspflicht befreit (§ 241a HGB).

IV. Beginn und Ende
▸ Beginn grundsätzlich mit Aufnahme der Tätigkeit (§ 1 HGB) bzw. mit der Eintragung (§ 2 HGB).
▸ Ende mit dem Verlust der Kaufmannseigenschaft.

Wie im Handelsrecht gibt es auch im Steuerrecht neben den Buchführungspflichten bestimmte Aufzeichnungspflichten.

Buchführungspflicht nach Steuerrecht

I. Ziel
Im Vordergrund steht die zutreffende Gewinnermittlung.

II. Personenkreis
1. Nach § 140 AO:
   Personen, die nach anderen Gesetzen buchführungspflichtig sind, sind es auch nach Steuerrecht.
2. Nach § 141 AO:
   Alle anderen Gewerbetreibenden sowie Land- und Forstwirte, wenn Umsatz, Gewinn oder Wirtschaftswert bestimmte Grenzen überschreitet, zurzeit:
   - Umsatz mehr als 500 000 €
   - Gewinn mehr als 50 000 €
   - Wirtschaftswert mehr als 25 000 €

III. Inhalt der Verpflichtung
1. Die nach Handelsrecht bestehende Verpflichtung zu ordnungsmäßiger Buchführung und Bilanzierung ist auch im Interesse der Besteuerung zu erfüllen.
2. § 141 AO verlangt die Führung von Büchern und regelmäßige Abschlüsse auf Grund jährlicher Bestandsaufnahmen.

IV. Beginn und Ende
1. Für die Verpflichtung nach § 140 AO gelten die Regelungen des Handelsrechts.
2. Die rein steuerrechtliche Buchführungspflicht beginnt grundsätzlich mit Beginn des Jahres, das auf die Bekanntgabe der Mitteilung erfolgt, durch die die Finanzbehörde auf den Beginn der Verpflichtung hingewiesen hat.
3. Verpflichtung endet mit Ablauf des Wj., das auf das Wj. folgt, in dem die Finanzbehörde feststellt, dass die Voraussetzungen nicht mehr vorliegen.

2.4 Aufbewahrungsfristen

21 Nach § 147 AO in Verbindung mit § 257 HGB sind die Bücher, Aufzeichnungen und Buchungsbelege sowie Inventare und Bilanzen jeweils 10 Jahre und Geschäftsbriefe grundsätzlich 6 Jahre aufzubewahren. Mit Ausnahme der Bilanz können die Buchführungsunterlagen nach § 147 Abs. 2 AO auch auf Datenträgern aufbewahrt werden. Die Frist beginnt mit dem Schluss des Kalenderjahres, in dem die letzte Eintragung gemacht bzw. die Bilanz aufgestellt worden ist.

> **BEISPIEL:** Bilanz zum 31. 12. 01 wird am 10. 6. 02 aufgestellt.
> Fristbeginn 31. 12. 02, 24:00 Uhr – Fristablauf 31. 12. 12, 24:00 Uhr.

2.5 Buchführung und Aufzeichnungen

22 Während die Buchführung alle Geschäftsvorfälle erfasst, beschränken sich die Aufzeichnungen auf ganz spezielle Arten von Geschäftsvorfällen.

Vorschriften für Aufzeichnungen finden sich in erster Linie außerhalb des Steuerrechts, z. B. Apotheker = Giftbuch, Banken = Depotbücher, Hebammen = Geburtenregister, Hotelgewerbe = Fremdenbücher, Schornsteinfeger = Kehrbuch, Weinbaubetriebe = Kellerbuch.

Aber auch das Steuerrecht kennt Aufzeichnungsvorschriften, z. B. § 143 AO = Wareneingang oder § 144 AO = Warenausgang oder § 4 Abs. 7 EStG = Aufzeichnungsvorschrift für bestimmte Betriebsausgaben.

2.6 Verstoß gegen Buchführungs- und Aufzeichnungspflichten

23 Grundsätzlich kann das Finanzamt die Erfüllung der Pflichten nach § 328 AO erzwingen. Bei Nichterfüllen kann das Finanzamt die Besteuerungsgrundlagen schätzen. Auch die Einleitung eines Bußgeldverfahrens wegen einer Steuerordnungswidrigkeit nach § 379 AO ist möglich.

Dagegen sind Steuervergünstigungen grundsätzlich nicht mehr von der Ordnungsmäßigkeit der Buchführung abhängig.

Kapitel 3: Die Buchführungssysteme

3.1 Allgemeines

24 Trotz umfangreicher Vorschriften zur Ordnungsmäßigkeit der Buchführung finden sich weder im Handelsrecht noch im Steuerrecht Regelungen, wonach ein bestimmtes Buchführungssystem vorgeschrieben wäre (vgl. auch R 5.2 Abs. 2 EStR).

So kann die Buchführung in Form von **gebundenen Büchern**, als **Loseblattbuchführung** oder als **Offene-Posten-Buchhaltung** geführt werden.

Dabei ist es gleichgültig, ob die Buchführung handschriftlich, maschinell oder mit EDV-Anlagen erstellt wird.

Nach der geltenden Rechtsauffassung kann von einer Buchführung allerdings erst dann gesprochen werden, wenn grundsätzlich folgende **Mindestvoraussetzungen** erfüllt sind:

a) Erfassung sämtlicher Geschäftsvorfälle zeitnah und geordnet in einem oder mehreren Grundbüchern,

b) zusätzliche Erfassung der Forderungen und Schulden aufgegliedert nach Geschäftsfreunden in einem Kontokorrentbuch,

c) Aufstellung eines Inventars und einer Bilanz für den Schluss eines jeden Geschäftsjahres.

3.2 Bestandteile einer Buchführung

3.2.1 Der Buchungsbeleg

Voraussetzung für jede Buchung ist ein Buchungsbeleg, das sind alle Schriftstücke, die als Nachweis für Geschäftsvorfälle dienen, z. B. Rechnungen, Bankauszüge, Kassenstreifen, Quittungen.

Aber auch interne Belege (Eigenbeleg), z. B. Belege für Privatentnahmen, Lohnlisten, Umbuchungslisten, Materialentnahmescheine usw. gelten als Buchungsbelege. Ausnahmen vom Belegzwang werden nur bei kleineren Ausgaben, die laufend in etwa gleich bleibender Höhe wiederkehren, anerkannt, z. B. Parkgebühren, Trinkgelder.

3.2.2 Die Grundbücher

Sie erfassen die Geschäftsvorfälle chronologisch anhand der Buchungsbelege. Sie erfüllen damit eine Kontrollfunktion und werden als Tagebuch, Journal, Memorial oder auch Primanota bezeichnet.

In der Regel werden folgende Grundbücher geführt:

Kassenbuch – zeichnet sämtliche Bareinnahmen und -ausgaben auf,

Wareneingangsbuch – erfasst die Waren- und Materialeinkäufe,

Warenausgangsbuch – erfasst die Erlöse aus Warenverkäufen,

Tagebuch – in dem alle übrigen Geschäftsvorfälle aufgezeichnet werden.

3.2.3 Das Hauptbuch

Es übernimmt die Aufzeichnungen der Grundbücher und ordnet sie in sachlicher und systematischer Hinsicht entsprechend dem Kontenplan des Betriebs.

Die Übertragung der Geschäftsvorfälle aus den Grundbüchern erfolgt meist zusammengefasst für gleichartige Buchungen als Sammelbuchung.

Der Abschluss des Hauptbuchs führt zur Bilanz und Erfolgsrechnung.

3.2.4 Die Nebenbücher

29 Sie sind Hilfsbücher, die **neben** der eigentlichen Buchführung für spezielle Einzelsachverhalte geführt werden.

Die wichtigsten Nebenbücher sind die **Geschäftsfreundebücher**, die jeweils Stand und Veränderung des Kreditverkehrs für jeden einzelnen Kunden und Lieferanten aufzeichnen, während im Hauptbuch lediglich der Stand der gesamten Kundenforderungen im Sachkonto Debitoren und der Stand der gesamten Lieferantenverbindlichkeiten im Sachkonto Kreditoren ausgewiesen ist.

Weitere Nebenbücher sind die **Wechselbücher,** die **Lohnbuchführung, Abschreibungslisten,** Anlagen- und Lagerbuchhaltung.

3.3 Buchführungssysteme

3.3.1 Die einfache Buchführung

30 Dieses System hat kaum noch praktische Bedeutung, ist aber zulässig.

Die Geschäftsvorfälle werden im **Tagebuch**, das meist aufgegliedert ist in ein Kassenbuch, für Bargeschäfte und ein Tagebuch oder Journal für Kreditgeschäfte, aufgezeichnet. Neben diesen Grundbüchern wird ein Geschäftsfreundebuch als **Hauptbuch** und ein **Inventar- oder Bilanzbuch**, in dem jeweils zum Bilanzstichtag der Stand des betrieblichen Vermögens und der Schulden festgehalten wird, geführt.

31 Das Geschäftsergebnis wird bei der einfachen Buchführung nur durch den Vergleich des Betriebsvermögens am Anfang und am Schluss des Geschäftsjahres unter Berücksichtigung der Entnahmen und der Einlagen ermittelt.

Von der Einnahmen-/Ausgaben-Rechnung unterscheidet sich die einfache Buchführung durch die Aufzeichnung von Kreditgeschäften. Und von der doppelten Buchführung unterscheidet sie sich dadurch, dass keine Gegenbuchungen vorgenommen werden und damit die Kontrollmöglichkeit entfällt.

32 Schematische Darstellung

BEISPIEL:

Geschäftsvorfälle

Datum		
	2.11.	Kunde A bezahlt 6 000 € durch Banküberweisung
"	3.11.	Lieferant B erhält 8 000 € durch Banküberweisung
"	4.11.	Betriebliche Miete mit 1 000 € wird bar bezahlt
"	5.11.	Bareinnahme aus Warenverkauf 1 200 €
"	6.11.	Wareneinkauf bei Lieferant B mit 7 500 € auf Ziel
"	7.11.	Privatentnahme von 500 € in bar

Darstellung dieser Geschäftsvorfälle im Kassenbuch, Tagebuch und Hauptbuch = Geschäftsfreundebuch

Kassenbuch (Grundbuch)

Datum	Text	Eingang €	Ausgang €
4.11.	Mietzahlungen für Geschäftsräume		1 000
5.11.	Einnahmen aus Warenverkauf	1 200	
7.11.	Privatentnahme		500

Tagebuch oder Journal (Grundbuch)

Datum	Text	Betrag €
2.11.	Kunde A überweist	6 000
3.11.	wir überweisen an Lieferant B	8 000
6.11.	Wareneinkauf bei Lieferant B auf Ziel	7 500

Hauptbuch (Geschäftsfreundebuch)

Datum	Text	Soll €	Haben €
Teil I	Kunden:		
2.11.	A überweist		6 000
Teil II	Lieferanten:		
3.11.	Wir überweisen an B	8 000	
6.11.	Einkaufsrechnung von B		7 500

3.3.2 Die doppelte Buchführung

Anders als bei der einfachen Buchführung werden alle Geschäftsvorfälle in **zeitlicher** und gleichzeitig in **sachlicher** Ordnung erfasst. Ihre Erfassung erfolgt einerseits nach ihrer Auswirkung auf das Vermögen und andererseits nach ihrer Auswirkung auf den betrieblichen Erfolg. Die Buchung auf Konto und Gegenkonto gewährleistet die Kontrollfunktion der doppelten Buchführung. Die Darstellung aller Zahlungs- und Leistungsvorgänge unter Verwendung von Bestands- und Erfolgskonten ermöglicht auch eine doppelte Erfolgsermittlung.

Neben dem Grundbuch, das wie bei der einfachen Buchführung sämtliche Geschäftsvorfälle chronologisch erfasst, wird bei der doppelten Buchführung ein Hauptbuch geführt, in dem für sämtliche Bestands- und Erfolgskonten ein Sachkonto eingerichtet wird, auf denen die Geschäftsvorfälle **doppelt**, d. h. einmal im Soll und einmal im Haben gebucht werden.

Als Nebenbücher werden auch hier die Personenkonten in Geschäftsfreundebüchern geführt.

Vom Aufbau her unterscheidet sich die doppelte Buchführung nicht von der einfachen Buchführung. Allerdings hat das Hauptbuch bei der doppelten Buchführung eine völlig andere Bedeutung.

3.4 Formen der doppelten Buchführung

3.4.1 Übertragungsbuchführung

35 Von der ursprünglichen 2-stufigen Erfassung, nämlich der Verbuchung aller Belege in einem einheitlichen oder gegliederten Grundbuch (Tagebuch) als 1. Stufe und anschließender Übertragung auf die Sachkonten im Hauptbuch (2. Stufe), hat sich im Laufe der Zeit die sog. amerikanische Methode als die in der Praxis am häufigsten vorkommende Übertragungsbuchführung entwickelt.

36 Zur Vermeidung von Übertragungsfehlern und zur Vereinfachung der Buchführung sind bei dieser Form **Grundbuch und Hauptbuch** in **einem Buch** vereinigt. Dem Grundbuch kommt dabei ausschließlich eine Kontrollfunktion zu.

> **BEISPIEL:** Sachverhalte – Geschäftsvorfälle
> - Wareneinkauf auf Ziel 10 000 € + 1 900 € USt lt. Rechnung
> - Privatentnahme mit 1 000 € in bar
> - Überweisung der Rechnung vom 3. 1. mit 11 900 €
> - Barzahlung Einkauf Büromaterial 500 € + 95 € USt
> - Warenverkäufe auf Rechnung 8 000 € + 1 520 € USt

Das Beispiel macht den Nachteil des amerikanischen Journals (siehe Rdn. 160 ff.) sichtbar. Infolge der beschränkten Zahl an Sachkonten ist diese Buchführungsform nur für kleinere Unternehmen verwendbar.

3.4.2 Durchschreibebuchführung

3.4.2.1 Allgemeines

37 Diese Buchführungsform stellt eine Weiterentwicklung dar und unterscheidet sich von der Übertragungsbuchführung dadurch, dass die Buchungen im **Grundbuch und Hauptbuch** gleichzeitig als **Durchschrift** erfolgen. Dazu war allerdings der Übergang von der gebundenen Buchform zur Loseblattbuchführung erforderlich. Das heißt, an Stelle eines Hauptbuchs werden für alle Sachkonten einzelne Kontenblätter angelegt. Die Vorteile liegen auf der Hand: Erstens ist die Kontenzahl des Hauptbuchs praktisch unbegrenzt, zweitens werden Übertragungsfehler unmöglich und drittens ist der Einsatz von Buchungsautomaten denkbar. Die Durchschrift kann dabei sowohl vom Sachkontenblatt des Hauptbuchs auf das Grundbuch (Journal) als auch umgekehrt vom Journal oder Grundbuch auf die Sachkontenblätter des Hauptbuchs erfolgen.

38 In der Praxis hat sich die Durchschrift vom Sachkontenblatt des Hauptbuchs auf das Journal **„Original-Konto-Verfahren"** durchgesetzt. Dabei werden die zu bebuchenden Sachkontenblätter nacheinander in das Durchschreibegerät eingelegt und in das Journal durchgeschrieben. Jeder Geschäftsvorfall beansprucht dadurch 2 Zeilen im Journal, eine für die Soll- und eine für die Habenbuchung. Auf diese Weise ist auch die Kontrollabstimmung der Soll- und Habenbuchungen gesichert.

Die Buchführungssysteme — TEIL A

Darstellung im amerikanischen Journal:

Datum	Text	Betrag	Kasse S	Kasse H	Bank S	Bank H	WEK S	WEK H	WVK S	WVK H	VOSt/USt S	VOSt/USt H	Kunden S	Kunden H	Lieferant S	Lieferant H	Versch. S	Versch. H
3.1.	Eingangsrechnung	11 900					10 000				1 900					11 900		
4.1.	Barentnahme	1 000	1 000														1 000	
5.1.	Überw. B. Rechnung	11 900				11 900									11 900			
6.1.	Büromaterial	595		595							95						500	
7.1.	Ausgangsrechnung	9 520								8 000		1 520	9 520					

Grundbuch / Hauptbuch

39 Das Journal bzw. Grundbuch wird hauptsächlich im sog. **Dreispaltenverfahren** geführt, d. h. es enthält eine Doppelspalte für Kundenkonten, eine für Lieferantenkonten und eine für die Sachkonten.

Bei den meisten Fabrikaten, z. B. Taylorix, ist noch eine Doppelspalte für die Vorsteuer bzw. Umsatzsteuer vorgesehen. Dieses Verfahren setzt voraus, dass die Buchungen in den Personen- und Sachkonten jeweils in verschiedenen Doppelspalten erfolgen, die der Einteilung im Journal entsprechen müssen.

40 **Muster für Journal = Grundbuch**

Datum	Buchungs-text	Kunden		Lieferanten		Sachkonten		Gegenkonto	VoSt	USt
		S	H	S	H	S	H			

Kundenkonto

Datum	Buchungstext	Kunden				Gegenkonto	
		S	H				

Lieferantenkonto

Datum	Buchungstext			Lieferanten		Gegenkonto	
				S	H		

Sachkonten

Datum	Buchungstext			Sachkonten		Gegenkonto	
				S	H		

Gewöhnlich am Ende jedes Monats werden die Beträge aus der Vorsteuer-Umsatzsteuerspalte aufaddiert, in das entsprechende Sachkonto eingetragen und gleichzeitig in das Grundbuch = Journal durchgeschrieben. Das Gleiche gilt für die Personenkonten.

3.4.2.2 Kontenplan – Kontenrahmen

41 Der Übergang von der Buchführung in der Form von gebundenen Büchern zur Loseblattbuchführung erfordert die Einführung eines Kontenplans.

Danach erhält jedes Sachkonto eine Nummer, damit ist einerseits eine geordnete Ablage sichergestellt, andererseits anhand des Kontenplans die Vollständigkeit der Kontenblätter überprüfbar geworden.

42 Der **Kontenplan** wird für jeden Betrieb aus dem Kontenrahmen aufgestellt. Der Kontenrahmen enthält als Modell für einen ganzen Wirtschaftszweig alle denkbar möglichen

Konten, aus denen der einzelne Betrieb jeweils die tatsächlich benötigten Konten entnimmt.

Die **Kontenrahmen** sind immer nach dem Zehnersystem aufgebaut und gliedern sich entweder nach dem Produktionsablauf (Prozessgliederungsprinzip) oder nach dem aktienrechtlichen Bilanzgliederungsprinzip.

Sinn und Zweck der Kontenrahmen ist es, sicherzustellen, dass gleiche Geschäftsvorfälle in verschiedenen Betrieben gleichermaßen verbucht werden, aber auch, dass diese Geschäftsvorfälle innerhalb eines Betriebs in verschiedenen Jahren auf gleichen Konten verbucht werden. Die Kontenklassen werden in 10 Kontengruppen gegliedert, die nach Bedarf in 10 Untergruppen unterteilt werden können.

BEISPIEL:

Kontenklasse	1	= Finanzkonten
Kontengruppe	11	= Bankkonten
Kontenart	110	= Volksbank
	111	= Kreissparkasse
	112	= Dresdner Bank

Kontenrahmen nach dem Produktionsablauf = GKR

Kontenklasse	Kontenbezeichnung	Produktionsablauf
0	Anlagevermögen, Kapital	Grundlage für Produktion schaffen
1	Finanzkonten	Geldmittel für Einkauf bereitstellen
2	Abgrenzung, neutrale Aufwendungen und Erträge	Verwaltung und Vertrieb einrichten
3	Roh-, Hilfs-, Betriebsstoff	Einkauf der Produktionsmittel
4	Betriebliche Kostenarten	Produktion läuft
5	Konten für	Produktion wird durch Kalkulation kontrolliert
6	Betriebsabrechnung	
7	Fertige und unfertige Erzeugnisse	Rohproduktion ist abgeschlossen
8	Erlöskonten	Produkte werden verkauft
9	Abschlusskonten	Betriebsergebnis wird ermittelt

3.4.3 Die EDV-Buchführung

Fortschreitende Technisierung und stärker werdender Konkurrenzdruck, der vom Unternehmer immer häufiger kurzfristige Entscheidungen für die Gegenwart und die Zukunft erfordert, haben nicht nur bei Großbetrieben den Übergang zur elektronischen Datenverarbeitung veranlasst.

Infolge ihrer Fähigkeit, eingegebene Daten nicht nur mit höchster Geschwindigkeit zu verarbeiten, sondern auch zu speichern, ist die EDV-Anlage zusätzlich in der Lage, z. B.

den Zahlungsverkehr zu überwachen, Abschreibungslisten und Lagerkarteien zu führen, Umsatzsteuer-Voranmeldungen zu erstellen oder laufend Zwischenbilanzen aufzustellen. Sie ist damit nicht nur eine wesentliche Entscheidungshilfe für den Unternehmer, sondern dient auch der Rationalisierung im Betrieb.

47 Der Arbeitsablauf einer EDV-Anlage vollzieht sich in 3 Stufen: die **Eingabe** der Daten des Buchungsbelegs, die **Verarbeitung** dieser Daten und die **Auswertung** der Daten. Dabei ist es zweckmäßig, die Buchungsbelege vorab systematisch nach sog. **Buchungskreisen** zu ordnen (z. B. Bankbelege, Eingangsrechnungen, Ausgangsrechnungen).

48 Zur ordnungsmäßigen Verbuchung muss der Datenträger folgende Angaben enthalten:

1	2	3	4	5	6
Datum	Text	Konto	Gegenkonto	Betrag	Journalseite

49 Die Reihenfolge der Angaben ist je nach System verschieden.

Bei EDV außer Haus enthält der Datenträger eine zusätzliche Programmleiste mit einer Betriebskennzahl und einer Prüfziffer, damit Verwechslungen mit anderen Betrieben vermieden werden.

Bei modernen Anlagen hat das „Konto" 5 Stellen, wobei die ersten 4 (von rechts gesehen) das Sachkonto bezeichnen, während die 5. Stelle eine Gruppenkennziffer darstellt, die von 1 – 6 die Debitoren und von 7 – 9 die Kreditoren bezeichnet. Das Angabenfeld „Gegenkonto" umfasst maximal 7 Stellen. Die ersten 4 Stellen (auch von rechts) bezeichnen wieder das Sachkonto und die 5. Stelle eine Gruppenziffer. Die 6. Stelle ist ein Steuerschlüssel (z. B. bei DATEV 1 = steuerfreier Umsatz, 3 = 19 % USt, 9 = 19 % Vorsteuer). An die 7. Stelle des Gegenkontos kann bei Bedarf ein Buchungsberichtigungsschlüssel eingegeben werden.

Bei jeder Datenerfassung wird zur Kontrolle der Richtigkeit und der Vollständigkeit ein Erfassungsjournal – Primanota – erstellt (entspricht dem Grundbuch).

50 Die Angabe S = Soll oder H = Haben vor oder nach dem Umsatz bezieht sich immer auf die Buchung im Feld „Konto". Im Gegenkonto wird automatisch auf der anderen Seite gebucht.

BEISPIEL: Wareneinkauf auf Ziel vom Lieferanten S (Lieferanten-Nr. 71605) am 15. 12.

Datum	Text	Konto	Gegenkonto	Umsatz	S H	J.S.
15. 12.	WEK	3 000	9 7 1605	833.00	S	1

Für das vorstehende Beispiel und seine obige Erfassung würde der Computer folgende Kontoauszüge ausdrucken:

3.4.3.1 Sachkonten (Kontennummern entsprechend „DATEV-Kontenrahmen")

Wareneinkauf			Konto Nr. 3 000	
Datum	Text	Gegenkonto	S Umsatz H	
15. 12.	Journal Seite 1	1 600	700.00	

Vorsteuer			Konto Nr. 1 570	
Datum	Text	Gegenkonto	S Umsatz H	
15. 12.	Journal Seite 1	1 600	133.00	

Verbindlichkeiten			Konto Nr. 1 600	
Datum	Text	Gegenkonto	S Umsatz H	
15. 12.	Journal Seite 1	3 000 / 1 570		833.00

3.4.3.2 Personenkonten

Lieferant S			Konto Nr. 71605	
Datum	Text	Gegenkonto	S Umsatz H	
15. 12.	Wareneinkauf	3 000 / 1 570		833.00

Das Beispiel soll veranschaulichen, dass der Computer in der Lage ist, bei entsprechender Programmierung selbständig die Umsatzsteuer bzw. Vorsteuer auszurechnen und auf dem entsprechenden Sachkonto zu buchen. Auch die Buchungen auf den Personenkonten mit anschließender Buchung auf dem Sachkonto „Verbindlichkeiten" (meist als Sammelbuchung) erfolgen automatisch.

Zur Kontrolle der Datenverarbeitung und Auswertung wird zusätzlich ein Verarbeitungsprotokoll oder Journal ausgedruckt. Die Fähigkeit, eingegebene Daten zu speichern, führt zu zusätzlichen Einsatzmöglichkeiten, über den Rahmen der eigentlichen Buchführung hinaus, wie bereits dargestellt.

54 **ABB. 3: Arbeitsablauf bei der EDV-Buchführung**

```
   Kasse      Bank     Eing.-Re    Ausg.-Re
     \         |          |          /
              Daten-
             erfassung
              /      \
        Primanota   Datenträger
                        |
                     Computer
                   /     |     \
              Journal  Kontoauszüge  Saldenlisten
                                         usw.
```

- ▶ Buchhalter oder Steuerberater **sortiert** die Buchungsbelege nach Buchungskreisen
- ▶ Buchhalter oder Steuerberater **erfasst** die Belegdaten und erstellt dabei Primanota als Erfassungsnachweis sowie Datenträger für den Computer
- ▶ Computer **verarbeitet** die eingegebenen Daten, speichert sie, wertet sie aus und erstellt dabei Journal, Kontoauszüge, Saldenlisten usw.

55–57 *(Einstweilen frei)*

Kapitel 4: Inventur – Inventar – Bilanz

4.1 Allgemeines

58 Nach § 240 HGB ist jeder Kaufmann verpflichtet, bei **Betriebsbeginn** und danach auf den **Schluss** eines jeden Geschäftsjahres ein Inventar und eine Bilanz aufzustellen. Dabei hat er seine Grundstücke, seine Forderungen und Schulden, sein Geld und seine sonstigen Vermögensgegenstände genau zu verzeichnen und den Wert der einzelnen Gegenstände anzugeben.

Zu den Erleichterungen nach Inkrafttreten des BilMoG siehe § 241a HGB und Rdn. 16.

4.2 Inventur

Die sich aus § 240 HGB ergebende Verpflichtung zur Bestandsaufnahme setzt eine genaue Ermittlung aller Vermögenswerte und Schulden zum Abschlusszeitpunkt voraus. Diese Bestandsermittlung nennt man Inventur. Sie erfolgt bei körperlichen Gegenständen durch Zählen, Messen oder Wiegen (körperliche Bestandsaufnahme). Aber auch unkörperliche Vermögensteile wie Forderungen und Schulden müssen erfasst werden. Dies geschieht durch die sog. Buchinventur, d. h. anhand von Aufzeichnungen und Belegen. 59

Die Inventur kann meist nicht am Bilanzstichtag vorgenommen werden, deshalb ist es grundsätzlich zugelassen, dass sie innerhalb von **10 Tagen** vor oder nach dem Bilanzstichtag durchgeführt wird. 60

Ausnahmen sind zugelassen: 61

a) beim Ansatz eines **Festwerts** (körperliche Bestandsaufnahme nur alle 3 Jahre);

b) bei der **permanenten** Inventur nach R 5.3 Abs. 2 EStR. Der Bestand wird in diesen Fällen anhand von Lagerbüchern oder Lagerkarteien rechnerisch ermittelt und muss mindestens einmal in jedem Wirtschaftsjahr durch eine körperliche Bestandsaufnahme überprüft werden;

c) bei der sog. **zeitlich verlegten Inventur,** die nach R 5.3 Abs. 2 EStR gestattet, dass die Inventur innerhalb der letzten 3 Monate vor oder der ersten 2 Monate nach dem Bilanzstichtag durchgeführt wird. Dabei ist der inventurmäßig ermittelte Bestand wertmäßig auf den Bilanzstichtag fortzuschreiben bzw. zurückzurechnen.

BEISPIEL: Unternehmer führt zum 31.10. eine Inventur durch und ermittelt den Wert mit 150 000 €. Vom 1.11. – 31.12. wurden Waren für 20 000 € netto eingekauft und aus den Verkäufen 45 000 € netto erlöst. Rohgewinnaufschlag 25 %.

Berechnung des Bilanzwerts zum 31.12.:

Inventurwert am 31.10.	150 000 €
+ Zukauf 1.11. – 31.12.	20 000 €
./. Verkäufe 1.11. – 31.12. (Erlöse 45 000 € ./. Rohgewinnaufschlag 9 000 €)	36 000 €
Bilanzansatz 31.12.	134 000 €

Weder die permanente noch die zeitlich verlegte Inventur sind bei leicht verderblichen Waren oder besonders wertvollen Wirtschaftsgütern zulässig.

4.3 Inventar

Als Ergebnis der Bestandsaufnahme (Inventur) wird ein Verzeichnis der gesamten Vermögenswerte und der Schulden angefertigt. Dieses Bestandsverzeichnis wird als Inventar bezeichnet. 62

Nach § 240 HGB sind für die Wertermittlung die Verhältnisse zum Bilanzstichtag maßgebend, wobei grundsätzlich sämtliche Vermögensgegenstände einzeln zu erfassen sind. Ausnahmen von diesem Grundsatz der Einzelbewertung sind nach R 5.4 Abs. 2

EStR beim beweglichen Anlagevermögen für geringwertige Wirtschaftsgüter i. S. d. § 6 Abs. 2 EStG, für Gegenstände, die eine geschlossene Anlage bilden, und für Gegenstände der gleichen Art zulässig.

63 Zu den Wirtschaftsgütern des Vorratsvermögens enthält R 6.8 Abs. 3 EStR zur Erleichterung und Vereinfachung der Inventur und Bewertung entsprechende Ausnahmeregelungen für annähernd gleichwertige oder für gleichartige Wirtschaftsgüter. Einzelheiten siehe Rdn. 805 ff.

4.4 Die Bilanz

4.4.1 Bedeutung der Bilanz

64 Der Grundsatz der Einzelbewertung führt beim Inventar nicht nur bei größeren Betrieben zu einem Umfang, bei dem zwangsläufig die Übersichtlichkeit verloren geht. Dem entgegenzuwirken ist Aufgabe der Bilanz. Sie fasst die Einzelposten des Inventars zu Gruppenposten zusammen, stellt die gruppenweise zusammengefassten Besitzposten den Schuldposten gegenüber und weist den Unterschiedsbetrag als Eigenkapital aus.

65 Entsprechend dem italienischen Ursprung des Wortes Bilanz (il bilancia = Waage) müssen die Summen der Aktiv- und Passivseite der Bilanz gleich sein. Man spricht deshalb von der Bilanzgleichung.

Schema einer Bilanz

Aktiva	Bilanz		Passiva
Besitzposten	100 000 €	Eigenkapital	60 000 €
		Schulden (Fremdkapital)	40 000 €
	100 000 €		100 000 €

Die Besitzposten (Vermögensteile) werden auf der linken Seite (Aktiva) und die Schulden (Fremdkapital) auf der rechten Seite (Passiva) ausgewiesen.

66 Vereinfacht ausgedrückt bedeutet dies:

Die linke Seite der Bilanz zeigt, was der Unternehmer besitzt, die rechte Seite der Bilanz zeigt, wer es finanziert hat. Würden die Schuldposten (Fremdkapital) die Besitzposten übersteigen, dann wäre das Eigenkapital auf der linken Seite unter Aktiva auszuweisen, man spricht dann von einem Minuskapital, d. h. der Betrieb wäre überschuldet.

Aktiva	Bilanz		Passiva
Besitzposten	100 000 €	Schulden	120 000 €
Eigenkapital	20 000 €		
	120 000 €		120 000 €

67 Die Aussagefähigkeit einer Bilanz sowohl im Vergleich mit den Bilanzen anderer Betriebe als auch im Vergleich mit den Bilanzen verschiedener Jahre desselben Betriebs setzt eine einheitliche Gliederung voraus.

Von den verschiedenen Möglichkeiten hat sich heute für fast alle Betriebe das Gliederungsschema nach dem HGB durchgesetzt.

Danach werden Besitz- und Schuldposten nach dem Grad ihrer Verwertbarkeit aufgeführt, beginnend mit dem schwer verwertbaren Anlagevermögen (Prinzip der steigenden Liquidität).

BEISPIEL:

Aktiva		Bilanz	Passiva
Grund und Boden	130 000 €	Eigenkapital	475 000 €
Gebäude	270 000 €	Darlehen	150 000 €
Einrichtung	60 000 €	Liefer-Verb.	320 000 €
Fuhrpark	90 000 €	Sonst. Verb.	70 000 €
Waren	230 000 €		
Forderungen	180 000 €		
Bank	40 000 €		
Kasse	15 000 €		
	1 015 000 €		1 015 000 €

Die Bilanzen sind nach § 245 HGB vom Kaufmann unter Angabe des Datums eigenhändig zu unterschreiben. Bei Gesellschaften haben alle persönlich haftenden Gesellschafter zu unterzeichnen (z. B. bei OHG = sämtliche Gesellschafter, bei KG = sämtliche Komplementäre).

Nach § 4 Abs. 1 EStG ergibt sich der Gewinn aus dem Unterschiedsbetrag zwischen dem Betriebsvermögen am Schluss des laufenden und am Schluss des vorangegangenen Wirtschaftsjahres. Dieses Betriebsvermögen entspricht dem in der Bilanz ausgewiesenen Eigenkapital, sodass z. B. das Betriebsvermögen = Eigenkapital zum 31. 12. 01 sowohl für die Gewinnermittlung des Jahres 01 (als Betriebsvermögen am Ende des laufenden Wirtschaftsjahres) als auch für die Gewinnermittlung des Jahres 02 (als Betriebsvermögen am Schluss des vorangegangenen Wirtschaftsjahres) zu Grunde gelegt wird. Dabei wird vorausgesetzt, dass die Schlussbilanz zum 31. 12. 01 identisch ist mit der Anfangsbilanz zum 1. 1. 02 (Bilanzenzusammenhang).

4.4.2 Änderung der Bilanz durch Geschäftsvorfälle

Fast jeder Geschäftsvorfall ändert einen Bilanzposten. Da aber in jedem Fall die Bilanzgleichung erhalten bleiben muss, führt jede Änderung eines Bilanzpostens entweder zu einer Änderung eines anderen Bilanzpostens oder zu einer Änderung des Eigenkapitals.

Wird lediglich ein anderer Bilanzposten geändert, so spricht man von einer Betriebsvermögensumschichtung. Wird dagegen das Eigenkapital geändert, spricht man von einer Betriebsvermögensänderung.

4.4.2.1 Betriebsvermögensumschichtungen

Sie ändern das Betriebsvermögen nicht, sind also auch ohne Auswirkung auf den Gewinn. Dabei sind drei Arten zu unterscheiden:

4.4.2.1.1 Aktiv-Tausch

74 Beim Aktiv-Tausch wird eine Erhöhung eines Bilanzpostens auf der Aktivseite der Bilanz durch eine betragsgleiche Minderung eines anderen Bilanzpostens auf der Aktivseite der Bilanz ausgeglichen und umgekehrt.

BEISPIEL: Ein Kunde bezahlt eine Forderung mit 10 000 € durch Banküberweisung.

Bilanz vorher

Forderungen	10 000 €	Eigenkapital	240 000 €
Bank	100 000 €	Schulden	120 000 €
Sonstige Aktiva	250 000 €		
	360 000 €		360 000 €

Bilanz nachher

Forderungen	0 €	Eigenkapital	240 000 €
Bank	110 000 €	Schulden	120 000 €
Sonstige Aktiva	250 000 €		
	360 000 €		360 000 €

4.4.2.1.2 Passiv-Tausch

75 Wie beim Aktiv-Tausch, nur diesmal auf der Passivseite der Bilanz, wird die Erhöhung eines Passivpostens durch die betragsgleiche Minderung eines anderen Passivpostens ausgeglichen.

BEISPIEL: Die Gewerbesteuerschuld mit 20 000 € wird mit einem aufgenommenen Bankkredit bezahlt.

Bilanz vorher

Grundstück	50 000 €	Eigenkapital	140 000 €
Fuhrpark	30 000 €	GewSt-Schuld	20 000 €
Sonstige Aktiva	80 000 €		
	160 000 €		160 000 €

Bilanz nachher

Grundstück	50 000 €	Eigenkapital	140 000 €
Fuhrpark	30 000 €	GewSt-Schuld	0 €
Sonstige Aktiva	80 000 €	Bankkredit	20 000 €
	160 000 €		160 000 €

(**Hinweis:** Die GewSt ist eine nicht abziehbare Betriebsausgabe.)

4.4.2.1.3 Aktiv-Passiv-Tausch

In diesen Fällen erhöhen oder vermindern sich betragsgleich sowohl ein Aktiv- als auch ein Passivposten.

BEISPIEL: Waren werden mit 40 000 € auf Ziel gekauft.

Bilanz vorher

Grundstück	50 000 €	Eigenkapital	140 000 €
Fuhrpark	30 000 €	Kredit	20 000 €
Sonstige Aktiva	80 000 €		
	160 000 €		160 000 €

Bilanz nachher

Grundstück	50 000 €	Eigenkapital	140 000 €
Fuhrpark	30 000 €	Kredit	20 000 €
Waren	40 000 €	Warenschuld	40 000 €
Sonstige Aktiva	80 000 €		
	200 000 €		200 000 €

Dabei werden die Bilanzsummen zwar geändert, nicht aber das Eigenkapital und auch nicht der Gewinn.

4.4.2.2 Betriebsvermögensveränderungen

Die meisten Geschäftsvorfälle verändern das Eigenkapital = Betriebsvermögen und wirken sich damit auch auf den Gewinn aus. Soweit es sich um betriebliche Geschäftsvorfälle handelt, erfolgt die Gewinnauswirkung zu Recht. Aber auch privat veranlasste Vorfälle verändern das Betriebsvermögen, z. B. die Überführung von Privatgeld oder private Sachwerte in das Betriebsvermögen (Einlagen), ebenso natürlich die Herausnahme und Überführung in den privaten Bereich (Entnahmen). In diesen Fällen muss die durch die Veränderung des Betriebsvermögens eingetretene Gewinnänderung wieder neutralisiert werden. Wie diese Korrektur vorgenommen wird, zeigt die **Gewinnermittlungsformel** des § 4 Abs. 1 EStG, die lautet:

Betriebsvermögen am Schluss des laufenden Wirtschaftsjahres

./. Betriebsvermögen am Schluss des vorangegangenen Wirtschaftsjahres

= Unterschiedsbetrag	positiv = Vermögenszunahme = Gewinn
	negativ = Vermögensabnahme = Verlust
+ Entnahmen	damit werden nicht betrieblich veranlasste Vermögensminderungen wieder ausgeglichen
./. Einlagen	damit werden nicht betrieblich veranlasste Vermögenserhöhungen ausgeglichen
= Gewinn	der durch betriebliche Geschäftsvorfälle tatsächlich erwirtschaftet wurde

79 **4.4.2.2.1 Betrieblich veranlasste Betriebsvermögensveränderungen**

Wird durch einen betrieblichen Geschäftsvorfall ein Aktivposten der Bilanz erhöht bzw. ein Passivposten vermindert, ohne dass dies betragsmäßig in der Bilanz ausgeglichen wird, ergibt sich eine Erhöhung des Betriebsvermögens und des Gewinns.

BEISPIEL: ▶ Dem Unternehmer werden auf dem betrieblichen Bankkonto 5 000 € Zinsen gutgeschrieben.

Bilanz vorher

Grundstück	50 000 €	Eigenkapital	100 000 €
Fuhrpark	30 000 €	Schulden	20 000 €
Bank	40 000 €		
	120 000 €		120 000 €

Bilanz nachher

Grundstück	50 000 €	Eigenkapital	105 000 €
Fuhrpark	30 000 €	Schulden	20 000 €
Bank	45 000 €		
	125 000 €		125 000 €

Das Eigenkapital hat sich um den Zinsertrag von 5 000 € erhöht. Bei Anwendung der Gewinnermittlungsformel des § 4 Abs. 1 EStG führt dies auch zu einer Gewinnerhöhung von 5 000 €.

80 Umgekehrt werden durch einen betrieblichen Geschäftsvorfall, der einen Aktivposten vermindert bzw. einen Passivposten erhöht, ohne entsprechenden Ausgleich das Betriebsvermögen und der Gewinn verringert.

BEISPIEL: ▶ Der Unternehmer bezahlt die Miete für das Büro mit 4 000 € durch Überweisung.

Bilanz vorher

Grundstück	50 000 €	Eigenkapital	100 000 €
Fuhrpark	30 000 €	Schulden	20 000 €
Bank	40 000 €		
	120 000 €		120 000 €

Bilanz nachher

Grundstück	50 000 €	Eigenkapital	96 000 €
Fuhrpark	30 000 €	Schulden	20 000 €
Bank	36 000 €		
	116 000 €		116 000 €

In diesem Beispiel hat sich durch den Geldabfluss, der nicht ausgeglichen wurde, das Eigenkapital = Betriebsvermögen und damit auch der Gewinn verringert.

4.4.2.2.2 Privat veranlasste Veränderungen des Betriebsvermögens

81 Werden dem Betriebsvermögen im Laufe des Jahres von privater Seite Wirtschaftsgüter zugeführt, erhöht sich das Betriebsvermögen zum Schluss des Jahres und damit grundsätzlich der Gewinn.

BEISPIEL: Auf dem betrieblichen Bankkonto werden 10 000 € aus einer Erbschaft gutgeschrieben.

Bilanz vorher

Grundstück	50 000 €	Eigenkapital	100 000 €
Fuhrpark	30 000 €	Schulden	20 000 €
Bank	40 000 €		
	120 000 €		120 000 €

Bilanz nachher

Grundstück	50 000 €	Eigenkapital	110 000 €
Fuhrpark	30 000 €	Schulden	20 000 €
Bank	50 000 €		
	130 000 €		130 000 €

Der private Geldzufluss (Einlage) erhöht sowohl den Aktivposten Bank als auch das Eigenkapital = Betriebsvermögen. Dies führt beim Betriebsvermögensvergleich nach § 4 Abs. 1 EStG grundsätzlich auch zu einer Vermögenszunahme = Gewinnerhöhung, obgleich nicht betrieblich veranlasst. Deshalb sieht die Gewinnermittlungsformel zum Ausgleich die Kürzung um die Einlage vor und gewährleistet somit eine Gewinnermittlung nur aus betrieblich veranlassten Betriebsvermögensveränderungen.

Umgekehrt wird bei einer Herausnahme von Vermögensgegenständen aus dem Betriebsvermögen für private Zwecke eine Minderung des Betriebsvermögens und des Gewinns bewirkt.

BEISPIEL: Der Unternehmer hebt vom Bankkonto 5 000 € für den Haushalt ab.

Bilanz vorher

Grundstück	50 000 €	Eigenkapital	100 000 €
Fuhrpark	30 000 €	Schulden	20 000 €
Bank	40 000 €		
	120 000 €		120 000 €

Bilanz nachher

Grundstück	50 000 €	Eigenkapital	95 000 €
Fuhrpark	30 000 €	Schulden	20 000 €
Bank	35 000 €		
	115 000 €		115 000 €

Auch hier wird durch Anwendung der Gewinnermittlungsformel des § 4 Abs. 1 EStG die Minderung des Betriebsvermögens = Gewinnminderung dadurch ausgeglichen, dass diese private Entnahme bei der Ermittlung des Gewinns wieder hinzugerechnet wird.

4.4.2.2.3 Sonderfälle:

Ist die Entnahme eines Gegenstandes aus dem Betriebsvermögen für private Zwecke mit einem Wert anzusetzen, der von seinem Wert in der Bilanz = Buchwert abweicht, ergibt sich eine andere Auswirkung.

BEISPIEL: Der Unternehmer entnimmt für private Zwecke (Schenkung an den Sohn) einen Pkw, der mit 5 000 € in der Bilanz ausgewiesen ist. Der tatsächliche Wert des Pkw beträgt noch 8 000 €. Nach § 6 Abs. 1 Nr. 4 EStG ist die Entnahme mit dem Teilwert (= tatsächlicher Wert) anzusetzen.

Bilanz vorher

Grundstück	50 000 €	Eigenkapital	100 000 €
Lkw	25 000 €	Schulden	20 000 €
Pkw	5 000 €		
Bank	40 000 €		
	120 000 €		120 000 €

Bilanz nachher

Grundstück	50 000 €	Eigenkapital	95 000 €
Lkw	25 000 €	Schulden	20 000 €
Pkw	0 €		
Bank	40 000 €		
	115 000 €		115 000 €

84 Dieser Vorgang vermindert das Betriebsvermögen am Schluss des laufenden Wirtschaftsjahres und damit den Gewinn um 5 000 €, während nach § 6 Abs. 1 Nr. 4 EStG die Entnahme mit 8 000 € anzusetzen ist. Bei Anwendung der Gewinnermittlungsformel ergibt sich in diesem Fall folgende Gesamtauswirkung auf den Gewinn.

Betriebsvermögen am Schluss des laufenden Wirtschaftsjahres	=	./. 5 000
Betriebsvermögen am Schluss des vorangegangenen Wirtschaftsjahres	=	+/./. 0
Unterschiedsbetrag	=	./. 5 000
+ Entnahmen	=	+ 8 000
./. Einlagen	=	+/./. 0
= Gesamtgewinnauswirkung		+ 3 000

Im Ergebnis wird die Entnahme nicht in vollem Umfang gewinnneutral, sondern ist teilweise erfolgswirksam.

85 In der Praxis kommen auch Fälle vor, bei denen private Einlagen oder Entnahmen **keine Veränderung des Betriebsvermögens** bewirken, **aber Auswirkungen auf den Gewinn haben.**

> **BEISPIEL:** Der Unternehmer bezahlt auf einer Geschäftsfahrt betriebliche Kfz-Kosten in Höhe von 500 € mit privatem Geld bar. Das Geld fließt dem Betriebsvermögen nicht zu, sondern wird direkt ausgegeben. Deshalb ergibt sich keine Veränderung des Betriebsvermögens und damit grundsätzlich auch keine Gewinnauswirkung. Trotzdem verändert sich bei Anwendung der Gewinnermittlungsformel insgesamt der Gewinn, denn die Bezahlung eines betrieblichen Aufwands mit privatem Geld ist begrifflich auch eine Einlage mit folgender Auswirkung:

Betriebsvermögen am Schluss des Wirtschaftsjahres	=	unverändert
Betriebsvermögen am Schluss des vorangegangenen Wirtschaftsjahres	=	unverändert
Unterschiedsbetrag	=	unverändert
+ Entnahmen		0 €
./. Einlagen		500 €
= Gewinnauswirkung		./. 500 €

Aber auch bei der Verwendung von betrieblichen Erträgen für private Zwecke ergibt sich eine Gewinnauswirkung (Erhöhung), obgleich keine Änderung des Betriebsvermögens eintritt.

BEISPIEL: Ein Unternehmer führt beim Metzgermeister X eine kleinere Reparatur aus und erhält zum Ausgleich einen Sonntagsbraten.

In diesem Beispiel ergibt sich die Gewinnauswirkung lediglich durch die Hinzurechnung der Entnahme, denn die Verwendung der Betriebseinnahme (= Entgelt für die Reparatur) für private Zwecke (= Erwerb des Sonntagsbratens) ist begrifflich eine private Entnahme.

In seltenen Fällen werden durch einen Geschäftsvorfall weder das Betriebsvermögen geändert noch die Entnahmen oder Einlagen. Dies ist der Fall, wenn Betriebseinnahmen mit Betriebsausgaben direkt verrechnet werden.

BEISPIEL: Ein Unternehmer vermietet an einen Arbeitnehmer eine Werkswohnung für monatlich 250 € und verrechnet die Miete mit dem Arbeitslohn.

Dieser Vorgang berührt keinen Bilanzposten, da insoweit keine Geldbewegung stattfindet, sich also keine Auswirkung auf das Betriebsvermögen ergibt. Da auch Entnahmen oder Einlagen nicht betroffen sind – es liegt ja ausschließlich ein betrieblicher Vorgang vor –, ergibt sich insgesamt keine Gewinnauswirkung.

88

ABB. 4: Arten der Geschäftsvorfälle

Alle Vorgänge, die das Betriebsvermögen in seiner Zusammensetzung oder (bzw. und) in seiner Höhe berühren, werden als Geschäftsvorfälle bezeichnet. Dabei werden unterschieden:

Betriebsvermögensumschichtungen

Als solche werden alle Geschäftsvorfälle bezeichnet, die das Betriebsvermögen lediglich in seiner Zusammensetzung, nicht dagegen in seiner Höhe verändern.

Aktiv-Tausch

Die Umschichtung des BV erfolgt nur unter den Besitzposten.

Die Höhe des BV und die Bilanzsumme erfahren durch einen Aktiv-Tausch keine Änderung.

Passiv-Tausch

Die Umschichtung des BV erfolgt nur unter den Schuldposten.

Die Höhe des BV und die Bilanzsumme erfahren durch einen Passiv-Tausch keine Änderung.

Aktiv-Passiv-Tausch

Die Umschichtung des BV erfolgt zwischen Besitz- und Schuldposten.

Die Höhe des BV ändert sich durch einen Aktiv-Passiv-Tausch nicht.

Es ändert sich lediglich die Bilanzsumme.

Erhöhung der Bilanzsumme

Ein solcher Vorgang wird als Bilanzmehrung bezeichnet.

Minderung der Bilanzsumme

Ein solcher Vorgang wird als Bilanzminderung bezeichnet.

Alle diese Vorgänge, nämlich sämtliche BV-Umschichtungen sowie die Privateinlagen und ein Teil der Privatentnahmen, bei denen Teilwert und Buchwert des entnommenen Gutes übereinstimmen, wirken sich auf den Erfolg des Betriebs (Gewinn oder Verlust) nicht aus. Sie sind erfolgsneutral.

Betriebsvermögensänderungen

Im Gegensatz zu den BV-Umschichtungen werden als BV-Änderungen alle Geschäftsvorfälle bezeichnet, die das BV nicht nur in seiner Zusammensetzung, sondern (auch) in seiner Höhe ändern.

BV-Änderung durch einen Vorgang zwischen dem Betrieb und dem außerbetrieblichen Lebensbereich des Unternehmers (Privatsphäre).

BV-Erhöhung

Eine solche BV-Erhöhung ergibt sich bei Zuführung von Werten aus dem außerbetrieblichen Lebensbereich (Privatvermögen) in das BV.
Ein solcher Vorgang wird als Einlage bezeichnet.

BV-Minderung

Eine solche BV-Minderung ergibt sich durch Überführung betrieblicher Werte in den außerbetrieblichen Lebensbereich (Privatvermögen) des Unternehmers.
Ein solcher Vorgang wird als Entnahme bezeichnet.

BV-Änderung durch einen rein betrieblichen Vorgang.

BV-Minderung

Es wird nur ein Bilanzposten verändert (Besitzposten vermindert oder Schuldposten erhöht) bzw. bei Veränderung zweier Posten überwiegt die BV-Minderung.
Ein solcher Vorgang wird als Aufwand bezeichnet.

BV-Erhöhung

Es wird nur ein Bilanzposten verändert (Besitzposten erhöht bzw. Schuldposten vermindert) bzw. bei Veränderung zweier Posten überwiegt die BV-Erhöhung.
Ein solcher Vorgang wird als Ertrag bezeichnet.

Teilwert und Buchwert des entnommenen Gutes stimmen überein.

Ein solcher Vorgang führt zu keiner Auswirkung auf den Erfolg des Betriebes.

Teilwert und Buchwert des entnommenen Gutes sind verschieden hoch.

Ein solcher Vorgang führt in Höhe der Differenz zwischen Teilwert und Buchwert zu einem Aufwand oder Ertrag.

Keine Auswirkungen auf Gewinn oder Verlust

Alle diese Vorgänge, nämlich die Aufwendungen und Erträge, wirken sich auf den Erfolg des Betriebs aus. Die Differenz zwischen sämtlichen Aufwendungen und Erträgen einer Gewinnermittlungsperiode ergeben den Gewinn dieses Zeitraums.

89 Zusammenfassung:

Geschäftsvorfall	Auswirkung beim Betriebsvermögen	Gewinnauswirkung
Aktiv-Tausch	keine (BV-Umschichtung)	keine
Passiv-Tausch	keine (BV-Umschichtung)	keine
Aktiv-Passiv-Tausch	keine (BV-Umschichtung)	keine
Betriebliche Erträge	BV-Erhöhung	Erhöhung
Betrieblicher Aufwand	BV-Minderung	Minderung
Einlagen	BV-Erhöhung	keine
Entnahmen	BV-Minderung	keine, ausgenommen Entnahmewert ≠ Buchwert
Betrieblicher Aufwand mit privaten Mitteln bezahlt	keine	Minderung
Betrieblicher Ertrag privat verwendet	keine	Erhöhung
Verrechnung von betrieblichem Ertrag mit betrieblichem Aufwand	keine	keine

90 FRAGEN

		Rdn.
1.	Welche Aufgaben hat das betriebliche Rechnungswesen und in welche Bereiche wird es eingeteilt?	5 ff.
2.	Welche handelsrechtlichen Vorschriften zur Buchführung kennen Sie? Nennen Sie die wichtigsten.	15 ff.
3.	Nach welchen Vorschriften ergeben sich Buchführungs- und Aufzeichnungspflichten? Schildern Sie bitte getrennt nach Handels- und Steuerrecht.	15 ff.
4.	Welche Aufbewahrungsfristen gelten für die Buchführungsunterlagen?	21
5.	Was sind die Bestandteile einer Buchführung?	26 ff.
6.	Was verstehen Sie unter einem Aktiv-Tausch?	74
7.	Was verstehen Sie unter einem Passiv-Tausch?	75
8.	Was verstehen Sie unter einem Aktiv-Passiv-Tausch?	76
9.	Wie und wo ist der steuerliche Gewinnbegriff definiert?	78
10.	Was verstehen Sie unter Betriebsvermögensänderungen?	77 ff.
11.	Welche Auswirkungen haben privat veranlasste Betriebsvermögensänderungen auf den Gewinn?	81 ff.

91–99 *(Einstweilen frei)*

Kapitel 5: Das Konto

5.1 Allgemeines

In der Praxis ist es völlig ausgeschlossen, **alle Geschäftsvorfälle** direkt in der Bilanz zu erfassen, deshalb wird die Bilanz am Anfang eines Wirtschaftsjahres zerlegt, d. h. mindestens **für jeden Bilanzposten** wird **ein Konto** eingerichtet, das den Anfangsbestand und alle Veränderungen des laufenden Jahres aufnimmt. 100

Die Form des Kontos entspricht der Bilanz, lediglich die Seitenbezeichnung ist geändert. So wird die linke Seite als Soll- und die rechte Seite als Habenseite bezeichnet. Vom sachlichen Inhalt her besteht Übereinstimmung mit der Bilanz. So werden die Anfangsbestände der Aktivposten der Bilanz und ihre Zugänge auf der linken Seite (Sollseite) des Kontos ausgewiesen, während ihre Abgänge auf der rechten Seite (Habenseite) erfasst werden. 101

Die Anfangsbestände der Passivposten der Bilanz und ihre Zugänge erscheinen auf dem Konto auf der rechten Seite (Habenseite), ihre Abgänge auf der linken Seite (Sollseite). 102

Diese Darstellungsform ermöglicht zu jedem beliebigen Zeitpunkt durch Ermittlung des Saldos (Anfangsbestand + Zugänge ./. Abgänge), den augenblicklichen Stand zu ermitteln. 103

104

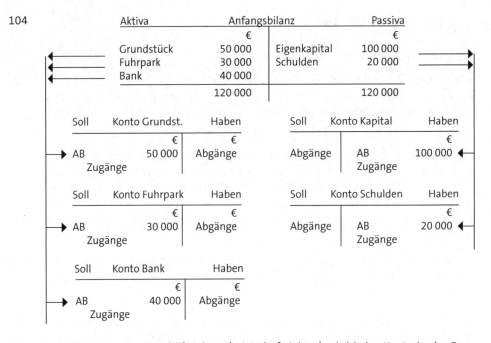

105 Zum Abschluss des Geschäftsjahres (Wirtschaftsjahres) wird jedes Konto in der Form abgeschlossen, dass der Saldo als Endbestand ermittelt und auf die zu erstellende Schlussbilanz übernommen wird. Auch für das einzelne Konto gilt der Grundsatz, dass beim Abschluss die Summe der Sollseite mit der Summe der Habenseite übereinstimmen muss.

106 Vorstehendes Beispiel würde sich bei folgenden Geschäftsvorfällen entsprechend weiterentwickeln:

> **BEISPIEL:** Konto Grundstück erhöht sich durch den Kauf eines Lagerplatzes um 10 000 € und verringert sich um eine Abschreibung von 2 000 €.
>
> Konto Fuhrpark verringert sich lediglich um die Abschreibung von 5 000 €.
>
> Auf dem Bankkonto sind 80 000 € Betriebseinnahmen zugeflossen und 60 000 € einschließlich 40 000 € Entnahmen abgeflossen. Die Schulden haben sich um den noch nicht bezahlten Kaufpreis für den Lagerplatz mit 10 000 € erhöht. Danach ergibt sich folgende Entwicklung:

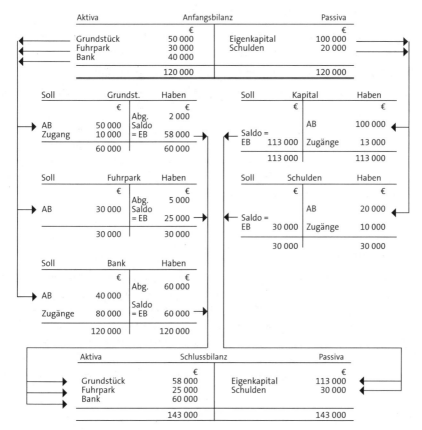

Die Veränderung des Kapitalkontos = Betriebsvermögen aus diesen Vorfällen lässt sich wie folgt darstellen: 107

Geschäftsvorfälle	Auswirkungen beim Konto		Auswirkungen auf das Betriebsvermögen
Grundstück – Kauf auf Schulden	Grundstück Schulden	€ + 10 000 + 10 000	€ 0
Abschreibungen	Grundstück Fuhrpark	./. 2 000 ./. 5 000	./. 7 000
Bankeinnahmen	Bank	+ 80 000	+ 80 000
Bankausgaben (ohne Entnahme)	Bank	./. 20 000	./. 20 000
Entnahmen	Bank	./. 40 000	./. 40 000
Gesamtänderung des Betriebsvermögens bzw. Eigenkapitals			+ 13 000

5.2 Grundsätze für die Kontenentwicklung

108
- Der **Anfangsbestand** des Kontos steht auf derselben Seite wie in der Bilanz (Aktivkonten Anfangsbestand = links, Passivkonten Anfangsbestand = rechts).
- Die **Zugänge** stehen auf derselben Seite wie die Anfangsbestände.
- Die **Abgänge** stehen auf der entgegengesetzten Seite wie die Anfangsbestände und die Zugänge.
- Der **Endbestand** als Saldo steht grundsätzlich ebenfalls auf der dem Anfangsbestand plus Zugänge entgegengesetzten Seite. Eine Ausnahme kann gelten, wenn z. B. beim Bankkonto durch hohe Abgänge aus dem Bankguthaben eine Bankschuld wird, denn der Endbestand (Saldo) eines Kontos entspricht dem Eigenkapital (Saldo) einer Bilanz.

5.3 Kontenarten

109 Zur Verbuchung der laufenden Geschäftsvorfälle nach sachlichen Gesichtspunkten werden bei der doppelten Buchführung Konten eingerichtet (vgl. Ausführungen zu Kontenplan – Kontenrahmen, Rdn. 41 ff.). Diese Konten nennt man Sachkonten. Sie sind unverzichtbarer Bestandteil des Zahlenwerks der Buchführung. Neben den Sachkonten werden für jeden einzelnen Kunden und jeden einzelnen Lieferanten **Personenkonten** geführt, deren Summen jeweils dem Sachkonto Kunden bzw. dem Sachkonto Lieferanten entsprechen müssen (vgl. Ausführungen zu Bestandteilen einer Buchführung, Rdn. 26 ff.).

Die Sachkonten werden eingeteilt in Bestandskonten, Erfolgskonten und gemischte Konten.

5.3.1 Bestandskonten

110 Das sind Konten, die Bestände der Anfangsbilanz übernehmen, alle Veränderungen dieses Bilanzpostens durch die laufenden Geschäftsvorfälle im Wirtschaftsjahr aufzeichnen und ihren Saldo = Endbestand wieder in die Schlussbilanz abgeben. Dies gilt sowohl für die Besitzposten = Aktiva als auch für die Schuldposten und Kapital = Passiva. Zu Beginn des Wirtschaftsjahres sind jeweils mindestens so viele Bestandskonten einzurichten, wie Aktiv- und Passivposten einschließlich Kapital in der Anfangsbilanz enthalten sind.

111 Dabei ist zu berücksichtigen, dass in der Bilanz oft mehrere Einzelposten zu einem Gruppenposten zusammengefasst sind, z. B. mehrere Pkw und Lkw zum Bilanzposten Fuhrpark.

Für Vermögensteile, die erst im Laufe des Wirtschaftsjahres angeschafft oder hergestellt werden, ist vom Zeitpunkt der Anschaffung oder Herstellung an ein Konto anzulegen.

5.3.2 Erfolgskonten

Wie bereits unter Rdn. 77 ff. zu Betriebsvermögensveränderungen dargestellt, verändern die meisten Geschäftsvorfälle das Eigenkapital = Betriebsvermögen.

112

Diese Veränderungen des Kapitalkontos beruhen teilweise auf betrieblichen Erträgen oder betrieblichen Aufwendungen, teilweise aber auch auf Entnahmen (Überführung von betrieblichen Gegenständen in den privaten Bereich) oder Einlagen (Überführung vom privaten in den betrieblichen Bereich).

Würden nun im laufenden Geschäftsjahr sämtliche das Kapitalkonto berührenden Vorgänge direkt auf dieses gebucht, ginge nicht nur in kürzester Zeit die Übersichtlichkeit verloren, sondern darüber hinaus würde auch die Gewinnermittlung erschwert, wenn Aufwendungen und Erträge mit Entnahmen und Einlagen vermischt gebucht würden.

In der Praxis wird daher das **Kapitalkonto unterteilt** in: ein Konto für die **Entnahmen**, ein Konto für die **Einlagen**, in Konten für **Aufwendungen und Erträge**. Diese Konten für Aufwendungen und Erträge sind die Erfolgskonten.

113

Wie viele Erfolgskonten der Betrieb einrichtet, ist ganz davon abhängig, inwieweit der Unternehmer seine Unkosten und Erträge aufschlüsseln will. Alle vorgenannten Kapitalunterkonten unterliegen den **gleichen Regeln** wie das Kapitalkonto selbst. Das bedeutet:

- beim **Entnahmekonto** werden alle Entnahmen im Soll gebucht, denn Entnahmen mindern das Kapital,
- beim **Einlagenkonto** werden die Einlagen im Haben gebucht, denn sie erhöhen das Kapital,
- bei den **Aufwandskonten** erscheinen die Aufwendungen im Soll, denn auch Aufwendungen mindern das Kapital,
- bei den **Ertragskonten** müssen demzufolge die Erträge im Haben ausgewiesen werden, weil sie das Kapital und damit das Betriebsvermögen erhöhen.

Soll	Kapital	Haben
Entnahmen		Anfangsbestand
Aufwand		Einlagen
Endbestand		Erträge

Entnahmen	Aufwand	Einlagen	Erträge
Zugang	Zugang	Zugang	Zugang

Bedingt durch diese Aufteilung des Kapitalkontos auf Kapitalunterkonten, die die laufenden Buchungen des Geschäftsjahres aufnehmen, werden auf dem Kapitalkonto selbst keine laufenden Buchungen vorgenommen. Erst zum Jahresabschluss müssen diese Unterkonten auf das Kapitalkonto abgeschlossen werden.

114

Das Kapitalkonto wird damit zum ruhenden Konto.

TEIL A — Buchführung

ABB. 5: Konten der doppelten Buchführung

Um jederzeit einen möglichst genauen Einblick in die Vermögens- und Erfolgsstruktur zu erhalten, ohne dass jeweils eine Bilanz und eine GuV-Rechnung erstellt werden müssen, wird die Bilanz in Konten zerlegt, die alle Auswirkungen auf Grund der Geschäftsvorfälle aufnehmen und bei Bedarf (regelmäßig jährlich) nach Kontrolle durch Inventur wieder zur Bilanz zusammengefügt werden.

Sachkonten

Die Sachkonten dienen der ziffernmäßigen Erfassung und Darstellung des gesamten Werteflusses von der Eröffnungsbilanz zur Schlussbilanz in sachlich planvoller Ordnung.

Bestandskonten

I. Wesen der Bestandskonten

Die Bestandskonten erfassen vorhandene Vermögenswerte und Schulden des Betriebs und deren Veränderungen auf Grund der Geschäftsvorfälle.

II. Abschluss der Bestandskonten

Nach Vornahme der vorbereitenden Abschlussbuchungen zwecks Angleichung der Buchbestände an die Inventurergebnisse (insb. Verbuchung der AfA) werden die Bestandskonten über das Schlussbilanzkonto abgeschlossen:
1. „SBK an alle aktiven Bestandskonten",
2. „Alle passiven Bestandskonten an SBK".

Kapitalkonto

I. Wesen des Kapitalkontos

Im Gegensatz zu den Bestandskonten erfasst das Kapitalkonto den Wert aller Vermögenswerte und Schulden, also das Betriebsvermögen sowie dessen Veränderungen.

II. Abschluss des Kapitalkontos

Das Kapitalkonto nimmt regelmäßig keine laufenden Buchungen auf; diese werden vielmehr auf Unterkonten erfolgt der Abschluss des Kapitalkontos auf das SBK:
1. bei positivem Kapital: „Kapitalkonto an SBK",
2. bei negativem Kapital: „SBK an Kapitalkonto".

III. Unterkonten des Kapitalkontos

Aus Gründen der Übersichtlichkeit werden die laufenden Buchungen nicht auf dem Kapitalkonto, sondern auf dessen Unterkonten vorgenommen.

Privatkonto (bzw. -konten)

I. Wesen des Privatkontos (bzw. der -konten)

Das Privatkonto erfasst alle BV-Änderungen auf Grund von Vorgängen zwischen dem Betrieb und dem privaten Lebensbereich des Unternehmers. Regelmäßig werden für die Entnahmen und für die Einlagen getrennte Konten geführt.

II. Abschluss der Privatkonten

Ihrer Natur entsprechend erfolgt der Abschluss sämtlicher Privatkonten über das Kapitalkonto, und zwar:
1. „Kapitalkonto an Entnahmekonto",
2. „Einlagekonto an Kapitalkonto".

Gewinn- und Verlustkonto

I. Wesen des Gewinn- und Verlustkontos (GuV-Konto)

Das GuV-Konto erfasst alle betrieblich verursachten BV-Änderungen und dient damit der Ermittlung des Betriebserfolgs (= Gewinn!) für einen bestimmten Zeitraum (regelmäßig für das Wirtschaftsjahr).

II. Abschluss des GuV-Kontos

Die laufenden Buchungen erfolgen nicht auf dem GuV-Konto unmittelbar, sondern auf Unterkonten. Nach Übernahme der Salden der Unterkonten wird das GuV-Konto über das Kapitalkonto abgeschlossen, und zwar:
1. bei Gewinn: „GuV-Konto an Kapitalkonto",
2. bei Verlust: „Kapitalkonto an GuV-Konto".

III. Unterkonten des GuV-Kontos

Aus Gründen der Übersichtlichkeit nimmt das GuV-Konto keine laufenden Buchungen auf. Die einzelnen betrieblich verursachten BV-Änderungen werden vielmehr auf Unterkonten des GuV-Kontos gebucht.

Aufwandskonten

I. Wesen der Aufwandskonten

Die Aufwandskonten erfassen alle betrieblich verursachten BV-Minderungen.

II. Abschluss der Aufwandskonten

Ihrer Natur als Unterkonten des GuV-Kontos entsprechend erfolgt der Abschluss nach Vornahme der erforderlichen Korrekturen durch vorbereitende Abschlussbuchungen über das GuV-Konto:
„GuV-Konto an alle Aufwandskonten".

Ertragskonten

I. Wesen der Ertragskonten

Die Ertragskonten erfassen alle betrieblich verursachten BV-Erhöhungen.

II. Abschuss der Ertragskonten

Ihrer Natur als Unterkonten des GuV-Kontos entsprechend erfolgt der Abschluss nach Vornahme der erforderlichen Korrekturen durch vorbereitende Abschlussbuchungen über das GuV-Konto:
„Alle Ertragskonten an GuV-Konto".

Gemischte Konten

I. Wesen der gemischten Konten

Gemischte Konten erfassen vorhandene Vermögenswerte bzw. Schulden und Aufwand bzw. Ertrag, und zwar ungeteilt in einer Summe (siehe insb. ungeteiltes Warenkonto!).

II. Abschluss der gemischten Konten

Wegen des gemischten Charakters erfolgt der Abschluss über SBK und GuV-Konto, und zwar:
1. Auf Grund des Inventurergebnisses:
   „SBK an gemischtes Konto" (Besitzposten) bzw.
   „Gemischtes Konto an SBK" (Schuldposten).
2. Abbuchung des restlichen Saldos:
   „GuV-Konto an gemischtes Konto" (Aufwand) bzw.
   „Gemischtes Konto an GuV-Konto" (Ertrag).

Personenkonten

I. Wesen der Personenkonten

Die Personenkonten erfassen den gesamten Rechnungs- und Zahlungsverkehr mit jedem Kunden bzw. Lieferanten. Sie gliedern damit die beiden betr. Sachkonten weiter auf.
In ihrer Gesamtheit bilden die Personenkonten das Geschäftsfreundebuch.

II. Bedeutung von Personenkonten für den Unternehmer

Bei nicht nur ganz geringfügigem Kreditverkehr mit seinen Lieferanten und Kunden kann der Unternehmer seine Geschäftsgebarung nur durch entsprechende Aufzeichnungen überblicken und überwachen. Die Personenkonten dienen ihm daher zur Überwachung des Rechnungs- und Zahlungsverkehrs mit den Lieferanten und Kunden und sind darüber hinaus Grundlage für Mahnungen oder Zwangsmaßnahmen.

III. Bedeutung von Personenkonten für die Buchführung

1. Bei nicht nur unbedeutendem Kreditverkehr sind die Personenkonten für die ordnungsmäßige Buchführung unentbehrlich.
2. Die Personenkonten sind Ausgangspunkt für die inventurmäßige Ermittlung der Kundenforderungen bzw. Lieferantenschulden.

IV. Buchtechnische Behandlung der Personenkonten

1. Auf den Personenkonten wird regelmäßig nach den Buchungsregeln für aktive und passive Bestandskonten gebucht.
2. Eröffnungs- und Abschlussbuchungen im eigentlichen Sinne gibt es bei Personenkonten nicht.
3. Die einzelnen Buchungen können im Wege der Übertragung aus dem Grundbuch bzw. Hauptbuch oder auch im Wege der **Durchschrift** (= Durchschreibebuchführung) oder durch EDV-Buchführung erfolgen.

5.3.3 Gemischte Konten

115 Eine Sonderstellung nehmen die sog. gemischten Konten ein. Dabei handelt es sich um Sachkonten, die sowohl Bestände ausweisen, die in die Schlussbilanz zu übertragen sind, als auch Aufwand bzw. Erträge.

Der **Bestand** wird auf diesen Konten in aller Regel durch Inventur ermittelt, erst dann lässt sich der als Saldo verbleibende **Erfolgsteil** feststellen.

116 Ein typisches gemischtes Konto ist das Wareneinkaufskonto. Wird z. B. bei einem Anfangsbestand von 10 000 € und einem Zukauf von 50 000 € am Jahresende durch Inventur ein Endbestand von 20 000 € festgestellt, müssen die restlichen 40 000 € verkauft worden sein (Einsatz).

Für diese gemischten Konten gelten die gleichen Grundsätze wie für die entsprechenden Bestandskonten, d. h. für das Wareneinkaufskonto entsprechend einem Aktivkonto.

	Wareneinkauf		
Anfangsbestand	10 000 €	Endbestand	20 000 €
Zukauf	50 000 €	Wareneinsatz	40 000 €
	60 000 €		60 000 €

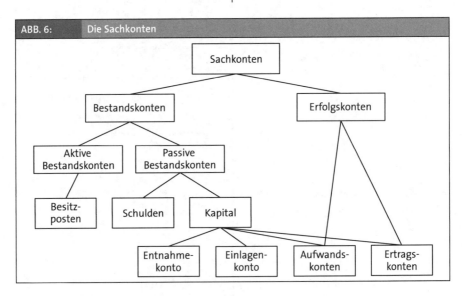

ABB. 6: Die Sachkonten

Kapitel 6: Der Buchungssatz

6.1 Allgemeines

Nach dem Prinzip der doppelten Buchführung müssen alle Geschäftsvorfälle **zweimal** gebucht werden, nämlich auf der Sollseite eines Kontos und der Habenseite des Gegenkontos. Dabei müssen die Sollbuchungen betragsmäßig mit den Habenbuchungen übereinstimmen, damit die Bilanzgleichung der Anfangsbilanz auch während des laufenden Geschäftsjahres erhalten bleibt.

6.2 Angaben im Buchungssatz

Für die richtige Verbuchung sind folgende Angaben erforderlich:

▶ Konto, Gegenkonto, Kontenseite, auf der zu buchen ist, und der Betrag.

Zu beachten ist, dass beim Buchungssatz immer das Konto zuerst genannt wird, das auf der linken Seite, also im Soll gebucht wird.

Zur Bildung eines Buchungssatzes muss deshalb

▶ zuerst geprüft werden, welche Konten von dem Geschäftsvorfall betroffen sind,
▶ zweitens, welche Konten im Soll bzw. im Haben zu buchen sind (bei den Aktivkonten stehen Zugänge im Soll und Abgänge im Haben, bei den Passivkonten einschließlich Kapitalkonto ist es genau umgekehrt),
▶ drittens noch der Betrag angegeben werden.

BEISPIELE:

▶ Einem Lieferanten werden vom Bankkonto 5 000 € überwiesen.
   Betroffen sind das Konto Lieferantenverbindlichkeiten und das Konto Bank. Das Konto Lieferantenverbindlichkeiten nimmt ab. Da es sich um ein Passivkonto handelt, ist diese Abnahme im Soll zu buchen.
   Das Bankkonto nimmt ebenfalls ab, das bedeutet bei diesem Aktivkonto eine Buchung im Haben.
   Im Buchungssatz ist immer das „Sollkonto" zuerst zu nennen, daraus ergibt sich für unseren Geschäftsvorfall folgender Buchungssatz:

   | Lieferantenverbindlichkeiten | 5 000 € | an | Bank | 5 000 € |

   Das Bindewort „an" kann auch durch einen Trennstrich ersetzt werden.

▶ Die Bezahlung von 3 000 € Löhne aus der Kasse würde das Konto Kasse vermindern, daher Buchung im Haben, das Aufwandskonto Löhne würde sich erhöhen und damit das Kapital vermindern, also Buchung im Soll. Der Buchungssatz müsste lauten:

   | Löhne | 3 000 € | an | Kasse | 3 000 € |

▶ Bei einer Entnahme von 4 000 € vom Bankkonto wäre zu buchen:

   | Entnahme | 4 000 € | an | Bank | 4 000 € |

6.3 Erweiterter Buchungssatz

119 Betrifft ein Geschäftsvorfall mehrere Konten, ist nach den gleichen Grundsätzen zu verfahren.

> **BEISPIEL:** Ein Pkw wird für 30 000 € angeschafft. Davon werden 10 000 € sofort vom Bankkonto überwiesen, der Rest mit 20 000 € ist erst nach 2 Monaten fällig.
>
> In diesem Fall sind 3 Konten betroffen: Das Konto Pkw nimmt um 30 000 € zu = Buchung im Soll.
>
> Das Konto Bank nimmt um 10 000 € ab = Buchung im Haben.
>
> Das Konto Sonstige Verbindlichkeiten erhöht sich um den Restbetrag von 20 000 € = Buchung im Haben, da es sich um ein Passiv-Konto handelt.
>
> Buchungssatz damit:
>
> | Pkw | 30 000 € an | Bank | 10 000 € |
> |---|---|---|---|
> | | | Sonst. Verb. | 20 000 € |

Das Beispiel zeigt, dass auch beim erweiterten Buchungssatz der Grundsatz gilt: Summe Sollbuchungen = Summe Habenbuchungen.

6.4 Auslegung von Buchungssätzen

120 Selbstverständlich muss auch aus einem richtig gebildeten Buchungssatz der zu Grunde liegende Geschäftsvorfall rekonstruiert werden können.

> **BEISPIEL:** Der Buchungssatz: Bank 7 000 € an Forderungen 7 000 € bedeutet, dass auf dem Aktivposten Bank 7 000 € im Soll gebucht wurden = Zunahme und auf dem Aktivposten Forderungen 7 000 € im Haben gebucht wurden = Abnahme.
>
> Also muss ein Kunde unsere Forderung an ihn mit 7 000 € durch Überweisung auf das Bankkonto bezahlt haben.
>
> Dagegen würde der Buchungssatz: Verbindlichkeiten 6 000 € an Bank 6 000 € bedeuten, dass wir unsere Lieferantenschulden durch Banküberweisung bezahlt haben, denn beide Konten haben abgenommen.

6.5 Zusammenfassung

121 Zusammenfassend sind bei Buchungen folgende **Grundsätze** zu beachten:

- ▶ Vorab ist zu prüfen, **welche Konten** betroffen sind.
- ▶ Abschließend muss festgestellt werden, bei welchen Konten im **Soll** und bei welchen Konten **im Haben zu buchen** ist.
- ▶ Jeder Buchungssatz **beginnt mit den Sollbuchungen**.
- ▶ Die **Summe** der Sollbuchungen **muss** mit der Summe der Habenbuchungen übereinstimmen.

6.6 Übungen

Für folgende Geschäftsvorfälle ist der Buchungssatz zu bilden:

a) Kauf eines Grundstücks zum Kaufpreis von 80 000 €, davon werden 40 000 € vom Bankkonto überwiesen, der Rest wird gestundet.
b) Waren werden für 8 000 € verkauft und bar bezahlt (ohne USt!).
c) Von der Kasse werden 4 000 € auf das Bankkonto einbezahlt.
d) Miete für Betriebsräume in Höhe von 2 000 € wird vom Bankkonto überwiesen.
e) Ein Pkw, der mit 7 000 € in der Bilanz steht, wird für private Zwecke entnommen. Sein tatsächlicher Wert beträgt 8 000 € (= Teilwert).

Lösungen:

a)	Grundstück	80 000 € an	Bank	40 000 €
			Darlehen	40 000 €
b)	Kasse	8 000 € an	Warenverkauf	8 000 €
c)	Bank	4 000 € an	Kasse	4 000 €
d)	Mietaufwand	2 000 € an	Bank	2 000 €
e)	Entnahmen	8 000 € an	Pkw	7 000 €
			s. b. Ertrag	1 000 €

Kapitel 7: Der Kontenabschluss

Zum Schluss eines jeden Geschäftsjahres ist nach § 242 Abs. 1 HGB eine Bilanz aufzustellen. Dazu sind sämtliche Sachkonten abzuschließen. Für das neue Geschäftsjahr werden neue Sachkonten eingerichtet.

7.1 Abschluss der Bestandskonten

Für die Bestandskonten ist zum Bilanzstichtag der Saldo festzustellen, der in der Bilanz ausgewiesen ist. Damit ist die Soll- und Habenseite des Kontos ausgeglichen.

Die Eintragung der Saldos = Endbestand kann, wie jede andere Eintragung auf dem Konto im Laufe des Geschäftsjahres, nur durch eine Buchung erfolgen. Wie bereits ausgeführt, gehört zu jeder Buchung eine Gegenbuchung. Beim Abschluss der Bestandskonten ist das Schlussbilanzkonto, das inhaltlich mit der Schlussbilanz übereinstimmt, dieses Gegenkonto, das die Endbestände übernimmt.

Beim **Abschluss der Aktivkonten** erscheint der Saldo = Endbestand auf der Habenseite des Kontos und soll auf die Aktivseite der Bilanz übertragen werden. Bei Zwischenschaltung des Schlussbilanzkontos muss gebucht werden:

Schlussbilanzkonto an Aktivkonto

BEISPIEL: Das Bankkonto weist einen Anfangsbestand von 8 500 € aus. Die Zugänge im laufenden Geschäftsjahr betrugen 96 000 €, die Abgänge 75 000 €.

Der Saldo = Endbestand beträgt 29 500 €. Die Abschlussbuchung lautet: Schlussbilanzkonto (SBK) 29 500 € an Bank 29 500 €.

Mit dieser Buchung ist das Konto für das laufende Geschäftsjahr abgeschlossen und wird im folgenden Geschäftsjahr mit dem Anfangsbestand von 29 500 € im Soll wieder eröffnet.

Laufendes Jahr:

Bank				Schlussbilanz	
AB	8 500 €	Abgang	75 000 €		
Zugang	96 000 €	EB	29 500 € → Bank	29 500 €	

Folgendes Jahr:

Bank	
AB	29 500 €

126   Beim **Abschluss der Passivkonten** erscheint der Saldo = Endbestand logischerweise auf der Sollseite des Sachkontos und soll auf die rechte Seite (Passiv-Seite) der Bilanz übertragen werden. Der Buchungssatz für diese Abschlussbuchung lautet:

Passivkonto an Schlussbilanzkonto

BEISPIEL: Die Lieferantenverbindlichkeiten betrugen zu Beginn des Geschäftsjahres 10 000 €. Sie erhöhen sich durch Wareneinkäufe auf Ziel um 60 000 €. Davon wurden im Laufe des Jahres insgesamt 45 000 € bezahlt.

Der Endbestand mit 25 000 € wird mit der Buchung:

Lieferantenverbindlichkeit 25 000 € an Schlussbilanzkonto 25 000 € übertragen. Auch dieser Endbestand steht als Anfangsbestand auf dem Lieferantenkonto, das für das folgende Jahr neu eröffnet wird.

Laufendes Jahr

S	Lieferantenverbindlichk.	H		Schlussbilanz	
Abgang	45 000	AB	10 000	—	Lieferant.-
EB	25 000	Zugang	60 000	—	verbindl. 25 000

S	Lieferantenverbindlichkeiten	H
	AB	25 000

7.2 Abschluss der Konten Entnahmen und Einlagen

127   Beide Konten sind Unterkonten des Kapitalkontos und damit zum Abschluss mit ihren jeweiligen Endbeständen auf das Kapitalkonto zu übertragen.

128   ▶ Das **Entnahmekonto** hat im laufenden Geschäftsjahr alle aus dem Betriebsvermögen in das Privatvermögen übernommenen Vermögenswerte auf der Sollseite erfasst, sodass zum Ausgleich der Soll- und der Habenseite der Saldo im Haben ge-

bucht werden muss. Auf dem Kapitalkonto erscheinen die Entnahmen im Soll, denn sie mindern das Kapital.

Der Abschlussbuchungssatz für die Entnahmen lautet daher:

Kapitalkonto an Entnahmen

▶ Das **Einlagenkonto** hat umgekehrt alle Vermögenswerte im laufenden Geschäftsjahr aufgenommen, die dem Betrieb aus dem Privatbereich zugeführt wurden. Die Buchungen erfolgten im Haben, sodass zum Ausgleich der beiden Seiten der Saldo im Soll erscheinen muss. Im Kapitalkonto aber sind die Einlagen im Haben auszuweisen, denn sie haben das Betriebsvermögen erhöht.
Der Abschlussbuchungssatz für die Einlagen lautet daher:

Einlagen an Kapitalkonto

7.3 Abschluss der Erfolgskonten

Auch diese Konten haben wir als Unterkonten des Kapitalkontos kennen gelernt. Vom Prinzip her wäre also auch hier der direkte Abschluss über das Kapitalkonto folgerichtig.

In der Praxis wird jedoch speziell zur Beobachtung der Kostenentwicklung in verschiedenen Bereichen eine Vielzahl von Erfolgskonten eingerichtet, weil der Abschluss aller Erfolgskonten über das Kapitalkonto die Übersichtlichkeit beeinträchtigen würde.

Aus diesem Grund werden die Erfolgskonten über ein Zwischenkonto, dem Konto **Gewinn- und Verlustrechnung (GuV)**, abgeschlossen. Auch dieses Konto unterliegt den gleichen Regeln wie das Kapitalkonto. Der Saldo aus diesem GuV-Konto geht dann schließlich als Gewinn oder Verlust (je nachdem, ob die Erträge oder die Aufwendungen überwiegen) in das Kapitalkonto.

7.3.1 Abschluss der Aufwandskonten

Auf den **Aufwandskonten** erfolgten die laufenden Buchungen im Soll, danach ist der Saldo im Haben zu buchen. Im GuV-Konto sind die Aufwendungen – entsprechend dem Kapitalkonto – auf der Sollseite auszuweisen.

Der Buchungssatz für den Abschluss der Aufwandskonten muss daher lauten:

GuV-Konto an Aufwandskonto

> **BEISPIEL:** Im laufenden Geschäftsjahr wurden folgende Aufwendungen verbucht: Kfz-Kosten 18 000 €, Mieten 22 000 €, Löhne 16 000 €, Verwaltungskosten 12 000 €.

Soll	Kfz-Kosten		Haben		Soll	GuV-Konto	Haben
Zugang	18 000	Saldo	18 000	→	Kfz-Kosten	18 000	
Soll	Mieten		Haben				
Zugang	22 000	Saldo	22 000	→	Mieten	22 000	
Soll	Löhne		Haben				
Zugang	16 000	Saldo	16 000	→	Löhne	16 000	
Soll	Verw.-Kosten		Haben				
Zugang	12 000	Saldo	12 000	→	Verw.-Kosten	12 000	

7.3.2 Abschluss der Ertragskonten

133 Erträge erhöhen das Betriebsvermögen und damit das Kapitalkonto. Sie sind deshalb auch auf den Unterkonten im Haben zu buchen. (Zur Erinnerung: Passivkonten weisen den Anfangsbestand und die Zugänge im Haben aus).

Folglich erscheint der Saldo auf dem Ertragskonto im Soll und im GuV-Konto im Haben. Der Buchungssatz für den Abschluss der Ertragskonten muss daher lauten:

Ertragskonto an GuV-Konto

> **BEISPIEL:** Neben den Aufwendungen unter Rdn. 131 hat der Unternehmer im laufenden Geschäftsjahr folgende Erträge verbucht: Provisionserträge 92 000 €, Zinserträge 4 000 €.

Soll	GuV-Konto	Haben		Soll	Prov.-Ertrag	Haben	
	Erträge	92 000	←	Saldo	92 000	Zugang	92 000
				Soll	Zinsertrag		Haben
	Zinserträge	4 000	←	Saldo	4 000	Zugang	4 000

7.3.3 Abschluss des GuV-Kontos

134 Nachdem sämtliche Aufwands- und Ertragskonten über das GuV-Konto abgeschlossen sind, wird auch dieses Konto nach den bereits bekannten Regeln abgeschlossen und der Saldo auf das Kapitalkonto übertragen.

Überwiegen auf dem GuV-Konto die Erträge, dann steht der Saldo auf der Sollseite, damit die beiden Kontenseiten ausgeglichen sind. Der Unternehmer hat einen Gewinn erzielt. Gewinne müssen aber im Kapitalkonto auf der Habenseite ausgewiesen werden. Dadurch ergibt sich beim **Gewinn-Saldo** folgender Buchungssatz:

GuV-Konto an Kapital

BEISPIEL: Das GuV-Konto soll die Aufwendungen und Erträge aus Rdn. 132 und 133 übernommen haben.

Kapitalkonto		Soll	GuV-Konto		Haben
	Gewinn 28 000	Kfz-Kosten	18 000	Prov.-Erträge	92 000
		Mietaufwand	22 000		
		Löhne	16 000		
		Verw.-Kosten	12 000	Zins-Erträge	4 000
		Gewinn-Saldo	28 000		
		Summe	96 000	Summe	96 000

Wären im GuV-Konto die Aufwendungen höher als die Erträge, müsste der Saldo zum Ausgleich der beiden Kontenseiten im Haben erscheinen. Der Unternehmer hätte einen Verlust erwirtschaftet. Verluste vermindern aber das Kapital und müssen im Kapitalkonto auf der Sollseite ausgewiesen werden. 135

Der Buchungssatz würde bei einem **Verlust-Saldo** lauten:

Kapital an GuV-Konto

BEISPIEL: Im vorstehenden Beispiel sollen die Provisionserträge nur 60 000 € ausmachen. Alle übrigen Konten bleiben aber unverändert. Damit ergibt sich folgendes Bild:

Soll	Kapitalkonto	Haben	Soll	GuV-Konto		Haben
	€			Kfz-Kosten	18 000 €	Prov.-Erträge 60 000 €
Verlust	4 000			Mietaufwand	22 000	Zinserträge 4 000
				Löhne	16 000	Verlust-saldo 4 000
				Verw.-Kosten	12 000	
				Summe	68 000	Summe 68 000

7.4 Abschluss des Kapitalkontos

Durch die Aufteilung in Unterkonten weist dieses Konto im Laufe des Geschäftsjahres lediglich den Anfangsbestand aus. Es wird als sog. „ruhendes Konto" geführt. Erst nach Abschluss aller Unterkonten (Entnahme-, Einlage- und GuV-Konto) kann auch das Kapitalkonto abgeschlossen werden. 136

Da auch das Kapitalkonto ein Passiv-Konto ist, lautet der Abschlussbuchungssatz:

Kapital an Schlussbilanzkonto

Bei Überschuldung des Betriebs würde der Abschlussbuchungssatz

Schlussbilanzkonto an Kapital

lauten, denn bei Überschuldung erscheint das Kapital auf der Aktiv-Seite der Bilanz.

Schematische Übersicht zum Abschluss der Kapitalunterkonten und des Kapitalkontos:

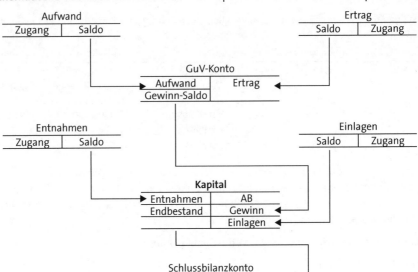

BEISPIEL: Ein Unternehmer hat im laufenden Geschäftsjahr folgende Vorgänge auf den entsprechenden Konten verbucht:

Entnahmen 30 000 €, Einlagen 15 000 €, Löhne 24 000 €, Kfz-Kosten 12 000 €, Mietaufwand 18 000 €, Abschreibungen 6 000 €, Bürokosten 15 000 €, Honorarerträge 110 000 €, Zinserträge 5 000 €. Der Anfangsbestand auf dem Kapitalkonto beträgt 45 000 €.

Der Kontenabschluss TEIL A

Kontendarstellung:

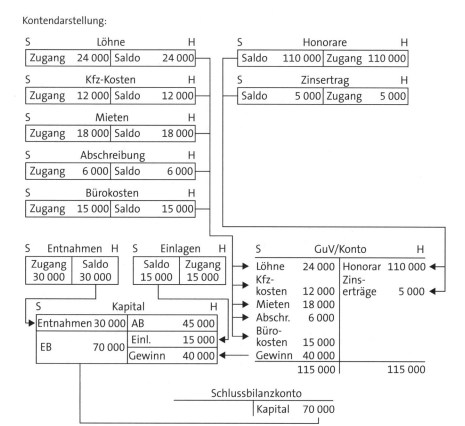

7.5 Abschluss der gemischten Konten

Beim Abschluss dieser Konten muss vorab der Bestandteil vom Erfolgsteil getrennt werden. Der **Bestandteil** (Endbestand) wird dabei in der Regel durch Inventur ermittelt (z. B. Warenbestand) und ist auf das **Schlussbilanzkonto** zu übertragen. Der danach verbleibende Saldo ist der **Erfolgsteil**, der auf das **GuV-Konto** zu übernehmen ist. Bei EDV-gestützten Buchführungen ist es häufig nicht möglich, einen Bestandssaldo und einen Erfolgssaldo auf **einem** Konto zu verarbeiten. Hier wird regelmäßig ein Konto „Warenbestandsveränderungen" zwischengeschaltet.

137

Für gemischte Konten gelten die gleichen **Buchungsregeln** wie für den **Bestandteil**, den sie beinhalten. Das bedeutet z. B., beim Wareneinkaufskonto sind die Grundsätze für Aktivkonten anzuwenden, denn dieses Konto beinhaltet den Besitzposten Warenbestand, sodass auf diesem Konto der Anfangsbestand und der Zugang auf der Sollseite, der Endbestand und der Erfolgsteil (Wareneinsatz) auf der rechten Seite des Kontos zu buchen sind (Habenseite).

138

Der Warenbestand ist auf das Schlussbilanzkonto im Soll zu übertragen mit dem Buchungssatz:

55

Schlussbilanzkonto an Wareneinkaufskonto (gemischtes Konto)

Der Erfolgsteil (Wareneinsatz) ist auf das GuV-Konto ebenfalls im Soll zu übertragen mit dem Buchungssatz:

GuV-Konto an Wareneinkaufskonto

Handelt es sich bei dem gemischten Konto um ein Konto, das einen passiven Bestandteil ausweist, wie z. B. das Konto Rückstellungen, bei dem der Anfangsbestand und die Zugänge im Haben, der Endbestand im Soll zu buchen sind, lauten die Abschlussbuchungssätze

- ▶ für den Bestandteil: **Gemischtes Konto an Schlussbilanzkonto,**
- ▶ für den Erfolgsteil: **Gemischtes Konto an GuV-Konto,**

wenn der Endbestand niedriger ist als der Anfangsbestand. Ist der Endbestand dagegen höher als der Anfangsbestand, dann lautet der Abschlussbuchungssatz für den Erfolgsteil:

GuV-Konto an gemischtes Konto,

denn die Erhöhung bedeutet Aufwand.

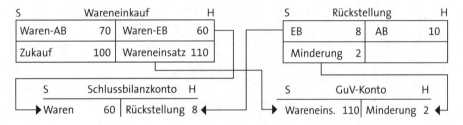

7.6 Schematische Gesamtdarstellung der Kontenabschlüsse

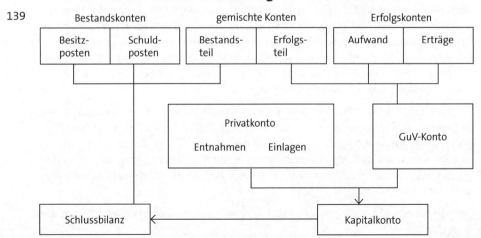

Kapitel 8: Die Mehrwertsteuerkonten

8.1 Das Umsatzsteuerkonto

Nach § 1 Abs. 1 UStG unterliegt grundsätzlich jede Lieferung oder sonstige Leistung, die ein Unternehmer im Inland gegen Entgelt im Rahmen seines Unternehmens ausführt, der Umsatzsteuer. Die Umsatzsteuer entsteht bereits mit Ablauf des Voranmeldungszeitraums, in dem die Leistung ausgeführt worden ist, und muss gebucht werden.

Bis zur Überweisung der Umsatzsteuer an das Finanzamt ist die **Umsatzsteuer als Schuld** in der Buchführung auszuweisen und unterliegt den Buchungsregeln für **Passivkonten**.

BEISPIEL: Der Unternehmer berechnet für seine Leistung an den Abnehmer 10 000 € + 19 % USt mit 1 900 € = 11 900 €. Der Rechnungsausgang wird wie folgt gebucht:

Forderungen	11 900 € an	Erlöse	10 000 €
		USt-Schuld	1 900 €

Forderungen sind ein Aktivkonto, daher Buchung der Zunahme im Soll, USt-Schuld ist ein Passivkonto, das ebenfalls zunimmt, daher Buchung im Haben. Das Gleiche gilt für das Konto Erlöse als Kapitalunterkonto (Ertragskonto).

Die Erlöse sind auch dann nur mit dem Nettobetrag, d. h. ohne Umsatzsteuer, zu buchen, wenn die Umsatzsteuer nicht gesondert in Rechnung gestellt wurde, denn auch in diesen Fällen schuldet der Unternehmer die Umsatzsteuer dem Finanzamt.

BEISPIEL: Ein Unternehmer ermittelt nach Ladenschluss die Tageseinnahmen mit 5 950 €. Dieser Betrag schließt die USt mit 19 % ein und muss vor der Verbuchung herausgerechnet werden, z. B. mit 5 950 € × 19 : 119 = 950 €.

Zu buchen ist:

Kasse	5 950 € an	Erlöse	5 000 €
		USt	950 €

Möglich wäre auch die Buchung des Bruttobetrags (also einschl. Umsatzsteuer), allerdings muss dann mindestens zum Monatsende die Umsatzsteuer insgesamt herausgerechnet werden, damit die Umsatzsteuer-Voranmeldung und die Umsatzsteuer-Zahlung an das Finanzamt richtig vorgenommen werden können.

8.2 Das Vorsteuerkonto

Nach dem System der Umsatzsteuer ist der Unternehmer berechtigt, die ihm von anderen Unternehmen gesondert in Rechnung gestellte Umsatzsteuer für Leistungen an sein Unternehmen als Vorsteuer von seiner eigenen Umsatzsteuerschuld abzuziehen und nur den verbleibenden Betrag an das Finanzamt abzuführen. Voraussetzung ist, dass die Vorsteuer gesondert ausgewiesen ist (Ausnahmen bei sog. Kleinbeträgen bis 150 €).

Begrifflich handelt es sich dabei um einen **Anspruch an das Finanzamt** (sonstige Forderung).

Durch diesen „Vorsteuerabzug" wird erreicht, dass der Unternehmer nur die Umsatzsteuer für den selbst geschaffenen Mehrwert abzuführen hat (Mehrwertsteuer).

BEISPIEL: ▶ Der Unternehmer erwirbt einen Büroschreibtisch und erhält eine Rechnung über 1 000 € + 190 € USt = 1 190 €.

Buchung:

Geschäftsausstattung	1 000 € an	sonst. Verb.	1 190 €
VoSt	190 €		

144 Nach § 9b EStG gehört der Vorsteuerabzug, den der Unternehmer bei seiner Umsatzsteuerschuld abziehen kann, nicht zu den Anschaffungskosten.

Ist ausnahmsweise ein Vorsteuerabzug zulässig, obgleich die Vorsteuer nicht gesondert in der Rechnung ausgewiesen ist, dann muss die Vorsteuer aus dem Bruttobetrag herausgerechnet werden.

BEISPIEL: ▶ Ein Unternehmer bezahlt auf einer Geschäftsfahrt für Benzin an der Tankstelle 50 € und erhält einen Beleg, auf dem die USt/Vorsteuer nicht gesondert ausgewiesen ist. Der Steuersatz ist angegeben.

Der Bruttobetrag von 50 € beinhaltet 19 % USt = 7,98 €.

Buchung:

Kfz-Kosten	42,02 € an	Kasse	50 €
VoSt	7,98 €		

8.3 Abschluss der Mehrwertsteuerkonten

8.3.1 Abschluss des Vorsteuerkontos

145 Zur Ermittlung der an das Finanzamt abzuführenden Umsatzsteuer (Zahllast) wird der Saldo auf dem Vorsteuerkonto mit Ablauf des Voranmeldungszeitraums (in der Regel monatlich) auf das Konto Umsatzsteuer übertragen.

Buchung: **Umsatzsteuerkonto an Vorsteuerkonto**

Die auf dem Umsatzsteuerkonto noch verbleibende Schuld ist nach § 18 UStG am 10. Tag nach Ablauf des Voranmeldungszeitraums bzw. 1 Monat nach Bekanntgabe des Jahressteuerbescheids fällig.

8.3.2 Abschluss des Umsatzsteuerkontos

146 Nach Übertragung des Vorsteuersaldos kann auch das Umsatzsteuerkonto abgeschlossen werden. Soweit die verbleibende Umsatzsteuerschuld am Bilanzstichtag noch nicht an das Finanzamt abgeführt wurde, ist sie in der Schlussbilanz auszuweisen. Der Buchungssatz für den Abschluss dieses Kontos lautet:

Umsatzsteuerkonto an Schlussbilanzkonto

BEISPIEL: ▶ Ein Unternehmer hat im Dezember 01 Waren für 10 000 € + 1 900 € USt auf Ziel eingekauft und sie für 15 000 € + 2 850 € USt auf Rechnung verkauft.

Die Mehrwertsteuerkonten — TEIL A

Der Wareneinkauf wurde gebucht:

1) Wareneinkauf	10 000 € an	Verbindlichkeiten	11 900 €
VoSt	1 900 €		

Der Warenverkauf war zu buchen:

2) Forderungen	17 850 € an	Warenverkauf	15 000 €
		USt	2 850 €

Anschließend ist die Vorsteuer auf das Umsatzsteuerkonto zu übertragen:

3) USt	1 900 € an	VoSt	1 900 €

Erst jetzt kann die noch an das Finanzamt abzuführende Umsatzsteuer (Zahllast) ermittelt werden. Dieser Betrag ist am Bilanzstichtag noch nicht abgeführt und muss daher in der Schlussbilanz ausgewiesen werden.

Buchung:

4) USt	950 € an	Schlussbilanzkonto	950 €

Darstellung der Sachkonten Vorsteuer und Umsatzsteuer:

VoSt				USt			
1)	1 900 €	1 900 €	3)	3)	1 900 €	2 850 €	2)
				4)	950 €		

Schlussbilanzkonto			
USt 4)	950 €		

Im folgenden Jahr wird das Konto Umsatzsteuer mit dem Anfangsbestand von 950 € im Haben neu eröffnet und bei Bezahlung dieser Umsatzsteuer an das Finanzamt am 10. 1. durch die Buchung:

Umsatzsteuer 950 € an Bank 950 €

ausgeglichen.

In Ausnahmefällen kann die anzurechnende Vorsteuer höher sein als die Umsatzsteuer aus Lieferungen und Leistungen. Aus der Zahllast wird dann eine Forderung (Erstattungsanspruch) gegenüber dem Finanzamt.

Die Abschlussbuchungen können auch in diesen Fällen unverändert durchgeführt werden.

BEISPIEL: Im vorhergehenden Fall hat der Unternehmer neben dem Wareneinkauf und -verkauf auch noch eine Maschine für 20 000 € + 3 800 € USt im Dezember 01 angeschafft und gebucht:

Maschinen	20 000 € an	sonst. Verb.	23 800 €
1) VoSt	3 800 €		

Die Abschlussbuchung für das Vorsteuerkonto lautet:

3) USt	5 700 € an	VoSt	5 700 €

während jetzt für den Abschluss des Umsatzsteuerkontos der Buchungssatz lauten muss:

4) Schlussbilanzkonto	2 850 € an	USt	2 850 €

Die Umsatzsteuer wird damit unter den Besitzposten in der Bilanz ausgewiesen, denn tatsächlich besteht in diesem Fall eine Forderung an das Finanzamt.

Diese Forderung wird im folgenden Jahr bei Eingang der Umsatzsteuer-Erstattung ausgeglichen durch die Buchung:

Bank   2 850 €   an   USt   2 850 €

Darstellung der Sachkonten Umsatzsteuer und Vorsteuer:

	VoSt			USt	
1)	1 900 €		3)	5 700 €	2 850 € 2)
1)	3 800 €	5 700 € 3)			2 850 € 4)

Schlussbilanzkonto

4) USt-Forderung   2 850 €

Kapitel 9: Die Warenkonten

9.1 Allgemeines

149 Bei allen Unternehmen, deren Tätigkeit vorwiegend auf den Handel mit Gütern ausgerichtet ist, zählt das Warenkonto zu den wichtigsten Konten in der Buchführung.

Bei den Buchungen auf diesem Konto muss beachtet werden, dass der Wareneinkauf und die Warenbestände zum Bilanzstichtag, die durch die Inventur ermittelt werden, jeweils mit den Anschaffungskosten (Einstandspreisen) zu erfassen sind, während die Warenverkäufe mit ihrem Verkaufspreis zu buchen sind.

150 Das bedeutet, dass für die **gleiche Warenmenge** beim Ein- und Verkauf auf einem einheitlichen Warenkonto **unterschiedliche Beträge** zu buchen sind. In der Praxis hat sich daher die Aufteilung des einheitlichen Warenkontos in ein **Wareneinkaufs-** und ein **Warenverkaufskonto** durchgesetzt und bewährt.

9.2 Wirtschaftliche Begriffe zum Warengeschäft

9.2.1 Wareneinsatz

151 Unter Wareneinsatz versteht man den Teil der Waren, die im laufenden Geschäftsjahr tatsächlich verkauft worden sind.

Dabei ist es unbeachtlich, ob die verkaufte Ware aus dem am Jahresbeginn schon vorhandenen Anfangsbestand oder aus den laufenden Zukäufen stammt.

152 Der Wareneinsatz lässt sich nach folgender **Formel** ermitteln:

Warenbestand am Anfang des Geschäftsjahres

+ Warenzukäufe im laufenden Geschäftsjahr

./. Warenbestand am Ende des Geschäftsjahres

./. Unentgeltliche Warenabgänge (z. B. Entnahmen, Verderb)

= Wareneinsatz

9.2.2 Wirtschaftlicher Umsatz

Unter dem wirtschaftlichen Umsatz versteht man die **Netto-Verkaufspreise** (ohne Umsatzsteuer) für die betrieblichen Leistungen. Sie ergeben sich in der Regel aus dem Konto Erlöse. Korrekturen sind vorzunehmen, wenn die Erlöse Einnahmen aus Hilfsgeschäften oder andere nicht betriebsgewöhnliche Leistungen enthalten, oder wenn die Erlöse um ungewöhnliche Minderungen (z. B. Forderungsverluste, Rabatte an Kunden) gekürzt worden sind. Bei Fertigungsbetrieben ist der wirtschaftliche Umsatz außerdem um die Netto-Verkaufspreise für die Endbestände an halbfertigen und fertigen Erzeugnissen zu erhöhen und um die entsprechenden Anfangsbestände zu vermindern, damit auch diese Leistungen periodengerecht dem Waren- und Materialeinsatz zugeordnet werden.

153

9.2.3 Der Rohgewinn

Der Rohgewinn ist der Unterschiedsbetrag zwischen dem wirtschaftlichen Umsatz und dem Wareneinsatz. Das ist die Handelsspanne zwischen den Netto-Einkaufspreisen und den Netto-Verkaufspreisen. Bezogen auf den einzelnen Warenposten wird er auch als Aufschlag bezeichnet.

154

Kauft ein Unternehmer einen Warenposten z. B. für netto 50 000 € ein und verkauft er diesen Warenposten für netto 60 000 € weiter, dann erzielt er einen Rohgewinn von 10 000 € oder, anders ausgedrückt, hat er den Warenposten mit einem Aufschlag von 10 000 € weiterverkauft.

9.2.4 Der Rohgewinnsatz und der Rohgewinnaufschlagsatz

Für den Betriebsvergleich hat der Rohgewinn in € ausgedrückt nur geringe Aussagekraft. Deshalb wird der tatsächliche Rohgewinn ins Verhältnis zu einer Bezugsgröße gesetzt. Dabei bieten sich sowohl der wirtschaftliche Umsatz als auch der Wareneinsatz an.

155

Wird der Rohgewinn **zum wirtschaftlichen Umsatz** ins Verhältnis gesetzt, erhält man den Rohgewinnsatz, der nach folgender **Formel** berechnet wird:

156

$$\frac{\text{Rohgewinn in €} \times 100}{\text{wirtschaftl. Umsatz}} = \text{Rohgewinnsatz in \%}$$

Für das vorstehende Beispiel würde sich somit ein Rohgewinnsatz von

$$\frac{10\,000\,€ \times 100}{60\,000\,€} = 16{,}67\,\% \text{ ergeben.}$$

Setzt man dagegen den Rohgewinn ins Verhältnis **zum Wareneinsatz,** so erhält man den Rohgewinnaufschlagsatz. Dieser berechnet sich nach der **Formel:**

$$\frac{\text{Rohgewinn in €} \times 100}{\text{Wareneinsatz}} = \text{Rohgewinnaufschlagsatz in \%}$$

Im vorstehenden Beispiel würde sich der Rohgewinnaufschlagsatz mit

$$\frac{10\,000\,€ \times 100}{50\,000\,€} = 20\,\% \text{ ergeben.}$$

9.3 Das einheitliche Warenkonto

157 Beim einheitlichen Warenkonto, das in der Praxis kaum noch anzutreffen ist, werden der Anfangsbestand und die Zugänge im Soll gebucht, während die Verkäufe (Abgänge) im Haben mit den Netto-Verkaufspreisen erfasst werden. Die Differenz zwischen den auf der Sollseite des Kontos gebuchten Einkaufspreisen und den auf der Habenseite des Kontos gebuchten Verkaufspreisen ist durch den Rohgewinnaufschlag bestimmt und würde dem Rohgewinn entsprechen, wenn ausnahmsweise kein Endbestand vorhanden wäre.

158 Ist ein Endbestand vorhanden, erhöht dieser den Rohgewinn, denn die gebuchten Verkaufserlöse müssen dann aus einem geringeren Wareneinsatz erzielt worden sein.

159 Der Abschluss des einheitlichen Warenkontos ist wie folgt durchzuführen:

Der inventurmäßig ermittelte Endbestand wird mit den Einstandspreisen an das Schlussbilanzkonto mit folgender Buchung übertragen:

Schlussbilanzkonto an Warenkonto

Der im Soll verbleibende Saldo = Rohgewinn wird auf das GuV-Konto übertragen mit der Buchung:

Warenkonto an GuV-Konto

Schematische Darstellung des einheitlichen Warenkontos:

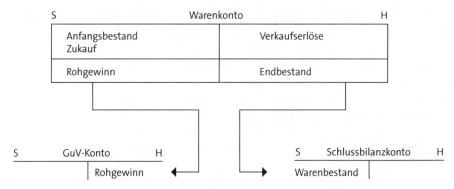

9.4 Die getrennten Warenkonten

160 Das einheitliche Warenkonto hat den Vorteil, dass sofort der Rohgewinn als Saldo in das GuV-Konto übernommen werden kann, vorausgesetzt allerdings, dass außer den Warenzukäufen und den Erlösen aus den Warenverkäufen keine oder nur wenige weitere Buchungen auf diesem Konto erfolgen.

161 In der Praxis werden jedoch in erheblichem Umfang sowohl die Einkaufs- als auch die Verkaufspreise nachträglich geändert durch Mängelrügen, Warenrücksendungen, Ra-

hatte, Boni, Skonti und sonstige Preisnachlässe. Man kann sich unschwer vorstellen, dass die Buchungen aller dieser Vorgänge auf **einem** Konto die Übersichtlichkeit außerordentlich beeinträchtigen würden – insbesondere, da diese Vorgänge teils die Einkaufspreise, teils die Verkaufserlöse verändern.

Das einheitliche Warenkonto wird deshalb aufgeteilt in ein Wareneinkaufskonto und ein Warenverkaufskonto.

9.4.1 Das Wareneinkaufskonto (WEK)

Auf diesem Konto erscheint zunächst der Warenanfangsbestand im **Soll**. Dazu kommen sämtliche Zukäufe im laufenden Geschäftsjahr mit dem Einkaufspreis plus Anschaffungsnebenkosten.

162

Im **Haben** werden nachträgliche Preisnachlässe der Lieferanten und Warenrücksendungen an Lieferanten ebenfalls mit den Einstandspreisen gebucht. Auch Warenentnahmen für private Zwecke können mit den Einstandspreisen im Haben gebucht werden.

163

Zum Bilanzstichtag wird der Warenendbestand durch Inventur ermittelt und ebenfalls im Haben ausgewiesen (mit den Einstandspreisen).

164

Der noch im Haben verbleibende Saldo ist der Teil der Waren, der im laufenden Geschäftsjahr in den Verkauf gelangte (Wareneinsatz). Das Wareneinkaufskonto ist damit ein typisches **gemischtes Konto**, da es sowohl einen Bestands- als auch einen Erfolgsteil umfasst.

165

Schema:

Wareneinkaufskonto	
Anfangsbestand	Rücksendungen, Preisnachlässe
Wareneinkäufe	Endbestand
	Saldo = Wareneinsatz

9.4.2 Das Warenverkaufskonto (WVK)

Im Gegensatz zum Wareneinkaufskonto erfolgen auf dem Warenverkaufskonto sämtliche Buchungen mit den Verkaufspreisen (netto ohne Umsatzsteuer). Die Warenverkäufe sind im Haben zu buchen und im Soll die Preisnachlässe, die den Kunden gewährt wurden, oder Warenrücksendungen von Kunden (Erlösminderungen). Am Jahresende verbleibt als Saldo der tatsächliche Verkaufserlös (netto ohne Umsatzsteuer).

166

Dieses Konto ist damit ein reines **Erfolgskonto**.

Schema:

Warenverkaufskonto	
Rücksendungen Preisnachlässe	Erlöse aus Warenverkauf
Saldo = Verkaufserlös	

9.4.3 Abschluss der getrennten Warenkonten

9.4.3.1 Der Nettoabschluss

167 Bei dieser Form wird der Wareneinsatz vom Wareneinkaufskonto auf das Warenverkaufskonto übertragen. Buchungssatz:

Warenverkauf an Wareneinkauf

Dadurch wird der Verkaufserlös = wirtschaftlicher Umsatz gemindert, sodass der Saldo auf dem Warenverkaufskonto dem Rohgewinn entspricht, der auf das GuV-Konto zu übertragen ist mit dem Buchungssatz:

Warenverkauf an GuV

Schema für den Nettoabschluss:

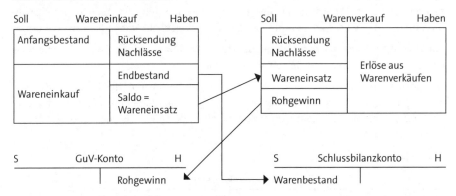

Beim Nettoabschluss erscheint also im GuV-Konto nur der Rohgewinn. Der Warenendbestand wird vom Wareneinkaufskonto direkt auf das Schlussbilanzkonto übertragen.

9.4.3.2 Der Bruttoabschluss

168 Bei diesem Abschluss wird der Wareneinsatz vom Wareneinkaufskonto nicht über das Warenverkaufskonto, sondern direkt auf das GuV-Konto übertragen. Als Folge davon werden vom Warenverkaufskonto die Erlöse ungemindert auf das GuV-Konto übertragen. Der Rohgewinn ergibt sich in diesem Fall aus dem GuV-Konto durch Gegenüberstellung des im Soll enthaltenen Wareneinsatzes und der Warenerlöse im Haben.

Für die Verprobung ist der Bruttoabschluss aussagekräftiger. Doch muss in Kauf genommen werden, dass damit einem fachkundigen Dritten Einsicht in die betriebliche Kalkulation ermöglicht wird.

Der Bruttoabschluss wird in der Praxis am häufigsten angewendet. Auch § 275 HGB schreibt grundsätzlich diese Form des Abschlusses vor.

Schema für den Bruttoabschluss: 169

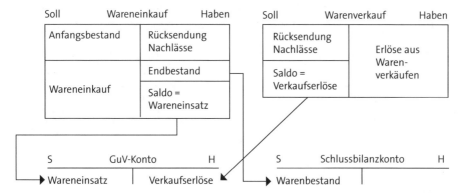

Beim Bruttoabschluss muss gebucht werden:

▶ für die Übertragung des Warenendbestands vom Wareneinkaufskonto auf das Schlussbilanzkonto:

Schlussbilanzkonto an Wareneinkauf

▶ für die Übertragung des Wareneinsatzes auf das GuV-Konto:

GuV-Konto an Wareneinkauf

▶ für die Übertragung der Verkaufserlöse auf das GuV-Konto:

Warenverkauf an GuV-Konto

9.5 Die Buchung der Erwerbsnebenkosten

Beim Einkauf von Waren hat der Unternehmer in der Regel neben dem eigentlichen Kaufpreis noch **Nebenkosten** zu entrichten, z. B. Zölle, Frachtkosten, Speditionsgebühren, Transportversicherungen usw. 170

Steuerlich zählen diese Nebenkosten zu den Anschaffungskosten der Ware (Einstandspreis), für die betriebliche Kalkulation möchte sie der Unternehmer gesondert erfassen.

Deshalb wird in der Praxis ein Unterkonto zum Wareneinkaufskonto eingerichtet, das diese Bezugsnebenkosten laufend aufnimmt und zum Jahresende über das Wareneinkaufskonto abgeschlossen wird. 171

Zu beachten ist dabei, dass der Warenendbestand um die anteiligen Bezugsnebenkosten erhöht wird.

> **BEISPIEL:** Ein Unternehmer hat einen Warenanfangsbestand von 10 000 €. Die Wareneinkäufe im laufenden Geschäftsjahr betragen 100 000 € (netto ohne USt), die Nebenkosten 5 000 €. Am Jahresende wurde ein Warenbestand von 20 000 € (ohne Nebenkosten) inventurmäßig ermittelt.
>
> Dieser Endbestand setzt sich ausschließlich aus den Einkäufen des laufenden Jahres zusammen. Die Nebenkosten verteilen sich gleichmäßig auf die Einkäufe.

172 Bei der Lösung ist zu beachten, dass der Warenendbestand von 20 000 € um die anteiligen Erwerbsnebenkosten (20 % von 5 000 €) von 1 000 € zu erhöhen ist. Danach stellt sich der Abschluss des Wareneinkaufs- und des Frachtkontos wie folgt dar:

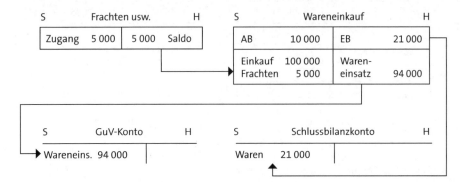

Würden die Erwerbsnebenkosten vom Konto Frachten direkt über das GuV-Konto abgeschlossen, würde der Wareneinsatz nur noch 89 000 € betragen und wäre damit um 5 000 € zu niedrig.

Beim **Erwerb von Anlagegütern** werden Erwerbsnebenkosten sofort mit dem angeschafften Wirtschaftsgut aktiviert und nicht erst auf Unterkonten gebucht. Von Bedeutung ist dies insbesondere beim Erwerb von abnutzbaren Wirtschaftsgütern wegen der Berechnung der Abschreibung.

BEISPIEL: Ein Unternehmer erwirbt ein bebautes Grundstück zum Kaufpreis von 100 000 €. Dazu kommen Maklerprovision 2 500 €, Notariatsgebühren 800 €, Grundbuchkosten 300 €. Die Grunderwerbsteuer trägt der Veräußerer.

Der Anschaffungsvorgang ist zu buchen:

Bebautes Grundstück   103 600 € an   Sonst. Verb.   103 600 €

9.6 Die Buchung von Preisnachlässen

173 Preisnachlässe werden im Geschäftsjahr sowohl beim Einkauf als auch beim Verkauf in unterschiedlicher Form gewährt.

9.6.1 Rabatte

174 Diese Preisnachlässe werden unter verschiedenen Bezeichnungen eingeräumt (z. B. Großhandelsrabatt, Mengenrabatt, Barzahlungsrabatt).

Da sie bereits in der Rechnung abgesetzt sind, ergeben sich keine besonderen Buchungsprobleme.

BEISPIEL: Ein Unternehmer erhält eine Warenlieferung mit folgender Rechnung:

1 000 Stück à 5 € =	5 000 €
./. 20 % Großhandelsrabatt =	1 000 €
Nettopreis	4 000 €

Die Warenkonten   TEIL A

+ 19 % USt   760 €
Rechnungsbetrag   4 760 €

Der Unternehmer hat zu buchen:

Wareneinkauf   4 000 € an   Verb.   4 760 €
VoSt   760 €

Häufig ist die ungekürzte Preisangabe (hier 5 € je Stück) lediglich eine Preisempfehlung für den Verkaufspreis.

9.6.2 Boni

Sie sind meist an eine bestimmte Mengenabnahme von Waren geknüpft und werden deshalb im Allgemeinen erst nachträglich gewährt.

Auch sie stellen eine Entgeltsminderung dar und haben deshalb eine Umsatzsteuer- bzw. eine Vorsteuerberichtigung zur Folge. Obwohl die von den Lieferanten gewährten Boni den Einstandspreis der eingekauften Waren mindern, werden sie nicht über das Wareneinkaufskonto, sondern über ein Ertragskonto gebucht und direkt über das GuV-Konto abgeschlossen.

BEISPIEL: Ein Lieferant erteilt am 20.1.02 eine Bonusgutschrift für die in 01 eingekaufte Ware mit 1 000 € + 190 € USt = 1 190 € und zahlt diese sofort aus.

Buchung:

Bank   1 190 € an   Bonierträge   1 000 €
                                      VoSt   190 €

Werden Boni an Kunden gewährt, ist entsprechend zu verfahren.

BEISPIEL: Einem Kunden wird am 20.1.02 eine Bonusgutschrift für abgenommene Menge Waren in 01 mit 1 200 € + 228 € USt = 1 428 € erteilt und sofort ausgezahlt.

Buchung:

Boniaufwand   1 200 € an   Bank   1 428 €
USt   228 €

9.6.3 Skonti

Hier handelt es sich um eine Kürzung des Rechnungsbetrags, die der Unternehmer seinem Abnehmer für kurzfristige Zahlung einräumt (z. B. 2 % bei Zahlung innerhalb von 2 Wochen).

Da Skontiabzüge prozentual vom Rechnungsbetrag berechnet werden, muss die darin enthaltene Umsatzsteuer bzw. Vorsteuer jeweils herausgerechnet werden. Im Zusammenhang mit dem Kauf von Anlagegütern werden Skonti direkt über das Anlagekonto gebucht.

BEISPIEL: Am 10.10.02 wurde eine Maschine zum Preis von 10 000 € + 1 900 € USt = 11 900 € erworben und am 20.10.02 mit 2 % Skonto vom Rechnungsbetrag = 238 €, der Restbetrag mit 11 662 € überwiesen.

Buchung am 10.10.02:

Maschine	10 000 €	an	Sonst. Verb.	11 900 €
VoSt	1 900 €			

Buchung am 20.10.02:

Sonst. Verb.	11 900 €	an	Bank	11 662 €
			Maschine	200 €
			VoSt	38 €

177 Dagegen werden Skonti im Zusammenhang mit Wareneinkäufen oder Warenverkäufen auf gesonderten Konten erfasst, die am Jahresende sinnvollerweise über die Warenkonten abzuschließen sind, damit der Wareneinsatz in der richtigen Höhe ermittelt werden kann.

BEISPIELE: Ein Unternehmer kauft bei seinem Lieferanten Ware ein und erhält folgende Rechnung: Einkaufspreis 40 000 € + 7 600 € USt = 47 600 € Rechnungsbetrag. Auf der Rechnung ist vermerkt: Bei Zahlung innerhalb 14 Tagen 3 % Skonto.

Der Unternehmer bezahlt innerhalb 14 Tagen unter Abzug von 3 % von 47 600 € = 1 428 € und überweist 46 172 €.

Bei Lieferung ist zu buchen:

Wareneinkauf	40 000 €	an	Verb.	47 600 €
VoSt	7 600 €			

Bei Überweisung lautet die Buchung:

Verb.	47 600 €	an	Bank	46 172 €
			Skontierträge	1 200 €
			VoSt	228 €

178 In diesem Fall wird durch die Inanspruchnahme des Skontoabzugs das Entgelt für den Wareneinkauf und damit auch die Vorsteuer gemindert.

Räumt der Unternehmer seinen Kunden entsprechende Skontoabzüge ein, vermindern sich seine Erlöse und die Umsatzsteuer.

BEISPIEL: Ein Unternehmer verkauft Ware und stellt dem Kunden folgende Rechnung: Verkaufspreis 50 000 € + 9 500 € USt = 59 500 €.

Der Kunde bezahlt durch Überweisung innerhalb 3 Wochen mit 2 % Skonto von 59 500 € = 1 190 €.

Der Verkauf der Ware war zu buchen:

Ford.	59 500 €	an	Warenerlöse	50 000 €
			USt	9 500 €

Bei Eingang der Überweisung von 59 500 € ./. 1 190 € = 58 310 € war zu buchen:

Skontiaufwand	1 000 €	an	Ford.	59 500 €
USt	190 €			
Bank	58 310 €			

Häufig werden die Skontierträge (oder Lieferskonti) und die Skontiaufwendungen (Kundenskonti) auch brutto, d. h. ohne Herausrechnung der Umsatzsteuer bzw. Vorsteuer gebucht. Dann muss spätestens am Monatsende die Buchung der Umsatzsteuer/Vorsteuer erfolgen.

Die Erfolgskonten Skontiaufwand und Skontierträge können entweder direkt auf das GuV-Konto oder über die Konten Wareneinkauf oder Warenverkauf abgeschlossen werden.

Der Abschluss über die Warenkonten ist vorzuziehen, da Skonto steuerlich die Anschaffungskosten bzw. die Verkaufserlöse mindern und bei der Wertermittlung des Warenendbestands entsprechend zu berücksichtigen sind.

> **BEISPIEL:** Der Warenanfangsbestand des Unternehmers betrug 30 000 €. Der Wareneinkauf wurde mit 200 000 € netto gebucht. Durch kurzfristige Zahlungen der im laufenden Jahr eingekauften Waren sind 4 000 € Skontierträge ausgewiesen. Der Warenendbestand betrug 20 000 € und setzt sich ausnahmslos aus den Einkäufen des laufenden Jahres zusammen (ohne Berücksichtigung der anteiligen Skonti).

Beim Abschluss über das Wareneinkaufskonto ergibt sich folgendes Bild:

S	Wareneinkauf		H		S	Skontierträge		H
AB	30 000	Skonti	4 000	←	Saldo	4 000	Zugang	4 000
		EB	19 600					
Zugang	200 000	Waren-einsatz	206 400					

Die Skontierträge sind mit der Buchung:

Skontierträge 4 000 € an Wareneinkauf 4 000 €

abzuschließen. Sie mindern die Einstandspreise und sind bei der Wertermittlung für den Warenendbestand mit $1/10$ (Verhältnis Wareneinkauf zu Endbestand) zu berücksichtigen.

9.6.4 Sonstige Entgeltsminderungen

Neben den bereits besprochenen Vorgängen ergeben sich in der Praxis Entgeltsminderungen dadurch, dass der Unternehmer oder der Kunde die gelieferte Ware wegen mangelhafter Qualität reklamiert.

Soweit diese Reklamationen berechtigt sind, bieten sich drei Lösungen an:

a) entweder wird die fehlerhafte Ware umgetauscht

b) oder ersatzlos zurückgegeben, evtl. gegen Rückzahlung des Geldbetrags,

c) oder es wird ein Preisnachlass gewährt.

Wird im Fall a) die fehlerhafte Ware ohne Preisänderung gegen eine einwandfreie Ware umgetauscht, ist insoweit keine Buchung vorzunehmen. Der Unternehmer wird versuchen, die mit einem Fehler behaftete Ware entweder mit reduziertem Preis erneut zu verkaufen oder sie an seinen Lieferanten zurückzugeben.

Im Fall b) wird die Lieferung des Lieferanten rückgängig gemacht. Dies verdeutlicht auch die vorzunehmende Buchung:

Verbindlichkeiten an Wareneinkauf und Vorsteuer

Dadurch wird die ursprüngliche Buchung des Wareneinkaufs in vollem Umfang storniert. Man nennt solche Buchungen Stornobuchungen.

Gibt ein Kunde die an ihn gelieferte Ware zurück, müsste die Buchung lauten:

Warenerlöse und Umsatzsteuer an Forderungen

Manche Unternehmer buchen die zu Recht wegen Mängeln zurückgegebenen Waren durch die Kunden auf ein Unterkonto zum Warenverkaufskonto, um bei Rücksendungen größeren Umfangs entsprechende Gegenmaßnahmen ergreifen zu können.

183   Wird dagegen wie im Fall c) ein Preisnachlass gewährt, wird die Entgeltsminderung direkt über die Warenkonten gebucht und die Umsatzsteuer bzw. Vorsteuer entsprechend gemindert.

> **BEISPIEL:** Unternehmer verkauft an einen Kunden Ware mit folgender Rechnung: Verkaufspreis 40 000 € + 7 600 USt = 47 600 €. Der Verkauf wird gebucht:
>
> Ford.   47 600 €   an   Warenerlöse   40 000 €
>   USt   7 600 €
>
> Kurze Zeit später reklamiert der Kunde mangelhafte Qualität und verlangt einen 20%igen Preisnachlass oder Rücknahme der Ware.
>
> Nach langen Verhandlungen werden dem Kunden 10 % Preisnachlass vom Rechnungsbetrag mit 47 600 € = 4 760 € eingeräumt.
>
> Der Unternehmer hat diesen Preisnachlass zu buchen:
>
> Warenerlöse   4 000 €   an   Ford.   4 760 €
> USt   760 €

9.7 Die Buchung von Warenentnahmen, Warenverderb oder Schwund

9.7.1 Warenentnahmen

184   Werden Waren vom Unternehmer aus dem Betrieb **für private Zwecke** entnommen (z. B. Lebensmittel für den Haushalt), dann liegt nach § 4 Abs. 1 EStG eine Entnahme vor, die nach § 6 Abs. 1 Nr. 4 EStG mit dem Teilwert anzusetzen ist und nach § 3 Abs. 1b UStG der Umsatzsteuer unterliegt.

Nach § 12 Nr. 3 EStG ist auch diese Umsatzsteuer als Entnahme zu buchen.

185   Für die Verbuchung der Warenentnahmen wird regelmäßig das Konto „unentgeltliche Wertabgabe" (mit einem Zusatz des Umsatzsteuersatzes) als Gegenkonto verwendet. Wird als Gegenkonto das Konto Wareneinkauf angesprochen, ist im Ergebnis der Wareneinsatz richtig ermittelt, solange der anzusetzende Teilwert mit den Einstandspreisen übereinstimmt. Liegt der Teilwert dagegen höher oder niedriger, wird der Wareneinsatz verfälscht.

186   Gelegentlich werden die Warenentnahmen auch als fiktiver Warenverkauf betrachtet und auf dem Konto Warenverkauf gebucht. Das führt im Ergebnis zwar zum richtigen Gewinn, aber der Wareneinsatz ist in jedem Fall unrichtig, ebenso die tatsächlichen

Warenerlöse. Am häufigsten ist aber die Buchung auf dem Konto uWA (s.o.), das als Ertragskonto geführt wird.

BEISPIEL: Der Unternehmer hat aus seinem Betrieb für private Zwecke Waren mit dem Teilwert von 2 000 € entnommen, die dem normalen Umsatzsteuersatz von 19% unterliegen. Buchung:

Privatentnahme	2 380 €	an	uWA 19%	2 000 €
			USt	380 €

Zum Jahresende wird das Konto uWA wie jedes andere Erlöskonto über das GuV-Konto abgeschlossen mit dem Buchungssatz:

uWA an GuV.

9.7.2 Warenverderb, Schwund

Gelangen eingekaufte Waren deshalb nicht in den Verkauf, weil sie im Betrieb durch Verderb, Schwund oder gar durch Diebstahl untergegangen sind, ist eine Ausbuchung aus dem Wareneinkaufskonto nur zur Richtigstellung des Wareneinsatzes erforderlich. Von der Gewinnauswirkung her gesehen ist eine solche Umbuchung neutral. Als Gegenkonto wird dabei meist das Konto sonstige betriebliche Aufwendungen angesprochen.

187

BEISPIEL: Einem Unternehmer sind infolge falscher Lagerung Waren mit einem Einkaufspreis von 7 500 € verdorben und mussten aussortiert werden.

Er kann buchen:

S. b. Aufwand	7 500 €	an	Wareneinkauf	7 500 €

Der Wareneinsatz und der Rohgewinn sind damit richtig gestellt. Die Buchung hat keine Gewinnauswirkung und auch keine Auswirkung auf die Umsatzsteuer oder Vorsteuer.

FRAGEN

188

		Rdn.
1.	Welche Arten von Konten kennen Sie?	109 ff.
2.	Wie unterscheiden sich Konto und Gegenkonto?	118
3.	Wie (und wohin) werden die einzelnen Konten abgeschlossen?	124 ff.
4.	Wie (und wohin) werden die Umsatzsteuerkonten abgeschlossen?	145 ff.
5.	Welche Warenkonten kennen Sie, wenn kein einheitliches Warenkonto verwendet werden soll? Wohin werden sie abgeschlossen?	160 ff.
6.	Welche sachlichen Größen findet man auf dem Waren-Einkaufskonto?	162 ff.
7.	Welche sachlichen Größen findet man auf dem Waren-Verkaufskonto?	166
8.	Wie sind Warenentnahmen für private Zwecke zu buchen?	184

(Einstweilen frei)   189–199

Kapitel 10: Buchungen zum Jahresabschluss

10.1 Allgemeines

200 Vor Durchführung des unter Kapitel 7 besprochenen Kontenabschlusses sind auf den Sachkonten häufig noch Korrekturen vorzunehmen, die sich aus handels- oder steuerrechtlichen Gewinnermittlungsvorschriften ergeben.

Dabei kann es sich um den steuerlich vorgeschriebenen Wertansatz bei den Bestandskonten (z. B. Abschreibungen, Teilwertansatz), um die Abgrenzung von betrieblichem und privatem Aufwand bei den Erfolgskonten (z. B. Anteil für private Pkw-Nutzung) oder um die periodengerechte Gewinnermittlung (z. B. Rechnungsabgrenzungen) handeln.

201 Diese Korrekturen werden durch sog. **vorbereitende Abschlussbuchungen** vorgenommen.

Wie den Abschlussbuchungen selbst, liegen auch diesen vorbereitenden Abschlussbuchungen keine Geschäftsvorfälle zu Grunde. Es handelt sich lediglich um interne Buchungen, für die aber selbstverständlich die allgemeinen Buchungsregeln gelten (z. B. Summe der Sollbuchungen = Summe der Habenbuchungen).

10.2 Die Buchung der Abschreibungen

202 Für Wirtschaftsgüter i. S. d. § 6 Abs. 1 Nr. 1 EStG ist vorgeschrieben, dass sie in der Schlussbilanz mit ihren Anschaffungs- oder Herstellungskosten, vermindert um die Absetzung für Abnutzung (AfA) nach § 7 EStG anzusetzen sind. Die Buchung dieser AfA wird im Rahmen der vorbereitenden Abschlussbuchungen **direkt**, d. h. durch Minderung des abzuschreibenden Wirtschaftsguts, vorgenommen.

> **BEISPIEL:** Ein Unternehmer hat zu Beginn des Geschäftsjahres eine Maschine zum Preis von 40 000 € + 7 600 € USt gekauft und gebucht:
>
> | Maschine | 40 000 € | an | sonst. Verb. | 47 600 € |
> |---|---|---|---|---|
> | VoSt | 7 600 € | | | |
>
> Nach § 7 EStG beträgt die AfA für diese Maschine jährlich 20 % von den Anschaffungskosten mit 40 000 € = 8 000 € (Nutzungsdauer 5 Jahre).
> Diese AfA ist zum Jahresabschluss zu buchen:
>
> | AfA | 8 000 € | an | Maschine | 8 000 € |
> |---|---|---|---|---|
>
> Das Bestandskonto Maschine vermindert sich um 8 000 € und ist mit seinem Saldo von 32 000 € in die Bilanz zu übernehmen. Gleichzeitig erhöht sich das Aufwandskonto AfA, was letztlich zu einer entsprechenden Minderung des Kapitalkontos führt.

203 Nach § 6 Abs. 1 Nr. 2 EStG kann auch bei anderen Wirtschaftsgütern ein Wertansatz, der auf Dauer unter den Anschaffungs- oder Herstellungskosten liegt, in der Schlussbilanz vorzunehmen sein.

Auch in diesen Fällen muss der im Bestandskonto ausgewiesene Betrag durch eine sog. **Teilwertabschreibung** im Rahmen der vorbereitenden Abschlussbuchungen berichtigt werden.

> **BEISPIEL:** Ein Unternehmer weist seit Jahren ein unbebautes Grundstück mit seinen ursprünglichen Anschaffungskosten von 80 000 € in der Bilanz aus. Im Laufe des Geschäftsjahres wurde bekannt, dass in der Nähe eine Sondermülldeponie eröffnet wird. Der Wert des Grundstücks sinkt daher nachhaltig auf 50 000 €.
>
> Diese Wertminderung ist zum Jahresabschluss zu buchen:
>
> Teilwertabschreibung   30 000 € an   Grundstück   30 000 €

10.3 Buchungen zur Abgrenzung der betrieblichen von der privaten Sphäre

10.3.1 Private Pkw-Nutzung

10.3.1.1 Allgemeines

Auch betriebliche Fahrzeuge werden in der Regel hin und wieder privat genutzt. Nach § 6 Abs. 1 Nr. 4 EStG wird dieser private Nutzungsanteil bei Pkws, die zu mehr als 50 % betrieblich genutzt werden, mit 1 % des Listenpreises angesetzt, wenn kein besonderer Nachweis geführt wird.

Der Unternehmer müsste streng genommen bei Buchung aller Kosten sofort eine Aufteilung in den betrieblichen und den privaten Anteil vornehmen und den entsprechenden Konten belasten.

Dies würde zu einem unverhältnismäßig hohen Aufwand an Arbeitszeit und Kosten führen. Deshalb ist es zugelassen, dass diese Abgrenzung erst im Rahmen der vorbereitenden Abschlussbuchungen vorgenommen wird. Der private Nutzungsanteil ist mit dem Nettowert auf dem Konto „unentgeltliche Wertabgaben" („uWA") im Haben zu erfassen.

Die private Nutzung wird nach § 3 Abs. 9a UStG als unentgeltliche Wertabgabe umsatzbesteuert und die sich daraus ergebende Umsatzsteuer als Entnahme gebucht.

Zur Bemessungsgrundlage gehören aber nur die Aufwendungen, bei denen ein VoSt-Abzug möglich war, also z. B. nicht Versicherung und Steuern.

Die AfA gehört nur dann zur Bemessungsgrundlage, wenn bei Anschaffung des Fahrzeugs ein VoSt-Abzug zulässig war.

In die Berechnung der anteiligen privaten Nutzung sind grundsätzlich **sämtliche** durch den Pkw veranlassten Aufwendungen (einschl. AfA) einzubeziehen. Dabei kann der Unternehmer aus Vereinfachungsgründen die 1-%-Regelung des § 6 Abs. 1 Nr. 4 EStG übernehmen und für die nicht mit Vorsteuer belasteten Kosten einen pauschalen Abschlag mit 20 % vornehmen. Er kann aber auch das Verhältnis der privat zu den betrieblich gefahrenen km durch ein Fahrtenbuch nachweisen.

> **BEISPIEL:** Ein Unternehmer hat im laufenden Jahr für seinen Pkw folgende Aufwendungen gebucht:
>
> Laufende Kosten, wie Benzin, Öl, kleinere Reparaturen, Inspektionen usw., mit 6 000 € + 1 140 € USt. Steuer und Versicherung mit 1 200 €, außerdem hat er bereits die AfA mit 8 000 € im Rahmen der vorbereitenden Abschlussbuchungen richtig gebucht. Der Pkw wurde laut Fahrtenbuch zu 20 % privat genutzt.

Folgende vorbereitende Abschlussbuchung ist vorzunehmen:

Privatentnahme	3 800 €	an	Kfz-Kosten	1 200 €
			Kfz-Vers./-Steuer	468 €
			AfA	1 600 €
			USt	532 €

207–210 *(Einstweilen frei)*

10.3.1.2 Zuordnung zum Unternehmen

211 Ein Fahrzeug kann nur dem Unternehmen zugeordnet werden, wenn es zu mindestens 10 % für unternehmerische Zwecke verwendet wird, § 15 Abs. 1 Satz 2 UStG.

Ein Fahrzeug, das zu mindestens 10 % für unternehmerische Zwecke verwendet wird, kann der Unternehmer ganz oder teilweise dem Unternehmensvermögen zuordnen.

212 Hat der Unternehmer ein erworbenes Fahrzeug, das sowohl für unternehmerische als auch für nichtunternehmerische Zwecke genutzt wird, zulässigerweise insgesamt seinem Unternehmen zugeordnet, kann er die auf die Anschaffungskosten des Fahrzeugs entfallenden Vorsteuerbeträge abziehen (§ 15 Abs. 1 Satz 1 Nr. 1 UStG). Die nichtunternehmerische Nutzung unterliegt unter den Voraussetzungen des § 3 Abs. 9a Nr. 1 UStG als unentgeltliche Wertabgabe der Besteuerung.

10.3.1.3 Nicht dem Unternehmen zugeordnete Fahrzeuge

213 Kann der Unternehmer ein Fahrzeug dem Unternehmen nicht nach § 15 Abs. 1 Satz 2 UStG zuordnen, weil er es zu weniger als 10 % für sein Unternehmen nutzt, steht ihm aus den Anschaffungs- oder Herstellungskosten kein Vorsteuerabzug zu. Die Zuordnungsbeschränkung des § 15 Abs. 1 Satz 2 UStG erstreckt sich jedoch nicht auf die Leistungen, die der Unternehmer im Zusammenhang mit dem Betrieb des Fahrzeugs bezieht. Der Unternehmer kann deshalb unter den übrigen Voraussetzungen des § 15 UStG z. B. Vorsteuerbeträge aus Benzin- und Wartungskosten im Verhältnis der unternehmerischen zur nichtunternehmerischen Nutzung abziehen. Vorsteuerbeträge, die unmittelbar und ausschließlich auf die unternehmerische Verwendung des Fahrzeugs entfallen, z. B. Vorsteuerbeträge aus Reparaturaufwendungen in Folge eines Unfalls während einer unternehmerisch veranlassten Fahrt, können unter den übrigen Voraussetzungen des § 15 UStG in voller Höhe abgezogen werden.

10.3.1.4 Besteuerung der nichtunternehmerischen Nutzung eines dem Unternehmen zugeordneten Fahrzeugs

214 Die nichtunternehmerische Nutzung eines dem Unternehmen zugeordneten Fahrzeugs ist unter den Voraussetzungen des § 3 Abs. 9a Nr. 1 UStG als unentgeltliche Wertabgabe der Besteuerung zu unterwerfen. Als Bemessungsgrundlage sind dabei nach dem Gesetzeswortlaut des § 10 Abs. 4 Satz 1 Nr. 2 UStG die Ausgaben anzusetzen, soweit sie zum vollen oder teilweisen Vorsteuerabzug berechtigt haben. Zur Ermittlung der Kos-

ten, die zu Ausgaben werden, vgl. grundsätzlich BMF v. 2.1.2014, BStBl 2014 I 119 mit weitern Nachweisen.

Exkurs zum EURLUmsG: 215

Mit dem Gesetz zur Umsetzung von EU-Richtlinien in nationales Steuerrecht und zur Änderung weiterer Vorschriften (EURLUmsG) v. 9.12.2004 (BGBl 2004 I 3310) wurde der Wortlaut des § 10 Abs. 4 Nr. 2 und Nr. 3 UStG entsprechend angepasst!

10.3.1.5 Wahlrechte

Zur Ermittlung der Ausgaben, die auf die nichtunternehmerische Nutzung eines dem Unternehmen zugeordneten Fahrzeugs entfallen, hat der Unternehmer die Wahl zwischen drei Methoden: 216

- ▶ **1 %-Regelung** (1 % vom Bruttolistenpreis ./. 20 % + 19 %)
- ▶ Fahrtenbuchregelung
- ▶ Schätzung des nichtunternehmerischen Nutzungsanteils

Konnte der Unternehmer bei der Anschaffung eines dem Unternehmen zugeordneten Fahrzeugs keinen Vorsteuerabzug vornehmen (z. B. Erwerb von einem Nichtunternehmer), sind nur die vorsteuerbelasteten Unterhaltskosten zur Ermittlung der Bemessungsgrundlage heranzuziehen.

10.3.1.6 Miete oder Leasing von Fahrzeugen

Die auf die Miete, Mietsonderzahlung, Leasingraten und Unterhaltskosten eines angemieteten oder geleasten Fahrzeugs entfallenden Vorsteuern, das der Unternehmer sowohl unternehmerisch als auch für nichtunternehmerische Zwecke verwendet, sind grundsätzlich nach dem Verhältnis von unternehmerischer und nichtunternehmerischer Nutzung in einen abziehbaren und einen nichtabziehbaren Anteil aufzuteilen. In diesem Fall entfällt eine Besteuerung der nichtunternehmerischen Nutzung. Aus Vereinfachungsgründen kann der Unternehmer jedoch auch den Vorsteuerabzug aus der Miete bzw. den Leasingraten und den Unterhaltskosten in voller Höhe vornehmen und die nichtunternehmerische Nutzung nach den allgemeinen Regelungen besteuern. 217

(Einstweilen frei) 218–262

10.4 Die Buchung der nichtabzugsfähigen Betriebsausgaben nach § 4 Abs. 5 EStG

§ 4 Abs. 5 EStG ist keine Vorschrift zur Abgrenzung der betrieblichen von der privaten Sphäre, sondern zur Abgrenzung von abzugsfähigen und nicht abzugsfähigen Betriebsausgaben. 263

Dies wird auch in R 4.10 Abs. 1 Satz 3 EStR zum Ausdruck gebracht, wonach diese nichtabzugsfähigen Betriebsausgaben **keine Entnahmen** sind.

Die Buchung erfolgt auf einem gesonderten Konto „nichtabzugsfähige Betriebsausgaben", damit die Aufzeichnungspflicht des § 4 Abs. 7 EStG erfüllt ist und am Jahresende der steuerliche Gewinn richtig ermittelt werden kann.

264 Sind nichtabzugsfähige Betriebsausgaben nicht vom Zeitpunkt ihrer Entstehung an gesondert aufzuzeichnen, kann die entsprechende Korrektur im Rahmen der vorbereitenden Abschlussbuchungen erfolgen (z. B. Aufwendungen i. S. d. § 4 Abs. 5 Nr. 6 EStG).

10.5 Die Buchung von Rechnungsabgrenzungen, sonstigen Forderungen und sonstigen Verbindlichkeiten

10.5.1 Allgemeines

265 Der Grundsatz der **periodengerechten Gewinnermittlung** nach § 252 HGB gebietet es, dass Aufwand und Ertrag in den Wirtschaftsjahren zu erfassen sind, in denen sie dem Grunde nach entstanden sind.

Ohne Bedeutung ist es dabei, wann sie tatsächlich zugeflossen oder abgeflossen sind (anders bei der Gewinnermittlung nach § 4 Abs. 3 EStG).

266 In der Praxis werden aber häufig Beträge vereinnahmt oder verausgabt, die ganz oder teilweise ein anderes Wirtschaftsjahr betreffen, im Zeitpunkt des Eingangs oder Ausgangs jedoch bereits auf den Aufwands- oder Ertragskonten verbucht werden. Auch diese Gewinnberichtigungen erfolgen im Rahmen der vorbereitenden Abschlussbuchungen.

10.5.2 Rechnungsabgrenzungen

267 Werden im laufenden Jahr ganz oder zum Teil **Ausgaben** getätigt, die wirtschaftlich betrachtet Aufwand des kommenden Jahres darstellen, darf der Teil der Ausgabe, die das kommende Jahr betrifft, den Gewinn des laufenden Jahres nicht mindern (§ 5 Abs. 5 EStG).

BEISPIEL: Im Dezember 01 wird die betriebliche Miete für den Monat Januar 02 überwiesen und gebucht:

Mietaufwand   2 000 € an   Bank   2 000 €

Damit ist der Gewinn 01 um 2 000 € gemindert, obwohl diese Mietzahlung für 02 erfolgte, d. h. wirtschaftlich betrachtet Aufwand des Jahres 02 sein muss.

Daraus folgt:
Die gewinnmindernde Buchung im Dezember 01 muss rückgängig gemacht werden. Das kann bei dem Aufwandskonto Mietaufwand durch eine Gegenbuchung im „Haben" erfolgen. Beim Bestandskonto Bank ist Entsprechendes nicht möglich, denn schließlich ist das Geld im Dezember 01 durch die Überweisung tatsächlich abgeflossen.

Deshalb wird zum Ausgleich für das geminderte Bankkonto ein „Ersatzposten" auf der Aktivseite der Bilanz ausgewiesen, nämlich das Bestandskonto Aktive Rechnungsabgrenzungen (aktive RAP).

268 In unserem Beispiel ist daher im Rahmen der vorbereitenden Abschlussbuchungen folgende Zusatzbuchung erforderlich:

Aktive RAP 2 000 € an Mietaufwand 2 000 €

Im folgenden Jahr wird dieser Rechnungsabgrenzungsposten durch folgende Buchung aufgelöst:

Mietaufwand 2 000 € an Aktive RAP 2 000 €

Im Ergebnis wird damit der Mietaufwand erst in 02 gewinnmindernd gebucht, obwohl die Zahlung tatsächlich in 01 erfolgt ist.

Bei **Einnahmen**, die bereits im laufenden Jahr zugeflossen sind, aber wirtschaftlich ganz oder zum Teil erst das kommende Jahr betreffen, wird entsprechend den vorstehenden Ausführungen auf der Passivseite der Bilanz ein passiver Rechnungsabgrenzungsposten (passiver RAP) ausgewiesen.

269

BEISPIEL: Ein Unternehmer erhält am 1.12.01 eine Vorauszahlung für die betriebliche Miete vom Dezember 01 bis einschl. Februar 02 mit 3 000 € überwiesen und hat gebucht:

Bank 3 000 € an Mieterträge 3 000 €

Diese Buchung führt in 01 zu einer Gewinnerhöhung von 3 000 €, obwohl wirtschaftlich betrachtet nur 1 000 € auf das Jahr 01 und 2 000 € auf das Jahr 02 entfallen. Folgende vorbereitende Abschlussbuchung ist durchzuführen:

Mieterträge 2 000 € an passive RAP 2 000 €

Damit wird die Ertragsbuchung von 3 000 € um 2 000 € storniert und die durch die Erhöhung des Bestandskontos Bank um 3 000 € eingetretene Betriebsvermögenserhöhung durch diesen Passivposten ebenfalls um 2 000 € vermindert.

Auch hier wird im folgenden Jahr durch die Buchung:

Passive RAP 2 000 € an Mieterträge 2 000 €

der Rechnungsabgrenzungsposten aufgelöst und der Gewinn 02 um 2 000 € erhöht.

Voraussetzung für die Bildung eines RAP ist, dass die Einnahmen bzw. Ausgaben Aufwand oder Ertrag für einen eindeutig bestimmbaren Zeitraum nach dem Bilanzstichtag darstellen.

270

Keine Rechnungsabgrenzung ist vorzunehmen, wenn Ausgaben getätigt werden, von denen lediglich für die Zukunft ein Nutzen erwartet wird (z. B. bei Kosten für die Werbung).

10.5.3 Sonstige Forderungen und sonstige Verbindlichkeiten

Sind im umgekehrten Fall Einnahmen erst **im folgenden Jahr** zugeflossen, obwohl sie wirtschaftlich Ertrag im laufenden Jahr darstellen, oder werden Ausgaben erst im folgenden Jahr getätigt, obwohl sie Aufwand des laufenden Jahres sind, dann sind in der Schlussbilanz des laufenden Wirtschaftsjahres sonstige Forderungen bzw. sonstige Verbindlichkeiten nach den allgemeinen Bilanzierungsgrundsätzen auszuweisen.

271

Auch hier gilt das Prinzip der periodengerechten Gewinnermittlung, d. h. Aufwand und Ertrag sollen den Gewinn in dem Jahr beeinflussen, dem sie wirtschaftlich zuzuordnen sind, ohne Rücksicht auf den Zeitpunkt ihrer Vereinnahmung bzw. Verausgabung.

272

> **BEISPIEL:** Ein Unternehmer hat am 1.7.01 ein Darlehen über 100 000 € zum Zinssatz von 8 % aufgenommen. Laut Vertrag sind die Zinsen jeweils halbjährlich nachschüssig zu entrichten, erstmalig am 2.1.02.
>
> Der Unternehmer überweist am 2.1.02 die Zinsen für den Zeitraum 1.7. – 31.12.01 und bucht:
>
> Zinsaufwand   4 000 € an   Bank   4 000 €
>
> In 01 hatte er diesbezüglich keine Buchung vorgenommen. Die Buchung des Unternehmers hat zur Folge, dass in 02 der Gewinn um 4 000 € vermindert wurde, obwohl die Zinsen voll in 01 entstanden und in 01 gewinnmindernd zu buchen sind.
>
> Zur periodengerechten Gewinnermittlung ist daher in 01 folgende vorbereitende Abschlussbuchung vorzunehmen:
>
> Zinsaufwand   4 000 € an   sonst. Verb.   4 000 €
>
> und bei Zahlung am 2.1.01:
>
> Sonst. Verb.   4 000 € an   Bank   4 000 €

273 Bei **Einnahmen**, die erst im kommenden Jahr zufließen, aber wirtschaftlich betrachtet dem laufenden Jahr zuzurechnen sind, ist dementsprechend eine sonstige Forderung auszuweisen.

> **BEISPIEL:** Ein Unternehmer hat einem Arbeitnehmer am 1.9.01 ein Darlehen von 20 000 € gewährt. Die Zinsen betragen 6 % und sind jeweils nach Ablauf von $1/2$ Jahr fällig.
>
> Auch hier würde die Buchung erst bei Zahlung der Zinsen am 1.3.02 mit: Bank 600 € an Zinserträge 600 € sowohl für 01 als auch für 02 einen falschen Gewinn ergeben.
>
> Es muss daher der Anteil des Zinsertrags, der wirtschaftlich in 01 fällt (4 Monate vom Jahreszins mit 1 200 € = 400 €), im Rahmen der vorbereitenden Abschlussbuchungen wie folgt gebucht werden:
>
> Sonst. Ford.   400 € an   Zinserträge   400 €
>
> und bei Überweisung am 1.3.02:
>
> Bank   600 € an   Sonst. Ford.   400 €
>   Zinserträge   200 €
>
> Damit sind die Erträge den Jahren 01 und 02 richtig zugeordnet, obwohl die Einnahmen erst 02 zugeflossen sind.

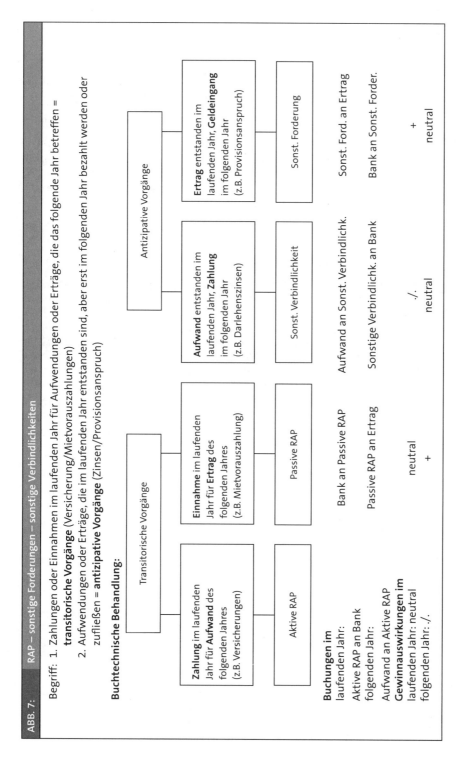

ABB. 7: RAP – sonstige Forderungen – sonstige Verbindlichkeiten

10.6 Rückstellungen

275 Ist im abgelaufenen Jahr ein Aufwand bzw. Verlust dem Grunde nach **verursacht** worden, von dem am Bilanzstichtag aber noch nicht feststeht, wann und in welcher Höhe der Unternehmer zur Kasse gebeten wird (Betriebsausgaben entstehen), dann hat der Unternehmer in seiner Bilanz eine Rückstellung als Passivposten auszuweisen.

276 Voraussetzung ist, dass er am Bilanzstichtag ernsthaft mit einer Inanspruchnahme rechnen muss.

Die Höhe der Rückstellung ist dabei ggf. zu schätzen. Im Unterschied zu den sonstigen Verbindlichkeiten, bei denen Höhe und Fälligkeit bekannt sind, muss bei den Rückstellungen die Höhe geschätzt werden. Bezüglich der Fälligkeit besteht sogar Ungewissheit, ob sie überhaupt eintritt.

Rückstellungen dienen ebenfalls der periodengerechten Gewinnermittlung. Sie sind als vorbereitende Abschlussbuchung mit folgendem Buchungssatz zu erfassen:

Aufwandskonto an Rückstellungen

277 **BEISPIEL:** Im November 01 wurde der Unternehmer wegen einer Patentverletzung auf Zahlung von 100 000 € Schadensersatz verklagt. Am Bilanzstichtag war der Ausgang des Prozesses noch völlig ungewiss.

Zwar ist am Bilanzstichtag noch offen, in welcher Höhe und ob der Unternehmer Schadensersatz leisten muss. Nach dem Vorsichtsprinzip ist jedoch bereits in der Schlussbilanz des laufenden Jahres eine Rückstellung in Höhe von 100 000 € einzustellen, denn durch die Patentverletzung ist der voraussichtliche Aufwand dem Grunde nach verursacht und infolge Klageerhebung muss der Unternehmer ernsthaft mit der Inanspruchnahme rechnen.

Somit ist folgende vorbereitende Abschlussbuchung vorzunehmen:

s. b. Aufwand 100 000 € an Rückstellung 100 000 €

Diese Rückstellung ist mit Rechtskraft des Urteils aufzulösen. Dabei sind folgende Fälle denkbar:

a) Der Unternehmer muss genau die eingeklagten 100 000 € bezahlen. Dann erfolgt im Urteilsjahr folgende Buchung:

Rückstellung 100 000 € an Bank 100 000 €

Diese Buchung ist erfolgsneutral.

b) Der Unternehmer muss mehr bezahlen, z. B. 120 000 €. Dann hat er im Urteilsjahr zu buchen:

Rückstellung 100 000 € an Bank 120 000 €
periodenfremder 20 000 €
Aufwand

Diese Buchung mindert den Gewinn im Urteilsjahr um weitere 20 000 €, was bei Rückstellungen, deren Höhe geschätzt werden muss, unvermeidlich ist.

c) Der Unternehmer muss weniger bezahlen, z. B. 70 000 €. Dann lautet die Buchung im Urteilsjahr:

Rückstellung 100 000 € an Bank 70 000 €
periodenfremder 30 000 €
Ertrag

Diese Buchung erhöht den Gewinn im Urteilsjahr um 30 000 €. Praktisch wird insoweit die gewinnmindernde Rückstellung von 100 000 € rückgängig gemacht.

d) Der Unternehmer muss gar keinen Schadensersatz bezahlen. Dann ist im Urteilsjahr die Rückstellung voll gewinnerhöhend aufzulösen mit der Buchung:

Rückstellung 100 000 € an periodenfremder 100 000 €
 Ertrag

Auch dieses Ergebnis muss bei Rückstellungen in Kauf genommen werden.

10.7 Die Hauptabschlussübersicht
10.7.1 Bedeutung und Begriff

Die Hauptabschlussübersicht (HAÜ) ist eine **Zusammenfassung aller Sachkonten** der Buchführung und ihrer Entwicklung von der Anfangsbilanz bis zur Schlussbilanz bzw. der GuV-Rechnung.

278

10.7.2 Aufbau der Hauptabschlussübersicht

279

Kon-ten	Eröffnungs-bilanz		Summen-zugänge		Summen-bilanz		Saldenbilanz I		Tz.	Umbu-chungen		Salden-bilanz II		Schlussbilanz		GuV-Rechnung	
	Aktiva	Passiva	S	H	S	H	S	H		S	H	S	H	Aktiva	Passiva	Aufwand	Ertrag
														Gewinn/Verlust:			

Im Gegensatz zu der Bilanz, in der nur die Bestandskonten bzw. Bestandteile der gemischten Konten statistisch ausgewiesen sind, oder der GuV, in der nur Erfolgskonten dargestellt sind, gibt die HAÜ eine dynamische Übersicht aller Sachkonten. Häufig wird die HAÜ deshalb auch als Betriebsübersicht bezeichnet.

Sie dient dem Unternehmer zur Vorbereitung des Jahresabschlusses, indem sie durch ihren Aufbau Buchungsfehler, die zu ungleichen Soll- und Habenbuchungen geführt haben, erkennen lässt (rechnerische Kontrolle). Sie dient aber auch Dritten, die sich nicht nur über den Stand des Vermögens, sondern auch über seine Entwicklung informieren wollen (z. B. Kreditgeber, Finanzamt).

Die HAÜ nimmt ihren Ausgang in der **Anfangsbilanz** des laufenden Jahres, die der Schlussbilanz des Vorjahres entspricht (Grundsatz des Bilanzenzusammenhangs).

In der nächsten Spalte werden die **Summenzugänge** dadurch ermittelt, dass für jedes Sachkonto in der Buchführung die Verkehrszahlen (ohne Anfangsbestände), d. h. die Summe der laufenden Soll- und die Summe der laufenden Habenbuchungen, getrennt addiert und in die Spalte Summenzugänge übertragen werden.

Die **Summenbilanz** ergibt sich aus der rechnerischen Zusammenfassung von Anfangsbilanz und Summenzugängen. Auch hier werden noch die Soll- und Habenseiten der Sachkonten unsaldiert ausgewiesen. Dabei muss auch in der Summenbilanz die Gesamtsumme von Soll und Haben übereinstimmen. Ergeben sich Differenzen, können Additionsfehler vorliegen oder Buchungsfehler unterlaufen sein (z. B. doppelte Soll- oder Habenbuchungen oder nur einseitige Buchungen). Allerdings ist die Übereinstimmung der Gesamtsumme von Soll und Haben in der Summenbilanz kein Beweis, dass die Buchungen auf den richtigen Konten erfolgt sind, oder dass gar unter steuerlichen Gesichtspunkten richtig gebucht worden ist.

Die **Saldenbilanz I** wird aus der Summenbilanz dadurch entwickelt, dass für die einzelnen Konten Soll und Haben saldiert und der Saldo auf die Saldenbilanz I übertragen wird. Im Gegensatz zum Konto, bei dem der Saldo als Ausgleich immer auf der Seite erscheint, die betragsmäßig kleiner ist, wird hier der Saldo auf der Seite ausgewiesen, die betragsmäßig größer ist.

Der Saldo erscheint in der Saldenbilanz I also immer auf der Seite, in der er in der Bilanz bzw. GuV steht.

> **BEISPIEL:** Das Bankkonto weist in der Schlussbilanz des Vorjahres = Anfangsbilanz des laufenden Jahres einen Bestand von 80 000 € aus. Im laufenden Jahr sind 270 000 € vereinnahmt und 260 000 € durch Überweisung bezahlt worden.

In der HAÜ zeigt das Bankkonto folgende Entwicklung:

Konten	Eröffnungsbilanz		Summenzugänge		Summenbilanz		Saldenbilanz I	
	Aktiva	Passiva	S	H	S	H	S	H
Bank	80 000		270 000	260 000	350 000	260 000	90 000	

Auch bei der Saldenbilanz I muss die Gesamtsumme von Soll und Haben übereinstimmen.

Die Spalte **Umbuchungen** ist für die vorbereitenden Abschlussbuchungen vorgesehen. Sie dient in erster Linie der Anpassung der ausgewiesenen Salden in der Saldenbilanz I, an handels- und steuerrechtliche Vorschriften (z. B. Abschreibungen), aber auch dem Abschluss der Unterkonten auf die Hauptkonten oder der Richtigstellung von Buchungsfehlern des laufenden Jahres.

286 Üblicherweise wird das Jahresergebnis (Gewinn oder Verlust) nicht direkt auf das Kapitalkonto übertragen, sondern, wie aus dem Schaubild unter Rdn. 279 ersichtlich, gesondert ausgewiesen.

Nachdem auch die vorbereitenden Abschlussbuchungen und die sonstigen Umbuchungen den allgemeinen Buchungsregeln unterliegen, muss auch bei der Umbuchungsspalte die Gesamtsumme von Soll und Haben übereinstimmen.

287 Die **Saldenbilanz II** ist die Zusammenfassung der Saldenbilanz I und der Umbuchungsspalte.

Praktisch sind dies die Salden aus der Saldenbilanz I, korrigiert durch die Umbuchungen der Umbuchungsspalte. In der Saldenbilanz II sind damit die endgültigen Werte ausgewiesen, allerdings noch nicht getrennt nach Bestandskonten und Erfolgskonten.

288 Die **Schlussbilanz** und die **GuV-Rechnung** (auch Vermögensbilanz und Erfolgsbilanz) werden zum Schluss erstellt, indem die Bestandskonten und die Bestandteile der gemischten Konten aus der Saldenbilanz II in die Schlussbilanz übertragen und die Erfolgskonten und Erfolgsteile der gemischten Konten in die GuV-Rechnung eingestellt werden.

Bei der Addition der Soll- und Habenseite von der Schlussbilanz und der GuV-Rechnung bleibt eine Differenz, nämlich der Jahreserfolg (Gewinn oder Verlust). Erst unter Berücksichtigung dieser Werte stimmen auch hier die Soll- und Habenseiten überein.

289 Das Kapitalkonto wird bei der HAÜ in der Schlussbilanz ohne den Jahreserfolg ausgewiesen, ebenso in der GuV-Rechnung, die nur die Salden der Aufwands- und Ertragskonten ausweist. Deshalb muss bei der HAÜ am Schluss der Gewinn bzw. Verlust bei der Schlussbilanz und bei der GuV gesondert ausgewiesen werden, damit auch hier die Seitensummen ausgeglichen sind.

290 Von der Darstellungsform her kann es bei der HAÜ Unterschiede geben, z. B. wird häufig erst mit der Summenbilanz oder gar erst mit der Saldenbilanz I begonnen, aber vom Prinzip her stimmen alle Formen überein.

10.8 Storno- und Berichtigungsbuchungen

10.8.1 Allgemeines

291 Wird in der Buchführung ein Fehler entdeckt, stellt sich die Frage, wie der Fehler richtig gestellt werden kann.

Nach den Grundsätzen ordnungsmäßiger Buchführung sind weder ein Durchstreichen noch ein Herausradieren noch ein Übermalen zulässig, bei der EDV-Buchführung sogar unmöglich.

Durch eine zusätzliche Buchung muss im Ergebnis die richtige Verbuchung des Geschäftsvorfalles erreicht werden.

Bei dieser zusätzlichen Buchung kann es sich um eine Storno- oder eine Berichtigungsbuchung handeln, die oft erst im Rahmen der vorbereitenden Abschlussbuchungen durchgeführt wird.

10.8.2 Stornobuchung

Darunter versteht man eine Buchung, die die ursprüngliche Buchung vollständig rückgängig macht (storniert). Die Stornobuchung muss also genau spiegelbildlich zur ursprünglichen (falschen) Buchung durchgeführt werden.

BEISPIEL: Der Buchhalter hat einen Zinsertrag von 1 200 € bei Eingang auf dem Bankkonto gebucht:

| 1) Zinsaufwand | 1 200 € an | Bank | 1 200 € |

Damit wurde der Gewinn gemindert, denn ein Aufwandskonto hat sich erhöht, und das Bankkonto wurde verringert. Bei Erhalt des nächsten Bankauszugs wurde der Fehler entdeckt und die Stornobuchung

| 2) Bank | 1 200 € an | Zinsaufwand | 1 200 € |

durchgeführt.

Im Ergebnis sind damit sowohl das Bankkonto als auch das Zinsaufwandskonto wieder ausgeglichen, aber der Geschäftsvorfall ist immer noch nicht verbucht, sondern die ursprüngliche Falschbuchung wurde lediglich rückgängig gemacht.

Also muss jetzt noch die richtige Buchung

| 3) Bank | 1 200 € an | Zinserträge | 1 200 € |

nachfolgen, erst dann ist auch der Geschäftsvorfall richtig verbucht.

Bank		Zinsaufwand		Zinserträge
2) 1 200 €	1 200 € 1)	1) 1 200 €	1 200 € 2)	1 200 € 3)
3) 1 200 €				

Gelegentlich kann es vorkommen, dass nur eine Stornobuchung ohne nachfolgende richtige Buchung vorzunehmen ist, z. B. wenn ein Geschäftsvorfall versehentlich doppelt gebucht wurde, oder eine Buchung irrtümlich erfolgte.

BEISPIEL: Im Rahmen der vorbereitenden Abschlussbuchungen wurde versehentlich auf ein unbebautes Grundstück AfA vorgenommen und gebucht:

| AfA | 4 000 € an | unbeb. Grundstück | 4 000 € |

Hier ist lediglich folgende Stornobuchung erforderlich:

| Unbeb. Grundstück | 4 000 € an | AfA | 4 000 € |

10.8.3 Berichtigungsbuchungen

In aller Regel werden Buchungsfehler nur einen Teil des Buchungssatzes betreffen. In diesen Fällen genügt es, wenn nur die Konten richtig gestellt werden, auf denen falsch gebucht wurde. Dabei sollte gedanklich stets der richtige Buchungssatz dem falschen gegenübergestellt werden, damit erkannt wird, auf welchen Konten falsch gebucht wurde und wie die Berichtigungsbuchung durchzuführen ist, damit sich aus dem falschen Buchungsergebnis das Richtige ergibt.

BEISPIEL: Die Entnahme von 2 000 € für private Zwecke aus der Kasse wurde gebucht:

| Reisekosten | 2 000 € an | Kasse | 2 000 € |

Die richtige Buchung hätte lauten müssen:

| Privatentnahmen | 2 000 € an | Kasse | 2 000 € |

Daraus folgt: Das Konto Reisekosten muss wieder um 2 000 € vermindert werden = Buchung im Haben; das Konto Privatentnahmen muss um 2 000 € erhöht werden = Buchung im Soll.

Die Berichtigungsbuchung lautet:

| Privatentnahmen | 2 000 € an | Reisekosten | 2 000 € |

295 Auch bei umfangreicheren Buchungen führt dieses Vorgehen zum richtigen Ergebnis.

BEISPIEL: Der Unternehmer hat eine Maschine für 80 000 € + 15 200 € USt angeschafft. Vom Kaufpreis wurden 40 000 € + 15 200 € USt sofort überwiesen, der Rest wurde gestundet. Die Anschaffung wurde fälschlich wie folgt gebucht:

Wareneinkauf	80 000 € an	Bank	40 000 €
VoSt	15 200 €	USt	15 200 €
		Sonst. Verb.	40 000 €

Die richtige Buchung müsste lauten:

| Maschine | 80 000 € an | Bank | 55 200 € |
| VoSt | 15 200 € | Sonst. Verb. | 40 000 € |

Sie zeigt folgende Fehler bei der bisherigen Buchung und die erforderlichen Richtigstellungen auf:

▶ Konto Wareneinkauf wurde zu Unrecht im Soll gebucht, daher zum Ausgleich Buchung im Haben.
▶ Konto Vorsteuer: richtig gebucht, keine Berichtigung.
▶ Konto Maschine: keine Buchung, deshalb Nachbuchung von 80 000 € im Soll.
▶ Konto Bank: 40 000 € im Haben gebucht, obwohl 55 200 € im Haben gebucht werden müssen, deshalb Nachbuchung von 15 200 € im Haben.
▶ Konto Umsatzsteuer: 15 200 € im Haben zu Unrecht gebucht, zum Ausgleich muss der Betrag im Soll gebucht werden.
▶ Konto Verbindlichkeiten: richtig gebucht, keine Berichtigung.

Zusammengefasst ergibt dies folgenden Berichtigungsbuchungssatz:

| Maschine | 80 000 € an | Wareneinkauf | 80 000 € |
| USt | 15 200 € | Bank | 15 200 € |

10.9 Übungsfall zum Jahresabschluss

296 Aus der Buchführung ergeben sich für das Jahr 01 folgende Werte:

Konten	Anfangsbestand		Summenzugänge	
	Aktiva	Passiva	Soll	Haben
Fuhrpark	25 000	–	40 000	
Geschäftsausstattung	18 000	–	6 000	4 000
Forderungen	70 000	–	292 000	281 000
Bank	12 000	–	340 000	295 000

Kapital	–	78 000		
Entnahmen		24 000		
Verbindlichkeiten		65 000	170 000	185 000
Sonst. Verb.		4 000		
Umsatzsteuer		6 000	46 000	49 000
Vorsteuer			41 000	40 000
Wareneinkauf	28 000		210 000	
Allg. Unkosten			52 000	
Warenverkauf				355 000
Mieterträge				12 000
	153 000	153 000	1 221 000	1 221 000

Bei Vorbereitung des Jahresabschlusses werden folgende Feststellungen getroffen:

a) **Fuhrpark:** Beim Kauf eines neuen Pkw wurde die Rechnung des Händlers über 40 000 € Listenpreis + 3 000 € Sonderausstattung + 8 170 € Umsatzsteuer wie folgt gebucht:

Fuhrpark	40 000 €	an	Bank	49 880 €
VoSt	8 170 €			
allg. Unkosten	3 000 €			

Außerdem ist noch die Abschreibung mit 15 000 € zu buchen.

b) **Geschäftsausstattung:** Auf diesem Konto ist noch die Abschreibung von 6 000 € zu buchen.

c) Bei der Abstimmung der Personenkonten mit den Sachkonten Forderungen und Verbindlichkeiten wurde festgestellt, dass die Ausgangsrechnung über einen Warenverkauf an den Kunden K mit 7 000 € + 1 330 € = 8 330 € wie folgt verbucht wurde:

Verbindlichkeiten	7 000 €	an	Warenverkauf	8 330 €
USt	1 330 €			

d) In den allgemeinen Unkosten sind 3 600 € enthalten, die der Unternehmer für seinen Skiurlaub bezahlt hat.

e) Das Konto Mieterträge beinhaltet 600 €, die am 1. 10. für 1/2 Jahr im Voraus bezahlt wurden und

Bank	600 €	an	Mieterträge	600 €

gebucht worden sind.

In der Umbuchungsspalte sind außer den vorstehend erforderlichen Berichtigungs- und Abschlussbuchungen auch das Konto Vorsteuer über Umsatzsteuer und die Entnahmen über das Kapitalkonto abzuschließen.

Lt. Inventur zum Bilanzstichtag beträgt der Warenbestand 25 000 €.

297 **AUFGABE:** Die Hauptabschlussübersicht ist unter Berücksichtigung vorstehender Ausführungen zu entwickeln und das Jahresergebnis auszuweisen. Die USt ist mit 19 % zu berücksichtigen.

298 **LÖSUNG:** Jahresabschluss

a) **Fuhrpark**: Richtige Buchung wäre:

Fuhrpark	43 000 € an	Bank	51 170 €
VoSt	8 170 €		

Zu berichtigen sind folgende Konten:
Fuhrpark + 3 000 € im Soll
allg. Unkosten ./. 3 000 € im Soll = entsprechende Habenbuchung
Berichtigungsbuchungssatz:

Fuhrpark	3 000 € an	allg. Unkosten	3 000 €

Die Abschreibung wird gebucht:

Abschreibung	15 000 € an	Fuhrpark	15 000 €

b) Buchung der Abschreibung:

Abschreibung	6 000 € an	Geschäftsausstattung	6 000 €

c) Es hätte dieser Warenverkauf richtig gebucht werden müssen:

Forderungen	8 330 € an	Warenverkauf	7 000 €
		USt	1 330 €

Folgende Konten müssen berichtigt werden:
Forderungen + 8 330 € = Buchung im Soll mit 8 330 €
Verbindlichkeiten + 7 000 € = Buchung im Haben mit 7 000 €, da bisher durch Sollbuchung zu Unrecht gemindert.
Umsatzsteuer + 2 660 € = Buchung im Haben mit 2 660 €, da bisher durch Sollbuchung um 1 330 € zu Unrecht gemindert.
Warenverkauf ./. 1 330 € = Buchung im Soll mit 1 330 €, da bisher um 1 330 € zu hoch ausgewiesen.
Danach ergibt sich folgender Berichtigungsbuchungssatz:

Forderungen	8 330 € an	Verb.	7 000 €
Warenverkauf	1 330 €	USt	2 660 €

d) Die Kosten für den Skiurlaub sind Privatentnahmen. Die allgemeinen Unkosten sind um 3 600 € zu vermindern = Buchung im Haben mit 3 600 €.
Die Entnahmen sind um 3 600 € zu erhöhen = Buchung im Soll.
Berichtigungsbuchung:

Entnahmen	3 600 € an	allg. Unkosten	3 600 €

e) Die Mieterträge entfallen nur mit 300 € auf das laufende Jahr (vom 1.10. – 31.12.), die restlichen 300 € sind als passive Rechnungsabgrenzung in der Bilanz auszuweisen. Die richtige Buchung hätte gelautet:

Bank	600 € an	Mieterträge	300 €
		passive RAP	300 €

Das Konto Mieterträge ist um 300 € zu vermindern = Buchung im Soll 300 €.
Das Konto Passive RAP erhöht sich um 300 € = Buchung im Haben.
Berichtigungsbuchung:

Mieterträge	300 € an	passive RAP	300 €

Im folgenden Jahr muss dieser Passive RAP über Mieterträge aufgelöst werden.

Die Hauptabschlussübersicht

Konten	Eröffnungsbilanz Aktiva	Eröffnungsbilanz Passiva	Summenzugänge S	Summenzugänge H	Summenbilanz S	Summenbilanz H	Saldenbilanz I S	Saldenbilanz I H	Tz.	Umbuchungen S	Umbuchungen H	Saldenbilanz II S	Saldenbilanz II H	Schlussbilanz Aktiva	Schlussbilanz Passiva	GuV-Rechnung Aufwand	GuV-Rechnung Ertrag
Fuhrpark	25 000	–	40 000	–	65 000	–	65 000		a)	3 000	15 000	53 000		53 000			
Geschäftsausstattung	18 000	–	6 000	4 000	24 000	4 000	20 000		b)		6 000	14 000		14 000			
Forderungen	70 000	–	292 000	281 000	362 000	281 000	81 000		c)	8 330		89 330		89 330			
Bank	12 000	–	340 000	295 000	352 000	295 000	57 000					57 000		57 000			
Kapital	–	78 000	–	–	–	78 000		78 000	d)	27 600			50 400		50 400		
Entnahmen	–	–	24 000	–	24 000	–	24 000		d)	3 600	27 600						
Verbindlichkeiten	–	65 000	170 000	185 000	170 000	250 000		80 000	c)		7 000		87 000		87 000		
Sonstige Verbindlichkeiten	–	4 000	–	–	–	4 000		4 000					4 000		4 000		
Umsatzsteuer	–	6 000	46 000	49 000	46 000	55 000		9 000	c)	1 000	2 660		10 660		10 660		
Vorsteuer	–	–	41 000	40 000	41 000	40 000	1 000				1 000						
Wareneinkauf	28 000	–	210 000	–	238 000	–	238 000		d)		3 600	238 000				213 000	
allg. Unkosten			52 000	–	52 000	–	52 000		a)		3 000	45 400				45 400	
Warenverkauf				355 000		355 000		355 000	c)	1 330			353 670				353 670
Mieterträge				12 000		12 000		12 000	e)	300			11 700				11 700
Abschreibungen									b)	6 000							
									a)	15 000		21 000				21 000	
Passive RAP									e)		300		300		300		
	153 000	153 000	1 221 000	1 221 000	1 374 000	1 374 000	538 000	538 000		66 160	66 160	517 730	517 730	238 330	152 360	279 400	365 370
													Gewinn		85 970	85 970	
														238 330	238 330	365 370	365 370

299

89

TEIL A — Buchführung

300 FRAGEN

		Rdn.
1.	Welche Arten von Abschlussbuchungen kennen Sie?	200 ff.
2.	Wie ermittelt man die Bemessungsgrundlage für die Abschreibung eines auch privat genutzten PKWs?	200 ff.
3.	Welche Bearbeitung erfordern nicht abzugsfähige Betriebsausgaben?	263
4.	Warum sind Rechnungsabgrenzungsbuchungen erforderlich?	265 ff.
5.	Erläutern Sie Gemeinsamkeiten und den Unterschied zwischen aktiven Rechnungsabgrenzungsposten und sonstigen Forderungen.	267 f.

301–335 *(Einstweilen frei)*

Kapitel 11: Buchung besonderer Geschäftsvorfälle

11.1 Die Buchung von Löhnen und Gehältern

11.1.1 Allgemeines

336 Löhne und Gehälter in Höhe der tariflich festgesetzten oder freiwillig vereinbarten Bruttobeträge sind Betriebsausgaben, die auf entsprechenden Aufwandskonten zu buchen sind. Nach § 38 EStG ist der Arbeitgeber verpflichtet, bei Auszahlung von Löhnen und Gehältern die Lohnsteuer für den Arbeitnehmer einzubehalten und (an das Finanzamt) abzuführen.

337 Auch der Arbeitnehmeranteil zur Sozialversicherung ist einzubehalten, während der Arbeitgeberanteil zur Sozialversicherung einen zusätzlichen Aufwand darstellt, der auf einem besonderen Aufwandskonto zu buchen ist und den der Arbeitgeber gemeinsam mit dem Arbeitnehmeranteil an die Sozialversicherungsträger zu überweisen hat.

Die Fälligkeit der Beiträge zur Sozialversicherung regelt § 23 SGB IV. Danach sind Beiträge, die nach dem Arbeitsentgelt zu bemessen sind, in voraussichtlicher Höhe der Beitragsschuld spätestens am drittletzten Bankarbeitstag des Monats fällig, in dem die Beschäftigung, mit der das Arbeitsentgelt erzielt wird, ausgeübt worden ist.

Der Unternehmer hat die voraussichtlichen Sozialversicherungsbeiträge zu ermitteln und rechtzeitig abzuführen. Die tatsächliche Höhe ergibt sich dann erst bei der Lohn- und Gehaltsabrechnung. Eine eventuelle Mehr- oder Minderzahlung wird dann im Folgemonat verrechnet. Es empfiehlt sich, für die Sozialversicherung ein zusätzliches Konto „Beitragsvorauszahlung" einzurichten.

Die Überweisung der Lohnsteuer und Sozialversicherungsbeiträge erfolgt in der Regel erst einige Zeit nach der Lohnzahlung an den Arbeitnehmer. Daraus folgt, dass im Zeitpunkt der Lohnzahlung die Lohnsteuer und andere abzuführende Beträge als sonstige Verbindlichkeiten zu buchen sind.

BEISPIEL: Der Bruttoarbeitslohn eines Arbeitnehmers für November beträgt 5 000 €. Davon werden einbehalten 750 € Lohnsteuer, 60 € Kirchenlohnsteuer, 900 € Arbeitnehmeranteil zur Sozialversicherung, sodass dem Arbeitnehmer am 30.11. 3 290 € überwiesen werden.

1)	Beitragsvorauszahlung	1 800 € an	Bank	1 800 €
2)	Lohnaufwand	5 000 € an	Bank	3 290 €
	Sozialaufwand	900 €	sonst. Verb.	810 €
			Beitrags-VZ	1 800 €

Werden am 10.12. die Abzugsbeträge an die zuständigen Stellen (Finanzamt) überwiesen, dann ist zu buchen:

Sonst. Verb.	810 € an	Bank	810 €

11.1.2 Buchung von vermögenswirksamen Leistungen

Vermögenswirksame Leistungen gehören zum **steuerpflichtigen Arbeitslohn**, gleichgültig, ob sie vom Arbeitgeber zusätzlich zum Bruttoarbeitslohn oder als Teil des Arbeitslohns angelegt werden. Deshalb erhält der Arbeitnehmer einen Ausgleich vom Staat in Form der Arbeitnehmer-Sparzulage, die vom Finanzamt auf Antrag ausgezahlt wird.

338

BEISPIEL: Im vorgehenden Beispiel zahlt der Arbeitgeber aufgrund einer tariflichen Vereinbarung zusätzlich zum Arbeitslohn vermögenswirksame Leistungen, die ebenfalls am 10.12. auf das Bausparkonto des Arbeitnehmers überwiesen werden.

Lohnabrechnung:

Bruttoarbeitslohn: 5 000 € + 27 €	5 027 €
./. Lohnsteuer + Kirchenlohnsteuer	810 €
./. Arbeitnehmeranteil zur Sozialversicherung	900 €
./. vermögenswirksame Leistungen	27 €
= Auszahlungsbetrag	3 290 €

Dieser Betrag wird am 30.11. auf das Konto des Arbeitnehmers überwiesen und gebucht:

Lohnaufwand	5 000 € an	Bank	3 290 €
Vermögensw. Leistung	27 €	Sonst. Verb.	837 €
Soz. Aufw.	900 €	Beitrags-VZ	1 800 €

Die vermögenswirksamen Leistungen werden in der Praxis meist getrennt als Aufwand gebucht.

339

Bei Abführung der Abzugsbeträge am 10.12. an das Finanzamt und die Bausparkassen werden die sonstigen Verbindlichkeiten erfolgsneutral aufgelöst mit dem Buchungssatz:

Sonst. Verb.	837 € an	Bank	837 €

11.1.3 Buchung von Lohnvorschüssen (Arbeitgeberdarlehen)

340 Gewährt ein Arbeitgeber einem Arbeitnehmer einen Vorschuss, der monatlich durch Verrechnung mit dem Arbeitslohn getilgt wird, dann darf die Zahlung zur Vermeidung von Gewinnverlagerungen nicht als Aufwand gebucht werden, sondern muss **erfolgsneutral** behandelt werden.

> **BEISPIEL:** Im Beispielsfall erhält der Arbeitnehmer Anfang November außerdem noch einen Lohnvorschuss von 3 000 €, der monatlich durch Verrechnung von 300 € getilgt wird. Die Lohnabrechnung sieht nunmehr wie folgt aus:
>
> | | |
> |---|---:|
> | Bruttoarbeitslohn: 5 000 € + 27 € | 5 027 € |
> | ./. Lohnsteuer + Kirchenlohnsteuer | 810 € |
> | ./. Arbeitnehmeranteil zur Sozialversicherung | 900 € |
> | ./. vermögenswirksame Leistungen | 27 € |
> | ./. Tilgung Vorschuss | 300 € |
> | = Auszahlungsbetrag | 2 990 € |

Der Arbeitgeber hat zu buchen:

1. Bei Zahlung des Lohnvorschusses:

Arbeitnehmer-Darlehen (Vorschuss)	3 000 € an	Bank	3 000 €

2. Bei Lohnzahlung Ende November:

Lohnaufwand	5 000 € an	Bank	2 990 €
Vermögensw. Leistung	27 €	Beitrags-VZ	1 800 €
Soz. Aufw.	900 €	Darlehen	300 €
		sonst. Verb.	837 €

3. Bei Abführung der Abzugsbeträge am 10. 12. unverändert:

Sonst. Verb.	2 637 € an	Bank	2 637 €

341 Dagegen sind **Abschlagszahlungen** i. S. d. § 39b Abs. 5 EStG, die innerhalb eines Lohnzahlungszeitraums pauschal und ohne Abzüge ausgezahlt werden, sofort bei Zahlung **als Aufwand** zu buchen. Dies erfolgt meist auf einem gesonderten Konto und wird mit der monatlichen Lohnabrechnung auf das Lohnkonto umgebucht.

11.1.4 Buchung von Sachzuwendungen

342 Vielfach erhalten Arbeitnehmer neben ihrem Arbeitslohn in Geld kostenlose oder verbilligte Sachbezüge (z. B. Verpflegung, Unterkunft oder Waren aus dem Betrieb). Grundsätzlich sind diese Sachzuwendungen **lohnsteuerpflichtig** und unterliegen gem. § 3 Abs. 1b und 9a UStG der Umsatzsteuer. Bemessungsgrundlage sind die für die Lohnsteuer maßgebenden Werte (Sachbezugswerte); dabei muss beachtet werden, dass diese Sachbezugswerte als Bruttobeträge anzusehen sind, aus denen die Umsatzsteuer herauszurechnen ist.

Soweit Sachbezüge nicht der Lohnsteuer unterliegen, entfällt auch die Umsatzsteuer.

11.1.4.1 Überlassung von Werkswohnungen

Nach R 8.1 Abs. 5 und Abs. 6 LStR gehört die verbilligte Überlassung zum steuerpflichtigen Arbeitslohn. Für die Bewertung ist bei einer Unterkunft der amtliche Sachbezugswert und bei einer Wohnung der ortsübliche Mietwert maßgebend.

343

> **BEISPIEL:** Ein Unternehmer überlässt einem Arbeitnehmer eine Werkswohnung mit einem Mietwert von 400 €
>
> a) kostenlos. Buchung:
>
> Lohnaufwand 400 € an Mieterträge 400 €
>
> b) für monatliche Mietzahlung des Arbeitnehmers von 200 €. Buchung:
>
> Lohnaufwand 200 € an Mieterträge 400 €
> Bank 200 €

Zu beachten ist, dass diese Umsätze steuerfrei nach § 4 Nr. 12a UStG sind.

11.1.4.2 Kostenlose Kantinenverpflegung

Erhalten die Arbeitnehmer in der Werkskantine kostenlose oder verbilligte Mittagessen, dann ist der gewährte Vorteil **steuerpflichtiger Arbeitslohn** nach R 8.1 Abs. 7 LStR. Gleichzeitig ist dieser Betrag auch das umsatzsteuerpflichtige Bruttoentgelt (Steuersatz 19 %) nach Abschn. 1.8 UStAE.

344

Die Finanzverwaltung hat den Wert je Essen pauschal ermittelt (z. B. für 2015 mit 3 € Sachbezugswert für ein Mittag- bzw. Abendessen und 1,63 € Sachbezugswert für ein Frühstück).

345

> **BEISPIEL:** Ein Arbeitnehmer erhält im Februar 2015 an 20 Tagen eine kostenlose Mahlzeit in der Werkskantine.
>
> Lohnsteuerpflichtig sind je Essen 3 € × 20 = 60 €. Dieser Betrag beinhaltet 9,58 € USt.
>
> Der Arbeitgeber hat zu buchen:
>
> Lohnaufwand 60,00 € an s. b. Ertrag 50,42 €
>   USt 9,58 €
>
> Müsste der Arbeitnehmer für das Essen pro Tag 1 € selbst bezahlen, wären nur 3 € ./. 1 € = 2 € je Essen lohnsteuerpflichtig, während nach Abschn. 1.8 Abs. 11 UStAE der vom Arbeitnehmer bezahlte Preis umsatzsteuerpflichtig ist, mindestens aber der Betrag, der bei kostenloser Abgabe anzusetzen wäre.

11.1.4.3 Verbilligte Essen in Gaststätten

Vereinbart der Arbeitgeber im Jahr 2015 mit einer Gaststätte, dass an seine Arbeitnehmer täglich ein bestimmtes Essen z. B. für 3,50 € abgegeben wird und der Arbeitgeber davon 1,50 € übernimmt, während der Restbetrag direkt vom Arbeitnehmer an den Gastwirt bezahlt wird, liegt umsatzsteuerlich eine sonstige Leistung vor. Der Gastwirt liefert an den Arbeitgeber und dieser an die Arbeitnehmer. Bei der Leistung vom Gastwirt an den Arbeitgeber hat dieser einen Vorsteuerabzug von 0,56 € (19 %, die in 3,50 € enthalten sind). Laut Abschn. 1.8 Abs. 12 UStAE ist als Bemessungsgrundlage für die Lieferung des Arbeitgebers an die Arbeitnehmer der Betrag von 2,94 € anzusetzen.

346

347 Lohnsteuerpflichtiger Arbeitslohn ist nach R 8.1 Abs. 7 LStR der Betrag von 3 € ./. 2 € = 1 €. Der Arbeitgeber bucht je Essen:

Wareneinkauf	2,94 € an	Bank	1,50 €
VoSt	0,56 €	s. b. Ertrag	2,44 €
Lohnaufwand	1,00 €	USt	0,56 €

348 Häufig gibt der Arbeitgeber seinen Arbeitnehmern Essenmarken (z. B. Wert 1,50 €) aus, mit denen die Arbeitnehmer ihr Essen in verschiedenen Gaststätten nach ihrer Wahl aussuchen und den Restbetrag zum normalen Preis direkt dem Gastwirt bezahlen.

In diesen Fällen wird umsatzsteuerlich kein Reihengeschäft angenommen, sondern ein lohnsteuerpflichtiger Sachbezug, wenn der Arbeitnehmer weniger als 3 € = amtlicher Sachbezugswert zuzahlen muss.

Im Verhältnis des Arbeitgebers zum Arbeitnehmer ist die Zahlung des Essenszuschusses ein nicht umsatzsteuerbarer Vorgang.

11.1.4.4 Freie Unterkunft und freie Verpflegung

349 Auch für diese Fälle setzt die Finanzverwaltung sich jährlich verändernde Pauschbeträge fest.

Der monatliche Pauschbetrag ist auch das umsatzsteuerliche Bruttoentgelt. Dabei muss jedoch berücksichtigt werden, dass die anteiligen Werte für Unterkunft steuerfrei nach § 4 Nr. 12a UStG sind.

11.1.5 Buchungen bei geringfügigen Beschäftigungen

350 Arbeitslohn aus einer geringfügig entlohnten Beschäftigung ist ab 2003 generell lohnsteuerpflichtig. Dabei erfolgt eine Besteuerung entweder mit

- ▶ einer einheitlichen Pauschsteuer von 2 % oder
- ▶ einer Pauschalierung von 20 % durch den Arbeitgeber oder
- ▶ nach der Lohnsteuerkarte.

Freistellungsbescheinigungen gibt es nicht mehr.

351 Maßgebend ist, ob der Arbeitgeber pauschale Beiträge zur Rentenversicherung mit 15 % zu entrichten hat. Das war der Fall, wenn das Arbeitsentgelt für die geringfügige Beschäftigung bis 2012 den Betrag von 400 € nicht überstieg. Ab 2013 hat sich die Grenze auf 450 € erhöht. In diesen Fällen besteht die Möglichkeit, die einheitliche Pauschsteuer von 2 % anzuwenden. Mit dieser Steuer sind dann die Lohnsteuer, der Solidaritätszuschlag und die Kirchensteuer abgegolten.

352 Die pauschale Besteuerung des Arbeitslohnes mit 2 % kann aber nicht erfolgen, wenn der Arbeitgeber den pauschalen Beitrag zur Rentenversicherung nicht zu entrichten hat. In diesen Fällen besteht nach § 40a Abs. 2a EStG die Möglichkeit, die Pauschalierung von 20 % anzuwenden.

Das regelmäßige monatliche Arbeitsentgelt darf jedoch ab 2013 den Betrag von 450 € nicht übersteigen.

BEISPIEL: Frau A arbeitet als Reinigungskraft und ist bei der AOK krankenversichert. Sie ist für die Fa. B tätig und verdient monatlich 380 €.

Es handelt sich um ein geringfügig entlohntes Beschäftigungsverhältnis, weil das regelmäßige monatliche Arbeitsentgelt 450 € nicht übersteigt.

Die Fa. B hat gem. § 249b SGB V einen pauschalen Beitrag zur Krankenversicherung in Höhe von 13 % und gem. § 172 Abs. 3 SGB VI einen pauschalen Beitrag zur Rentenversicherung in Höhe von 15 % zu entrichten.

Die pauschalen Beiträge und Steuern betragen somit:

Krankenversicherung (13 %)	52 €
Rentenversicherung (15 %)	60 €
Pauschsteuer (2 %)	8 €
Summe	120 €

Buchungen:

Lohnaufwand	408 €	an	Bank	400 €
Sozialaufwand	112 €		sonst. Verb.	120 €

Die pauschalen Beiträge und Steuern sind nach § 40a Abs. 6 EStG an die Deutsche Rentenversicherung Knappschaft-Bahn-See abzuführen.

11.2 Buchungen beim Wechselgeschäft

11.2.1 Begriff

Der Wechsel ist eine Urkunde, in der der Aussteller den Schuldner auffordert, die Wechselsumme am Fälligkeitstag demjenigen zu bezahlen, der den Wechsel vorlegt. Im Allgemeinen wird eine 3-Monatsfrist vereinbart (3-Monatsakzept).

11.2.2 Bedeutung

Zur Begleichung von Warenschulden werden häufig Wechsel ausgestellt, wobei die Wechselübergabe nur **zahlungshalber** erfolgt. Aus Warenschulden bzw. -forderungen werden Wechselschulden bzw. Wechselforderungen, die auch buchmäßig auf besonderen Bestandskonten Schuldwechsel bzw. Besitzwechsel zu erfassen sind. Dies gilt insbesondere bei der Weitergabe eines Wechsels, denn nach Art. 43 ff. Wechselgesetz haften alle, die einen Wechsel ausgestellt, angenommen, indossiert haben, dem Wechselinhaber als Gesamtschuldner in beliebiger Reihenfolge. Nach § 266 HGB sind Besitzwechsel nicht mehr gesondert zu bilanzieren.

11.2.3 Der Wechsellauf

355

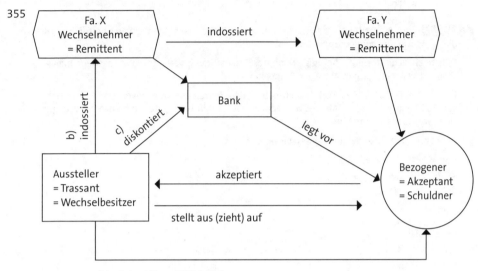

a) legt den W am Fälligkeitstag vor

Das Schaubild soll die **Verwendungsmöglichkeiten** des Wechsels verdeutlichen. Danach hat der Aussteller A folgende Möglichkeiten:

11.2.3.1 Aufbewahrung des Wechsels

356 Er kann den **Wechsel** bis zum Fälligkeitstag bei sich **aufbewahren** und dann dem Schuldner vorlegen, der ihm die Wechselsumme bezahlt. Wirtschaftlich betrachtet handelt es sich um eine Kaufpreisstundung.

BEISPIEL: A verkauft Ware für 10 000 € + 1 900 € USt an B.

A bucht:

Forderungen	11 900 € an	Erlöse	10 000 €
		USt	1 900 €

B bucht:

Wareneinkauf	10 000 € an	Verb.	11 900 €
VoSt	1 900 €		

Auf Bitte des B stellt A einen Wechsel über 11 900 € aus, den B akzeptiert.

A bucht als Aussteller:

Besitzwechsel	11 900 € an	Ford.	11 900 €

B bucht als Bezogener:

Verb.	11 900 €	Schuldwechsel	11 900 €

Damit sind buchtechnisch aus Forderungen und Verbindlichkeiten Besitzwechsel und Schuldwechsel geworden. Zivilrechtlich bestehen Forderung und Verbindlichkeit weiter. Am Fälligkeitstag legt A diesen Wechsel dem B vor, der die Wechselsumme bezahlt.

A bucht:

| Finanzkonto | 11 900 € an | Besitzwechsel | 11 900 € |

B bucht:

| Schuldwechsel | 11 900 € an | Finanzkonto | 11 900 € |

Der verfallene Wechsel verbleibt beim Bezogenen B. Waren- und Wechselgeschäft sind damit abgeschlossen. Im Ergebnis wurde lediglich der Kaufpreis gestundet.

11.2.3.2 Weitergabe des Wechsels an Geschäftsfreunde

A hat die Möglichkeit, den Wechsel zum Ausgleich einer eigenen Warenschuld in gleicher Höhe an seinen Lieferanten L weiterzugeben (indossieren). Dazu wird auf der Rückseite des Wechsels ein Übertragungsvermerk (Indossament) angebracht.

357

A bucht bei Weitergabe:

| Verbindlichkeit L | 11 900 € an | Besitzwechsel | 11 900 € |

L bucht bei Erhalt des Wechsels:

| Besitzwechsel | 11 900 € an | Forderung A | 11 900 € |

Bei B ist zu diesem Zeitpunkt nichts zu buchen, sondern erst bei Vorlage des Wechsels am Fälligkeitstag. Bei ihm bleibt der Posten Schuldwechsel solange in der Buchführung. Im Ergebnis ist damit beim Aussteller A sowohl die Forderung gegenüber dem Bezogenen B als auch seine Verbindlichkeit gegenüber seinem Lieferanten L aus der Buchführung verschwunden.

358

Die Tatsache, dass Forderung und Verbindlichkeit bis zur Einlösung des Wechsels am Fälligkeitstag zivilrechtlich weiterbestehen, ist buchmäßig nur dann von Bedeutung, wenn der Wechsel nicht eingelöst wird (Wechselprotest).

359

11.2.3.3 Wechsel-Diskontierung

Als dritte Möglichkeit kann A den Wechsel an die Bank verkaufen (diskontieren). Sein Vorteil ist, dass er von der Bank sofort Geld bekommt, allerdings muss er auch den Nachteil in Kauf nehmen, dass ihm die Bank neben ihren Kosten (Wechselspesen) auch noch einen Zinsverlust (Diskont) für die Zeit bis zum Fälligkeitstag des Wechsels von der Wechselsumme abzieht. Denn auch die Bank kann dem Bezogenen den Wechsel nicht vor Fälligkeit präsentieren und die Wechselsumme kassieren.

360

BEISPIEL: Aussteller A lässt seinen Wechsel diskontieren. Die Bank berechnet 171 € Diskont und 29 € Spesen und schreibt A 11 400 € auf seinem Konto gut. A bucht bei Diskontierung:

Bank	11 700 € an	Besitzwechsel	11 900 €
Wechselkosten	29 €		
Diskontaufwand	171 €		

Nach Abschn. 10.3 Abs. 6 i.V. m. Abschn. 4.8.2 Abs. 1 i.V. m. Abschn. 3.11 Abs. 2 UStAE ist der Diskont (nicht aber die Wechselspesen) eine Entgeltsminderung (brutto) i. S. d. § 17 Abs. 1 UStG. Danach kann A seine Umsatzsteuer allerdings nur dann kürzen, wenn B gleichzeitig seine Vorsteuer entsprechend vermindert.

361

362 Dies setzt jedoch voraus, dass A dem B mitteilt, dass er den Wechsel bei der Bank diskontieren ließ und in welcher Höhe ihm Diskont abgerechnet wurde. In der Praxis wird aber A kein Interesse daran haben, den B über seine Finanzierungen zu informieren. Außerdem würde die Vorsteuerkürzung für B einen echten Aufwand bedeuten, denn am Fälligkeitstag muss er demjenigen, der ihm den Wechsel vorlegt, die volle Wechselsumme, die unverändert 11 900 € beträgt, bezahlen.

363 Die Folge davon ist, dass in der Praxis bei Wechseldiskontierung eine Umsatzsteuer-Berichtigung nur dann vorgenommen wird, wenn der Leistungsempfänger **keinen Vorsteuerabzug** hat.

> **BEISPIEL:** Hätte in unserem Beispiel B keinen Vorsteuerabzug (z. B. als Privatmann, oder hätte A keine ordnungsmäßige Rechnung erteilt), dann hätte A bei der Diskontierung zu buchen:
>
> | Bank | 11 700 € | an | Besitzwechsel | 11 900 € |
> |---|---|---|---|---|
> | Wechselkosten | 29 € | | | |
> | Diskontaufwand | 144 € | | | |
> | Umsatzsteuer | 27 € | | | |

364 Meist werden die Kosten, die durch die Wechsel entstehen können (eigene Verwaltungskosten, Diskontierungskosten), vom Aussteller auf den Bezogenen abgewälzt, und zwar in einem Pauschbetrag, damit der Bezogene keinen Einblick in die innerbetriebliche Finanzierung erlangt.

Dies geschieht entweder in einer gesonderten zusätzlichen Abrechnung oder dadurch, dass diese Kostenpauschale bereits in die Wechselsumme einbezogen wird. Zu beachten ist, dass auch diese Kostenpauschale ein zusätzliches Bruttoentgelt der zu Grunde liegenden Leistung darstellt.

> **BEISPIEL:** Aussteller A veranschlagt die Kosten, die ihm durch das Wechselgeschäft entstehen können, mit 200 € brutto.
>
> a) Er berechnet B bei Ausstellung des Wechsels über 11 900 € gesondert: Wechselkosten sofort in bar zu bezahlen pauschal 200 €.
>
> A hat diese zusätzlich berechneten Kosten zu buchen:
>
> | Forderungen | 200 € | an | s. b. Ertrag | 168 € |
> |---|---|---|---|---|
> | | | | USt | 32 € |
>
> b) Er kann aber auch diese Kosten bereits in die Wechselsumme einbeziehen und den Wechsel über 11 900 € + 200 € = 12 100 € ausstellen. Dann bucht A:
>
> | Besitzwechsel | 12 100 € | an | Forderungen | 11 900 € |
> |---|---|---|---|---|
> | | | | s. b. Ertrag | 168 € |
> | | | | USt | 32 € |

11.2.4 Die Wechselprolongation

365 Kann der Bezogene die Wechselsumme am Fälligkeitstag nicht aufbringen, wird er versuchen, beim Wechselaussteller eine Prolongation zu erreichen. Dies setzt jedoch voraus, dass der Bezogene sich nur momentan in einem finanziellen Engpass befindet (z. B. bei ausstehenden Forderungen).

Besitzt der Aussteller den Wechsel noch, erfolgt die Prolongation dadurch, dass der alte Wechsel dem Bezogenen ausgehändigt und dafür ein neuer Wechsel mit neuem Fälligkeitsdatum ausgestellt und vom Bezogenen akzeptiert wird. Bleibt die Wechselsumme unverändert, ist für diese Prolongation keine Buchung erforderlich.

Normalerweise ist der Aussteller nicht mehr im Besitz des Wechsels, entweder hat er ihn diskontieren lassen oder zum Ausgleich eigener Verbindlichkeiten weitergegeben.

In diesen Fällen muss der Aussteller dem Bezogenen die zur Einlösung des alten Wechsels benötigte Geldsumme gegen die Ausstellung eines neuen Wechsels, des Prolongationswechsels, übergeben. Die benötigte Geldsumme kann dabei niedriger sein als die Wechselsumme des alten Wechsels, wenn der Bezogene noch eigene Geldmittel besitzt. In der Regel wird der Aussteller beim Prolongationswechsel in die Wechselsumme die voraussichtlichen Wechselkosten mit einbeziehen, die ebenfalls zusätzliches Entgelt darstellen.

BEISPIEL: A hat einen Wechsel über 11 900 € ausgestellt, den B akzeptiert hat. A hat den Wechsel an seinen Lieferanten zum Ausgleich einer eigenen Verbindlichkeit in gleicher Höhe weitergegeben.

Kurz vor dem Fälligkeitstag bittet B den A um einen Betrag von 11 900 €, damit er den alten Wechsel einlösen kann. A übergibt B 11 900 € und stellt einen Prolongationswechsel über 12 100 € aus, da er mit 200 € Wechselkosten rechnet. Dieser Prolongationswechsel wird von B akzeptiert.

A bucht die Prolongation:

Besitzwechsel	12 100 €	an	Bank	11 900 €
			s. b. Ertrag	168 €
			USt	32 €

Diese Kostenpauschale unterliegt ebenfalls der Umsatzsteuer, auch wenn sie als Entgelt für Kreditgewährung angesehen würde und danach nach § 4 Nr. 8a UStG umsatzsteuerfrei wäre, denn die Unternehmer werden in aller Regel auf die Steuerbefreiung verzichten.

B bucht bei Prolongation:

Bank	11 900 €	an	Schuldwechsel	12 100 €
s. b. Aufwand	168 €			
VoSt	32 €			

und bei Vorlage des alten Wechsels, den er mit diesem Geld einlöst:

Schuldwechsel	11 900 €	an	Bank	11 900 €

Damit ist der alte Schuldwechsel, der ja unverändert in seiner Buchführung ausgewiesen war, ausgebucht. Der neue Wechsel (Prolongationswechsel) mit 12 100 € wird dagegen bis zum neuen Fälligkeitstermin als Schuldwechsel bei B ausgewiesen.

11.2.5 Der Wechselprotest und Wechselregress

Kann der Bezogene die zur Einlösung des alten Wechsels am Fälligkeitstag erforderlichen Geldmittel nicht beschaffen und erreicht er auch beim Aussteller keine Prolongation, kommt es zum Wechselprotest, d. h. einer öffentlichen Beurkundung über die Zahlungsverweigerung.

371 Dieser Protest gibt dem Wechselbesitzer nach Art. 48 WechsG das Recht, von den Wechselvorbesitzern im Wege des Regresses die Wechselsumme + 6 % Zinsen seit Fälligkeitstag + Protestkosten + Vergütung bis $^1/_3$ % der Wechselsumme zu verlangen. In der Buchführung werden Protestwechsel gesondert erfasst. Nach Abschn. 1.3 Abs. 6 UStAE sind diese Zinsen, Protestkosten und Vergütungen Schadensersatz, der nicht der Umsatzsteuer unterliegt.

> **BEISPIEL:** Aussteller A hat den von B akzeptierten Wechsel über 11 900 € an seinen Lieferanten L weitergegeben und richtig verbucht. Am Fälligkeitstag legt L den Wechsel B vor, der nicht zahlen konnte, sodass es zum Protest kommt. Für die Protesturkunde muss L 50 € in bar bezahlen.
>
> L bucht den Wechselprotest:
>
> | | | | | |
> |---|---|---|---|---|
> | Protestwechsel | 11 900 € | an | Besitzwechsel | 11 900 € |
> | Wechselkosten | 50 € | an | Kasse | 50 € |
>
> L nimmt den Vorbesitzer und Aussteller A in Regress durch folgende Abrechnung:
>
> | | | |
> |---|---|---|
> | Wechselsumme | | 11 900 € |
> | + Protestkosten | 50 € | |
> | + sonst. Unkosten | 70 € | 120 € |
> | Summe | | 12 020 € |
>
> L bucht den Regress:
>
> | | | | | |
> |---|---|---|---|---|
> | Forderung A | 12 020 € | an | Protestwechsel | 11 900 € |
> | | | | s. b. Ertrag | 120 € |
>
> Damit ist bei L die ursprüngliche Forderung gegen A mit 11 900 €, die durch die Hereinnahme des Wechsels buchmäßig untergegangen war, wieder in der Buchführung ausgewiesen.
>
> A hat bei Erhalt der Abrechnung von L zu buchen:
>
> | | | | | |
> |---|---|---|---|---|
> | Protestwechsel | 11 900 € | an | Verb. L | 12 020 € |
> | s. b. Aufwand | 120 € | | | |
>
> Auch bei A lebt damit seine Verbindlichkeit gegenüber L wieder auf. Dasselbe gilt für seine Forderung gegen B, deshalb hat A weiter zu buchen:
>
> | | | | | |
> |---|---|---|---|---|
> | Forderung B | 11 900 € | an | Protestwechsel | 11 900 € |
>
> Allerdings kann diese Forderung als uneinbringlich angesehen werden und ist von A auszubuchen:
>
> | | | | | |
> |---|---|---|---|---|
> | Forderungsverluste | 10 000 € | an | Forderung B | 11 900 € |
> | USt | 1 900 € | | | |
>
> Bei B ist keine Buchung vorzunehmen. Der er hat seinen Schuldwechsel nicht eingelöst, und die Ausbuchung der Forderung an ihn durch A bedeutet ja keinen rechtswirksamen Verzicht.

11.3 Wertberichtigungen

11.3.1 Allgemeines

Wertberichtigungen dienen dem richtigen Wertausweis eines Aktivpostens.

Bei Kapitalgesellschaften erfolgt die Abschreibung immer direkt. Die Praxis geht wohl seit Jahren nach und nach dazu über, diese Behandlung auch bei Personenunternehmen zu bevorzugen.

(Einstweilen frei) 373–375

11.3.2 Berechnung der Höhe der Wertberichtigung

Zur Ermittlung des Endbestands sind die Forderungen in **drei Gruppen** einzuteilen:

a) Forderungen, die am Bilanzstichtag als **uneinbringlich** anzusehen sind (z. B. Insolvenzverfahren mangels Masse eingestellt, Offenbarungseid, fruchtlose Zwangsvollstreckung). Bei der Beurteilung sind alle Umstände, die am Bilanzstichtag tatsächlich vorhanden waren, zu berücksichtigen, wenn sie bis zum Tage der Bilanzaufstellung bekannt geworden sind (Wertaufhellung).

Diese uneinbringlichen Forderungen sind auszubuchen und die Umsatzsteuer entsprechend § 17 Abs. 2 UStG zu berichtigen.

> **BEISPIEL:** Gegenüber dem Kunden A besteht am 31. 12. 01 eine Forderung von 23 800 €. Gegen A wurde am 10. 10. 01 das Insolvenzverfahren eröffnet. Am 10. 3. 02 wurde das Insolvenzverfahren mangels Masse eingestellt. Die Bilanz zum 31. 12. 01 wurde am 5. 5. 02 aufgestellt.

Im vorliegenden Fall war das Insolvenzverfahren vor dem Bilanzstichtag eröffnet. Die Tatsache, dass die Insolvenz bereits am 10. 3. 02 mangels Masse eingestellt wurde, zeigt, dass die Forderung schon am Bilanzstichtag wertlos war.

Diese Wertaufhellung erfolgte noch vor dem Tag der Bilanzaufstellung, sodass die Forderung im Rahmen der vorbereitenden Abschlussbuchungen wie folgt auszubuchen ist:

Abschreibung:

Wertber. auf Forderung	20 000 €	an	Forderungen	23 800 €
USt	3 800 €			

b) Forderungen, die nach den Verhältnissen am Bilanzstichtag voraussichtlich nur noch **teilweise realisiert** werden können (zweifelhafte oder dubiose Forderungen). Diese Forderungen sind einzeln wertzuberichtigen. Dabei darf eine Berichtigung der Umsatzsteuer noch nicht erfolgen, solange der tatsächliche Ausfall nicht feststeht. Die Wertberichtigung ist daher aus dem Nettobetrag zu berechnen.

> **BEISPIEL:** Gegenüber dem Kunden B besteht am 31. 12. 01 eine Forderung von 35 700 €. Dieser Kunde hat am 5. 11. 01 Vergleich beantragt und eine Vergleichsquote von 45 % angeboten.
>
> Bis zur Bilanzaufstellung war das Vergleichsverfahren noch nicht abgewickelt, sodass am Bilanzstichtag mit einem voraussichtlichen geschätzten Ausfall von 55 % der Forderung gerech-

net werden muss. Die Wertberichtigung beträgt 55 % von 30 000 € (Nettobetrag) = 16 500 € und ist zum Abschluss 01 zu buchen:

Wertber. auf Forderungen   16 500 € an   Forderungen   16 500 €

379 Sollte das Vergleichsverfahren in 02 mit der beantragten Quote von 45 % abgeschlossen werden und sollten damit tatsächlich 55 % der Forderung ausfallen, muss die darauf enthaltene Umsatzsteuer mit 3 135 € ebenfalls berichtigt werden:

380 *(Einstweilen frei)*

381 c) Forderungen, die nach den Verhältnissen am Bilanzstichtag voraussichtlich **in voller Höhe** eingehen werden, da keine wertmindernden Umstände bekannt sind (vollwertige Forderungen).

Auch bei diesen Forderungen wird eine Wertberichtigung für einen Zinsverlust bei verspätetem Eingang, für evtl. Mahn- und Beitreibungskosten oder für evtl. Preisminderungen durch Skonti usw. grundsätzlich zugelassen.

Aus Vereinfachungsgründen hat die Finanzverwaltung dafür eine pauschale Wertberichtigung bis zu 1 % vom Nettobetrag anerkannt, soweit der Betrieb keine anderen Prozentsätze nachweisen kann.

BEISPIEL: Das Sachkonto Forderungen weist zum 31.12.01 einen Bestand von 238 000 € aus. Wertmindernde Umstände sind bis zum Tag der Bilanzaufstellung nicht bekannt geworden.

Als Pauschale Wertberichtigung sind 1 % von 200 000 € = 2 000 € zulässig. Buchung:

Abschreibung Forderung   2 000 € an   Forderungen   2 000 €

Übungsfall:

382 Das Sachkonto Forderungen weist zum 31.12.01 einen Betrag von 297 500 € aus (19 % Umsatzsteuer). Darin enthalten ist eine Forderung gegen den Kunden A i. H.v. 23 800 €. Wegen finanzieller Schwierigkeiten hatte dieser Kunde bereits am 10.5.01 ein Vergleichsverfahren beantragt und eine Vergleichsquote von 40 % angeboten. Dieses Angebot wurde angenommen und noch im Dezember 01 gerichtlich bestätigt.

Gegenüber dem Kunden B besteht eine Forderung von 35 700 €. Da B in erhebliche Zahlungsschwierigkeiten geraten ist und mehrfache Mahnungen unbeachtet ließ, muss zum 31.12.01 mit einem Ausfall von 30 % der Forderung gerechnet werden. Die Forderung gegenüber dem Kunden C mit 47 600 € muss im Zeitpunkt der Bilanzaufstellung als uneinbringlich angesehen werden, denn dieser Kunde wurde durch einen Großbrand im Februar 02 mangels ausreichenden Versicherungsschutzes völlig mittellos und musste zwischenzeitlich Konkurs anmelden.

Die restlichen Forderungen mit 190 400 € können als vollwertig angesehen werden.

383 **LÖSUNG:** Für die Berechnung der Wertberichtigung ist zu beachten: Forderung A ist durch die Annahme des Vergleichs vor dem Bilanzstichtag zu 60 % = 14 280 € brutto ausgefallen und mit entsprechender Berichtigung der Umsatzsteuer zu buchen:

Abschreibung:

Wertber. auf Forderung	12 000 €	an	Forderungen	14 280 €
USt	2 280 €			

Die Restforderung mit 9 520 € ist nicht in die pauschale Wertberichtigung einzubeziehen.

Die Forderung B ist einzelwertzuberichtigen mit dem voraussichtlichen Ausfall von 30 % vom Nettobetrag, da noch kein tatsächlicher Ausfall feststeht.

Kunde C geriet erst **nach** dem Bilanzstichtag in diese finanzielle Notlage. Am Bilanzstichtag war die Forderung noch als vollwertig anzusehen.

Für die Berechnung kann folgendes **Schema** angewendet werden:

```
    297 500 €  Forderung lt. Sachkonto
  ./. 14 280 €  ausgefallene Forderung (60 % von A)
  = 283 220 €  wertzuberichtigende Forderungen
  ./.  9 520 €  (siehe oben)
  ./. 35 700 €  Einzelwertberichtigungen                  9 000 €
               (Forderung B mit 30 % vom Nettobetrag 30 000 €)
  = 238 000 €  Pauschalwertberichtigung                    6 000 €
               (Restforderung mit 3 % angenommen vom Nettobetrag
               200 000 €)
Endbestand Forderungen                                   232 000 €
```

Abschlussbuchung:

Abschreibung Forderung	6 000 €	an	Forderungen	6 000 €

11.4 Buchungen bei Wertpapieren

11.4.1 Festverzinsliche Wertpapiere

Diese Wertpapiere beinhalten einen prozentual festgelegten Zinsanspruch zu einem bestimmten Zinstermin, der meist jährlich datiert ist und nachträglich ausgezahlt wird.

Beim Erwerb dieser Wertpapiere erhält der Käufer auch den Zinsschein, der ihn berechtigt, die gesamten Zinsen für den Zinszahlungszeitraum zu vereinnahmen. Deshalb ist es üblich, dass der Käufer dem Verkäufer den Teil des Zinsanspruchs bezahlt, der auf die Zeit vom letzten Zinstermin bis zum Verkaufstag entfällt (Stückzinsen). Auch zugeflossene Stückzinsen unterliegen der Kapitalertragsteuer von 25 % (§ 43a Abs. 1 und 2 EStG) und ab 1995 dem Solidaritätszuschlag. Bei betrieblichen Zinserträgen entfällt die Abstandnahme vom Steuerabzug nach § 44a EStG.

BEISPIEL: ohne Buchung des Soli

Ein Unternehmer kauft am 1.3.01 Pfandbriefe, Verzinsung 8 % p. a., im Nennwert von 2 000 € zum Kurs von 103 % mit laufendem Zinsschein. Zinstermin 1.1. jährlich. Von seiner Bank erhält er folgende Abrechnung:

Kaufpreis 103 % von 2 000 €	2 060,00 €
+ Stückzinsen für 2 Monate	26,67 €
+ Bankkosten	15,00 €
=	2 101,67 €

Der Kauf ist zu buchen:

Wertpapiere	2 075,00 €	an	Bank	2 101,67 €
Zinsaufwand	26,67 €			

Zu beachten ist, dass die Bankkosten als Anschaffungsnebenkosten zu erfassen sind, nicht aber die Stückzinsen, da sie den Zinsanspruch des Veräußerers ersetzen und nicht für den Erwerb des Wertpapiers aufgewendet wurden.

Zum 31.12.01 ist der in 01 entstandene Zinsanspruch vom letzten Zinstermin 1.1.01 bis zum Bilanzstichtag 31.12.01 als sonstige Forderung mit 8 % von 2 000 € = 160 € in der Bilanz auszuweisen.

Buchung:

Sonst. Ford.	160 €	an	Zinserträge	160 €

Insgesamt haben sich damit in 01 nur 160 € ./. 26,67 € = 133,33 € Ertrag ausgewirkt. Das ist der Betrag, der dem Zinsanspruch ab Kauf entspricht.

Bei Zahlung der Zinsen am 2.1.02 ist entsprechend folgender Abrechnung zu buchen:

Gutschrift	160 €

Bank	160 €	an	sonst. Ford.	160 €

Werden diese Wertpapiere am 30.6.02 zum Kurs von 101 % verkauft, wobei die Bank neben den Stückzinsen 18 € Bankkosten berechnet, ergibt sich folgende Abrechnung:

Verkaufspreis 2 000 € × 101 %	2 020 €
+ Stückzinsen für $1/2$ Jahr	80 €
./. Bankkosten	18 €
=	2 092 €

Der Verkauf ist zu buchen:

Bank	2 092 €	an	Wertpapiere	2 075 €
Kursverlust	73 €		Zinserträge	80 €

Der Kursverlust entspricht dem Unterschied zwischen dem Buchwert und dem Verkaufserlös ./. Verkaufskosten.

11.4.2 Anteile an Kapitalgesellschaften

387 Im Gegensatz zu den festverzinslichen Wertpapieren entsteht ein Gewinnanspruch erst, wenn die Gesellschafterversammlung eine Gewinnausschüttung beschließt. Dies

kann frühestens im Laufe des folgenden Wirtschaftsjahres geschehen, wenn der Jahresgewinn ermittelt ist (§ 174 AktG).

Nach § 20 EStG umfasst der zu buchende Gewinnanspruch nicht nur den Betrag, der dem Anteilseigner tatsächlich ausgezahlt wird (Auszahlungsbetrag), sondern auch die abzuführende Kapitalertragsteuer.

388

> **BEISPIEL:** Ein Unternehmer hat 10 Aktien einer AG im Betriebsvermögen. Die Hauptversammlung der AG beschließt im Mai 02 die Ausschüttung einer Dividende von 10 € je Aktie für das Geschäftsjahr 01. Die Auszahlung erfolgt im Juli 02 auf das betriebliche Bankkonto nach Abzug von 20 % Kapitalertragsteuer = 20 €
>
> Der Unternehmer hat zu buchen:
>
> | **Mai 02:** | Sonst. Ford. | 100 € | an | Zinserträge | 100 € |
> |---|---|---|---|---|---|
> | **Juli 02:** | Bank | 80 € | an | sonst Ford. | 100 € |
> | | Privatentnahme | 20 € | | | |
>
> Ausgezahlt werden: Dividende 100 € ./. 20 % = 80 €. Als Ertrag ist zu buchen: Dividende 100 €. Außerhalb der Bilanz sind jedoch nach § 3 Nr. 40 EStG 40 € vom Gewinn wieder abzuziehen.

Vorstehende Buchungen sind auch dann vorzunehmen, wenn die Zeitpunkte der Beschlussfassung und der Auszahlung in verschiedene Wirtschaftsjahre fallen, denn die Kapitalertragsteuer ist in demselben Veranlagungszeitraum zu erfassen wie der Zinsertrag. Dass der Betrieb zum 31.12. tatsächlich eine geringere Forderung hat, wird dabei in Kauf genommen.

389

11.4.3 Der Erwerb junger Aktien

Werden junge Aktien im Zusammenhang mit einer **nominellen** Kapitalerhöhung (Umwandlung von Rücklagen) erworben, sind keine Buchungen erforderlich. Lediglich der Buchwert je Aktie vermindert sich, denn der Zugang von Gratisaktien erhöht die Anzahl bei gleich bleibendem Buchwert.

390

Werden dagegen junge Aktien im Zusammenhang mit einer **effektiven** Kapitalerhöhung erworben, sind folgende Buchungsgrundsätze zu beachten:

391

a) Die **Anschaffungskosten** für eine junge Aktie setzen sich zusammen aus dem Bezugspreis + Buchwerte der für den Erwerb einer jungen Aktie erforderlichen Bezugsrechte.

b) Der **Buchwert** jeder **Altaktie** vermindert sich um den Buchwert eines Bezugsrechts.

c) Der **Buchwert** eines **Bezugsrechts** berechnet sich wie folgt:

$$\frac{\text{Buchwert Bezugsrecht}}{\text{Buchwert Altaktie}} = \frac{\text{Kurswert Bezugsrecht}}{\text{Kurswert Altaktie vor Kapitalerhöhung}}$$

oder:

$$\text{Buchwert Bezugsrecht} = \frac{\text{Buchwert Altaktie} \times \text{Kurswert Bezugsrecht}}{\text{Kurswert Altaktie vor Kapitalerhöhung}}$$

d) Beim Verkauf von Bezugsrechten entsteht ein Ertrag in Höhe der Differenz zwischen Buchwert und Verkaufserlös.

BEISPIEL: Ein Unternehmer besitzt 20 Aktien der X-AG, die er im Mai 01 für 180 € je Stück plus insgesamt 50 € Nebenkosten erworben hatte.

Im November 01 beschließt die X-AG eine effektive Kapitalerhöhung durch Ausgabe neuer Aktien im Bezugsverhältnis 9 : 1. Der Bezugspreis für 1 neue Aktie beträgt 140 €. Der Börsenkurs der Altaktien vor Kapitalerhöhung beträgt 220 €. Die Bezugsrechte werden an der Börse mit 40 € gehandelt. Der Unternehmer hat zwei junge Aktien erworben und die restlichen zwei Bezugsrechte für je 40 € verkauft.

Der Buchwert einer Altaktie beträgt:

3 600 € + 50 € ANK = 3 650 € : 20 = 182,50 €

Der Buchwert eines Bezugsrechts beträgt: = 33,18 €

$$\frac{182{,}50\ \unicode{x20AC} \times 40\ \unicode{x20AC}}{220\ \unicode{x20AC}}$$

Anschaffungskosten einer jungen Aktie = 438,62 €
= 140 € + (9 × 33,18 €)

Buchwert einer Altaktie nach Kapitalerhöhung = 149,32 €
= 182,50 € ./. 33,18 €

Verkaufsertrag für zwei Bezugsrechte = 13,64 €
= 80 € ./. 66,36 €

Der Unternehmer hat zu buchen:

Anschaffung von zwei jungen Aktien:

Wertpapiere (jung)	877,24 €	an	Bank	280,00 €
			Wertpapiere (alt)	597,24 €

Verkauf von zwei Bezugsrechten:

Bank	80 €	an	Wertpapiere (alt)	66,36 €
			Ertrag	13,64 €

Die Minderung der Buchwerte für die Altaktien ist für die spätere Berechnung des richtigen Veräußerungsgewinns unerlässlich.

392 Die Einführung der Abgeltungsteuer (§ 32d EStG) ab 2009 ist für die im Betriebsvermögen gehaltenen Wertpapiere bzw. Beteiligungen grundsätzlich ohne Bedeutung, da nach § 32d EStG der gesonderte Steuertarif nur auf Einkünfte aus Kapitalvermögen anzuwenden ist.

11.5 Buchungen bei Kommissionsgeschäften

11.5.1 Allgemeines

393 Nach § 383 HGB wird der Kommissionär im eigenen Namen, aber auf Rechnung des Auftraggebers (Kommittent) tätig. Dabei kann sich seine Tätigkeit auf den Einkauf von Ware (Einkaufskommission) oder auf den Verkauf (Verkaufskommission) erstrecken.

Nach § 3 Abs. 3 UStG liegt auch zwischen dem Kommissionär und dem Kommittenten jeweils eine Lieferung vor. Der Kommissionär erhält eine Provision plus Auslagenersatz. Er kann auch an einem Mehr- oder Mindererlös gegenüber dem vereinbarten Verkaufspreis beteiligt werden.

11.5.2 Einkaufskommission

Umsatzsteuerlich kauft der Kommissionär die Ware von einem Dritten zum vereinbarten Preis ein und verkauft sie zum vereinbarten Preis plus Provision und Auslagenersatz an den Kommittenten weiter. Nach geltender Rechtsauffassung ist der Zeitpunkt der Lieferung vom Dritten an den Kommissionär gleichzeitig auch der Zeitpunkt für die Lieferung des Kommissionärs an den Kommittenten. Abweichende Lieferungsorte können sich bei innergemeinschaftlichen Lieferungen nach Abschn. 3.12 Abs. 2 i.V.m. Abschn. 3.1 Abs. 2 und Abschn. 1a.2 Abs. 7 UStAE ergeben. 394

Bilanzsteuerlich ist die Ware beim Kommittenten in der Schlussbilanz auszuweisen, auch wenn sie am Bilanzstichtag beim Kommissionär lagert, denn nach § 384 Abs. 2 HGB ist der Kommissionär verpflichtet, vom Wareneinkauf unverzüglich Anzeige zu machen und die eingekaufte Ware an den Kommittenten herauszugeben. Wirtschaftlicher Eigentümer ist der Kommittent. Der Provisionsanspruch ist nach § 396 HGB bereits mit dem Einkauf der Ware entstanden. 395

BEISPIEL: Unternehmer U übernimmt als Kommissionär für den Auftraggeber A, Ware bei einem Dritten für 20 000 € + USt einzukaufen und mit 10 % Provision plus Auslagenersatz an den Auftraggeber weiterzuleiten.

Am 10.10.01 kauft U die Ware bei dem Dritten ein und bucht:

Forderung A	26 299 € an	Verb.	23 800 €
VoSt	3 800 €	Provisionserträge	2 000 €
		Frachtkosten	100 €
		USt	4 199 €

Am 20.10.01 liefert U die Ware mit folgender Abrechnung an den A weiter:

Kaufpreis	20 000 €
+ 10 % Provision	2 000 €
+ Frachtkosten	100 €
=	22 100 €
+ 19 % USt	4 199 €
=	26 299 €

A bucht:

Wareneinkauf	22 100 € an	Verb.	26 299 €
VoSt	4 199 €		

11.5.3 Verkaufskommission

Umsatzsteuerlich kauft der Kommissionär die Ware beim Kommittenten zum vereinbarten Preis abzüglich seiner Provision und Auslagenersatz. Anschließend verkauft der 396

Kommissionär die Ware zum vereinbarten Preis an einen Dritten. Beide Lieferungen gelten erst mit dem Verkauf an den Dritten als ausgeführt.

397 **Bilanzsteuerlich** ist die Ware immer beim Kommittenten auszuweisen, da hier der Kommissionär weder rechtlich noch wirtschaftlich Eigentümer wird.

Der Provisionsanspruch entsteht erst mit dem Verkauf an den Dritten bzw. mit dem Selbsteintritt gem. § 403 HGB.

BEISPIEL: Unternehmer U übernimmt als Kommissionär für den Auftraggeber A, Ware für netto 20 000 € an einen Dritten zu verkaufen. A hatte diese Ware für netto 15 000 € eingekauft. U erhält 10 % Provision vom Nettoverkaufspreis. Am 15. 5. 01 liefert A die Ware dem Kommissionär U mit folgender Abrechnung:

Verkaufspreis	20 000 €
./. Provision 10 %	2 000 €
=	18 000 €
+ 19 % USt	3 420 €
=	21 420 €

U hat bei Erhalt der Ware noch keine Buchung vorzunehmen.

Am 10. 6. 01 verkauft U die Ware für 20 000 € + 3 800 € USt an den Dritten und zeigt dies dem Auftraggeber A an. Damit ist das Kommissionsgeschäft abgeschlossen, sodass Forderung und Verpflichtung zwischen Kommissionär und Kommittent entstanden sind.

U bucht:

Forderung D	23 800 €	an	Verb. A	21 420 €
VoSt	3 420 €		Prov.-Erträge	2 000 €
			USt	3 800 €

A bucht:

Forderung U	21 420 €	an	Warenverkauf	18 000 €
			USt	3 420 €

398 Fällt die Forderung des Kommissionärs gegen den Dritten aus, ohne dass der Kommissionär nach § 394 HGB für die Erfüllung einzustehen hat, dann fällt nicht nur das Entgelt für die Lieferung zwischen dem Kommissionär und dem Dritten, sondern auch das Entgelt für die Lieferung zwischen dem Kommittenten und dem Kommissionär weg. Nach § 17 UStG sind Umsatzsteuer und Vorsteuer entsprechend zu berichtigen.

399 Der Provisionsanspruch bleibt bestehen, sodass der Kommissionär insoweit eine Forderung gegen den Kommittenten hat.

BEISPIEL: Im vorstehenden Sachverhalt fällt die Forderung des Kommissionärs U gegen D mit 23 200 € aus.

U bucht:

Verb. A	21 420 €	an	Forderung D	23 800 €
Forderung A	2 000 €		VoSt	3 420 €
USt	3 800 €			

A bucht:

Warenverkauf	18 000 €	an	Forderung U	21 420 €
USt	3 420 €		Verb. U	2 000 €
Prov.-Aufwand	2 000 €			

11.6 Die Buchung von Darlehen

11.6.1 Allgemeines

Bei einer Darlehensaufnahme wird in der Regel nicht die gesamte Darlehenssumme ausgezahlt, sondern eine geringere Summe, obwohl der Darlehensschuldner den vollen Darlehensbetrag zurückzahlen muss.

400

Die Differenz zwischen Auszahlungsbetrag und Rückzahlungsbetrag wird von der Bank als Bearbeitungsgebühr (Darlehensabgeld, Disagio, Damnum) einbehalten.

Nach H 6.10 EStH ist die Darlehensschuld mit dem vollen Rückzahlungsbetrag zu passivieren und die Differenz als RAP auf die Laufzeit, entsprechend der jeweils tatsächlichen Inanspruchnahme des Darlehensbetrags, zu verteilen. Handelsrechtlich besteht nach § 250 Abs. 3 HGB für das Disagio ein Wahlrecht.

401

11.6.2 Fälligkeitsdarlehen

Darunter werden Darlehen verstanden, die dem Darlehensnehmer unverändert eine gewisse Zeit zur Verfügung stehen und am vereinbarten Fälligkeitstag in voller Höhe zurückzuzahlen sind. Bei diesen Darlehen ist der Rechnungsabgrenzungsposten gleichmäßig (linear) auf die Laufzeit zu verteilen.

402

BEISPIEL: Ein Unternehmer nimmt bei seiner Bank ein Darlehen über 100 000 € auf. Die Bank vereinbart die Rückzahlung der 100 000 € in 5 Jahren und überweist ihm unter Einbehaltung von 4 % Bearbeitungsgebühr am 1.7.01 96 000 € auf sein Konto. Der Unternehmer hat zu buchen:

| Bank | 96 000 € | an | Darlehensschuld | 100 000 € |
| Damnum (RAP) | 4 000 € | | | |

Das Damnum ist linear auf die Zeit der Inanspruchnahme (5 Jahre) zu verteilen. Auf das Jahr 01 entfallen 4 000 € : 5 = 800 €, davon $1/2$ = 400 €. Als vorbereitende Abschlussbuchung zum 31.12.01 ist zu buchen:

| Zinsaufwand | 400 € | an | Damnum (RAP) | 400 € |

(Einstweilen frei)

403–407

11.6.3 Tilgungsdarlehen

Ist der Darlehensbetrag in Raten zu tilgen, vermindert sich der tatsächlich in Anspruch genommene Darlehensbetrag. Die Folge ist, dass der RAP nicht mehr gleichmäßig, sondern entsprechend der tatsächlichen Inanspruchnahme des Darlehens zu verteilen ist. Dies geschieht dadurch, dass die Verteilung nach gleichmäßig fallenden Bruchteilen erfolgt. Dabei entspricht der Zähler den noch zu zahlenden Raten, während der Nenner der Summe aus der arithmetischen Reihe der zu zahlenden Raten entspricht, der nach folgender Formel ermittelt werden kann:

408

$$X = \frac{n(n+1)}{2}$$

409 **BEISPIEL:** Beim vorhergehenden Fall ist die Rückzahlung der 100 000 € in halbjährlichen Raten von 10 000 € vereinbart. Die 1. Rate ist am 2.1.02 fällig. Der Unternehmer bucht am 1.7.01 unverändert:

Bank	96 000 €	an	Darlehensschuld	100 000 €
Damnum (RAP)	4 000 €			

Das Damnum ist jetzt wie folgt nach Bruchteilen zu verteilen:

Zum 2.1.02 bzw. 31.12.01: Zähler = noch zu zahlende Raten = 10,

$$\text{Nenner} = \frac{10 \times (10 + 1)}{2} = 55$$

Das Damnum ist danach wie folgt zu verteilen:

2.1.02/31.12.01	=	10/55 von 4 000 €	=	727,27 €
1.7.02	=	9/55 von 4 000 €	=	654,54 €
2.1.03/31.12.02	=	8/55 von 4 000 €	=	518,19 €

Zum Jahresabschluss lautet jetzt die Buchung:

Zinsaufwand	727,27 €	an	Damnum (RAP)	727,27 €

In 02 sind 9/55 + 8/55 zu verteilen.

11.6.4 Vorzeitige Darlehenstilgung

410 Wird ein Teil des Darlehens vorzeitig zurückgezahlt, dann ist der RAP im Jahr der vorzeitigen Tilgung entsprechend aufzulösen.

BEISPIEL: Im vorstehenden Beispiel leistet der Unternehmer am 1.7.02 neben der Rate von 10 000 € eine Sondertilgung von 20 000 € und überweist 30 000 € an die Bank. Er hat zum 1.7.02 zu buchen:

Darlehensschuld	30 000 €	an	Bank	30 000 €
Zinsaufwand	654,54 €	an	Damnum (RAP)	654,54 €
Zinsaufwand	654,55 €	an	Damnum (RAP)	654,55 €

Erst ist die normale Verteilung mit 9/55 von 4 000 € = 654,54 € vorzunehmen und zusätzlich, entsprechend der Sondertilgung von 20 000 € = 1/4 vom Restdarlehen 80 000 €, eine Sonderabschreibung von 1/4 vom Restdamnum 2 618,19 € = 654,55 € vorzunehmen.

Für die künftige Verteilung des Damnums ist zu beachten: Werden die Tilgungsraten unverändert mit 10 000 € beibehalten und damit die Darlehenslaufzeit gekürzt, dann muss das Restdamnum auf die neue Restlaufzeit verteilt werden. Wird dagegen der Tilgungsbetrag der ursprünglichen Restlaufzeit von 4 Jahren = 8 Raten angepasst (60 000 € : 8 = 7 500 €), dann sind die bisherigen Bruchteile vom gekürzten Damnum zu berechnen. Zum 31.12.02 mit 8/55 von (4 000 € ./. 1/4 = 1 000 €) 3 000 € = 436,36 €.

Im Falle der Umschuldung ist das alte Damnum auszubuchen, soweit es nicht bei wirtschaftlicher Betrachtung als zusätzliche Gegenleistung für das neue oder veränderte Darlehen anzusehen ist.

11.7 Buchungen beim Renten- und Ratenkauf

11.7.1 Allgemeines

Beim Erwerb von Wirtschaftsgütern des Betriebsvermögens wird der Kaufpreis häufig in Raten bezahlt oder in Form von monatlichen Rentenzahlungen geleistet. Dieser Zahlungsmodus kann auch auf einen Teil des Kaufpreises beschränkt werden, während der andere Teil in einem Betrag entrichtet wird.

411

Buchtechnisch ergeben sich in diesen Fällen sowohl für den Veräußerer als auch für den Erwerber folgende Probleme:

412

a) Welche Aktivierungen und Passivierungen sind beim Kauf bzw. Verkauf vorzunehmen?

b) Wie sind die Renten- bzw. Ratenzahlungen zu buchen?

11.7.2 Buchungen beim Ratenkauf

Wird beim Kauf von Wirtschaftsgütern Ratenzahlung vereinbart, ist zu unterscheiden zwischen verzinslichen und unverzinslichen Raten. Bei **verzinslichen** Raten ergeben sich keine besonderen Buchungsprobleme. Lediglich die bis zum Bilanzstichtag entstandenen Zinsen müssen zur periodengerechten Gewinnermittlung erfasst werden.

413

> **BEISPIEL:** A verkauft ein betriebliches Grundstück am 1.7.01 für 500 000 €. Der Kaufpreis ist in jährlichen Raten von 100 000 €, erstmals am 1.7.02, zu entrichten. Der Restkaufpreis ist mit 8 % zu verzinsen. Der Buchwert des Grundstücks am 1.7.01 beträgt 300 000 €.
>
> Der Veräußerer A bucht am 1.7.01:
>
> | Sonst. Ford. | 500 000 € | an | Grundstück | 300 000 € |
> |---|---|---|---|---|
> | | | | s. b. Ertrag | 200 000 € |
>
> und zum 31.12.01:
>
> | Sonst. Ford. | 20 000 € | an | Zinsertrag | 20 000 € |
> |---|---|---|---|---|
>
> Der Erwerber U bucht am 1.7.01:
>
> | Grundstück | 500 000 € | an | sonst. Verb. | 500 000 € |
> |---|---|---|---|---|
>
> und zum 31.12.01:
>
> | Zinsaufwand | 20 000 € | an | Sonst. Verb. | 20 000 € |
> |---|---|---|---|---|

Werden dagegen Wirtschaftsgüter gegen **unverzinsliche** Ratenzahlungen veräußert, dann ist eine Abzinsung vorzunehmen, wenn die Laufzeit mehr als 1 Jahr beträgt.

414

In sinngemäßer Anwendung des H 6.10 EStH ist die Ratenforderung bzw. Ratenschuld mit dem vollen Rückzahlungsbetrag = Summe der Ratenzahlungen anzusetzen.

Daraus ergeben sich für den Erwerber und Veräußerer folgende **Buchungsgrundsätze**:

415

Der **Erwerber** hat

a) das erworbene Wirtschaftsgut mit dem abgezinsten Barwert zu aktivieren,

b) die Ratenschuld mit der Summe der Kaufpreisraten zu passivieren,

c) den Unterschiedsbetrag zwischen dem abgezinsten Barwert und der Ratenschuld als aktive Rechnungsabgrenzung zu buchen,

d) die laufenden Ratenzahlungen erfolgsneutral zu buchen,

e) die aktive Rechnungsabgrenzung erfolgswirksam digital auf die Laufzeit zu verteilen.

416 Der **Veräußerer** hat

a) als Veräußerungserlös den abgezinsten Barwert anzusetzen,

b) die Ratenforderung mit der Summe der Kaufpreisraten zu aktivieren,

c) den Unterschiedsbetrag zwischen dem Veräußerungserlös und der Ratenforderung als passive Rechnungsabgrenzung auszuweisen,

d) die laufenden Raten erfolgsneutral zu buchen,

e) die passive Rechnungsabgrenzung gewinnerhöhend digital entsprechend der Laufzeit aufzulösen.

417 **BEISPIEL:** A verkauft am 31.12.01 für 500 000 € ein unbebautes Grundstück an U. Der Kaufpreis ist unverzinslich und in jährlichen Raten von 100 000 € erstmals am 31.12.02 zu entrichten. Der Buchwert des Grundstücks betrug am 31.12.01 300 000 €.

Der abgezinste Ratenbarwert beträgt am 31.12.01 = 427 030 € und am 31.12.02 = 350 516 € (lt. Hilfstafel 1a zum BewG).

Der Veräußerer bucht am 31.12.01:

Sonst. Ford.	500 000 €	an	Grundstück	300 000 €
			s. b. Ertrag	127 030 €
			pRAP	72 970 €

und am 31.12.02:

Bank	100 000 €	an	sonst. Ford.	100 000 €
pRAP	24 323 €		Zinsertrag	24 323 €

Die Auflösung der passiven RAP hat digital nach Bruchteilen zu erfolgen. Der Zähler entspricht den noch zu zahlenden Raten, der Nenner berechnet sich wie folgt:

$$\frac{n(n+1)}{2} = \frac{5 \times 6}{2} = 15$$

In 02 sind damit	5/15 von 72 970 €	= 24 323 €
und in 03	4/15 von 72 970 €	= 19 459 €

gewinnerhöhend aufzulösen.

Der Erwerber bucht am 31.12.01 (siehe BMF v. 26.5.2005, BStBl 2005 I 699):

Grundstück	427 030 €	an	sonst. Verb.	427 030 €

und am 31.12.02:

Aufwand	100 000 €	an	Bank	100 000 €
Sonst. Verb.	76 514 €	an	Erträge	76 514 €

418–419 *(Einstweilen frei)*

11.7.3 Buchungen beim Rentenkauf

11.7.3.1 Begriff

Renten sind periodisch wiederkehrende Bezüge, die auf einem einheitlichen Rentenstammrecht beruhen, und auf die der Empfänger für einen gewissen Zeitraum Anspruch hat. 420

Renten können nach ihrer Laufzeit eingeteilt werden in:

(a) Zeitrenten, das sind Renten, die auf die Dauer von mindestens 10 Jahren bezahlt werden.

(b) Leibrenten, die von der Lebenszeit einer Person abhängen.

Für die buchmäßige Behandlung ist nur die nachfolgende Einteilung von Bedeutung: 421

(a) **Betriebliche Renten,** das sind Renten im Zusammenhang mit der Veräußerung von Wirtschaftsgütern des Betriebsvermögens oder der Veräußerung von Beteiligungen.

(b) **Private Renten,** bei denen kein Zusammenhang mit einer Gewinneinkunftsart besteht.

Private Rentenzahlungen sind in der Buchführung nur als Entnahmen bzw. Einlagen zu erfassen, wenn die Zahlungen über die betrieblichen Konten laufen.

Betriebliche Renten sind hinsichtlich ihrer steuerlichen und buchmäßigen Behandlung noch zu gliedern in:

11.7.3.2 Betriebliche Versorgungsrenten

Sie sind anzunehmen, wenn die Rentenzahlungen nicht als Gegenleistungen für übernommene Wirtschaftsgüter vereinbart werden, sondern auf die Lebensbedürfnisse des Veräußerers abstellen und die besonderen Verdienste des Veräußerers um den Betrieb abgelten sollen. 422

In der Praxis werden betriebliche Versorgungsrenten in der Regel nur beim Ausscheiden eines Gesellschafters aus einer Personengesellschaft vorkommen, nicht dagegen bei der Veräußerung einzelner betrieblicher Wirtschaftsgüter. 423

Buchmäßig ist **beim Erwerber** eine Aktivierung der übernommenen Wirtschaftsgüter mit den Buchwerten des Veräußerers vorzunehmen (Buchwertfortführung nach § 6 Abs. 3 EStG).

Eine Rentenverpflichtung wird nicht passiviert. Die Rentenzahlungen sind in voller Höhe Betriebsausgaben.

Beim Veräußerer entsteht demzufolge kein Veräußerungsgewinn. Die laufenden Rentenbezüge sind bei ihm Einkünfte nach § 22 EStG.

Nach der ständigen Rechtsprechung des BFH ist allerdings bei Zahlung einer Versorgungsrente grundsätzlich davon auszugehen, dass keine betrieblichen, sondern vorrangig private Gründe maßgebend waren, sodass beim Erwerber die Zahlungen als Entnahmen (§ 10 EStG) und beim Veräußerer als Einkünfte nach § 22 EStG anzusehen sind. 424

11.7.3.3 Betriebliche Veräußerungsrenten

425 Normalerweise handelt es sich bei der Veräußerung betrieblicher Wirtschaftsgüter gegen Zahlung einer Rente um eine betriebliche Veräußerungsrente, die als Gegenleistung für den Wert der übernommenen Wirtschaftsgüter zu betrachten ist.

426 Der **Erwerber** hat in diesen Fällen

(a) die erworbenen Wirtschaftsgüter mit dem Rentenbarwert, der nach versicherungsmathematischen Grundsätzen ermittelt wird, zu aktivieren;

(b) die Rentenschuld ebenfalls mit dem Rentenbarwert zu passivieren;

(c) die laufenden Rentenzahlungen sofort als Aufwand zu buchen;

(d) den Unterschied zwischen dem Rentenbarwert am Anfang des Wirtschaftsjahres (bzw. beim Erwerb) und am Ende des Wirtschaftsjahres gewinnerhöhend aufzulösen.

427 Der **Veräußerer** hat

(a) den Rentenbarwert als Veräußerungserlös anzusetzen und evtl. einen Veräußerungsgewinn auszuweisen; bei Veräußerung eines **ganzen Betriebs** hat der Veräußerer nach R 16 Abs. 11 EStR ein Wahlrecht, ob er den Veräußerungsgewinn sofort oder erst mit Zahlung der Rente versteuern will;

(b) seinen Rentenanspruch als Forderung mit dem Rentenbarwert zu bilanzieren;

(c) die Rentenzahlungen als Betriebseinnahme zu erfassen;

(d) den Unterschied zwischen dem Rentenbarwert am Anfang und Schluss des Wirtschaftsjahres gewinnmindernd zu buchen.

BEISPIEL: A verkauft am 30.4.01 ein unbebautes betriebliches Grundstück gegen Zahlung einer monatlichen betrieblichen Veräußerungsrente von 2 000 € ab 1.5.01. Der Buchwert des Grundstücks beträgt 50 000 €. Der Rentenbarwert beträgt 100 000 € am 30.4.01, 90 000 € am 31.12.01 und 80 000 € am 31.12.02.

Der Veräußerer A hat beim Verkauf zu buchen:

Sonst. Ford.	100 000 €	an	Grundstück	50 000 €
			s. b. Ertrag	50 000 €

Die Rentenzahlungen in 01:

Bank	16 000 €	an	Rentenerträge	16 000 €

Abschlussbuchung 31.12.01:

Rentenerträge	10 000 €	an	sonst. Ford.	10 000 €

Somit haben sich in 01 nur 6 000 € gewinnerhöhend ausgewirkt. Dies entspricht dem Zinsanteil, der in den Rentenzahlungen enthalten ist. Der Erwerber des Grundstücks bucht beim Kauf:

Grundstück	100 000 €	an	sonst. Verb.	100 000 €

Die Rentenzahlungen in 01:

Rentenaufwand	16 000 €	an	Bank	16 000 €

Abschlussbuchung 31.12.01:

Sonst. Verb.	10 000 €	an	Rentenaufwand	10 000 €

Auch beim Erwerber hat sich nur der Zinsanteil gewinnmindernd ausgewirkt.

11.7.3.4 Änderung der Rentenzahlungen aufgrund einer Wertsicherungsklausel

Häufig beinhalten Rentenvereinbarungen eine Klausel, nach der die Rentenzahlungen bei einer nachhaltigen Änderung der Wertverhältnisse (z. B. steigende Inflationsraten) anzupassen sind.   428

In diesen Fällen ist Folgendes zu beachten:

▶ Änderungen der laufenden Rentenzahlungen bleiben ohne Auswirkung auf die Anschaffungskosten der erworbenen Wirtschaftsgüter.

▶ Dagegen ist der Rentenbarwert neu zu berechnen und zu bilanzieren. Buchungsmäßig geschieht dies voll erfolgswirksam.

> **BEISPIEL:** Auf Grund einer Wertsicherungsklausel erhöht sich die vereinbarte Rentenzahlung ab 1.10.02 von monatlich 2 000 € auf monatlich 2 400 €. Der Rentenbarwert wird ab 1.10.02 um 10 000 € erhöht.
>
> Beim Veräußerer lautet die diesbezügliche Buchung:
>
> Sonst. Ford.   10 000 € an   Rentenerträge   10 000 €
>
> und beim Erwerber:
>
> Rentenaufwand   10 000 € an   sonst. Verb.   10 000 €

11.7.3.5 Buchungen beim vorzeitigen Wegfall der Rentenschuld

Fällt die Rentenverpflichtung vorzeitig weg (z. B. weil der Rentenempfänger vor Ablauf der Lebenszeit stirbt, die der versicherungsmathematischen Berechnung des Rentenbarwerts zu Grunde gelegt wurde), ist die restliche Rentenverpflichtung beim Erwerber gewinnerhöhend aufzulösen.   429

Eine nachträgliche Änderung der Anschaffungskosten des erworbenen Wirtschaftsguts ist nicht vorzunehmen. Dies gilt auch, wenn nur ein Teil der Rentenverpflichtung wegfällt, weil z. B. bei einer Rente an Eheleute einer der beiden Ehegatten stirbt.

11.7.3.6 Buchungen beim Übergang von Betriebsvermögen gegen Zahlung von Raten und Renten

Buchungen beim Übergang von Betriebsvermögen gegen Zahlung von Raten und Renten (siehe Folgeseite, Rdn. 431).   430

ABB. 8: Buchungen beim Übergang von Betriebsvermögen gegen Zahlung von Raten und Renten

unverzinsliche Ratenzahlungen (von 1 – 10 Jahren)	verzinsliche Ratenzahlungen (von 1 – 10 Jahren)	Zahlung einer betrieblichen Versorgungsrente	Zahlung einer betrieblichen Veräußerungsrente (Leibrenten und Zeitrenten)
Behandlung beim Veräußerer			
1. Veräußerungserlös buchen = abgezinster Ratenbarwert	1. Veräußerungserlös buchen = Summe der Kaufpreisraten	1. Unentgeltliche Übertragung	1. Veräußerungserlös buchen = Rentenbarwert
2. Ratenforderung aktivieren = Summe der Kaufpreisraten	2. Ratenforderung aktivieren = Summe der Kaufpreisraten	2. keine Aktivierung einer Forderung	2. Rentenforderung aktivieren = Rentenbarwert
3. Unterschied von 1. und 2. = Passive RAP	3. Zinseinnahmen buchen = gewinnerhöhend	3. Rentenzahlungen buchen = Einkünfte nach § 24 EStG	3. Rentenbezüge buchen = gewinnerhöhend
4. Ratenzahlungen = erfolgsneutral	4. Ratenzahlungen = erfolgsneutral		4. Unterschied Rentenbarwert 1.1. – 31.12. = gewinnmindernd
5. Passive RAP digital auflösen			
Behandlung beim Erwerber:			
1. Anschaffungskosten aktivieren = abgezinster Ratenbarwert	1. Anschaffungskosten = Summe der Kaufpreisraten	1. Buchwertfortführung	1. Anschaffungskosten aktivieren = Rentenbarwert
2. Ratenschuld passivieren = Summe der Kaufpreisraten	2. Ratenschuld passivieren = Summe der Kaufpreisraten	2. keine Passivierung der Rentenschuld	2. Rentenschuld passivieren = Rentenbarwert
3. Unterschied von 1. und 2. = Aktive RAP	3. Zinszahlungen buchen = gewinnmindernd	3. Rentenzahlungen buchen = Betriebsausgaben	3. Rentenzahlungen buchen = gewinnmindernd
4. Ratenzahlungen = erfolgsneutral	4. Ratenzahlungen = erfolgsneutral		4. Unterschied Rentenbarwert 1.1. – 31.12. = gewinnerhöhend
5. Aktive RAP digital auflösen			

11.8 Buchungen bei Leasinggeschäften

11.8.1 Allgemeines

Der technische Fortschritt und Konkurrenzdruck verlangt heute von einem Unternehmer den Einsatz modernster Technologien in seinem Betrieb. Die Folge ist ein steigender Kapitalbedarf, der die Finanzkraft häufig übersteigt. 432

Eine Lösung bietet das Leasing: Wirtschaftsgüter werden nicht mehr gekauft, sondern für eine fest vereinbarte Grundmietzeit angemietet.

Dem Grunde nach kann Leasing als eine moderne Form der Vermietung bezeichnet werden, allerdings mit dem Unterschied, dass nach Ablauf der vereinbarten Grundmietzeit das Wirtschaftsgut nicht immer zurückgegeben wird, sondern erworben werden kann. 433

Auch die Höhe der Leasingraten richtet sich oft nicht nur nach dem angemessenen Entgelt für die Benutzung des Wirtschaftsguts, sondern sie entsprechen wirtschaftlich betrachtet Kaufpreisraten für das Wirtschaftsgut. Aus der Vielfalt der Leasingverträge ergeben sich auch unterschiedliche steuerliche Behandlungen mit entsprechenden unterschiedlichen Buchungen. Dies gilt insbesondere dann, wenn nach der Gestaltung und Durchführung des Leasingvertrags das Wirtschaftsgut nicht dem Leasinggeber, sondern dem Leasingnehmer zuzurechnen ist.

11.8.2 Leasingarten

Die Leasingverträge können nach verschiedenen Gesichtspunkten eingeteilt werden. Am gebräuchlichsten ist die Einteilung nach 434

11.8.2.1 Anzahl und Tätigkeit der beteiligten Personen

Danach ist zu unterscheiden:

a) **Direktes Leasing**, d. h., der Produzent ist selber Leasinggeber gegenüber dem Unternehmer als Leasingnehmer.

b) **Indirektes Leasing**, d. h., zwischen dem Produzenten und dem Unternehmer schaltet sich eine dritte Person (Leasinggesellschaft) ein, die als Leasinggeber fungiert.

c) **Sale and lease back,** d. h., eine Leasinggesellschaft kauft von einem Unternehmer Wirtschaftsgüter, um sie anschließend an diesen Unternehmer zu vermieten (leasen) mit der Folge, dass der Unternehmer Kapital erhält und künftig Leasingraten bezahlt.

11.8.2.2 Die Einteilung kann aber auch nach der Art des Leasinggegenstandes vorgenommen werden

Dann ist zu unterscheiden:

a) **Investitionsgüter-Leasing**, d. h., Vermietung von beweglichen und unbeweglichen betrieblichen Investitionsgütern.

b) **Konsumgüter-Leasing**, d. h., die Leasingnehmer sind meist Privatpersonen, die Güter des täglichen Bedarfs leasen (z. B. Fernseher, Pkw, Kühlschrank).

c) **Personal-Leasing**, d. h., das Leasinggeschäft betrifft die Vermietung von Arbeitskräften.

11.8.2.3 Für die steuerliche Beurteilung ist die Einteilung nach der Vertragsgestaltung maßgebend

Danach ist zu unterscheiden:

a) **Operating-Leasing**, d. h., ein Wirtschaftsgut wird nur kurzfristig gemietet und anschließend zurückgegeben,

b) **Finanzierungs-Leasing**, d. h., der Leasingvertrag wird über eine feste Grundmietzeit, die in der Regel kürzer ist als die betriebsgewöhnliche Nutzungsdauer, unkündbar abgeschlossen. Das Risiko bezüglich des Untergangs des Wirtschaftsguts trägt dabei der Leasingnehmer.

c) **Spezial-Leasing**, d. h., der Leasinggegenstand ist derart auf die speziellen Bedürfnisse und Verhältnisse des Leasingnehmers zugeschnitten, dass eine wirtschaftlich sinnvolle Nutzung anderweitig nicht mehr möglich ist.

11.8.3 Steuerliche und buchmäßige Behandlung

435 Vgl. Grundsatzurteil des BFH v. 26. 1. 1970 IV R 144/66, BStBl 1970 II 264 und BMF v. 19. 4. 1971, BStBl 1971 I 264; v. 21. 3. 1972, BStBl 1972 I 188; v. 22. 12. 1975, NWB Dok-ID BAAAA-76904; v. 23. 12. 1991, BStBl 1992 I 13 (Leasing-Erlasse).

11.8.3.1 Operating-Leasing

436 Bei dieser Leasingart entspricht die steuerliche Behandlung der des normalen Mietvertrags. Daraus folgt:

Beim **Leasinggeber** wird der Leasinggegenstand aktiviert und abgeschrieben (soweit abnutzbar). Die erhaltenen Leasingraten sind als Betriebseinnahmen zu erfassen.

Beim **Leasingnehmer** sind die bezahlten Raten als Betriebsausgaben zu buchen.

11.8.3.2 Finanzierungs-Leasing

437 Bei dieser Leasingart kommt es für die Frage, wem der Leasinggegenstand zuzurechnen ist, entscheidend auf die Vertragsgestaltung an.

In der Praxis haben sich zwei Vertragsmodelle entwickelt:

a) Vertrag mit **Full-pay-out-Leasing** (Vollamortisation): Das sind Verträge, bei denen die während der fest vereinbarten Grundmietzeit zu zahlenden Leasingraten die Anschaffungskosten einschließlich der Anschaffungsnebenkosten und des kalkulierten Gewinns des Leasinggebers voll abdecken.

Diese Verträge können eine Kauf- oder Mietverlängerungsoption nach Ablauf der Grundmietzeit einschließen oder ohne Optionsrecht abgeschlossen werden.

Die steuerliche Zurechnung des Leasinggegenstandes ist der folgenden Übersicht zu entnehmen.

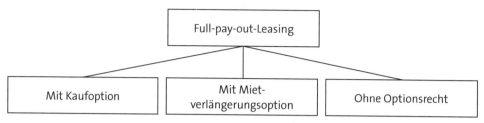

Steuerliche Zurechnung: 438

Leasinggeber:	**Leasinggeber:**	**Leasinggeber:**
wenn GMZ 40 % – 90 % der Nutzungsdauer des Wirtschaftsguts und Kaufpreis mindestens RBW	wenn GMZ 40 % – 90 % der Nutzungsdauer des Wirtschaftsguts und Anschlussmiete mindestens = RBW : RND	wenn GMZ 40 % – 90 % der Nutzungsdauer des Wirtschaftsguts
Leasingnehmer:	**Leasingnehmer:**	**Leasingnehmer:**
wenn GMZ < 40 % oder GMZ > 90 % oder GMZ 40 % – 90 % und Kaufpreis niedriger als RBW	wenn GMZ < 40 % oder GMZ > 90 % oder GMZ 40 % – 90 % und Anschlussmiete < RBW : RND	wenn GMZ < 40 % oder GMZ > 90 %

Anm.: GMZ = Grundmietzeit, RBW = Restbuchwert nach linearer AfA
RND = Restnutzungsdauer

b) Vertrag mit **Non-pay-out**-Leasing (Teilamortisation): Das sind Verträge, bei denen die während der Grundmietzeit zu zahlenden Raten die Anschaffungskosten des Leasinggebers nicht voll decken.

Diese Verträge können ein Verkaufs- oder Kündigungsrecht des Leasinggebers oder eine Beteiligung des Leasingnehmers an einem Mehrerlös beim Verkauf beinhalten.

Die steuerliche Zurechnung des Leasinggegenstands ist der nachfolgenden Übersicht zu entnehmen.

439 **Steuerliche Zurechnung:**

Leasinggeber: Ausschließlich	Leasinggeber: wenn Veräußerungs- erlös > Restamortisation und Leasinggeber min- destens 25 % vom Mehrerlös erhält	Leasinggeber: ausschließlich
Leasingnehmer: –	Leasingnehmer: in allen übrigen Fällen	Leasingnehmer: –

Anm.: Restamortisation = gesamte Anschaffungskosten des Leasinggegenstands abzüglich Leasingraten während der Grundmietzeit.

440 Für die **buchmäßige Behandlung** ist die steuerliche Zurechnung des Leasinggegenstands ausschlaggebend.

Hinsichtlich der **Zurechnung beim Leasinggeber** ergeben sich keine besonderen Probleme.

Der **Leasinggeber** hat das Wirtschaftsgut mit den Anschaffungs- oder Herstellungskosten zu aktivieren, die AfA als Aufwand zu buchen und die Leasingraten als Betriebseinnahme zu erfassen. Nebenkosten für Transport und Montage sind keine Anschaffungs- oder Herstellungskosten. Sonderzahlungen des Leasingnehmers sind passiv abzugrenzen und auf die Grundmietzeit verteilt gewinnerhöhend aufzulösen.

441 Der **Leasingnehmer** verbucht seine Leasingraten als Betriebsausgaben. Eigene Transport- oder Montagekosten des Leasingnehmers sind Betriebsausgaben, Sonderzahlungen sind aktiv abzugrenzen und auf die Grundmietzeit verteilt gewinnmindernd aufzulösen.

Stellt der Leasingnehmer im Zusammenhang mit der Montage des Leasingobjekts besondere Vorrichtungen her (z. B. Fundamente), sind diese Herstellungskosten zu aktivieren (vgl. *Bordewin,* in NWB Fach 17 S. 1460).

442 Hinsichtlich der **Zurechnung** des Wirtschaftsguts **beim Leasingnehmer** sind insofern Besonderheiten zu berücksichtigen, als der zwischen dem Leasinggeber und Leasingnehmer abgeschlossene Leasingvertrag (Mietvertrag) steuerlich als ein Verkaufsgeschäft beurteilt wird.

Die Leasingraten gelten als Kaufpreisraten, die einen Zins- und einen Tilgungsanteil beinhalten. Daraus folgt:

443 Der **Leasinggeber** hat den fiktiven Verkauf des Wirtschaftsguts zu buchen. (Der Verkaufserlös entspricht seinen Anschaffungskosten.)

Weiter hat er eine Kaufpreisforderung an den Leasingnehmer in Höhe der Summe der Leasingraten (einschl. Umsatzsteuer) zu aktivieren. Außerdem passiviert er einen Rechnungsabgrenzungsposten in Höhe des Unterschieds zwischen dieser Forderung (ohne

Umsatzsteuer) und den eigenen Anschaffungs- oder Herstellungskosten. Die zufließenden Leasingraten werden erfolgsneutral als Minderung der Kaufpreisforderung gebucht. Zum Jahresabschluss ist der passive RAP entsprechend der GMZ digital gewinnerhöhend aufzulösen.

Der Leasingnehmer hat das Wirtschaftsgut mit den Anschaffungs- oder Herstellungskosten des Leasinggebers zuzüglich eigener Anschaffungsnebenkosten (z. B. Transport, Montage) zu aktivieren.

444

Weiter hat er eine Verbindlichkeit an den Leasinggeber in Höhe der Summe der Leasingraten (einschl. Umsatzsteuer) zu passivieren.

Außerdem hat er einen aktiven Rechnungsabgrenzungsposten zu bilden, und zwar in Höhe des Unterschieds zwischen der Verbindlichkeit (ohne Umsatzsteuer) und den Anschaffungs- oder Herstellungskosten, die für die Berechnung der Leasingraten zu Grunde gelegt wurden (also ohne eigene Anschaffungsnebenkosten).

Die zu zahlenden Leasingraten werden erfolgsneutral gebucht und mindern die Verbindlichkeit. Der aktive RAP wird auf die GMZ verteilt und digital gewinnmindernd aufgelöst zum Jahresabschluss. Ebenso ist die AfA zu buchen.

Bezüglich der im Zusammenhang mit der fiktiven Anschaffung zu buchenden Vorsteuer ist beim Leasingnehmer zu beachten, dass die Vorsteuerbeträge erst mit Zahlung der Leasingraten anteilig abziehbar werden.

Übungsfall:

445

Ein Unternehmer U mietet ab 1.1.01 von einer Leasinggesellschaft einen Lkw. Die unkündbare Grundmietzeit beträgt 3 Jahre, die monatlichen Leasingraten betragen 3 000 € + USt, die jeweils gesondert berechnet wird.

Nach Ablauf der Grundmietzeit ist U berechtigt, den Lkw für 10 000 € + USt zu erwerben.

Die Leasinggesellschaft hat den Lkw selbst zum 1.1.01 für 90 000 € netto angeschafft. Die betriebsgewöhnliche Nutzungsdauer beträgt 4 Jahre. AfA wurde von der Leasinggesellschaft nicht vorgenommen. Die Anschaffung wurde richtig gebucht.

Bei der Lösung ist vorab die Leasingart nach der Vertragsgestaltung zu untersuchen:

446

Im vorliegenden Fall ist eine unkündbare Grundmietzeit von 3 Jahren vereinbart, bei der die Summe der Leasingraten (108 000 €) größer ist als die Anschaffungskosten.

Somit liegt ein Finanzierungs-full-pay-out-Leasing mit Kaufoption vor.

Die steuerliche Zurechnung erfolgt beim Leasingnehmer, da die Grundmietzeit zwischen 40 % und 90 % der Nutzungsdauer beträgt und der Kaufpreis mit 10 000 € niedriger ist als der Restbuchwert von 22 500 €.

447 Der **Leasinggeber** hat zu buchen:

Fiktiver Verkauf an U:

Sonst. Ford.	130 420 € an		Lkw	90 000 €
			pRAP	18 000 €
			USt	22 420 €

Leasingraten in 01: 12 x (3 000 € + 570 € USt)

Bank	42 840 € an		sonst. Ford.	42 840 €

Abschlussbuchung 31.12.01: $\dfrac{36 ./. 25}{666} = \dfrac{366}{666}$ von 18 000 € = 9 892 €

pRAP	9 892 € an		s. b. Ertrag	9 892 €

Bemessungsgrundlage für die Umsatzsteuer ist die Summe der Leasingraten einschl. des vereinbarten Kaufpreises bei Kaufoption oder vereinbarten Verlängerungsraten bei vereinbarter Mietverlängerungsoption.

448 Beim **Leasingnehmer** ist zu buchen:

Fiktiver Kauf am 1.1.01:

Lkw	90 000 € an		sonst. Verb.	130 420 €
aRAP	18 000 €			
n. n. v. VoSt	22 420 €			

Leasingraten in 01: 12 × (3 000 € + 570 € USt)

Sonst. Verb.	42 840 € an		Bank	42 840 €
Vorsteuer (12 × 570 €) 6 840 €			noch nicht verr. Vorsteuer 6 840 €	

Abschlussbuchung 31.12.01: $\dfrac{366}{666}$ von 18 000 € = 9 892 €

S. b. Aufwand	9 892 € an		aRAP	9 892 €
AfA (30 % von 90 000 € in 2007)	27 000 €		Lkw	27 000 €

449 Bei Ausübung der Kaufoption ist der vereinbarte Übernahmepreis sofort als Finanzierungsaufwand abzugsfähig, ebenso kann nun die Vorsteuer aus dem Übernahmepreis abgezogen werden.

In diesem Fall hätte der Leasinggeber zu buchen:

Sonst. Ford.	10 000 €		s. b. Ertrag	10 000 €

Die Umsatzsteuer mit 1 900 € war bereits am 1.1.01 entstanden und ist gebucht.

Beim Leasingnehmer muss gebucht werden:

Finanz.-Kosten	10 000 € an	sonst. Verb.		10 000 €
VoSt	1 900 € an	n. n. v. VoSt		1 900 €

Damit ist die noch nicht verrechenbare Vorsteuer mit 12 × 570 € = 6 840 € × 3 Jahre (01 – 03) = 20 520 € + 1 900 € = 22 420 € aufgelöst. 450

Mit der Bildung eines RAP und seiner digitalen Auflösung während der Grundmietzeit wird im Ergebnis der in den Leasingraten enthaltene Zins- und Kostenanteil erfolgswirksam verteilt.

Zulässig wäre auch der Bilanzausweis der Kaufpreisforderung des Leasinggebers bzw. der Kaufpreisschuld des Leasingnehmers nur in Höhe der für die Berechnung der Leasingraten zu Grunde gelegten Anschaffungs- oder Herstellungskosten. 451

Die Leasingraten sind dann aufzuteilen in den erfolgswirksam zu verbuchenden Zins- und Kostenanteil und den erfolgsneutralen Tilgungsanteil.

11.8.3.3 Spezial-Leasing

Wird ein Wirtschaftsgut so auf die Bedürfnisse eines Unternehmens zugeschnitten, dass es für andere Unternehmen nicht mehr wirtschaftlich sinnvoll nutzbar ist, dann ist es steuerlich grundsätzlich dem Leasingnehmer zuzurechnen. 452

Für die buch- und bilanzmäßige Darstellung gelten die Ausführungen zum Finanzierungsleasing entsprechend.

11.9 Buchungen beim Tausch von Wirtschaftsgütern

11.9.1 Allgemeines

Beim Tausch berechnen sich die **Anschaffungskosten** des erworbenen Wirtschaftsguts wie folgt (§ 6 Abs. 6 EStG): 453

Gemeiner Wert des hingegebenen Wirtschaftsguts (brutto)

+ Aufzahlung bzw. ./. erhaltene Zahlung

= Anschaffungskosten brutto

./. abziehbare Vorsteuer nach § 15 UStG

= Anschaffungskosten

Der zu buchende **Veräußerungsgewinn** berechnet sich wie folgt: 454

Gemeiner Wert des hingegebenen Wirtschaftsguts (brutto)

./. tatsächlich abzuführende Umsatzsteuer

= Veräußerungserlös netto

./. Buchwert des hingegebenen Wirtschaftsguts

= Veräußerungsgewinn

11.9.2 Tausch mit Baraufgabe

455 Beim Tausch von Wirtschaftsgütern mit unterschiedlichem Wert werden zum Ausgleich zusätzlich Geldleistungen erbracht. Dieser Tausch mit Baraufgabe kommt immer dann vor, wenn ein Unternehmer beim Kauf eines Neuwagens seinen gebrauchten (meist abgeschriebenen) Pkw in Zahlung gibt.

BEISPIEL: Ein Unternehmer gibt beim Neukauf eines Pkw seinen gebrauchten Pkw (Buchwert 500 €) für 5 000 € in Zahlung (dieser Betrag entspricht dem gemeinen Wert brutto). Der Autohändler erstellt folgende Abrechnung:

Pkw Neupreis insgesamt	40 000 €
+ 19 % USt	7 600 €
=	47 600 €
./. in Zahlung genommener Pkw für	5 000 €
noch zu bezahlen	42 600 €

Der Unternehmer hat den Verkauf des alten Pkw zu buchen:

Sonst. Ford.	5 000 €	an	Pkw	500 €
			USt	798 €
			s. b. Ertrag	3 702 €

und die Anschaffung des neuen Pkw:

Pkw	40 000 €	an	sonst. Verb.	42 600 €
VoSt	7 600 €		sonst. Ford.	5 000 €

11.9.3 Tausch mit Baraufgabe und verdecktem Preisnachlass

456 Häufig wird beim Kauf eines Neuwagens der gebrauchte Pkw über seinem tatsächlichen Wert in Zahlung genommen, weil dem Händler ein offener Nachlass auf den Neupreis vom Hersteller untersagt ist, der Kunde den Kauf aber ohne Preisnachlass den Kauf nicht abschließen würde.

BEISPIEL: Im vorhergehenden Fall nimmt der Autohändler den gebrauchten Pkw mit 2 000 € über dem gemeinen Wert in Zahlung, weil der Kunde sonst den Kauf bei der Konkurrenz abschließt. Die Abrechnung zeigt jetzt folgendes Bild:

Pkw Neupreis insgesamt	40 000 €
+ 19 % USt	7 600 €
=	47 600 €
./. in Zahlung genommener Pkw für	7 000 €
noch zu bezahlen	40 600 €

Auch in diesem Fall berechnet sich der Veräußerungsgewinn:

Gemeiner Wert des hingegebenen Pkw	5 000 €
./. tatsächlich abzuführende USt (19/119 von 7 000 €)	1 118 €
= Veräußerungserlös netto	3 882 €
./. Buchwert	500 €
= Veräußerungsgewinn	3 382 €

Die Anschaffungskosten des neuen Pkw betragen:

Gemeiner Wert des hingegebenen Pkw	5 000 €
+ Aufzahlung	40 600 €
= Anschaffungskosten brutto	45 600 €
./. abziehbare VoSt	7 600 €
= Anschaffungskosten netto	38 000 €

Der Unternehmer bucht den Verkauf des alten Pkw:

Sonst. Ford.	5 000 €	An	Pkw	500 €
			USt	1 118 €
			s. b. Ertrag	3 382 €

und die Anschaffung des neuen Pkw:

Pkw	38 000 €	an	sonst. Ford.	5 000 €
VoSt	7 600 €		sonst. Verb.	40 600 €

Im Ergebnis entsprechen die Buchungen den tatsächlichen Tauschwerten der Pkw, auch wenn der Händler den Preisnachlass auf den Neuwagen von 2 000 € in der Abrechnung nicht ausweisen durfte.

FRAGEN 457

		Rdn.
1.	Wie sind Lohnvorschüsse beim Arbeitgeber zu buchen?	340 f.
2.	Was verstehen Sie unter einem Wechsel?	353
3.	Wie haben die beiden Beteiligten zu buchen, wenn ein Lieferant wegen einer noch offenen Warenrechnung einen Wechsel ausstellt, den der Kunde annimmt?	355 ff.
4.	Schildern sie die umsatzsteuerliche und bilanzsteuerliche Situation bei der Einkaufskommission.	394 f.
5.	Schildern Sie die umsatzsteuerliche und bilanzsteuerliche Situation bei der Verkaufskommission.	396 ff.
6.	Schildern Sie die bilanzsteuerliche Behandlung von Auszahlungsverlusten bei Fälligkeits- und Tilgungsdarlehn.	400 ff.
7.	Schildern sie die buchtechnische Behandlung des Erwerbseines Wirtschaftsguts auf Rentenbasis.	420 ff.
8.	Schildern Sie die buchtechnische Behandlung bei Tauschgeschäften mit Baraufgabe und erläutern sie die Ermittlung des Veräußerungsgewinns.	453 ff.

(Einstweilen frei) 458–600

TEIL B: BILANZIERUNG UND BEWERTUNG NACH HANDELS- UND STEUERRECHT

		Rdn.	Seite
Kapitel 1:	**Bilanzauffassungen**	**601**	**137**
1.1	Allgemeines	601	137
1.2	Statische Bilanzauffassung	602	137
1.3	Dynamische Bilanzauffassung	603	138
1.4	Organische Bilanzauffassung	604	138
1.5	Kapital- und Substanzerhaltung	605	139
1.6	Ökonomischer Gewinn	606	139
Kapitel 2:	**Prinzipien bei der Bilanzaufstellung**	**608**	**140**
2.1	Grundsätze ordnungsmäßiger Buchführung	608	140
2.2	Stichtagsprinzip	616	145
2.3	Bilanzenzusammenhang	620	148
2.3.1	Allgemeines	620	148
2.3.2	Kapitalangleichungsbuchungen	622	149
2.3.2.1	Allgemeines	622	149
2.3.2.2	Exkurs: Die Mehr- und Weniger-Rechnung	623	149
2.3.2.3	Beispiel zur Kapitalangleichung bei einem Einzelunternehmen	624	150
2.3.2.4	Besonderheiten bei Kapitalgesellschaften	625	152
2.3.2.5	Beispiel zur Kapitalangleichung bei einer Kapitalgesellschaft	626	152
2.4	Übersicht über wichtige Bilanzierungs- und Bewertungsgrundsätze	627	153
Kapitel 3:	**Zurechnung von Wirtschaftsgütern**	**629**	**156**
3.1	Allgemeines	629	156
3.2	Zurechnung beim bürgerlich-rechtlichen Eigentümer	630	156
3.3	Zurechnung beim wirtschaftlichen Eigentümer	631	157
3.3.1	Allgemeines	631	157
3.3.2	Kauf unter Eigentumsvorbehalt	633	158
3.3.3	Sicherungsübereignung	634	158
3.3.4	Versendungskauf	637	159
3.3.5	Leasingverträge	638	159
3.3.6	Nießbraucher	639	160
3.3.7	Kommissionsgeschäfte	640	160
3.3.8	Treuhänder	641	160

			Rdn.	Seite
3.3.9	Grundstücksübertragungen		642	160
3.3.10	Erwerb eines GmbH-Geschäftsanteils		643	161
3.3.11	Scheinmietvertrag		644	161
3.3.12	Nutzungsüberlassung von Betrieben mit Substanzerhaltungspflicht des Berechtigten		645	162
	3.3.12.1	Überlassung von Anlagevermögen	645	162
	3.3.12.2	Überlassung von Umlaufvermögen	648	164
3.3.13	Besonderheiten beim Erbbaurecht		649	164

Kapitel 4: Maßgeblichkeit der Handelsbilanz für die Steuerbilanz — 654, 168

4.1	Allgemeines		654	168
4.2	Unterschiede und Gemeinsamkeiten zwischen Handels- und Steuerbilanz		655	168
	4.2.1 Handelsbilanz		655	168
	4.2.2 Steuerbilanz		656	169
4.3	Maßgeblichkeitsgrundsatz		657	169
	4.3.1 Ansatz von Bilanzpositionen		657	169
	4.3.2 Bewertung von Bilanzpositionen		662	171
4.4	Keine umgekehrte Maßgeblichkeit		663	172
4.5	Wertaufholung		664	173
4.6	Übersicht über das Prinzip der Maßgeblichkeit der Handelsbilanz für die Steuerbilanz		667	174

Kapitel 5: Betriebsvermögen nach Handels- und Steuerrecht — 669, 177

5.1	Unterscheidung zwischen Betriebsvermögen und Privatvermögen		669	177
5.2	Betriebsvermögen und Wirtschaftsgut		672	178
5.3	Bilanzierungszeitpunkt		673	179
5.4	Zugehörigkeit von Wirtschaftsgütern zum Betriebsvermögen oder Privatvermögen		674	180
	5.4.1 Allgemeines		674	180
	5.4.2 Notwendiges Betriebsvermögen		675	181
	5.4.3 Beteiligungen als Betriebsvermögen		678	182
	5.4.4 Notwendiges Privatvermögen		679	182
	5.4.5 Gewillkürtes Betriebsvermögen		680	183
	5.4.6 Schulden als Betriebsvermögen		683	186
	5.4.7 Kontokorrentschulden		688	187
		5.4.7.1 Führung von gemischten Konten	688	187
		5.4.7.2 Führung von getrennten Konten	689	187
	5.4.8 Abzug von Schuldzinsen		690	189
		5.4.8.1 Allgemeines	690	189

				Rdn.	Seite
		5.4.8.2	Zweistufige Prüfung	694	190
		5.4.8.3	Schuldzinsen aus Investitionsdarlehen	696	191
		5.4.8.4	Zwei-Kontenmodell	697	192
		5.4.8.5	Schuldzinsen bei Mitunternehmerschaften	698	193
		5.4.8.6	Nachträglicher Schuldzinsenabzug bei Betriebsaufgabe	699	194
		5.4.8.7	Darlehen von nahen Angehörigen	700	194
		5.4.8.8	Die Zinsschranke	701	194
	5.4.9	Immaterielle Wirtschaftsgüter		702	195
		5.4.9.1	Allgemeines	702	195
		5.4.9.2	Ansatz nach Steuerrecht	704	196
		5.4.9.3	Ansatz nach Handelsrecht	706	197
		5.4.9.4	Computerprogramme	708	198
		5.4.9.5	Internet-Auftritt	711	200
		5.4.9.6	Geschäftswert	712	200
		5.4.9.7	Praxiswert der freien Berufe	723	205
	5.4.10	Rücklagen		724	206
		5.4.10.1	Begriff	724	206
		5.4.10.2	Arten	724	206
		5.4.10.3	Zusammensetzung des Eigenkapitals bei den einzelnen Rechtsformen	729	207
	5.4.11	Rückstellungen		729	207
		5.4.11.1	Begriff	729	207
		5.4.11.2	Rückstellungen nach Handelsrecht	730	208
		5.4.11.3	Rückstellungen nach Steuerrecht	731	208
		5.4.11.4	Abgrenzungen	732	208
	5.4.12	Rechnungsabgrenzungsposten		733	209
	5.4.13	Wertberichtigungen		734	209
5.5	Betriebsvermögen und Betriebsausgaben			735	210
	5.5.1	Allgemeines		735	210
	5.5.2	Betriebsvermögen und nichtabzugsfähige Betriebsausgaben		736	210
5.6	Zugehörigkeit von Grundstücken und Grundstücksteilen zum Betriebsvermögen			737	212
	5.6.1	Grundstücke als Anlagevermögen oder Umlaufvermögen		737	212
	5.6.2	Bilanzausweis		738	213
	5.6.3	Selbständige Wirtschaftsgüter		744	214
	5.6.4	Zugehörigkeit von Grundstücken bei einheitlicher Nutzung		745	217
	5.6.5	Behandlung von Grundstücken bei gemischter Nutzung		746	217
	5.6.6	Behandlung des eigenbetrieblich genutzten Grundstücksteils		748	219
	5.6.7	Grundstücke und Grundstücksteile als gewillkürtes Betriebsvermögen		751	222
	5.6.8	Behandlung des eigenen Wohnzwecken dienenden Grundstücksteils		753	222
	5.6.9	Zurechnung zum Betriebsvermögen bei Miteigentum		755	223

			Rdn.	Seite
5.6.10	Wegfall der Voraussetzungen für die Behandlung als Betriebsvermögen durch Nutzungsänderung oder Entnahme		756	224
5.6.11	Behandlung von Grundstücken und Grundstücksteilen bei Personengesellschaften		759	225
	5.6.11.1	Das Grundstück gehört zum Gesamthandsvermögen der Mitunternehmer einer Personengesellschaft	759	225
	5.6.11.2	Das Grundstück (der Grundstücksteil) gehört nicht zum Gesamthandsvermögen	761	226
	5.6.11.3	Grundstücke im Miteigentum von Nichtgesellschaftern	766	227
5.6.12	Behandlung der übrigen selbständigen Gebäudeteile		768	227
	5.6.12.1	Allgemeines	768	227
	5.6.12.2	Betriebsvorrichtungen	769	227
	5.6.12.3	Einbauten für vorübergehende Zwecke	773	228
	5.6.12.4	Ladeneinbauten, Schaufensteranlagen und ähnliche Einrichtungen	775	229
	5.6.12.5	Mietereinbauten und Mieterumbauten	779	230
5.6.13	Bauwerke auf fremdem Grund und Boden		788	236
	5.6.13.1	Allgemeines	788	236
	5.6.13.2	Der Mieter oder Pächter ist rechtlicher und/oder wirtschaftlicher Eigentümer des Bauwerks	789	236
	5.6.13.3	Steuerliche Behandlung	790	237
5.6.14	Drittaufwand – Eigenaufwand		793	238
	5.6.14.1	Drittaufwand	793	238
	5.6.14.2	Eigenaufwand für ein fremdes Wirtschaftsgut	795	239
5.6.15	Nutzungsrechte an Gebäuden und Grundstücken		798	240
5.6.16	Nießbrauchsbestellung an Grundstücken		799	242
	5.6.16.1	Zuwendungsnießbrauch	799	242
	5.6.16.2	Vorbehaltsnießbrauch	801	242

Kapitel 6:	Bewertung nach Handels- und Steuerrecht		803	245
6.1	Allgemeines		803	245
6.2	Zeitpunkt der Bewertung		804	245
6.3	Bewertungsverfahren		805	246
	6.3.1	Grundsatz der Einzelbewertung	805	246
	6.3.2	Gruppenbewertung	807	247
		6.3.2.1 Anwendungsbereich	807	247
		6.3.2.2 Gruppenbewertung von Wirtschaftsgütern des Anlagevermögens	808	247
		6.3.2.3 Gruppenbewertung von Wirtschaftsgütern des Umlaufvermögens	809	247
	6.3.3	Festbewertung	810	248
		6.3.3.1 Allgemeines zum Wesen des Festwertes	810	248

				Rdn.	Seite
		6.3.3.2	Festbewertung für Wirtschaftsgüter des Anlagevermögens	812	249
		6.3.3.3	Festbewertung für Wirtschaftsgüter des Vorratsvermögens	815	251
		6.3.3.4	Änderung des Festwerts	816	251
		6.3.3.5	Grenzen der Festbewertung	817	252
	6.3.4	Bewertung nach Verbrauchs- oder Veräußerungsfolgen		818	253
		6.3.4.1	Lifo-Methode	819	253
		6.3.4.2	Fifo-Methode	822	255
	6.3.5	Bewertung von Wirtschaftsgütern, die in einem Sammelposten erfasst werden		823	255
		6.3.5.1	Gesetzliche Grundlagen	823	255
		6.3.5.2	Anschaffungs- oder Herstellungsvorgang	824	256
		6.3.5.3	Anschaffungs- oder Herstellungskosten von mehr als 150 € und nicht mehr als 1 000 €	825	256
		6.3.5.4	Ermittlung des Bilanzansatzes des Sammelpostens	826	257
		6.3.5.5	Private Nutzung von Wirtschaftsgütern, die im Sammelposten erfasst sind	827	257
	6.3.6	Bilanzierung von Bewertungseinheiten		827a	258
		6.3.6.1	Bilanzierung nach Handelsrecht	827a	258
		6.3.6.2	Bilanzierung nach Steuerrecht	827b	258
6.4	Bewertungsmaßstäbe			828	259
	6.4.1	Anschaffungskosten		828	259
		6.4.1.1	Begriff	828	259
		6.4.1.2	Zeitpunkt für die Ermittlung der Anschaffungskosten	829	259
		6.4.1.3	Umfang der Anschaffungskosten	830	260
		6.4.1.4	Nicht abziehbare Vorsteuer	834	261
		6.4.1.5	Skonti, Rabatte, Boni, Vertragsstrafen	838	263
		6.4.1.6	Finanzierungskosten (Geldbeschaffungskosten)	839	263
		6.4.1.7	Abstandszahlungen (Räumungsentschädigungen)	841	264
		6.4.1.8	Abbruchkosten	842	264
		6.4.1.9	Darlehensforderung/Darlehensverbindlichkeit	843	265
		6.4.1.10	Stückzinsen	844	265
		6.4.1.11	Aufteilung eines Gesamtkaufpreises	845	265
		6.4.1.12	Erwerb einzelner Wirtschaftsgüter auf Rentenbasis	846	266
		6.4.1.13	Anschaffungskosten mittels Ratenkauf	849	266
		6.4.1.14	Anschaffungskosten beim Tausch	850	266
		6.4.1.15	Zuschüsse	851	267
		6.4.1.16	Fiktive Anschaffungskosten	856	269
		6.4.1.17	Unentgeltlicher Erwerb eines Betriebs oder Teilbetriebs	859	270
	6.4.2	Herstellungskosten		863	271
		6.4.2.1	Bedeutung der Herstellungskosten	863	271
		6.4.2.2	Grundlagen der Selbstkostenrechnung	864	271
		6.4.2.3	Grundlagen für eine Zuschlagskalkulation	869	274

				Rdn.	Seite
		6.4.2.4	Der Herstellungskostenbegriff im Handelsrecht	872	277
		6.4.2.5	Der Herstellungskostenbegriff im Steuerrecht	876	278
		6.4.2.6	Gegenüberstellung der handelsrechtlichen und der steuerrechtlichen Herstellungskosten	881	280
		6.4.2.7	Anschaffungsnaher Aufwand	882	282
		6.4.2.8	Nachträglicher Herstellungsaufwand	883	282
		6.4.2.9	Einzelfragen zu den Herstellungskosten eines Gebäudes	888	283
		6.4.2.10	Herstellungskosten beim Gebäudeabbruch	891	285
	6.4.3	Teilwert		897	289
		6.4.3.1	Begriff des Teilwerts	897	289
		6.4.3.2	Abgrenzung zum „Gemeinen Wert"	898	289
		6.4.3.3	Ermittlung des Teilwerts	901	290
	6.4.4	Gemeiner Wert		909	292
		6.4.4.1	Bedeutung des Begriffs im Bilanzsteuerrecht	909	292
		6.4.4.2	Begriff und Ermittlung	910	293
	6.4.5	Sonstige handelsrechtliche Bewertungsmaßstäbe		912	293
		6.4.5.1	Börsenpreis im Vergleich zum Teilwert	913	294
		6.4.5.2	Marktpreis im Vergleich zum Teilwert	914	294
		6.4.5.3	Zeitwert im Verhältnis zum Teilwert	915	294
	6.4.6	Übersicht über die Bewertungsmaßstäbe		917	295
6.5	Bewertung des Anlagevermögens			918	298
	6.5.1	Begriff		918	298
	6.5.2	Einteilung des Anlagevermögens		919	298
	6.5.3	Darstellung des Anlagevermögens		922	299
		6.5.3.1	Zugänge	924	300
		6.5.3.2	Umbuchungen	925	300
		6.5.3.3	Zuschreibungen	926	300
		6.5.3.4	Abgänge	928	300
		6.5.3.5	Abschreibungen	929	301
	6.5.4	Bewertung des Anlagevermögens nach Handelsrecht		930	302
		6.5.4.1	Allgemeine Bewertungsgrundsätze	930	302
		6.5.4.2	Bewertung des abnutzbaren Anlagevermögens	931	302
		6.5.4.3	Bewertung des nicht abnutzbaren Anlagevermögens	935	303
	6.5.5	Bewertung des abnutzbaren Anlagevermögens nach Steuerrecht		937	304
		6.5.5.1	Bewertungsgrundsätze	937	304
		6.5.5.2	Beispiele zur Bewertung von Wirtschaftsgütern des abnutzbaren Anlagevermögens nach Handels- und Steuerrecht	943	307
		6.5.5.3	Steuerliche Abschreibungen	945	307
	6.5.6	Bewertung des nicht abnutzbaren Anlagevermögens nach Steuerrecht		994	328
		6.5.6.1	Allgemeine Bewertungsgrundsätze	994	328
		6.5.6.2	Besonderheiten bei Beteiligungen	998	329

			Rdn.	Seite
	6.5.7	Übersicht über die Bewertung des Anlagevermögens nach Handels- und Steuerrecht	1009	333
6.6		Bewertung des Umlaufvermögens und der Verbindlichkeiten	1010	336
	6.6.1	Begriff des Umlaufvermögens	1010	336
	6.6.2	Bewertung der Vorräte	1011	336
		6.6.2.1 Bewertung nach Handelsrecht	1011	336
		6.6.2.2 Bewertung nach Steuerrecht	1016	337
		6.6.2.3 Besonderheiten der Teilwertermittlung bei Vorräten	1022	339
		6.6.2.4 Sonderregelungen	1028	342
	6.6.3	Bewertung der anderen Gegenstände des Umlaufvermögens, insbesondere der Forderungen aus Lieferungen und Leistungen	1030	343
		6.6.3.1 Allgemeines	1030	343
		6.6.3.2 Teilwertermittlung bei Forderungen	1032	343
	6.6.4	Übersicht über die Bewertung des Umlaufvermögens nach Handels- und Steuerrecht	1038	345
	6.6.5	Bewertung der Verbindlichkeiten	1039	348
		6.6.5.1 Allgemeines	1039	348
		6.6.5.2 Schuldübernahme	1045a	351
6.7		Bewertung von Entnahmen und Einlagen	1046	353
	6.7.1	Bewertung von Entnahmen	1046	353
		6.7.1.1 Entnahmebegriff	1046	353
		6.7.1.2 Bewertung	1048	354
		6.7.1.3 Besonderheiten bei Personengesellschaften	1053	356
	6.7.2	Bewertung von Einlagen	1060	359
		6.7.2.1 Einlagebegriff	1060	359
		6.7.2.2 Bewertung	1062	359
		6.7.2.3 Handelsrechtliche Überlegungen	1069	362
		6.7.2.4 Besonderheit	1070	362
	6.7.3	Übersicht über sonstige Bewertungen nach § 6 EStG	1071	362
6.8		Bewertung der Rückstellungen	1072	362
	6.8.1	Rückstellungen nach Handelsrecht	1073	362
		6.8.1.1 Allgemeines	1073	362
		6.8.1.2 Bedeutung handelsrechtlicher Vorschriften für das Steuerrecht	1075	366
	6.8.2	Bewertung	1078	367
		6.8.2.1 Bewertung nach Handelsrecht	1078	367
		6.8.2.2 Bewertung nach Steuerrecht	1079	367
	6.8.3	Beispiele für Rückstellungen im Handels- und Steuerrecht	1085	370
		6.8.3.1 Allgemeines	1085	370
		6.8.3.2 Rückstellungen für ungewisse Verbindlichkeiten	1086	370
	6.8.4	Rückstellungen für drohende Verluste aus schwebenden Geschäften	1110	378
		6.8.4.1 Rückstellungen nach Handelsrecht	1111	378

			Rdn.	Seite
		6.8.4.2 Rückstellungen nach Steuerrecht	1114	379
	6.8.5	Rückstellungen für unterlassene Aufwendungen für Instandhaltung	1115	380
	6.8.6	Rückstellungen für unterlassene Abraumbeseitigung	1117	380
	6.8.7	Rückstellungen für Gewährleistungen ohne rechtliche Verpflichtung	1118	380
	6.8.8	Rückstellung für die Nachbetreuung von Versicherungsverträgen	1118a	381
	6.8.9	Rückstellung für latente Steuern	1119	381
		6.8.9.1 Allgemeines	1119	381
		6.8.9.2 Übersicht über die Vorschrift des § 274 HGB	1120	382
	6.8.10	Übersicht über Rückstellungen nach Handels- und Steuerrecht	1121	385
6.9	Erfassung steuerfreier Rücklagen		1122	386
	6.9.1	Begriff	1122	386
	6.9.2	Rücklage für Ersatzbeschaffung	1125	387
		6.9.2.1 Allgemeines	1125	387
		6.9.2.2 Begünstigter Personenkreis	1128	387
		6.9.2.3 Begünstigte Wirtschaftsgüter	1130	388
		6.9.2.4 Unfreiwilliges Ausscheiden	1131	388
		6.9.2.5 Ersatzwirtschaftsgut	1137	390
		6.9.2.6 Ersatzbeschaffungsfrist	1139	390
		6.9.2.7 Ermittlung der stillen Rücklage	1140	391
		6.9.2.8 Bilanztechnische Behandlung der Rücklage für Ersatzbeschaffung	1143	392
		6.9.2.9 Sonderfälle	1149	396
		6.9.2.10 Beschädigung von Wirtschaftsgütern	1151	397
		6.9.2.11 Übersicht über die Rücklage für Ersatzbeschaffung	1152	397
	6.9.3	Reinvestitionsrücklage nach § 6b EStG	1153	399
		6.9.3.1 Allgemeines	1153	399
		6.9.3.2 Begünstigter Personenkreis	1154	399
		6.9.3.3 Veräußerung	1155	399
		6.9.3.4 Begünstigte Wirtschaftsgüter	1158	400
		6.9.3.5 Begünstigter Gewinn	1162	401
		6.9.3.6 Begünstigte Reinvestitionen	1163	401
		6.9.3.7 Bilanztechnische Behandlung der Reinvestitionsrücklage	1167	402
		6.9.3.8 Zeitpunkt der Übertragung	1168	402
		6.9.3.9 Gewinnerhöhende Auflösung der Rücklage	1174	404
		6.9.3.10 Gewinnzuschlag nach § 6b Abs. 7 EStG	1175	404
		6.9.3.11 Übertragungsmöglichkeiten auf andere Betriebe	1176	405
		6.9.3.12 Rücklage bei Betriebsveräußerung (vgl. R 6b.2 Abs. 10 EStR)	1182	409
		6.9.3.13 Übersicht über die Regelungen des § 6b EStG	1185	410
	6.9.4	Rücklage gemäß § 6b Abs. 10 EStG	1186	412
	6.9.5	Zuschussrücklage	1190	413
	6.9.6	Investitionsabzugsbetrag gem. § 7g Abs. 1 – 4 EStG	1192	414

			Rdn.	Seite
Kapitel 7:	**Bilanzberichtigung und Bilanzänderung**		1194	418
7.1	Bilanzberichtigung		1194	418
	7.1.1	Allgemeines	1194	418
	7.1.2	Bilanzberichtigung bis zur Fehlerquelle	1196	418
	7.1.3	Bilanzberichtigung im ersten offenen Veranlagungsjahr	1198	419
		7.1.3.1 Erfolgswirksame Berichtigung	1198	419
		7.1.3.2 Reaktivierung	1201	420
		7.1.3.3 Erfolgsneutrale Bilanzberichtigung	1205	421
		7.1.3.4 Durchbrechung des Bilanzenzusammenhangs	1207	422
7.2	Bilanzänderung		1209	422
7.3	Übersicht über Bilanzänderung und Bilanzberichtigung		1211	424
Kapitel 8:	**Gewinnkorrekturen außerhalb der Bilanz**		1213	426
8.1	Allgemeines		1213	426
8.2	Gewinnerhöhungen außerhalb der Bilanz		1214	426
8.3	Gewinnminderungen außerhalb der Bilanz		1220	428
8.4	Übersicht über die Besonderheiten bei der steuerlichen Gewinnermittlung		1227	431
Kapitel 9:	**Die Gewinnermittlungsarten des Einkommensteuerrechts**		1229	434
9.1	Allgemeines		1229	434
9.2	Gewinnermittlung durch Betriebsvermögensvergleich		1230	434
	9.2.1	Allgemeines	1230	434
	9.2.2	Der persönliche Geltungsbereich von § 4 Abs. 1 und § 5 EStG	1231	434
	9.2.3	Der sachliche Geltungsbereich von § 4 Abs. 1 und § 5 EStG	1233	435
9.3	Gewinnermittlung gem. § 4 Abs. 3 EStG		1237	436
	9.3.1	Personenkreis	1237	436
	9.3.2	Aufzeichnungspflichten	1240	437
	9.3.3	Schätzung des Gewinns	1244	438
	9.3.4	Gesamtgewinngleichheit	1245	439
	9.3.5	Gewillkürtes Betriebsvermögen bei § 4 Abs. 3 EStG	1247	439
	9.3.6	Pflichten zur Verwendung der Anlage EÜR	1249	441
	9.3.7	Betriebseinnahmen und Betriebsausgaben bei der Einnahmenüberschussrechnung	1250	441
	9.3.8	Ausnahmen vom Grundsatz der Berücksichtigung von Betriebseinnahmen und Betriebsausgaben	1253	442
		9.3.8.1 Durchlaufende Posten	1254	442
		9.3.8.2 Darlehen	1254	442
		9.3.8.3 Erschließungskosten	1258	443

			Rdn.	Seite
	9.3.8.4	Betrieblich veranlasste Schuldzinsen	1259	443
	9.3.8.5	Entnahmen und Einlagen	1260	444
9.3.9	Ausnahmen vom Grundsatz der Zurechnung von Betriebseinnahmen und Betriebsausgaben nach § 11 EStG		1262	445
	9.3.9.1	Allgemeine Grundsätze	1262	445
	9.3.9.2	Nutzungsüberlassungen	1267	446
	9.3.9.3	Abnutzbares Anlagevermögen	1268	447
	9.3.9.4	Nicht abnutzbares Anlagevermögen	1270	448
	9.3.9.5	Umlaufvermögen	1271	448
	9.3.9.6	Übertragung von stillen Reserven	1272	449
	9.3.9.7	Erwerb von Wirtschaftsgütern gegen Rentenzahlungen	1278	451
	9.3.9.8	Raten und Veräußerungsrenten	1279	452
	9.3.9.9	Tauschvorgänge	1280	452
	9.3.9.10	Erlass von Forderungen und Schulden	1281	453
	9.3.9.11	Regelmäßig wiederkehrende Betriebseinnahmen und Betriebsausgaben	1282	453
9.3.10	Wechsel der Gewinnermittlungsart		1283	454
	9.3.10.1	Allgemeines	1283	454
	9.3.10.2	Wechsel von der Gewinnermittlung durch Einnahmenüberschussrechnung zu der durch Bestandsvergleich	1288	455
	9.3.10.3	Gewinnschätzung	1289	456
	9.3.10.4	Aufstellung einer Eröffnungsbilanz zum 1. 1.	1290	456
	9.3.10.5	Folgen fehlerhafter Bilanzierung	1303	460
	9.3.10.6	Betriebsveräußerung und Betriebsaufgabe	1304	460
	9.3.10.7	Gründung von Personengesellschaften	1305	461
	9.3.10.8	Wechsel von der Gewinnermittlung durch Bestandsvergleich zur Einnahmenüberschussrechnung	1306	461
	9.3.10.9	Sonstige Übergangsmöglichkeiten	1311	464
9.3.11	Widerrufsrecht		1312	464
9.3.12	Investitionsabzugsbetrag – Investitionszuschüsse		1313	465
9.3.13	Ausgleichsposten nach § 4g EStG		1314	465

Teil B: Bilanzierung und Bewertung nach Handels- und Steuerrecht

Kapitel 1: Bilanzauffassungen

1.1 Allgemeines

Bilanzen stellen Instrumente zur Speicherung und Übermittlung von Informationen dar. Damit stellt sich die Frage, über welche Sachverhalte die Bilanz vorrangig informieren soll.

601

Mit dieser Fragestellung beschäftigt sich u. a. die Betriebswirtschaftslehre, die hierbei insbesondere berücksichtigt, welchem Zweck eine Bilanz dienen soll. Hierbei lassen sich **drei verschiedene Analyseschwerpunkte unterscheiden:**

▶ Interpretation des jetzt geltenden Bilanzrechts,

▶ Fortentwicklung des Bilanzrechts,

▶ Bilanzforschung ohne unmittelbare Ausrichtung am geltenden Bilanzrecht.

Im Folgenden wollen wir nur kurz auf die fünf wichtigsten, von der Bilanztheorie entwickelten Bilanzauffassungen eingehen.

1.2 Statische Bilanzauffassung

Als **statische Bilanzauffassung** bezeichnet man eine Betrachtungsweise, die die Gegenüberstellung von Vermögens- und Schuldbeständen zum Bilanzstichtag als ihren Informationsschwerpunkt ansieht.

602

Bilanzen haben daher in erster Linie den Zweck, das vorhandene Vermögen auszuweisen, um darüber zu informieren, inwieweit das vorhandene Vermögen zur Abdeckung der Verbindlichkeiten ausreicht. **Hauptzweck einer Bilanz**, die nach den Grundzügen der statischen Bilanzauffassung erstellt wird, **ist die richtige Vermögensermittlung**.

Demgegenüber stellt die Gewinnermittlung nur ein Nebenprodukt dar. Deshalb haben hier auch Überlegungen, die der richtigen Periodenzurechnung dienen, wie insbesondere Rechnungsabgrenzungen, keinen Platz. Rückstellungen dürfen nur dann in der Bilanz erscheinen, wenn bereits am Bilanzstichtag vom Bestehen einer Verbindlichkeit ausgegangen werden muss.

Als statische Elemente sind in der Handelsbilanz der Begriff des Vermögensgegenstandes und in der Steuerbilanz der weitgehend identische Begriff des Wirtschaftsguts enthalten.

Wirtschaftsgüter sind zu bilanzieren. Während die Handelsbilanz jedoch vorwiegend statischen Charakter hat, gehen in die Steuerbilanz auch dynamische Elemente ein.

1.3 Dynamische Bilanzauffassung

603 **Nach dynamischer Bilanzauffassung liegt der Hauptzweck** der Bilanz **in der richtigen Gewinnermittlung** (= Erfolgsermittlung). Hierbei ermittelt sich der Erfolg (= Gewinn) eines Wirtschaftsjahres als der Unterschied zwischen Erträgen und Aufwendungen dieses Wirtschaftsjahres. Damit steht bei der dynamischen Bilanztheorie die Gewinn- und Verlustrechnung im Mittelpunkt des Interesses.

Erträge sind hierbei alle Einnahmen, die wirtschaftlich dem Wirtschaftsjahr zuzurechnen sind, und zwar unabhängig davon, ob sie vor, während oder nach diesem Wirtschaftsjahr zufließen.

Aufwendungen sind entsprechend alle Ausgaben, die wirtschaftlich dem Wirtschaftsjahr zuzurechnen sind, und zwar unabhängig davon, ob sie vor, während oder nach diesem Wirtschaftsjahr abfließen.

Damit muss eine dynamische Bilanz auf der Aktiv- und Passivseite Positionen ausweisen, die der richtigen Gewinnzuordnung zu den einzelnen Perioden dienen. Hier müssen Rechnungsabgrenzungsposten gebildet werden. Rückstellungen können auch dann ausgewiesen werden, wenn sie noch nicht als Verbindlichkeiten angesehen werden können (so z. B. die Rückstellungen für Kulanzleistungen, die in Zukunft bewilligt werden müssen, Garantierückstellungen). Produktbezogene Forschungs- und Entwicklungskosten für die Produktweiterentwicklung müssen aktiviert werden, denn sie lassen doch in der Zukunft Erträge erwarten.

Dynamische Elemente (Rechnungsabgrenzungsposten, Rückstellungen) lassen sich sowohl in der Handels- als auch in der Steuerbilanz finden. Da Zweck der Steuerbilanz die richtige, periodengerechte Gewinnermittlung ist – dieser Gewinn soll doch Grundlage für die Steuerfestsetzung sein –, ist die Steuerbilanz tendenziell dynamischer als die Handelsbilanz.

1.4 Organische Bilanzauffassung

604 Bei der organischen Bilanzauffassung dient die Bilanz dem Zweck, die Unternehmenssubstanz zu sichern.

BEISPIEL: Ein Textileinzelhändler hat am 10. 1. 01 1 000 Handtücher zu 10 € pro Stück gekauft, die er bis zum 10. 4. 01 für 15 € pro Stück verkauft. Am 10. 4. 01 betragen die Wiederbeschaffungskosten für den Einzelhändler pro Handtuch 14 € pro Stück. Nach geltendem Bilanzrecht ermittelt sich der Gewinn wie folgt:

Warenerlöse	1 000 x 15 € =	15 000 €
./. Wareneinsatz	1 000 x 10 € =	10 000 €
= Gewinn		5 000 €

Um die Substanz des Unternehmens zu erhalten (d. h. nach dem Verkauf der Handtücher die gleiche Anzahl wiederbeschaffen zu können), müssten zunächst vom Erlös (= 15 000 €) 14 000 € (14 € Wiederbeschaffungskosten pro Stück × 1 000 Stück) aufgewandt werden. Nur der übersteigende Betrag (= 1 000 €) stellt also echten Gewinn dar, während der Restgewinn (= 4 000 €) nur Scheingewinn ist.

Bei der organischen Bilanzauffassung geht es darum, dafür zu sorgen, dass **Scheingewinne nicht als Erfolg ausgewiesen werden.** Dies geschieht im Rahmen einer Bilanzerstellung nach den gerade geschilderten Prinzipien durch Bewertung der Vermögensgegenstände mit ihren Wiederbeschaffungskosten.

Die Preissteigerungen werden dadurch im Ergebnis erfolgsneutral (z. B. durch die Buchung: Ware an Kapital) erfasst.

Solche Gedanken haben sich für die Handels- und Steuerbilanzerstellung nicht durchsetzen können. Lediglich die Möglichkeit, bei Bewertungen das LiFo (Last-in-first-out)-Prinzip anwenden zu können, beruht auf den Gedanken der organischen Bilanzauffassung; hierbei unterbleibt die Scheingewinnbesteuerung jedoch nicht generell, sondern wird nur zeitlich hinausgeschoben.

1.5 Kapital- und Substanzerhaltung

Die Konzeptionen, bei denen die Kapital- bzw. Substanzerhaltung im Vordergrund steht, beschäftigen sich hauptsächlich mit der Frage, wie der Jahreserfolg zu ermitteln ist, damit das Kapital bzw. die Substanz eines Betriebs erhalten bleibt. 605

Beim Konzept der nominellen Kapitalerhaltung steht die Entwicklung des nominellen Eigenkapitals im Fokus: Ein Anstieg dieses Kapitals wird als Gewinn ausgewiesen. (Private Vorgänge – insbesondere Entnahmen und Einlagen – bleiben bei dieser Darstellung aus Vereinfachungsgründen außer Betracht.) Sowohl das Steuerrecht als auch das Handelsrecht orientieren sich an diesem Konzept. Dies gilt auch nach dem BilMoG: Die Funktion des handelsrechtlichen Jahresabschlusses als Grundlage der Gewinnausschüttung und seine grundsätzliche Maßgeblichkeit für die steuerliche Gewinnermittlung bleiben gewahrt.

Der größte Nachteil liegt darin, dass in Inflationsphasen zwar nominell das Kapital erhalten bleibt, da sich Gewinnausschüttungen und Steuern vom Gewinn an diesem Gewinnbegriff orientieren; es kommt jedoch zu einem realen Kapitalverzehr, da das verbleibende Kapital nicht mehr ausreicht, die ursprünglichen Vermögensgegenstände wieder zu beschaffen.

Das Konzept der realen Kapitalerhaltung hingegen geht von einer kaufkraftbereinigten Kapitalermittlung aus. Hiermit soll die Sicherung des realen Kapitals eines Betriebs gewährleistet werden. Schwierig gestaltet sich hierbei, geeignete Indices für die Wertfindung zu ermitteln. Eine Substanzerhaltung ist dann gewährleistet, wenn maximal der Teil des Ergebnisses ausgeschüttet und als Steuer abgeführt werden muss, der nicht mehr zur Wiederbeschaffung der am Anfang der Periode vorhandenen Vermögensgegenstände benötigt wird.

1.6 Ökonomischer Gewinn

Hierbei wird versucht, eine Gesamtbewertung des Betriebs auf der Grundlage der in Zukunft nachhaltig erzielbaren Erträge vorzunehmen. Als Unternehmenswert gilt dabei 606 das diskontierte Entnahmepotential. Der ökonomische Gewinn einer Periode ist der Unterschied zwischen dem Unternehmenswert am Ende und am Anfang einer Periode. Dieses Konzept ist theoretisch hervorragend. Aber praktisch ist eine Objektivierung – wie sie sowohl für die handels- als auch für die steuerrechtliche Rechnungslegung unabdingbar ist – in diesem System nicht vorstellbar.

607
FRAGEN:

		Rdn.
1.	Nennen Sie die wichtigsten Bilanzauffassungen und beschreiben Sie deren Hauptzwecke!	602 - 606
2.	Welche wichtigen Elemente der verschiedenen Bilanzauffassungen finden sich in der Handels- und Steuerbilanz und welche Bilanzauffassung hat die Handels- und die Steuerbilanz hauptsächlich beeinflusst?	602, 603

Kapitel 2: Prinzipien bei der Bilanzaufstellung

2.1 Grundsätze ordnungsmäßiger Buchführung

608 Die Handelsbilanz muss nach den Vorschriften der § 238 ff. HGB aufgestellt werden.

Die Handelsbilanz sowie die ihr zugrunde liegende Buchführung muss den Grundsätzen ordnungsmäßiger Buchführung entsprechend erstellt werden. In ihr ist das Betriebsvermögen – nicht jedoch das Privatvermögen – auszuweisen. Da die Steuerbilanz ihrer Natur nach eine aufgrund zwingender steuerrechtlicher Vorschriften korrigierte Handelsbilanz ist, gelten auch für die **Steuerbilanz die Grundsätze ordnungsmäßiger Buchführung**. Bindeglied zwischen Handels- und Steuerrecht ist hier § 5 Abs. 1 EStG.

Grundsätze ordnungsmäßiger Buchführung sind die Regeln, die ein Kaufmann bei der Erstellung seiner Buchführung und seines Jahresabschlusses zu beachten hat.

Da zwischen den handelsrechtlichen und steuerrechtlichen Vorschriften weitgehend Übereinstimmung besteht, kann man davon ausgehen, dass sowohl die Steuerpflichtigen, die ihren Gewinn nach § 5 EStG ermitteln, als auch diejenigen, die nach § 4 Abs. 1 EStG ihre Gewinnermittlung erstellen, die Grundsätze ordnungsmäßiger Buchführung beachten müssen (vgl. § 141 Abs. 1 Satz 2 AO).

HINWEIS:

Nach Inkrafttreten des BilMoG sind nach § 241a Abs. 1 und § 242 Abs. 4 HGB Einzelkaufleute von der Pflicht zur Buchführung, zur Errichtung eines Inventars und eines Jahresabschlusses befreit, wenn an zwei aufeinander folgenden Stichtagen kumulativ die Umsatzerlöse kleiner als 500 000 € und der Jahresüberschuss kleiner als 50 000 € ist (für nach dem 31.12.2007 beginnende Geschäftsjahre). Wer nach §§ 238 ff. HGB buchführungspflichtig ist, hat die Bücher und Aufzeichnungen auch für Zwecke der Besteuerung nach § 140 AO zu erfüllen. Daneben existiert nach § 141 AO eine Buchführungspflicht für gewerbliche Unternehmer (sowie Land- und Forstwirte), wenn die Finanzbehörde für den einzelnen Betrieb festgestellt hat, dass die Umsätze eines Kalenderjahrs (einschließlich der steuerfreien Umsätze ohne die Umsätze des § 4 Nr. 8 bis 10 UStG) 500 000 € übersteigen oder ein (steuerlicher) Gewinn von mehr als 50 000 € erzielt wurde.

Diese Grundsätze ergeben sich aus 609
- Rechtsnormen, z. B. § 238 ff. HGB, § 140 ff. AO,
- Gewohnheitsrecht, z. B. der Möglichkeit, eine Rücklage für Ersatzbeschaffung bilden zu dürfen (R 6.6 EStR). (Ab 2010 dürfen nur noch in der Steuerbilanz neue Rücklagen für Ersatzbeschaffung gebildet werden.)
- unbestimmten Rechtsbegriffen, die unter Berücksichtigung des Bilanzierungszwecks von der Rechtsprechung konkretisiert werden; hierbei werden der Handelsbrauch, die Verkehrssitte des Handels oder die Verkehrsanschauung zur Rechtsfindung hinzugezogen.

Eine Buchführung ist dann **ordnungsgemäß**, wenn sie **einem sachverständigen Dritten** 610 innerhalb angemessener Zeit einen Überblick über die Geschäftsvorfälle und über die Lage des Unternehmens vermitteln kann (vgl. § 238 Abs. 1 Satz 2 HGB, § 145 Abs. 1 AO).

- Ein bestimmtes Buchführungssystem ist also nicht vorgeschrieben; jedoch muss das gewählte System die Erfassung aller Geschäftsvorfälle und des Vermögens sicherstellen; dies wird dadurch erreicht, dass der Bilanz eine doppelte Buchführung gem. § 242 HGB zu Grunde liegt.
- Um einen Überblick über die Geschäftsvorfälle geben zu können, ist es auch erforderlich, dass die Geschäftsvorfälle sich in ihrer Entstehung und Abwicklung verfolgen lassen (§ 238 Abs. 1 Satz 3 HGB).
- Bei der Führung der Handelsbücher und den sonst erforderlichen Aufzeichnungen muss der Kaufmann eine lebende Sprache verwenden. Wird eine andere als die deutsche Sprache verwendet, kann die Finanzbehörde Übersetzungen verlangen (§ 239 Abs. 1 Satz 1 HGB, § 146 Abs. 3 AO).
- Die Eintragung in Büchern und die sonst erforderlichen Aufzeichnungen müssen
  - **vollständig**,
  - **richtig**,
  - **zeitgerecht** und
  - **geordnet**

  vorgenommen werden (§ 239 Abs. 2 HGB, § 146 Abs. 1 AO). Das bedeutet auch, dass die Buchungen nicht unbedingt chronologisch vorgenommen werden müssen. So erfolgen z. B. bei EDV-Buchführungen die Buchungen häufig nach Belegkreisen, das bedeutet z. B.: Erst werden alle über die Kasse abgewickelten Geschäftsvorfälle, dann alle über die Bank abgewickelten Geschäftsvorfälle erfasst.

- ▶ Eine Eintragung oder eine Aufzeichnung darf nicht in einer Weise verändert werden, dass der ursprüngliche Inhalt nicht mehr feststellbar ist (§ 239 Abs. 3 Satz 1 HGB, § 146 Abs. 4 AO). Dies gilt auch für EDV-Buchführungen.
- ▶ Die Handelsbücher und die sonst erforderlichen Aufzeichnungen können auf Datenträgern geführt werden, wenn die hierbei angewandten Verfahren im Übrigen den Grundsätzen ordnungsmäßiger Buchführung entsprechen (vgl. § 239 Abs. 4 HGB, § 146 Abs. 5 AO). Hiernach sind sowohl eine Loseblattbuchführung (= Durchschreibebuchführung) als auch eine Fernbuchführung zulässig.
- ▶ Bücher und die sonst erforderlichen Aufzeichnungen sind in der Regel im Geltungsbereich der AO zu führen und aufzubewahren (§ 146 Abs. 2 Satz 1 AO). Ab 2009 kann unter bestimmten Voraussetzungen abweichend von Abs. 2 Satz 1 die zuständige Finanzbehörde auf schriftlichen Antrag des Steuerpflichtigen bewilligen, dass elektronische Bücher und sonstige erforderliche elektronische Aufzeichnungen in einem Mitgliedstaat der Europäischen Gemeinschaft geführt und aufbewahrt werden.

Zu den Mindesterfordernissen, die vom Kaufmann (vom Steuerpflichtigen) zu erfüllen sind, gehören:

- Führung eines Kassenbuchs (die Kasseneinnahmen und Kassenausgaben sollen täglich festgehalten werden, § 146 Abs. 1 Satz 2 AO),
- Führung von Kontokorrentkonten (der Betriebsinhaber soll zu jeder Zeit den jeweiligen Bestand seiner Verbindlichkeiten und Forderungen ermitteln können),
- Führung von Wareneingangs- und ggf. von Warenausgangsbüchern (§§ 143, 144 AO),
- jährliche Durchführung der Inventur (§§ 240, 241 HGB).

Hierbei muss im Einzelnen festgehalten werden:

- genaue Bezeichnung der Gegenstände,
- Mengenangabe,
- Angabe des Inventurwerts,
- Angabe des Tages der Bestandsaufnahme.

Gleichartige Wirtschaftsgüter können hierbei zu Warengruppen bzw. zu Gruppen gleichartiger beweglicher Wirtschaftsgüter zusammengefasst werden.

- ▶ Nach § 243 Abs. 3 HGB ist der Jahresabschluss innerhalb der einem ordnungsmäßigen Geschäftsgang entsprechenden Zeit aufzustellen.

    Nach der Rechtsprechung ist hierunter ein Zeitraum von ca. 1 Jahr zu verstehen; für Kapitalgesellschaften beträgt dieser Zeitraum 3 Monate, für kleine Kapitalgesellschaften 6 Monate (§ 264 Abs. 1 Satz 3 und 4 HGB).

611 ▶ Eine Buchführung ist nur dann beweiskräftig, wenn für **jede Buchung ein Beleg vorhanden ist,** aus dem der zugrunde liegende Geschäftsvorfall erkennbar und auch nachweisbar ist. Um diese Funktion zu gewährleisten, sind gesetzliche Aufbewahrungspflichten bestimmt (§ 257 HGB, § 147 AO):

Dauer der Aufbewahrungspflichten für	
Bücher und Aufzeichnungen, Inventare, Bilanzen, Buchungsbelege, zum Verständnis der Bilanzen erforderliche Arbeitsanweisungen, Organisationsunterlagen	empfangene Handels- und Geschäftsbriefe Wiedergaben der abgesandten Handels- und Geschäftsbriefe, sonstige für die Besteuerung erforderliche Unterlagen
10 Jahre	6 Jahre

Die Aufbewahrungsfrist beginnt nach § 147 Abs. 4 AO, § 257 Abs. 5 HGB mit Ablauf des Kalenderjahres, in dem

- die letzte Eintragung in das Buch gemacht ist,
- das Inventar aufgestellt ist,
- die Bilanz fertig gestellt ist,
- der Handels- oder Geschäftsbrief empfangen oder abgesandt ist,
- der Buchungsbeleg entstanden ist,
- die Aufzeichnungen vorgenommen wurden,
- die sonstigen Unterlagen entstanden sind.

Unter bestimmten Voraussetzungen (vgl. § 147 Abs. 3 Satz 3 AO i.V.m. BMF v. 25.10.1977, BStBl 1977 I 487) verlängert sich die Aufbewahrungsfrist (Ablaufhemmung), z.B. bei

- begonnener Außenprüfung,
- vorläufiger Steuerfestsetzung nach § 165 AO,
- eingeleiteten steuerstraf- oder bußgeldrechtlichen Ermittlungen.
- Es besteht ein **Saldierungsverbot**: Posten der Aktivseite dürfen nicht mit Posten der Passivseite, Aufwendungen nicht mit Erträgen, Grundstücksrechte nicht mit Grundstückslasten verrechnet werden (§ 246 Abs. 2 HGB). Ausnahmen vom Saldierungsverbot ergeben sich aus § 246 Abs. 2 Satz 2 HGB.; ab 2010 Saldierungsgebot von Schulden mit Planvermögen (bei Altersversorgungsverpflichtungen). 612

Die vorstehenden Grundsätze ordnungsmäßiger Buchführung werden häufig auch unter dem Schlagwort **„Bilanzklarheit"** zusammengefasst und betreffen im Wesentlichen die formelle Seite der Ordnungsmäßigkeit einer Buchführung.

Daneben existiert auch noch die Verpflichtung, eine „wahre" Bilanz aufzustellen (**„Bilanzwahrheit"**). Dazu müssen **sämtliche** Vermögensgegenstände, Schulden, Rechnungsabgrenzungsposten, Aufwendungen und Erträge erfasst werden (§ 246 Abs. 1 HGB).

Nach Inkrafttreten des BilMoG dürfen in der Handelsbilanz Passivposten, die für Zwecke der Steuern vom Einkommen und vom Ertrag zulässig sind, nicht mehr gebildet werden (durch Streichung des bis zum 31.12.2009 gültigen § 247 Abs. 3 HGB). Damit sind Sonderposten in der Handelsbilanz ab dem 1.1.2010 nicht mehr zulässig (jedoch 613

Übergangsregelung). In der Handelsbilanz sind aber nach der ab dem 1.1.2010 geltenden Norm des § 246 Abs. 1 HGB zusätzlich latente Steuern auf der Passivseite auszuweisen.

Und diese Positionen müssen im Rahmen der Bewertungsvorschriften des Handels- und Steuerrechts fachgerecht bewertet werden. Hierdurch wird sowohl ein überhöhter Vermögensausweis als auch die willkürliche Bildung stiller Reserven vermieden.

614 **Die allgemeinen Bewertungsgrundsätze sind in § 252 HGB niedergelegt:**

Bei der Bewertung ist von der Fortführung der Unternehmenstätigkeit auszugehen, sofern dem nicht tatsächliche oder rechtliche Gegebenheiten entgegenstehen.

Die Vermögensgegenstände und Schulden sind zum Bilanzstichtag einzeln zu bewerten **(Grundsatz der Klarheit)**.

Es ist vorsichtig zu bewerten, namentlich sind alle vorhersehbaren Risiken und Verluste, die bis zum Abschlussstichtag entstanden sind, zu berücksichtigen **(Grundsatz der Vorsicht)**.

Gewinne sind nur zu berücksichtigen, wenn sie am Abschlusstag realisiert sind **(Grundsatz der Vorsicht)**.

Aufwendungen und Erträge des Geschäftsjahres sind unabhängig von den Zeitpunkten der entsprechenden Zahlungen im Jahresabschluss zu berücksichtigen **(Grundsatz der Klarheit)**.

Die auf den vorhergehenden Jahresabschluss angewandten Bewertungsmethoden sind nach § 252 Abs. 1 Nr. 6 HGB beizubehalten **(Grundsatz der Bilanzkontinuität)**.

615 Weist eine Buchführung **formelle Mängel** auf, wird sie so lange nicht beanstandet, wie das sachliche Ergebnis richtig ist und die Mängel keinen erheblichen Verstoß gegen die Ordnungsmäßigkeit darstellen.

Sind **materielle Mängel** gegeben,

- ▶ können die Fehler in der Buchführung in vollem Umfang berichtigt werden oder
- ▶ kann das Buchführungsergebnis durch eine ergänzende Schätzung berichtigt werden oder
- ▶ kann das gesamte Ergebnis unter Verwendung der vorhandenen Buchführungsunterlagen geschätzt werden.

Abschließend noch zwei Hinweise:

- ▶ Die Ordnungsmäßigkeit der Buchführung ist keine Voraussetzung für Steuervergünstigungen.
- ▶ Die Verletzung von Buchführungspflichten kann straf- oder bußgeldrechtliche Folgen haben.

2.2 Stichtagsprinzip

Der für die Bilanzierung und die Bewertung maßgebende Zeitpunkt ist 616

- nach § 242 Abs. 1 HGB der Schluss des Geschäftsjahres,
- nach §§ 4 Abs. 1, 4a EStG, § 8b EStDV der Schluss des Wirtschaftsjahres.

Hierbei stimmen der handelsrechtliche Begriff des Geschäftsjahres und der steuerrechtliche Begriff des Wirtschaftsjahres weitgehend überein.

Alle zu diesem Zeitpunkt zum Betriebsvermögen gehörenden Wirtschaftsgüter sind

- zu bilanzieren und
- nach den Wertverhältnissen des Bilanzstichtags zu bewerten.

Die **Bilanz ist innerhalb einer angemessenen Zeit** nach dem Bilanzstichtag – in der Regel innerhalb eines Jahres – zu erstellen (vgl. § 243 Abs. 3 HGB und BFH-Rechtsprechung).

Kapitalgesellschaften müssen den Jahresabschluss innerhalb von 3 Monaten nach dem Bilanzstichtag aufstellen; für kleine Kapitalgesellschaften gilt eine Frist von 6 Monaten (§ 264 Abs. 1 Satz 3 und 4 HGB).

Bei der Bilanzierung und Bewertung dürfen nur solche Umstände berücksichtigt werden, die am **Bilanzstichtag objektiv bestanden haben**. Vorgänge, die sich im Zeitraum zwischen dem Bilanzstichtag und dem Tag der Bilanzaufstellung ereignen und die Bilanzierungspflichten begründen oder die Wertverhältnisse beeinflussen, dürfen bei der Bilanzaufstellung nicht berücksichtigt werden. 617

> **BEISPIEL:** Am 23.10.03 wird ein Kaufvertrag zwischen einem Holzhändler und seinem Kunden über einen Posten Bauholz geschlossen (vereinbarter Kaufpreis 1 000 € + USt, Anschaffungskosten der Ware 700 € + USt). Die Ware wird am 3.1.04 ausgeliefert.
>
> Der Gewinn ist in 03 nicht realisiert worden und darf deshalb im Rahmen der Bilanzaufstellung zum 31.12.03 nicht berücksichtigt werden.

> **BEISPIEL:** Der Teilwert eines Postens Wertpapiere hat sich wie folgt entwickelt: Anschaffungskosten 1.5.02: 20 000 €, Teilwerte am 31.7.02: 18 000 €, am 31.12.02: 22 000 € und am 12.7.03 (dem Tag der Bilanzaufstellung) 15 000 €.
>
> Für die Bewertung zum Bilanzstichtag (31.12.02) kommen in Frage: die Anschaffungskosten und der Teilwert zum Bilanzstichtag. Da hier der Teilwert jedoch höher ist als die Anschaffungskosten, kommt er nicht als Bewertungsmaßstab in Betracht. Die Wertverhältnisse zu anderen Stichtagen dürfen bei der Bewertung nicht berücksichtigt werden. Neben den Anschaffungs- bzw. Herstellungskosten sind nur die Wertverhältnisse zum Bilanzstichtag entscheidend.

> **BEISPIEL:** Eine Warenlieferung am 29.12.01 (Rechnungsbetrag 20 000 € + USt) wird am 5.1.02 unter Abzug von 4 % Skonto bezahlt. Am 31.12.01 sind die Waren noch im Bestand vorhanden.
>
> Die Waren sind am 31.12.01 mit 20 000 € zu bewerten. Die Minderung der Anschaffungskosten um 800 € (4 % von 20 000 €) tritt erst in 02 ein.

Nach der sog. **Wertaufhellungstheorie** sind aber Erkenntnisse, die zwischen dem Bilanzstichtag und dem Tag der Bilanzaufstellung gewonnen werden, bei der Bilanzaufstellung zu berücksichtigen, soweit diese besseren Erkenntnisse sich auf Verhältnisse am Bilanzstichtag beziehen. 618

Die Bilanzaufstellung muss jedoch **innerhalb** eines Zeitraums von einem Jahr erfolgen. Wird die Bilanz später erstellt, dürfen und müssen nur die wertaufhellenden Umstände bei der Bilanzaufstellung berücksichtigt werden, die innerhalb der Frist eines Jahres bekannt werden. (Innerhalb eines Jahres ist nach § 243 Abs. 3 HGB i.V. m. der BFH-Rechtsprechung eine Bilanz zu erstellen.)

Eine solche Wertaufhellung ist insbesondere bei solchen Bilanzpositionen denkbar, deren Wert wegen großer Unsicherheiten geschätzt werden muss (z. B. Rückstellungen für drohende Verluste aus schwebenden Geschäften und für ungewisse Verbindlichkeiten, Bewertung von Forderungen).

Hierbei geht es also darum, die **Verhältnisse am Bilanzstichtag** möglichst richtig zu erfassen.

Wichtig ist, dass man sich den Unterschied zwischen Wertaufhellung und Wertbeeinflussung klar macht.

Wertaufhellende Tatsachen liegen vor, wenn nach dem Bilanzstichtag Erkenntnisse gewonnen werden, die sich auf Verhältnisse am Bilanzstichtag beziehen.

619   Demgegenüber sind **wertbeeinflussende Tatsachen** dann gegeben, wenn Tatsachen (Vorgänge) nach dem Bilanzstichtag den Wert von Bilanzpositionen verändern, ohne jedoch den Wert zum Bilanzstichtag zu berühren.

Für die Bilanzierung ist insbesondere das Realisationsprinzip gem. § 252 Abs. 1 Nr. 4 HGB zu beachten. Danach dürfen Gewinne aus Umsatzgeschäften handelsrechtlich – dies gilt auch steuerrechtlich – erst dann ausgewiesen werden, wenn sie durch einen Realisationsakt verwirklicht sind.

> **BEISPIEL 1:** Ein Steuerpflichtiger hat zum 31.12.01 eine Rückstellung für das Wechselobligo i. H.v. 10 000 € gebildet. Nach den Erfahrungen der Vergangenheit ist die Höhe der Rückstellung nicht zu beanstanden.
>
> a) Die Bilanz wird am 30.1.02 aufgestellt. Zu diesem Zeitpunkt sind noch Wechsel i. H.v. 15 000 € nicht eingelöst worden.
>
> Die Rückstellung i. H.v. 10 000 € ist zu Recht gebildet worden, da
> - ▶ sie nach den Erfahrungen der Vergangenheit gerechtfertigt erscheint und
> - ▶ eine Inanspruchnahme aus dem Wechselobligo i. H.v. 10 000 € zum Tag der Bilanzaufstellung möglich ist.
>
> b) Die Bilanz wird am 20.4.02 aufgestellt. Zu diesem Zeitpunkt sind alle Wechsel von dem Bezogenen eingelöst worden.
>
> Die Rückstellung darf nicht gebildet werden, da
> - ▶ die Einlösung aller Wechsel vor dem Tag der Bilanzaufstellung wertaufhellend die Erkenntnis brachte, dass bereits am Bilanzstichtag nicht mit einer Inanspruchnahme aus dem Obligo zu rechnen war.
>
> c) Fall wie unter b) dargestellt; jedoch konnte ein Bezogener seiner Wechselverpflichtung i. H.v. 15 000 € nur deshalb nachkommen, weil er am 10.1.02 eine beträchtliche Erbschaft gemacht hat.
>
> Hier muss eine Rückstellung gebildet werden, da
> - ▶ sie nach den Erfahrungen der Vergangenheit gerechtfertigt erscheint und
> - ▶ eine Inanspruchnahme aus dem Obligo **am Bilanzstichtag** möglich ist; erst nach dem Bilanzstichtag – am Tage der Erbschaft – minderte sich dieses Risiko entscheidend.

Eine solches Ereignis ist jedoch wertbeeinflussend und damit bei der Bilanzerstellung nicht zu berücksichtigen.

BEISPIEL 2: Ein Steuerpflichtiger stellt seine Bilanz zum 31.12.01 am 1.5.02 auf. Hierbei geht es auch um die Bewertung einer Kundenforderung i. H. v. 23 800 € (einschl. 3 800 € USt).

a) Der Kunde befindet sich seit dem 10.12.01 in Zahlungsschwierigkeiten. Es ist damit zu rechnen, dass möglicherweise 50 % der Forderung ausfallen; dies erfährt der Steuerpflichtige am 15.1.02. Diese bessere Erkenntnis nach dem Bilanzstichtag hellt nur auf, dass die Forderung am Bilanzstichtag objektiv unsicher war. Sie ist damit als wertaufhellende Tatsache für die Wertfindung zu berücksichtigen:

Nettoforderung	20 000 €
./. Wertminderung	10 000 €
	10 000 €
+ USt	3 800 €
Bilanzansatz	13 800 €

(Eine USt-Berichtigung kommt hier zunächst nach § 17 Abs. 2 UStG nicht in Betracht.)

b) Der Kunde befindet sich seit dem 10.1.02 in Zahlungsschwierigkeiten, was der Steuerpflichtige am selben Tag erfährt.

Hier liegt eine wertbeeinflussende Tatsache nach dem Bilanzstichtag vor – der Kunde geriet am 10.1.02 in Zahlungsschwierigkeiten. Dieser Vorgang kann für die Bilanzaufstellung keine Bedeutung haben. Die Forderung ist mit 23 800 € in der Bilanz auszuweisen.

BEISPIEL 3: Gegen einen Steuerpflichtigen schwebt ein Prozess wegen einer Patentverletzung. Dieser rechnet am Bilanzstichtag, dem 31.12.01, zu Recht mit einer Inanspruchnahme i. H. v. 200 000 € und bildet in dieser Höhe auch eine Rückstellung. Am 20.4.02 wird ein Urteil rechtskräftig, nach dem er lediglich 100 000 € an den Prozessgegner zu zahlen hat.

Durch dieses Urteil wird wertaufhellend aufgedeckt, dass in der Bilanz zum 31.12.01 eine Rückstellung nur i. H. v. 100 000 € zu bilden ist; denn die Höhe der Zahlungen wegen der Patentverletzung wird nicht durch das Urteil wertbeeinflussend festgelegt, dies geschah vielmehr durch den Akt der Patentverletzung durch den Steuerpflichtigen. Das Urteil deckt lediglich auf, wie diese Patentverletzung zu bewerten war.

BEISPIEL 4: Ein Steuerpflichtiger hat einen Geschäftspartner auf Schadensersatz verklagt. Am Bilanzstichtag, dem 31.12.01, rechnet er mit einem Schadensersatz von 100 000 €. Am 3.1.02 ergeht ein letztinstanzliches Urteil, das ihm einen Schadensersatz von 150 000 € zuspricht.

Am 31.12.01 darf keine Schadensersatzforderung aktiviert werden; dies würde gegen das Realisationsprinzip verstoßen. Die Forderung entsteht nämlich erst durch das Urteil (rechtlich zutreffender ausgedrückt: Durch das Urteil ist die Grundlage für die Durchsetzbarkeit des Anspruchs geschaffen.). Hier ist das Urteil – wegen des für die Aktivseite geltenden Prinzips „Nicht realisierte Gewinne dürfen nicht ausgewiesen werden" – wertbeeinflussend. Erst durch das Urteil wird der Gewinn realisiert.

LITERATURHINWEIS:

Koltermann, Fallsammlung Bilanzsteuerrecht, 17. Aufl., Fall 8 – 13

2.3 Bilanzenzusammenhang

2.3.1 Allgemeines

620 Der Grundsatz des Bilanzenzusammenhangs ist in § 252 Abs. 1 Nr. 1 HGB verankert:

> Die Wertansätze in der Eröffnungsbilanz des Geschäftsjahres müssen mit denen der Schlussbilanz des vorhergehenden Geschäftsjahres übereinstimmen.

Aus § 4 Abs. 1 EStG folgt die **zweifache Maßgeblichkeit** der Bilanz für die Vergangenheit (als Schlussbilanz des abgelaufenen Wirtschaftsjahres) und für die Zukunft (als Eröffnungsbilanz des folgenden Wirtschaftsjahres).

Die handelsrechtliche sowie die steuerrechtliche Vorschrift haben beide den gleichen Zweck:

> Die vollständige Erfassung des Totalgewinns soll sichergestellt werden; deshalb müssen die Schlussbilanz eines Wirtschaftsjahres und die Eröffnungsbilanz des folgenden Wirtschaftsjahres ziffernmäßig übereinstimmen.

Hierzu genügt es nicht, dass bei der Position Eigenkapital Übereinstimmung besteht, vielmehr muss diese Übereinstimmung für jeden Bilanzposten gelten. Das bedeutet: Jeder Bilanzposten, der in der Schlussbilanz enthalten ist, muss in der Eröffnungsbilanz des Folgejahres enthalten sein, und zwar genau mit dem Wert, mit dem er in der Schlussbilanz angesetzt ist (Bilanzidentität).

621 Die Beachtung des Grundsatzes des Bilanzenzusammenhangs ist für das Steuerrecht von besonderer Bedeutung. Der Steuerbilanzgewinn geht als Besteuerungsgrundlage in die Steuerfestsetzung ein. Unter diesem Gesichtspunkt bedeutet die Zweischneidigkeit der Bilanz:

▶ In 01 nicht erfasste Erträge des Jahres 01 werden später erfasst.

> **BEISPIEL:** ▶ Forderungen aus Warenlieferungen i. H. v. 11 900 € werden nicht ausgewiesen. Demzufolge wird in 01 kein Ertrag gebucht, und die Besteuerungsgrundlage Gewinn 01 ist um 10 000 € (= Nettobetrag ohne USt der Forderungen) zu niedrig ausgewiesen. Dadurch wird in 01 eine falsche Steuer festgesetzt.
>
> Gehen diese Forderungen in 02 ein, sorgt der Bilanzenzusammenhang unter der Voraussetzung, dass die USt 01 noch berichtigt werden kann, dafür, dass der Ertrag von 10 000 € in 02 erfasst wird. Die Buchung, die bei richtigem Forderungsausweis zum 31. 12. 01 in 02 vorzunehmen gewesen wäre (Geldkonto 11 900 € an Forderungen 11 900 €), ist jetzt nicht möglich. Sonst würde in 02 eine „negative" Forderung eingebucht. Deshalb muss bei vorgenanntem Sachverhalt die Buchung lauten:
>
> | Geldkonto | 11 900 € | an | Ertrag (WVK) | 10 000 € |
> |---|---|---|---|---|
> | | | | USt | 1 900 € |
>
> Hier werden also in 01 ein um 10 000 € zu niedriger Gewinn und in 02 ein um 10 000 € zu hoher Gewinn ausgewiesen. Der falsche zu hohe Gewinn des Jahres 02 ist auch der Steuerfestsetzung für 02 zu Grunde zu legen.

▶ In 01 nicht erfasste Aufwendungen des Jahres 01 werden später erfasst.

> **BEISPIEL:** ▶ Der Warenbestand zum 31. 12. 01 ist um 10 000 € zu hoch ausgewiesen. Folgerichtig ist der Wareneinsatz in 01 um 10 000 € zu niedrig erfasst. In 02 ist der Warenanfangsbestand

zu hoch bewertet. Daraus ergibt sich – vorausgesetzt, der Warenbestand zum 31.12.02 ist zutreffend ausgewiesen – ein um 10 000 € zu hoher Wareneinsatz in 02.

Somit ist in 01 der Gewinn um 10 000 € zu hoch und in 02 der Gewinn um 10 000 € zu niedrig ermittelt worden.

In solchen Fällen wird zwar zweimal ein falscher Gewinn ausgewiesen; bei Addition der „Abschnittsgewinne" ergibt sich jedoch die objektiv richtige Gewinnsumme der beiden betroffenen Wirtschaftsjahre.

Da im Steuerrecht der Grundsatz der Abschnittsbesteuerung gilt, verbietet es sich, bei gemachten Fehlern bei der Bilanzaufstellung darauf zu warten, bis sich der Fehler automatisch aufhebt (durch einen zweiten Fehler). Vielmehr müssen fehlerhafte Bilanzansätze berichtigt werden. Dies geschieht mittels einer Bilanzberichtigung.

Bilanzberichtigung heißt:

Ein fehlerhafter Bilanzansatz wird durch einen richtigen Bilanzansatz ersetzt.

Weitere Ausführungen zu Bilanzberichtigungen siehe Rdn. 1194 ff.

2.3.2 Kapitalangleichungsbuchungen

2.3.2.1 Allgemeines

Wird ein fehlerhafter Bilanzansatz durch eine Betriebsprüfung – in der Regel dadurch, dass eine Prüferbilanz aufgestellt wird – berichtigt, ist damit ja nicht bereits die Anfangsbilanz des Folgejahres berichtigt worden.

622

Der Betriebsprüfer verändert nicht die laufende Buchführung des Betriebs, diese Aufgabe muss die Buchhaltung in der Firma – oder der Steuerberater – übernehmen.

Dies geschieht dadurch, dass sog. Kapitalangleichungsbuchungen durchgeführt werden.

Eine solche Kapitalangleichung erfolgt bei Einzelunternehmen und Personengesellschaften in Form einer Buchung, in der sämtliche Veränderungen von Bilanzposten (zwischen ursprünglicher Steuerbilanz und der Prüferbilanz) erfasst werden und das Gegenkonto jeweils das Kapitalkonto ist (bzw. die Kapitalkonten der Gesellschafter sind).

2.3.2.2 Exkurs: Die Mehr- und Weniger-Rechnung

Nach einer Betriebsprüfung erstellt der Prüfer in der Regel eine Mehr- und Weniger-Rechnung: Eine zusammenfassende Darstellung der Gewinnänderungen in den einzelnen Prüfungsjahren, die sich als Folge der Betriebsprüfung ergeben haben.

623

Daneben werden nach Abschluss der Prüfung lediglich berichtigte Prüfer-Bilanzen erstellt, damit der Steuerpflichtige bzw. sein Berater die Anfangsbestände des auf den Prüfungszeitraum folgenden Jahres in der Buchführung den berichtigten Schlussbeständen des Prüfers durch eine Kapitalangleichungsbuchung anpassen kann. In aller Regel werden aber keine berichtigten GuV-Rechnungen aufgestellt, so dass die Gewinnauswirkungen der Betriebsprüfung nur aus der Mehr- und Weniger-Rechnung ersichtlich werden.

LITERATURHINWEIS:

Blödtner/Bilke/Heining, Fallsammlung Buchführung, Bilanzen, Berichtigungstechnik, 10. Aufl.

2.3.2.3 Beispiel zur Kapitalangleichung bei einem Einzelunternehmen

624   **BEISPIEL:** Bei einer Betriebsprüfung wurde bei einem Einzelunternehmen am 20.10.04 folgende (berichtigte) Prüferbilanz zum 31.12.03 aufgestellt. Aus Vereinfachungsgründen wird hier auf eine Gewerbesteuerrückstellung verzichtet.

Berichtigte Bilanzposten	Steuerbilanz	Prüferbilanz	Veränderung
Waren	50 000 €	60 000 €	+ 10 000 €
Grund und Boden	350 000 €	385 000 €	+ 35 000 €
Gebäude	270 100 €	260 400 €	./. 9 700 €
Rückstellungen	50 000 €	30 000 €	./. 20 000 €
Kapital	–	55 300 €	

Aus dem Bericht des Betriebsprüfers ergibt sich folgende Kontenentwicklung für das Gebäude – das einzige abnutzbare Wirtschaftsgut, dessen Bilanzansatz durch die Betriebsprüfung geändert wurde:

1.1.03 wie bisher	280 000 €
./. nachträgliche Anschaffungskosten des Grund und Bodens (fälschlicherweise als AK des Gebäudes aktiviert)	10 000 €
./. AfA 03 nach § 7 Abs. 4 EStG (3 % der BMG von 320 000 €; BMG 330 000 € ./. 10 000 €)	9 600 €
Bilanzansatz 31.12.03	260 400 €

LÖSUNG: a) Wichtig ist bei der Aufstellung des Kapitalangleichungsbuchungssatzes, dass es ohne jede Bedeutung ist, wie sich die Feststellungen der Betriebsprüfung auf den Gewinn der Jahre 01 bis 03 ausgewirkt haben. Es wird keine Buchung auf Erfolgskonten oder Privatkonten vorgenommen. Betroffen sind nur Bestandskonten (Bilanzpositionen auf der Aktiv- und/oder Passivseite).

Die Angleichungsbuchung lautet:

Grund und Boden	35 000 € an	Gebäude	9 700 €
Waren	10 000 €	Kapital	55 300 €
Rückstellungen	20 000 €		

Eine solche Kapitalangleichungsbuchung ist **immer erfolgsneutral**. Dies kann man sich auch leicht klarmachen. Eine Prüferbilanz wird aufgestellt, damit sich die Firma für das Folgejahr dieser Prüferbilanz als Anfangsbilanz bedient. Durch die Kapitalangleichungsbuchung wird dieses Ziel erreicht. Daneben erstellt die Betriebsprüfung noch eine sog. Mehr- und Weniger-Rechnung, in der die Veränderungen der Gewinn- und Verlust-Rechnungen der geprüften Jahre erfasst werden. Die als Ergebnis der Mehr- und Weniger-Rechnung ausgewiesenen Gewinne (oder Verluste) dieser Jahre sind bei Auswertung des Betriebsprüfungsberichts durch das Finanzamt bereits Grundlage der Steuerfestsetzung für die geprüften Jahre geworden.

b) Die Veränderung von Bilanzposten in der Anfangsbilanz hat jedoch Folge-Auswirkungen auf die Ergebnisse des Jahres 04 (Bilanz und/oder GuV-Rechnung), die im Beispielsfall dargestellt werden.

aa) Bilanzposten Grund und Boden

Zum 1.1.04 hat sich die Bilanzposition „Grund und Boden" gegenüber dem bisher in der Buchführung 05 erfassten Anfangsbilanzwert um 35 000 € erhöht. Um mögliche Gewinnauswirkungen in 04 erkennen zu können, müssen Angaben zum Sachverhalt vorliegen, wie sich dieser Bilanzansatz in 04 weiter entwickelt. Keine Angabe im Sachverhalt bedeutet, dass es keine Feststellungen gibt, die zu einer anderen Bewertung dieses Bilanzpostens zum 31.12.04 Anlass geben. Damit wirkt sich die Erhöhung des Postens „Grund und Boden" in der Anfangsbilanz in der Form aus, dass sich dieser Bilanzposten auch zum 31.12.04 um 35 000 € erhöht.

bb) Bilanzposten Gebäude

Für die weitere Entwicklung dieses Bilanzpostens in 04 ist es erforderlich, dass die Sachverhaltsteile bekannt sind, die für die weitere Kontenentwicklung von Bedeutung sind: Restbuchwert 1.1.04, AfA-Bemessungsgrundlage und AfA-Satz.

Diese Kontenentwicklung stellt sich wie folgt dar:

	ohne Kapitalangleichung	nach Kapitalangleichung		Auswirkungen
Stand 1.1.04	270 100 €	260 400 €	Kapital 1.1.	./. 9 700 €
AfA 03 (3 % von 320 000 €;	9 900 €			
statt 3 % von 330 000 €)		9 600 €	Gewinn 04	+ 300 €
Stand 31.12.04	260 200 €	250 800 €		

cc) Bilanzposten Waren

Wichtig ist hier nur die Veränderung des Bilanzpostens zum 31.12.03 bzw. zum 1.1.04. Völlig bedeutungslos ist, wie sich der Bilanzposten „Waren" zum 31.12.02 oder zum 31.12.01 als Folge der Feststellungen des Betriebsprüfers verändert hat. (Solche Feststellungen haben Eingang in die Mehr- und Weniger-Rechnung für die Jahre vor dem 1.1.04 gefunden und damit die Gewinne sowie das zu versteuernde Einkommen der Prüfungsjahre verändert.) Die Folgen der Kapitalangleichung kann man durch die Beantwortung der Frage ergründen: Wie hat sich die Erhöhung des Warenanfangsbestandes auf Erfolgs- oder Bestandskonten ausgewirkt? Da der Warenbestand zum 31.12.04 durch Inventur festgestellt wird und der Sachverhalt keine Hinweise auf fehlerhafte Ermittlung oder Bewertung zulässt, ist zwangsläufig der Wareneinsatz 04 um den erhöhten Warenanfangsbestand höher; damit mindert sich als Folge der Kapitalangleichung der Gewinn 04 um 10 000 €.

dd) Bilanzposten Rückstellungen

Die Ausführungen zu Waren gelten entsprechend auch für die Bilanzposition „Rückstellungen". Die Höhe der Rückstellungen wird zu jedem Bilanzstichtag gesondert ermittelt. Diese Ermittlung ist unabhängig davon, wie hoch der Wert in der Anfangsbilanz war.

Vermindert sich der Wert in der Anfangsbilanz um 20 000 €, wirkt sich diese Minderung vor dem 1.1.04 gewinnerhöhend und in 04, dem Folgejahr, gewinnmindernd aus: Gewinnminderung 04 20 000 €.

2.3.2.4 Besonderheiten bei Kapitalgesellschaften

625 Bei Kapitalgesellschaften kann der Jahresüberschuss durch eine steuerliche Betriebsprüfung nicht verändert werden. Zur Feststellung des Jahresüberschusses sind vielmehr nur die dazu befugten Organe der Kapitalgesellschaft berechtigt. Soweit die Berichtigungen aufgrund der Betriebsprüfung auch Fehler bei der Erstellung der Handelsbilanz aufgedeckt haben, sind entsprechende Berichtigungen der Bilanzpositionen erforderlich. Diese erfolgen jedoch erfolgswirksam und beeinflussen den Jahresüberschuss.

Da zum 31.12.03 die festgestellte Handelsbilanz (durch die Betriebsprüfung nicht änderbar) und die der Besteuerung zu Grunde liegende (Prüfer-)Bilanz voneinander abweichen, wird in der Steuerbilanz (Prüferbilanz) ein steuerlicher Ausgleichsposten ausgewiesen.

2.3.2.5 Beispiel zur Kapitalangleichung bei einer Kapitalgesellschaft

626 **BEISPIEL:** Die Betriebsprüfung hat bei einer Kapitalgesellschaft am 20.10.04 folgende (berichtigte) Prüferbilanz zum 31.12.03 aufgestellt. Aus Vereinfachungsgründen wird hier auf eine Gewerbesteuerrückstellung verzichtet. Abweichende Handelsbilanzansätze existieren nicht.

Berichtigte Bilanzposten	Steuerbilanz	Prüferbilanz	Veränderung
Waren	50 000 €	60 000 €	+ 10 000 €
Grund und Boden	350 000 €	385 000 €	+ 35 000 €
Gebäude	270 100 €	260 400 €	./. 9 700 €
Rückstellungen	50 000 €	30 000 €	./. 20 000 €
Passiver steuerlicher Ausgleichsposten	–	55 300 €	

Aus dem Bericht des Betriebsprüfers ergibt sich folgende Kontenentwicklung für das Gebäude – das einzige abnutzbare Wirtschaftsgut, dessen Bilanzansatz durch die Betriebsprüfung geändert wurde:

1.1.03 wie bisher	280 000 €
./. nachträgliche Anschaffungskosten des Grund und Bodens (fälschlicherweise als AK des Gebäudes aktiviert)	10 000 €
./. AfA 03 nach § 7 Abs. 4 EStG (3 % der BMG von 320 000 €; BMG 330 000 € ./. 10 000 €)	9 600 €
Bilanzansatz 31.12.03	260 400 €

LÖSUNG:

a) Wichtig ist bei der Aufstellung des Kapitalangleichungsbuchungssatzes, dass es ohne jede Bedeutung ist, wie sich die Feststellungen der Betriebsprüfung auf den Gewinn der Jahre 01 bis 03 ausgewirkt haben. Die Kapitalangleichungen erfolgen erfolgswirksam. Die Angleichungsbuchung lautet:

Grund und Boden	35 000 € an	Gebäude	9 700 €
Waren	10 000 €	s. b. Erträge	55 300 €
Rückstellungen	20 000 €		

Diese Ertragsbuchung von 55 300 € geht in die Ermittlung des Jahresüberschusses 04 ein. Da der Jahresabschluss als Ausgangsgröße bei der Berechnung des zu versteuernden Einkommens zu Grunde gelegt wird und die Ergebnisse der Betriebsprüfung bereits in die Berechnung des zu versteuernden Einkommens der Jahre vor 04 eingegangen sind, muss das zu versteuernde Einkommen 04 außerhalb der Bilanz um 55 300 € gekürzt werden.

Geht man von der Prüferbilanz zum 31.12.03 (als Steuerbilanz) aus, ergibt sich nur folgende Umbuchungsnotwendigkeit:

Ausgleichsposten 55 300 € an s. b. Erträge 55 300 €

Danach besteht zwischen Handels- und Steuerbilanz keine Abweichung.

b) Die Veränderung von Bilanzposten in der Anfangsbilanz hat jedoch Folge-Auswirkungen auf die Ergebnisse des Jahres 04 (Bilanz und/oder GuV-Rechnung), die im Beispielsfall dargestellt werden. Diese Wirkungen sind identisch mit den unter Rdn. 624 dargestellten Lösungen.

2.4 Übersicht über wichtige Bilanzierungs- und Bewertungsgrundsätze

Die folgende Abbildung 9 verdeutlicht die wichtigen Bilanzierungs- und Bewertungsgrundsätze: 627

ABB. 9: Wichtige Bilanzierungs-

Diese Bilanzierungs- und Bewertungsgrundsätze sind Bestandteil der Grundsätze ordnungsmäßiger Buchführung und damit sowohl für die Handelsbilanz als auch für die Steuerbilanz geltendes Recht.

Einzelbewertung

I. Grundsatz

Nach § 252 Abs. 1 Nr. 3 HGB sind Vermögensgegenstände und Schulden zum Abschlussstichtag einzeln zu bewerten. Nach § 6 Abs. 1 EStG gilt das auch für das Steuerrecht.

II. Ausnahmen

Der Grundsatz der Einzelbewertung gilt nicht uneingeschränkt. Er darf sowohl nach Handelsrecht als auch nach Steuerrecht durchbrochen werden.

1. Gruppenbewertung

Nach § 240 Abs. 4 HGB können gleichartige Vermögensgegenstände des Vorratsvermögens sowie andere gleichartige oder annähernd gleichwertige bewegliche Vermögensgegenstände jeweils zu einer Gruppe zusammengefasst und mit dem gewogenen Durchschnittswert angesetzt werden.

Das gilt nach R 6.8 Abs. 3 und 4 EStR auch für das Steuerrecht.

2. Festbewertung

Festwertbildung nach § 240 Abs. 3 HGB bzw. R 5.4 Abs. 4 EStR für bestimmte Vermögensgegenstände nach Handelsrecht und auch Steuerrecht zulässig.

Ansatz mit einem gleich bleibenden Wert.

3. Verbrauchsfolgeverfahren

Soweit es den Grundsätzen ordnungsmäßiger Buchführung entspricht, sind zulässig:

a) nach Handelsrecht (§ 256 HGB)
   - Lifo-Methode
   - Fifo-Methode
   - gewogener Durchschnitt

b) nach Steuerrecht (§ 6 Abs. 1 Nr. 2a EStG)
   - Lifo-Methode
   - gewogener Durchschnitt

4. Sammelposten

Für abnutzbare bewegliche WG des Anlagevermögens (AK/HK > 150 € und nicht größer als 1 000 €) ist in der Steuerbilanz ein Sammelposten nach § 6 Abs. 2a EStG zu bilden.

5. Bewertungseinheiten zur Absicherung finanzwirtschaftlicher Risiken sind handelsrechtlich (§ 254 HGB) und auch steuerrechtlich (§ 5 Abs. 1a EStG) zulässig.

Stichtagsprinzip

I. Grundsatz

Nach § 252 Abs. 1 Nr. 4 HGB bzw. nach § 4 Abs. 1, § 4a EStG, § 6 Abs. 1 Nr. 3a Buchst. f EStG und § 8b EStDV ist der für die Bilanzierung und Bewertung maßgebende Zeitpunkt der Schluss des Geschäftsjahres bzw. der Schluss des Wj.

Dabei sind alle Umstände zu berücksichtigen, die am Bilanzstichtag objektiv bestanden haben.

Das bedeutet, dass Vorgänge, die sich zwischen Bilanzstichtag und Tag der Bilanzaufstellung ereignen, nicht zu berücksichtigen sind (wertbeeinflussende Vorgänge).

II. Berücksichtigung wertaufhellender Vorgänge

Wertaufhellende Tatsachen liegen vor, wenn nach dem Bilanzstichtag Erkenntnisse gewonnen werden, die sich auf den Bilanzstichtag beziehen. Diese Erkenntnisse sind bei der Bilanzierung und Bewertung zum Bilanzstichtag bei Bilanzaufstellung zu berücksichtigen.

III. Aufstellungszeitpunkt

Die Bilanz ist innerhalb einer angemessenen Zeit nach dem Bilanzstichtag zu erstellen.

Das bedeutet für:

1. Einzelunternehmen und Personengesellschaften innerhalb eines Jahres (§ 243 Abs. 3 HGB und BFH-Rechtsprechung).
2. Große Kapitalgesellschaften innerhalb von 3 Monaten,
3. kleine Kapitalgesellschaften innerhalb von 6 Monaten (§ 264 Abs. 1 HGB).

Prinzipien bei der Bilanzaufstellung und Bewertungsgrundsätze

Bilanzenzusammenhang

I. Grundsatz

Nach § 252 Abs. 1 Nr. 1 HGB bzw. § 4 Abs. 1 EStG müssen die Wertansätze in der Eröffnungsbilanz mit denen der Schlussbilanz des abgelaufenen Wj. übereinstimmen. Daraus folgt die zweifache Maßgeblichkeit.

II. Folge

Eine fehlerhafte Bilanz, die Grundlage einer Veranlagung war, bleibt Anfangsbilanz des Folgejahres, so lange, wie die Veranlagung unverändert bleibt.

III. Durchbrechung des Bilanzenzusammenhangs

Der Bilanzenzusammenhang kann in folgenden Fällen durchbrochen werden:

1. Eine fehlerhafte Schlussbilanz kann aus verfahrensrechtlichen Gründen nicht mehr berichtigt werden. Der Fehler hat sich in der Vergangenheit auf den Gewinn nicht ausgewirkt.

2. Der Unternehmer hat bewusst unrichtig bilanziert, eine Berichtigung seiner falschen Ansätze ist aus verfahrensrechtlichen Gründen nicht möglich. Der Bilanzenzusammenhang wird zuungunsten des Unternehmers durchbrochen.

628 FRAGEN

		Rdn.
1.	Woraus ergeben sich die Grundsätze ordnungsmäßiger Buchführung und wofür gelten diese?	609, 608
2.	Wann entspricht eine Bilanz den Grundsätzen ordnungsmäßiger Buchführung?	610
3.	Welche Grundsätze ordnungsmäßiger Buchführung sind besonders wichtig?	614, 612
4.	Welche Bedeutung hat das Stichtagsprinzip für die Bilanzierung und die Bewertung?	617
5.	Beschreiben Sie die wesentlichen Inhalte der so genannten Wertaufhellungstheorie!	618, 619
6.	Erläutern Sie den Begriff und die Bedeutung des Bilanzenzusammenhangs!	620, 621
7.	Was geschieht mit Hilfe von Kapitalangleichungsbuchungen? Erläutern Sie, aus welchen Gründen solche Buchungen notwendig sind!	622 - 626
8.	Haben Kapitalangleichungsbuchungen Gewinnauswirkungen?	624 - 626

Kapitel 3: Zurechnung von Wirtschaftsgütern

3.1 Allgemeines

629 Die natürliche oder juristische Person, der ein **Vermögensgegenstand** zugerechnet wird, wird auch als **Bilanzierungspflichtiger** bezeichnet. Der handelsrechtliche Begriff **Vermögensgegenstand** ist dabei mit dem steuerlichen Begriff **Wirtschaftsgut** identisch. Zu den Wirtschaftsgütern gehören nicht nur körperliche Gegenstände, sondern auch Rechte und wirtschaftliche Werte jeder Art, die selbständig bewertungsfähig sind.

Der Unternehmer darf nur die Wirtschaftsgüter als Betriebsvermögen ausweisen, die ihm entweder als **bürgerlich-rechtlichem Eigentümer** oder als **wirtschaftlichem** Eigentümer zuzurechnen sind.

3.2 Zurechnung beim bürgerlich-rechtlichen Eigentümer

630 Nach Handelsrecht (§ 240 HGB) sind Vermögensgegenstände dem Kaufmann zuzurechnen, zu dessen Vermögen sie gehören. Das gilt auch für das Steuerrecht. Nach § 39 AO sind die Wirtschaftsgüter dem **Eigentümer** zuzurechnen. Das bürgerlich-rechtliche Eigentum ist aber allein nicht maßgebend. Denn tatsächlich knüpfen weder Handelsrecht noch Steuerrecht hieran an. Für die Frage der Zurechnung ist stattdessen allein maßgebend, wem die **Substanz eines Gegenstands** zusteht. Das ist derjenige, der die Gefahr des Untergangs, das Risiko der Verschlechterung oder die Chance der Wertstei-

gerung trägt. Im Regelfall wird die Substanz eines Gegenstands dem rechtlichen Eigentümer zustehen, deshalb erfolgt die Bilanzierung bei ihm.

3.3 Zurechnung beim wirtschaftlichen Eigentümer

3.3.1 Allgemeines

Die Besteuerung knüpft jedoch nicht an die **äußere Rechtsform**, sondern an die **tatsächlichen Verhältnisse** an, die sich bei wirtschaftlicher Betrachtung darstellen. Deshalb ergibt sich abweichend aus § 39 Abs. 2 AO: Wenn ein anderer als der Eigentümer die tatsächliche Herrschaft über ein Wirtschaftsgut in der Weise ausübt, dass der Eigentümer für die Zeit der gewöhnlichen Nutzungsdauer von der Einwirkung auf das Wirtschaftsgut ausgeschlossen wird, ist diesem anderen das Wirtschaftsgut auch zuzurechnen **(wirtschaftliches Eigentum)**.

631

Unter Nutzungsdauer ist der Zeitraum zu verstehen, in dem das Wirtschaftsgut erfahrungsgemäß verwendet oder genutzt werden kann. Die zu schätzende Nutzungsdauer wird dabei bestimmt durch den technischen Verschleiß, die wirtschaftliche Entwertung sowie rechtliche Gegebenheiten, die die Nutzungsdauer eines Gegenstands begrenzen können. Dagegen kommt es nicht darauf an, wie lange der Steuerpflichtige das Wirtschaftsgut tatsächlich in seinem Betrieb verwendet oder voraussichtlich verwenden wird. Maßgebend für die Bestimmung der Nutzungsdauer ist nicht die Dauer der betrieblichen Nutzung, sondern die objektive Nutzbarkeit eines Wirtschaftsguts unter Berücksichtigung der besonderen betriebstypischen Beanspruchung (BFH v. 18. 9. 2003 X R 54/01, BFH/NV 2004, 474).

Wirtschaftliches Eigentum liegt damit vor, wenn der bürgerlich-rechtliche Eigentümer keinen bzw. nur einen bedeutungslosen Herausgabeanspruch hat oder verpflichtet ist, den Vermögensgegenstand an den wirtschaftlichen Eigentümer herauszugeben.

In diesen Fällen gebührt die Substanz nicht dem rechtlichen Eigentümer, sondern einem anderen. Dieser wird als wirtschaftlicher Eigentümer bezeichnet. Für die Bilanzierung maßgebend ist damit, wer wirtschaftlicher Eigentümer ist.

HINWEIS:

632

Die Neufassung des § 246 Abs. 1 HGB durch das BilMoG führt zu einer Klarstellung des Prinzips der wirtschaftlichen Zurechnung. Damit wird auch ausgedrückt, dass dieses Prinzip nicht auf Einzelfälle beschränkt, sondern allgemein gültig ist. Für die steuerliche Gewinnermittlung bleibt es im Ergebnis bei der wirtschaftlichen Zurechnung nach § 39 AO.

TEIL B   Bilanzierung und Bewertung nach Handels- und Steuerrecht

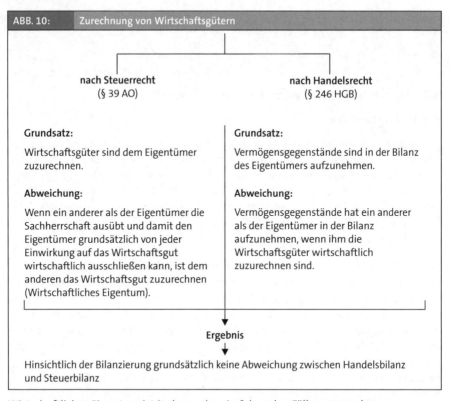

Wirtschaftliches Eigentum ist insbesondere in folgenden Fällen anzunehmen:

3.3.2 Kauf unter Eigentumsvorbehalt

633 Hier wird das Eigentum an einer verkauften beweglichen Sache unter der aufschiebenden Bedingung der vollständigen Zahlung des Kaufpreises auf den Erwerber übertragen (§ 449 BGB). Die Gefahr des zufälligen Untergangs und der Verschlechterung der Sache ist aber mit der Lieferung auf den Erwerber übergegangen. Ihm steht die Substanz des Gegenstands zu. Damit ist er **wirtschaftlicher Eigentümer** und muss den Gegenstand bilanzieren.

> **BEISPIEL:** Eine Lieferung erfolgt unter Eigentumsvorbehalt im Jahr 04, der Kaufpreis wird in 05 überwiesen.
>
> Der Empfänger der Ware ist wirtschaftlicher Eigentümer. Er hat sie in der Bilanz auszuweisen, während der Lieferant eine entsprechende Forderung bilanzieren muss.

3.3.3 Sicherungsübereignung

634 Der Sicherungsnehmer wird zwar bürgerlich-rechtlicher Eigentümer der Sachen (§§ 929, 930 BGB), solange aber der Sicherungsgeber seinen Verpflichtungen nachkommt, kann der Sicherungsnehmer hierüber wirtschaftlich nicht verfügen. Dem Siche-

rungsgeber steht weiterhin die Substanz des Gegenstands zu. Er muss ihn als **wirtschaftlicher Eigentümer** bilanzieren.

> **BEISPIEL:** Unternehmer U erwirbt einen Lkw und übereignet ihn zur Sicherung des aufgenommenen Darlehens der A-Bank. U kann nach kurzer Zeit seinen Verpflichtungen gegenüber der Bank nicht mehr nachkommen, diese holt daraufhin das Fahrzeug bei der U ab und lässt es zwei Monate später versteigern.
>
> Durch die Sicherungsübereignung wird die A-Bank bürgerlich-rechtlicher Eigentümer. U bleibt wirtschaftlicher Eigentümer, solange er seinen vertraglichen Verpflichtungen gegenüber der Bank nachkommt. Dies gilt auch noch nach Abholung des Lkw durch die Bank. Erst durch die Versteigerung verliert U das wirtschaftliche Eigentum.

635

Für die USt ist dabei zu beachten, dass bei Verwertung des Sicherungsguts durch den Sicherungsgeber für Rechnung des Sicherungsnehmers drei Lieferungen vorliegen können (Dreifachumsatz, BFH v. 6.10.2005 V R 20/04, BStBl 2006 II 931, UStAE Abschn. 1.2).

636

Wird ein Sicherungsgut im Insolvenzfall verwertet, können sich dabei zusätzlich, der USt unterliegende sonstige Leistungen ergeben (Hinweis auf BMF v. 30.4.2014 IV D 2 - S 7100/07/10037, BStBl 2014 I 816).

3.3.4 Versendungskauf

Nach der Rechtsprechung des BFH ist die am Bilanzstichtag unterwegs befindliche Ware beim Käufer zu bilanzieren, wenn die Ware bei ihm ankommt oder wenn er über die Orderpapiere verfügt. Bis dahin ist die Ware vom Verkäufer zu bilanzieren (BFH, Urteil v. 3.8.1988 I R 157/84, BStBl 1989 II 21).

637

> **BEISPIEL:** a) U hat Waren bestellt, die der Lieferant vor dem Bilanzierungsstichtag zur Post gibt und die im Folgejahr bei U eingeht. Besondere Vereinbarungen über den Gefahrenübergang wurden nicht getroffen.
>
> Der Lieferant hat mit der Übergabe bei der Post die von ihm geschuldete Leistung erbracht. Er hat Anspruch auf den Kaufpreis. U hat eine entsprechende Verpflichtung. Er hat aber nicht die Verfügungsmacht über die Ware erlangt. Somit liegt bei ihm kein wirtschaftliches Eigentum vor.
>
> b) Der Lieferant hat die Ware einem Verfrachter gegeben, er hat am Bilanzstichtag noch die Orderpapiere. Die Gefahr des Untergangs der Ware ist bei vereinbarter Cif-Klausel auf den Käufer übergegangen. Dieser darf die Ware aber erst bilanzieren, wenn er die Orderpapiere besitzt.

3.3.5 Leasingverträge

Während bei der Verpachtung beweglicher Anlagegüter die Vermögensgegenstände beim Verpächter zu bilanzieren und abzuschreiben sind, kommt es beim Leasing auf die jeweilige Vertragsgestaltung an. In den Fällen des Finanzierungsleasings sind die Wirtschaftsgüter im Allgemeinen dem Betriebsvermögen des Leasinggebers zuzurechnen (Rdn. 434 ff.).

638

3.3.6 Nießbraucher

639 Nießbrauch ist das Recht, die Nutzungen einer Sache zu ziehen (§ 1030 BGB). Werden Grundstücke im Rahmen vorweggenommener Erbfolge schenkweise übertragen und nutzt der Übertragende aufgrund eines unentgeltlichen auf Lebenszeit vorbehaltenen Nießbrauchsrechtes den übertragenen Grundbesitz unverändert, insbesondere in gleichem Maße, in gleicher Weise, gegen Entzug gleich gesichert und auf die gleiche Dauer wie zuvor, bleibt er wirtschaftlicher Eigentümer. Das ist aber die Ausnahme. Im Regelfall ist der Nießbraucher kein wirtschaftlicher Eigentümer, weil er den zivilrechtlichen Eigentümer nicht auf Dauer von der Einwirkung auf das Wirtschaftsgut ausschließt (siehe Rdn. 799).

3.3.7 Kommissionsgeschäfte

640 Sowohl bei der Einkaufskommission als auch bei der Verkaufskommission wird bzw. bleibt der Kommittent wirtschaftlicher Eigentümer der Ware (siehe Rdn. 393 ff.).

LITERATURHINWEIS:

Koltermann, Fallsammlung Bilanzsteuerrecht, 17. Aufl., Fall 15

3.3.8 Treuhänder

641 Voraussetzungen für Treuhandverhältnisse sind:

- ▶ Treugeber,
- ▶ Treunehmer (Treuhänder) und
- ▶ Treuhandvermögen

Der Treuhänder erwirbt vom Treugeber das Treuhandvermögen im eigenen Namen, übt aber die Vermögensrechte im Interesse des Treugebers aus.

Der Treugeber trägt weiterhin die Nutzungen und Lasten des Treuhandvermögens. Der Treuhänder wird zwar bürgerlich-rechtlicher Eigentümer, wirtschaftlicher Eigentümer bleibt aber der Treugeber.

Das Treuhandverhältnis wird steuerlich anerkannt, wenn der Treugeber eine beherrschende Stellung behält, sodass er wirtschaftlich die mit der Verwaltung verbundenen Rechte und Pflichten trägt.

3.3.9 Grundstücksübertragungen

642 Maßgebend ist der Zeitpunkt, in dem Besitz, Gefahr, Nutzungen und Lasten auf den Erwerber übergehen. Der Übergang des wirtschaftlichen Eigentums ist unabhängig von der Auflassung und der Grundbucheintragung, sogar unabhängig vom tatsächlichen Abschluss eines notariellen Vertrags.

Nach dem BFH-Urteil v. 17. 12. 2009 (III R 92/08 BFH/NV 2010 S. 757) ist es bei Vorliegen der entsprechenden Voraussetzungen allein entscheidend, wann der Übergang tatsächlich stattgefunden hat. Das kann durchaus unabhängig vom vertraglich vorgesehenen Zeitpunkt früher oder auch später erfolgt sein.

> **BEISPIEL:** Ein Unternehmer erwirbt für betriebliche Zwecke ein Grundstück. Der Kaufvertrag wird am 1. 10. abgeschlossen; Besitz, Gefahr, Nutzungen und Lasten gehen ebenfalls am 1. 10. über. Die Eintragung im Grundbuch erfolgt am 1. 3. des Folgejahres.
>
> U ist ab dem 1. 10. wirtschaftlicher Eigentümer, mit der Folge, dass er das Grundstück zum 31. 12. bilanzieren muss. Nach § 1 GrEStG entsteht die Verpflichtung zur Zahlung der GrESt im Zeitpunkt des wirtschaftlichen Übergangs. Die Aktivierung der Anschaffungsnebenkosten mit gleichzeitiger Passivierung haben keine Gewinnauswirkungen, damit trifft § 5 Abs. 4b EStG nicht zu.
>
> Soweit die Aufwendungen erst im Zeitpunkt der Eintragung im Grundbuch entstehen und zu den nachträglichen Anschaffungs- oder Herstellungskosten gehören würden, wäre § 5 Abs. 4b EStG zu beachten.

Auch der gesetzliche Wertersatzanspruch nach den §§ 951, 812 BGB kann grundsätzlich wirtschaftliches Eigentum bei der Errichtung eines Bauwerks auf fremdem Grund und Boden begründen (siehe auch Rdn. 789).

3.3.10 Erwerb eines GmbH-Geschäftsanteils

Schließen einander nicht nahe stehende Personen einen formunwirksamen Kaufvertrag über den Geschäftsanteil an einer GmbH ab, geht das wirtschaftliche Eigentum über, wenn dem Erwerber das Gewinnbezugsrecht und das Stimmrecht eingeräumt werden oder der zivilrechtliche Gesellschafter verpflichtet ist, bei der Ausübung des Stimmrechts die Interessen des Erwerbers wahrzunehmen, vorausgesetzt, die getroffenen Vereinbarungen und die formwirksame Abtretung werden in der Folgezeit tatsächlich vollzogen (Beurteilung nach § 39 Abs. 2 Nr. 1 AO und nicht nach handelsrechtlichen Grundsätzen – § 5 EStG i. V. m. § 39 AO, §§ 240, 242 HGB a. F.).

643

Dagegen begründet eine durch ein notariell beurkundetes Verkaufsangebot erlangte Option auf den Erwerb von Aktien noch kein wirtschaftliches Eigentum für den potenziellen Erwerber (BFH v. 4. 7. 2007 VIII R 68/05, BStBl 2007 II 937).

3.3.11 Scheinmietvertrag

Bei schuldrechtlichen Nutzungsverhältnissen (Miete, Pacht) ist der Mieter (Pächter) grundsätzlich nicht als wirtschaftlicher Eigentümer anzusehen. Inhaber der wirtschaftlichen Verfügungsmacht bleibt weiterhin der Vermieter. Beim Scheinmietvertrag ist anders als beim echten Mietkauf von Anfang an von den beteiligten Parteien ein Kaufvertrag unter Gewährung von Ratenzahlungen gewollt, wobei die einzelnen Kaufpreisraten als Mietzahlungen getarnt sind.

644

Die Mietdauer ist hier so bemessen, dass bei ihrem Ablauf die Mietsache verbraucht ist. Folglich hat der Herausgabeanspruch des bürgerlich-rechtlichen Eigentümers keine wirtschaftliche Bedeutung mehr. Der Mietvertrag wird deshalb steuerlich von Anfang an wie ein Kaufvertrag behandelt. Der Mieter ist wirtschaftlicher Eigentümer.

> **BEISPIEL:** U mietet ab 1.10.03 eine Maschine mit einer betriebsgewöhnlichen Nutzungsdauer von 8 Jahren vom Hersteller X für monatlich 10 000 € + USt. Der Kaufpreis betrug am 1.10.03 100 000 € + USt. Es wurde vereinbart, dass U das Wirtschaftgut jederzeit unter Anrechnung der bis dahin gezahlten Mieten erwerben kann. U erwirbt die Maschine am 1.7.04 für 10 000 € + USt.
>
> Die Parteien haben nach den vorliegenden vertraglichen Vereinbarungen
>
> ► zur Höhe der Mietzahlungen und
> ► zur Kürze der Vertragsdauer
>
> von Anfang an ein Abzahlungsgeschäft beschlossen. Die Mietzahlungen sind Ratenzahlungen. U ist ab dem 1.10.03 wirtschaftlicher Eigentümer.

LITERATURHINWEIS:

Koltermann, Fallsammlung Bilanzsteuerrecht, 17. Aufl., Fall 14 – 19

3.3.12 Nutzungsüberlassung von Betrieben mit Substanzerhaltungspflicht des Berechtigten

3.3.12.1 Überlassung von Anlagevermögen

645 Das vom Pächter unter Rückgabeverpflichtung (§§ 582a, 1048 BGB) zur Nutzung übernommene Inventar bleibt im bürgerlich-rechtlichen und wirtschaftlichen Eigentum des Verpächters. Der Verpächter hat Anspruch auf Substanzerhaltung und muss diesen als sonstige Forderung aktivieren. Dieser Anspruch ist zu jedem Bilanzstichtag unter Berücksichtigung der Wiederbeschaffungskosten neu zu bewerten. Er beträgt bei Pachtbeginn 0 € und wird infolge der Abnutzung der verpachteten Wirtschaftgüter von Jahr zu Jahr um den Wert der Abnutzung – unter Berücksichtigung der veränderten Wiederbeschaffungskosten – erhöht. Der Pächter muss die noch nicht eingelöste Verpflichtung zur Substanzerhaltung erfolgswirksam durch Passivierung einer Rückstellung ausweisen. Der Bilanzposten entwickelt sich dann beim Pächter korrespondierend mit dem des Verpächters.

646 Der Pächter hat die Verpflichtung, das zur Nutzung übernommene bewegliche Anlagevermögen zu erhalten und laufend zu ersetzen. Die Erhaltungsaufwendungen sind bei ihm Betriebsausgaben. Die vom Pächter ersetzten Wirtschaftsgüter werden Eigentum des Verpächters auch insoweit, als ihre Anschaffung oder Herstellung durch den Pächter über diese Verpflichtung hinausgeht. Sie sind vom Verpächter mit den vom Pächter aufgewendeten Anschaffungs- oder Herstellungskosten zu aktivieren und abzuschreiben. Der Verpächter hat den auf die ersetzten Wirtschaftsgüter entfallenden – als sonstige Forderung aktivierten – Anspruch aufzulösen, während der Pächter die gebildeten Rückstellungen entsprechend vermindern muss.

Die Höhe der Rückstellung bzw. des Anspruchs bestimmt sich dabei zu den einzelnen Bilanzstichtagen:

$$\text{Rückst./Anspruch} = \frac{\text{bisherige Nutzung} \times \text{Wiederbeschaffungskosten}}{\text{Gesamtnutzungsdauer}}$$

BEISPIEL: Gewerbetreibender X hat eine Maschine gemietet. Mietzeit 1.1.00 bis 31.12.03. Laut Vertrag besteht die Verpflichtung, die Maschine am Ende generalüberholen zu lassen.

Die voraussichtlichen Kosten der Generalüberholung zu den jeweiligen Bilanzstichtagen betragen:

- 31.12.00 = 25 000 €
- 31.12.01 = 32 000 €
- 31.12.02 = 35 000 €
- 31.12.03 = 38 000 €

X hat zu den jeweiligen Bilanzstichtagen eine Verbindlichkeit gegenüber dem Vermieter. Deshalb besteht die Verpflichtung, eine Rückstellung für ungewisse Verbindlichkeiten zu bilden (§ 249 Abs. 1 HGB, § 5 Abs. 1 EStG). Unter Anwendung der o. a. Formel ergeben sich deshalb folgende Rückstellungen:

- 31.12.00 =   6 250 €
- 31.12.01 = 16 000 €
- 31.12.02 = 26 250 €
- 31.12.03 = 38 000 €

Rückstellungen für Verpflichtungen sind gem. § 6 Abs. 1 Nr. 3e EStG in der Steuerbilanz mit einem Zinssatz von 5,5 % abzuzinsen. Ausgenommen davon sind nach § 6 Abs. 1 Nr. 3 EStG Verbindlichkeiten (auch Rückstellungen), deren Laufzeit am Bilanzstichtag weniger als 12 Monate beträgt. Nach § 253 Abs. 1 HGB sind Rückstellungen in Höhe des nach vernünftiger kaufmännischer Beurteilung notwendigen Erfüllungsbetrags anzusetzen und nach Abs. 2 bei einer Laufzeit von mehr als einem Jahr mit dem ihrer Laufzeit entsprechenden durchschnittlichen Marktzinssatz der vergangenen 7 Geschäftsjahre abzuzinsen. Für die Steuerbilanz ergeben sich keine Änderungen.

Die Rückstellungsbeträge müssen deshalb in den Steuerbilanzen zum 31.12.00, 31.12.01 und 31.12.02 abgezinst werden. Die Ansätze vermindern sich entsprechend. Zum 31.12.03 ist keine Abzinsung erforderlich, weil der Zeitraum bis zur Erfüllung der Verbindlichkeit weniger als 12 Monate beträgt (Rdn. 1039 ff.).

Aus Vereinfachungsgründen kann die Abzinsung nach den Regelungen des § 12 Abs. 3 BewG erfolgen. Dabei ist die Rückstellung unter Berücksichtigung der Wertverhältnisse am Bilanzstichtag mit dem von der Restlaufzeit abhängigen Vervielfältiger zu multiplizieren (BMF v. 26.5.2005, BStBl 2005 I 699 Tz 28).

Bei Gewinnermittlung nach § 4 Abs. 3 EStG haben die Forderungen und Verbindlichkeiten keine Auswirkung auf den Gewinn. Ersatzbeschaffungen von Wirtschaftsgütern des Anlagevermögens führen beim Pächter im Wirtschaftsjahr der Zahlung zu einer Betriebsausgabe. Beim Verpächter führen sie im Wirtschaftsjahr der Ersatzbeschaffung zu einer Betriebseinnahme. Das gilt unabhängig von der Gewinnermittlungsart des jeweils anderen Vertragspartners (BMF v. 21.2.2002, BStBl 2002 I 262).

Aufwendungen des Pächters eines land- und forstwirtschaftlichen Betriebs im Zusammenhang mit der Erneuerung der Dacheindeckung eines im Eigentum des Verpächters stehenden und dem Pachtbetrieb dienenden Wirtschaftsgebäudes sind – ggf. im Wege der AfA – als Betriebsausgabe abziehbar, wenn sie in erkennbarer Erwartung eines späteren Eigentumsübergangs erbracht worden sind (BFH v. 13. 5. 2004 IV R 1/02, BStBl 2004 II 780).

Wurde im Zusammenhang mit der Verpachtung eine Beseitigungsverpflichtung vereinbart, muss eine bereits gebildete Ansammlungsrückstellung i. S. des § 6 Abs. 1 Nr. 3a EStG neu berechnet werden, wenn der Pachtvertrag vor dem Bilanzstichtag verlängert worden ist (BFH v. 2. 7. 2014 I R 46/12, BStBl 2014 II 979).

Wenn der Pächter die nach dem Gesetz obliegende Verpflichtung des Verpächters zur Instandhaltung übernommen hat, dann sind die vom BFH aufgestellten Grundsätze zu beachten (BFH v. 12. 2. 2015 IV R 29/12, NWB Dok-ID: OAAAE-88378).

3.3.12.2 Überlassung von Umlaufvermögen

648 Übergibt der Verpächter im Zeitpunkt der Verpachtung auch Umlaufvermögen, das der Pächter nach Beendigung des Pachtverhältnisses zurückzugeben hat, handelt es sich dabei um Gewährung eines Sachdarlehns (§ 607 BGB). Beim Verpächter tritt an die Stelle der übergebenen Wirtschaftsgüter eine Sachwertforderung, die mit dem gleichen Wert anzusetzen ist wie die übergebenen Wirtschaftsgüter. Der Pächter wird wirtschaftlicher Eigentümer der überlassenen Wirtschaftsgüter. Er muss sie aktivieren und in gleicher Höhe eine Rückgabeverpflichtung passivieren.

3.3.13 Besonderheiten beim Erbbaurecht

649 Das Erbbaurecht lastet als beschränkt dingliches grundstücksähnliches Nutzungsrecht zur Errichtung und/oder Unterhaltung eines Gebäudes auf einem Grundstück mit der Maßgabe, dass der Erbbauberechtigte auch bürgerlich-rechtlicher Eigentümer des Bauwerks wird. Es ist veräußerlich und vererblich (§ 1 Abs. 1 ErbbauVO). Das Erbbaurecht wird bürgerlich-rechtlich wie ein Grundstück behandelt (§ 11 ErbbauVO). Dem Erbbauberechtigten entstehen keine Anschaffungskosten für Grund und Boden, sondern nur solche für das Gebäude. Die Erbbauzinsen sind Nutzungsentgelt für die Überlassung des Erbbaugrundstücks.

650 Das Erbbaurechtsverhältnis stellt ein schwebendes Geschäft dar, auch nach Entstehung des Erbbaurechts.

Das Erbbaurecht ist ein den Sachanlagen (§ 266 Abs. 2 HGB) zugeordnetes grundstücksgleiches Recht. Es ist ein abnutzbares Wirtschaftsgut, das auf die Laufzeit des Vertrags verteilt, abzuschreiben ist.

Zu den Anschaffungskosten des Erbbaurechts zählen die einmaligen Aufwendungen wie Grunderwerbsteuer, Maklerprovision, Notar- und Gerichtsgebühren.

651 Die Verpflichtung, künftige Erbbauzinsen zu zahlen, gehört nicht zu den Anschaffungskosten (schwebendes Geschäft). Für im Voraus gezahlte Erbbauzinsen ist ein Rechnungsabgrenzungsposten zu bilden und entsprechend aufzulösen.

Zur periodengerechten Verteilung des Nutzungsentgelt, das eine Gegenleistung des Erbbauberechtigten darstellt, siehe BFH v. 11. 12. 2003 IV R 42/02, BStBl 2004 II 353.

Aufwendungen eines erbbauverpflichteten Grundstückseigentümers zur Ablösung des Erbbaurechts zählen zu den Herstellungskosten des anschließend auf dem Grundstück nach dem Abriss der vorhandenen Bebauung neu errichteten Gebäudes (BFH v. 13.12.2005 IX R 24/03, BStBl 2006 II 461).

Hat aber der Erbbauverpflichtete an den bisherigen Erbbauberechtigten wegen Aufhebung des bestehenden Erbbaurechts eine Abfindung gezahlt, weil der Grundstückseigentümer mit einem anderen Interessenten einen neuen Erbbauvertrag zu einem höheren Erbbauzins abschließen will, so kann diese Abfindung steuerlich als sofort abziehbare Betriebsausgabe behandelt werden (BFH v. 26.1.2011 IX 24/10, NWB DokID: KAAAD-87487, BFH/NV 2011, 1480).

Bei Erwerb eines bebauten Erbbaurechts entfallen die gesamten Anschaffungskosten auf das Gebäude, wenn der Erwerber dem bisherigen Erbbauberechtigten nachweislich ein Entgelt nur für den Gebäudeanteil gezahlt hat, während er gegenüber dem Erbbauverpflichteten (Grundstückseigentümer) nur zur Zahlung des laufenden Erbbauzinses verpflichtet ist (BFH v. 15.11.1994 IX R 73/92, BStBl 1995 II 374).

Das Erbbaurecht kann enden durch 652

- ▶ Zeitablauf (§ 27 ErbbauVO),
- ▶ Aufhebung (§ 26 ErbbauVO),
- ▶ Heimfall (§ 2 Nr. 4 ErbbauVO).

653 **ABB. 11:** Erbbaurecht

Erbbaurecht
(Grundstück gehört zum Betriebsvermögen)

beim Erbbauverpflichteten	beim Erbbauberechtigten
1. Bei Bestellung	
▶ Keine Entnahme des Grundstücks aus dem BV bei entgeltlicher Bestellung ▶ Keine TW-Abschr. wegen Einräumung ▶ Bei privat veranlasster unentgeltlicher Bestellung Entnahme des Grundstücks ▶ Vermerk bei betr. Grundstück	▶ Erbbaurecht ist abnutzbares Wirtschaftsgut ▶ Aufwendungen im Zusammenhang mit Vertragsschluss als Anschaffungskosten aktivieren und auf Laufzeit verteilen
2. Während der Laufzeit	
▶ Laufender Erbbauzins ist BE ▶ Einmalige Zinszahlung durch RAP verteilen ▶ Übernahme Erschließungsbeitrag und Kanalanschlussgebühren durch Erbbauberechtigten ebenfalls pass. RAP	▶ Laufender Erbbauzins ist BA ▶ Einmalige Zinszahlung durch RAP verteilen ▶ Übernahme Erschließungskosten und Kanalanschlussgebühren ebenfalls RAP
3. Errichtung des Gebäudes	
a) ohne Entschädigung bei Übergang ▶ Keine Anwartschaft auf Eigentumsübergang aktivieren	a) ohne Entschädigung bei Übergang ▶ Erbbauberechtigter wird rechtlicher und wirtschaftlicher Eigentümer des Bauwerks ▶ Herstellungskosten aktivieren – AfA
b) mit Entschädigung bei Übergang ▶ wie zu a)	b) mit Entschädigung bei Übergang ▶ Herstellungskosten aktivieren – AfA oder ▶ Herstellungskosten abzüglich Entschädigung sind abzuschreiben
4. Bei Erlöschen	
a) ohne Entschädigung bei Übergang ▶ Aktivierung Bauwerk mit gemeinem Wert ▶ Abschreibung auf Restnutzungsdauer	a) ohne Entschädigung bei Übergang ▶ Unterschied zwischen gemeinem Wert und Buchwert des Bauwerks als zusätzliche Leistung an Erbbauverpflichteten = Aufwand
b) mit Entschädigung bei Übergang ▶ Entschädigungszahlung stellt Anschaffungskosten dar ▶ Abschreibung auf Restnutzungsdauer	b) mit Entschädigung bei Übergang ▶ Differenz zwischen Entschädigung und Buchwert Ertrag/Aufwand, wenn Entschädigung mit HK verrechnet war (s. 3b) ▶ Soweit Entschädigung nicht verrechnet, im Übergangszeitpunkt Anspruch aktivieren (= Ertrag)

Zurechnung von Wirtschaftsgütern — TEIL B

FRAGEN

		Rdn.
1.	Welche Wirtschaftsgüter muss ein Unternehmer nach Handels- und Steuerrecht bilanzieren?	629
2.	Was versteht man unter dem Begriff „wirtschaftliches Eigentum"?	631
3.	Gibt es hinsichtlich der Zurechnung von Wirtschaftsgütern Unterschiede zwischen dem Handelsrecht und dem Steuerrecht?	632
4.	Beim Kauf unter Eigentumsvorbehalt muss wer, Lieferant oder Empfänger, das Wirtschaftsgut bilanzieren?	633
5.	Ein Wirtschaftsgut wurde einer Bank sicherungsübereignet. Welchen rechtlichen Status hat die Bank?	634
6.	Wann kann der Sicherungsnehmer wie ein Eigentümer über das Wirtschaftsgut verfügen?	635
7.	Zu welchem Zeitpunkt tritt ein Wechsel in den Eigentumsverhältnissen ein?	635
8.	Welche umsatzsteuerlichen Folgen treten zu welchem Zeitpunkt ein?	636
9.	Wenn bei einem Versendungskauf die Ware vor dem Bilanzstichtag abgeschickt, aber erst danach beim Empfänger ankommt, dann hat wer die Ware zu bilanzieren?	637
10.	Was versteht man unter einem Nießbrauchsrecht?	639
11.	Wird der Nießbraucher wirtschaftlicher Eigentümer?	639
12.	Wer ist wirtschaftlicher Eigentümer bei einem Kommissionsgeschäft?	640
13.	Welche rechtliche Stellung hat bei einem Treuhandverhältnis der Treuhänder?	641
14.	Von welchen Kriterien ist bei einem Grundstücksverkauf der wirtschaftliche Übergang auf den Grundstückserwerber abhängig?	642
15.	Wer ist bei einer Verpachtung eines Betriebs mit Substanzerhaltungspflicht rechtlicher und (oder) wirtschaftlicher Eigentümer der Wirtschaftsgüter?	645
16.	Wem sind die vom Pächter während der Pachtzeit ersetzten Wirtschaftsgüter zuzurechnen?	646
17.	Wie ist das Umlaufvermögen während der Pachtzeit zu behandeln?	648
18.	Wozu gehört das Erbbaurecht und wie ist es bilanziell auszuweisen?	649 f.
19.	Welche rechtliche Stellung hat der Erbbauberechtigte mit der Errichtung des Gebäudes?	649
20.	Wie werden vorausgezahlte Erbbauzinsen bilanzmäßig behandelt?	651
21.	Wodurch kann das Erbbaurecht enden?	652
22.	Was passiert mit dem Gebäude, wenn das Erbbaurecht endet?	653

Kapitel 4: Maßgeblichkeit der Handelsbilanz für die Steuerbilanz

4.1 Allgemeines

654 Wir wissen jetzt: Sowohl das Handelsrecht als auch das Steuerrecht verpflichten bestimmte **natürliche und juristische Personen** zur **Aufstellung von Bilanzen**. Wir müssen hierbei zwischen **Handelsbilanz** und **Steuerbilanz** unterscheiden, da handels- und steuerrechtliche Vorschriften voneinander abweichen. Wie das Verhältnis zwischen Handelsbilanz und Steuerbilanz aussieht, hat aber nur für den Personenkreis Bedeutung, der sowohl nach Handelsrecht als auch nach Steuerrecht zur Bilanzaufstellung verpflichtet ist.

4.2 Unterschiede und Gemeinsamkeiten zwischen Handels- und Steuerbilanz

4.2.1 Handelsbilanz

655 Ziel der **Handelsbilanz** ist es, einen möglichst sicheren Einblick in die Vermögens- und Ertragslage zu geben. Hierbei sind die **handelsrechtlichen Bewertungsvorschriften** zu beachten.

Die Handelsbilanz soll also insbesondere der Unternehmensleitung, den Gläubigern (z. B. Banken) und möglicherweise auch der interessierten Öffentlichkeit (z. B. bei Aktiengesellschaften und Großunternehmen) einen **Einblick in die finanzielle Situation der Unternehmung** geben.

Wichtig ist dafür vor allem, dass der Bilanzierungspflichtige seinen Gewinn und sein Vermögen nicht zu hoch ausweist. Unerwünschte Folgen von Überbewertungen in der Bilanz sind:

1. Zu leichtsinniges Geschäftsgebaren des Unternehmers; die Gefahr zu hoher Privatentnahmen bzw. die Gefahr zu hoher Ausschüttungen (z. B. bei Kapitalgesellschaften wie Aktiengesellschaften) führen zu Substanzverlusten beim Unternehmen.

2. Gläubiger (auch potenzielle Gläubiger) werden über die wirkliche finanzielle Situation des Unternehmens getäuscht und laufen Gefahr, ihre hingegebenen Kredite zu verlieren.

Somit steht der **Gläubigerschutzgedanke im Vordergrund.** Der Schwerpunkt der Vorschriften für die Handelsbilanz liegt deshalb auf „**Höchstwertvorschriften**".

Dies gilt auch nach Inkrafttreten des BilMoG: Die Handelsbilanz bleibt insbesondere Grundlage für die Ausschüttungsbemessung.

4.2.2 Steuerbilanz

Ziel der **Steuerbilanz** ist es, die Finanzbehörde in die Lage zu versetzen, den **richtigen Gewinn als Besteuerungsgrundlage** der Besteuerung zu Grunde zu legen. Aus dieser Zielsetzung ist es verständlich, dass Bilanzierungspflichtige im Allgemeinen das Bestreben haben, ihre eigene wirtschaftliche Situation nicht zu günstig darstellen zu wollen. Steuerrechtliche Vorschriften müssen daher in erster Linie verhindern, dass Aktiva zu niedrig und Passiva zu hoch ausgewiesen werden.

656

Das Steuerrecht sorgt also durch **„Mindestwertvorschriften"** dafür, dass niemand seine wirtschaftliche Situation zu schlecht darstellt.

Da die Steuerbilanz jedoch immer wieder als Mittel staatlicher Wirtschafts- und Sozialpolitik genutzt wird, gibt es auch im **Steuerrecht Bewertungsvergünstigungen** und die Möglichkeit, steuerliche Rücklagen zu schaffen. Hierdurch wird der steuerliche Gewinn gemindert und somit bewusst auf die Ausweisung des richtigen Periodengewinns und die daraus resultierende richtige Besteuerung verzichtet. Durch das Steuerrecht werden so Anreize zu Investitionen, zu Umweltschutzmaßnahmen u. Ä. gegeben.

4.3 Maßgeblichkeitsgrundsatz

4.3.1 Ansatz von Bilanzpositionen

Das BMF hat klargestellt, dass Ausgangspunkt für die Ermittlung des steuerlichen Gewinns der Betriebsvermögensvergleich nach § 4 Abs. 1 Satz 1 EStG ist (BMF v. 12.3.2010, BStBl 2010 I 239). Gewerbetreibende, die Bücher führen und regelmäßig Abschlüsse machen müssen oder solches freiwillig tun, haben das Betriebsvermögen anzusetzen, das nach handelsrechtlichen Grundsätzen ordnungsmäßiger Buchführung auszuweisen ist, § 5 Abs. 1 Satz 1 Halbsatz 1 EStG. Soweit keine gesonderte Steuerbilanz aufgestellt wird, ist die Handelsbilanz Grundlage für die steuerliche Gewinnermittlung unter Beachtung der steuerlichen Anpassungen gem. § 60 Abs. 2 Satz 1 EStDV. **Die allgemeinen Grundsätze zur Aktivierung, Passivierung und Bewertung der einzelnen Bilanzpositionen wurden durch das BilMoG nicht geändert und sind für die steuerliche Gewinnermittlung maßgeblich.** Dies gilt nicht nur in dieser abstrakten Formulierung, sondern kann auch konkreter gefasst werden. Hat ein Kaufmann eine rechtsgültige Handelsbilanz aufgestellt, ist er an diese Handelsbilanz auch für Besteuerungszwecke gebunden, es sei denn, im Steuerrecht existieren abweichende Bilanzierungs- und/oder Bewertungsvorschriften.

657

Dieser Grundsatz der Maßgeblichkeit wird durch steuerliche Ansatz- und Bewertungsvorbehalte durchbrochen (§ 5 Abs. 1a bis 4b, Abs. 6 EStG, §§ 6, 6a und 7 EStG).

Mit Inkrafttreten des BilMoG wurde der in § 5 Abs. 1 Satz 1 EStG niedergelegte Grundsatz, dass für Zwecke der steuerlichen Gewinnermittlung das Betriebsvermögen anzusetzen ist, das nach den handelsrechtlichen Grundsätzen ordnungsmäßiger Buchführung auszuweisen ist, durch den folgenden Halbsatz eingeschränkt: „es sei denn, im Rahmen der Ausübung eines steuerlichen Wahlrechts wird ein anderer Ansatz gewählt." Steuerliche Wahlrechte können sich aus dem Gesetz oder Verwaltungsanwei-

658

sungen (z. B. EStR oder BMF-Schreiben) ergeben. Die Ausübung eines solchen Wahlrechts in der Steuerbilanz in Abweichung von der Handelsbilanz ist gem. § 5 Abs. 1 Satz 2 EStG davon abhängig, dass für das betreffende Wirtschaftsgut ein gesondertes Verzeichnis angelegt wird, das laufend zu führen ist. Ein solches Verzeichnis muss folgende Angaben enthalten:

▶ Tag der Anschaffung oder Herstellung,

▶ Anschaffungs- oder Herstellungskosten,

▶ Vorschrift des ausgeübten Wahlrechts,

▶ Vorgenommene Abschreibungen.

Eine entsprechende Regelung gibt es auch im § 6c Abs. 2 EStG für Überschussrechner.

659 Jede Bilanzposition der Handelsbilanz ist daher grundsätzlich in der Steuerbilanz zu erfassen, wenn

1. dieser Bilanzposten nach steuerrechtlichen Vorschriften ausgewiesen werden muss oder ausgewiesen werden darf,

2. der Wert, mit dem diese Bilanzposition in der Handelsbilanz ausgewiesen wurde, nach steuerrechtlichen Vorschriften möglich ist, und

3. ein steuerliches Wahlrecht nicht abweichend von dem Handelsbilanzansatz ausgeübt wurde.

Wir müssen uns also zunächst der Frage zuwenden, welche in der Handelsbilanz erfassten Wirtschaftsgüter (und sonstige Bilanzposten) in die Steuerbilanz aufgenommen werden.

Grundsätzlich gilt:

660 ▶ Was handelsrechtlich aktiviert werden muss, ist auch steuerrechtlich zu aktivieren; es besteht also ein **Aktivierungsgebot**.

▶ Was handelsrechtlich passiviert werden muss, ist auch steuerrechtlich zu passivieren (**Passivierungsgebot**).

▶ Was handelsrechtlich nicht aktiviert werden darf, darf auch steuerrechtlich nicht aktiviert werden (**Aktivierungsverbot**).

▶ Was handelsrechtlich nicht passiviert werden darf, darf auch steuerrechtlich nicht passiviert werden (**Passivierungsverbot**).

Bei handelsrechtlichen Bilanzierungsgeboten und Bilanzierungsverboten folgt das Steuerrecht also grundsätzlich der handelsrechtlichen Zuordnung. Hier ist die **Handelsbilanz maßgeblich für die Steuerbilanz.** (In diesem Zusammenhang spricht man auch von abgeleiteter Bilanz). Hiervon wird nur dann abgewichen, wenn spezielle steuerrechtliche Vorschriften eine Bilanzierung im Gegensatz zur handelsrechtlichen Behandlung verbieten oder fordern oder im Rahmen der Ausübung eines steuerlichen Wahlrechts ein vom Handelsbilanzansatz abweichender Wert gewählt wurde (vgl. hierzu Ausführungen unter Teil B, Kapitel 5).

Bestehen **handelsrechtlich Bilanzierungswahlrechte**, gilt das **Maßgeblichkeitsprinzip** nach den vom BFH entwickelten und vom BMF (BMF v. 12.3.2010, BStBl 2010 I 239) dargelegten Grundsätzen nur sehr **eingeschränkt**: 661

▶ **Was handelsrechtlich aktiviert werden darf, muss steuerrechtlich** im Interesse einer möglichst zutreffenden Abschnittsbesteuerung **aktiviert werden**.

▶ **Was handelsrechtlich passiviert werden darf, darf steuerrechtlich nicht passiviert werden**.

Auch hier gilt der Grundsatz: **Steuerrechtliche Sondervorschriften gehen diesen vom BFH gesetzten Regeln vor.**

BEISPIEL 1: Handelsrechtlich dürfen nach § 248 Abs. 2 HGB selbst geschaffene immaterielle Vermögensgegenstände des Anlagevermögens – sofern es sich **nicht** um Marken, Drucktitel, Verlagsrechte, Kundenlisten oder vergleichbare immaterielle Vermögensgegenstände handelt – aktiviert werden. Steuerrechtlich ist die Aktivierung gem. § 5 Abs. 2 EStG verboten. Das Aktivierungswahlrecht in der Handelsbilanz führt damit **nicht** zu einem Aktivierungsgebot in der Steuerbilanz.

BEISPIEL 2: Ein Unternehmen bildet in der Handelsbilanz eine Rückstellung für drohende Verluste aus schwebenden Geschäften nach § 249 Abs. 1 HGB, die in der Steuerbilanz nach § 5 Abs. 4a EStG nicht gebildet werden darf.

Im Jahr der Rückstellungsbildung ist der Steuerbilanzgewinn gegenüber dem Handelsbilanzgewinn zu hoch ausgewiesen; damit ist auch eine zu hohe Steuerbelastung in die Steuer- und die Handelsbilanz eingegangen. Dieser zu hohe Steueraufwand gleicht sich jedoch in dem Jahr aus, in dem die Rückstellung in der Handelsbilanz aufgelöst wird. Dann nämlich ist der Steuerbilanzgewinn genau um den Rückstellungsbetrag niedriger als der Handelsbilanzgewinn. Die hieraus resultierende Steuerentlastung darf im Jahr der Rückstellungsbildung als Abgrenzungsposten (Bilanzierungshilfe) aktiviert werden.

Mit Inkrafttreten des BilMoG gilt nach § 274 Abs. 1 HGB:

Die sich in späteren Jahren ergebende Steuerentlastung kann als aktive latente Steuer (§ 266 Abs. 2 D HGB) ausgewiesen werden.

Diese handelsrechtlich zulässigen Bilanzierungshilfen sind aber kein Ausfluss ordnungsmäßiger Buchführung – es wurden weder Wirtschaftsgüter geschaffen noch liegen die Voraussetzungen zur Bildung von Rechnungsabgrenzungsposten vor – und dürfen deshalb in die Steuerbilanz nicht aufgenommen werden. Das Gleiche gilt für die mit Inkrafttreten des BilMoG in der Handelsbilanz ausweisbare latente Steuer.

4.3.2 Bewertung von Bilanzpositionen

1. Bewertungswahlrechte, die in der Handelsbilanz ausgeübt werden können, ohne dass eine steuerliche Regelung besteht, wirken wegen der Maßgeblichkeit des Handelsbilanzansatzes auch für die Steuerbilanz. 662

BEISPIEL: Zinsen für Fremdkapital gehören nicht zu den Herstellungskosten (Klarstellung in § 255 Abs. 3 Satz 1 HGB). Nach § 255 Abs. 3 Satz 2 HGB gelten Zinsen für Fremdkapital jedoch als Herstellungskosten des Vermögensgegenstandes, wenn das Fremdkapital zur Herstellung eines Vermögensgegenstandes verwendet wird und dürfen als Herstellungskosten aktiviert werden. Dieses Wahlrecht gilt nach R 6.3 Abs. 4 EStR auch für die Steuerbilanz. Damit dürfen auch steuerlich „Nicht-Herstellungskosten" als Herstellungskosten aktiviert werden. Sind handelsrechtlich Fremdkapitalzinsen in die Herstellungskosten einbezogen worden, sind sie gem. § 5 Abs. 1 Halbsatz 1 EStG auch in der Steuerbilanz als Herstellungskosten zu behandeln.

2. Wahlrechte, die nur steuerrechtlich bestehen, können unabhängig vom handelsrechtlichen Wertansatz ausgeübt werden, **§ 5 Abs. 1 Satz 1 Halbsatz 2 EStG.**

> **BEISPIEL:** Die Übertragung stiller Reserven gem. § 6b EStG bei der Veräußerung bestimmter Wirtschaftsgüter.

3. **Wahlrechte, die sowohl handels- als auch steuerrechtlich bestehen, können aufgrund des § 5 Abs. 1 Satz 1 Halbsatz 2 EStG in Handels- und Steuerbilanz unterschiedlich ausgeübt werden. Im Rahmen der Ausübung eines steuerlichen Wahlrechts kann ein vom Handelsbilanzansatz abweichender Wert gewählt werden.**

> **BEISPIEL:** Die Inanspruchnahme der degressiven AfA nach § 7 Abs. 2 EStG für bewegliche Wirtschaftsgüter kann unabhängig davon erfolgen, welche Abschreibung – linear oder degressiv – in der Handelsbilanz gewählt wurde.

4.4 Keine umgekehrte Maßgeblichkeit

663 Mit Inkrafttreten des BilMoG ist ab 2010 zwar der allgemeine (materielle) Maßgeblichkeitsgrundsatz beibehalten worden (§ 5 Abs. 1 Satz 1 erster Halbsatz EStG). Der Grundsatz der umgekehrten Maßgeblichkeit jedoch ist aufgegeben worden. Die handelsrechtlichen Öffnungsklauseln, durch die steuerrechtliche Abschreibungen in der Handelsbilanz möglich wurden (§§ 254, 279 Abs. 2, 280 Abs. 2 HGB a. F.), sind ebenso weggefallen wie die Vorschriften, die die Bildung eines Sonderpostens mit Rücklageanteil zuließen (§§ 247 Abs. 3, 273, 281 HGB a. F.).

Somit ist die umgekehrte Maßgeblichkeit mit Inkrafttreten des BilMoG weggefallen. Durch die Neufassung des § 5 Abs. 1 EStG können steuerliche Wahlrechte unabhängig von der Handelsbilanz ausgeübt werden.

> **BEISPIELE:**
> § 6b EStG: Die Bildung eines Sonderpostens mit Rücklageanteil in der Handelsbilanz ist nicht mehr möglich; auch können entsprechende stille Reserven im Ergebnis nicht erfolgsneutral übertragen werden. In der Steuerbilanz kann jedoch davon unabhängig eine Rücklage gem. § 6b EStG gebildet werden und die stillen Reserven auf Reinvestitionsgüter übertragen werden.
>
> ▶ R 6.6 EStR: Die Ausführungen zu § 6b EStG gelten entsprechend für die nach R 6.6 EStR mögliche Übertragung stiller Reserven in Fällen der Ersatzbeschaffung.
>
> ▶ § 7g EStG: Handelsrechtlich findet diese Norm keine Anwendung; Auswirkungen ergeben sich lediglich auf den steuerlichen Gewinn.
>
> ▶ Durch die Nicht-Bildung der bisher zulässigen Sonderposten in der Handelsbilanz entsteht in der Handelsbilanz ein zusätzliches Ausschüttungspotential. In der Handelsbilanz sind jedoch latente Steuern auf der Passivseite auszuweisen.
>
> ▶ Handelsrechtlich wird die Aktivierung von Zöllen, Verbrauchsteuern und Umsatzsteuer aufgehoben, während steuerrechtlich wegen § 5 Abs. 5 Satz 2 EStG weiterhin ein Rechnungsabgrenzungsposten gebildet werden muss.

Durch die Änderungen durch das BilMoG nimmt das Auseinanderfallen von Handels- und Steuerbilanz zu. Die Erstellung von Einheitsbilanzen ist auch bei kleineren Unternehmen oft nicht mehr möglich.

4.5 Wertaufholung

§ 6 Abs. 1 Nr. 1 Satz 4 EStG verpflichtet den Bilanzierenden bei abnutzbarem Anlagevermögen bei Wertsteigerungen zur Zuschreibung bis zur Höhe der fortgeführten Herstellungs- bzw. Anschaffungskosten, vermindert um die planmäßige Abschreibung (Pflicht zur Zuschreibung).

664

BEISPIEL: Die A-GmbH hat Anfang Januar 01 ein Bürogebäude für 200 000 € errichtet und zutreffend mit 3 % abgeschrieben. Ende 03 ergibt sich daher ein Restwert von 182 000 €. Zum 31.12.03 ist der Verkehrswert dauerhaft auf 130 000 € gesunken. Daher wurde zum 31.12.03 zutreffend eine Teilwertabschreibung von 52 000 € vorgenommen. Zum 31.12.05 ist der Teilwert völlig unerwartet auf 200 000 € gestiegen.

LÖSUNG: Zum 31.12.05 ist gem. § 6 Abs. 1 Nr. 1 Satz 4 EStG für das Gebäude der Wert zu ermitteln, der sich ohne die vorgenommene Teilwertabschreibung ergeben hätte:
Herstellungskosten 200 000 € ./. 30 000 € AfA (3 % × 5 Jahre) = 170 000 €.
Da dieser Wert niedriger ist als der Teilwert zum 31.12.05, ist eine Wertaufholung auf 170 000 € vorzunehmen.
Anschließend ist der Wert zu ermitteln, der sich nach der Teilwertabschreibung und der danach zu ermittelnden AfA ergibt. Die AfA ermittelt sich nach § 11c Abs. 2 EStDV wie folgt:
Bisherige AfA-Bemessungsgrundlage 200 000 € ./. Teilwertabschreibung 52 000 € = 148 000 € (AfA-Bemessungsgrundlage – neu). Darauf wird der bisherige AfA-Satz von 3 % angewandt: 3 % von 148 000 € = 4 440 €.
Von dem sich hieraus ergebenden Zwischenwert wird auf 170 000 € zugeschrieben.

Kontenentwicklung:

Herstellungskosten 01	200 000 €
AfA 01 – 03	./. 18 000 €
Teilwertabschreibung	./. 52 000 €
31.12.03	130 000 €
AfA 04 – 05 (2 × 4 440 €)	./. 8 880 €
Zwischenwert	121 120 €
Zuschreibung	48 880 €
31.12.03	170 000 €

Nach § 6 Abs. 1 Nr. 2 Satz 3 EStG gilt dies entsprechend für andere Wirtschaftsgüter, insbesondere für Grund und Boden.

BEISPIEL: Die X-OHG kauft im Jahre 01 ein Weidegrundstück für 100 000 €. Nach Bekanntwerden der Bauplanung für eine BAB in unmittelbar Nähe in 02 sinkt der Verkehrswert dauerhaft auf 50 000 €. In 03 wird das Gebiet nach Bauplanänderung überraschend als Gewerbefläche ausgewiesen, wodurch der Wert auf 200 000 € ansteigt.

Wertansätze lt. Steuerrecht:

31.12.01	100 000 €	§ 6 Abs. 1 Nr. 2 Satz 1 EStG
31.12.02	50 000 €	§ 6 Abs. 1 Nr. 2 Satz 2 EStG
31.12.03	100 000 €	§ 6 Abs. 1 Nr. 2 Satz 3 i.V. m. § 6 Abs. 1 Nr. 1 Satz 4 EStG

665 Mit Inkrafttreten des BilMoG gilt die handelsrechtliche Vorschrift des § 253 Abs. 5 Satz 1 HGB, nach der ein niedrigerer Wertansatz nach § 253 Abs. 3 Sätze 3 oder 4 HGB **nicht** beibehalten werden darf, wenn die Gründe dafür nicht mehr bestehen. Damit unterliegen sowohl Kapitalgesellschaften als auch Personenhandelsgesellschaften und Einzelkaufleute – soweit in den Vorjahren außerplanmäßige Abschreibungen vorgenommen wurden – einem Wertaufholungsgebot.

Grundsätzlich entsprechen daher die handelsrechtlichen den steuerrechtlichen Vorschriften. Die Wertaufholungen im Steuerrecht erfolgen nach §§ 6 Abs. 1 Nr. 1 Satz 4, 6 Abs. 1 Nr. 2 Satz 3 EStG, während handelsrechtlich § 253 Abs. 5 HGB die einschlägige Vorschrift darstellt.

666 Die vor Inkrafttreten des BilMoG gültige Differenzierung zwischen Kapitalgesellschaften und GmbH & Co. KG auf der einen und Personenhandelsgesellschaften und Einzelkaufleuten auf der anderen Seite entfällt.

Auf eine Abweichung zwischen Handels- und Steuerrecht ist jedoch hinzuweisen: Handelsbilanziell ist nach § 253 Abs. 5 Satz 2 HGB ein niedrigerer Wertansatz eines entgeltlich erworbenen Geschäfts- oder Firmenwertes beizubehalten, während steuerrechtlich eine Zuschreibung nach § 6 Abs. 1 Nr. 1 Satz 4 EStG erfolgen muss.

4.6 Übersicht über das Prinzip der Maßgeblichkeit der Handelsbilanz für die Steuerbilanz

667 Die folgende Übersicht verdeutlicht das Prinzip der Maßgeblichkeit der Handelbilanz für die Steuerbilanz.

Maßgeblichkeit der Handelsbilanz für die Steuerbilanz — TEIL B

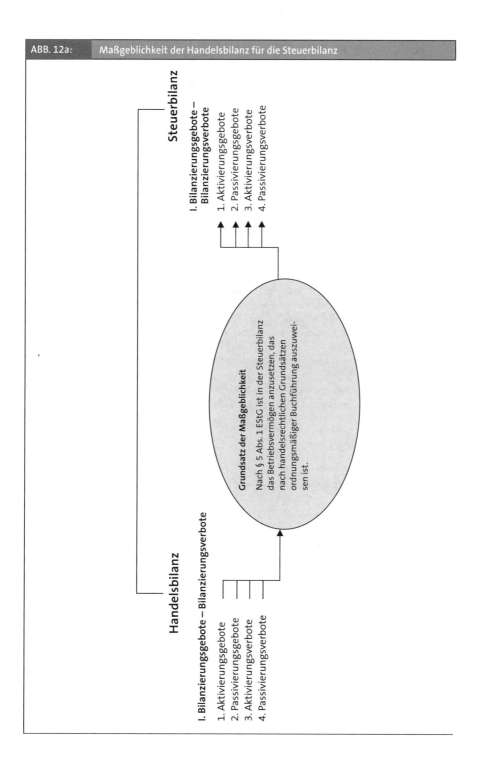

ABB. 12a: Maßgeblichkeit der Handelsbilanz für die Steuerbilanz

ABB. 12b: Ausnahmen vom Grundsatz der Maßgeblichkeit

Sieht das Steuerrecht eigene, vom Handelsrecht abweichende Regelungen (auch steuerliche Wahlrechte) vor, dann gilt der Maßgeblichkeitsgrundsatz nicht.

Ansatz in der Handelsbilanz

1. Ansatz der Vermögenswerte

a) § 246 Abs. 2 HGB: Ausnahmen vom Saldierungsverbot

b) § 249 Abs. 1 HGB: Drohverlustrückstellungen sind zu bilden

c) § 248 Abs. 2 HGB: Aktivierungswahlrecht selbstgeschaffener immaterieller Vermögenswerte des Anlagevermögens

d) § 247 HGB: Aktivierungswahlrecht aktiver überhängiger latenter Steuern und Aktivierungspflicht passiver überhängiger latenter Steuern

e) Kein Ansatz eines RAP für Zölle und Verbrauchsteuern und USt auf Anzahlungen

2. Bewertung der Vermögenswerte

a) § 254 HGB: Bildung von Bewertungseinheiten zulässig

b) § 246 HGB: Ansatz des derivativen Firmenwerts und Abschreibung über die betriebsgewöhnliche Nutzungsdauer, keine Wertaufholung

c) § 253 Abs. 3 HGB: außerplanmäßige Abschreibung bei nur vorübergehender Wertminderung für Finanzanlagen zulässig

d) Verlustfreie Bewertung des Umlaufvermögens ohne Berücksichtigung des durchschnittlichen Unternehmergewinns

e) § 253 Abs. 1 HGB: Ansatz von Rückstellungen zum Erfüllungsbetrag und Abzinsung mit Marktzinssatz

f) Keine Abschreibungen aufgrund steuerlicher Wahlrechte

↓

Ansatz in der Steuerbilanz

1. Ansatz der Vermögenswerte

a) § 5 Abs. 1a EStG: uneingeschränktes Saldierungsverbot

b) § 5 Abs. 4a EStG: Bildung von Drohverlustrückstellungen grundsätzlich unzulässig

c) § 5 Abs. 2 EStG: Aktivierungsverbot

d) Keine Aktivierung bzw. Passivierung latenter Steuern

e) § 5 Abs. 5 EStG: Aktivierungspflicht

2. Bewertung der Vermögenswerte

a) § 5 Abs. 1a EStG: Bewertungseinheiten nur zur Absicherung von finanzwirtschaftlichen Risiken

b) § 7 Abs. 1 EStG: Ansatz und Abschreibung über 15 Jahre. Wertaufholungsgebot

c) § 6 Abs. 1 Nr. 1 EStG: Abschreibungsverbot

d) Teilwertermittlung beim Umlaufvermögen unter Berücksichtigung des durchschnittlichen Unternehmergewinns

e) § 6 Abs. 1 Nr. 7a EStG: Wertverhältnisse am Bilanzstichtag maßgebend; Zinssatz 5,5 %

f) Steuerrechtliche Wahlrechte (z.B. § 6b EStG) können unabhängig von der Handelsbilanz ausgeübt werden

		Rdn.
1.	Definieren Sie den Begriff „Maßgeblichkeitsgrundsatz" und erläutern Sie die praktischen Auswirkungen auf die Bilanzierung von Bilanzposten in der Steuerbilanz ausgehend von der Handelsbilanz!	657, 660
2.	Welche Bedeutung hat die „umgekehrte Maßgeblichkeit" heute für die Bilanzierungspraxis?	663
3.	Welche Bedeutung hat die „Wertaufholung" für die Bilanzierung?	664, 665

LITERATURHINWEIS:

Koltermann, Fallsammlung Bilanzsteuerrecht, 17. Aufl., Fall 5 – 7

Kapitel 5: Betriebsvermögen nach Handels- und Steuerrecht

5.1 Unterscheidung zwischen Betriebsvermögen und Privatvermögen

Nach § 238 HGB ist **jeder Kaufmann verpflichtet**, Bücher zu führen und in diesen seine Handelsgeschäfte – nicht Privatgeschäfte – und die Lage seines Vermögens **nach den Grundsätzen ordnungsmäßiger Buchführung** ersichtlich zu machen. Er hat außerdem nach § 240 HGB beim Beginn seines Handelsgewerbes und jeweils für den Schluss eines jeden Wirtschaftsjahres seine Vermögensgegenstände genau zu verzeichnen. Nach § 242 HGB hat er regelmäßig einen das Verhältnis des Vermögens und der Schulden darstellenden Abschluss (Eröffnungsbilanz, Schlussbilanz) aufzustellen.

Kaufmannseigenschaft nach dem HGB bedeutet jedoch nicht unbedingt gleichzeitig auch Buchführungspflicht nach dem HGB. Denn der durch das BilMoG eingeführte neue § 241a HGB gibt die bislang bestehende Verknüpfung zwischen Kaufmannseigenschaft und handelsrechtlicher Buchführungspflicht auf. Danach können Einzelkaufleute, die die größenabhängige Befreiung nach § 241a Abs. 1 HGB beanspruchen dürfen, ihre Rechnungslegung auf eine Einnahmenüberschussrechnung nach § 4 Abs. 3 EStG beschränken. Soweit aber Einzelkaufleute den Kapitalmarkt in Anspruch nehmen, sind sie von der Verpflichtung zur handelsrechtlichen Rechnungslegung nicht befreit (§ 241a Abs. 2 HGB).

Zur Besonderheit bei der Gewinnermittlung nach § 4 Abs. 3 EStG siehe Rdn. 1237 ff.

Nach Steuerrecht besteht die Verpflichtung, den Betriebsgewinn zu ermitteln. Gemäß § 4 Abs. 1 EStG ist der Gewinn der Unterschiedsbetrag zwischen dem Betriebsvermögen am Schluss des Wirtschaftsjahres und dem Betriebsvermögen am Schluss des vorangegangenen Wirtschaftsjahres unter Berücksichtigung der im Laufe eines Wirtschaftsjahres getätigten Entnahmen und Einlagen (**Betriebsvermögensvergleich**). Hieraus ergibt sich die Forderung einer eindeutigen **Abgrenzung des Betriebsvermögens vom Privatvermögen. Denn nur Einnahmen und Ausgaben, die im Zusammenhang mit Wirtschaftsgütern des Betriebsvermögens stehen, sind auch Betriebseinnahmen und Betriebsausgaben. Dasselbe gilt für Wertminderungen von Wirtschaftsgüter des Betriebsvermögens (AfA, Teilwertabschreibungen). Dagegen haben Einnahmen und Ausgaben, die mit Gegenständen des Privatvermögens zusammenhängen, grundsätzlich keinen Einfluss auf den Gewinn.

Deshalb ist es zunächst von entscheidender Bedeutung, das zutreffende Betriebsvermögen zu ermitteln.

LITERATURHINWEIS:

Koltermann, Fallsammlung Bilanzsteuerrecht, 17. Aufl., Fall 24 – 26

5.2 Betriebsvermögen und Wirtschaftsgut

672 **Gegenstand der Bilanzierung** ist nach § 4 Abs. 1 und § 5 EStG **das Betriebsvermögen**. Dieser Begriff erfasst alle Güter, die zu einem einheitlichen Zweck in einem Betrieb vereinigt und sowohl auf der Aktivseite als auch auf der Passivseite der Bilanz ausgewiesen sind. Der Begriff Betriebsvermögen ist damit ein umfassender Begriff. Er umfasst alle Bilanzposten. Nach ihm regelt sich die Aktivierungs- und Passivierungsfähigkeit.

Der Begriff des Wirtschaftsguts bzw. des deckungsgleichen handelsrechtlichen Begriffs „Vermögensgegenstand" ist dagegen weder im Handelsrecht noch im Steuerrecht definiert. Nach ständiger Rechtsprechung sind das Vorhandensein eines Wirtschaftsguts und damit seine Bilanzierungsfähigkeit davon abhängig, ob

▶ ein längerfristiger Nutzen vorliegt,

▶ eine Veräußerungsmöglichkeit mindestens im Rahmen einer gesamten Betriebsveräußerung gegeben ist,

▶ eine selbständige Bewertbarkeit vorhanden ist.

Der steuerliche Begriff Wirtschaftsgut ist mit dem handelsrechtlichen Begriff des Vermögensgegenstands identisch; denn ob ein Wirtschaftsgut vorliegt und die Voraussetzungen für seine Bilanzierung gegeben sind, entscheidet sich bei Gewerbetreibenden nach den **handelsrechtlichen Grundsätzen** ordnungsmäßiger Buchführung, die wegen des Maßgeblichkeitsgrundsatzes grundsätzlich auch bei der steuerlichen Gewinnermittlung nach § 5 EStG zu beachten sind.

Wenn die vorstehend aufgeführten Voraussetzungen vorliegen, ist ein Wirtschaftsgut anzunehmen – ohne Rücksicht darauf, ob i. S. des BGB ein selbständiger Gegenstand (Sache oder Recht nach § 90 BGB) vorhanden ist.

BEISPIELE:

▶ Errichtung einer Betriebsvorrichtung, die fest mit dem Grund und Boden verbunden ist;

▶ Herstellung einer besonderen Platzbefestigung;

▶ Aufteilung eines einheitlichen Gebäudes in mehrere selbständige Wirtschaftsgüter.

▶ Ein Windpark besteht aus mehreren selbständigen Wirtschaftsgütern:
- Jede einzelne Windkraftanlage mit Fundament, dazugehörigen Transformator nebst der verbindenden Verkabelung ist ein zusammengesetztes Wirtschaftsgut.
- Die Verkabelung von den Transformatoren bis zum Stromnetz des Energieversorgers zusammen mit der Übergabestation ist ein weiteres zusammengesetztes Wirtschaftsgut.
- Die Zuwegung ist ebenfalls ein eigenständiges Wirtschaftsgut.

Dabei ist aber die Nutzungsdauer der Anlage für alle Wirtschaftsgüter einheitlich anzusetzen (BFH v. 14. 4. 2011 IV R 46/09, BStBl 2011 II 696).

Wie selbständige Wirtschaftsgüter sind auch dachintegrierte Fotovoltaikanlagen zu behandeln (R 4.2 Abs. 3 EStR). Im Falle des gewerblichen Betriebs dieser Anlage ist der private Verbrauch des Stroms keine private Verwendung der Anlage, sondern eine Sachentnahme des produzierten Stroms.

5.3 Bilanzierungszeitpunkt

Nach § 246 Abs. 1 HGB hat der Jahresabschluss sämtliche Vermögensgegenstände, Schulden, Rechnungsabgrenzungsposten, latente Steuern sowie Aufwendungen und Erträge zu enthalten, soweit gesetzlich nichts anderes bestimmt ist. Vermögensgegenstände sind nur in die Bilanz aufzunehmen, wenn sie dem Eigentümer auch wirtschaftlich zuzurechnen sind. Ein entgeltlich erworbener Geschäfts- oder Firmenwert gilt dabei als zeitlich begrenzt nutzbarer Vermögensgegenstand. 673

Für die Bilanzierung der Wirtschaftsgüter gilt grundsätzlich das Realisationsprinzip. Sie können erst dann ausgewiesen werden, wenn bei wirtschaftlicher Betrachtung ein Vermögensmehr bzw. eine Vermögensminderung eingetreten ist, d. h. wenn

▶ materielle Wirtschaftsgüter durch Aufwendungen erworben bzw. hergestellt worden sind oder

▶ immaterielle Wirtschaftsgüter entweder entgeltlich erworben oder eingelegt worden sind (§ 5 Abs. 2 EStG) oder

▶ Schulden, die mit dem betrieblichen Bereich im Zusammenhang stehen, entstanden sind.

Zur Aktivierung selbstgeschaffener immaterieller Vermögensgegenstände des Anlagevermögens siehe Rdn. 706.

Nach diesen Grundsätzen sind u. a. zu bilanzieren:

▶ Forderungen, wenn der Anspruch besteht und auch durchsetzbar ist,

> **BEISPIEL:** ▶ Ein bilanzierender Handwerker muss seine Forderung im Zeitpunkt der Abnahme seines Werks bilanzieren ohne Rücksicht darauf, ob eine prüffähige Schlussrechnung vorliegt oder die Forderung fällig ist (FG Düsseldorf v. 12. 4. 2011 – 13 K 3413/07 F, NWB DokID: NAAAE-10188).

▶ Gewinnansprüche gegenüber einer Kapitalgesellschaft mit Beschluss über die Gewinnverwendung,

▶ Steuererstattungsansprüche: Soweit ein Zinsanspruch betroffen ist, entsteht dieser nach den Vorschriften des § 233a AO (siehe auch Verfügung der OFD Frankfurt v. 12. 7. 2013, Deutsche Steuererlasse, NWB Verlag, 4. Aufl., S. 461).

- Ein Steuererstattungsanspruch, der bisher vom Finanzamt bestritten, aber vom BFH bzw. EuGH positiv für den Unternehmer entschieden worden ist, ist realisiert, wenn er vor dem Bilanzstichtag im BStBl II veröffentlicht worden ist (BFH v. 31. 8. 2011 XR 19/10, BStBl 2012 II 190).
- Im Bau befindliche Anlagen grundsätzlich erst mit Abnahme des Gesamtwerks; Ausnahme, wenn endgültige Teilabrechnungen und Teilabnahmen vorliegen (s. aber Rdn. 1026, Bauunternehmer/Bauhandwerker),
- Schadensersatz, Vertragsverletzung; diese Ansprüche entstehen erst, wenn sie unbestritten sind, d. h., umstrittene Ansprüche brauchen erst aktiviert zu werden, wenn ein rechtskräftiges obsiegendes Urteil vorliegt bzw. eine Einigung mit dem Schuldner zustande gekommen ist,
- bei Mietverhältnissen bzw. Leistungen von Schulträgern zur Vorbereitung auf ein Berufsexamen wird der Gewinn jeweils aus den Leistungen des Vermieters bzw. des Schulträgers fortlaufend verwirklicht.
- Garantieverpflichtungen: Diese werden bereits durch den zugrundeliegenden Umsatz realisiert und nicht erst durch konkrete Ansprüche, die später gestellt werden.

5.4 Zugehörigkeit von Wirtschaftsgütern zum Betriebsvermögen oder Privatvermögen

5.4.1 Allgemeines

674 Soweit der Gewinn eines Gewerbetreibenden nach § 5 EStG im Wege des Betriebsvermögensvergleichs ermittelt wird, ist eine strenge Trennung der Wirtschaftgüter in solche des Betriebsvermögens und solche des Privatvermögens erforderlich. Denn bei der Gewinnermittlung darf nur Betriebsvermögen berücksichtigt werden. Das gilt sowohl für die handelsrechtliche als auch für die steuerrechtliche Gewinnermittlung, obwohl sich das Handelsrecht weitgehend einer gesetzlichen Regelung enthält. Lediglich in § 247 Abs. 2 HGB wird darauf verwiesen, dass beim Anlagevermögen nur Gegenstände auszuweisen sind, die dazu bestimmt sind, dauernd dem Geschäftsbetrieb zu dienen. Zum Betriebsvermögen gehören deshalb alle Wirtschaftsgüter, die aus betrieblicher Veranlassung dem Betrieb zugeführt worden sind, sei es durch Erwerb, Herstellung oder auch durch Einlage.

Nach § 344 HGB gelten die von einem Kaufmann vorgenommenen Rechtsgeschäfte im Zweifel als zum Betrieb eines Handelsgewerbes gehörig. Das sind Vorgänge, die für den Betrieb mittelbar oder unmittelbar von wesentlicher Bedeutung sind. Das sind insbesondere Geschäfte mit branchengleichen Wirtschaftsgütern. Das schließt aber branchenfremde Geschäfte nicht grundsätzlich aus. Aber branchenuntypische Wertpapier-, Termin- und Optionsgeschäfte sind dem betrieblichen Bereich auch dann nicht zuzuordnen, wenn die Möglichkeit besteht, damit Gewinne zu erzielen (BFH v. 19. 2. 1997 XI R 1/96, BStBl 1997 II 399). Wertpapiergeschäfte, die nicht über den Rahmen einer privaten Vermögensverwaltung hinausgehen, gehören nicht zum Gewerbebetrieb eines Steuerpflichtigen. Dasselbe gilt nach der Rechtsprechung auch für den privaten Grundstückshandel, wenn mit der Errichtung und dem Verkauf von bis zu drei Wohnungen oder Eigenheimen nicht die Grenze privater Vermögensverwaltung überschritten ist.

5.4.2 Notwendiges Betriebsvermögen

Es gibt Wirtschaftsgüter, die in **besonders enger Beziehung** zu einem Betrieb stehen. Sie sind ausschließlich und unmittelbar betrieblichen Zwecken zu dienen bestimmt und geeignet. Sie gehören deshalb zum **notwendigen Betriebsvermögen**. Das ergibt sich vielfach aus der Art eines Wirtschaftsguts.

> **BEISPIELE:** Lastzug eines Fuhrunternehmers, Fabrikgebäude, Herstellungsmaschinen, Vorräte.

Darüber hinaus ergibt sich bei Wirtschaftsgütern, die ihrer Art nach sowohl betrieblichen als auch privaten Zwecken zu dienen bestimmt sein können, aus dem **Umfang der betrieblichen Nutzung**, ob sie zum notwendigen Betriebsvermögen gehören. Wird das Wirtschaftsgut **überwiegend betrieblich genutzt**, d. h. zu mehr als 50 %, dann gehört es ebenfalls zum notwendigen Betriebsvermögen. Das Steuerrecht rechnet diese gemischtgenutzten Wirtschaftsgüter **einheitlich** dem Betriebsvermögen oder dem Privatvermögen zu. Eine Aufteilung kommt nicht in Betracht. Das gilt **nicht** für gemischtgenutzte Grundstücke. Hier werden die einzelnen Grundstücksteile entweder dem Betriebsvermögen oder dem Privatvermögen zugerechnet (zu Einzelheiten siehe Rdn. 744 ff.).

> **BEISPIELE:** Ein Pkw wird zu 70 % betrieblich und zu 30 % privat genutzt; ein Fernsehgerät wird in der Gastwirtschaft oder in der Wohnung aufgestellt.

Soweit ein Wirtschaftgut des notwendigen Betriebsvermögens fälschlich als Privatvermögen behandelt worden ist, ist die Bilanz zu berichtigen. Die nachträgliche Bilanzierung führt nicht zu einer Einlage nach § 6 Abs. 1 Nr. 5 EStG. Vielmehr handelt es sich um eine fehlerberichtigende Einbuchung (BFH v. 24. 10. 2001 X R 153/97, BStBl 2002 II 75). Das Wirtschaftsgut muss mit dem Wert in die Bilanz aufgenommen werden, der sich bei zutreffender Bilanzierung von Anfang an ergeben hätte. Unterlassene AfA kann grundsätzlich nicht nachgeholt werden.

Die nachträgliche Einbuchung darf aber kein Anlass dafür sein, in den Vorjahren vorgenommene Aufwandsbuchungen mit dem Einlagewert zu saldieren, soweit die Vorjahre bestandskräftig sind.

> **BEISPIEL:** Ein Pkw, der zu 80 % betrieblichen Zwecken dient, wurde nicht bilanziert.
> Das Fahrzeug gehört zum notwendigen Betriebsvermögen, mit allen sich daraus ergebenden Folgerungen.

Wirtschaftsgüter, die aus betrieblichen Gründen erworben wurden, gehören auch dann zum notwendigen Betriebsvermögen, wenn sie zunächst noch nicht ihrem endgültigen Erwerbszweck entsprechend genutzt werden. Das gilt auch dann, wenn eine betriebliche Nutzung später nicht erfolgen kann oder soll.

Bisher betrieblich genutzte und seitdem ungenutzte Grundstücksflächen, deren spätere betriebliche Nutzung möglich bleibt, bleiben ohne eine von einem Entnahmewillen getragene Entnahmehandlung ebenfalls im Betriebsvermögen.

> **BEISPIEL:** Ein Unternehmer erwirbt ein unbebautes Grundstück für eine erforderliche Betriebserweiterung. Hierzu kommt es aber dann doch nicht, weil sich Schwierigkeiten bei der Finanzierung ergeben bzw. durch eine Änderung der Marktverhältnisse eine Vergrößerung unrentabel wird. Dieses Grundstück wird dann später mit einem privaten Einfamilienhaus für den Unternehmer bebaut.
>
> Das Grundstück ist zunächst notwendiges Betriebsvermögen und muss im Zeitpunkt der Nutzungsänderung zum Teilwert entnommen werden.

Ein Wirtschaftsgut gehört nicht schon allein deshalb zum notwendigen Betriebsvermögen, weil es mit betrieblichen Geldmitteln erworben wurde (BFH v. 18.12.1996 XI R 52/95, BStBl 1997 II 351).

Für notwendiges Betriebsvermögen eingetauschte Wirtschaftsgüter werden grundsätzlich zunächst notwendiges Betriebsvermögen (BFH v. 18.12.1996 XI R 52/95, BStBl 1997 II 351).

> **BEISPIEL:** Verkauf von Ware an einen Kunstmaler, der als Gegenleistung ein Ölgemälde im gemeinen Wert von 3 480 € hingibt.
>
> Das Bild ist zunächst notwendiges Betriebsvermögen. Wird es privat verwendet, kommt es zu einer entsprechenden Entnahme.

5.4.3 Beteiligungen als Betriebsvermögen

678 Voraussetzungen für die Behandlung als notwendiges Betriebsvermögen hat das FG Münster im Urteil vom 25.2.2011 aufgestellt. Danach muss die Beteiligung an einer GmbH ausschließlich und unmittelbar betrieblichen Zwecken dienen. Diese sollen nach Auffassung des FG vorliegen, wenn sie

- branchengleiche gewerbliche Betätigung fördert bzw. Umsätze aus Dienstleistungen des Anteilseigners ermöglicht oder sichert und

- den Absatz der Produkte des Anteilseigners gewährleistet (FG Münster v. 25.2.2011 12 K 656/07 F, NWB DokID: DAAAD-81030).

Der Anteil eines Steuerberaters an einer GmbH gehört zum notwendigen Betriebsvermögen, wenn er ihn zur Begleichung seiner Honoraransprüche zu dem Zweck erhält, ihn später unter Realisierung einer Wertsteigerung zu veräußern.

Dagegen kann eine GmbH-Beteiligung eines freiberuflich tätigen Bildjournalisten, der 99 % seiner Umsätze aus Autorenverträgen mit der GmbH erzielt, nicht zu dessen Betriebsvermögen gehören, wenn diese Umsätze nur einen geringfügigen Anteil der Geschäftstätigkeit der GmbH ausmachen (BFH v. 12.1.2010 – VIII R 34/07, BFH/NV 2010, 598, siehe auch Rdn. 998 ff.).

5.4.4 Notwendiges Privatvermögen

679 Wirtschaftsgüter, die in **keiner Beziehung zu einem Betrieb stehen** oder deren Beziehung zum Betrieb von untergeordneter Bedeutung ist, **sind notwendiges Privatvermögen.**

In den meisten Fällen ergibt sich bereits aus der Art des Wirtschaftsguts, dass es nur zum notwendigen Privatvermögen gehören kann.

BEISPIELE:
- ▶ Schmuck der Ehefrau, Kleidung, soweit nicht Berufskleidung;
- ▶ Briefmarkensammlung eines Hobbysammlers.

Wirtschaftsgüter, die ihrer Natur nach sowohl betrieblichen als auch privaten Zwecken dienen können, sind notwendiges Privatvermögen, wenn sie ausschließlich oder fast ausschließlich privat genutzt werden.

Ein Wirtschaftsgut wird fast ausschließlich privat genutzt, wenn seine betriebliche Nutzung **von untergeordneter Bedeutung** ist. Das gilt, wenn sie weniger als 10 % beträgt.

BEISPIEL: ▶ Ein Pkw wird zu 5 % betrieblich und zu 95 % privat genutzt.

Ein Wirtschaftsgut, das zum notwendigen Privatvermögen gehört, ist auch dann Privatvermögen, wenn es fälschlich buch- und bilanzmäßig ausgewiesen wird. Die Buchungen sind in diesen Fällen zu stornieren. Es kommt nicht zu einer Entnahme des Wirtschaftsguts.

BEISPIEL: ▶ Das nur privatgenutzte Einfamilienhaus ist bilanziert worden.

Auch Wirtschaftsgüter, bei denen bereits erkennbar ist, dass sie dem Betrieb keinen Nutzen, sondern nur noch Verluste bringen werden, sind notwendiges Privatvermögen.

Notwendiges Privatvermögen wird auch nicht durch eine Belastung für betriebliche Zwecke zum Betriebsvermögen.

5.4.5 Gewillkürtes Betriebsvermögen

Es gibt Wirtschaftsgüter, die weder zum notwendigen Betriebsvermögen noch zum notwendigen Privatvermögen gehören. 680

BEISPIELE: ▶ Einrichtungsgegenstände, Bargeld, Wertpapiere, Pkw.

Auch aus dem Umfang der betrieblichen Nutzung lässt sich nicht auf eine Zuordnung schließen.

BEISPIEL: ▶ Pkw wird zu 30 % betrieblich und 70 % privat genutzt.

Diese Wirtschaftsgüter sind also weder notwendiges Betriebsvermögen noch notwendiges Privatvermögen.

Der **Unternehmer hat** in diesen Fällen unter bestimmten Voraussetzungen **ein Gestaltungsrecht**. Der Steuerpflichtige hat aber kein (freies) Wahlrecht, gewillkürtes Betriebsvermögen oder Privatvermögen zu bilden. Vielmehr muss für die Bildung gewillkürten Betriebsvermögens eine betriebliche Veranlassung gegeben sein. Die Wirtschaftsgüter müssen objektiv „betriebsdienlich" sein. Die Willkürung muss ihr auslösendes Moment im Betrieb haben. Deshalb muss der Steuerpflichtige darlegen, welche Beziehung das Wirtschaftsgut zum Betrieb hat und welche vernünftigen wirtschaftlichen Gründe ihn veranlasst haben, das Wirtschaftsgut als Betriebsvermögen zu behandeln (BFH v. 681

24. 2. 1999 IV R 6/99, BStBl 2000 II 297). Die Zuordnung eines Wirtschaftsguts zum gewillkürten Betriebsvermögen bei einer Einlage muss unmissverständlich in einer Weise kundgemacht werden, dass ein sachverständiger Dritter ohne weitere Erklärung des Steuerpflichtigen die Zugehörigkeit zum Betriebsvermögen erkennen kann (BFH v. 22. 9. 1993 X R 37/91, BStBl 1994 II 172).

682 Die Einlage in das (gewillkürte) Betriebsvermögen setzt die Entscheidung des Unternehmers voraus, dass ein Wirtschaftsgut endgültig dem Betrieb gewidmet werden soll (FG Köln v. 1. 3. 2012 10 K 2285/09, EFG 2012 1509).

BEISPIELE: Einlage von Bargeld, von Wertpapieren zur Verstärkung des Betriebskapitals, Pkw wird mindestens zu 10 % und höchstens zu 50 % betrieblich genutzt.

Ein Pkw, der zu 30 % betrieblich und 70 % privat genutzt werden soll, wird am 1. 7. angeschafft und mit seinen Anschaffungskosten gebucht.

Die Einlage von Wirtschaftsgütern als gewillkürtes Betriebsvermögen ist nicht zulässig, wenn erkennbar ist, dass die betreffenden Wirtschaftsgüter dem Betrieb keinen Nutzen, sondern nur Verluste bringen werden (BFH v. 19. 2. 1997 XI R 1/96, BStBl II 399).

Barrengold kommt als gewillkürtes Betriebsvermögen für solche gewerblichen Betriebe nicht in Betracht, die nach ihrer Art oder Kapitalausstattung kurzfristig auf Liquidität für geplante Investitionen angewiesen sind (BFH v. 18. 12. 1996 XI R 52/95, BStBl 1997 II 351). Die Zurechnung von Wertpapieren zum gewillkürten Betriebsvermögen scheidet nicht alleine deshalb aus, weil sie in spekulativer Absicht mit Kredit erworben und Kursverluste billigend in Kauf genommen wurden (BFH v. 19. 2. 1997 XI R 1/96, BStBl II 399).

ABB. 13: Zugehörigkeit von Wirtschaftsgütern zum Betriebsvermögen

Notwendiges Betriebsvermögen	Notwendiges Privatvermögen	Gewillkürtes Vermögen
I. Begriff Zum notwendigen Betriebsvermögen (BV) gehören alle WG des Unternehmers, die ihrer Art nach mit seinem Betrieb eng zusammenhängen und für die Führung des Betriebs wesentlich oder gar unentbehrlich sind. Unterschiedlich nutzungsfähige WG, wenn sie mehr als 50 % betrieblich genutzt werden. Verbindlichkeiten, soweit durch den Betrieb verursacht.	**I. Begriff** Zum notwendigen Privatvermögen (PV) gehören alle WG, die ihrer Art nach den **privaten Zwecken** des Unternehmers dienen und in keiner Beziehung zum Betrieb stehen. Unterschiedlich nutzungsfähige WG, wenn sie weniger als 10 % betrieblich genutzt werden. Verbindlichkeiten, soweit nicht durch den Betrieb verursacht.	**I. Begriff** Zum gewillkürten Vermögen gehören alle WG des Unternehmers, die ihrer Art nach **nicht eindeutig** zu seinem Betrieb oder zu seinem privaten Lebensbereich gehören, deren **Zurechnung** zum einen oder anderen Bereich ihrer Natur jedoch **nicht widerspricht**. Typisches Beispiel ist der Pkw, der betrieblich und privat genutzt wird. Unterschiedlich nutzungsfähige WG, wenn sie zwischen 10 bis 50 % betrieblich genutzt werden. Verbindlichkeiten können kein gewillkürtes Betriebsvermögen sein.
II. Auswirkungen 1. Bilanz WG des notwendigen BV **müssen** – unabhängig vom Willen des Unternehmers – **bilanziert werden;** Ausnahme: Grundstücks- bzw. Gebäudeteil von untergeordneter Bedeutung. 2. GuV-Rechnung Sämtliche Aufwendungen und Erträge solcher WG müssen bei der Gewinnermittlung erfasst werden. 3. Unrichtige buch- und bilanzmäßige Behandlung Sind solche WG bzw. solche Aufwendungen oder Erträge nicht oder nur unrichtig erfasst, so muss berichtigt werden (= **Bilanzberichtigung!**)	**II. Auswirkungen** 1. Bilanz WG des notwendigen PV **dürfen** – ohne Rücksicht auf den Willen des Unternehmers – **nicht bilanziert werden.** 2. GuV-Rechnung Sämtliche Aufwendungen und Erträge solcher WG dürfen den Gewinn nicht beeinflussen, soweit keine betriebliche Nutzung vorliegt. 3. Unrichtige buch- und bilanzmäßige Behandlung Sind solche WG bzw. solche Aufwendungen oder Erträge bei der Gewinnermittlung erfasst, so muss berichtigt werden (= **Bilanzberichtigung!**)	**II. Auswirkungen** Bei den WG des gewillkürten Vermögens hat der Unternehmer ein Gestaltungsrecht, er kann sie zum BV, aber auch zu seinem PV rechnen. Besonderheit: Grundstücke oder Grundstücksteile können auch ohne betriebliche Nutzung unter bestimmten Voraussetzungen gewillkürtes Betriebsvermögen sein.

5.4.6 Schulden als Betriebsvermögen

683 Schulden können nur notwendiges Betriebsvermögen oder notwendiges Privatvermögen sein. Eine Behandlung als gewillkürtes Betriebsvermögen ist nicht möglich.

Maßgebend ist, **wodurch die Schuldaufnahme verursacht worden ist**. Steht sie im Zusammenhang mit der Anschaffung oder Herstellung von Wirtschaftsgütern des Betriebsvermögens (notwendiges oder gewillkürtes) bzw. der Finanzierung betrieblicher Aufwendungen, ist sie immer notwendiges Betriebsvermögen. Wurde sie aber durch private Anschaffungen verursacht, ist sie immer notwendiges Privatvermögen, auch wenn sie an Gegenständen des Betriebsvermögens abgesichert wird.

BEISPIELE:

▶ Ein Unternehmer nimmt ein Darlehen für die Anschaffung einer Maschine auf, das hypothekarisch am privatgenutzten Einfamilienhaus abgesichert wird. Die Schuld ist eine Betriebsschuld. Das Einfamilienhaus bleibt notwendiges Privatvermögen.

▶ Ein Unternehmer nimmt ein Darlehen für die Aussteuer seiner Tochter auf, das hypothekarisch am Geschäftsgebäude abgesichert wird. Die Schuld ist notwendiges Privatvermögen.

Die Entnahme eines fremdfinanzierten Wirtschaftsguts führt dazu, dass die zu seiner Finanzierung aufgenommenen Schulden zu Privatschulden werden.

Bei der Gewinnermittlung nach § 4 Abs. 1 bzw. § 5 EStG ist eine Schuld auf dem betrieblichen Bankkonto **notwendiges Betriebsvermögen**, auch wenn über dieses Konto private Zahlungen abgewickelt worden sind. Diese Zahlungen führen zu Geldentnahmen.

684 Eine Verbindlichkeit gehört zum Betriebsvermögen, wenn sie durch den Betrieb veranlasst ist (Betriebsschuld). Für die Bestimmung des Veranlassungszusammenhangs ist allein die Verwendung der aufgenommenen Mittel ausschlaggebend. Eine für Betriebszwecke aufgenommene Verbindlichkeit ist unabhängig davon eine Betriebsschuld, ob der Steuerpflichtige die fremdfinanzierten betrieblichen Aufwendungen auch durch eigene Mittel hätte bestreiten können oder ob der Betrieb über aktives Betriebsvermögen oder stille Reserven verfügt. Die betriebliche Veranlassung einer Verbindlichkeit wird nicht dadurch berührt, dass der betriebliche Fremdmittelbedarf auf Entnahmen beruht. Eine Verbindlichkeit ist aber nicht deshalb eine Betriebsschuld, weil Eigenmittel für betriebliche Zwecke eingesetzt worden sind und aus diesem Grunde Fremdmittel für private Zwecke aufgenommen werden mussten (BFH v. 8.12.1997 GrS 1-2/95, BStBl 1998 II 193).

Es ist Aufgabe des Steuerpflichtigen, den betrieblichen Anlass einer Schuldaufnahme nachzuweisen (BFH v. 17.12.2003 XI R 19/10, BFH/NV 2004, 1277).

685 Werden Fremdmittel nicht zur Finanzierung betrieblicher Aufwendungen, sondern tatsächlich zur Finanzierung einer Entnahme aufgenommen, liegt keine Betriebsschuld vor. Ein solcher Fall ist gegeben, wenn dem Betrieb keine entnahmefähigen Barmittel zur Verfügung stehen und die Entnahme erst dadurch möglich wird, dass Fremdmittel in das Unternehmen fließen. Unerheblich ist, ob die Fremdmittel einem betrieblichen Konto zufließen, von dem zuvor wegen fehlender Barmittel mit schulderhöhender Wirkung aus privaten Gründen Beträge abgebucht wurden.

Werden Eigenmittel für betriebliche Zwecke und deshalb Fremdmittel für private Zwecke verwendet, begründet die Fremdmittelaufnahme keine Betriebsschuld. Ein privates Darlehen kann nicht durch eine bloße wirtschaftliche Umschuldung in eine Betriebsschuld umgewandelt werden. Werden aber im Betrieb erzielte Einnahmen zur Tilgung eines privaten Darlehens entnommen und wird deshalb ein neues Darlehen zur Finanzierung von betrieblichen Aufwendungen aufgenommen, stellt das neue Darlehn eine Betriebsschuld dar (s. auch Rdn. 697). 686

Vereinbart ein Schuldner mit dem Gläubiger, dass eine Rückzahlung der Verbindlichkeit nur dann zu erfolgen habe, wenn der Schuldner dazu aus zukünftigen Gewinnen, einem Liquidationsüberschuss oder aus anderen – freien – Vermögen künftig in der Lage ist und der Gläubiger mit seiner Forderung im Rang hinter alle anderen Gläubiger zurücktritt, besteht die erforderliche Abhängigkeit zwischen Verbindlichkeit und Einnahmen oder Gewinnen nicht. Folglich ist der Tatbestand des § 5 Abs. 2a EStG nicht erfüllt; die Verbindlichkeit ist zu passivieren. Fehlt dagegen eine Bezugnahme auf die Möglichkeit einer Tilgung auch aus sonstigen freien Vermögen, ist der Ansatz von Verbindlichkeiten oder Rückstellungen bei derartigen Vereinbarungen ausgeschlossen (BMF v. 18.8.2004, BStBl 2004 I 850; v. 8.9.2006, BStBl 2006 I 497). 687

5.4.7 Kontokorrentschulden

5.4.7.1 Führung von gemischten Konten

Führt der Steuerpflichtige ein gemischtes Kontokorrentkonto, dann rechnet der Sollsaldo zum Betriebsvermögen, soweit er betrieblich veranlasst ist. Zur Bestimmung des – anteiligen – betrieblich veranlassten Sollsaldos sind die auf dem Konto erfolgten Buchungen nach ihrer betrieblichen und privaten Veranlassung zu trennen. Hierzu ist das Konto rechnerisch in ein betriebliches und ein privates Unterkonto aufzuteilen. Auf dem betrieblichen Unterkonto sind die betrieblich veranlassten und auf dem privaten Unterkonto die privat veranlassten Sollbuchungen zu erfassen. Habenbuchungen sind vorab dem privaten Unterkonto bis zur Tilgung von dessen Schuldsaldo gutzuschreiben, nur darüber hinausgehende Beträge sind dem betrieblichen Unterkonto zuzurechnen (BFH v. 15.11.1990 IV R 97/82, BStBl 1991 II 226). 688

Die Schuldzinsen sind beim gemischten Kontokorrentkonto grundsätzlich nach der Zinszahlenstaffelmethode aufzuteilen. Dabei ist das Konto rechnerisch in zwei Unterkonten und die jeweils hierüber laufenden Zahlungsvorgänge einzeln auf ihre betriebliche oder private Veranlassung hin aufzuteilen.

5.4.7.2 Führung von getrennten Konten

Einer Aufteilung der Kontokorrentschuld bedarf es nicht, wenn der Steuerpflichtige zwei oder mehr Kontokorrentkonten führt und die betrieblich und außerbetrieblich veranlassten Auszahlungen über unterschiedliche Konten abgewickelt werden. Dabei ist dann das der Abwicklung betrieblich veranlasster Zahlungsvorgänge dienende Konto Betriebsschuld. 689

Gehen Betriebseinnahmen auf dem außerbetrieblichen Konto ein, wird sich in der Regel ein Guthabensaldo ergeben, der auf der Aktivseite auszuweisen wäre. Sollten die Entnahmen aber die Betriebseinnahmen übersteigen, darf die verbleibende Schuld auf dem Konto nicht bilanziert werden.

Unterhält der Steuerpflichtige für den betrieblich und privat veranlassten Zahlungsverkehr getrennte, rechtlich selbständige Kontokorrentkonten, ist zu unterscheiden:

▶ Das Kontokorrentkonto für den betrieblich veranlassten Zahlungsverkehr rechnet zum Betriebsvermögen, soweit über das Konto nicht auch privat veranlasste Aufwendungen geleistet werden, durch die ein Sollsaldo entsteht oder sich erhöht.

▶ Das Kontokorrentkonto für den privat veranlassten Zahlungsverkehr rechnet zum Privatvermögen, soweit über das Konto nicht auch betrieblich veranlasste Aufwendungen geleistet werden, durch die ein Sollsaldo entsteht oder sich erhöht.

Entsteht oder erhöht sich durch privat veranlasste Aufwendungen ein Sollsaldo auf dem betrieblichen Konto oder durch betrieblich veranlasste Aufwendungen ein Sollsaldo auf dem privaten Konto, ist das betreffende Konto nach den für ein gemischtes Konto geltenden Grundsätzen zu behandeln. Betriebseinnahmen werden nicht zuvor mit Betriebsausgaben desselben Tages saldiert. In der Schlussbilanz ist nur der nach diesen Grundsätzen ermittelte Saldo des betrieblichen Unterkontos auszuweisen.

BEISPIEL:

	betriebliches Kontokorrentkonto	Privates Kontokorrentkonto	
1.1.	+ 5 000	0	
3.1. Entnahme	./. 5 000	+ 5 000	
Saldo	0	+ 5 000	
10.1. Wareneinkauf	./. 10 000		
Saldo	./. 10 000	+ 5 000	
15.1. Prämie Lebensversicherung		./. 5 000	
Saldo	./. 10 000	0	
20.1 Maschine	./. 5 000		
Einkommensteuer	./. 2 000		
Saldo	./. 17 000	0	
	Betriebliches Unterkonto	Privates Unterkonto	
	./. 15 000	./. 2 000	
25.1. Wareneinkauf	./. 5 000		
Saldo	./. 20 000	./. 2 000	0
		./. 22 000	

(s. Rdn. 695)

5.4.8 Abzug von Schuldzinsen

5.4.8.1 Allgemeines

Zu beachten sind aber die Regelungen des § 4 Abs. 4a EStG für solche Konten, die der Abwicklung des betrieblichen Zahlungsverkehrs dienen. Das sind im Wesentlichen alle Bankkonten, die den laufenden Geschäftsverkehr abwickeln, insbesondere die Kontokorrentkonten.   **690**

Dabei kommt es zu einer Beschränkung des Abzugs von betrieblich veranlassten Schuldzinsen, wenn Überentnahmen vorliegen. In diesen Fällen sind die Entnahmen eines Wirtschaftsjahres höher als der Gewinn und die Summe der Einlagen. Die Regelungen des § 4 Abs. 4a EStG gelten nur für die Gewinnermittlung von Einzelunternehmen und Personengesellschaften. Dabei spielt es keine Rolle, ob der Gewinn durch Buchführung oder gem. § 4 Abs. 3 EStG durch Einnahmenüberschussrechnung ermittelt wird.

Für Kapitalgesellschaften gilt § 4 Abs. 4a EStG dagegen nicht.

Die Regelung befasst sich insbesondere mit der Frage, ob Schuldzinsen privat oder betrieblich veranlasst sind, wenn durch die Entnahme von Geldmitteln für außerbetriebliche Zwecke auf dem Konto ein Sollsaldo entsteht. Die Schuldzinsen sind weiterhin als Betriebsausgaben abziehbar, auch wenn Teile des Eigenkapitals (Gewinn und Einlagen) entnommen und durch Fremdkapital ersetzt werden. Die Schuldzinsen werden jedoch dann nicht abziehbar, wenn es zu einer Überentnahme kommt. Diese entsteht nach dem Gesetz, wenn mehr als der Gewinn zuzüglich der Einlagen entnommen wird. Denn in diesen Fällen wird nicht mehr Eigenkapital durch Fremdkapital ersetzt, sondern es wird Fremdkapital entnommen, das der Unternehmer dem betrieblichen Bereich für private Zwecke entzogen hat. Schuldzinsen, die damit unmittelbar der Entnahmefinanzierung dienen, sind nicht als Betriebsausgaben abzugsfähig.   **691**

Zu den betrieblichen Schuldzinsen, die der Abzugsbeschränkung unterliegen, zählen u. a. auch die Nebenkosten der Darlehnsaufnahme, sonstige Kreditkosten sowie die Geldbeschaffungskosten. Nach Auffassung des BFH ist der Begriff der Schuldzinsen weit auszulegen (BFH v. 1.10.2002 IX R 72/99, BStBl 2003 II 399).   **692**

Die Höhe der Überentnahmen ist für das Jahr festzustellen, in dem zu prüfen ist, ob die Abzugsbeschränkung gem. § 4 Abs. 4a EStG in Betracht kommt.   **693**

Zu den Entnahmen gehören insbesondere

- Geldentnahmen,
- Sachentnahmen,
- Nutzungsentnahmen und
- Entnahmen durch Überführung von Wirtschaftsgütern aus einem Betriebsvermögen in ein anderes Betriebsvermögen nach § 6 Abs. 5 EStG.

Als Einlagen sind alle im Wirtschaftsjahr getätigten Einlagen zu berücksichtigen.

BEACHTE:

Die Einzahlung von Geld auf ein betriebliches Konto stellt eine Einlage dar. Ist aber durch eine kurzfristige Einlage beabsichtigt, die Anwendung von § 4 Abs. 4a EStG zu umgehen, ist darin ein Missbrauch der Gestaltungsmöglichkeiten zu sehen. Das gilt auch für die Gewinnermittlung nach § 4 Abs. 3 EStG (BFH v. 21. 8. 2012 VIII R 32/09, BStBl 2013 II 16).

Der in § 4 Abs. 1 Satz 1 EStG definierte Gewinnbegriff ist dabei auch maßgeblich für die Anwendung des § 4 Abs. 4a EStG. Für die Feststellung einer Überentnahme sind gewinnmindernde Rücklagen und Abschreibungen dem steuerlichen Gewinn ebenso wenig wieder hinzuzurechnen wie Rückstellungen, Rechnungsabgrenzungsposten oder Wertberichtigungen (BFH v. 7. 3. 2006 X R 44/04, BStBl 2006 II 588).

5.4.8.2 Zweistufige Prüfung

694   Die Prüfung der Abzugsfähigkeit von Schuldzinsen erfolgt somit in 2 Stufen:

1. Stufe:

Feststellung, inwieweit Schuldzinsen dem betrieblichen oder privaten Bereich zuzuordnen sind. Für Darlehen zur Finanzierung privater Zwecke ist der Abzug von Schuldzinsen nach § 4 Abs. 4 und § 12 Nr. 1 EStG ausgeschlossen.

2. Stufe:

Feststellung, inwieweit der Abzug der betrieblichen Schuldzinsen im Hinblick auf die Überentnahmen eingeschränkt wird.

Die nichtabziehbaren Schuldzinsen werden typisiert mit 6 % der Überentnahmen des Wirtschaftsjahres zuzüglich der Überentnahmen vorangegangener Wirtschaftsjahre und abzüglich der Beträge, um die in den vorangegangenen Wirtschaftsjahren der Gewinn und die Einlagen die Entnahmen überstiegen haben (Unterentnahmen).

Der sich dabei ergebende Betrag, höchstens jedoch der um 2 050 € verminderte Betrag der im Wirtschaftsjahr angefallenen Schuldzinsen ist dem Gewinn hinzuzurechnen.

Wird später das finanzierte Wirtschaftsgut aber dem Anlagevermögen entnommen und ins Privatvermögen überführt, scheidet auch der damit in Zusammenhang stehende Kredit aus dem Betriebsvermögen aus.

695   Wenn aber das finanzierte Wirtschaftsgut aus dem Anlagevermögen ausscheidet und in das Umlaufvermögen übernommen wird, ändert sich auch der Charakter der Darlehensschuld mit der Folge, dass die noch anfallenden Schuldzinsen von der gesetzlichen Beschränkung erfasst werden.

Das gilt auch für die Finanzierung von Umlaufvermögen im Rahmen einer Betriebsgründung (BFH v. 30. 8. 2012 IV R 48/09, NWB DokID: YAAAE-25869, BBK 6/2013, 247).

Der Hinzurechnungsbetrag, der sich aus § 4 Abs. 4a EStG ergibt, gehört zu den nichtabziehbaren Betriebsausgaben, die den Gewinn aufgrund steuerrechtlicher Vorschriften erhöhen. Er ist deshalb dem Gewinn außerhalb der Bilanz hinzuzurechnen.

BEISPIELE: Folgende Vorgänge haben sich bei einem bilanzierenden Gewerbetreibenden ergeben:

	01	02	03	04
Entnahmen	40 000	50 000	30 000	20 000
Gewinn/Verlust	30 000	20 000	./. 10 000	40 000
Sollzinsen	6 000	2 000	8 000	10 000

Zinsen für Investitionsdarlehen sind dabei nicht entstanden.

Die nichtabziehbaren Schuldzinsen ermitteln sich wie folgt:

	01	02	03	04
Entnahmen	40 000	50 000	30 000	20 000
./. Gewinn	30 000	20 000	0	40 000
Über/Unterentnahmen	10 000	30 000	30 000	./. 20 000
aus Vorjahr	–	10 000	40 000	70 000
Bem.-Grundlage	10 000	40 000	70 000	50 000
Davon 6 %	600	2 400	4 200	3 000
Freibetrag 2 050	6 000	2 000	8 000	10 000
Hinzurechnung	600	0	4 200	3 000
Vorträge				
Über-Entnahmen	10 000	40 000	70 000	50 000
Verlust	–	–	10 000	10 000

Dabei gilt:

▶ Eine Hinzurechnung kommt nicht in Betracht, wenn die tatsächlich entstandenen Schuldzinsen – ohne solche für Investitionen – 2 050 € im Wirtschaftsjahr nicht übersteigen.

▶ Überentnahmen wirken sich auch in den Folgejahren aus. Der Abbau erfolgt durch Einlagen und Gewinne.

▶ Ein Verlust ist mit Unterentnahmen vergangener oder zukünftiger Wirtschaftsjahre auszugleichen.

5.4.8.3 Schuldzinsen aus Investitionsdarlehen

Nach dem Gesetz wird entscheidend darauf abgestellt, ob die Zinsen in Zusammenhang mit einem Darlehen stehen, das der Finanzierung von Anschaffungs- oder Herstellungskosten des Anlagevermögens gedient hat. Also kommt es darauf an, wie das Darlehen verwendet wird. Ist demnach das Wirtschaftsgut des Anlagevermögens aus Mitteln des aufgenommenen Darlehens bezahlt worden, bleiben die Zinsen von der Anwendung des § 4 Abs. 4a EStG ausgenommen, soweit die Finanzierung über ein gesondertes Darlehenskonto abgewickelt wird.

696

Wird ein Darlehen auf ein betriebliches Kontokorrentkonto ausgezahlt und damit die Finanzierung von Anlagevermögen vorgenommen, ist der uneingeschränkte Schuldzinsenabzug zulässig, wenn ein enger zeitlicher und betragsmäßiger Zusammenhang zwischen der Belastung auf dem Kontokorrentkonto und der Darlehensaufnahme besteht. Das ist anzunehmen, wenn zwischen der Überweisung der Darlehensmittel auf das Konto und der Abbuchung zur Bezahlung der Anschaffungs- oder Herstellungskosten ein Zeitraum von nicht mehr als 30 Tagen liegt. Der Nachweis ist hierfür vom Steuerpflichtigen zu erbringen. Das gilt auch, wenn die Frist im Einzelfall überschritten wurde.

Auch die Finanzierung durch Belastung des Kontokorrentkontos führt zu einem uneingeschränkten Abzug der Kontokorrentzinsen, soweit Anlagevermögen angeschafft oder hergestellt wurde. Denn auch bei einer Kontokorrentverbindlichkeit handelt es sich um ein Darlehen. (Siehe hierzu BMF v. 17.11.2005, BStBl 2005 I 1019 und BFH v. 23.2.2012 IV R 19/08, NWB DokID: GAAAE-10990, BFH/NV 2012, 1215).

Eine Verwendung der Darlehensmittel zur Finanzierung von Anschaffungs- oder Herstellungskosten von Wirtschaftsgütern des Anlagevermögens scheidet dann aus, wenn die Anschaffungs- oder Herstellungskosten im Zeitpunkt der Verwendung der Darlehensmittel bereits abschließend finanziert waren und die erhaltenen Darlehensmittel lediglich das eingesetzte Eigenkapital wieder auffüllen (BFH v. 9.2.2010 VIII R 21/07, BStBl 2011 II 257).

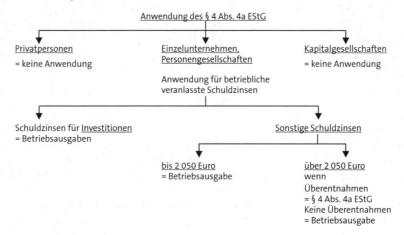

5.4.8.4 Zwei-Kontenmodell

697 Das Zwei-Kontenmodell ist von der Rechtsprechung anerkannt. Der Betrieb unterhält dabei zwei Konten:

▶ Einnahmekonto für betriebliche Einnahmen

▶ Ausgabekonto für betriebliche Ausgaben

Es bleibt dem Unternehmen überlassen, dem Betrieb Barmittel aus dem Einnahmekonto zu entnehmen und betriebliche Aufwendungen durch Aufnahme von Darlehen zu finanzieren.

Im Ergebnis können damit eingehende betriebliche Erlöse zur Finanzierung privater Investitionen verwendet werden. Die dann erforderliche Finanzierung betrieblicher Aufwendungen führt zu betrieblichen Verbindlichkeiten und zu betrieblichen Schuldzinsen, die wiederum im Rahmen des § 4 Abs. 4a EStG abzugsfähig sind.

BEISPIEL: Auf dem Einnahmekonto gehen im Laufe des Wirtschaftsjahres 300 000 € ein, die der Unternehmer laufend entnommen hat, um ein Darlehn für eine private Investition zu tilgen.

Die betrieblichen Aufwendungen von 150 000 € sind über das Ausgabekonto gelaufen, das am Jahresende einen Schuldsaldo von 150 000 € ausweist.

Die Schuldzinsen hierfür sind betrieblich veranlasst. Wird dieser Schuldsaldo von 150 000 € durch Aufnahme eines Darlehens ausgeglichen, liegt ebenfalls eine betriebliche Schuld vor, deren Zinsen Betriebsausgaben sind, soweit keine Überentnahmen vorliegen.

Tilgt der Stpfl. beim sogenannten umgekehrten „Zwei-Konten-Modell" mit eingehenden Betriebseinnahmen einen Saldo, der durch Entnahmen entstanden ist oder sich erhöht hat, liegt im Zeitpunkt der Gutschrift eine Entnahme vor, die bei der Ermittlung der Überentnahmen zu berücksichtigen ist (BFH v. 3.3.2011 IV R 53/07, BStBl 2011 II 688).

Zu weiteren Einzelheiten siehe BMF v. 17.11.2005, BStBl 2005 I 1019 i.V.m. den Änderungen durch BMF v. 7.5.2008 (BStBl 2008 I 588) und BMF v. 18.2.2013 (BStBl 2013 I 197).

5.4.8.5 Schuldzinsen bei Mitunternehmerschaften

Die Regelung des Schuldzinsenabzugs betrifft den Betrieb der Mitunternehmerschaft, muss aber gesellschafterbezogen angewendet werden. Deshalb muss bei dem einzelnen Gesellschafter eine eigenständige Ermittlung der Über- und Unterentnahmen erfolgen. Der Kürzungsbetrag von 2 050 € gilt aber für die Mitunternehmerschaft und muss nach der Quote der Schuldzinsen auf die einzelnen Gesellschafter verteilt werden (BFH v. 29.3.2007 IV R 72/02, BStBl 2008 II 420; s. auch BMF v. 7.5.2008, BStBl 2008 I 588).

698

BEISPIEL: An der OHG sind A und B zu je 50 % beteiligt. Es haben im Wirtschaftsjahr betragen

Gewinn	= 100 000 €
Schuldzinsen	= 10 000 € (ohne Investitionen)
Entnahmen A	= 40 000 €
Entnahmen B	= 80 000 €

	A	B
Gewinnanteil	50 000 €	50 000 €
Entnahmen	40 000 €	80 000 €
Über-/Unterentnahmen	10 000 €	-30 000 €
6 %	-	1 800 €
anteilige Zinsen	5 000 €	5 000 €
Mindestabzug	1 025 €	1 025 €
Höchstbetrag	3 975 €	3 975 €
Hinzurechnung	-	1 800 €

Die Anwendung des § 4 Abs. 4a EStG setzt voraus, dass die Schuldzinsen sich gewinnmindernd ausgewirkt haben (BFH v. 12.2.2014 IV R 22/10, BStBl 2014 II 621).

Wenn eine Personengesellschaft an einem mittelbar oder auch unmittelbar beteiligten Gesellschafter Schuldzinsen für ein gewährtes Darlehen zahlt, dann werden diese als Sondervergütung des Gesellschafters nach § 15 Abs. 1 EStG dem Gewinn in der Gesamthandbilanz wieder hinzugerechnet. Sie wirken sich damit nicht gewinnmindernd aus mit der Folge, dass das Zinsabzugsverbot nicht angewendet werden kann.

LITERATURHINWEIS:

Koltermann, Fallsammlung Bilanzsteuerrecht, 17. Aufl., Fall 49 – 52 und 141

5.4.8.6 Nachträglicher Schuldzinsenabzug bei Betriebsaufgabe

699 Ein nachträglicher Schuldzinsenabzug kann nach Ansicht des BFH (BFH v. 28. 3. 2007 X R 15/04, BStBl 2007 II 642) bei Betriebsaufgabe in Betracht kommen, wenn

▶ Wirtschaftsgüter in das Privatvermögen übernommen wurden, eine spätere Veräußerung aber wegen betrieblich begründeter Verwertungshindernisse nicht möglich ist und

▶ die in das Privatvermögen übernommenen Wirtschaftsgüter ausschließlich im Rahmen einer anderen Einkunftsart genutzt werden.

5.4.8.7 Darlehen von nahen Angehörigen

700 Ein Gestaltungsmissbrauch nach § 42 AO kann vorliegen, wenn nahe Angehörige kreuzweise Darlehensverbindlichkeiten übernehmen, wobei jeder Schuldner und Gläubiger zugleich ist. Die jeweiligen Schuldzinsen können dann nicht als Betriebsausgaben abgezogen werden (BFH v. 29. 8. 2007 IX R 17/07, BStBl 2008 II 502).

Im Zusammenhang mit Darlehensverträgen mit nahen Angehörigen sollen nach dem BMF (BMF v. 29. 4. 2014 IV C 6 – S 2144/07/10004, BStBl 2014 I 809) als Fremdvergleichsmaßstab nicht nur die Vertragsbedingungen von Kreditinstituten, sondern auch die von Banken berücksichtigt werden. Das gilt insbesondere dann, wenn der nahe Angehörige ein Interesse an der Darlehensgewährung hatte (siehe hierzu auch BFH v. 22. 10. 2013 X R 26/11, BStBl 2014 II 374).

Das setzt voraus, dass

▶ eine Vereinbarung über die Laufzeit und über Art und Zeit der Rückzahlung des Darlehens getroffen worden ist,

▶ die Zinsen zu den Fälligkeitszeitpunkten entrichtet werden und

▶ der Rückzahlungsanspruch ausreichend besichert ist.

5.4.8.8 Die Zinsschranke

701 Die Zinsschrankenregelung betrifft nicht die nach § 4 Abs. 4a, Abs. 5 EStG nichtabziehbaren Zinsaufwendungen, sondern sie ist gegen eine übermäßige Fremdfinanzierung gerichtet. Die Abziehbarkeit von Zinsaufwendungen für Zwecke von steuermindernden Gestaltungen soll hiermit eingeschränkt werden. Die Zinsschranke erfasst damit grund-

sätzlich nur Erträge und Aufwendungen aus der Überlassung von Geldkapital und nicht solche aus der Überlassung von Sachkapital. Die Regelungen ergeben sich aus § 4h EStG und § 8a KStG. Sie gelten unabhängig von der jeweiligen Rechtsform, in der der zinsaufwendende Betrieb organisiert ist.

Voraussetzung ist, dass die Zinsen den Gewinn des finanzierten Betriebs gemindert haben.

Nach § 4h Abs. 1 EStG sind Zinsaufwendungen in Höhe des Zinsertrags abziehbar. Darüber hinaus sind sie nur bis zur Höhe von 30 % des um die Zinsaufwendungen und um die nach § 6 Abs. 2 Satz 1 EStG, § 6 Abs. 2a Satz 1 EStG und § 7 EStG abgesetzten Beträge erhöhten sowie um die Zinserträge verminderten maßgeblichen Gewinns (EBITDA genannt) abziehbar. Zinsaufwendungen, die danach nicht abgezogen werden dürfen, sind in die folgenden Wirtschaftsjahre vorzutragen.

Ausnahmen vom Abzugsverbot (s. auch BMF v. 4. 7. 2008, BStBl 2008 I 718):

▶ wenn der Betrag der Zinsaufwendungen, soweit er den Betrag der Zinserträge übersteigt, weniger als 3 000 000 € beträgt;

▶ der Betrieb gehört nicht oder nur anteilsmäßig zu einem Konzern.

▶ der Betrieb gehört zu einem Konzern, aber seine Eigenkapitalquote ist gleich hoch oder höher als die des Konzerns.

Ein Unterschreiten der Eigenkapitalquote des Konzerns um bis zu 2 % ist unschädlich (siehe auch BMF v. 4. 7. 2008, BStBl 2008 I 718).

Der BFH hat in seinem Beschluss vom 18. 12. 2013 I B 85/13 (BStBl 2014 II 947) ernstlich Zweifel an der Verfassungsmäßigkeit der Zinsschranke geäußert. Die Frage ist, ob die Regelungen des § 4h EStG mit Art. 3 Abs. 1 und Art. 19 GG vereinbar sind.

5.4.9 Immaterielle Wirtschaftsgüter

5.4.9.1 Allgemeines

Als immaterielle Wirtschaftsgüter kommen insbesondere in Betracht: 702

▶ Rechte und rechtsähnliche Werte,

▶ sonstige Vorteile, z. B. Nutzungsrechte, Patente, Markenrechte, Urheberrechte, Verlagsrechte, Belieferungsrechte, Know-how, Konzessionen, Lizenzen, ungeschützte Erfindungen, problemorientierte Computer-Individualprogramme.

Es kann sich dabei handeln um 703

▶ abnutzbares Anlagevermögen (z. B. Patente),

▶ nicht abnutzbares Anlagevermögen (z. B. Konzessionen),

▶ Umlaufvermögen (z. B. Auftragsforschung).

Immaterielle Wirtschaftsgüter können vorliegen, wenn

▶ ein **konkreter betrieblicher Vorteil** gegeben ist, der einen längerfristigen greifbaren Vorteil bringt,

- ein Erwerber des Betriebs diesen Vorteil im **Rahmen des Gesamtkaufpreises** abgelten würde,
- der Vorteil von anderen Wirtschaftsgütern **abgrenzbar** ist.

5.4.9.2 Ansatz nach Steuerrecht

704 Für immaterielle Wirtschaftsgüter des Anlagevermögens ist ein **Aktivposten nur anzusetzen, wenn sie entgeltlich erworben worden sind**. Das ist der Fall, wenn sie durch einen Hoheitsakt oder ein Rechtsgeschäft gegen Hingabe einer bestimmten Gegenleistung übergegangen oder eingeräumt worden sind. Nicht erforderlich ist, dass das Wirtschaftsgut bereits vor Abschluss des Rechtsgeschäfts bestanden hat, es kann auch erst durch Abschluss eines Rechtsgeschäfts entstehen (z. B. Nutzungsrechte). In den übrigen Fällen ist die Aktivierung immaterieller Wirtschaftsgüter grundsätzlich verboten.

Ein entgeltlicher Erwerb eines immateriellen Wirtschaftsguts liegt auch bei der Hingabe eines sog. verlorenen Zuschusses vor, wenn der Zuschussgeber vom Zuschussempfänger eine bestimmte Gegenleistung erhält oder eine solche nach den Umständen zu erwarten ist oder wenn der Zuschussgeber durch die Zuschusshingabe einen besonderen Vorteil erlangt, der nur für ihn wirksam ist.

705 **Das Aktivierungsverbot gilt nicht**
- bei Einlage eines immateriellen Wirtschaftsguts (§ 6 Abs. 1 Nr. 5 EStG);
- bei Buchwertfortführung im Rahmen des § 6 Abs. 5 EStG;
- bei unentgeltlichem Erwerb eines immateriellen Wirtschaftsguts aus betrieblicher Veranlassung nach § 6 Abs. 4 EStG;
- bei selbstgeschaffenen Wirtschaftsgütern des Umlaufvermögens.

Ein entgeltlicher Erwerb liegt nicht vor, wenn die Aufwendungen nicht Entgelt für den Erwerb eines Wirtschaftsguts von einem Dritten, sondern nur Arbeitsaufwand oder sonstiger Aufwand sind.

Als nicht entgeltlich kommen danach grundsätzlich selbstgeschaffene immaterielle Wirtschaftsgüter in Betracht bzw. auch Aufwendungen, die lediglich einen Beitrag zu den Kosten einer vom Steuerpflichtigen mitbenutzten Einrichtung bilden.

BEISPIELE:
- Beiträge zum Ausbau einer öffentlichen Straße wegen der Nutzung durch betriebliche Fahrzeuge.
  Es handelt sich um nichtaktivierungsfähige Aufwendungen für einen selbstgeschaffenen Nutzungsvorteil.
- Beiträge zur Schaffung einer Fußgängerzone.
  Wenn sie aufgrund gesetzlicher Vorschriften vom Grundstückseigentümer erhoben werden bzw. freiwillig geleistet werden und grundstücksbezogen sind, gehören sie zu den Anschaffungskosten des Grund und Bodens. In anderen Fällen stellen sie Aufwand dar.
- Zuschuss für Belegungsrecht beim Bau eines Hotels.
  Hier liegt ein immaterielles Wirtschaftsgut (Nutzungsrecht) vor, das auch entgeltlich erworben worden ist.
- Abstandszahlung an den Mieter/Pächter zur vorzeitigen Aufgabe des Miet- oder Pachtvertrags.

Soweit die Zahlung erfolgt, um den Grund und Boden für eigene betriebliche Zwecke frei zu bekommen, liegt ein immaterielles Wirtschaftsgut (vorzeitige Nutzungsmöglichkeit) vor, das auch entgeltlich erworben worden ist.

Erfolgt die vorzeitige Freimachung aber, um auf dem Grundstück ein Gebäude errichten zu können, erhöht die Abstandszahlung die Herstellungskosten des Gebäudes.

- Ausgleichszahlung nach § 89b HGB.

  Ein immaterielles Wirtschaftsgut wird nicht erworben, weil der Kundenbestand schon vorher vorhanden war, deshalb Aufwand.

- Zuschuss zum Bau einer gemeindlichen Kläranlage.

  Auch hier liegen weder ein entgeltlich erworbenes immaterielles Wirtschaftsgut noch Aufwendungen für das Grundstück vor, deshalb Aufwand.

  Dasselbe gilt für sog. Ergänzungsbeiträge, die Eigentümer von bereits an die Kanalisation angeschlossenen Grundstücken für den Bau einer neuen biologischen Kläranlage aufgrund einer Ortssatzung an die Gemeinde entrichten müssen.

- Ablösezahlungen für Spielerwechsel in der Fußballbundesliga führen zu einer exklusiven Nutzungsmöglichkeit an dem jeweiligen Spieler und sind deshalb als abnutzbares immaterielles Wirtschaftsgut auszuweisen und entsprechend abzuschreiben (BFH v. 14.12.2011 I R 108/10, BStBl 2012 II 238).

Soweit ein immaterielles Wirtschaftsgut zu aktivieren ist, richten sich die AfA, soweit es abnutzbar ist, nach § 7 Abs. 1 EStG.

5.4.9.3 Ansatz nach Handelsrecht

Das Verbot der Aktivierung selbstgeschaffener immaterieller Vermögenswerte des Anlagevermögens (bisher § 248 Abs. 2 HGB) ist durch das BilMoG teilweise aufgehoben und durch ein Wahlrecht ersetzt worden. Dabei wird zum Schutz der Gläubiger der aktivierungsfähige Wert mit einer Ausschüttungssperre nach § 268 Abs. 8 HGB verbunden. Danach dürfen Gewinne nur ausgeschüttet werden, wenn die nach der Ausschüttung verbleibenden, jederzeit auflösbaren Gewinnrücklagen abzüglich eines Verlustvortrags und zuzüglich eines Gewinnvortrags dem Betrag des aus der Aktivierung resultierenden Ertrags mindestens entsprechen.

Vom Vorliegen eines Vermögensgegenstandes ist dabei auszugehen, wenn das selbsterstellte Gut nach der Verkehrsauffassung einzeln verwertbar ist.

Diese Voraussetzungen sind auch bei den sogenannten E-Books erfüllt, wenn ein Autor dem Verlag das Manuskript und die entsprechenden Verwertungsrechte übertragen hat und der Verlag die hohen Folgekosten trägt. Das E-Book stellt dann ein abnutzbares immaterielles Wirtschaftsgut des Anlagevermögens dar, das bilanziert werden kann (Wahlrecht). Dagegen kein Ansatz von selbst erstellten E-Books in der Steuerbilanz. (Siehe hierzu ausführliche Darstellung in BBK 5/2013 S. 218).

Dagegen dürfen nach § 248 HGB nicht in die Bilanz aufgenommen werden

- Aufwendungen für Gründung eines Unternehmens,
- Aufwendungen für Beschaffung des Eigenkapitals,
- Aufwendungen für den Abschluss von Versicherungsverträgen,

▶ Marken, Drucktitel, Verlagsrechte, Kundenlisten oder vergleichbare immaterielle Vermögensgegenstände des Anlagevermögens, die nicht entgeltlich erworben wurden.

707 Der Ansatz der selbstgeschaffenen immateriellen Vermögensgegenstände erfolgt zu Herstellungskosten. Dazu gehören alle auf die Entwicklungsphase entfallenden Aufwendungen. Forschungskosten sind dagegen von der Aktivierung gem. § 255 Abs. 2 HGB ausgeschlossen.

Das steuerliche Bilanzierungsverbot selbstgeschaffener immaterieller Wirtschaftsgüter führt in der Handelsbilanz zum Ausweis passiver latenter Steuern (s. auch Rdn. 1119).

5.4.9.4 Computerprogramme

708 Zu der Frage der Abgrenzung, inwieweit Computerprogramme zu den immateriellen oder zu den materiellen Wirtschaftsgütern zu rechnen sind, hat der BFH in seinem Urteil vom 28.10.2008 (BStBl 2009 II 410) grundsätzliche Feststellungen getroffen. Danach wird vorranging auf das wirtschaftliche Interesse abgestellt, wofür ein Kaufpreis gezahlt wird und ob es dem Erwerber überwiegend auf den materiellen oder den immateriellen Gehalt ankommt. Daneben wird auch danach unterschieden, ob der Verkörperung eine eigenständige Bedeutung zukommt oder ob sie lediglich als Träger den immateriellen Gehalt festhalten soll.

709 Danach werden als materielle bewegliche Wirtschaftsgüter angesehen

▶ Trivialprogramme

Hierzu zählen Programme, die keine Befehlsstruktur enthalten, sondern nur Bestände von Daten, die allgemein bekannt und jedermann zugänglich sind, z. B. mit Zahlen und Buchstaben. Es ist eine Software, die im Handel i. d. R. günstig angeboten wird.

Außerdem gehören Computerprogramme zu den Trivialprogrammen, wenn ihre Anschaffungskosten nicht die Grenze von 410 € überschreiten.

Diese Grenze ist zurzeit noch beibehalten worden mit der Folge, dass hinsichtlich der AfA ein Wahlrecht besteht, die Anschaffungskosten entweder

– sofort abzuschreiben (§ 6 Abs. 2 EStG)

oder

– diese alternativ in einen Sammelposten zu erfassen (§ 6 Abs. 2a EStG)

Siehe hierzu auch das BMF-Schreiben vom 30.9.2010 (BStBl 2010 I 2).

▶ Standardprogramme

Das sind i. d. R. Spezialprogramme, die mit großem Aufwand programmiert wurden und damit auch nur einen begrenzten Anwenderkreis zur Verfügung stehen. Diese Standardsoftware fällt nach Auffassung des BFH (so auch der BGH) unter dem Begriff „Ware" und damit wird sie behandelt wie Bücher oder andere Tonträger (siehe auch BMF v. 20.11.2013, BStBl 2013 I 1493).

BEACHTE:

Nach Auffassung des BFH liegen im Zusammenhang mit der Ansparrücklage nach § 7g Abs. 3 EStG bei der Beschaffung von Software stets immaterielle und keine materiellen Wirtschaftsgüter vor. Das gilt auch dann, wenn sie auf einen Datenträger geliefert wird bzw. wenn es sich um Standardsoftware handelt. Nach Ansicht des BFH überwiegt der geistige Gehalt den materiellen Gehalt (BFH v. 18. 5. 2011 X R 29/09, BStBl 2011 II 865). Das gilt nicht für die Trivialsoftware, die nach R 5.5 Abs. 1 EStR zu den materiellen Wirtschaftsgütern gehört (BMF v. 20. 11. 2013, BStBl 2013 I 1493). Damit sind die Regelungen in R 5.5 Abs. 1 EStR weiterhin anzuwenden.

Als immaterielle Wirtschaftsgüter werden dagegen i. d. R. angesehen 710

- Individualprogramme, die z. B. speziell für den Stpfl. entwickelt werden und auch nur von diesem verwertet werden dürfen,
- Systemprogramme, soweit sich die Anschaffungskosten hierfür von den Aufwendungen für die Hardware abgrenzen lassen.

Die ERP-Software gilt dabei als einheitliches Wirtschaftsgut, auch wenn unterschiedliche Module z. B. für Haupt- und Nebenbuchhaltungen eingesetzt werden. Die Nutzungsdauer beträgt grundsätzlich 5 Jahre. Die Abschreibung beginnt mit der Betriebsbereitschaft.

Der Gesamtvorgang der Einführung der ERP-Software wird als Implementierung bezeichnet.

Neben den Lizenzkosten sind u. a. folgende Aufwendungen zu aktivieren und abzuschreiben (BMF v. 18. 11. 2005, BStBl 2005 I 1025):

- Planungskosten,
- Kosten für Anpassung an die betrieblichen Erfordernisse,
- Eigenleistungen im direkten Zusammenhang mit der Anschaffung und Implementierung,
- Kosten der nachträglichen Erweiterung.

Dagegen stellen folgende Aufwendungen sofort abzugsfähige Betriebsausgaben dar:

- Kosten, die vor der Kaufentscheidung anfallen,
- Schulungskosten für die Anwender,
- Wartungskosten.

Wird das Software-System selbst hergestellt, gilt das Aktivierungsverbot mit der Folge, dass alle Aufwendungen sofort abzugsfähige Betriebsausgaben sind.

5.4.9.5 Internet-Auftritt

711 Hier ergeben sich in der Behandlung der Aufwendungen für die Einrichtung des Internetauftritts zwei Möglichkeiten:

- ► liegt eine Auftragsproduktion eines Web-Designers vor, dann erwirbt der Unternehmer ein Nutzungsrecht, das mit den Anschaffungskosten zu aktivieren und entsprechend der Nutzungsdauer abzuschreiben ist.

  Das Urheberrecht verbleibt dabei bei dem Web-Designer, oder

- ► der Internetauftritt wird durch das eigene Personal geschaffen, dann gilt für diese das Aktivierungsverbot für selbsthergestellte immaterielle Wirtschaftsgüter, die Aufwendungen sind Betriebsausgaben (Wahlrecht nach Handelsrecht).

5.4.9.6 Geschäftswert

5.4.9.6.1 Allgemeines

712 Der Geschäftswert (Firmenwert) ist ein **Sammelbegriff für ideelle und immaterielle Einzelwerte**. Er ist der Mehrwert, der einem Unternehmen über die sonstigen aktivierten Wirtschaftsgüter hinaus, abzüglich der Schulden, innewohnt. Die Bedeutung des Geschäftswerts liegt darin, dass er aufgrund der in ihm enthaltenen Vorteile, wie dem vorhandenen Kundenstamm, dem Ruf des Unternehmens, dem eingeführten Markennamen der eigenen Erzeugnisse oder der Kreditwürdigkeit des Unternehmens höher oder mindestens gesicherter erscheinen lässt als bei einem anderen Unternehmen mit sonst gleichen Wirtschaftgütern, bei dem jene Vorteile fehlen.

Der Geschäftswert ist damit Ausdruck der Gewinnchancen eines Unternehmens, soweit diese nicht auf einzelnen Wirtschaftsgütern oder der Person des Unternehmers beruhen, sondern auf dem Betrieb eines lebenden Unternehmens (BFH v. 26. 11. 2009 III R 40/07, BStBl 2010 II 609).

Dieser Mehrwert ist ein einheitliches Wirtschaftsgut, das nicht zerlegt werden kann.

5.4.9.6.2 Arten des Geschäftswertes

Man unterscheidet

- ► den originären Geschäftswert:

713 Dieser ist entstanden, ohne dass dafür zusätzliche Aufwendungen notwendig gewesen wären. Er hat sich allein aus der Tatsache der betrieblichen Entwicklung heraus im Laufe der Jahre gebildet.

Soweit sich ein Gewerbebetrieb noch im Aufbau befindet und seine reguläre Geschäftstätigkeit noch nicht aufgenommen hat, ist grundsätzlich davon auszugehen, dass ein Geschäftswert noch nicht vorhanden ist.

Der originäre Geschäftswert darf weder nach Handelsrecht noch nach Steuerrecht bilanziert werden.

- **den derivativen Geschäftswert**:

Dieser Wert ist entstanden, weil ein Erwerber des Betriebs über die nach der Bilanz vorhandenen Werte hinaus bereit war, die Summe der ideellen und immateriellen Werte abzugelten, die bisher nicht in Erscheinung getreten sind. Dabei verbleibt als Geschäftswert nur der Mehrwert, der nach dem Ansatz der übernommenen Wirtschaftsgüter mit ihren Teilwerten noch vorhanden ist.

Der erworbene Geschäftswert muss sowohl nach Handelsrecht als auch nach Steuerrecht bilanziert werden.

Aktivierungsfähige Anschaffungskosten für einen Geschäftswert liegen nicht vor, wenn der Erwerber des Betriebs die Absicht hat und sie auch verwirklicht, den Betrieb nach Übernahme stillzulegen, Die Ausschaltung des Konkurrenten kann sich zwar auf den eigenen Geschäftswert erhöhend auswirken. Hier fehlt aber der Erwerb mit der Folge, dass eine Bilanzierung nicht zulässig ist.

714

5.4.9.6.3 Bilanzierung nach Handelsrecht

Mit § 246 Abs. 1 Satz 4 HGB wird der entgeltlich erworbene Geschäfts- oder Firmenwert zum zeitlich begrenzt nutzbaren Vermögensgegenstand erhoben. Daraus folgt, dass der entgeltlich erworbene Geschäfts- oder Firmenwert weiterhin in Höhe des Unterschiedsbetrags anzusetzen ist, um den die für die Übernahme eines Unternehmens bewirkte Gegenleistung den Wert der einzelnen Vermögensgegenstände abzüglich der Schulden im Zeitpunkt der Übernahme übersteigt. Das Ansatzwahlrecht wurde aufgehoben. Es gilt nur noch bis 2009.

715

Damit ist der entgeltlich erworbene Geschäfts- oder Firmenwert aktivierungspflichtig und unterliegt den allgemeinen handelsrechtlichen Bewertungsvorschriften.

Nach § 253 HGB ist er planmäßig oder gegebenenfalls auch außerplanmäßig abzuschreiben. Grundsätzlich ist er innerhalb von 5 Jahren abzuschreiben, eine darüber hinausgehende Abschreibung ist aber zulässig, soweit sie im Anhang begründet wird (§ 285 Nr. 13 HGB).

716

Wenn die Gründe für die außerplanmäßige Abschreibung entfallen, besteht ein strenges Zuschreibungsverbot.

Die bereits im Juni 2013 vom Europa-Parlament verabschiedete Bilanzrichtlinie muss von allen Mitgliedstaaten bis zum 20.7.2015 in nationales Recht umgesetzt werden. Das soll durch das Bilanzrichtlinie-Umsetzungsgesetz (BilRUG) erfolgen. Am 7.1.2015 hat die Bundesregierung einen entsprechenden Regierungsentwurf vorgelegt. Danach wird u. a. die Nutzungsdauer selbst geschaffener Vermögensgegenstände sowie des Geschäfts- oder Firmenwerts wie folgt geregelt:

- Wenn die Nutzungsdauer verlässlich geschätzt werden kann:
  Abschreibungen über die geschätzte Nutzungsdauer, auch über 10 Jahre hinaus,
- Wenn die Nutzungsdauer nicht verlässlich geschätzt werden kann:
  Abschreibungen über mindestens fünf und höchstens 10 Jahre.

Dabei sind in beiden Fällen die Gründe für die Annahme der Nutzungsdauer im Anhang zu erläutern.

Anwendungen grundsätzlich auf erstmalige Aktivierungen nach dem 31.12.2015 (siehe hierzu ausführlich BBK 3/2015 S. 133).

5.4.9.6.4 Bilanzierung nach Steuerrecht

717 Für die Steuerbilanz ergibt sich die Aktivierungspflicht für den Geschäfts- oder Firmenwert aus § 5 Abs. 2 EStG. Der steuerliche Begriff „Wirtschaftsgut" stimmt dabei nach der Rechtsprechung auch inhaltlich mit dem Begriff „Vermögensgegenstand" überein.

Der selbstgeschaffene Geschäftswert kann gesellschaftsrechtlich Gegenstand einer Sacheinlage gegen Gewährung von Gesellschaftsrechten sein. Diese Sacheinlage führt dann zu einem Anschaffungsgeschäft mit der Folge, dass ein aktivierungsfähiges immaterielles Wirtschaftsgut gegeben ist. Dabei spielt es keine Rolle, ob die Einlage in offener oder verdeckter Form geschieht.

Steuerrechtlich ist der erworbene Geschäftswert nach § 7 Abs. 1 EStG abzuschreiben, weil er sich im Laufe der Zeit verflüchtigt und somit steuerrechtlich ein abnutzbares Wirtschaftsgut gegeben ist. Das gilt auch, wenn der Geschäftswert nach dem Erwerb tatsächlich nicht absinkt und unverändert bleibt. Dann ist davon auszugehen, dass anstelle des erworbenen Geschäftswertes, der sich verflüchtigt hat, ein neuer selbstgeschaffener Geschäftswert getreten ist. Damit ist die Einheitstheorie aufgegeben worden. Als betriebsgewöhnliche Nutzungsdauer gilt ein Zeitraum von 15 Jahren. Im Gegensatz zum Handelsrecht gilt ein Wertaufholungsgebot.

5.4.9.6.5 Latente Steuerabgrenzung

718 Nach § 274 HGB entstehen latente Steuern, wenn zwischen den handelsrechtlichen Wertansätzen und den steuerlichen Wertansätzen Differenzen bestehen, die sich in späteren Geschäftsjahren wieder abbauen. Eine sich daraus ergebende Steuerbelastung ist als passive latente Steuer in der Bilanz anzusetzen, eine Steuerentlastung dagegen kann als aktive latente Steuer bilanziert werden.

Der Aufwand oder Ertrag aus der Veränderung bilanzierter latenter Steuern ist in der Gewinn- und Verlustrechnung gesondert unter dem Posten „Steuern vom Einkommen und Ertrag" auszuweisen

Wegen weiterer Einzelheiten siehe Rdn. 1119.

> **BEISPIEL:** Bei Erwerb eines Unternehmens entsteht ein Geschäftswert von 600 000 €, der nach Handelsrecht auf 5 Jahre, nach Steuerrecht auf 15 Jahre abgeschrieben wird.
> Der Steuersatz soll 30 % betragen.
>
> | | |
> |---|---:|
> | Abschreibung HB | 120 000 € |
> | Abschreibung StB | 40 000 € |
>
> In der HB ergibt sich im Gegensatz zur StB ein um 80 000 € niedriger Gewinn, die darauf entfallende Steuer 30 % = 24 000 €. Das führt buchmäßig in den nächsten 5 Jahren zu einer aktiven latenten Steuer i. H.v. 120 000 €, die in den weiteren 10 Jahren mit jeweils jährlich 12 000 € wieder aufgelöst wird.

HINWEIS

Die in einer IFRS-Bilanz gebildete passive latente Steuer kann erst wieder aufgelöst werden, wenn der Firmenwert außerplanmäßig abgeschrieben wird.

5.4.9.6.6 Einzelrechte

Ein Firmenwert kann nur mit einem **lebenden Betrieb im Ganzen erworben** werden. Daneben können aber auch bestimmte Einzelrechte übertragen werden, die nach dem Grundsatz der Einzelbewertung selbständig bilanziert und gegebenenfalls abgeschrieben werden müssen.

Solche **Einzelrechte** können u. a. vorliegen bei Erwerb

- von Geschäftsbeziehungen zu vertretenen Firmen,
- eines Firmennamens,
- eines Patentrechts und
- von Rechten aus schwebenden Geschäften.

5.4.9.6.7 Berechnung

Für die **Berechnung des Geschäftswerts**, die insbesondere der Feststellung des Teilwerts dient, kommen zwei Methoden in Betracht:

- **Die indirekte Methode**

Bezugsgröße ist dabei grundsätzlich der nachhaltig zu erzielende Ertrag, d. h. Grundlage ist der durchschnittliche Erfolg einer großen Anzahl von Geschäftsjahren. Dieser auch für die Zukunft als gesichert unterstellte Ertrag wird kapitalisiert, wobei eine Normalverzinsung von 10 % berücksichtigt wird. Dadurch erhält man den Gesamtwert des Unternehmens, der als Ertragswert bezeichnet wird. Bei Ermittlung des Reinertrags wird vom Jahresgewinn ein angemessener Unternehmerlohn abgezogen. Der Kapitalisierungsfaktor (in der Regel 10 %) setzt sich aus einem Normalzinssatz und einem Risikozuschlag zusammen. Zur Berechnung der Durchschnittsgewinne werden außerdem die außerordentlichen und betriebsfremden Erträge herausgenommen.

Vom ermittelten Ertragswert wird der Substanzwert abgezogen. Bei Ermittlung des Substanzwerts berücksichtigt man die Teilwerte der in der Bilanz aufgeführten Aktiva und Passiva.

Als Differenz zwischen Ertragswert und Substanzwert ergibt sich der sog. innere Wert des Unternehmens, der durch einen Risikoabschlag von 50 % auf den echten Geschäftswert zurückgeführt wird.

> **BEISPIEL:**
>
> | | |
> |---|---:|
> | Nachhaltig erzielbarer Gewinn | 60 000 € |
> | × Kapitalisierungsfaktor 10 = Ertragswert | 600 000 € |
> | Substanzwert | 200 000 € |
> | Innerer Wert des Unternehmens | 400 000 € |
> | Risikoabschlag 50 % | 200 000 € |
> | Geschäftswert (Teilwert) | 200 000 € |

▶ **Die direkte Methode**

721 In Betrieben, bei denen der Substanzwert von untergeordneter Bedeutung ist, kommt für die Ermittlung des Geschäftswertes die direkte Methode in Betracht. Hierbei wird der sog. Übergewinn, das ist ein die normale Verzinsung des eingesetzten Kapitals und den angemessenen Unternehmerlohn übersteigender Gewinn, kapitalisiert. Dieses Verfahren trägt der persönlichen, den Geschäftserfolg wesentlich beeinflussenden Mitarbeit der Unternehmer besser Rechnung. Die Ermittlung erfolgt nach folgender Formel:

	nachhaltig erzielbarer Gewinn
./.	Verzinsung des eingesetzten Kapitals
./.	angemessener Unternehmerlohn
=	Übergewinn × Kapitalisierungsfaktor
=	Geschäftswert

Statt der fortgeführten Anschaffungskosten kann nach § 6 Abs. 1 Nr. 1 EStG, § 5 Abs. 1 EStG bzw. muss nach § 253 Abs. 3 HGB bei einer dauernden Wertminderung der niedrigere Zeitwert angesetzt werden. Das kann der Fall sein, wenn der Geschäftswert durch die wirtschaftliche Entwicklung des Unternehmens nachhaltig gesunken ist (BFH v. 13. 4. 1983 I R 63/79, BStBl 1983 II 667).

5.4.9.6.8 Übertragung eines Betriebs

722 Bei Übertragung eines Betriebs, Teilbetriebs oder Mitunternehmeranteils zu einem über dem Kapitalkonto liegenden Veräußerungsentgelt ist von einem entgeltlichen Erwerb auszugehen. Zur Ermittlung der Anschaffungskosten muss zunächst festgestellt werden, in welchen Buchwerten stille Reserven enthalten sind und wie viel sie insgesamt betragen. Diese stillen Reserven sind dann gleichmäßig um den Vonhundertsatz aufzulösen, der dem Verhältnis des aufzustockenden Betrags zum Gesamtbetrag der vorhandenen stillen Reserven des beim Veräußerer ausgewiesenen Betriebsvermögens entspricht. Eine Aufdeckung der stillen Reserven, die auf einen vom Übertragenden selbst geschaffenen Firmenwert entfallen, kommt erst nach vollständiger Aufdeckung der stillen Reserven in Betracht, die in den übrigen Wirtschaftsgütern des Betriebsvermögens stecken (BMF v. 13. 1. 1993, BStBl 1993 I 80).

Überträgt ein Stpfl. sein Einzelunternehmen, das einen Geschäftswert enthält, an eine GmbH, deren Alleingesellschafter er ist, geht der vorhandene Geschäftswert auf die GmbH über. Das gilt auch dann, wenn sich der Kaufpreis nur nach den im Einzelunternehmen bilanzierten Aktiva und Passiva richtet. Es ist davon auszugehen, dass die geschäftswertbildenden Faktoren im Kaufpreis enthalten sind. Die stillen Reserven, die auf den Geschäftswert entfallen, sind nach § 16 Abs. 3 EStG zu versteuern (BFH v. 26. 11. 2009 III R 40/07, BStBl 2010 II 609).

Wird einem ausscheidenden Mitunternehmer eine Abfindung gezahlt, die auch den selbstgeschaffenen, bisher nicht bilanzierten Geschäftswert abgilt, ist der darauf entfallende Anteil der Abfindung als derivativer Geschäftswert zu aktivieren. Der auf den originären Geschäftswert entfallende Anteil bleibt außer Ansatz (BFH v. 16. 5. 2002 III R 45/98, BStBl II 10).

Maßgebendes Kriterium für einen Übergang des Geschäftswertes von einem Einzelunternehmen auf eine Kapitalgesellschaft im Wege der verdeckten Einlage ist, dass dem nutzenden Unternehmen die materiellen und immateriellen Wirtschaftsgüter sowie die sonstigen Faktoren, welche sich im Geschäftswert niederschlagen, auf einer vertraglichen Grundlage überlassen werden, die Nutzung auf Dauer angelegt ist und kein Rechtsanspruch auf Rückgabe dieser Wirtschaftsgüter besteht (BFH v. 2. 9. 2008 X R 32/05, BStBl 2009 II 634).

5.4.9.7 Praxiswert der freien Berufe

Beim Praxiswert, das dem Geschäftswert entsprechende Wirtschaftsgut bei Freiberuflern, handelt es sich um **abnutzbares Anlagevermögen**. Die betriebsgewöhnliche Nutzungsdauer ist mit 3 bis 5 Jahren anzunehmen, weil unterstellt wird, dass sich dieser Wert, der eng an die persönliche Leistungsfähigkeit des Freiberuflers geknüpft ist, innerhalb dieser Zeit verflüchtigt.

723

Der anlässlich der Gründung einer Sozietät aufgedeckte Praxiswert stellt ebenso wie der Wert einer erworbenen Einzelpraxis ein abnutzbares immaterielles Wirtschaftsgut dar. § 7 Abs. 1 Satz 3 EStG ist jedoch auf die Bemessung der AfA für den Praxiswert nicht anzuwenden. Wegen der Beteiligung und der weiteren Mitwirkung des bisherigen Praxisinhabers ist vielmehr davon auszugehen, dass die betriebsgewöhnliche Nutzungsdauer des anlässlich der Gründung der Sozietät aufgedeckten Praxiswerts doppelt so lang ist wie die Nutzungsdauer des Werts einer erworbenen Einzelpraxis. Dabei ist nicht zu beanstanden, wenn für den anlässlich der Gründung einer Sozietät aufgedeckten Praxiswert eine betriebsgewöhnliche Nutzungsdauer von 6 – 10 Jahren und für den Wert einer erworbenen Einzelpraxis eine solche von 3 – 5 Jahre angenommen wird (BMF v. 15. 1. 1995, BStBl 1995 I 14).

Orientiert sich der für eine Arztpraxis mit Vertragsarztsitz zu zahlende Kaufpreis ausschließlich am Verkehrswert, so ist in dem damit abgegoltenen Praxiswert der Vorteil aus der Zulassung als Vertragsarzt untrennbar enthalten (BFH v. 9. 8. 2011 VIII R 13/08, BStBl 2011 II 875).

Wenn eine ursprünglich als freiberuflich qualifizierte Tätigkeit später zu einer gewerblichen umqualifiziert werden muss, weil Art und Umfang der Tätigkeit nicht mehr der einer freiberuflichen entspricht, dann wandelt sich der Praxiswert in einen Geschäftswert um mit der Folge, dass dieser nach § 7 Abs. 1 EStG bis auf 15 Jahre abgeschrieben werden muss (FG Münster v. 24. 10. 2014 13 K 2297/12 F, NWB DokID: JAAAE-81252).

LITERATURHINWEIS:

Koltermann, Fallsammlung Bilanzsteuerrecht, 17. Aufl., Fall 43 – 47

5.4.10 Rücklagen

5.4.10.1 Begriff

724 Im Gegensatz zum Bilanzkapital stellen Rücklagen **veränderliche Teile des Eigenkapitals** dar. Sie werden – bis auf die sog. steuerfreien Rücklagen – aus bereits versteuerten Gewinnen gebildet und, da die Aktionäre auf eine Ausschüttung verzichtet haben, für die Selbstfinanzierung verwendet. Damit werden also künftig auftretende Belastungen ohne Rückgriff auf das eigentliche Bilanzkapital ausgeglichen.

5.4.10.2 Arten

Zu unterscheiden sind:

5.4.10.2.1 Gewinnrücklagen

725 Als Gewinnrücklagen dürfen nach § 272 Abs. 3 HGB nur Beträge ausgewiesen werden, die im Geschäftsjahr oder in einem früheren Geschäftsjahr aus dem Ergebnis gebildet worden sind.

Hierzu zählen:

► gesetzliche Rücklagen:

Nach § 150 AktG ist bereits bei Aufstellung des Jahresabschlusses eine gesetzliche Rücklage zu bilden, in die 5 % des gegebenenfalls um einen Verlustvortrag aus dem Vorjahr geminderten Jahresüberschusses einzustellen sind, bis sie zusammen mit der Kapitalrücklage 10 % oder den satzungsmäßigen höheren Teil des Grundkapitals erreichen;

► auf Gesellschaftsvertrag oder Satzung beruhende Rücklagen;
► andere Gewinnrücklagen.

5.4.10.2.2 Kapitalrücklage

726 Hier sind nach § 272 Abs. 2 HGB Ausgabeaufgelder, Vorzugszuzahlungen sowie andere im Gesetz aufgeführte Zuzahlungen auszuweisen.

5.4.10.2.3 Sonderposten mit Rücklageanteil

727 Diese Rücklagen sind nach steuerrechtlichen Vorschriften ausdrücklich von einer Besteuerung ausgenommen. Zu diesen Rücklagen zählen insbesondere:

► Rücklage für Ersatzbeschaffung (R 6.6 EStR),
► Rücklage nach § 6b EStG,
► Zuschussrücklage (R 6.5 EStR).

Der Grundsatz der umgekehrten Maßgeblichkeit ist mit dem BilMoG aufgegeben worden mit der Folge, dass ab 2010 in der Handelsbilanz ein Sonderposten mit Rücklageanteil nicht mehr gebildet werden darf. 728

§ 247 Abs. 3 HGB a. F. ist letztmals auf das vor dem 1. 1. 2010 beginnende Geschäftsjahr anzuwenden. Die bis dahin gebildeten Sonderposten können beibehalten oder später über die Gewinnrücklagen aufgelöst werden (Art. 67 Abs. 3 und 4 EGHGB). Die Umbuchung in die Gewinnrücklagen führt zu temporären Differenzen mit der Folge, dass § 274 HGB zu beachten ist (latente Steuern).

5.4.10.3 Zusammensetzung des Eigenkapitals bei den einzelnen Rechtsformen

ABB. 14:	Zusammensetzung des Eigenkapitals bei den einzelnen Rechtsformen	
Rechtsform	Eigenkapital	
	unveränderlich	veränderlich
Einzelfirma	–	▶ Kapitalkonto ▶ Privatkonten ▶ steuerfreie Rücklagen (nur Steuerbilanz)
OHG	–	▶ Kapitalkonten Gesellschafter ▶ Privatkonten Gesellschafter ▶ steuerfreie Rücklagen (nur Steuerbilanz)
KG	Kapitalkonto des Kommanditisten	▶ Kapitalkonten Komplementäre ▶ Privatkonten Komplementäre ▶ Privatkonten Kommanditisten ▶ steuerfreie Rücklagen (nur Steuerbilanz)
AG GmbH	gezeichnetes Kapital (Grund- oder Stammkapital)	▶ Kapitalrücklage ▶ gesetzliche Rücklage ▶ andere Gewinnrücklagen ▶ Sonderposten mit Rücklagenanteil (nur Steuerbilanz)

5.4.11 Rückstellungen

5.4.11.1 Begriff

Rückstellungen werden gebildet für Verpflichtungen und Verluste, die am Bilanzstichtag bestehen, aber noch keine Verbindlichkeiten sind, weil 729

▶ ihr Bestehen noch ungewiss ist,
▶ die Höhe der Verpflichtung nicht genau feststeht,
▶ der Zeitpunkt und Fälligkeit noch nicht bekannt sind.

Damit handelt es sich um einen **Wertverzehr**, der, wirtschaftlich betrachtet, **dem abgelaufenen Wirtschaftsjahr zuzurechnen ist**. Die bilanzmäßige Berücksichtigung ergibt sich dabei aus dem Vorsichtsprinzip.

Nach Entscheidung des BFH (BFH v. 17.10.2013 IV R 7/11, BStBl 2014 II 302) liegt die wirtschaftliche Verursachung auch dann vor, wenn die rechtliche Verpflichtung zur Rückstellungsbildung bereits am Bilanzstichtag vorgelegen hat.

5.4.11.2 Rückstellungen nach Handelsrecht

730 Nach § 249 HGB sind Rückstellungen zu bilden für

- ungewisse Verbindlichkeiten und für drohende Verluste aus schwebenden Geschäften,
- im Geschäftsjahr unterlassene Aufwendungen für Instandhaltung, die im folgenden Geschäftsjahr innerhalb von drei Monaten oder für Abraumbeseitigung, die im folgenden Geschäftsjahr nachgeholt werden,
- Gewährleistungen, die ohne rechtliche Verpflichtung erbracht werden.

5.4.11.3 Rückstellungen nach Steuerrecht

731 Das Steuerrecht enthält bis auf folgende Ausnahmen keine Regelungen über die Bildung von Rückstellungen:

- § 5 Abs. 3 EStG: Rückstellungen wegen Verletzung fremder Patente, Urheber- oder ähnlicher Schutzrechte.
- § 5 Abs. 4 EStG: Rückstellungen für die Verpflichtung zu einer Zuwendung anlässlich eines Dienstjubiläums.
- § 6a EStG: Rückstellungen für Pensionsverpflichtungen.

Darüber hinaus gelten wegen der Maßgeblichkeit für das Steuerrecht die Grundsätze des Handelsrechts (Einzelheiten hierzu siehe Rdn. 1075 ff.).

5.4.11.4 Abgrenzungen

732 **Rückstellungen unterscheiden** sich von

(1) den **Rücklagen** insbesondere dadurch, dass Rückstellungen immer Aufwand, Rücklagen dagegen nur Gewinnverwendung darstellen;

(2) den **Wertberichtigungen**, weil Rückstellungen echte Passivposten, Wertberichtigungen aber nur Korrekturposten zu Aktivwerten darstellen;

(3) den **Verbindlichkeiten**, weil echte Verbindlichkeiten bereits entstanden und Grund, Höhe und Fälligkeit bekannt sind;

(4) den **Rechnungsabgrenzungsposten**, weil diese dem Grunde und der Höhe nach bestimmt sind und bereits geleistete Zahlungen voraussetzen (Einnahmen bzw. Ausgaben vor dem Bilanzstichtag), während Rückstellungen zwar Aufwand, aber keine Ausgabe darstellen.

LITERATURHINWEISE:

Zur Bewertung von Rückstellungen:

Vgl. Teil B Kapitel 6.8 (Rdn. 1072 ff.);
Koltermann, Fallsammlung Bilanzsteuerrecht, 17. Aufl., Fall 54 – 65

5.4.12 Rechnungsabgrenzungsposten

Rechnungsabgrenzungsposten sind **Erfolgsberichtigungsposten der Jahresrechnung**. Sie dienen einer **periodengerechten Ermittlung des Gewinns**. Damit sind sie grundsätzlich **keine Wirtschaftsgüter**, sondern lediglich Verrechnungsposten. Eine Bewertung nach § 6 EStG erfolgt deshalb nicht. Nach Handels- und Steuerrecht kommen als Voraussetzungen für die Bildung von Rechnungsabgrenzungsposten (§ 250 HGB, § 5 Abs. 5 EStG) in Betracht:

733

▶ es müssen Ausgaben oder Einnahmen vor (bis) zum Abschlussstichtag sein;

▶ Begrenzung auf Vorleistungen, die im Rahmen eines gegenseitigen Vertrags ein Vertragsteil dem anderen erbringt;

▶ die Ausgaben oder Einnahmen müssen Aufwand bzw. Ertrag für eine bestimmte Zeit nach dem Abschlussstichtag darstellen.

Grundsätzlich besteht sowohl handelsrechtlich als auch steuerrechtlich eine **Aktivierungs- bzw. Passivierungspflicht**.

Für Zölle, Verbrauchsteuern und Umsatzsteuer auf Anzahlungen sowie für das Disagio besteht steuerrechtlich eine Aktivierungspflicht.

Antizipative Posten (Ausgaben und Einnahmen nach dem Bilanzstichtag), die Aufwand bzw. Ertrag für einen Zeitraum vor diesem Tag darstellen, dürfen nicht als Rechnungsabgrenzungsposten ausgewiesen werden. Hierbei handelt es sich in der Regel um Forderungen oder Verbindlichkeiten.

Der BFH hat in seinem Urteil v. 18. 3. 2010 (X R 20/09, NWB DokID: YAAAD-48053, BFH/NV 2010, 1796) entschieden, dass in Fällen geringer Bedeutung – im Einzelfall bis 410 € netto – auf die Aktivierung eines RAP verzichtet werden kann. Der fehlende Ansatz darf aber das Ergebnis des Unternehmens nicht wesentlich beeinflussen.

Nach Auffassung des BMF soll es aber bei der Ansatzpflicht bleiben, weil der BFH im Zusammenhang mit der Bildung von Rückstellungen auch für geringe Beträge die Rückstellungspflicht bejaht hat (BFH v. 19. 7. 2011 X R 26/10, BStBl 2012 II 856).

5.4.13 Wertberichtigungen

Wertberichtigungen sind keine **Vermögensgegenstände**, sondern lediglich Posten, die den **Minderwert eines Aktivpostens** zum Ausdruck bringen sollen. Es handelt sich also um **Korrekturposten**.

734

5.5 Betriebsvermögen und Betriebsausgaben

5.5.1 Allgemeines

735 Die unterschiedliche Behandlung der Wirtschaftsgüter als Betriebsvermögen oder Privatvermögen ist von Bedeutung im Falle einer Veräußerung oder Entnahme. Nur wenn sie Betriebsvermögen sind, ergeben sich durch diese Vorgänge Gewinne oder Verluste.

Dagegen spielt es für die Zugehörigkeit keine Rolle, ob die Aufwendungen im Zusammenhang mit diesen Wirtschaftsgütern Betriebsausgaben sind oder nicht. Hier gilt allein das Verursachungsprinzip.

Deshalb sind Aufwendungen einschließlich der AfA, die betrieblich veranlasst sind, auch dann Betriebsausgaben, wenn das Wirtschaftsgut zum Privatvermögen gehört. Es kommt zu einer Einlage der betrieblich verursachten Kosten.

> **BEISPIEL:** Ein zum Privatvermögen gehörender Pkw wird zu 5 % betrieblich genutzt. Dann sind 5 % sämtlicher Aufwendungen einschließlich der AfA Betriebsausgaben.

Dasselbe gilt auch umgekehrt. Wird also ein betriebliches Wirtschaftsgut auch für private Zwecke genutzt, liegen insoweit mangels betrieblicher Veranlassung keine Betriebsausgaben vor. Die Aufwendungen einschließlich der anteiligen AfA sind als Entnahme zu erfassen.

> **BEISPIEL:** Der betriebliche Pkw wird zu 20 % für private Zwecke genutzt.

5.5.2 Betriebsvermögen und nichtabzugsfähige Betriebsausgaben

736 Die Regelungen des § 4 Abs. 5 EStG, wonach bestimmte Aufwendungen, die zwar betrieblich veranlasst, aber nicht abziehbar sind, gelten auch im Zusammenhang mit Wirtschaftsgütern des Betriebsvermögens, wie z. B.:

▶ Unentgeltliche Übertragung einzelner Wirtschaftsgüter aus einem Betriebsvermögen in ein anderes Betriebsvermögen aus betrieblicher Veranlassung:

Soweit diese Wirtschaftsgüter nicht nur ausschließlich betrieblich genutzt werden können, sind sie beim Übertragenden ein nicht abziehbarer Aufwand, wenn der Wert des Wirtschaftsguts 35 € übersteigt.

▶ Häusliches Arbeitszimmer:

Das im eigenen Haus betrieblich genutzte Arbeitszimmer ist ein eigenbetrieblich genutzter Grundstücksteil. Anteilige AfA und Grundstückskosten sind Aufwand, ohne Rücksicht darauf, ob dieser Grundstücksanteil bilanziert wird oder nicht (s. Rdn. 745), vgl. aber § 4 Abs. 5 Nr. 6b EStG zu den Voraussetzungen, unter denen ein Betriebsausgabenabzug dieser Aufwendungen möglich ist.

▶ Gästehäuser:

Der Umstand, dass die Aufwendungen für ein Grundstück zu den nichtabziehbaren Betriebsausgaben nach § 4 Abs. 5 EStG gehören, ändert nichts an dessen Zurechnung zum Betriebsvermögen.

(Siehe auch Rdn. 1213 ff.)

Betriebsvermögen nach Handels- und Steuerrecht — TEIL B

FRAGEN

		Rdn.
1.	Warum ist die Unterscheidung zwischen Betriebsvermögen und Privatvermögen für das Handelsrecht und für das Steuerrecht von entscheidender Bedeutung?	669
2.	Bedeutet Kaufmannseigenschaft gleichzeitig auch Verpflichtung zur ordnungsmäßigen Buchführung?	670
3.	Das Handelsrecht kennt den Begriff „Vermögensgegenstand", das Steuerrecht den Begriff „Wirtschaftsgut". Ergibt sich hierdurch eine unterschiedliche Bedeutung?	672
4.	Nach welchem Prinzip sind Wirtschaftsgüter zu bilanzieren?	673
5.	Unter welchen Voraussetzungen gehören Wirtschaftsgüter zum notwendigen Betriebsvermögen?	674 f.
6.	Was ist erforderlich, wenn ein Wirtschaftsgut des notwendigen Betriebsvermögens fälschlich als Privatvermögen behandelt wird?	676
7.	Ein Unternehmer hat sein privat genutztes Einfamilienhaus bilanziert, weil er es mit einem betrieblichen Kredit belastet hat. Was ist zu tun?	679
8.	Was versteht man unter dem Begriff „gewillkürtes Betriebsvermögen" und wie wird es steuerlich behandelt?	680
9.	Ein Wirtschaftsgut des notwendigen Betriebsvermögens und ein Wirtschaftsgut des gewillkürten Betriebsvermögens werden durch Aufnahme eines Kredits finanziert. Wozu gehören bilanziell die Schulden?	683
10.	Der Unternehmer führt bei seiner Bank ein gemischtes Kontokorrentkonto. Was hat er zum Jahresabschluss zu veranlassen?	688
11.	Unter welchen Voraussetzungen kommt es zu einer Beschränkung des Schuldzinsenabzugs?	690
12.	Gelten die Regelungen des Schuldzinsenabzugs auch für Kapitalgeschaften?	690
13.	Was ist unter dem Begriff „Überentnahmen" zu verstehen und wie werden diese ermittelt?	691
14.	Wie geht man bei der Prüfung, ob Schuldzinsen abzugsfähig oder nichtabzugsfähig sind vor?	694
15.	Was ist zu beachten, wenn ein fremdfinanziertes Anlagegut später in das Umlaufvermögen überführt wird?	695
16.	Gibt es eine zeitliche Beschränkung bei der Fremdfinanzierung eines Anlagegutes, wenn der Darlehensbetrag zunächst auf ein betriebliches Kontokorrentkonto überwiesen wird?	696
17.	Was versteht man unter dem „zwei Kontenmodell"?	697
18.	Was bedeutet der Begriff „Zinsschranke" und was soll damit geregelt werden?	701
19.	Was fällt unter den Begriff „immaterielle Wirtschaftsgüter"?	702
20.	Zu welchen Vermögensarten können sie gehören?	703
21.	Wie sind immaterielle Wirtschaftsgüter nach Steuerrecht zu behandeln?	704
22.	Unter welchen Voraussetzungen gilt das Aktivierungsverbot nicht?	705
23.	Welche Regeln gelten handelsrechtlich für die Aktivierung?	706

			Rdn.
24.	Was gilt es bei selbsthergestellten immateriellen Wirtschaftsgütern zu beachten?		707
25.	Computerprogramme können zu den materiellen oder immateriellen Wirtschaftsgütern gehören. Worin unterscheiden sie sich?		708 f.
26.	Aufwendungen für die Einrichtung von Internetauftritten können steuerlich was darstellen?		711
27.	Welche Arten von Geschäfts- oder Firmenwerten gibt es und wie entstehen sie?		713 f.
28.	Wie sind die Geschäftswerte nach – Handelsrecht und – Steuerrecht zu bilanzieren?		715-717
29.	Was ist die bilanzielle Folge der unterschiedlichen Nutzungsdauer nach Handelsrecht und Steuerrecht?		718
30.	Die Ermittlung eines Geschäftswertes kann nach zwei Methoden erfolgen. Worin unterscheiden diese sich?		720 f.
31.	Was ist bei der Übertragung eines Betriebs bzw. bei Ausscheiden eines Mitunternehmers hinsichtlich des Geschäftswertes zu beachten?		722
32.	Worin unterscheidet sich der Praxiswert der freien Berufe vom Geschäftswert?		723
33.	Was versteht man unter Rücklage und welche Arten gibt es?		724-726
34.	Wofür werden Sonderposten mit Rücklageanteil gebildet und wie werden sie in der Handelsbilanz und Steuerbilanz ausgewiesen?		727 f.
35.	Unter welchen Voraussetzungen dürfen Rückstellungen in der Handelsbilanz und Steuerbilanz gebildet werden?		730 f.
36.	Worin unterscheiden sich Rückstellungen von Rücklagen?		732
37.	Was versteht man unter „Rechnungsabgrenzungsposten"?		733
38.	Müssen Rechnungsabgrenzungsposten in jeden Fall bilanziert werden?		733
39.	Welchen Zweck haben Wertberichtigungsposten?		734
40.	Sind alle Aufwendungen, die mit Wirtschaftsgütern des Betriebsvermögens im Zusammenhang stehen, immer als Betriebsausgaben abzugsfähig?		735 f.

5.6 Zugehörigkeit von Grundstücken und Grundstücksteilen zum Betriebsvermögen

5.6.1 Grundstücke als Anlagevermögen oder Umlaufvermögen

737 Grundstücke gehören zum **Anlagevermögen**, wenn sie dazu bestimmt sind, dem Betrieb für längere Zeit bzw. auf Dauer zu dienen. Sie gehören zum **Umlaufvermögen**, wenn sie nach der betrieblichen Zweckbestimmung zur Veräußerung im Rahmen einer gewerblichen Tätigkeit vorgesehen sind.

BEISPIELE:

▶ Ein Gewerbetreibender erwirbt unbebautes Grundstück als Lagerplatz (Anlagevermögen).

▶ Ein Bauunternehmer erwirbt ein unbebautes Grundstück zwecks Bebauung und Weiterverkaufs (Umlaufvermögen).

5.6.2 Bilanzausweis

Nach § 266 Abs. 2 II Nr. 1 HGB haben Kaufleute in der Bilanz unter Sachanlagen auszuweisen: 738

▶ Grundstücke,

▶ grundstücksgleiche Rechte und

▶ Bauten einschließlich der Bauten auf fremden Grundstücken.

Ungeachtet des Umstands, dass nach § 94 Abs. 1 BGB Grund und Boden, aufstehende Gebäude und sonstige Anlagen zivilrechtlich eine Einheit darstellen, sind diese Teile wegen der unterschiedlichen handelsrechtlichen und steuerrechtlichen Behandlung (AfA) jeweils gesondert in der Bilanz auszuweisen. Die Entscheidung über die Zugehörigkeit zum Betriebsvermögen muss aber einheitlich getroffen werden. Also ist es nicht möglich, ein Gebäude zum Betriebsvermögen, den dazugehörigen Grund und Boden zum Privatvermögen zu zählen.

Zu den grundstücksgleichen Rechten zählen insbesondere: 739

▶ Erbbaurecht

▶ Mineralgewinnungsrecht

▶ Bergrecht

▶ Fischereirecht

Miteinander verbundene Bauwerke sind bei einem einheitlichen Nutzungs- und Funktionszusammenhang ein einheitliches Wirtschaftsgut (BFH v. 20. 11. 1980 IV R 8/78, BStBl 1981 II 201). Das gilt für alle Gebäudebestandteile, die diese Voraussetzungen erfüllen. Dazu gehören insbesondere Anlagen und Einrichtungen, die eine Gebäudenutzung erst ermöglichen. 740

Unter der Erdoberfläche lagernde Bodenschätze sind selbständige Wirtschaftsgüter, die auch getrennt zu bilanzieren sind (BMF v. 7. 10. 1998, BStBl 1998 I 1221). Nach § 96 BGB gelten Rechte, die mit dem Eigentum an einem Grundstück verbunden sind, z. B. Grunddienstbarkeiten, als Bestandteile des Grundstücks. Steuerlich handelt es sich dagegen um selbständige immaterielle Wirtschaftsgüter (BFH v. 24. 8. 1989 IV R 38/88, BStBl 1989 II 1016). 741

Auch die auf dem Grund und Boden errichteten Außenanlagen sind in der Regel selbständige Wirtschaftsgüter. Ein bebautes Grundstück wird regelmäßig durch ein einheitliches Rechtsgeschäft erworben. Der Gesamtkaufpreis ist in diesen Fällen entsprechend aufzuteilen. 742

Getrennt, ohne bautechnische Verbindung auf einem Grundstück stehende Baulichkeiten sind grundsätzlich gesonderte Wirtschaftsgüter. Das Bewertungsrecht ist insoweit unmaßgeblich. Nur für Baulichkeiten oder sonstige Einrichtungen, die trotz fehlender baulicher Verbindung einem auf demselben Grundstück befindlichen Hauptgebäude derart dienen, dass dieses ohne die Einrichtung als unvollständig erscheint, hat die Rechtsprechung die Selbständigkeit dieser Baulichkeiten oder sonstigen Einrichtungen verneint. Anders als Garagen von Ein- oder Zweifamilienhäusern, sind Garagen, die auf dem Gelände eines großen Mietwohnungskomplexes nachträglich errichtet werden, jedenfalls dann als selbständige Wirtschaftsgüter gesondert abzuschreiben, wenn ihre Errichtung nicht Bestandteil der Baugenehmigung für das Mietwohngebäude war und kein enger Zusammenhang zwischen der Nutzung der Wohnungen und der Garagen besteht, weil die Zahl der Garagen hinter der Zahl der Wohnungen deutlich zurückbleibt und die Garagen zum Teil an Dritte vermietet sind (BFH v. 22. 9. 2005 IX R 26/04, BStBl 2006 II 169).

Parkplätze im Unternehmensbereich können dabei

▶ Gebäudebestandteil

oder

▶ selbständige Außenanlagen sein.

743 Entstehen dem Steuerpflichtigen Aufwendungen für die Anlage eines Kinderspielplatzes im Zusammenhang mit der Errichtung eines Wohngebäudes, liegen nur Herstellungskosten des Gebäudes vor, wenn die Gemeinde als Eigentümerin den Kinderspielplatz angelegt und dafür Beiträge von den Grundstückseigentümern erhoben hat. In allen anderen Fällen (Errichtung des Spielplatzes auf einem Grundstück des Steuerpflichtigen oder als gemeinsamer Spielplatz mit anderen Hauseigentümern) entsteht durch die Aufwendungen ein selbständig zu bewertendes Wirtschaftsgut, dessen Nutzungsdauer im Allgemeinen mit 10 Jahren angenommen werden kann (R 6.4 EStR).

Aufwendungen des Erwerbers eines Grundstückes für eine von Dritten zu errichtende Privatstraße stellen auch Anschaffungskosten eines selbständigen abnutzbaren Wirtschaftsguts dar, wenn die Straße der erstmaligen Erschließung des Grundstücks dient (BFH v. 19. 10. 1999 IX R 34/96, BStBl 2000 II 257).

5.6.3 Selbständige Wirtschaftsgüter

744 Dagegen sind bei der gewerblichen oder beruflichen Nutzung des Gebäudes Anlagen und Einrichtungen, die im Nutzungs- und Funktionszusammenhang mit dem Betrieb stehen, als selbständige Wirtschaftsgüter zu behandeln, z. B.:

▶ Betriebsvorrichtungen,

▶ Scheinbestandteile,

▶ sonstige Mietereinbauten,

▶ Ladeneinbauten, Schaufensteranlagen u. Ä.,

▶ sonstige selbständige Gebäudeteile, wie,

   – eigenbetrieblich genutzter Grundstücksteil,

   – fremdbetrieblich genutzter Grundstücksteil,

   – zu fremden Wohnzwecken genutzte Grundstücksteile,

   – zu eigenen Wohnzwecken genutzte Grundstücksteile.

Bei einem Anbau liegt ein selbständiges Wirtschaftsgut vor, wenn er mit dem Altgebäude nicht verschachtelt ist. Für das Vorliegen eines selbständigen Wirtschaftsguts sind dabei die statische Standfestigkeit, tragende Mauern und eigene Fundamente entscheidend.

Dagegen liegt ein selbständiger Gebäudeteil vor, wenn der Anbau zwar mit dem Altgebäude verschachtelt ist, aber nicht in einem Nutzungs- und Funktionszusammenhang mit dem Altgebäude steht (BFH v. 25. 1. 2007 III R 49/06, BStBl 2007 II 586).

Führt der Steuerpflichtige Baumaßnahmen in einem selbständigen Gebäudeteil durch (z. B. im Erdgeschoss), stellt sich die Frage der Erweiterung oder wesentlichen Verbesserung eines bereits bestehenden Wirtschaftsguts nur bei dem betroffenen Gebäudeteil und nicht bei dem Gesamtgebäude. Ob Herstellungskosten oder Erhaltungsaufwand vorliegen, ist dann nach den allgemeinen Grundsätzen zu beurteilen (BFH v. 25. 9. 2007 IX R 28/07, BStBl 2008 II 218).

Im Falle eines einheitlichen Nutzungs- und Funktionszusammenhangs aller einzelnen Gebäudeteile erstreckt sich die Prüfung, ob Herstellungskosten vorliegen, auf das gesamte Gebäude (BFH v. 7. 12. 2010 IX R 14/10, NWB DokID: GAAAD-85248, BFH/NV 2011, 1302).

Dabei können Herstellungskosten bereits dann vorliegen, wenn bei einem Gebäude nach Fertigstellung die nutzbare Fläche, wenn auch nur geringfügig, vergrößert wird (BFH v. 15. 5. 2013 IX R 36/12, BStBl 2013 II 732).

TEIL B — Bilanzierung und Bewertung nach Handels- und Steuerrecht

ABB. 15: Bilanzrechtliche Behandlung des Grundstücks

Grundstück im Sinne des BGB ist der abgegrenzte Teil der Erdoberfläche mit allen seinen Bestandteilen (§ 94 BGB) und dem Zubehör. Gebäudeteile, die nicht in einem einheitlichen Nutzungs- und Funktionszusammenhang mit dem Gebäude stehen, sind selbständige WG. Für die steuerliche Behandlung eines Grundstücks gilt deshalb:

Bilanzierung des Grundstücks bei einheitlicher Nutzung

Grund und Boden (Grundstück)

I. Begriff
Grund und Boden ist das Grundstück (im Sinne des Steuerrechts) ohne jegliche Bestandteile, also nur der sog. „nackte" Grund und Boden (= Grundstück im Sinn des Bilanzsteuerrechts).

II. Bilanzierung
Das eigenbetrieblich genutzte Grundstück (Grund und Boden und Gebäude) gehört zum notwendigen Betriebsvermögen. Soweit es fremdbetrieblich bzw. zu fremden Wohnzwecken genutzt wird, kann es gewillkürtes Betriebsvermögen sein. Wird es für private Zwecke genutzt, stellt es notwendiges Privatvermögen dar.

III. Bewertung
Grundstücke sind körperliche, nicht abnutzbare WG. Die Bewertung erfolgt nach § 6 Abs. 1 Nr. 2 EStG.

Gebäude

I. Begriff
Ein Gebäude ist ein Bauwerk, das Menschen oder Sachen durch räumliche Umschließung Schutz gegen äußere Einflüsse gewährt, den Aufenthalt von Menschen gestattet, fest mit dem Grundstück verbunden, von einiger Beständigkeit und standhaft ist.

II. Bilanzierung
(s.o.)

III. Bewertung
Gebäude sind körperliche, abnutzbare WG. Die Bewertung erfolgt nach § 6 Abs. 1 Nr. 1 EStG i. V. m. § 7 Abs. 4 und 5 EStG.

Außenanlagen

I. Begriff
Außenanlagen sind Bauwerke auf einem Grundstück, die nicht Gebäude sind und auch nicht zum Gebäude gehören. Hierzu gehören insb. Platz-, Wege-, Hofbefestigungen sowie Einfriedungen.

II. Bilanzierung
Jede Außenanlage ist ein selbständiges WG und daher für sich zu beurteilen.

III. Bewertung
Außenanlagen sind körperliche, bewegliche, abnutzbare Anlagegüter. Die Bewertung erfolgt daher nach § 6 Abs. 1 Nr. 1 EStG i. V. m. § 7 Abs. 1 Satz 1 und 2 EStG.

Selbständige Gebäudeteile

I. Arten
1. Betriebsvorrichtungen;
2. Einbauten für vorübergehende Zwecke, dazu gehören
   a) die vom Stpfl. für seine eigenen Zwecke vorübergehend eingefügten Anlagen,
   b) die vom Vermieter oder Pächter zur Erfüllung besonderer Bedürfnisse des Mieters oder Pächters eingefügten Anlagen, deren Nutzungszeit nicht länger als die Laufzeit des Vertragsverhältnisses ist;
3. Ladeneinbauten, Schaufensteranlagen, Gaststätteneinbauten, Schalterhallen von Kreditinstituten sowie ähnliche Einbauten, die einem schnellen Wandel des modischen Geschmacks unterliegen;
4. sonstige selbständige Gebäudeteile:
   ▸ eigenbetrieblich genutzte,
   ▸ fremdbetrieblich genutzte,
   ▸ zu fremden Wohnzwecken genutzte,
   ▸ zu eigenen Wohnzwecken genutzte;
5. Mietereinbauten.

II. Bilanzierung
Jeder Gebäudeteil ist als selbständiges WG zu bilanzieren. Der eigenen Wohnzwecken dienende Teil ist notwendiges Privatvermögen.

III. Bewertung
Die selbständigen Gebäudeteile können entweder abnutzbare bewegliche oder auch abnutzbare unbewegliche WG sein. Bewertung deshalb nach § 6 Abs. 1 Nr. 1 EStG. AfA gemäß § 7 Abs. 1 EStG bzw. § 7 Abs. 4, 5 und 5a EStG.

5.6.4 Zugehörigkeit von Grundstücken bei einheitlicher Nutzung

Hier kann nach **Art der jeweiligen Nutzung** des Gesamtgrundstücks gegeben sein: 745

- ein eigenbetrieblich genutztes Grundstück gehört zum notwendigen Betriebsvermögen; an Arbeitnehmer vermietete Grundstücke oder Grundstücksteile sind dabei ebenfalls notwendiges Betriebsvermögen, wenn für die Vermietung betriebliche Gründe maßgebend sind (R 4.2 Abs. 4 EStR).
- ein fremdbetrieblich genutztes, d. h. zu betrieblichen Zwecken vermietetes Grundstück, kann gewillkürtes Betriebsvermögen sein;
- ein zu fremden Wohnzwecken vermietetes Grundstück kann ebenfalls gewillkürtes Betriebsvermögen sein;
- ein eigenen Wohnzwecken dienendes Grundstück gehört zum notwendigen Privatvermögen.

Die **Entscheidung der Zurechnung** eines Gebäudes zum Betriebsvermögen oder Privatvermögen bezieht sich dabei immer **auch auf den zugehörigen Grund und Boden**. Grund und Boden und Gebäude können nicht unterschiedlich behandelt werden. Ein ausschließlich eigenbetrieblich genutztes Grundstück ist auch dann ein einheitliches Wirtschaftsgut, wenn es im Rahmen mehrerer Betriebe des Steuerpflichtigen genutzt wird. Es ist dann anteilmäßig auf die Betriebe aufzuteilen.

5.6.5 Behandlung von Grundstücken bei gemischter Nutzung

Wird ein Gebäude **gleichzeitig** unterschiedlich zu 746

- eigenbetrieblichen Zwecken,
- fremdbetrieblichen Zwecken,
- fremden Wohnzwecken und
- eigenen Wohnzwecken

genutzt, dann ist jeder dieser Gebäudeteile ein **selbständiges Wirtschaftsgut**. Die Anschaffungs- bzw. Herstellungskosten sind dabei grundsätzlich nach dem Verhältnis der Größe der Nutzungsflächen aufzuteilen. Der zum Gebäude gehörende Grund und Boden ist entsprechend der Gebäudenutzung aufzuteilen, der übrige nach der jeweiligen Nutzung. Für jedes einzelne Wirtschaftsgut ist gesondert zu prüfen, ob es zum Betriebsvermögen oder zum Privatvermögen gehört.

Die Nutzfläche ist in sinngemäßer Anwendung der Verordnung zur Berechnung der Wohnfläche (Wohnflächenverordnung v. 25.11.2003, BGBl 2003 I 2346) zu ermitteln.

Danach ergibt sich folgende Zurechnung:

- eigenbetrieblich genutzt = **notwendiges Betriebsvermögen**,
- fremdbetrieblich und für fremde Wohnzwecke genutzt = **gewillkürtes Betriebsvermögen** bzw. Privatvermögen,
- für eigene Wohnzwecke genutzt = **notwendiges Privatvermögen**.

Soweit eine spätere Nutzungsänderung der einzelnen selbständigen Gebäudeteile eintritt, nimmt das jeweilige Wirtschaftsgut zu oder ab, die einheitliche Behandlung unter dem Gesichtspunkt Betriebsvermögen oder Privatvermögen bleibt erforderlich.

BEISPIEL: Ein bebautes Grundstück wird bis zum 30. 6. wie folgt genutzt:

50 % (2 Stockwerke) für fremde Wohnzwecke, nicht bilanziert;

50 % (2 Stockwerke) für fremdbetriebliche Zwecke, gewillkürtes BV.

Nutzung ab 1. 7.:

Ein Stockwerk, das bisher an einen Privatmann vermietet war, wird ebenfalls fremdbetrieblich genutzt.

Ergebnis:

Das selbständige Wirtschaftsgut für fremde Wohnzwecke mindert sich auf 25 %, das selbständige Wirtschaftsgut für fremdbetriebliche Zwecke erhöht sich auf 75 %

Entweder ist (Wahlrecht des Steuerpflichtigen)

▶ die Hälfte des fremden Wohnzwecken dienenden Teils einzulegen oder

▶ der gesamte fremdbetriebliche Teil zu entnehmen,

sodass ab 1. 7. die beiden selbständigen Wirtschaftsgüter umfassen

▶ 25 % fremde Wohnzwecke

▶ 75 % fremdbetriebliche Zwecke

747 Bei den selbständigen Gebäudeteilen bemessen sich die AfA für jeden Gebäudeteil nach dem Teil der Anschaffungs- oder Herstellungskosten, der anteilig auf diesen Gebäudeteil entfällt. Dabei ist von einer **einheitlichen Nutzungsdauer** aller Gebäudeteile auszugehen. Für die einzelnen Gebäudeteile sind **unterschiedliche AfA-Methoden** zulässig. Besteht ein Gebäude aus mehreren selbständigen Gebäudeteilen, und wird der Nutzungsumfang eines Gebäudeteils infolge einer Nutzungsänderung des Gebäudes ausgedehnt, bemisst sich die weitere AfA von der neuen Bemessungsgrundlage insoweit nach § 7 Abs. 4 EStG.

BEISPIEL: Nutzung eines voll bilanzierten Gebäudes bis 30. 6.:

50 % eigenbetrieblich, Herstellungskosten 200 000 €, AfA-Satz 10 % (Zulässigkeit unterstellt);

50 % fremdbetrieblich, Herstellungskosten 200 000 €, AfA-Satz 3 %.

Nutzung ab 1. 7.:

75 % eigenbetrieblich,

25 % fremdbetrieblich.

Die AfA beträgt ab 1. 7.:	AfA-Bemessungsgrundlage	AfA-Satz
eigenbetrieblich	200 000	10 %
	100 000	3 %
fremdbetrieblich	100 000	3 %

Degressive AfA bei Nutzungsänderung

Abweichend von R 7.4 Abs. 8 Satz 2 EStR muss der Steuerpflichtige nicht zur linearen AfA gem. § 7 Abs. 4 Satz 1 Nr. 2a EStG übergehen, sondern kann weiterhin degressive AfA gem. § 7 Abs. 5 Satz 1 Nr. 2 EStG beanspruchen, wenn ein zunächst zu fremden Wohnzwecken genutztes und gem. § 7 Abs. 5 Satz 1 Nr. 3 EStG degressiv abgeschriebenes Gebäude nunmehr zu fremdbetrieblichen Zwecken genutzt wird (BFH v. 15. 2. 2005 IX R 32/03, BStBl 2006 II 51).

5.6.6 Behandlung des eigenbetrieblich genutzten Grundstücksteils

Dieser Grundstücksteil muss bilanziert werden, wenn er **nicht von untergeordneter Bedeutung** im Verhältnis **zum Wert des Gesamtgrundstücks** ist (R 4.2 Abs. 7 und 8 EStR i.V.m. § 8 EStDV).

748

Eigenbetrieblich genutzte Grundstücksteile brauchen nicht als Betriebsvermögen behandelt zu werden, wenn ihr Wert nicht mehr als $1/5$ des gemeinen Wertes des gesamten Grundstücks und nicht mehr als 20 500 € beträgt (§ 8 EStDV). Dabei ist auf den Wert des Gebäudes zuzüglich des dazugehörenden Grund und Bodens abzustellen. In der Regel ist das Verhältnis der Nutzflächen zueinander zugrunde zu legen. Ein Grundstücksteil ist mehr als 20 500 € wert, wenn der Teil des gemeinen Wertes des ganzen Grundstücks, der nach dem Verhältnis der Nutzflächen zueinander auf den Grundstücksteil entfällt, 20 500 € übersteigt. Führt der Ansatz der Nutzflächen zu einem unangemessenen Wertverhältnis der beiden Grundstücksteile, ist bei ihrer Wertermittlung anstelle der Nutzflächen der Rauminhalt oder ein anderer im Einzelfall zu einem angemessenen Ergebnis führender Maßstab zugrunde zu legen.

Beträgt der Wert des eigenbetrieblich genutzten Grundstücksteils nicht mehr als 20 500 € und nicht mehr als $1/5$ des gesamten Grundstückswerts, besteht ein Wahlrecht, den Grundstücksteil weiterhin als Betriebsvermögen zu behandeln oder zum Teilwert zu entnehmen.

ABB. 16: Bilanzsteuerrechtliche Behandlung von Grundstücken und Gebäudeteilen

Wird ein Gebäudeteil eigenbetrieblich, teils fremd betrieblich, teils zu fremden Wohnzwecken und teils zu eigenen Wohnzwecken genutzt, so ist jeder der vier unterschiedlich genutzten Gebäudeteile ein besonderes WG. Das gilt auch bei bebauten Grundstücken jeweils für den dazugehörigen Grund und Boden. Für die Bilanzierung dieser Teile gilt:

Eigenbetrieblich genutzte Grundstücks- bzw. Gebäudeteile

1. Bilanzierung
Grundstücks- bzw. Gebäudeteile, die eigenbetrieblichen Zwecken dienen, sind regelmäßig notwendiges BV und müssen dementsprechend bilanziert werden.

2. Gewinnermittlung
Wegen der Zugehörigkeit solcher Grundstücks- bzw. Gebäudeteile zum BV sind alle damit verbunden Aufwendungen und Erträge notwendig betriebliche Vorgänge und müssen dementsprechend bei der Gewinnermittlung erfasst werden.

3. Ausnahmen vom Grundsatz
Eigenbetrieblich genutzte Grundstücks- und Gebäudeteile brauchen nicht als BV behandelt zu werden, wenn ihr Wert im Verhältnis zum Wert des ganzen Grundstücks von untergeordneter Bedeutung ist. Das ist der Fall, wenn der Wert weder mehr als 1/5 des Gesamtwertes noch mehr als 20 500 € beträgt. Dabei ist auf den entsprechenden Gebäudewert zuzüglich des zugehörigen Grund und Bodens abzustellen (R 4.2 Abs. 8 EStR). Für die Ermittlung, inwieweit die Grenzen überschritten sind, sind Grund und Boden und Gebäude zusammenzufassen.

Fremdbetrieblich und zu fremden Wohnzwecken genutzte Grundstücks- bzw. Gebäudeteile

1. Bilanzierung
Fremdgenutzte (z. B. gewerblich oder privat vermietete oder verpachtete) Grundstücks- bzw. Gebäudeteile gehören regelmäßig zum gewillkürten Vermögen.
Der Unternehmer hat deshalb ein Gestaltungsrecht.
Er kann solche Grundstücks- bzw. Gebäudeteile zum BV rechnen und dementsprechend bilanzieren, wenn er die hierfür gesetzten Voraussetzungen erfüllt.

2. Gewinnermittlung
a) Gehört ein solcher Grundstücks- bzw. Gebäudeteil zum gewillkürten BV, so sind alle damit verbundenen Aufwendungen und Erträge betriebliche Vorgänge und werden dementsprechend bei der Gewinnermittlung erfasst.
b) Gehört ein solcher Grundstücks- bzw. Gebäudeteil jedoch nicht zum BV, so sind sämtliche hiermit verbunden Aufwendungen und Erträge private Vorgänge und dürfen deshalb den Gewinn nicht beeinflussen.
c) Dabei sind der fremdbetrieblich genutzte und der zu fremden Wohnzwecken vermietete Grundstücksteil jeweils selbständige WG, die auch getrennt bilanziert werden können (R 4.2 Abs. 9 EStR).

Zu eigenen Wohnzwecken genutzte Grundstücks- bzw. Gebäudeteile

1. Bilanzierung
Grundstücks- bzw. Gebäudeteile, die persönlichen Zwecken, insb. Wohnzwecken des Unternehmers dienen, gehören zum notwendigen PV und dürfen deshalb nicht bilanziert werden

2. Gewinnermittlung
Weil solche Grundstücks- bzw. Gebäudeteile (außer bei Land- und Forstwirten) zum notwendigen PV gehören, sind alle damit verbundenen Aufwendungen und Erträge notwendig private Vorgänge und dürfen deshalb den Gewinn nicht beeinflussen. Aus Betriebsmitteln geleistete Aufwendungen stellen daher Privatentnahmen, in den Betrieb geflossene Einnahmen Privateinlagen dar.

3. Änderung der Voraussetzungen für die Behandlung eines Grundstücks- bzw. Gebäudeteils als Privatvermögen
Entfallen die Voraussetzungen für die Behandlung eines Grundstücks- oder Grundstücksteils als PV, so liegt eine Einlage in das Betriebsvermögen vor, wenn der Unternehmer eine solche Einlage ausdrücklich erklärt oder wenn er diese Änderung selbst, insb. durch Änderung der Nutzungsverhältnisse herbeigeführt hat (= Einlage durch schlüssiges Handeln).

BEISPIEL: Ein Grundstück wird zu 20 % eigenbetrieblich und zu 80 % für eigene Wohnzwecke genutzt. Der Wert des Grundstücks beträgt 300 000 €, davon entfallen 30 000 € auf den Grund und Boden.

Die relative Grenze von 20 % wird nicht überschritten, wohl aber die absolute Grenze von mehr als 20 500 €. Der eigenbetrieblich genutzte Grundstücksteil ist damit notwendiges Betriebsvermögen.

Bilanzansätze:

Grund und Boden	6 000 €
Gebäude	54 000 €

Werden die o. g. Grenzen nicht überschritten, hat der Steuerpflichtige **ein Wahlrecht**. Er kann den eigenbetrieblich genutzten Grundstücksteil bilanzieren oder aber als Privatvermögen behandeln.

Mit diesem Grundstücksteil zusammenhängende Einnahmen oder Ausgaben sind unabhängig von der Bilanzierung immer betrieblich veranlasst. Gehört der Grundstücksteil zur Zeit der erstmaligen betrieblichen Inanspruchnahme nicht zum Betriebsvermögen, ist damit noch nicht endgültig über seine Zugehörigkeit entschieden. Im Zeitpunkt des Überschreitens der absoluten Wertgrenze ist der Grundstücksteil einzulegen (H 4.2 Abs. 8 EStH). Dabei ist jeweils der **gemeine Wert des Gesamtgrundstücks maßgebend**. Es ist ohne Bedeutung, wenn wegen einer etwaigen Einlagebeschränkung auf die ursprünglichen Anschaffungs- oder Herstellungskosten die Mindestgrenzen nicht überschritten werden.

749

BEISPIEL: Erwerb eines unbebauten Grundstücks am 1. 7. 01 für 100 000 €.

Nutzung:

20 % eigenbetrieblich

80 % eigene private Zwecke

Wert des Grundstücks bei gleich bleibenden Nutzungsverhältnissen zum 1. 7. 02: 120 000 €.

Der eigenbetrieblich genutzte Grundstücksteil überschreitet erstmals zum 1. 7. 02 die Grenzen (20 % von 120 000 € = 24 000 €). Damit muss dieser Teil zum notwendigen Betriebsvermögen gerechnet werden. Die Einlage zum 1. 7. 02 darf aber höchstens zu den ursprünglichen Anschaffungskosten erfolgen, weil die Einlage innerhalb von drei Jahren nach der Anschaffung erfolgt.

Bei einem Gebäude wären innerhalb der Dreijahresfrist die fortgeführten Anschaffungs- oder Herstellungskosten maßgebend.

(Zur AfA bei Gebäuden siehe Rdn. 972 ff.).

Eigenbetrieblich genutzte Grundstücke und Grundstücksteile sind ab ihrer endgültigen Funktionszuweisung notwendiges Betriebsvermögen, auch wenn der konkrete Einsatz im Betrieb erst in der Zukunft liegt. Das gilt auch dann, wenn es an einer Willenserklärung des Steuerpflichtigen oder eines Ausweises in der Buchführung und in den Bilanzen fehlt (BFH v. 6. 3. 1991 X R 57/88, BStBl 1991 II 829).

750

5.6.7 Grundstücke und Grundstücksteile als gewillkürtes Betriebsvermögen

751 Ermitteln Steuerpflichtige den Gewinn durch Betriebsvermögensvergleich, können sie die Grundstücke oder Grundstücksteile, die nicht eigenbetrieblich genutzt werden und weder eigenen Wohnzwecken dienen noch Dritten zu Wohnzwecken unentgeltlich überlassen werden, sondern z. B. zu Wohnzwecken oder zur gewerblichen Nutzung an Dritte vermietet sind, als gewillkürtes Betriebsvermögen behandeln. Das ist möglich, wenn die Grundstücke oder Grundstücksteile in einem gewissen objektiven Zusammenhang mit dem Betrieb stehen und ihn zu fördern bestimmt und geeignet sind. Wegen dieser Voraussetzungen bestehen für den Ansatz von Wirtschaftsgütern als gewillkürtes Betriebsvermögen Einschränkungen, die sich nicht nur aus den Besonderheiten des einzelnen Betriebs, sondern auch aus der jeweiligen Einkunftsart ergeben können. In Grenzfällen hat der Steuerpflichtige darzutun, welche Beziehung das Grundstück oder der Grundstücksteil zu seinem Betrieb hat und welche vernünftigen wirtschaftlichen Überlegungen ihn zur Aufnahme als gewillkürtes Betriebsvermögen veranlasst haben (R 4.2 Abs. 9 EStR).

Ein bilanzierender Gewerbetreibender kann in der Regel Grundstücke, die nicht zum notwendigen Privatvermögen gehören, z. B. Mietwohngrundstücke, als Betriebsvermögen behandeln, es sei denn, dass dadurch das Gesamtbild der gewerblichen Tätigkeit so verändert wird, dass es den Charakter einer Vermögensnutzung im nicht gewerblichen Bereich erhält (BFH v. 10.12.1964 IV 167/64 U, BStBl 1965 III 377; H 4.2 Abs. 9 EStH).

Die Zuordnung eines Wirtschaftsguts zum gewillkürten Betriebsvermögen ist unmissverständlich in einer solchen Weise zu dokumentieren, dass ein sachverständiger Dritter ohne weitere Erklärung des Steuerpflichtigen die Zugehörigkeit des Wirtschaftsguts zum Betriebsvermögen erkennen kann (BFH v. 2.10.2003 IV R 13/03, BStBl 2004 II 985 und BMF v. 17.11.2004, BStBl 2004 I 1064, BFH v. 27.6.2006 VIII R 31/04, BStBl 2006 II 874).

Diese Regelungen gelten auch bei der Gewinnermittlung gem. § 4 Abs. 3 EStG (siehe auch Rdn. 1247).

752 Weitere Grundstücksteile, die diese Voraussetzungen nicht erfüllen, können auch dann nicht als Betriebsvermögen behandelt werden, wenn ein Grundstück zu mehr als der Hälfte zulässigerweise bilanziert werden könnte (R 4.2 Abs. 10 EStR).

5.6.8 Behandlung des eigenen Wohnzwecken dienenden Grundstücksteils

753 Ein eigenen Wohnzwecken dienender Grundstücksteil gehört immer zum notwendigen Privatvermögen.

> **BEISPIEL:** Das Grundstück eines Gewerbetreibenden wird wie folgt genutzt:
> 30 % eigenbetrieblich,
> 30 % fremdbetrieblich,
> 20 % fremde Wohnzwecke,
> 20 % eigene Wohnzwecke.

Dabei ergeben sich folgende Bilanzierungsmöglichkeiten:

a) Der eigenbetrieblich genutzte Grundstücksteil überschreitet die Wertgrenze von 20 %, er muss als notwendiges Betriebsvermögen bilanziert werden (30 %).
b) Neben dem eigenbetrieblich genutzten Grundstücksteil kann auch der fremdbetrieblich genutzte Grundstücksteil als gewillkürtes Betriebsvermögen behandelt werden (30 % + 30 % = 60 %).
c) Neben dem eigenbetrieblich und dem fremdbetrieblich genutzten Grundstücksteil kann auch der zu fremden Wohnzwecken vermietete Grundstücksteil bilanziert werden.

Dabei ist zu beachten:

▶ Wenn alle sonstigen selbständigen Grundstücksteile zulässigerweise als gewillkürtes Betriebsvermögen bilanziert werden, muss auch ein untergeordneter eigenbetrieblich genutzter Grundstücksteil bilanziert werden.

▶ Bei erstmaliger Nutzung müssen fremdbetrieblich genutzte Grundstücksteile einheitlich bilanziert werden. Bei einer Nutzungsänderung gilt das nicht, weil Entnahmen bzw. Einlagen Vorrang haben.

Werden Räumlichkeiten ohne räumliche Trennung teils zu betrieblichen und teils zu eigenen privaten Zwecken genutzt, ist der gesamte Teil als eigenen Wohnzwecken dienend anzusehen (§ 12 EStG, Urteil des FG Hamburg v. 8.6.2011 6 K 121/10, NWB DokID: UAAAD-93608).

Bei kurzfristiger zeitlicher Änderung entscheidet der Hauptzweck.

BEISPIEL: ▶ Eine eigengenutzte Wohnung wird an Feriengäste vermietet.
▶ Privater Besuch wird in Geschäftsräumen untergebracht.

Bei einer dauerhaften Änderung der Nutzung hat dagegen eine neue Zuordnung zu erfolgen.

5.6.9 Zurechnung zum Betriebsvermögen bei Miteigentum

Ist ein betrieblich genutztes Grundstück nur zu einem Teil Eigentum des Betriebsinhabers, ist es **nur insoweit Betriebsvermögen, als es ihm zuzurechnen ist**. Die Zurechnung erfolgt dabei nach allgemeinen Grundsätzen (H 4.2 Abs. 7 EStH).

BEISPIEL: ▶ Das Grundstück gehört den Ehegatten je zur Hälfte. Es wird zu 100 % für eigenbetriebliche Zwecke des Ehemanns genutzt. Der Wert des Grundstücks beträgt 200 000 €. Notwendiges Betriebsvermögen sind 50 % von 200 000 € = 100 000 €.

Wird das Grundstück nur teilweise betrieblich genutzt, ist der dem Betriebsinhaber zuzurechnende Grundstücksteil aufzuteilen in einen betrieblichen und privaten Teil. Aufteilungsmaßstab ist dabei das Verhältnis des Werts des eigenbetrieblich genutzten Grundstücksteils zum gesamten Grundstück und nicht zum Grundstücksteil.

BEISPIEL: ▶ Das Grundstück gehört den Ehegatten je zur Hälfte. Es wird zu 40 % für eigenbetriebliche Zwecke des Ehemanns und zu 60 % für eigene Wohnzwecke der Ehegatten genutzt. Der Wert des Gesamtgrundstücks beträgt 300 000 €.

Von dem zu 40 % eigenbetrieblich genutzten Grundstücksteil gehört dem Ehemann die Hälfte, also 20 %. Zu bilanzieren sind deshalb 20 % von 300 000 € = 60 000 €.

Soweit hierbei die Grenzen des R 4.2 Abs. 8 EStR nicht überschritten werden, hat der Steuerpflichtige ein Wahlrecht, ob er den eigenbetrieblich genutzten Grundstücksteil bilanzieren will oder nicht.

5.6.10 Wegfall der Voraussetzungen für die Behandlung als Betriebsvermögen durch Nutzungsänderung oder Entnahme

756 Eine Nutzungsänderung führt regelmäßig zur Entnahme des entsprechenden Grundstücks bzw. Grundstücksteils, wenn der Steuerpflichtige bisher zum Betriebsvermögen gerechnete Grundstücke oder Grundstücksteile für eigene Wohnzwecke nutzt bzw. die Voraussetzungen für eine weitere Behandlung als gewillkürtes Betriebsvermögen nicht mehr vorliegen.

BEISPIELE:

Nutzung bis 30. 6.	30 % eigenbetrieblich 40 % fremdbetrieblich 30 % eig. Wohnzwecke	30 % eigenbetrieblich 70 % fremdbetrieblich –
Nutzung ab 1. 7.	30 % eigenbetrieblich 70 % eig. Wohnzwecke –	30 % eigenbetrieblich 30 % fremdbetrieblich 40 % eig. Wohnzwecke
Folgen der Nutzungs- änderung	40 % müssen entnommen werden	40 % müssen entnommen werden

Tritt die Nutzungsänderung dadurch ein, dass auf einem bisher unbebauten Grundstück, das zum Betriebsvermögen gehört, ein Gebäude zu eigenen Wohnzwecken errichtet wird, wird der Grund und Boden durch die Bebauung entnommen.

Wird auf einem Betriebsgrundstück ein Gebäude errichtet, das teilweise Privatvermögen werden soll, wird dadurch der Grund und Boden anteilig entnommen.

757 Wenn ein Gebäudeteil, der bisher für eigene Wohnzwecke genutzt wurde, später fremdbetrieblichen Zwecken dient, kann der Steuerpflichtige diesen Grundstücksteil weiterhin als Privatvermögen behandeln. Das gilt auch, wenn ein weiterer fremdbetrieblicher genutzter Gebäudeteil als gewillkürtes Betriebsvermögen behandelt wird. Durch die Nutzungsänderung kommt es nicht zu einer Zwangseinlage. Denn allein die bereits vorher vorgenommene Einlage des fremdbetrieblich genutzten Gebäudeteiles bewirkt nicht, dass auch der später zusätzlich fremdbetrieblich genutzte Gebäudeteil ohne ausdrückliche Einlagehandlung dem gewillkürten Betriebsvermögen zuzuordnen ist (BFH v. 21. 4. 2005 III R 4/04, BStBl 2005 II 604).

758 Ein zunächst betrieblich genutzter Gebäudeteil verliert ohne Entnahmehandlung seine Eigenschaft als Betriebsvermögen nicht dadurch, dass er zu fremden Wohnzwecken vermietet wird, und sich in dem Gebäude ein weiterer zu fremden Wohnzwecken vermieteter Gebäudeteil befindet, der zum Privatvermögen gehört (BFH v. 10. 11. 2004 XI R 31/03, BStBl 2005 II 334).

Der Grundsatz der Einheitlichkeit, dass ein fremdbetrieblichen Zwecken dienendes Grundstück ein einheitliches Wirtschaftsgut bildet, das nur insgesamt entweder Betriebsvermögen oder Privatvermögen sein kann, gilt nur, wenn das Grundstück erstmalig in das Vermögen des Steuerpflichtigen gelangt.

Soll ein Grundstück entnommen werden, ist eine Entnahmehandlung, die von einem Willen zur Entnahme getragen ist, erforderlich. Ein Grundstück des Betriebsvermögens bleibt solange Betriebsvermögen, bis es durch eine eindeutige und unmissverständliche Entnahmehandlung des Steuerpflichtigen in das Privatvermögen übergeht.

Das ergibt sich in der Regel aus dem Buchungsvorgang. Wenn keine Bücher geführt werden, kann durch eine schriftliche Erklärung gegenüber dem Finanzamt die Entnahmehandlung dokumentiert werden.

Soweit durch eine Nutzungsänderung innerhalb eines Gebäudes der Anteil der betrieblich genutzten Fläche nicht verändert wird, führt dieser Raumtausch grundsätzlich nicht zu einer Entnahme bzw. Einlage.

5.6.11 Behandlung von Grundstücken und Grundstücksteilen bei Personengesellschaften

Dabei sind folgende Fälle zu unterscheiden (R 4.2 Abs. 11 und 12 EStR): 759

5.6.11.1 Das Grundstück gehört zum Gesamthandsvermögen der Mitunternehmer einer Personengesellschaft

Hierzu gehören die Grundstücke, die entweder im zivilrechtlichen oder wirtschaftlichen Eigentum der Mitunternehmerschaft stehen.

Die Grundstücke gehören grundsätzlich zum notwendigen Betriebsvermögen der Personengesellschaft.

Sie dienen eigenbetrieblichen Zwecken oder werden an Dritte zu fremdüblichen Bedingungen überlassen. Wird ein zum Gesamthandsvermögen gehörendes Grundstück einem Gesellschafter gegen eine angemessene Miete oder Pacht überlassen, gehört es zwingend zum Betriebsvermögen der Personengesellschaft (BFH v. 23.11.2000 IV R 82/99, BStBl 2001 II 232).

Das gilt nicht, wenn es ausschließlich oder fast ausschließlich unentgeltlich der privaten Lebensführung eines, mehrerer oder aller Mitunternehmer dient. Das Grundstück wäre zwar in einer Handelsbilanz auszuweisen, aber nicht in der Steuerbilanz. Hier müsste nur der eigenbetrieblich genutzte Anteil bilanziert werden, wenn er nicht von untergeordneter Bedeutung wäre. 760

BEISPIEL: Eine OHG, an der die Gesellschafter A und B mit jeweils 50 % beteiligt sind, erwirbt ein bebautes Grundstück für 500 000 €. Auf den Grund und Boden entfallen davon 100 000 €. Dieses Grundstück wird wie folgt genutzt:

40 % für betriebliche Zwecke der OHG,

60 % für Wohnzwecke Gesellschafter A (unentgeltlich).

In der Handelsbilanz ist das Grundstück voll auszuweisen.

In der Steuerbilanz sind nur 40 % als notwendiges Betriebsvermögen zu bilanzieren, die restlichen 60 % sind notwendiges Privatvermögen der Gesellschafter A und B.

HB		StB	
GruBo	100 000 €	GruBo	40 000 €
Gebäude	400 000 €	Gebäude	160 000 €

Wird dabei auf die Erstellung einer besonderen Steuerbilanz verzichtet, dann kann das steuerrechtliche Betriebsvermögen durch eine negative Ergänzungsbilanz, in der der Wohnzwecken dienende Grundstückteil ausgewiesen wird, dargestellt werden.

5.6.11.2 Das Grundstück (der Grundstücksteil) gehört nicht zum Gesamthandsvermögen

761 Wenn das Grundstück einem, mehreren oder allen Mitunternehmern gehört und dem Betrieb der Personengesellschaft ausschließlich und unmittelbar dient:

Das Grundstück gehört zum notwendigen Sonderbetriebsvermögen des Gesellschafters (der Gesellschafter) und damit zum Betriebsvermögen der Personengesellschaft.

Zu unterscheiden sind dabei:

762 ▶ Sonderbetriebsvermögen I:

Das Grundstück dient unmittelbar dem Betrieb der Gesellschaft.

763 ▶ Sonderbetriebsvermögen II:

Das Grundstück dient unmittelbar der Begründung oder Stärkung der Beteiligung des Gesellschafters an der Gesellschaft. Der Einsatz muss aber durch den Betrieb der Gesellschaft begründet sein (BFH v. 13.10.1998 VIII R 46/95, BStBl 1999 II 357).

764 Dient das Grundstück nur zum Teil dem Betrieb der Personengesellschaft, sind die dem (den) Mitunternehmer(n) zuzurechnenden Grundstücksteile lediglich mit ihrem betrieblich genutzten Teil notwendiges Sonderbetriebsvermögen.

Das Grundstück bzw. die Grundstücksteile sind in Sonderbilanzen auszuweisen. Dabei brauchen Grundstücksteile, die von untergeordneter Bedeutung im Verhältnis zum Wert des Gesamtgrundstücks sind, nicht als Betriebsvermögen behandelt zu werden.

Auch gewillkürtes Betriebsvermögen eines Mitunternehmers bzw. mehrerer Mitunternehmer ist möglich. Soweit aber dieses Grundstück (Grundstücksteil) privaten Zwecken des Gesellschafters (der Gesellschafter) dient, gehört es zum notwendigen Privatvermögen.

BEISPIEL: ▶ Das Grundstück gehört den Gesellschaftern A und B je zur Hälfte. A und B sind zu jeweils 40 % an der OHG A + B + C beteiligt.

Das Grundstück dient zu

40 % betrieblichen Zwecken der OHG,

60 % Wohnzwecken der Gesellschafter A und B (unentgeltlich).

Der eigenbetrieblich genutzte Grundstücksteil gehört mit jeweils 20 % zum notwendigen Sonderbetriebsvermögen der Gesellschafter A und B und ist in Sonderbilanzen auszuweisen. Der eigenen Wohnzwecken dienende Grundstücksteil gehört zum notwendigen Privatvermögen der Gesellschafter A und B.

Ein Grundstück ist unter der Voraussetzung als gewillkürtes Sonderbetriebsvermögen zu behandeln, dass es objektiv geeignet und subjektiv dazu bestimmt ist, dem Betrieb der Gesellschaft zu dienen und diese zu fördern. Die Gesellschafter müssen die Widmung der Wirtschaftsgüter für diesen Zweck klar und eindeutig zum Ausdruck gebracht haben (BFH v. 25.11.1997 VIII R 4/94, BStBl 1998 II 461).

765

5.6.11.3 Grundstücke im Miteigentum von Nichtgesellschaftern

Das Grundstück (Grundstücksteil) **gehört einer besonderen Gesamthandsgemeinschaft (Erbengemeinschaft) oder Bruchteilsgemeinschaft**, an der auch Personen beteiligt sind, die **nicht** gleichzeitig Mitunternehmer der Personengesellschaft sind, und das Grundstück (Grundstücksteil) dient ausschließlich und unmittelbar dem Betrieb der Personengesellschaft (R 4.2 Abs. 12 EStR).

766

Das Grundstück (Grundstücksteile) ist (sind) notwendiges Sonderbetriebsvermögen des (der) Gesellschafter(s), soweit die Grundstücke (Grundstücksteile) nach § 39 Abs. 2 Nr. 2 AO den Mitunternehmern der Personengesellschaft zuzurechnen sind.

Ein vom Mitunternehmer überlassener Grundstücksteil braucht dann nicht als Sonderbetriebsvermögen behandelt zu werden, wenn ihm im Verhältnis zum gesamten Grundstück nur ein untergeordneter Wert i. S. des § 8 EStDV beizumessen ist.

767

> **BEISPIEL:** An einer OHG sind die Gesellschafter A und B mit jeweils 50 % beteiligt. An einer Grundstücksgemeinschaft sind B mit 40 % und C mit 60 % beteiligt.
>
> Das Grundstück dient zu 25 % betrieblichen Zwecken der OHG und zu 75 % Wohnzwecken von B und C. Anschaffungskosten 200 000 €. Die betriebliche Nutzung am Gesamtgrundstück beträgt 25 %. Hiervon gehören dem Gesellschafter B 40 %. Damit sind ihm 10 % des betrieblich genutzten Grundstücksteils anzurechnen. Beide Grenzen (mehr als $1/5$ oder mehr als 20 500 €) werden nicht überschritten. Der Anteil von 10 % von 200 000 € = 20 000 € muss nicht als Betriebsvermögen behandelt werden; vgl. auch Rdn. 1460 ff.

5.6.12 Behandlung der übrigen selbständigen Gebäudeteile

5.6.12.1 Allgemeines

Der Grundsatz, dass ein Wirtschaftsgut einheitlich zu behandeln ist, gilt auch für ein Gebäude. Soweit aber Gebäudeteile **nicht in einem einheitlichen Nutzungs- und Funktionszusammenhang mit dem Gebäude**, sondern mit einem Gewerbebetrieb stehen, liegen auch mehrere selbständige Wirtschaftsgüter vor, die getrennt zu bilanzieren und auch abzuschreiben sind.

768

5.6.12.2 Betriebsvorrichtungen

Im Unterschied zu unselbständigen Gebäudeteilen, die erst eine Nutzung des Gebäudes ermöglichen, wie z. B. Fahrstuhl, Heizungs-, Belüftungs- und Beleuchtungsanlagen, **dienen** Betriebsvorrichtungen der **unmittelbaren Ausübung des Gewerbebetriebs**. Sie sind deshalb ohne Rücksicht darauf, ob sie nach bürgerlichem Recht selbständige Sachen oder wesentliche Bestandteile des Grundstücks sind, stets **selbständige bewegliche körperliche Wirtschaftsgüter des abnutzbaren Anlagevermögens**. Betriebsvorrich-

769

tungen sind nach R 7.1 Abs. 3 EStR Maschinen und sonstige Vorrichtungen aller Art, die zu einem Betriebsvermögen gehören. Sie dienen nicht der Nutzung des Gebäudes, sondern stehen in einer besonderen und unmittelbaren Beziehung zu dem auf dem Grundstück oder in dem Gebäude ausgeübten Gewerbebetrieb.

BEISPIELE: ▶ Hebebühne, Transportbänder, Abladevorrichtungen, Feuerlöschanlagen, Lastenaufzüge.

770 Eine Wärmerückgewinnungsanlage ist nicht schon deshalb als Betriebsvorrichtung zu beurteilen, weil es sich bei den Kühlzellen, deren abgegebene Wärme durch die Anlage aufbereitet wird, um eine Betriebsvorrichtung handelt. Eine Betriebsvorrichtung kann jedoch vorliegen, wenn die Anlage dem in einem Gebäude ausgeübten Gewerbebetrieb unmittelbar dient und der Zweck, das Gebäude zu beheizen und mit Warmwasser zu versorgen, demgegenüber in den Hintergrund tritt (BFH v. 5. 9. 2002 III R 8/99, BStBl 2002 II 877).

771 Ob durch Aufwendungen eines Mieters eine Betriebsvorrichtung entsteht, ist nach allgemeinen Grundsätzen zu beantworten (R 7.1 Abs. 3 EStR). Betriebsvorrichtungen sind als bewegliche Sachen stets dem Mieter zuzurechnen.

772 Die Frage, ob ein Grundstücksbestandteil oder eine Betriebsvorrichtung gegeben ist, wird bei der Feststellung des Einheitswerts des Grundstücks durch das zuständige Finanzamt entschieden.

Damit wird im Regelfall für die Einheitsbewertung und das Bilanzsteuerrecht nach einheitlichen Grundsätzen entschieden (BFH v. 19. 8. 1998 XI R 8/96, BStBl 1999 II 18).

Die Betriebsvorrichtungen sind gesondert zu aktivieren und gem. § 7 Abs. 1 und 2 EStG abzuschreiben.

5.6.12.3 Einbauten für vorübergehende Zwecke

773 Sachen, die nur zu **vorübergehenden Zwecken** in ein Grundstück eingefügt werden, sind auch nach bürgerlichem Recht als selbständige Wirtschaftsgüter anzusehen (**Scheinbestandteile** gem. § 95 BGB).

Ein Einbau zu einem vorübergehenden Zweck liegt vor,
▶ wenn die betriebsgewöhnliche Nutzungsdauer der eingebauten Sachen länger ist als die tatsächliche Nutzungsdauer,
▶ die eingebauten beweglichen Wirtschaftsgüter nach dem Ausbau noch einen erheblichen Wiederverwendungswert repräsentieren,
▶ nach den Umständen damit zu rechnen ist, dass sie später wieder entfernt werden.

774 Einbauten zu vorübergehenden Zwecken können sein:
▶ die vom Steuerpflichtigen für eigene Zwecke vorübergehend eingefügten Anlagen,
▶ die vom Vermieter oder Verpächter zur Erfüllung besonderer Bedürfnisse des Mieters oder Pächters eingefügten Anlagen, deren Nutzungsdauer nicht länger als die Laufzeit des Vertragsverhältnisses ist (R 7.1 Abs. 4 EStR),
▶ Einbauten des Mieters oder Pächters, die bei Vertragsablauf wieder zu entfernen sind.

Die Einbauten werden als selbständige bewegliche körperliche Wirtschaftsgüter des abnutzbaren Anlagevermögens behandelt und gem. § 7 Abs. 1 und 2 EStG abgeschrieben.

BEISPIELE:

▶ Ein Gewerbetreibender baut in eigene Geschäftsräume eine Klimaanlage ein, die nach Aufgabe des Betriebs wieder entfernt werden soll.

▶ Ein Grundstückseigentümer baut im Interesse seines Mieters eine Rolltreppe in das Geschäftsgebäude ein, die nach Vertragsende wieder ausgebaut werden soll.

Die AfA bemisst sich dabei nach der Nutzungsdauer im Betrieb, bei Einbauten für eigene Zwecke grundsätzlich nach der Dauer bis zur vorgesehenen Trennung.

5.6.12.4 Ladeneinbauten, Schaufensteranlagen und ähnliche Einrichtungen

Hierbei handelt es sich nach **bürgerlichem Recht** um unselbständige Teile des Gebäudes, soweit sie nicht nur für vorübergehende Zwecke eingefügt werden. 775

Bilanzsteuerrechtlich werden sie aber stets als selbständige unbewegliche Wirtschaftsgüter des abnutzbaren Anlagevermögens behandelt. Die AfA bemisst sich nach § 7 Abs. 5a EStG. Wegen der Nutzungsdauer s. BMF v. 30. 5. 1996 (BStBl 1996 I 643).

Nach der Rechtsprechung liegen die Voraussetzungen für die Annahme eines selbständigen Wirtschaftsguts dann vor, wenn diese Einbauten vom Gebäude klar abgrenzbar sind, einen eigenen Rentabilitätsfaktor darstellen und somit nach der Gesamtheit der tatsächlichen Umstände bei wirtschaftlicher Betrachtung ein selbständiges Wirtschaftsgut gegeben ist. 776

Hierunter fallen Ladeneinbauten, Schaufensteranlagen, Gaststätteneinbauten, Schalterhallen von Kreditinstituten sowie ähnliche Einbauten, die einem schnellen Wandel des modischen Geschmacks unterliegen. Als Herstellungskosten dieser Einbauten kommen nur Aufwendungen für Gebäudeteile in Betracht, die statisch für das gesamte Gebäude unwesentlich sind, z. B. Aufwendungen für Trennwände, Fassaden, Passagen sowie für die Beseitigung und Neuerrichtung von nichttragenden Wänden und Decken (R 4.2 Abs. 3 Nr. 3 EStR), aber auch Eingangshallen von Kreditinstituten, die optisch auf die nachfolgende Kassenhalle abgestimmt sind und nur als Zugang zu den Kassenschaltern dienen.

Dabei können unselbständige Gebäudeteile (Heizungsanlagen, Belüftungseinrichtungen u. Ä.), soweit sie mit einem Ladenumbau zusammenhängen, Teile des Wirtschaftsguts Ladeneinbau werden.

Schaufensteranlage und Beleuchtungsanlage zum Schaufenster sind auch bei Neubauten selbständige Gebäudeteile (BFH v. 29. 3. 1965 I 411/61 U, BStBl 1965 III 291). 777

Die Regelungen über die Behandlung von Ladeneinbauten, Schaufensteranlagen u. Ä. gelten nicht nur für Eigentümergrundstücke, sondern sie sind auch auf die ertragsteuerliche Behandlung von Einbauten und Umbauten durch Mieter anzuwenden (BFH v. 25. 5. 1984 III R 103/81, BStBl 1984 II 617). 778

Siehe auch BFH v. 16.1.2007 IX R 39/05, BStBl 2007 II 922, betreffend Aufwendungen für den Umbau eines Großraumbüros in mehrere kleine Einzelbüros. Hier können Erhaltungsaufwendungen vorliegen, wenn die Umbaumaßnahmen dem Gesamtgebäude kein besonderes bautechnisches Gepräge geben.

5.6.12.5 Mietereinbauten und Mieterumbauten

5.6.12.5.1 Allgemeines

779 Gebäudeaufwendungen können beim Mieter zu sofort abzugsfähigem Erhaltungsaufwand oder aktivierungspflichtigem Herstellungsaufwand führen. Sofern die Aufwendungen das Gebäude nicht in seinem Wesen verändern oder im Nutzungswert oder der Nutzungsdauer über den bisherigen Zustand hinaus erheblich verbessern, liegt Erhaltungsaufwand vor.

> **BEISPIELE:** ▶ Schönheitsreparaturen, Ersetzen von unselbständigen Gebäudeteilen (Heizungsanlage, Fahrstuhl u. Ä.).

Es gilt der Grundsatz, dass Aufwendungen des Mieters für Mietereinbauten steuerlich genauso zu beurteilen sind, als ob der Mieter Eigentümer des Gebäudes wäre. Daraus folgt, dass der Mieter die Herstellungskosten für die Mietereinbauten nur im Wege der Gebäude-AfA nach § 7 Abs. 4 EStG absetzen kann.

Soweit Herstellungsaufwendungen vorliegen, ergeben sich für die Frage der Bilanzierung folgende Möglichkeiten:

5.6.12.5.2 Scheinbestandteile

780 Ein Scheinbestandteil entsteht, wenn durch eine Baumaßnahme des Mieters Sachen zu einem vorübergehenden Zweck in das Gebäude eingefügt werden. Der Mieter ist als **rechtlicher und wirtschaftlicher Eigentümer** anzusehen, wenn

- ▶ die Nutzungsdauer der eingefügten Sachen länger als die Vertragsdauer ist,
- ▶ die eingefügten Sachen auch nach ihrem Ausbau nicht nur einen Schrottwert, sondern noch einen beachtlichen Wiederverwendungswert haben und
- ▶ damit gerechnet werden kann, dass die eingebauten Sachen später wieder entfernt werden.

Ein Scheinbestandteil liegt nicht vor, wenn die vertragliche Übernahme durch den Vermieter vorgesehen ist oder tatsächliche Umstände das Gegenteil ergeben. Das kann gegeben sein, wenn die Nutzungsdauer der eingebauten Sache kürzer als die Vertragsdauer ist oder wenn der Ausbau zur Zerstörung der Sache führen würde.

Die Scheinbestandteile stellen **selbständige bewegliche körperliche Wirtschaftsgüter des abnutzbaren Anlagevermögens dar**, die nach § 7 Abs. 1 EStG abgeschrieben werden.

> **BEISPIEL:** ▶ Der Mieter baut eine Rolltreppe mit einer Nutzungsdauer von 20 Jahren in das Geschäftsgebäude ein. Der Mietvertrag wurde über 10 Jahre abgeschlossen. Die Anlage soll bei Vertragsende wieder ausgebaut und anderweitig verwendet werden.

Die AfA bestimmt sich nach der voraussichtlichen Mietdauer bzw. nach der kürzeren betriebsgewöhnlichen Nutzungsdauer.

Mietereinbauten sind vererbbar und veräußerbar. Zu unterscheiden sind dabei:
- Werden Scheinbestandteile (§ 95 BGB) veräußert, ist eine Übertragung durch Einigung und Übergabe (§ 929 BGB) an einen Dritten jederzeit möglich.
- Handelt es sich aber dabei nicht um Scheinbestandteile, kann nur das wirtschaftliche Eigentum übertragen werden. Der Dritte muss ein uneingeschränktes Nutzungs- und Verfügungsrecht über die Zeit der gewöhnlichen Nutzungsdauer erhalten.

(Vgl. dazu BFH v. 14. 2. 2007 XI R 18/06, BStBl 2009 II 957).

5.6.12.5.3 Betriebsvorrichtungen

Die Frage, ob durch die Aufwendungen des Mieters eine Betriebsvorrichtung entstanden ist, ist nach allgemeinen Grundsätzen zu entscheiden. Der Mieter hat die Herstellungskosten zu aktivieren, wenn er wirtschaftlicher Eigentümer ist. Das ist der Fall, wenn
- eine spätere Trennung beabsichtigt ist oder
- die Nutzungsdauer kürzer als die Vertragsdauer ist.

Ist der Mieter nicht als wirtschaftlicher Eigentümer anzusehen, kann ein sonstiger Mietereinbau vorliegen. Das gilt insbesondere, wenn eine Trennung nicht beabsichtigt ist oder wenn die tatsächliche Nutzungsdauer länger als die Vertragsdauer ist.

Die AfA gem. § 7 Abs. 1 EStG bemisst sich nach der Nutzungsdauer der Betriebsvorrichtung, nicht nach der Vertragsdauer, sofern nach der Trennung eine Weiterverwendung im Betrieb des Mieters möglich ist.

Bei einem auf unbestimmte Zeitdauer abgeschlossenen Mietvertrag sind die Wirtschaftsgüter über ihre betriebsgewöhnliche Nutzungsdauer abzuschreiben.

5.6.12.5.4 Sonstige Mietereinbauten

Führen die Aufwendungen des Mieters weder zu Scheinbestandteilen noch zu Betriebsvorrichtungen und liegen auch keine Erhaltungsaufwendungen vor, können sich hinsichtlich der Zurechnung zwei Möglichkeiten ergeben, nämlich

(1) Der Mieter ist wirtschaftlicher Eigentümer der von ihm geschaffenen Einbauten oder Umbauten.

Das ist der Fall, wenn
- die tatsächliche Nutzungsdauer des Umbaus nicht länger als die Vertragsdauer ist oder
- der Mieter bei Beendigung des Mietvertrags vom Vermieter die Erstattung des noch vorhandenen gemeinen Werts des Einbaus bzw. Umbaus verlangen kann.

> **BEISPIEL:** Der Gewerbetreibende hat für 10 Jahre ein Lagergebäude gemietet. Für Personal und Kunden war der Einbau von Wasch- und Toilettenanlagen erforderlich. Diese Anlagen haben eine Nutzungsdauer von 15 Jahren. Sie werden nach Ablauf des Mietvertrags dem Vermieter übertragen, der dann vereinbarungsgemäß den gemeinen Wert zu ersetzen hat.

Der Mieter ist ebenfalls als wirtschaftlicher Eigentümer anzusehen, wenn nicht nur ein vertraglicher, sondern auch ein gesetzlicher Aufwendungsersatzanspruch nach §§ 951,

812 BGB besteht. Dieser Anspruch besteht prinzipiell auch bei sog. Ehegattengrundstücken (BFH v. 14. 5. 2002 VIII R 30/98, BStBl 2002 II 741). Nach Ablauf des Vertrags führt dann der Restbuchwert des Gebäudes zu Betriebsausgaben, der Entschädigungsanspruch zu Betriebseinnahmen.

784 Soweit der Mieter jedoch auf einen Entschädigungsanspruch verzichtet hat, insbesondere wenn nahe Angehörige betroffen sind, muss man davon ausgehen, dass der Mieter seine Aufwendungen dem zivilrechtlichen Eigentümer zugewendet hat, mit der Folge, dass er gem. § 12 Nr. 2 EStG die Berechtigung, die Aufwendungen als eigene abzuziehen, verloren hat. Die Mietereinbauten sind unbewegliche abnutzbare Wirtschaftgüter. Sie sind nach den für Gebäude geltenden Grundsätzen abzuschreiben (BFH v. 15. 10. 1996 VIII R 44/94, BStBl 1997 II 533). Wird die Substanz des Einbaus innerhalb der Mietdauer verbraucht, ist von der voraussichtlichen Mietdauer auszugehen. Soweit der Mietvertrag verlängerbar ist, spricht eine widerlegbare Vermutung dafür, dass eine Verlängerung bis zum Ende der Nutzungsdauer des Einbaus wahrscheinlich ist. Eine Kürzung der AfA-Bemessungsgrundlage wegen vereinbarter Entschädigungszahlung kommt nicht in Betracht, da insoweit ein schwebender Vertrag vorliegt, nämlich:

▶ Verpflichtung zum Ausgleich des Verkehrswertes beim Vermieter,
▶ Verpflichtung zur Übertragung des wirtschaftlichen Eigentums an den Einbauten beim Mieter.

Die AfA bemisst sich nach § 7 Abs. 4 Satz 1 EStG. Soweit eine Entfernung bei Ablauf des Vertrags vereinbart ist, wird die AfA begrenzt auf die tatsächliche Vertragslaufzeit (§ 7 Abs. 4 Satz 2 EStG).

785 (2) Die Einbauten oder Umbauten dienen **unmittelbar den besonderen betrieblichen Zwecken des Mieters**. Sie stehen mit dem Gebäude nicht in einem einheitlichen Nutzungs- oder Funktionszusammenhang. Der Mieter erlangt einen Nutzungsvorteil.

Hierbei handelt es sich also weder um einen Scheinbestandteil noch um eine Betriebsvorrichtung, es liegt auch kein wirtschaftliches Eigentum des Mieters vor. Der Nutzungsvorteil wird wie ein materielles Wirtschaftsgut behandelt.

Die Zurechnung erfolgt beim Mieter (§ 266 Abs. 2 HGB). Es handelt sich um ein unbewegliches Wirtschaftsgut des abnutzbaren Anlagevermögens, AfA gem. § 7 Abs. 5a EStG i. V. m. § 7 Abs. 4 Satz 2 EStG.

> **BEISPIEL:** Der Mieter baut die bisherigen Wohnräume zu Büroräumen um. Dabei mussten Zwischenwände versetzt bzw. neue Wände eingesetzt werden. Die Nutzungsdauer der Umbaumaßnahme ist länger als die Vertragsdauer. Eine Entschädigung seitens des Vermieters ist bei Auszug nicht vereinbart.

5.6.12.5.5 Immaterielle Wirtschaftsgüter

786 Durch Aufwendungen für Einbauten oder Umbauten des Mieters, die weder Scheinbestandteile noch Betriebsvorrichtungen noch sonstige Mietereinbauten sind, kann beim Mieter ein immaterielles Wirtschaftsgut entstehen. Das kommt insbesondere dann in Betracht, wenn kein Zusammenhang mit dem Betrieb des Mieters gegeben ist, sondern ein **Nutzungs- und Funktionszusammenhang mit dem Gebäude** besteht. Die

Baumaßnahme führt dann, soweit nicht Erhaltungsaufwand vorliegt, zu einem immateriellen Wirtschaftsgut des Anlagevermögens.

Eine Aktivierung der Aufwendungen entfällt, weil zwar ein Vorteil entstanden, aber nicht entgeltlich erworben worden ist. Die Aufwendungen des Mieters bilden lediglich die Gegenleistung für die Materialien bzw. Handwerkerleistungen, nicht aber für ein von dritter Seite erworbenes Wirtschaftsgut.

Die Aufwendungen sind als Betriebsausgabe abzugsfähig. Handelsrechtlich besteht ein Aktivierungswahlrecht.

> **BEISPIEL:** Der Mieter baut in ein Gebäude eine bisher noch nicht vorhandene Zentralheizung ein, um das Gebäude nutzbar zu machen.
>
> Soweit aber eine bereits vorhandene veraltete Heizungsanlage ersetzt wird, liegen Erhaltungsaufwendungen vor.

Diese Grundsätze gelten auch für Maler-, Elektro- und Sanitärarbeiten in angemieteten Räumlichkeiten. 787

Werden die Baumaßnahmen des Mieters mit der Miete verrechnet, liegen Mietereinbauten im engeren Sinne nicht vor. Hierbei handelt es sich um Vorausleistungen aufgrund des Mietverhältnisses. Diese Aufwendungen sind die Gegenleistung für die Gebrauchsüberlassung und mittels eines aktiven Rechnungsabgrenzungspostens auf die voraussichtliche Nutzungszeit zu verteilen. Das gilt unabhängig davon, ob es sich um Erhaltungs- oder Herstellungsaufwand handelt.

LITERATURHINWEIS:

Koltermann, Fallsammlung Bilanzsteuerrecht, 17. Aufl., Fall 39 – 42

ABB. 17: Die bilanzsteuerrechtliche Behandlung von Gebäudeaufwendungen durch Vermieter (Eigentümer) und Mieter

Gebäudeaufwendungen können beim Vermieter (Eigentümer) oder Mieter zu sofort abzugsfähigen Erhaltungsaufwand oder zu aktivierungspflichtigem Herstellungsaufwand führen.

Aufwendungen getragen vom Vermieter (Eigentümer)

Aufwendungen können sein

Erhaltungsaufwand

Hierzu zählen grundsätzlich die Aufwendungen, die
1. die Wesensart des Grundstücks nicht verändern und
2. das Grundstück im ordnungsgemäßen Zustand erhalten sollen und
3. regelmäßig in ungefähr gleicher Höhe wiederkehren.

Es liegen sofort abzugsfähige Betriebsausgaben vor (R 21.1 Abs. 1 EStR).

Herstellungsaufwand

Herstellungsaufwand ist bei einem Gebäude im Allgemeinen anzunehmen, wenn dieses durch die Baumaßnahme in seiner Substanz vermehrt, in seinem Wesen verändert oder über seinen bisherigen Zustand hinaus erheblich verbessert wird (R 21.1 Abs. 2 EStR). Die bilanzsteuerrechtliche Behandlung hängt davon ab, ob

---

der Umbau bzw. Einbau mit dem Gebäude im einheitlichen Nutzungszusammenhang steht

Es handelt sich hierbei um unselbständige Gebäudeteile, die einheitlich mit dem Gebäude abzuschreiben sind. Dazu zählen u. a.:
Fahrstuhl-, Heizungs- und Be- und Entlüftungsanlagen.

der Umbau bzw. Einbau mit dem Gebäude nicht im einheitlichen Nutzungs- bzw. Funktionszusammenhang steht

Hier liegen selbständige WG vor, die auch gesondert vom Gebäude abzuschreiben sind. Dazu zählen u. a.:

1. Betriebsvorrichtungen,
2. Einbauten für vorübergehende Zwecke,
3. Ladeneinbauten, -umbauten und Schaufensteranlagen,
4. Für Zwecke des Mieters eingefügte Anlagen (R 7.1 Abs. 4 EStR)

Betriebsvermögen nach Handels- und Steuerrecht

Aufwendungen getragen vom Mieter

↓

Aufwendungen können sein

↓

- **Erhaltungsaufwand**
  Behandlung wie beim Vermieter

- **Herstellungsaufwand**
  Die bilanzsteuerliche Behandlung beim Mieter hängt davon ab, ob der Umbau bzw. Einbau anzusehen ist als

Scheinbestandteil

1. Ein Scheinbestandteil entsteht, wenn durch die Baumaßnahme des Mieters Sachen zu einem vorübergehenden Zweck in das Gebäude eingefügt werden (§ 95 BGB). Der Mieter ist rechtlicher und wirtschaftlicher Eigentümer des Scheinbestandteils.
2. Das ist nach ständiger Rechtsprechung anzunehmen, wenn
   a) die Nutzungsdauer der eingefügten Sachen länger als die voraussichtliche Mietdauer ist,
   b) die eingefügten Sachen auch nach ihrem Ausbau nicht nur einen Schrottwert, sondern noch einen beachtlichen Wiederverwendungswert repräsentieren und
   c) damit gerechnet werden kann, dass die eingebauten Sachen später wieder entfernt werden.
3. Die Scheinbestandteile stellen abnutzbare bewegliche WG dar.
4. Das WG ist gesondert zu aktivieren und abzuschreiben.

Betriebsvorrichtung

1. Die Frage, ob durch die Aufwendungen des Mieters eine Betriebsvorrichtung des Mieters entsteht, ist nach den allgemeinen Grundsätzen zu entscheiden (R 7.1 Abs. 3 EStR).
2. Die Betriebsvorrichtung ist ein abnutzbares bewegliches WG, das gesondert zu aktivieren und abzuschreiben ist.

Sonstiges materielles WG

1. Aufwendungen, die weder ein Scheinbestandteil noch eine Betriebsvorrichtung werden, sind Aufwendungen für die Herstellung eines materiellen WG des Anlagevermögens, wenn
   a) entweder der Mieter wirtschaftlicher Eigentümer der von ihm geschaffenen Einbauten oder Umbauten ist oder
   b) die Einbauten oder Umbauten unmittelbar den besonderen betrieblichen oder beruflichen Zwecken des Mieters dienen und mit dem Gebäude nicht in einem einheitlichen Nutzungs- und Funktionszusammenhang stehen (Nutzungsvorteil).
2. Es handelt sich um ein unbewegliches WG, das gesondert zu aktivieren und abzuschreiben ist. AfA gemäß § 7 Abs. 5 EStG.

Immaterielles WG

1. Durch Aufwendungen für Einbauten oder Umbauten, die weder Scheinbestandteile noch Betriebsvorrichtungen noch sonstige materielle WG sind, entsteht beim Mieter ein immaterielles WG.
2. Für diese WG darf ein Aktivposten in der Bilanz nicht ausgewiesen werden (§ 5 Abs. 2 EStG).
3. Es liegen damit sofort abzugsfähige BA vor.

5.6.13 Bauwerke auf fremdem Grund und Boden

5.6.13.1 Allgemeines

788 Errichtet ein Gewerbetreibender auf fremdem Grund und Boden ein seinem Betrieb dienendes Gebäude oder einen Gebäudeteil, dann ergibt sich eine Aktivierungspflicht aus dem gesetzlichen Gliederungsschema der Bilanz nach § 266 Abs. 2 A II Nr. 1 – 4 HGB. Danach werden in wirtschaftlicher Betrachtung bestimmte Vermögensteile den Sachanlagen als materielle Wirtschaftsgüter zugeordnet. Nach dem Maßgeblichkeitsgrundsatz ist damit auch steuerrechtlich eine Aktivierung geboten (§ 5 Abs. 1 EStG). Eine Aktivierung der aufgewendeten Herstellungskosten erfolgt dann

- als Gebäude, soweit bürgerlich-rechtliches und wirtschaftliches Eigentum vorliegt,
- als Gebäude, soweit nur wirtschaftliches Eigentum vorliegt,
- als materielles Wirtschaftsgut, wenn kein wirtschaftliches Eigentum vorliegt, das Bauwerk jedoch in einem Nutzungs- und Funktionszusammenhang mit dem Gewerbebetrieb des Mieters oder Pächters steht.

5.6.13.2 Der Mieter oder Pächter ist rechtlicher und/oder wirtschaftlicher Eigentümer des Bauwerks

789 Die Bauwerke gehören zu den wesentlichen Bestandteilen des Grundstücks (§ 94 Abs. 1 BGB). Werden Sachen nur zu einem vorübergehenden Zweck mit dem Grund und Boden verbunden, handelt es sich um sog. Scheinbestandteile (§ 95 BGB). Ein solcher Scheinbestandteil liegt vor, wenn bei der Errichtung des Bauwerks vereinbart wird, dass nach Ablauf des Miet- oder Pachtvertrags die vom Mieter oder Pächter errichteten Bauwerke wieder abgerissen werden müssen. Auch wenn konkrete Vereinbarungen nicht getroffen wurden, liegen Scheinbestandteile vor, weil nach § 546 Abs. 1 BGB der Mieter verpflichtet ist, die gemietete Sache nach Beendigung des Vertragsverhältnisses zurückzugeben, wobei davon auszugehen ist, dass errichtete Bauwerke grundsätzlich vom Mieter wieder beseitigt werden müssen. Ein Scheinbestandteil ist dagegen nicht gegeben, wenn der Grundstückseigentümer das Bauwerk nach Ablauf des Mietvertrags entgeltlich oder unentgeltlich übernehmen soll. Das gilt auch, wenn ihm die Übernahme ausdrücklich freigestellt ist.

Von wirtschaftlichem Eigentum ist auszugehen, wenn die Nutzungsdauer des Gebäudes kürzer ist als die voraussichtliche Mietdauer bzw. bei Vertragsablauf Anspruch auf eine Entschädigung in Höhe des Zeitwerts entsteht. Für die Annahme wirtschaftlichen Eigentums genügt es bereits, wenn Ansprüche nach §§ 951, 812 BGB bestehen.

Weiterhin liegt wirtschaftliches Eigentum vor, wenn der Herausgabeanspruch des zivilrechtlichen Eigentümers wertlos ist. Das ist der Fall, wenn der wirtschaftliche Eigentümer das Gebäude nach Ablauf der Nutzungszeit entfernen darf oder wenn das Gebäude wirtschaftlich verbraucht ist.

5.6.13.3 Steuerliche Behandlung

Für die steuerliche Behandlung der Herstellungskosten für ein Gebäude auf fremdem Grund und Boden hat der BFH in seinem Urteil vom 25. 2. 2010 IV R 2/07 (BStBl 2010 II 670) folgende Grundsätze aufgestellt: 790

Die Herstellungskosten kann der Stpfl. abschreiben, wenn er

- ▶ die Herstellungskosten aus betrieblichen Gründen getragen hat und
- ▶ das Bauwerk für eigene betriebliche Zwecke nutzen darf.

Keine Rolle bei der Beurteilung spiele nach Ansicht des BFH, ob

- ▶ der Stpfl. rechtlicher oder wirtschaftlicher Eigentümer des Gebäudes auf fremdem Grund und Boden geworden ist,
- ▶ die Befugnis, das Gebäude zu nutzen, auf einem unentgeltlichen oder entgeltlichen Rechtsverhältnis beruht,
- ▶ ein Ersatzanspruch gegenüber dem Grundstückseigentümer (nach §§ 812, 951 BGB) besteht oder ob darauf verzichtet wurde,
- ▶ eine unentgeltliche Zuwendung in der Übernahme der Herstellungskosten des Gebäudes an den Grundstückseigentümer vorliegt oder ob dieses Entgelt für die Nutzungsüberlassung sein soll.

Die AfA richtet sich nach § 7 Abs. 4 oder Abs. 5 EStG und nicht nach der Dauer des Nutzungsverhältnisses.

Hinweis auf Urteil des FG Sachsen-Anhalt v. 28. 10. 2013 1 K 492/08 (BBK-Kurznachricht Nr. 14/2014 S. 645).

Wenn die Errichtung eines ausschließlich betrieblich genutzten Gebäudes, das auf einem fremden Grundstück errichtet ist, allein im Interesse des gewerblich tätigen Ehegatten erfolgt ist, dann ist nicht anzunehmen, dass beabsichtigt ist, dem Ehegatten unentgeltlich einen Vermögensvorteil zuzuwenden. Gegenstand der Bilanzierung ist in diesen Fällen ein materielles Wirtschaftsgut und kein Nutzungsrecht (BFH v. 14. 5. 2002 VIII R 30/98, BStBl 2002 II 741, BMF v. 10. 4. 2002, BStBl 2002 I 525). 791

BEISPIEL 1: ▶ Ehemann (E) ist Gewerbetreibender und errichtet auf einem Grundstück, das zur Hälfte im Miteigentum seiner Ehefrau (F) steht, eine Lagerhalle. Sie dient zu 100 % eigenbetrieblichen Zwecken des E. Besondere Vereinbarungen wurden nicht getroffen.

E hat zivilrechtlich gegen F nach §§ 951, 812 BGB einen Wertersatzanspruch in Höhe des aktuellen Verkehrswerts. Da dieser Anspruch nicht ausdrücklich oder konkludent abbedungen bzw. durch Regeln des ehelichen Güterrechts ausgeschlossen ist, ist der Miteigentumsanteil von F am Gebäudeteil dem E als Gebäudeteil auf fremdem Grund und Boden zuzurechnen, sodass E das ganze Gebäude bilanzieren muss. Der Grund und Boden gehört dagegen zu 50 % zum notwendigen Betriebsvermögen des E (s. auch Rdn. 790).

BEISPIEL 2: ▶ E errichtet mit mündlicher Zustimmung von F aus eigenen Mitteln auf einem Grundstück, das alleine F gehört, ein Gebäude für eigene betriebliche Zwecke. Weitere Absprachen werden nicht getroffen.

F ist nach §§ 94, 95 BGB zivilrechtliche Eigentümerin des bebauten Grundstücks. Hinsichtlich der Grundstücksnutzung durch E liegt ein – mündlich vereinbarter – Leihvertrag gem. § 598 BGB vor. E ist wirtschaftlicher Eigentümer des Gebäudes, da ihm ein Wertersatzanspruch nach §§ 951, 812 BGB zusteht. Das Gebäude ist von E zu bilanzieren und nach den Vorschriften über Gebäude-AfA (§ 7 Abs. 4 und 5 EStG) abzuschreiben (s. auch Rdn. 790).

792 Bei Beendigung der betrieblichen Nutzung muss der Unternehmer, der das Gebäude errichtet hat, die im Gebäude enthaltenen stillen Reserven nicht versteuern. Die noch nicht abgeschriebenen Herstellungskosten sind erfolgsneutral auszubuchen. Dieser Restbetrag wird dem Grundstückseigentümer als Herstellungskosten zugerechnet (BFH v. 19. 12. 2012 IV R 29/09, BStBl 2013 II 387).

Nutzt ein Ehegatte einen Raum des im Miteigentum der Eheleute stehenden Einfamilienhauses für eigene freiberufliche Zwecke, erhöhen die anteilig auf diesen Raum entfallenden stillen Reserven bei Veräußerung der Praxis nur zur Hälfte den Veräußerungsgewinn. Das gilt auch, wenn der nutzende Ehegatte alle Kosten für diesen Raum als Betriebsausgaben abgezogen hat (BFH v. 29. 4. 2008 VIII R 98/04, BStBl 2008 II 749).

LITERATURHINWEIS:

Koltermann, Fallsammlung Bilanzsteuerrecht, 17. Aufl., Fall 38

5.6.14 Drittaufwand – Eigenaufwand

5.6.14.1 Drittaufwand

793 Trägt ein Dritter Kosten, die durch die Einkünfteerzielung des Steuerpflichtigen veranlasst sind, können sie als sog. Drittaufwand nicht Betriebsausgaben des Steuerpflichtigen sein. Bei Anschaffungs- oder Herstellungskosten liegt Drittaufwand vor, wenn ein Dritter sie trägt und das angeschaffte oder hergestellte Wirtschaftsgut vom Steuerpflichtigen zur Erzielung von Einkünften genutzt wird.

794 Aufwendungen eines Dritten können allerdings im Falle der sog. Abkürzung des Zahlungswegs als Aufwendungen des Steuerpflichtigen zu werten sein. Abkürzung des Zahlungswegs bedeutet die Zuwendung eines Geldbetrags an den Steuerpflichtigen in der Weise, dass der Zuwendende im Einvernehmen mit dem Steuerpflichtigen dessen Schuld tilgt, statt ihm den Geldbetrag unmittelbar zu geben, wenn also der Dritte für Rechnung des Steuerpflichtigen an dessen Gläubiger leistet (BFH v. 23. 8. 1999 GrS 2/97, BStBl 1999 II 782, BFH v. 15. 7. 2014 XR 24/12, BStBl 2015 II 132, NWB Dok-ID: CAAAE-80051).

Hinsichtlich des abziehbaren Aufwands bei abgekürztem Vertragsweg siehe BFH v. 15. 1. 2008 IX R 45/07 (BStBl 2008 II 572) und BMF v. 7. 7. 2008 (BStBl 2008 I 717).

Bei Ehegatten wird dabei keine Zuwendung zugunsten des einkünfteerzielenden Miteigentümers unterstellt.

> **BEISPIEL:** Ehefrau (F) ist Eigentümerin eines bebauten Grundstücks und überlässt ihrem Ehemann (E) unentgeltlich Räumlichkeiten zur betrieblichen Nutzung. E hat die laufenden Erhaltungsaufwendungen zu tragen. Er beauftragt einen Malermeister, einen Raum zu streichen. Die Rechnung wird von F bezahlt.
>
> Es liegt ein abgekürzter Zahlungsweg vor, mit der Folge, dass E den Betrag als Betriebsausgabe abziehen kann.

Bei Kreditverbindlichkeiten und anderen Dauerschuldverhältnissen kommt eine Berücksichtigung der Zahlung unter dem Gesichtspunkt der Abkürzung des Vertragswegs nicht in Betracht (BMF v. 7. 7. 2008, BStBl 2008 I 717).

BEISPIEL (WIE OBEN): F hat den Erwerb des Grundstücks allein mit Krediten finanziert und zahlt regelmäßig die anfallenden Zinsen und Kreditkosten.

= Hier liegt Drittaufwand vor mit der Folge, dass E keinen betrieblichen Aufwand geltend machen kann.

5.6.14.2 Eigenaufwand für ein fremdes Wirtschaftsgut

Trägt ein Steuerpflichtiger aus betrieblichem Anlass die Anschaffungs- oder Herstellungskosten für ein Gebäude, das im Alleineigentum oder Miteigentum eines Dritten steht, mit dessen Zustimmung oder darf er den Miteigentumsanteil des Dritten unentgeltlich nutzen, ist der Steuerpflichtige wirtschaftlicher Eigentümer des Gebäudes, wenn ihm bei Beendigung der Nutzung dem Dritten gegenüber ein Anspruch auf Entschädigung aus einer vertraglichen Vereinbarung oder gesetzlich (§§ 951, 812 BGB) zusteht.

795

Dem Hersteller eines Gebäudes auf fremdem Grund und Boden steht in der Regel ein solcher Ersatzanspruch zu, wenn er die Baulichkeit aufgrund eines Nutzungsrechts im eigenen Interesse und ohne Zuwendungsabsicht errichtet hat.

Ist der Steuerpflichtige nicht wirtschaftlicher Eigentümer, weil er keinen Aufwendungsersatzanspruch hat und hat er die Anschaffungs- oder Herstellungskosten für ein im Miteigentum stehendes Wirtschaftsgut getragen und darf er das Wirtschaftsgut für seine betrieblichen Zwecke nutzen, kann er diese Anschaffungs- oder Herstellungskosten als eigenen Aufwand durch AfA als Betriebsausgaben abziehen.

796

BEISPIEL 1: Ehegatten (E + F) sind jeweils zur Hälfte Eigentümer eines bebauten Grundstücks. Die Herstellungskosten von 500 000 € haben beide gemeinsam getragen. Vom Gesamtbetrag entfallen 100 000 € auf von E eigenbetrieblich genutzte Räume, die er unentgeltlich und ohne weitere vertragliche Vereinbarungen nutzt.

E hat seinen Beitrag zur Finanzierung vollständig für die von ihm genutzten Räume aufgewendet. Er bilanziert deshalb seinen Anteil sowie den auf seine betriebliche Nutzung entfallenden Anteil von F und schreibt den Gesamtwert nach den Vorschriften über die Gebäude-AfA ab (s. auch Rdn. 790).

BEISPIEL 2: Ehegatten (E + F) haben auf einem ihnen gemeinsam gehörenden Grundstück ein Gebäude errichtet, das wie folgt genutzt wird:

60 % für den gewerblichen Betrieb des E

40 % für Wohnzwecke der Eheleute.

E und F haben die Herstellungskosten von 1 000 000 € je zur Hälfte aufgebracht.

Der Miteigentumsanteil des E beinhaltet die Wirtschaftsgüter eigenbetrieblich genutzt (30 %) und eigenen Wohnzwecken dienend (20 %). E bilanziert 30 % eigener Anteil + 30 % Miteigentumsanteil von F, zusammen also 60 % = 600 000 €. Er hat aber nur 500 000 € aus eigenen Mitteln aufgewendet, folglich kann er auch nur in dieser Höhe die Gebäude-AfA beanspruchen. Die weiteren 100 000 € sind echte Drittaufwendungen von F für E, die für E weder bilanzierungsfähig noch in irgendeiner Form bei ihm als Betriebsausgaben zu berücksichtigen sind (s. auch Rdn. 790).

797 Beteiligt sich ein Steuerpflichtiger (Ehegatte) finanziell an den Anschaffungs- oder Herstellungskosten eines Hauses, das dem anderen Ehegatten gehört, und nutzt er dieses Gebäude zur Einkünfteerzielung, kann er die auf diese Räume entfallenden eigenen Aufwendungen grundsätzlich als Betriebsausgaben abziehen. Die AfA ist nach Gebäudegrundsätzen zu berücksichtigen. Bemessungsgrundlage sind die auf diese Gebäudeteile entfallenden Herstellungskosten, soweit sie der Kostenbeteiligung des Steuerpflichtigen entsprechen (BFH v. 23. 8. 1999 GrS 1/97, BStBl 1999 II 778, H 4.7 EStH „Drittaufwand").

Der Steuerpflichtige trägt die Herstellungskosten für ein fremdes, aber zu betrieblichen Zwecken genutztes Gebäude auch dann im eigenen betrieblichen Interesse, wenn er als Gegenleistung für die Nutzungsbefugnis des Grundstücks auf einen Ersatzanspruch verzichtet (BFH v. 25. 2. 2010 IV R 2/07, BStBl 2010 II 670).

Die Übertragung einer gebildeten Rücklage nach § 6b EStG auf Eigenaufwand, den der Stpfl. im betrieblichen Interesse für ein im Miteigentum oder im fremden Eigentum stehendes Gebäude geleistet hat, ist nicht zulässig, weil die Behandlung „wie ein materielles Wirtschaftsgut" sich auf die AfA-Vorschriften beschränkt (BFH v. 19. 12. 2012 IV R 29/09, BStBl 2013 II 387).

LITERATURHINWEIS:

Blödtner/Bilke/Heining, Fallsammlung Buchführung, Bilanzen, Berichtigungstechnik, 10. Aufl., Fallgruppe 6 und 7

5.6.15 Nutzungsrechte an Gebäuden und Grundstücken

798 Hierbei wird dem Gewerbetreibenden, der nicht Eigentümer des Grundstücks ist, unentgeltlich aus privaten Gründen eine Nutzungsmöglichkeit an einem Grundstück (Gebäude) eingeräumt. In diesem Fall liegt kein Erwerb eines materiellen oder immateriellen Wirtschaftsguts vor.

BEISPIEL: ▶ Der Ehemann nutzt das seiner Ehefrau gehörende und von ihr allein finanzierte Grundstück ganz oder teilweise unentgeltlich für eigengewerbliche Zwecke.

Auch wenn dem Ehemann eine sich aus § 1353 BGB ergebende gesicherte Rechtsposition eingeräumt worden sein sollte, stellt die unentgeltlich erlangte Möglichkeit, betriebliche Nutzungen an einem Gegenstand zu ziehen, kein einlagefähiges Wirtschaftsgut dar mit der Folge, dass AfA nicht vorgenommen werden kann. Die mit der betrieblichen Nutzung des Grundstücks zusammenhängenden eigenen Aufwendungen des Nutzungsberechtigten sind Betriebsausgaben. Ein Abzug von Drittaufwendungen ist ausgeschlossen (s. Rdn. 793).

BEISPIEL: ▶ Die Ehefrau ist Eigentümerin eines bebauten Grundstücks, das sie ihrem Ehemann unentgeltlich für gewerbliche Zwecke langfristig überlassen hat.

Der Ehemann hat eine gesicherte Rechtsposition hinsichtlich der Nutzung des bebauten Grundstücks (§ 1353 BGB). Ein einlagefähiges Wirtschaftsgut (= Nutzungsrecht) ergibt sich aber nicht. Die Ehefrau kann mangels eigener Einnahmen die Gebäude-AfA nicht als Werbungskosten abziehen. Der Ehemann hat die Herstellungskosten des Gebäudes nicht getragen, folglich ergeben sich für ihn auch keine im Wege der AfA verteilungsfähigen Aufwendungen.

Soweit ein Nutzungsrecht entgeltlich eingeräumt wird, z. B. durch Zahlung einer angemessenen Miete an den Ehegatten, ergibt sich ebenfalls keine Bilanzierungsfähigkeit des Nutzungsrechts, weil sich die aus dem Mietverhältnis ergebenden Ansprüche und Verpflichtungen gegenseitig ausgleichen.

Erwirbt ein Steuerpflichtiger ein mit einem dinglichen Nutzungsrecht belastetes Grundstück, führt er seinem Betriebsvermögen ein um dieses Nutzungsrecht eingeschränktes Eigentum an diesem Grundstück zu. Dingliche Belastungen begründen keine Verbindlichkeiten, deren Übernahme zu Anschaffungskosten des Grundstücks führt. Die Befugnisse des Erwerbers als Eigentümer i. S. v. § 903 BGB, das Grundstück unbeschränkt zu nutzen und andere von jeder Einwirkung auszuschließen, sind von vornherein begrenzt. Lediglich dieses beschränkte Eigentum ist daher Gegenstand der Bilanzierung und Bewertung. Im bilanziellen Ausweis nur dieses beschränkten Eigentums kann daher auch kein Verstoß gegen das Saldierungsverbot des § 246 Abs. 2 HGB erblickt werden (BFH v. 17. 11. 2004 I R 96/02, BFH/NV 2005, 440).

ABB. 18: Nutzungsrechte

Art des Nutzungsrechts	Obligatorische Nutzungsrechte	Beschränkt dingliche Nutzungsrechte	Nutzungsvorteile
Definition des Nutzungsrechts	Nutzungsrechte sind alle gesicherten Rechtspositionen, eine Sache oder ein Recht zu nutzen, die gegen den Willen des Nutzenden nicht entzogen werden können.		
Inhalt des Nutzungsrechts	Das Recht zur Nutzung eines Gegenstands ergibt sich aus einem Schuldverhältnis, z. B. Miete, Pacht.	Die Herrschaftsmacht des Nutzenden ist hier – im Gegensatz zum Eigentum – nur in bestimmten Beziehungen gegeben. Auch nur soweit wird der Einfluss des rechtlichen Eigentümers ausgeschlossen.	Der Nutzende erwirbt hier lediglich bestimmte Nutzungsvorteile, das Eigentum an den geschaffenen Wirtschaftsgütern steht einem anderen zu (= schuldrechtlicher Verwendungsersatzanspruch).
Bilanzierung des Nutzungsrechts	Die Nutzungsrechte stellen immaterielle WG dar, die nicht bilanziert werden dürfen, weil ▶ entweder unentgeltlich erworben bzw. ▶ bei Entgeltlichkeit ein schwebendes Geschäft vorliegt.		Entstehung eines materiellen WG (Gebäude auf fremdem Grund und Boden) mit der Folge der Bilanzierung, soweit mit eigenen Mitteln errichtet.

5.6.16 Nießbrauchsbestellung an Grundstücken

5.6.16.1 Zuwendungsnießbrauch

799 Hier bestellt der Grundstückseigentümer zu Gunsten des betrieblich Nutzenden an dem betreffenden Grundstück ein Nießbrauchsrecht. Soweit es entgeltlich eingeräumt wird, ist das Nutzungsrecht als entgeltlich erworbenes, immaterielles Wirtschaftsgut mit den Anschaffungskosten zu bilanzieren und entsprechend abzuschreiben.

Wird der Zuwendungsnießbrauch dagegen unentgeltlich eingeräumt, gilt die Regelung wie zu 15. (s. Rdn. 798). Das eingeräumte Nutzungsrecht stellt kein einlagefähiges und damit bilanzierungsfähiges Wirtschaftsgut dar. Da das Grundstück dem Nießbraucher nicht gehört, steht ihm auch keine AfA zu. Lediglich die eigenen Aufwendungen können als Betriebsausgaben abgezogen werden.

> **BEISPIEL:** A (Vater) erzielt aus seinem bebauten Grundstück bisher Einkünfte aus Vermietung und Verpachtung. Durch Einigung und Eintragung im Grundbuch (§ 873 BGB) bestellt er seinem Sohn B unentgeltlich den lebenslänglichen Nießbrauch an diesem Grundstück, das B für eigenbetriebliche Zwecke nutzt. Laut Vertrag hat B sämtliche Grundstücksaufwendungen zu tragen.
>
> Das Nießbrauchsrecht gewährt dem B eine rechtlich gesicherte Position, die ihm gegen seinen Willen nicht entzogen werden kann. Das Nutzungsrecht ist kein einlagefähiges Wirtschaftsgut, weil dem B dafür keine Aufwendungen entstanden sind.
>
> B hat gewerbliche Einkünfte, aber die Gebäude-AfA steht ihm nicht zu, weil sie für ihn keinen Aufwand darstellt, denn die Herstellungskosten des Gebäudes hat ursprünglich A getragen. Dieser kann die AfA aber ebenfalls nicht geltend machen, weil er keine Einnahmen aus dem Grundstück mehr erzielt.
>
> Die laufenden sonstigen Grundstücksaufwendungen, die B aufwenden muss, stellen bei ihm Eigenaufwand dar, der durch den Betrieb veranlasst ist.

800 Wird an einem Grundstück des Betriebsvermögens ein Nießbrauchsrecht bestellt, kann das Grundstück notwendiges Betriebsvermögen bleiben, soweit betriebliche Gründe zur Nießbrauchbestellung geführt haben. Es kommt darauf an, ob das Grundstück nach Wegfall des Nutzungsrechts weiterhin voraussichtlich dem Betrieb dienen soll. Nach der Rechtsprechung des BFH stellt eine Abstandszahlung an den vorzeitig das Grundstück räumenden Pächter Anschaffungskosten für ein selbständig bewertbares immaterielles Wirtschaftsgut (vorzeitige Nutzungsmöglichkeit) dar, das auf die Zeit zwischen Ablösung und vereinbarter vertraglicher Beendigung abzuschreiben ist (BFH v. 2. 3. 1970 GrS 1/69, BStBl 1970 II 382).

5.6.16.2 Vorbehaltsnießbrauch

801 Vorbehaltsnießbrauch liegt vor, wenn das Eigentum an einem Grundstück übertragen wird und dabei gleichzeitig zu Gunsten des bisherigen Eigentümers ein Nießbrauchsrecht bestellt wird. Das Grundstück wird aufgrund des Nießbrauchs weiter betrieblich genutzt.

Der Vorbehaltsnießbraucher ist in der Regel kein wirtschaftlicher Eigentümer (s. auch Rdn. 639). Das Grundstück befindet sich im Fremdeigentum. Deshalb darf es der Nießbraucher grundsätzlich nicht bilanzieren. Aufwendungen aber, die mit dem betrieblich genutzten Grundstück zusammenhängen, stellen auch für den Nießbraucher Betriebsausgaben dar. Hierzu gehört auch die Gebäude-AfA. Die Aufwendungen sind durch Einlagen gewinnmindernd zu erfassen.

Die Schenkung eines Betriebsgrundstücks aus privaten Gründen setzt dessen Entnahme voraus.

Das mit dem Nießbrauch belastete Grundstück ist deshalb mit dem Teilwert zu entnehmen. Der Wert des Nießbrauchs darf dabei vom Teilwert des Grundstücks nicht abgezogen werden.

Die Einräumung des Nießbrauchsrechts führt nicht zu einer Einlage. Die betriebliche Veranlassung der Aufwendungen bleibt auch nach Aufgabe des Eigentums gewahrt mit der Folge, dass der Nießbraucher weiterhin die AfA für das Gebäude beanspruchen kann. Diese wird nach dem Entnahmewert (= Teilwert) bemessen.

BEISPIEL: Der Gewerbetreibende (Vater) schenkt seinem Sohn rechtswirksam ein Betriebsgrundstück unter Vorbehalt des lebenslänglichen Nießbrauchs.

Es haben betragen		**Grund und Boden**	**Gebäude**
	Teilwert	200 000 €	500 000 €
	Buchwert	150 000 €	400 000 €

Das Grundstück ist mit dem Teilwert = 700 000 € zu entnehmen. Somit ergibt sich ein betrieblicher Ertrag von 150 000 €.

Die jährliche AfA richtet sich nach dem Entnahmewert (hier 2 % von 500 000 € = 10 000 €). Buchung: AfA an Einlagen 10 000 €.

Im Falle einer entgeltlichen Veräußerung eines Grundstücks gehört die Bestellung des Vorbehaltsnießbrauchs nicht zur Gegenleistung des Grundstückserwerbers und damit zu den Anschaffungskosten des Grundstücks (siehe auch BMF v. 30. 9. 2013, BStBl 2013 I 1184).

802

LITERATURHINWEIS:

Koltermann, Fallsammlung Bilanzsteuerrecht, 17. Aufl., Fall 133 und 134

FRAGEN

		Rdn.
1.	Grund und Boden, aufstehende Gebäude und sonstige Anlagen stellen zivilrechtlich eine Einheit dar. Wie ist ein bebautes Grundstück in der Handelsbilanz und Steuerbilanz anzusetzen?	738 ff.
2.	Wie sind bei einer betrieblichen Nutzung des Grundstücks Anlagen und Einrichtungen, die im Nutzungs- und Funktionszusammenhang mit dem gewerblichen Betrieb stehen, zu behandeln?	744
3.	Ein bebautes Grundstück kann gleichzeitig wie genutzt werden?	745
4.	Wozu können die einzelnen Grundstücksteile gehören und was ist mit dem Grund und Boden?	745
5.	Muss ein unterschiedlich genutztes Grundstück immer einheitlich abgeschrieben werden?	747

		Rdn.
6.	Muss der eigenbetrieblich genutzte Grundstücksteil immer bilanziert werden?	748
7.	Unter welchen Voraussetzungen kann ein Grundstück bzw. ein Grundstücksteil als gewillkürtes Betriebsvermögen behandelt werden?	751
8.	Kann der eigenen Wohnzwecken dienende Grundstücksteil bilanziert werden, wenn der restliche Grundstücksteil zulässigerweise bilanziert wird?	753
9.	Muss bei Grundstücksteilen, die unterschiedlich genutzt, aber gewillkürtes Betriebsvermögen sein könnten, immer einheitlich entschieden werden, ob sie bilanziert werden sollen?	754
10.	Kann es durch Nutzungsänderung bei einem Grundstück immer zwingend zu einer Entnahme oder Einlage kommen?	757
11.	Was ist buchmäßig zu veranlassen, wenn ein bisher eigenbetrieblich genutzter Grundstücksteil zu fremden Wohnzwecken vermietet wird?	758
12.	Ein zum Gesamthandsvermögen einer OHG gehörendes Grundstück wird einem Gesellschafter gegen eine angemessene Miete zu Wohnzwecken überlassen. Was ist zu veranlassen?	759 f.
13.	Ein Grundstück, was nur einem Gesellschafter gehört, wird der OHG zu betrieblichen Zwecken überlassen. Wozu gehört es bilanzsteuerlich?	761
14.	Wie ist zu verfahren, wenn das der OHG überlassene Grundstück einer Gesamthandsgemeinschaft gehört, an der neben den Gesellschaftern der OHG auch Nichtgesellschafter beteiligt sind?	766
15.	Was stellen Betriebsvorrichtungen dar?	769
16.	Einbauten des Grundstückseigentümers für vorübergehende Zwecke werden wie bezeichnet und wie bilanziell behandelt?	773 f.
17.	Werden unselbständige Gebäudeteile immer als Teil eines Gebäudes angesehen oder gibt es Ausnahmen?	775 f.
18.	Was können Gebäudeaufwendungen bei einem Mieter sein und wie sieht die steuerliche Regelung dafür aus?	779 f.
19.	Wenn Baumaßnahmen des Mieters weder zu Scheinbestandteilen noch zu Betriebsvorrichtungen führen, was könnte dann noch bilanziell gegeben sein?	782, 785
20.	Können durch Umbaumaßnahmen des Mieters immaterielle Wirtschaftsgüter entstehen und wie wären sie steuerlich zu beurteilen?	786
21.	Wozu führen Aufwendungen eines Unternehmers für die Errichtung eines Gebäudes auf fremdem Grund und Boden?	788
22.	Wie ist die steuerliche Behandlung des vom Mieter errichteten Gebäudes, das seinem Gewerbebetrieb dient?	790
23.	Wie ist im Zeitpunkt der Beendigung der betrieblichen Nutzung von den Beteiligten zu verfahren?	792
24.	Was sind sogenannte Drittaufwendungen und wie werden sie steuerlich behandelt?	793
25.	Zu einer Abkürzung des Zahlungsweges kann es unter welchen Voraussetzungen kommen?	794
26.	Wenn ein Unternehmer aus eigenem betrieblichen Anlass die Anschaffungs- oder Herstellungskosten eines Gebäudes trägt, das im Eigentum eines Dritten steht, dann kann er bei unentgeltlicher Nutzung des Gebäudes seine Aufwendungen steuerlich wie behandeln?	795-797

		Rdn.
27.	Wie ist zu verfahren, wenn einem Gewerbetreibenden eine Nutzungsmöglichkeit an einem ihm nicht gehörenden Grundstück eingeräumt wird?	798
28.	Welche Rechtsfolgen treten beim Zuwendungsnießbrauch ein?	799
29.	Bleibt ein Grundstück Betriebsvermögen, wenn daran ein Nießbrauchsrecht bestellt worden ist?	800
30.	Wann liegt Vorbehaltsnießbrauch vor und welche steuerlichen Folgen treten ein?	801

Kapitel 6: Bewertung nach Handels- und Steuerrecht

6.1 Allgemeines

Eine zutreffende Gewinnermittlung erfordert eine entsprechende Bewertung aller dem Betrieb dienenden Wirtschaftsgüter. 803

Dabei bedeutet Bewertung **die Umrechnung der nicht in Geld bestehenden Wirtschaftsgüter in einen Geldeswert.**

Die steuerrechtlichen Bewertungsvorschriften decken sich wegen der unterschiedlichen Zielsetzung nicht immer mit den handelsrechtlichen Grundsätzen. Deshalb beinhaltet § 5 Abs. 6 EStG einen Bewertungsvorbehalt.

Dieser Bewertungsvorbehalt gilt bei der Bewertung, § 6 ff. EStG, bei der AfA, § 7 EStG, und bei Entnahmen und Einlagen, § 6 Abs. 1 Nr. 4 und 5 EStG i. V. m. § 4 Abs. 1 EStG.

Damit wurde der Grundsatz der Maßgeblichkeit der Handelsbilanz für die Steuerbilanz insoweit aufgehoben.

Zu den sich daraus ergebenden Folgen siehe die ausführliche Darstellung unter Rdn. 654 ff.

§ 5 Abs. 1 Satz 1 Halbsatz 2 EStG lässt zu, dass im Rahmen der Ausübung eines steuerlichen Wahlrechts ein (vom Handelsbilanzansatz abweichender) anderer Ansatz gewählt wird. Voraussetzung für die Ausübung steuerlicher Wahlrechte ist jedoch, dass die Wirtschaftsgüter, die nicht mit dem handelsrechtlich maßgeblichen Wert in der steuerlichen Gewinnermittlung (der Steuerbilanz) ausgewiesen werden, in besondere laufend zu führende Verzeichnisse aufgenommen werden (§ 5 Abs. 1 Satz 2 EStG).

6.2 Zeitpunkt der Bewertung

Bilanzierung und Bewertung richten sich nach den **Verhältnissen zum Abschlusszeitpunkt**. Das ist der Schluss des Geschäftsjahres (§§ 240 Abs. 2, 242 Abs. 1 HGB) bzw. der Schluss des Wirtschaftsjahres (§§ 4 Abs. 1, 4a EStG). Die zu diesem Zeitpunkt vorhandenen Wirtschaftsgüter des Betriebsvermögens sind nach den Verhältnissen dieses Stichtags zu bilanzieren und zu bewerten. 804

Dabei sind alle Umstände, die am **Stichtag objektiv bestanden** haben, zu berücksichtigen. Vorgänge, die sich erst nach dem Stichtag ereigneten, die also noch nicht gegeben waren und auch nicht erwartet werden konnten, scheiden für die Bewertung aus (Wertbeeinflussung). Bei bestimmten Bilanzposten muss aber wegen Unsicherheiten mit Schätzungen gearbeitet werden, z. B. bei der Bildung von Wertberichtigungen und Rückstellungen. Hier ist zu beachten, dass der Kaufmann alle Umstände berücksichtigen muss, die für die Verhältnisse am Stichtag von Bedeutung sind. Daraus folgt, dass wertaufhellende Umstände auch dann berücksichtigt werden, wenn die Wertaufhellung erst nach dem Stichtag eingetreten, aber spätestens bis zum Zeitpunkt der Bilanzaufstellung bekannt geworden ist (s. hierzu ausführlich unter Rdn. 616 ff.).

6.3 Bewertungsverfahren
6.3.1 Grundsatz der Einzelbewertung

805 Für die Handelsbilanz gilt der **Grundsatz der Einzelbewertung**. Nach § 252 Abs. 1 Nr. 3 HGB sind die Vermögensgegenstände und Schulden zum Abschlussstichtag einzeln zu bewerten. So soll verhindert werden, dass durch eine Zusammenfassung von Wirtschaftsgütern Wertminderungen mit Werterhöhungen verrechnet werden können. Das entspricht auch dem **Vorsichtsprinzip** bei der Bewertung der Wirtschaftsgüter.

Nach den Bewertungsvorschriften des Steuerrechts ist ebenfalls grundsätzlich eine **Einzelbewertung** der vorhandenen Vermögenswerte durchzuführen. Das geht aus dem Wortlaut des § 6 Abs. 1 EStG hervor, wonach für *„die Bewertung der einzelnen Wirtschaftsgüter, die ... als Betriebsvermögen anzusetzen sind, das Folgende gilt ..."*.

Eine strenge Beachtung dieser Grundsätze würde jedoch in der Praxis zu erheblichen Schwierigkeiten führen. Es gibt Fälle, bei denen eine Einzelbewertung überhaupt nicht möglich ist bzw. zu einer unzumutbaren Arbeitsbelastung für den Kaufmann führen würde. Das gilt insbesondere für die Bewertung des Vorratsvermögens.

806 Deshalb wird nach R 6.8 Abs. 3 Satz 2 und 3 EStR zugelassen, dass bei vertretbaren Wirtschaftsgütern, soweit die Anschaffungs- oder Herstellungskosten wegen Schwankungen der Einstandspreise im Laufe des Wirtschaftsjahres im Einzelnen nicht mehr einwandfrei feststellbar sind, der Wert dieser Wirtschaftsgüter geschätzt werden kann. In diesen Fällen stellt die Durchschnittsbewertung nach dem gewogenen Mittel ein zweckentsprechendes Schätzungsverfahren dar. Außerdem sehen Handels- und Steuerrecht folgende Ausnahmen vor (§ 240 Abs. 3 u. 4 HGB, R 5.4, 6.8 und 6.9 EStR, § 6 Abs. 2a EStG):

1. Gruppenbewertung (Hauptanwendungsfall: Vorratsvermögen);

2. Festbewertung (Hauptanwendungsfall: Roh-, Hilfs-und Betriebsstoffe);

3. Bewertung nach Verbrauchs- oder Veräußerungsfolgen (Hauptanwendungsfall: Umlaufvermögen);

4. Bewertung von Wirtschaftsgütern, die in einem Sammelposten erfasst werden.

6.3.2 Gruppenbewertung

6.3.2.1 Anwendungsbereich

Die Gruppenbewertung ist sowohl für Wirtschaftsgüter des **Anlagevermögens** als auch für solche des **Umlaufvermögens** zugelassen. Dabei stellt die Zusammenfassung mehrerer Wirtschaftsgüter zu einer Gruppe lediglich eine technische Erleichterung dar. Die einzelnen Wirtschaftsgüter geben ihre Selbständigkeit nicht auf. Die Gruppenbildung und Gruppenbewertung darf im einzelnen Fall nicht gegen die Grundsätze ordnungsmäßiger Buchführung verstoßen. Auf eine Einzelbewertung kann nur dann verzichtet werden, wenn die Gruppenbewertung nicht zu erheblichen Abweichungen in der Bewertung führt. Vorrangig bleibt damit immer die Einzelbewertung.

807

6.3.2.2 Gruppenbewertung von Wirtschaftsgütern des Anlagevermögens

Eine Gruppenbewertung bei Wirtschaftsgütern des Anlagevermögens ist nur beschränkt möglich. Voraussetzung ist, dass die Wirtschaftsgüter in demselben Veranlagungszeitraum angeschafft sind, die gleiche Nutzungsdauer und die gleichen Anschaffungskosten haben und nach der gleichen Methode abgeschrieben werden (R 5.4 Abs. 2 Satz 3 EStR). Nur dadurch ist gesichert, dass im Falle eines Ausscheidens der zutreffende Veräußerungsgewinn bzw. -verlust ermittelt werden kann.

808

Eine Gruppenbewertung kommt demnach insbesondere in Betracht für kleinere Maschinen, Werkzeuge, Flaschen u. ä. Gegenstände.

6.3.2.3 Gruppenbewertung von Wirtschaftsgütern des Umlaufvermögens

Hauptanwendungsgebiet der Gruppenbewertung ist das Vorratsvermögen. Hierbei können **gleichartige** WG zu einer Gruppe zusammengefasst und als solche bewertet werden. Der Ansatz erfolgt mit dem gewogenen Durchschnittswert. Gleichartige WG brauchen für die Zusammenfassung zu einer Gruppe nicht gleichwertig zu sein. Für sie muss jedoch ein nach den Erfahrungen der entsprechenden Branche sachgemäßer Durchschnittswert bekannt sein.

809

Für die Ermittlung des Durchschnittswerts bieten sich zwei Verfahren an, nämlich

(1) Errechnung des gewogenen arithmetischen Mittels bezogen auf Anfangsbestand und Zugänge im Laufe eines Wirtschaftsjahres.

BEISPIEL:

Bestände und Zugänge	Menge	Anschaffungskosten	Gesamtwert
Anfangsbestand	100 Stück	20,00 €	2 000 €
Zugang Jan.	200 Stück	19,00 €	3 800 €
Zugang April	300 Stück	18,00 €	5 400 €
Zugang Juli	400 Stück	19,00 €	7 600 €
Zugang Okt.	200 Stück	21,00 €	4 200 €
Gesamt	1 200 Stück		23 000 €
Durchschnittswert 23 000 € : 1 200			= 19,16 €
Endbestand 300 Stück × 19,16 €			= 5 748 €

(2) Errechnung des gewogenen arithmetischen Mittels nach jedem Zugang (gleitender Durchschnitt).

Die Ermittlung des Durchschnittswertes nach der gleitenden Methode ist genauer als die Errechnung, die nur Anfangsbestand und Zugänge erfasst. Die zuletzt bezogenen Wirtschaftsgüter beeinflussen den Durchschnittswert wesentlich stärker. Außerdem kann der Inventurwert direkt aus der Lagerkartei entnommen werden. Die Methode eignet sich auch insbesondere in der Kombination Durchschnittsbewertung und permanenter Inventur.

BEISPIEL:

1.1.	Anfangsbestand	500 St. zu je 6,00 € = 3 000 €
20.2.	Abgang	300 St. zu je 6,00 € = 1 800 €
	Bestand	200 St. zu je 6,00 € = 1 200 €
10.7.	Zugang	600 St. zu je 6,50 € = 3 900 €
	Bestand	800 St. zu je 6,38 € = 5 100 €
15.9.	Abgang	400 St. zu je 6,38 € = 2 550 €
	Bestand	400 St. zu je 6,38 € = 2 550 €
10.11.	Zugang	500 St. zu je 6,20 € = 3 100 €
31.12.	Bestand	900 St. zu je 6,28 € = 5 650 €

Der **Durchschnittswert,** gleich nach welcher Methode ermittelt, **stellt Anschaffungskosten dar**. Dabei handelt es sich nicht um einen Teilwert der Wirtschaftsgüter. Deshalb ist am Bilanzstichtag die **Entwicklung der Wiederbeschaffungskosten** zu beachten. Es gilt:

▶ Ist der Durchschnittswert niedriger als die Wiederbeschaffungskosten, dann ist der Durchschnittswert anzusetzen,

▶ ist der Durchschnittswert höher als die Wiederbeschaffungskosten, dann sind diese maßgebend; dies gilt handelsrechtlich uneingeschränkt, steuerlich jedoch nur, soweit eine voraussichtlich dauernde Wertminderung vorliegt.

6.3.3 Festbewertung

6.3.3.1 Allgemeines zum Wesen des Festwertes

810 Nach § 240 Abs. 3 HGB können, soweit dies den Grundsätzen ordnungsmäßiger Buchführung entspricht, bei Aufstellung des Inventars und der Bilanz Gegenstände des Anlagevermögens sowie Roh-, Hilfs- und Betriebsstoffe des Vorratsvermögens mit einer gleich bleibenden Menge und mit einem gleich bleibenden Wert angesetzt werden, wenn der Bestand in seiner Größe, seinem Wert und seiner Zusammensetzung nur geringen Veränderungen unterliegt. Zur vereinfachten Wertermittlung kommt eine vereinfachte Mengenermittlung hinzu. Die Festbewertung wird durch folgende Merkmale charakterisiert:

(a) bei gleichartigen und gleichwertigen Wirtschaftsgütern werden für einen stets in etwa gleicher Höhe benötigten Bestand die Anschaffungskosten aktiviert,

(b) von diesem zu aktivierenden Festwert ist keine AfA vorzunehmen,

(c) Anschaffungskosten für Ergänzungsbeschaffungen werden nicht aktiviert, sondern sofort im Jahr der Anschaffung voll abgeschrieben,

(d) eine Änderung des einmal angesetzten Festwerts erfolgt nur unter bestimmten Voraussetzungen,

(e) die mit einem Festwert erfassten Wirtschaftsgüter sind grundsätzlich jährlich mit demselben Wert in die Bilanz einzustellen.

Die Frage, unter welchen Voraussetzungen der Gesamtwert der für einen einzelnen Festwert in Betracht kommenden Wirtschaftsgüter von nachrangiger Bedeutung ist, sowie die Frage, welche Abschreibungsmethoden bei der Ermittlung der Wertigkeit beweglicher Wirtschaftsgüter des Sachanlagevermögens (sog. Anhaltewert) zu Grunde zu legen sind, beantworten sich wie folgt:

Nachrangigkeit

Zur Beurteilung der Nachrangigkeit ist auf die Bilanzsumme abzustellen. Der Gesamtwert der für einen einzelnen Festwert in Betracht kommenden Wirtschaftsgüter ist für das Unternehmen grundsätzlich von nachrangiger Bedeutung, wenn er an den dem Bilanzstichtag vorangegangenen fünf Bilanzstichtagen im Durchschnitt 10 % der Bilanzsumme nicht überstiegen hat.

Ermittlung des sogenannte Anhaltewertes

Der Anhaltewert von beweglichen Wirtschaftsgütern des Sachanlagevermögens ist anhand der steuerlich zulässigen linearen oder degressiven AfA nach § 7 EStG zu ermitteln. Erhöhte Absetzungen oder Sonderabschreibungen dürfen dagegen bei der Ermittlung des Anhaltewertes nicht berücksichtigt werden.

6.3.3.2 Festbewertung für Wirtschaftsgüter des Anlagevermögens

6.3.3.2.1 Anwendungsbereich

Die Festbewertung ist nur für einige Gruppen des Anlagevermögens von Bedeutung. Denn nach den gesetzlichen Vorschriften muss es sich um Wirtschaftsgüter handeln, deren Bestand in seiner Größe, seinem Wert und seiner Zusammensetzung **nur geringen Schwankungen unterliegt.** Das sind Wirtschaftsgüter, die sich ihrer Natur nach auch für eine Sammelbewertung eignen würden, z. B. Bestände an Werkzeugen, Modelle, Flaschen, Hotelgeschirr, Hotelwäsche, Fässer, Leihbücher, Gerüst- und Schalungsteile.

In der Regel handelt es sich dabei um Wirtschaftsgüter, die in größerer Anzahl im Betrieb vorhanden sein müssen, als Einzelstücke keinen erheblichen Wert haben und außerdem ständig in größerem Umfang zu erneuern bzw. zu ergänzen sind.

Soweit diese Wirtschaftsgüter aber selbständig nutzbar sind, wird der Kaufmann jedoch häufig die Bewertungsfreiheit gem. § 6 Abs. 2 EStG in Anspruch nehmen (bei Netto-Anschaffungskosten von nicht mehr als 410 €).

6.3.3.2.2 Bildung des Festwerts

813 Der Festwert ist nach dem Bestand zu berechnen, der an dem Bilanzstichtag vorhanden ist, für den erstmals ein Festwert gebildet werden soll. Dieser Bestand könnte höchstens bei Betriebseröffnung neuwertig und damit mit den vollen Anschaffungskosten anzusetzen sein. Später wird er altersmäßig gemischt sein, d. h. ein Teil wird neuwertig, andere Teile werden dafür aber bereits abgängig sein. Aus diesen Überlegungen heraus wird in der Handelsbilanz ein Ansatz von **50 % der Anschaffungskosten** als ausreichend und zutreffend angesehen.

Steuerrechtlich ist auf R 5.4 Abs. 3 EStR, H 5.4 EStH und den Anhang 9 II zu den EStR hinzuweisen. Es gilt der Grundsatz, dass die Festwerte dem buchmäßigen Bilanzwert entsprechen sollen, der sich ergeben würde, wenn die im Festwert zusammengefassten Wirtschaftsgüter laufend aktiviert und normal auf ihre Nutzungsdauer abgeschrieben würden. Berechnungen hierbei haben ergeben, dass die in Gebrauch genommenen Wirtschaftsgüter des Anlagevermögens bei der an sich gebotenen Einzelbewertung in der Regel einen buchmäßigen Dauerbestand von etwa 40–50 % ihrer Anschaffungs- oder Herstellungskosten haben. In dieser Höhe muss sich auch der Festwert etwa bewegen. Gewisse Nuancierungen können sich im Einzelfall durch betriebliche oder branchenbedingte Besonderheiten ergeben. Deshalb werden z. B. für die verhältnismäßig kurzlebigen Gerüst- und Schalungsteile, die erfahrungsgemäß überwiegend im ersten Halbjahr angeschafft werden, unter Berücksichtigung dieser branchentypischen Umstände Festwerte von 40 % zugelassen.

814 Der Festwert wird **nicht sofort ausgewiesen,** sondern allmählich entwickelt. Dabei ist auf den vorhandenen, noch nicht abgeschriebenen Altbestand die laufende AfA vorzunehmen. Die Neuzugänge sind nur mit 40 % ihrer Anschaffungskosten zu aktivieren, während 60 % der Anschaffungskosten als Sofortaufwand die AfA auf die Neuzugänge pauschal abgelten sollen. Sobald auf diese Weise der als Festwert angestrebte Betrag erreicht ist, werden die Anschaffungskosten der Neuzugänge voll als Aufwand abgesetzt, während die laufende AfA künftig unterbleibt.

> **BEISPIEL:** Zum 31.12.00 sind Gerüst- und Schalungsteile mit ursprünglichen Anschaffungskosten von 100 000 € vorhanden, die im Wege der AfA bis auf 30 000 € abgeschrieben worden sind. Bei Beachtung der Bewertungsgrundsätze würde sich für diesen Bestand ein Festwert i. H. v. 40 000 € ergeben. Die Zugänge in den Jahren 01 und 02 sollen jeweils 40 000 € betragen.

Altbestand	30 000 €
./. AfA Altbestand	10 000 €
	20 000 €
+ Zugang (40 %)	16 000 €
Bilanzansatz 31.12.01	36 000 €
./. AfA Altbestand	10 000 €
	26 000 €
+ Zugang (40 %)	16 000 €
	42 000 €
./. Abschreibung	2 000 €
Bilanzansatz 31.12.02	40 000 €

Die Zugänge ab 03 können sofort in voller Höhe abgeschrieben werden.

Es besteht aber auch die Möglichkeit, die **Neuzugänge mit den vollen Anschaffungskosten abzüglich der normalen AfA anzusetzen.** In diesem Fall würde der Festwert bereits im Jahr 01 erreicht werden.

Lag der Buchwert des vorhandenen Altbestands über dem zu bildenden Festwert, kann der Bilanzansatz durch eine Abschreibung auf den Festwert erreicht werden.

Bei erstmaliger Anschaffung von Anlagegütern, die mit einem Festwert angesetzt werden sollen, sind zunächst die Anschaffungskosten zu aktivieren und so lange abzuschreiben, bis der Festwert erreicht ist.

> **BEISPIEL:** Im Jahr 01 sind erstmals Gerüst- und Schalungsteile für 100 000 € erworben worden. Der Festwert würde 40 000 € betragen. Er kann bei einer Nutzungsdauer von 5 Jahren erst im 3. Jahr angesetzt werden.

6.3.3.3 Festbewertung für Wirtschaftsgüter des Vorratsvermögens

Nach dem Wortlaut des Gesetzes ist der Ansatz eines Festwertes nur für einen Teil des Vorratsvermögens, nämlich für die **Roh-, Hilfs- und Betriebsstoffe,** zulässig. Für Fertigerzeugnisse und die Waren ist die Bildung eines Festwertes nicht möglich.

Voraussetzung ist aber, dass der Bestand in seiner Größe, seinem Wert und seiner Zusammensetzung nur geringen Schwankungen unterliegt. Das wird in der Regel nur der Fall sein, wenn die Produktion des Betriebs im Wesentlichen konstant ist oder wenn der Preis nicht so sehr spekulativen Einflüssen unterliegt.

6.3.3.4 Änderung des Festwerts

Auch wenn der Bestand der Wirtschaftsgüter, die mit einem Festwert angesetzt worden sind, allgemein nur geringen Schwankungen unterliegen wird, kann er sich im Laufe der Zeit ändern durch

(a) Betriebserweiterungen oder Betriebsschrumpfungen,

(b) wertmäßige Schwankungen der Anschaffungskosten.

Deshalb ist der Festwert in bestimmten Zeitabständen zu überprüfen und ggf. anzupassen. Handelsrecht und Steuerrecht sehen hierfür vor:

(a) nach § 240 Abs. 3 HGB ist in der Regel **alle drei Jahre** eine körperliche Bestandsaufnahme der in einem Festwert erfassten Vermögensgegenstände durchzuführen,

(b) nach R 5.4 Abs. 3 EStR ist für Gegenstände des beweglichen Anlagevermögens, die zulässigerweise mit einem Festwert angesetzt worden sind, **im Regelfall an jedem dritten,** spätestens aber an jedem fünften **Bilanzstichtag** eine körperliche Bestandsaufnahme vorzunehmen.

Nach R 5.4 Abs. 3 EStR ist der Festwert fortzuschreiben, wenn der für einen Bilanzstichtag ermittelte Wert den bisherigen Festwert um mehr als 10 % übersteigt. Der bisherige Festwert ist so lange um die Anschaffungs- oder Herstellungskosten der im Festwert erfassten und der nach dem Bilanzstichtag des vorangegangenen Wirtschaftsjahres angeschafften oder hergestellten Wirtschaftsgüter aufzustocken, bis der neue Festwert erreicht ist.

Ist der ermittelte Wert niedriger als der bisherige Festwert, kann der Unternehmer den niedrigeren Wert in der Steuerbilanz gem. § 6 Abs. 1 Nr. 2 EStG als neuen Festwert ansetzen. In der Handelsbilanz muss auch in diesem Fall der niedrigere Wert ausgewiesen werden (§ 253 Abs. 4 Satz 2 HGB). Da für diesen Fall eine eigenständige steuerliche Vorschrift besteht, muss in der Steuerbilanz im Gegensatz zur Handelsbilanz nicht der niedrigere Wert angesetzt werden, § 5 Abs. 1 Satz 1 Halbsatz 2 EStG.

Übersteigt der ermittelte Wert den bisherigen Festwert um nicht mehr als 10 %, kann der bisherige Festwert beibehalten werden.

BEISPIEL: Für bestimmte Wirtschaftsgüter des beweglichen Anlagevermögens ist zum 31.12.00 erstmalig zulässigerweise ein Festwert von 10 000 € gebildet worden. Zum dritten darauf folgenden Bilanzstichtag, also dem 31.12.03, muss eine Überprüfung des Festwerts vorgenommen werden.

Der zum 31.12.03 ermittelte Wert ergibt

a) 11 000 €

b) 15 000 €

Die Ergänzungsbeschaffungen sollen in der Zeit vom 1.1.03 bis zum 31.12.03 betragen haben

aa) 3 000 €

bb) 6 000 €

LÖSUNG:

Zu a):

Die Abweichung zwischen dem neu ermittelten Wert (11 000 €) und dem bisherigen Festwert (10 000 €) beträgt nicht mehr als 10 % Der Kaufmann hat somit ein Wahlrecht. Er kann den bisherigen Festwert unverändert beibehalten. Er kann aber auch 11 000 € ansetzen.

Zu b):

Die Abweichung beträgt hier mehr als 10 %. Damit ist der neue Wert maßgebend. Die Ergänzungsbeschaffungen haben aber im Fall aa) nur 3 000 € betragen. Folglich kann auch nur dieser Wert umgebucht und damit der Festwert um diesen Wert aufgestockt werden. Festwert zum 31.12.03 = 13 000 €. Die Ergänzungsbeschaffungen des nächsten Jahres bzw. der nächsten Jahre sind zunächst solange auf dem Festwertkonto zu erfassen, bis der Festwert i. H. v. 15 000 € erreicht ist. Erst der darüber hinausgehende Betrag ist wieder in voller Höhe Betriebsausgabe.

Im Fall bb) dagegen wird bei Ergänzungsbeschaffungen von 6 000 € der volle Differenzbetrag von 5 000 € (15 000 € ./. 10 000 €) auf dem Festwertkonto erfasst. Damit ist der Festwert dann mit dem zutreffenden Betrag von 15 000 € ausgewiesen. Die restlichen 1 000 € stellen Betriebsausgaben in 03 dar.

6.3.3.5 Grenzen der Festbewertung

817 Die Festbewertung soll in erster Linie der Vereinfachung dienen und dann nicht zulässig sein, wenn sie Preisschwankungen auffangen soll. Eine Festbewertung kommt nicht in Betracht für Wirtschaftsgüter, die

(a) als Einzelstücke einen erheblichen Wert haben,

(b) nur in geringer Anzahl vorhanden sind,

(c) eine lange betriebsgewöhnliche Nutzungsdauer haben,

(d) wesentlichen Preisschwankungen unterliegen.

Der Ansatz eines Festwerts verbietet sich auch, solange nicht eine **Mindestausstattung** der betreffenden Wirtschaftsgüter im Betrieb vorhanden ist.

6.3.4 Bewertung nach Verbrauchs- oder Veräußerungsfolgen

Soweit es den **Grundsätzen ordnungsmäßiger Buchführung** entspricht, kann zur Berechnung der Anschaffungs- oder Herstellungskosten eine bestimmte **Verbrauchs- oder Veräußerungsfolge** unterstellt werden (§ 256 HGB). Abweichend vom Niederstwertprinzip hat hier der Gesetzgeber dem Kaufmann einen bestimmten Bewertungsspielraum bei der Bewertung des Umlaufvermögens einräumen wollen. Die Bewertung mit Hilfe der Verbrauchs- oder Veräußerungsfolgen ist auch nach dem Steuerrecht zulässig (R 6.9 Abs. 1 und 2 EStR).

818

Für das Steuerrecht ist danach nur zulässig:

▶ Lifo-Methode

Für das Handelsrecht außerdem:

▶ Fifo-Methode

6.3.4.1 Lifo-Methode

Nach § 6 Abs. 1 Nr. 2a EStG kann für den Wertansatz gleichartiger Wirtschaftsgüter des Vorratsvermögens – unabhängig von der tatsächlichen Verbrauchsfolge – unterstellt werden, dass die zuletzt angeschafften oder hergestellten Wirtschaftsgüter zuerst verbraucht oder veräußert worden sind, wenn

819

▶ der Steuerpflichtige den Gewinn nach § 5 EStG ermittelt,

▶ die Verbrauchs- oder Veräußerungsfolge auch für den Wertansatz in der Handelsbilanz unterstellt wird,

▶ dieses den Grundsätzen ordnungsmäßiger Buchführung entspricht.

Dabei können für die Anwendung der Lifo-Methode gleichartige Wirtschaftsgüter zu Gruppen zusammengefasst werden.

Die Bewertung nach der Lifo-Methode kann sowohl durch permanente Lifo als auch durch Perioden-Lifo erfolgen.

6.3.4.1.1 Permanente Lifo

Die permanente Lifo setzt eine laufende mengen- und wertmäßige Erfassung aller Zu- und Abgänge voraus.

820

BEISPIEL:

Anfangsbestand	200 St. je 10 € =	2 000 €
Zugang	300 St. je 12 € =	3 600 €
=		5 600 €
Abgang	200 St. je 12 € =	2 400 €
Endbestand	300 St.	3 200 €

Der Endbestand setzt sich hierbei zusammen aus
200 St. je 10 € = 2 000 €
100 St. je 12 € = 1 200 €

6.3.4.1.2 Perioden-Lifo

821　Bei der Perioden-Lifo wird der Bestand lediglich zum Ende des Wirtschaftsjahres bewertet. Dabei können Mehrbestände mit dem Anfangsbestand zu einem neuen Gesamtbestand zusammengefasst oder als besonderer Posten (Layer) ausgewiesen werden. Bei der Wertermittlung für die Mehrbestände ist von den Anschaffungs- oder Herstellungskosten der ersten Lagerzugänge oder von den durchschnittlichen Anschaffungs- oder Herstellungskosten aller Zugänge des Wirtschaftsjahres auszugehen.

BEISPIEL: Aus der Lagerbuchhaltung ergeben sich folgende Vorgänge:

		Menge	Einzelpreis	Gesamtpreis
1. 1. 05	AB	500	40,00 €	20 000 €
15. 3.	Zugang	600	42,00 €	25 200 €
15. 6.	Zugang	400	44,00 €	17 600 €
15. 10.	Zugang	300	43,00 €	12 900 €

Die Bestandsaufnahme zum 31.12.05 ergab 1 200 St. Der Marktpreis am Abschlussstichtag betrug 42,50 €. Abgänge wurden nicht gesondert erfasst.

Die Bewertung kann handels- und auch steuerrechtlich nach der Lifo-Methode erfolgen.

		Menge	Einzelpreis	Gesamtpreis		
1. 1. 05	AB	500	40,00	20 000 €		
15. 3.	Zugang	600	42,00	25 200 €		
15. 6.	Zugang	100	44,00	4 400 €	29 600 : 700	= 42,30 €
AB + Zu		1 200	-	-	49 600 : 1 200	= 41,30 €
15. 6.	Zugang	300	44,00	13 200 €		
15. 10.	Zugang	300	43,00	12 900 €	55 700 : 1 300	= 42,85 €
AB + Zu		1 800		75 700 €	75 700 : 1 800	= 42,05 €

Daraus lassen sich folgende Werte ableiten:

(1) Lifo (AB + erste Zugänge)
1 200 St. × 41,30 = 　　　　　　　　　　　　　　　　　　49 560 €

(2) Lifo (AB + Layer × Durchschnittswert)

500 St. × 40,00 =	20 000 €
700 St. × 42,85 =	29 995 €
	49 995 €

(3) Lifo (AB + Layer aus ersten Posten)

500 St. × 40,00 =		20 000 €
700 St. × 42,30 =		29 610 €
		49 610 €

(4) Bewertung mit gewogenem Durchschnitt

1 200 St. × 42,05 =		50 460 €

Der Lifo-Wert muss mit dem aktuellen Stichtagswert verglichen werden. Ist dieser Wert nicht nur vorübergehend niedriger, dann ist er handelsrechtlich zwingend anzusetzen. Das Niederstwertprinzip ist dabei auf jeden Layer gesondert anzuwenden. Steuerrechtlich besteht ein Wahlrecht (§ 6 Abs. 1 Nr. 2 Satz 2 EStG).

Bei einem Mengenrückgang müssen die Layer ganz oder teilweise gewinnmindernd aufgelöst werden. Hierfür gilt ebenfalls das Lifo-Prinzip. Danach sind die zuletzt gebildeten Layer zuerst aufzulösen.

6.3.4.2 Fifo-Methode

Bei dieser Methode, die steuerrechtlich nicht zulässig ist, wird unterstellt, dass die **zuerst** beschafften (first-in) Wirtschaftsgüter zuerst wieder verbraucht bzw. veräußert werden (first-out). 822

BEISPIEL:

Anfangsbestand	200 St. je 10 € =	2 000 €
Zugang	300 St. je 12 € =	3 600 €
		5 600 €
Abgang	250 St. je 12 €	

Der Abgang setzt sich somit zusammen aus

200 St. je 10 € =	2 000 €	
50 St. je 12 € =	600 € =	2 600 €
Endbestand	250 St. je 12 €	3 000 €

6.3.5 Bewertung von Wirtschaftsgütern, die in einem Sammelposten erfasst werden

6.3.5.1 Gesetzliche Grundlagen

Gemäß § 6 Abs. 2a EStG **kann** in der Steuerbilanz für bewegliche Wirtschaftsgüter des Anlagevermögens, die der Abnutzung unterliegen und die einer selbständigen Nutzung fähig sind, ein Sammelposten gebildet werden, wenn die Anschaffungs- oder Herstellungskosten, vermindert um einen darin enthaltenen Vorsteuerbetrag, für das einzelne Wirtschaftsgut 150 €, aber nicht 1 000 € übersteigen. 823

Das bedeutet:

Wirtschaftsgüter mit Anschaffungskosten bis 410 € netto **können**

▶ nach § 6 Abs. 2 EStG sofort abgeschrieben werden

oder

▶ nach § 7 Abs. 1 oder 2 EStG abgeschrieben werden

oder

▶ als Sammelposten i. S. des § 6 Abs. 2a EStG aktiviert und abgeschrieben werden.

Der Sammelposten ist im Wirtschaftsjahr der Bildung und in den folgenden vier Wirtschaftsjahren mit jeweils einem Fünftel gewinnmindernd aufzulösen.

Wirtschaftsgüter mit Anschaffungskosten von mehr als 410 € netto und nicht mehr als 1 000 € netto **können**

▶ nach § 7 Abs. 1 oder 2 EStG abgeschrieben werden

oder

▶ als Sammelposten i. S. des § 6 Abs. 2a EStG aktiviert und abgeschrieben werden. Der Sammelposten ist im Wirtschaftsjahr der Bildung und in den folgenden vier Wirtschaftsjahren mit jeweils einem Fünftel gewinnmindernd aufzulösen.

Eine entsprechende handelsrechtliche Regelung fehlt; daher werden handelsrechtlich die Gegenstände, die in der Steuerbilanz in einem Sammelposten zu erfassen sind, nach den normalen Grundsätzen bewertet.

6.3.5.2 Anschaffungs- oder Herstellungsvorgang

824 Die Wirtschaftsgüter müssen angeschafft oder hergestellt worden sein. Erwerb bedeutet dabei entweder Kauf, Tausch oder auch Schenkung aus betrieblicher Veranlassung (§ 6 Abs. 4 EStG). Darüber hinaus sind auch Einlagen als Anschaffungsvorgang anzusehen. Maßgebend ist der Übergang des wirtschaftlichen Eigentums. Gleiches gilt auch für Wirtschaftsgüter im Zusammenhang mit der Eröffnung eines Betriebs.

Nicht als Anschaffungs- oder Herstellungsvorgänge zählen:

▶ Überführung eines Wirtschaftsguts aus einem Betrieb des Steuerpflichtigen in einen anderen Betrieb desselben Steuerpflichtigen,

▶ Überführung von Wirtschaftsgütern des Umlaufvermögens nach dem Jahr der Anschaffung oder Herstellung in das Anlagevermögen desselben Steuerpflichtigen.

6.3.5.3 Anschaffungs- oder Herstellungskosten von mehr als 150 € und nicht mehr als 1 000 €

825 Für die Ermittlung der Anschaffungs- oder Herstellungskosten gelten dabei die üblichen Grundsätze. Auszugehen ist immer vom **Netto-Betrag** (ohne USt), ohne Rücksicht darauf, ob Vorsteuern abziehbar oder nicht abziehbar sind. Voraussetzung ist jedoch, dass eine Rechnung mit **ordnungsmäßig gesondert ausgewiesener USt** bzw. eine Kleinbetragsrechnung vorliegt.

BEISPIEL: Erwerb einer Büromaschine mit Rechnung über 1 190 € mit Vermerk: einschl. 19 % USt.

In dieser Rechnung ist weder abziehbare noch nichtabziehbare USt enthalten. Da auch die Voraussetzungen für eine Kleinbetragsrechnung nicht vorliegen, betragen die Anschaffungskosten 1 190 €. Ein Sammelposten kann nicht gebildet werden.

Erforderlich wäre eine Rechnung mit gesondertem Steuerausweis, entweder 1 000 € + 190 € USt oder 1 190 € einschl. 190 € USt.

Bei der Beurteilung der Frage, ob die Anschaffungs- oder Herstellungskosten für das einzelne Wirtschaftsgut 150 € und nicht 1 000 € übersteigen, ist von folgenden Beträgen auszugehen:

▶ wenn von den Anschaffungs- oder Herstellungskosten ein Betrag nach § 6b EStG oder eine Rücklage für Ersatzbeschaffung abgesetzt wurde, von den um diese Beträge gekürzten Anschaffungs- oder Herstellungskosten;

▶ wenn das Wirtschaftsgut mit einem erfolgsneutral behandelten Zuschuss angeschafft oder hergestellt worden ist, von den um den Zuschuss gekürzten Anschaffungs- oder Herstellungskosten.

6.3.5.4 Ermittlung des Bilanzansatzes des Sammelpostens

Wichtig:

▶ Ein Sammelposten i. S. des § 6 Abs. 2a EStG ist kein Wirtschaftsgut, sondern eine Rechengröße. Damit können zum Bilanzstichtag keine Bewertungen vorgenommen werden. Eine Teilwertabschreibung ist so z. B. nicht möglich (R 6.13 Abs. 5 Satz 1 EStR).

▶ Für jedes Wirtschaftsjahr ist ein gesonderter Sammelposten zu bilden (R 6.13 Abs. 5 Satz 2 EStR).

▶ Nachträgliche Anschaffungs- oder Herstellungskosten erhöhen den Sammelposten des Wirtschaftsjahres, in dem die Aufwendungen entstehen – unabhängig davon, ob zusammen mit den ursprünglichen Anschaffungs- oder Herstellungskosten insgesamt der Betrag von 1 000 € überstiegen wird (R 6.13 Abs. 5 Satz 3 und 4 EStR).

▶ Ein Sammelposten nach § 6 Abs. 2a EStG vermindert sich nicht dadurch, dass im Sammelposten erfasste Wirtschaftsgüter aus dem Betriebsvermögen ausscheiden (R 6.13 Abs. 6 Satz 2 und 3 EStR).

6.3.5.5 Private Nutzung von Wirtschaftsgütern, die im Sammelposten erfasst sind

Das Wirtschaftsgut kann auch anteilig privat genutzt werden. Dann ist der Teil der Aufwendungen einschließlich anteiliger Auflösung des Sammelpostens, der dem privaten Nutzungsanteil entspricht, dem Gewinn wieder hinzuzurechnen.

BEISPIEL: Erwerb einer Büromaschine für 410 € (netto); die Anschaffungskosten sind in einen Sammelposten von insgesamt 2 100 € eingestellt worden, der im Jahr der Anschaffung zu einem Fünftel aufgelöst wurde. Das Wirtschaftsgut wird zu 30 % für private Zwecke genutzt. Laufende Kosten (ohne AfA) jährlich 300 €.

Die privatanteiligen Kosten sind dem Gewinn wieder zuzurechnen. Sie betragen:

laufende Kosten	300,00 €
AfA 20 % von 410 €	82,00 €
gesamt	382,00 €
davon 30 %	114,00 €
+ USt	21,66 €

6.3.6 Bilanzierung von Bewertungseinheiten

6.3.6.1 Bilanzierung nach Handelsrecht

827a Auf die Möglichkeit, Bewertungseinheiten zu bilden, soll an dieser Stelle nur kurz hingewiesen werden.

§ 254 HGB regelt für die Handelsbilanz die Bildung von Bewertungseinheiten. Diese Vorschrift setzt das Verrechnungsverbot außer Kraft und gilt größen- und rechtsformunabhängig für alle Kaufleute.

Im Einzelnen regelt § 254 HGB: „Werden Vermögensgegenstände, Schulden, schwebende Geschäfte oder mit hoher Wahrscheinlichkeit erwartete Transaktionen zum Ausgleich gegenläufiger Wertänderungen oder Zahlungsströme aus dem Eintritt vergleichbarer Risiken mit Finanzinstrumenten zusammengefasst (Bewertungseinheit), sind § 249 Abs. 1, § 252 Abs. 1 Nr. 3 und 4, § 253 Abs. 1 Satz 1 und § 256a in dem Umfang und für den Zeitraum nicht anzuwenden, in dem die gegenläufigen Wertänderungen oder Zahlungsströme sich ausgleichen. Als Finanzinstrumente i. S. des Satzes 1 gelten auch über den Erwerb oder die Veräußerung von Waren".

Diese Vorschrift gibt dem Kaufmann ein Wahlrecht zur Bildung einer Bewertungseinheit in den Fällen, in denen ein Grundgeschäft und ein Sicherungsgeschäft zusammengefasst werden können.

Entscheidet sich der Kaufmann für die Bildung einer Bewertungseinheit, hat dies zur Folge, dass für die Bewertung dieser Bewertungseinheit das Realisations- und Imparitätsprinzip nicht anzuwenden sind.

6.3.6.2 Bilanzierung nach Steuerrecht

827b § 5 Abs. 1a EStG regelt: „Posten der Aktivseite dürfen nicht mit Posten der Passivseite verrechnet werden. Die Ergebnisse der in der handelsrechtlichen Rechnungslegung zur Absicherung finanzwirtschaftlicher Risiken gebildeten Bewertungseinheiten sind auch für die steuerliche Gewinnermittlung maßgeblich."

Das bedeutet:

▶ Handelsrechtlich gebildete Bewertungseinheiten sind für die Steuerbilanz maßgeblich – vgl. auch BMF v. 25. 8. 2010, NWB DokID WAAAD-51343, DB 2010 S. 2024.

▶ Die handelsrechtlich vorgenommene Saldierung innerhalb der Bewertungseinheiten gilt über § 5 Abs. 1a Satz 2 EStG auch für die Steuerbilanz.

6.4 Bewertungsmaßstäbe

6.4.1 Anschaffungskosten

6.4.1.1 Begriff

Die **gesetzliche Definition** der Anschaffungskosten ergibt sich aus § 255 Abs. 1 HGB:

828

Anschaffungskosten sind die Aufwendungen, die geleistet werden, um einen Vermögensgegenstand zu erwerben und ihn in einen betriebsbereiten Zustand zu versetzen, soweit sie dem Vermögensgegenstand einzeln zugeordnet werden können. Zu den Anschaffungskosten gehören auch die Nebenkosten sowie die nachträglichen Anschaffungskosten. Anschaffungspreisminderungen sind abzusetzen.

Anschaffungskosten setzen daher eine Anschaffung voraus. Bei einer Anschaffung handelt es sich um einen entgeltlichen Erwerbsvorgang, der seinerseits aufgrund eines schuldrechtlichen Vertrags (z. B. Kauf, Werklieferungsvertrag) zu Stande kommt. Anschaffungskosten sind dann zu aktivieren, wenn die angeschafften Wirtschaftsgüter länger als 1 Jahr nutzbar sind und dem Betrieb über den Schluss des Wirtschaftsjahres hinaus dienen.

Ausnahme: Regelungen der §§ 6 Abs. 2, 6 Abs. 2a EStG: Aufwendungen für geringwertige Wirtschaftsgüter können in der Steuerbilanz sofort als Betriebsausgaben (Anschaffungskosten übersteigen nicht 410 €) abgesetzt werden oder in einen Sammelposten eingestellt werden, wenn die Anschaffungskosten größer als 150 € sind und 1 000 € nicht übersteigen.

Die Anschaffungskosten stehen sowohl für das Anlage- als auch für das Umlaufvermögen als Bewertungsmaßstab fest (vgl. § 6 Abs. 1 Nr. 1 und 2 EStG). Sie bilden zugleich die **obere Grenze der Bewertung** (Höchstwerte). Ein Wirtschaftsgut kann somit nie höher als mit seinen Anschaffungskosten ausgewiesen werden – auch dann nicht, wenn sein Wert später gestiegen sein sollte. Die Anschaffungskosten sind die Ausgangswerte für die Ermittlung der AfA und der Abschreibungen.

Da der Inhalt des Begriffs „Anschaffungskosten" **im Handels-** und **Steuerrecht weitgehend deckungsgleich** ist, wird in den folgenden Ausführungen nicht zwischen Handels- und Steuerrecht unterschieden.

6.4.1.2 Zeitpunkt für die Ermittlung der Anschaffungskosten

Für die Ermittlung der Anschaffungskosten ist der Tag des Erwerbs – der Tag, **an dem die Verfügungsmacht verschafft wurde** – und nicht der Bilanzstichtag maßgebend. Wertänderungen nach dem Zeitpunkt der Anschaffung, z. B. durch Änderungen des Rentenbarwertes oder durch Wechselkursänderungen, führen daher nicht zur Änderung der Anschaffungskosten. Werden Gegenstände mit ausländischer Währung erworben, ist für die Ermittlung der Anschaffungskosten der im **Anschaffungszeitpunkt gültige Umrechnungskurs** maßgebend. Ist der Erwerbsvorgang abgeschlossen, zählen die weiteren Aufwendungen grundsätzlich nicht mehr zu den Anschaffungskosten des Wirtschaftsguts. Nachträgliche Aufwendungen können nur dann zu den Anschaffungskosten zählen, wenn diese Kosten von vornherein in sachlichem Zusammenhang zum

829

Erwerb stehen. Dies gilt z. B. für den nachträglichen Einbau eines Autoradios kurz nach der Anschaffung des Kfz. Solche und ähnliche Kosten sind als Ergänzungsbeschaffungen Teil der Anschaffungskosten.

6.4.1.3 Umfang der Anschaffungskosten

830 Aufwendungen, die zu den Anschaffungskosten gerechnet werden, müssen grundsätzlich **Einzelkostencharakter** haben. Ihre Entstehung muss also unmittelbar mit dem Erwerb des Wirtschaftsguts zusammenhängen.

Zu den Anschaffungskosten gehören somit:

Kaufpreis des Wirtschaftsguts (einschließlich der vom Veräußerer übernommenen Schulden)

+ Nebenkosten, hierzu rechnen insbesondere:

bei Grund und Boden und Gebäuden	Vermittlungs- und Maklergebühren, Notariats- und Grundbuchkosten (soweit sie mit dem Grundstückserwerb, nicht jedoch mit der Eintragung von Grundschulden o. Ä. zusammenhängen), Grunderwerbsteuer, Gutachterkosten, Vermessungskosten
bei beweglichen Wirtschaftsgütern	Verpackungskosten, Transportkosten, Frachtkosten, Überführungskosten, Rollgelder, Zölle, Aufstellungskosten, Fundamentierungskosten
bei Wertpapieren und Beteiligungen	Bankprovisionen, Maklergebühren, Kosten der Beurkundung des Anschaffungsvertrages, Vermittlungskosten

Zusätzlich ist in der Regel die nicht abzugsfähige Vorsteuer Teil der Anschaffungskosten (s. hierzu Rdn. 834 ff.).

831 Da – wie oben ausgeführt – nur Einzelkosten zu den Anschaffungskosten gehören, rechnen folgende Kosten, da sie Gemeinkosten darstellen, **nicht** hierzu:

▶ Gehälter für die Einkaufsabteilung und für die Rechnungsprüfung,

▶ Mieten für ein auswärtiges Einkaufsbüro,

▶ Reisekosten, die beim Transport des Wirtschaftsguts mit eigenem Kfz anfallen (z. B. anteilige Löhne, anteilige AfA, anteilige Reparaturen, Kosten für Benzin- und Ölverbrauch),

▶ Lagerkosten (z. B. anteilige Löhne, die beim Ausladen, beim Transport, beim Umladen oder erstmaligen Einlagern anfallen).

Den vorstehenden Kosten ist gemeinsam, dass sie nur im **Schätzungswege** ermittelt werden können; solche Kosten sind nicht als Anschaffungskosten zu aktivieren, sondern sind als sofort abzugsfähige Aufwendungen (Verwaltungsgemeinkosten) im Jahresabschluss zu erfassen. 832

Bei der Anschaffung von Anlagegütern können jedoch u.U. Teile der oben genannten Kosten Einzelkostencharakter haben und damit dem Anschaffungsvorgang direkt zuzurechnen sein.

> **BEISPIELE:** Ein Unternehmer besichtigt ein Grundstück, das er anschließend erwirbt.
> Ein Antiquitätenhändler besichtigt ein wertvolles Einzelstück.
> Ein Betriebsinhaber lässt eine Maschine, die er erworben hat, von Hilfsarbeitern, die er nur zu diesem Zwecke eingestellt hat, abholen und aufstellen.
> In den beiden ersten Fällen sind Reisekosten angefallen, im dritten Fall Arbeitslöhne. Allen diesen Fällen ist jedoch eines gemeinsam: Diese Kosten sind ohne Schätzung genau zu ermitteln, haben damit Einzelkostencharakter und zählen zu den Anschaffungskosten.

Ein enger sachlicher Zusammenhang mit dem Anschaffungsvorgang liegt nicht vor, wenn die Beschaffenheit des Wirtschaftsguts es nicht zulässt, das Wirtschaftsgut direkt nach der Anschaffung seinem Bestimmungszweck zuzuführen und zuvor noch Umbauten oder Umarbeitungen erforderlich sind. Die hierfür anfallenden Kosten sind als **Herstellungskosten** zu aktivieren, wenn das Wirtschaftsgut **wesentlich in seiner Substanz vermehrt**, über **seinen bisherigen Zustand hinaus erheblich verbessert** oder in **seinem Wesen deutlich verändert wird** (vgl. hierzu Rdn. 863 ff.). 833

Kalkulatorische Kosten (wie Unternehmerlöhne) sind weder Betriebsausgaben noch gehören sie zu den Anschaffungskosten. Grundsätzlich können nur **solche Aufwendungen als Anschaffungskosten gelten,** die zunächst einmal als **Betriebsausgaben** anzusehen sind.

6.4.1.4 Nicht abziehbare Vorsteuer

Nach § 9b Abs. 1 EStG rechnet nur die **abziehbare Vorsteuer nicht zu den Anschaffungskosten.** Im Umkehrschluss rechnet somit die nach § 15 Abs. 2 und 3 UStG nicht abziehbare Vorsteuer zu den Anschaffungskosten. 834

§ 9b Abs. 1 EStG stellt den Grundsatz auf: Nicht abziehbare Vorsteuer gehört zu den Anschaffungskosten; dies gilt sowohl für Wirtschaftsgüter des Anlage- als auch für solche des Umlaufvermögens.

Soweit nicht abziehbare Vorsteuer im Zusammenhang mit sofort abzugsfähigen Betriebsausgaben angefallen ist, sind die Vorsteuerbeträge selbstverständlich nicht zu aktivieren, sondern sind **sofort als Betriebsausgaben abzugsfähig.**

Wenn ein Unternehmer sowohl Umsätze ausführt, die zum Ausschluss vom Vorsteuerabzug führen, als auch Umsätze, die den Vorsteuerabzug zulassen, sind die Vorsteuern gem. § 15 Abs. 4 UStG in einen abziehbaren und in einen nicht abziehbaren Teil aufzuteilen. Grundsätzlich muss nun auch hier der nicht abziehbare Teil den Anschaffungskosten zugerechnet werden. 835

BEISPIEL: Ein Gewerbetreibender hat 80 % steuerpflichtige und 20 % steuerfreie Umsätze gem. § 4 Nr. 7 ff. UStG ausgeführt. Er hat ein Wirtschaftsgut für 40 000 € + 9 600 € USt erworben.

Der Gewerbetreibende kann 80 % der Vorsteuer = 6 080 € abziehen, der Betrag von 1 520 € ist als Anschaffungskosten anzusetzen.

836 Bei einer nachträglichen Berichtigung des Vorsteuerabzugs nach § 15a UStG regelt § 9b Abs. 2 EStG, dass die Mehrbeträge als Betriebseinnahmen (Erträge), die Mindereinnahmen als Betriebsausgaben (Aufwendungen) zu erfassen sind, wenn sie durch den Betrieb veranlasst sind. (Wenn sie der Erwerbung, Sicherung und Erhaltung von Einnahmen dienen, sind die Minderbeträge als Werbungskosten zu behandeln). Die Anschaffungskosten ändern sich in diesen Fällen also nicht.

BEISPIEL: In 01 hat ein Gewerbetreibender ein Grundstück erworben, das zu 80 % für eigengewerbliche Zwecke und zu 20 % für fremde Wohnzwecke genutzt wird und sich zutreffenderweise zu 100 % im Betriebsvermögen befindet. In der Anlage zur Umsatzsteuererklärung für 01 waren 20 % der Vorsteuern aus dem Kauf als nicht abzugsfähig deklariert worden. Dementsprechend waren in 01 20 % der Vorsteuern den Anschaffungskosten zugerechnet. In 03 ändert sich die Nutzung dieses Grundstücks. Weitere 20 % werden nunmehr zusätzlich zu fremden Wohnzwecken genutzt. Aus der Anlage zur Umsatzsteuererklärung 03 ist ersichtlich, dass der Vorsteuerabzug aufgrund dieses Sachverhalts gem. § 15a UStG um 50 000 € gekürzt wurde. Der Betrag wurde zutreffend ermittelt.

Dieser Betrag von 50.000 € ist gem. § 9b Abs. 2 EStG als Betriebsausgabe zu erfassen.

837 Die Behandlung der nicht abzugsfähigen Vorsteuern wird in den folgenden Darstellungen nochmals verdeutlicht (Übersichten 19 und 20).

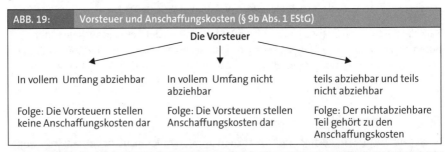

ABB. 19: Vorsteuer und Anschaffungskosten (§ 9b Abs. 1 EStG)

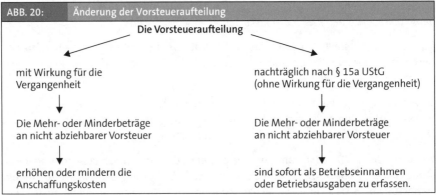

ABB. 20: Änderung der Vorsteueraufteilung

6.4.1.5 Skonti, Rabatte, Boni, Vertragsstrafen

Da nur **tatsächliche Ausgaben** auch als Anschaffungskosten angesetzt werden können, sind Preisnachlässe, wie Rabatte, Skonto und Boni, vom Kaufpreis abzusetzen. Dies gilt sowohl für das Anlage- als auch für das Umlaufvermögen. 838

Am Bilanzstichtag erhaltene, aber noch nicht bezahlte Ware ist mit den noch nicht um die Skontobeträge geminderten Anschaffungskosten anzusetzen, da hier die Minderung der Anschaffungskosten noch nicht eingetreten ist.

Boni (= Umsatzprämien) mindern den Anschaffungspreis der am Stichtag vorhandenen Bestände nur insoweit, wie die gewährten Boni auf die **noch vorhandenen Bestände** (sowohl des Umlauf- als auch des Anlagevermögens) entfallen. Voraussetzung dafür ist jedoch, dass am Bilanzstichtag bereits ein **Rechtsanspruch auf Gewährung** des Bonus bestand. Andernfalls mindern die Boni erst im Zeitpunkt späterer Bonizusage oder bei Zahlung die Anschaffungskosten. Nachlässe beim Kaufpreis (z. B. bei Mängelrügen) führen gleichfalls zu einer Minderung der Anschaffungskosten, während **Vertragsstrafen** keine Minderung der Anschaffungskosten zur Folge haben, da Vertragsstrafen vereinbart werden, um (entstandene und entstehende) Schäden abzudecken.

6.4.1.6 Finanzierungskosten (Geldbeschaffungskosten)

Da Finanzierungskosten für die **Erlangung eines Kredits** aufgewandt werden, gehören sie auch nicht zu den Anschaffungskosten eines Wirtschaftsguts; denn **Anschaffung und Finanzierung sind zwei voneinander getrennte Vorgänge.** Die Kosten der Geldbeschaffung (wie Spesen, Damnum, Agio, Disagio, Wechselspesen, Wechseldiskont) sind nicht entstanden, um ein Wirtschaftsgut zu beschaffen, sondern um einen Kredit zu erhalten. Für diese Kosten sind **Rechnungsabgrenzungsposten** zu bilden, mit deren Hilfe die Kosten auf die Laufzeit verteilt werden. 839

Sollten Fremdkapitalzinsen dazu dienen, die **Herstellung** zu beschaffender Neuanlagen mit langer Bauzeit durch Anzahlungen oder Vorauszahlungen zu finanzieren, ist u. E. ein Wahlrecht zu bejahen, dass diese Kosten als Anschaffungskosten aktiviert werden können (s. auch Rdn. 873).

Werden einem Veräußerer im Rahmen eines Anschaffungsvorgangs jedoch dessen Finanzierungskosten erstattet, werden hier die Finanzierungskosten vom Erwerber aufgewandt, um in den Besitz der Sache zu gelangen und nicht, um einen Kredit zu erhalten. Daher sind in einem solchen Fall die Finanzierungskosten (des Veräußerers) Anschaffungskosten des Wirtschaftsguts für den Erwerber. 840

BEISPIEL: Gewerbetreibender A erwarb am 1.7.01 eine Maschine für seinen Betrieb. Die Rechnung lautet:

Listenpreis	100 000 €
Verpackung und Versendung	5 000 €
Vertragsstrafe wegen verspäteter Abnahme	10 000 €
	115 000 €
+ USt (19 % von 105 000 €)	19 950 €
	134 950 €

Lieferung erfolgte am 20. 7. 01.

An weiteren Kosten bis zur Inbetriebnahme am 15. 8. 01 entstanden noch

▶ Kreditkosten wegen Finanzierung des Kaufpreises i. H. v. 3 000 €. Die Finanzierung lief ab 20. 7. 01 über 10 Monate.

▶ Transportkosten (Löhne und Fahrzeuge) zum Betrieb mit eigenem Fahrzeug, geschätzt auf 500 €.

▶ Aufstellungskosten, von fremden Arbeitskräften ausgeführt, und zwar Material- und Lohneinzelkosten mit 3 000 €, Gemeinkostenzuschläge 50 %.

Die Maschine hat eine Nutzungsdauer von 10 Jahren, es soll linear abgeschrieben werden.

Die Anschaffungskosten der Maschine betragen:

Listenpreis	100 000 €
Verpackung und Versendung	5 000 €
Aufstellungskosten	3 000 €
	108 000 €
./. AfA	5 400 €
Bilanzansatz 31. 12. 01	102 600 €

Nicht zu den Anschaffungskosten zählen:

▶ die Vertragsstrafe,

▶ die Finanzierungskosten (ggf. auf die Laufzeit des Kredits verteilen),

▶ die eigenen Transportkosten,

▶ die Gemeinkosten hinsichtlich der Aufstellung. (Der gesamte Vorgang – bis zur Herstellung der Betriebsbereitschaft – stellt sich als Anschaffungsgeschäft dar; somit sind nur Einzelkosten zu aktivieren.)

Die Jahres-AfA nach § 7 Abs. 1 EStG beträgt 10 % von 108 000 € = 10 800 €. Diese vermindert sich nach § 7 Abs. 1 Satz 4 um $^{6}/_{12}$ für die Monate Januar bis Juni 01, die dem Monat der Anschaffung vorangehen. Das gilt auch für die Kosten, die erst nach dem 20. 7. 01 angefallen sind. Sie werden so behandelt, als wären sie bereits im Zeitpunkt der Anschaffung entstanden (R 7.4 Abs. 9 Satz 3 EStR).

6.4.1.7 Abstandszahlungen (Räumungsentschädigungen)

841 Räumungsentschädigungen, die an den Pächter eines angeschafften Grundstücks gezahlt werden, um diesen zur **vorzeitigen Räumung** des Grundstücks zu veranlassen, gehören **nicht zu den Anschaffungskosten des Grundstücks.** Hier handelt es sich vielmehr um **Anschaffungskosten für ein immaterielles Wirtschaftsgut:** Der Vorteil, das Grundstück um einen bestimmten Zeitraum früher nutzen zu können, wurde erworben. Sollte der Erwerber eine solche Räumungsentschädigung jedoch in unmittelbarem Zusammenhang mit der Errichtung eines Gebäudes bezahlt haben, werden diese Aufwendungen Teil der Herstellungskosten des Gebäudes (s. auch Rdn. 888).

6.4.1.8 Abbruchkosten

842 Wird ein bebautes Grundstück erworben und soll das Gebäude abgerissen werden (Erwerb mit Abbruchabsicht), ergeben sich daraus nach H 6.4 EStH folgende Konsequenzen:

a) War das aufstehende Gebäude technisch oder wirtschaftlich nicht verbraucht, gehören die Abbruchkosten und der Buchwert des Gebäudes zu den Anschaffungskosten des Grund und Bodens, wenn der Abbruch **nicht** mit der Herstellung eines neuen Wirtschaftsguts in Verbindung steht. (Sollte der Abbruch mit der Herstellung eines neuen Wirtschaftsguts im Zusammenhang stehen, gehören Buchwert und Abbruchkosten zu den Herstellungskosten dieses Wirtschaftsguts.)

b) War das Gebäude im Zeitpunkt des Erwerbs objektiv wertlos, entfällt der volle Anschaffungspreis auf den Grund und Boden; für die Abbruchkosten gilt Buchst. a) entsprechend.

6.4.1.9 Darlehensforderung/Darlehensverbindlichkeit

Die Anschaffungskosten einer Darlehensforderung entsprechen dem Nennbetrag der Forderung; dies gilt auch für unverzinsliche und für hochverzinsliche Forderungen. 843

Als Anschaffungskosten einer Verbindlichkeit gilt der Nennwert, das ist der Rückzahlungsbetrag.

6.4.1.10 Stückzinsen

Werden festverzinsliche Wertpapiere im Laufe eines Zinszahlungszeitraums mit dem laufenden Zinsschein veräußert, hat der Erwerber dem Veräußerer in der Regel den Zinsbetrag zu vergüten, der auf die Zeit seit dem Beginn des laufenden Zinszahlungszeitraums entfällt. Diese Zinsen werden Stückzinsen genannt. Für den Erwerber eines solchen Wertpapiers stellen diese Stückzinsen keine Anschaffungskosten des Wertpapiers dar, sie sind vielmehr als Anschaffungskosten einer Zinsforderung zu sehen (s. hierzu auch Rdn. 385 ff.). 844

6.4.1.11 Aufteilung eines Gesamtkaufpreises

Wird für mehrere Wirtschaftsgüter ein Gesamtkaufpreis gezahlt (z. B. beim Erwerb eines ganzen Betriebs oder beim Erwerb bebauter Grundstücke), muss dieser Gesamtkaufpreis auf die einzelnen erworbenen Wirtschaftsgüter aufgeteilt werden. Diese Aufteilung hat nach dem **Verhältnis der Teilwerte** dieser Wirtschaftsgüter zueinander zu erfolgen. 845

BEISPIEL: Die Anschaffungskosten eines Geschäftsgrundstücks betragen 300 000 €. Die Teilwerte sind: Bürogebäude 300 000 €, Grund und Boden 100 000 €.

Für die Aufteilung des Gesamtkaufpreises ergibt sich dann Folgendes:

Grund und Boden:

$$\frac{\text{Teilwert des Grund und Bodens}}{\text{Summe der Teilwerte}} \times \text{Gesamtkaufpreis}$$

$$\frac{100\,000\,€}{100\,000\,€ + 300\,000\,€} \times 300\,000\,€ = 75\,000\,€$$

Gebäude:

$$\frac{\text{Teilwert des Gebäudes}}{\text{Summe der Teilwerte}} \times \text{Gesamtkaufpreis}$$

$$\frac{300\,000\,€}{100\,000\,€ + 300\,000\,€} \times 300\,000\,€ = 225\,000\,€$$

6.4.1.12 Erwerb einzelner Wirtschaftsgüter auf Rentenbasis

846 Renten sind laufende Bezüge in Geld, auf die der Empfänger für eine gewisse Dauer Anspruch hat, sodass periodisch wiederkehrende Bezüge auf einem einheitlichen Rentenstammrecht beruhen und dessen Früchte darstellen. Nach der Dauer der Rentenzahlungen unterscheidet man Zeitrenten und Leibrenten, wobei Leibrenten dem Berechtigten auf Lebenszeit zu zahlen sind, während Zeitrenten für eine bestimmte Zeit zu zahlen sind (Mindestlaufzeit 10 Jahre). Die Renten, mit denen wir uns hier zu beschäftigen haben, sind **betriebliche Veräußerungsrenten**. Hierbei wurde der Kaufpreis für die erworbenen Vermögensgegenstände einschließlich der stillen Reserven und ggf. des Firmenwerts durch Zahlung einer Rente beglichen, wobei der Wert von Leistung und Gegenleistung von den Beteiligten bewusst nach kaufmännischen Gesichtspunkten bestimmt werden muss.

847 Nach der Rechtsprechung des BFH liegen diese Voraussetzungen auch dann vor, wenn die Beteiligten subjektiv von der Gleichwertigkeit der Leistungen ausgegangen sind und die Annahme der Ausgewogenheit der beiderseitigen Leistungen unter Berücksichtigung sämtlicher Umstände vertretbar erscheint, obwohl objektiv zwischen Leistung und Gegenleistung eine Ungleichgewichtigkeit vorliegt.

(Liegen diese Voraussetzungen nicht vor, handelt es sich um eine Versorgungsrente; diese führt nicht zu Anschaffungskosten eines Wirtschaftsguts.)

848 Wird nun ein einzelnes Wirtschaftsgut ganz oder teilweise durch Übernahme einer Rentenverpflichtung bezahlt, stellt sich die Frage, wie hier die Anschaffungskosten zu ermitteln sind. Da die Rentenzahlungen aufgewandt werden, um das Wirtschaftsgut zu erwerben, gehören sie zu den Anschaffungskosten. Dazu muss aber der Wert dieser Rentenverpflichtung im Zeitpunkt des Erwerbs des Wirtschaftsguts ermittelt werden. Der Barwert der Rente ist grundsätzlich nach § 12 ff. BewG zu ermitteln (H 6.2 Rentenverpflichtung EStH). Die Ermittlung kann jedoch auch nach **versicherungsmathematischen Grundsätzen** – diese Methode ist handelsrechtlich zu bevorzugen – erfolgen, wobei grundsätzlich individuelle persönliche Verhältnisse des Rentenberechtigten keinen Eingang in die Wertfindung finden. Dieser Rentenbarwert zum Stichtag des Erwerbs **ist nach R 6.2 EStR als Teil der Anschaffungskosten zu behandeln**.

Spätere Vorgänge, die den Wert der Rentenverbindlichkeit verändern, haben keine Auswirkungen mehr auf die Höhe der Anschaffungskosten.

Vergleiche im Übrigen die Darstellung unter Rdn. 411 ff.

6.4.1.13 Anschaffungskosten mittels Ratenkauf

849 Nach R 6.2 Satz 2 EStR sind die Anschaffungskosten eines Wirtschaftsguts, das mittels Ratenkauf **ohne gesonderte Zinsvereinbarung** erworben wird, stets mit dem nach §§ 12 ff. BewG ermittelten Barwert im Zeitpunkt der Anschaffung anzusetzen.

6.4.1.14 Anschaffungskosten beim Tausch

850 Auch ein durch Tausch (oder durch Tausch mit Baraufgabe) erworbenes Wirtschaftsgut ist mit den Anschaffungskosten anzusetzen. Zu den Anschaffungskosten des erworbe-

nen Wirtschaftsguts gehört nach § 6 Abs. 6 Satz 1 EStG der **gemeine Wert des hingegebenen Wirtschaftsguts,** vermindert um die abziehbare Vorsteuer (§ 6 Abs. 6 Satz 1 EStG).

Bevor Sie an dieser Stelle weiterlesen, sollten Sie unbedingt den Gliederungspunkt unter Rdn. 453 ff. (nochmals) lesen.

Jetzt wird Ihnen sicher klar sein, dass beim Tausch der gemeine Wert des hingegebenen Gegenstands und nicht dessen Buchwert in die Ermittlung der Anschaffungskosten eingeht. Dies bedeutet aber: Die stillen Reserven (der Unterschied zwischen dem gemeinen Wert und dem Buchwert im Zeitpunkt des Ausscheidens) des zum Tausch verwendeten Gegenstands werden bei der Anschaffung aufgedeckt, und dies führt grundsätzlich zu einer Gewinnrealisierung.

6.4.1.15 Zuschüsse

Begrifflich handelt es sich bei Zuschüssen um Zuwendungen von **privater Seite oder von der öffentlichen Hand,** die einmalig (oder wiederkehrend) ohne Rückzahlungsverpflichtung gegeben werden. Zwei Arten von Zuschüssen müssen hier unterschieden werden:

851

▶ die **Ertragszuschüsse** und

▶ die **Kapital- oder Investitionszuschüsse**.

Um **Ertragszuschüsse** handelt es sich, wenn einem Unternehmen Zuwendungen zufließen, um damit die **Ertragskraft des Unternehmens zu verbessern**. Solche Zuschüsse werden z. B. als Gasölbeihilfen in der Landwirtschaft, als Schlachtprämien, als Sturmschadenbeihilfe oder als Zuschuss wegen Ernteschäden gezahlt. Ertragszuschüsse sind immer als Ertrag (im Rahmen der GuV) gewinnerhöhend zu erfassen.

852

Kapitalzuschüsse (Investitionszuschüsse) werden demgegenüber gezahlt, um den Empfängern **Investitionen zu erleichtern** und damit einen Anreiz für bestimmte Investitionen zu geben. Solche Zuschüsse müssen zweckgebunden sein mit der Folge, dass sie zurückgefordert werden können, wenn sie der Empfänger nicht zweckentsprechend verwendet. Im Falle solcher Kapitalzuschüsse hat der Steuerpflichtige nach R 6.5 Abs. 2 EStR **ein Wahlrecht.** Er kann die Zuschüsse als **Betriebseinnahme** ansetzen; in diesem Fall werden die Anschaffungs- oder Herstellungskosten der mit Hilfe des Zuschusses erworbenen bzw. hergestellten Wirtschaftsgüter nicht berührt. Er kann die Zuschüsse aber auch **erfolgsneutral** behandeln. In diesem Fall dürfen die Anlagegüter, für die die Zuschüsse gewährt wurden, nur mit den Anschaffungs- oder Herstellungskosten bewertet werden, die der Steuerpflichtige selbst aufgewendet hat, also ohne Berücksichtigung der Zuschüsse. Diese eigenen Aufwendungen bilden dann bei abnutzbaren Anlagegütern die Bemessungsgrundlage für die AfA (R 6.5 Abs. 2 Satz 3 EStR).

853

In bilanztechnischer Hinsicht sind drei Fälle zu unterscheiden, die man sich anhand der folgenden Beispiele verdeutlichen kann.

BEISPIELE: Eine Druckerei erhält zur Anschaffung einer Maschine einen Zuschuss von 100 000 €. Die Maschine kostet 300 000 € zuzüglich 57 000 € USt und wird im Januar 01 erworben. Die betriebsgewöhnliche Nutzungsdauer beträgt 10 Jahre. Lineare AfA wird gewünscht.

Fall a):

Der Zuschuss wird im Jahr der Anschaffung gezahlt (R 6.5 Abs. 2 EStR).

Buchungen:

Maschine	300 000 €	an	sonst. Verb.	357 000 €
VoSt	57 000 €			
Geld	100 000 €	an	Maschine	100 000 €
AfA (10 % von 200 000 €)	20 000 €	an	Maschine	20 000 €

Fall b):

Der Zuschuss wird im Jahr nach der Anschaffung gezahlt (R 6.5 Abs. 3 EStR).

Buchungen:

in 01:

Maschine	300 000 €	an	sonst. Verb.	357 000 €
VoSt	57 000 €			
AfA (10 % von 300 000 €)	30 000 €	an	Maschine	30 000 €

in 02:

Geld	100 000 €	an	Maschine	100 000 €
AfA	18 889 €	an	Maschine	18 889 €

Nach R 6.5 Abs. 3 i. V. m. R 7.3 Abs. 4 Satz 2 EStR ermittelt sich die AfA nach Gewährung des Zuschusses wie folgt: Restbuchwert ./. Zuschuss wird auf die Restnutzungsdauer verteilt. (Wird die AfA nach § 7 Abs. 4 Satz 1 EStG oder § 7 Abs. 5 EStG vorgenommen, ist die AfA von den um den Zuschuss geminderten Anschaffungs- oder Herstellungskosten zu bemessen, R 7.3 Abs. 4 EStR.)

Fall c):

Die Zuschussgewährung erfolgt bereits im Jahr 00, dem Jahr vor der Anschaffung.

Buchungen:

in 00:

Geld	100 000 €	an	Zuschussrücklage	100 000 €

in 01:

Maschine	300 000 €	an	sonst. Verb.	357 000 €
VoSt	57 000 €			
Zuschussrücklage	100 000 €	an	Maschine	100 000 €
AfA	20 000 €	an	Maschine	20 000 €

Die letzte Buchungsmöglichkeit ergibt sich aus R 6.5 Abs. 4 EStR. Durch diese Regelung wird es möglich, dass das gewünschte Ergebnis erreicht wird: die erfolgsneutrale Behandlung des Zuschusses.

Es gibt jedoch auch Kapitalzuschüsse, auf die die bisherigen Ausführungen nicht zutreffen: **Investitionszulagen** mindern nicht die steuerlichen Anschaffungs- oder Herstellungskosten. Hier handelt es sich insbesondere um Investitionszulagen, die nach dem Investitionszulagengesetz gewährt wurden. 854

Buchtechnische Behandlung bei Investitionszulagen:

Der Geldzufluss wird als Ertrag gebucht. Dies entspricht auch den handelsrechtlichen Grundsätzen ordnungsmäßiger Buchführung. Außerhalb der Bilanz ist dann der ausgewiesene Gewinn um die gewährte Investitionszulage zu mindern. (Vom steuerlichen Gesichtspunkt aus gesehen ist es bei Einzelgewerbetreibenden auch nicht zu beanstanden, wenn die Buchung des Zuschusses erfolgsneutral über das Privatkonto oder über das Kapitalkonto erfolgt.)

Von den oben dargestellten „echten" Zuschüssen sind die sog. **„unechten" Zuschüsse** zu unterscheiden. „Unechte" Zuschüsse liegen dann vor, wenn die „Zuschussgewährung" in **unmittelbarem wirtschaftlichen Zusammenhang mit einer Leistung** des Zuschussempfängers steht. Solche unechten Zuschüsse sind als Erträge zu erfassen. Unter Umständen kann jedoch die Bildung eines passiven Rechnungsabgrenzungspostens in Betracht kommen. 855

> **BEISPIEL:** Ein Steuerpflichtiger erhält am 1.1.01 einen Mieterzuschuss i. H. v. 4 800 € beim Abschluss eines Mietvertrags, in dem er sich verpflichtet hat, ein zu seinem Betriebsvermögen gehörendes Grundstück 4 Jahre lang zu einem Mietzins von 1 000 € pro Monat zu vermieten.
>
> Hier handelt es sich um einen unechten Zuschuss. Dem Mietzuschuss steht die Verpflichtung gegenüber, dem Mieter das Grundstück 4 Jahre lang zur Nutzung zu überlassen.
>
> Der „Zuschuss" ist also in 01 als Ertrag zu buchen. Zum 31.12.01 ist jedoch ein passiver Rechnungsabgrenzungsposten zu bilden (i. H. v. 3 600 €). Hierdurch wird der „Zuschuss" auf die Dauer der vertraglichen Mietzeit verteilt. In 02, 03 und 04 sind je 1 200 € dieses Rechnungsabgrenzungspostens gewinnerhöhend aufzulösen.

6.4.1.16 Fiktive Anschaffungskosten

Der bisherige Begriff der Anschaffungskosten lässt sich nur auf die Fälle anwenden, in denen Wirtschaftsgüter entgeltlich erworben wurden. Daher kann der Bewertungsmaßstab „Anschaffungskosten" keine Bedeutung erlangen, wenn Wirtschaftsgüter **unentgeltlich erworben werden**. Beim unentgeltlichen Erwerb einzelner Wirtschaftsgüter sind 2 verschiedene Sachverhalte zu unterscheiden: 856

(1) Der unentgeltliche Erwerb erfolgt aus betrieblichem Anlass.

(2) Der unentgeltliche Erwerb erfolgt aus privatem Anlass.

Werden einzelne Wirtschaftsgüter aus betrieblichem Anlass aus einem Betriebsvermögen unentgeltlich in das Betriebsvermögen eines anderen Steuerpflichtigen übertragen, gilt nach § 6 Abs. 4 EStG: 857

Der Erwerber muss den **gemeinen Wert** für das erhaltene Wirtschaftsgut als Anschaffungskosten ansetzen. Der gemeine Wert umfasst auch die (evtl.) abziehbare Vorsteuer. Der Betrag dieser fiktiven Anschaffungskosten ist gleichzeitig als Ertrag auszuweisen.

BEISPIEL 1: Ein Steuerpflichtiger erhält von seinem Lieferanten zum 25-jährigen Geschäftsjubiläum einen Personalcomputer, der zum Zeitpunkt der Schenkung 2000 € + 380 € USt kostete.

Buchung:

Maschine	2 380 €	an	a. o. Ertrag	2 380 €

Anschließend ist der PC nach normalen Abschreibungsregeln abzuschreiben.

BEISPIEL 2: Ein Lieferant beschenkt seinen Kunden zum Geschäftsjubiläum mit einer Silbervase, die sofort im Wohnzimmer des Steuerpflichtigen ihren Platz findet. Der Preis für die Vase zum Erwerbszeitpunkt betrug 1 000 € + 190 € USt.

Buchungen:

Vase	1 190 €	an	a. o. Ertrag	1 190 €
PE	1 190 €	an	Vase	1 190 €

Auch in diesem Fall vollzieht sich die Zuwendung im betrieblichen Bereich; anschließend an die Zuwendung erfolgt eine Entnahme der Vase in den Privatbereich.

Die Entnahme der Vase löst keine Umsatzsteuer aus, da die Vase nicht zum Vorsteuerabzug berechtigte (§ 3 Abs. 1b Satz 2 UStG).

858 Werden einzelne Wirtschaftsgüter unentgeltlich aus privatem Anlass erworben, liegt kein Fall des § 6 Abs. 4 EStG vor. Vielmehr findet hier zunächst in der Privatsphäre eine Schenkung statt, und anschließend wird das unentgeltlich erworbene Wirtschaftsgut eingelegt.

6.4.1.17 Unentgeltlicher Erwerb eines Betriebs oder Teilbetriebs

859 In § 6 Abs. 3 EStG ist die gesetzliche Regelung niedergelegt:

Wird ein Betrieb, Teilbetrieb (oder der Anteil eines Mitunternehmers an einem Betrieb) unentgeltlich übertragen, sind bei der Ermittlung des Gewinns des bisherigen Betriebsinhabers die Wirtschaftsgüter mit den Werten anzusetzen, die sich nach den Vorschriften über die Gewinnermittlung ergeben. An diese Werte ist der Rechtsnachfolger gebunden.

Daraus folgt, dass beim unentgeltlichen Erwerb eines Betriebs, eines Teilbetriebs oder eines Mitunternehmeranteils der Erwerber die Wirtschaftsgüter mit den Bilanzansätzen fortführen muss, die sich beim bisherigen Betriebsinhaber (Mitunternehmer) nach den Vorschriften über die Gewinnermittlung ergeben haben (§ 6 Abs. 3 EStG). Hieraus lässt sich unschwer entnehmen, dass in der Übernahme von Verbindlichkeiten kein Entgelt zu sehen ist.

860 Wichtig ist in diesem Zusammenhang die Abgrenzung zur Betriebsaufgabe i. S. des § 16 Abs. 3 Satz 1 EStG. Bei einer Betriebsaufgabe findet nämlich eine Gewinnrealisierung beim Aufgebenden statt, während in den Fällen der unentgeltlichen Übertragung beim Übertragenden keine Gewinnrealisierung eintritt.

861 Voraussetzungen für den unentgeltlichen Erwerb eines Betriebs (Teilbetriebs) sind:

▶ Die wesentlichen Betriebsgrundlagen müssen durch einen einheitlichen Übertragungsakt auf den Erwerber überführt werden.

▶ Der Übertragende behält **nicht** wesentliche Teile des Betriebsvermögens zurück (die er dann in das Privatvermögen überführt).

Behält der Übertragende wesentliche Teile des Betriebsvermögens zurück, handelt es sich um eine Entnahme **sämtlicher** Wirtschaftgüter, deren stille Reserven dann vom Übertragenden aufgedeckt werden müssen.

Hauptanwendungsfall für den unentgeltlichen Erwerb eines Betriebs ist der Fall der vorweggenommenen Erbfolge, in dem der übernehmende Rechtsnachfolger den Betrieb unverändert fortführt und hierbei an die Buchwerte des Rechtsvorgängers gebunden ist.

6.4.2 Herstellungskosten

6.4.2.1 Bedeutung der Herstellungskosten

Anschaffungskosten können als Bewertungsmaßstab nur für Wirtschaftsgüter herangezogen werden, die angeschafft wurden. **Werden Wirtschaftsgüter** jedoch ganz oder teilweise **im eigenen Betrieb des Steuerpflichtigen hergestellt**, sind die **Herstellungskosten die gesuchte Größe.** Sie sind deshalb insbesondere von Bedeutung bei selbst hergestellten Vorräten (Halb- und Fertigerzeugnissen) und auch bei selbst hergestellten Wirtschaftsgütern des Anlagevermögens (z. B. selbst hergestellten Maschinen oder Gebäuden).

6.4.2.2 Grundlagen der Selbstkostenrechnung

Um der Frage näher zu kommen, was unter Herstellungskosten zu verstehen ist, ist es erforderlich, sich **Grundbegriffe der Kostenrechnung** zu verdeutlichen. Hier haben wir uns den Begriffen Ausgaben, Aufwand und Kosten zuzuwenden.

Darstellung der Begriffsreihe „Ausgaben", „Aufwand", „Kosten" und „Ausgaben" pro Periode

Ausgaben liegen vor, wenn Zahlungsmittel oder andere Wirtschaftsgüter für empfangene Güter oder andere Dienstleistungen den Betrieb verlassen

+ in der laufenden Periode erfolgswirksame Ausgaben früherer Perioden, wie z. B. Abschreibungen (hier ist die Ausgabe in Vorjahren erfolgt, der Aufwand wird jedoch über die AfA in diesem Jahr erfasst);

+ in der laufenden Periode erfolgswirksame Ausgaben künftiger Perioden, wie z. B. Rückstellungen (hier wird der Aufwand durch die Buchung „Aufwand an Rückstellung" bereits erfasst, obwohl die Zahlung erst in späteren Jahren erfolgt);

./. Ausgaben dieser Periode, die erst in späteren Perioden erfolgswirksam werden, wie z. B. Investitionsausgaben (jetzt wird die Ausgabe getätigt durch Zahlung des Kaufpreises, der Aufwand wird jedoch in späteren Jahren über die AfA erfasst).

= Aufwand der Periode

(Als Aufwand einer Periode wird die periodisierte, erfolgswirksame Ausgabe bezeichnet. Er ist der Wertverzehr oder Wertverbrauch einer Periode, der in der Finanz- bzw. Geschäftsbuchhaltung erfasst und am Jahresende in der Gewinn- oder Verlustrechnung ausgewiesen wird.)

./. neutraler Aufwand

    a) betriebsfremder Aufwand (z. B. Verluste aus Wertpapiergeschäften, Aufwendungen für ein Grundstück, das nicht direkt für Betriebszwecke genutzt wird)

    b) periodenfremder Aufwand (z. B. Nachzahlung von Betriebssteuern, für die keine ausreichende Rückstellung in den Vorjahren gebildet wurde)

    c) außerordentlicher Aufwand (z. B. durch Abgang von Anlagevermögen, Feuerschäden, Diebstahlschäden)

+ Zusatzkosten

(Kosten, die sich nicht vom Aufwand bzw. von den Ausgaben her ableiten lassen; in der Regel kalkulatorische Kosten)

    a) kalkulatorischer Unternehmerlohn

    b) kalkulatorische Eigenkapitalzinsen

    c) kalkulatorische Eigenmiete

+ Anderskosten

./. (hier wird z. B. die Differenz zwischen kalkulatorischer AfA und der bilanziellen AfA erfasst)

= Kosten der Periode

(Unter Kosten wird der bewertete, durch die Leistungserstellung bedingte Güterverzehr verstanden.)

866   Man kann sagen, dass sich die Begriffe Aufwand und Kosten nicht über- oder unterordnen lassen, sondern sich gegenseitig überschneiden. Das Verhältnis der beiden Begriffe lässt sich mithilfe des nachfolgenden Schemas verdeutlichen. Die Existenz möglicher Bewertungsunterschiede zwischen Aufwands- und Kostenrechnung und somit das Problem der Anderskosten wird in dem Schema vernachlässigt. (Es wird hier unter anderem also unterstellt, dass die kalkulatorische AfA als Kostenrechnungsgröße betragsmäßig gleich der AfA in der GuV ist.)

ABB. 21:	Abgrenzung zwischen Aufwand und Kosten		
	Aufwand		
Werteverzehr einer Periode, wie er in der extern orientierten Aufwandsrechnung erfasst wird:	Neutraler Aufwand Aufwand, aber keine Kosten (= betriebsfremder oder außerordentlicher oder periodenfremder Aufwand)	Zweckaufwand Aufwand zugleich Kosten (= Aufwand, der zugleich betriebsbezogen, ordentlich und periodenrichtig ist)	
Werteverzehr einer Periode, wie er in der intern orientierten Kostenrechnung erfasst wird:		Kosten, zugleich Aufwand Grundkosten	Kosten, aber kein Aufwand Zusatzkosten
		Kosten	

Die Buchung der kalkulatorischen Kosten soll anhand der kalkulatorischen Abschreibung bei den Anderskosten dargestellt werden: 867

Anlagegut (Kl. 0)		bilanzielle Abschr. (Kl. 2)	
40 000 €	1) 20 000 €	1) 20 000 €	3) 20 000 €

kalkul. Abschr. (Kl. 4)		verrechn. kalk. Abschr. (Kl. 2)	
2) 10 000 €	4) 10 000 €	5) 10 000 €	2) 10 000 €

neutrales Ergebnis (Kl. 9)		Betriebsergebnis (Kl. 9)	
3) 20 000 €	5) 10 000 € (Saldo)	4) 10 000 €	7) 10 000 €
	6) 10 000 €		(Saldo)

GuV (Kl. 9)	
20 000 €	6) 10 000 €
	7) 10 000 €

Es wurde unterstellt, dass die zulässige bilanzielle Abschreibung (AfA) 20 000 € und die kalkulatorische Abschreibung 10 000 € betragen soll. In diesem Beispiel fällt daher ein neutraler Aufwand i. H. v. 10 000 € (20 000 € bilanzielle Abschreibung ./. 10 000 € kalkulatorische Abschreibung) an, während i. H. v. 10 000 € Zweckaufwand vorliegt, der gleichzeitig auch Kosten darstellt. In der GuV-Rechnung wirken sich als Gesamtergebnis immer die bilanziellen Abschreibungen als Aufwand aus. An dieser Stelle kann bereits darauf hingewiesen werden, dass grundsätzlich nur solche Kosten zu den Herstellungskosten zählen, die gleichzeitig Aufwand darstellen.

868 Wichtig ist im Zusammenhang mit den Herstellungskosten die Unterscheidung zwischen **Einzel- und Gemeinkosten**. Hierbei geht es um die Zurechnung oder die Zurechenbarkeit von Kosten auf irgendwelche Kalkulationsobjekte.

Einzelkosten sind hierbei solche Kosten, die den einzelnen Endprodukteinheiten (wie z. B. einer selbst hergestellten Maschine oder einer hergestellten Wareneinheit) aufgrund genauer Aufzeichnungen direkt zugerechnet werden können.

Gemeinkosten sind demgegenüber solche Kosten, die nicht unmittelbar für das einzelne Erzeugnis anfallen. Sie betreffen vielmehr eine Gesamtheit von Aufträgen oder gar den Betrieb insgesamt. Diese Kosten werden nach bestimmten Schlüsseln im Wege der Schätzung auf die einzelnen Produkte verteilt.

> **BEISPIEL:** Ein Dreher, der pro Schicht 100 € verdient, stellt unter Verwendung von Material für 50 € pro Schicht 100 Werkstücke her. Die sich daraus ergebenden Einzelkosten betragen pro Stück
> - 1,00 € Löhne (Fertigungseinzelkosten)
> - 0,50 € Material (Materialeinzelkosten)
>
> Für die Herstellung fallen darüber hinaus noch weitere Kosten an, wie z. B. Energiekosten, Abschreibungen der Anlagen u. Ä. Das sind Gemeinkosten, die dann nach bestimmten Verteilerschlüsseln aufgeteilt werden müssen. Eine direkte Zurechnung zu den hergestellten Werkstücken ist nicht möglich.

6.4.2.3 Grundlagen für eine Zuschlagskalkulation

869 **Die Aufgabe**, die von der Kostenrechnung in diesem Zusammenhang erfüllt wird, ist die **Bereitstellung von Daten für die Vor- und Nachkalkulation**. Auf dieser Grundlage werden die Preise für die erzeugten Waren im Unternehmen festgesetzt. Dass wir hieraus auch für unsere Zwecke – der Ermittlung von Herstellungskosten – Informationen gewinnen können, ist hierbei nur ein Nebenprodukt.

Die Kostenrechnung beginnt regelmäßig mit einer **Kostenartenrechnung**. Die Kostenartenrechnung gibt zunächst einen genauen Einblick in die Kostenstruktur eines Unternehmens. Sie erfasst sämtliche Kosten, die bei der Erstellung und Verwertung von betrieblichen Leistungen anfallen. Um die auf die Produkte entfallenden Gemeinkosten zu erfassen, ist eine Aufteilung des Betriebs in **Kostenstellen** erforderlich. Dann ist es möglich, die Gemeinkosten mit bestimmten **Aufteilungsschlüsseln** auf die Kostenstellen aufzuteilen. Dies geschieht häufig mit Hilfe des sog. **Betriebsabrechnungsbogens** (BAB). In der Regel ist der BAB eine Tabelle mit horizontaler Anordnung der Kostenstellen und vertikaler Anordnung der Gemeinkostenarten. Welche Kostenarten und welche Kostenstellen in den Betriebsabrechnungsbögen enthalten sind, ist aus dem nachfolgenden Beispiel eines BAB ersichtlich, siehe Beispiel unter Rdn. 870. (Natürlich können und werden im Einzelfall sowohl Kostenarten als auch Kostenstellen tiefer gegliedert und auch andere, genauere Verteilerschlüssel angewandt.)

870 Als **Ergebnis der Kostenstellenrechnung** im BAB erhält man für jede Fertigungsstelle sowie für jede weitere Kostenstelle die **entstandenen Gemeinkosten**.

Beispiel eines BAB (vereinfacht)

Gemeinkostenarten	in €	Verteilung dieser Kosten erfolgt nach	Kostenstellen			
			Fertigung	Material	Verwaltung	Vertrieb
Energie	20 000	Zählerstand in den einzelnen Kostenstellen	12 000	5 000	2 000	1 000
Hilfslöhne einschl. soziale Aufwendungen	50 000	Lohnlisten in den einzelnen Kostenstellen	30 000	6 000	8 000	6 000
Abschreibungen	60 000	Kartei der AfA in den einzelnen Kostenstellen	30 000	10 000	10 000	10 000
Summen	130 000		72 000	21 000	20 000	17 000

Außerdem enthält der Betriebsabrechnungsbogen noch folgende Angaben über die angefallenen Einzelkosten:

Fertigungslöhne   200 000 €

Fertigungsmaterial 100 000 €

An Fertigungsgemeinkosten sind 72 000 € lt. BAB entstanden; dies sind 36 % der Fertigungseinzelkosten. An Materialgemeinkosten sind 21 000 € lt. BAB entstanden; dies sind 21 % der Materialeinzelkosten. Die Verwaltungs(gemein)kosten i. H.v. 20 000 € sind ca. 5,1 % der Summe aus den gesamten Einzelkosten (Fertigungs- und Materialeinzelkosten) sowie der Fertigungs- und Materialgemeinkosten (200 000 € + 100 000 € + 72 000 € + 21 000 € = 393 000 €).

Die Vertriebskosten i. H.v. 17 000 € sind ca. 4,3 % der Summe aus den gesamten Einzelkosten (Fertigungs- und Materialeinzelkosten) sowie der Fertigungs- und Materialgemeinkosten (200 000 € + 100 000 € + 72 000 € + 21 000 € = 393 000 €).

871 An dieser Stelle setzt die **Kostenträgerrechnung** ein. Sie will die Frage beantworten: **Wofür sind die Kosten angefallen?** Die Kosten, die bei der Erstellung von absatzfähigen Leistungen entstanden sind, sollen auf die Leistungseinheiten verteilt werden.

Wird der Verkaufspreis für ein **einzelnes Gut** kalkuliert, muss zunächst ermittelt werden, welche Einzelkosten für dieses Gut aufgewandt wurden. Anschließend werden dann die Materialgemeinkosten, die Fertigungsgemeinkosten, die Verwaltungskosten, die Vertriebskosten entsprechend den oben ermittelten Prozentsätzen errechnet; anschließend wird der Gewinnaufschlag hinzugerechnet. Ergebnis dieser Zuschlagskalkulation ist der Verkaufspreis.

Als Ergebnis dieser Überlegungen ergibt sich folgende **Kalkulation für ein produziertes Wirtschaftsgut**, für das an Materialeinzelkosten 50 € und an Fertigungseinzelkosten 80 € aufgewandt wurden und bei dessen Verkauf ein Gewinnaufschlag von 20 % realisiert werden soll:

Materialeinzelkosten	50,00 €	
Materialgemeinkosten (entspricht 21 % der Materialeinzelkosten)	<u>10,50 €</u>	
Materialkosten		60,50 €
Fertigungseinzelkosten	80,00 €	
Fertigungsgemeinkosten (36 % der Fertigungseinzelkosten)	<u>28,80 €</u>	
Fertigungskosten		<u>108,80 €</u>
		169,30 €
Verwaltungskosten (entspricht 5,1 % der Summe von Fertigungs- u. Materialkosten)		8,63 €
Vertriebskosten (entspricht 4,3 % der Summe aus Fertigungs- u. Materialkosten)		<u>7,28 €</u>

Selbstkosten	185,21 €
+ Gewinnaufschlag (20 %)	37,04 €
Verkaufspreis (netto, ohne Umsatzsteuer)	222,25 €

Werden in einem Unternehmen gleichartige Erzeugnisse hergestellt, ist auch die Divisionskalkulation anwendbar. Hier ermitteln sich die Selbstkosten für ein verkauftes Stück wie folgt:

$$\frac{\text{Kosten im Fertigungsbereich}}{\text{hergestellte Menge}} + \frac{\text{Verwaltungs- und Vertriebskosten}}{\text{abgesetzte Menge}}$$

6.4.2.4 Der Herstellungskostenbegriff im Handelsrecht

Der Begriff „**Herstellungskosten**" wird in § 255 Abs. 2 HGB gesetzlich definiert:

872

Herstellungskosten sind nach § 255 Abs. 2 Satz 1 EStG die Aufwendungen, die durch den Verbrauch von Gütern und die Inanspruchnahme von Diensten für die Herstellung eines Vermögensgegenstands, seine Erweiterung oder eine über seinen ursprünglichen Zustand hinausgehende wesentliche Verbesserung entstehen.

Diese Kosten umfassen nach § 255 Abs. 2 Satz 2 EStG als Einzelkosten die Materialkosten, die Fertigungskosten und die Sonderkosten der Fertigung sowie als Gemeinkosten angemessene Teile der Materialgemeinkosten, angemessene Teile der Fertigungsgemeinkosten und den Werteverzehr des Anlagevermögens, soweit dieser durch die Fertigung veranlasst ist. Für diese Kosten gilt: Sie müssen aktiviert werden und stellen die Wertuntergrenze für die Ermittlung der Herstellungskosten dar.

In die Herstellungskosten dürfen darüber hinaus nach § 255 Abs. 2 Satz 3 und Abs. 3 HGB auch einbezogen werden:

873

- ▶ angemessene Teile der Kosten der allgemeinen Verwaltung,
- ▶ angemessene Aufwendungen für soziale Einrichtungen des Betriebs, für freiwillige soziale Leistungen und für die betriebliche Altersversorgung, soweit diese auf den Zeitraum der Herstellung entfallen, und
- ▶ unter bestimmten Voraussetzungen Fremdkapitalzinsen.

  (In § 255 Abs. 3 HGB ist niedergelegt, dass **Fremdkapitalzinsen** grundsätzlich nicht zu den Herstellungskosten gehören. Zinsen für Fremdkapital dürfen jedoch dann in die Herstellungskosten einbezogen werden, wenn dieses Fremdkapital zur Finanzierung der Herstellung eines Vermögensgegenstandes verwendet wird. Teil der Herstellungskosten wird dann nur der Teil der Zinsen, der auf den Zeitraum der Herstellung entfällt; ansonsten besteht für Fremdkapitalzinsen ein Aktivierungsverbot.)

Die Summe der hier genannten Gemeinkosten, die als Herstellungskosten angesetzt werden können, und der nach § 255 Abs. 2 Satz 2 HGB zu aktivierenden Einzel- und Gemeinkosten stellt die Wertobergrenze dar.

Die **Vertriebskosten** dürfen nicht in die Herstellungskosten einbezogen werden; das Gleiche gilt für kalkulatorische Kosten.

874

875　Immaterielle Vermögensgegenstände des Anlagevermögens können aktiviert werden. Daher sind im HGB Vorschriften enthalten, die den Umfang der Herstellungskosten in solchen Fällen regeln.

§ 255 Abs. 2a HGB enthält Sonderregelungen hinsichtlich eines selbst geschaffenen immateriellen Vermögensgegenstands des Anlagevermögens. Die bei der Entwicklung eines solchen Gegenstands anfallenden Herstellungskosten können aktiviert werden. Demgegenüber dürfen Forschungskosten nicht aktiviert werden.

Im § 255 Abs. 2a Satz 2 HGB wird der Begriff „Entwicklung" in Abgrenzung zu dem Begriff „Forschung" definiert:

▶ Entwicklung ist die Anwendung von Forschungsergebnissen (oder anderem Wissen) für die Neuentwicklung von Gütern oder Verfahren oder die Weiterentwicklung von Gütern oder Verfahren mittels wesentlicher Änderungen. Güter in diesem Zusammenhang können Materialien, Produkte, geschützte Rechte, ungeschütztes Know-how oder Dienstleistungen sein. Unter den Begriff „Verfahren" können neben den typischen Produktions- und Herstellungsverfahren auch entwickelte Systeme fallen.

▶ Forschung ist im Gegensatz dazu die eigenständige und planmäßige Suche nach neuen wissenschaftlichen oder technischen Erkenntnissen oder Erfahrungen allgemeiner Art, über deren technische Verwertbarkeit und wirtschaftliche Erfolgsaussichten grundsätzlich keine Aussagen gemacht werden können (§ 255 Abs. 2a Satz 3 HGB).

Kann der Zeitpunkt des Übergangs von der Forschungs- zu der Entwicklungsphase nicht hinreichend nachvollziehbar und plausibel dargelegt werden und sind damit die Forschungs- und die Entwicklungsphase nicht eindeutig trennbar, sind handelsrechtlich – dem Vorsichtsprinzip folgend – alle Aufwendungen als Aufwand zu erfassen.

Damit kann die Aktivierung eines selbst geschaffenen immateriellen Vermögensgegenstands nur erfolgen, wenn

▶ zum Aktivierungszeitpunkt mit hinreichender Wahrscheinlichkeit von der Entstehung eines Vermögensgegenstands ausgegangen werden kann,

▶ die zu aktivierenden Aufwendungen während der Entwicklung des selbst geschaffenen immateriellen Vermögensgegenstands angefallen sind.

Eine Einschränkung dieser Regelungen hinsichtlich selbst geschaffener immaterieller Wirtschaftsgüter besteht nach § 248 Abs. 2 Satz 2 HGB: ein Aktivierungsverbot für Marken, Drucktitel, Verlagsrechte, Kundenlisten oder vergleichbare immaterielle Vermögensgegenstände des Anlagevermögens, die nicht entgeltlich erworben wurden.

6.4.2.5　Der Herstellungskostenbegriff im Steuerrecht

876　Das Steuerrecht kennt keine gesetzliche Definition der Herstellungskosten. Daher ist es über § 5 Abs. 1 EStG zwingend, den handelsrechtlichen Herstellungskostenbegriff auch im Steuerrecht zu verwenden. Nach dem Grundsatz: *„Was handelsrechtlich aktiviert werden darf, muss steuerrechtlich aktiviert werden"*, müssen die angemessenen Teile der Kosten der allgemeinen Verwaltung, die angemessenen Aufwendungen für soziale Einrichtungen des Betriebs, für freiwillige soziale Leistungen, sowie für die betriebliche Altersversorgung aktiviert werden. Diese Auffassung hat das BMF ausdrücklich bestätigt, wobei der Vollständigkeit halber darauf hinzuweisen ist, dass in dem Schreiben die Fremdkapitalzinsen nicht erwähnt werden (BMF v. 12.3.2010, BStBl 2010 I 239 unter Rz. 8). Hinsichtlich der Fremdkapitalzinsen besteht weiterhin ein Einbeziehungswahlrecht. Sie zählen nach wie vor nur dann steuerlich nach dem Maßgeblichkeitsgrundsatz gem. § 5 Abs. 1 Satz 1 EStG zu den Herstellungskosten, wenn sie handelsrechtlich ebenfalls aktiviert wurden (R 6.3 Abs. 5 EStÄR 2012).

Damit entsprechen die steuerlich anzusetzenden Herstellungskosten den nach handelsrechtlichen Vorschriften höchstens zu aktivierenden Kosten (den Kosten, die handelsrechtlich aktiviert werden müssen und aktiviert werden dürfen).

In R 6.3 Abs. 4 Satz 2 ff. EStR 2008 war jedoch niedergelegt (und damit auch für die Finanzverwaltung bindend), dass bestimmte Wahlrechte des Handelsrechts auch Wahlrechte bei der Erstellung der Steuerbilanz darstellen. Steuerliche Wahlrechte gelten für angemessene Kosten der allgemeinen Verwaltung, für angemessene Aufwendungen für die sozialen Einrichtungen des Betriebs, für freiwillige soziale Leistungen und für die betriebliche Altersversorgung. 877

In den am 20.3.2013 verabschiedeten EStÄR 2012 ist diese Regelung gestrichen worden.

Unabhängig vom handelsbilanziellen Vorgehen sollen danach für Besteuerungszwecke die Kosten der allgemeinen Verwaltung sowie der betrieblichen Sozial- und Altersvorsorgeaufwendungen immer den hergestellten Produkten zugeordnet werden.

Zeitgleich mit den EStÄR 2012 wurde am 25.3.2013 ein BMF-Schreiben veröffentlicht, dass die Beibehaltung der bisherigen Herstellungskostenuntergrenze nach R 6.3 Abs. 4 EStR 2008 solange ermöglicht, bis eine abschließende Beurteilung der Bürokratiekosten vorgenommen wurde, jedoch spätestens bis zu einer Neufassung der Einkommensteuerrichtlinien. Bisher ist somit die Herstellungskostenuntergrenze nicht angehoben worden. In naher Zukunft ist jedoch mit einer Anhebung der steuerlichen Herstellungskostenuntergrenze zu rechnen.

Nach R 6.3 Abs. 4 EStR gehören Fremdkapitalzinsen grundsätzlich nicht zu den Herstellungskosten. Die handelsrechtliche Regelung des § 255 Abs. 3 HGB gilt hier entsprechend (s. Rdn. 874). Auf die Beachtung des Maßgeblichkeitsprinzips ist nochmals hinzuweisen: Wer in der Steuerbilanz Fremdkapitalzinsen aktivieren will, muss dies auch in seiner Handelsbilanz getan haben. Dies gilt auch gemäß R 6.3 Abs. 5 EStÄR 2012 unverändert weiter.

In R 6.3 Abs. 3 EStR wird klargestellt, dass auch die AfA für das Anlagevermögen zu den Herstellungskosten gehört, soweit sie der Fertigung der Erzeugnisse gedient hat. Dabei ist grundsätzlich der Betrag anzusetzen, der bei der Bilanzierung des Anlagevermögens 878 als AfA berücksichtigt ist. Hierbei durfte der Steuerpflichtige jedoch in den Fällen, in denen die degressive AfA (§ 7 Abs. 2 EStG) für angeschaffte Wirtschaftsgüter in Anspruch genommen wurde, bei der Berechnung der Herstellungskosten der Erzeugnisse die lineare AfA berücksichtigen. In diesem Fall muss der Steuerpflichtige jedoch dieses Absetzungsverfahren auch dann bei der Berechnung der Herstellungskosten beibehalten, wenn gegen Ende der Nutzungsdauer die AfA in fallenden Jahresbeträgen niedriger sind als die AfA in gleichen Jahresbeträgen. Der Wertverzehr von Wirtschaftsgütern i. S. des § 6 Abs. 2 und 2a EStG braucht nicht in die Berechnung der Herstellungskosten einbezogen zu werden.

879   Auch im Steuerrecht dürfen kalkulatorische Kosten und Vertriebskosten **nicht in die Herstellungskosten** einbezogen werden. Zu den Vertriebskosten gehört auch die Umsatzsteuer, R 6.3 Abs. 5 Satz 2 EStR. Dagegen dürfen allgemeine Verwaltungskosten in die Herstellungskosten einbezogen. Steuern vom Einkommen und die Gewerbesteuer gehören schon deshalb nicht zu den Herstellungskosten, da diese Steuern nicht zu den steuerlich abzugsfähigen Betriebsausgaben zählen, R 6.3 Abs. 5 Satz 1 EStR.

Vorsteuerbeträge, die nicht abziehbar sind, gehören zu den Herstellungskosten.

Kosten wegen verminderter Kapazitätsausnutzung dürfen nicht zu den Herstellungskosten gerechnet werden (R 6.3 Abs. 6 EStR).

880   Bei **Forschungs- und Entwicklungskosten** besteht folgende Besonderheit:

In der Regel gehören diese Kosten, da sie nicht mit den am Bilanzstichtag vorhandenen Wirtschaftsgütern in Zusammenhang gebracht werden können, nicht zu den Herstellungskosten. Dies gilt sowohl für den Bereich der Grundlagenforschung als auch für die Fälle, in denen Produkte oder Produktionsverfahren neu entwickelt oder wesentlich verändert werden.

Die Kosten jedoch, die für die Weiterentwicklung von Produkten (Erzeugnissen) oder von Produktionsverfahren aufgewandt werden, gehören zu den Fertigungsgemeinkosten und sind damit als Herstellungskosten zu erfassen.

Steuerlich dürfen jedoch auch Entwicklungskosen, soweit sie aufgewandt werden, um selbst immaterielle Wirtschaftsgüter zu schaffen, gem. § 5 Abs. 2 EStG **nicht** aktiviert werden.

6.4.2.6 Gegenüberstellung der handelsrechtlichen und der steuerrechtlichen Herstellungskosten

881   Die nachfolgende Abbildung 22 zeigt, welche Gemeinsamkeiten und welche Unterschiede zwischen dem handelsrechtlichen und dem steuerrechtlichen Herstellungsbegriff bestehen.

Bewertung nach Handels- und Steuerrecht — TEIL B

ABB. 22: Herstellungskosten nach Handels- und Steuerrecht

		Einbeziehung in die Herstellungskosten	
		nach § 255 Abs. 2 u. 3 HGB	nach R 6.3 EStR*
Einzelkosten	Materialkosten (u. a. Roh-, Hilfs- und Betriebsstoffe)	Pflicht	Pflicht
	Fertigungslöhne (u. a. Löhne, Gehälter und entsprechende Nebenleistungen im Fertigungsbereich)	Pflicht	Pflicht
	Sondereinzelkosten der Fertigung (u. a. direkt dem Produkt zuzuordnende Entwürfe, Modelle, Lizenzen, Spezialwerkzeuge)	Pflicht	Pflicht
Gemeinkosten	Materialgemeinkosten (u. a. Lagerhaltung)	Pflicht	Pflicht
	Fertigungsgemeinkosten – Fertigungsvorbereitung und -kontrolle, Raumkosten, technische Betriebsleitung, Versicherungen, Instandhaltungen, Lohnbüro, Unfallschutz (soweit dies den Fertigungsbereich betrifft)	Pflicht	Pflicht
	– Forschungskosten – sind nicht direkt erzeugnisbezogen (Grundlagenforschung, Neuentwicklungen von Erzeugnissen oder Produktionsverfahren),	Verbot	Verbot
	– sind erzeugnisbezogen (Weiterentwicklung von Erzeugnissen oder von Erzeugnissen oder von Produktionsverfahren)	Pflicht	Pflicht
	– soweit immaterielle Wirtschaftsgüter betreffend	Wahlrecht	Verbot
	– Wertverzehr des Anlagevermögens, soweit es der Fertigung gedient hat – planmäßige Abschreibungen	Pflicht	Pflicht
	– Teilwertabschreibungen	Verbot	Verbot
	– a. o. Abschreibungen	Verbot	Verbot
	– Freiwillige soziale Leistungen für die im Fertigungsbereich Tätigen (u. a. betriebliche Altersversorgung, Betriebsausflüge, soziale Einrichtungen)	Wahlrecht	Pflicht/ (Wahlrecht)
	– Kalkulatorische Kosten (u. a. Unternehmerlohn, kalkulatorische Mieten, kalkulatorische Zinsen)	Verbot	Verbot
	– Fremdkapitalzinsen, soweit auf den Herstellungsraum entfallend	Wahlrecht	Wahlrecht
	Allgemeine Verwaltungskosten (u. a. Geschäftsleitung, Beratungskosten, Rechnungswesen, Werkschutz, AfA auf Verwaltungsgebäude)	Wahlrecht	Pflicht/ (Wahlrecht)
	Vertriebskosten (u. a. Fertigwarenlager, AfA auf Vertriebsgebäude, Marktforschung, Werbung)	Verbot	Verbot

*) Klammersätze: Regelungen durch die EStR 2008, durch die das Wahlrecht ermöglicht wird, nach BMF-Schreiben vom 25. 3. 2013 zur Zeit weiter gültig.

6.4.2.7 Anschaffungsnaher Aufwand

882 In der Steuerbilanz sind Aufwendungen, die im Anschluss an die Anschaffung eines Gebäudes gemacht werden (= anschaffungsnahe Aufwendungen), als **Herstellungskosten** zu erfassen, wenn die Voraussetzungen des § 6 Abs. 1 Nr. 1a EStG erfüllt sind:

- Es muss sich um Instandsetzungs- und/oder Modernisierungsaufwendungen handeln.
- Zu diesen Aufwendungen gehören **nicht** die Aufwendungen, die nach § 255 Abs. 2 Satz 1 HGB ohnehin Herstellungskosten darstellen, Kosten für Erweiterungen.
- Zu diesen Aufwendungen gehören auch **nicht** die Aufwendungen für Erhaltungsarbeiten, die üblicherweise jährlich anfallen.
- Diese Aufwendungen (ohne Umsatzsteuer), die innerhalb von 3 Jahren nach der Anschaffung durchgeführt werden, müssen 15 % der Anschaffungskosten des Gebäudes übersteigen.

> **BEISPIEL:** Ein Steuerpflichtiger erwirbt zum 1.7.01 ein Gebäude für 3 000 000 €. Im Herbst 03 führt er umfangreiche Modernisierungsmaßnahmen durch, die Kosten i. H.v. 500 000 € verursachen.
>
> Die Grenze von 15 % (von 3 000 000 € = 450 000 €) ist hiermit überschritten; in 03 fallen somit nachträgliche Herstellungskosten von 500 000 € an.

Eine entsprechende Regelung fehlt im HGB.

6.4.2.8 Nachträglicher Herstellungsaufwand

883 Wird ein Wirtschaftsgut wesentlich in seiner Substanz vermehrt, in seinem Wesen erheblich verändert oder über seinen bisherigen Zustand hinaus deutlich verbessert, ist nachträglicher Herstellungsaufwand anzunehmen (vgl. § 255 Abs. 2 Satz 1 HGB). Während Herstellungsaufwand zu aktivieren ist und erst über die AfA zu Aufwand wird, sind Erhaltungsaufwendungen sofort als Betriebsausgaben abzugsfähig. Die Grenze zwischen Erhaltungs- und Herstellungsaufwand ist fließend.

884 Zum **Erhaltungsaufwand** gehören insbesondere:

- laufende Aufwendungen für Instandhaltung, Pflege und Wartung,
- Aufwendungen für Erneuerung von Teilen von Wirtschaftsgütern, die bereits in den Herstellungs- bzw. Anschaffungskosten enthalten waren. Hierbei kommt es nicht auf den Zustand oder die Brauchbarkeit der erneuerten Teile an, z. B. Umstellung einer Heizungsanlage oder Einbau eines Austauschmotors.

885 Ob Herstellungsaufwand bei Gebäuden vorliegt, ist im Allgemeinen nur zu prüfen, wenn es sich um verhältnismäßig große Aufwendungen handelt. Betragen die Aufwendungen für die einzelne Baumaßnahme nicht mehr als 4 000 € (Rechnungsbetrag ohne USt), ist dieser Aufwand auf Antrag stets als Erhaltungsaufwand zu behandeln, es sei denn, diese Aufwendungen dienen der endgültigen Herstellung eines neu errichteten Gebäudes (R 21.1 Abs. 2 Satz 2, 3 EStR).

886 Zu dieser Frage ist ein BMF-Schreiben (BMF v. 18.7.2003, BStBl 2003 I 386) ergangen, das als Anhang 30 V zu den EStR abgedruckt ist. Nach Auffassung des BMF liegen eine wesentliche Verbesserung i. S. des § 255 Abs. 2 Satz 1 HGB und damit Herstellungskos-

ten vor, wenn die Maßnahmen zur Instandsetzung und Modernisierung eines Gebäudes in ihrer Gesamtheit über eine zeitgemäße substanzerhaltene Erneuerung hinausgehen, den Gebrauchswert des Gebäudes insgesamt deutlich erhöhen und damit für die Zukunft eine erweiterte Nutzungsmöglichkeit geschaffen wird. Von einer deutlichen Erhöhung ist auszugehen, wenn der Gebrauchswert des Gebäudes von einem sehr einfachen auf einen mittleren oder von einem mittleren auf einen sehr anspruchsvollen Standard gehoben wird (s. Rdn. 28 des o. a. Schreibens).

Die Feststellungslast für Tatsachen, die eine Behandlung als Anschaffungskosten oder Herstellungskosten begründen, trägt das Finanzamt. Indizien für die Hebung des Standards liegen vor, wenn

- ein Gebäude in zeitlicher Nähe zum Erwerb im Ganzen und von Grund auf modernisiert wird,
- hohe Aufwendungen für die Sanierung der zentralen Ausstattungsmerkmale getätigt werden,
- aufgrund dieser Baumaßnahme der Mietzins erheblich erhöht wird.

Ob eine Hebung des Standards vorliegt, ist für die ersten drei Jahre nach Anschaffung des Gebäudes nicht zu prüfen, wenn die Aufwendungen für die Instandsetzung und Modernisierung des Gebäudes insgesamt 15 % der Anschaffungskosten des Gebäudes nicht übersteigen.

Liegt Herstellungsaufwand vor und fallen im Zusammenhang mit diesen Aufwendungen auch solche Aufwendungen an, die als Erhaltungsaufwand anzusehen sind, sind diese Aufwendungen ggf. im Wege der Schätzung in Herstellungs- und Erhaltungsaufwendungen aufzuteilen. Wenn die Arbeiten in einem sachlichen Zusammenhang stehen, sind die Aufwendungen ausnahmsweise insgesamt als Herstellungskosten zu beurteilen, wenn sie für ein Bündel von Einzelmaßnahmen anfallen, die für sich genommen teils Herstellungs-, teils Erhaltungsaufwendungen darstellen (Rz. 33 ff. des o. a. Schreibens). Ein solcher sachlicher Zusammenhang liegt vor, wenn die einzelnen Baumaßnahmen – die sich auch über mehrere Jahre erstrecken können – bautechnisch ineinander greifen. 887

6.4.2.9 Einzelfragen zu den Herstellungskosten eines Gebäudes
(vgl. H 6.4 EStH)

Zu den Herstellungskosten eines Gebäudes gehören u. a. auch: 888

- **Ausgleichsbeträge nach § 154 BauGB** bei erstmaliger Erschließung oder bei Maßnahmen zur Verbesserung der Bebaubarkeit. Diese Aufwendungen sind jedoch nur dann als Anschaffungs-/Herstellungskosten zu behandeln, wenn
  - die Bodenwerterhöhung 10 % überschreitet und
  - die Bodenwerterhöhung auf Verbesserungen der Erschließung und/oder der Bebaubarkeit beruht.
- **Baumaterial aus Enttrümmerung**

- **Bauplanungskosten:** Auch vergebliche Planungskosten, wenn der Steuerpflichtige die ursprüngliche Planung zwar nicht verwirklicht, später aber ein die beabsichtigten Zwecke erfüllendes Gebäude erstellt.
- **Kosten zur Beseitigung von Baumängeln**
  - Prozesskosten,
  - bei mangelhaften Bauleistungen,
  - Abtragung unselbständiger Gebäudeteile während der Bauphase.
- Aufwendungen für **Einbauten als unselbständige Gebäudeteile**
- **Entschädigungszahlungen an Mieter oder Pächter** für vorzeitige Räumung eines Grundstücks zur Errichtung eines Gebäudes,
  - Aufwendungen für die Ablösung der Verpflichtung zur Errichtung von Stellplätzen.
- Aufwendungen für **Einfriedungen und Außenanlagen als unselbständige Gebäudeteile**
  - lebende Umzäunung,
  - Maschendrahtzaun.
- Aufwendungen für übliche **Erdarbeiten**
  - Hangabtragung,
  - Freimachen des Geländes von Buschwerk und Bäumen.
- **Fahrtkosten** zur Baustelle in tatsächlicher Höhe
- **Hausanschlusskosten** für **Anlagen zur Ableitung von Abwässern**
  - für Anschlüsse an Versorgungsnetze (Strom, Gas, Wasser, Wärme).
- Aufwendungen für abgehängte **Kassettendecken mit integrierter Beleuchtungsanlage in Büroräumen**
- Aufwendungen für die **Spüle** und den – nach der regionalen Verkehrsauffassung erforderlichen – **Kochherd**
- Tätigkeitsvergütung i. S. des § 15 Abs. 1 Satz 1 Nr. 2 EStG, die dem Gesellschafter von der Gesellschaft im Zusammenhang mit der Herstellung eines Gebäudes gewährt wird.

889 Nicht zu den Herstellungskosten eines Gebäudes gehören:

- der Wert der eigenen Arbeitsleistung,
- Beiträge für **Bauzeitversicherung,**
- Aufwendungen für **Einfriedungen und Außenanlagen als unbewegliche Wirtschaftsgüter, die keine Gebäude oder Gebäudeteile sind,**
- Aufwendungen für **Gartenanlagen,**
- **Honorare** für nicht erbrachte Leistungen,
- Aufwendungen für **Waschmaschinen,** und zwar auch dann, wenn sie auf einem Zementsockel angeschraubt sind und den Mietern gegen Entgelt zur Verfügung stehen; vielmehr stellt die Waschmaschine auch in einem solchen Fall ein selbständiges bewegliches Wirtschaftsgut dar.

Nicht zu den Herstellungskosten des Gebäudes, sondern zu den Anschaffungskosten des Grund und Bodens gehören: 890

- Erschließungs-, Straßenanlieger- und andere auf das Grundstückseigentum bezogene, kommunale Beiträge und Beiträge für sonstige Anlagen außerhalb des Grundstücks;
- Ansiedlungsbeitrag;
- Erschließungsbeitrag des Erbbauberechtigten;
- erstmalige Straßenausbau- und Kanalanschlussbeiträge; bei Ersetzung oder Modernisierung vorhandener Erschließungseinrichtungen nur dann, wenn das Grundstück durch die Maßnahme in seiner Substanz oder in seinem Wesen geändert wird;
- Beiträge für Zweit- oder Zusatzerschließung, wenn sich der Wert des Grundstücks erhöht.

6.4.2.10 Herstellungskosten beim Gebäudeabbruch

Die nachstehenden Regelungen ergeben sich aus H 6.4 EStH. 891

Wird ein Gebäude oder Gebäudeteil abgerissen

und

hatte der Steuerpflichtige das Gebäude auf einem ihm bereits gehörenden Grundstück errichtet

oder

hat er das Gebäude in der Absicht erworben, es als Gebäude zu nutzen (d.h. er hatte beim Erwerb keine Abbruchabsicht),

sind **im Jahr des Abbruchs** als sofort abzugsfähige Betriebsausgaben zu erfassen:

- die Abbruchkosten,
- der Restbuchwert des abgebrochenen Gebäudes (als AfaA).

Dies gilt auch bei einem in Teilabbruchabsicht erworbenen Gebäude für die Teile, deren Abbruch nicht geplant war. Die darauf entfallenden Abbruchkosten und der anteilige Restbuchwert sind regelmäßig im Wege der Schätzung zu ermitteln.

Wird jedoch ein Gebäude oder ein Gebäudeteil abgerissen, das der Steuerpflichtige **zum Zweck des Abbruchs erworben hat,** sind folgende Fälle zu unterscheiden: 892

1. **Das Gebäude war beim Abbruch technisch und wirtschaftlich nicht verbraucht.** Dann gehören die Abbruchkosten und der Restbuchwert des abgebrochenen Gebäudes entweder zu den Herstellungskosten eines neu errichteten Gebäudes (oder ggf. zu den Herstellungskosten eines anderen neu errichteten Wirtschaftsguts, z. B. eines Parkplatzes); Voraussetzung hierfür ist jedoch, dass der Abbruch in engem wirtschaftlichen Zusammenhang mit der Herstellung des neuen Wirtschaftsguts steht.

   BEISPIEL: Ein Steuerpflichtiger reißt ein Wohnhaus ab, um eine neue Lagerhalle errichten zu können.

Oder

die Abbruchkosten und der Restbuchwert gehören zu den Anschaffungskosten des Grund und Bodens (ggf. den nachträglichen Anschaffungskosten des Grund und Bodens bei zeitlich verzögertem Abbruch nach dem Erwerb).

> **BEISPIEL:** Ein Steuerpflichtiger reißt ein Wohnhaus ab, ohne dass ein neues Gebäude (oder ein anderes Wirtschaftsgut) hergestellt wird.

Eine solche steuerliche Behandlung ist also angezeigt, wenn das Ziel des Steuerpflichtigen beim Erwerb ausschließlich im Erwerb des Grund und Bodens liegt.

893 2. **Das Gebäude war beim Abbruch objektiv wertlos;** es war technisch und wirtschaftlich verbraucht. Wird in solchen Fällen in engem wirtschaftlichen Zusammenhang mit dem Abbruch ein neues Wirtschaftsgut hergestellt,
– gehört der Gebäuderestwert des abgerissenen Gebäudes zu den Anschaffungskosten des Grund und Bodens,
– gehören die Abbruchkosten zu den Herstellungskosten des neu erstellten Wirtschaftsguts.

Wird kein neues Wirtschaftsgut im Zusammenhang mit dem Abbruch hergestellt, sind sowohl der Gebäuderestwert als auch die Abbruchkosten als Teil der Anschaffungskosten des Grund und Bodens zu erfassen.

894 Ob ein Gebäude in Abbruchabsicht erworben wurde, ist häufig nicht leicht zu entscheiden. Nach H 6.4 EStH spricht der Beweis des ersten Anscheins für einen **Erwerb in Abbruchabsicht, wenn mit dem Abbruch innerhalb von 3 Jahren** nach dem Erwerb begonnen wurde.

Der Steuerpflichtige kann diesen Anscheinsbeweis durch den Gegenbeweis entkräften, z. B. dadurch, dass es zu dem Abbruch erst aufgrund eines ungewöhnlichen Geschehensablaufs gekommen ist. Damit ist nicht ausgeschlossen, dass in besonders gelagerten Fällen, z. B. bei großen Arrondierungskäufen, auch bei einem Zeitraum von mehr als drei Jahren zwischen Erwerb und Beginn des Abbruchs der Beweis des ersten Anscheins für einen Erwerb in Abbruchabsicht spricht.

Für den Beginn der Dreijahresfrist ist in der Regel der Abschluss des **obligatorischen Rechtsgeschäfts** maßgebend.

895 Bei der Ermittlung des Gebäuderestwerts auf den Zeitpunkt des Abbruchs muss beachtet werden, dass die AfA sich bis zum Abbruch in der Regel nach § 7 Abs. 4 EStG bemisst. Die **Nutzungsdauer** wegen des beabsichtigten Abbruchs zu **verkürzen, ist nicht zulässig.**

Die Erlöse aus dem Verkauf von Abbruchmaterial mindern die Abbruchkosten, wenn die Abbruchkosten als Betriebsausgaben abzugsfähig sind. Gehören die Abbruchkosten zu den Herstellungskosten, werden die Herstellungskosten um den Erlös gekürzt.

896 Plant ein Steuerpflichtiger den Abbruch eines zum Privatvermögen gehörenden Gebäudes und die Errichtung eines zum Betriebsvermögen gehörenden Gebäudes, erfolgt damit **eine Einlage mit Abbruchabsicht.** In solchen Fällen gehören der Wert des abgebrochenen Gebäudes und die Abbruchkosten zu den Herstellungskosten des neu zu

errichtenden Gebäudes. Der Einlagewert des Gebäudes ist nicht schon deshalb mit 0 € anzusetzen, weil der Abbruch beabsichtigt ist. Bei der Ermittlung des Teilwerts des Gebäudes (bei der Einlage) ist vielmehr die Abbruchabsicht nicht zu berücksichtigen.

BEISPIEL: Gewerbetreibender A stockte sein Verwaltungsgebäude um ein Geschoss auf. Der Bauantrag wurde am 1.4.08 gestellt. Das neue Geschoss wurde ab 1.8.14 an einen Arbeitnehmer des Betriebs aus betrieblichen Gründen zu Wohnzwecken vermietet.

Die Aufstockung wurde von einem Bauunternehmer zu einem Festpreis von 500 000 € + 95 000 € USt durchgeführt und Ende 7/14 abgeschlossen. Dabei musste der vorhandene Dachstuhl, der mit 60 000 € = 15 % in den ursprünglichen Herstellungskosten enthalten war, abgerissen und durch einen neuen Dachstuhl, der im Festpreis mit 50 000 € (netto) enthalten ist, ersetzt werden. Die Abbruchkosten beliefen sich auf 20 000 € (netto). Sie sind ebenfalls im Festpreis enthalten.

Das Gebäude wird ab Fertigstellung am 1.8.14 wie folgt genutzt:

▶ 60 % für Verwaltung des Gewerbebetriebs,

▶ 40 % für Wohnzwecke Arbeitnehmer.

Es haben betragen:

▶ die ursprünglichen Herstellungskosten des Gebäudes in 1/00 = 400 000 €,

▶ zutreffender jährlicher AfA-Satz 2 %.

Buchwert 31.12.13 = 288 000 €.

Die Nutzungsdauer des Gebäudes beträgt nach Fertigstellung am 1.8.14 noch 60 Jahre.

Rechnungen mit gesondertem Ausweis der USt liegen vor.

Die Buchwerte in den Steuerbilanzen zum 31.12.14 und zum 31.12.15 sind zu ermitteln.

LÖSUNG: Der Bilanzposten Gebäude entwickelt sich wie folgt:

▶ Das gesamte Gebäude gehört zum notwendigen Betriebsvermögen.

▶ Der Abbruch des Dachstuhls ist handelsrechtlich eine außerplanmäßige Abschreibung (§ 253 Abs. 2 HGB) und steuerrechtlich eine AfA (§ 7 Abs. 4 EStG).

▶ Dabei wird die Höhe der AfA für das Jahr 14 nicht von der außergewöhnlichen AfA beeinflusst; die AfaA mindert erst die AfA-Bemessungsgrundlage ab dem Jahr 15 (§ 11c Abs. 2 EStDV).

▶ Die Aufstockungsarbeiten stellen nachträgliche Herstellungskosten dar, die so behandelt werden, als wären sie zu Beginn des Jahres angefallen (R 7.4 Abs. 9 Satz 3 EStR).

▶ Die entstandenen Abbruchkosten sind sofort abzugsfähige Betriebsausgaben.

▶ Die gesondert in Rechnung gestellte USt ist als Vorsteuer nicht abziehbar, soweit die bezogenen Leistungen für steuerfreie Umsätze verwendet werden (§ 15 Abs. 2 UStG). Sie gehört dann zu den Herstellungskosten bzw. stellt Betriebsausgaben dar.

▶ Die handelsrechtlich planmäßige Abschreibung ist mit 1,67 % (= 60 Jahre) für 5 Monate anzusetzen.

▶ Die steuerliche AfA ist mit 2 % im Jahr der Fertigstellung berücksichtigt worden (§ 7 Abs. 4 Nr. 2a EStG), da das neue Geschoss einen neuen Wohnteil entstehen lässt (H 7.4 „Neubau" EStH).

Diese steuerrechtlichen Abschreibungen können handelsrechtlich nicht als außerplanmäßige Abschreibungen berücksichtigt werden.

Entwicklung des Bilanzpostens in der Steuerbilanz:

Betrieblicher Teil:

Buchwert 31. 12. 13		288 000 €
+ 60 % von 50 000 € (ant. Kosten für Dachstuhl)		30 000 €
		318 000 €
./. AfA 2 % von (400 000 € + 30 000 €)		8 600 €
		309 400 €
./. AfaA (15 % von 288 000 €)		43 200 €
Buchwert 31. 12. 14		266 200 €
AfA 2 % von (400 000 € + 30 000 € ./. 43 200 €)		7 736 €
Buchwert 31. 12. 15		258 464 €

Wohnteil:

Aufstockung (lt. Festpreis)		500 000 €
./. Abbruchkosten	20 000 €	
Dachstuhl	50 000 €	70 000 €
Kosten für die Aufstockung		430 000 €
+ Anteil Dachstuhl		20 000 €
+ nicht abz. VoSt (s. u.)		85 500 €
		535 500 €
handelsrechtlich mögliche AfA 1,67 % f. 5 Monate = 3 727 €, steuerlich gem. § 7 Abs. 4 Nr. 2a EStG 2 % von 535 500 €		10 710 €
Buchwert 31. 12. 14		524 790 €
./. AfA 2 % von 535 000 €		10 710 €
Buchwert 31. 12. 15		514 080 €

Buchwert Gebäude 31. 12. 14:

betriebl. Teil	266 200 €
Wohnteil	524 790 €
	790 990 €

Buchwert Gebäude 31. 12. 15:

betriebl. Teil	258 464 €
Wohnteil	514 080 €
	772 544 €

Berechnung der nicht abzugsfähigen Vorsteuer:

Aufstockung	500 000 €
./. Gesamtkosten für neuen Dachstuhl	50 000 €
./. Abbruchkosten	20 000 €
+ anteilige Kosten für den Dachstuhl 40 %	20 000 €
	450 000 €
USt = VoSt als Herstellungskosten (19 % von 450 000 €)	85 500 €

(Die Abbruchkosten entfallen zu 40 % auf den Wohnteil 20 000 € × 40 % = 8 000 € netto. Die darauf entfallende USt i. H.v. 1 520 € ist sofort als Betriebsausgabe abzugsfähig.)

6.4.3 Teilwert

6.4.3.1 Begriff des Teilwerts

Der Teilwert ist ein rein steuerlicher Begriff. Neben den Anschaffungs- und den Herstellungskosten ist der **Teilwert** der dritte mögliche Bewertungsmaßstab **für die Steuerbilanz**. Er kann bei der Bewertung von Anlage- und Umlaufvermögen in der Regel nur dann angesetzt werden, wenn er **niedriger** als die (fortgeführten) Anschaffungs- oder Herstellungskosten ist.

Die gesetzliche Definition des Teilwerts ergibt sich aus § 6 Abs. 1 Nr. 1 Satz 3 EStG:

▶ Teilwert ist der Betrag, den ein Erwerber des ganzen Betriebs im Rahmen des Gesamtkaufpreises für das einzelne Wirtschaftsgut ansetzen würde; dabei ist davon auszugehen, dass der Erwerber den Betrieb fortführt.

Der Teilwert entspricht in der Regel den Wiederbeschaffungskosten.

Der Teilwert ist grundsätzlich nach den in R 6.7 ff. EStR und den EStH enthaltenen Anweisungen zu ermitteln. Im BMF-Schreiben vom 16.7.2014 (BStBl 2014 I 1162) in Rz. 4 ist klargestellt, dass die Nachweispflicht für den niedrigeren Teilwert beim Steuerpflichtigen liegt.

6.4.3.2 Abgrenzung zum „Gemeinen Wert"

Häufig ist es schwierig, die Unterschiede zwischen „Teilwert" und „Gemeinem Wert" zu erfassen. Deshalb soll die Klarstellung hier mit Hilfe eines Beispiels erfolgen.

BEISPIEL: ▶ Ein Steuerpflichtiger will sein Unternehmen verkaufen. Zu seinem Unternehmen gehört auch ein unbebautes, als Lagerplatz genutztes Grundstück, das nach den am Ort üblichen Preisen für unbebaute Grundstücke einen Wert von 200 000 € hat. Wegen der außergewöhnlich günstigen Lage des Grundstücks – der Lagerplatz liegt nahe an den Produktionsanlagen – ist ein Erwerber des gesamten Betriebs bereit, für das Grundstück 250 000 € zu zahlen.

Im vorliegenden Fall beträgt der „Gemeine Wert" 200 000 €. Er stellt den **Einzelveräußerungspreis** von Wirtschaftsgütern dar. Die besondere Verbindung des Grundstücks zum Betrieb bleibt hierbei ohne Beachtung.

Ganz anders ist es beim Teilwert. Hier soll gerade der Wert erfasst werden, den ein Erwerber für ein bestimmtes Wirtschaftsgut zu zahlen bereit ist, und zwar unter Berücksichtigung der Rolle, die dieses Wirtschaftsgut in der Wirtschaftseinheit „Betrieb" spielt. Im Beispielsfall würde sich der Teilwert wie folgt ermitteln:

vom Erwerber des gesamten Betriebs angebotener Kaufpreis	250 000 €
+ Erwerbsnebenkosten, wie z. B. Grunderwerbsteuer	5 000 €
Notarkosten, Gerichtskosten etc.	5 000 €
Teilwert	260 000 €

Das heißt also: 260 000 € müsste der gedachte Erwerber aufwenden, um das Grundstück im Rahmen des Erwerbs des gesamten Betriebs in seine Verfügungsgewalt zu bekommen.

Auf eine Besonderheit soll noch hingewiesen werden: Die **Umsatzsteuer** ist Teil des Einzelveräußerungspreises und damit auch Teil des „gemeinen Werts". Ist der Unternehmer zum Vorsteuerabzug berechtigt, muss er wirtschaftlich die an den Veräußerer zu zahlende Umsatzsteuer nicht tragen; er holt sie sich ja vom Finanzamt zurück.

Schematisch lässt sich der Unterschied zwischen „Gemeinem Wert" und Teilwert wie folgt darstellen:

900 **ABB. 23:** Unterschied Teilwert – gemeiner Wert

Gemeiner Wert			
Einzelveräußerungspreis			
Abziehbare Vorsteuer	Nettopreis		
	Nettopreis bei Erwerb eines einzelnen Wirtschaftsgutes	Mehrwert, der sich aus der besonderen Verwendbarkeit des Wirtschaftsgutes im Betrieb ergibt	Erwerbsnebenkosten
	Teilwert		

6.4.3.3 Ermittlung des Teilwerts

901 Der Teilwert lässt sich nur im Wege der **Schätzung** ermitteln. Dabei ist vom **Gesamtkaufpreis des Unternehmens** auszugehen. Da auch hier der Grundsatz der Einzelbewertung gilt, ist für jedes Wirtschaftsgut ein eigener Teilwert zu ermitteln.

Eine Ermittlung des Teilwerts für ein einzelnes Wirtschaftsgut ist für den Betriebsinhaber praktisch nicht durchführbar, da in der Regel weder der Gesamtkaufpreis für das Unternehmen bekannt ist noch eine Aufteilung eines Gesamtkaufpreises auf die einzelnen Wirtschaftgüter einschließlich des Firmenwerts problemlos möglich ist.

Bei der Ermittlung des Teilwerts ist davon auszugehen, dass der Teilwert eines Wirtschaftsguts nicht höher als seine gewöhnlichen Wiederbeschaffungskosten und nicht niedriger als sein Einzelveräußerungspreis sein kann.

6.4.3.3.1 Wiederbeschaffungskosten als obere Grenze für die Teilwertermittlung

902 Die Wiederbeschaffungskosten für ein Wirtschaftsgut umfassen alle Kosten, die bei der Wiederbeschaffung aufzuwenden wären, und damit die bis zum Bilanzstichtag (oder ggf. bis zum Entnahme-/Einlagezeitpunkt) anfallenden **Selbstkosten** (vgl. Rdn. 864 ff.). Somit ermitteln sich die Wiederbeschaffungskosten in der Regel wie folgt:

▶ **bei angeschafften Wirtschaftsgütern:**

Anschaffungskosten für ein gleichartiges Wirtschaftsgut

- **bei selbsthergestellten Wirtschaftsgütern:**

  Wiederherstellungskosten

  + nicht im Rahmen der Herstellungskostenermittlung erfasste Fertigungs- und Verwaltungsgemeinkosten

  + Vertriebskosten

  = Selbstkosten, die bis zum Stichtag anfallen

- Die Wiederbeschaffungskosten eines **gebrauchten Wirtschaftsguts** errechnen sich wie folgt: 903

  Wiederbeschaffungskosten eines neuen, gleichartigen Wirtschaftsguts

  ./. AfA für die bisherige Nutzungszeit des Wirtschaftsguts, wobei die AfA sich nach den Wiederbeschaffungskosten des neuen baugleichen Wirtschaftsguts bemisst

  = Wiederbeschaffungskosten des gebrauchten Wirtschaftsguts

Soweit die **Umsatzsteuer abziehbar ist**, braucht sie vom Erwerber nicht aufgewandt zu werden und gehört deshalb **nicht zu den Wiederbeschaffungskosten.** 904

Erwerbsnebenkosten sind insoweit auch in die Ermittlung der Wiederbeschaffungskosten einzubeziehen, soweit sie beim Erwerber des Wirtschaftsguts ebenfalls anfallen würden. In welcher Höhe Erwerbsnebenkosten anfallen, lässt sich nur für den Einzelfall beantworten, da keine allgemein gültige Aussage über die Höhe von Nebenkosten gemacht werden kann.

Als Teilwert kommen die Wiederbeschaffungskosten in der Regel für die Wirtschaftsgüter in Betracht, die im Betrieb regelmäßig Verwendung finden.

6.4.3.3.2 Einzelveräußerungspreis als untere Grenze für die Teilwertermittlung

Für im Betrieb nicht oder wenig genutzte Güter kommt als Teilwert der Nettoveräußerungspreis (ohne USt), vermindert um die Veräußerungskosten in Betracht. Dabei ist davon auszugehen, dass an einen Erwerber veräußert wird, der auf derselben Marktstufe steht. 905

6.4.3.3.3 Teilwertvermutungen

Folgende **Teilwertvermutungen** werden von den Finanzbehörden in der Regel bei der Teilwertermittlung zu Grunde gelegt, es sei denn, diese Teilwertvermutungen würden vom Betriebsinhaber widerlegt: 906

- Im Zeitpunkt der Anschaffung oder Herstellung eines Wirtschaftsguts ist der Teilwert gleich den Anschaffungs- oder Herstellungskosten. Dies gilt auch für den Teilwert einer Beteiligung. Gleiches gilt auch für Zeitpunkte kurz nach dem Erwerb.
- Die im vorangehenden Satz genannte Vermutung gilt für nicht abnutzbare Wirtschaftsgüter des Anlagevermögens und für das Umlaufvermögen auch für spätere Bilanzstichtage. Ändern sich die Beschaffungspreise, ist in diesen Fällen der Teilwert gleich den Wiederbeschaffungs- bzw. den Wiederherstellungskosten.

- Bei **abnutzbarem Anlagevermögen** ist an späteren Bilanzstichtagen der Teilwert gleich den um die AfA (Normal-AfA ohne Sonderabschreibungen) verminderten Anschaffungs- oder Herstellungskosten.

  Bei geänderten Wiederbeschaffungs- oder Wiederherstellungskosten werden diese vermindert um die Abschreibungen als Teilwert angesehen.

907 Will ein Betriebsinhaber diese **Teilwertvermutungen widerlegen,** muss er nachweisen, dass der betreffende Teilwert eines seiner Wirtschaftsgüter tatsächlich niedriger ist. Dies kann in der Regel nicht mit dem Hinweis darauf geschehen, dass der Einzelveräußerungspreis geringer sei als der vermutete Teilwert. Dem ist regelmäßig entgegenzuhalten, dass ein Kaufmann für ein Wirtschaftsgut keine größeren Aufwendungen tätigt, als ihm das Gut für seinen Betrieb wert ist, und somit der Teilwert höher ist als der Einzelveräußerungspreis.

908 **Teilwertvermutungen** können u. a. durch folgende Tatsachen **widerlegt** werden:
- Nachweis einer **Fehlmaßnahme** (z. B. ein als Lagerplatz erworbenes Grundstück ist zur Lagerung der im Betrieb hergestellten Produkte ungeeignet). Dann wird als Teilwert der Wert angesetzt, den der Erwerber bei sinnvollem Verhalten aufgewandt hätte.
- Bekannt werden **verborgener Mängel**.
- **Preisverfall** auf den Märkten für bestimmte Wirtschaftsgüter.
- Nachweis, dass die Ertragslage des Betriebs langfristig schlecht ist, und
  – dass der Betrieb stillgelegt/liquidiert werden soll

  oder

  – dass die schlechte Ertragssituation auf technischen oder strukturellen Überalterungen beruht.

6.4.4 Gemeiner Wert

6.4.4.1 Bedeutung des Begriffs im Bilanzsteuerrecht

909 Während der Gemeine Wert einer der wichtigsten Wertbegriffe im Bewertungsrecht ist, spielt er im Bilanzsteuerrecht eine untergeordnete Rolle. In folgenden Fällen kommt der **Gemeine Wert als Bewertungsmaßstab in Betracht:**
- Bei einer Betriebsaufgabe sind die nicht veräußerten Wirtschaftsgüter mit dem Gemeinen Wert im Zeitpunkt der Betriebsaufgabe anzusetzen (§ 16 Abs. 3 EStG).
- Bei der unentgeltlichen Übertragung eines Wirtschaftsguts von einem Betriebsvermögen in ein anderes Betriebsvermögen ist als fiktiver Anschaffungspreis der Gemeine Wert anzusetzen (§ 6 Abs. 4 EStG; vgl. Ausführungen unter Rdn. 857).
- Werden Wirtschaftsgüter im Tausch erworben, ergeben sich die Anschaffungskosten des erworbenen Wirtschaftsguts aus dem Gemeinen Wert des hierfür hingegebenen Gegenstands (§ 6 Abs. 6 EStG), siehe die Ausführungen unter Rdn. 850.
- Bei Umwandlungen nach dem UmwStG ist der gemeine Wert maßgebend.

- Im Zusammenhang mit der Einführung eines allgemeinen Entstrickungstatbestandes nach § 4 Abs. 1 Satz 7 EStG ist nach § 6 Abs. 1 Nr. 5a EStG ebenfalls der gemeine Wert als Bewertungsmaßstab von Bedeutung.

6.4.4.2 Begriff und Ermittlung

Eine Begriffsdefinition findet sich im Einkommensteuergesetz nicht, sie ist vielmehr dem **BewG** zu entnehmen: In § 9 Abs. 2 BewG heißt es:

910

„Der gemeine Wert wird durch den Preis bestimmt, der im gewöhnlichen Geschäftsverkehr nach der Beschaffenheit des Wirtschaftsgutes bei einer Veräußerung zu erzielen wäre. Dabei sind alle Umstände, die den Preis beeinflussen, zu berücksichtigen. Ungewöhnliche oder persönliche Verhältnisse sind nicht zu berücksichtigen."

Unter gewöhnlichem Geschäftsverkehr versteht man den Handel **am freien Markt,** bei dem sich die **Preise nach Angebot und Nachfrage** bestimmen. Nicht am freien Markt getätigt sind Verkäufe in einer Not- oder Zwangslage oder Verkäufe, die im Wege von Versteigerungen abgewickelt werden. Als preisbeeinflussende Umstände kommen insbesondere in Betracht: der Erhaltungszustand, der Grad der Verwendbarkeit, bei Grundstücken Lage, Zuschnitt, Erschließung und Alter sowie Zustand der aufstehenden Gebäude.

Bei dem Gemeinen Wert handelt es sich damit um den Wert, den das **Wirtschaftsgut aus objektiver Sicht** für jeden Betrachter hat; dabei sind Zufälligkeiten, mit denen im normalen Geschäftsverkehr nicht gerechnet wird, außer Acht zu lassen. Anders ausgedrückt, ist der Gemeine Wert der Preis, der üblicherweise auf dem freien Markt erzielbar ist.

911

Zu den Abgrenzungen zwischen gemeinem Wert und Teilwert vgl. Rdn. 900.

6.4.5 Sonstige handelsrechtliche Bewertungsmaßstäbe

So wie im Steuerrecht mit Hilfe des Teilwerts ein niedrigerer Wertansatz in der Steuerbilanz möglich bzw. verpflichtend wird, gibt es entsprechende Möglichkeiten auch im Handelsrecht:

912

- Nach § 253 Abs. 3 Satz 3 HGB sind Vermögensgegenstände des Anlagevermögens bei voraussichtlich dauernder Wertminderung mit dem niedrigeren Wert anzusetzen, der ihnen am Bilanzstichtag beizulegen ist.
- Bei Finanzanlagen kann der niedrigere Wert auch dann angesetzt werden, wenn die Wertminderung voraussichtlich nicht von Dauer ist (§ 253 Abs. 3 Satz 4 HGB).
- Nach § 253 Abs. 4 HGB müssen Vermögensgegenstände des Umlaufvermögens mit einem niedrigeren Wert angesetzt werden, wenn am Abschlussstichtag
- entweder ein niedrigerer Wert existiert, der sich aus dem Börsen- oder Marktpreis ergibt
- oder, falls ein solcher nicht feststellbar ist, ein niedrigerer Zeitwert existiert.

Im Folgenden wird nun kurz auf die hier genannten Bewertungsmaßstäbe eingegangen.

6.4.5.1 Börsenpreis im Vergleich zum Teilwert

913 Unter Börsenpreis ist der an einer **anerkannten Börse amtlich oder im Freiverkehr festgestellte Preis zu verstehen**. Dabei kann es sich um eine Produkten- oder Wertpapierbörse handeln, deren gemeinsames Merkmal der organisierte Handel mit vertretbaren Sachen (z. B. Edelmetallen und Rohstoffen) oder Wertpapieren ist.

Ertragsteuerlich entspricht dieser Börsenpreis dem Teilwert, wenn Wirtschaftsgüter zu diesem Börsenpreis erworben werden können. Sind jedoch zusätzlich zum Börsenpreis üblicherweise noch Nebenkosten (u. a. Maklergebühren) zu entrichten, sind die Wiederbeschaffungskosten um diese Nebenkosten höher als der Börsenpreis.

> **BEISPIEL:** Im Mai 01 hat ein Betriebsinhaber Wertpapiere zum Preis von 100 000 € erworben. An Bankgebühren sind 750 € zu entrichten, die Anschaffungskosten betrugen 100 750 €.
>
> Am 31.12.01 beträgt der Börsenwert noch 90 000 €.
>
> Der Teilwert beträgt nun:
>
> | | |
> |---|---:|
> | Anschaffungspreis | 90 000 € |
> | + Erwerbsnebenkosten, die ein Erwerber bei diesem Börsenpreis hätte aufwenden müssen, 90 % von 750 € | 675 € |
> | Teilwert | 90 675 € |

Dieser Wert stellt in der Regel auch den handelsrechtlichen Bewertungsmaßstab dar; im Gesetz ist hier nämlich von *„einem niedrigeren Wert ..., der sich aus einem Börsenpreis ... am Abschlusstag ergibt"*, die Rede.

6.4.5.2 Marktpreis im Vergleich zum Teilwert

914 Marktpreis ist der **Durchschnittspreis**, der für Waren einer bestimmten Gattung von durchschnittlicher Art und Güte zu einem bestimmten Zeitpunkt (hier: am Bilanzstichtag) an einem Handelsplatz gezahlt wird. Handelsplatz ist hierbei ein Ort, an dem Waren dieser Gattung regelmäßig umgesetzt werden.

Können Wirtschaftsgüter vergleichbarer Art und Güte am Markt tatsächlich erworben werden, entspricht der Marktpreis in der Regel den Wiederbeschaffungskosten, die bei im Betrieb regelmäßig verwendeten Wirtschaftsgütern dem Teilwert entsprechen.

6.4.5.3 Zeitwert im Verhältnis zum Teilwert

915 Der Zeitwert ist im Wortlaut des HGB nicht als solcher bezeichnet, das HGB spricht vielmehr von einem Wert, der Vermögensgegenständen beizulegen ist. Dies entspricht jedoch der Definition des Begriffs Zeitwert. Der Zeitwert ist der Wert, mit dem ein Vermögensgegenstand an einem bestimmten Stichtag zu beziffern ist. Bei dem Zeitwert handelt es sich um die **Wiederbeschaffungskosten**, wenn für die Bewertung der Beschaffungsmarkt maßgeblich ist (Roh-, Hilfs- und Betriebsstoffe betreffend), und um den **Verkaufswert** abzüglich der noch anfallenden absatzbedingten Aufwendungen, wenn sich die Bewertung nach dem Absatzmarkt richtet (Fertigerzeugnisse, unfertige Erzeugnisse, Handelswaren betreffend). Zutreffenderweise spricht man in diesen Fällen von der sog. verlustfreien Bewertung.

Da unter Zugrundelegung der zweiten Zeitwertdefinition der Gewinnaufschlag nicht vom voraussichtlichen Erlös abgezogen wird, ist der **Teilwert in der Regel niedriger als der Zeitwert;** denn wird der Teilwert auf der Grundlage von Veräußerungserlösen ermittelt, sind diese Erlöse neben den Veräußerungskosten auch um die durchschnittliche Gewinnspanne zu mindern; sonst würden im Ergebnis nicht realisierte Gewinne ausgewiesen werden.

916

6.4.6 Übersicht über die Bewertungsmaßstäbe

Die folgende Abbildung 24 soll einen Gesamtüberblick über die Bewertungsmaßstäbe geben.

917

| ABB. 24: | Bewertungsmaßstäbe für HB und StB |

Das Betriebsvermögen besteht regelmäßig weitgehend aus Sachwerten. Für die **Umrechnung der Sachwerte in Geldwerte (= Bewertung!)** sind **Maßstäbe** erforderlich. Die Bewertungsmaßstäbe des Handelsrechts ergeben sich aus § 255 HGB, die Bewertungsmaßstäbe für die Steuerbilanz ergeben sich aus § 6 EStG.

Bewertungsmaßstäbe für die Handelsbilanz
(soweit sie auch für die Steuerbilanz von Bedeutung sind)

I. Anschaffungskosten (AK) bzw. Herstellungskosten (HK)

Anschaffungskosten sind die Aufwendungen, die geleistet werden, um einen Vermögensgegenstand zu erwerben und ihn in einen betriebsbereiten Zustand zu versetzen, soweit sie einzeln zugeordnet werden können.

Herstellungskosten sind die Aufwendungen, die durch den Verbrauch von Gütern und die Inanspruchnahme von Diensten für die Herstellung eines Vermögensgegenstandes, seine Erweiterung oder für eine über seinen ursprünglichen Zustand hinausgehende wesentliche Verbesserung entstehen. Dazu gehören die Einzelkosten. Gemeinkosten dürfen einbezogen werden (§ 255 Abs. 2 und 3 HGB).

Durch das BilMoG ist die handelsrechtliche Wertuntergrenze an die steuerrechtliche angeglichen worden. Nach § 255 Abs. 2 und 3 HGB müssen angemessene Teile der der Materialgemeinkosten, der Fertigungsgemeinkosten und der Werteverzehr des Anlagevermögens – soweit durch die Fertigung veranlasst – als Herstellungskosten erfasst werden. Hinsichtlich weiterer Gemeinkosten bestehen zzt. Wahlrechte.[1]

II. Wert, der sich aus dem Börsen- oder Marktpreis ergibt (§ 253 Abs. 4)

III. Zeitwert
Ist ein Börsen- oder Marktpreis nicht vorhanden, so erlangt der **Zeitwert** Bedeutung. Der Zeitwert (= Wert, der dem WG am Bilanzstichtag beizulegen ist) entspricht dem Marktpreis:
▶ Wiederbeschaffungskosten oder
▶ voraussichtlich erzielbarer Verkaufspreis abzüglich noch entstehender Kosten.

Bewertungsmaßstäbe für die Steuerbilanz
Die für die Steuerbilanz maßgebenden Bewertungsmaßstäbe ergeben sich aus § 6 EStG; es sind die **Anschaffungskosten**, die **Herstellungskosten** und der **Teilwert**.

Anschaffungskosten

I. Begriff
Der Begriff der Anschaffungskosten deckt sich im Wesentlichen mit dem handelsrechtlichen Begriff (R 6.2 EStR).
Zu den Anschaffungskosten gehört auch die nach § 15 Abs. 2 UStG nicht abziehbare Vorsteuer (§ 9b EStG).

II. Keine Anschaffungskosten
Alle Aufwendungen, die nicht unmittelbar durch den Erwerbsvorgang als solchen anfallen, sind keine AK.

1. Finanzierungskosten
Finanzierungskosten (Zinsen, Damnum, Wechselspesen, -diskont) fallen unmittelbar durch die Geldbeschaffung an.

2. Eigene Gemeinkosten
Eigene Gemeinkosten des Beschaffungsbereichs sind keine AK (z. B. Transportkosten).

3. Umsatzsteuer
Die Vorsteuer ist wegen der Abziehbarkeit nach § 15 Abs. 1 UStG (= Vorsteuerabzug) wirtschaftlich ein durchlaufender Posten und gehört daher grundsätzlich nicht zu den AK.

III. Minderung der Anschaffungskosten
AK sind nur **tatsächlich geleistete** Beträge. Zahlungsabzüge mindern daher die AK: Skonti, Boni, Rabatte.

IV. Fiktive Anschaffungskosten
In einigen Fällen liegen AK nicht vor bzw. es ist kraft Gesetzes von einem anderen Betrag auszugehen:

1. Teilwert im Falle der Einlagen nach § 6 Abs. 1 Nr. 5 EStG, bei Betriebseröffnung nach § 6 Abs. 1 Nr. 6 EStG oder bei entgeltlichem Betriebserwerb nach § 6 Abs. 1 Nr. 7 EStG;

2. **gemeiner Wert** bei unentgeltlicher Übertragung nach § 6 Abs. 4 EStG bzw. nach § 6 Abs. 1 Nr. 5a EStG.

Bewertungsmaßstäbe für die StB

Herstellungskosten

I. Begriff
Der Begriff der Herstellungskosten deckt sich im Wesentlichen mit dem handelsrechtlichen Begriff (R 6.3 EStR).
Der Unterschied besteht (vor Inkrafttreten des BilMoG) in der Erfassung der Gemeinkosten.
Zu den HK gehören:

1. Einzelkosten
Einzelkosten sind alle dem einzelnen Erzeugnis unmittelbar zurechenbaren Aufwendungen; diese setzen sich wie folgt zusammen:
a) Materialeinzelkosten (= AK der Rohstoffe),
b) Fertigungseinzelkosten (Bruttolöhne),
c) Sondereinzelkosten.

2. Gemeinkosten
Gemeinkosten sind alle Aufwendungen, die durch die Fertigung anfallen, aber dem einzelnen Erzeugnis nicht unmittelbar zugerechnet werden können; hierzu gehören:
a) Materialgemeinkosten (materialabhängig);
b) Fertigungsgemeinkosten (lohnbezogen);
c) Sondergemeinkosten;
d) Verwaltungskosten; nach R 6.3 Abs. 4 jedoch kein Aktivierungszwang für die allgemeinen Verwaltungskosten;
e) Wertverzehr des der Fertigung dienenden Anlagevermögens (R 6.3 Abs. 3);
f) Kosten der betrieblichen Altersvorsorge und freiwillige soziale Zuwendungen; nach R 6.3 Abs. 4 EStR besteht jedoch kein Aktivierungszwang;
g) Die Gewerbesteuer gehört nicht zu den steuerlich abziehbaren Betriebsausgaben und damit auch nicht zu den Herstellungskosten (R 6 Abs. 5).

Teilwert

I. Begriff
Teilwert ist der Betrag, den ein Erwerber des ganzen Betriebs im Rahmen des Gesamtkaufpreises für das einzelne WG aufwenden würde, wobei davon auszugehen ist, dass der Erwerber den Betrieb fortführen würde (§ 6 Abs. 1 EStG).

II. Teilwertermittlung
Der **Teilwert** kann regelmäßig nur im Wege der Schätzung ermittelt werden.

1. Grenz-, Hilfs- und Näherungswerte
a) Oberste Grenze für den Teilwert eines WG sind dessen Wiederbeschaffungskosten am Bewertungsstichtag.
b) Unterste Grenze für den Teilwert eines WG ist dessen Einzelveräußerungspreis (= gemeiner Wert) am Bewertungsstichtag.
c) Im Zeitpunkt der Anschaffung oder Herstellung eines WG ist dessen Teilwert regelmäßig gleich den AK bzw. HK.

2. Teilwertvermutungen bei Anlagegütern
a) Teilwert gebrauchter Anlagegüter
Der Teilwert älterer Anlagegüter ergibt sich daher regelmäßig aus den Wiederbeschaffungskosten vom Bewertungsstichtag abzüglich AfA für die bisherige Nutzung.
b) Teilwert technisch überholter Anlagegüter
Die Teilwertminderung ergibt sich dabei regelmäßig aus der möglichen Kosteneinsparung durch ein neues WG gegenüber dem vorhanden WG.

3. Teilwertvermutungen bei Umlaufgütern
a) Regelvermutung: Bei Umlaufgütern entspricht der Teilwert regelmäßig den Wiederbeschaffungskosten gleicher WG.
b) Teilwert bei sinkenden Verkaufspreisen: Bei konstanten Wiederbeschaffungskosten kann sich eine Teilwertminderung aus den gesunkenen erzielbaren Verkaufspreisen ergeben.

Die steuerrechtlichen Wahlrechte werden mit Verabschiedung der EStR 2012 abgeschafft werden.

6.5 Bewertung des Anlagevermögens
6.5.1 Begriff

918 Beim Anlagevermögen sind nur die Gegenstände auszuweisen, die bestimmt sind, **dauernd dem Geschäftsbetrieb zu dienen** (§ 247 Abs. 2 HGB). Diese Güter werden im Betrieb gebraucht und nicht verbraucht bzw. veräußert. Für die Zuordnung entscheidend ist damit die Zweckbestimmung. Damit sind auch Veränderungen in der Zusammensetzung möglich.

> **BEISPIEL:** Ein Fernsehgerätehändler vermietet im Laufe des Wirtschaftsjahres aus seinem Bestand für die Dauer von zwei Jahren ein Fernsehgerät.
> Aus einem Wirtschaftsgut des Umlaufvermögens wird Anlagevermögen.

Umgekehrt kann ein Wirtschaftsgut, das üblicherweise zum Anlagevermögen gehört, Umlaufvermögen werden, wobei aber allein die Verkaufsabsicht noch nicht zu einer Änderung führt.

Die zutreffende Einordnung der Wirtschaftsgüter hat neben der formellen Bedeutung für die Bilanzgliederung nach § 266 des HGB noch erhebliche materielle Bedeutung für die Inventarisierung und Bewertung.

6.5.2 Einteilung des Anlagevermögens

919 Das **Anlagevermögen** kann eingeteilt werden in:
- materielle und immaterielle Wirtschaftsgüter,
- Sachanlagen, Rechtsanlagen, Finanzanlagen,
- bewegliche und unbewegliche Wirtschaftsgüter,
- zeitlich begrenzt und zeitlich unbegrenzt nutzbare Wirtschaftsgüter (abnutzbare und nicht abnutzbare Wirtschaftsgüter).

Die folgende Abbildung soll die Zusammenhänge verdeutlichen: 920

ABB. 25:	Einteilung des Anlagevermögens			
Einordnung → Nutzungsdauer	▶ materielle WG ▶ Sachanlagen		▶ immaterielle WG	
↓	▶ bewegliche WG	▶ unbewegliche WG	▶ Rechtsanlagen	Finanzanlagen
zeitlich begrenzt (abnutzbare)	▶ Maschinen ▶ Betriebsvorrichtung ▶ Geschäftseinrichtung ▶ Fuhrpark ▶ Werkzeuge ▶ Ein- oder Umbauten des Mieters, die Scheinbestandteile sind	▶ Gebäude ▶ Ein- oder Umbauten des Mieters, die sonstige materielle WG sind	▶ Patente ▶ Lizenzen ▶ Wettbewerbsverbote ▶ Lieferungsrechte ▶ Erbbaurecht ▶ Firmenwert	
zeitlich unbegrenzt (nicht abnutzbar)	▶ Kunstwerke anerkannter Meister	▶ Grund und Boden		▶ Beteiligungen ▶ Wertpapiere, die dem Betrieb dauernd dienen sollen ▶ längerfristige Ausleihungen

Nach § 247 Abs. 2 HGB i. V. m. § 266 Abs. 2 HGB Aktivseite A wird das Anlagevermögen in drei Gruppen eingeteilt 921

▶ immaterielle Vermögensgegenstände,

▶ Sachanlagen,

▶ Finanzanlagen.

6.5.3 Darstellung des Anlagevermögens

Das Anlagevermögen ist in der Bilanz auszuweisen (§ 266 Abs. 2 HGB). Darüber hinaus haben Kapitalgesellschaften (und bestimmte Personengesellschaften) ein sog. Anlagegitter (Anlagespiegel) aufzustellen. Nach § 268 Abs. 2 HGB ist danach in der Bilanz oder im Anhang die Entwicklung der einzelnen Posten des Anlagevermögens darzustellen. Dabei sind, ausgehend von den gesamten Anschaffungs- und Herstellungskosten, die 922

Zugänge, Abgänge, Umbuchungen und Zuschreibungen des Geschäftsjahres sowie die Abschreibungen in ihrer gesamten Höhe gesondert aufzuführen.

Das Anlagegitter kann danach wie folgt aussehen:

Anlagevermögen (Bilanzposten)	Anfangsbestand zu Anschaffungs- oder Herstellungskosten (kumuliert)	Zugänge des Geschäftsjahres zu Anschaffungs- oder Herstellungskosten	Abgänge des Geschäftsjahres	Umbuchungen des Geschäftsjahres	Zuschreibungen des Geschäftsjahres	Abschreibungen kumuliert einschl. Abschreibungen des Geschäftsjahres	Restbuchwert am Abschlussstichtag

923 Außerdem ist nach § 265 Abs. 2 HGB in der Bilanz zu jedem Posten der entsprechende Betrag (Restbuchwert) des vorhergehenden Geschäftsjahres anzugeben. Nach § 268 Abs. 2 HGB sind die Abschreibungen des Geschäftsjahres entweder in der Bilanz bei dem betreffenden Posten zu vermerken oder im Anhang anzugeben.

Für den Ausweis in den einzelnen Spalten gilt:

6.5.3.1 Zugänge

924 Hier sind mengenmäßige Vorgänge, wie Anschaffungen, Selbsterstellung von Anlagen oder Großreparaturen, zu erfassen.

Das gilt auch für den Zugang an geringwertigen Wirtschaftsgütern. Die Vollabschreibung ist dann in der Spalte „Abschreibungen" vorzunehmen.

Auch die Aufstockung eines Festwerts erfolgt über „Zugänge".

6.5.3.2 Umbuchungen

925 Hier werden Umbuchungen innerhalb des Anlagevermögens ausgewiesen, z. B. Fertigstellung von im Bau befindlichen Anlagen, Ausweis von Wertpapieren, wenn sich durch Veränderungen eine mehr als 20%ige Beteiligung ergeben würde.

6.5.3.3 Zuschreibungen

926 Durch Zuschreibungen werden wertmäßige Vorgänge dargestellt, die zu einer Aufstockung von Bilanzansätzen führen würden, wie z. B. Übernahme berichtigter Bilanzansätze aufgrund einer Außenprüfung, erstmalige Aktivierung von bisher als Erhaltungsaufwand behandelten Beträgen, Rückgängigmachen einer außerplanmäßigen Abschreibung bis zur Höhe der Anschaffungskosten.

927 Bei den Zuschreibungen brauchen nur die Beträge des Geschäftsjahres angegeben zu werden, nicht der kumulierte Betrag. Damit auch eine durchgängige Berechnung des Anlagegitters möglich ist, müssen die Zuschreibungen aus Vorjahren mit den kumulierten Abschreibungen verrechnet werden.

6.5.3.4 Abgänge

928 Das sind mengenmäßige Vorgänge, wie insbesondere das Ausscheiden von Wirtschaftsgütern. Sie werden zu ihren ursprünglichen Anschaffungs- oder Herstellungs-

kosten ausgewiesen. Gleichzeitig werden die aufgelaufenen Abschreibungen auf diese Vorgänge aus dem Anlagegitter herausgenommen.

6.5.3.5 Abschreibungen

Hier werden die Wertminderungen in Form von planmäßigen und außerplanmäßigen Abschreibungen festgehalten.

BEISPIEL: GmbH bilanziert zum 31.12.02 unter anderem

Grund und Boden	200 000 €
Gebäude	2 400 000 €
im Bau befindliche Gebäude	300 000 €

Der Ansatz Grund und Boden setzt sich dabei aus folgenden Einzelgrundstücken zusammen:

Grund und Boden I AK	120 000 €
Grund und Boden II niedrigerer Wert	80 000 €

Für den Grund und Boden II betragen die ursprünglichen AK 200 000 €; im Jahr 01 ermittelt sich der Bilanzansatz nach Vornahme einer außerplanmäßigen Abschreibung. Die Gründe hierfür sind im Jahr 03 wieder fortgefallen; die GmbH nimmt deshalb eine entsprechende Zuschreibung vor. Die Herstellungskosten des Gebäudes haben 3 Mio. € betragen. Die jährlichen planmäßigen Abschreibungen sind mit 3 % = 90 000 € zu berücksichtigen.

Das im Bau befindliche Gebäude wird Mitte des Jahres 03 fertig gestellt. Die weiteren Herstellungskosten in 03 betragen 1 Mio. €. Die AfA ist nach § 7 Abs. 4 Nr. 1 EStG mit 3 % anzusetzen.

Die Grundstücke werden in einer Bilanzposition zusammengefasst. Dabei ergibt sich für das Anlagegitter folgende Darstellung:

Anfangsbestand 1.1.03 zu AK/HK = 3 320 000 € (kumuliert)
Zusammensetzung:

Gebäude (alt)	3 000 000 €
GruBo I/II	320 000 €
Zugang 03 (HK Gebäude neu)	1 000 000 €
Umbuchung 03 (im Bau befindliches Gebäude)	300 000 €
Zuschreibung 03 (Wertaufholung GruBo II)	120 000 €
Abschreibungen 03 (kumuliert)	829 500 €
Zusammensetzung	
Gebäude (alt) bis 02	600 000 €
Gebäude (alt) 03	90 000 €
Gebäude (neu) 03 (3 % von (1 000 000 € + 300 000 €) für 6 Monate)	19 500 €
außerplanmäßige Abschreibung in 01	120 000 €
	829 500 €
Endbestand 31.12.03 (Restbuchwert)	3 910 500 €

Fortschreibung der AK/HK 1.1.04:

1.1.03	= 3 320 000 €
Zugang	= 1 300 000 €
1.1.04	= 4 620 000 €
Abschreibungen 03	109 500 €

Darstellung im Anlagegitter (Anlagespiegel)

Bilanzposten	Stand 1.1. AK oder HK	Zugänge	Abgänge	Umbuchungen	Abschreib. kumuliert	Zuschreibungen	Endbest. 31.12.	Endbest. Vorjahr	Abschreib. Geschäftsjahr
GruBo I	120 000	–	–		–	–	120 000	120 000	–
GruBo II	200 000	–	–		120 000	120 000	200 000	80 000	–
Gebäude	3 000 000	1 000 000	–	300 000	709 500	–	3 590 500	2 400 000	109 500
im Bau bef.	300 000	–	–	./. 300 000	–	–	–	300 000	–

6.5.4 Bewertung des Anlagevermögens nach Handelsrecht

6.5.4.1 Allgemeine Bewertungsgrundsätze

930 Die Bewertung der Wirtschaftsgüter richtet sich nach den für alle Kaufleute geltenden §§ 252–256 HGB. Mit Inkrafttreten des BilMoG sind die ergänzenden Bewertungsvorschriften für Kapitalgesellschaften aufgehoben worden.

Als allgemeine Bewertungsgrundsätze enthält § 252 HGB verschiedene **Grundsätze ordnungsmäßiger Buchführung:**

▶ **Grundsatz der formellen Bilanzkontinuität** (Bilanzidentität):

Danach müssen die Wertansätze in der Eröffnungsbilanz des Geschäftsjahres mit denen der Schlussbilanz des vorhergehenden Geschäftsjahres übereinstimmen.

▶ **Going-concern-Prinzip:**

Bei der Bewertung ist von der Fortführung der Unternehmenstätigkeit auszugehen, sofern dem nicht tatsächliche oder rechtliche Gegebenheiten entgegenstehen.

▶ **Grundsatz der Einzelbewertung**

▶ **Grundsatz der Vorsicht:**

Es ist vorsichtig zu bewerten; namentlich sind alle vorhersehbaren Risiken und Verluste, die bis zum Abschlussstichtag entstanden sind, zu berücksichtigen, selbst wenn diese erst zwischen dem Abschlussstichtag und dem Tag der Aufstellung des Jahresabschlusses bekannt geworden sind; Gewinne sind nur zu berücksichtigen, wenn sie am Abschlussstichtag realisiert sind.

▶ **Grundsatz der Periodenabgrenzung:**

Aufwendungen und Erträge sind unabhängig von der Zahlung im Jahr der wirtschaftlichen Verursachung zu erfassen.

▶ **Grundsatz der Bewertungsstetigkeit:**

Die auf den vorhergehenden Jahresabschluss angewandten Bewertungsmethoden sind beizubehalten.

6.5.4.2 Bewertung des abnutzbaren Anlagevermögens

931 Für Wirtschaftsgüter, deren **Nutzung zeitlich begrenzt** ist, gelten folgende Grundsätze:

▶ Ansatz im Zeitpunkt der Anschaffung oder Herstellung mit den Anschaffungs- oder Herstellungskosten;

- zum Abschlussstichtag sind die Anschaffungs- oder Herstellungskosten um **planmäßige Abschreibungen** zu vermindern (§ 253 Abs. 3 Satz 1, 2 HGB).
- Außerplanmäßige Abschreibungen müssen vorgenommen werden, um die Wirtschaftsgüter mit dem niedrigeren Wert anzusetzen, der ihnen am Abschlussstichtag beizulegen ist, wenn die Wertminderung am Abschlussstichtag voraussichtlich **von Dauer** ist (§ 253 Abs. 3 Satz 3 HGB).
- Außerplanmäßige Abschreibungen von Vermögensgegenständen des Anlagevermögens bei nur vorübergehender Wertminderung sind nach § 253 Abs. 3 Satz 4 HGB lediglich bei Finanzanlagen möglich.
- Nach Inkrafttreten des BilMoG können Abschreibungen nicht mehr vorgenommen werden, um die Wirtschaftsgüter mit dem niedrigeren Wert anzusetzen, der auf einer nur steuerrechtlich zulässigen Abschreibung beruht, da § 254 HGB a. F. durch das BilMoG aufgehoben wurde (Wegfall der umgekehrten Maßgeblichkeit).
- Sind die Gründe für eine außerplanmäßige Abschreibung später weggefallen, gilt nach § 253 Abs. 5 HGB ein umfassendes und rechtsformunabhängiges Wertaufholungsgebot bezüglich aller Formen von außerplanmäßigen Abschreibungen.
- Daher müssen Zuschreibungen vorgenommen werden. Der Höchstwert dieser Zuschreibungen ergibt sich aus den ursprünglichen Anschaffungs- oder Herstellungskosten abzüglich planmäßiger Abschreibungen.

Dabei gilt:

Wird eine allgemeine ursprünglich zulässige außerplanmäßige Abschreibung zurückgenommen, dann ergibt sich die Zuschreibung mit entsprechenden Gewinnauswirkungen in Handels- und Steuerbilanz.

Nach § 274 Abs. 1 Satz 1 HGB ist ein Bilanzposten „Passive latente Steuern" unter § 266 Abs. 3 E HGB immer dann zu bilden, wenn eine Differenz zwischen den handelsrechtlichen Wertansätzen der Vermögensgegenstände und Schulden und deren steuerlichen Wertansätzen besteht und diese Differenz sich in späteren Geschäftsjahren voraussichtlich umkehrt.

6.5.4.3 Bewertung des nicht abnutzbaren Anlagevermögens

Für Wirtschaftsgüter, deren Nutzung zeitlich nicht begrenzt ist, gelten bis auf die planmäßigen Abschreibungen dieselben Grundsätze wie beim abnutzbaren Anlagevermögen. Das bedeutet:

- Ansatz im Zeitpunkt der Anschaffung mit den Anschaffungskosten;
- Ansatz zum Abschlussstichtag grundsätzlich mit Anschaffungskosten;
- außerplanmäßige Abschreibungen müssen vorgenommen werden, wenn die Wertminderung am Abschlussstichtag voraussichtlich von Dauer ist (§ 253 Abs. 3 Satz 3 HGB);
- außerplanmäßige Abschreibungen können bei nicht dauernder Wertminderung **nur** bei Finanzanlagen vorgenommen werden, um die Wirtschaftsgüter mit dem niedrigeren Wert anzusetzen, der ihnen am Abschlussstichtag beizulegen ist;

- Steuerrechtlich zulässige Abschreibungen können nicht mehr vorgenommen werden (Aufhebung der umgekehrten Maßgeblichkeit).

936
- Sind die Gründe für eine Wertminderung weggefallen, kann mit Inkrafttreten des BilMoG der niedrigere Wertansatz nicht mehr beibehalten werden (§ 253 Abs. 5 Satz 1 HGB).

- Von diesem Grundsatz gibt es jedoch eine Ausnahme:
  - Ein niedrigerer Wertansatz eines entgeltlich erworbenen Geschäfts- oder Firmenwertes ist beizubehalten (§ 253 Abs. 5 Satz 2 HGB).

6.5.5 Bewertung des abnutzbaren Anlagevermögens nach Steuerrecht

6.5.5.1 Bewertungsgrundsätze

937 Nach § 6 Abs. 1 Nr. 1 EStG sind die Wirtschaftsgüter des abnutzbaren Anlagevermögens mit den Anschaffungs- oder Herstellungskosten, vermindert um die AfA, erhöhte Absetzungen, Sonderabschreibungen, Abzüge nach § 6b EStG und ähnliche Abzüge anzusetzen.

Ist der Teilwert aufgrund einer **voraussichtlich dauernden Wertminderung** niedriger, kann dieser angesetzt werden. Der Grundsatz der Maßgeblichkeit der Handelsbilanz für die Steuerbilanz greift nach § 5 Abs. 1 Satz 1 Halbsatz 2 EStG jedoch nicht, da in § 6 Abs. 1 Nr. 1 Satz 2 EStG ein eigenständig, unabhängig auszuübendes steuerliches Wahlrecht formuliert ist (s. BMF v. 12. 3. 2010, BStBl 2010 I 239, Rz. 13 und 15).

Der Betriebsinhaber hat für den niedrigeren Teilwert die Nachweispflicht.

Er muss auch darlegen, aus welchen Gründen eine Wertminderung voraussichtlich von Dauer ist. Dabei ist eine Wertminderung nur dann als voraussichtlich dauernd anzusehen, wenn der Wert des jeweiligen Wirtschaftsguts zum Bilanzstichtag mindestens für die halbe Restnutzungsdauer unter dem planmäßigen Restbuchwert liegt. Andernfalls ist die am Stichtag eingetretene Wertminderung als voraussichtlich vorübergehend anzusehen (vgl. Rz. 8 ff. des BMF-Schreibens vom 16. 7. 2014, BStBl 2014 I 1162).

BEISPIEL: X hat in 01 eine Maschine zu Anschaffungskosten von 100 000 € erworben. Die betriebsgewöhnliche Nutzungsdauer beträgt 10 Jahre, die jährliche AfA somit 10 000 €. Im Jahr 02 beträgt der Teilwert bei einer Restnutzungsdauer von 8 Jahren nur noch 30 000 €.

Eine Teilwertabschreibung i. H. v. 50 000 € auf 30 000 € ist zulässig. Die Minderung ist voraussichtlich von Dauer, da der Teilwert des Wirtschaftsguts zum Bilanzstichtag bei planmäßiger Abschreibung erst nach 5 Jahren – nach mehr als der Hälfte der 8-jährigen Restnutzungsdauer – erreicht wird.

Buchwertermittlung ohne Teilwertabschreibung auf den 31. 12. 06 (nach Ablauf der Hälfte der Restnutzungsdauer)

31. 12. 02 Buchwert ohne Teilwertabschreibung	80 000 €
./. AfA 03 – 06 (4 × 10 000 €)	40 000 €
Restbuchwert zum 31. 12. 06	40 000 €

Dieser Wert ist höher als der Teilwert zum 31. 12. 02 (40 000 € > 30 000 €), sodass der Teilwert des Wirtschaftsguts zum 31. 12. 02 innerhalb der Hälfte der Restnutzungsdauer nicht erreicht wird.

Wenn Wirtschaftsgüter schon am **Schluss des vorangegangenen Wirtschaftsjahres** zum Anlagevermögen gehört haben, dann gilt:

- War die Wertminderung durch Inanspruchnahme einer erhöhten Absetzung, Sonderabschreibungen, Bewertungsfreiheit für geringwertige Wirtschaftsgüter oder durch Übertragung eines Veräußerungsgewinns nach § 6b EStG verursacht, **kann** der niedrigere Ansatz beibehalten werden.
- Soweit aber in einem folgenden Wirtschaftsjahr bei einem Wirtschaftsgut in der Jahresbilanz eine dieser steuerlichen Bewertungen rückgängig gemacht wird, erhöht der Betrag der Zuschreibung den Buchwert des Wirtschaftsguts (§ 6 Abs. 1 Nr. 1 Satz 4 EStG). Es besteht ein steuerliches Zuschreibungsgebot.
- Durch das Wertaufholungsgebot (§ 6 Abs. 1 Nr. 1 Satz 4 EStG) ergibt sich der Wertansatz eines Wirtschaftsguts für jeden Bilanzstichtag aus dem Vergleich der um die zulässigen Abzüge geminderten Anschaffungs- oder Herstellungskosten als der Bewertungsobergrenze und dem niedrigeren Teilwert als der Bewertungsuntergrenze. Hat sich der Wert nach einer vorangegangenen Teilwertabschreibung wieder erhöht, ist diese Erhöhung bis zum Erreichen der Bewertungsobergrenze steuerlich zu erfassen. Dabei kommt es **nicht darauf an**, ob die **konkreten Gründe** für die **vorangehende Teilwertabschreibung weggefallen** sind.

BEISPIEL: Am 3.1.00 erwarb der Gewerbetreibende eine Herstellungsmaschine für 200 000 € (netto). Die Nutzungsdauer betrug 10 Jahre. Es wurde linear abgeschrieben.

Zum 31.12.02 wurde neben der linearen AfA zutreffend eine außergewöhnliche technische AfA i. H. v. 90 000 € vorgenommen, weil eine technisch verbesserte Maschine auf den Markt gekommen war. Zum 31.12.02 beträgt die Restnutzungsdauer 7 Jahre.

Wegen eines Konstruktionsfehlers musste diese Maschine aber bereits 03 wieder vom Markt genommen werden.

Der Teilwert der in 00 angeschafften Maschine stieg deshalb zum 31.12.03 wieder auf

Fall a) 140 000 €

Fall b) 100 000 €

Lösung Fall a):

Die fortgeführten AK betragen:

Anschaffung 00	200 000 €
./. AfA 00	20 000 €
31.12.00	180 000 €
./. AfA 01	20 000 €
31.12.01	160 000 €
./. AfA 02	20 000 €
	140 000 €
./. außergewöhnliche Abschreibung 02	90 000 €
31.12.02	50 000 €
Die AfA für 03 beträgt 7 143 €	
(Restbuchwert verteilt auf Restnutzungsdauer von 7 Jahren)	7 143 €
Zuschreibung	77 143 €
31.12.03	120 000 €

Wegen des Wegfalls der Gründe für die Teilwertabschreibung hat zum 31.12.03 eine Zuschreibung auf den Teilwert von 140 000 € zu erfolgen, höchstens jedoch die fortgeführten Anschaffungskosten, die sich ohne die Teilwertabschreibung ergeben hätten (200 000 € ./. (4 × 20 000 €) = 120 000 €).

Lösung Fall b):

Liegt der Teilwert unter den fortgeführten Anschaffungskosten, darf in 03 nur bis zur Höhe des Teilwerts auf 100 000 € zugeschrieben werden.

Dann ergibt sich eine Zuschreibung von 57 143 €.

Abweichende Kontenentwicklung ab dem 31.12.02

31.12.02	50 000 €
AfA für 03 wie im Fall a)	7 143 €
Zuschreibung	57 143 €
31.12.03	100 000 €

940 Für das **abnutzbare Anlagevermögen** ist zu beachten:

- ▶ **nicht realisierte Verluste** können ausgewiesen werden (Regelfall),
- ▶ **nicht realisierte Gewinne** dürfen nicht ausgewiesen werden, wobei aber unter bestimmten Voraussetzungen in Vorjahren vorgenommene Abschreibungen rückgängig gemacht werden können bzw. müssen.

Die Bewertungsgrundsätze im Überblick:

941 Für Wirtschaftsgüter des abnutzbaren Anlagevermögens sind anzusetzen

im Zeitpunkt der Anschaffung oder Herstellung	zum nächsten Bilanzstichtag	zu jedem weiteren Bilanzstichtag (soweit noch vorhanden)
Anschaffungs- oder Herstellungskosten	1. Anschaffungs- oder Herstellungskosten abzüglich AfA 2. niedrigerer steuerlicher Wert, soweit zulässig	1. letzter Bilanzansatz abzüglich AfA 2. niedrigerer steuerlicher Wert, soweit zulässig 3. wieder gestiegener Wert durch Rückgängigmachung steuerlicher Abschreibungen (Wertaufholung)

Will der Kaufmann die Teilwertabschreibung vornehmen, muss er zunächst die normale AfA absetzen und dann den Differenzbetrag im Wege einer Teilwertabschreibung abschreiben. Immer ist im Jahr der Teilwertabschreibung der Teilwert die unterste Grenze. Erst im nächsten Jahr wird dieser Wert durch Vornahme der AfA unterschritten werden.

942 Der Betrag der Teilwertabschreibung gehört nicht zur Bemessungsgrundlage für die Ermittlung der privatanteiligen Kraftfahrzeugkosten. Die Normal-AfA gehört jedoch immer dazu. Dies hat nur in den Fällen Bedeutung, in denen sich die private Nutzung **nicht** nach der sog. 1-%-Regel ermittelt (§ 6 Abs. 1 Nr. 4 EStG).

6.5.5.2 Beispiele zur Bewertung von Wirtschaftsgütern des abnutzbaren Anlagevermögens nach Handels- und Steuerrecht

BEISPIEL 1: Erwerb eines Wirtschaftsguts des abnutzbaren beweglichen Anlagevermögens Anfang Januar 01 für 200 000 € (netto). Die Nutzungsdauer beträgt 10 Jahre. Neben der linearen AfA (10 %) soll eine steuerlich zulässige Sonderabschreibung von 40 % der Anschaffungskosten vorgenommen werden.

943

a) Grundsätze

In der Handelsbilanz können Abschreibungen nicht vorgenommen werden, um Wirtschaftsgüter des Anlagevermögens mit dem niedrigeren Wert anzusetzen, der auf einer nur steuerrechtlich zulässigen Abschreibung beruht.

Nach § 6 Abs. 1 EStG kann die Sonderabschreibung in der Steuerbilanz vorgenommen werden.

b) Entwicklung

	HB	StB
Anschaffungskosten 01	200 000 €	200 000 €
Abschreibung/AfA 01	20 000 €	20 000 €
	180 000 €	180 000 €
Sonderabschreibung	0 €	80 000 €
31.12.01	180 000 €	100 000 €
Abschreibung/AfA (Restwert/RND)	20 000 €	11 111 €
31.12.02	160 000 €	88 889 €

BEISPIEL 2: Erwerb eines abnutzbaren beweglichen Wirtschaftsguts Anfang Januar 01 für 1 000 000 € netto. Die Nutzungsdauer soll 10 Jahre betragen.

944

Im selben Jahr wird ein Zuschuss aus öffentlichen Mitteln i. H. v. 250 000 € für die Investition gezahlt.

Der Zuschuss soll erfolgsneutral behandelt werden.

a) Grundsätze

In der Handelsbilanz sind außerplanmäßige Abschreibungen nicht mehr möglich, um Wirtschaftsgüter des Anlagevermögens mit dem niedrigeren Wert anzusetzen, der auf einer nur steuerrechtlich zulässigen Abschreibung beruht.

Daher ergeben sich unterschiedliche Kontenentwicklungen in der Handels- und der Steuerbilanz.

b) Entwicklung

	StB	HB
Anschaffung 01	1 000 000 €	1 000 000 €
./. Zuschuss	250 000 €	–
	750 000 €	1 000 000 €
./. AfA (linear)	75 000 €	100 000 €
31.12.01	675 000 €	900 000 €

6.5.5.3 Steuerliche Abschreibungen

6.5.5.3.1 Allgemeines

Handels- und Steuerrecht unterscheiden zunächst zwischen **planmäßigen** und **außerplanmäßigen** Abschreibungen.

945

Die planmäßigen Abschreibungen sollen dabei den normalen technischen Verschleiß bzw. die Substanzverringerung erfassen. Die außerplanmäßigen Abschreibungen dienen dazu, einen niedrigeren Wertansatz zu ermöglichen, der sich aus Gründen einer unvorhergesehenen Abnutzung, aus technischen und wirtschaftlichen Veränderungen, aus Fehlinvestitionen u. ä. Vorgängen ergeben kann.

Außerdem sind aus **wirtschaftspolitischen Gründen** steuerrechtlich niedrigere Wertansätze erlaubt, die auch handelsrechtlich zu beachten sind.

Nur steuerrechtlich zulässige Abschreibungen sind in der Handelsbilanz nicht mehr möglich. Dadurch fallen Handels- und Steuerbilanzansätze oft unvermeidbar auseinander.

Das Handelsrecht kennt dabei nur den Begriff „Abschreibungen", während das Steuerrecht folgende Unterscheidungen macht:

- ▶ Absetzungen für Abnutzung (§ 7 EStG)
  - lineare AfA (§ 7 Abs. 1, 4 EStG)
  - degressive AfA (§ 7 Abs. 2, 5 EStG; § 7 Abs. 2 EStG ist anzuwenden für in der Zeit vom 1.1.2009 bis zum 31.12.2011 angeschaffte bewegliche Wirtschaftsgüter; § 7 Abs. 5 EStG ist letztmalig für Gebäude, die Wohnzwecken dienen, anzuwenden, die aufgrund eines vor dem 1.1.2006 gestellten Bauantrags hergestellt oder aufgrund eines vor dem 1.1.2006 rechtswirksam abgeschlossenen obligatorischen Vertrags angeschafft wurden).
  - Leistungs-AfA (§ 7 Abs. 1 Satz 6 EStG)
  - Absetzungen für außergewöhnliche Abnutzung wegen technischer oder wirtschaftlicher Abnutzung (§ 7 Abs. 1 Satz 7 EStG)
- ▶ Absetzung gem. § 6 Abs. 2a EStG (Sammelposten)
- ▶ Absetzung für Substanzverringerung (§ 7 Abs. 6 EStG)
- ▶ Sonderabschreibungen (zusätzlich zur normalen AfA), z. B.
  - § 7g EStG
  - § 7f EStG
  - § 82f EStDV
  - § 82g EStDV
  - § 82i EStDV
- ▶ erhöhte Absetzungen (anstelle der normalen AfA), z. B.
  - § 82a EStDV
- ▶ Bewertungsfreiheiten (z. B. § 6 Abs. 2 EStG),
- ▶ Teilwertabschreibung gem. § 6 EStG.

946 Eine **Teilwertabschreibung** kommt dabei in Betracht, wenn ein nicht durch den Produktionsablauf bedingter Wertverzehr erfasst werden soll, der nicht von § 7 EStG berücksichtigt wird.

Die wichtigsten Unterschiede zwischen AfA, außergewöhnlicher AfA und Teilwertabschreibung bestehen in:

(1) dem Kreis der Wirtschaftsgüter

▶ AfA und außergewöhnliche AfA sind nur bei abnutzbaren Wirtschaftsgütern möglich.

▶ Teilwertabschreibung ist bei Vorliegen der übrigen Voraussetzungen bei allen Wirtschaftsgütern möglich.

(2) der Gewinnermittlungsart

▶ AfA und außergewöhnliche AfA sind bei allen Gewinnermittlungsarten zulässig.

▶ Teilwertabschreibung gibt es nur bei der Gewinnermittlung gem. § 4 Abs. 1 und § 5 EStG.

(3) dem Zeitpunkt der Vornahme

▶ AfA und außergewöhnliche AfA sind zwingend jährlich bzw. im Zeitpunkt der Außergewöhnlichkeit vorzunehmen.

▶ Die Teilwertabschreibung kann vorgenommen bzw., soweit die Voraussetzungen noch vorliegen, auch in späteren Jahren zum Bilanzstichtag nachgeholt werden.

▶ Der Grundsatz der Maßgeblichkeit der Handelsbilanz für die Steuerbilanz greift nach § 5 Abs. 1 Satz 1 Halbsatz 2 EStG jedoch nicht, da in § 6 Abs. 1 Nr. 1 Satz 2 EStG ein eigenständig, unabhängig auszuübendes steuerliches Wahlrecht formuliert ist (s. BMF v. 12. 3. 2010, BStBl 2010 I 239, Rz. 13 und 15).

6.5.5.3.2 AfA-fähige Wirtschaftsgüter

Wirtschaftsgüter unterliegen der AfA, wenn sie

(1) abnutzbar

Abnutzbar ist jedes Wirtschaftsgut, wenn es durch Verwendung, Nutzung oder durch bloßen Zeitablauf an Wert verliert.

Eine AfA kommt dabei aber nur in Betracht, wenn sich die Nutzung über einen Zeitraum von **mehr als einem Jahr** erstreckt; andernfalls sind die Anschaffungskosten sofort im Anschaffungsjahr in voller Höhe als Betriebsausgaben zu erfassen.

Abnutzbar können sein:

▶ materielle und immaterielle Wirtschaftsgüter,

▶ bewegliche und unbewegliche Wirtschaftsgüter.

Nicht abnutzbar können sein:

▶ bewegliche körperliche Wirtschaftsgüter.

Hierzu zählen insbesondere Werke anerkannter Meister, wie z. B. Gemälde, Plastiken, alte Teppiche,

▶ unbewegliche körperliche und immaterielle Wirtschaftsgüter.

Das sind der Grund und Boden, Beteiligungen.

(2) zum Anlagevermögen gehörig

949 Entscheidend für die Zugehörigkeit zum Anlagevermögen ist die Zweckbestimmung des Wirtschaftsguts, nicht seine Art.

Abzugrenzen sind dabei:

▶ **unbewegliches abnutzbares Anlagevermögen:**

Hierzu zählen insbesondere Gebäude, Mietereinbauten als sonstige materielle Wirtschaftsgüter, abnutzbare immaterielle Wirtschaftsgüter.

▶ **bewegliches abnutzbares Anlagevermögen:**

Bewegliche abnutzbare Wirtschaftsgüter können nur Sachen i. S. des § 90 BGB sein, das sind körperliche Gegenstände. Betriebsvorrichtungen gehören ebenfalls hierzu, auch wenn sie wesentliche Bestandteile eines Grundstücks sind. Dasselbe gilt für Mietereinbauten, soweit es sich um Scheinbestandteile handelt. Die Erstausstattung an Ersatz- und Reserveteilen, die bei der Lieferung oder Herstellung der Maschinen oder maschinellen Anlagen mitgeliefert oder mit hergestellt worden ist, sowie Maschinenwerkzeuge, die in Verbindung mit Werkzeugmaschinen oder anderen Maschinen bzw. Anlagen genutzt werden, sind Anlagevermögen.

(3) selbständig abnutzbar

950 Selbständig abnutzbar ist das **einzelne** Wirtschaftsgut. Gegenstände, die bürgerlich-rechtlich eine Einheit darstellen, können hinsichtlich der AfA aus mehreren Wirtschaftsgütern bestehen, z. B.

▶ Grund und Boden und Gebäude,

▶ Gebäude mit festeingebauten maschinellen Anlagen.

951 Das Anlagegut ist grundsätzlich **einheitlich** abzuschreiben. Ausnahmen ergeben sich bei Gebäuden und selbständigen Gebäudeteilen. Das sind jeweils besondere Wirtschaftsgüter, die auch getrennt bilanziert und abgeschrieben werden (Hinweis unter Rdn. 737 ff.).

Maschinenwerkzeuge sind nur in Verbindung mit den Maschinen abnutzbar, deshalb kann die Erstausstattung auch nur zusammen mit den Maschinen abgeschrieben werden.

6.5.5.3.3 Der AfA-Berechtigte

952 AfA-Berechtigter ist derjenige, der die **Abnutzung wirtschaftlich trägt.** Das ist in der Regel der bürgerlich-rechtliche Eigentümer. Fallen aber bürgerlich-rechtliches Eigentum und wirtschaftliches Eigentum auseinander, ist der wirtschaftliche Eigentümer auch AfA-Berechtigter. Bei Miet- und Pachtverhältnissen steht das Recht, AfA in Anspruch zu nehmen, ausschließlich dem Verpächter zu.

Bei Einräumung eines Erbbaurechts sind die Aufwendungen für das Erbbaurecht (Eintragungsgebühren, übernommene Anliegerbeiträge) auf die **Laufzeit des Erbbaurechts** zu verteilen. Die Erbbauzinsen stellen Betriebsausgaben bzw. -einnahmen dar. Die AfA für das errichtete Gebäude steht dem Erbbauberechtigten zu.

Im Falle einer **Gesamtrechtsnachfolge** treten die Erben auch hinsichtlich der AfA in die Rechtsstellung des Erblassers ein.

Ein **Nießbraucher** kann AfA für das mit dem Nießbrauchsrecht belastete Grundstück nur geltend machen, wenn er auch wirtschaftlicher Eigentümer des Grundstücks ist. 953

Zu den Besonderheiten siehe unter Rdn. 799 ff.

6.5.5.3.4 Beginn der AfA und betriebsgewöhnliche Nutzungsdauer

Abnutzbar ist ein Wirtschaftsgut, wenn es durch Verwendung, Nutzung oder Zeitablauf für den Steuerpflichtigen an Wert verliert. Damit wird für den Beginn der AfA grundsätzlich auf den **Zeitpunkt der Anschaffung oder Herstellung** abgestellt und nicht auf den Zeitpunkt der Ingebrauchnahme. 954

Der Zeitpunkt der Anschaffung entspricht dabei dem Zeitpunkt, in dem der Erwerber das wirtschaftliche Eigentum erlangt.

Unter **Herstellung** ist die Fertigstellung zu verstehen. Fertig gestellt ist ein Wirtschaftsgut, wenn die Herstellungsarbeiten so weit fortgeschritten sind, dass es bestimmungsgemäß genutzt werden kann. Unfertige Wirtschaftsgüter können deshalb nicht abgeschrieben werden.

Wird ein Anlagegut, das aus mehreren Einzelteilen besteht, erst im Betrieb des Steuerpflichtigen zusammengesetzt, liegt grundsätzlich ein **Herstellungsvorgang** vor. Dabei spielt es keine Rolle, ob diese Arbeiten durch den Lieferanten, einen Dritten oder den Steuerpflichtigen selbst ausgeführt werden. 955

Wird aber ein Wirtschaftsgut nur unter Verwendung von Zubehör im Betrieb des Steuerpflichtigen montiert, liegt eine **Lieferung** vor. Diese ist bereits dann erfolgt, wenn die Teile in den Betrieb des Steuerpflichtigen gelangt sind. Voraussetzung ist aber, dass die Montage durch einen Dritten (nicht den Lieferanten) oder den Steuerpflichtigen selbst durchgeführt wird. Werden diese Arbeiten dem Lieferanten übertragen, dann ist die Lieferung erst nach Abschluss der gesamten Arbeiten erfolgt. Die nachträglich für die Montage angefallenen Aufwendungen werden so behandelt, als wären sie im Zeitpunkt des Erwerbs bzw. zu Beginn des Jahres angefallen.

> **BEISPIEL:** Kaufmann A erwirbt am 20.12.01 eine Krananlage, die noch am 28.12.01 in zwei Einzelteilen angeliefert wird. Am 10.2.02 lässt A diese Anlage von eigenen Arbeitnehmern zusammensetzen. Erforderlich ist dabei nur eine einfache Verschraubung. Die Lieferung ist bereits 01 ausgeführt, sodass A die Anlage zum 31.12.01 bilanzieren und abschreiben muss. Die später angefallenen Aufwendungen werden als nachträgliche Anschaffungskosten – soweit es sich um Einzelkosten handelt – so behandelt, als wären sie zu Beginn des Jahres 02 angefallen.

Die AfA für im Laufe eines Jahres angeschaffte Wirtschaftsgüter kann nur anteilig in Anspruch genommen werden. Hierbei wird nicht der AfA-Satz, sondern der jeweilige AfA-Betrag aufgeteilt. 956

> **BEISPIEL:** Ein Patent mit einer 10-jährigen betriebsgewöhnlichen Nutzungsdauer wurde am 15.4.01 für 10 000 € (netto) erworben.
> Die zulässige AfA gem. § 7 Abs. 1 EStG beträgt 10 % = 1 000 €. Der AfA-Betrag kann aber nur anteilig für 9 Monate = 750 € als Aufwand berücksichtigt werden (§ 7 Abs. 1 Satz 4 EStG).

957 Die Verteilung der Anschaffungs- oder Herstellungskosten erfolgt auf die Zeit der **betriebsgewöhnlichen Nutzungsdauer**. Soweit Wirtschaftsgüter gebraucht erworben worden sind, ist die Restnutzungsdauer maßgebend.

Zu unterscheiden sind die

▶ **technische Nutzungsdauer**

Hierunter versteht man die Zeit, in der das Wirtschaftsgut eine betrieblich nutzbare Leistung erbringt.

▶ **wirtschaftliche Nutzungsdauer**

Die wirtschaftliche Nutzungsdauer richtet sich danach, wie lange ein Wirtschaftsgut wirtschaftlich zu nutzen ist.

Ist die wirtschaftliche Nutzungsdauer kürzer (Regelfall), dann ist dieser Zeitraum für die Bemessung der AfA maßgebend.

Die Schätzung der betriebsgewöhnlichen Nutzungsdauer erfolgt in der Regel nach Erfahrungssätzen (die in amtlichen AfA-Tabellen niedergelegt sind).

Sonderverhältnisse des Betriebs werden dabei nicht berücksichtigt. Soweit sich aber **längerfristig** die Verhältnisse im Betrieb ändern, wenn z. B. ein Wirtschaftsgut, mit dem bisher nur einschichtig produziert worden ist, mehrschichtig genutzt wird, rechtfertigt das eine entsprechend höhere AfA. Deshalb gelten bei

▶ doppelschichtiger Nutzung ein um 20 % höherer AfA-Satz,

▶ dreischichtiger Nutzung ein um $33^{1}/_{3}$ % höherer AfA-Satz.

958 Ist AfA in einem Wirtschaftsjahr unterlassen worden, dann gilt:

▶ bei **bewusster** Unterlassung durch den Steuerpflichtigen besteht ein Nachholverbot,

▶ bei **irrtümlich** unterlassener oder zu gering angesetzter AfA kann die Nachholung in der Weise erfolgen, dass der Restbuchwert auf die Restnutzungsdauer verteilt wird.

BEISPIELE:

1. Der Steuerpflichtige hatte im Januar 01 ein Anlagegut für 50 000 € (netto), Nutzungsdauer 10 Jahre, angeschafft und, weil er mit einem Verlust für 01 rechnete, keine AfA vorgenommen.

   Hier wird in 02 der Bilanzenzusammenhang durchbrochen mit der Folge, dass die AfA für 01 nicht nachgeholt wird.

   Buchung in 02: Kapital 5 000 € an WG 5 000 €.

   Ab 02 wird dann normal weiter abgeschrieben.

2. Wie oben, der Steuerpflichtige war jedoch zunächst von einer Nutzungsdauer von 20 Jahren ausgegangen und hatte daher in 01 und 02 jeweils eine AfA von 2 500 € (5 % von 50 000 €) geltend gemacht. Sollte sich der Irrtum im dritten Jahr herausstellen, dann ist der Restbuchwert vom 31. 12. 02 auf die Restnutzungsdauer von 8 Jahren zu verteilen. AfA ab 03 jährlich: $^{1}/_{8}$ von (50 000 € ./. 5 000 €) = 5 625 €.

959 In der Praxis wird häufig bis auf den sog. **Erinnerungswert** von 1 € abgeschrieben, auch wenn erfahrungsgemäß noch ein erheblicher Restwert verbleibt. Abschreibungen nach dem Wortlaut des § 7 Abs. 1 EStG führen jedoch zu einem „Restwert" von 0 €.

Nur in den Fällen, in denen – wie im Allgemeinen bei Gegenständen von großem Gewicht (Schiffe) oder bei Gegenständen aus wertvollem Material – ein Schrottwert zu erwarten ist, der im Vergleich zu den Anschaffungs- oder Herstellungskosten erheblich ins Gewicht fällt, ist dieser bei der Verteilung der Anschaffungs- oder Herstellungskosten in der Weise zu berücksichtigen, dass lediglich der Unterschied zwischen den Anschaffungs- oder Herstellungskosten und dem Schrottwert verteilt wird.

6.5.5.3.5 AfA-Bemessungsgrundlage

Bemessungsgrundlage für die AfA sind grundsätzlich die **Anschaffungs- oder Herstellungskosten.**

Folgende **Besonderheiten** sind aber zu beachten:

- bei der degressiven AfA nach § 7 Abs. 2 EStG ist Bemessungsgrundlage in den Folgejahren der jeweilige Restbuchwert,
- bei der Übertragung von steuerfreien Rücklagen (§ 6b EStG, R 6.5, 6.6 EStR) gilt der Wert als AfA-Bemessungsgrundlage, der sich nach Verminderung der Anschaffungs- oder Herstellungskosten um den Zuschuss oder den Abzugsbetrag ergibt,
- bei unentgeltlich erworbenen Wirtschaftsgütern sind die fiktiven Anschaffungskosten nach § 6 Abs. 4, § 6 Abs. 3 EStG vorgesehen,
- bei Einlagen nach § 6 Abs. 1 Nr. 5 EStG ist die AfA-Bemessungsgrundlage in der Regel der Teilwert, soweit nicht innerhalb von drei Jahren nach Anschaffung oder Herstellung eingelegt und soweit AfA bisher nicht vorgenommen wurde,
- soweit die Einlage innerhalb von drei Jahren nach Anschaffung oder Herstellung erfolgte, ist die AfA-Bemessungsgrundlage ebenfalls der Teilwert, **höchstens jedoch die fortgeführten Anschaffungs- oder Herstellungskosten.**

Bei **nachträglichen** Anschaffungs- oder Herstellungskosten können diese Kosten bei der Bemessung der AfA für das Jahr der Entstehung so behandelt werden, als wären sie zu **Beginn des Jahres aufgewendet** worden bzw. zum Zeitpunkt der Anschaffung oder Herstellung, wenn diese im laufenden Jahr erfolgt sind.

6.5.5.3.6 Steuerliche AfA-Methoden

Nach § 7 EStG sind folgende **AfA-Methoden** vorgesehen:

6.5.5.3.6.1 Lineare AfA

Hier werden die Anschaffungs- oder Herstellungskosten eines Wirtschaftsguts gleichmäßig auf die Gesamtdauer der Verwendung oder Nutzung verteilt; für ein Jahr ist der Betrag abzusetzen, der bei gleichmäßiger Verteilung auf ein Jahr entfällt.

> **BEISPIEL:** Anschaffungszeitpunkt 15.1.02, Anschaffungskosten 20 000 € (netto), Nutzungsdauer 10 Jahre. Die jährliche AfA beträgt 10 % von 20 000 € = 2 000 €.

6.5.5.3.6.2 Leistungs-AfA

Wenn bei Wirtschaftsgütern die Leistung erheblich schwankt, können AfA nach Maßgabe der jeweiligen Leistung vorgenommen werden. Voraussetzung ist, dass der auf das einzelne Jahr entfallende Umfang der Leistung entsprechend nachgewiesen wird. Die Leistungs-AfA ist keine degressive AfA-Methode.

BEISPIEL: Anschaffungszeitpunkt 15. Januar 01; Anschaffungskosten 100 000 € (netto). Die voraussichtliche Gesamtleistung soll 200 000 Einheiten (z. B. Kilometer) betragen, davon entfallen laut Zähler auf das

1. Jahr 100 000 Einheiten = 50 % der Gesamtleistung

2. Jahr 60 000 Einheiten = 30 % der Gesamtleistung

3. Jahr 40 000 Einheiten = 20 % der Gesamtleistung

Damit sind in den Jahren 01 bis 03 folgende Abschreibungen nach § 7 Abs. 1 Satz 6 EStG vorzunehmen:

AfA 01 50 % von 100 000 € = 50 000 €

AfA 02 30 % von 100 000 € = 30 000 €

AfA 03 20 % von 100 000 € = 20 000 €

6.5.5.3.6.3 Degressive AfA (für bewegliche WG, angeschafft vom 1. 1. 2009 bis 31. 12. 2010)

964 Die AfA wird hier nach einem gleich bleibenden Prozentsatz vom jeweiligen Restbuchwert berechnet. Sie wird deshalb auch als Buchwert-AfA bezeichnet. Sie ist in der Höhe beschränkt. Sie darf das Dreifache des Jahresbetrags der linearen AfA und der AfA-Satz darf 25 % nicht übersteigen.

Aus wirtschafts- und finanzpolitischen Gründen wird die Höhe der degressiven AfA häufig angepasst oder die degressive AfA wird – wie zur Zeit – ausgesetzt.

BEISPIEL: Anschaffungszeitpunkt 8. 4. 2010, Anschaffungskosten 100 000 € (netto), Nutzungsdauer 20 Jahre. Der gleich bleibende AfA-Satz beträgt 15 % (3 × 5 %).

Anschaffungskosten 2010	100 000 €
./. AfA 15 %	15 000 €
31. 12. 2010	85 000 €
./. AfA 15 % (v. 85 000 €)	12 750 €
31. 12. 2011	72 250 €
./. AfA 15 % (v. 72 250 €)	10 838 €
31. 12. 2013	61 412 €

965 Der Übergang von der degressiven AfA zur linearen AfA ist zulässig, aber nicht umgekehrt. Der Steuerpflichtige kann aber im Wege einer Bilanzänderung beantragen, dass vom Zeitpunkt der Anschaffung oder Herstellung an eine andere AfA-Methode berücksichtigt wird. Welche Voraussetzungen für eine Bilanzänderung vorliegen müssen, ist den Rdn. 1194 ff. zu entnehmen.

966 Scheidet ein Wirtschaftsgut im Laufe eines Jahres aus, ist die AfA immer zeitanteilig zu verrechnen. Eine Vereinfachungsregelung ist hier nicht anwendbar. Die zeitanteilige Verrechnung der AfA ist insbesondere in folgenden Fällen von Bedeutung:

▶ bei Ermittlung der privatanteiligen Kraftfahrzeugkosten,

▶ bei Anwendung der Vorschriften R 6.6 EStR, § 6b EStG.

Nachträgliche Anschaffungs- oder Herstellungskosten werden dem Restbuchwert hinzugerechnet und auf die Restnutzungsdauer verteilt (neuer AfA-Satz). Die Restnutzungsdauer ist hierbei neu zu schätzen.

6.5.5.3.6.4 Übersicht über die AfA-Methoden

Die nachfolgende Übersicht stellt die Voraussetzungen und die Besonderheiten heraus, die für die einzelnen AfA-Methoden zu beachten sind. 967

ABB. 26: AfA-Methoden (außer Gebäude)

	Lineare AfA	Leistungs-AfA	Degressive AfA
Art der WG	abnutzbare körperliche u. immaterielle	nur abnutzbare bewegliche	nur abnutzbare bewegliche
Bemessungsgrundlage	AK oder HK (auch fiktive)	AK oder HK (auch fiktive)	im Erstjahr AK oder HK (auch fiktive), dann jeweiliger Restbuchwert
AfA-Satz	gleich bleibend	je nach Leistung verschieden	gleich bleibend
Beschränkung in der Höhe	keine	keine	Dreifache der linearen AfA, höchstens 25 %
daneben zulässig	außergewöhnliche AfA und Teilwertabschreibung, Sonderabschreibungen	außergewöhnliche AfA und Teilwertabschreibung, Sonderabschreibungen	nur Teilwertabschreibung, Sonderabschreibungen
AfA nach Einlage (bisher keine Verwendung zur Erzielung von Einkünften)	Verteilung des Einlagewerts – Teilwert ggf. (fortgeführte) AK – auf Restnutzungsdauer	Verteilung des Restwerts je nach Leistung	Verteilung des Einlagewerts – Teilwert ggf. (fortgeführte) AK – mit entsprechendem Prozentsatz
AfA nach Einlage (bisher Verwendung zur Erzielung von Einkünften) BMF v. 27.10.2010 (BStBl 2010 I 1204)	Verteilung des Abschreibungsvolumens (Einlagewert ./. bisherige Abschreibungen oder fortgeführte AK/HK oder Einlagewert) auf Restnutzungsdauer; wenn Einlagewert größer als AfA-BMG: Unterschiedsbetrag nicht abschreibbar	Verteilung des Abschreibungsvolumens (Einlagewert ./. bisherige Abschreibungen oder fortgeführte AK/HK oder Einlagewert) je nach Leistung; wenn Einlagewert größer als AfA-BMG: Unterschiedsbetrag nicht abschreibbar	Verteilung des Abschreibungsvolumens (Einlagewert ./. bisherige Abschreibungen oder fortgeführte AK/HK oder Einlagewert) mit entsprechendem Prozentsatz; wenn Einlagewert größer als AfA-BMG: Unterschiedsbetrag nicht abschreibbar

weitere AfA nach Teilwertabschreibung bzw. außergewöhnliche AfA	Verteilung des Teilwerts auf die Restnutzungsdauer	Verteilung des Restwerts je nach Leistung	Restwert × ursprünglicher AfA-Satz (keine außergewöhnliche AfA)
weitere AfA bei nachträglichen Änderungen der AK oder HK	Restbuchwert erhöht oder vermindert um Änderungsbetrag und verteilt auf Restnutzungsdauer	Restbuchwert erhöht oder vermindert um Änderungsbetrag verteilt je nach Leistung	Restbuchwert erhöht oder vermindert um Änderungsbetrag verteilt mit ursprünglichem AfA-Satz bzw. Restnutzungsdauer
	Soweit durch nachträgliche AK oder HK aber ein neues WG entstanden ist (z. B. Generalüberholung), ist dann auch von der neuen Nutzungsdauer ausgehen.		

968 Auf eine wichtige Besonderheit ist noch hinzuweisen: In den Fällen, in denen Wirtschaftsgüter nach einer Verwendung zur Erzielung von Einkünften i. S. d. § 2 Abs. 1 Nr. 4 bis 7 EStG (von „Nicht-Gewinneinkünften") in ein Betriebsvermögen eingelegt worden sind, ist das BMF-Schreiben v. 27. 10. 2010 (BStBl 2010 I 1204) zu beachten. In diesem Schreiben werden 4 Fallgruppen unterschieden:

▶ **Fallgruppe 1:**

Ist der Einlagewert des Wirtschaftsgutes höher als oder gleich den historischen Anschaffungs- oder Herstellungskosten, bemisst sich die AfA ab dem Zeitpunkt der Einlage nach dem um die bisherigen Abschreibungsbeträge geminderten Einlagewert (Rz. 3 des BMF-Schreibens).

▶ **Fallgruppe 2:**

Ist der Einlagewert des Wirtschaftsgutes geringer als die historischen Anschaffungs- oder Herstellungskosten, aber nicht geringer als fortgeführten Anschaffungs- oder Herstellungskosten, bemisst sich die AfA ab dem Zeitpunkt der Einlage nach den fortgeführten Anschaffungs- oder Herstellungskosten (Rz. 4 des BMF-Schreibens).

▶ **Fallgruppe 3:**

Ist der Einlagewert des Wirtschaftsgutes geringer als die fortgeführten Anschaffungs- oder Herstellungskosten, bemisst sich die AfA ab dem Zeitpunkt der Einlage nach dem ungemilderten Einlagewert (Rz. 5 des BMF-Schreibens). Diese Grundsätze für die Fallgruppe 3 sind, da gegenüber der vorherigen Regelung eine Verschlechterung eingetreten ist, erst auf Einlagen anzuwenden, die nach dem 31. 12. 2010 vorgenommen werden (Rz. 7 des BMF-Schreibens).

▶ **Fallgruppe 4:**

Wird ein Wirtschaftsgut innerhalb von 3 Jahren nach dessen Anschaffung oder Herstellung eingelegt, ist der Einlagewert gleichzeitig auch AfA-Bemessungsgrundlage (Rz. 6 des BMF-Schreibens).

6.5.5.3.7 AfA gemäß § 7g EStG

Die AfA nach § 7g EStG hat immer mehr an Bedeutung gewonnen. Deshalb wird aus dem Bereich der Sonderabschreibungen (diese sind zusätzlich zur normalen AfA möglich) die Vorschrift des § 7g Abs. 5, 6 EStG gesondert dargestellt. Kleine und mittlere Unternehmen können unter folgenden Voraussetzungen im Jahr der Anschaffung oder Herstellung und in den folgenden 4 Jahren eine Sonderabschreibung von insgesamt 20 % der Anschaffungs- oder Herstellungskosten abziehen. 969

▶ Das Betriebsvermögen am Schluss des Vorjahres (= Kapital der Steuerbilanz, damit bei Personengesellschaften ggf. die Summe aus Kapitalkonten der Hauptbilanz, der Ergänzungs- und der Sonderbilanzen) darf 235 000 € nicht übersteigen; bei Betrieben der Land- und Forstwirtschaft darf der Wirtschaftswert (oder Ersatzwirtschaftswert) 125 000 €, bei Betrieben, die ihren Gewinn nach § 4 Abs. 3 EStG ermitteln, ohne Berücksichtigung des Investitionsabzugsbetrags 100 000 € nicht übersteigen. Diese Grenze gilt für jeden Betrieb einzeln. Nach § 7g Abs. 7 EStG wird klargestellt, dass bei Personengesellschaften und Gemeinschaften an die Stelle des Steuerpflichtigen die Personengesellschaft oder Gemeinschaft tritt.

▶ Das Wirtschaftsgut muss „beweglich" sein. Es muss sich **nicht** um ein neues Wirtschaftsgut handeln.

▶ Das Wirtschaftsgut muss mindestens bis zum Ende des Folgejahrs nach seiner Anschaffung in einer inländischen Betriebsstätte des Betriebs verbleiben.

▶ Das Wirtschaftsgut muss im Jahr der Inanspruchnahme von Sonderabschreibungen und im darauf folgenden Wirtschaftsjahr im Betrieb des Steuerpflichtigen ausschließlich oder fast ausschließlich betrieblich genutzt werden. Das bedeutet: Eine private Mitnutzung von mehr als 10 % ist schädlich.

▶ Für die Anschaffung oder Herstellung muss für das vorangegangene Wirtschaftsjahr kein Investitionsabzugsbetrag gem. § 7g Abs. 1 EStG in Anspruch genommen worden sein (zur Problematik des Investitionsabzugsbetrags gem. § 7g Abs. 1 – 4 EStG s. Rdn. 1192).

BEISPIEL: Ein Gewerbetreibender hat im Juli 2010 eine fabrikneue Maschine für 220 000 € erworben. Die betriebsgewöhnliche Nutzungsdauer dieser Maschine beträgt 8 Jahre. In 2010 soll der niedrigste mögliche Bilanzansatz erreicht werden. 970

LÖSUNG: Die degressive AfA gem. § 7 Abs. 2 EStG stellt die günstigste Abschreibungsmethode dar. Der AfA-Satz beträgt das Zweieinhalbfache der linearen AfA (3 × 12,5 % = 37,5 %), höchstens jedoch 25 %. Daneben ist die Sonderabschreibung nach § 7g Abs. 5, 6 EStG i. H. v. 20 % der Anschaffungskosten absetzbar. Im Einzelnen:

Anschaffungskosten Juli 2010	220 000 €
AfA nach § 7 Abs. 2 EStG 6/12 von 25 % von 220 000 €	27 500 €
AfA nach § 7g Abs. 1 EStG (20 % von 220 000 €)	44 000 €
Bilanzansatz 31. 12. 2010	148 500 €

In diesem Zusammenhang soll auch auf die Vorschrift des § 7a Abs. 9 EStG hingewiesen werden: Sind für ein Wirtschaftsgut Sonderabschreibungen vorgenommen worden, bemessen sich nach Ablauf des maßgebenden Begünstigungszeitraums die AfA nach dem Restwert und der Restnutzungsdauer. Im vorangehenden Beispiel endet der Be- 971 günstigungszeitraum zum Ende des vierten auf die Anschaffung folgenden Jahres, also zum 31.12.2014. Die AfA ab 2015 ist dann in der Weise zu ermitteln, dass der Restwert auf die verbleibende Restnutzungsdauer verteilt wird. Diese Vorschrift gewinnt an Bedeutung, wenn zuvor die lineare AfA gewählt wurde.

6.5.5.3.8 AfA bei Gebäuden

Die AfA bei **Gebäuden** ergibt sich aus § 7 Abs. 4, 5 EStG. Danach kommen in Betracht:

6.5.5.3.8.1 Lineare AfA

972 Lineare AfA ist wie folgt zu berücksichtigen:

- Bei Gebäuden, die zu einem Betriebsvermögen gehören und nicht Wohnzwecken dienen und für die der Bauantrag nach dem 31.3.1985 gestellt worden ist = jährlich 3 %;
- bei den übrigen Gebäuden

    bei Fertigstellung vor dem 1.1.1925 = jährlich 2,5 %.

    bei Fertigstellung nach dem 31.12.1924 = jährlich 2 %.

Niedrigere AfA-Sätze sind **nicht zulässig,** auch wenn die tatsächliche Nutzungsdauer wesentlich länger ist. Höhere AfA-Sätze können dagegen bei Vorliegen der Voraussetzungen jederzeit berücksichtigt werden.

6.5.5.3.8.2 Degressive AfA

973 Degressive AfA können bei im Inland belegenen Gebäuden, die vom Steuerpflichtigen hergestellt oder bis zum Ende des Jahres der Fertigstellung angeschafft worden sind, wie folgt vorgenommen werden:

- Bei Gebäuden, die zu einem Betriebsvermögen gehören und nicht Wohnzwecken dienen (Bauantrag vor dem 1.1.1994):

    = jeweils 10 % im Jahr der Fertigstellung und den folgenden drei Jahren, jeweils 5 % in den darauf folgenden drei Jahren, jeweils 2,5 % in den darauf folgenden 18 Jahren;

- bei den übrigen Gebäuden (Bauantrag vor dem 1.1.1995):

    = jeweils 5 % im Jahr der Fertigstellung oder Anschaffung und in den folgenden 7 Jahren, jeweils 2,5 % in den darauf folgenden 6 Jahren, jeweils 1,25 % in den darauf folgenden 36 Jahren;

- bei den übrigen Gebäuden, die Wohnzwecken dienen (Bauantrag vor dem 1.1.1996):

    = jeweils 7 % im Jahr der Fertigstellung und den folgenden 3 Jahren, jeweils 5 % in den folgenden 6 Jahren, jeweils 2 % in den folgenden 6 Jahren, jeweils 1,25 % in den folgenden 24 Jahren;

- bei den übrigen Gebäuden, die Wohnzwecken dienen (Bauantrag nach dem 31.12.1995 und vor dem 1.1.2004):

    = jeweils 5 % im Jahr der Fertigstellung und den folgenden 7 Jahren, jeweils 2,5 % in den folgenden 6 Jahren, jeweils 1,25 % in den folgenden 36 Jahren;

- bei den übrigen Gebäuden, die Wohnzwecken dienen (Bauantrag nach dem 31.12.2003 und vor dem 1.1.2006):

    = jeweils 4 % im Jahr der Fertigstellung und den folgenden 9 Jahren, jeweils 2,5 % in den folgenden 8 Jahren, jeweils 1,25 % in den folgenden 32 Jahren.

An die Stelle des Bauantrags tritt bei Anschaffung der rechtswirksam abgeschlossene obligatorische Vertrag. 974

Die lineare AfA kann dabei im Jahr der Anschaffung oder Herstellung nur **zeitanteilig erfasst werden;** die degressive AfA kann im Anschaffungsjahr jedoch in voller Höhe angesetzt werden (H 7.4 „Neubau" EStH). Ein **Wechsel** der einmal gewählten AfA-Methode **ist ausgeschlossen.**

Folgende Besonderheiten sind bei der Gebäude-AfA zu beachten:

6.5.5.3.8.3 AfA nach Einlage eines Gebäudes

Wird ein Gebäude nach einer Verwendung zur Erzielung von Einkünften i. S. d. § 2 Abs. 1 Nr. 4–7 EStG (von „Nicht-Gewinneinkünften") in ein Betriebsvermögen eingelegt, ist nach § 7 Abs. 1 Satz 5 EStG eine vom Einlagewert abweichende AfA-Bemessungsgrundlage zu ermitteln. Die Abschreibung ermittelt sich nach dem BMF-Schreiben v. 27.10.2010, BStBl 2010 I 1204 (vgl. Rdn. 968). 975

- **Fallgruppe 1:**

    Ist der Einlagewert des Wirtschaftsguts höher als oder gleich den historischen Anschaffungs- oder Herstellungskosten, bemisst sich die AfA ab dem Zeitpunkt der Einlage nach dem um die bisherigen Abschreibungsbeträge geminderten Einlagewert (Rz. 3 des BMF-Schreibens).

- **Fallgruppe 2:**

    Ist der Einlagewert des Wirtschaftsguts geringer als die historischen Anschaffungs- oder Herstellungskosten, aber nicht geringer als fortgeführten Anschaffungs- oder Herstellungskosten, bemisst sich die AfA ab dem Zeitpunkt der Einlage nach den fortgeführten Anschaffungs- oder Herstellungskosten (Rz. 4 des BMF-Schreibens).

- **Fallgruppe 3:**

    Ist der Einlagewert des Wirtschaftsguts geringer als die fortgeführten Anschaffungs- oder Herstellungskosten, bemisst sich die AfA ab dem Zeitpunkt der Einlage nach dem ungemilderten Einlagewert (Rz. 5 des BMF-Schreibens). Diese Grundsätze für die Fallgruppe 3 sind, da gegenüber der vorherigen Regelung eine Verschlechterung eingetreten ist, erst auf Einlagen anzuwenden, die nach dem 31.12.2010 vorgenommen werden (Rz. 7 des BMF-Schreibens).

- **Fallgruppe 4:**

    Wird ein Wirtschaftsgut innerhalb von 3 Jahren nach dessen Anschaffung oder Herstellung eingelegt, ist der Einlagewert gleichzeitig auch AfA-Bemessungsgrundlage (Rz. 6 des BMF-Schreibens).

Wird ein Gebäude nach einer Verwendung zur Erzielung von Einkünften i. S. d. § 2 Abs. 1 Nr. 4–7 EStG (von „Nicht-Gewinneinkünften") in ein Betriebsvermögen eingelegt, gilt: Nach § 7 Abs. 4 Satz 1 i.V.m. § 7 Abs. 1 Satz 5 EStG mindern sich die Anschaffungs- oder Herstellungskosten um die Absetzungen für Abnutzung oder Substanzverringerung, Sonderabschreibungen oder erhöhte Absetzungen, die bis zum Zeitpunkt der Einlage vorgenommen worden sind. Falls dieser „Restwert" geringer ist als der Einlagewert, stellt der „Restwert" das verbleibende Abschreibungsvolumen und die neue AfA-Bemessungsgrundlage dar. Nach R 7.3 Abs. 6 Satz 2 EStR darf in diesen Fällen die Summe der insgesamt in Anspruch genommenen Abschreibungen die Anschaffungs- oder Herstellungskosten nicht übersteigen. Daraus folgt, dass ein nach § 7 Abs. 1 Satz 4 EStG nicht abschreibbarer Restwert verbleibt. Spätestens bei der Veräußerung oder einer Entnahme dieser Wirtschaftsgüter wirkt sich dieser Restwert gewinnmindernd aus.

BEISPIEL 1: Die Anschaffungskosten eines Gebäudes betragen im Januar 01 1 000 000 €. Das Gebäude war 10 Jahre lang zu Wohnzwecken vermietet. Die AfA wurde bisher jährlich mit 2 % ermittelt. Anfang des Jahres 11 wird das Gebäude mit dem Teilwert von 900 000 € eingelegt und anschließend als Bürogebäude genutzt.

Es handelt sich hier um einen Fall der Fallgruppe 2 (Einlagewert geringer als historische Anschaffungskosten und größer als die fortgeführten Anschaffungskosten).

Zum 31. 12. 10 ermittelt sich folgender Restwert:

Anschaffungskosten	1 000 000 €
bisherige AfA 01 – 10 (10 × 2 % von 1 000 000 €)	200 000 €
Fortgeführte Anschaffungskosten	800 000 €
Der Einlagewert beträgt	900 000 €
AfA 11 (3 % von 800 000 €)	24 000 €
Buchwert 31. 12. 11	876 000 €

Abgeschrieben werden darf jedoch nur so lange, bis das Abschreibungsvolumen von 800 000 € aufgebraucht ist. Ab dem 31. 12. 44 ist daher ein Restbuchwert von 100 000 € auszuweisen. Davon ist keine weitere AfA vorzunehmen. Bei Veräußerung oder Betriebsaufgabe wirkt sich der Restbuchwert gewinnmindernd aus.

BEISPIEL 2: Die Anschaffung eines Gebäudes erfolgt am 2. 1. 01 zu Anschaffungskosten von 300 000 €. Das Gebäude wird zum 1. 7. 03 eingelegt und ab diesem Zeitpunkt für eigenbetriebliche Zwecke genutzt.

Die Einlage erfolgt nach § 6 Abs. 1 Nr. 5 Satz 1, 2 EStG mit den fortgeführten Anschaffungskosten. Da hier der Einlagewert den fortgeführten Anschaffungskosten entspricht, kann der Einlagewert in den folgenden Jahren in voller Höhe abgeschrieben werden.

Anschaffungskosten 01	300 000 €
AfA 01 2 %	6 000 €
	294 000 €
AfA 02 2 %	6 000 €
	288 000 €
AfA 03 2 % (6/12)	3 000 €
verbleibendes AfA-Volumen =	285 000 €
Einlagewert 1. 7. 03	285 000 €
AfA 03 (6/12 von 3 % von 285 000 €)	4 275 €
Buchwert 31. 12. 03	280 725 €

▶ Bleiben die Anschaffungs- oder Herstellungskosten als Bemessungsgrundlage der AfA maßgebend (z. B. beim unentgeltlichen Erwerb eines Betriebs), kann die AfA nur noch bis zu dem Betrag abgezogen werden, der von der Bemessungsgrundlage nach Abzug der AfA verbleibt. Die AfA-Bemessungsgrundlage bleibt jedoch unverändert. 977

BEISPIEL: Im Rahmen einer unentgeltlichen Betriebsübertragung zum 1. 7. 03 wird u. a. ein Gebäude, das zu eigenbetrieblichen Zwecken genutzt wird, übertragen. Das Gebäude wurde vom Rechtsvorgänger am 2. 1. 01 zu Anschaffungskosten von 300 000 € erworben.

Anschaffungskosten 01	300 000 €
AfA 01 3 %	9 000 €
	291 000 €
AfA 02 3 %	9 000 €
	282 000 €
AfA 03 3 % ($^1/_2$)	4 500 €
verbleibendes AfA-Volumen =	277 500 €
Einbringungswert 1. 7. 03	277 500 €
AfA 03 ($^1/_2$ von 3 % von 300 000 €)	4 500 €
Buchwert 31. 12. 03	273 000 €

6.5.5.3.8.4 AfA nach Teilwertabschreibung bzw. außergewöhnlicher AfA

Die AfA-Bemessungsgrundlage für das Folgejahr ist unter Berücksichtigung von § 11c Abs. 2 Satz 1 und 2 EStDV neu zu ermitteln. Während bei Wirtschaftsgütern eine Absetzung für außergewöhnliche technische oder wirtschaftliche Abnutzung neben der degressiven AfA nicht möglich ist, ist dies bei Gebäuden nicht zu beanstanden (R 7.4 Abs. 11 Satz 2 EStR). 978

BEISPIEL: Das für eigenbetriebliche Zwecke genutzte Gebäudes wurde im Januar 01 hergestellt (Herstellungskosten 500 000 €). Die AfA erfolgt linear. Zum 31. 12. 06 sinkt der Teilwert auf 350 000 € (dauernde Wertminderung).

>HK des Gebäudes im Januar 01	500 000 €
AfA 01 – 05 (5 × 3 %)	75 000 €
Buchwert 31. 12. 05	425 000 €
AfA 06	15 000 €
Zwischenwert	410 000 €
AfaA	60 000 €
Buchwert 31. 12. 06	350 000 €
AfA 07 (3 % von (500 000 ./. 60 000)	13 200 €
	336 800 €

6.5.5.3.8.5 AfA bei nachträglichen Änderungen der Anschaffungs- oder Herstellungskosten

Hat der Steuerpflichtige bisher die AfA nach § 7 Abs. 4 Satz 1 EStG oder § 7 Abs. 5 EStG angesetzt, ermittelt sich die neue AfA-Bemessungsgrundlage nach H 7.3 (Nachträgliche Anschaffungs- oder Herstellungskosten) EStH wie folgt: 979

Anschaffungs- oder Herstellungskosten

+ nachträgliche Herstellungskosten

= neue AfA-Bemessungsgrundlage

Hierauf wird der bisherige AfA-Satz angewendet.

> **BEISPIEL:** An dem im Jahr 01 für 500 000 € hergestellten Gebäude ergeben sich Anfang 06 nachträgliche Herstellungskosten von 50 000 € (netto). Die tatsächliche Nutzungsdauer des Gebäudes beträgt 06 noch 70 Jahre.
>
> | | | |
> |---|---:|---:|
> | Restbuchwert 1.1.06 | | 425 000 € |
> | + HK | | 50 000 € |
> | | | 475 000 € |
> | ./. AfA 06 (s.u.) | | 16 500 € |
> | Buchwert 31.12.06 | | 458 500 € |
> | AfA-Bemessungsgrundlage | 500 000 € | |
> | | + 50 000 € | |
> | | 550 000 € × 3 % | 16 500 € |

980   Die nachträglichen Herstellungskosten können dabei so berücksichtigt werden, als wären sie zu Beginn des Jahres aufgewendet worden (R 7.4 Abs. 9 Satz 3 EStR).

Hat der Steuerpflichtige dagegen die AfA nach § 7 Abs. 4 Satz 2 EStG bemessen (höhere AfA-Sätze wegen kürzerer Nutzungsdauer), dann hat er ein Wahlrecht. Er kann die weitere AfA nach R 7.4 Abs. 9 Satz 2 EStR unter Anwendung des bisherigen AfA-Satzes ermitteln. Er kann aber auch nach H 7.3 (Nachträgliche Anschaffungs- oder Herstellungskosten) EStH i.V.m. R 7.4 Abs. 9 Satz 1 EStR die weitere AfA wie folgt berechnen:

Restbuchwert

+ nachträgliche Herstellungskosten

= neue AfA Bemessungsgrundlage
verteilt auf die neu zu schätzende Restnutzungsdauer

= neue AfA

6.5.5.3.8.6   AfA im Fall der Zuschreibung oder Wertaufholung

981   Die Bemessungsgrundlage erhöht sich für die AfA vom **folgenden** Wirtschaftsjahr an um den Betrag der Zuschreibung oder Wertaufholung (§ 11 Abs. 2 Satz 3 EStDV).

6.5.5.3.8.7   AfA bei selbständigen Gebäudeteilen

982   Zur AfA bei **selbständigen Gebäudeteilen** und bei einer Nutzungsänderung s. Rdn. 768 ff.

6.5.5.3.9 Abschreibung geringwertiger Wirtschaftsgüter (Anschaffungskosten nicht größer als 410 €)

Nach § 6 Abs. 2 EStG können im Jahr der Anschaffung oder Herstellung die Anschaffungs- oder Herstellungskosten von beweglichen Wirtschaftsgütern des Anlagevermögens, die der Abnutzung unterliegen und die einer selbständigen Nutzung fähig sind, in **voller Höhe als Betriebsausgaben** abgesetzt werden, wenn sie, vermindert um einen darin enthaltenen Vorsteuerbetrag, für das einzelne Wirtschaftsgut **410 €** nicht übersteigen.

983

Folgende gesetzliche Voraussetzungen müssen vorliegen:

6.5.5.3.9.1 Anschaffungs- oder Herstellungsvorgang

Die Wirtschaftsgüter müssen angeschafft oder hergestellt worden sein. Erwerb bedeutet dabei entweder Kauf, Tausch oder auch Schenkung aus betrieblicher Veranlassung (§ 6 Abs. 4 EStG). Darüber hinaus sind auch Einlagen als Anschaffungsvorgang anzusehen. Maßgebend ist der Übergang des wirtschaftlichen Eigentums.

984

Nicht als Anschaffungs- oder Herstellungsvorgänge zählen:

- Überführung eines Wirtschaftsguts aus einem Betrieb des Steuerpflichtigen in einen anderen Betrieb desselben Steuerpflichtigen,
- Überführung von Wirtschaftsgütern des Umlaufvermögens nach dem Jahr der Anschaffung oder Herstellung in das Anlagevermögen desselben Steuerpflichtigen

6.5.5.3.9.2 Anschaffungs- oder Herstellungskosten nicht mehr als 410 €

Für die Ermittlung der Anschaffungs- oder Herstellungskosten gelten dabei die üblichen Grundsätze. Auszugehen ist immer vom **Netto-Betrag** (ohne USt), ohne Rücksicht darauf, ob Vorsteuern abziehbar sind oder nicht. Voraussetzung ist jedoch, dass eine Rechnung mit **ordnungsmäßig gesondert ausgewiesener USt** bzw. eine Kleinbetragsrechnung vorliegt.

985

> **BEISPIEL:** Erwerb einer Büromaschine mit Rechnung über 450 € mit Vermerk: einschl. 19 % USt.
>
> In dieser Rechnung ist weder abziehbare noch nichtabziehbare USt enthalten. Da auch die Voraussetzungen für eine Kleinbetragsrechnung nicht vorliegen, betragen die Anschaffungskosten 450 €. Eine Sofortabschreibung nach § 6 Abs. 2 EStG kommt nicht in Betracht. Vielmehr kann diese Anschaffung gem. § 6 Abs. 2a EStG in einen Sammelposten eingestellt werden.
>
> Für eine Sofortabschreibung wäre eine Rechnung mit gesondertem Steuerausweis erforderlich gewesen.

Bei der Beurteilung der Frage, ob die Anschaffungs- oder Herstellungskosten für das einzelne Wirtschaftsgut 410 € nicht übersteigen, ist von folgenden Beträgen auszugehen:

- wenn von den Anschaffungs- oder Herstellungskosten ein Betrag nach § 6b EStG oder eine Rücklage für Ersatzbeschaffung abgesetzt wurde, von den um diese Beträge gekürzten Anschaffungs- oder Herstellungskosten;
- wenn das Wirtschaftsgut mit einem erfolgsneutral behandelten Zuschuss angeschafft oder hergestellt worden ist, von den um den Zuschuss gekürzten Anschaffungs- oder Herstellungskosten.

Das Wirtschaftsgut kann auch privatanteilig genutzt werden. Dann ist der Teil der Aufwendungen einschließlich anteiliger AfA, der dem privaten Nutzungsanteil entspricht, dem Gewinn wieder hinzuzurechnen.

> **BEISPIEL:** Erwerb einer Büromaschine Anfang des Jahres für 150 € (netto) mit einer Nutzungsdauer von 5 Jahren. Das Wirtschaftsgut wird zu 30 % für private Zwecke genutzt. Die laufenden Kosten (ohne AfA) betragen jährlich 300 €.
>
> Das Wirtschaftsgut kann nach § 6 Abs. 2 EStG im Jahr der Anschaffung voll abgeschrieben werden. Die privatanteiligen Kosten sind dem Gewinn wieder zuzurechnen. Sie betragen:
>
> | | |
> |---|---:|
> | laufende Kosten | 300,00 € |
> | AfA (20 % von 150 €) | 30,00 € |
> | gesamt | 330,00 € |
> | davon 30 % | 99,00 € |
> | + USt | 18,81 € |

6.5.5.3.9.3 Abnutzbare bewegliche Wirtschaftsgüter des Anlagevermögens

986 Zulässig ist eine Sofortabschreibung nach § 6 Abs. 2 EStG nur für bewegliche, körperliche abnutzbare Wirtschaftsgüter, nicht jedoch für immaterielle, auch nicht für Wirtschaftsgüter des Umlaufvermögens.

6.5.5.3.9.4 Selbständige Nutzungsfähigkeit der einzelnen Wirtschaftsgüter

987 Das liegt nicht vor, wenn das Wirtschaftsgut nach seiner betrieblichen Zweckbestimmung nur zusammen mit anderen Wirtschaftsgütern des Anlagevermögens genutzt werden kann und die in den Nutzungszusammenhang eingefügten Wirtschaftsgüter **technisch aufeinander abgestimmt sind.** Das gilt auch, wenn das Wirtschaftsgut aus dem betrieblichen Nutzungszusammenhang gelöst und in einen anderen betrieblichen Nutzungszusammenhang eingefügt werden kann.

> **BEISPIELE:** Antriebsmotor für Maschinen, aufeinander abgestimmte Gerüst-/Schalungsteile.

Sind die Wirtschaftsgüter zwar technisch und organisch aufeinander abgestimmt, können sie aber ihrer allgemeinen Bestimmung gemäß genutzt werden, sind die Voraussetzungen für die Steuervergünstigung erfüllt.

> **BEISPIEL:** Anschaffung einer kompletten neuen Büroausstattung, bei der die einzelnen Teile holz- und farbmäßig aufeinander abgestimmt sind.

6.5.5.3.10 Abschreibung geringwertiger Wirtschaftsgüter (Anschaffungskosten größer als 150 € und nicht größer als 1 000 €)

988 Nach § 6 Abs. 2a EStG kann (für die Jahre 2008 und 2009: muss) im Jahr der Anschaffung, Herstellung oder Einlage für abnutzbare bewegliche Wirtschaftsgüter des Anlagevermögens ein Sammelposten gebildet werden, wenn die Anschaffungs- oder Herstellungskosten (oder ggf. der nach § 6 Abs. 1 Nr. 5 – 6 EStG an deren Stelle tretende Wert), vermindert um einen darin enthaltenen Vorsteuerbetrag, für das einzelne Wirtschaftsgut 150 € aber nicht 1 000 € übersteigen. Die Bildung dieses Sammelpostens stellt ein Wahlrecht dar.

Unter folgenden gesetzlichen Voraussetzungen kann ein Sammelposten gebildet werden:

6.5.5.3.10.1 Anschaffungs- oder Herstellungsvorgang

Die Wirtschaftsgüter müssen angeschafft oder hergestellt worden sein. Erwerb bedeutet dabei entweder Kauf, Tausch oder auch Schenkung aus betrieblicher Veranlassung (§ 6 Abs. 4 EStG). Darüber hinaus sind auch Einlagen als Anschaffungsvorgang anzusehen. Maßgebend ist der Übergang des wirtschaftlichen Eigentums.

989

Nicht als Anschaffungs- oder Herstellungsvorgänge zählen:

▶ Überführung eines Wirtschaftsguts aus einem Betrieb des Steuerpflichtigen in einen anderen Betrieb desselben Steuerpflichtigen,

▶ Überführung von Wirtschaftsgütern des Umlaufvermögens nach dem Jahr der Anschaffung oder Herstellung in das Anlagevermögen desselben Steuerpflichtigen

6.5.5.3.10.2 Anschaffungs- oder Herstellungskosten mehr als 150 € und nicht mehr als 1 000 €

Für die Ermittlung der Anschaffungs- oder Herstellungskosten gelten dabei die üblichen Grundsätze. Auszugehen ist immer vom **Netto-Betrag** (ohne USt), ohne Rücksicht darauf, ob Vorsteuern abziehbar oder nicht abziehbar sind. Voraussetzung ist jedoch, dass eine Rechnung mit **ordnungsmäßig gesondert ausgewiesener USt** bzw. eine Kleinbetragsrechnung vorliegt.

990

6.5.5.3.10.3 Weitere Voraussetzungen

In den Sammelposten eingestellt werden können nur bewegliche körperliche abnutzbare Wirtschaftsgüter des Anlagevermögens, nicht jedoch immaterielle, auch nicht Wirtschaftsgüter des Umlaufvermögens.

991

Weiterhin muss auch hier – wie für die Anwendung des § 6 Abs. 2 EStG – die selbständige Nutzungsfähigkeit der einzelnen Wirtschaftsgüter gegeben sein.

Der Sammelposten, der kein Wirtschaftsgut, sondern lediglich eine Rechengröße darstellt, ist im Wirtschaftsjahr der Bildung und in den folgenden vier Wirtschaftsjahren mit jeweils einem Fünftel gewinnmindernd aufzulösen.

992

6.5.5.3.11 Übersicht über Abschreibungen nach Handels- und Steuerrecht

Die folgende Abbildung verdeutlicht die Abschreibungen nach Handels- und Steuerrecht.

993

ABB. 27: Abschreibungen nach Handels- und Steuerrecht

Abschreibung ist die buch- und bilanzmäßige Berücksichtigung des Wertverzehrs eines Wirtschaftsgutes durch technische oder wirtschaftliche Entwertung.

Abschreibungen nach Steuerrecht

Absetzung für Abnutzung (AfA)

I. Lineare AfA (§ 7 Abs. 1 EStG)

1. Zeit-AfA
   - Absetzung in gleichen Jahresbeträgen;
   - Bemessungsgrundlage sind die AK oder HK;
   - Anwendungen für alle abnutzbaren WG;
   - für Gebäude gelten die in § 7 Abs. 4 EStG festgelegten AfA-Sätze.

2. Leistungs-AfA
   - Absetzung nach jeweiliger Leistung im Jahr;
   - zulässig nur für abnutzbare WG des Anlagevermögens;
   - AfA muss wirtschaftlich begründet sein;
   - jeweilige Leistung muss nachgewiesen werden.

3. Besonderheit
Für abnutzbare bewegliche WG des Anlagevermögens, die einer selbständigen Nutzung fähig sind, kann im Wirtschaftsjahr der Anschaffung oder Herstellung ein Sammelposten gebildet werden, wenn die Anschaffungs- oder Herstellungskosten (ohne USt) für das einzelne WG 150 € aber nicht 1 000 € übersteigen.
Der Sammelposten ist im Wirtschaftsjahr der Bildung und den folgenden vier Wirtschaftsjahren mit jeweils $1/5$ gewinnmindernd aufzulösen (§ 6 Abs. 2a EStG).

II. Degressive AfA (§ 7 Abs. 2 und 5 EStG)
   - Absetzung eines gleich bleibenden v. H.-Satzes vom jeweiligen Buchwert;
   - nur für bewegliche abnutzbare WG des Anlagevermögens im Rahmen der Gewinnermittlungsarten zulässig und in der Höhe beschränkt;
   - für Gebäude (angeschafft mit Vertragsabschluss vor dem 1. 1. 2006 oder hergestellt aufgrund eines Bauantrags vor dem 1. 1. 2006) gelten die in § 7 Abs. 5 EStG festgelegten AfA-Sätze.

III. Absetzung für außerordentliche technische oder wirtschaftliche Abnutzung (AfaA)
Buch- und bilanzmäßige Erfassung eines außerordentlichen technischen oder wirtschaftlichen Wertverschleißes bei abnutzbaren WG.

IV. Absetzung für Substanzverringerungen (§ 7 Abs. 6 EStG)
Absetzungsverfahren für Bergbauunternehmen, Steinbrüchen u. ä. Unternehmen.

Abschreibungen

I. Teilwert-Abschreibung

- Angleichung des Buchwerts eines WG an dessen niedrigen Teilwert;
- eine Teilwertabschreibung ist nur bei Gewinnermittlungsarten nach § 4 Abs. 1 EStG und § 5 Abs. 1 EStG zulässig;
- bei allen WG des Anlage- und Umlaufvermögens anwendbar.

II. Sonderabschreibungen

Gewollte wirtschaftspolitische Zielsetzungen sollen durch die Möglichkeit höherer steuerlicher Abschreibungen erreicht werden. In der Handelsbilanz können dies Abschreibungen nicht vorgenommen werden. Hierzu zählen z. B.:
- Sonderabschreibungen neben der planmäßigen Abschreibung für WG des Anlagevermögens nach § 7g EStG;
- erhöhte Abschreibungen nach § 7h EStG für bestimmte Gebäude.

III. Sonstige Abschreibungen

- Möglichkeit, Sofortabschreibungen der AK/HK von abnutzbaren beweglichen WG des Anlagevermögens, deren AK/HK 150 € ohne USt nicht übersteigen (§ 6 Abs. 2 EStG) vorzunehmen.
- Nach § 6 Abs. 2a EStG können im Jahr der Anschaffung, Herstellung oder Einlage für abnutzbare bewegliche WG des Anlagevermögens, deren Anschaffungs- oder Herstellungskosten für das einzelne WG 150 € aber nicht 1 000 € jeweils ohne USt übersteigen, in einen Sammelposten eingestellt werden. Dieser Sammelposten ist ab dem Jahr der Bildung mit 20 % gewinnmindernd aufzulösen.

Abschreibungen nach Handelsrecht

I. Grundsatz
Nach dem HGB sind alle Abschreibungsmethoden erlaubt, die den Grundsätzen ordnungsmäßiger Buchführung entsprechen.
Die steuerlichen Abschreibungsmethoden sind in der Handelsbilanz nicht anwendbar.

II. Planmäßige Abschreibungen
Nach § 253 Abs. 3 und 4 HGB sind planmäßige Abschreibungen bei WG des Anlagevermögens zu berücksichtigen, deren Nutzung zeitlich begrenzt ist.

III. Außerplanmäßige Abschreibungen
Diese können bzw. müssen für WG, deren Nutzung zeitlich begrenzt ist und für WG, deren Nutzung zeitlich nicht begrenzt ist, berücksichtigt werden, um den niedrigeren beizulegenden Wert auszuweisen.
Das entspricht i. d. R. der AfaA bzw. der Teilwertabschreibung im Steuerrecht.

6.5.6 Bewertung des nicht abnutzbaren Anlagevermögens nach Steuerrecht

6.5.6.1 Allgemeine Bewertungsgrundsätze

994 Nach § 6 Abs. 1 Nr. 2 EStG sind die Wirtschaftsgüter des nicht abnutzbaren Anlagevermögens mit den Anschaffungs- oder Herstellungskosten, vermindert um Abzüge nach § 6b EStG und ähnliche Abzüge anzusetzen. Ist der Teilwert aufgrund einer voraussichtlich dauernden Wertminderung niedriger, kann dieser angesetzt werden. Der Grundsatz der Maßgeblichkeit der Handelsbilanz für die Steuerbilanz greift nach § 5 Abs. 1 Satz 1 Halbsatz 2 EStG hier nicht, da in § 6 Abs. 1 Nr. 2 Satz 2 EStG ein eigenständig, unabhängig auszuübendes steuerliches Wahlrecht formuliert ist (s. BMF-Schreiben v. 12. 3. 2010, BStBl 2010 I 239, Rz. 13 und 15).

Bei einer nur vorübergehend eingetretenen Wertminderung darf steuerlich **keine** Teilwertabschreibung vorgenommen werden. Damit kann es zu Abweichungen zwischen Handels- und Steuerbilanz kommen.

Steuerrechtlich besteht gem. § 6 Abs. 1 Nr. 2 Satz 3 EStG i.V. m. § 6 Abs. 1 Nr. 1 Satz 4 EStG ein strenges Wertaufholungsgebot auf den höheren Teilwert, höchstens jedoch auf die ursprünglichen Anschaffungs- oder Herstellungskosten. Der niedrigere Teilwert darf bei Wirtschaftsgütern, die bereits am Schluss des vorangegangenen Wirtschaftsjahres zum Anlagevermögen gehört haben, nur dann beibehalten werden, wenn nachgewiesen wird, dass tatsächlich keine Wertsteigerung eingetreten ist.

995 **BEISPIELE:**

1) X ist Eigentümer eines mit Altlasten verseuchten Grundstücks. Die ursprünglichen Anschaffungskosten lagen bei 200 000 €. Laut Gutachten hat das Grundstück nur noch einen Wert von 10 000 €. Der Steuerpflichtige wäre verpflichtet, bei einer Nutzungsänderung die Altlast zu beseitigen. Eine Aufforderung zur Schadensbeseitigung ist jedoch in absehbarer Zeit nicht zu erwarten.

   Eine Teilwertabschreibung auf 10 000 € ist zulässig. Aus der Sicht am Bilanzstichtag ist von einer voraussichtlich dauernden Wertminderung des Grundstücks auszugehen. Wird die Altlast später beseitigt, ist eine entsprechende Zuschreibung vorzunehmen.

2) X hat Aktien der Y-AG zum Preis von 100 € pro Stück erworben. Die Aktien sind als langfristige Kapitalanlage dazu bestimmt, dauernd dem Geschäftsbetrieb zu dienen.

   Der Kurs der Aktien schwankt nach der Anschaffung zwischen 70 € und 100 €. Der Börsenpreis am Bilanzstichtag beträgt 90 €.

   Eine Teilwertabschreibung ist nicht zulässig. Der durch die Kursschwankung verursachte niedrigere Börsenpreis am Bilanzstichtag stellt eine nur vorübergehende Wertminderung dar.

BESONDERHEIT BEI BÖRSENNOTIERTEN AKTIEN

Für die Beantwortung der Frage, in welchen Fällen bei der Bewertung von börsennotierten Anteilen an einer Kapitalgesellschaft von dauernder Wertminderung auszugehen ist, siehe BFH v. 26. 9. 2007 I R 58/06 (BStBl 2009 II 294) und BMF v. 26. 3. 2009 (Anhang 9 VI EStR Nr. 3). Der BFH hat in zwei weiteren Urteilen zu der Voraussetzung einer voraussichtlich dauernden Wertminderung bei börsennotierten Aktien Stellung genommen und ist dabei noch weiter von der strengen Auffassung der Finanzverwaltung abgewichen (BFH v. 21.9.2011 I R 89/10 und I R 7/11). Nach BFH ist bei an der Börse gehandelten Aktien von einer voraussichtlich dauernden Wertminderung typisierend bereits dann auszugehen, wenn der Kurs am Bilanzstichtag unter den Kurs im Zeitpunkt des Aktienerwerbs gesunken ist und die Kursdifferenz eine Bagatellgrenze von 5 % überschreitet. Auf die Kursentwicklung nach dem Bilanzstichtag kommt es grundsätzlich nicht an. Dieser Auffassung hat sich inzwischen der BMF angeschlossen (s. Rz. 15 ff. des BMF-Schreibens vom 16.7.2014, BStBl 2014 I 1162).

Der Ansatz des wieder gestiegenen Teilwerts bis zu den Anschaffungskosten führt dabei nicht zum Ausweis eines nicht realisierten Gewinns, was sowohl nach Handelsrecht als auch nach Steuerrecht verboten wäre, sondern in diesen Fällen wird nur eine in den Vorjahren vorgenommene Teilwertabschreibung rückgängig gemacht. 996

Ein nicht realisierter Gewinn würde erst entstehen, wenn der Steuerpflichtige einen Wert wählen würde, der über die ursprünglichen Anschaffungskosten hinausgehen würde.

Für das nicht abnutzbare Anlagevermögen gilt somit:

▶ nichtrealisierte Verluste können ausgewiesen werden (Regelfall),
▶ nichtrealisierte Gewinne dürfen nicht ausgewiesen werden.

Schematische Darstellung der möglichen Ansätze: 997

Für Wirtschaftsgüter des nicht abnutzbaren Anlagevermögens sind anzusetzen:

Zeitpunkt der Anschaffung	zum nächsten Bilanzstichtag	zu jedem weiteren Bilanzstichtag (soweit WG noch vorhanden)
Anschaffungskosten	1. Anschaffungskosten 2. niedrigerer Teilwert, soweit zulässig.	1. letzter Bilanzansatz 2. niedrigerer Teilwert, soweit zulässig 3. ein wieder gestiegener Teilwert, höchstens die ursprünglichen Anschaffungskosten (Wertaufholungsgebot).

6.5.6.2 Besonderheiten bei Beteiligungen

6.5.6.2.1 Allgemeines

Die Beteiligungen sind den Finanzanlagen gem. § 266 Abs. 2 Aktivseite A III HGB zuzuordnen. Hierzu gehören insbesondere: 998

▶ Anteile an verbundenen Unternehmen,
▶ Beteiligungen,
▶ Wertpapiere des Anlagevermögens.

Hierbei handelt es sich um Finanzanlagen auf gesellschaftsrechtlicher Grundlage.

Eine Beteiligung nach § 271 Abs. 1 HGB liegt bei Anteilen an anderen Unternehmen vor, die bestimmt sind, dem eigenen Geschäftsbetrieb durch Herstellung einer dauernden Verbindung zu jenen Unternehmen zu dienen.

Dabei beschränken sich Beteiligungen nicht nur auf Kapitalgesellschaften; denn nach § 271 HGB ist es unerheblich, ob die Anteile in Wertpapieren verbrieft sind oder nicht. Deshalb sind auch Beteiligungen an **Personengesellschaften** des Handelsrechts als Beteiligungen anzusehen. Zu unterscheiden ist dabei aber wie folgt:

- Bei Anteilen an **Kapitalgesellschaften** besteht nach § 271 Abs. 1 HGB die Vermutung einer Beteiligung, wenn die Anteile ein Fünftel des Nennkapitals der Gesellschaft übersteigen.

- Bei **Personengesellschaften** des Handelsrechts ist dagegen ohne Rücksicht auf den Umfang immer eine Beteiligung anzunehmen.

6.5.6.2.2 Bilanzierung von Beteiligungen nach Handelsrecht

999 Beteiligungen an Kapitalgesellschaften und Personengesellschaften des Handelsrechts gehören zum **nicht abnutzbaren Anlagevermögen.** Sie sind mit den Anschaffungskosten zu bilanzieren.

Außerplanmäßige Abschreibungen auf Beteiligungen sind rechtsformunabhängig bei voraussichtlich dauernder Wertminderung vorzunehmen (§ 253 Abs. 3 Satz 3 HGB).

1000 Rechtsformunabhängig **können** bei voraussichtlich nicht dauernder Wertminderung außerplanmäßige Abschreibungen auf Beteiligungen vorgenommen werden (§ 253 Abs. 3 Satz 4 EStG).

1001 Die **Gewinnansprüche** aus Beteiligungen entstehen wie folgt:

- Bei Beteiligungen an **Kapitalgesellschaften** darf der beteiligte Gewerbetreibende Beteiligungserträge erst dann bilanzieren, wenn der Ausschüttungsbeschluss ergangen ist;

- bei Beteiligungen an **Personengesellschaften** des Handelsrechts entsteht der Gewinnanspruch grundsätzlich mit Ablauf des Wirtschaftsjahres der Personengesellschaft.

6.5.6.2.3 Bilanzierung von Beteiligungen nach Steuerrecht

1002 Die Beteiligung ist als Wirtschaftsgut grundsätzlich mit dem Wert laut Handelsbilanz zu bilanzieren (§ 5 Abs. 1 Satz 1 Halbsatz 1 EStG). Beteiligungen sind Wirtschaftsgüter des nicht abnutzbaren Anlagevermögens. Die Bewertung richtet sich nach § 6 Abs. 1 Nr. 2 EStG; in dieser Vorschrift sind eigenständige steuerliche Wahlrechte dargelegt. Somit ist die Handelsbilanz gem. § 5 Abs. 1 Satz 1 Halbsatz 2 EStG für die Steuerbilanz nicht maßgebend.

Steuerrechtlich gilt:

Rechtsformunabhängig **können** (steuerliches Wahlrecht!) bei voraussichtlich dauernder Wertminderung außerplanmäßige Abschreibungen auf Beteiligungen vorgenommen werden (§ 6 Abs. 1 Nr. 2 Satz 2 EStG). Die handelsrechtliche Abschreibungsnotwendigkeit (§ 253 Abs. 3 Satz 3 HGB) hat auf den Steuerbilanzansatz keine Auswirkung.

Rechtsformunabhängig **dürfen** bei voraussichtlich nicht dauernder Wertminderung außerplanmäßige Abschreibungen auf Beteiligungen **nicht** vorgenommen werden (§ 6 Abs. 1 Nr. 2 EStG). Das handelsrechtliche Abschreibungswahlrecht (§ 253 Abs. 3 Satz 4 HGB) hat auf den Steuerbilanzansatz keine Auswirkung.

Es ergeben sich aber folgende Besonderheiten:

6.5.6.2.3.1 Beteiligungen an Kapitalgesellschaften

Wird die Beteiligung im **Betriebsvermögen** gehalten, dann stellen die Beteiligungserträge betriebliche Einnahmen dar. 1003

Der Ansatz des Ertrags einschließlich der KapESt erfolgt im Wirtschaftsjahr des Ausschüttungsbeschlusses. Die einbehaltene KapESt stellt dabei grundsätzlich eine **Entnahme** dar, soweit die Beteiligungen von **Einzelunternehmern** gehalten werden oder sich im **Gesamthandsvermögen** einer Personengesellschaft befinden. Hier sind die Entnahmen den Mitunternehmern **anteilig** zuzurechnen.

> **BEISPIEL:** Die Beteiligung an der X-AG befindet sich im Gesamthandsvermögen einer OHG, an der die Gesellschafter A und B mit jeweils 50 % beteiligt sind. In der Hauptversammlung der X-AG wurde am 15.10.03 die Ausschüttung einer Dividende für das Geschäftsjahr 02 beschlossen, die der OHG am 20.12.03 überwiesen wurde. Die KapESt i. H. v. 6 000 € wurde zutreffend einbehalten und abgeführt. (Aus Vereinfachungsgründen wird auf den Solidaritätszuschlag nicht eingegangen.)
>
> Der Anspruch auf Dividende entsteht mit der Beschlussfassung durch die Hauptversammlung. Sie ist betrieblicher Ertrag für die OHG (§ 20 Abs. 3 EStG). Die KapESt erhöht den Ertrag. Sie stellt gleichzeitig Entnahmen der Gesellschafter dar, da die KapESt auf der Ebene der Gesellschafter auf die ESt-Zahllast angerechnet wird. Die OHG selbst hat keinen Anspruch auf Anrechnung der KapESt.
>
> Gewinn der OHG = 24 000 € (6 000 € = 25 %), 100 % =   24 000 €
> Entnahmen der Gesellschafter jeweils 3 000 € (6 000 € : 2 =)   3 000 €

Bei **verdeckten Gewinnausschüttungen** sind diese als gewerbliche Beteiligungserträge zu erfassen. 1004

> **BEISPIELE:**
>
> ► Der Steuerpflichtige (Einzelunternehmer) verkauft ein WG seines BV an die Kapitalgesellschaft zu einem überhöhten Preis.
> Hinsichtlich des Differenzbetrags Buchwert/Netto-Verkaufswert ist der Gewinn beim Steuerpflichtigen bereits erfasst, sodass sich keine weiteren Gewinnauswirkungen ergeben.
>
> (Bei der Kapitalgesellschaft sind die Anschaffungskosten des erworbenen Wirtschaftsguts mit dem zutreffenden Wert zu erfassen; der zu viel gezahlte Betrag stellt Aufwand dar, der jedoch außerbilanziell als verdeckte Gewinnausschüttung bei der Ermittlung des z. v. E. dem Gewinn hinzuzurechnen ist.)

▶ Die Kapitalgesellschaft verkauft ein WG an den Steuerpflichtigen (Einzelunternehmer) zu einem um 50 000 € unter dem gemeinen Wert liegenden Preis. Der Erwerb erfolgt für das BV des Steuerpflichtigen

Das WG ist im BV mit dem Betrag anzusetzen, der bei voll entgeltlichem Erwerb hätte aufgewendet werden müssen. Die bisher erfassten Anschaffungskosten sind um 50 000 € zu erhöhen. Gleichzeitig sind diese 50 000 € als Beteiligungsertrag erfasst worden. Die Vorsteuer ist – unverändert – nur in der ausgewiesenen Höhe abziehbar.

(Bei der Kapitalgesellschaft stellen diese 50 000 € eine verdeckte Gewinnausschüttung dar; der zu viel gezahlte Betrag ist außerbilanziell bei der Ermittlung des z.v. E. dem Gewinn hinzuzurechnen.)

1005 Für Beteiligungserträge gilt das Teileinkünfteverfahren. Die Rechtsfolge besteht darin, dass die in Betracht kommenden Einnahmen in voller Höhe als Beteiligungserträge gebucht werden. Die Folgen der Steuerbefreiung nach § 3 Nr. 40 EStG werden außerhalb der Bilanz berücksichtigt: 40 % der Beteiligungserträge bleiben bei der Ermittlung des Einkommens außer Ansatz.

BEISPIEL: ▶ Die X-GmbH hat ein zu versteuerndes Einkommen von 2 000 € erzielt, das in voller Höhe ausgeschüttet werden soll. Die KSt beträgt 25 % = 500 €. (Aus Vereinfachungsgründen wird auf den Solidaritätszuschlag nicht eingegangen.)

Der Restgewinn von 1 500 € wird unter Abzug von 20 % KapESt (= 300 €) an den alleinigen Gesellschafter A ausgeschüttet, der die Anteile im Betriebsvermögen seines Einzelunternehmens hält.

Im Einzelunternehmen ist zu buchen:

Geldkonto	1 200 € an	Beteiligungserträge	1 200 €
Entnahmen	300 € an	Beteiligungserträge	300 €

Außerhalb der Bilanz bleiben bei der Einkommensermittlung für A 40 % der Einnahmen und damit 600 € (40 % von 1 500 €) außer Ansatz.

6.5.6.2.3.2 Beteiligung an einer Personengesellschaft

1006 Für die Personengesellschaft wird gem. §§ 179, 180 AO eine eigenständige Gewinnermittlung durchgeführt. Der Anteil am Gewinn wird dabei dem einzelnen Mitunternehmer außerhalb der eigenen Steuerbilanz (wenn z. B. ein Einzelunternehmer an Personengesellschaft beteiligt ist) bei der Ermittlung seiner Einkünfte hinzugerechnet.

Damit hat die Beteiligung an einer Personengesellschaft steuerrechtlich keine **selbständige** Bedeutung, sie stellt **kein Wirtschaftsgut** dar. Der Gewinnanspruch entsteht mit Ablauf des Wirtschaftsjahres der Personengesellschaft. Für die Höhe der Beteiligungserträge ist das Ergebnis der einheitlichen und gesonderten Gewinnfeststellung maßgebend.

1007 Für die bilanzielle Darstellung ergeben sich verschiedene Möglichkeiten:

▶ Die Beteiligung stellt kein Wirtschaftsgut dar und wird deshalb nicht in der Steuerbilanz des Beteiligungshalters ausgewiesen. Da diese Beteiligung in der Handelsbilanz zwingend auszuweisen ist, ist das steuerrechtliche Kapital niedriger als das handelsrechtliche. Die Zurechnung dieses Gewinnanteils erfolgt dann außerhalb der Steuerbilanz des Beteiligten.

▶ Der Wertansatz der Beteiligung in der Handelsbilanz wird auch in die Steuerbilanz übernommen. Abweichungen werden gem. § 60 Abs. 1 Satz 1 EStDV außerhalb der Bilanz vorgenommen.

▶ Den Bedürfnissen der Praxis entspricht am meisten, wenn die sog. Spiegelbildmethode angewandt wird. Hierbei wird die Beteiligung in der Steuerbilanz mit dem Wert angesetzt, der der Summe aus dem Kapitalkonto des Beteiligten in der Gesellschaftsbilanz, den Kapitalkonten in Sonderbilanzen und dem Kapitalkonto in der Ergänzungsbilanz entspricht. Das bedeutet: Jede Buchung in der Gesellschafts-, in der Sonder- und der Ergänzungsbilanz, die das Kapitalkonto des Beteiligten berührt, führt zu Buchungen in der Bilanz des Beteiligten, in denen das Konto „Beteiligungen" verändert wird.

6.5.6.2.3.3 Gründe für eine Teilwertabschreibung

Teilwertabschreibungen bei Beteiligungen an Kapitalgesellschaften können sich insbesondere ergeben aus:

▶ Anlaufverlusten, wenn sie erkennen lassen, dass sich das Unternehmen ohne grundlegende finanzielle Maßnahmen nicht rentieren wird und diese Maßnahmen unterbleiben;

▶ schlechten Ertragsaussichten, soweit der Kaufmann sie nicht schon bei Erwerb der Beteiligung kannte und sie bewusst in Kauf nahm;

▶ Verlusten aus Schachtelbeteiligungen, wenn der Wert der Beteiligung infolge von Ausschüttungen unter den Buchwert gesunken ist.

Voraussetzung bleibt dabei, dass der Teilwert aufgrund einer voraussichtlich dauernden Wertminderung gesunken ist.

6.5.7 Übersicht über die Bewertung des Anlagevermögens nach Handels- und Steuerrecht

Die Grundsätze der Bewertung des Anlagevermögens sind aus der folgenden Abbildung 28 zu entnehmen (siehe folgende Seiten).

TEIL B — Bilanzierung und Bewertung nach Handels- und Steuerrecht

ABB. 28: Bewertung der Wirtschaftsgüter des Anlagevermögens

Zum Anlagevermögen (AV) gehören alle Vermögenswerte, die am Bilanzstichtag dazu bestimmt sind, dem Betrieb dauernd zu dienen, deren Zweckbestimmung also auf den Gebrauch im Betrieb gerichtet ist.

Wirtschaftsgüter des abnutzbaren Anlagevermögens

Zum abnutzbaren AV gehören alle Vermögenswerte, deren Nutzung zeitlich begrenzt ist, die also einem laufenden Verschleiß unterliegen. Hierzu gehören neben den Sachen (körperliche Gegenstände) auch immaterielle Werte, wenn sich ihr Wert durch Zeitablauf verbraucht (z. B. zeitlich befristete Konzessionen oder der Firmenwert (Praxiswert)).
Im Übrigen gehören immaterielle Werte wie auch Rechte regelmäßig zum nicht abnutzbaren Anlagevermögen.

Wertansatz der Vermögensgegenstände/ Wirtschaftsgüter	nach Handelsrecht	nach Steuerrecht
zum Zeitpunkt der Anschaffung oder Herstellung	grundsätzlicher Wertansatz nach § 253 Abs. 1 Satz 1 HGB mit den Anschaffungs- oder Herstellungskosten	grundsätzlicher Wertansatz nach § 6 Abs. 1 Nr. 1 EStG mit den AK oder HK
zum Abschlussstichtag bei planmäßiger AfA	Anschaffungskosten oder Herstellungskosten abzüglich planmäßiger Abschreibungen (§ 253 Abs. 3 HGB)	AK oder HK abzüglich AfA (§ 6 Abs. 1 Nr. 1 EStG)
zum Abschlussstichtag bei außerplanmäßiger AfA a) bei vorübergehender Wertminderung	Vornahme außerplanmäßiger Abschreibungen nur bei Finanzanlagen möglich (§ 253 Abs. 3 HGB)	AK oder HK abzüglich AfA (§ 6 Abs. 1 Nr. 1 EStG)
b) bei dauernder Wertminderung	die außerplanmäßige Abschreibung ist vorzunehmen (§ 253 Abs. 3 Satz 3 HGB)	der niedrige Wertansatz <u>kann</u> in die StB übernommen werden (eigenständiges steuerliches Wahlrecht)
zum Abschlussstichtag mit einem Wert, der sich auf Grund nur steuerlich zulässiger Abschreibungen ergibt	Ansatz nicht zulässig	dieser Wert darf grundsätzlich angesetzt werden
zum Abschlussstichtag mit einem Wert, der nach vernünftiger kaufmännischer Beurteilung möglich ist	Ansatz nicht zulässig	dieser Wert darf nicht angesetzt werden
Wertaufholung	Zuschreibungsgebot (§ 253 Abs. 5 Satz 1 HGB); Ausnahme: Beibehaltungspflicht bei entgeltlich erworbenem Geschäfts- oder Firmenwert (§ 253 Abs. 5 Satz 2 HGB)	Zuschreibungsgebot (§ 6 Abs. 1 Nr. 1 Satz 4 EStG)

Wirtschaftsgüter des nicht abnutzbaren Anlagevermögens

Zum nicht abnutzbaren AV gehören alle Vermögenswerte, deren Nutzung voraussichtlich zeitlich nicht begrenzt ist, die also einem laufenden Verschleiß nicht unterliegen. Hierzu gehören Grundstücke (Grund und Boden), Wertpapiere, Anteile, regelmäßig auch die Rechte (Forderungen) und immateriellen Werte.

nach Handelsrecht	nach Steuerrecht
grundsätzlicher Wertansatz nach § 253 Abs. 1 Satz 1 HGB mit den Anschaffungskosten oder Herstellungskosten	grundsätzlicher Wertansatz nach § 6 Abs. 1 Nr. 1 EStG mit den AK oder HK
grundsätzlicher Wertansatz nach § 253 Abs. 1 Satz 1 HGB mit den Anschaffungskosten oder Herstellungskosten	grundsätzlicher Wertansatz nach § 6 Abs. 1 Nr. 1 EStG mit den AK oder HK
Vornahme außerplanmäßiger Abschreibung ist nur bei Finanzanlagen möglich (§ 253 Abs. 3 Satz 3 und 4 HGB)	Teilwertabschreibung nicht möglich (§ 6 Abs. 1 Nr. 2 EStG)
die außerplanmäßige Abschreibung ist vorzunehmen (§ 253 Abs. 3 Satz 3 HGB)	der niedrige Wertansatz kann in die StB übernommen werden (eigenständiges steuerliches Wahlrecht)
Ansatz nicht zulässig	dieser Wert darf grundsätzlich angesetzt werden
Ansatz nicht zulässig	dieser Wert darf nicht angesetzt werden
Zuschreibungsgebot (§ 253 Abs. 5 Satz 1 HGB)	Zuschreibungsgebot (§ 6 Abs. 1 Nr. 2 Satz 3 i. V. m. § 6 Abs. 1 Nr. 1 Satz 4 EStG)

6.6 Bewertung des Umlaufvermögens und der Verbindlichkeiten

6.6.1 Begriff des Umlaufvermögens

1010 Der Begriff des Umlaufvermögens hat keine gesetzliche Definition erfahren. Negativ abgegrenzt rechnen alle Gegenstände dazu, die weder zum Anlagevermögen noch zu den Rechnungsabgrenzungsposten gehören. Positiv kann man formulieren:

> Das Umlaufvermögen umfasst diejenigen Wirtschaftsgüter, die **nicht** dazu bestimmt sind, **dauernd** dem Geschäftsbetrieb zu dienen.

Das Umlaufvermögen zerfällt in **zwei Untergruppen**, nämlich die Vorräte und die anderen Gegenstände des Umlaufvermögens. Die Vorräte umfassen neben den Roh-, Hilfs- und Betriebsstoffen auch die Waren, die unfertigen und die fertigen Erzeugnisse. Zu den anderen Gegenständen des Umlaufvermögens rechnen vor allem Forderungen, Zahlungsmittel und Wertpapiere (soweit diese nicht langfristig dem Betrieb dienen sollen) einschließlich der Besitzwechsel.

6.6.2 Bewertung der Vorräte

6.6.2.1 Bewertung nach Handelsrecht

1011 Bewertungsgrundlage für die Vorräte sind, wie bei den Gegenständen des Anlagevermögens auch, die Anschaffungs- oder Herstellungskosten, soweit nicht ein niedrigerer Wertansatz nach § 253 Abs. 2, 3 HGB geboten erscheint. Zu beachten ist hier, dass der handelsrechtliche Herstellungskostenbegriff Anwendung findet (vgl. Rdn. 863 ff.). Auch bei den Vermögensgegenständen des Umlaufvermögens bilden die Anschaffungs- bzw. Herstellungskosten die absolute Obergrenze der Bewertung. Zur Ermittlung dieser Anschaffungs- oder Herstellungskosten gibt es fünf Verfahren:

- ► Einzelbewertung,
- ► Sammelbewertung,
- ► Durchschnittsbewertung,
- ► Retrograde Bewertung,
- ► Festwertansatz.

1012 Zu den hier angesprochenen Verfahren s. Rdn. 803 ff. Die retrograde Wertermittlung wird anhand des folgenden Beispiels erläutert. Wenn sich in bestimmten Unternehmen, z. B. im Einzelhandel, die Anschaffungs- oder Herstellungskosten nicht direkt ermitteln lassen, da eine Auszeichnung mit den Verkaufspreisen bereits beim Einkauf erfolgt, besteht für diese Unternehmen die Möglichkeit der Wertermittlung durch Rückrechnung.

BEISPIEL:

Bestand zu Verkaufspreisen	23 800 €
./. im Verkaufspreis enthaltene USt	./. 3 800 €
Bestand zu Nettoverkaufspreisen	20 000 €
./. Rohgewinnsatz 50 %	./. 10 000 €
	10 000 €

./. erhaltene Preisnachlässe 3 % (Skonti, Boni, Rabatte)	./. 300 €
Durch retrograde Wertermittlung errechnete Anschaffungskosten	9 700 €

Als niedrige Wertansätze sind in der Handelsbilanz auszuweisen: 1013

▶ Der aus dem Börsen- oder Marktpreis abgeleitete Wert, § 253 Abs. 4 Satz 1 HGB

(vgl. Ausführungen unter Rdn. 912 ff.; dies gilt unabhängig davon, ob die Wertminderung von Dauer ist.);

▶ der den Gegenständen am Abschlussstichtag beizulegende Wert (= Zeitwert), wenn ein Börsen- oder Marktpreis nicht feststellbar ist, § 253 Abs. 4 Satz 2 HGB

(vgl. Ausführungen unter Rdn. 915 f.; dies gilt unabhängig davon, ob die Wertminderung von Dauer ist).

Von den genannten zwei Bewertungsmaßstäben und den Anschaffungs- bzw. Herstellungskosten muss stets der niedrigere Wert in der Handelsbilanz angesetzt werden. Es herrscht das **strenge Niederstwertprinzip:** Der niedrigere von zwei möglichen Werten, 1014

▶ auf der einen Seite die Anschaffungs- oder Herstellungskosten,

▶ auf der anderen Seite der aus dem Börsen- oder Marktpreis abgeleitete Wert (in der Regel die Wiederbeschaffungskosten) oder der Zeitwert

muss zwingend angesetzt werden.

Ein niedrigerer Wertansatz, der für **Zwecke der Steuerbilanz** gebildet werden kann, darf in der Handelsbilanz nicht erfasst werden (Aufgabe der umgekehrten Maßgeblichkeit mit Inkrafttreten des BilMoG). 1015

§ 253 Abs. 5 Satz 1 HGB sagt aus, dass ein niedriger Wertansatz rechtsformunabhängig nach § 253 Abs. 4 HGB nicht beibehalten werden darf, wenn die Gründe dafür nicht mehr bestehen.

6.6.2.2 Bewertung nach Steuerrecht

In der Steuerbilanz wird das Umlaufvermögen gem. § 6 Abs. 1 Nr. 2 EStG nach denselben Grundsätzen bewertet wie das nicht abnutzbare Anlagevermögen. Ausgangswerte sind auch hier die Anschaffungs- oder Herstellungskosten. Auch in der Steuerbilanz bilden die Anschaffungs- bzw. Herstellungskosten die absolute Obergrenze der Bewertung. Zu den möglichen Bewertungsverfahren s. Rdn. 803 ff. 1016

Existiert am Bilanzstichtag jedoch ein niedrigerer Teilwert, **kann** dieser nach § 6 Abs. 1 Nr. 2 Satz 2 EStG angesetzt werden, soweit dieser auf einer **voraussichtlich dauernden Wertminderung** beruht. Steuerrechtlich existiert also ein echtes **Bewertungswahlrecht**, das auch durch das Maßgeblichkeitsprinzip nicht eingeschränkt wird (§ 5 Abs. 1 Satz 1 Halbsatz 2 EStG. Dies hat auch das BMF deutlich zum Ausdruck gebracht (BMF v. 12. 3. 2010, BStBl 2010 I 239, Rz. 13 und 15): 1017

Wahlrechte, die nur steuerlich bestehen, können unabhängig vom handelsrechtlichen Wertansatz ausgeübt werden (§ 5 Abs. 1 Satz 1 Halbsatz 2 EStG). Die Ausübung des steuerlichen Wahlrechts wird insoweit nicht nach § 5 Abs. 1 Satz 1 Halbsatz 1 EStG durch die Maßgeblichkeit der handelsrechtlichen Grundsätze ordnungsmäßiger Buchführung beschränkt.

1018 Bei Wirtschaftsgütern des Umlaufvermögens ist eine voraussichtlich dauernde Wertminderung anzunehmen, wenn die Minderung bis zum Zeitpunkt der Aufstellung der Steuerbilanz oder dem vorangegangenen Verkaufs- oder Verbrauchszeitpunkt anhält.

Bei Wirtschaftsgütern, die bereits am Schluss des vorangegangenen Wirtschaftsjahres zum Betriebsvermögen gehört haben, muss in den folgenden Wirtschaftsjahren der Teilwert auch dann angesetzt werden, wenn er höher ist als der letzte Bilanzansatz; es dürfen jedoch **höchstens** die Anschaffungs- oder Herstellungskosten angesetzt werden (§ 6 Abs. 1 Nr. 2 Satz 3 EStG i.V.m. § 6 Abs. 1 Nr. 1 Satz 4 EStG). Die Rückgängigmachung ausgewiesener, nicht verwirklichter Verluste ist damit steuerrechtlich nicht vermeidbar.

1019 Dies gilt jedoch nicht in den Fällen einer nur vorübergehenden Wertminderung.

Da Wirtschaftsgüter des Umlaufvermögens nicht dazu bestimmt sind, dem Betrieb auf Dauer zu dienen und sie stattdessen regelmäßig für den Verkauf (oder den Verbrauch) gehalten werden, kommt dem Zeitpunkt der Veräußerung (oder Verwendung) für die Beantwortung der Frage, ob eine voraussichtlich dauernde Wertminderung vorliegt, eine entscheidende Bedeutung zu: Hält die Wertminderung bis zum Zeitpunkt der Bilanzaufstellung oder dem vorangegangenen Verkaufs- (oder Verbrauchszeitpunkt) an, liegt voraussichtlich eine **Wertminderung von Dauer** vor. Zu berücksichtigen sind jedoch auch noch die zusätzlichen Erkenntnisse bis zum Bilanzstichtag.

1020 Hier gilt der Bewertungsvorbehalt des § 5 Abs. 6 EStG i.V.m. § 6 Abs. 1 Nr. 2 EStG. Das bedeutet, bei nicht dauerhafter Wertminderung wird vom handelsrechtlichen Ansatz des niedrigeren Teilwerts abgewichen.

> **BEISPIEL:** Im September 01 hat der Gewerbetreibende Waren zu Anschaffungskosten von 10 000 € erworben. Zum 31.12.01 betragen die Wiederbeschaffungskosten 9 000 €. Ab dem 1.1.02 bis zum Tag der Bilanzaufstellung am 30.6.02 entwickeln sich die Wiederbeschaffungskosten wie folgt:
>
> a) Höchster Wert am 30.3.02 11 000 €; niedrigster Wert am 31.5.02 9 500 €.
>
> Die Wertminderung ist nicht von Dauer; zwar ist der Teilwert zum 31.12.01 9 000 €; der steuerliche Bilanzansatz erfolgt jedoch mit den Anschaffungskosten von 10 000 €.
>
> b) Höchster Wert am 30.3.02 9 000 €; niedrigster Wert am 31.5.02 8 500 €.
>
> Die Wertminderung ist von Dauer; der Teilwert zum 31.12.01 von 9 000 € entspricht dem Bilanzansatz.
>
> c) Höchster Wert am 30.3.02 9 500 €; niedrigster Wert am 31.5.02 8 000 €.
>
> Die Wertminderung ist von Dauer, jedoch nur bis zu einem Wert von 9 500 €; der steuerliche Bilanzansatz folgt diesem Wert, obwohl der Teilwert zum 31.12.01 unzweifelhaft 9 000 € beträgt.
>
> d) Höchster Wert am 30.3.02 9 500 €; niedrigster Wert am 31.5.02 8 000 €. Zum Zeitpunkt der Bilanzaufstellung ist bekannt, dass die Wiederbeschaffungspreise in Kürze deutlich ansteigen werden.
>
> Die Wertminderung ist nicht von Dauer, obwohl die Wiederbeschaffungskosten bis zum Tag der Bilanzaufstellung unter den Anschaffungskosten lagen. Aufgrund der zusätzlichen Erkenntnisse steht jedoch fest, dass die Wertminderung nicht von Dauer ist. Der Bilanzansatz

erfolgt daher mit den Anschaffungskosten von 10 000 €, obwohl der Teilwert zum 31.12.01 unzweifelhaft 9 000 € beträgt.

Will man die wichtigsten Grundsätze, die bei der Bewertung von Umlaufvermögen gelten, nochmals hervorheben, kann formuliert werden: 1021

- **Nicht realisierte Gewinne** dürfen nicht ausgewiesen werden; deshalb darf der höhere Teilwert nicht angesetzt werden, soweit er die Anschaffungskosten übersteigt.
- **Nicht realisierte Verluste** können bei dauernder Wertminderung ausgewiesen werden.
- Nicht realisierte Verluste dürfen bei nur vorübergehender Wertminderung nicht ausgewiesen werden.
- An späteren Bilanzstichtagen ist der Ansatz eines Wirtschaftsguts mit dem dann wieder gestiegenen Teilwert jedoch zwingend vorgeschrieben. Der Wertansatz darf aber höchstens mit den ursprünglichen Anschaffungs- bzw. Herstellungskosten erfolgen; sonst würden hierbei unzulässigerweise nicht realisierte Gewinne ausgewiesen.

6.6.2.3 Besonderheiten der Teilwertermittlung bei Vorräten

Im Regelfall sind bei sinkenden Verkaufspreisen Teilwertabschreibungen nicht zulässig; vielmehr wird davon ausgegangen, dass hierbei der Grund für die Senkung der Verkaufspreise darin liegt, dass ursprünglich überhöhte Gewinnaufschläge auf das normale Maß zurückgeschraubt werden. Ausgehend von der Frage, wie viel ein gedachter Erwerber für Waren, deren Verkaufspreis herabgesetzt wurde, aufwenden würde, ergeben sich folgende Überlegungen für die Teilwertermittlung: 1022

- Der gedachte Erwerber will bei Veräußerung der Waren – zu dem gesenkten Verkaufspreis – noch den durchschnittlichen Unternehmergewinn erzielen.
- Hierbei ist dann zu berücksichtigen, dass er nach dem Erwerb vor der Veräußerung noch Verwaltungs- und Vertriebskosten aufwenden muss, um die Ware zu veräußern. Das bedeutet aber: Will der gedachte Erwerber den durchschnittlichen Unternehmergewinn erzielen, darf er für die Ware nur folgenden Betrag aufwenden:

herabgesetzter Verkaufspreis

./. darin enthaltene Umsatzsteuer

herabgesetzter Nettoverkaufspreis

./. vor Verkauf und nach dem Erwerb noch anfallende, durchschnittliche Verwaltungs- und Vertriebskosten, die nach dem Bilanzstichtag entstehen

Zwischenwert (Ermittlung nach dem Grundsatz der verlustfreien Bewertung: entspricht dem handelsrechtlichen Zeitwert)

./. betriebsüblicher, durchschnittlicher Unternehmensgewinn

Teilwert (= Wert, den ein gedachter Erwerber für die Ware aufwenden würde)

Im Rahmen der Bewertungsüberlegungen zum Bilanzstichtag ist der Teilwert unter Zugrundelegung entsprechender Überlegungen festzustellen. Nach dem Bilanzstichtag noch anfallende Verwaltungs- und Vertriebskosten sowie der durchschnittliche Reinge- 1023 winn sind unter Zugrundelegung von betriebsüblichen Werten (unter Umständen auch unter Beachtung von branchenüblichen Vergleichszahlen) zu ermitteln.

> **BEISPIEL:** Eine Gefriertruhe ist im Preis herabgesetzt worden.

Teilwertermittlung: herabgesetzter Nettoverkaufspreis	500 €
./. noch nach dem Bilanzstichtag anfallende Verwaltungs- und Verkaufskosten	50 €
Zeitwert	450 €
./. betriebsüblicher Reingewinn (10 % vom Nettoverkaufspreis)	50 €
= Teilwert	400 €

1024 Eine solche grundsätzliche Möglichkeit der Teilwertermittlung ist in R 6.8 Abs. 2 Satz 3, 4 EStR i.V. m. H 6.8 EStH als sog. Substraktionsmethode zugelassen; die Berechnungsmethode ist allerdings verfeinert worden.

Sind Wirtschaftsgüter des Vorratsvermögens durch Lagerung, Änderung des modischen Geschmacks oder auch anderen Gründen im Wert gemindert, ist als niedrigerer Teilwert der Wert anzusetzen, der von dem voraussichtlich erzielbaren Veräußerungserlös nach Abzug des durchschnittlichen Unternehmergewinns und des nach dem Bilanzstichtag noch anfallenden betrieblichen Aufwands verbleibt. Die Anwendung der sich daraus ergebenden Substraktionsmethode setzt voraus, dass aus der Betriebsabrechnung die nach dem Bilanzstichtag bei den einzelnen Kostenarten noch jeweils anfallenden Kosten ersichtlich sind.

> **BEISPIEL:** Ein Gewerbetreibender hat einen Warenbestand einer Warengruppe mit Anschaffungskosten von 10 000 € zunächst mit einem Aufschlagsatz von 50 % kalkuliert (daraus resultierender geplanter Verkaufspreis 150 % von 10 000 € = 15 000 €). Diese Waren sind auf 40 % des ursprünglichen Verkaufspreises = 6 000 € herabgesetzt worden. Der durchschnittliche Unternehmergewinn beträgt 5 % des Verkaufspreises. Aus dem Betriebsabrechnungsbogen geht hervor, dass 50 % der betrieblichen Kosten erst nach dem Bilanzstichtag anfallen.

Teilwertermittlung:		
Herabgesetzter Nettoverkaufspreis		6 000 €
./. durchschnittlicher Unternehmergewinn 5 % von 6 000 €		300 €
noch anfallende Betriebskosten (nach dem Bilanzstichtag)		
Berechnung der Betriebskosten, die auf diese Warengruppe entfallen		
Geplante Verkaufserlöse	15 000 €	
./. Einkaufspreis (Anschaffungskosten)	10 000 €	
./. durchschnittlicher Unternehmergewinn 5 % von 15 000 €	750 €	
(Die tatsächlichen Betriebskosten haben sich durch die Preisherabsetzung nicht verändert)		
Gesamte Betriebskosten	4 250 €	
davon 50 % (erst nach dem Bilanzstichtag anfallend)		2 125 €
= Teilwert		3 575 €

Soweit es dem Steuerpflichtigen aufgrund der tatsächlichen Gegebenheiten des Betriebs – in der Regel wegen Fehlens eines geeigneten Betriebsabrechnungsbogens – nicht möglich ist, die für die Ermittlung des Teilwerts nach der Substraktionsmethode notwendigen Daten bereitzustellen, kann der Teilwert nach der sog. Formelmethode ermittelt werden. Der Teilwert errechnet sich hierbei als Quotient aus dem erzielbaren Verkaufspreis und der Summe aus: (1 + Durchschnittsunternehmergewinnprozentsatz + Produkt aus dem Rohgewinnaufschlagsrest und dem Kostenprozentsatz, der nach dem Bilanzstichtag anfällt).

1025

> **BEISPIEL:** Ein Gewerbetreibender hat einen Warenbestand einer Warengruppe mit Anschaffungskosten von 10 000 € zunächst mit einem Aufschlagsatz von 50 % kalkuliert (daraus resultierender geplanter Verkaufspreis 150 % von 10 000 € = 15 000 €). Diese Waren sind auf 40 % des ursprünglichen Verkaufspreises = 6 000 € herabgesetzt worden. Der durchschnittliche Unternehmergewinn beträgt 5 % des Verkaufspreises. Ein Betriebsabrechnungsbogen liegt nicht vor. Die nach dem Bilanzstichtag noch anfallenden betrieblichen Kosten, d. h. der dann noch anfallende Kostenanteil des ursprünglichen Rohgewinnaufschlagsatzes ohne den hierin enthaltenen Gewinnanteil, werden mit 50 % geschätzt.
>
> Teilwertermittlung:
>
> | | |
> |---|---:|
> | Herabgesetzter Nettoverkaufspreis | 6 000 € |
> | Ermittlung des Nenners (der Zahl, durch die der Nettoverkaufs-Preis zu teilen ist): | 1,0000 |
> | Durchschnittsunternehmergewinnprozentsatz | 0,0750 |
> | (Der durchschnittliche Unternehmergewinn beträgt 5 % des ursprünglichen Verkaufspreises von 15 000 €; das entspricht 7,5 % bezogen auf die Anschaffungskosten von 10 000 €). | |
> | Rohgewinnaufschlagsrest | |
> | (Der gesamte Rohgewinnaufschlagsatz ohne den darin enthaltenen Gewinnanteil beträgt: 50 % ./. 7,5 % = 42,5 %; dies entspricht dem Rohgewinnaufschlagsrest; nach dem Sachverhalt entstehen 50 % dieser Kosten nach dem Bilanzstichtag: 42,5 % × 50 %) | 0,2175 |
> | Nenner | 1,2925 |
> | Teilwert: | |
> | 6 000 € ./. 1,2925 = | 5 170 € |

In den Bilanzen von Bauunternehmern/Bauhandwerkern sind noch die unfertigen Arbeiten/unfertigen Bauten anzusetzen, die fest mit dem Grund und Boden des Auftraggebers verbunden sind. Nach BFH-Auffassung handelt es sich um **Forderungen aufgrund schwebender Geschäfte,** die grundsätzlich mit den Herstellungskosten bewertet werden müssen. Die Finanzverwaltung lässt es jedoch zu, dass die entstandenen Selbstkosten (= Herstellungskosten + entstandene anteilige Verwaltungs- und Vertriebskosten) anstelle der Herstellungskosten angesetzt werden. Die Gewinnverwirklichung tritt dann ein, wenn der Bau bzw. die Aufträge vom Auftraggeber abgenommen werden. (Hierzu genügt ein schlüssiges Verhalten des Auftraggebers, wenn keine förmliche Abnahme erfolgt.) Gewinnverwirklichung bedeutet, dass nicht mehr die unfertigen Arbeiten/unfertigen Bauten in der Bilanz zu erfassen sind, sondern die Forderungen in der vereinbarten Höhe.

1026

1027 Für dieses Wirtschaftsgut – teilfertige Bauten auf fremdem Grund und Boden (Forderungen aufgrund schwebender Geschäfte – gelten die oben dargestellten Bewertungsregeln. Deshalb kann nach § 6 Abs. 1 Nr. 2 Satz 2 EStG ggf. steuerlich ein niedrigerer Teilwert angesetzt werden.

Nach der Rechtsprechung des BFH ist die Teilwertabschreibung auf teilfertige Bauten auf fremdem Grund und Boden nicht nur hinsichtlich des dem jeweiligen Stand der Fertigstellung entsprechenden, auf die Bauten entfallenden Anteils der vereinbarten Vergütung, sondern hinsichtlich des gesamten Verlusts aus dem noch nicht abgewickelten Bauauftrag zulässig (BFH v. 7.9.2005 VIII R 1/03, BStBl 2006 II 298).

Nach Auffassung der Finanzverwaltung begrenzt das Verbot der Rückstellung für drohende Verluste aus schwebenden Geschäften (§ 5 Abs. 4a EStG) die Höhe der möglichen Teilwertabschreibung. Die Finanzverwaltung wendet das o. a. BFH-Urteil nicht über den im Urteil entschiedenen Fall an.

6.6.2.4 Sonderregelungen

1028 Zur Inventur siehe Teil A Rdn. 59 ff.

Besonderheiten für Wirtschaftsgüter des Vorratsvermögens ergeben sich insbesondere aus

- ▶ der Festbewertung für Roh-, Hilfs- und Betriebsstoffe (s. unter Rdn. 810 ff.);
- ▶ der Anwendung der zeitlich verlegten oder der permanenten Inventur (§ 241 Abs. 3 HGB i. V. m. R 5.3 Abs. 2 EStR).

1029 Die Bewertung auf den abweichenden Zeitpunkt richtet sich nach den allgemeinen Grundsätzen, d. h. maßgebend sind die Wertverhältnisse **am Inventurstichtag** und nicht die zum Bilanzstichtag.

> **BEISPIEL:** Ein Gewerbetreibender (Wj = Kj) führt die Inventur abweichend zum 31.1.02 durch und rechnet zurück auf den 31.12.01. Er hatte im November 01 zwei WG für jeweils 1 000 € (netto) als Vorratsvermögen erworben. Diese WG wurden
>
> a) am 5.1.02,
> b) am 27.12.01
>
> im Lager leicht beschädigt, sodass der Teilwert nachweislich auf je 800 € gesunken ist.
>
> **LÖSUNG:**
> a) Die WG sind bei der zeitlich verlegten Inventur am 31.12.01 mit den Anschaffungskosten zu erfassen.
> b) Die WG sind bei der zeitlich verlegten Inventur am 31.12.01 mit dem niedrigeren Teilwert zu erfassen.

In diesen Fällen muss eine Fortschreibung des Warenbestands auf den Bilanzstichtag erfolgen. Diese kann dabei nach folgender Formel vorgenommen werden, wenn die Zusammensetzung des Warenbestands am Bilanzstichtag von der des Warenbestands am Inventurstichtag nicht wesentlich abweicht: Der Wert des Warenbestands am Inventurstichtag abzüglich Wareneingang zuzüglich Wareneinsatz (= Umsatz abzüglich des durchschnittlichen Rohgewinns) ergibt den Wert des Warenbestands am Bilanzstichtag.

6.6.3 Bewertung der anderen Gegenstände des Umlaufvermögens, insbesondere der Forderungen aus Lieferungen und Leistungen

6.6.3.1 Allgemeines

Für die anderen Gegenstände des Umlaufvermögens gelten die für die Bewertung des Vorratsvermögens aufgestellten Grundsätze entsprechend. Im Folgenden wird nur näher auf die Forderungen aus Lieferungen und Leistungen eingegangen. 1030

Grundsätzlich sind Forderungen nach § 252 Abs. 1 Nr. 4 HGB nur zu berücksichtigen, wenn sie am Abschlussstichtag realisiert sind. Diese Voraussetzung ist erfüllt, wenn eine Forderung entweder rechtlich bereits entstanden ist oder die für die Entstehung wesentlichen wirtschaftlichen Ursachen bereits im abgelaufenen Wirtschaftsjahr gesetzt worden sind und der Kaufmann daher mit der künftigen rechtlichen Entstehung fest rechnen kann.

Forderungen entstehen in dem Augenblick, in dem die **Lieferung erfolgt oder die Leistung erbracht ist.** Auf den Zeitpunkt der Rechnungserteilung kommt es nicht an. Forderungen sind regelmäßig mit dem Rechnungsbetrag anzusetzen; damit erfolgt gleichzeitig die Gewinnrealisierung. 1031

Forderungen sind grundsätzlich mit ihren Anschaffungskosten, dem Nennwert, zu bewerten. Ist der Teilwert der Forderungen geringer, kann dieser in entsprechender Anwendung der bei der Bewertung von Vorräten dargestellten Grundsätze als Bilanzansatz zu erfassen.

6.6.3.2 Teilwertermittlung bei Forderungen

Bei der Teilwertermittlung einer Forderung ist stets die Grundfrage des Teilwertbegriffs zu beantworten: Welchen Betrag ist ein fiktiver Erwerber des Betriebs bereit, im Rahmen eines Gesamtkaufpreises für eine bestimmte Forderung aufzuwenden? 1032

Umstände, die dazu führen, dass einer Forderung ein unter dem Nennwert liegender Teilwert beizumessen ist, sind insbesondere:

- das Ausfallrisiko

  Der erdachte Erwerber hätte einen entsprechend geringeren Betrag für die damit behaftete Forderung gezahlt. Da bei einem Forderungsausfall der Unternehmer nach § 17 Abs. 2 UStG die bei Sollbesteuerung bereits an das Finanzamt entrichtete Umsatzsteuer zurückerhält, bezieht sich das Ausfallrisiko bei Unternehmen mit Regelbesteuerung nur auf den Nettobetrag der Forderung.

- das noch zu erwartende Mahnkosten- und Beitreibungskostenrisiko

  Auch hier hätte der gedachte Erwerber nur einen entsprechend geringeren Beitrag zum Forderungserwerb aufgewandt.

- die Unverzinslichkeit von Forderungen

  Der fiktive Erwerber eines Betriebs würde auch für eine unverzinsliche (niedrig verzinsliche) Forderung, die erst nach dem Stichtag beglichen wird, nicht den Nennwert aufwenden, sondern nur den abgezinsten Nennwert; er würde damit seinen zukünftigen Zinsausfall berücksichtigen. Da sich dieser Zinsausfall auf den gesamten Forderungsbetrag einschließlich der darin enthaltenen Umsatzsteuer bezieht, ist die Abzinsung vom Bruttobetrag vorzunehmen.

- die voraussichtlichen Skonto- oder Rabattabzüge

  Der gedachte Erwerber wird auch dann für die Forderung nur einen geringeren als den Nennbetrag zu zahlen bereit sein, wenn damit gerechnet werden muss, dass bei Zahlung der Forderungen Skonti- oder Rabattabzüge vorgenommen werden. Auch hier wird der Teilwertabschlag nur vom Nettoforderungsbetrag ermittelt, da die in den Skonti und Rabatten enthaltene Umsatzsteuer dem Unternehmer nach § 17 Abs. 1 UStG zurückerstattet wird.

1033 **Uneinbringliche Forderungen** dürfen in der Bilanz nicht ausgewiesen werden, da ihr Teilwert 0 € beträgt. Sie müssen daher **voll** ausgebucht werden. In Höhe der Nettoforderung wirkt sich dies gewinnmindernd aus, die hierauf entrichtete Umsatzsteuer wird nach § 17 Abs. 2 UStG vom Finanzamt zurückerstattet.

Eine solche Uneinbringlichkeit liegt z. B. vor, wenn

- der Schuldner eine eidesstattliche Versicherung gem. § 807 ZPO geleistet hat,
- der Schuldner für den Forderungsinhaber nicht auffindbar ist (z. B. unbekannt verzogen, ausgewandert),
- der Schuldner – ohne Vermögenswerte zu hinterlassen – verstorben ist,
- ein Gericht eine Forderung für unberechtigt erklärt,
- der Schuldner zu Recht vom Recht der Einrede der Verjährung Gebrauch macht,
- aus der Insolvenzmasse keine Deckung zu erwarten ist,
- eine Zwangsvollstreckung erfolglos verlaufen ist.

1034 Teilwerte von Forderungen sind grundsätzlich im Wege der **Einzelbewertung** zu ermitteln. Hierbei wird jede einzelne Forderung daraufhin untersucht, ob zum Bilanzstichtag wertmindernde Umstände vorliegen. Bei den so ermittelten Werten spricht man von einzelwertberichtigten Forderungen.

1035 Im Gegensatz hierzu wird oft das Verfahren der **Pauschalwertberichtigung** angewandt. Hier ist es wegen der Vielzahl von Kunden weder möglich noch für den Kaufmann zumutbar, die finanzielle und wirtschaftliche Lage der einzelnen Abnehmer genau zu untersuchen. Erfahrungsgemäß ist jedoch mit Forderungsausfällen zu rechnen. In diesen Fällen ist es zulässig, die Risiken von Forderungsausfällen pauschal nach einem **betrieblichen Erfahrungssatz** und der Summe der jeweiligen Forderungen zu ermitteln. Unternehmen müssen als Folge des Grundsatzes der Bewertungsstetigkeit den einmal ermittelten Pauschalsatz beibehalten, es sei denn, die Verhältnisse, die für die Ermittlung des Pauschalsatzes bestimmend waren, hätten sich erheblich geändert. Da im Bilanzgliederungsschema des § 266 HGB keine Position Wertberichtigung auf der Passivseite vorgesehen ist, ist davon auszugehen, dass auch die Bilanzposition „Forderungen" mit dem Teilwert auf der Aktivseite auszuweisen ist, auch wenn in der Praxis in den Bilanzen kleinerer Unternehmen hin und wieder noch ein Passivposten „Delcredere" als Wertberichtigung zu Forderungen ausgewiesen wird.

Durch die Rechtsprechung wurde auch ein Verfahren der Wertermittlung für Forderungen zugelassen, das sich als Mischung von Einzelwertberichtigung und Pauschalwertberichtigung darstellt.

BEISPIEL: Ein Unternehmen, dessen Umsätze sämtlich dem umsatzsteuerlichen Regelsteuersatz unterliegen, hat Forderungen aus Lieferungen und Leistungen i. H. v. 119 000 €. Davon steht bei einer Forderung i. H. v. 11 900 € fest, dass mit einem Forderungsausfall i. H. v. 50 % zu rechnen ist. Im Übrigen beträgt nach den im Betrieb gewonnenen Erfahrungen der Vergangenheit das betriebsübliche Ausfallrisiko 3 % der Nettoforderungen.
Der Bilanzansatz (= Teilwert der Forderungen) ermittelt sich wie folgt:

a) Einzelwertberichtigte Forderungen

Nennbetrag	11 900 €	
./. Ausfallrisiko	./. 5 000 €	6 900 €
(50 % des Nettobetrags)		

b) Pauschalwertberichtigte Forderungen

Nennbetrag (119 000 € ./. 11 900 €)	107 100 €	
./. Ausfallrisiko		
(3 % von 90 000 €)	./. 2 700 €	104 400 €
Teilwert der Forderungen		111 300 €

Zur Klarstellung: Der zweite mögliche Bewertungsmaßstab für die Forderungen, die Anschaffungskosten (= Nennbetrag), beträgt 119 000 €; dieser Wert kann nach § 6 Abs. 1 Nr. 2 EStG auch angesetzt werden.

Steuerrechtlich existiert ein echtes **Bewertungswahlrecht,** das auch durch das Maßgeblichkeitsprinzip nicht eingeschränkt wird (§ 5 Abs. 1 Satz 1 Halbsatz 2 EStG. Dies hat auch das BMF deutlich zum Ausdruck gebracht (BMF v. 12. 3. 2010, BStBl 2010 I 239, Rz. 13 und 15):

Wahlrechte, die nur steuerlich bestehen, können unabhängig vom handelsrechtlichen Wertansatz ausgeübt werden (§ 5 Abs. 1 Satz 1 Halbsatz 2 EStG). Die Ausübung des steuerlichen Wahlrechts wird insoweit nicht nach § 5 Abs. 1 Satz 1 Halbsatz 1 EStG durch die Maßgeblichkeit der handelsrechtlichen Grundsätze ordnungsmäßiger Buchführung beschränkt.

6.6.4 Übersicht über die Bewertung des Umlaufvermögens nach Handels- und Steuerrecht

Die Grundsätze der Bewertung des Umlaufvermögens sind der folgenden Abbildung 29 zu entnehmen.

TEIL B — Bilanzierung und Bewertung nach Handels- und Steuerrecht

ABB. 29: Bewertung der Wirtschaftsgüter des Umlaufvermögens

Zum Umlaufvermögen (UV) gehören alle Vermögenswerte, die am Bilanzstichtag dazu bestimmt sind, dem Betrieb nur für kurze Zeit zu dienen, deren Zweckbestimmung also auf den Verbrauch gerichtet ist, sei es als Rohstoff zur Verarbeitung, sei es als Hilfs- und Betriebsstoff zur Bearbeitung von Gegenständen, sei es als Handelsgut zur Veräußerung oder sei es zur sonstigen Verwertung, wie z. B. von Forderungen zum Einzug etc.

Bewertung nach Handelsrecht

Die für die Handelsbilanz maßgebenden Bewertungsvorschriften ergeben sich aus § 253 Abs. 3 HGB.

I. Erstmaliger Bilanzansatz

1. Regelwerte

    Ansatz nach § 253 Abs. 3 HGB grundsätzlich mit den AK oder HK.

2. Andere Bewertungsmaßstäbe

    Ansatz des niedrigeren Börsen- oder Marktpreises bzw. des niedrigeren Zeitwertes (§ 253 Abs. 3 HGB; Fundstelle mit Inkrafttreten des BilMoG § 253 Abs. 4 HGB);

    Auf den niedrigen Börsen- oder Marktpreis bzw. den niedrigen Zeitwert muss abgeschrieben werden (strenges Niederstwertprinzip).

II. Ansatz in Folgebilanzen

Anzusetzen sind die AK oder HK; zwingender Ansatz des niedrigeren Börsen- oder Marktpreises bzw. des niedrigeren Zeitwerts (strenges Niederstwertprinzip).

III. Zuschreibungsgebot

Nach § 253 Abs. 5 Satz 1 HGB gilt ein allgemeines Zuschreibungsgebot: Wenn an den folgenden Bilanzstichtagen die Gründe für die Abschreibung auf den niedrigeren Wert weggefallen sind, besteht bis zur Höhe der AK bzw. HK ein Zuschreibungsgebot.

Bewertung nach Steuerrecht

Die für die Steuerbilanz maßgebenden Bewertungsvorschriften ergeben sich aus § 6 Abs. 1 Nr. 2 EStG.
Für Gewerbetreibende mit Gewinnermittlung nach § 5 EStG gelten darüber hinaus auch die Vorschriften des Handelsrechts.

I. Erstmaliger Bilanzansatz

1. Regelwerte

Ansatz nach § 6 Abs. 1 Nr. 2 grundsätzlich mit den AK oder HK.

2. Andere Bewertungsmaßstäbe

Ein niedrigerer Teilwert **kann** angesetzt werden, soweit eine voraussichtliche dauernde Wertminderung vorliegt.

II. Ansatz in Folgebilanzen

Regelansatz ist der letzte Bilanzansatz (AK oder HK bzw. niedrigerer Teilwert). Ein niedrigerer Teilwert kann angesetzt werden.

III. Zuschreibungsgebot

Wenn an den folgenden Bilanzstichtagen die Gründe für die Abschreibung auf den niedrigeren Teilwert weggefallen sind, besteht bis zur Höhe der AK und HK ein Zuschreibungsgebot (§ 6 Abs. 1 Nr. 2 EStG i. V. m. § 6 Abs. 1 Nr. 1 Satz 4 EStG).

6.6.5 Bewertung der Verbindlichkeiten

6.6.5.1 Allgemeines

1039 Handelsrechtlich steht der **Gläubigerschutzgedanke** im Vordergrund; deshalb kommt der vollständigen Erfassung der Verbindlichkeiten und deren „richtiger" Bewertung besondere Bedeutung zu. „Richtige" Bewertung bedeutet in diesem Zusammenhang: Verbindlichkeiten sind auf keinen Fall zu gering zu bewerten; die Vermögenslage darf auf keinen Fall zu günstig dargestellt werden.

Verbindlichkeiten sind nach § 253 Abs. 1 Satz 2 mit ihrem Erfüllungsbetrag (i. d. R. = **Rückzahlungsbetrag**) anzusetzen.

HINWEIS:

Dieser durch das BilMoG eingefügte Begriff „Rückzahlungsbetrag" bewirkt jedoch eine Klarstellung: Sämtliche Verbindlichkeiten – und nicht nur solche, die aus einem Geldzufluss entstanden sind – unterliegen der Bewertungsvorschrift des § 253 Abs. 1 Satz 2 HGB.

Da die Behandlung von Rentenverpflichtungen bereits unter Rdn. 846 ff. besprochen wurde, geht es im Folgenden nur noch um die Bewertung von Verbindlichkeiten.

Steuerrechtlich erfolgt die Bewertung von Verbindlichkeiten nach § 6 Abs. 1 Nr. 3 EStG:

Verbindlichkeiten sind unter sinngemäßer Anwendung der Vorschriften in § 6 Abs. 1 Nr. 2 EStG anzusetzen. Dabei sind Verbindlichkeiten, deren Laufzeit am Bilanzstichtag mehr als 12 Monate beträgt und die weder verzinslich sind noch auf einer Anzahlung oder Vorausleistung beruhen, mit einem Zinssatz von 5,5 % abzuzinsen.

1040 Damit sind Verbindlichkeiten wie **Umlaufvermögen** zu bewerten. Deshalb müssen die Anschaffungskosten und der Teilwert – denn dies sind ja die beiden möglichen Bewertungsmaßstäbe – der Verbindlichkeit ermittelt werden.

1041 Als Anschaffungskosten einer Verbindlichkeit gilt der **Nennwert** der Verbindlichkeit. Dieser Wert entspricht in der Regel dem **Erfüllungsbetrag** (= **Rückzahlungsbetrag** des § 253 Abs. 1 Satz 2 HGB, der grundsätzlich auch dann als Schuld anzusetzen ist, wenn es sich um die Bewertung unverzinslicher oder niedrig verzinslicher Verbindlichkeiten handelt. Bei unverzinslichen Verbindlichkeiten mit längerer Laufzeit ist dagegen eine Abzinsung vorzunehmen. Dieser Rückzahlungsbetrag stellt auch dann die Anschaffungskosten der Verbindlichkeiten dar, wenn dem Schuldner gar nicht der volle Rückzahlungsbetrag zugeflossen ist; der Unterschiedsbetrag (Agio, Disagio, Damnum, Abschluss-, Bearbeitungs- oder Verwaltungsgebühren, soweit sie an den Kreditgeber gezahlt bzw. direkt vom Kreditgeber einbehalten wurden) ist als **Rechnungsabgrenzungsposten** auf die **Laufzeit des Kredits** zu verteilen. Zur buchtechnischen Abwicklung s. Rdn. 400 ff.

1042 Der zweite Bewertungsmaßstab, der hier in Betracht kommt, ist der Teilwert:

Teilwert einer Verbindlichkeit ist der Betrag, den ein Erwerber eines Betriebs mehr zahlen würde, wenn die Verbindlichkeit nicht bestünde.

An dieser Stelle sollten wir uns Folgendes verdeutlichen:

> Beim **Umlaufvermögen** wird der Ansatz eines niedrigeren Teilwerts deshalb gestattet (bzw. zwingend vorgeschrieben), weil nicht verwirklichte Verluste auszuweisen sind, soweit sie auf **voraussichtlich dauernder Wertminderung** beruhen. Da der Ausweis **nicht verwirklichter Gewinne** verboten ist, ist beim Umlaufvermögen der Ansatz eines höheren Teilwerts **verboten**.

Nun sollen die gleichen Ergebnisse

- Ausweis nicht verwirklichter Verluste, soweit sie auf dauernder Wertminderung beruhen,
- Verbot des Ausweises nicht verwirklichter Gewinne

auch bei der Bewertung von Verbindlichkeiten erreicht werden.

Ein Ausweis nicht verwirklichter Verluste wird bei der Bewertung von Verbindlichkeiten durch Ansatz **des höheren Teilwerts** erreicht.   1043

> Erforderliche Buchung: s. b. Aufwand an Verbindlichkeiten

Der Ausweis nicht realisierter Gewinne wird dadurch verhindert, dass der Ansatz eines niedrigeren Teilwerts für Verbindlichkeiten unzulässig ist.

Jetzt ist noch die Frage zu beantworten, wann der Ansatz eines höheren Teilwerts zulässig oder geboten ist. Nach § 6 Abs. 1 Nr. 3 EStG ist die Vorschrift des § 6 Abs. 1 Nr. 2 EStG entsprechend anzuwenden. Das bedeutet: Der höhere Teilwert darf anstelle der Anschaffungskosten angesetzt werden, soweit die Erhöhung voraussichtlich dauerhaft ist (Wahlrecht).

Existiert am Bilanzstichtag jedoch ein höherer Teilwert, **kann** dieser nach § 6 Abs. 1 Nr. 2 Satz 2 EStG angesetzt werden, soweit dieser auf einer **voraussichtlich dauernden Werterhöhung** beruht. Steuerrechtlich existiert also ein echtes **Bewertungswahlrecht**, das auch durch das Maßgeblichkeitsprinzip nicht eingeschränkt wird (§ 5 Abs. 1 Satz 1 Halbsatz 2 EStG). Dies hat auch das BMF deutlich zum Ausdruck gebracht (BMF v. 12.3.2010, BStBl 2010 I 239, Rz. 13 und 15):

Wahlrechte, die nur steuerlich bestehen, können unabhängig vom handelsrechtlichen Wertansatz ausgeübt werden (§ 5 Abs. 1 Satz 1 Halbsatz 2 EStG). Die Ausübung des steuerlichen Wahlrechts wird insoweit nicht nach § 5 Abs. 1 Satz 1 Halbsatz 1 EStG durch die Maßgeblichkeit der handelsrechtlichen Grundsätze ordnungsmäßiger Buchführung beschränkt.

Bei Verbindlichkeiten, die bereits am Schluss des vorangegangenen Wirtschaftsjahres zum Betriebsvermögen gehörten, muss ein Teilwert auch dann angesetzt werden, wenn er niedriger ist als der letzte Bilanzansatz, vorausgesetzt, der Teilwert ist höher als die Anschaffungskosten der Verbindlichkeit. Der Ansatz eines niedrigeren Teilwerts, der geringer ist als die Anschaffungskosten der Verbindlichkeit, würde im Ergebnis zum Ausweis nicht realisierter Gewinne führen und ist damit untersagt. In einem solchen Fall müssen die Anschaffungskosten der Verbindlichkeit wieder angesetzt werden.   1044

1045 Bei Verbindlichkeiten müssen damit **nicht verwirklichte Verluste** rückgängig gemacht werden, soweit zu späteren Bilanzstichtagen eine Verpflichtung zum Ausweis des einmal gewählten höheren Teilwerts nicht mehr besteht.

Die Grundsätze der Bewertung von Verbindlichkeiten sollen nochmals anhand der folgenden Beispiele verdeutlicht werden:

BEISPIEL 1: Ein Steuerpflichtiger, der seinen Gewinn gem. § 5 EStG ermittelt, hat am 30.4.01 eine Maschine zum Preis von 10 000 Dollar erworben. Dieser Betrag ist am 30.4.03 zu entrichten. Die Verbindlichkeiten werden angemessen verzinst.

Die Wechselkurse für 1 Dollar betrugen am 30.4.01 1 €, am 31.12.01 1,10 €, am 31.12.02 0,90 € und am 30.4.03 (bei Zahlung) 0,80 €. Zu den einzelnen Bilanzstichtagen ist davon auszugehen, dass es sich um voraussichtlich dauerhafte Wertveränderungen handelt.

LÖSUNG: Bilanzansätze zu den einzelnen Stichtagen:

1. Die Anschaffungskosten der Verbindlichkeit betragen: 10 000 Dollar umgerechnet zum Wechselkurs im Anschaffungszeitpunkt = 10 000 × 1 € = 10 000 €.
2. Am 31.12.01 betragen die Anschaffungskosten der Verbindlichkeit unverändert 10 000 €. Der Teilwert der Verbindlichkeit beträgt jedoch 10 000 × 1,10 € = 11 000 €. Er ist damit höher als die Anschaffungskosten. Die Verbindlichkeiten können mit dem höheren Teilwert angesetzt werden. Somit kann in 01 eine Gewinnminderung i. H.v. 1 000 € erfasst werden.
3. Am 31.12.02 beträgt der Teilwert der Verbindlichkeiten 10 000 × 0,90 € = 9 000 €. Für den Steuerpflichtigen ergibt sich nun Folgendes: Er müsste den niedrigeren Teilwert (9 000 €) ansetzen, mindestens jedoch sind die Anschaffungskosten der Verbindlichkeit (10 000 €) anzusetzen. Die Verbindlichkeit muss daher mit 10 000 € angesetzt werden; andernfalls (beim Ansatz mit 9 000 €) würde ein nicht realisierter Gewinn von 1 000 € (Differenz zwischen niedrigerem Teilwert und den Anschaffungskosten) ausgewiesen, wenn die Verbindlichkeiten zum 31.12.01 mit 11 000 € angesetzt wurden.
In diesem Fall wird im Jahr 02 ein Gewinn von 1 000 € ausgewiesen.
4. Am 30.4.03 tilgt der Steuerpflichtige die Verbindlichkeiten mit 10 000 × 0,80 € = 8 000 €.

Buchung:
Verbindlichkeiten	10 000 € an	Geld		8 000 €
		s. b. Ertrag		2 000 €

Hier ist deutlich zu sehen: Bei Begleichung der Schuld wird der Kursgewinn realisiert und im Rahmen der Gewinnermittlung des Jahres 03 erfasst.

Handelsrechtlich wird die Umrechnung von Vermögensgegenständen und Verbindlichkeiten am Abschlussstichtag in § 256a HGB geregelt.

BEISPIEL 2: Ein Steuerpflichtiger kauft im Dezember 01 für seinen Betrieb eine große Selektiermaschine zum Preis von 500 000 € zuzüglich 95 000 € Umsatzsteuer. Es wird eine Ratenzahlung vereinbart, nach der 195 000 € sofort und die übrigen 400 000 € in 2 Raten von je 200 000 € nach jeweils 2 Jahren, also zum 1.1.03 und zum 1.1.05, fällig werden.

LÖSUNG:

Buchung:	Maschine	441 135 € an	sonst. Verb.	341 135 €
	Vorsteuer	95 000 €	Geldkonto	195 000 €

Die AK der Maschine belaufen sich auf nach R 6.2 Satz 2 EStR:
Barwert der Raten

200 000 € abgezinst für 2 Jahre unter Zugrundelegung eines Zinssatzes von 5,5 %	179 691 €
200 000 € abgezinst für 4 Jahre unter Zugrundelegung eines Zinssatzes von 5,5 %	161 444 €
	341 135 €

+ Barzahlung (ohne USt)	100 000 €
	441 135 €

Bilanzansatz der Verbindlichkeit zum 31.12.02:

200 000 € abgezinst für 1 Jahr unter Zugrundelegung eines Zinssatzes von 5,5 %	189 574 €
200 000 € abgezinst für 3 Jahre unter Zugrundelegung eines Zinssatzes von 5,5 %	170 323 €
	359 897 €

Durch die Bewertung der Verbindlichkeit ergibt sich für 02 eine Gewinnminderung von 359 897 € ./. 341 135 € = **18 762 €**.

6.6.5.2 Schuldübernahme

6.6.5.2.1 Allgemeines

Mit dem AIFM-StAnpG vom 18.12.2013 versucht der Gesetzgeber, das Gestaltungspotenzial bei Übertragung von Verpflichtungen einzuschränken. **1045a**

Nach § 4f EStG werden dabei die Rechtsfolgen für den Veräußerer erfasst. Die Regelungen des § 4f EStG (Verteilung des Aufwands) betreffen nicht

- kleine und mittlere Betriebe, die die Grenzen des § 7g Abs. 1 EStG nicht überschreiten;
- Übertragungen im Rahmen einer Veräußerung oder Aufgabe des ganzen Betriebs bzw. des gesamten Mitunternehmeranteils.

6.6.5.2.2 Auswirkungen für den Veräußerer

Dabei ist nach § 4f EStG zu unterscheiden: **1045b**

- Wenn die Verpflichtung nicht bilanzierungsfähig war, ist der entstehende Aufwand jährlich nur i. H. von $1/15$ als Betriebsausgabe abziehbar (als Korrekturposten außerhalb der Bilanz).
- Wenn aufgrund der Übertragung einer Verpflichtung ein Passivposten gewinnerhöhend aufzulösen ist, dann ist der Aufwand in Höhe der bilanzierten Verpflichtung als Betriebsausgabe voll abziehbar, der überschießende Betrag jedoch nur jährlich i. H. von $1/15$.

6.6.5.2.3 Auswirkungen für den Erwerber

Für den Erwerber der Verpflichtung gelten die Regelungen des § 5 Abs. 7 EStG. In der Übernahmebilanz sind Ansatzverbote, Ansatzbeschränkungen und Bewertungsvorbehalte zu beachten, die für den Veräußerer gegolten haben. Es kommt zu einer erfolgsneutralen Übernahme in der Steuerbilanz. In der Folgebilanz ist die Verpflichtung aufzulösen. Wenn sich hierdurch ein Gewinn ergibt, ist dieser grundsätzlich im Wirtschaftsjahr der Übernahme zu versteuern. **1045c**

Der entstandene Gewinn **kann** aber auch in eine Rücklage eingestellt und dann mit jährlich $1/15$ aufgelöst werden. Soweit ein Passivposten übernommen wird (z. B. Pensionsverpflichtung), ist dieser in der entsprechenden Höhe weiter zu führen. (Bei unterschiedlichen Auswirkungen in Handelsbilanz und Steuerbilanz sind dann ggf. latente Steuern zu berücksichtigen.)

6.6.5.2.4 Beispiele

1045d **BEISPIEL 1:** A überträgt die Pensionsverpflichtung – ein Wechsel der Arbeitnehmer findet nicht statt – in Höhe von 100 000 € für 160 000 € zwecks Verwaltung an B.

Buchungen beim Veräußerer:	Verpflichtung	100 000 €		
	Aufwand	60 000 €	an Bank	160 000 €

Der Verlust von 60 000 € **ist** auf 15 Jahre zu verteilen.

Buchungen beim Erwerber:	Bank	160 000 €	an Verpflichtung	100 000 €
			Ertrag	60 000 €

Dieser Gewinn **kann** auf 15 Jahre verteilt werden.

BEISPIEL 2: A überträgt an B einen Drohverlust in Höhe von 45 000 € und zahlt hierfür 45 000 € an B. Der Drohverlust konnte in der Steuerbilanz gem. § 4 Abs. 4a EStG nicht bilanziert werden.

Buchungen beim Veräußerer:	Aufwand	45 000 €	an Bank	45 000 €

Dieser Aufwand ist außerbilanziell zu korrigieren. Jährlich (15 Jahre) ist ein Verlust von 3 000 € zu berücksichtigen.

Buchungen beim Erwerber:	Bank	45 000 €	an Verbindlichkeit	45 000 €
	Verbindlichkeit	45 000 €	s. b. Erträge	45 000 €

(auch hier gilt das Verbot der Bilanzierung der Drohverlust-Rückstellung)

Es besteht ein Wahlrecht zur Bildung einer Rücklage. Bei Ausübung des Wahlrechts ergibt sich folgende Buchung:

Aufwand	42 000 €	an Rücklage	42 000 €

Diese Rücklage ist jährlich mit 3 000 € aufzulösen. Daraus ergibt sich jährlich (15 Jahre) eine Gewinnerhöhung von 3 000 €.

6.7 Bewertung von Entnahmen und Einlagen

6.7.1 Bewertung von Entnahmen

6.7.1.1 Entnahmebegriff

Entnahmen sind in § 4 Abs. 1 Satz 2 EStG definiert: 1046

Entnahmen sind alle Wirtschaftsgüter (Barentnahmen, Waren, Erzeugnisse, Nutzungen und Leistungen), die der Steuerpflichtige dem Betrieb für sich, für seinen Haushalt oder für andere betriebsfremde Zwecke im Laufe des Wirtschaftsjahres entnommen hat.

Der BFH spricht dem Klammerzusatz des § 4 Abs. 1 Satz 2 EStG eine begriffsbestimmende Bedeutung ab und kommt zu dem Ergebnis, dass nur Wirtschaftsgüter (Vermögensgegenstände) Gegenstand einer Entnahme sein können. Danach könnten Nutzungen und Leistungen nicht Gegenstand einer Entnahme sein.

Dieser allgemeine Grundsatz tritt jedoch im Zweifelsfall zurück hinter **vorrangige allgemeine Besteuerungsgrundsätze**; danach müssen Nutzungs- und Leistungsentnahmen steuerlich erfasst werden, da die sachlich gebotene Gewinnauswirkung sonst nicht erreicht würde.

Es ist sicher einleuchtend, dass Geld, Waren, Fertig- oder Halbfertigfabrikate sowie Gegenstände des Anlagevermögens (Grundstücke, Kraftfahrzeuge etc.) entnommen werden können. Unter der Entnahme von Nutzungen und Leistungen vermag man sich jedoch häufig nichts Rechtes vorzustellen. Deshalb wird dies mit Hilfe der folgenden Beispiele verdeutlicht:

BEISPIEL: ▶ Ein Steuerpflichtiger nutzt seinen betrieblichen Pkw teilweise für private Zwecke.

Hier wird dem Betrieb eine Leistung entnommen.

BEISPIEL: ▶ Ein Dachdecker lässt das Dach seines privaten Wohnhauses von eigenen Arbeitskräften reparieren.

Hierbei handelt es sich um eine Nutzungsentnahme.

Grundsätzlich können Wirtschaftsgüter entnommen werden. Das hat zur Folge:

▶ Ob ein Wirtschaftsgut in der Bilanz erfasst ist oder ob es aktivierungsfähig ist, ist ohne Bedeutung.

BEISPIEL: Entnahme eines nicht entgeltlich erworbenen immateriellen Wirtschaftsguts.

▶ Entnahmen von „Nicht-Wirtschaftsgütern" sind nicht möglich.

BEISPIEL: ▶ Ein Rechtsanwalt verteidigt kostenlos seine Ehefrau in einem Strafverfahren.

Da die eigene Arbeitsleistung eines Unternehmers kein Wirtschaftsgut ist, liegt hier keine Entnahme vor.

Zu einer Entnahme gehört noch eine **Entnahmehandlung** des Steuerpflichtigen, aus der 1047
sich ergibt, dass das Wirtschaftsgut nicht mehr zum Betriebsvermögen gerechnet werden soll. Die Entnahmehandlung kann bestehen:

▶ aus einer Willensäußerung oder Willenserklärung;

BEISPIEL: ▶ Entnahmebuchung bei Gegenständen des gewillkürten Betriebsvermögens.
▶ aus einem schlüssigen Verhalten.

BEISPIELE:

▶ Ein Grundstück wird durch Nutzungsänderung zum notwendigen Privatvermögen.

▶ Ein Kraftfahrzeug, das zum Betriebsvermögen gehört, wird nun ausschließlich privat genutzt (Nutzungsentnahme).

▶ Einzahlung von Geld (aus der betrieblichen Kasse) auf einem privaten Sparbuch.

Durch diese Entnahmehandlung wird gleichzeitig auch der **Zeitpunkt** der Entnahme festgelegt.

Nach § 4 Abs. 1 Satz 3 EStG steht einer Entnahme für betriebsfremde Zwecke der Ausschluss oder die Beschränkung des Besteuerungsrechts der Bundesrepublik Deutschland hinsichtlich des Gewinns aus der Veräußerung oder Nutzung eines Wirtschaftsguts gleich. Hier wird eine gesetzliche Entnahmefiktion formuliert, die insbesondere in den Fällen greift, in denen Wirtschaftsgüter von einem inländischen Betrieb in eine ausländische Betriebsstätte überführt werden. In diesen Fällen spricht man von einer Entstrickung, bei denen stille Reserven, die dem Deutschen Steuerrecht unterliegen, der deutschen Besteuerung entzogen werden.

Durch die Erfassung der fiktiven Entnahme wird die Besteuerung der stillen Reserven sichergestellt.

6.7.1.2 Bewertung

1048 § 6 Abs. 1 Nr. 4 EStG lautet:

„Entnahmen des Steuerpflichtigen für sich, für seinen Haushalt oder für andere betriebsfremde Zwecke sind mit dem Teilwert anzusetzen."

In den Fällen des § 4 Abs. 1 Satz 3 EStG ist die fiktive Entnahme jedoch mit dem **Gemeinen** Wert anzusetzen.

Die Ermittlung des Teilwerts richtet sich bei Sachentnahmen nach den unter Rdn. 897 ff. dargestellten Grundsätzen. Die für die Bewertung von Wirtschaftsgütern geltende Vorschrift, dass der Teilwert für die Bewertung nur dann herangezogen wird, wenn er niedriger ist als die (fortgeführten) Anschaffungs- oder Herstellungskosten, gilt hier nicht.

1049 Sachentnahmen sind also **stets mit dem Teilwert** anzusetzen, auch wenn dieser über den Anschaffungs- oder Herstellungskosten liegt.

Daher kommt es für die Höhe des Teilwerts bei der Entnahme auch nicht darauf an, ob und inwieweit die eigene Arbeitskraft des Betriebsinhabers bei der Herstellung des entnommenen Gegenstands im Betrieb verwendet worden ist.

BEISPIEL: ▶ Ein Bauunternehmer errichtet auf einem Betriebsgrundstück ein Gebäude, das er für betriebliche Zwecke (Büros, Sozialräume) nutzen will. Nach Fertigstellung entschließt er sich, dieses Gebäude für eigene Wohnzwecke zu nutzen.

Hier werden die beiden Wirtschaftsgüter, Grund und Boden und Gebäude, entnommen. Bewertungsmaßstab ist für beide Wirtschaftsgüter der Teilwert. Die Teilwertermittlung für das Gebäude soll hier veranschaulicht werden. Wie viel ist ein erdachter

Erwerber des Betriebs bereit aufzuwenden, um in den Besitz dieses Gebäudes zu kommen?

Herstellungskosten (einschl. der Material- und Fertigungsgemeinkosten)
+ entstandene Verwaltungs- und Vertriebsgemeinkosten
= Selbstkosten
+ Wert der eigenen Arbeitsleistung des Betriebsinhabers
= Teilwert des Gebäudes

Der gedachte Erwerber wird also nicht bereit sein, den üblichen Verkaufspreis für ein solches Gebäude zu bezahlen; denn er könnte es ja nach Erwerb des Betriebs zu den oben ermittelten Kosten herstellen lassen.

Wenn allerdings ein Steuerpflichtiger von vornherein einen Gegenstand für private Zwecke herstellt, dann entnimmt er nur das hierfür verwendete Material und ggf. die Leistung seiner Arbeitnehmer. 1050

BEISPIEL: Ein Bauunternehmer errichtet auf einem Betriebsgrundstück ein für eigene Wohnzwecke bestimmtes Wohnhaus.

Hier wird spätestens bei Baubeginn der Grund und Boden zum Teilwert entnommen. Im Zusammenhang mit der Gebäudeerstellung finden folgende Entnahmen statt:

Sachentnahmen: Materialverbrauch einschl. Materialgemeinkosten
Leistungsentnahmen: Fertigungslöhne einschl. Fertigungsgemeinkosten
+ Verwaltungsgemeinkosten

Der Wert der **eigenen Arbeitsleistung** bleibt außer Ansatz; die eigene Arbeitsleistung stellt kein Wirtschaftsgut dar und kann damit nicht Gegenstand einer Entnahme sein.

Durch den Ansatz des Teilwerts bei der Entnahme werden die stillen Reserven, die im jeweiligen Wirtschaftsgut vorhanden sind, gewinnerhöhend aufgedeckt. Da auch die Umsatzsteuer zu berücksichtigen ist (§ 12 Nr. 3 EStG), ergibt sich bei Entnahmetatbeständen regelmäßig folgende Buchung: 1051

Entnahme (privat) an   Wirtschaftsgut (Buchwert)
                        s. b. Ertrag
                        USt

BEISPIEL: Entnahme eines Pkw mit dem Teilwert von 10 000 € (Buchwert bei Entnahme 5 000 €).

PE	11 900 € an	Pkw		5 000 €
		s. b. Ertrag		5 000 €
		USt		1 900 €

Bei der **Entnahme von Nutzungen**, die durch die private Nutzung eines zum Betriebsvermögen gehörenden Wirtschaftsguts entstehen, ist der anzusetzende Wert der Nutzung nicht der Teilwert; die Entnahme ist vielmehr mit den tatsächlichen (anteiligen) Selbstkosten des Steuerpflichtigen zu bewerten (vgl. H 6.12 „Nutzungen" EStH). Dieser 1052

Wert wird grundsätzlich durch eine anteilige Aufteilung sämtlicher Aufwendungen für das privat genutzte Wirtschaftsgut nach dem Verhältnis der privaten zur betrieblichen Nutzung ermittelt. Ein Beispiel hierzu ist unter Teil A Rdn. 204 ff. dargestellt.

Durch eine Änderung des § 6 Abs. 1 Nr. 4 EStG durch das Jahressteuergesetz 2013 können die Mehrkosten, die bei der Anschaffung eines „Elektrofahrzeugs" entstehen, steuerlich abgemildert werden. Dazu ist bei der Ermittlung der Bemessungsgrundlage für die sog. „1 %-Regelung" wie folgt zu verfahren:

Bei der privaten Nutzung „von Fahrzeugen mit Antrieb ausschließlich durch Elektromotoren, die ganz oder überwiegend aus mechanischen oder elektrochemischen Energiespeichern oder aus emissionsfrei betriebenen Energiewandlerngespeist werden (Elektrofahrzeuge), oder von extern aufladbaren Hybridelektrofahrzeugen", ist der Listenpreis dieser Kraftfahrzeuge um die darin enthaltenen Kosten des Batteriesystems im Zeitpunkt der Erstzulassung des Kraftfahrzeugs um pauschaliert ermittelte Beträge zu mindern.

1053 Wird ein Wirtschaftsgut im **unmittelbaren Anschluss** an seine Entnahme
- einer nach § 5 Abs. 1 Nr. 9 KStG von der Körperschaftsteuer befreiten Körperschaft, Personenvereinigung oder Vermögensmasse, die ausschließlich und unmittelbar der Förderung wissenschaftlicher Zwecke oder der Förderung der Erziehung, Volks- und Berufsbildung dient, oder
- einer Körperschaft, Anstalt oder Stiftung des öffentlichen Rechts, die ausschließlich und unmittelbar der Förderung wissenschaftlicher Zwecke oder der Förderung der Erziehung, Volks- und Berufsbildung dient,

unentgeltlich überlassen, kann die Entnahme mit dem **Buchwert** angesetzt werden. Das gilt nicht für die Entnahme von Nutzungen und Leistungen (§ 6 Abs. 1 Nr. 4 Satz 6 EStG).

Nach dieser Regelung des § 6 Abs. 1 Nr. 4 Satz 4, 5 EStG sollen bestimmte **gesellschaftspolitische Ziele** dadurch gefördert werden, dass bei der Entnahme von Wirtschaftsgütern für die begünstigten Zwecke auf eine Gewinnrealisierung verzichtet wird.

6.7.1.3 Besonderheiten bei Personengesellschaften

An dieser Stelle wird nur ein kurzer Überblick über die Problematik gegeben. Siehe ausführliche Darstellungen im Teil C.

6.7.1.3.1 Möglichkeiten der Übertragung von Einzelwirtschaftsgütern innerhalb des Betriebsvermögens

1054 Bei Übertragungen innerhalb des Betriebsvermögens einer Personengesellschaft muss unterschieden werden zwischen
- Übertragungen gegen fremdübliches Entgelt,
- Übertragungen gegen Gewährung oder Minderung von Gesellschaftsrechten,
- unentgeltliche Übertragungen (weder wird ein Entgelt vereinbart noch werden Gesellschaftsrechte berührt).

6.7.1.3.2 Übertragung eines Wirtschaftsguts innerhalb des Betriebsvermögens gegen fremdübliches Entgelt

Übertragungen einzelner Wirtschaftsgüter gegen fremdübliches Entgelt sind zwischen Gesellschaft und Gesellschafter(n) als normale Veräußerungsgeschäfte zu behandeln: Beim Veräußerer entsteht in der Regel ein Veräußerungsgewinn, beim Erwerber entstehen Anschaffungskosten. Die Tatbestandsmerkmale des § 6 Abs. 5 Satz 3 EStG sind somit nicht erfüllt (vgl. auch H 6.15 EStH).

1055

Wird das Wirtschaftsgut zu einem **Überpreis** übertragen, ist der **Differenzbetrag** zwischen Teilwert und Erlös **als Entnahme** des Mitunternehmers anzusehen.

> **BEISPIEL:** An einer OHG sind A und B mit jeweils 50 % beteiligt. Das im Gesamthandsvermögen enthaltene Grundstück mit einem Buchwert von 100 000 € und einem Teilwert von 150 000 € wird für 180 000 € auf Gesellschafter A übertragen, der es weiterhin der OHG zur Verfügung stellt.
>
> Das Grundstück wird Sonderbetriebsvermögen des A.
>
> Die Buchungen lauten:
>
> | | | | | |
> |---|---|---|---|---|
> | bei der OHG: Geld | 180 000 € | an | Grundstück | 100 000 € |
> | | | | s. b. Erträge | 50 000 € |
> | | | | Einlagen A | 30 000 € |
> | bei A: Grundstück | 150 000 € | | | |
> | Entnahmen | 30 000 € | an | Einlagen | 180 000 € |
>
> Anmerkung: Im Sonderbereich existieren im Regelfall keine betrieblichen Geldkonten.

Wird ein Wirtschaftsgut zu einem **unter** dem Teilwert liegenden Preis übertragen, handelt es sich um eine teilentgeltliche Übertragung; diese Übertragungen sind in eine voll entgeltliche und eine unentgeltliche Übertragung aufzuteilen. Hierbei bestimmt sich der Umfang der Entgeltlichkeit nach dem Verhältnis des Kaufpreises zum Verkehrswert des übertragenen Wirtschaftsguts (H 6.15 EStH).

6.7.1.3.3 Übertragung eines Wirtschaftsguts innerhalb des Betriebsvermögens gegen Gewährung oder Minderung von Gesellschaftsrechten oder unentgeltliche Übertragung

Hier lassen sich folgende Fälle unterscheiden:

1056

▶ Übertragung von Wirtschaftsgütern aus einem eigenen Betrieb des Steuerpflichtigen in das Sonderbetriebsvermögen desselben Steuerpflichtigen:

Hier erfolgt die Übertragung nach § 6 Abs. 5 Satz 1, 2 EStG zum Buchwert (und damit erfolgsneutral).

▶ Übertragung von Wirtschaftsgütern aus dem Sonderbetriebsvermögen des Steuerpflichtigen in ein anderes Sonderbetriebsvermögen oder in das Betriebsvermögen eines eigenen Betriebs desselben Steuerpflichtigen:

Auch hier erfolgt die Übertragung nach § 6 Abs. 5 Satz 1, 2 EStG zum Buchwert (und damit erfolgsneutral).

- Übertragung von Wirtschaftsgütern aus dem Betriebsvermögen eines eigenen Betriebs oder aus dem Sonderbetriebsvermögen des Steuerpflichtigen in das Gesellschaftsvermögen oder umgekehrt:

  Hier erfolgt die Übertragung nach § 6 Abs. 5 Satz 3 Nr. 1, 2 EStG zum Buchwert (und damit erfolgsneutral).

- Unentgeltliche Übertragung von Sonderbetriebsvermögen auf einen anderen Mitunternehmer:

  Hier erfolgt die Übertragung nach § 6 Abs. 5 Satz 3 Nr. 3 EStG zum Buchwert (und damit erfolgsneutral).

Allen diesen Fällen ist gemeinsam, dass die Übertragung **zwingend** zum Buchwert erfolgen muss.

6.7.1.3.4 Übertragung eines Wirtschaftsguts, durch das das Privatvermögen eines Mitunternehmers berührt wird

1057 Hier sind folgende Fälle zu unterscheiden:

- Wirtschaftsgüter des Gesamthandsvermögens oder eines Sonderbetriebsvermögens werden unentgeltlich in das Privatvermögen eines Mitunternehmers überführt:

  Es liegen Entnahmen vor, die mit dem Teilwert anzusetzen sind.

- Wirtschaftsgüter werden aus dem Sonderbetriebsvermögen in das Privatvermögen eines anderen Mitunternehmers überführt:

  Es liegen ebenfalls Entnahmen vor, die mit dem Teilwert zu bewerten sind.

In beiden Fällen werden in der Regel stille Reserven gewinnwirksam aufgedeckt.

6.7.1.3.5 Handelsrechtliche Überlegungen

1058 Im Handelsrecht existiert keine Regelung, die den Bereich der Entnahmen regelt. Die vorstehend dargestellten Überlegungen gelten jedoch auch für das Handelsrecht. Denn aus der Sicht eines Unternehmens entspricht eine Entnahme eines Wirtschaftsguts einem Verkauf des Wirtschaftsguts (= Vermögensgegenstands) an einen Teilnehmer am Wirtschaftsverkehr, der auf der gleichen Wirtschaftsstufe steht. Damit sind aber Entnahmen im Ergebnis mit dem steuerrechtlichen Teilwert zu erfassen.

6.7.1.3.6 Besonderheit

1059 Eine fiktive Entnahme liegt vor bei Beendigung oder Beschränkung des deutschen Besteuerungsrechts (Entstrickungstatbestand nach § 4 Abs. 1 Satz 3 EStG). Der Ansatz erfolgt hier zum Gemeinen Wert (§ 6 Abs. 1 Nr. 4 Satz 1 EStG). Die Bildung eines Ausgleichspostens nach § 4g EStG ist möglich.

6.7.2 Bewertung von Einlagen

6.7.2.1 Einlagebegriff

Einlagen sind in § 4 Abs. 1 Satz 5 EStG definiert: 1060

„Einlagen sind alle Wirtschaftsgüter (Bareinzahlungen und sonstige Wirtschaftsgüter), die der Steuerpflichtige dem Betrieb im Laufe des Wirtschaftsjahres zugeführt hat."

Auch hier können – entsprechend der Regelung bei den Entnahmen – Gegenstände des Umlauf- und des Anlagevermögens eingelegt werden.

Aber auch Nutzungen und Leistungen müssen dann als Einlage erfasst werden, da sonst die sachlich gebotene Gewinnauswirkung nicht erreicht würde.

BEISPIELE:
- Ein bisher voll privat genutzter Pkw wird überwiegend betrieblich genutzt.
- Verrechnung betrieblicher Steuern mit (privaten) Einkommensteuererstattungsansprüchen.
- Teilweise Nutzung eines zum Privatvermögen gehörenden Pkw für betriebliche Zwecke.
- Der Hausmeister des zum Privatvermögen gehörenden Grundstücks erledigt auch Arbeiten auf dem Betriebsgrundstück (wobei der Hausmeister privat angestellt ist und auch privat entlohnt wird).

Nicht einlagefähig sind „Nicht-Wirtschaftsgüter". 1061

BEISPIEL: Eigene Arbeitsleistung des Betriebsinhabers.

Nicht einlagefähig sind auch solche Wirtschaftsgüter, die dem Betrieb keinen Nutzen bringen können.

BEISPIEL: Ein Steuerpflichtiger möchte Wertpapiere, die er im Privatvermögen hält, in das Betriebsvermögen einlegen, da er damit rechnet, dass in naher Zukunft nicht mehr aufzuholende Kursverluste eintreten werden.

Hier ist erkennbar, dass die Einlage dieser Wertpapiere dem Betrieb nur Verluste bringen wird (buchtechnisch würden nach einer Einlage in Zukunft Teilwertabschreibungen den Gewinn mindern). Diese Wertpapiere können daher dem Betrieb keinen Nutzen bringen und sind demzufolge nicht einlagefähig.

Einlagen sind – entsprechend der Behandlung der Entnahmen – im Einlagezeitpunkt mit dem Wert zu erfassen, der für Einlagen nach § 6 Abs. 1 Nr. 5 EStG anzusetzen ist.

6.7.2.2 Bewertung

Nach § 6 Abs. 1 Nr. 5 Satz 1 1. Halbsatz EStG sind Einlagen mit dem **Teilwert** im Zeitpunkt der Zuführung zum Betriebsvermögen anzusetzen. Die Ausführungen zur Bewertung von Entnahmen sind sinngemäß anzuwenden (vgl. Rdn. 1046 ff.). 1062

Dadurch soll verhindert werden, dass Wertschwankungen, die sich zwischen Anschaffungs- und Einlagezeitpunkt im Privatvermögen vollzogen haben, Einfluss auf den Gewinn haben können.

Nach § 6 Abs. 1 Nr. 5 Satz 1 Buchst. a EStG erfährt diese grundsätzliche Regelung jedoch eine **bedeutsame Einschränkung:**

„Wenn das zugeführte Wirtschaftsgut innerhalb der letzten 3 Jahre vor dem Zeitpunkt der Zuführung angeschafft oder hergestellt worden ist, ist dieses Wirtschaftsgut bei der Einlage höchstens mit den Anschaffungs- oder Herstellungskosten anzusetzen."

1063   Diese Vorschrift soll **Gewinnmanipulationen ausschließen,** die sich dadurch ergeben könnten, dass ein Wirtschaftsgut bei niedrigen Marktpreisen beschafft würde und bei nachfolgender Wertsteigerung mit einem wesentlich höheren Wert ins Betriebsvermögen eingebracht wird. Das Risiko einer nachfolgenden Wertminderung des Wirtschaftsguts würde dann voll zulasten des Gewinns erfasst.

> **BEISPIEL:** Ein Steuerpflichtiger kauft in einer konjunkturell schlechten Lage zu einem einmalig günstigen Preis von 200 000 € ein unbebautes Grundstück. Erst ein Jahr später – als die Grundstückspreise sich aufgrund guter Konjunkturentwicklung auf nie erlebtem Preisniveau bewegen – entschließt er sich, dieses Grundstück betrieblich als Lagerplatz zu nutzen und bucht zum Teilwert ein:
>
> Grundstück   500 000 €   an   Einlage   500 000 €
>
> Ein solcher Einlagewert ist gem. § 6 Abs. 1 Nr. 5a EStG nicht zulässig; richtig hätte gebucht werden müssen:
>
> Grundstück   200 000 €   an   Einlage   200 000 €

In diesem Fall werden die im Privatvermögen eingetretenen Wertsteigerungen bei späterer Realisierung (Verkauf, Entnahme) versteuert.

1064   Bei **unentgeltlich** im Privatvermögen erworbenen Wirtschaftsgütern treten an die Stelle der tatsächlichen Anschaffungskosten die fiktiven Anschaffungskosten (Wie viel hätte der Steuerpflichtige im Zeitpunkt des Erhalts dieses Wirtschaftsguts aufwenden müssen?).

Eine Sonderregelung gilt hierbei für Steuerpflichtige, die im Rahmen der **Gesamtrechtsnachfolge** einen Gegenstand erworben haben und diesen anschließend ins Betriebsvermögen einbringen. Da ein Gesamtrechtsnachfolger steuerrechtlich in die Rechtsstellung des Rechtsvorgängers eintritt, ist hier als maßgeblicher Anschaffungszeitpunkt der Zeitpunkt der Anschaffung durch den Rechtsvorgänger anzusehen (nicht der Zeitpunkt des Erwerbs des Wirtschaftsguts durch den Rechtsnachfolger). Hieraus folgt, dass auch nicht auf fiktive Anschaffungskosten, sondern auf die tatsächlichen Anschaffungskosten des Rechtsvorgängers abzustellen ist.

1065   § 6 Abs. 1 Nr. 5 Satz 1 Halbsatz 2 Buchst. a i.V. m Satz 2 EStG regelt die Fälle, in denen ein abnutzbares Wirtschaftsgut **innerhalb** von 3 Jahren nach Erwerb eingelegt wird. In diesem Fall sind die Anschaffungs- oder Herstellungskosten um die AfA zu kürzen, die auf den Zeitraum zwischen der Anschaffung oder Herstellung des Wirtschaftsguts und der Einlage entfallen.

Als AfA-Beträge sind hierbei zu erfassen:

▶ die tatsächlich im Privatvermögen in Anspruch genommene AfA (auch erhöhte AfA und etwaige Sonderabschreibungen),

▶ die lineare AfA nach § 7 Abs. 1 EStG bzw. nach § 7 Abs. 4 EStG.

An dieser Stelle soll darauf hingewiesen werden, dass Vorsteuer, die nicht abziehbar ist, zu den Anschaffungs- bzw. Herstellungskosten gehört; dies gilt insbesondere bei Anschaffungen bzw. Herstellungen im Privatbereich.

BEISPIEL: ▶ Ein Steuerpflichtiger erwirbt am 1.5.01 einen Pkw für 30 000 € zuzüglich 19 % USt. Dieser Pkw wird zunächst ausschließlich privat genutzt für Zwecke, die außerhalb eines Unternehmens liegen. Dieser Pkw mit einem Teilwert von 25 000 € wird ab dem 1.3.03 ausschließlich als Firmenfahrzeug genutzt. Die Nutzungsdauer des Pkw beträgt 6 Jahre.

Die Einlage ist wie folgt zu bewerten:

AK einschl. der nichtabziehbaren Vorsteuer (30 000 € + 5 700 €)	35 700 €
./. AfA im Privatvermögen für die Zeit vom 1.5.01 – 28.2.03, für 1 Jahr und 10 Monate 22/72 von 35 700 €	./. 10 908 €
Einlagewert (da der Teilwert höher ist)	24 792 €

Dieser Einlagewert stellt gleichzeitig die AfA-Bemessungsgrundlage dar (Rz. 6 des BMF-Schreibens v. 27.10.2010, BStBl 2010 I 1204).

Die anschließende AfA ist in der Weise zu ermitteln, dass der Einlagewert auf die Restnutzungsdauer wie folgt zu verteilen ist: 1066

Jahres-AfA:

24 792 € verteilt auf die Restnutzungsdauer von 50 Monaten

AfA 03: (24 792 € × $^{10}/_{50}$ =)	4 958 €
AfA 04: (24 792 € × $^{12}/_{50}$ =)	5 950 €

Wird ein Wirtschaftsgut eingelegt, das **vor** der Zuführung aus einem Betriebsvermögen des Steuerpflichtigen entnommen worden ist, tritt nach § 6 Abs. 1 Nr. 5 Satz 3 EStG an die Stelle der Anschaffungs- und Herstellungskosten der Wert, mit dem die Entnahme angesetzt worden ist, und an die Stelle des Zeitpunkts der Anschaffung oder Herstellung der Zeitpunkt der Entnahme. 1067

BEISPIEL: ▶ Ein Steuerpflichtiger hat am 1.4.01 ein unbebautes Grundstück, das er vor 1 Jahr für 100 000 € erworben hatte, entnommen. Der Teilwert im Zeitpunkt der Entnahme betrug 110 000 €. Am 1.4.02 hat der Steuerpflichtige seinen Plan, auf dem Grundstück ein Einfamilienhaus errichten zu wollen, aufgrund behördlicher Interventionen aufgeben müssen und will das Grundstück wieder als Lagerplatz nutzen (Teilwert am 1.4.02: 120 000 €).

Erforderliche Buchungen:

in 01:	Entnahmen	110 000 €	an	Grundstück	100 000 €
				s. b. Ertrag	10 000 €
in 02:	Grundstück	110 000 €	an	Einlage	110 000 €

Wird eine **Beteiligung** i. S. d. § 17 Abs. 1 EStG in ein Betriebsvermögen eingebracht, ist die Einlage mit dem Teilwert, höchstens aber mit den Anschaffungskosten zu bewerten (§ 6 Abs. 1 Nr. 5b EStG). Diese Vorschrift soll die Erfassung von steuerpflichtigen Veräußerungsgewinnen der zum Privatvermögen gehörenden Beteiligungen i. S. d. § 17 Abs. 1 EStG sicherstellen. Würde die Einlage einer solchen Beteiligung zum über den Anschaffungskosten liegenden Teilwert ermöglicht, könnte die Besteuerung der in Beteiligungen ruhenden stillen Reserven nach § 17 EStG durch Einbringung dieser Beteiligung in ein Betriebsvermögen umgangen werden. Daher bilden hier die Anschaf- 1068 fungskosten in jedem Fall (auch wenn die Anschaffung der Beteiligung mehr als 3 Jahre vor dem Einlagezeitpunkt erfolgte) die Höchstgrenze für die Bewertung der Einlage.

Bei einer Betriebseröffnung sind die vorstehend erläuterten Bewertungsvorschriften für die Bewertung von Einlagen (§ 6 Abs. 1 Nr. 5 EStG) entsprechend anzuwenden (s. § 6 Abs. 1 Nr. 6 EStG).

6.7.2.3 Handelsrechtliche Überlegungen

1069   Handelsrechtlich ist die Bewertung von Einlagen nicht gesetzlich geregelt. Hierfür wird auch kein Regelungsbedürfnis bejaht, da aus der Sicht des Unternehmens den Anschaffungskosten der Wert entspricht, der den Gegenständen im Zeitpunkt der Einlage zukommt. Dieser Wert ist in der Regel mit dem Teilwert identisch. Auch handelsrechtlich sind daher die Einlagen mit dem Teilwert zu bewerten. Die Höchstgrenze für die Bewertung von Einlagen nach dem Steuerrecht – nach § 6 Abs. 1 Nr. 5 EStG – hat im Handelsrecht keinen Platz. Einlagen sind immer mit dem Teilwert zu bewerten.

6.7.2.4 Besonderheit

1070   Eine fiktive Einlage liegt vor bei erstmaliger Begründung des Besteuerungsrechts der Bundesrepublik Deutschland hinsichtlich des Gewinns aus der Veräußerung eines Wirtschaftsguts nach § 4 Abs. 1 Satz 7 EStG (Verstrickungstatbestand). Der Ansatz erfolgt zum gemeinen Wert (§ 6 Abs. 1 Nr. 4 Satz 1 EStG).

6.7.3 Übersicht über sonstige Bewertungen nach § 6 EStG

1071   Die nachfolgende Abbildung (s. Seite 364 und 365) verdeutlicht die Bewertung von Entnahmen Einlagen und sonstigen Bewertungen nach § 6 EStG.

6.8 Bewertung der Rückstellungen

1072   Nachdem Sie unter Rdn. 729 ff. erfahren haben, was unter dem Begriff Rückstellungen zu verstehen ist, und Ihnen bekannt ist, dass es für das Handels- und Steuerrecht nur einen einheitlichen Rückstellungsbegriff gibt, wenden wir uns nun der Frage zu, welche Rückstellungen handelsrechtlich gebildet werden können oder gebildet werden müssen.

6.8.1 Rückstellungen nach Handelsrecht

6.8.1.1 Allgemeines

1073   § 249 Abs. 1 HGB schreibt **zwingend** vor, dass Rückstellungen gebildet werden **müssen**:
- für ungewisse Verbindlichkeiten (§ 249 Abs. 1 Satz 1 HGB),
- für drohende Verluste aus schwebenden Geschäften (§ 249 Abs. 1 Satz 1 HGB),

- für im Geschäftsjahr unterlassene Aufwendungen für Instandhaltung, die im folgenden Geschäftsjahr innerhalb von 3 Monaten nachgeholt werden (§ 249 Abs. 1 Satz 2 Nr. 1 HGB),
- für im Geschäftsjahr unterlassene Aufwendungen für Abraumbeseitigung, die im folgenden Geschäftsjahr nachgeholt werden (§ 249 Abs. 1 Satz 2 Nr. 1 HGB),
- für Gewährleistungen, die ohne rechtliche Verpflichtung erbracht werden (§ 249 Abs. 1 Satz 2 Nr. 2 HGB).

Nach § 249 Abs. 2 Satz 1 HGB dürfen für andere als die o. g. Zwecke keine Rückstellungen gebildet werden. Hiervon gibt es jedoch eine Ausnahme:

- § 274 Abs. 1 HGB – eine Sondervorschrift, die nur für **Kapitalgesellschaften** gilt – schreibt die Bildung einer Rückstellung für **latente Steuern** zwingend vor.

Besteht eine Differenz zwischen den handelsrechtlichen Wertansätzen der Vermögensgegenstände und Schulden und deren steuerlichen Wertansätzen und kehrt sich diese Differenz in späteren Geschäftsjahren voraussichtlich um, ist eine sich daraus insgesamt ergebende Steuerbelastung als passive latente Steuer (§ 266 Abs. 3 E. HGB) auszuweisen. (Eine sich daraus insgesamt ergebende Steuerentlastung kann als aktiv latente Steuer in der Bilanz angesetzt werden, § 266 Abs. 2 D. HGB). Darüber hinaus sind – auch wenn es sich nicht um Differenzen im eigentlichen Sinne handelt – auch Verlustvorträge zu berücksichtigen, sofern zu erwarten ist, dass die Verlustvorträge innerhalb der auf den Bilanzstichtag folgenden 5 Geschäftsjahre zur Verlustverrechnung herangezogen werden (§ 274 Abs. 1 Satz 2 EStG). Mit der Neufassung des § 274 Abs. 1 HGB sind latente Steuern unter gesonderten Posten in der Bilanz auszuweisen (§ 266 Abs. 3 E. HGB bzw. § 266 Abs. 2 D. HGB). Diese Posten sind als Sonderposten eigener Art zu klassifizieren. Da der Posten „Passive latente Steuern" Rückstellungselemente aufweisen kann, schließt § 274 Abs. 2 Satz 1 HGB die Abzinsung der latenten Steuern klarstellend aus. Zuvor bestehende Unsicherheiten und Unklarheiten beim Ausweis latenter Steuern sind damit beseitigt.

ABB. 30: Sonstige Bewertungen nach § 6 EStG

Entnahmen

I. Begriff
Entnahme (PE) ist jede Wertabgabe des Betriebs an den außerbetrieblichen Lebensbereich des Unternehmers (Privatsphäre).

II. Voraussetzungen
Eine Entnahme kommt nur unter folgenden Voraussetzungen zustande:
1. Außerbetrieblicher Lebensbereich des Unternehmers (= Privatsphäre!) neben dem Betrieb;
2. Entnahmefähiges WG. Ein WG ist nur dann entnahmefähig, wenn es seiner Art nach den privaten Zwecken des Unternehmers dienen kann;
3. Entnahmehandlung des Unternehmers. Diese kann erfolgen durch:
   a) ausdrückliche Erklärung, insb. entsprechende Buchung;
   b) schlüssige Entnahmehandlung, insb. Änderung in der Nutzung des betr. WG.

III. Gegenstand von Entnahmen
Gegenstand von Entnahmen können **Sachen, Rechte, immaterielle Werte, Nutzung betrieblicher** Gegenstände oder **Leistungen** des Betriebs sein.

IV. Keine Entnahme
Folgende Vorgänge führen nicht zu einer Entnahme:
1. Arbeitsleistung des Unternehmers für private Zwecke;
2. Überführung eines WG in einen anderen Betrieb desselben Unternehmers (§ 6 Abs. 5 EStG);
3. nach § 4 Abs. 5 und 7 EStG nicht abzugsfähige Betriebsausgaben.

V. Bewertung der Entnahmen
Nach § 6 Abs. 1 Nr. 4 EStG sind Entnahmen mit dem **Teilwert** des entnommenen WG im Zeitpunkt der Entnahme anzusetzen.
Bei Nutzungs- oder Leistungsentnahmen wird der Teilwert regelmäßig den Selbstkosten (= Einzelkosten zzgl. Material- und Fertigungsgemeinkosten und anteilige Verwaltungs- und Vertriebskosten) entsprechen. Die Nutzungsentnahme bei gemischt genutzten WG (insb. Pkw) wird durch Aufteilung der insgesamt angefallenen laufenden Aufwendungen einschließlich der sog. fixen Kosten erfasst.
In den Fällen des § 6 Abs. 1 Nr. 4 EStG kann die Entnahme von Wirtschaftsgütern (nicht Nutzungen und Leistungen!) zum Buchwert erfolgen.

VI. Besonderheit (Entstrickungstatbestand)
Eine fiktive Entnahme liegt vor bei Beendigung oder Beschränkung des deutschen Besteuerungsrechts (§ 4 Abs. 1 Satz 3 EStG). Ansatz erfolgte hier zum gemeinen Wert (§ 6 Abs. 1 Nr. 4 Satz 1 EStG). Bildung eines Ausgleichspostens möglich (§ 4g EStG).

Einlagen

I. Begriff
Einlage ist jede Wertzuführung aus dem außerbetrieblichen Lebensbereich des Unternehmers (Privatsphäre) in den Betrieb.

II. Voraussetzungen
Eine Einlage kommt nur unter folgenden Voraussetzungen zustande:
1. außerbetrieblicher Lebensbereich des Unternehmers neben dem Betrieb;
2. einlagefähiges WG. Ein WG ist einlagefähig, wenn es in seiner Art nach den betrieblichen Zwecken des Unternehmers dienen kann;
3. Einlagehandlung des Unternehmers. Diese kann erfolgen durch:
   a) ausdrückliche Erklärung, insb. entsprechende Buchung;
   b) schlüssige Einlagehandlung; insb. Änderung in der Nutzung des betr. WG.

III. Gegenstand von Einlagen
Gegenstand von Einlagen können **Sachen, Rechte, immaterielle Werte, Nutzungen privater** Gegenstände oder **Leistungen** der privaten Lebenssphäre sein.

IV. Keine Einlage
Folgende Vorgänge führen nicht zu einer Einlage:
1. Übernahme privater Gegenstände in das Betriebsvermögen bei Betriebsgründung. Weil eine Einlage nicht vorliegt, ist nach § 6 Abs. 1 Nr. 6 EStG zu bewerten!
2. Aus **betrieblichen Gründen** erhaltenen **Schenkungen**; es liegt keine Einlage, sondern eine Betriebseinnahme vor!

V. Bewertung der Einlagen
Nach § 6 Abs. 1 Nr. 5 EStG sind Einlagen grundsätzlich mit dem Teilwert des eingelegten WG im Zeitpunkt der Zuführung anzusetzen. Dabei dürfen jedoch höchstens die AK bzw. HK angesetzt werden, wenn das eingelegte WG
a) innerhalb der letzten 3 Jahre vor der Einlage angeschafft oder hergestellt worden ist;
b) eine Beteiligung im Sinne des § 17 Abs. 1 EStG ist.
Im Falle der Einlage eines früher entnommenen WG tritt dabei an die Stelle der AK bzw. HK der frühere Entnahmewert (= Teilwert), und im Falle der Einlage eines abnutzbaren WG dürfen dabei höchstens die fortgeführten (d. h. abgeschriebenen) AK bzw. HK angesetzt werden.

VI. Besonderheit (Verstrickungstatbestand)
Eine fiktive Einlage liegt vor bei Begründung des Besteuerungsrechts der BRD hinsichtlich des Gewinns aus einer Veräußerung eines WG (§ 4 Abs. 1 Satz 7 EStG). Ansatz erfolgt ebenfalls zum gemeinen Wert (§ 6 Abs. 1 Nr. 5a EStG).

Sonstige Bewertungen

I. § 6 Abs. 1 Nr. 6 EStG: Betriebseröffnung

Bei Eröffnung eines Betriebs sind die einzelnen aus dem Privatvermögen stammenden WG zwecks Erstellung der Eröffnungsbilanz unter sinngemäßer Anwendung der Vorschriften des § 6 Abs. 1 Nr. 5 EStG, also wie im Falle einer Einlage zu bewerten.

Damit gilt die Begrenzung des Wertansatzes auf die AK bzw. HK nach § 6 Abs. 1 Nr. 5 EStG auch für die Bewertung der einzelnen WG zwecks Erstellung der Betriebseröffnungsbilanz.

II. § 6 Abs. 1 Nr. 7 EStG: Entgeltlicher Betriebserwerb

Im Falle eines **entgeltlichen Betriebserwerbs** hat der Erwerber die einzelnen übernommenen WG mit ihrem **Teilwert** im Zeitpunkt der Erwerbs, höchstens jedoch mit ihren AK bzw. HK anzusetzen.

Diese Vorschrift verhindert die Aktivierung der übernommenen WG mit einem über ihrem Teilwert hinausgehenden Betrag und erzwingt damit die Aktivierung eines Firmenwerts in Höhe des über die Summe der Teilwerte der einzelnen WG hinaus aufgewendeten Betrags.

III. § 6 Abs. 3 EStG: Unentgeltliche Übertragung eines Betriebs, Teilbetriebs oder Anteils an einem Betrieb

Im Falle einer solchen **unentgeltlichen Übertragung** hat der bisherige Inhaber die einzelnen WG in seiner Schlussbilanz mit den sich aus § 6 EStG ergebenden Werten (= Buchwerte!) anzusetzen; der Erwerber ist an diese Werte gebunden, er hat also die bisherigen **Buchwerte** fortzuführen.

IV. § 6 Abs. 4 EStG: Unentgeltliche Übertragung einzelner Wirtschaftsgüter

Bei der unentgeltlichen Übertragung einzelner WG aus betrieblichem Anlass in den Betrieb eines anderen Unternehmers gilt für den Erwerber der Betrag als AK, den er sonst hätte aufwenden müssen (= **gemeiner Wert**).

V. Umwandlungssteuergesetz

1. Umwandlung einer KapGes in eine PersGes:
   Nach § 3 UmwStG sind die WG bei der übertragenden Körperschaft mit dem gemeinen Wert bzw. auf Antrag mit dem Buch- oder Zwischenwert anzusetzen. Die Personengesellschaft hat diese Werte zu übernehmen (§ 4 UmwStG).
2. Einbringung eines Betriebs, Teilbetriebs oder Anteils an einem Betrieb in eine KapGes oder in eine PersGes:
   Nach § 20 bzw. § 24 UmwStG Übernahme zum gemeinen Wert bzw. auf Antrag zum Buch- bzw. Zwischenwert. Der Einbringungswert gilt für den Einbringenden als Veräußerungspreis und bei einer Einbringung in eine KapGes als AK der erhaltenen Anteile.

6.8.1.2 Bedeutung handelsrechtlicher Vorschriften für das Steuerrecht

1075 Die Bilanzierung von Rückstellungen in der Steuerbilanz richtet sich nach einer von der Rechtsprechung formulierten Auslegung des Maßgeblichkeitsgrundsatzes, *„bei der ihr Sinn und Zweck, der Zusammenhang mit den übrigen steuerrechtlichen Vorschriften über die Gewinnermittlung und schließlich auch verfassungsrechtliche Grundsätze zu berücksichtigen sind."* Dieser Grundsatz hat jedoch dann keine Bedeutung, wenn besondere steuerrechtliche Vorschriften i. S. d. § 5 Abs. 6 EStG bestehen.

Wie ist dann der Maßgeblichkeitsgrundsatz zweckentsprechend anzulegen? **Die Rechtsprechung** hat die folgenden Grundsätze aufgestellt:

- Ist handelsrechtlich eine Rückstellung vorgeschrieben, besteht auch für die Steuerbilanz die Verpflichtung zur Passivierung der Rückstellung (Ausnahme: Eine Rückstellung für latente Steuern darf in der Steuerbilanz nicht erfolgen).
- Besteht ein handelsrechtliches Wahlrecht zur Rückstellungsbildung, darf steuerrechtlich keine Rückstellung gebildet werden. Handelsrechtliche Passivierungswahlrechte existieren jedoch nach Inkrafttreten des BilMoG nicht mehr.
- Besteht ein handelsrechtliches Passivierungsverbot, besteht auch steuerrechtlich ein Passivierungsverbot.

1076 Diese Grundsätze gelten entsprechend, wenn Steuerpflichtige ihren Gewinn nach § 4 Abs. 1 EStG ermitteln; denn auch diese Steuerpflichtigen müssen in der Bilanz ihre Schulden – und Rückstellungen haben doch Schuldcharakter – vollständig erfassen.

1077 Steuerlich gelten für den Ausweis von Rückstellungen folgende verpflichtende Sondervorschriften:

- Der Ausweis der Rückstellung für latente Ertragsteuern in der Handelsbilanz ist für die Steuerbilanz gemäß dem Grundsatz des § 5 Abs. 1 EStG verboten, da zum Bilanzstichtag das Betriebsvermögen nicht gemindert wurde. Vielmehr entstehen diese Steuern erst in den Folgejahren.
- Nach § 5 Abs. 2a EStG sind Rückstellungen für Verpflichtungen, die nur zu erfüllen sind, soweit künftig Einnahmen oder Gewinne anfallen, erst dann anzusetzen, wenn die Einnahmen oder Gewinne angefallen sind.
- § 5 Abs. 3 EStG schränkt die Möglichkeit, Rückstellungen wegen der Verletzung fremder Patent-, Urheber- oder ähnlicher Schutzrechte zu bilden, stark ein.
- § 5 Abs. 4 EStG schränkt die Möglichkeit, Rückstellungen für die Verpflichtung zu einer Zuwendung anlässlich eines Dienstjubiläums zu bilden, ein.
- Nach § 5 Abs. 4a EStG ist die Bildung von Rückstellungen für drohende Verluste aus schwebenden Geschäften verboten.
- Nach § 5 Abs. 4b EStG dürfen Rückstellungen für Aufwendungen, die in späteren Wirtschaftsjahren als Anschaffungs- oder Herstellungskosten zu aktivieren sind, nicht gebildet werden.

6.8.2 Bewertung

6.8.2.1 Bewertung nach Handelsrecht

Rückstellungen sind mit dem Erfüllungsbetrag unter Berücksichtigung künftiger Preis- und Kostensteigerungen anzusetzen (§ 253 Abs. 1 Satz 2 HGB). Da nur der Kaufmann selbst bei der Aufstellung der Bilanz in der Lage ist, die Höhe der bestehenden Risiken zu erfassen, kommt seiner Schätzung hierbei die entscheidende Bedeutung zu. Er muss jedoch die Grundlagen seiner Schätzung so darlegen, dass sie objektiv nachprüfbar sind. Nun gilt auch ein Abzinsungsgebot bei Laufzeiten von mehr als 1 Jahr; die Abzinsung erfolgt mit dem ihrer Restlaufzeit entsprechenden durchschnittlichen Marktzinssatz der vergangenen sieben Geschäftsjahre (§ 253 Abs. 2 HGB).

1078

6.8.2.2 Bewertung nach Steuerrecht

Gem. § 5 Abs. 1 S. 1 EStG ist bei Gewerbetreibenden, die auf Grund gesetzlicher Vorschriften verpflichtet sind, Bücher zu führen und regelmäßig Abschlüsse zu machen, für den Schluss des Wirtschaftsjahres das Betriebsvermögen anzusetzen, das nach handelsrechtlichen Grundsätzen ordnungsmäßiger Buchführung auszuweisen ist (Maßgeblichkeitsprinzip). Ein anderer Wertansatz ist nur dann zulässig, wenn steuerrechtliche Ansatz- und Bewertungsvorbehalte bestehen oder im Rahmen der Ausübung eines steuerlichen Wahlrechts ein anderer Ansatz gewählt wurde (§ 5 Abs. 6 EStG, s. auch BMF v. 12. 3. 2010, BStBl 2010 I 239; v. 22. 6. 2010, BStBl 2010 I 597, EStH 2011 Anhang 9 III).

1079

In § 6 Abs. 1 Nr. 3a EStG sind Grundsätze dargelegt, nach denen die Höhe der Rückstellungen zu ermitteln ist.

1080

- ▶ Unter Punkt a) dieser Vorschrift wird klargestellt, dass bei der Berechnung der Höhe von Rückstellungen für gleichartige Verpflichtungen die Erfahrungen der Vergangenheit berücksichtigt werden müssen. Insbesondere ist aus diesen Erfahrungen der Teil der Summe der Verpflichtungen ableitbar, für den voraussichtlich eine Inanspruchnahme erfolgen wird.

   BEISPIEL: ▶ Ein Hersteller eines Produktes gibt seinen Abnehmern für die Produkte eine einjährige Garantie. Bei pro Jahr 10 000 ausgelieferten Produkten sind in den vergangenen Jahren Garantieansprüche bei 5 % der im Vorjahr ausgelieferten Produkte geltend gemacht worden. Pro Garantiefall wurden durchschnittlich 150 € (Einzelkosten + angemessene Teile der notwendigen Gemeinkosten) aufgewandt.
   Hieraus ermittelt sich als zu erwartender Aufwand im Folgejahr:
   5 % von 10 000 = 500 erwartete Garantiefälle
   500 × 150 € = 75 000 €

- ▶ Unter Punkt b) dieser Vorschrift ist geregelt, dass Rückstellungen für Sachleistungsverpflichtungen mit den Einzelkosten und den angemessenen Teilen der notwendigen Gemeinkosten zu bewerten sind.

   Diese Regelung ist insbesondere zu beachten bei der Wertermittlung für Garantierückstellungen und für Rekultivierungsrückstellungen.

1081

- ▶ Punkt c) dieser Vorschrift gebietet, dass künftige Vorteile, die mit der Erfüllung der Verpflichtung voraussichtlich verbunden sein werden, bei der Bewertung der Rück-

1082

stellung wertmindernd zu berücksichtigen sind, soweit sie nicht als Forderung zu aktivieren sind.

BEISPIEL: Aufgrund bestehender Garantieverpflichtungen ermittelt sich als zu erwartender Aufwand im Folgejahr:

5 % von 10 000 = 500 erwartete Garantiefälle

500 × 150 € = 75 000 €.

Auf der Grundlage bestehender Garantieversicherungen hat der Steuerpflichtige Ansprüche i. H. v. 100 € pro Garantiefall.

Zum Bilanzstichtag bestehen keine Ansprüche gegen die Versicherung.

Da noch nicht realisierte Forderungen nicht aktiviert werden dürfen, ergibt sich folgende Rückstellung:

Voraussichtlicher Aufwand	75 000 €
./. Ansprüche aus Garantieversicherungen (500 × 100 € =)	50 000 €
	25 000 €

1083 ▶ Punkt d) regelt die Ermittlung der Höhe von Rückstellungen für Verpflichtungen, für deren Entstehen im wirtschaftlichen Sinne der laufende Betrieb ursächlich ist.

In diesen Fällen sind die zur Erfüllung der Verpflichtung erforderlichen Beträge zeitanteilig linear anzusammeln.

▶ Unter Punkt f) ist geregelt, dass bei der Bewertung die Wertverhältnisse am Bilanzstichtag maßgebend sind und künftige Preis- und Kostensteigerungen nicht berücksichtigt werden dürfen; dies dient lediglich der Klarstellung.

BEISPIEL: Ein Steuerpflichtiger hat Anfang 01 auf einem gepachteten Grundstück einen befestigten Parkplatz errichtet. Das Grundstück ist bei Pachtende zum 31.12.25 in dem Zustand an den Verpächter zu übergeben, den es vor Pachtbeginn hatte. Um dies zu erreichen, müssen bei Pachtende sämtliche Veränderungen auf dem Grundstück entfernt werden. Die geschätzten Aufwendungen nach den Wertverhältnissen am jeweiligen Bilanzstichtag betragen:

31.12.01	50 000 €
31.12.02	53 000 €
31.12.03	56 000 €

Als vorläufiger Rückstellungsbedarf ergibt sich zu den einzelnen Stichtagen:

31.12.01	$1/25$ von 50 000 € = 2 000 €
31.12.02	$2/25$ von 53 000 € = 4 240 €
31.12.03	$3/25$ von 56 000 € = 6 720 €

Diese Rückstellungen sind in der Handelsbilanz mit dem Erfüllungsbetrag unter Berücksichtigung künftiger Preis- und Kostensteigerungen anzusetzen (§ 253 Abs. 1 Satz 2 HGB). Außerdem gilt ein Abzinsungsgebot (Laufzeiten > 1 Jahr); hierbei ist der Marktzins zu Grunde zu legen (§ 253 Abs. 2 HGB).

1084 ▶ Nach Punkt e) i.V.m. § 6 Abs. 1 Nr. 3 Satz 2 EStG sind Rückstellungen für Verpflichtungen zwingend mit einem Zinssatz von 5,5 % (nicht mit dem Marktzins) abzuzinsen, wenn die Laufzeit mindestens 1 Jahr beträgt. Damit weichen in diesen Fällen die Handels- und Steuerbilanzansätze in der Regel voneinander ab.

Bewertung nach Handels- und Steuerrecht — TEIL B

BEISPIEL: Aus dem vorherigen Beispiel ergab sich für die Handelsbilanz folgender Rückstellungsbedarf zu den einzelnen Stichtagen:

31.12.01	$1/25$ von 50 000 € = 2 000 €
31.12.02	$2/25$ von 53 000 € = 4 240 €
31.12.03	$3/25$ von 56 000 € = 6 720 €

Die obigen Beträge sind jeweils mit dem Marktzins abzuzinsen. Als Marktzins werden hier 4 % angenommen.

Als handelsbilanzielle Wertansätze ergeben sich:

31.12.01   2 000 €, fällig zum 31.12.25

Mathematisch exakt errechnet sich hieraus folgender abgezinster Wert:

2 000 € geteilt durch $(1,04)^{24}$ = 781 €; dieser Wert ist als Rückstellung in der Handelsbilanz 01 auszuweisen.

31.12.02   4 240 €, fällig zum 31.12.25

Mathematisch exakt errechnet sich hieraus folgender abgezinster Wert:

4 240 € geteilt durch $(1,04)^{23}$ = 1 721 €; dieser Wert ist als Rückstellung in der Handelsbilanz 02 auszuweisen.

31.12.03   6 720 €, fällig zum 31.12.25

Mathematisch exakt errechnet sich hieraus folgender abgezinster Wert:

6 720 € geteilt durch $(1,04)^{22}$ = 2 836 €; dieser Wert ist als Rückstellung in der Handelsbilanz 03 auszuweisen.

Die Rückstellungen lt. Handelsbilanz betragen demnach:

31.12.01	781 €
31.12.02	1 721 €
31.12.03	2 836 €

In den Steuerbilanzen hat die Abzinsung mit 5,5 % pro Jahr zu erfolgen.

31.12.01   2 000 €, fällig zum 31.12.25

Mathematisch exakt errechnet sich hieraus folgender abgezinster Wert:

2 000 € geteilt durch $(1,055)^{24}$ = 553 €; dieser Wert ist als Rückstellung in der Steuerbilanz 01 auszuweisen.

31.12.02   4 240 €, fällig zum 31.12.25

Mathematisch exakt errechnet sich hieraus folgender abgezinster Wert:

4 240 € geteilt durch $(1,055)^{23}$ = 1 238 €; dieser Wert ist als Rückstellung in der Steuerbilanz 02 auszuweisen.

31.12.03   6 720 €, fällig zum 31.12.25

Mathematisch exakt errechnet sich hieraus folgender abgezinster Wert:

6 720 € geteilt durch $(1,055)^{22}$ = 2 069 €; dieser Wert ist als Rückstellung in der Steuerbilanz 03 auszuweisen.

Die Rückstellungen lt. Steuerbilanz betragen demnach:

31.12.01	553 €
31.12.02	1 238 €
31.12.03	2 069 €

Zu gleichen Ergebnissen kommt die Bewertung nach § 12 Abs. 3 BewG. Auch hier ist ein Zinssatz von 5,5 % zu Grunde gelegt.

HINWEIS:

Für Verpflichtungen, die steuerrechtlich nach § 6 Abs. 1 Nr. 3a Buchst. e Satz 2 EStG keiner bzw. einer Abzinsung nur bis zum Beginn der Erfüllung der Verpflichtung (Sachleistungsverpflichtungen) unterliegen, führt dies häufig dazu, dass der handelsrechtliche Wertansatz niedriger ist als der steuerrechtliche, denn handelsrechtlich erstreckt sich der Abzinsungszeitraum über den Zeitpunkt des Beginns der Erfüllung hinaus.

Das führt dazu, dass der handelsrechtlich anzusetzende abgezinste Wert niedriger ist als der nicht (oder geringer) abgezinste Wert bei Anwendung des § 6 Abs. 1 Nr. 3a Buchst. e Satz 2 EStG.

Die Finanzverwaltung vertritt hierzu folgende Auffassung: „Entsprechend dem Wortlaut des Einleitungssatzes zu Nr. 3a des § 6 Abs. 1 EStG und der Erläuterung in der Gesetzesbegründung hierzu (BT-Drs. 14/443 S. 23) ist der handelsrechtliche Rückstellungsbetrag für die steuerrechtliche Bewertung der Rückstellung nach § 6 Abs. 1 Nr. 3a EStG auch dann maßgeblich, wenn der Ausweis in der Handelsbilanz niedriger ist als der sich nach § 6 Abs. 1 Nr. 3a EStG ergebende Wert (s. Verfügung der OFD Münster v. 13. 7. 2012)."

6.8.3 Beispiele für Rückstellungen im Handels- und Steuerrecht

6.8.3.1 Allgemeines

1085 Im Weiteren beschäftigen wir uns mit den wichtigsten Pflichtrückstellungen, die in Handels- und/oder Steuerbilanz gebildet werden müssen.

6.8.3.2 Rückstellungen für ungewisse Verbindlichkeiten

Eine Rückstellung für **ungewisse Schulden** ist dann zu bilden, wenn ungewiss ist,

▶ ob der Betriebsinhaber wegen einer Verbindlichkeit überhaupt in Anspruch genommen werden kann

   oder

▶ wenn zwar feststeht, dass er für eine Schuld bezahlen muss, aber die Höhe dieser Schuld noch ungewiss ist.

Auch wenn in diesen Fällen noch keine fest umrissene Verbindlichkeit vorliegt, muss der Betriebsinhaber trotzdem von einer Belastung ausgehen, die auf ihn zukommen wird. Dies gilt selbst dann, wenn der dem Dritten zustehende Anspruch weder fällig ist noch geltend gemacht wurde. Entscheidend ist, dass der Bilanzierende ernsthaft mit einer Inanspruchnahme rechnen konnte. Deshalb muss er hierfür eine Rückstellung bilden.

6.8.3.2.1 Gewerbesteuerrückstellung

Bei Bilanzaufstellung muss der Kaufmann die voraussichtliche Gewerbesteuerabschlusszahlung als Rückstellung ausweisen. 1086

Die Gewerbesteuer (und die darauf entfallenden Nebenleistungen) sind **für nach dem 31.12.2007 endende Erhebungszeiträume gem. § 4 Abs. 5b EStG keine Betriebsausgaben** mehr. (Umgekehrt ist die erstattete Gewerbesteuer, die dem Betriebsausgabenabzugsverbot unterlegen hat, steuerlich nicht als Betriebseinnahme zu erfassen.) Diese gesetzliche Vorschrift, durch die die zuvor gültige, wechselseitige Beeinflussung der ertragsteuerlichen Bemessungsgrundlagen entfällt, dient der Verbesserung der Belastungstransparenz.

Die Regelung stellt – wie die Regelungen der § 4 Abs. 5, § 4 Abs. 5a EStG – eine Sonderregelung zu § 4 Abs. 4 EStG dar. Daraus folgt, dass mit § 4 Abs. 5b EStG ein Abzugsverbot für betrieblich veranlassten Aufwand statuiert werden soll, das im Rahmen der steuerlichen Gewinnermittlung durch außerbilanzielle Hinzurechnung zu berücksichtigen ist. Nach dem Gesetzeswortlaut ist Gewerbesteuer zwar keine Betriebsausgabe; das kann aber nicht dazu führen, dass sie als außerbetrieblicher Aufwand zu einer Privatentnahme i. S. des § 4 Abs. 1 EStG umzudeuten ist. Entnahmen nach § 4 Abs. 1 Satz 2 EStG liegen nämlich nur vor, wenn der Steuerpflichtige für sich, für seinen Haushalt und für andere betriebsfremde Zwecke Verwendungen tätigt. Hierunter fallen mit Sicherheit nicht Gewerbesteueraufwendungen.

Diese Auffassung wurde in R 5.7 Abs. 1 Satz 3 EStÄR 2012 aufgenommen, in dem Folgendes angefügt wird:

„Ungeachtet des Abzugsverbotes des § 4 Abs. 5b EStG ist in der Steuerbilanz eine Gewerbesteuerrückstellung zu bilden; dadurch verursachte Gewinnauswirkungen sind außerbilanziell zu neutralisieren."

BEISPIEL: ▶ Erzielter Gewinn 300 000 €. Darin sind GewSt-Vorauszahlungen von 30 000 € enthalten.

Keine Zu- und Abrechnungen. Hebesatz 400 %

Berechnung:	in €
vorläufiger Gewinn	300 000
+ GewSt-Vorauszahlungen	30 000
	330 000
./. Freibetrag	24 500
	305 500
Messbetrag nach Gewerbeertrag (3,5 % von 305 500 €)	10 692
Messbetrag × Hebesatz (400 %)	42 768
./. Vorauszahlungen	30 000
GewSt-Rückstellung (= Gewinnminderung)	12 768

Außerhalb der Bilanz ist der steuerliche Gewinn um die Gewerbesteueraufwendungen von 42 768 € zu erhöhen.

6.8.3.2.2 Mehrsteuern aufgrund von Außenprüfungen

1087 Oft führen Außenprüfungen zu einer Nachforderung von Steuern, die als Betriebsausgaben abzugsfähig sind. Diese Mehrsteuern sind zu Lasten der Wirtschaftsjahre zu verrechnen, zu denen sie wirtschaftlich gehören, wenn eine Änderung der Veranlagungen für die betreffenden Veranlagungszeiträume möglich ist (H 4.9 „Änderung von bestandskräftigen Veranlagungen" EStH).

Ist ausnahmsweise eine nachträgliche Zurechnung der Mehrwertsteuern in die Jahre, in die sie wirtschaftlich gehören, wegen Bestandskraft der Veranlagungen nicht mehr möglich, können sie zu Lasten des ersten Wirtschaftsjahres gebildet werden, das noch nicht bestandskräftig veranlagt ist.

Eine Rückstellung kann nicht gebildet werden mit dem Hinweis darauf, dass bei späteren Außenprüfungen erfahrungsgemäß mit Steuernachforderungen gerechnet werden müsse; in solchen Fällen kann der Steuerpflichtige am Tag der Bilanzaufstellung noch nicht mit einer Belastung rechnen, die auf ihn zukommt (H 4.9 „Rückstellung für künftige Steuernachzahlungen" EStH).

Eine Rückstellung für hinterzogene Mehrsteuern kann erst zu dem Bilanzstichtag gebildet werden, zu dem der Steuerpflichtige mit der Aufdeckung der Steuerhinterziehung rechnen musste, nicht jedoch zu den Bilanzstichtagen, die den Steuerhinterziehungen folgen (BFH v. 22. 8. 2012 X R 23/10, BStBl 2012 II 76).

HINWEIS:

Nach dem einschlägigen Urteil des BFH vom 6.6.2012 I R 99/10 hat der BMF mit Schreiben vom 7.3.2013 IV C 6 – S 2137/12/10001 Folgendes geregelt: Großbetriebe, die der Anschlussprüfung unterliegen, können Rückstellungen für Kosten bilden, die in direktem Zusammenhang mit der Durchführung einer zu erwartenden Betriebsprüfung stehen.

6.8.3.2.3 Garantierückstellungen

1088 Bei der Erstellung von Ergebnissen sowie bei der Erbringung von Leistungen (z. B. Reparaturen) können Arbeits- oder Materialfehler auftreten, die spätere Nachteile für den Kunden mit sich bringen. Unter einer Garantieverpflichtung versteht man, dass der Lieferer bzw. der Leistende eine Gewähr für bestimmte Eigenschaften einer verkauften oder hergestellten Sache (oder Leistung) übernimmt; diese Gewährleistung bezieht sich regelmäßig nur auf einen bestimmten Zeitraum.

Gewährleistungsverpflichtungen können auf **gesetzlichen oder vertraglichen Regelungen** beruhen. Danach muss der Verkäufer bzw. Hersteller dafür sorgen, dass innerhalb der Garantiezeit die Sache bzw. die erbrachte Leistung nicht mit Fehlern behaftet ist, die den Wert oder die Nutzbarkeit der Sache (der Leistung) zu ihrem gewöhnlichen oder im Vertrag versprochenen Gebrauch mindern.

Ist im **Bilanzstichtag eine Inanspruchnahme** aus einer solchen Garantieverpflichtung noch **nicht erfolgt,** ist diese ungewisse Verbindlichkeit (Grund und Höhe der Verbindlichkeit sind ungewiss) im Rahmen einer Garantierückstellung zu erfassen, wenn die Inanspruchnahme **ernsthaft droht.** Folglich genügt für den Ansatz einer Rückstellung nicht die **entfernte Möglichkeit,** wegen solcher Garantieversprechen in Anspruch genommen zu werden, vielmehr muss sich die Verpflichtung, Garantieleistungen zu erbringen, am Bilanzstichtag zumindest erkennbar abzeichnen. 1089

Der Wert dieser Rückstellung ist zu schätzen, wie sie der Erwerber des ganzen Betriebs schätzen würde; die Rückstellung ist also mit dem **Teilwert** anzusetzen. Rückstellungen sind aufgrund der in der **Vergangenheit gemachten Erfahrungen** auch dann in gewissem Umfang zu bilden, wenn zwar am Bilanzstichtag oder bis zum Tag der Bilanzaufstellung keine Garantiefälle bekannt geworden sind, aber auf mit einer gewissen Regelmäßigkeit nach Grund und Höhe auftretende tatsächliche Inanspruchnahmen aus Garantieverpflichtungen hingewiesen werden kann. Selbst ohne solche Hinweise sind Rückstellungen (in geringerem Umfang) zu bilden, wenn es aus den Erfahrungen der Branche und/oder der individuellen Gestaltung des Betriebs wahrscheinlich ist, Garantieleistungen erbringen zu müssen. Die durchgeführte Schätzung des Kaufmanns darf das angemessene, der Lage des Einzelfalls entsprechende Maß nicht übersteigen. Hierbei sind insbesondere die Erfahrungen, die der Steuerpflichtige im eigenen Betrieb machte, zu berücksichtigen. Kann der Steuerpflichtige keine konkreten, im Einzelfall nachprüfbaren Tatsachen für seine Schätzung vorweisen, kann er aus der Vergangenheit Rückschlüsse ziehen. 1090

Wichtig für die Finanzverwaltung ist, dass die Schätzung des Kaufmanns einer objektiven Nachprüfung standhalten muss. Die Frage, die hierzu beantwortet werden muss, ist: Welche Kosten sind im Rahmen einer Rückstellung passivierungsfähig? 1091

Für den Teilwert ist der Kostenbetrag maßgeblich, den der Kaufmann zur Erfüllung seiner Garantieverpflichtung aufwenden muss. Dieser Betrag entspricht den **Selbstkosten,** die die Garantieleistung mit sich bringt: die Materialkosten einschließlich der Materialgemeinkosten sowie die Fertigungskosten (Lohnkosten) einschl. der Lohngemeinkosten sowie die mit den Garantieleistungen zusammenhängenden Verwaltungs- und Vertriebsgemeinkosten (kalkulatorische Kosten sind nicht zu berücksichtigen). 1092

Grundsätzlich ist die Rückstellungshöhe im Rahmen einer **Einzelbewertung** zu ermitteln; dies ist jedoch nur möglich, wenn der Garantieverpflichtung wenige, aber umso risikoreichere Geschäfte zu Grunde liegen (z. B. Bau einer Autobahnbrücke). Sobald es sich um eine Vielzahl von Einzelrisiken handelt, ist das Verfahren der Einzelbewertung praktisch unmöglich. Hier ist dann das Verfahren einer Pauschalbewertung zugelassen. Diese Pauschalrückstellung wird in der Regel in der Weise ermittelt, dass auf den garantiebehafteten Sollumsatz ein bestimmter Prozentsatz angewandt wird. Dieser Prozentsatz ergibt sich als betrieblicher Erfahrungssatz (in Großbetrieben häufig auf der Grundlage von gesammeltem Datenmaterial durch Anwendung mathematisch-statistischer Zahlen ermittelt); für die Höhe des Prozentsatzes sind in der Regel die Verluste der Vergangenheit bedeutsam. 1093

BEISPIEL: ▶ Ein Unternehmen hat in 01 und 02 Umsätze i. H. v. je 1 Mio. € getätigt. Es hat grundsätzlich Garantieversprechen für alle Werklieferungen übernommen; die Garantiefrist beträgt jeweils 2 Jahre. Für Handelsgeschäfte besteht keine Garantieverpflichtung.

Der Umfang dieser Geschäfte beläuft sich in 01 auf 100 000 € und in 02 auf 200 000 €.

Außerdem hat das Unternehmen Rückgriffsrechte gegenüber Subunternehmungen für Umsätze i. H. v. je 100 000 € in 01 und 02; für im Zusammenhang mit diesen Umsätzen erbrachte Garantieleistungen müssen die Subunternehmen einstehen. Für Garantieleistungen sind nach betrieblichen Erfahrungen in der Regel 5 % des garantiebehafteten Umsatzes aufzuwenden, wobei sich die Garantieaufwendungen ungefähr gleichmäßig auf die Garantiezeit verteilen. In 01 und 02 wurden auf dem Aufwendungskonto „Garantieaufwendungen" je 40 000 € erfasst. (Aus Vereinfachungsgründen ist davon auszugehen, dass Garantieleistungen erst in dem Jahr, das auf die Leistungserstellung folgt, in Anspruch genommen werden.)

Die Höhe der Rückstellungen zum 31. 12. 02 errechnet sich wie folgt:

		01	02
	Sollumsätze	1 000 000 €	1 000 000 €
./.	nicht garantiebehaftet	./. 100 000 €	./. 200 000 €
./.	Umsätze ohne wirtschaftliche Garantieverpflichtung (Rückgriffsrecht!)	./. 100 000 €	./. 100 000 €
	Garantiebehafteter Umsatz	800 000 €	700 000 €
./.	Umsätze, für die schon Garantieleistungen in 01 und 02 erbracht wurden (gleichmäßige Garantieinanspruchnahme!)	./. 400 000 €	–
		400 000 €	700 000 €
	davon 5 %	20 000 €	35 000 €
	Garantierückstellung am 31. 12. 02		55 000 €

Die Buchungen auf dem Aufwandskonto bleiben in voller Höhe bestehen. Wie sich Veränderungen des Passivpostens Garantierückstellung auswirken, ist unter Rdn. 275 ff. ersichtlich.

6.8.3.2.4 Rückstellungen wegen Patentverletzung

6.8.3.2.4.1 Rückstellung nach Handelsrecht

1094 Das **objektive Vorliegen** einer Patentverletzung zwingt den Kaufmann dazu, eine Rückstellung zu bilden, selbst dann, wenn seit der Patentverletzung bereits mehrere Jahre vergangen sind und der Patentinhaber von der Verletzung seiner Patentrechte möglicherweise noch keine Kenntnis erlangt hat. Bildet der Kaufmann hier keine Rückstellung, würde er seine Vermögenslage günstiger darstellen als sie in Wirklichkeit ist. Unbedeutend ist in diesem Zusammenhang, ob konkrete Anhaltspunkte dafür vorliegen, dass der Patentinhaber von der Verletzung erfahren hat. Der Grund hierfür liegt in der besonders günstigen Rechtsstellung, die ein Patentinhaber bei der Verfolgung seiner Ansprüche aus einer Patentverletzung innehat. Denn nach dem Patentrecht verjähren diese Ansprüche wegen Verletzung des Patentrechts in **3 Jahren** vom Zeitpunkt der Kenntniserlangung durch den Berechtigten; ohne Rücksicht auf die Kenntnisnahme verjähren die Ansprüche sogar erst in 30 Jahren. Daher hat der Berechtigte faktisch die Möglichkeit, die Geltendmachung seines Anspruchs auf den für ihn **günstigsten Zeitpunkt zu verschieben**, ohne eine Verjährung seiner Ansprüche zu riskieren; denn der

Verpflichtete kann dem Berechtigten ja wohl kaum nachweisen, wann dieser Kenntnis von der Patentverletzung erhalten hat.

Die Höhe der Rückstellung richtet sich nach dem, was der Patentinhaber einfordern kann. Das ist entweder 1095

▶ der ihm entgangene Gewinn oder

▶ eine angemessene Lizenzgebühr oder

▶ der gesamte durch die Patentverletzung vom „Verletzer" erzielte Gewinn.

Hierbei muss der „Verletzer" wohl den Betrag als Rückstellung erfassen, der höchstens von ihm gefordert werden kann (er darf sich doch nicht reicher machen, als er ist); es sei denn, der Patentinhaber hat seine Forderung bereits betragsmäßig konkretisiert. Dann wäre dieser Betrag anzusetzen.

6.8.3.2.4.2 Rückstellung nach Steuerrecht

Diese Rückstellungsgrundsätze wären über den Maßgeblichkeitsgrundsatz auch für das Steuerrecht verbindlich; hier jedoch formuliert das Steuerrecht in § 5 Abs. 3 EStG einen **Bewertungsvorbehalt:** 1096

▶ Rückstellungen wegen Verletzung fremder Patent-, Urheber- oder ähnlicher Schutzrechte dürfen erst gebildet werden, wenn

   1. der Rechtsinhaber Ansprüche wegen der Patentverletzung geltend gemacht hat oder

   2. mit der Inanspruchnahme wegen der Rechtsverletzung ernsthaft zu rechnen ist.

Vor Geltendmachung von Ansprüchen ist im Allgemeinen mit einer Inanspruchnahme zu rechnen, wenn ein fremdes Patent objektiv verletzt ist und der Inhaber des verletzten Rechts mit **Aussicht auf Erfolg** Ansprüche geltend machen kann. Für diesen Fall der Rückstellung sieht § 5 Abs. 3 Satz 2 EStG vor, dass sie spätestens in der Bilanz des dritten auf ihre erstmalige Bildung folgenden Wirtschaftsjahres gewinnerhöhend aufzulösen sind, wenn bis zu diesem Zeitpunkt keine Ansprüche geltend gemacht wurden. 1097

Rückstellungen wegen Patentverletzungen sind daher im Steuerrecht gegenüber dem Handelsrecht nur in stark eingeschränktem Umfang möglich.

Die Höhe der Rückstellung ermittelt sich wie bei der handelsrechtlich zulässigen Rückstellung wegen Patentverletzungen.

6.8.3.2.5 Prozesskostenrückstellung

Kosten für einen am Bilanzstichtag laufenden Prozess sind in einer Rückstellung zu erfassen. Da jeder, auch wenn er seine Prozessaussichten noch so optimistisch beurteilt, damit rechnen muss, den Prozess zu verlieren, hat er die Möglichkeit zu berücksichtigen, die anfallenden Gerichts- und Anwaltskosten tragen zu müssen. In dieser Höhe ist eine Rückstellung zu bilden. 1098

Voraussetzung für eine Rückstellung ist, dass der Prozess **rechtsanhängig** geworden ist. Die Höhe der Rückstellung ist nur nach dem **Streitwert am Bilanzstichtag** unter Berücksichtigung der in diesem Zeitpunkt angerufenen Instanzen zu berechnen. Dass für den

Fall des Unterliegens geplant ist, höhere Instanzen anzurufen, kann für die Berechnung der Rückstellungshöhe **keine** Berücksichtigung finden.

6.8.3.2.6 Pensionsrückstellung

1099 Pensionsrückstellungen sind ungewisse Verbindlichkeiten i. S. d. § 249 Abs. 1 Satz 1 HGB; somit sind diese Rückstellungen zwingend vorgeschrieben.

Die in der Handelsbilanz gebildeten Rückstellungen sind über den Maßgeblichkeitsgrundsatz auch in der Steuerbilanz auszuweisen (vgl. BMF v. 12. 3. 2010, BStBl 2010 I 239, Rz 4). Deshalb ist faktisch aus dem in § 6a EStG verankerten Wahlrecht zur Bildung einer Pensionsrückstellung eine **Pflicht** zur Bildung einer solchen Rückstellung geworden.

Nach § 6a EStG darf eine Pensionsrückstellung jedoch nur dann gebildet werden, wenn

1. der Pensionsberechtigte einen Rechtsanspruch auf einmalige oder laufende Pensionsleistungen hat,

2. die Pensionszusage keinen Vorbehalt enthält, dass die Pensionsanwartschaft oder die Pensionsleistung gemindert oder entzogen werden kann, oder ein solcher Vorbehalt sich nur auf Tatbestände erstreckt, bei deren Vorliegen nach allgemeinen Rechtsgrundsätzen unter Beachtung billigen Ermessens eine Minderung oder ein Entzug der Pensionsanwartschaft oder der Pensionsleistung zulässig ist, und

3. die Pensionszusage schriftlich erteilt ist.

1100 Unter der Position Pensionsrückstellungen sind Rückstellungen für **laufende Pensionen** und für **Anwartschaften auf Pensionen** auszuweisen. Hierbei handelt es sich um vertraglich zugesagte zukünftige Versorgungsleistungen an Arbeitnehmer und unter bestimmten Voraussetzungen auch um gleichartige zukünftige Leistungen an den Arbeitnehmer-Ehegatten.

Bei der Berechnung der Pensionsrückstellungen ist jede Pensionszusage als **einzelnes Wirtschaftsgut** zu betrachten. Die hierfür erforderlichen Aufwendungen sind nach versicherungsmathematischen Grundsätzen (unter Zugrundelegung eines Rechnungszinsfußes von 6 %) zu ermitteln.

Begibt sich ein Arbeitnehmer in den Ruhestand, ist die für ihn gebildete Rückstellung allmählich aufzulösen; auch bei Tod des Rentenberechtigten und bei Arbeitnehmerfluktuation mit (teilweisem) Wegfall von Pensionsanwartschaften ist die Rückstellung (teilweise) aufzulösen.

1101 Werden Pensionszusagen durch Rückstellungsversicherungen rückgedeckt, müssen die Pensionszusagen als Pensionsrückstellungen passiviert werden, während der Rückdeckungsanspruch in der Bilanz zu aktivieren ist.

Wenn Pensionen über Versorgungskassen finanziert werden, ist eine gleichzeitige Bildung von Pensionsrückstellungen ausgeschlossen. In diesen Fällen sind die laufenden Zahlungen an die Versorgungskassen gewinnmindernd zu erfassen.

Für weiterführende Ausführungen hinsichtlich der Pensionsrückstellungen wird auf R 6a EStR verwiesen.

6.8.3.2.7 Wechselobligo

Gibt ein Steuerpflichtiger, z. B. zur Bezahlung betrieblicher Schulden, Kundenwechsel an Lieferanten weiter, hat er damit wirtschaftlich noch keine Schuldtilgung geleistet. Seine Schuld ist vielmehr erst getilgt, wenn die Kundenwechsel bei Vorlage vom Kunden bezahlt werden. Zahlt der Kunde nicht, muss der Steuerpflichtige damit rechnen, vom Lieferanten (dem Wechselgläubiger) zur Zahlung des Wechselbetrags in Anspruch genommen zu werden. 1102

Wegen dieses Risikos kann (unter Beachtung des Maßgeblichkeitsgrundsatzes: muss) er eine Rückstellung bilden, die unter Berücksichtigung aller Umstände zu schätzen ist. Hierbei sind alle **wertaufhellenden** Umstände zu berücksichtigen, die bis zur Bilanzaufstellung bekannt werden und aus denen Schlüsse über das Bestehen oder Nichtbestehen des Risikos am Bilanzstichtag gezogen werden können. 1103

Häufig wird dieses Risiko durch eine **Pauschalrückstellung** abgedeckt, in der die Risiken aus allen weitergegebenen Kundenwechseln erfasst werden, für die keine Einzelrückstellung gebildet wurde. Das Risiko wird in der Regel nach einem Vomhundertsatz der Nennbeträge der weitergegebenen Wechsel bemessen. Dieser Vomhundertsatz ergibt sich aus den betrieblichen Erfahrungen der vergangenen Wirtschaftsjahre. 1104

Zu Besonderheiten im Zusammenhang mit dem Stichtagsprinzip bei der Bildung des Wechselobligos s. Rdn. 616 f.

6.8.3.2.8 Rückstellung für Jahresabschluss- und Prüfungskosten

Für die sich aus Rechtsgeschäften ergebenden Kosten für die Aufstellung von Bilanzen und GuV-Rechnungen dürfen keine Rückstellungen gebildet werden. Solange die Arbeiten noch nicht ausgeführt sind, handelt es sich – sofern die Auftragsvergabe bereits erfolgt ist – um ein **schwebendes Geschäft** und nicht um ungewisse Verbindlichkeiten gegenüber Dritten. (Eine solche Verbindlichkeit liegt nur insoweit vor, als der Steuerberater im Rahmen der Bilanzerstellung vor dem Bilanzstichtag für Zwecke der Bilanzaufstellung tätig geworden ist.) 1105

Für Unternehmen jedoch, die **gesetzlich verpflichtet** sind, den Jahresabschluss aufzustellen und diesen prüfen zu lassen, besteht bereits am Bilanzstichtag die Pflicht zum Ausweis einer Rückstellung. Zwar sind auch hier die Verbindlichkeiten am Bilanzstichtag noch nicht entstanden, sie sind jedoch wirtschaftlich verursacht. Die Verpflichtung zur Aufstellung und Prüfung des Jahresabschlusses hat ihre wirtschaftliche Ursache in dem Geschäftsjahr, für das der Jahresabschluss zu erstellen ist. 1106

Zu den rückstellungsfähigen Kosten gehören 1107

▶ die Jahresabschlusskosten,
▶ die Kosten der Prüfung des Jahresabschlusses durch den Abschlussprüfer,
▶ die Kosten der Erstellung der Betriebssteuererklärungen,
▶ die Kosten der gesetzlich vorgeschriebenen Veröffentlichung des Jahresabschlusses,
▶ die Kosten der Erstellung des Geschäftsberichts.

1108 **Nicht** zu den rückstellungsfähigen Kosten gehören:
- Kosten der Durchführung der Hauptversammlung,
- Kosten der Erklärung zur gesonderten und einheitlichen Ermittlung des gewerblichen Gewinns (= privat verursacht).

6.8.3.2.9 Rückstellungen für den Ausgleichsanspruch des Handelsvertreters

1109 Selbständigen Handelsvertretern steht bei Beendigung des Vertragsverhältnisses mit ihrem Geschäftsherrn unter bestimmten Voraussetzungen nach § 89b HGB ein Ausgleichsanspruch zu. Dieser Ausgleichsanspruch wird für die Vorteile gezahlt, die dem Geschäftsherrn aus den fortbestehenden Geschäftsbeziehungen mit den vom Handelsvertreter geworbenen Kunden erwachsen. Der Ausgleichsanspruch entsteht damit – auch wirtschaftlich gesehen – erst in dem Zeitpunkt, in dem der Handelsvertreter aus dem Vertragsverhältnis mit dem Geschäftsherrn ausscheidet. Da vor dem Ausscheiden keine ungewisse Verbindlichkeit besteht, besteht auch **keine handelsrechtliche Verpflichtung** zur Bildung einer Rückstellung.

6.8.4 Rückstellungen für drohende Verluste aus schwebenden Geschäften

1110 Von schwebenden Geschäften spricht man, wenn **am Abschlussstichtag** ein Vertrag vorliegt und dieser **Vertrag von keiner Seite erfüllt ist.** Ein solcher Vertrag ist nach den Grundsätzen ordnungsmäßiger Buchführung grundsätzlich nicht bei der Bilanzaufstellung zu berücksichtigen, weil davon ausgegangen wird, dass sich Leistung und Gegenleistung gleichwertig gegenüberstehen.

6.8.4.1 Rückstellungen nach Handelsrecht

1111 Eine Rückstellung für drohende Verluste aus schwebenden Geschäften ist nur zulässig und gleichzeitig auch zwingend vorgeschrieben, wenn aus einem schwebenden Geschäft **insgesamt** ein Verlust droht (§ 249 Abs. 1 Satz 1 HGB).

Für **allgemeine Risiken**, wie Branchen- und Konjunkturrisiken, **darf keine Rückstellung** gebildet werden.

Wie ermittelt sich nun die Höhe solcher Rückstellungen in speziellen Fällen?

1112 Bei **Einkaufsverträgen**, die noch von keiner Seite erfüllt sind, ist dann eine Rückstellung zu bilden, wenn die Wiederbeschaffungskosten zum Bilanzstichtag unter den zu entrichtenden Einkaufspreis gefallen sind.

> **BEISPIEL:** Am 3.12.01 hat ein Kaufmann Waren zu Anschaffungskosten von 10 000 € bestellt; für diese Waren müsste er am Bilanzstichtag nur noch 8 000 € aufwenden.
>
> Wären diese Waren am Bilanzstichtag bereits geliefert gewesen, hätte am Bilanzstichtag die Ware mit 8 000 € bewertet werden müssen. Dies wäre mit Hilfe einer Teilwertabschreibung i. H.v. 2 000 € erfolgt, die sich in 01 gewinnmindernd ausgewirkt hätte.
>
> In Höhe dieser „künftigen Teilwertabschreibung" kommt, da die Lieferung noch nicht erfolgt ist, auf den Kaufmann ein drohender Verlust zu. Dies muss er durch Bildung einer Rückstellung

für drohende Verluste berücksichtigen, deren Höhe im Ergebnis die oben ermittelte Teilwertabschreibung vorwegnimmt.

Buchung 01: s. b. Aufwand	2 000 €	an	Rückstellung	2 000 €

Bei Lieferung der Waren gegen Rechnung (mit 1 900 € ausgewiesener Mehrwertsteuer) in 02 muss wie folgt gebucht werden:

WEK	8 000 €	an	Verbindlichkeiten	11 900 €
Rückstellung	2 000 €			
Vorsteuer	1 900 €			

▶ Drohende Verluste aus **Verkaufsverträgen** entstehen dann, wenn der vereinbarte Verkaufspreis nicht ausreicht, um die nach den Verhältnissen am Bilanzstichtag zu erwartenden Selbstkosten (= aktivierungsfähige Herstellungs- bzw. Anschaffungskosten zuzüglich anteilige Verwaltungs- und Vertriebskosten) zu decken, soweit die Selbstkosten nicht bereits vor dem Bilanzstichtag als Aufwand verrechnet wurden. 1113

BEISPIEL: ▶ Ein Maschinenhersteller hat am 1. 10. 06 einen Verkaufsvertrag über eine Maschine abgeschlossen, die er selbst herstellt. Die Auslieferung der Maschine soll im Februar 07 erfolgen; der vereinbarte Nettoverkaufspreis beträgt 90 000 €. An aktivierungsfähigen Herstellungskosten sind bis zum 31. 12. 06 90 000 € entstanden. Der Steuerpflichtige hat hiervon jedoch nur 80 000 € zulässigerweise aktiviert. Mit weiteren Herstellungskosten i. H. v. 8 000 € ist noch zu rechnen. Außerdem sind bei Auslieferung noch die Verpackungs- und Transportkosten i. H. v. 6 000 € netto aufzuwenden.

Berechnung der Rückstellung:

Selbstkosten (90 000 € + 8 000 € + 6 000 €)	104 000 €
./. bereits in 06 als Aufwand verrechnet (90 000 € ./. 80 000 €)	10 000 €
	94 000 €
./. vereinbarter Nettoverkaufspreis	90 000 €
Drohender Verlust nach dem 31. 12. 06 = Rückstellung	4 000 €

Buchungen beim Abschluss 06:

s. b. Aufwand	4 000 €	an	Rückstellung	4 000 €

Buchungen bei Auslieferung 07:

Forderung	107 100 €	an	Warenerlöse	90 000 €
			USt	17 100 €
Rückstellung	4 000 €	an	s. b. Ertrag	4 000 €

6.8.4.2 Rückstellungen nach Steuerrecht

Nach § 5 Abs. 4a EStG ist es verboten, in der Steuerbilanz Rückstellungen für drohende Verluste aus schwebenden Geschäften zu bilden. Diese gesetzliche Regelung verhindert über § 5 Abs. 6 EStG die Anwendung des Maßgeblichkeitsgrundsatzes. 1114

6.8.5 Rückstellungen für unterlassene Aufwendungen für Instandhaltung

1115 Unterlassene Aufwendungen für Instandhaltungen liegen begrifflich dann vor, wenn am Bilanzstichtag unaufschiebbare und umfangreiche Instandsetzungsarbeiten in Aussicht genommen sind. Dabei muss es sich um **Erhaltungsaufwand handeln** – also nicht um Herstellungsaufwand –, der bis zum Bilanzstichtag bereits erforderlich gewesen wäre. Die Erhaltungsarbeiten werden jedoch erst nach dem Bilanzstichtag ausgeführt.

Werden solche Instandhaltungsmaßnahmen **innerhalb** von drei Monaten nach dem Bilanzstichtag durchgeführt und abgeschlossen, sind in Höhe der voraussichtlichen Kosten Rückstellungen zu bilden (§ 249 Abs. 1 Satz 2 Nr. 1 HGB).

1116 **Steuerrechtlich** besteht für die unterlassenen Instandsetzungsaufwendungen, die innerhalb von drei Monaten nachgeholt werden, über das Maßgeblichkeitsprinzip ein Passivierungsgebot. Für später nachgeholte Instandsetzungen dürfen aufgrund des Maßgeblichkeitsgrundsatzes auch steuerrechtlich keine Rückstellungen gebildet werden.

6.8.6 Rückstellungen für unterlassene Abraumbeseitigung

1117 Für im Geschäftsjahr unterlassene Aufwendungen für Abraumbeseitigung, die im folgenden Wirtschaftsjahr nachgeholt werden, müssen Rückstellungen in Höhe der Aufwendungen des Folgejahres in der Handels- und Steuerbilanz gebildet werden; handelsrechtlich ergibt sich die Verpflichtung zur Rückstellung aus § 249 Abs. 1 Satz 2 Nr. 1 HGB (vgl. R 5.7 Abs. 1 Nr. 2 EStR).

Beim Abraumrückstand handelt es sich um noch nicht weggeschafftes Deckgebirge bei Unternehmen, die Bodensubstanz abbauen (z. B. bei Braunkohleförderunternehmen). Um weiter Bodenschätze abbauen zu können, muss das über der bereits abgebauten Substanz noch vorhandene Deckgebirge beseitigt werden. Der Aufwand hierfür, wenn er im nächsten Jahr nachgeholt wird, ist in eine Rückstellung einzustellen.

6.8.7 Rückstellungen für Gewährleistungen ohne rechtliche Verpflichtung

1118 Diese sog. Kulanzleistungen führen zu einer Rückstellungspflicht, wenn sich ein Unternehmen zwar nicht rechtlich, aber **wirtschaftlich** zur Kulanz verpflichtet hat. Das ist in der Regel dann anzunehmen, wenn Unternehmen mit Regelmäßigkeit Kulanzleistungen (= Garantieleistungen) ohne rechtliche Verpflichtung erbringen; handelsrechtlich ergibt sich die Verpflichtung zur Rückstellung aus § 249 Abs. 1 Satz 2 Nr. 2 HGB (vgl. auch R 5.7 Abs. 1 Nr. 3 EStR).

Die Höhe dieser Rückstellungen ermittelt sich nach den gleichen Grundsätzen wie die Höhe der Rückstellungen bei Garantieleistungen (vgl. Rdn. 1088 ff.).

6.8.8 Rückstellung für die Nachbetreuung von Versicherungsverträgen

Diese Rückstellung kann dann gebildet werden, wenn der Steuerpflichtige vertraglich zur weiteren Betreuung der von ihm vermittelten Versicherungsverträge verpflichtet ist und auch tatsächlich entsprechende Nachbetreuungsleistungen erbracht hat.

1118a

Die Nachbetreuungsverpflichtung ist eine Sachleistungsverpflichtung i. S. des § 6 Abs. 1 Nr. 3a Buchst. b EStG.

Der BFH hat in einer Reihe von Urteilen – u. a. BFH v. 12.12.2013 X R 25/11 (BStBl 2014 II 517) – dargelegt, nach welchen Kriterien die Höhe einer solchen Rückstellung zu ermitteln ist. An dieser Stelle wird nur auf einige Punkte hingewiesen:

- ▶ Der Steuerpflichtige hat konkrete und spezifizierte Aufzeichnungen zu führen, die eine angemessene Schätzung der Rückstellung ermöglichen.
- ▶ Die laufenden Aufzeichnungen sind vertragsbezogen zu führen.
- ▶ Die vom Steuerpflichtigen selbst zu erbringenden (und erbrachten) Leistungen können nicht berücksichtigt werden.
- ▶ Ist die Höhe der Rückstellung nicht mit Hilfe detaillierter Aufzeichnungen ermittelbar, führt dies dazu, dass nur eine Schätzung im unteren Rahmen erfolgen kann.
- ▶ Als Sachleistungsverpflichtung ist eine Rückstellung für einen Erfüllungsrückstand nach Maßgabe des § 6 Abs. 1 Nr. 3a Buchst. e Satz 2 EStG abzuzinsen.

6.8.9 Rückstellung für latente Steuern

6.8.9.1 Allgemeines

Diese Rückstellung ist nur für **Kapitalgesellschaften** vorgeschrieben (§ 274 Abs. 1 HGB). Sie ist in den Fällen zu bilden, in denen das Steuerbilanzergebnis durch steuerlich mögliche Gewinnverlagerungen niedriger ist als das Handelsbilanzergebnis.

1119

Für aktive latente Steuern besteht ein Ansatzwahlrecht. Passive latente Steuern müssen ausgewiesen werden.

> **BEISPIEL:** ▶ In der Steuerbilanz für 01 wurde ein im Januar 01 für 1 000 000 € hergestelltes Bürogebäude zwingend mit 3 % von 1 000 000 € = 30 000 € abgeschrieben. In der Handelsbilanz erfolgt die Abschreibung zulässigerweise unter Zugrundelegung der tatsächlichen Nutzungsdauer von 50 Jahren. Die handelsrechtliche Abschreibung beträgt somit 2 % von 1 000 000 € = 20 000 €. Das Handelsbilanz- und das Steuerbilanzergebnis weichen um diese 10 000 € voneinander ab. Hierbei ist in beiden Bilanzen die Steuerbelastung nach dem Steuerbilanzgewinn ermittelt worden. Dabei ist aber außer Ansatz geblieben, dass ab dem Jahr 34 der Steuerbilanzgewinn höher sein wird als der Handelsbilanzgewinn.

Jahr	AfA lt. StB	AfA lt. HB	Summe der höheren AfA lt. StB
01	30 000	20 000	10 000
02	30 000	20 000	20 000
....			
33	30 000	20 000	330 000
34	10 000 (Restwert)	20 000	320 000
35	0	20 000	300 000
....			
50	0	20 000	0

Die spätere Besteuerung der 10 000 € ist jedoch bereits bei Aufstellung der Handelsbilanz zum 31.12.01 vorhersehbar. Deshalb schreibt das HGB (für Kapitalgesellschaften) vor, dass diese „latente" Steuer bereits im Jahr 01 gewinnmindernd durch Einstellung in eine Rückstellung für latente Steuern berücksichtigt wird. Gleiches erfolgt für die Jahre bis einschließlich 33.

Der so gebildete Passivposten ist ab 34 bis einschließlich 50 aufzulösen, da dann die Steuerbelastung eintritt.

Die handelsrechtliche Pflichtrückstellung soll ihrem Wesen nach nur eine handelsrechtliche Gewinnkorrektur bewirken. Deshalb darf diese Rückstellung nicht in der Steuerbilanz ausgewiesen werden.

Nach § 274 Abs. 1 HGB sind latente Steuern unter gesonderten Posten in der Bilanz auszuweisen (§ 266 Abs. 3 E. HGB). Dieser Posten ist als Sonderposten eigener Art zu klassifizieren. Da der Posten „Passive latente Steuern" Rückstellungselemente aufweisen kann, schließt § 274 Abs. 2 Satz 1 HGB die Abzinsung der latenten Steuern klarstellend aus. Zuvor bestehende Unsicherheiten und Unklarheiten beim Ausweis latenter Steuern sind damit beseitigt. Die Beträge der sich zukünftig ergebenden Steuerbelastung sind mit den unternehmensindividuellen Steuersätzen im Zeitpunkt der Umkehrung der Differenz zu bewerten und im Anhang zu erläutern (§ 274 Abs. 2 HGB).

HINWEIS:

Erleichterungen bestehen für kleine Kapitalgesellschaften (§ 267 HGB). Diese sind komplett von der Anwendung des § 274 HGB befreit (§ 274a Nr. 5 HGB).

Bei der Berechnung der latenten Steuern müssen auch zukünftige Steuererstattungsansprüche und Verlustvorträge berücksichtigt werden.

6.8.9.2 Übersicht über die Vorschrift des § 274 HGB

1120   In der folgenden Abbildung wird die Vorschrift des § 274 HGB im Überblick dargestellt.

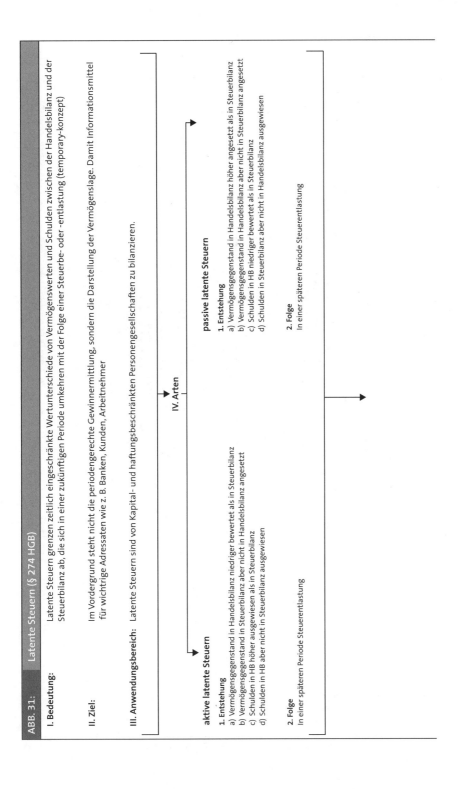

ABB. 31: Latente Steuern (§ 274 HGB)

I. Bedeutung: Latente Steuern grenzen zeitlich eingeschränkte Wertunterschiede von Vermögenswerten und Schulden zwischen der Handelsbilanz und der Steuerbilanz ab, die sich in einer zukünftigen Periode umkehren mit der Folge einer Steuerbe- oder -entlastung (temporary-konzept)

II. Ziel: Im Vordergrund steht nicht die periodengerechte Gewinnermittlung, sondern die Darstellung der Vermögenslage. Damit Informationsmittel für wichtige Adressaten wie z. B. Banken, Kunden, Arbeitnehmer

III. Anwendungsbereich: Latente Steuern sind von Kapital- und haftungsbeschränkten Personengesellschaften zu bilanzieren.

IV. Arten

aktive latente Steuern

1. Entstehung
a) Vermögensgegenstand in Handelsbilanz niedriger bewertet als in Steuerbilanz
b) Vermögensgegenstand in Steuerbilanz aber nicht in Handelsbilanz angesetzt
c) Schulden in HB höher ausgewiesen als in Steuerbilanz
d) Schulden in HB aber nicht in Steuerbilanz ausgewiesen

2. Folge
In einer späteren Periode Steuerentlastung

passive latente Steuern

1. Entstehung
a) Vermögensgegenstand in Handelsbilanz höher angesetzt als in Steuerbilanz
b) Vermögensgegenstand in Handelsbilanz aber nicht in Steuerbilanz angesetzt
c) Schulden in HB niedriger bewertet als in Steuerbilanz
d) Schulden in Steuerbilanz aber nicht in Handelsbilanz ausgewiesen

2. Folge
In einer späteren Periode Steuerentlastung

TEIL B Bilanzierung und Bewertung nach Handels- und Steuerrecht

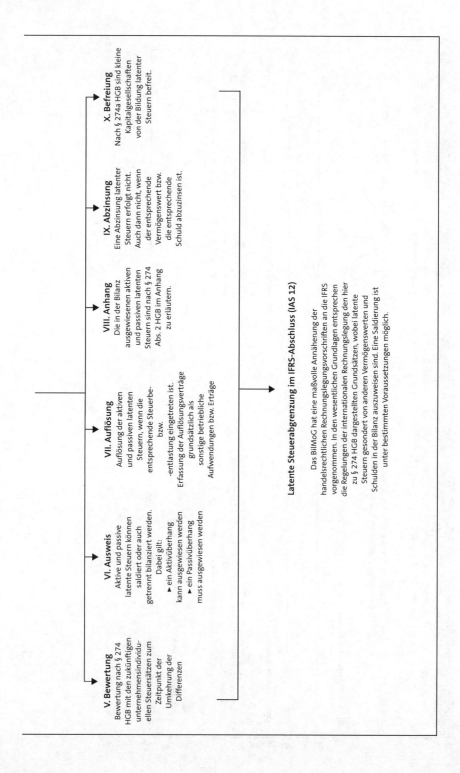

6.8.10 Übersicht über Rückstellungen nach Handels- und Steuerrecht

Generell gilt: Aufwendungen, die beim Entstehen in den Folgejahren Anschaffungs- oder Herstellungskosten darstellen, können nicht Gegenstand einer Rückstellung sein (klarstellend: § 5 Abs. 4b EStG)

1121

Eine Übersicht über die Rückstellungen nach Handels- und Steuerrecht ist der nachfolgenden **Abbildung 32** zu entnehmen.

ABB. 32: Rückstellungen nach Handels- und Steuerrecht		
Rückstellungen für	**Ansatz nach Handelsrecht**	**Ansatz nach Steuerrecht**
▶ ungewisse Verbindlichkeiten ▶ Gewerbesteuerrückstellung ▶ Mehrsteuern aufgrund von Außenprüfungen ▶ Garantierückstellungen ▶ Prozesskostenrückstellung ▶ Wechselobligo ▶ Rückstellungen für Jahresabschlusskosten	Pflicht (§ 249 Abs. 1 Satz 1 HGB)	Pflicht (§ 5 Abs. 1 EStG)
▶ Pensionsrückstellungen	Pflicht (§ 249 Abs. 1 HGB)	Pflicht (§ 5 Abs. 1, § 6a EStG)
▶ Rückstellungen für Patentverletzungen	Pflicht (§ 249 Abs. 1 HGB)	Pflicht (§ 5 Abs. 1 EStG), soweit § 5 Abs. 3 EStG eingreift: Verbot
drohende Verluste aus schwebenden Geschäften	Pflicht (§ 249 Abs. 1 HGB)	Verbot (§ 5 Abs. 4a EStG)
unterlassene Instandhaltung bei Nachholung ▶ innerhalb von 3 Monaten	Pflicht (§ 249 Abs. 1 HGB)	Pflicht (§ 5 Abs. 1 EStG)
▶ innerhalb von 12 Monaten	Verbot (§ 249 Abs. 2 HGB)	Verbot (§ 5 Abs. 1 EStG)
unterlassene Abraumbeseitigung innerhalb von 12 Monaten	Pflicht (§ 249 Abs. 1 Satz 2 Nr. 2 HGB)	Pflicht (§ 5 Abs. 1 EStG)
Kulanzleistungen	Pflicht (§ 249 Abs. 1 Satz 2 Nr. 2 HGB)	Pflicht (§ 5 Abs. 1 EStG)
latente Steuern	Pflicht (für Kapitalgesellschaften) (§ 274 Abs. 1 HGB)	Verbot (§ 5 Abs. 6 EStG)

Rückstellungen für	Ansatz nach Handelsrecht	Ansatz nach Steuerrecht
zu erwartende Großreparaturen	Verbot (§ 249 Abs. 2 HGB)	Verbot (§ 5 Abs. 1 EStG)
übrige Veranlassung	Verbot (§ 249 Abs. 2 HGB)	Verbot (§ 5 Abs. 1 EStG)

Generell gilt: Aufwendungen, die beim Entstehen in den Folgejahren Anschaffungs- oder Herstellungskosten darstellen, können nicht Gegenstand einer Rückstellung sein (klarstellend: § 5 Abs. 4b EStG).

6.9 Erfassung steuerfreier Rücklagen

6.9.1 Begriff

1122   Der Gesetzgeber hat aus Billigkeitserwägungen und/oder aus politischen Motiven die Bildung von Rücklagen zulasten des steuerpflichtigen Gewinns zugelassen. Da derartige steuerfreie Rücklagen in späteren Wirtschaftsjahren gewinnerhöhend aufgelöst werden müssen, bewirkt ihre Bildung **keine endgültige Steuerersparnis**, sondern nur eine **zinslose Steuerstundung**. Dadurch erhalten die Betriebe Zins- und Liquiditätsvorteile.

1123   Durch die Aufgabe des Grundsatzes der umgekehrten Maßgeblichkeit durch Änderung des § 5 Abs. 1 Satz 2 EStG und Aufhebung des § 254 HGB a. F. durch das BilMoG können steuerfreie Rücklagen in der Steuerbilanz gebildet werden, ohne dass ein Sonderposten in der Handelsbilanz gebildet wird.

In der Handelsbilanz dürfen steuerfreie Rücklagen (früher: Sonderposten mit Rücklageanteil) nicht passiviert werden.

1124   Werden die steuerfreien Rücklagen zulässigerweise auf erworbene Wirtschaftsgüter übertragen (Buchungen Rücklage an s. b. Erträge und s. b. Aufwand an Wirtschaftsgut), mindern sich dadurch die Anschaffungskosten der erworbenen Wirtschaftsgüter. Im Ergebnis werden dadurch die Rücklagen (= stille Reserven) des ausgeschiedenen Wirtschaftsguts zu **stillen Reserven des Wirtschaftsguts**, auf das die Rücklage übertragen wird. Eine Besteuerung wird in diesen Fällen erst dann nachgeholt, wenn die stillen Reserven des erworbenen Wirtschaftsguts aufzudecken sind (z. B. bei Entnahme, Veräußerung).

Als steuerfreie Rücklagen (Sonderposten mit Rücklageanteil) kommen insbesondere in Betracht:

▶ Rücklage für Ersatzbeschaffung (R 6.6 Abs. 4 EStR),

▶ Rücklage gem. § 6b EStG,

▶ Zuschussrücklage (R 6.5 Abs. 4 EStR).

6.9.2 Rücklage für Ersatzbeschaffung
6.9.2.1 Allgemeines

Die Rücklage für Ersatzbeschaffung hat bisher keine gesetzliche Regelung erfahren; es handelt sich vielmehr um ein **steuerliches Gewohnheitsrecht**. Ihre Bildung dient dem Zweck, die Besteuerung der in dem ausgeschiedenen Wirtschaftsgut enthaltenen stillen Reserven für den Zeitraum zu verhindern, der zwischen dem Ausscheiden des alten Wirtschaftsguts und dem Zeitpunkt der Anschaffung des Ersatzwirtschaftsguts liegt.

1125

Nach Auffassung des BFH – siehe H 6.6 (1) „Aufdeckung stiller Reserven" EStH – ist das Unterlassen der Aufdeckung stiller Reserven in bestimmten Fällen der Ersatzbeschaffung aus einer eingeschränkten Auslegung des Realisationsgrundsatzes herzuleiten; denn es gebe keinen durchgängigen Gewinnrealisierungszwang für sämtliche Veräußerungsvorgänge.

1126

Das steuerliche Gewohnheitsrecht ist in R 6.6 EStR und H 6.6 EStH niedergelegt worden.

Die Bewertung der Wirtschaftsgüter des Betriebsvermögens nach § 6 EStG schließt nicht aus, dass der Wertansatz einzelner Wirtschaftsgüter in der Bilanz nicht dem „wahren Wert" dieser Wirtschaftsgüter entspricht. Dann sind stille Reserven hinter diesen Bilanzansätzen verborgen; sie können durch zulässige Unterbewertungen von Wirtschaftsgütern oder durch Preissteigerungen bei Einhaltung der Höchstwertvorschriften entstanden sein. Diese stillen Reserven werden aufgelöst und damit erkennbar gemacht, wenn das Wirtschaftsgut veräußert oder aus dem Betriebsvermögen entnommen wird. Dann entsteht ein steuerpflichtiger Gewinn in Höhe des Betrags, um den der Nettoverkaufspreis oder der Teilwert (unter Umständen auch der gemeine Wert, vgl. § 16 Abs. 3 EStG) bei Entnahme den Buchwert des Wirtschaftsguts im Zeitpunkt der Veräußerung bzw. der Entnahme übersteigt.

Dieser Grundsatz – stille Reserven erhöhen im Zeitpunkt ihrer Aufdeckung den steuerpflichtigen Gewinn – **wird mit Hilfe der Rücklage für Ersatzbeschaffung** (eines von der Rechtsprechung entwickelten Gewohnheitsrechts) **durchbrochen**.

1127

Eine **Besteuerung** dieser stillen Reserven findet nach R 6.6 EStR **nicht statt**, wenn aus dem Betrieb

- eines Steuerpflichtigen, der einem begünstigten Personenkreis angehört,
- irgendein Wirtschaftsgut,
- unfreiwillig, infolge höherer Gewalt oder
- zur Vermeidung eines behördlichen Eingriffs ausscheidet und
- ein Ersatzwirtschaftsgut (= ein funktionsgleiches Wirtschaftsgut)
- innerhalb eines bestimmten Zeitraums angeschafft wird.

6.9.2.2 Begünstigter Personenkreis

Die Möglichkeit, die Rücklage für Ersatzbeschaffung bilden zu können, ist für folgende Steuerpflichtige gegeben:

1128

- für Buch führende Land- und Forstwirte,
- für Gewerbetreibende, die ihren Gewinn durch Vermögensvergleich ermitteln,
- für selbständig Tätige, die ihren Gewinn durch Vermögensvergleich ermitteln.

(Hier sei aber auch darauf hingewiesen, dass für Steuerpflichtige, die ihren Gewinn nach § 4 Abs. 3 EStG – durch Einnahmenüberschussrechnung – ermitteln, ähnliche Regelungen existieren (§ 6c EStG); siehe hierzu ausführlich unter Rdn. 1272).

1129 Grundsätzlich ist der **wirtschaftliche Eigentümer** berechtigt, die Rücklage für Ersatzbeschaffung zu bilden.

6.9.2.3 Begünstigte Wirtschaftsgüter

1130 Grundsätzlich kommt die Rücklage für Ersatzbeschaffung **beim Ausscheiden** jedes Wirtschaftsguts aus dem Betriebsvermögen in Betracht, also auch bei Wirtschaftsgütern, die

- zum gewillkürten Betriebsvermögen,
- zu den immateriellen Wirtschaftsgütern,
- zum Umlaufvermögen oder
- zu den geringwertigen Wirtschaftsgütern

gehören.

Die Bildung einer Rücklage kann natürlich nur dann ins Auge gefasst werden, wenn durch das Ausscheiden stille Reserven aufgedeckt werden.

6.9.2.4 Unfreiwilliges Ausscheiden

6.9.2.4.1 Ausscheiden infolge höherer Gewalt

1131 Die Bildung der Rücklage für Ersatzbeschaffung ist unter Umständen dann möglich, wenn ein Wirtschaftsgut infolge **höherer Gewalt** aus dem Betriebsvermögen ausscheidet (vgl. R 6.6 Abs. 2 Satz 1 EStR i. V. m. H 6.6 (2) „Höhere Gewalt" EStH).

Unter höherer Gewalt sind in diesem Zusammenhang zu verstehen:

- Brand,
- Diebstahl,
- Explosion,
- Naturkatastrophen,
- unverschuldeter Unfall,
- Abriss eines Gebäudes wegen erheblicher, kurze Zeit nach der Fertigstellung auftretender Baumängel.

1132 **Keine** Fälle von höherer Gewalt liegen vor, wenn Wirtschaftsgüter aus dem Betriebsvermögen ausscheiden infolge

- von Material- oder Konstruktionsfehlern (H 6.6 (2) „Höhere Gewalt" EStH),
- von Bedienungsfehlern (H 6.6 (2) „Höhere Gewalt EStH"),
- alltäglicher Zufallsschäden,
- Eigenverschulden,
- von Entnahmen.

6.9.2.4.2 Ausscheiden infolge behördlichen Eingriffs

Die Bildung einer Rücklage für Ersatzbeschaffung ist (bei Vorliegen der weiteren Voraussetzungen) auch dann möglich, wenn ein Wirtschaftsgut infolge **eines behördlichen Eingriffs** aus dem Betriebsvermögen ausscheidet (vgl. R 6.6 Abs. 2 Satz 2 EStR i. V. m. H 6.6 (2) „Behördlicher Eingriff" EStH). Ein behördlicher Eingriff ist gegeben bei

▶ zwangsweiser Veräußerung eines Wirtschaftsguts (z. B. eines Grundstücks) im Enteignungsverfahren,

▶ Veräußerung zur Vermeidung eines behördlichen Eingriffs (hier muss aber ernsthaft mit der Enteignung gerechnet werden), z. B. bei Ankündigung eines Enteignungs- oder eines Betriebsuntersagungsverfahrens,

▶ Beschlagnahme des Wirtschaftsguts.

1133

Auch der **mittelbare Zwang** durch behördliche Eingriffe reicht aus, um eine Rücklage zu bilden, z. B.:

▶ Wird ein Teilgrundstück enteignet und lässt sich das Restgrundstück nicht mehr sinnvoll nutzen, wird auch die Veräußerung dieses Restgrundstücks so angesehen, als sei sie unter Zwang erfolgt.

▶ Wird über ein Grundstück eine Bausperre verhängt und ist die wirtschaftliche Nutzung dieses Grundstücks nicht mehr möglich, führt dies häufig zur Veräußerung des Grundstücks. Die Veräußerung erfolgt hier durch mittelbaren behördlichen Zwang.

▶ Wird behördlich eine Betriebsunterbrechung angeordnet, führt dies häufig zur Veräußerung eines Grundstücks. Auch eine so bedingte Veräußerung erfolgt durch mittelbaren behördlichen Zwang.

1134

6.9.2.4.3 Abgrenzung zum freiwilligen Ausscheiden

Scheiden Wirtschaftsgüter freiwillig aus dem Betriebsvermögen aus, kommt eine Rücklage für Ersatzbeschaffung **nicht** in Betracht (H 6.6 (2) „Behördlicher Eingriff" EStH). Ein solches freiwilliges Ausscheiden von Wirtschaftsgütern liegt vor, wenn

▶ ein Wirtschaftsgut in einer wirtschaftlichen Zwangslage veräußert wird,

▶ die Gemeinde ein ihr zustehendes Wiederkaufsrecht ausübt,

▶ nach Aufstellung eines Bebauungsplans, der die bisherige Nutzung des Grundstücks wegen Bestandsschutzes unberührt lässt, das Grundstück veräußert wird, weil eine sinnvolle Betriebserweiterung oder -umstellung ausgeschlossen wird (hier sind ggf. die Voraussetzungen des § 6b EStG zu prüfen),

▶ ein Wirtschaftsgut durch Entnahme aus dem Betriebsvermögen ausscheidet (H 6.6 (1) „Entnahme" EStH),

▶ bei Tausch von Grundstücken oder Veräußerung eines Grundstücks und Erwerb eines Ersatzgrundstücks lediglich ein gewisses öffentliches Interesse an den Maßnahmen besteht (H 6.6 (2) „Behördlicher Eingriff" EStH).

1135

Die Bildung einer Rücklage für Ersatzbeschaffung wird jedoch nicht dadurch ausgeschlossen, dass die Entschädigung für das ausgeschiedene Wirtschaftsgut in einem Sachwert besteht, der Privatvermögen wird (H 6.6 (1) „Entschädigung" EStH). Diese Fäl-

1136

le sind in der Praxis häufig bei Grundstückstauschgeschäften im Vorfeld von Enteignungen anzutreffen.

6.9.2.5 Ersatzwirtschaftsgut

1137 Eine Übertragung stiller Reserven darf nur auf ein **Ersatzwirtschaftsgut** erfolgen, das wirtschaftlich dieselbe oder eine entsprechende Aufgabe erfüllt wie das ausgeschiedene Wirtschaftsgut. Das Ersatzwirtschaftsgut muss also die Lücke schließen, die das ausgeschiedene Wirtschaftsgut hinterlassen hat. Zwischen dem Ersatzwirtschaftsgut und dem ausgeschiedenen Wirtschaftsgut muss **Aufgabenidentität sowie Funktionsgleichheit** bestehen (H 6.6 (1) „Ersatzwirtschaftsgut" EStH).

> **BEISPIEL:** Bei einer Explosion wird ein Lkw total zerstört; die Versicherungsentschädigung übersteigt den Buchwert des Lkw um 10 000 €. Die in dieser Höhe nun aufgedeckten stillen Reserven dürfen gewinnneutral auf einen neu beschafften Ersatz-Lkw übertragen werden.

1138 Unter den o. g. Voraussetzungen können bei einem ausgeschiedenen Betriebsgrundstück mit aufstehendem Gebäude die in dem Bilanzansatz für Grund und Boden und die in dem Bilanzansatz für das Gebäude enthaltenen stillen Reserven (= stillen Rücklagen) jeweils auf neu angeschafften Grund und Boden oder auf ein neu angeschafftes oder hergestelltes Gebäude übertragen werden. Für Zwecke der Rücklagenbildung wird also ein Grundstück so betrachtet, als stelle es **bilanzsteuerrechtlich ein Wirtschaftsgut dar**. Voraussetzung für die Anwendung der folgenden Sätze ist, dass das neu beschaffte Grundstück (Gebäude + Grund und Boden) ein Ersatzgrundstück für das veräußerte Grundstück (Gebäude + Grund und Boden) darstellt.

Soweit dann eine Übertragung der bei Grund und Boden aufgedeckten stillen Rücklagen auf die Anschaffungskosten des erworbenen Grund und Bodens nicht möglich ist, können die stillen Rücklagen auf die Anschaffungskosten des Gebäudes übertragen werden. Entsprechendes gilt für die bei dem Gebäude aufgedeckten stillen Rücklagen (R 6.6 Abs. 3 EStR).

> **BEISPIEL:** Ein Kundenparkplatz mit Parkhausgebäude wird infolge behördlichen Zwangs gegen Zahlung von 1,5 Mio. € veräußert. Hierbei werden stille Reserven, die lediglich im Grund und Boden liegen, i. H. v. 500 000 € aufgedeckt. Einen Monat später wird ein Grundstück erworben, auf dem sich ein Parkhaus befindet. Vom Kaufpreis entfallen 400 000 € auf den Grund und Boden und 1 700 000 € auf das Gebäude. Die aufgedeckten stillen Rücklagen können zu 400 000 € auf den neu beschafften Grund und Boden und zu 100 000 € auf das neu beschaffte Gebäude übertragen werden.

6.9.2.6 Ersatzbeschaffungsfrist

1139 Eine Übertragung der stillen Rücklagen setzt voraus, dass das Ersatzwirtschaftsgut **innerhalb bestimmter Fristen** beschafft wird und dass nach dem Ausscheiden eine Ersatzbeschaffung **ernsthaft** geplant ist.

Im Regelfall muss die Ersatzbeschaffung **nach der Veräußerung** vorgenommen werden.

Wird jedoch ein Ersatzwirtschaftsgut bereits **vor einer drohenden Enteignung** beschafft, ist auch in diesem Falle die Übertragung der stillen Rücklagen auf das Ersatzwirtschaftsgut möglich (H 6.6 (3) „Vorherige Anschaffung" EStH). Erforderlich ist hier jedoch ein ursächlicher Zusammenhang zwischen Veräußerung und Ersatzbeschaffung.

Die Anschaffung/Herstellung des Ersatzwirtschaftsguts erfolgt entweder im Jahr des unfreiwilligen Ausscheidens oder im Folgejahr; bei Grund und Boden und bei Gebäuden kann die Anschaffung oder Herstellung auch bis zum Ablauf des vierten auf das Jahr des Schadensereignisses folgenden Jahres getätigt werden; bei neu hergestellten Gebäuden verlängert sich die Frist auf sechs Jahre (R 6.6 Abs. 4 Satz 4 EStR). Die Frist von einem Jahr (bei beweglichen Wirtschaftsgütern) kann nach R 6.6 Abs. 4 Satz 5 EStR im Einzelfall angemessen verlängert werden, wenn der Steuerpflichtige glaubhaft macht, dass die Ersatzbeschaffung noch ernsthaft geplant und zu erwarten ist, aber aus besonderen Gründen noch nicht durchgeführt werden konnte.

6.9.2.7 Ermittlung der stillen Rücklage

Ist aus einem Betriebsvermögen einer begünstigten Person ein Wirtschaftsgut aus dem Betriebsvermögen unfreiwillig ausgeschieden und ist auch die Anschaffung eines Ersatzwirtschaftsguts ernsthaft geplant, ist zunächst die Berechnung der stillen Reserven durchzuführen: 1140

	Höhe der Entschädigung
./.	Buchwert des ausgeschiedenen Wirtschaftsguts
=	übertragungsfähige stille Reserve

Eine stille Reserve kann also nur dann vorhanden sein, wenn die Entschädigung **höher** ist als der Buchwert.

6.9.2.7.1 Ermittlung der Entschädigungshöhe

Die Entschädigungshöhe (z. B. einer Versicherung) ist nur insoweit zu erfassen, wie sie als Entschädigung für das **ausgeschiedene Wirtschaftsgut** als solches entfällt (H 6.6 (1) „Entschädigung" EStH). 1141

Der Ersatz von **Folgeschäden** (z. B. Aufräumungskosten, entgangener Gewinn, Umzugskosten) hängt nicht direkt mit dem Ausscheiden des Ersatzwirtschaftsguts zusammen und damit auch nicht mit den im ausgeschiedenen Wirtschaftsgut vorhandenen stillen Reserven.

Werden jedoch die Mehrkosten, die für die beschleunigte Beschaffung des Ersatzwirtschaftsguts aufgewandt werden, ersetzt, werden diese in die Ermittlung der Entschädigungshöhe mit eingerechnet.

Erhält ein vorsteuerabzugsberechtigter Unternehmer von seiner Versicherung den Wiederbeschaffungswert einschließlich USt, ist auch diese USt Teil der Entschädigung.

Die Entschädigung darf auch in einem Sachwert bestehen, der Privatvermögen wird.

6.9.2.7.2 Ermittlung des Buchwerts des ausgeschiedenen Wirtschaftsguts

1142 Diese Ermittlung richtet sich nach H 6.6 (3) Buchwert EStH i.V. m. R 6b.1 Abs. 2 EStR:

Buchwert am Anfang des Wirtschaftsjahres

./.	zeitanteilige AfA für den Zeitraum vom letzten Bilanzstichtag bis zum Ausscheiden des Wirtschaftsguts (bei abnutzbaren Wirtschaftsgütern)
+	ggf. Wertaufholung nach § 6 Abs. 1 Nr. 1 Satz 4 EStG
+	ggf. Wertaufholung nach § 7 Abs. 1 Satz 7 2. Halbsatz EStG
=	Buchwert

Bei der AfA-Berechnung ist es nicht zu beanstanden, wenn angefangene Monate als **volle Nutzungsmonate** gerechnet werden.

6.9.2.8 Bilanztechnische Behandlung der Rücklage für Ersatzbeschaffung

1143 Die stille Rücklage darf auf das Ersatzwirtschaftsgut übertragen werden. Zu diesem Zweck ist das Ersatzwirtschaftsgut in der Bilanz des Wirtschaftsjahres, in dem das Ersatzwirtschaftsgut angeschafft oder hergestellt worden ist, mit den Anschaffungs- oder Herstellungskosten abzüglich des Betrags anzusetzen, um den die Entschädigung den Buchwert des ausgeschiedenen Wirtschaftsguts übersteigt. Dies gilt auch dann, wenn die Entschädigung höher ist als der Teilwert des ausgeschiedenen Wirtschaftsguts.

Der so ermittelte Bilanzansatz stellt die **Bemessungsgrundlage für die AfA** dar.

	Anschaffungs- bzw. Herstellungskosten des Ersatzwirtschaftsguts
./.	übertragbare stille Reserven
=	Bemessungsgrundlage für die AfA
./.	AfA (bei abnutzbaren Wirtschaftsgütern)
=	Bilanzansatz für das Ersatzwirtschaftsgut

6.9.2.8.1 Ersatzbeschaffung im Wirtschaftsjahr des Ausscheidens oder im Jahr zuvor

1144 **BEISPIEL 1:** Ein Bürogebäude wird am 20. 4. 01 durch Brand völlig zerstört. Der Bilanzansatz am 31.12.00 betrug 300 000 €. Die zutreffend ermittelte jährliche AfA betrug in den Vorjahren 24 000 €. Die Versicherung zahlt 800 000 €; davon entfallen 10 000 € auf die Aufräumungskosten. Am 1.12.01 wird ein neu errichtetes Bürogebäude fertig gestellt (Herstellungskosten 1 Mio. €). Für das neue Gebäude soll lineare AfA in Anspruch genommen werden (Nutzungsdauer: 40 Jahre).

Bewertung nach Handels- und Steuerrecht — TEIL B

LÖSUNG:

1. Berechnung der stillen Rücklage

   a) Ermittlung der Entschädigungshöhe

Entschädigung insgesamt	800 000 €
./. davon für Aufräumungskosten	./. 10 000 €
= Entschädigung für das zerstörte Bürogebäude	790 000 €

   b) Ermittlung des maßgeblichen Buchwerts

Bilanzansatz zum 31.12.00	300 000 €
./. AfA bis zum 30.4.01 (angefangene Monate zählen voll) $4/12$ von 24 000 €	./. 8 000 €
maßgeblicher Buchwert	292 000 €

   c) Höhe der Rücklage

Entschädigung	790 000 €
./. Buchwert	292 000 €
= stille Reserve	498 000 €

2. Die technische Abwicklung erfolgt zur Verdeutlichung über ein Zwischenkonto „Rücklage für Ersatzbeschaffung". Die AfA für das neue Gebäude beträgt nach § 7 Abs. 4 Satz 1 Nr. 1 EStG $1/12$ von 3 % von (1 Mio. € ./. 498 000 €) = 1 255 €.

Buchungen beim Ausscheiden:

a) AfA	8 000 €	an	Gebäude (alt)	8 000 €
b) Sonst. Forderungen	800 000 €	an	s. b. Ertrag	10 000 €
			Gebäude	292 000 €
			Rücklage	498 000 €
a) Gebäude	1 000 000 €	an	sonst. Verb.	1 000 000 €
b) Rücklage	498 000 €	an	Gebäude	498 000 €
c) AfA	1 255 €	an	Gebäude	1 255 €

Steuerrechtlich zutreffend wäre eigentlich folgende buchmäßige Abwicklung:

Buchungen beim Ausscheiden:

a) AfA	8 000 €	an	Gebäude (alt)	8 000 €
b) außerplanmäßige Abschreibung	292 000 €	an	Gebäude (alt)	292 000 €
c) Sonst. Forderungen	800 000 €	an	s. b. Erträge	800 000 €
d) s. b. Aufwendungen	498 000 €	an	Sonderposten mit Rücklageanteil	498 000 €

Buchungen bei/nach Herstellung:

a) Gebäude	1 000 000 €	an	sonst. Verb.	1 000 000 €
b) außerplanmäßige Abschreibungen	498 000 €	an	Gebäude	498 000 €
c) Sonderposten mit Rücklageanteil	498 000 €	an	s. b. Erträge	498 000 €
d) AfA	1 255 €	an	Gebäude	1 255 €

BEISPIEL 2: Ein Bürogebäude wurde am 5.1.01 für 800 000 € auf einem zum Betriebsvermögen gehörenden Grundstück errichtet. Als jährliche AfA wurden ab 01 jährlich 24 000 € in Anspruch genommen. In 03 erging eine behördliche Anordnung, nach der das Gebäude nicht mehr betrieblich genutzt werden durfte. Darauf erfolgte zum 31.12.03 eine Abschreibung auf den zutreffend ermittelten Teilwert von 300 000 €. Am 2.4.04 erfolgt durch die Gemeinde eine Aufhebung der in 03 verfügten Nutzungsbeschränkung. Am 20.4.04 wird das Gebäude durch Brand völlig zerstört. Die Versicherung zahlt 800 000 €; davon entfallen 10 000 € auf die Aufräumungskosten. Am 1.12.04 wird ein neu errichtetes Bürogebäude fertig gestellt (Herstellungskosten 1 Mio. €). Für das neue Gebäude soll lineare AfA in Anspruch genommen werden (Nutzungsdauer: 40 Jahre).

LÖSUNG:

1. Berechnung der stillen Rücklage

    a) Ermittlung der Entschädigungshöhe

Entschädigung insgesamt	800 000 €
./. davon für Aufräumungskosten	./. 10 000 €
= Entschädigung für das zerstörte Bürogebäude	790 000 €

    b) Ermittlung des Buchwerts zum 20.4.04, der sich ohne Vornahme der Teilwertabschreibung ergeben hätte

Herstellungskosten	800 000 €
AfA 01 – 03 (3 × 3 % von 800 000 €)	./. 72 000 €
Anteilige AfA 04 (4/12 von 24 000 €)	./. 8 000 €
	720 000 €

    c) Ermittlung des maßgeblichen Buchwerts

Herstellungskosten	800 000 €
AfA 01 – 03 (3 × 3 % von 800 000 €)	./. 72 000 €
Zwischenwert	728 000 €
Teilwertabschreibung	428 000 €
Buchwert 31.12.03	300 000 €
AfA nach § 11c Abs. 2 EStDV	
$4/12$ von 3 % von (800 000 € ./. 428 000 €)	./. 3 720 €
Zwischenwert	296 280 €
Wertaufholung gem. H 6.6 (3) Buchwert EStH i.V.m. R 6b.1 Abs. 2 Satz 3 EStR	423 720 €
Maßgeblicher Buchwert	720 000 €

    d) Höhe der Rücklage

Entschädigung	790 000 €
./. Buchwert	720 000 €
= stille Reserve	70 000 €

2. Die technische Abwicklung erfolgt zur Verdeutlichung über ein Zwischenkonto „Rücklage für Ersatzbeschaffung". Die AfA für das neue Gebäude beträgt nach § 7 Abs. 4 Satz 1 Nr. 1 EStG $1/12$ von 3 % von (1 Mio. € ./. 70 000 €) = 2 325 €.

Buchungen beim Ausscheiden:

a) AfA	3 720 €	an	Gebäude (alt)	3 720 €
b) Sonst. Forderungen	800 000 €	an	s. b. Ertrag	10 000 €
			Gebäude	720 000 €
			Rücklage	70 000 €

Buchungen bei/nach Herstellung:

a) Gebäude	1 000 000 €	an	sonst. Verb.	1 000 000 €
b) Rücklage	70 000 €	an	Gebäude	70 000 €
c) AfA	2 325 €	an	Gebäude	2 325 €

6.9.2.8.2 Ersatzbeschaffung in einem späteren Wirtschaftsjahr

Steuerpflichtige, die zum begünstigten Personenkreis gehören, können am Schluss des Wirtschaftsjahres, in dem das Wirtschaftsgut unfreiwillig aus dem Betriebsvermögen ausgeschieden ist, eine **steuerfreie Rücklage** für Ersatzbeschaffung bilden, wenn

▶ die Ersatzbeschaffung noch nicht vorgenommen wurde

und

▶ die Ersatzbeschaffung zum Bilanzstichtag ernstlich geplant ist.

1145

Die Rücklagenbildung bewirkt, dass die aufgedeckten stillen Reserven gewinnmäßig **neutralisiert** werden.

Die Buchungen beim Ausscheiden des Wirtschaftsguts und bei Anschaffung bzw. Herstellung entsprechen genau den unter Rdn. 1143 f. dargestellten Buchungen.

6.9.2.8.3 Teilweise Übertragung der stillen Reserven

Bei den bisherigen Ausführungen wurde immer impliziert, dass die gezahlte Entschädigung in **voller** Höhe zur Beschaffung des Ersatzwirtschaftsguts verwandt wurde. Dann mindert auch die gebildete Rücklage für Ersatzbeschaffung in voller Höhe die Anschaffungs- bzw. Herstellungskosten des Ersatzwirtschaftsguts. Eine Gewinnverwirklichung findet hierbei nicht statt.

1146

Wird jedoch die erhaltene Entschädigung nicht in voller Höhe zur Ersatzbeschaffung benötigt, darf die Rücklage für Ersatzbeschaffung nur **anteilig** auf das Ersatzwirtschaftsgut übertragen werden; der Rest ist gewinnerhöhend aufzulösen (H 6.6 (3) „Mehrentschädigung" EStH). Hierbei wird nach folgender Formel gerechnet:

$$\frac{\text{Anschaffungskosten des Ersatzwirtschaftsguts}}{\text{Entschädigung}} \times \text{Rücklage} = \text{Übertragungsfähiger Teil der Rücklage}$$

BEISPIEL: ▶ Im Wirtschaftsjahr 01 wurde zulässigerweise eine Rücklage für Ersatzbeschaffung eines LKW i. H. v. 20 000 € gebildet. Die Entschädigung betrug 100 000 €. In 02 wird ein neuer LKW als Ersatzwirtschaftsgut für 80 000 € netto beschafft. Hier ermittelt sich der übertragungsfähige Teil nach der o. a. Formel wie folgt:

$$\frac{80\,000\,€}{100\,000\,€} \times 20\,000\,€ = 16\,000\,€.$$

Die Anschaffungskosten des Ersatzwirtschaftsguts sind also um 16 000 € zu mindern; die restlichen 4 000 € sind gewinnerhöhend aufzulösen.

Buchung bei Ersatzbeschaffung:

Wirtschaftsgut	80 000 €	an	Sonst. Verbindlichkeit	95 200 €
Vorsteuer	15 200 €			
Rücklage	20 000 €	an	Wirtschaftsgut	16 000 €
			s. b. Ertrag	4 000 €

Steuerrechtlich zutreffender sind folgende Buchungen:

a) Sonderposten mit Rücklageanteil	20 000 €	an	s. b. Erträge	20 000 €
b) außerplanmäßige Abschreibung	16 000 €	an	Wirtschaftsgut	16 000 €

1147　Wird bei einem ausgeschiedenen Wirtschaftsgut zusätzlich noch ein Schrotterlös erzielt (neben einer Versicherungsentschädigung), ist dieser Schrotterlös (ohne die ggf. darin enthaltene USt) in die Entschädigung mit einzubeziehen.

6.9.2.8.4 Gewinnerhöhende Auflösung der Rücklage für Ersatzbeschaffung

1148　Soweit **keine** Übertragung auf ein Ersatzwirtschaftsgut erfolgt, ist die Rücklage **gewinnerhöhend** aufzulösen. Dazu folgende Beispiele, die zur gewinnerhöhenden Rücklageauflösung führen:

- ▶ Der ursprüngliche Plan zur Ersatzbeschaffung wird aufgegeben. Am Ende des Wirtschaftsjahres, in dem der Plan aufgegeben worden ist, ist die Rücklage aufzulösen. Buchung: Rücklage an s. b. Ertrag.

- ▶ Wird das Ersatzwirtschaftsgut innerhalb der Fristen (u. U. nach Fristverlängerung) nicht beschafft, ist die Rücklage in der Regel gewinnerhöhend aufzulösen – es sei denn, der Steuerpflichtige macht (bei beweglichen Wirtschaftsgütern) glaubhaft, dass die Ersatzbeschaffung noch ernstlich geplant und zu erwarten ist, aber aus besonderen Gründen noch nicht durchgeführt werden konnte.

- ▶ Ein Betrieb, in dessen Bilanz eine Rücklage für Ersatzbeschaffung ausgewiesen ist, wird veräußert. In diesem Fall werden die nun gewinnwirksam werdenden stillen Reserven Teil des tarifbegünstigten Veräußerungsgewinns.

6.9.2.9 Sonderfälle

1149　▶ Wird von den Anschaffungs- oder Herstellungskosten des Ersatzwirtschaftsguts eine Rücklage für Ersatzbeschaffung abgesetzt und ergeben sich dann gekürzte Anschaffungs- oder Herstellungskosten bei beweglichen Wirtschaftsgütern von nicht mehr als 410 €, kann der verbleibende Betrag sofort nach § 6 Abs. 2 EStG abgeschrieben werden.

1150　▶ Auf **eingelegte** Wirtschaftsgüter kann die Rücklage **nicht** übertragen werden. Da in solchen Fällen der Steuerpflichtige die Entschädigung nicht für die Ersatzbeschaffung verwenden muss, liegt auch keine Veranlassung vor, die Besteuerung der stillen Reserven hinauszuschieben (H 6.6 Abs. 1 „Einlage" EStH).

6.9.2.10 Beschädigung von Wirtschaftsgütern

Wird ein Wirtschaftsgut infolge höherer Gewalt oder eines behördlichen Eingriffs beschädigt, darf auch in diesen Fällen eine Rücklage für Ersatzbeschaffung gebildet werden (R 6.6 Abs. 7 EStR), wenn die Reparatur des Wirtschaftsguts erst in einem späteren Wirtschaftsjahr erfolgt.

1151

Die Rücklage ist zum Zeitpunkt der Reparatur immer in voller Höhe aufzulösen.

Ist die Reparatur am Ende des vierten (bei Gebäuden) bzw. ersten (bei beweglichen Wirtschaftsgütern) auf die Bildung der Rücklage folgenden Wirtschaftsjahres noch nicht erfolgt, ist die Rücklage zu diesem Zeitpunkt aufzulösen.

BEISPIEL: Bei einem starken Sturm ist im Wirtschaftsjahr 01 ein Gebäude schwer beschädigt worden.

a) Der Schaden i. H. v. 100 000 € wurde bis zum 30. 3. 02 behoben.

Hier ist in der Bilanz zum 31.12.01 zwingend eine Rückstellung gem. § 249 Abs. 1 HGB i.V. m. § 5 Abs. 1 EStG zu bilden. Daher ist für eine Rücklage kein Platz.

b) Der Schaden i. H. v. 100 000 € wurde bis zum 30. 10. 02 behoben.

Hier kann eine Rücklage nach R 6.6 Abs. 7 EStR gewinnmindernd i. H. v. 100 000 € gebildet werden, da die Voraussetzungen für die Bildung einer Rückstellung nicht gegeben sind. In 02 – dem Jahr der Reparatur des Gebäudes – ist die Rücklage gewinnerhöhend aufzulösen.

6.9.2.11 Übersicht über die Rücklage für Ersatzbeschaffung

Die nachfolgende Abbildung gibt einen groben Überblick über die Regelungen der R 6.6 EStR/H 6.6 EStH, soweit Fälle des Ausscheidens von Wirtschaftsgütern betroffen sind.

1152

TEIL B — Bilanzierung und Bewertung nach Handels- und Steuerrecht

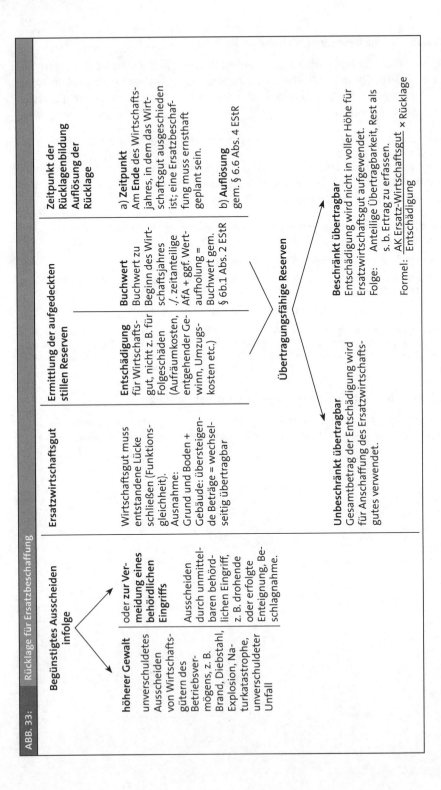

ABB. 33: Rücklage für Ersatzbeschaffung

6.9.3 Reinvestitionsrücklage nach § 6b EStG

6.9.3.1 Allgemeines

Unter den in § 6b EStG genau beschriebenen Voraussetzungen brauchen aufgedeckte stille Reserven im Jahr der Veräußerung nicht der Besteuerung unterworfen zu werden. Vielmehr dürfen unter genau vorgegebenen Voraussetzungen die stillen Reserven auf bestimmte Wirtschaftsgüter übertragen werden. Ziel dieser Vorschrift ist es, bei der Veräußerung aufgedeckte stille Reserven nicht sofort zu besteuern, um volks- oder/und betriebswirtschaftlich erwünschte Veräußerungen nicht zu behindern.

1153

6.9.3.2 Begünstigter Personenkreis

Die Möglichkeit, eine Reinvestitionsrücklage gem. § 6b EStG zu bilden, ist nach § 6b Abs. 4 Satz 1 Nr. 1 EStG gegeben für

1154

- Steuerpflichtige, die ihren Gewinn nach § 4 Abs. 1 oder § 5 EStG ermitteln.

  (An dieser Stelle sei darauf hingewiesen, dass für Steuerpflichtige, die ihren Gewinn nach § 4 Abs. 3 EStG ermitteln, ähnliche Regelungen existieren, die sich aus § 6c EStG ergeben, siehe auch Rdn. 1272).

- Für Steuerpflichtige, die eine Handelsbilanz aufzustellen haben, war vor Inkrafttreten des BilMoG (und der Aufgabe des Grundsatzes der umgekehrten Maßgeblichkeit) die Anwendung des § 6b EStG nur möglich, wenn in der Handelsbilanz entsprechend verfahren wurde (R 6b.2 Abs. 1 Satz 1 EStR). Nach geltender Rechtslage ist eine Passivierung in der Handelsbilanz nicht mehr möglich.

6.9.3.3 Veräußerung

Nach § 6b Abs. 1 Satz 1 EStG **muss** ein Steuerpflichtiger begünstigte Wirtschaftsgüter **veräußern**.

1155

Unter Veräußerung ist in diesem Zusammenhang die **entgeltliche Übertragung** des wirtschaftlichen Eigentums an einem Wirtschaftsgut zu verstehen (H 6b.1 „Veräußerung" EStH). Dabei ist ohne Bedeutung, ob die Veräußerung freiwillig oder unter Zwang (z. B. bei drohender oder erfolgter Beschlagnahme, Enteignung, Zwangsversteigerung) erfolgte. Auch der **Tausch** von Wirtschaftsgütern stellt eine Veräußerung dar.

Keine Veräußerung liegt in folgenden Fällen vor (R 6b.1 Abs. 1 Satz 4 EStR):

1156

- Übertragung von Wirtschaftsgütern aus einem Betrieb in einen anderen Betrieb des Steuerpflichtigen,
- Ausscheiden von Wirtschaftsgütern aus dem Betriebsvermögen infolge höherer Gewalt,
- Entnahme von Wirtschaftsgütern aus dem Betriebsvermögen in das Privatvermögen.

Eine solche nicht begünstigte Entnahme liegt auch vor, wenn ein Steuerpflichtiger ein Wirtschaftsgut des Betriebsvermögens abgibt und im Tauschwege ein Wirtschaftsgut des Privatvermögens erhält.

> **BEISPIEL:** ▶ Ein Lagerplatz wird gegen ein unbebautes Grundstück, auf dem ein Einfamilienhaus errichtet werden soll, eingetauscht.

1157 Gleiches gilt, wenn ein zum Betriebsvermögen gehörendes Wirtschaftsgut hingegeben wird, um hierdurch die Befreiung von einer privaten Schuld zu erreichen.

6.9.3.4 Begünstigte Wirtschaftsgüter

1158 Die Übertragung stiller Reserven ist nur möglich, **wenn begünstigte Wirtschaftsgüter** veräußert werden. In § 6b Abs. 1 Satz 1 EStG sind die begünstigten Wirtschaftsgüter abschließend aufgezählt.

Begünstigte Wirtschaftsgüter sind im Einzelnen:

▶ Grund und Boden (zum Begriffsinhalt vgl. H 6b.1 „Grund und Boden" EStH);

▶ Aufwuchs auf Grund und Boden oder Anlagen im Grund und Boden, soweit Aufwuchs und Anlagen zum Betriebsvermögen eines land- und forstwirtschaftlichen Betriebs gehören (zum Begriffsinhalt vgl. H 6b.1 „Aufwuchs aufgrund und Boden" EStH);

▶ Gebäude;

▶ Binnenschiffe.

Der Verkauf dieser begünstigten Wirtschaftsgüter ist jedoch nur für die Übertragung stiller Reserven ausreichend, wenn die veräußerten Wirtschaftsgüter mindestens 6 Jahre zum **Anlagevermögen** einer inländischen Betriebsstätte gehört haben (§ 6b Abs. 4 Nr. 2 EStG).

Die 6-jährige Zugehörigkeit i. S. d. § 6b Abs. 4 Nr. 2 EStG ist nur gegeben, wenn das Wirtschaftsgut mindestens 6 Jahre ununterbrochen zum Betriebsvermögen einer inländischen Betriebsstätte des Veräußerers gehört hat.

In Fällen, in denen eine Rücklagenbildung nach § 6b Abs. 8 EStG (bei städtebaulichen Sanierungs- und Entwicklungsmaßnahmen) in Betracht kommt, gelten großzügigere Fristenregelungen.

1159 Hierzu ist es ausreichend, dass das Wirtschaftsgut sechs Jahre **ununterbrochen** vor der Veräußerung zu **irgendeinem inländischen Betriebsvermögen** der Steuerpflichtigen gehörte. Die Zugehörigkeit zu verschiedenen inländischen Betriebsstätten wird zur Ermittlung der Sechsjahresfrist zusammengerechnet (R 6b.3 Abs. 1 Satz 3 EStR).

1160 Ist ein Ersatzwirtschaftsgut i. S. v. R 6.6 Abs. 1 Satz 2 Nr. 2 EStR an die Stelle eines Wirtschaftsguts getreten, das infolge höherer Gewalt oder infolge oder zur Vermeidung eines behördlichen Eingriffs aus dem Betriebsvermögen ausgeschieden ist, ist die Sechsjahresfrist eingehalten, wenn das ausgeschiedene Wirtschaftsgut und das Ersatzwirtschaftsgut zusammen 6 Jahre zum Betriebsvermögen gehört haben (R 6b.3 Abs. 4 EStR).

1161 Werden beim Übergang eines Betriebs oder Teilbetriebs die Buchwerte fortgeführt, ist für die Berechnung der Sechsjahresfrist die **Besitzzeit des Rechtsvorgängers mitzuzählen** (R 6b.3 Abs. 5 EStR). Dies kommt z. B. in Betracht bei

▶ unentgeltlicher Übertragung eines Betriebs (§ 6 Abs. 3 EStG),

▶ Einbringung eines Einzelunternehmens (oder einer Personengesellschaft) in eine Kapitalgesellschaft.

6.9.3.5 Begünstigter Gewinn

Der begünstigte Gewinn errechnet sich durch Gegenüberstellung des Veräußerungserlöses und des Buchwerts zum Zeitpunkt der Veräußerung, der sich ergeben würde, wenn für diesen Zeitpunkt eine Bilanz aufzustellen wäre. Daraus ergibt sich, dass bei abnutzbaren Anlagegütern die AfA nach § 7 EStG, erhöhte Absetzungen und ggf. Sonderabschreibungen für den Zeitraum vom letzten Bilanzstichtag bis zum Veräußerungszeitpunkt vorgenommen werden können. Darüber hinaus ist ggf. eine Wertaufholung nach § 6 Abs. 1 Nr. 1 Satz 4 EStG und § 7 Abs. 1 Satz 7 EStG vorzunehmen.

1162

Buchwert am Anfang des Wirtschaftsjahres

./. zeitanteilige AfA für den Zeitraum vom letzten Bilanzstichtag bis zum Ausscheiden des Wirtschaftsguts (bei abnutzbaren Wirtschaftsgütern)

+ ggf. Wertaufholung nach § 6 Abs. 1 Nr. 1 Satz 4 EStG

+ ggf. Wertaufholung nach § 7 Abs. 1 Satz 7 2. Halbsatz EStG

= maßgeblicher Buchwert

Die so ermittelte stille Reserve (Veräußerungserlös ./. Buchwert) ist zu 100 % begünstigt.

6.9.3.6 Begünstigte Reinvestitionen

Die Besteuerung des begünstigten Gewinns wird dadurch vermieden, dass die stillen Reserven bei der Anschaffung/Herstellung bestimmter Wirtschaftsgüter auf die angeschafften/hergestellten Wirtschaftsgüter übertragen werden können.

1163

Hierbei ist zu beachten, dass die begünstigten Reinvestitionen keine Ersatzwirtschaftsgüter betreffen müssen. Eine Funktionsgleichheit von Ersatzwirtschaftsgut und ausgeschiedenem Wirtschaftsgut ist hier – im Unterschied zur Rücklage für Ersatzbeschaffung – also nicht erforderlich.

§ 6b Abs. 1 Satz 2 EStG bestimmt, auf welche Wirtschaftsgüter die stillen Reserven übertragen werden können:

- **auf Grund und Boden**, soweit der Gewinn bei der Veräußerung von Grund und Boden entstanden ist,
- **auf Aufwuchs auf oder Anlagen im Grund und Boden,** soweit Aufwuchs und Anlagen zu einem land- oder forstwirtschaftlichen Betrieb gehören und soweit der Gewinn bei der Veräußerung von Grund und Boden oder von Aufwuchs oder Anlagen im Grund und Boden entstanden ist,
- **auf Gebäude**, soweit der Gewinn bei der Veräußerung von Grund und Boden, von Aufwuchs oder von Gebäuden entstanden ist. Der Anschaffung oder Herstellung von Gebäuden steht ihre Erweiterung, ihr Ausbau oder ihr Umbau gleich. In diesem Fall ist der Abzug aber nur von dem Aufwand für die Erweiterung, den Ausbau oder den Umbau zulässig (§ 6b Abs. 1 Satz 3, 4 EStG),
- **auf Binnenschiffe**, soweit der Gewinn bei der Veräußerung von Binnenschiffen entstanden ist.

1164 Hieraus ist erkennbar, dass stille Reserven nur dann auf andere Wirtschaftsgüter übertragen werden dürfen, wenn die betriebsgewöhnliche Nutzungsdauer der ausgeschiedenen Wirtschaftsgüter mindestens so lang ist wie die Nutzungsdauer der neu beschafften Wirtschaftsgüter.

1165 Diese Zusammenhänge werden nochmals mit Hilfe der nachstehenden Übersicht verdeutlicht:

Übertragungsmöglichkeiten nach § 6b EStG

Übertragung von/auf	Grund und Boden	Aufwuchs	Gebäude
Grund und Boden	×	×	×
Aufwuchs		×	×
Gebäude			×

1166 Als zusätzliche Voraussetzung muss erfüllt sein:

Die angeschafften/hergestellten Wirtschaftsgüter müssen **zum Anlagevermögen** einer inländischen Betriebsstätte gehören (§ 6b Abs. 4 Nr. 3 EStG).

Einlagen sind **keine begünstigten Reinvestitionen** (der Anschaffungs- bzw. Herstellungsvorgang fehlt).

6.9.3.7 Bilanztechnische Behandlung der Reinvestitionsrücklage

1167 Das Verfahren, nach dem die stillen Reserven auf andere Wirtschaftsgüter durch Abzug von den Anschaffungs- bzw. Herstellungskosten übertragen werden, entspricht dem bei der Rücklage für Ersatzbeschaffung dargestellten Verfahren (vgl. Rdn. 1125 ff.).

6.9.3.8 Zeitpunkt der Übertragung

6.9.3.8.1 Abzug des begünstigten Gewinns im Veräußerungsjahr

1168 Nach § 6b Abs. 1 Satz 1 EStG ist der Abzug von den Anschaffungs- oder Herstellungskosten von begünstigten Wirtschaftsgütern möglich, die im Wirtschaftsjahr der Veräußerung oder im vorangegangenen Wirtschaftsjahr angeschafft oder hergestellt worden sind.

6.9.3.8.1.1 Bei Aufdeckung der stillen Reserven im Reinvestitionsjahr

1169 Der Abzug von den Anschaffungs- oder Herstellungskosten eines Wirtschaftsguts kann in dem Wirtschaftsjahr vorgenommen werden, in dem das Wirtschaftsgut **angeschafft bzw. hergestellt** worden ist. Dabei ist unerheblich, ob die Anschaffung oder Herstellung **vor oder nach** der Veräußerung des begünstigten Wirtschaftsguts erfolgt ist.

> **BEISPIEL:** Die begünstigte Veräußerung fand am 1. 7. 01 statt. Die Übertragung stiller Reserven ist auch auf Wirtschaftsgüter möglich, die bereits Anfang 01 angeschafft wurden.

6.9.3.8.1.2 Bei Aufdeckung der stillen Reserven im Wirtschaftsjahr nach der Reinvestition

Der Abzug von den Anschaffungs- oder Herstellungskosten eines Wirtschaftsguts kann auch dann vorgenommen werden, wenn das neue Wirtschaftsgut bereits im Jahr vor der begünstigten Veräußerung **angeschafft bzw. hergestellt** worden ist.

BEISPIEL: Im September 01 hat A einen unbebauten Lagerplatz für 250 000 € erworben. Am 1.1.02 veräußert A ein Bürogrundstück, das er vor 10 Jahren erworben hatte. Der Kaufpreis beläuft sich auf 450 000 €; davon entfallen 300 000 € auf den Grund und Boden, 150 000 € auf das Gebäude. Der Buchwert des Grund und Bodens zum Veräußerungszeitpunkts beträgt 200 000 €, der Buchwert des Gebäudes 100 000 €.

Bei der Veräußerung in 02 werden folgende stille Reserven aufgedeckt:

	Veräußerungspreis	Buchwert	aufgedeckte stille Reserve
Grund und Boden	300 000 €	200 000 €	100 000 €
Gebäude	150 000 €	100 000 €	50 000 €

In 02 kann die aufgedeckte stille Reserve aus der Veräußerung des Grund und Bodens i. H. v. 100 000 € auf den neu angeschafften Lagerplatz übertragen werden; eine Übertragung der bei der Veräußerung des Gebäudes aufgedeckten stillen Reserven ist nicht möglich.

Im Ergebnis sind daher bei der Veräußerung folgende Buchungen vorzunehmen:

Geldkonto	450 000 €	an	GruBo (alt)	200 000 €
			Gebäude (alt)	100 000 €
			s. b. Erträge	150 000 €
Abschreibungen (§ 6b EStG)	100 000 €	an	GruBo (Lagerplatz)	100 000 €

Bei der Anschaffung abnutzbarer Wirtschaftsgüter ermittelt sich die weitere AfA (ab dem Übertragungsjahr) nach R 7.3 Abs. 4 EStR:

▶ Bei Gebäuden mindert sich die AfA-Bemessungsgrundlage um die übertragenen stillen Reserven; der AfA-Satz bleibt unverändert;

▶ bei sonstigen abnutzbaren Wirtschaftsgütern (hier Binnenschiffe) ermittelt sich die AfA ab dem Übertragungsjahr nach der Formel Restwert/Restnutzungsdauer. Bei degressiver AfA wird der Restbuchwert (RBW) [= RBW 31.12. des Vorjahres ./. übertragene stille Reserve] mit dem zutreffenden AfA-Satz multipliziert.

6.9.3.8.2 Rücklagenbildung

Soweit Steuerpflichtige im Veräußerungsjahr den Abzug von den Anschaffungs- oder Herstellungskosten nicht vorgenommen haben, können sie im Wirtschaftsjahr der Veräußerung eine den steuerlichen Gewinn mindernde Rücklage bilden (§ 6b Abs. 3 EStG).

Hierdurch wird im Ergebnis erreicht, dass die stillen Reserven auch auf die in den Jahren nach der Veräußerung angeschafften oder hergestellten Wirtschaftsgüter übertragen werden können.

Zwar können Rücklagen nach § 6b Abs. 3 EStG in der Bilanz zu einem Posten zusammengefasst werden. In der Buchführung muss jedoch im Einzelnen nachgewiesen werden, bei welchen Wirtschaftsgütern der in die Rücklage gestellte Gewinn entstanden und auf welche Wirtschaftsgüter er übertragen worden ist (R 6b.2 Abs. 3 EStR; vgl. § 6b Abs. 4 Nr. 5 EStG).

6.9.3.8.3 Frist für die Reinvestition

1173 Die Reinvestition muss in der Regel in den folgenden vier Jahren nach der Rücklagenbildung vorgenommen werden. Diese Frist von vier Jahren verlängert sich bei neu hergestellten Gebäuden auf sechs Jahre, wenn mit ihrer Herstellung vor dem Schluss des 4. auf die Bildung der Rücklage folgenden Wirtschaftsjahres begonnen worden ist (§ 6b Abs. 3 EStG).

Der für die Verlängerung der Reinvestitionsfrist maßgebende Herstellungsbeginn kann bei einem Gebäude sein

- der Tag der Einreichung des Bauantrags,
- der Tag des Gebäudeabbruchs, wenn der Abbruch zum Zweck der Errichtung eines Neubaus durchgeführt wurde (auch, wenn der Bauantrag erst nach Abbruch eingereicht wurde).

In Fällen, in denen eine Rücklagenbildung nach § 6b Abs. 8 EStG (städtebauliche Sanierungs- oder Entwicklungsmaßnahmen) in Betracht kommt, gelten längere Fristen.

6.9.3.9 Gewinnerhöhende Auflösung der Rücklage

1174 Ist innerhalb des Begünstigungszeitraums keine Reinvestition erfolgt, ist die Rücklage **gewinnerhöhend aufzulösen** (§ 6b Abs. 3 Satz 5 EStG).

Buchung: Rücklage an s. b. Ertrag

6.9.3.10 Gewinnzuschlag nach § 6b Abs. 7 EStG

1175 In den Fällen, in denen eine Rücklage nach § 6b EStG gebildet worden war und in denen diese Rücklage gewinnerhöhend aufgelöst wurde, ohne dass ein Abzug von den Anschaffungs- oder Herstellungskosten eines Wirtschaftsguts erfolgte, ist ein **Gewinnzuschlag** nach § 6b Abs. 7 EStG vorzunehmen.

Die Hinzurechnung dieses Gewinnzuschlags erfolgt **außerhalb der Bilanz**. Bei Einzelunternehmen oder Personengesellschaften ist zwar eine Buchung „Kapital an Ertrag" denkbar, aber nicht systemgerecht.

> **BEISPIEL:** Ein Steuerpflichtiger hat in 01 zulässigerweise bei der Veräußerung von Grund und Boden eine Reinvestitionsrücklage i. H.v. 100 000 € gebildet. Bis Ende 05 wurden keine Investitionen getätigt. Daher ist die Rücklage in 05 gewinnerhöhend aufzulösen.
>
> Als Gewinnzuschlag nach § 6b Abs. 7 EStG errechnet sich: 4 × 6 % von 100 000 € = 24 000 €.
>
> Hätte der Steuerpflichtige in 02 bereits die Rücklage freiwillig gewinnerhöhend aufgelöst, wäre in 02 ein Gewinnzuschlag von 6 % von 100 000 € = 6 000 € vorzunehmen gewesen, da auch in diesem Fall kein Abzug von den Anschaffungs- oder Herstellungskosten hätte vorgenommen werden können (§ 6b Abs. 3 Satz 2 EStG).

6.9.3.11 Übertragungsmöglichkeiten auf andere Betriebe

6.9.3.11.1 Rechtlicher Überblick

Ein Steuerpflichtiger kann den begünstigten Gewinn, der in einem Einzelunternehmen entstanden ist, auch auf Wirtschaftsgüter übertragen, die nicht im selben Betrieb angeschafft worden sind, wenn die Voraussetzungen des § 6b Abs. 4 Satz 2 EStG erfüllt sind. Die nachfolgende Übersicht verdeutlicht die Bedeutung dieser gesetzlichen Regelung:

1176

Gewinn realisiert bei Wirtschaftsgütern der Einkunftsart	Abzug zulässig bei Wirtschaftsgütern, die der Einkunftsart zuzurechnen sind		
	Land- und Forstwirtschaft	Gewerbebetrieb	Selbständige Arbeit
Land und Forstwirtschaft	×	×	×
Gewerbebetrieb		×	
Selbständige Arbeit	×	×	×

Da die Anwendung des § 6b EStG personenbezogen ist, sind Übertragungen stiller Reserven grundsätzlich insoweit möglich, als die stillen Reserven des ausgeschiedenen Wirtschaftsguts einer berechtigten Person zu stillen Reserven eines anderen Wirtschaftsguts werden, soweit dieses Wirtschaftsgut derselben Person zugerechnet wird.
Im Einzelnen sind die Übertragungsmöglichkeiten aus R 6b.2 Abs. 6, 7 EStR ersichtlich.

6.9.3.11.2 Buchmäßige Behandlung

Die buchmäßige Behandlung ergibt sich aus R 6b.2 Abs. 8 EStR:

1177

Wird der begünstigte Gewinn, der bei der Veräußerung eines Wirtschaftsguts entstanden ist, bei den Anschaffungs- oder Herstellungskosten eines Wirtschaftsguts eines anderen Betriebs des Steuerpflichtigen berücksichtigt, ist

▶ im **veräußernden** Betrieb der begünstigte Gewinn dem Kapitalkonto erfolgsneutral zuzurechnen;

Buchung: Rücklage an Kapital

▶ in Höhe des begünstigten Gewinns im **anschaffenden** Betrieb das Kapitalkonto erfolgsneutral zu mindern.

Buchung: Kapital an Wirtschaftsgut

6.9.3.11.3 Darstellung der Übertragungsmöglichkeiten

Folgende Fallgestaltungen können unterschieden werden:

1178

▶ Wird ein Wirtschaftsgut eines eigenen Betriebs des Steuerpflichtigen veräußert, können die darin enthaltenen stillen Reserven übertragen werden auf Wirtschaftsgüter

1. im selben oder in einem anderen Betrieb des Steuerpflichtigen,
2. in einem Sonderbetriebsvermögen bei einer Mitunternehmerschaft,
3. des Gesellschaftsvermögens bei einer Mitunternehmerschaft, dann jedoch nur bis zur Höhe des eigenen Anteils an diesen Wirtschaftsgütern.

Dies gilt auch dann, wenn zuvor im Betrieb des Steuerpflichtigen eine Rücklage gem. § 6b Abs. 3 EStG gebildet wurde.

BEISPIEL: Der Kaufmann A hat aus der Veräußerung eines unbebauten Grundstücks in der Bilanz seines Einzelunternehmens zum 31.12.01 zulässigerweise eine Rücklage i.H.v. 100 000 € gebildet. Diese Rücklage soll in 02 übertragen werden.

In 02 wurden folgende Investitionen getätigt:

a) Im Sonderbetriebsvermögen des A in der A und B OHG, an der A mit 25 % beteiligt ist, ist ein unbebautes Grundstück erworben worden (AK 240 000 €).

Lösung: Da ihm dieses Wirtschaftsgut in voller Höhe zuzurechnen ist, darf die Rücklage in voller Höhe übertragen werden.

Buchungen 02 im Einzelunternehmen:

Rücklage (**vor Inkrafttreten des BilMoG**: Sonderposten mit Rücklageanteil)	100 000 €	an	Kapital	100 000 €

Buchungen 02 im Sonderbetriebsvermögen:

Kapital	100 000 €	an	Grundstück	100 000 €

b) Im Gesellschaftsbetriebsvermögen der A und B OHG, an der A mit 25 % beteiligt ist, ist ein unbebautes Grundstück erworben worden (AK 240 000 €).

Lösung: Da ihm dieses Wirtschaftsgut nur i.H.v. 25 % von 240 000 € = 60 000 € zuzurechnen ist, darf die Rücklage auch nur bis zur Höhe von 60 000 € übertragen werden.

Buchungen 02 im Einzelunternehmen:

Rücklage (**vor Inkrafttreten des BilMoG** Sonderposten mit Rücklageanteil)	60 000 €	an	Kapital	60 000 €

Buchungen 02 im Ergänzungsbereich des A:

Kapital	60 000 €	an	Grundstück	60 000 €

1179 ▶ Wird ein Wirtschaftsgut aus einem Sonderbetriebsvermögen des Steuerpflichtigen (im Rahmen des Betriebsvermögens einer Personengesellschaft) veräußert, können die darin enthaltenen stillen Reserven übertragen werden auf Wirtschaftsgüter

1. des Sonderbetriebsvermögens bei dieser oder einer anderen Mitunternehmerschaft,
2. eines eigenen Betriebs des Steuerpflichtigen,
3. des Gesellschaftsvermögens bei einer Mitunternehmerschaft, dann jedoch nur bis zur Höhe des eigenen Anteils an diesen Wirtschaftsgütern.

Dies gilt auch dann, wenn zuvor im Betrieb des Steuerpflichtigen eine Rücklage gem. § 6b Abs. 3 EStG gebildet wurde.

BEISPIEL: Der Kaufmann A hat aus der Veräußerung eines unbebauten Grundstücks in seiner Sonderbilanz der A und B OHG, an der A mit 25 % beteiligt ist, ist zum 31.12.01 zulässigerweise eine Rücklage i.H.v. 100 000 € gebildet. Diese Rücklage soll in 02 übertragen werden.

In 02 wurden folgende Investitionen getätigt:

a) In einem Sonderbetriebsvermögen des A an der A und C KG, an der A mit 20 % beteiligt ist, ist ein unbebautes Grundstück erworben worden (AK 240 000 €).

Lösung: Da ihm dieses Wirtschaftsgut in voller Höhe zuzurechnen ist, darf die Rücklage in voller Höhe übertragen werden.

Buchungen 02 im Sonderbetriebsvermögen:

| Rücklage (**vor Inkrafttreten des BilMoG** Sonderposten mit Rücklageanteil) | 100 000 € | an | Kapital | 100 000 € |

Buchungen 02 im Einzelunternehmen:

| Kapital | 100 000 € | an | Grundstück | 100 000 € |

b) In einem Einzelunternehmen des A ist ein unbebautes Grundstück erworben worden (AK 240 000 €).

Lösung: Da ihm dieses Wirtschaftsgut in voller Höhe zuzurechnen ist, darf die Rücklage in voller Höhe übertragen werden.

Buchungen 02 im Sonderbetriebsvermögen:

| Rücklage (**vor Inkrafttreten des BilMoG** Sonderposten mit Rücklageanteil) | 100 000 € | an | Kapital | 100 000 € |

Buchungen 02 im Einzelunternehmen:

| Kapital | 100 000 € | an | Grundstück | 100 000 € |

c) Im Gesellschaftsbetriebsvermögen der A und C OHG, an der A mit 20 % beteiligt ist, ist ein unbebautes Grundstück erworben worden (AK 240 000 €).

Lösung: Da ihm dieses Wirtschaftsgut nur i. H.v. 20 % von 240 000 € = 48 000 € zuzurechnen ist, darf die Rücklage auch nur bis zur Höhe von 48 000 € übertragen werden.

Buchungen 02 im Sonderbetriebsvermögen:

| Rücklage (**vor Inkrafttreten des BilMoG** Sonderposten mit Rücklageanteil) | 48 000 € | an | Kapital | 48 000 € |

Buchungen 02 im Ergänzungsbereich des A:

| Kapital | 48 000 € | an | Grundstück | 48 000 € |

▶ Wird ein Wirtschaftsgut des Gesellschaftsvermögens veräußert, können die darin enthaltenen stillen Reserven übertragen werden auf Wirtschaftsgüter

1. des Gesellschaftsvermögens,

2. des Sonderbetriebsvermögens bei dieser oder einer anderen Mitunternehmerschaft (nur soweit die stillen Reserven dem Steuerpflichtigen zugerechnet werden),

3. eines eigenen Betriebs des Steuerpflichtigen (nur soweit die stillen Reserven dem Steuerpflichtigen zugerechnet werden),

4. des Gesellschaftsvermögens bei einer anderen Mitunternehmerschaft (nur soweit stillen Reserven dem Steuerpflichtigen zugerechnet werden), dann jedoch nur bis zur Höhe des eigenen Anteils an diesen Wirtschaftsgütern.

Dies gilt auch, wenn zuvor im Betrieb des Steuerpflichtigen eine Rücklage gem. § 6b Abs. 3 EStG gebildet wurde.

BEISPIEL: Die A und B OHG, an der A mit 25 % und B mit 75 % beteiligt ist, hat aus der Veräußerung eines unbebauten Grundstücks zum 31.12.01 zulässigerweise eine Rücklage i.H.v. 100 000 € gebildet. Diese Rücklage soll in 02 übertragen werden.

In 02 wurden folgende Investitionen getätigt:

a) Im Gesellschaftsbetriebsvermögen der A und B OHG ist ein unbebautes Grundstück erworben worden (AK 240 000 €).

   Lösung: Da dieses Wirtschaftsgut A und B wieder nach dem Beteiligungsverhältnis der OHG zuzurechnen ist, kann im Ergebnis die Rücklage in voller Höhe auf das neu erworbene Grundstück übertragen werden.

   Buchungen 02 im Gesellschaftsvermögen:

Rücklage (**vor Inkrafttreten des BilMoG**: Sonderposten mit Rücklageanteil)	100 000 €	an	s. b. Ertrag	100 000 €
Abschreibungen	100 000 €	an	Grundstück	100 000 €

b) In einem Sonderbetriebsvermögen des A an der A und C KG, an der A mit 20 % beteiligt ist, ist ein unbebautes Grundstück erworben worden (AK 240 000 €).

   Lösung: Grundsätzlich darf die Rücklage nur in der Höhe übertragen werden, in der die stillen Reserven dem jeweils Beteiligten zuzurechnen sind. Hier ist A an den stillen Reserven des von der A und B OHG veräußerten Grundstücks mit 25 % von 100 000 € = 25 000 € beteiligt. Daher sind von A auch nur höchstens 25 000 € übertragungsfähig. Da jedoch die Rücklage, soweit sie auf A entfällt, beibehalten werden kann, wird diese Rücklage zweckmäßigerweise in einer Ergänzungsbilanz für B bei der A und B OHG ausgewiesen.

   Buchungen 02 im Gesellschaftsvermögen der A und B OHG:

Rücklage (**vor Inkrafttreten des BilMoG**: Sonderposten mit Rücklageanteil)	100 000 €	an	Kapital A	25 000 €
			Kapital B	75 000 €

   Buchungen im Ergänzungsbereich des B:

Kapital	75 000 €	an	Rücklage (**vor Inkrafttreten des BilMoG:** Sonderposten mit Rücklageanteil)	75 000 €

   Buchungen 02 im Sonderbetriebsvermögen des A bei der A und C KG:

Kapital	25 000 €	an	Grundstück	25 000 €

c) Im einem Einzelunternehmen des A ist ein unbebautes Grundstück erworben worden (AK 240 000 €).

   Lösung: Diese Abwandlung ist genau wie der Fall b) zu lösen. Nur tritt hier an die Stelle des Sonderbetriebsvermögens das Einzelunternehmen.

d) Im Gesellschaftsbetriebsvermögen der A und C KG, an der A mit 20 % beteiligt ist, ist ein unbebautes Grundstück erworben worden (AK 100 000 €).

   Lösung: Grundsätzlich darf die Rücklage nur in der Höhe übertragen werden, in der die stillen Reserven dem jeweils Beteiligten zuzurechnen sind. Hier ist A an den stillen Reserven des von der A und B OHG veräußerten Grundstücks mit 25 % von 100 000 € = 25 000 € beteiligt. Da A an dem von der A und C KG erworbenen Wirtschaftsgut nur i.H.v. 20 % von 100 000 € = 20 000 € beteiligt ist, darf die Rücklage auch nur bis zur Höhe von 20 000 € übertragen werden.

Buchungen 02 im Gesellschaftsvermögen der A und B OHG:

Rücklage (**vor Inkrafttreten des BilMoG**: Sonderposten mit Rücklageanteil)	100 000 €	an	Kapital A	25 000 €
			Kapital B	75 000 €

Buchungen im Ergänzungsbereich des B bei der A und B OHG:

Kapital	75 000 €	an	Rücklage (**vor Inkrafttreten des BilMoG**: Sonderposten mit Rücklageanteil)	75 000 €

Buchungen im Ergänzungsbereich des A bei der A und B OHG:

Kapital	5 000 €	an	Rücklage (**vor Inkrafttreten des BilMoG**: Sonderposten mit Rücklageanteil)	5 000 €

Im Gesellschaftsbetriebsvermögen der A und C KG erfolgt keine zusätzliche Buchung.

Buchungen im Ergänzungsbereich des A bei der A und C KG:

Kapital	20 000 €	an	Grundstück	20 000 €

▶ Wie Rücklagen bei Änderungen der Unternehmensformen behandelt werden, ist in R 6b.2 Abs. 9 EStR dargelegt. 1181

1. Bei der Umwandlung eines Einzelunternehmens in eine Personengesellschaft kann der bisherige Einzelunternehmer eine von ihm gebildete Rücklage in einer Ergänzungsbilanz weiterführen.

2. Wird eine Mitunternehmerschaft in ein Einzelunternehmen umgewandelt, kann der den Betrieb fortführende Gesellschafter eine Rücklage der Gesellschaft insoweit weiterführen, als sie (anteilig) auf ihn entfällt.

3. Bei der Realteilung einer Mitunternehmerschaft unter Fortführung entsprechender Einzelunternehmen kann die Rücklage anteilig in den Einzelunternehmen fortgeführt werden, soweit die Realteilung auf die Übertragung von Teilbetrieben oder Mitunternehmeranteilen gerichtet ist.

6.9.3.12 Rücklage bei Betriebsveräußerung (vgl. R 6b.2 Abs. 10 EStR)

Veräußert ein Steuerpflichtiger seinen Betrieb, zu dessen Betriebsvermögen eine Rücklage i. S. d. § 6b Abs. 3 EStG gehört, kann er diese Rücklage auch **nach Betriebsveräußerung noch weiterführen,** wenn 1182

▶ er die Absicht erkennen lässt, mit dem Erlös aus der Veräußerung einen Betrieb weiterzuführen, und

▶ er die bei Veräußerung erhaltenen Vermögenswerte sowie die Rücklage buch- und bestandsmäßig weiter nachweist.

Diese Rücklagen kann er dann später – innerhalb der Reinvestitionsfristen – auf Wirtschaftsgüter übertragen, die ihm zuzurechnen sind.

Wird eine Rücklage im Rahmen einer Betriebsveräußerung gewinnerhöhend aufgelöst, wird dieser Gewinn Teil des nach den §§ 16, 34 EStG begünstigten Veräußerungsgewinns. 1183

Wird eine Rücklage, die nicht anlässlich der Betriebsveräußerung gebildet worden ist, weitergeführt und später aufgelöst, kann auf den bei Auflösung entstehenden Gewinn **weder** die Vorschrift des § 16 Abs. 4 EStG **noch** der ermäßigte Steuersatz nach § 34 EStG angewandt werden.

1184 Wird jedoch später eine Rücklage gewinnerhöhend aufgelöst, die erst bei der Betriebsveräußerung gebildet wurde, ist der entstehende Gewinn nur insofern nach den §§ 16, 34 EStG begünstigt, soweit die Reinvestitionsrücklage stille Reserven aus der Veräußerung von Wirtschaftsgütern enthält, die **nicht** wesentliche Grundlagen des Betriebs waren. Soweit die Reinvestitionsrücklage stille Reserven aus der Veräußerung wesentlicher Betriebsgrundlagen enthält, ist eine Begünstigung gem. §§ 16, 34 EStG nicht möglich.

6.9.3.13 Übersicht über die Regelungen des § 6b EStG

1185 Die nachstehende Übersicht soll einen Überblick über die Vorschrift erleichtern.

ABB. 34: Rücklage nach § 6b EStG

Ein Steuerpflichtiger, der seinen Gewinn durch Vermögensvergleich ermittelt, hat

eine begünstigte Veräußerung getätigt.	begünstigte Wirtschaftsgüter veräußert.	begünstigte Reinvestitionen getätigt.	bei der Bildung und Auflösung der Rücklage zu beachten:
Veräußerung = entgeltliche Übertragung eines Wirtschaftsgutes auf eine andere Person **Veräußerung umfasst sowohl freiwillige als auch unfreiwillige Veräußerungen (z. B. bei drohender oder erfolgter Enteignung, bei Zwangsversteigerung) sowie Tauschgeschäfte.** **Keine Veräußerung** ▲ Überführung in einen anderen Betrieb ▲ Entnahme ▲ Ausscheiden infolge höherer Gewalt (ohne Verkauf) ▲ Sonderfälle der Entnahme: Tausch zum Erwerb eines Wirtschaftsguts des notwendigen Privatvermögens, Hingabe eines Wirtschaftsguts zur Begleichung einer privaten Schuld	Begünstigte Wirtschaftsgüter ▲ Grund und Boden ▲ Aufwuchs oder Anlagen im Grund und Boden ▲ Gebäude ▲ Binnenschiffe Voraussetzung ▲ Veräußertes Wirtschaftsgut gehörte mindestens 6 Jahre zum Anlagevermögen – zu verschiedenen inländischen Betrieben – bei Betriebsübertragung mit Buchwertverknüpfung ist die Besitzzeit des Rechtsvorgängers mitzurechnen	Begünstigte Wirtschaftsgüter, auf die die stillen Reserven übertragen werden können: ▲ Grund und Boden ▲ Aufwuchs oder Anlagen in Grund und Boden ▲ Gebäude **Wichtig:** Das neu beschaffte Wirtschaftsgut braucht keine Ersatzfunktion erfüllen.	Verfahren wie bei der Rücklage für Ersatzbeschaffung **Auflösung:** Auflösung am Ende des 4. der Bildung folgenden Wirtschaftsjahrs; Ausnahme: bei Gebäuden beträgt die Reinvestitionsfrist 6 Jahre, falls vor Ablauf der Regelfrist mit der Herstellung des Gebäudes begonnen wurde. **Rücklagen können übertragen werden auf** • Wirtschaftsgüter in demselben Betrieb • Wirtschaftsgüter in anderen Betrieben des Steuerpflichtigen **Gewinnzuschlag:** Nach § 6b Abs. 7 EStG ist der Gewinn bei Auflösung der Rücklage (ohne Übertragung von stillen Reserven) außerhalb der Bilanz um 6 v. H. je Wirtschaftsjahr zu erhöhen.

6.9.4 Rücklage gemäß § 6b Abs. 10 EStG

1186 Nach § 6b Abs. 10 EStG dürfen Personenunternehmen (Einzelunternehmen und Personengesellschaften) – also keine Kapitalgesellschaften – auch Gewinne aus der Veräußerung von Anteilen an Kapitalgesellschaften, die seit mindestens 6 Jahren zum Betriebsvermögen gehört haben, bis zu einem Betrag von 500 000 € auf folgende Wirtschaftsgüter übertragen werden:

- im Wirtschaftsjahr der Veräußerung oder in den folgenden 2 Wirtschaftsjahren auf angeschaffte Anteile an Kapitalgesellschaften,
- im Wirtschaftsjahr der Veräußerung oder in den folgenden 2 Wirtschaftsjahren auf angeschaffte oder hergestellte abnutzbare bewegliche Wirtschaftsgüter,
- im Wirtschaftsjahr der Veräußerung oder in den folgenden 4 Wirtschaftsjahren auf angeschaffte oder hergestellte Gebäude übertragen.

1187 Da Gewinne aus der Veräußerung von Anteilen an Kapitalgesellschaften nach § 3 Nr. 40 Satz 1 Buchst. a, b EStG zu 40 % steuerfrei sind, ist folgende Sonderregelung zu beachten:

- Werden Gewinne im Jahr der Veräußerung auf angeschaffte oder hergestellte abnutzbare bewegliche Wirtschaftsgüter oder Gebäude übertragen, können nur 60 % der Gewinne übertragen werden.
- Werden Gewinne im Jahr der Veräußerung auf angeschaffte Anteile an Kapitalgesellschaften übertragen, mindern sich die Anschaffungskosten der neu erworbenen Anteile um den gesamten Veräußerungsgewinn (einschließlich des steuerfreien Betrags).

1188
- Soll die Übertragung erst in späteren Wirtschaftsjahren vorgenommen werden, kann eine Rücklage bis zu 500 000 € gebildet werden. Die Auflösung dieser Rücklage erfolgt dann nach den oben beschriebenen Kriterien.

> **BEISPIEL:** Der Kaufmann A hat aus der Veräußerung eines Anteils an einer Kapitalgesellschaft in der Bilanz seines Einzelunternehmens zum 31.12.01 zulässigerweise eine Rücklage i. H. v. 100 000 € gebildet. Diese Rücklage soll in 02 übertragen werden.
>
> In 02 wurden folgende Investitionen getätigt:
>
> a) A hat Anteile an Kapitalgesellschaften erworben (AK 200 000 €).
>
> **Lösung:** Da ihm dieses Wirtschaftsgut in voller Höhe zuzurechnen ist, darf die Rücklage in voller Höhe übertragen werden.
>
> Buchungen 02:
>
> | | | | | |
> |---|---|---|---|---|
> | Rücklage (vor Inkrafttreten des BilMoG: Sonderposten mit Rücklageanteil) | 100 000 € | an | s. b. Ertrag | 100 000 € |
> | Abschreibungen | 100 000 € | an | Anteile an Kapitalgesellschaften | 100 000 € |
>
> b) A hat Anfang Januar 02 ein Grundstück zu Anschaffungskosten von 300 000 € erworben; davon entfallen auf den Grund und Boden 100 000 € und auf das Gebäude 200 000 €.
>
> **Lösung:** Die Anschaffung des Grund und Bodens stellt nach § 6b Abs. 10 EStG keine begünstigte Reinvestition dar. Daher kann die Rücklage nicht auf dieses Wirtschaftsgut übertragen werden.

Die Anschaffung des Gebäudes stellt nach § 6b Abs. 10 EStG eine begünstigte Reinvestition dar. Daher kann die Rücklage grundsätzlich auf das Gebäude übertragen werden. Zu beachten ist jedoch, dass eine Übertragung nur i. H. v. 60 % des Rücklagebetrages möglich ist: 60 % von 100 000 € = 60 000 €. Die übrigen (steuerfreien) 40 000 € sind in der Buchführung gewinnerhöhend zu erfassen; außerhalb der Bilanz erfolgt eine Minderung des zu versteuernden Einkommens bei A.

Buchungen 02:

Rücklage (**vor Inkrafttreten des BilMoG**: Sonderposten mit Rücklageanteil)	100 000 €	an	s. b. Ertrag	100 000 €
Abschreibungen	60 000 €	an	Gebäude	60 000 €

Zusätzlich ist außerbilanziell das zu versteuernde Einkommen des A um 40 000 € zu mindern.

Ist eine Rücklage am Schluss des 4. auf ihre Bildung folgenden Wirtschaftsjahres noch vorhanden, ist sie zu diesem Zeitpunkt gewinnerhöhend aufzulösen. Soweit die Auflösung nicht im Zusammenhang mit einer Reinvestition vorgenommen wurde, ist der Gewinn des Wirtschaftsjahres, in dem die Rücklage aufgelöst wird, für jedes volle Wirtschaftsjahr, in dem die Rücklage bestanden hat, um 6 % des nicht steuerbefreiten aufgelösten Rücklagenbetrags außerhalb der Bilanz zu erhöhen (§ 6b Abs. 10 Satz 9 EStG).

6.9.5 Zuschussrücklage

Werden Anlagegüter mit **Zuschüssen aus öffentlichen oder privaten Mitteln** angeschafft oder hergestellt, hat der Steuerpflichtige grundsätzlich ein **Wahlrecht** (R 6.5 Abs. 2 EStR):

▶ Er kann die Zuschüsse als Betriebseinnahmen ansetzen; Buchung: Geld an s. b. Ertrag.

▶ Er kann die Zuschüsse erfolgsneutral behandeln, indem er die Anschaffungs- oder Herstellungskosten um die gewährten Zuschüsse mindert (Buchung: Geld an Anlagegut).

Werden jedoch zur Anschaffung eines Anlageguts Zuschüsse gewährt, die **erfolgsneutral** behandelt werden sollen, und werden diese Zuschüsse vor der Anschaffung bzw. Herstellung gewährt, kann die Buchung auf dem Anlagekonto so nicht vorgenommen werden. In diesem Fall ist es nach R 6.5 Abs. 4 EStR zugelassen, in Höhe der noch nicht verwendeten Zuschüsse eine steuerfreie Zuschussrücklage zu bilden. Vor Inkrafttreten des BilMoG war auch hier Voraussetzung, dass ein entsprechender Passivposten in der Handelsbilanz gebildet wurde.

Ein Ausweis dieser Rücklage in der Handelsbilanz ist nicht zulässig.

BEISPIEL: In 01 wird ein Zuschuss i. H. v. 5 000 € zum Kauf eines betrieblichen Pkw gewährt. In 02 wird dieser Pkw für 20 000 € + USt erworben und bar bezahlt.

Buchungen:

in 01:	Geldkonto	5 000 €	an	Zuschussrücklage	5 000 €
in 02:	Pkw	20 000 €	an	Geldkonto	23 800 €
	VoSt	3 800 €			
	Zuschussrücklage	5 000 €	an	Pkw	5 000 €

Anschließend wird die AfA ausgehend von der AfA-Bemessungsgrundlage i. H. v. 15 000 € (20 000 € Nettokaufpreis ./. Zuschuss 5 000 €) errechnet.

6.9.6 Investitionsabzugsbetrag gem. § 7g Abs. 1 – 4 EStG

1192 Durch das Jahressteuergesetz 2008 wurde § 7g EStG grundlegend geändert. In der Überschrift zu § 7g EStG wurde der Begriff „Ansparabschreibungen" durch den Begriff „Investitionsabzugsbeträge" ersetzt. Ab 2008 erfolgt die Gewinnminderung nicht mehr durch buchmäßige Passivierung von Rücklagen, sondern durch einen außerbilanziellen gewinnmindernden Abzug. Dieser systematische Wechsel von der bilanziellen Rücklagenbuchung zu einem außerbilanziellen Investitionsabzugsbetrag ändert jedoch nichts an der Zielsetzung, die mit § 7g EStG verfolgt wird, die Investitionstätigkeit der Unternehmen zu fördern. Die Vorschrift des § 7g EStG, soweit der Investitionsabzugsbetrag betroffen ist, wird daher folgerichtig im Abschnitt 8 „Gewinnkorrekturen außerhalb der Bilanz" dargestellt (Rdn. 1213 ff.).

1193 **FRAGEN**

		Rdn.
1.	Was versteht man unter dem Begriff der Bewertung und welche Vorschrift ist hierbei von zentraler Bedeutung?	803
2.	Auf welchen Zeitpunkt ist bei der Bewertung von Wirtschaftsgütern abzustellen?	804
3.	Erläutern Sie die wichtigsten Bewertungsverfahren mit den jeweiligen Hauptanwendungsgebieten!	805, 806
4.	Welche Voraussetzungen müssen vorliegen, damit eine Festbewertung durchgeführt werden darf und welche charakteristischen Merkmale kann man der Festbewertung zuordnen?	810, 817
5.	Welche Methoden der Bewertung nach Verbrauchs- und Veräußerungsfolgen gibt es und welche sind im Handels- und Steuerrecht anwendbar?	818
6.	Welche Wirtschaftsgüter können in einem Sammelposten erfasst werden und wie ermittelt sich diese Rechengröße?	823
7.	In welchen Fällen sind die Anschaffungskosten für die Bewertung von entscheidender Bedeutung und welche Arten von Aufwendungen gehören grundsätzlich zu den Anschaffungskosten?	828
8.	Unter welchen Voraussetzungen gehören Vorsteuern zu den Anschaffungskosten?	834 - 837
9.	Unter welchen Voraussetzungen mindern Preisnachlässe die Anschaffungskosten?	838
10.	Gehören Finanzierungskosten zu den Anschaffungskosten?	839, 840
11.	Häufig werden einzelne Wirtschaftsgüter auf Rentenbasis erworben. Welche grundsätzlichen bilanzsteuerrechtlichen Überlegungen sind in solchen Fällen erforderlich?	846 - 848
12.	Einzelne Wirtschaftsgüter werden auch im Tauschwege erworben. Welche grundsätzlichen bilanzsteuerrechtlichen Überlegungen sind in solchen Fällen erforderlich?	850

			Rdn.
13.	Welche Arten von Zuschüssen kennen Sie und wie sind diese im Hinblick auf die Anschaffungskosten zu behandeln?		851, 854, 855
14.	Welche Folgen ergeben sich aus dem unentgeltlichen Erwerb von einzelnen Wirtschaftsgütern?		856, 858
15.	Wann ist der Fall eines unentgeltlichen Erwerbs eines Betriebs oder Teilbetriebs gegeben und welche Folgen ergeben sich hieraus?		859 - 862
16.	Entwickeln Sie ausgehend vom Begriff „Ausgabe", was unter dem Begriff „Kosten pro Periode" zu verstehen ist!		865, 866
17.	Definieren Sie den Begriff „Herstellungskosten" und erläutern Sie die grundsätzlichen Gemeinsamkeiten und Unterschiede zwischen den Herstellungskosten in der Handels- und Steuerbilanz!		872, 876, 881
18.	Was ist unter anschaffungsnahem Aufwand zu verstehen?		882
19.	Wann liegen nachträgliche Herstellungskosten in Abgrenzung zu Erhaltungsaufwendungen vor?		883 - 887
20.	Welche grundsätzlichen Fallgestaltungen sind beim Abbruch eines Gebäudes denkbar und welche bilanzsteuerrechtlichen Konsequenzen ergeben sich daraus?		891 - 896
21.	Definieren Sie den Begriff „Teilwert" und grenzen Sie diesen Wert gegenüber dem Begriff „Gemeiner Wert" ab!		900
22.	Nach welchen Kriterien erfolgt die Teilwertermittlung?		901 - 905
23.	Was verstehen Sie unter dem „Gemeinen Wert"?		910 - 911
24.	Welche anderen handelsrechtlichen Bewertungsmaßstäbe kennen Sie? Erläutern Sie diese Begriffe!		912
25.	Definieren Sie den Begriff „Anlagevermögen"! In welche Gruppen wird das Anlagevermögen in der Handelsbilanz eingeteilt?		918, 921
26.	Was verstehen Sie unter einem Anlagegitter (Anlagespiegel)?		927, 933
27.	Welche allgemeinen Bewertungsgrundsätze gelten für die Bewertung nach Handelsrecht?		930
28.	Welche Vorgänge haben auf die Entwicklung des Bilanzansatzes eines abnutzbaren Wirtschaftsgutes in der Handelsbilanz Einfluss?		931 - 933
29.	Unter welchen Voraussetzungen müssen steuerrechtlich beim abnutzbaren Anlagevermögen Zuschreibungen vorgenommen werden?		938 - 940
30.	Nennen Sie die Abschreibungsarten, die das Steuerrecht unterscheidet!		945
31.	Welche Voraussetzungen müssen vorliegen, damit Abschreibungen bei Wirtschaftsgütern vorgenommen werden können?		947 - 951
32.	Welche Werte kommen als Bemessungsgrundlage für die AfA-Ermittlung in Frage?		960, 961
33.	Welche AfA-Methoden gibt es für Wirtschaftsgüter (ohne Gebäude) nach § 7 EStG (aktuelle Rechtslage)?		962, 963
34.	Wie wird die AfA bei einem Wirtschaftsgut (kein Gebäude) ermittelt, wenn in 01 nachträgliche Herstellungskosten entstanden sind?		966
35.	Welche Voraussetzungen müssen für die Inanspruchnahme der Sonderabschreibung nach § 7g EStG vorliegen?		969
36.	Welche AfA-Methoden gibt es für Gebäude nach § 7 EStG?		972, 973
37.	Erläutern Sie, welche Besonderheiten bei der Einlage eines Gebäudes zu beachten sind!		975 - 977

		Rdn.
38.	Was ist bei einem Gebäude zu beachten nach Vornahme einer Teilwertabschreibung und nach einer Zuschreibung oder Wertaufholung?	979, 981
39.	Wann spricht man von geringwertigen WG und welche bilanzsteuerrechtlichen Folgen ergeben sich?	983 - 987
40.	Verstößt der Ansatz eines wieder gestiegenen Teilwerts für ein nicht abnutzbares Wirtschaftsgut in der Bilanz gegen das Prinzip „Nicht realisierte Gewinne dürfen nicht ausgewiesen werden"?	994, 996
41.	Wie werden Beteiligungen im Handels- und Steuerrecht bilanziert?	999, 1003, 1006
42.	Erläutern Sie den Begriff des Umlaufvermögens!	1010
43.	Welche Verfahren zur Ermittlung der Anschaffungs- oder Herstellungskosten für Wirtschaftsgüter des Umlaufvermögens (Vorräte) gibt es?	1011
44.	Welche Folgen ergeben sich für die Warenbewertung in der Steuerbilanz, wenn ein niedriger Teilwert vorliegt, die Wertminderung jedoch nicht von Dauer ist?	1019, 1020
45.	Formulieren Sie die wichtigsten Grundsätze, die bei der Bewertung von Umlaufvermögen gelten!	1021
46.	Welche grundsätzlichen Möglichkeiten der Teilwertermittlung bei Vorräten sind in den Verwaltungsanweisungen zugelassen? Erläutern Sie diese Möglichkeiten kurz!	1024, 1025
47.	Ab wann sind Forderungen in der Bilanz zu erfassen?	1030, 1031
48.	Wie werden Forderungen bewertet?	1033 - 1036
49.	Was versteht man unter den Anschaffungskosten einer Verbindlichkeit? Erklären Sie den Begriff des Teilwerts einer Verbindlichkeit!	1039 ff.
50.	Wie werden die Bewertungsregeln (Ausweis nicht verwirklichter Verluste, soweit sie auf dauernder Wertminderung beruhen; Verbot des Ausweises nicht verwirklichter Gewinne) beim Umlaufvermögen in der Steuerbilanz bei der Bewertung von Verbindlichkeiten umgesetzt?	1043
51.	Was kann alles Gegenstand einer Entnahme sein?	1046
52.	Wie definiert die Rechtsprechung den Begriff Entnahme?	1046
53.	Wie sind Entnahmen zu bewerten?	1048 ff.
54.	Wie sind Entnahmen von Nutzungen zu bewerten?	1052
55.	Unter welchen Voraussetzungen kann die Übertragung eines Wirtschaftsgutes innerhalb des Betriebsvermögens einer Personengesellschaft erfolgsneutral erfolgen?	1056
56.	Was kann alles Gegenstand einer Einlage sein?	1060 f.
57.	Wie sind Einlagen zu bewerten?	1062 ff.
58.	Welche Besonderheit gilt bei der Einlage von Beteiligungen? Warum ist eine solche Sonderregelung erforderlich?	1068
59.	Welche Rückstellungen müssen handelsrechtlich zwingend gebildet werden?	1073 f.
60.	Nach welchen grundsätzlichen Kriterien sind im Steuerrecht Rückstellungen zu bilden?	1075
61.	Gibt es steuerrechtlich verpflichtende Sondervorschriften für den Ausweis von Rückstellungen?	1077

		Rdn.
62.	Gibt es spezielle steuerrechtliche Bewertungsvorschriften, nach denen die Höhe der Rückstellungen zu ermitteln ist?	1080, 1083
63.	Unter welchen Voraussetzungen sind Garantierückstellungen zu bilden und wie sind diese zu bewerten?	1088 ff.
64.	Unter welchen Voraussetzungen sind im Handels- und Steuerrecht Rückstellungen wegen Patentverletzung zu bilden?	1094, 1097
65.	Was ist unter Wechselobligo zu verstehen und warum sind hierfür i. d. R. Rückstellungen zu bilden?	1102, 1104
66.	Unter welchen Voraussetzungen können Rückstellungen für unterlassene Aufwendungen für Instandhaltung in der Handels- und Steuerbilanz gebildet werden?	1115 f.
67.	Was ist unter steuerfreien Rücklagen zu verstehen und welche steuerfreien Rücklagen sind insbesondere zu nennen?	1122 - 1124
68.	Unter welchen Voraussetzungen kann die Besteuerung stiller Reserven mit Hilfe des Instituts der Rücklage für Ersatzbeschaffung vermieden werden?	1127
69.	Das Ausscheiden welcher Wirtschaftsgüter kann nach R 6.6 EStR begünstigt sein?	1130
70.	Was ist unter höherer Gewalt im Sinne des R 6.6 EStR zu verstehen?	1131 f.
71.	Welche Bedingungen muss ein Wirtschaftsgut erfüllen, damit es als Ersatzwirtschaftsgut i. S. der R 6.6 EStR angesehen werden kann?	1137 f.
72.	Was gehört zu einer Entschädigung i. S. der R 6.6 EStR?	1141, 1147
73.	In welchen Fällen ist eine Rücklage für Ersatzbeschaffung gewinnerhöhend aufzulösen?	1148
74.	Welche Besonderheiten im Zusammenhang mit der Rücklage für Ersatzbeschaffung sind bei Beschädigungen von Wirtschaftsgütern zu beachten?	1151
75.	Unter welchen Voraussetzungen ist eine Übertragung von stillen Reserven nach § 6b EStG möglich?	1153 ff.
76.	Was ist unter einer Veräußerung im Sinne des § 6b EStG zu verstehen?	1155 f.
77.	Die Veräußerung welcher Wirtschaftsgüter ist nach § 6b EStG begünstigt? Welche weiteren Voraussetzungen müssen hierzu noch erfüllt sein?	1158 - 1161
78.	Wann liegt begünstigte Reinvestitionen i. S. des § 6b Abs. 1 EStG vor? Welche weiteren Voraussetzungen müssen hierzu noch erfüllt sein?	1163, 1166
79.	Wohin können stille Reserven bei einer grundsätzlich begünstigten Veräußerung übertragen werden, wenn ein Wirtschaftsgut eines eigenen Betriebes des Steuerpflichtigen veräußert wird?	1176, 1178
80.	Wohin können stille Reserven bei einer grundsätzlich begünstigten Veräußerung übertragen werden, wenn ein Wirtschaftsgut aus einem Sonderbetriebsvermögen eines Steuerpflichtigen veräußert wird?	1179
81.	Wohin können stille Reserven bei einer grundsätzlich begünstigten Veräußerung übertragen werden, wenn ein Wirtschaftsgut aus einem Gesellschaftsvermögen einer Personengesellschaft veräußert wird?	1180
82.	Kann bei einer Betriebsveräußerung eine Rücklage nach § 6b Abs. 3 EStG weitergeführt werden?	1182 - 1184
83.	Skizzieren Sie die wesentlichen Regelungen des § 6b Abs. 10 EStG!	1186 f.
84.	Welche Voraussetzungen sind für die Bildung einer Zuschussrücklage zu erfüllen?	1190 f.

Kapitel 7: Bilanzberichtigung und Bilanzänderung

7.1 Bilanzberichtigung

7.1.1 Allgemeines

1194 Die Begriffsbestimmung sowie die Möglichkeiten einer Bilanzberichtigung ergeben sich nach § 4 Abs. 2 Satz 1 EStG und R 4.4 Abs. 1 EStR.

Eine Bilanzberichtigung liegt dann vor, wenn ein **unrichtiger** Bilanzansatz durch einen **richtigen** Bilanzansatz ersetzt wird. Als Bilanzansatz gilt hierbei der Wertansatz für jedes einzelne bewertungsfähige Wirtschaftsgut und jeden einzelnen Rechnungsabgrenzungsposten (R 4.4 Abs. 3 EStR). Falsche Bilanzansätze können durch fehlerhafte Buchungen, durch unterlassene Buchungen, durch falsche Bewertung oder durch mangelhafte Inventur entstehen.

Grundsätzlich ist ein solcher unrichtiger Bilanzansatz bis zur **Fehlerquelle** hin zu berichtigen.

1195 Da jedoch der Steuerbilanzgewinn als Besteuerungsgrundlage mit in die Steuerberechnung einfließt und da Steuerbescheide materiell bestandskräftig werden, kann dann auch in solchen Bescheiden das Besteuerungsmerkmal „Gewinn" nicht mehr geändert werden.

Das bedeutet: Die Steuerbilanz ist faktisch an die **materielle Bestandskraft** des betreffenden Steuerbescheids gebunden.

Diese Bindung der Steuerbilanz an die Bestandskraft des darauf aufbauenden Steuerbescheids verhindert die Durchführung der an sich gebotenen Bilanzberichtigung. Um trotzdem den richtigen Totalgewinn erfassen zu können, muss hier der **Grundsatz des Bilanzenzusammenhangs** streng beachtet werden. In den Fällen, in denen ein Steuerbescheid nicht mehr geändert werden kann oder der sich bei einer Änderung der Veranlagung ergebende höhere Steueranspruch wegen Ablaufs der Festsetzungsfrist erloschen wäre, geht der Grundsatz des Bilanzenzusammenhangs der Pflicht zur Bilanzberichtigung vor.

7.1.2 Bilanzberichtigung bis zur Fehlerquelle

1196 Das hat zur Folge, dass Bilanzberichtigungen **bis zur Fehlerquelle** zurück dann erfolgen,

- ▶ wenn noch keine Steuerfestsetzung erfolgt ist;
  - hier muss der Steuerpflichtige nach vorheriger Abgabe der Steuererklärung nebst Bilanz dem Finanzamt einen Fehler anzeigen, wenn er ihn bemerkt;
  - das Finanzamt muss, nachdem es einen fehlerhaften Bilanzansatz entdeckt hat, zunächst (vor der Berichtigung) den Steuerpflichtigen anhören;
- ▶ wenn die Bilanzberichtigung ohne Auswirkung auf die Höhe der festzusetzenden Steuer bleibt;

▶ wenn die durchgeführten Steuerfestsetzungen noch geändert werden können, weil
  – Steuerfestsetzungen unter dem Vorbehalt der Nachprüfung (§ 164 AO) stehen;
  – vorläufige Steuerfestsetzungen erfolgten (§ 165 AO);
  – bestandskräftige Steuerbescheide geändert werden können (z. B. nach §§ 173, 175 AO).

Andererseits muss in den Fällen, in denen eine Änderung einer unzutreffenden Schlussbilanz nicht mehr möglich ist, die unzutreffende Schlussbilanz auch als (unzutreffende) Anfangsbilanz des Folgejahres übernommen werden (Grundsatz des Bilanzenzusammenhangs). Dies kommt in Betracht

▶ bei Festsetzungsverjährung (§ 169 AO),
▶ beim Fehlen verfahrensrechtlicher Möglichkeiten zur Berichtigung der betreffenden Steuerbescheide.

7.1.3 Bilanzberichtigung im ersten offenen Veranlagungsjahr

7.1.3.1 Erfolgswirksame Berichtigung

Ist eine Berichtigung der Steuerfestsetzung nicht mehr möglich, weil verfahrensrechtliche Vorschriften (insbesondere die Vorschriften der AO) dies nicht zulassen, ist in der Regel eine (ggf. erfolgswirksame) Berichtigung der ersten noch nicht bestandskräftigen Schlussbilanz erforderlich, sofern der Fehler noch vorhanden ist (R 4.4 Abs. 1 Satz 3 EStR). Anzusetzen ist das Wirtschaftsgut dann mit dem Wert, mit dem es bei von vornherein zutreffender bilanzieller Behandlung – also bei Beachtung sämtlicher Gewinnermittlungsvorschriften – in dieser Bilanz erscheinen würde. Denn eine Bilanz hat grundsätzlich das Vermögen nach Umfang und Höhe zutreffend auszuweisen. Deshalb darf eine Bilanz **nicht den gesetzlichen Bilanzierungsvorschriften** und/oder den **gesetzlichen Bewertungsvorschriften widersprechen**. Eine änderbare Schlussbilanz muss daher berichtigt werden. Eine solche Berichtigung hat **erfolgswirksam** zu erfolgen.

Wird ein fehlerhafter Bilanzansatz der nicht berichtigungsfähigen Vorjahresbilanz durch einen Geschäftsvorfall des laufenden Jahres beseitigt, ist ein fehlerhafter Bilanzansatz in der Schlussbilanz nicht mehr vorhanden, und die Fehlerbeseitigung (der Geschäftsvorfall) ist erfolgswirksam zu erfassen.

> **BEISPIEL:** Ein Schadensersatzanspruch wegen Patentverletzung wurde durch rechtskräftiges Urteil i. H. v. 50 000 € in 01 festgestellt. Der Steuerpflichtige hat diesen Anspruch in den Bilanzen zum 31.12.01 und zum 31.12.02 nicht aktiviert. Der Schadensersatz wird in 03 geleistet. Die Einkommensteuerbescheide bis 01 sind bestandskräftig. Für 02 steht der Einkommensteuerbescheid unter dem Vorbehalt der Nachprüfung.
>
> Die Bilanz zum 31.12.01 ist objektiv falsch. In 01 ist eine Gewinnrealisierung i. H. v. 50 000 € eingetreten. Daher liegt es in der Bilanz ein unrichtiger Bilanzansatz vor, der grundsätzlich eine Bilanzberichtigung erforderlich macht. Da jedoch im vorliegenden Fall eine Änderung dieser Bilanz wegen der eingetretenen Bestandskraft der Steuerfestsetzung für 01 nicht möglich ist, hat die Berichtigung in der ersten noch änderbaren Bilanz zum 31.12.02 gewinnwirksam zu erfolgen, da auch zum 31.12.02 der fehlerhafte Bilanzansatz noch gegeben ist:
>
> Buchung 02:   Sonstige Forderungen   50 000 €   an   s. b. Erträge   50 000 €

Abwandlung:

Die Zahlung ist in 02 erfolgt, wurde privat vereinnahmt und nicht gebucht.

Hier wird zum 31.12.02 kein Bilanzansatz geändert. Somit liegt kein Fall einer Bilanzberichtigung vor. Vielmehr ist der Geschäftsvorfall des Jahres 02 (private Vereinnahmung von Betriebseinnahmen) zu erfassen; eine Veränderung einer Position Forderung ist nicht möglich, da eine solche in der Vorjahresbilanz nicht ausgewiesen wurde.

Buchung 02:   Entnahmen   50 000 €   an   s. b. Erträge   50 000 €

1200 Auf eine solche erfolgswirksame Berichtigung wird verzichtet, wenn die Fehler geringfügig sind oder sich von selbst ausgleichen, z. B. bei Inanspruchnahme von zu hoher oder zu niedriger AfA, vgl. H 7.4 „Unterlassene oder überhöhte AfA" EStH. (Hierbei wird der Totalgewinn nicht berührt.)

7.1.3.2 Reaktivierung

1201 Ob auch in den Fällen der sog. **Reaktivierung** eine erfolgswirksame Berichtigung der ersten berichtigungsfähigen Schlussbilanz erfolgen muss, war umstritten.

Von Reaktivierung spricht man, wenn in den nicht mehr berichtigungsfähigen Vorjahren Aktivierungen nicht oder nicht zutreffend erfasst wurden und stattdessen ein zu hoher Aufwand gebucht wurde.

BEISPIEL: In 03 wurde eine Maschine (Nutzungsdauer 20 Jahre) selbst hergestellt. Zutreffend hätte die Maschine zum 31.12.03 mit 200 000 € aktiviert werden müssen. In der Bilanz sind jedoch nur 100 000 € aktiviert worden. Die Bilanz zum 31.12.03 ist nicht mehr berichtigungsfähig. Eine Reaktivierung bedeutet, dass die bisher nicht aktivierten Herstellungskosten (vermindert um die planmäßige AfA) in der ersten berichtigungsfähigen Bilanz aktiviert werden, und zwar erfolgswirksam.

1202 Für eine solche (erfolgswirksame) Reaktivierung spricht, dass zu jedem Bilanzstichtag erneut der Umfang und die zutreffende Bewertung des Betriebsvermögens sichergestellt sein sollen; denn andernfalls würde die Bilanz ein unzutreffend bewertetes Vermögen ausweisen. Hierfür spricht auch der Wortlaut des § 6 Abs. 1 Nr. 1 Satz 4 EStG. Danach ergibt sich der Wertansatz eines Wirtschaftsguts für jeden Bilanzstichtag aus dem Vergleich der um die zulässigen Abzüge (Abschreibungen, Übertragung stiller Reserven) geminderten Anschaffungs- oder Herstellungskosten als der Bewertungsobergrenze und dem aufgrund einer dauernden Wertminderung niedrigeren Teilwert als Bewertungsuntergrenze.

1203 Gegen eine solche Reaktivierung spricht, dass eine solche unzutreffende Behandlung von Aufwand (statt Herstellungskosten) in den bestandskräftigen Jahren lediglich zu unzutreffenden Periodengewinnen führt, den Totalgewinn jedoch unberührt lässt. Eine Gewinnkorrektur in dem ersten noch nicht bestandskräftigen Jahr würde nur dazu führen, dass dieser Periodengewinn dann auch noch falsch ausgewiesen würde. Weiter würde materiell die Bestandskraft der Vorjahre durchbrochen. Ob ein Betriebsprüfer eine Aktivierung in 01 vornehmen kann oder nicht, wäre in solchen Fällen ohne Bedeutung, da die Aktivierung in jedem Fall im ersten noch berichtigungsfähigen Jahr vorgenommen werden kann (beim Bejahen der erfolgswirksamen Reaktivierung).

Eine solche Behandlung widerspricht den Grundsätzen der Rechtssicherheit; denn hierdurch würden die Vorschriften, die die Berichtigung von Steuerfestsetzungen nicht zulassen, materiell (durch eine zu hohe Steuerfestsetzung für das erste noch nicht bestandskräftige Jahr) unterlaufen und damit wirkungslos.

Unseres Erachtens hat im Regelfall eine Reaktivierung zu erfolgen; nur in Fällen, in denen die Fehler geringfügig sind oder sich von selbst ausgleichen, z. B. bei Inanspruchnahme von zu hoher oder zu niedriger AfA, wird auf eine Berichtigung verzichtet. Dies kann jedoch nicht für die Fälle gelten, in denen Wirtschaftgüter gar nicht bilanziert oder in denen die Herstellungs- oder Anschaffungskosten von Wirtschaftsgütern in erheblichem Umfang nicht aktiviert wurden.

1204

Diese Auffassung ist inzwischen vom BFH (v. 9. 5. 2012 X R 38/10) bestätigt worden. Der Grundsatz, dass wegen reiner AfA-Fehler keine Nachaktivierung stattfindet, gilt lt. BFH nicht bei fehlerhafter Aktivierung sondern offensichtlich nur bei Fehlern in der AfA-Berechnung.

7.1.3.3 Erfolgsneutrale Bilanzberichtigung

Hat sich ein fehlerhafter Bilanzansatz auf die Höhe der festgesetzten Steuer **noch nicht** ausgewirkt, hat eine **erfolgsneutrale** Bilanzkorrektur zu erfolgen. Dies könnte auch in der Bilanz des Jahres geschehen, in der die Fehlerquelle liegt, obwohl die Steuerfestsetzung für das betreffende Jahr bereits bestandskräftig geworden ist. In solchen Fällen hätte der richtige Bilanzansatz nicht zu einer Änderung der festgesetzten Steuer geführt, und damit stünde die bestandskräftige Steuerfestsetzung einer Bilanzberichtigung nicht entgegen. Aus Zweckmäßigkeitsgründen werden in solchen Fällen jedoch nicht sämtliche fehlerhaften Bilanzen korrigiert. Da eine Bilanzberichtigung hier technisch nicht in der Form vorgenommen wird, dass die Bilanzen berichtigt werden, die bestandskräftigen Veranlagungen zu Grunde gelegen haben (dies wäre zu aufwändig), wird eine erfolgsneutrale Berichtigung im **ersten berichtigungsfähigen** Wirtschaftsjahr erfasst. (Kapitalangleichungen sind im Rahmen der Rechnungslegung von Kapitalgesellschaften erfolgswirksam zu erfassen. Damit sich indes keine steuerliche Doppelbesteuerung ergibt, ist der Betrag der gewinnerhöhenden Kapitalangleichung bei der Ermittlung des zu versteuernden Einkommens wieder abzuziehen.)

1205

Dies müsste in der Form erfolgen, dass die Eröffnungsbilanz des Berichtigungsjahres (erfolgsneutral) berichtigt wird (Buchung: „Wirtschaftsgut an Kapital" oder umgekehrt). Es ist jedoch auch möglich, dass im Berichtigungsjahr selbst eine Ausbuchung zu Lasten oder Einbuchung zu Gunsten des Kapitals erfolgt. Beide Wege führen zum gleichen Ergebnis: der erfolgsneutralen Berichtigung im ersten berichtigungsfähigen Wirtschaftsjahr.

Fälle, in denen eine solche steuerneutrale Bilanzberichtigung in Betracht kommt, sind u. a.:

1206

- ▶ Nichtansatz von notwendigem Betriebsvermögen, ohne zuvor Aufwand erfasst zu haben,
- ▶ Ansatz von notwendigem Privatvermögen in der Bilanz,
- ▶ unrichtige Bewertung von Wirtschaftsgütern.

Voraussetzung ist hier, dass die falschen Bilanzansätze keine Auswirkungen auf die Steuerfestsetzungen der **nicht berichtigungsfähigen** Veranlagungen haben.

7.1.3.4 Durchbrechung des Bilanzenzusammenhangs

1207 Eine **Durchbrechung** des Bilanzenzusammenhangs kommt nach H 4.4 „Berichtigung einer Bilanz, die einer bestandskräftigen Veranlagung zu Grunde liegt" EStH in Betracht, wenn

- ▶ der Steuerpflichtige einen Aktivposten zu hoch oder einen Passivposten zu niedrig ausgewiesen hat,
- ▶ der Steuerpflichtige diesen Fehler bewusst gemacht hat und
- ▶ der Steuerpflichtige sich dadurch einen beachtlichen, ungerechtfertigten Steuervorteil verschaffen wollte.

1208 Ein solcher Fall ist insbesondere gegeben, wenn in bestandskräftigen Jahren willkürlich die Vornahme der AfA bei abnutzbaren Wirtschaftsgütern unterlassen wurde. Hier wird die Nachholung dieser AfA im ersten (oder in den weiteren) noch nicht bestandskräftigen Jahr(en) durch die Durchbrechung des Bilanzenzusammenhangs verhindert.

> **BEISPIEL:** ▶ In den bestandskräftigen Jahren 01 und 02 wurde eine AfA i. H.v. je 10 000 € für eine Maschine nicht angesetzt, da für die folgenden Jahre mit deutlich größeren Gewinnen gerechnet wurde und aus diesem Grunde der Effekt der Steuerersparnis sehr viel größer sein würde. Ab dem Jahr 03 will der Steuerpflichtige nun den Restbuchwert auf die Restnutzungsdauer verteilen.
>
> Hier wird der Bilanzenzusammenhang durchbrochen, da der Steuerpflichtige sich durch sein Handeln einen beachtlichen, ungerechtfertigten Steuervorteil verschaffen wollte. Die Eröffnungsbilanz 03 weist für die Maschine nur den Wert aus, der sich bei richtiger Inanspruchnahme der AfA in 01 und 02 ergeben hätte.

7.2 Bilanzänderung

1209 Was Bilanzänderung bedeutet, ergibt sich aus § 4 Abs. 2 Satz 2 EStG und R 4.4 Abs. 2 EStR.

Wenn steuerlich – für Steuerpflichtige, die ihren Gewinn nach § 5 EStG ermitteln, auch handelsrechtlich – **verschiedene Wertansätze** für ein Wirtschaftsgut zulässig sind, kann der Steuerpflichtige bei der Bilanzaufstellung zwischen verschiedenen möglichen Bilanzansätzen wählen.

Will er später seine Entscheidung zu Gunsten eines anderen zulässigen Ansatzes ändern, ist das grundsätzlich nicht möglich.

1210 Eine solche Bilanzänderung ist nach § 4 Abs. 2 Satz 2 EStG ausnahmsweise nur dann zulässig, wenn ein solcher Antrag auf Bilanzänderung in einem engen sachlichen und zeitlichen Zusammenhang mit einer erforderlichen Bilanzberichtigung (§ 4 Abs. 2 Satz 1 EStG; R 4.4 Abs. 1 EStR) steht.

Dieser enge sachliche Zusammenhang kann auch zwischen der Gesamthandsbilanz und Ergänzungs- oder Sonderbilanz sowie zwischen den Ergänzungs- und Sonderbilanzen der einzelnen Mitunternehmer bestehen. Diese neu formulierte Erkenntnis soll in die EStR im Rahmen der EStÄR 2012 in R 4.4 Abs. 2 Satz 6 aufgenommen werden. Subjekt der Gewinnermittlung ist nach der sogenannten Einheitsbetrachtung nicht der einzelne Mitunternehmer, sondern die Mitunternehmerschaft selbst. Bei der Auslegung des § 4 Abs. 2 Satz 2 EStG ist daher auf die Gesamtbilanz der Mitunternehmerschaft abzustellen. Auf eine gesellschafterbezogene Betrachtungsweise, die nur in eng begrenzten Einzelfällen, z. B. bei der Anwendung des § 6b EStG stattfindet, ist zu verzichten. Hierdurch eintretende Gewinnverschiebungen zwischen den Mitunternehmern stehen dem nicht entgegen.

- Ein enger zeitlicher Zusammenhang mit einer Bilanzberichtigung nach § 4 Abs. 2 Satz 1 EStG ist gegeben, wenn die Bilanz unverzüglich nach einer Bilanzberichtigung geändert wird.

- Ist die Bilanzberichtigung Streitgegenstand eines außergerichtlichen oder gerichtlichen Rechtsbehelfsverfahrens, ist der zeitliche Zusammenhang gewahrt, wenn die Bilanzänderung im Laufe des Rechtsbehelfsverfahrens begehrt wird. Andernfalls ist der Bilanzänderungsantrag innerhalb der Einspruchsfrist zu stellen.

- Ein enger zeitlicher Zusammenhang mit einer Bilanzberichtigung nach § 4 Abs. 2 Satz 1 EStG ist gegeben, wenn sich die Bilanzberichtigung und die Bilanzänderung auf dieselbe Bilanz beziehen. Auf welche Wirtschaftsgüter im Einzelnen sich die Bilanzberichtigung bezieht, ist unerheblich.

- Eine Änderung ist bis zur Höhe des gesamten Berichtigungsbetrages aller Wirtschaftsgüter zulässig.

- Ein enger zeitlicher Zusammenhang mit einer Bilanzberichtigung nach § 4 Abs. 2 Satz 1 EStG ist nach der Rechtsprechung auch dann gegeben, wenn sich die Gewinnänderungen im Rahmen einer Bilanzberichtigung aus fehlender oder fehlerhafter Verbuchung von Entnahmen und Einlagen ergeben.

- Ein enger zeitlicher Zusammenhang ist auch dann gegeben, wenn eine Bilanzberichtigung vorliegt, wodurch sich Gewinnänderungen im Rahmen der bilanziellen Gewinnermittlungen ergeben haben (s. BMF-Schreiben v. 13. 8. 2008, BStBl 2008 I 845: Hierin wird auch klargestellt, dass im Zusammenhang mit außerbilanziellen Zu- und Abrechnungen Bilanzänderungen nicht zulässig sind).

BEISPIEL 1: Das Finanzamt beabsichtigt, vom erklärten Gewinn um 100 000 € nach oben abzuweichen: Eine Rücklage nach § 6b EStG i. H.v. 100 000 € ist am Ende des Wirtschaftsjahrs gewinnerhöhend aufzulösen (Fristablauf).

Als der Steuerpflichtige von der Absicht des Finanzamts erfährt, beantragt er, 50 000 € der aufzulösenden Rücklage auf eine neu angeschaffte Maschine zu übertragen. Die Voraussetzungen des § 6b EStG für die erfolgsneutrale Übertragung der stillen Reserven sind erfüllt. In diesem Fall sind die Voraussetzungen für eine Bilanzänderung erfüllt.

BEISPIEL 2: Im Rahmen einer Betriebsprüfung hat das Finanzamt für 01 (Die ESt-Veranlagung für 01 ist bestandskräftig.) nicht erklärte Warenerlöse (brutto) von 119 000 € festgestellt. Der Steuerberater beantragt, sachlich gerechtfertigt, Abschreibungen nach § 7g Abs. 1 EStG i. H. v. 50 000 € zu berücksichtigen.

LÖSUNG: Eine Bilanzänderung durch Minderung des Bilanzansatzes „Betriebsvorrichtungen" um 50 000 €, vorzunehmen durch Berücksichtigung zusätzlicher Abschreibungen gem. § 7g Abs. 1 EStG, kann erfolgen, da die Voraussetzungen für eine Bilanzänderung vorliegen. Es liegt ein enger zeitlicher und sachlicher Zusammenhang mit der Änderung des bilanziell ermittelten Gewinns vor.

BEISPIEL 3: Im Rahmen einer Betriebsprüfung hat das Finanzamt für 01 (Die ESt-Veranlagung für 01 ist bestandskräftig.) Feststellungen getroffen, die außerbilanzielle Gewinnerhöhungen gem. § 4 Abs. 5 Nr. 4 EStG i. H. v. 100 000 € notwendig machen. Der Steuerberater beantragt, sachlich gerechtfertigt, Abschreibungen nach § 7g Abs. 1 EStG i. H. v. 50 000 € zu berücksichtigen.

LÖSUNG: Eine Bilanzänderung durch Minderung des Bilanzansatzes „Betriebsvorrichtungen" um 50 000 €, vorzunehmen durch Berücksichtigung zusätzlicher Abschreibungen gem. § 7g Abs. 1 EStG, kann **nicht** erfolgen, da die Voraussetzungen für eine Bilanzänderung **nicht** vorliegen. Es liegt kein enger zeitlicher und sachlicher Zusammenhang mit der Änderung des bilanziell ermittelten Gewinns vor.

7.3 Übersicht über Bilanzänderung und Bilanzberichtigung

1211 Die nachfolgende Übersicht soll deutlich machen, unter welchen Voraussetzungen Bilanzänderungen und Bilanzberichtigungen durchgeführt werden können.

LITERATURHINWEIS:

Koltermann, Fallsammlung Bilanzsteuerrecht, 17. Aufl., Fall 143–153

1212 **FRAGEN**

		Rdn.
1.	Welche Voraussetzungen müssen für eine Bilanzberichtigung vor der Steuerfestsetzung erfüllt sein?	1196
2.	Welche Konsequenzen ergeben sich, wenn eine Berichtigung der Steuerfestsetzung bis zur Fehlerquelle nicht mehr möglich ist?	1198, 1205
3.	Wie lässt sich der Begriff „Bilanzänderung" definieren und unter welchen Voraussetzungen sind Bilanzänderungen möglich?	1209 f.
4.	Unter welchen Voraussetzungen liegt ein enger sachlicher Zusammenhang mit der Bilanzberichtigung der zu ändernden Bilanz vor?	1210

Bilanzberichtigung und Bilanzänderung — TEIL B

ABB. 35: Bilanzänderung und Bilanzberichtigung

Bilanzänderung
(§ 4 Abs. 2 Satz 2 EStG, R 4.4 Abs. 2 EStR)
(nur ausnahmsweise möglich)

Voraussetzungen

1. Antrag auf Bilanzänderung muss in einem engen sachlichen und zeitlichen Zusammenhang mit einer erforderlichen Bilanzberichtigung (einer Berichtigung des bilanziell ermittelten Gewinns) stehen.
2. Änderung der Handelsbilanz, sofern eine erstellt wurde (diese Voraussetzung entfällt nach Inkrafttreten des BilMoG).

Bilanzberichtigung
(§ 4 Abs. 2 Satz 1 EStG, R 4.4 Abs. 1 EStR)

Vor der Steuerfestsetzung

Der Steuerpflichtige muss den Fehler anzeigen, wenn er ihn bemerkt (§ 153 AO).

Bemerkt das FA den Fehler, muss es vor der Berichtigung den Steuerpflichtigen gem. § 91 AO anhören.

Nach der Steuerfestsetzung ist die Bilanzberichtigung vorgeschrieben, soweit

- die Höhe der festgesetzten Steuer sich durch die Berichtigung nicht ändert
  - die Steuerfestsetzung berichtigt werden kann (z. B. gem. §§ 164, 165, 173 AO).

- die Höhe der festgesetzten Steuer nicht mehr möglich, weil die Vorschriften der AO dieser entgegenstehen, ist
  - ausnahmsweise die erste noch nicht bestandskräftige Anfangsbilanz zu berichtigen (Durchbrechung des Bilanzenzusammenhangs, H 4.4 (Berichtigung einer Bilanz …) EStH). Dabei müssen folgende Voraussetzungen sämtlich erfüllt sein:
    1. Der Steuerpflichtige hat einen **Aktivposten zu hoch** oder einen **Passivposten zu niedrig** ausgewiesen.
    2. Der Steuerpflichtige hat diesen Fehler bewusst gemacht.
    3. Der Steuerpflichtige wollte damit einen beachtlichen ungerechtfertigten Steuervorteil erreichen (z. B. durch willkürlich unterlassene AfA).

Ist eine Berichtigung der Steuerfestsetzung nicht mehr möglich, weil die Vorschriften der AO dieser entgegenstehen, ist eine (ggf. erfolgswirksame) Berichtigung der ersten noch nicht bestandskräftigen Schlussbilanz erforderlich, sofern der Fehler noch vorhanden ist (R 4.4 Abs. 1 Satz 3 EStR).

Die Bilanzberichtigung ist in beiden Fällen zwingend vorgeschrieben!

Kapitel 8: Gewinnkorrekturen außerhalb der Bilanz

8.1 Allgemeines

1213 Nach § 4 Abs. 4a – 7 EStG dürfen bestimmte Betriebsausgaben den steuerlichen Gewinn nicht oder nur eingeschränkt mindern. Andere Vorschriften (u. a. § 6b Abs. 7 EStG) regeln, dass außerbilanziell ein Gewinnzuschlag zu erfolgen hat. Diese Normen führen zu außerbilanziellen Zurechnungen bei der Ermittlung des steuerlichen Gewinns.

Andererseits gibt es auch außerbilanzielle Gewinnminderungen bei der Ermittlung des steuerlichen Gewinns.

Die wichtigsten Vorschriften werden im Folgenden kurz dargestellt.

8.2 Gewinnerhöhungen außerhalb der Bilanz

1214 Zunächst soll auf die Vorschrift des § 4 Abs. 5 EStG eingegangen werden:

- Aufwendungen für Geschenke an Personen, die nicht Arbeitnehmer des Steuerpflichtigen sind: Übersteigen die Anschaffungskosten des Geschenks insgesamt 35 € pro Empfänger, sind die Kosten in voller Höhe außerbilanziell dem Gewinn hinzuzurechnen (§ 4 Abs. 5 Nr. 1 EStG).

- Aufwendungen für die Bewirtung von Personen aus geschäftlichem Anlass – soweit die Kosten nach der allgemeinen Verkehrsauffassung angemessen sind – sind zu 70 % abzugsfähig; damit sind die Kosten zu 30 % außerbilanziell dem Gewinn hinzuzurechnen (§ 4 Abs. 5 Nr. 2 EStG).

- Aufwendungen für Gästehäuser, die nicht am Ort des Betriebs liegen, sind außerbilanziell in voller Höhe dem Gewinn hinzuzurechnen, soweit sie nicht eigene Arbeitnehmer betreffen (§ 4 Abs. 5 Nr. 3 EStG).

- Aufwendungen für Jagdtourismus, Fischerei und Yachten sind außerbilanziell in voller Höhe dem Gewinn hinzuzurechnen, soweit es sich hierbei nicht um eine mit Gewinnerzielungsabsicht ausgeführte Tätigkeit handelt (§ 4 Abs. 5 Nr. 4 EStG).

- Mehraufwendungen für Verpflegung bei Geschäftsreisen sind lediglich im Rahmen der in § 4 Abs. 5 Nr. 5 EStG genannten Pauschalen abzugsfähig. Die übersteigenden Beträge sind außerbilanziell in voller Höhe dem Gewinn hinzuzurechnen (§ 4 Abs. 5 Nr. 5 EStG).

- Aufwendungen für Fahrten des Steuerpflichtigen zwischen seiner Wohnung und der Betriebsstätte können sich nur in der Höhe steuerlich auswirken, in der ein Werbungskostenabzug bei Arbeitnehmern möglich ist. Die übersteigenden Beträge sind dem Gewinn außerbilanziell hinzuzurechnen (§ 4 Abs. 5 Nr. 6 EStG). Die Berechnung des nicht abziehbaren Betrags hat nach Satz 3 dieser Vorschrift zu erfolgen.

- Aufwendungen für ein häusliches Arbeitszimmer sind, soweit dieses nicht den Mittelpunkt der gesamten betrieblichen und beruflichen Tätigkeit bildet, dem Gewinn außerbilanziell in voller Höhe hinzuzurechnen (§ 4 Abs. 5 Nr. 6b EStG).

- Aufwendungen, die nach allgemeiner Verkehrsauffassung als unangemessen anzusehen sind, sind dem Gewinn in voller Höhe außerbilanziell hinzuzurechnen (§ 4 Abs. 5 Nr. 7 EStG).
- Geldbußen, Ordnungs- und Verwarnungsgelder sind dem Gewinn in voller Höhe außerbilanziell hinzuzurechnen (§ 4 Abs. 5 Nr. 8 EStG).
- Hinterziehungszinsen sind dem Gewinn in voller Höhe außerbilanziell hinzuzurechnen (§ 4 Abs. 5 Nr. 8a EStG).
- Bestechungs- und Schmiergelder sind, soweit eine Ahndung zumindest mit Bußgeld möglich ist dem Gewinn in voller Höhe außerbilanziell hinzuzurechnen (§ 4 Abs. 5 Nr. 10 EStG).

Als weitere Vorschriften sind in diesem Zusammenhang hervorzuheben:

- § 4 Abs. 4a EStG regelt, dass Schuldzinsen den steuerlichen Gewinn nicht mindern dürfen, soweit Überentnahmen getätigt worden sind. Unter Überentnahmen versteht das Gesetz den Betrag, um den die Entnahmen die Summe des Gewinns und der Einlagen des Wirtschaftsjahres übersteigen. Die Überentnahmen des Wirtschaftsjahres und die Überentnahmen vorangegangener Wirtschaftsjahre werden zusammengezählt. Hiervon abgezogen werden die Unterentnahmen, d. h. die die Entnahmen übersteigenden Gewinne und die Einlagen der Vorjahre. 1215

  Die nicht abzugsfähigen Schuldzinsen werden typisiert mit 6 % des so ermittelten Betrags ermittelt und dem steuerlichen Gewinn außerbilanziell hinzugerechnet, höchstens allerdings der um 2 050 € verminderte Betrag der in dem Wirtschaftsjahr angefallenen Schuldzinsen. (Anmerkung: Zinsen für Investitionsdarlehen sind ohne Einschränkungen abzugsfähig, § 4 Abs. 4a Satz 5 EStG.)

  Die komplexe gesetzliche Norm hat das BMF in einem Schreiben ausführlich erläutert (BMF v. 17. 11. 2005, BStBl 2005 I 1019, abgedruckt im amtlichen EStH 2007 als Anhang 16 I).

- § 4h EStG beschränkt in bestimmten Fällen den Betriebsausgabenabzug für Zinsaufwendungen (sog. Zinsschranke). Damit soll eine übermäßige Fremdkapitalfinanzierung verhindert werden. Zur Zinsschranke hat sich das BMF in einem weiteren umfangreichen Schreiben geäußert (BMF v. 4. 7. 2008, BStBl 2008 I 718). Nicht abzugsfähige Zinsen werden dem steuerlichen Gewinn außerbilanziell hinzugerechnet. 1216

- Nach § 4 Abs. 5b EStG sind die Gewerbesteuer und die darauf entfallenden Nebenleistungen keine Betriebsausgaben. Der steuerliche Gewinn ist daher außerbilanziell um die gesamten Beträge zu erhöhen. 1217

- Nach § 6b Abs. 7 EStG ist der Gewinn des Wirtschaftsjahres, in dem eine nach § 6b Abs. 3 EStG gebildete Rücklage aufgelöst wird, ohne dass die stillen Reserven auf ein Wirtschaftsgut übertragen werden können, für jedes volle Wirtschaftsjahr, in dem die Rücklage bestanden hat, um 6 % des aufgelösten Rücklagenbetrags außerbilanziell zu erhöhen. 1218

- Nach § 160 AO ist der Betriebsausgabenabzug zu versagen, wenn der Steuerpflichtige der Aufforderung der Finanzverwaltung, den Empfänger einer Betriebsausgabe genau zu benennen, nicht nachkommt. Auch in diesem Fall ist der steuerliche Gewinn außerbilanziell um die gesamten Beträge zu erhöhen. 1219

8.3 Gewinnminderungen außerhalb der Bilanz

1220 § 7g Abs. 1 – 4 EStG regelt die Vorverlagerung von Abschreibungspotenzial in ein Wirtschaftsjahr vor der Anschaffung oder Herstellung eines begünstigten Wirtschaftsguts.

Diese Vorverlagerung erfolgt jedoch nicht durch Bildung einer Rücklage in der Bilanz (wie z. B. in den Fällen des § 6b EStG), sondern **außerbilanziell** durch **Bildung eines Investitionsabzugsbetrags**.

1221 Die **Voraussetzungen** für die Bildung des Investitionsabzugsbetrags für **künftige** Anschaffungen/Herstellungen sind:

- Bei Steuerpflichtigen, die ihren Gewinn nach § 4 Abs. 1 oder § 5 EStG ermitteln, darf das Betriebsvermögen am Schluss des Wirtschaftsjahres, in dem der Abzug vorgenommen wird, 235 000 € (335 000 € für den Veranlagungszeitraum 2010) nicht übersteigen.

  (Bei Land- und Forstwirten darf der Wirtschaftswert oder Ersatzwirtschaftswert 125 000 € – 175 000 € für den Veranlagungszeitraum 2010 –, bei einer Gewinnermittlung gem. § 4 Abs. 3 EStG darf der Gewinn vor Abzug des Investitionsabzugsbetrags 100 000 € (200 000 € für den Veranlagungszeitraum 2010) nicht übersteigen.)

- Der Steuerpflichtige beabsichtigt die Anschaffung oder Herstellung eines beweglichen abnutzbaren Wirtschaftsguts des Anlagevermögens – auch gebrauchte Wirtschaftsgüter sind begünstigt – in den folgenden drei Wirtschaftsjahren nach Abzug des Investitionsbetrags.

- Das Wirtschaftsgut wird mindestens bis zum Ende des auf das Wirtschaftsjahr der Anschaffung/Herstellung folgenden Wirtschaftsjahres in einer inländischen Betriebsstätte des Steuerpflichtigen ausschließlich oder fast ausschließlich betrieblich genutzt.

- Der Steuerpflichtige muss das begünstigte Wirtschaftsgut in den beim Finanzamt einzureichenden Unterlagen seiner Funktion nach benennen und die Höhe der voraussichtlichen Anschaffungskosten angeben.

Der Begünstigungshöchstbetrag pro Betrieb darf 200 000 € nicht übersteigen (genauer: Die Summe der Beträge, die im Wirtschaftsjahr des Abzugs und in den drei vorangegangenen Wirtschaftsjahren nach Satz 1 insgesamt abgezogen und nicht nach Absatz 2 hinzugerechnet oder nach Absatz 3 oder 4 rückgängig gemacht wurden, darf je Betrieb 200 000 € nicht übersteigen).

1222 Liegen die o. a. Voraussetzungen vor, kann ein Investitionsabzugsbetrag von bis zu **40 % der künftigen Anschaffungs- oder Herstellungskosten** abgezogen werden.

HINWEISE:

Investitionsabzugsbeträge können nachträglich, müssen also nicht schon im Rahmen der mit der Steuererklärung eingereichten Gewinnermittlung, in Anspruch genommen werden.

Hierbei ist auf den Zeitpunkt der Antragstellung (z. B. im Einspruchsverfahren oder bei einer Betriebsprüfung) abzustellen. Dabei gilt Folgendes: Die Investitionsfrist darf noch nicht abgelaufen sein und die Investition muss noch ausstehen. Der Steuerpflichtige hat anhand geeigneter Unterlagen oder Erläuterungen (z. B. angeforderte Prospekte oder Informationen) glaubhaft zu machen, dass in dem Wirtschaftsjahr, in dem ein Investitionsabzugsbetrag nachträglich berücksichtigt werden soll, eine voraussichtliche Investitionsabsicht bestanden hat. Die Behauptung, der Abzug nach § 7g EStG sei versehentlich unterblieben, reicht nicht aus.

Ein für ein bestimmtes Wirtschaftsgut im Vorjahr gebildeter Investitionsabzugsbetrag kann in einem Folgejahr innerhalb des dreijährigen Investitionszeitraums bis zum gesetzlichen Höchstbetrag aufgestockt werden (BFH v. 12. 11. 2014 X R 4/13 (NWB DokID HAAAE-83694); gegen BMF v. 20. 11. 2013, BStBl 2013 I 1493, Rz. 3).

Dieser Investitionsabzugsbetrag mindert den Gewinn **außerbilanziell**. Weder die Handels- noch die Steuerbilanz noch der handelsrechtliche Gewinn werden davon berührt. Durch den Investitionsabzugsbetrag darf sich auch ein steuerlicher Verlust ergeben. 1223

Im Zeitpunkt der Anschaffung/Herstellung des begünstigten Wirtschaftsguts ist der Investitionsabzugsbetrag zwingend **außerbilanziell gewinnerhöhend hinzuzurechnen**. Der Hinzurechnungsbetrag beträgt 40 % der Anschaffungs-/Herstellungskosten; der Hinzurechnungsbetrag beträgt jedoch höchstens den gebildeten Investitionsabzugsbetrag. 1224

Gleichzeitig mit der Hinzurechnung des Investitionsabzugsbetrags kann der Steuerpflichtige folgende Wahlrechte ausüben: 1225

▶ Die Anschaffungs- oder Herstellungskosten des begünstigten Wirtschaftsguts können gewinnwirksam (durch außerplanmäßige Abschreibung) innerhalb der Bilanz gemindert werden. Der Abschreibungsbetrag beträgt 40 %, höchstens jedoch den Investitionsabzugsbetrag. Dann mindert sich die Bemessungsgrundlage für weitere Abschreibungen entsprechend (§ 7g Abs. 2 Satz 2 EStG).

▶ Weiter können – dies auch ohne vorherige Geltendmachung eines Investitionsabzugsbetrages – Sonderabschreibungen i. H. v. bis zu 20 % (verteilbar über die ersten fünf Nutzungsjahre) der (ggf. geminderten) Bemessungsgrundlage in Anspruch genommen werden. Hierzu müssen lediglich folgende Voraussetzungen erfüllt sein:

– Bei Steuerpflichtigen, die ihren Gewinn nach § 4 Abs. 1 oder § 5 EStG ermitteln, darf das Betriebsvermögen im Jahr vor Abzug des Investitionsabzugsbetrages 235 000 € nicht übersteigen.

(Bei Land- und Forstwirten darf der Wirtschaftswert oder Ersatzwirtschaftswert 125 000 €, bei einer Gewinnermittlung gem. § 4 Abs. 3 EStG darf der Gewinn vor Abzug des Investitionsabzugsbetrags 100 000 € nicht übersteigen.) Diese Voraussetzung ist bei Existenzgründern im Gründungsjahr immer erfüllt.

– Das Wirtschaftsgut wird mindestens bis zum Ende des auf das Wirtschaftsjahr des Anschaffung/Herstellung folgenden Wirtschaftsjahres in einer inländischen Betriebsstätte des Steuerpflichtigen ausschließlich oder fast ausschließlich betrieblich genutzt.

An dieser Stelle soll nochmals darauf hingewiesen werden, dass die Sonderabschreibung auch in Anspruch genommen werden kann, wenn vorher **kein** Investitionsabzugsbetrag gebildet wurde.

1226 Erfolgt die geplante Investition nicht, ist der Investitionsabzugsbetrag rückwirkend im Jahr des Abzugs rückgängig zu machen. Hierfür formuliert § 7g Abs. 3 EStG eine selbständige Berichtigungsvorschrift. Das Gleiche gilt für die Teile des Investitionsabzugsbetrages, der nicht nach Abs. 2 hinzugerechnet werden konnte, da die tatsächlichen Anschaffungskosten unter den bei Beantragung des Investitionsabzugsbetrages geplanten Anschaffungs- oder Herstellungskosten lagen. Werden die Verbleibensvoraussetzungen nicht erfüllt, sind sämtliche gem. § 7g EStG erfolgten bilanziellen und außerbilanziellen Gewinnauswirkungen rückwirkend im jeweiligen Jahr der erstmaligen Auswirkung rückgängig zu machen. Hierfür formuliert § 7g Abs. 4 EStG (hinsichtlich der Sonderabschreibungen § 7g Abs. 6 Nr. 2 EStG i.V. m. § 7g Abs. 4 EStG) eine selbständige Berichtigungsvorschrift.

BEISPIEL: Der Einzelkaufmann A plant in 01 die Anschaffung einer Maschine zur Herstellung von Schmuckvasen zum Preis von 100 000 €.

a) Am 1.8.03 erwirbt er eine solche Maschine zum Preis von netto 105 000 €. Die betriebsgewöhnliche Nutzungsdauer der Maschine beträgt 10 Jahre.

b) Wie a) Der Nettokaufpreis der Maschine beträgt jedoch lediglich 95 000 €.

c) Wie a) Zusätzlich überführt A in 04 die Maschine in seine ausländische Betriebsstätte.

d) Anfang 04 gibt A seine Investitionsabsicht auf. Bis zum 31.12.04 hat A die Investition auch nicht getätigt.

Für A soll die jeweils steuerlich günstigste Lösung dargestellt werden.

LÖSUNG: Für 01 kann ein Investitionsabzugsbetrag i. H. v. 40 % von 100 000 € = 40 000 € geltend gemacht werden. (Hierbei wird vorausgesetzt, dass A das begünstigte Wirtschaftsgut in den beim Finanzamt einzureichenden Unterlagen seiner Funktion nach benennt und die Höhe der voraussichtlichen Anschaffungskosten angibt.) Dies führt für 01 zu einer Gewinnminderung von 40 000 € außerhalb der Bilanz (§ 7g Abs. 1 EStG).

a) Der Gewinn 03 erhöht sich außerhalb der Bilanz um den Investitionsabzugsbetrag von 40 % der Anschaffungskosten von 105 000 € (= 42 000 €), höchstens jedoch um den in 01 gebildeten Investitionsabzugsbetrag von 40 000 € (§ 7g Abs. 2 Satz 1 EStG). Damit erhöht sich der Gewinn 03 um 40 000 €. In der Bilanz hat A die Maschine wie folgt zu erfassen:

Anschaffungskosten	105 000 €
außerplanmäßige Abschreibung nach § 7g Abs. 2 Satz 2 EStG	./. 40 000 €
Bemessungsgrundlage für Abschreibungen etc.	65 000 €
Sonderabschreibung nach § 7g Abs. 5 EStG 20 % von 65 000 €	./. 13 000 €
AfA nach § 7 Abs. 1 EStG 5/12 von 10 % von 65 000 €	./. 2 709 €
Bilanzansatz 31.12.03	49 291 €

b) Der Gewinn 03 erhöht sich außerhalb der Bilanz um den Investitionsabzugsbetrag von 40 % der Anschaffungskosten von 95 000 € (= 38 000 €), höchstens jedoch um den in 01 gebildeten Investitionsabzugsbetrag von 40 000 € (§ 7g Abs. 2 Satz 1 EStG). Damit erhöht sich der Gewinn 03 um 38 000 €.

Da hier jedoch der Investitionsabzugsbetrag nicht in voller Höhe nach § 7g Abs. 2 EStG hinzugerechnet wurde, greift die Regelung des § 7g Abs. 3 EStG. Der Gewinn des Jahres 01 ist außerbilanziell um 2 000 € (40 000 € ./. 38 000 €) zu erhöhen (mit der Folge der Verzinsung nach § 233a AO).

In der Bilanz hat A die Maschine wie folgt zu erfassen:

Anschaffungskosten	95 000 €
außerplanmäßige Abschreibung nach § 7g Abs. 2 Satz 2 EStG	./. 38 000 €
Bemessungsgrundlage für Abschreibungen etc.	57 000 €
Sonderabschreibung nach § 7g Abs. 5 EStG 20 % von 57 000 €	./. 11 400 €
AfA nach § 7 Abs. 1 EStG 5/12 von 10 % von 57 000 €	./. 2 375 €
Bilanzansatz 31. 12. 03	43 225 €

c) Hier greift die Vorschrift des § 7g Abs. 4 EStG. In 04 steht fest, dass die Maschine nicht bis zum Ende des auf die Anschaffung folgenden Wirtschaftsjahres in einer inländischen Betriebsstätte verbleibt. Damit ergeben sich folgende Konsequenzen: Die in den Jahren 01 bis 03 erfolgte Gewinnminderung und -erhöhung sowie die Minderung der Abschreibungsbemessungsgrundlage sind in den Jahren rückgängig zu machen, in denen sie vorgenommen wurden.

für 01: Rückgängigmachung der Minderung des steuerlichen Gewinns um 40 000 € (außerbilanziell)

für 03: Rückgängigmachung der Erhöhung des steuerlichen Gewinns um 40 000 € (außerbilanziell)

für 03: Rückgängigmachung der Minderung der Abschreibungsbemessungsgrundlage um 40 000 € (innerhalb der Bilanz: Rückgängigmachung der außerplanmäßigen Abschreibung)

Nach § 7g Abs. 6 Nr. 2 EStG i.V. m. § 7g Abs. 4 EStG ist auch die Sonderabschreibung für das Jahr 03 rückgängig zu machen.

d) Hier greift die Vorschrift des § 7g Abs. 4 EStG. In 04 steht fest, dass die Maschine nicht bis zum Ende des dritten Wirtschaftsjahres nach Abzug des Investitionsabzugsbetrags angeschafft wird. Damit ergibt sich folgende Konsequenz:

für 01: Rückgängigmachung der Minderung des steuerlichen Gewinns um 40 000 € (außerbilanziell). Auch hier greift die Vorschrift des § 233a AO („Verzinsung").

HINWEIS:

Die Verzinsung nach § 233a AO beginnt in den Fällen des § 7g Abs. 3 EStG 15 Monate nach Ablauf des Kalenderjahres, das nach § 7g Abs. 4 EStG berichtigt wird, da § 233a Abs. 2a AO durch Einfügung des Satzes 4 in § 7g Abs. 4 EStG nicht anzuwenden ist.

8.4 Übersicht über die Besonderheiten bei der steuerlichen Gewinnermittlung

Die nachfolgende Abbildung (s. Seite 432 und 433) verdeutlicht die Besonderheiten bei der steuerlichen Gewinnermittlung.

1227

ABB. 36: Besonderheiten bei der steuerlichen Gewinnermittlung

Abzugsverbot für Privataufwendungen (§ 12 Nr. 1 EStG)

Sämtliche Aufwendungen, die ganz oder teilweise privat verursacht sind, gleichzeitig aber der Förderung des Berufs dienen;

z. B.
- Informationsreisen
- Spenden an politische Parteien (§ 4 Abs. 6 EStG).

↓

Folgen:
Keine Betriebsausgabe (BA) nach § 4 Abs. 4 EStG.

Ausnahmen:

Aufteilung in privaten und betrieblichen Anteil möglich bei

- Pkw-Kosten
- Betriebliche/private Zinsen auf Kontokorrentkonto
- Computer

Abzugsverbot für grundsätzlich betrieblich veranlasste Aufwendungen
(§ 3c, § 4 Abs. 4a – 8, § 12 Nr. 3 und 4 EStG)

Bei diesen Aufwendungen handelt es sich um Betriebsausgaben nach § 4 Abs. 4 EStG, die jedoch den steuerlichen Gewinn nicht mindern dürfen.

Wichtige Anwendungsfälle:

- BA im Zusammenhang mit steuerfreien Einnahmen (§ 3c EStG)
- auf den Gewinn entfallende ESt (§ 12 Nr. 3 EStG)
- Strafen (§ 12 Nr. 4 EStG)
- Aufwendungen bei Nicht-Benennung des Empfängers einer BA (§ 160 AO)
- Schuldzinsen bei sog. Überentnahme (§ 4 Abs. 4a EStG)
- Geschenke > 35 € (§ 4 Abs. 5 Nr. 1 EStG)
- 30 % der Bewirtungskosten (§ 4 Abs. 5 Nr. 2 EStG)
- Aufwendungen für Gästehäuser (§ 4 Abs. 5 Nr. 3 EStG)
- Aufwendungen für Jagd, Fischerei, Yachten u. Ä. (§ 4 Abs. 5 Nr. 4 EStG)
- Aufwendungen für häusliches Arbeitszimmer (§ 4 Abs. 5 Nr. 6b EStG)
- unangemessene Aufwendungen (§ 4 Abs. 5 Nr. 7 EStG)
- Geldbußen, Ordnungsgelder und Verwarnungsgelder (§ 4 Abs. 5 Nr. 8 EStG)
- Hinterziehungszinsen (§ 4 Abs. 5 Nr. 8a EStG)
- Bestechungs- und Schmiergelder (§ 4 Abs. 5 Nr. 10 EStG)
- Verpflegungsmehraufwand (Pauschalierungsgebot, § 4 Abs. 5 Nr. 10 EStG)
- Fahrten von Wohnung zur Arbeitsstätte (Pauschalierungsgebot, § 4 Abs. 5a EStG)
- GewSt einschließlich Nebenleistungen (§ 4 Abs. 5b EStG)

Hinweis:
Bei Körperschaften ist zusätzlich § 10 KStG zu beachten.

Folgen:
Zurechnung zum Gewinn außerhalb der Bilanz

Weitere Zu- und Abrechnungen zum Gewinn außerhalb der Bilanz

- „Zinszuschlag" nach § 6b Abs. 7 EStG
- Zurechnungen gemäß § 7g Abs. 2 und 4 EStG
- Zurechnung gemäß § 7g Abs. 3 EStG Abrechnungen
- Investitionsabzugsbetrag gemäß § 7g Abs. 1 EStG (Abrechnung)

TEIL B   Bilanzierung und Bewertung nach Handels- und Steuerrecht

1228 **FRAGEN**

		Rdn.
1.	Was versteht man unter Gewinnkorrekturen außerhalb der Bilanz?	1207
2.	Nennen Sie die wichtigsten einschlägigen Vorschriften!	1208 ff.

Kapitel 9: Die Gewinnermittlungsarten des Einkommensteuerrechts

9.1 Allgemeines

1229 Das Einkommensteuerrecht kennt folgende unterschiedliche Gewinnermittlungsarten:

1. den Betriebsvermögensvergleich gem. § 4 Abs. 1 und § 5 EStG,
2. die Gewinnermittlung (Einnahmenüberschussrechnung) nach § 4 Abs. 3 EStG,
3. die Ermittlung des Gewinns aus Land- und Forstwirtschaft nach Durchschnittssätzen gem. § 13a EStG.

Die folgende Darstellung beschränkt sich nur auf die Gewinnermittlungsarten gem. §§ 4 und 5 EStG.

9.2 Gewinnermittlung durch Betriebsvermögensvergleich

9.2.1 Allgemeines

1230 Der Gewinn wird gem. § 4 Abs. 1 bzw. § 5 EStG durch **Betriebsvermögensvergleich** ermittelt. Dabei wird der in § 4 Nr. 1 EStG formulierte Gewinnbegriff bei beiden Gewinnermittlungsarten zu Grunde gelegt. Dennoch handelt es sich um selbständige Gewinnermittlungsvorschriften, die sich

▶ nach dem Personenkreis, für den sie gelten, und

▶ durch eine sachlich abweichende Regelung der Gewinnermittlung selbst unterscheiden.

9.2.2 Der persönliche Geltungsbereich von § 4 Abs. 1 und § 5 EStG

1231 Gemeinsame Voraussetzung für beide Gewinnermittlungsarten ist, dass sie zunächst einmal Personen betreffen, die aufgrund **gesetzlicher Vorschriften** verpflichtet sind, Bücher zu führen und regelmäßig Abschlüsse zu machen.

Die Vorschrift des § 5 EStG gilt dabei nur für Gewerbetreibende, während § 4 Abs. 1 EStG für alle übrigen Steuerpflichtigen gilt, wie

▶ Land- und Forstwirte (§ 141 AO),

▶ freiwillig Bücher führende selbständig Tätige (§ 18 EStG),

▶ Gewerbetreibende, die weder zu ordnungsmäßiger Buchführung verpflichtet sind noch freiwillig Bücher führen, noch die für eine Einnahmenüberschussrechnung erforderlichen Aufzeichnungen besitzen (Schätzung nach § 4 Abs. 1 EStG).

Bei einem gewerblichen Betrieb, für den die Verpflichtung besteht, Bücher zu führen und aufgrund jährlicher Bestandaufnahmen Abschlüsse zu machen oder für den freiwillig Bücher geführt und regelmäßig Abschlüsse gemacht werden, muss der Gewerbetreibende den Gewinn durch Betriebsvermögensvergleich nach § 5 EStG ermitteln (R 4.1 Abs. 2 EStR).

Aufzeichnungs- und Buchführungspflichten für das steuerliche Sonderbetriebsvermögen einer Personengesellschaft nach § 141 Abs. 1 AO obliegen nicht dem einzelnen Gesellschafter, sondern der Personengesellschaft (H 4.1 EStH). Die Gewinnermittlung für das Sonderbetriebsvermögen hat hierbei für denselben Gewinnermittlungszeitraum und nach derselben Gewinnermittlungsart wie bei der Personengesellschaft zu erfolgen (BFH v. 11. 3. 1992 XI R 38/89, BStBl 1992 II 797).

9.2.3 Der sachliche Geltungsbereich von § 4 Abs. 1 und § 5 EStG

Das Schema der Gewinnermittlung ist bei beiden Arten gleich. Bei § 5 EStG ist dabei aber das Betriebsvermögen anzusetzen, das nach handelsrechtlichen Grundsätzen ordnungsmäßiger Buchführung auszuweisen ist. Daraus folgt, dass bei Kaufleuten grundsätzlich die Bilanzansätze der Handelsbilanz für die steuerliche Gewinnermittlung maßgebend sind. Bei § 4 Abs. 1 EStG gilt dieser Maßgeblichkeitsgrundsatz nicht. Unterschiede bestehen weiterhin beim **gewillkürten Betriebsvermögen**. Die Bildung ist bei § 4 Abs. 1 EStG eingeschränkt. Das gilt insbesondere für Angehörige der freien Berufe, weil hier Geschäfte, die nach Standesauffassung diesen Berufen fremd sind, nicht zu gewillkürtem Betriebsvermögen führen können. Allgemeine Regeln der kaufmännischen Buchführung, wie sie in den R 5.2 – 5.4 EStR niedergelegt sind, gelten auch für § 4 Abs. 1 EStG (R 4.1 EStR).

Wird ein Betrieb eröffnet oder erworben, tritt bei der Ermittlung des Gewinns an die Stelle des Betriebsvermögens am Schluss des vorangegangenen Wirtschaftsjahres das Betriebsvermögen im Zeitpunkt der Eröffnung oder des Erwerbs des Betriebs.

Die Angehörigen der freien Berufe, die ihren Gewinn nach § 4 Abs. 1 EStG aufgrund ordnungsmäßiger Buchführung ermitteln, müssen bei der Buchung der Geschäftsvorfälle die allgemeinen Regeln der kaufmännischen Buchführung befolgen. Das in § 252 Abs. 1 Nr. 4 HGB geregelte Realisationsprinzip findet auch für die Gewinnermittlung bilanzierender Freiberufler Anwendung (BFH v. 10. 9. 1998 IV R 80/96, BStBl 1999 II 21).

Ein Wirtschaftsgut kann nur dann zum freiberuflichen Betriebsvermögen gehören, wenn zwischen dem Betrieb oder Beruf und dem Wirtschaftsgut eine objektive Beziehung besteht; das Wirtschaftsgut muss bestimmt und geeignet sein, dem Betrieb zu dienen bzw. ihn zu fördern. Der Umfang des Betriebsvermögens wird durch die Erfordernisse des Berufs begrenzt, auch ein bilanzierender Freiberufler kann nicht in demselben Umfang gewillkürtes Betriebsvermögen bilden wie ein Gewerbetreibender (BFH v. 24. 8. 1989 IV R 80/88, BStBl 1990 II 17). Das gilt insbesondere für Geldgeschäfte. Diese sind bei Angehörigen der freien Berufe in der Regel nicht betrieblich veranlasst, weil sie nicht dem Berufsbild eines freien Berufs entsprechen. Ein Geldgeschäft ist selbst dann nicht dem Betriebsvermögen eines Freiberuflers zuzuordnen, wenn es ein eigenes wirtschaftliches Gewicht hat.

Zur Buchführungspflicht eines gewerblichen Grundstückshandels Hinweis auf Urteil des FG Berlin-Brandenburg (Urteil v. 21. 6. 2011 5 K 5148/07, NWB DokID: EAAAD-88811).

9.3 Gewinnermittlung gem. § 4 Abs. 3 EStG

9.3.1 Personenkreis

1237 Bei Steuerpflichtigen, die nur geringe Umsätze und Gewinne erzielen und/oder kein nennenswertes Betriebsvermögen haben, steht der mit einer ordnungsmäßigen Buchführung und jährlichen Abschlussarbeiten verbundene zeitliche und finanzielle Aufwand vielfach in keinem vertretbaren Verhältnis zum Erfolg. Das EStG gibt diesen Steuerpflichtigen mit der Einnahmenüberschussrechnung nach § 4 Abs. 3 EStG die Möglichkeit, den Gewinn auf einfache Weise durch **Gegenüberstellung von Betriebseinnahmen und Betriebsausgaben** zu ermitteln.

Der Vorteil besteht darin, dass **Bestände des Betriebsvermögens nicht berücksichtigt** werden und **jährliche Inventuren entfallen**. Die Einnahmenüberschussrechnung ist, bis auf bestimmte Ausnahmen (vgl. die folgenden Abschnitte), eine reine Geldrechnung.

1238 Die vereinfachte Gewinnermittlung kann damit bei Kleingewerbetreibenden, Land- und Forstwirten, Angehörigen der freien Berufe, bei Aufsichtsräten und ähnlichen Beziehern von Einkünften aus den ersten drei Einkunftsarten in Betracht kommen. Soweit aber **freiwillig Bücher geführt und Abschlüsse erstellt werden**, ist die Anwendung des § 4 Abs. 3 EStG ausgeschlossen.

Die Deregulierung durch das BilMoG führt zu einer Befreiung kleiner Einzelkaufleute von der nach dem HGB verankerten Buchführungspflicht. Dieser Personenkreis muss nur noch eine Einnahmenüberschussrechnung nach § 4 Abs. 3 EStG für steuerliche Zwecke aufstellen (siehe auch Rdn. 14 ff.).

1239 Das Wahlrecht hat dabei der nicht buchführungspflichtige Steuerpflichtige und nicht das Finanzamt. Die Wahl der Gewinnermittlungsart kann grundsätzlich, das Vorliegen entsprechender wirtschaftlicher Gründe vorausgesetzt, für jedes Wirtschaftsjahr neu erfolgen (siehe auch Rdn. 1286).

Ist der Stpfl. davon ausgegangen, nicht gewerblich tätig und demgemäß auch nicht verpflichtet gewesen zu sein, für Zwecke der Besteuerung einen Gewinn aus Gewerbebetrieb ermitteln und erklären zu müssen, ist eine Wahl zwischen den Gewinnermittlungsarten nicht denkbar. Der Gewinn ist in diesen Fällen durch Betriebsvermögensvergleich zu ermitteln (BMF v. 26. 3. 2004, BStBl 2004 I 434, Rdn. 33).

Dabei ist aber zu beachten, dass ein bisher nicht buchführungspflichtiger Steuerpflichtiger, der künftig den Gewinn durch Betriebsvermögensvergleich nach § 4 Abs. 1 EStG bzw. § 5 EStG ermitteln will, sein Wahlrecht erst dann wirksam ausgeübt hat, wenn er zeitnah und aufgrund einer Bestandsaufnahme

- die Eröffnungsbilanz aufgestellt und
- für das laufende Wirtschaftsjahr eine ordnungsmäßige Buchführung eingerichtet hat,

(BFH v. 19. 10. 2005 XI R 4/04, BStBl 2006 II 509).

Das Wahlrecht kann nach der Rechtsprechung (BFH v. 19. 3. 2009 IV R 57/07, BStBl 2009 II 659) bis zur Aufstellung des Jahresabschlusses ausgeübt werden.

Nach dem Urteil des Niedersächsischen FG steht einem nichtbuchführungspflichtigen Steuerpflichtigen das Wahlrecht zwischen der Gewinnermittlung nach § 4 Abs. 1 EStG und § 4 Abs. 3 EStG grundsätzlich unbefristet zu (Urteil v. 17. 2. 2011 10 K 258/10, NWB DokID: PAAAD-82880).

Erzielt ein Stpfl. Gewinneinkünfte und hat er die Gewinnermittlung nach § 4 Abs. 3 EStG gewählt, ist er daran auch gebunden, wenn seine Einkünfte nicht mehr als freiberuflich, sondern als gewerblich eingestuft werden (BFH v. 8. 10. 2008, BStBl 2009 II 238).

Das Wahlrecht zur Gewinnermittlung nach § 4 Abs. 3 EStG ist nicht dadurch ausgeübt, dass der Stpfl. die vermeintlichen Überschusseinkünfte durch Gegenüberstellung der Einnahmen und Werbungskosten ermittelt hat (BFH v. 30. 1. 2013 III R 72/11, BStBl 2013 II 684).

9.3.2 Aufzeichnungspflichten

Die Entscheidung eines Steuerpflichtigen, seinen Gewinn durch Einnahmenüberschussrechnung nach § 4 Abs. 3 EStG zu ermitteln, muss nach außen dokumentiert worden sein. Das Sammeln z. B. der maßgebenden Einnahmenbelege reicht hierfür aus (BFH v. 13. 10. 1989 III R 30/85, III R 31/85, BStBl 1990 II 287). Nach § 4 Abs. 3 EStG besteht keine Aufzeichnungspflicht. 1240

Diese kann sich jedoch z. B. ergeben aus 1241

- § 4 Abs. 4a EStG (Aufzeichnung von Entnahmen und Einlagen),
- § 4g EStG (Ausgleichsposten),
- § 6 Abs. 2 EStG (bei geringwertigen Wirtschaftsgütern),
- § 6c EStG (Veräußerung bestimmter Wirtschaftsgüter),
- § 7a Abs. 8 EStG (erhöhte Absetzungen und Sonderabschreibungen),
- § 7g Abs. 1 EStG (Investitionsabzugsbetrag),
- § 41 EStG (Lohnsteuerabzug),
- § 22 UStG (Aufzeichnungen zur Feststellung und Berechnung der USt),
- § 140 AO (Aufzeichnungspflichten nach dem Sozialgesetzbuch gelten auch für das Steuerrecht),
- § 143 Abs. 1 AO (Wareneingang),
- § 144 Abs. 1 AO (Warenausgang).

Das EStG und die AO enthalten im Zusammenhang mit der Gewinnermittlung nach § 4 Abs. 3 EStG keine Verpflichtung zur Führung eines Kassenbuchs. Die Aufzeichnungen, die allein nach den Steuergesetzen (§ 22 UStG) geführt werden müssen, sind so zu führen, dass sie dem konkreten Besteuerungszweck genügen. Sie können auch in der geordneten Belegablage bestehen (BFH v. 16. 2. 2006 X B 57/05, BFH/NV 2006, 940).

1242 Der Stpfl. kann seine Einnahmen durch Erstellung und Aufbewahrung der Kassenendsummenbons nachweisen, wenn er bei der Gewinnermittlung eine Registrierkasse verwendet. Für die Vollständigkeit und Richtigkeit der Kassenführung spricht dann die Beweisvermutung des § 158 AO (Urteil des FG Köln v. 6. 5. 2009 15 k 1154/05, EFG 2009, 1261). Dabei ist zu beachten, dass elektronische Aufzeichnungen, die ohne gesetzliche Verpflichtung im Zusammenhang mit § 4 Abs. 3 EStG erstellt werden, nicht der Befugnis zu einer digitalen Außenprüfung nach § 147 Abs. 6 AO unterliegen. Das Zugriffsrecht umfasst nur Unterlagen, für die eine Aufbewahrungspflicht nach § 147 Abs. 1 AO gilt (BFH v. 24. 6. 2009 VIII R 80/06, BStBl 2010 II 452).

Wegen der Zulässigkeit des Zugriffs der Finanzverwaltung auf die Einzelverkaufsdaten einer PC-Kasse Hinweis auf BFH v. 16. 12. 2014 X R 42/13, NWB Dok-Id: AAAAE-88374).

Nach dem Kleinunternehmerförderungsgesetz v. 31. 7. 2003 i.V. m. § 60 Abs. 4 EStDV ist der Steuererklärung im Falle der Anwendung der Gewinnermittlung nach § 4 Abs. 3 EStG eine Gewinnermittlung nach amtlich vorgeschriebenem Vordruck beizufügen, sog. Anlage EÜR (siehe 9.3.6).

Betriebe, deren Betriebseinnahmen weniger als 17 500 € betragen, können wie bisher, der Steuererklärung eine formale Gewinnermittlung beifügen.

1243 Werden freiwillig Bücher geführt und regelmäßig Abschlüsse gemacht, ist der Gewinn nach § 4 Abs. 1 EStG zu ermitteln. Ein nicht buchführungspflichtiger Steuerpflichtiger, der nur Aufzeichnungen über Einnahmen und Ausgaben fertigt, kann nicht verlangen, dass sein Gewinn nach § 4 Abs. 1 EStG ermittelt wird.

Die Anschaffungskosten eines Gesellschafters für den Erwerb einer Beteiligung als Mitunternehmer sind bei der Gewinnermittlung nach § 4 Abs. 3 EStG in einer steuerlichen Ergänzungsrechnung zu erfassen, die nach den Grundsätzen über die Aufstellung von Ergänzungsbilanzen aufzustellen ist (BFH v. 24. 6. 2009 VIII R 13/07, BStBl 2009 II 993).

Das gilt, wenn sie in der EÜR der Gesamthand nicht berücksichtigt werden können.

9.3.3 Schätzung des Gewinns

1244 Bei einem gewerblichen Betrieb, für den keine Buchführungspflicht besteht, für den freiwillig keine Bücher geführt werden und für den nicht festgestellt werden kann, dass der Steuerpflichtige die Gewinnermittlung nach § 4 Abs. 3 EStG gewählt hat, ist der Gewinn nach § 4 Abs. 1 EStG unter Berücksichtigung der Verhältnisse der Einzelfalls zu schätzen (H 4.1 EStH).

Auch die Gewinnermittlung nach § 4 Abs. 3 EStG verlangt eine korrekte und leicht nachprüfbare Aufzeichnung der Geschäftsvorfälle, sonst darf das Finanzamt den Gewinn schätzen (FG Nürnberg v. 8. 5. 2012 2 K 1122/2009, NWB DokID: GAAAE-11064).

Die steuerlichen Aufbewahrungsvorschriften nach § 147 AO gelten auch, wenn bestimmte Berufsgruppen spezifische Aufzeichnungspflichten beachten müssen (Hinweis auf § 140 AO). Wenn diese Unterlagen im Rahmen einer Außenprüfung nicht vorgelegt werden, erfolgt eine Hinzuschätzung nach § 162 AO (FG Rheinland-Pfalz v. 1. 4. 2014 5 K 1227/13, NWB DokID: XAAAE-65834; BMF v. 14. 11. 2014, BKK 3/2015).

9.3.4 Gesamtgewinngleichheit

Die Gewinnermittlung nach § 4 Abs. 3 EStG ist eine **Unterart** der Gewinnermittlung gem. § 4 Abs. 1 EStG. Damit muss sich auf die Dauer gesehen der gleiche Totalgewinn wie beim Betriebsvermögensvergleich ergeben, denn § 4 Abs. 3 EStG stellt keinen abweichenden Gewinnbegriff dar, sondern lediglich eine Erleichterung bei der Gewinnermittlung. Unterschiede können sich allerdings in den einzelnen Jahren der Gewinnermittlung ergeben, weil die zeitliche Zurechnung der Betriebseinnahmen und der Betriebsausgaben sich nach § 11 EStG richtet und nicht nach den wirtschaftlichen Kriterien wie beim Betriebsvermögensvergleich. Diese befristete Verschiebung wird in Kauf genommen, weil der Gedanke der Vereinfachung im Vordergrund steht.

1245

Die Grundsätze beider Gewinnermittlungsarten dürfen nicht vermischt werden. Damit ergeben sich bei der Einnahmenüberschussrechnung **keine Gewinnauswirkungen** von

1246

- ▶ Forderungsausfällen,
- ▶ Teilwertabschreibungen und
- ▶ Vermögensminderungen durch Diebstahl, Schwund, Verderb von Waren.

Ein durch Diebstahl eingetretener Geldverlust führt nur dann zu einer Betriebsausgabe, wenn der betriebliche Zusammenhang anhand konkreter und objektiv greifbarer Anhaltspunkte festgestellt ist (BFH v. 28. 11. 1991 XI R 35/89, BStBl 1992 II 343).

Veruntreut ein Gesellschafter einer Personengesellschaft, die ihren Gewinn nach § 4 Abs. 3 EStG ermittelt, Einnahmen, stellen diese Sonderbetriebseinnahmen des Gesellschafters dar. Bei der Personengesellschaft entsteht zum selben Zeitpunkt ein Ersatzanspruch gegen den Gesellschafter, der dann als Betriebseinnahme zu erfassen ist, wenn der Anspruch befriedigt wird (BFH v. 14. 12. 2000 IV R 16/00, BStBl 2001 II 238).

9.3.5 Gewillkürtes Betriebsvermögen bei § 4 Abs. 3 EStG

Die Gewinnermittlung durch Einnahmenüberschussrechnung steht der Bildung gewillkürten Betriebsvermögens nicht entgegen (BFH v. 2. 12. 2003 IV R 13/03, BStBl 2004 II 985). Nach Auffassung des BFH ist die bisherige unterschiedliche Behandlung von notwendigem und gewillkürtem Betriebsvermögen bei den einzelnen Gewinnermittlungsarten nicht durch Gesetz gerechtfertigt, denn § 4 Abs. 3 EStG ordnet keinen anderen Betriebsvermögensbegriff an als den des § 4 Abs. 1 EStG. Wird nämlich dem Einnahmenüberschussrechner die Möglichkeit untersagt, gewillkürtes Betriebsvermögen zu bilden, ergibt sich zwangsläufig ein anderer Gesamtgewinn und damit eine unterschiedliche Steuerbelastung der laufenden Einkünfte.

1247

Die Regelung des Gesetzgebers macht nach Auffassung des BFH deutlich, dass es nach dem Willen des Gesetzgebers auch bei der Einnahmenüberschussrechnung gewillkürtes Betriebsvermögen geben soll, weil bei einem Übergang von § 4 Abs. 1 EStG zur Gewinnermittlung nach § 4 Abs. 3 EStG das gewillkürte Betriebsvermögen fortgeführt werden kann.

Bei der Einnahmenüberschussrechnung ist die Zuordnung eines Wirtschaftsguts zu gewillkürtem Betriebsvermögen in unmissverständlicher Weise durch entsprechende, zeitnah erstellte Aufzeichnungen auszuweisen.

Dabei müssen Zweifel hinsichtlich der Zuordnung und des Zeitpunkts der erstmaligen Behandlung als gewillkürtes Betriebsvermögen ausgeschlossen sein. Eine rückwirkende Zuordnung scheidet aus. Unterlagen, aus denen sich die notwendigen Nachweise für die Zuordnung ergeben, sind mit der Einnahmenüberschussrechnung beim Finanzamt einzureichen, wobei aber auch die Zuordnung schon im entsprechenden Zeitpunkt durch schriftliche Erklärung dem Finanzamt gegenüber erfolgen kann.

Eine Zuordnung zum gewillkürten Betriebsvermögen scheidet aber aus, wenn das Wirtschaftsgut nur in geringfügigem Umfang betrieblich genutzt wird und daher zum notwendigen Privatvermögen gehört; das gilt, wenn der betriebliche Anteil weniger als 10 % der gesamten Nutzung beträgt. Wichtigstes Kriterium für die Bildung gewillkürten Betriebsvermögens bleibt auch weiterhin, dass das Wirtschaftsgut objektiv dazu geeignet und erkennbar dazu bestimmt ist, den Betrieb zu fördern (siehe hierzu auch BMF-Schreiben v. 17. 11. 2004, BStBl 2004 I 1064).

Wird ein zulässigerweise als gewillkürtes Betriebsvermögen behandelter PKW vorübergehend zu weniger als 10 % betrieblich genutzt, so führt das allein nicht zwangsläufig zu einer Entnahme (BFH v. 21. 8. 2012 VIII R 11/11, NWB DokID: MAAAE-24097, BFH/NV 2013, 117).

Aktien können bei einer Anwaltssozietät als gewillkürtes Betriebsvermögen behandelt werden, wenn sie objektiv geeignet und subjektiv dazu bestimmt sind, der Sozietät zu dienen oder sie zu fördern.

Merkmale hierfür können sein:

▶ Anschaffung aus betrieblichen Mitteln,

▶ Dividenden werden als Betriebseinnahmen behandelt,

▶ Eigentümer des Aktiendepots ist die Sozietät.

Dagegen kann ein Wertpapierdepot bei einem Arzt kein gewillkürtes Betriebsvermögen sein, wenn es gleichzeitig der Sicherung der privaten Liquidität dient.

Wertpapiere können aber dann zum gewillkürten Betriebsvermögen eines Freiberuflers gehören, wenn ihr Erwerb, ihr Halten und ihr Verkauf als Hilfsgeschäft zur freiberuflichen Tätigkeit anzusehen ist (BFH v. 17. 5. 2011 VIII R 1/08, BStBl 2011 II 862).

Die Einbeziehung von Wirtschaftsgütern in das gewillkürte Betriebsvermögen hat aber zur Folge, dass alle mit dem Wirtschaftsgut zusammenhängenden Aufwendungen und Erträge zu Betriebsaugaben und Betriebseinnahmen führen.

BEISPIEL: ▶ Ein Pkw, Listenpreis einschließlich USt 58 000 €, wird laut Fahrtenbuch zu 20 % betrieblich und zu 80 % privat genutzt. Der Steuerpflichtige führt nur steuerfreie Umsätze aus. Fahrten zwischen Wohnung und Arbeitsstätte fallen nicht an. Aufwendungen einschließlich AfA von 12 000 € stellen Betriebsausgaben dar. Der private Kostenanteil ist nach § 6 Abs. 1 Nr. 4 EStG mit 80 % v. 12 000 € = 9 600 € anzusetzen, sodass im Ergebnis abzugsfähige Betriebsausgaben von 2 400 € verbleiben.

Auch eine Versicherungsentschädigung, die für einen zum Betriebsvermögen gehörenden Pkw im Falle eines Diebstahls gezahlt wird, ist in vollem Umfang Betriebseinnahme, auch wenn das Fahrzeug vor Beginn einer Privatfahrt gestohlen wurde (BFH v. 20. 11. 2003 IV R 31/02, BStBl 2006 II 7). 1248

9.3.6 Pflichten zur Verwendung der Anlage EÜR

Zum Jahresabschluss müssen Steuerpflichtige, die ihren Gewinn oder Verlust durch die Einnahme-Überschussrechnung nach § 4 Abs. 3 EStG ermitteln, die Anlage EÜR verwenden. (BFH v. 16. 11. 2011 X R 18/09, BStBl 2012 II 129). 1249

Eine Härtefallregelung für Kleinunternehmer ist aber vorgesehen. Näheres siehe unter Rdn. 1808 ff. (Hinweis auch auf BBK 2/2015 S. 68).

9.3.7 Betriebseinnahmen und Betriebsausgaben bei der Einnahmenüberschussrechnung

Die Begriffsinhalte sind abzuleiten aus § 4 Abs. 4 und § 8 Abs. 1 EStG. Danach sind **Betriebseinnahmen** alle in Geld bestehenden oder geldwerten Güter, die dem Steuerpflichtigen im Rahmen seines Betriebs zufließen. **Betriebsausgaben** sind alle Aufwendungen, die durch den Betrieb veranlasst sind. 1250

Der Zufluss von geldwerten Gütern (Sachleistungen) im Wege des Tauschs stellt zugleich Betriebseinnahme und Betriebsausgabe dar, wobei der Zeitpunkt des Abzugs als Betriebsausgabe nach allgemeinen Grundsätzen zu bestimmen ist.

Für die **Umsatzsteuer**, die Teil des Kaufpreises ist, gilt Folgendes: 1251

▶ Sie ist kein durchlaufender Posten,
▶ die Umsatzsteuerzahllast ist Betriebsausgabe,
▶ die Vorsteuererstattung ist Betriebseinnahme,
▶ die USt für Umsätze, die Entnahmen sind, darf den Gewinn nicht mindern. Das bedeutet für die Einnahmenüberschussrechnung

   a) die bezahlte USt ist – gekürzt um die USt für Umsätze, die Entnahmen sind – als Betriebsausgabe abzuziehen oder

   b) die bezahlte USt ist in voller Höhe als Betriebsausgabe abzuziehen; die USt für Umsätze, die Entnahmen sind, ist als Betriebseinnahme wieder hinzuzurechnen.

Beide Verfahren sind zulässig. Zu beachten ist dabei, dass die Hinzurechnung der USt im Zeitpunkt der Entnahme erfolgen muss (BFH v. 7. 12. 2010 VIII R 54/07, BStBl 2010 II 798).

> **BEISPIEL:**
>
> | | | | |
> |---|---|---|---|
> | Wareneinkauf gegen bar im Jahr 01 | 20 000 € | +3 800 € = | 23 800 € |
> | Warenverkauf gegen bar im Jahr 01 | 30 000 € | +5 700 € = | 35 700 € |
> | Warenentnahme im Jahr 01 | 5 000 € | +950 € = | 5 950 € |
> | Zahlung der USt an das FA im Jahr 01 | 2 850 € | | |
>
> | Für die USt ergeben sich | Betriebseinnahmen | | Betriebsausgaben | |
> |---|---|---|---|---|
> | | WV | 5 700 € | WE | 3 800 € |
> | | Entnahmen | 950 € | Zahllast | 2 850 € |
> | | | 6 650 € | | 6 650 € |
>
> Die USt wirkt sich im Regelfall – wie auch beim Betriebsvermögensvergleich – erfolgsneutral aus.

1252 Die nach § 15 UStG nicht abziehbare Vorsteuer gehört zu den Anschaffungs- oder Herstellungskosten des Wirtschaftsguts und wirkt sich deshalb über die AfA als Betriebsausgabe aus. Die nach § 15 Abs. 1a UStG nicht abziehbare Vorsteuer im Zusammenhang mit Aufwendungen i. S. des § 4 Abs. 5 EStG darf nicht als Betriebsausgabe abgezogen werden (§ 12 Nr. 3 EStG).

Mit dem Jahressteuergesetz 2007 v. 13. 12. 2006 (BGBl 2006 I 2878) ist die Vorsteuerabzugsbeschränkung des § 15 Abs. 1a Nr. 1 Satz 2 UStG aufgehoben worden.

9.3.8 Ausnahmen vom Grundsatz der Berücksichtigung von Betriebseinnahmen und Betriebsausgaben

1253 Für durchlaufende Posten, Darlehen, Erschließungskosten sowie Entnahmen und Einlagen ergeben sich folgende Besonderheiten:

9.3.8.1 Durchlaufende Posten

Bei der Einnahmenüberschussrechnung scheiden Betriebseinnahmen und Betriebsausgaben, die in fremdem Namen und auf fremde Rechnung vereinnahmt bzw. verausgabt werden, aus (§ 4 Abs. 3 Satz 2 EStG).

Hat ein Steuerpflichtiger Gelder in fremdem Namen und für fremde Rechnung verausgabt, ohne dass er entsprechende Gelder vereinnahmt, kann er in dem Wirtschaftsjahr, in dem er nicht mehr mit einer Erstattung der verausgabten Gelder rechnen kann, eine Betriebsausgabe in Höhe des nicht erstatteten Betrags absetzen. Soweit der nicht erstattete Betrag in einem späteren Wirtschaftsjahr erstattet wird, ist er als Betriebseinnahme zu erfassen (R 4.5 Abs. 2 EStR).

9.3.8.2 Darlehen

1254 Darlehensaufnahme und Darlehenshingabe werden bei der Einnahmenüberschussrechnung nicht berücksichtigt. Der Verlust einer betrieblich veranlassten Darlehensforderung darf auch bei der Einnahmenüberschussrechnung berücksichtigt werden, wenn er sicher feststeht.

Darlehensverluste und der Verlust von Beteiligungen an Kapitalgesellschaften können nur dann als Betriebsausgaben abgesetzt werden, wenn besondere Umstände ihre ausschließliche Zugehörigkeit zur betrieblichen Sphäre ergeben (BFH v. 23.11.1978 IV R 146/75, BStBl 1979 II 109). Für den Zeitpunkt und den Umfang einer etwaigen Berücksichtigung derartiger Verluste ist maßgeblich, wann und in welcher Höhe die für das Darlehen oder die Beteiligung aufgewendeten Mittel endgültig verloren gegangen sind. 1255

Die Mehrausgaben, die sich bei der Tilgung eines Fremdwährungsdarlehens nach einer Kurssteigerung der ausländischen Währung ergeben, sind im Zeitpunkt der Zahlung als Betriebsausgabe – umgerechnet in Euro – abzuziehen. Wird infolge eines Kursrückgangs der ausländischen Währung eine geringere als der ursprünglich zugeflossene Betrag zurückgezahlt, ist der Unterschiedsbetrag – umgerechnet in Euro – als Betriebseinnahme zu erfassen (BFH v. 15.11.1990 IV R 103/89, BStBl 1991 II 228). 1256

Wird ein Darlehensabgeld (Damnum, Disagio) gezahlt, ist grundsätzlich der volle Betrag im Zeitpunkt der Auszahlung des Kapitals als Betriebsausgabe abzusetzen, soweit die Zinsbindungsfrist nicht mehr als 5 Jahre beträgt. Sonst gelten die Regelungen nach § 11 Abs. 1 und 2 Satz 3 EStG (vgl. auch Rdn. 1267). Geldbeschaffungskosten sind im Jahr der Zahlung zu berücksichtigen.

Vom Darlehen abzugrenzen sind Vorschüsse. Hierbei handelt es sich um Vorauszahlungen für eine noch vom Auftraggeber zu erbringende Leistung. Die Vereinnahmung führt bei der Gewinnermittlung nach § 4 Abs. 3 EStG zu einer Betriebseinnahme. Sollte es ausnahmsweise nicht zu einer Leistungserbringung kommen, ist die Rückzahlung des Vorschuss als Betriebsausgabe zu behandeln (FG Berlin-Brandenburg v. 24.10.2013 4 K 4311/10). 1257

9.3.8.3 Erschließungskosten

Ermitteln Grundstückseigentümer und Erbbauverpflichteter den Gewinn nach § 4 Abs. 3 EStG und gehört das mit einem Erbbaurecht belastete Grundstück zum Betriebsvermögen, dann liegt in der Übernahme der Erschließungskosten durch den Erbbauberechtigten ein Wertzuwachs für den Erbbauverpflichteten, der aber erst im Zeitpunkt des Heimfalls oder der Beendigung des Erbbaurechts zufließt (BFH v. 21.11.1989 IX R 170/85, BStBl 1990 II 310). 1258

9.3.8.4 Betrieblich veranlasste Schuldzinsen

Auch bei § 4 Abs. 3 EStG gelten die Grundsätze für den Schuldzinsenabzug nach § 4 Abs. 4a EStG. Deshalb müssen die Entnahmen und Einlagen gesondert aufgezeichnet werden. Werden aber diese Aufzeichnungen nicht geführt, sind zumindest die nach § 4 Abs. 4a EStG privilegierten Schuldzinsen für Investitionsdarlehen sowie tatsächlich entstandene nicht begünstigte Schuldzinsen bis zum Sockelbetrag in Höhe von 2050 € als Betriebsausgabe abziehbar (BMF v. 17.11.2005, BStBl 2005 I 1019). 1259

Der Vordruck „Ermittlung der nicht abziehbaren Schuldzinsen" ist beizufügen, wenn die Schuldzinsen 2050 € übersteigen.

9.3.8.5 Entnahmen und Einlagen

1260 Auch bei der Gewinnermittlung nach § 4 Abs. 3 EStG müssen Entnahmen und Einlagen berücksichtigt werden.

Soweit es sich hierbei aber um Geld handelt, bleiben sie außer Ansatz.

1261 Dagegen sind Sachentnahmen und Sacheinlagen zu erfassen. Das gilt auch für Betriebsausgaben durch Nutzung von Wirtschaftsgütern des Privatvermögens und für Leistungen aus dem privaten für den betrieblichen Bereich.

Die Bewertung der Sachentnahmen und Sacheinlagen sowie der Nutzungen und Leistungen richtet sich dabei nach § 6 Abs. 1 Nr. 4 und 5 EStG.

Die Anschaffungskosten von Wirtschaftsgütern des abnutzbaren Anlagevermögens wirken sich erst über die AfA nach § 7 EStG auf die Einnahmenüberschussrechnung aus. Bei der Einlage derartiger Wirtschaftsgüter ist deshalb eine fiktive Betriebsausgabe nicht abzuziehen. Der Wert des eingelegten Wirtschaftsguts bildet die Bemessungsgrundlage für die AfA (Hinweis auf BMF v. 27. 10. 2010, BStBl 2010 I 1204). Bei der Einlage von Wirtschaftsgütern des nicht abnutzbaren Anlagevermögens ist § 4 Abs. 3 Satz 4 EStG zu beachten.

BEISPIEL 1: Der Unternehmer entnimmt Waren für private Zwecke. Es betragen

Anschaffungskosten	900 €
Teilwert	1 000 €
Betriebseinnahme	1 000 € + 190 € = 1 190 €

BEISPIEL 2: Der Unternehmer entnimmt einen bisher nur betrieblich genutzten PC für private Zwecke. Es betragen

Buchwert	1 000 €
Teilwert	1 500 €
Betriebseinnahme	1 500 € + 285 € = 1 785 €
Betriebsausgabe	1 000 € (Restbuchwert)

Hier liegt ein Umsatz vor, der eine Entnahme ist.

Die Bemessungsgrundlage bestimmt sich nach § 10 Abs. 4 Nr. 1 UStG = Einkaufspreis zuzüglich der Nebenkosten im Zeitpunkt der Entnahme. Dieser Wert entspricht dem Teilwert.

Wird ein abnutzbares Wirtschaftsgut entnommen, das ursprünglich mit einem falschen Wert in das Betriebsvermögen eingelegt wurde, ist bei der Gewinnermittlung nach § 4 Abs. 3 EStG der Entnahmegewinn wie folgt zu berechnen:

Vom zutreffenden Einlagewert ist die als Betriebsausgabe verrechnete AfA abzuziehen. Der sich hierbei ergebende Restbuchwert ist vom Teilwert der Entnahme abzuziehen.

Es spielt dabei keine Rolle, ob die AfA zu hoch oder zu niedrig berücksichtigt wurde.

Dabei können sich ergeben:

- ein höherer Entnahmegewinn, wenn der ursprüngliche Einlagewert zu hoch angesetzt worden war

oder

- ein niedrigerer Entnahmegewinn, wenn der ursprüngliche Einlagewert zu niedrig angesetzt worden war.

(BFH v. 14.11.2007 XI R 37/06, BFH/NV 2008, 365).

9.3.9 Ausnahmen vom Grundsatz der Zurechnung von Betriebseinnahmen und Betriebsausgaben nach § 11 EStG

9.3.9.1 Allgemeine Grundsätze

Bei der Gewinnermittlung nach § 4 Abs. 3 EStG sind die Betriebseinnahmen in dem Jahr anzusetzen, in dem sie dem Steuerpflichtigen zugeflossen sind, und die Betriebsausgaben in dem Wirtschaftsjahr abzusetzen, in dem sie geleistet worden sind (§ 11 EStG). Das gilt auch für Vorschüsse und Abschlagszahlungen. 1262

Dabei bedeutet Zufluss oder Abfluss aber nicht, dass der Steuerpflichtige den Betrag auch tatsächlich erhalten bzw. geleistet hat. Maßgebend ist, dass der Berechtigte **wirtschaftlich über den Betrag verfügen kann.** Wechsel werden zahlungshalber gegeben, die Einnahmen fließen erst bei Einlösung oder Diskontierung zu. Entsprechendes gilt für den Abfluss.

Bei Scheckübermittlung reicht die Übergabe an die Post bzw. der Einwurf in den Briefkasten des Zahlungsempfängers aus (BFH v. 24.9.1985 IX R 2/80, BStBl 1986 II 284). 1263

Bei Steuerzahlungen per Scheck gilt nach § 224 Abs. 2 Nr. 1 AO die Zahlung erst am 3. Tag nach dem Eingang als bewirkt.

Bei Überweisungen liegt der Abfluss im Zeitpunkt des Eingangs des Überweisungsauftrags bei der Überweisungsbank, wenn das Konto die nötige Deckung aufweist oder ein entsprechender Kreditrahmen vorhanden ist, andernfalls im Zeitpunkt der Lastschrift (BFH v. 6.3.1997 IV R 47/95, BStBl 1997 II 509).

Eine Gutschrift fließt beim Steuerpflichtigen im Zeitpunkt der Gutschrift in den Büchern des Verpflichteten (Schuldners) zu, wenn eine eindeutige und unbestrittene Leistungsverpflichtung des Schuldners besteht und der Schuldner in diesem Zeitpunkt zur Zahlung des Betrags in der Lage gewesen wäre (BFH v. 30.10.2001 VIII R 15/01, BStBl 2002 II 138). 1264

Bei Zahlung mit einer Kreditkarte fließt der Betrag beim Karteninhaber mit Leisten der Unterschrift ab. Die Kreditkarte wird vorwiegend als Zahlungsmittel genutzt und ersetzt damit die Hingabe von Bargeld.

Es spielt deshalb keine Rolle, wann der Betrag vom Girokonto des Kreditkarteninhabers abgebucht wird (FG Rheinland-Pfalz v. 18.3.2013 5 K 1875/10, NWB DokID: BAAAE-35912).

1265 Bei der Gewinnermittlung nach § 4 Abs. 3 EStG sind Provisionen auch dann zugeflossen, wenn sie auf einem Kautionskonto zur Sicherung von Gegenforderungen des Versicherungsunternehmens gutgeschrieben werden (BFH v. 24. 3. 1993 X R 55/91, BStBl 1993 II 499). Auch wenn feststeht, dass erhaltene Provisionsvorschüsse in späteren Jahren zurückzuzahlen sind, ändert dies nichts daran, dass zunächst ein Zufluss anzunehmen ist (BFH v. 13. 10. 1989 III R 30/85 31/85, BStBl 1990 II 287).

Nach BFH (BFH v. 11. 2. 2014 VIII R 25/12, BStBl 2014 II 461) setzt der Zufluss nach § 11 EStG nicht voraus, dass der Stpfl. die Leistung auch endgültig behalten darf.

1266 Betriebsausgaben, deren Abzug im Jahr der Verausgabung unterblieben ist, können nicht in einem späteren Wirtschaftsjahr abgezogen werden. Soweit Anschaffungskosten für ein Wirtschaftsgut des Umlaufvermögens irrtümlich nicht berücksichtigt wurden und der entsprechende Steuer- oder Feststellungsbescheid bestandskräftig ist, mindern sie den Gewinn des Wirtschaftsjahres der Veräußerung oder Entnahme dieses Wirtschaftsguts (BFH v. 30. 6. 2005 IV R 20/04, BStBl 2005 II 758).

Die Vorschriften über die Bilanzänderung (§ 4 Abs. 2 EStG) sind auf die Einnahmeüberschussrechnung nicht anwendbar (BFH v. 30. 8. 2001 IV R 30/99, BStBl 2002 II 49).

Das gilt auch, wenn bei der Einnahmenüberschussrechnung Aufwendungen nicht als Betriebsausgaben, sondern irrtümlich als Herstellungskosten behandelt wurden (BFH v. 21. 6. 2006 XI R 49/05, BStBl 2006 II 712). Der unterlassene Betriebsausgabenabzug kann nicht in späteren Jahren nachgeholt werden. Eine Teilwertabschreibung kann ebenfalls nicht auf die überhöhten Herstellungskosten vorgenommen werden, weil eine solche bei der Gewinnermittlung nach § 4 Abs. 3 EStG nicht zulässig ist.

Bei Preisgelder ist zu unterscheiden:

▶ Für einen Wettbewerb erzielte Preisgelder stellen Betriebseinnahmen dar.

Dagegen

▶ Preise, die für eine Lebensleistung verliehen werden, sind privat veranlasst, weil sie in erster Linie für die Persönlichkeit und nicht für die berufliche Leistung verliehen werden (FG Münster Urteil v. 16. 9. 2009 10 K 4647/07 F, NWB DokID: XAAAD-33271).

Privatärztliche Honorare, die durch entsprechende Verrechnungsstellen eingezogen werden, sind dem Arzt im Zeitpunkt des Eingangs bei der Verrechnungsstelle zugeflossen (H11 EStR).

9.3.9.2 Nutzungsüberlassungen

1267 Nach § 11 Abs. 2 Satz 3 EStG werden Ausgaben für eine Nutzungsüberlassung von mehr als 5 Jahren, die im Voraus geleistet worden sind, insgesamt auf den Zeitraum gleichmäßig verteilt, für den die Vorauszahlung bestimmt ist.

Auf der Einnahmenseite kann der Steuerpflichtige diese Einnahmen, die auf einer Nutzungsüberlassung beruhen, insgesamt auf den Zeitraum gleichmäßig verteilen, für den die Vorauszahlung geleistet wird (§ 11 Abs. 1 Satz 3 EStG).

Die Regelung des § 11 Abs. 1 Satz 3 und Abs. 2 Satz 3 EStG wird nicht auf ein Damnum oder Disagio angewendet, wenn diese marktüblich sind.

Davon ist auszugehen, wenn für ein Darlehen mit einem Zinsfestsetzungszeitraum von mindestens 5 Jahren ein Disagio von bis zu höchstens 5 % vereinbart worden ist.

9.3.9.3 Abnutzbares Anlagevermögen

Bei der Einnahmenüberschussrechnung sind die Vorschriften über die AfA nach § 7 EStG zu beachten.

1268

Damit kann nicht der Kaufpreis, sondern nur die **anteilige AfA** als Betriebsausgabe angesetzt werden. Deshalb spielt es auch keine Rolle, wenn der Kaufpreis nicht im selben Jahr entrichtet wird. Lediglich die jeweilige USt wirkt sich im Zeitpunkt der Zahlung als Betriebsausgabe aus, soweit sie als Vorsteuer abziehbar ist.

BEISPIEL: Der Unternehmer erwirbt im Juli 01 eine Maschine mit einer Nutzungsdauer von 5 Jahren für 30 000 € + 5 700 € = 35 700 €. Die Zahlung erfolgt Anfang 02.

Betriebsausgaben:	01 = AfA	($^1/_2$)	3 000 €
	02 = USt		5 700 €
	02 ./. 06 = AfA		

Soweit Anschaffungs- oder Herstellungskosten für abnutzbare Wirtschaftsgüter des Anlagevermögens bis zur Veräußerung noch nicht im Wege der AfA berücksichtigt worden sind, sind sie grundsätzlich im Wirtschaftsjahr der Veräußerung als Betriebsausgabe abzusetzen, soweit AfA nicht willkürlich unterlassen worden ist (BFH v. 7. 10. 1971 IV R 181/66, BStBl 1972 II 271).

Eine Nachholung unterlassener AfA-Beträge kommt dagegen nicht in Betracht für Zeiträume, in denen das Wirtschaftsgut zu Unrecht nicht als Betriebsvermögen erfasst worden war (BFH v. 22. 6. 2010 VIII R 3/08, BStBl 2010 II 1035).

Auch bei der Gewinnermittlung gem. § 4 Abs. 3 EStG sind die Regelungen für geringwertige Wirtschaftsgüter anzuwenden.

1269

Danach können

- geringwertige Wirtschaftsgüter mit Anschaffungs- oder Herstellungskosten bis zu 150 € (netto) sofort in voller Höhe als Betriebsausgaben abgeschrieben werden;
- Wirtschaftsgüter mit Anschaffungs- oder Herstellungskosten von mehr als 150 bis 410 € (netto) sofort abgeschrieben oder in einen Sammelposten eingestellt werden;
- Wirtschaftsgüter mit Anschaffungs- oder Herstellungskosten von mehr als 410 bis 1 000 € (netto) in einen Sammelposten eingestellt und über 5 Jahre abgeschrieben werden.

Zu weiteren Einzelheiten siehe Rdn. 983 ff.

BEISPIEL: Der Unternehmer erwirbt Ende 01 ein Mobiltelefon für 150 € + 28,50 €. Die Zahlung erfolgt Anfang 02. Die VoSt ist abzugsfähig.

Betriebsausgaben:	01 = AK 150 €
	02 = USt 28,50 €

Auch Anzahlungen auf geringwertige Wirtschaftsgüter können bereits im Zeitpunkt der Zahlung als Betriebsausgaben angesetzt werden.

9.3.9.4 Nicht abnutzbares Anlagevermögen

1270   Nach § 4 Abs. 3 Satz 4 EStG können die Anschaffungs- oder Herstellungskosten für Wirtschaftsgüter des nicht abnutzbaren Anlagevermögens erst dann abgezogen werden, wenn diese Wirtschaftsgüter wieder veräußert oder entnommen werden. Dabei ist maßgebend der Zeitpunkt des Zuflusses des Veräußerungserlöses oder bei Entnahme der Zeitpunkt der Entnahme.

> **BEISPIEL:** Der Unternehmer erwirbt im Jahr 01 für 50 000 € ein unbebautes Grundstück für betriebliche Zwecke. Dieses Grundstück wird Ende 05 für 60 000 € wieder veräußert. Der Kaufpreis wird im Jahr 06 entrichtet.
>
> Betriebsausgabe im Jahr 06 = 50 000 €
> Betriebseinnahme im Jahr 06 = 60 000 €

9.3.9.5 Umlaufvermögen

1271   Die Anschaffungs- oder Herstellungskosten von Wirtschaftsgütern des Umlaufvermögens sind grundsätzlich sofort als Betriebsausgaben abziehbar. Für Wirtschaftsgüter des Umlaufvermögens gilt das reine Abflussprinzip des § 11 EStG.

Nach § 4 Abs. 3 Satz 4 und 5 EStG werden hiervon aber Einschränkungen gemacht für die Anschaffungs- oder Herstellungskosten von

- Anteilen an Kapitalgesellschaften,
- Wertpapieren,
- nichtverbrieften Forderungen und Rechten,
- Grund und Boden,
- Gebäuden.

In diesen Fällen gilt, dass die Anschaffungs- oder Herstellungskosten erst im Zeitpunkt des Zuflusses der Veräußerungserlöse oder bei Entnahmen im Zeitpunkt der Entnahme als Betriebsausgaben berücksichtigt werden können.

Diese Regelung gilt erstmalig für Wirtschaftsgüter, die nach dem 5.6.2006 angeschafft, hergestellt oder in das Betriebsvermögen eingelegt worden sind (§ 52 Abs. 10 Satz 2 und 3 EStG).

Wird die Einlage von Umlaufvermögen im Jahr der Einlage nicht gewinnmindernd berücksichtigt, kann die Gewinnminderung bei einer späteren Veräußerung nicht nachgeholt werden. Für die Fälle des § 4 Abs. 3 Satz 4 EStG gilt diese Regelung nicht (FG Köln v. 13.9.2012 10 K 3185/11, NWB DokID: BAAAE-30384).

Nach § 15b Abs. 3a EStG dürfen Verluste nicht mit Einkünften aus Gewerbebetrieb noch mit anderen Einkunftsarten ausgeglichen werden, wenn ein nicht buchführungspflichtiger Stpfl. aufgrund des Erwerbs von Wirtschaftsgütern des Umlaufvermögens sofort abziehbare Betriebsausgaben tätigt, wenn deren Übereignung ohne körperliche Übergabe durch Besitzkonstitut nach § 930 BGB oder durch Abtretung des Herausgabeanspruchs nach § 931 BGB erfolgt. In diesen Fällen liegen Verluste im Zusammenhang mit Steuerstundungsmodellen vor (siehe auch BMF v. 17. 7. 2007, BStBl 2007 I 542).

9.3.9.6 Übertragung von stillen Reserven

(1) Rücklage für Ersatzbeschaffung

Scheidet ein Wirtschaftsgut infolge höherer Gewalt aus dem Betriebsvermögen aus, können auch bei der Gewinnermittlung nach § 4 Abs. 3 EStG die zwangsweise aufgedeckten stillen Reserven erfolgsneutral auf ein Ersatzwirtschaftsgut übertragen werden. Sie ergeben sich als Differenz zwischen dem Buchwert des Wirtschaftsguts im Zeitpunkt des Ausscheidens und der Entschädigungsleistung. Gleichzeitig mindern die übertragenen stillen Reserven die Anschaffungs- oder Herstellungskosten des Ersatzwirtschaftsguts. 1272

Dabei ergeben sich nach R 6.6 Abs. 5 EStR folgende Möglichkeiten:

▶ **Ausscheiden, Entschädigungsleistung, Ersatzbeschaffung im selben Jahr** 1273

Restbuchwert	= BA
Entschädigung	= BE
stille Reserve	= BA
AfA Ersatz-WG	= BA

▶ **Ausscheiden und Ersatzbeschaffung im laufenden Jahr, Entschädigungsleistung im Folgejahr:** 1274

laufendes Jahr	
AfA bis Ausscheiden	= BA
AfA Ersatz-WG	= BA
Folgejahr	
Restbuchwert ausgeschiedenes WG	= BA
Entschädigung	= BE
stille Reserve	= BA

▶ **Ausscheiden und Entschädigung im laufenden Jahr, Ersatzbeschaffung im Folgejahr:** 1275

laufendes Jahr	
AfA bis Ausscheiden	= BA
Folgejahr	
Restbuchwert ausgeschiedenes WG	= BA
Entschädigung	= BE
stille Reserve	= BA
AfA Ersatz-WG	= BA

> **BEISPIEL:** Ein betrieblicher Pkw (Buchwert 1.1.01 = 6 000 €, jährliche AfA 3 600 €) scheidet am 30. 9. 01 durch höhere Gewalt aus. Die Versicherung zahlt noch in 01 eine Entschädigung von 10 000 €. Die Ersatzbeschaffung wird erst Anfang 02 durchgeführt (Anschaffungskosten 20 000 €, Nutzungsdauer 5 Jahre).
>
> Es ergibt sich
>
> | | 01 | | 02 |
> |---|---|---|---|
> | AfA (alt) | 2 700 € = BA | AfA (neu) | 2 660 € = BA |
> | | | Entschädigung | 10 000 € = BE |
> | | | Restbuchwert | 3 300 € = BA |
> | | | stille Reserve | 6 700 € = BA |

(2) Übertragung stiller Reserven nach § 6c EStG

1276 Soweit nach § 6b Abs. 3 EStG eine Rücklage gebildet werden kann, ist ihre Bildung als Betriebsausgabe und ihre Auflösung als Betriebseinnahme zu behandeln.

Danach ist bei der Veräußerung eines nach § 6c EStG begünstigten Wirtschaftsguts ohne Rücksicht auf den Zeitpunkt des Zufließens des Veräußerungspreises als Gewinn der Betrag begünstigt, um den der Veräußerungspreis nach Abzug der Veräußerungskosten die Aufwendungen für das veräußerte Wirtschaftsgut übersteigt, die bis zu seiner Veräußerung noch nicht als Betriebsausgaben abgesetzt sind. Der Veräußerungspreis ist also in voller Höhe zum Veräußerungszeitpunkt als Betriebseinnahme zu behandeln, auch wenn er nicht gleichzeitig zufließt. Ein nach § 6c EStG vorgenommener Abzug von den Anschaffungs- oder Herstellungskosten begünstigter Investitionen ist als Betriebsausgabe zu erfassen. Soweit ein Abzug des begünstigten Gewinns im Veräußerungsjahr nicht erfolgt, kann im Jahr der Veräußerung eine entsprechende fiktive Betriebsausgabe abgesetzt werden. Der am Ende der Übertragungsfrist verbleibende Betrag ist als Betriebseinnahme zu erfassen (R 6c EStR).

> **BEISPIEL:** Ein Steuerpflichtiger mit Gewinnermittlung nach § 4 Abs. 3 EStG hat in 04 eine Lagerhalle für 30 000 € veräußert. Der Restbuchwert beträgt 6 000 €. § 6c EStG soll in Anspruch genommen werden. Begünstigte Investitionen werden in 04 i. H. v. 8 000 €, in 05 i. H. v. 2 000 € und in 06 i. H. v. 4 000 € durchgeführt.
>
> **LÖSUNG:**
> - Der Veräußerungserlös ist ohne Rücksicht auf die tatsächliche Zahlung abzüglich des Restbuchwerts in 04 als Betriebseinnahme (24 000 €) zu erfassen.
> - Aus der begünstigten Investition 04 ergibt sich eine Betriebsausgabe in 04 von 8 000 €.
> - Daraus errechnet sich eine fiktive Betriebsausgabe in 04 von 16 000 €.
>
> Damit ist der Gewinn von 24 000 € in 04 neutralisiert.
>
> Die begünstigten Investitionen in den Jahren 05 mit 2 000 € und 06 mit 4 000 € sind mit entsprechenden fiktiven Betriebseinnahmen auszugleichen. Der Restbetrag kann weiter übertragen werden bzw. ist am Ende der Übertragungszeit gewinnerhöhend aufzulösen.

1277 Wenn der Stpfl. seinen Gewinn nach § 4 Abs. 3 EStG ermittelt und einen Antrag auf eine Rücklage nach § 6b EStG gestellt hat, dann ist der Antrag dahin auszulegen, dass ein Abzug nach § 6c EStG begehrt wird (BFH v. 30. 1. 2013 III R 72/11, BStBl 2013 II 684).

Kommt es während des Zeitraums, in dem eine Rücklage nach § 6b EStG fortgeführt wird, zu einem Wechsel der Gewinnermittlungsart, dann gilt Folgendes:

▶ Beim Übergang von § 4 Abs. 1 EStG oder § 5 EStG nach § 4 Abs. 3 EStG:
Für die Fortführung bzw. Übertragungsmöglichkeiten gelten die Regelungen des § 6c EStG.

▶ Beim Übergang von § 4 Abs. 3 EStG nach § 4 Abs. 1 EStG oder § 5 EStG:
Begünstigte Gewinne nach § 6c EStG werden nicht aufgelöst. In Höhe der noch nicht übertragenen Gewinne ist eine entsprechende Rücklage in der Übergangsbilanz auszuweisen. Es gelten die Regelungen des § 6b EStG.

Das Wahlrecht nach § 6c EStG wird durch Ansatz einer entsprechenden Betriebsausgabe im Rahmen der Gewinnermittlung nach § 4 Abs. 3 EStG ausgeübt. Dieses Wahlrecht kann bis zur formellen Bestandskraft der Steuerfestsetzung ausgeübt werden. Soweit der Stpfl. dieses Wahlrecht rückgängig machen will, ist Voraussetzung, dass eine geänderte Einnahmen-Überschussrechnung eingereicht wird (BFH v. 11. 6. 2014 IV B 46/13, NWB DokID: JAAAE-69835).

9.3.9.7 Erwerb von Wirtschaftsgütern gegen Rentenzahlungen

Erwirbt ein Steuerpflichtiger mit Gewinnermittlung nach § 4 Abs. 3 EStG ein Wirtschaftsgut des Anlagevermögens gegen eine Leibrente, ergeben sich die Anschaffungskosten für dieses Wirtschaftsgut aus dem Barwert der Leibrentenverpflichtung. Die einzelnen Rentenzahlungen sind in Höhe ihres Zinsanteils Betriebsausgaben. Der Zinsanteil ergibt sich aus dem Unterschiedsbetrag zwischen Rentenzahlungen einerseits und dem jährlichen Rückgang des Barwerts der Rentenverpflichtung andererseits. Aus Vereinfachungsgründen ist es nicht zu beanstanden, wenn die einzelnen Rentenzahlungen in voller Höhe mit dem Barwert der ursprünglichen Rentenverpflichtung verrechnet werden. Sobald die Summe der Rentenzahlungen diesen Wert übersteigt, sind die darüber hinausgehenden Rentenzahlungen in vollem Umfang als Betriebsausgaben abzusetzen.

1278

Bei vorzeitigem Fortfall der Rentenverpflichtung ist der Betrag als Betriebseinnahme anzusetzen, der nach Abzug aller bis zum Fortfall geleisteten Rentenzahlungen von dem ursprünglichen Barwert verbleibt.

Erwirbt ein Steuerpflichtiger Wirtschaftsgüter des Umlaufvermögens gegen eine Leibrente, stellen die Rentenzahlungen zum Zeitpunkt ihrer Verausgabung in voller Höhe Betriebsausgaben dar. Der Fortfall der Rentenverpflichtungen führt in diesen Fällen nicht zu einer Betriebseinnahme.

BEISPIEL: ▶ Erwerb eines Betriebs auf Rentenbasis am 1. 4. 01. Die monatliche Rentenzahlung beträgt 2 000 €.

Die Rentenbarwerte belaufen sich am 1. 4. 01 auf 200 000 €, zum 31. 12. 01 auf 185 000 €.
Folgende Wirtschaftsgüter werden übernommen:

Grund und Boden	30 000 €
Gebäude	135 000 € (AfA 4 %)
Maschinen	10 000 € (AfA 20 %)
geringwertige Wirtschaftsgüter	5 000 € (Sammelposten)
Vorräte	20 000 €
	200 000 €

Für das Jahr 01 ergeben sich aus dem Erwerb folgende Betriebsausgaben:

- Zinsanteil Rente 9 × 2 000 € =   18 000 €
  Minderung Rentenbarwert   15 000 €   3 000 €
- Tilgungsanteil Vorräte:
  Barwertminderung = Tilgung   15 000 €
  davon entfallen 10 % auf Vorräte   1 500 €
- geringwertige Wirtschaftsgüter (20 % AfA)   1 000 €
- AfA Gebäude (für 9 Monate)   4 050 €
- AfA Maschinen (Rumpfwirtschaftsjahr 9 Monate)   1 500 €

                                                                                             11 050 €

Der Fortfall der Rentenverpflichtung führt zu einer Betriebseinnahme in Höhe des noch vorhandenen Rentenbarwerts.

9.3.9.8 Raten und Veräußerungsrenten

1279 Veräußert der Steuerpflichtige Wirtschaftgüter i. S. d. § 4 Abs. 3 Satz 4 EStG gegen einen in Raten zu zahlenden Kaufpreis oder gegen eine Veräußerungsrente, ist in jedem Wirtschaftsjahr in Höhe der in demselben Wirtschaftsjahr zufließenden Kaufpreisraten oder Rentenzahlungen ein Teilbetrag der Anschaffungs- oder Herstellungskosten als Betriebsausgaben abzusetzen. Bei der Veräußerung abnutzbarer Wirtschaftsgüter des Anlagevermögens kann der Steuerpflichtige hinsichtlich der noch nicht im Wege der AfA als Betriebsausgaben berücksichtigten Anschaffungs- oder Herstellungskosten, abweichend von den allgemeinen Grundsätzen, entsprechend verfahren. Wird die Kaufpreisforderung uneinbringlich, ist der noch nicht abgesetzte Betrag in dem Wirtschaftsjahr als Betriebsausgabe zu berücksichtigen, in dem der Verlust eintritt.

9.3.9.9 Tauschvorgänge

1280 Einnahmen für betriebliche Leistungen können auch in Sachen oder anderen Gegenleistungen bestehen. Bei Tauschgeschäften stellt der gemeine Wert des hingegebenen Wirtschaftsguts die Anschaffungskosten für das erworbene Wirtschaftsgut dar.

Zu unterscheiden beim Tausch von Wirtschaftgütern sind

- Tausch von Umlaufvermögen:

  Hier liegen gleichzeitig eine Betriebseinnahme und eine Betriebsausgabe vor, eine Änderung des Gewinns tritt grundsätzlich nicht ein.

- Tausch von abnutzbaren Wirtschaftsgütern:

  Der im Tauschweg erworbene Gegenstand ist als Betriebseinnahme zu erfassen. Zu einer Betriebsausgabe kommt es erst im Wege der AfA. Ein ggf. vorhandener Restbuchwert des hingegebenen Gegenstands stellt eine Betriebsausgabe dar.

- Tausch von nicht abnutzbarem Anlagevermögen:

  Auch hier ist der gemeine Wert des im Tauschwege erworbenen Wirtschaftsguts Betriebseinnahme. Zu einer Betriebsausgabe kommt es erst bei der Veräußerung.

Werden die im Tauschwege erworbenen Wirtschaftgüter unmittelbar Privatvermögen, liegt nur eine Betriebseinnahme, aber keine Betriebsausgabe vor.

BEISPIELE:

1. Unternehmer A und B tauschen Waren (= Umlaufvermögen) aus.

   Die empfangene Ware stellt bei A BE und die hingegebene Ware zugleich BA dar. Anzusetzen ist jeweils der gemeine Wert der hingegebenen Ware.

2. Unternehmer A liefert Waren und erhält von Unternehmer B ein WG des abnutzbaren Anlagevermögens.

   Das empfangene WG ist als BE anzusetzen mit dem gemeinen Wert der hingegebenen Ware (für A). Als BA darf A nur die entsprechende AfA berücksichtigen.

3. Unternehmer A liefert Waren und erhält von Unternehmer B ein WG des nicht abnutzbaren Anlagevermögens.

   Das empfangene WG ist mit dem gemeinen Wert der hingegebenen Ware (für A) als BE anzusetzen. Eine BA würde sich bei A erst im Zeitpunkt der Veräußerung des nicht abnutzbaren WG ergeben.

9.3.9.10 Erlass von Forderungen und Schulden

Forderungen und Schulden beeinflussen den Gewinn bei der Gewinnermittlung nach § 4 Abs. 3 EStG grundsätzlich nicht. Erst die jeweilige Zahlung kann zu Betriebseinnahmen bzw. Betriebsausgaben führen. Hier gelten die üblichen Grundsätze. Werden aber Forderungen oder Schulden erlassen, dann gelten folgende Grundsätze:

▶ Eine betriebliche Forderung/Schuld wird aus betrieblichen Gründen erlassen,

– wenn die Bezahlung der Forderung/Schuld zu einer Betriebseinnahme/Betriebsausgabe führen würde (= beim Umlaufvermögen), ergeben sich keine Betriebseinnahmen/Betriebsausgaben;

– wenn die Bezahlung aber nicht zu einer Betriebseinnahme/Betriebsausgabe führen würde (= beim Anlagevermögen), löst der Erlass eine Betriebsausgabe/Betriebseinnahme aus.

▶ Eine betriebliche Forderung/Schuld wird aus privaten Gründen erlassen:

– Auswirkungen müssen sich auch hier wie bei der Gewinnermittlung durch Betriebsvermögensvergleich ergeben.

– Der Erlass einer betrieblichen Forderung (z. B. Honorarforderung) führt zu einer Entnahme der Forderung mit der Folge, dass die Betriebseinnahmen entsprechend zu erhöhen sind.

9.3.9.11 Regelmäßig wiederkehrende Betriebseinnahmen und Betriebsausgaben

Für regelmäßig wiederkehrende Einnahmen und Ausgaben gilt eine Ausnahme vom Zufluss- bzw. Abflussprinzip.

Diese Einnahmen bzw. Ausgaben, die dem Steuerpflichtigen kurze Zeit vor Beginn oder kurze Zeit nach Beendigung des Kalenderjahres, zu dem sie wirtschaftlich gehören, zufließen bzw. geleistet werden, gelten als in diesem Kalenderjahr bezogen bzw. geleistet.

Als kurze Zeit gilt ein Zeitraum von höchstens zehn Tagen. Nach Auffassung des BFH (BFH v. 23.9.1999 IV R 1/99, BStBl 2000 II 121) ist nach § 11 Abs. 1 Satz 2 EStG nicht die Fälligkeit, sondern nur der tatsächliche Zufluss maßgebend. Daraus folgt, dass eine

Einnahme dem Jahr ihrer wirtschaftlichen Zugehörigkeit zuzurechnen ist, auch wenn sie erst im folgenden Kalenderjahr fällig wird.

Eine USt-Vorauszahlung, die das Vorjahr betrifft, aber erst innerhalb der ersten 10 Tage des neuen Jahres bezahlt wird, ist eine regelmäßig wiederkehrende Ausgabe i. S. d. § 11 Abs. 2 Satz 2 EStG. Sie ist damit nicht im neuen, sondern noch im vergangenen Jahr als Betriebsausgabe abzugsfähig. Dasselbe gilt für eine entsprechende USt-Erstattung (BFH v. 1. 8. 2007 XI R 48/05, BStBl 2008 II 282).

Wenn der nächste Werktag zeitlich hinter dem 10. 1. liegt, dann ist die USt-Vorauszahlung Betriebsausgabe des laufenden Jahres und nicht des Vorjahres (Bayerisches Landesamt für Steuern v. 20. 2. 2013 – S 2226.2.1-5/4 St 32, NWB DokID: PAAAE-30605, BBK 8/2013, 345).

Nach der Rechtsprechung (BFH v. 11. 11. 2014 VIII R 34/12, BStBl 2015 II 285, NWB Dok-Id: YAAAE-83405) gilt § 108 Abs. 3 AO nicht für den Zeitraum von 10 Tagen, weil es sich hier um eine Frist handelt.

Beim Lastschrifteinzug soll die USt-Vorauszahlung bei fristgerechter Abgabe der USt-Voranmeldung bereits im Zeitpunkt der Fälligkeit als abgeflossen anzusehen sein, wenn das betreffende Konto ausreichende Deckung aufweist (OFD – Rheinland v. 29. 6. 2009 – S 2152 – 2009/003 – St 142, NWB DokID: AAAAD-24856). Bei Verschieben der Fälligkeit nach § 108 Abs. 3 AO soll diese Regelung aber nicht gelten.

Bei Forderungen hat die Fälligkeit grundsätzlich keinen Einfluss auf den Zufluss (BFH v. 15. 5. 2013 VI R 24/12, BStBl 2014 II 495).

9.3.10 Wechsel der Gewinnermittlungsart

9.3.10.1 Allgemeines

1283 Der Totalgewinn, d. h. der Gewinn, der sich während des Bestehens des gewerblichen Betriebs ergeben würde, muss grundsätzlich bei allen Gewinnermittlungsarten gleich sein. Bei einem Wechsel der Gewinnermittlungsart könnte es aber vorkommen, dass aufgrund der Besonderheiten bei der jeweiligen Gewinnermittlungsart Betriebsvorgänge nicht oder aber doppelt erfasst würden.

BEISPIELE:
a) Eine während des Bestandsvergleichs bereits erfolgswirksam gebuchte Mietforderung von 5 000 € wird nach Wechsel zur Einnahmenüberschussrechnung bezahlt und damit als Betriebseinnahme erfasst.

b) Eine Versicherungsprämie von 10 000 € wird während des Bestandsvergleichs im Voraus gezahlt und deshalb aktiv abgegrenzt. Dieser Vorgang hat sich noch nicht als Aufwand ausgewirkt. Nach Übergang zur Einnahmenüberschussrechnung fehlt ebenfalls die Betriebsausgabe, weil nicht mehr gezahlt wird.

c) Während der Einnahmenüberschussrechnung wurde Ware für 20 000 € + 3 800 € = 23 800 € auf Ziel verkauft. Eine Betriebseinnahme lag somit noch nicht vor. Nach Übergang zum Bestandsvergleich erfolgt, weil die Forderung in der Eröffnungsbilanz auszuweisen ist, eine erfolgsneutrale Buchung des eingehenden Betrags. Damit würde ein gewinnwirksamer Vorgang überhaupt nicht erfasst.

Um zu einem einheitlichen Totalgewinn zu kommen, ist deshalb **beim Übergang** eine Gewinnkorrektur vorzunehmen. Diese erfolgt in der Weise, dass Betriebsvorgänge, die bisher nicht berücksichtigt worden sind, beim ersten Bestandsvergleich bzw. bei der ersten Einnahmenüberschussrechnung berücksichtigt werden (R 4.6 Abs. 1 EStR).

1284

Die Gewinnkorrekturen betragen deshalb aus

Beispiel a) im Jahr des Übergangs ./. 5 000 €

Beispiel b) im Jahr des Übergangs ./. 10 000 €

Beispiel c) im Jahr des Übergangs + 23 800 €

Ein sich beim Übergang zum Bestandsvergleich ergebender Übergangsgewinn kann nach R 4.6 Abs. 1 EStR **außerhalb der Bilanz** auf bis zu **3 Jahre gleichmäßig** verteilt werden. Beim Übergang vom Bestandsvergleich zur Einnahmenüberschussrechnung sind die sich ergebenden Hinzurechnungen und Abrechnungen im ersten Jahr nach dem Übergang vorzunehmen (R 4.6 Abs. 2 EStR).

Ein Übergangsverlust kann nach dem Urteil des FG Berlin-Brandenburg nicht auf 3 Jahre verteilt werden (Urteil v. 23. 9. 2009 – 14 K 925/05, NWB DokID: AAAAE-02036). Ebenso BFH v. 23. 7. 2013 VIII R 17/10, BStBl 2013 II 820.

Eine Verteilung des Übergangsgewinns ist nicht vorzunehmen,

1285

▶ beim Übergang von der Gewinnermittlung durch Betriebsvermögensvergleich zur Gewinnermittlung nach § 4 Abs. 3 EStG,

▶ bei Betriebsveräußerung oder Betriebsaufgabe (BFH v. 13. 9. 2002 IV R 13/01, BStBl 2002 II 287),

▶ bei Einbringung eines Betriebs in eine Personengesellschaft (BFH v. 13. 9. 2002 IV R 13/01, BStBl 2002 II 287).

Nach einem Wechsel der Gewinnermittlungsart ist der Steuerpflichtige grundsätzlich für drei Wirtschaftsjahre an diese Wahl gebunden. Nur bei Vorliegen eines besonderen wirtschaftlichen Grundes (z. B. eine Einbringung nach § 24 UmwStG) kann er vor Ablauf dieser Frist zurückwechseln (BFH v. 9. 11. 2000 IV R 60/99, BStBl 2001 II 101).

1286

Eine bei einem früheren Übergang vom Betriebsvermögensvergleich zur Gewinnermittlung nach § 4 Abs. 3 EStG oder umgekehrt zu Unrecht unterbliebene Gewinnkorrektur darf bei der aus Anlass eines erneuten Wechsels in der Gewinnermittlungsart erforderlich gewordenen Gewinnkorrektur nicht berücksichtigt werden, soweit der Fehler nicht mehr berichtigt werden kann (BFH v. 23. 7. 1970 IV 270/65, BStBl 1970 II 745).

1287

9.3.10.2 Wechsel von der Gewinnermittlung durch Einnahmenüberschussrechnung zu der durch Bestandsvergleich

Ein Wechsel der Gewinnermittlungsart kann verpflichtend sein (z. B. durch Eintritt der Buchführungspflicht) oder aber auch freiwillig sein, wenn dem Stpfl. eine bestimmte Gewinnermittlungsart gesetzlich nicht vorgeschrieben ist.

1288

Die Gewinnkorrektur erfolgt mit dem Ziel, den Steuerpflichtigen so zu stellen, als habe er seinen Gewinn **von Beginn seines Betriebs an** durch Betriebsvermögensvergleich ermittelt.

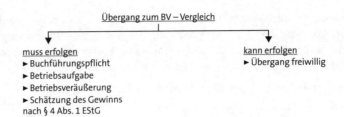

9.3.10.3 Gewinnschätzung

1289   Soweit bei einem gewerblichen Betrieb, für den keine Buchführungspflicht besteht, mangels brauchbarer Unterlagen eine Gewinnermittlung nach § 4 Abs. 3 EStG nicht möglich ist, ist der Gewinn nach § 4 Abs. 1 EStG zu schätzen (z. B. nach Richtsätzen). Hier kommt es dann zu einem Wechsel der Gewinnermittlungsarten, wenn der Stpfl. den Gewinn im Vorjahr nach § 4 Abs. 3 EStG ermittelt hat. Das Gleiche gilt umgekehrt, wenn der Gewinn nach Richtsätzen geschätzt wurde und der Stpfl. in Zukunft die Überschussrechnung anwendet.

Hat der Steuerpflichtige dagegen für den Betrieb zulässigerweise die Gewinnermittlung nach § 4 Abs. 3 EStG gewählt, ist ggf. auch eine Gewinnschätzung in dieser Gewinnermittlungsart durchzuführen (BFH v. 2. 3. 1982 VIII R 225/80, BStBl 1984 II 504, H 4.1 EStH). Ein Wechsel der Gewinnermittlungsart liegt in diesem Fall nicht vor.

9.3.10.4 Aufstellung einer Eröffnungsbilanz zum 1. 1.

9.3.10.4.1 Ansätze der einzelnen Wirtschaftsgüter

1290   Die einzelnen Wirtschaftgüter sind beim Übergang zum Betriebsvermögensvergleich mit den Werten anzusetzen, mit denen sie zu Buch stehen würden, wenn von Anfang an der Gewinn durch Betriebsvermögensvergleich ermittelt worden wäre (BFH v. 23. 11. 1961 IV 98/60 S, BStBl 1962 III 199).

Dabei sind anzusetzen:

- Wirtschaftsgüter des **nicht abnutzbaren Anlagevermögens** mit den Anschaffungskosten, die sich aus dem nach § 4 Abs. 3 Satz 5 EStG zu führenden Verzeichnis ergeben; das gilt ebenso für die in § 4 Abs. 3 Satz 4 EStG genannten Wirtschaftsgüter des Umlaufvermögens.

- Wirtschaftsgüter des **abnutzbaren Anlagevermögens** mit den Anschaffungs- oder Herstellungskosten abzüglich AfA;

- Wirtschaftsgüter des **Umlaufvermögens** mit den Anschaffungs- oder Herstellungskosten; der Ansatz des niedrigeren Teilwerts erfolgt, wenn dieser handelsrechtlich und steuerrechtlich bereits zum Zeitpunkt der Erstellung der Eröffnungsbilanz vorgeschrieben ist.

9.3.10.4.2 Ermittlung des Korrekturpostens zum 1. 1.

1291   Der Gewinn nach § 4 Abs. 3 EStG unterscheidet sich zum 1. 1. vom Gewinn nach § 4 Abs. 1 und § 5 EStG um den Betrag der Änderung des Betriebsvermögens seit Eröffnung des Betriebs abzüglich der Kassenbestände und der Geldkonten. Bei Eröffnung des Betriebs können sich dabei Vorgänge, die sich noch nicht als Betriebseinnahme oder Betriebsausgabe ausgewirkt haben, grundsätzlich nicht ergeben.

Der Übergang von der Gewinnermittlung nach § 4 Abs. 3 EStG zur Gewinnermittlung nach dem Betriebsvermögensvergleich erfordert, dass Betriebsvorgänge, die bisher nicht berücksichtigt worden sind, beim ersten Betriebsvermögensvergleich berücksichtigt werden (BFH v. 24. 1. 1985 IV R 155/83, BStBl 1985 II 255).

9.3.10.4.3 Prüfung der Ansätze beim Übergang

Beim Übergang von der Gewinnermittlung nach § 4 Abs. 3 EStG zur Gewinnermittlung nach dem Betriebsvermögensvergleich muss geprüft werden, ob   1292

- Betriebseinnahmen bei der Einnahmenüberschussrechnung
  - noch nicht erfasst sind und auch beim Betriebsvermögensvergleich nicht mehr erfasst werden können (z. B. Forderungen aus Warenlieferungen),
  - bereits erfasst sind und ebenfalls beim Betriebsvermögensvergleich nochmals als Erträge auszuweisen sind (z. B. Rechnungsabgrenzungsposten).
- Betriebsausgaben bei der Einnahmenüberschussrechnung
  - sich noch nicht ausgewirkt haben und auch nach dem Übergang nicht mehr auswirken können (z. B. Verbindlichkeiten aus Warenlieferungen),
  - bereits erfasst worden sind und nach dem Übergang noch einmal als Aufwendungen in Erscheinung treten (z. B. Rechnungsabgrenzungsposten).
- Vorgänge, die sich nicht gewinnmäßig auswirken dürfen, sich aber durch den Wechsel der Gewinnermittlungsart entweder
  - als Betriebsausgabe bzw. Aufwand oder
  - als Betriebseinnahme bzw. Ertrag

  ausgewirkt haben (z. B. Vorsteuern, Umsatzsteuer auf Entnahmen).

Deshalb müssen beim Übergang von der Gewinnermittlung nach § 4 Abs. 3 EStG zur Gewinnermittlung durch Betriebsvermögensvergleich die einzelnen Bilanzposten daraufhin untersucht werden, ob eine Hinzurechnung oder Abrechnung vorzunehmen ist:

- Nicht abnutzbares Anlagevermögen: 1293

  Nach § 4 Abs. 3 EStG dürfen die Anschaffungs- oder Herstellungskosten erst im Zeitpunkt der Veräußerung oder Entnahme der betreffenden Wirtschaftsgüter als Betriebsausgaben angesetzt werden. Damit wird ein sich bei einem späteren Verkauf ergebender Gewinn oder Verlust auch nach dem Übergang erfasst. Hinzu- oder Abrechnungen sind deshalb nicht erforderlich.

- Abnutzbares Anlagevermögen: 1294

  Anschaffungs- oder Herstellungskosten können sowohl bei der Einnahmenüberschussrechnung als auch beim Betriebsvermögensvergleich nur in Form der jährlichen AfA als Aufwand geltend gemacht werden. Der Restbuchwert ist in die Eröffnungsbilanz einzustellen, eine Zu- oder Abrechnung ergibt sich nicht.

Das gilt auch für die in einem Sammelposten erfassten geringwertigen Wirtschaftsgüter.

Dieser Sammelposten ist nur eine Rechengröße und damit kein Wirtschaftsgut.

Eine Besonderheit ergibt sich bei den geringwertigen Wirtschaftsgütern:

Aus Vereinfachungsgründen können Anzahlungen bei der Einnahmenüberschussrechnung im Jahr des Geldabflusses als Betriebsausgabe angesetzt werden. Dann muss in Höhe dieser Anzahlungen beim Übergang eine Zurechnung erfolgen.

1295 ▶ Geldbestände aller Art:

Die Bestände sind mit ihren jeweiligen Werten zu bilanzieren. Zu- oder Abrechnungen ergeben sich nicht.

1296 ▶ Warenbestände:

Der Ansatz erfolgt grundsätzlich mit den Anschaffungs- oder Herstellungskosten. Sind die Bestände im Zeitpunkt des Übergangs mit einem niedrigeren Teilwert zu bewerten (§ 6 Abs. 1 Nr. 2 EStG), dann ist dieser anzusetzen (Wahlrecht). Sind die Waren bereits während der Einnahmenüberschussrechnung bezahlt worden, dann haben sie als Betriebsausgaben bereits den Gewinn gemindert und dürfen sich nach Übergang über den Wareneinsatz nicht noch einmal auswirken. Deshalb erfolgt ein Zuschlag in Höhe des Bilanzansatzes.

Dasselbe gilt, wenn bereits Anzahlungen auf den Erwerb der Waren geleistet worden sind.

Entsprechend ist bei Roh-, Hilfs- und Betriebsstoffen zu verfahren.

1297 ▶ Kundenforderungen:

Der Übergang würde dazu führen, dass sich bei der Einnahmenüberschussrechnung die Erlöse mangels Zuflusses nicht gewinnerhöhend auswirken konnten, beim Betriebsvermögensvergleich wegen der erfolgsneutralen Buchung ebenfalls nicht auswirken würden.

Deshalb ist eine Zurechnung in Höhe des bilanzierten Werts vorzunehmen.

1298 ▶ Darlehensforderungen:

Die Auswirkungen sind bei beiden Gewinnermittlungsarten gleich. Deshalb ergibt sich weder eine Zu- noch Abrechnung.

Zur Behandlung des Disagios siehe Rdn. 1267.

1299 ▶ Sonstige Forderungen und Rechnungsabgrenzungsposten:

Beim Übergang ist in Höhe der bilanzierten Werte sowohl bei sonstigen Forderungen als auch bei einem aktiven Rechnungsabgrenzungsposten eine Zurechnung zu erfassen.

Dagegen ist für einen passiven Rechnungsabgrenzungsposten eine entsprechende Abrechnung vorzunehmen.

Wenn die Zahlung jedoch nach § 11 Abs. 1 EStG bzw. § 11 Abs. 2 EStG dem Vorjahr bzw. dem Übergangsjahr zuzurechnen ist, müssen Zu- oder Abrechnungen unterbleiben.

▶ Rücklage für Ersatzbeschaffung und Rücklage nach §§ 6b, 6c EStG: 1300

Die Rücklage wird bei beiden Gewinnermittlungsarten gleich behandelt. Zu- oder Abrechnungen ergeben sich insoweit nicht.

Geht der Steuerpflichtige zum Betriebsvermögensvergleich über und sind im Zeitpunkt des Wechsels nach § 6c EStG begünstigte Gewinne noch nicht aufzulösen, ist in Höhe der noch nicht übertragenen Gewinne eine Rücklage nach § 6b EStG in der Übergangsbilanz auszuweisen. Zu- oder Abrechnungen ergeben sich nicht (Hinweis auf Rdn. 1277).

▶ Rückstellungen: 1301

In Höhe der in der Eröffnungsbilanz gebildeten Rückstellungen (Gleiches gilt auch für Wertberichtigungen) sind Abrechnungen vorzunehmen.

▶ (sonstige) Verbindlichkeiten: 1302

Stehen diese im Zusammenhang mit dem Erwerb von abnutzbaren oder nicht abnutzbaren Wirtschaftsgütern, ergeben sich keine Gewinnkorrekturen.

Lediglich hinsichtlich der abzugsfähigen Vorsteuer ist eine Abrechnung vorzunehmen.

Rückständige betriebliche Aufwendungen können bei der Einnahmenüberschussrechnung nicht als Betriebsausgaben in Erscheinung treten, ihre Bezahlung im Übergangsjahr ist ebenfalls gewinnneutral zu erfassen. Deshalb ist beim Übergangsgewinn eine entsprechende Abrechnung vorzunehmen. Das gilt auch für die im Zeitpunkt des Übergangs noch an das Finanzamt abzuführende Umsatzsteuer (Zahllast).

▶ Darlehensschulden:

Bei beiden Gewinnermittlungsarten haben Darlehenshingabe und Darlehensrückfluss keine Auswirkungen auf den Gewinn. Deshalb ergeben sich auch keine Zu- oder Abrechnungen.

BEISPIEL: Ein Gewerbetreibender, der seine Umsätze nach den allgemeinen Bestimmungen des UStG versteuert, geht am 1.1.02 von der Einnahmenüberschussrechnung zum Bestandsvergleich über. Sein Betriebsvermögen zum 1.1.02 setzt sich wie folgt zusammen:

1. Unbebautes Grundstück, angeschafft vor 5 Jahren für 30 000 €
2. Gebäude, fertig gestellt vor 5 Jahren für 100 000 €, jährliche AfA 3 %
3. Warenbestand, Anschaffungskosten 40 000 €
4. Kundenforderungen 23 000 € (einschl. USt)
5. Geldbestände 10 000 €
6. Darlehensverbindlichkeit 20 000 €
7. Verbindlichkeiten aus Warenlieferungen 34 500 € (einschl. USt)
8. USt-Schuld 2 000 €

Bei Betriebseröffnung vor 10 Jahren waren nur Geldbestände vorhanden.

LÖSUNG: Die Eröffnungsbilanz zum 1.1.02 sieht wie folgt aus:

Aktiva	EB 1.1.02		Passiva
Grund und Boden	30 000 €	Darlehensverb.	20 000 €
Gebäude	85 000 €	Verbind.	34 500 €
Waren	40 000 €	USt	2 000 €
Forderungen	23 000 €	Kapital	131 500 €
Geld	10 000 €		
	188 000 €		188 000 €

Gewinnkorrekturen:

1. Grund und Boden: Bei Einnahmenüberschussrechnung bisher keine Betriebsausgabe, beim Bestandsvergleich ebenfalls kein Aufwand, keine Gewinnkorrektur.
2. Gebäude: Bei beiden Gewinnermittlungsarten ergibt sich eine Auswirkung nur hinsichtlich der AfA, keine Gewinnkorrektur.
3. Waren: Bei Einnahmenüberschussrechnung hat sich die Anschaffung bereits als Betriebsausgabe ausgewirkt.

    Durch Übergang ergibt sich beim Bestandsvergleich über den Wareneinsatz noch einmal eine Gewinnminderung, Hinzurechnungsbetrag 40 000 €.
4. Forderungen: Bei Einnahmenüberschussrechnung keine Auswirkung des Warenverkaufs auf Ziel. Nach Übergang ergibt sich beim Bestandsvergleich erfolgsneutrale Erfassung des Betrags, Hinzurechnungsbetrag 23 000 €.
5. Geldbestände: Keine Gewinnauswirkungen bei beiden Gewinnermittlungsarten.
6. Darlehen: Keine Gewinnauswirkungen bei beiden Gewinnermittlungsarten.
7. Verbindlichkeiten: Bei Einnahmenüberschussrechnung keine Auswirkung des Wareneinkaufs auf Ziel. Nach Übergang ergibt sich beim Bestandsvergleich ebenfalls keine Gewinnauswirkung, Kürzungsbetrag 34 500 €.
8. USt: Bei Einnahmenüberschussrechnung bisher keine BA, nach Übergang ebenfalls nicht, Kürzungsbetrag 2 000 €, Übergangsgewinn insgesamt 26 500 €.

9.3.10.5 Folgen fehlerhafter Bilanzierung

1303 Soweit eine Verbindlichkeit, die zu einer Gewinnminderung führen würde, aus Versehen nicht in die Übergangsbilanz übernommen wurde, ist eine spätere Übernahme nicht gewinnwirksam möglich. Die Grundsätze des formellen Bilanzenzusammenhangs gelten nicht für die Übergangsbilanz. Die spätere Einbuchung ist damit keine Einlage, sondern eine berichtigende erfolgsneutrale Einbuchung über das Kapitalkonto. (FG München Urteil v. 30.9.2009 9 K 1693/07, NWB DokID: XAAAD-45230)

9.3.10.6 Betriebsveräußerung und Betriebsaufgabe

1304 Veräußert ein Steuerpflichtiger, der den Gewinn nach § 4 Abs. 3 EStG ermittelt, den Betrieb, ist er so zu behandeln, als wäre er im Augenblick der Veräußerung zunächst zur Gewinnermittlung durch Betriebsvermögensvergleich nach § 4 Abs. 1 EStG übergegangen. Dies gilt auch bei der Veräußerung eines Teilbetriebs oder eines Mitunternehmeranteils, bei der Aufgabe eines Betriebs und in den Fällen der Einbringung (R 4.5 Abs. 7 EStR). Die sich ergebenden Zu- und Abrechnungen gehören zum laufenden Gewinn und werden nicht als Veräußerungsgewinn erfasst, auch darf der Übergangsgewinn nicht auf drei Jahre verteilt werden (H 4.5 Abs. 7 EStH).

Der Gewinn im Jahr der Veräußerung bzw. Aufgabe setzt sich zusammen aus:

▶ dem laufenden Gewinn gem. § 4 Abs. 3 EStG,

▶ dem Übergangsgewinn, der ebenfalls zum laufenden Gewinn gehört, und

▶ dem Veräußerungsgewinn.

Behält der Einbringende Forderungen zurück, die er nicht ausdrücklich in sein Privatvermögen überführt, dann muss er diese erst im Zeitpunkt der Zahlung versteuern (BFH v. 4. 12. 2012 VIII R 41/09, BKK 7/2013, 295).

Die Realteilung einer GbR ohne Spitzenausgleich führt bei der Gewinnermittlung nach § 4 Abs. 3 EStG nicht zu der Verpflichtung, eine Realteilungsbilanz aufzustellen und einen eventuellen Übergangsgewinn zu ermitteln. Voraussetzungen sind:

▶ Kein Spitzenausgleich an Gesellschafter, der ausscheidet und

▶ Fortführung der Buchwerte in der jeweiligen Einzelpraxis

(BFH v. 11. 4. 2013 III R 32/12, BStBl 2014 II 242).

9.3.10.7 Gründung von Personengesellschaften

Hier können sich folgende Möglichkeiten ergeben: 1305

▶ Die Gründung der Personengesellschaft erfolgt durch unentgeltliche Aufnahme eines Gesellschafters in den Betrieb eines Einzelunternehmers. Die bisherigen Werte können unverändert fortgeführt werden. Soweit die Personengesellschaft weder nach § 140 AO noch nach § 141 AO buchführungspflichtig ist, ist eine Eröffnungsbilanz nicht zu erstellen. Ein Übergangsgewinn ergibt sich daher nicht.

▶ Wird dagegen die Personengesellschaft durch Einbringung eines Betriebs gegründet, kann die Personengesellschaft das eingebrachte Betriebsvermögen mit dem Buchwert oder einem höheren Wert, höchstens jedoch mit dem gemeinen Wert ansetzen (§ 24 UmwStG).

Werden Buchwerte angesetzt und ist die Personengesellschaft nicht buchführungspflichtig, ist keine Eröffnungsbilanz zu erstellen. Ein Übergangsgewinn ist nicht zu ermitteln.

Setzt die Personengesellschaft das eingebrachte Betriebsvermögen mit zulässigen höheren Werten an, ergibt sich beim Einbringenden ein Veräußerungsvorgang mit der Folge, dass am Schluss der einzelunternehmerischen Tätigkeit der Übergang zum Bestandvergleich erforderlich ist. Der Übergangsgewinn ist zu ermitteln, der dem Einbringenden als laufender Gewinn zuzurechnen ist. Eine Verteilung auf die folgenden drei Jahre kann nicht erfolgen.

9.3.10.8 Wechsel von der Gewinnermittlung durch Bestandsvergleich zur Einnahmenüberschussrechnung

Der Steuerpflichtige ist so zu stellen, als habe er von Beginn an seinen Gewinn durch Einnahmenüberschussrechnung ermittelt. Korrekturen erfolgen im ersten Jahr nach dem Übergang. Eine Verteilung auf drei Jahre kommt hier grundsätzlich nicht in Frage. 1306

Außerdem sind alle Wirtschaftsgüter in die bei der Einnahmenüberschussrechnung vorgeschriebenen Verzeichnisse aufzunehmen.

1307 Soweit sich die Betriebsvorgänge, die durch den Wechsel von der Gewinnermittlung durch Betriebsvermögensvergleich zur Gewinnermittlung nach § 4 Abs. 3 EStG bedingten Korrekturen entsprechen, noch nicht im ersten Jahr nach dem Übergang ausgewirkt haben, können diese auf Antrag in dem Jahr vorgenommen werden, in dem sich die Betriebsvorgänge auswirken (BFH v. 17. 1. 1963 IV 66/62 U, BStBl 1963 III 228).

1308 Die Gewinnermittlung nach § 4 Abs. 3 EStG kann angewendet werden, wenn der Steuerpflichtige nicht aufgrund gesetzlicher Vorschriften verpflichtet ist, Bücher zu führen und regelmäßig Abschlüsse zu machen und dies auch freiwillig nicht tut.

Ein Übergang zur Einnahmenüberschussrechnung kommt also nicht in Betracht, wenn nach den §§ 140, 141 AO Buchführungspflicht besteht.

1309 Der Wechsel von der Gewinnermittlung durch Betriebsvermögensvergleich zur Einnahmenüberschussrechnung nach § 4 Abs. 3 EStG führt zu einem Abweichen vom richtigen Totalgewinn. Deshalb ist ein Ausgleich durch Zu- und Abrechnungen zum laufenden Gewinn erforderlich, wobei sich im Ergebnis in der Regel ein Übergangsverlust ergibt.

BEISPIEL: Ein Handwerksmeister, der seine Umsätze nach den allgemeinen Bestimmungen des UStG versteuert, geht am 1. 1. 04 vom Betriebsvermögensvergleich nach § 5 Abs. 1 EStG zulässigerweise zur Gewinnermittlung nach § 4 Abs. 3 EStG über. Zum 31. 12. 03 hat er folgende Bilanz erstellt:

Bilanz 31. 12. 03

Grund und Boden	6 000 €	Darlehen	40 000 €
Lagerhalle	80 000 €	RFE	2 000 €
Maschinen	20 000 €	Lieferantenverb.	15 000 €
Waren	15 000 €	USt	3 000 €
Kundenforderungen	30 000 €	RAP	1 000 €
Geldbestände	5 000 €	Kapital	99 000 €
RAP	4 000 €		
Summe	160 000 €		160 000 €

Anmerkungen zu den einzelnen Bilanzposten:

1. Grund und Boden

    Die Anschaffungskosten im Jahr 00 betrugen 6 000 €, der Teilwert zum 31. 12. 03 20 000 €.

2. Lagerhalle

    Sie wurde vor zwei Jahren errichtet und seitdem regelmäßig abgeschrieben.

3. Maschinen

    Maschinen zum Buchwert von 24 000 € wurden auf den Teilwert von 20 000 € abgeschrieben.

4. Waren

    Der Ansatz erfolgt mit den ursprünglichen Anschaffungskosten.

5. Kundenforderungen

    Der Ansatz erfolgt mit dem Nennwert.

Die Gewinnermittlungsarten des Einkommensteuerrechts — TEIL B

6. aktiver RAP

   Es handelt sich um vorausbezahlte Kfz-Versicherungsprämien für ein bereits abgeschriebenes Fahrzeug.

7. Darlehen

   Der Ansatz erfolgt mit dem Nennwert.

8. Rücklage für Ersatzbeschaffung

   Diese wurde gebildet für einen betrieblichen Schaden in 03 für

   a) ein abnutzbares Anlagegut
   b) vernichtete Waren

   Die Entschädigungszahlung erfolgte in 03, die Ersatzbeschaffung in 04.

9. Lieferantenverbindlichkeiten

   Diese stehen im Zusammenhang mit Wareneinkäufen. Der Ansatz erfolgt mit dem Nennwert.

10. Umsatzsteuer

    Die Umsatzsteuer hängt mit ausgeführten Lieferungen und sonstigen Leistungen in 03 zusammen und wird am 15.1.04 an das Finanzamt überwiesen.

11. passiver RAP

    Hierbei handelt es sich um im Voraus vereinnahmte Mieten für ein überlassenes Anlagegut.

LÖSUNG: Der laufende Gewinn des Jahres 04 ist wegen des Übergangs wie folgt zu korrigieren:

Nr.	Begründung	Zurechnung	Abrechnung
1–3	Die Wirtschaftsgüter werden bei beiden Gewinnermittlungsarten gleich behandelt	–	–
4	Buchung bei Wareneinkauf in 03: WE und VoSt an Lief.-Verb. Zum Jahresabschluss Umbuchung: SBK an WE Es ergibt sich somit keine Gewinnauswirkung in 03. Erlöse aus dem Verkauf in 04 ist BE. Es fehlt die BA	–	15 000 €
5	Buchung bei Entstehung: Ford. an Erlöse und USt Damit Gewinnerhöhung in 03. Nach Übergang 04 bei Geldeingang ebenfalls BE, damit doppelte Erfassung	–	30 000 €
6	Buchung 03: RAP an Geld Keine Gewinnauswirkung in 03. Nach Übergang ebenfalls keine Gewinnauswirkung, da kein Geldabfluss; es fehlt die BA	–	4 000 €
7	Siehe Erläuterungen zu 1–3	–	–
8a)	Die RFE kann auch nach Übergang fortgeführt werden. Die AK oder HK des Ersatzwirtschaftsguts werden entsprechend gekürzt. Die Gewinnauswirkungen bei beiden Gewinnermittlungsarten sind gleich.	–	–

8b)	Die RFE kann auch nach Übergang fortgeführt werden. Buchung in 03: Geld an Waren und RFE Bei Ersatzbeschaffung im Folgejahr würden die vollen Wiederbeschaffungskosten als BA erfasst, obwohl in Höhe der RFE eine entsprechende Minderung eintreten müsste.	2 000 €	–
9	Buchung in 03: WE und VoSt an Lief-Verb. Und bei Abschluss: Lief-Verb. an SBK Es bleibt also beim Aufwand in 03. Bei Zahlung in 04 BA damit doppelt.	15 000 €	–
10	Bei Entstehung der Steuerschuld wurde erfolgsneutral gebucht. Forderung an Erlöse und USt Bei Zahlung in 04 ergibt sich BA	3 000 €	
11	Buchung in 03: Geld an RAP Nach Übergang keine Zahlung und damit keine BE	1 000 €	–
	Zwischensummen	21 000 €	49 000 €
	Übergangsverlust	28 000 €	
		49 000 €	49 000 €

(Lösung ohne Fall 8b = Verlust 30 000 €)

1310 Ein Wirtschaftgut wird nicht dadurch entnommen, dass der Steuerpflichtige zur Gewinnermittlung nach § 4 Abs. 3 EStG übergeht. Eine Änderung der Nutzung des Wirtschaftsguts, die bei der Gewinnermittlung nach § 4 Abs. 1 EStG keine Entnahme ist, ist auch bei der Gewinnermittlung nach § 4 Abs. 3 EStG keine Entnahme.

> **BEISPIEL 1:** Ein Gewerbetreibender mit Gewinnermittlung nach § 5 Abs. 1 EStG bilanziert ein Mietwohngrundstück zulässigerweise als gewillkürtes Betriebsvermögen. Wenn er zur Gewinnermittlung nach § 4 Abs. 3 EStG übergeht, bleibt das Grundstück ohne eindeutige Entnahmehandlung weiterhin Betriebsvermögen.

> **BEISPIEL 2:** Ein Freiberufler ermittelt seinen Gewinn nach § 4 Abs. 3 EStG. Seine bisher ausschließlich eigenbetrieblich genutzte Eigentumswohnung vermietet er an einen Dritten zur Nutzung als Büroräume.
> Die Nutzungsänderung führt ohne ausdrücklich Entnahmeerklärung nicht zu einer Entnahme.

9.3.10.9 Sonstige Übergangsmöglichkeiten

1311 Beim Übergang von der Gewinnermittlung gem. § 4 Abs. 1 EStG nach § 5 EStG und umgekehrt ergeben sich keine Zurechnungs- und Kürzungsprobleme.

9.3.11 Widerrufsrecht

1312 Der Stpfl. kann seinen Wechsel der Gewinnermittlungsart bis zum Eintritt der Bestandskraft widerrufen und zur ursprünglichen Gewinnermittlungsart zurückkehren. Tut er das und widerruft er damit seinen Wechsel zur EÜR, muss er aber zu Beginn des

Wirtschaftsjahres eine Eröffnungsbilanz erstellt, eine kaufmännische Buchführung eingerichtet und auf der Grundlage einer Inventur einen Jahresabschluss erstellt haben (Niedersächsisches FG v. 16. 10. 2013 9 K 124/12, NWB DokID: ZAAAE-53293).

LITERATURHINWEIS:

Blödtner/Bilke/Heining, Fallsammlung Buchführung, Bilanzen, Berichtigungstechnik, 10. Aufl., Fall 22 und 23

Friebel et. al., Fallsammlung Einkommensteuer, 16. Aufl., Fall 119 und 121

Koltermann, Fallsammlung Bilanzsteuerrecht, 16. Aufl., Fall 165 und 166

9.3.12 Investitionsabzugsbetrag – Investitionszuschüsse

Der Investitionsabzugsbetrag tritt im Zuge der Unternehmenssteuerreform 2008 an die Stelle der bisherigen Ansparabschreibung. Die geänderte Vorschrift des § 7g EStG gilt für Steuerpflichtige mit Gewinneinkünften unabhängig von der Gewinnermittlungsart. 1313

Für die künftigen Anschaffungs- oder Herstellungskosten neuer oder auch gebrauchter abnutzbarer beweglicher Wirtschaftsgüter des Anlagevermögens können bis zu 40 % der voraussichtlichen Anschaffungs- oder Herstellungskosten gewinnmindernd abgezogen werden. Dieser Investitionsabzugsbetrag ist dann im Jahr der Investition von den Anschaffungs- oder Herstellungskosten des begünstigten Wirtschaftsguts abzuziehen. Damit wird eine erfolgsneutrale Übertragung erreicht. Die Bemessungsgrundlage für AfA und Sonderabschreibung mindert sich entsprechend (zu den Voraussetzungen siehe Rdn. 1221).

Erhält ein Stpfl., der seinen Gewinn nach § 4 Abs. 3 EStG ermittelt, für die Anschaffungs- oder Herstellungskosten bestimmter Wirtschaftsgüter öffentliche Investitionszuschüsse, mindern diese die Anschaffungs- oder Herstellungskosten bereits im Jahr der Bewilligung und nicht im Jahr der Auszahlung. Will der Stpfl. den Zuschuss sofort als Betriebseinnahme versteuern, muss er das entsprechende Wahlrecht ebenfalls im Jahr der Zusage ausüben (BFH v. 29. 11. 2007 IV R 81/05, BStBl 2008 II 561).

9.3.13 Ausgleichsposten nach § 4g EStG

Im Falle der Beendigung oder Beschränkung des deutschen Besteuerungsrechts ist bei Wirtschaftsgütern des Anlagevermögens nach § 4 Abs. 1 EStG eine fiktive Entnahme anzusetzen, die nach § 6 Abs. 1 Nr. 4 EStG mit dem gemeinen Wert zu bewerten ist. Ein sich dabei ergebender Gewinn kann über einen Ausgleichsposten nach § 4g EStG im Jahr der Bildung und in den vier folgenden Wirtschaftsjahren zu jeweils $1/5$ gewinnerhöhend aufgelöst werden. Diese Regelung gilt nach § 4g Abs. 4 EStG auch für die Gewinnermittlung nach § 4 Abs. 3 EStG. 1314

Bildung und Auflösung des Ausgleichspostens

Bildung

- unbeschränkte Steuerpflicht des Steuerpflichtigen
- Wirtschaftsgut muss zum Anlagenvermögen gehört haben
- Überführung in eine Betriebsstätte des Steuerpflichtigen in einem EU-Mitgliedstaat

Auflösung

a) anteilsmäßige Auflösung:
   - jährlich 1/5 gewinnerhöhend

b) volle gewinnmäßige Auflösung:
   - wenn das Wirtschaftsgut aus dem Betriebsvermögen des Steuerpflichtigen ausscheidet
   - wenn das Wirtschaftsgut aus der Besteuerungshoheit des EU-Mitgliedstaates ausscheidet
   - wenn die stillen Reserven des Wirtschaftsgutes um Ausland aufgedeckt werden

Die Wirtschaftsgüter, für die ein Ausgleichsposten gebildet wird, sind in ein laufend zu führendes Verzeichnis aufzunehmen. Außerdem sind Aufzeichnungen zu führen, aus denen die Bildung und Auflösung der Ausgleichsposten hervorgeht. Diese Aufzeichnungen sind der Steuererklärung beizufügen.

1315–1330   *(Einstweilen frei)*

TEIL B: Die Gewinnermittlungsarten des Einkommensteuerrechts

ABB. 37: Gewinnermittlungsarten

Das EStG definiert den Gewinnbegriff in § 4 Abs. 1 EStG. Für bestimmte Fälle schreibt es jedoch eine Gewinnermittlung nach einer anderen Regel vor bzw. lässt die Gewinnermittlung nach einer anderen Regel zu, so dass sich folgende Gewinnermittlungsarten ergeben:

Betriebsvermögensvergleich

I. Wesen des Vermögensvergleichs

Nach § 4 Abs. 1 EStG wie auch nach § 5 EStG ist Gewinn der Unterschiedsbetrag zwischen dem BV am Ende eines Wj. und dem BV am Ende des vorangegangenen Wj., vermehrt um den Wert der Entnahmen und vermindert um den Wert der Einlagen.

Weil bei der Gewinnermittlung vom BV am Ende des vorangegangenen Wj. auszugehen ist, besteht volle Identität zwischen dem BV am Ende eines Wj. und dem BV zu Beginn des folgenden Wj. (= Bilanzenzusammenhang).

Weil nur betrieblich verursachte BV-Änderungen Gewinn sind, werden die durch private Vorgänge herbeigeführten BV-Änderungen durch Hinzurechnung der Privatentnahmen und die Abrechnung der Einlagen ausgeglichen.

Vermögensvergleich nach § 4 Abs. 1 EStG

Für die Gewinnermittlung nach § 4 Abs. 1 EStG gelten die rein steuerlichen Vorschriften, insb. also §§ 6 und 7 EStG.
Die Bestimmungen des Handelsrechts haben keine Bedeutung.

Vermögensvergleich nach § 5 EStG

Hier bestehen folgende Besonderheiten:

1. Geltung des Handelsrechts
   Neben den rein steuerlichen Vorschriften (insb. §§ 6, 7 EStG) gelten auch die handelsrechtlichen Grundsätze ordnungsmäßiger Buchführung (§§ 238 ff. HGB).

2. Maßgeblichkeit der Handelsbilanz
   Ein Ansatz in der Handelsbilanz ist auch für die Steuerbilanz verbindlich, es sei denn, dass steuerliche Vorschriften andere Regelungen bzw. Wahlrechte vorsehen.

II. Anwendungsbereich

Den Gewinn haben nach § 4 Abs. 1 EStG (= Grundregel!) zu ermitteln:

1. Land- und Forstwirte (§ 13 EStG)
   a) wenn Buchführungspflicht besteht,
   b) auf Antrag nach § 13a Abs. 2 EStG.
2. Gewerbetreibende (§ 15 EStG), die weder zu ordnungsmäßiger Buchführung verpflichtet sind noch freiwillig Bücher führen noch die für die Überschussrechnung erforderlichen Aufzeichnungen besitzen. (Schätzung nach § 4 Abs. 1 EStG)

II. Anwendungsbereich

Folgende Unternehmer haben ihren Gewinn nach § 5 EStG zu ermitteln:

1. Gewerbetreibende (§ 15 EStG), die auf Grund gesetzlicher Vorschriften zu ordnungsmäßiger Buchführung verpflichtet sind.
2. Gewerbetreibende (§ 15 EStG), die freiwillig ordnungsmäßige Bücher führen und auf Grund jährlicher Bestandsaufnahmen regelmäßig Abschlüsse erstellen.

s. auch Rdn. 1229 ff.

Nach Durchschnittssätzen	Überschussrechnung
I. Wesen dieser Gewinnermittlungsart 1. Für Land- und Forstwirte kann der Gewinn nach § 13a EStG nach Durchschnittssätzen zu ermitteln sein, wenn keine Verpflichtung zur Führung von Büchern besteht. 2. Der Durchschnittssatzgewinn setzt sich aus verschiedenen Faktoren zusammen, die in § 13a Abs. 3 EStG aufgezählt sind.	**I. Wesen der Überschussrechnung** 1. Begriff Nach § 4 Abs. 3 EStG kann der Gewinn unter Verzicht auf Inventur und Bilanz vereinfacht als Überschuss der Betriebseinnahmen (BE) über die Betriebsausgaben (BA) ermittelt werden. 2. Betriebseinnahmen und -ausgaben BE und BA sind alle Zuflüsse bzw. Abflüsse von Geld oder Gütern in Geldeswert aus betrieblichem Anlass. 3. Zeitpunkt der Erfassung aus BE und BA Der Zeitpunkt der Erfassung ergibt sich aus § 11 EStG. 4. Vergleich mit der Gewinnermittlung nach § 4 Abs. 1 EStG und § 5 EStG. Weil BE und Erträge sowie BA und Aufwand sachlich identisch sind, führt die Gewinnermittlung nach § 4 Abs. 3 EStG durch Überschussrechnung letztlich zum gleichen Gewinn wie der Bestandsvergleich nach § 4 Abs. 1 EStG bzw. § 5 EStG. Die sich für die einzelnen Wj. ergebenden Unterschiede gleichen sich auf Dauer aus, da auch bei der Gewinnermittlung nach § 4 Abs. 3 EStG gewillkürtes Betriebsvermögen zugelassen ist.
II. Anwendungsbereich Nicht buchführungspflichtige Land- und Forstwirte, soweit sie den Gewinn nicht nach § 4 Abs. 3 EStG ermitteln.	**II. Anwendungsbereich** Der Gewinn aus Land- und Forstwirtschaft (§ 13 EStG), aus Gewerbebetrieb (§ 15 EStG) sowie aus selbständiger Arbeit (§ 18 EStG) kann nach § 4 Abs. 3 EStG durch Überschussrechnung ermittelt werden, wenn folgende Voraussetzungen gegeben sind: 1. Der Unternehmer darf nicht zur Führung von Büchern verpflichtet sein, 2. der Unternehmer darf auch freiwillig keine Bücher führen, 3. die BE und BA müssen aufgezeichnet bzw. durch Belegsammlung nachgewiesen werden.

Die Gewinnermittlungsarten des Einkommensteuerrechts — TEIL B

FRAGEN

	Rdn.
1. Welche Vorschriften enthält das EStG hinsichtlich der Gewinnermittlungsarten?	1229
2. Bei welchen Gewinnermittlungsarten wird der Gewinn durch Betriebsvermögensvergleich ermittelt?	1230
3. Welche Personenkreise müssen den Gewinn durch Betriebsvermögensvergleich ermitteln?	1231
4. Worin unterscheiden sich diese Gewinnermittlungsarten?	1233
5. Bei welcher Gewinnermittlungsart wird der Gewinn durch Gegenüberstellung der Betriebseinnahmen mit den Betriebsausgaben ermittelt?	1237
6. Welcher Personenkreis kann diese Gewinnermittlungsart in Anspruch nehmen?	1238
7. Besteht für die Steuerpflichtigen ein Wahlrecht, zu einer anderen Gewinnermittlungsart zu wechseln? Wenn ja, unter welchen Voraussetzungen?	1239
8. Bestehen Aufzeichnungspflichten auch bei der EÜR?	1240 ff.
9. Kann gewillkürtes Betriebsvermögen auch bei der EÜR gebildet werden?	1247
10. Wie und in welcher Form muss ein Steuerpflichtiger, der seinen Gewinn nach § 4 Abs. 3 EStG ermittelt, seinen Jahresabschluss dem Finanzamt mitteilen?	1249
11. Gibt es von dieser vorgeschriebenen Form Ausnahmen?	1249
12. Was sind nach dem Gesetz Betriebseinnahmen und Betriebsausgaben?	1250
13. Wie werden in diesem Zusammenhang USt und VoSt behandelt?	1251
14. Was versteht man unter dem Begriff „durchlaufende Posten" und wie werden diese steuerliche behandelt?	1253
15. Darlehnshingabe und Darlehnsaufnahme werden bei der EÜR nicht erfasst. Wie verfährt man mit eventuellen Darlehnsverlusten?	1254
16. Das ESt-Recht schränkt den Abzug von Schuldzinsen ein, auch im Zusammenhang mit der EÜR?	1259
17. Bareinlagen und Barentnahmen werden bei der EÜR nicht erfasst. Was geschieht mit Sachentnahmen und Sacheinlagen?	1260
18. Bei der EÜR gilt das Zufluss- und Abflussprinzip. Muss der Steuerpflichtige deshalb die Beträge zu diesen Zeitpunkten auch tatsächlich erhalten haben?	1262 ff.
19. Der Steuerpflichtige erwarb am 1.10.2012 mit ordnungsmäßiger Rechnung ein abnutzbares Wirtschaftsgut für seinen Betrieb für 10 000 + 1 900 = 11 900 €. Die Nutzungsdauer beträgt 5 Jahre. Der Betrag wurde am 1.2.2013 überwiesen. Welche Auswirkungen ergeben sich bei der EÜR durch diesen Vorgang?	1268
20. Welche Besonderheiten ergeben sich bei der EÜR im Zusammenhang mit der Anschaffung von nichtabnutzbaren Wirtschaftsgütern?	1270
21. Wie ist bei der Anschaffung von Wirtschaftsgütern des Umlaufvermögens zu verfahren?	1271
22. Welche rechtlichen Möglichkeiten gibt es bei der EÜR, stille Reserven erfolgsneutral zu übertragen?	1272

	Rdn.
23. Wenn ein Wirtschaftsgut zwangsweise ausscheidet, Entschädigung und Ersatzbeschaffung in verschiedenen Jahren erfolgen, wie ist damit bei der EÜR zu verfahren?	1274 f.
24. Die Voraussetzungen für die Inanspruchnahme des § 6c EStG liegen vor. Der Steuerpflichtige will der Begünstigung für den erzielten Veräußerungsgewinn in Anspruch nehmen. Welche Auswirkungen ergeben sich bei der EÜR?	1276
25. Wie ist zu verfahren, wenn Forderungen oder Verbindlichkeiten aus betrieblichen oder privaten Gründen erlassen werden?	1281
26. Was versteht man unter „regelmäßig wiederkehrenden Betriebseinnahmen und Betriebsausgaben" und wie werden sie bei der EÜR behandelt?	1282
27. Unter welchen Voraussetzungen kann es zu einem Wechsel der Gewinnermittlungsart kommen?	1283
28. Wodurch kommt es beim Übergang von der EÜR zum Betriebsvermögensvergleich nach § 5 EStG zu einem Übergangsgewinn und wie kann dieser steuerlich behandelt werden?	1284 ff.
29. Mit welchen Werten sind die einzelnen Wirtschaftsgüter anzusetzen, wenn der Steuerpflichtige von der EÜR zum Betriebsvermögensvergleich übergeht?	1290 ff.
30. Welche Auswirkungen können sich ergeben, wenn bei dem Übergang zum Betriebsvermögensvergleich ein Bilanzposten in der Übergangsbilanz irrtümlich nicht berücksichtigt wurde?	1303
31. Veräußert der Steuerpflichtige, der bisher seinen Gewinn nach § 4 Abs. 3 EStG ermittelt hat, seinen Betrieb, dann muss er was durchführen?	1304
32. Ein Steuerpflichtiger mit EÜR unterhält in einem anderen EU-Land eine Betriebsstätte und überführt dorthin ein Wirtschaftsgut des abnutzbaren Anlagevermögens. Welche Auswirkungen ergeben sich in seinem inländischen Betrieb?	1314

TEIL C: BESONDERHEITEN BEI PERSONENGESELLSCHAFTEN

			Rdn.	Seite
Kapitel 1:	**Handelsrechtliche Grundlagen**		1331	476
1.1	Allgemeines		1331	476
1.2	Die Gesellschaft bürgerlichen Rechts (GbR)		1332	476
	1.2.1	Rechtsfähigkeit einer GbR	1333	476
	1.2.2	Gründung einer GbR	1334	476
	1.2.3	Gesellschaftsvermögen	1339	478
	1.2.4	Geschäftsführung und Vertretung	1340	478
	1.2.5	Haftung für Schulden der GbR	1341	478
	1.2.6	Gewinnverteilung und Entnahmerechte	1343	479
1.3	Die offene Handelsgesellschaft (OHG)		1344	479
	1.3.1	Allgemeines	1344	479
	1.3.2	(Teil-)Rechtsfähigkeit	1345	479
	1.3.3	Gründung einer OHG	1346	479
	1.3.4	Gesellschaftsvermögen, Geschäftsführung und Vertretung	1349	480
	1.3.5	Haftung für Schulden der OHG	1350	480
	1.3.6	Gewinn- und Verlustbeteiligung, Entnahmerecht	1351	480
	1.3.7	Kapitalkonten der OHG	1356	483
1.4	Die Kommanditgesellschaft (KG)		1358	483
	1.4.1	Allgemeines	1358	483
	1.4.2	Rechtsgrundlagen der KG	1359	484
	1.4.3	Die Besonderheit des Kommanditisten	1360	484
	1.4.4	Geschäftsführung der KG	1361	484
	1.4.5	Gewinn- und Verlustbeteiligung, Entnahmerechte	1363	484
	1.4.6	Kapitalkonten der Gesellschafter	1365	485
1.5	Die GmbH & Co. KG		1370	486
	1.5.1	Allgemeines	1370	486
	1.5.2	Die einzelnen Kapitalanteile der GmbH & Co. KG	1371	486
		1.5.2.1 Kapitalanteile	1371	486
		1.5.2.2 Rücklagen	1372	486
		1.5.2.3 Gewinnausweis	1373	486
		1.5.2.4 Verlustausweis	1374	487
	1.5.3	Sonderposten für aktivierte Anteile an der Komplementärgesellschaft	1375	488
1.6	Die stille Gesellschaft		1376	488
	1.6.1	Die typisch stille Gesellschaft	1376	488
	1.6.2	Die atypisch stille Gesellschaft	1379	488

TEIL C Besonderheiten bei Personengesellschaften

	Rdn.	Seite
Kapitel 2: Mitunternehmerschaften	1390	489
2.1 Allgemeines	1390	489
2.2 Begriff Mitunternehmereigenschaft	1393	490
Kapitel 3: Gründung von Mitunternehmerschaften	1410	491
3.1 Allgemeines	1410	491
3.1.1 Die Bargründung	1411	491
3.1.2 Die Sachgründung	1412	492
3.1.2.1 Die Sachgründung aus dem Privatvermögen	1412	492
3.1.2.2 Die Sachgründung aus dem Betriebsvermögen	1416	493
3.1.2.3 Gründung einer Personengesellschaft durch Einbringung eines Betriebs, Teilbetriebs oder Mitunternehmeranteils in eine Personengesellschaft	1421	494
Kapitel 4: Betriebsvermögen der Mitunternehmerschaften	1460	502
4.1 Gesamthandsvermögen	1460	502
4.1.1 Notwendiges Gesamthandsvermögen	1460	502
4.1.2 Gewillkürtes Betriebsvermögen in der Gesamthand	1461	503
4.1.3 Steuerliches Privatvermögen der Gesamthand	1463	503
4.2 Sonderbetriebsvermögen	1467	504
4.2.1 Allgemeines	1467	504
4.2.2 Notwendiges Sonderbetriebsvermögen I	1468	504
4.2.3 Sonderbetriebsvermögen II	1469	504
4.2.4 Gewillkürtes Sonderbetriebsvermögen	1470	504
4.2.5 Buch- und bilanzmäßige Behandlung des Sonderbetriebsvermögens	1471	505
4.2.6 Abgrenzung zu Ergänzungsbilanzen	1477	506
Kapitel 5: Sonderbetriebseinnahmen und -ausgaben	1490	507
5.1 Allgemeines	1490	507
5.2 Vergütungen für die Überlassung von Wirtschaftsgütern	1491	507
5.2.1 Allgemeines	1491	507
5.2.2 Nutzungsvergütungen und Umsatzsteuer	1493	508
5.2.3 Beispiel zu Miteigentum	1499	509
5.2.3.1 Mehrere Sonderbilanzen für ein Wirtschaftsgut	1503	509
5.2.3.2 Allgemeine Ansatz- und Bewertungsvorschriften	1504	510

			Rdn.	Seite
5.3	Vergütungen für die Hingabe von Darlehen		1505	510
	5.3.1	Allgemeines	1505	510
	5.3.2	Erträge aus der Hingabe von Darlehen	1506	510
	5.3.3	Aufwendungen im Zusammenhang mit der Hingabe von Darlehen	1507	510
	5.3.4	Beispiel zur Hingabe von Darlehen	1508	511
5.4	Vergütungen für die Tätigkeit im Dienst der Gesellschaft		1512	513
	5.4.1	Allgemeines	1512	513
	5.4.2	Vorabvergütungen für die Tätigkeit im Dienst der Gesellschaft	1513	513
	5.4.3	Besonderheiten bei der KG	1516	514
	5.4.4	Vergütungen aufgrund schuldrechtlicher Vereinbarungen	1518	514
	5.4.5	Umsatzsteuerliche Behandlung der Sonderentgelte	1521	515
		5.4.5.1 Gründung von Gesellschaften, Eintritt neuer Gesellschafter	1523	515
		5.4.5.2 Leistungsaustausch oder nicht steuerbarer Gesellschafterbeitrag	1524	516
		5.4.5.3 Besonderheit bei Haftungsvergütungen	1526	517
		5.4.5.4 GmbH & Co. KG	1527	517
	5.4.6	Zusammenfassendes Beispiel zu gewinnunabhängigen Tätigkeitsvergütungen	1530	518
	5.4.7	Besonderheiten zu Tätigkeitsvergütungen/ Sonderbetriebseinnahmen	1533	519
		5.4.7.1 Bilanzierungskonkurrenz zugunsten der Personengesellschaft	1533	519
		5.4.7.2 Sonstige Sonderbetriebseinnahmen	1535	520
	5.4.8	Sonderbetriebsausgaben	1536	520
		5.4.8.1 Aufwendungen im Zusammenhang mit Sonderbetriebseinnahmen	1537	521
		5.4.8.2 Aufwendungen im Zusammenhang mit bilanziertem Sonderbetriebsvermögen	1538	521
		5.4.8.3 Aufwendungen, die mit der Beteiligung an der Personengesellschaft zusammenhängen	1539	521
		5.4.8.4 Nichtabzugsfähigkeit von Sonderbetriebsausgaben nach § 4 Abs. 5 EStG	1540	521

Kapitel 6:	Gewinnermittlung und Gewinnverteilung bei einer Mitunternehmerschaft		1560	522
6.1	Gewinnermittlung		1560	522
	6.1.1	Allgemeines	1560	522
	6.1.2	Korrespondierende Bilanzierung	1565	523
		6.1.2.1 Definition	1565	523
		6.1.2.2 Beispiel und Anwendung	1566	524

			Rdn.	Seite
6.2	Gewinnverteilung		1568	524
6.3	Besonderheiten bei bestimmten Entnahmegewinnen		1571	525
6.4	Zusammenfassendes Beispiel zur Gewinnermittlung und -verteilung		1572	525

Kapitel 7: Besonderheiten — 1590 — 528

			Rdn.	Seite
7.1	Besonderheiten beim Abschluss einer GmbH & Co. KG		1590	528
	7.1.1	Allgemeines	1590	528
	7.1.2	Die Besteuerung der GmbH & Co. KG	1591	528
	7.1.3	Die Behandlung der Geschäftsführervergütung	1592	529
	7.1.4	Das Betriebsvermögen der GmbH & Co. KG	1595	529
		7.1.4.1 Gesamthandsvermögen der KG	1596	530
		7.1.4.2 Sonderbetriebsvermögen der Kommanditisten	1597	530
		7.1.4.3 Sonderbetriebsvermögen der GmbH als Komplementärin	1598	530
		7.1.4.4 Die Anteile der Kommanditisten an der GmbH	1599	530
	7.1.5	Besonderheiten der Buchführung bei der GmbH & Co. KG	1600	530
		7.1.5.1 Buchführung bei der KG	1600	530
		7.1.5.2 Buchführung bei der GmbH	1601	530
		7.1.5.3 Buchführung der Kommanditisten	1602	531
	7.1.6	Übungsfall zur GmbH & Co. KG	1603	531
7.2	Eintritt und Austritt eines Gesellschafters		1620	534
	7.2.1	Allgemeines	1620	534
	7.2.2	Ersatzloses Ausscheiden eines Gesellschafters	1621	534
	7.2.3	Veräußerung des Gesellschaftsanteils an einen Dritten	1623	535
7.3	Übertragung von Wirtschaftsgütern bei Personengesellschaften		1626	536
	7.3.1	Übertragung eines Wirtschaftsguts aus dem Gesamthandsvermögen	1627	536
		7.3.1.1 Übertragung ins Sondervermögen	1628	536
		7.3.1.2 Übertragung in einen anderen Betrieb	1633	537
		7.3.1.3 Übertragung ins Privatvermögen	1634	537
	7.3.2	Übertragung eines Wirtschaftsguts aus dem Sonderbetriebsvermögen eines Mitunternehmers	1637	538
		7.3.2.1 Übertragung ins Gesamthandsvermögen	1638	538
		7.3.2.2 Übertragung ins Sonderbetriebsvermögen eines anderen Gesellschafters	1642	539
		7.3.2.3 Übertragung in ein anderes Betriebsvermögen	1646	540
		7.3.2.4 Übertragung ins Privatvermögen	1647	540
	7.3.3	Übertragung eines Wirtschaftsguts aus einem anderen Betrieb eines Mitunternehmers	1649	540
		7.3.3.1 Übertragung ins Gesamthandsvermögen	1650	541
		7.3.3.2 Übertragung ins Sonderbetriebsvermögen	1654	541

			Rdn.	Seite
7.3.4	Übertragung eines Wirtschaftsguts aus dem Privatvermögen eines Mitunternehmers		1655	542
	7.3.4.1	Übertragung ins Gesamthandvermögen	1656	542
	7.3.4.2	Zuvor privat genutztes Grundstück	1657	542
7.3.5	Bilanzmäßige Auswirkungen der Vererbung von Mitunternehmeranteilen		1658	542

Teil C: Besonderheiten bei Personengesellschaften
Kapitel 1: Handelsrechtliche Grundlagen

1.1 Allgemeines

1331   Für Personengesellschaften gelten grundsätzlich die gleichen Buchführungsregeln wie für Einzelunternehmen. Unterschiede ergeben sich jedoch aus der Rechtsform. Dabei müssen natürlich auch handelsrechtliche Besonderheiten Berücksichtigung finden. Folgende Personengesellschaften sollen in diesem Teil besprochen werden:

- die GbR (Gesellschaft bürgerlichen Rechts) als Grundfall,
- die OHG (offene Handelsgesellschaft),
- die KG (Kommanditgesellschaft),
- die GmbH & Co. KG und
- die stille Gesellschaft.

Darüber hinaus sind weitere Gesellschaftsformen denkbar, die hier nicht weiter besprochen werden sollen.

1.2 Die Gesellschaft bürgerlichen Rechts (GbR)

1332   Die GbR (auch BGB-Gesellschaft genannt) ist in den §§ 705–740 BGB geregelt. Diese Rechtsform gilt als Grundtyp einer Personengesellschaft. Daher gelten diese Vorschriften grundsätzlich auch für die anderen Gesellschaftsformen.

1.2.1 Rechtsfähigkeit einer GbR

1333   Im Gegensatz zu juristischen Personen ist die GbR nicht voll rechtsfähig. Dennoch ist sie mit gewissen Rechtspflichten ausgestattet. So kann sie z. B. selber vor Gericht klagen, aber auch verklagt werden (vgl. auch BGH v. 29.1.2001 II ZR 331/00, BGHZ 146, 341). Ebenso kann sie unter ihrem eigenen Namen Schecks und Wechsel ausstellen, Mitglied einer juristischen Person werden, selbst Gesellschafter einer GbR sein oder Kommanditist einer KG werden. Nach herrschender Meinung kann sie aber nicht persönlich haftende Gesellschafterin einer Personengesellschaft werden. Deshalb scheidet die GbR als Gesellschafterin einer OHG und als Komplementärin einer KG aus. Die GbR ist ebenfalls nicht in der Lage, in eigenem Namen Grundstücke zu erwerben. Man nennt das: Sie ist nicht grundbuchfähig. In der Praxis bedeutet dies, dass alle Gesellschafter im Grundbuch eingetragen werden müssen.

1.2.2 Gründung einer GbR

1334   Anders als bei juristischen Personen ist die Gründung einer GbR nur durch mehrere Personen möglich. Diese verpflichten sich in einem Gesellschaftsvertrag, einen gemeinsamen Zweck zu fördern. Das bedeutet in der Folge, dass die Personengesellschaft bei Ausscheiden des vorletzten Gesellschafters aufgehört hat zu existieren und das Unternehmen vom verbleibenden Gesellschafter als Einzelunternehmen fortgeführt werden muss.

Personen in diesem Sinne, die als Mitglied einer GbR werden können, können sowohl natürliche Personen, juristische Personen oder auch andere Personengesellschaften sein. Sogar die Gesellschafterstellung einer GbR innerhalb einer GbR gilt heute als möglich.

Der Abschluss des Gesellschaftsvertrags ist an keinerlei Form gebunden. Auch eine mündliche Vereinbarung wäre damit anzuerkennen. Diese Formfreiheit findet dort ihre Grenzen, wo Einzelvorschriften etwas anderes regeln. Wenn z. B. Minderjährige in eine GbR aufgenommen werden sollen, bedarf es einer vormundschaftlichen Genehmigung (§§ 1822 Nr. 3 i.V. m. § 1643 BGB). Sollen bei der Gründung einer GbR Grundstücke eingebracht werden, bedarf der Gesellschaftsvertrag der notariellen Beurkundung (§§ 313, 875, 925 BGB).

1335

Eine GbR kann niemals kraft Gesetzes entstehen. Ein Gesellschaftsvertrag ist ein Rechtsgeschäft, das zwischen den Beteiligten freiwillig abgeschlossen wird. Ein typisches negativ abzugrenzendes Beispiel für eine GbR ist daher die Erbengemeinschaft. Sie entsteht kraft Gesetzes (§ 2032 Abs. 1 BGB) im Zeitpunkt des Todes des Erblassers. Auf eine solche Erbengemeinschaft sind daher nie die Vorschriften für eine GbR anzuwenden.

1336

Denkbar ist jedoch, dass die Gemeinschafter im Rahmen der Beendigung der Erbengemeinschaft beschließen, das geerbte Vermögen in Zukunft gemeinsam zu verwalten. Mit diesem Beschluss (Gesellschaftsvertrag) ist eine GbR entstanden.

Der bei der Gründung einer GbR erforderliche Gesellschaftszweck kann unterschiedlichster Art sein. So ist z. B. eine häufige Erscheinungsform der GbR die sog. Sozietät mehrerer Freiberufler, die sich in einer Gemeinschaftspraxis oder Gemeinschaftskanzlei zusammenschließen. Auch Gewerbetreibende, die nicht die Kaufmannseigenschaft erfüllen, können sich zur Erreichung ihres gemeinsamen gewerblichen Zwecks zu einer GbR zusammenschließen. Zufallsgemeinschaften wie Tippgemeinschaften oder Fahrgemeinschaften erfüllen die Vorschriften einer GbR aber ebenfalls und unterliegen, insbesondere im Streitfall, deren Regeln.

1337

Im Einzelfall kann es jedoch sein, dass durch Vorschriften anderer Gesetze die Annahme einer GbR verhindert wird. So bestimmen z. B. die Vorschriften der §§ 105 und 161 HGB, dass, wenn sich mehrere Personen zum Betreiben eines Handelsgewerbes zusammenschließen, sie dieses Gewerbe entweder in der Rechtsform einer OHG oder KG betreiben.

Die GbR entsteht im Außenverhältnis mit Aufnahme ihrer Geschäftstätigkeit, im Innenverhältnis ist sie jedoch bereits mit dem Abschluss des Gesellschaftsvertrags entstanden.

1338

1.2.3 Gesellschaftsvermögen

1339 Gesellschaftsvermögen kann bereits bei Gründung der GbR durch die Beiträge der Gesellschafter entstehen oder aber durch die laufende Geschäftstätigkeit gebildet werden. Der einzelne Gesellschafter kann aber nicht über seinen Anteil am Gesellschaftsvermögen verfügen. Er kann auch nicht die Teilung des Vermögens beantragen (§§ 718, 719 BGB). Diese Bindung des Vermögens an die Gesellschaft selbst nennt man gesamthänderische Bindung. Alle Gesellschafter haben grundsätzlich einen gleichen Anteil am Vermögen und Gewinn der GbR. Diese gesetzliche Vorgabe ist wie viele andere Regelungen des BGB durch vertragliche Vereinbarungen abänderbar. Sind jedoch keine abweichenden Regelungen getroffen, bleibt es bei den gesetzlichen Regelungen, auch wenn die Beiträge der einzelnen Gesellschafter stark unterschiedlich sind.

1.2.4 Geschäftsführung und Vertretung

1340 Nach § 709 BGB steht die Führung der Geschäfte der Gesellschaft den Gesellschaftern gemeinschaftlich zu. Für jedes Geschäft ist somit die Zustimmung aller Gesellschafter erforderlich. Diese gesetzliche Regelung erweist sich im Wirtschaftsleben regelmäßig als sehr hinderlich. Deshalb ist es üblich, dass die Geschäftsführung im Gesellschaftsvertrag einem oder mehreren Gesellschaftern übertragen wird (§ 710 BGB). Diese Geschäftsführungsbefugnis bestimmt im Innenverhältnis, das heißt im Verhältnis der Gesellschafter untereinander, wer die Geschäftsführung wahrnehmen darf.

Wer zur Geschäftsführung befugt ist, ist regelmäßig auch befugt, die Gesellschaft nach außen hin zu vertreten.

1.2.5 Haftung für Schulden der GbR

1341 Alle Gesellschafter einer GbR haften für die Verbindlichkeiten, die im Rahmen der Gesellschaftstätigkeit entstanden sind. Sie haften nicht nur mit dem Gesellschaftsvermögen, sondern auch mit ihrem Privatvermögen. Gläubiger der GbR können jeden Gesellschafter in voller Höhe der jeweiligen Forderung in Anspruch nehmen. Es erfolgt keine Begrenzung auf die Höhe der Beteiligung des einzelnen Gesellschafters. Außerdem darf der Gläubiger sich an einen Gesellschafter wenden, von dem er erwartet, dass er seine Forderung befriedigen kann, ohne vorher eine Vollstreckung in das Gesellschaftsvermögen versucht zu haben.

Es ist möglich, die Haftung durch eine ausdrückliche Vereinbarung mit dem jeweiligen Vertragspartner einzuschränken. Der allgemeine Zusatz GbR mbH im Briefkopf oder den Vertragsunterlagen soll nach Auffassung des BGH nicht die gleiche Wirkung entfalten.

1342 Scheidet ein Gesellschafter aus einer GbR aus, haftet er nach den Vorschriften für die OHG weiterhin für die Gesellschaftsverbindlichkeiten (§ 736 Abs. 2 BGB). Danach ist der Haftungszeitraum auf fünf Jahre begrenzt. Da wegen fehlender Eintragung des Austritts eines Gesellschafters aus der GbR im Handelsregister der Zeitpunkt des Austritts dem Gläubiger oft nicht bekannt ist, gilt als Beginn der Fünfjahresfrist der Zeitpunkt der Erkenntnis des Gläubigers vom Ausscheiden des betreffenden Gesellschafters.

1.2.6 Gewinnverteilung und Entnahmerechte

Grundsätzlich hat ein jeder Gesellschafter einen gleichen Anspruch auf einen Anteil am Gewinn oder Verlust der Gesellschaft. Dies gilt unabhängig davon, welche Gesellschafterleistungen der einzelne Mitgesellschafter erbracht hat. Da diese gesetzliche Regelung häufig zu unbefriedigenden Ergebnissen führen würde, wird die Gewinn- oder Verlustverteilung im Gesellschaftsvertrag abweichend geregelt. Die Gesellschafter haben nach § 721 BGB Anspruch auf jährliche Rechnungslegung und jährliche Gewinnverteilung. Die Frage, ob zu erwartende Gewinnanteile während des laufenden Jahres bereits entnommen werden dürfen, ist im Gesetz selbst nicht geregelt. Eine entsprechende gesellschaftsrechtliche Absprache ist jedoch in der Praxis üblich und statthaft.

1343

1.3 Die offene Handelsgesellschaft (OHG)

1.3.1 Allgemeines

Die OHG ist in den §§ 105 ff. HGB geregelt. Daneben gelten auch die Vorschriften der §§ 705 ff. BGB. Die Vorschriften der §§ 105 ff. HGB gehen als spezielle Vorschriften den Vorschriften der §§ 705 ff. BGB vor. Weiteren Vorrang haben für die Regelung der Rechtsverhältnisse der Gesellschafter untereinander die Vereinbarungen im Gesellschaftsvertrag (siehe § 109 HGB).

1344

1.3.2 (Teil-)Rechtsfähigkeit

Obwohl die OHG der Gruppe der sog. nicht rechtsfähigen Personenvereinigungen zuzurechnen ist, hat der Gesetzgeber sie mit einer gewissen rechtlichen Selbständigkeit ausgestattet. Nach § 124 HGB kann die OHG unter ihrer Firma Rechte erwerben und Verbindlichkeiten eingehen, Eigentum und andere dingliche Rechte an Grundstücken erwerben, vor Gericht klagen und verklagt werden.

1345

1.3.3 Gründung einer OHG

Die OHG unterscheidet sich von der GbR lediglich dadurch, dass sie auf den Betrieb eines Handelsgewerbes unter gemeinschaftlicher Firma gerichtet ist. Der Gründungsvorgang geschieht daher ähnlich formfrei wie bei der GbR. Gesellschafter können alle natürlichen Personen, Personenhandelsgesellschaften wie die OHG und die KG sowie juristische Personen sein. Dagegen sind nach h. M. BGB-Gesellschaften neben Erbengemeinschaften sowie nicht rechtsfähigen Vereinen als Gesellschafter nicht zuzulassen.

1346

Wie bei der GbR bedarf der Gesellschaftsvertrag keiner besonderen Form. Aber auch hier kann es erforderlich werden, dass der Vertrag notariell beglaubigt werden muss, weil andere Einzelvorschriften dies so vorschreiben.

1347 Der Gesellschaftszweck ist bereits durch das HGB, § 105 Abs. 1, vorgegeben. Er besteht im Betrieb eines Handelsgewerbes unter einer gemeinschaftlichen Firma. Handelsgewerbe in diesem Sinne ist jeder Gewerbebetrieb, der nach Art und Umfang einen in kaufmännischer Weise eingerichteten Geschäftsbetrieb erfordert.

1348 Anders als die GbR muss die OHG nach § 106 Abs. 1 HGB zur Eintragung ins Handelsregister angemeldet werden. Die Anmeldung ist von allen Gesellschaftern zu betreiben. Die Gesellschaft entsteht im Innenverhältnis mit Abschluss des Gesellschaftsvertrags. Für das Außenverhältnis ist grundsätzlich die Eintragung ins Handelsregister maßgebend. Beginnt die OHG ihre Geschäfte aber schon vor der Eintragung, entsteht die Gesellschaft im Verhältnis zu diesen Dritten bereits mit Aufnahme der Geschäftstätigkeit. Dieser Zeitpunkt ist für die OHG auch regelmäßig der Zeitpunkt des Beginns der Buchführungspflicht.

1.3.4 Gesellschaftsvermögen, Geschäftsführung und Vertretung

1349 Auch hier gelten grundsätzlich die Vorschriften für die GbR, das heißt, das Gesellschaftsvermögen ist ebenfalls gesamthänderisch gebunden.

§ 114 HGB regelt, dass alle Gesellschafter zur Führung der Geschäfte berechtigt und verpflichtet sind. Steht die Geschäftsführung allen zu, ist jeder von ihnen allein zu handeln berechtigt. Auch zu diesem Punkt ist es aber üblich und zugelassen, im Gesellschaftsvertrag anderweitige Regelungen zu treffen.

1.3.5 Haftung für Schulden der OHG

1350 Nach § 128 Satz 1 HGB haften die Gesellschafter einer OHG für die Verbindlichkeiten der Gesellschaft den Gläubigern gegenüber persönlich. Sie haften also kraft Gesetzes. Die Haftung ist wie bei der GbR persönlich unbeschränkt, unmittelbar und gesamtschuldnerisch.

Die Haftung verjährt spätestens nach Ablauf von fünf Jahren nach Auflösung der Gesellschaft, sofern nicht der Anspruch gegen die Gesellschaft einer kürzeren Verjährung unterliegt. Neu eintretende Gesellschafter haften ebenfalls nach § 130 HGB für die vor ihrem Eintritt begründeten Verbindlichkeiten der OHG.

1.3.6 Gewinn- und Verlustbeteiligung, Entnahmerecht

1351 Nach §§ 120 ff. HGB ist die Gewinnverteilung bei der OHG wie folgt geregelt:

Zunächst erfolgt eine 4%ige Verzinsung des jeweiligen Kapitalanteils, maximal jedoch in der Höhe des ausgewiesenen Gewinns. Der Restbetrag des Gewinns ist nach Köpfen – also gleichmäßig – zu verteilen. Endet das Wirtschaftsjahr mit einem Verlust, entfällt die Kapitalverzinsung und der Verlust wird gleichmäßig auf die Gesellschafter verteilt.

BEISPIELE (zur gesetzlichen Gewinnverteilung bei einer OHG): 1352

1) A + B OHG Kapital A = 50 000 €
   Kapital B = 100 000 €
   Gewinn der OHG = 40 000 €

Gewinnverteilung nach § 121 HGB:

	Vorabgew.	A	B	Summe
Gewinn OHG	40 000 €			
./. Kap- Verz.	6 000 €	2 000 €	4 000 €	6 000 €
Restgewinn	34 000 €			
Verteilung		17 000 €	17 000 €	34 000 €
Gewinnanteil		19 000 €	21 000 €	40 000 €

2) A + B OHG Kapital A = 50 000 €
   Kapital B = 100 000 €
   Verlust der OHG = 40 000 €

Gewinnverteilung nach § 121 HGB:

	Vorabgew.	A	B	Summe
Gewinn OHG	./. 40 000 €			
./. Kap-Verz.	0 €			
Restgewinn	./. 40 000 €			
Verteilung		./. 20 000 €	./. 20 000 €	./. 40 000 €
Gewinnanteil		./. 20 000 €	./.20 000 €	./. 40 000 €

3) A + B OHG Kapital A = 50 000 €
   Kapital B = 100 000 €
   Gewinn der OHG = 4 000 €

Gewinnverteilung nach § 121 HGB:

	Vorabgew.	A	B	Summe
Gewinn OHG	4 000 €			
Kap-Verz.	4 000 €	1 333 €	2 667 €	4 000 €
Restgewinn	0 €			
Verteilung				
Gewinnanteil		1 333 €	2 667 €	4 000 €

Üblicherweise werden im Gesellschaftsvertrag jedoch anders lautende Vereinbarungen getroffen. Diese Vereinbarungen gehen dann der gesetzlichen Regelung vor. Insbesondere ist es üblich, vor einer restlichen Verteilung des Gewinns nach Köpfen oder nach einer bestimmten Quote bestimmte Gewinnanteile vorab einzelnen Gesellschaftern zuzurechnen. Kriterien für die Zurechnung eines solchen sog. Vorweggewinns sind besondere Haftungsübernahme (bei der KG), besondere Regelungen für die Kapitalkontenverzinsung oder die Berücksichtigung einer Tätigkeit für die Gesellschaft z. B. als Geschäftsführer. 1353

1354 1) A + B OHG Kapital A = 50 000 €
               Kapital B = 100 000 €
               Gewinn der OHG = 40 000 €

Gewinnverteilung nach Köpfen vereinbart:

	Vorabgew.	1.4. A	B	Summe
Gewinn OHG	40 000 €			
./. Kap-Verz.	0 €			
Restgewinn	40 000 €			
Verteilung		20 000 €	20 000 €	40 000 €
Gewinnanteil		20 000 €	20 000 €	40 000 €

2) A + B OHG Kapital A = 50 000 €
               Kapital B = 100 000 €
               Verlust der OHG = 40 000 €

Gewinnverteilung: 4 % Kapitalverzinsung, Rest nach Köpfen;

	Vorabgew.	1.5. A	B	Summe
Gewinn OHG	./. 40 000 €			
Kap-Verz.	6 000 €	2 000 €	4 000 €	6 000 €
Restgewinn	46 000 €			
Verteilung		./. 23 000 €	./. 23 000 €	./. 46 000 €
Gewinnanteil		./. 21 000 €	./. 19 000 €	./. 40 000 €

3) A + B OHG Kapital A = 50 000 €
               Kapital B = 100 000 €
               Gewinn der OHG = 4 000 €

Gewinnverteilung: 6 % Kapitalverzinsung, Rest 20 % / 80 %;

	Vorabgew.	1.6. A	B	Summe
Gewinn OHG	4 000 €			
Kap-Verz.	9 000 €	3 000 €	6 000 €	9 000 €
Restgewinn	./. 5 000 €			
Verteilung		./. 1 000 €	./. 4 000 €	./. 5 000 €
Gewinnanteil		2 000 €	2 000 €	4 000 €

1355 Entnahmerechte der Gesellschafter sind auch bei der OHG gesetzlich geregelt (§ 122 Abs. 1 HGB). Danach dürften die Gesellschafter aus der Gesellschaftskasse einen Betrag bis zu 4 % des für das letzte Geschäftsjahr festgestellten Kapitalanteils entnehmen. Darüber hinaus dürfen Gesellschafter auch einen überschießenden Betrag bis zu seinem Anteil am Gewinn des letzten Jahres verlangen, wenn der Gesellschaft dadurch kein Schaden entsteht.

Tatsächlich sind jedoch in fast allen Gesellschaftsverträgen die Entnahmerechte anderweitig geregelt. Diese Regelungen im Gesellschaftsvertrag gehen dann der gesetzlichen Regelung vor.

1.3.7 Kapitalkonten der OHG

Nach § 120 Abs. 2 HGB hat der Gesellschafter einer OHG nur einen variablen Kapitalanteil. Der Anteil ist deswegen variabel, weil er sich während des Wirtschaftsjahres ständig durch Entnahmen, Einlagen, Gewinne oder Verluste verändert. Kapitalanteil in diesem Sinne ist das auf dem Kapitalkonto des Gesellschafters ausgewiesene Guthaben des Gesellschafters. Anders ausgedrückt: Das Kapitalkonto stellt die wertmäßige Beteiligung des einzelnen Gesellschafters an der Gesellschaft im Verhältnis zu den anderen Gesellschaftern dar. Im Sinne einer handelsrechtlich ordnungsmäßigen Buchführung reicht also ein einheitliches Kapitalkonto pro Gesellschafter aus.

1356

In der Praxis ist diese Darstellung allerdings die extreme Ausnahme. Hier werden für jeden Gesellschafter in der Regel mindestens zwei Kapitalkonten geführt. Diese werden als Kapitalkonto I und Kapitalkonto II geführt. Auf dem Kapitalkonto I wird üblicherweise die Beteiligungsquote des Gesellschafters dargestellt. Das Kapitalkonto II nimmt alle variablen Größen, die das Eigenkapital des Gesellschafters ändern, auf. Dieses sind die Entnahmen und die Einlagen, die der Gesellschafter aus dem oder in das Gesamthandsvermögen tätigt. Darüber hinaus werden auf dem Kapitalkonto II nach Ablauf des Wirtschaftsjahres die anteilig ermittelten Gewinne oder Verluste gutgeschrieben.

1357

Dieses Kapitalkonto II darf keinesfalls mit einem Darlehenskonto des Gesellschafters bei seiner OHG verwechselt werden. Gewährt der Gesellschafter seiner Gesellschaft ein Darlehen, ist dieses in der Gliederung der Bilanz eindeutig als Fremdkapital außerhalb der Eigenkapitalkonten auszuweisen.

Ein solches Fremdkapitalkonto (Verbindlichkeiten gegenüber dem Gesellschafter) ist z. B. regelmäßig anzunehmen, wenn bei einem Drei-Kontenmodell neben den Kapitalkonten I und II ein Kapitalkonto III geführt wird, auf dem die entnahmefähigen Gewinnanteile des Gesellschafters erfasst sind. Wenn diese Kapitalteile laufend oder bei Ausscheiden des Gesellschafters oder bei Auflösung der Gesellschaft nicht für Verrechnungen mit ggf. vorhandenen Verlustvorträgen bestimmt sind, sind die hier dokumentierten Kapitalteile aus Sicht der Gesellschaft Fremdkapital. Sie stehen dann auch nicht für Verrechnungen i. S. d. § 15a EStG zur Verfügung.

1.4 Die Kommanditgesellschaft (KG)

1.4.1 Allgemeines

Die KG ist eine Sonderform der OHG. Sie ist ebenfalls auf den Betrieb eines Handelsgewerbes unter gemeinschaftlicher Firma gerichtet. Der Unterschied zur OHG besteht darin, dass nur ein Gesellschafter der KG (der Komplementär) mit seinem gesamten, also auch mit seinem privaten Vermögen haftet. Weitere Gesellschafter, die sog. Kommanditisten, sind in ihrer Haftung gegenüber den Gesellschaftsgläubigern auf die Höhe ihrer Vermögenseinlage beschränkt. Durch dieses beschränkte Risiko ist die KG in der Praxis eine beliebte Rechtsform.

1358

1.4.2 Rechtsgrundlagen der KG

1359 Die §§ 161 ff. HGB regeln rechtsformspezifische Probleme der KG. Ansonsten gelten die allgemeinen Regeln für die GbR (§§ 105 ff. BGB) und die Vorschriften für die OHG (§§ 120 ff. HGB) sinngemäß. Für die Rechtsfähigkeit und die Gründung einer KG, einschließlich der Anmeldung zur Eintragung ins Handelsregister, gelten weitgehend die Vorschriften für OHG entsprechend.

1.4.3 Die Besonderheit des Kommanditisten

1360 Der entscheidende Unterschied zur OHG liegt in der Rechtsstellung des Kommanditisten. Dadurch, dass er nicht das Risiko einer unbeschränkten Haftung trägt, besteht für viele Interessierte die Möglichkeit, sich an einem Gewerbebetrieb zu beteiligen, ohne nicht überschaubare Risiken einzugehen. Damit haben die Kommanditisten in vielen Fällen die Stellung eines Geldgebers. Dieser Stellung entsprechend sind sie auch vom Gesetzgeber nur eingeschränkt mit Rechten versehen.

Die Haftungshöhe des Kommanditisten muss genau beziffert werden. Sie wird ins Handelsregister als Hafteinlage eingetragen.

1.4.4 Geschäftsführung der KG

1361 Nach der gesetzlichen Regelung des § 164 Satz 1 HGB ist der Kommanditist von der Geschäftsführung ausgeschlossen. Sie erfolgt demnach durch den Komplementär oder die Komplementäre. Auf diese sind für die Fragen der Geschäftsführung die bei der OHG geltenden Vorschriften und Regelungen anwendbar. Im Gesellschaftsvertrag kann aber jederzeit vereinbart sein, dass auch der Kommanditist die Stellung eines Geschäftsführers erhält.

1362 Dem Kommanditisten steht kraft Gesetzes lediglich ein Widerspruchsrecht bei ungewöhnlichen Geschäften des Komplementärs zu. Damit sind Geschäfte gemeint, die über den gewöhnlichen Betrieb eines Handelsgeschäfts hinausgehen. Das sind z. B. Errichtung einer Zweigniederlassung, bauliche Veränderungen an Betriebsgrundstücken oder die Übertragung von Gesellschaftsvermögen.

Außerdem werden dem Kommanditisten gem. § 166 Abs. 1 HGB Kontrollrechte zugestanden. Er kann eine Abschrift des Jahresabschlusses verlangen und dessen Richtigkeit unter Einsicht in die Bücher und Papiere überprüfen.

1.4.5 Gewinn- und Verlustbeteiligung, Entnahmerechte

1363 Grundsätzlich bestimmt sich die gesetzliche Gewinnverteilung nach § 168 Abs. 1 HGB nach den Vorschriften für die OHG. Das bedeutet, dass auch bei der KG vorab eine 4 %ige Verzinsung des Kapitalanteils erfolgen und der Restbetrag angemessen, also nicht nach Köpfen, verteilt werden soll. Kriterien für diese angemessene Gewinnverteilung sind insbesondere die unterschiedliche Tätigkeit im Rahmen der Geschäftsführung und die unterschiedliche Haftung. Aber auch hier gilt für die Praxis, dass regelmäßig vertragliche Gewinnverteilungsabreden zur Anwendung kommen.

Von dem ihm zustehenden Gewinnanteil nach § 169 Abs. 1 HGB darf der Komplementär wieder vorab bis zu 4 % des auf den Schluss des letzten Geschäftsjahres festgestellten Kapitalanteils entnehmen. Der Kommanditist hat kein gesetzliches Entnahmerecht. Der Kommanditist, der seine im Gesellschaftsvertrag verabredete Einlage erbracht hat, hat jedoch das Recht, am Ende eines Geschäftsjahres die Auszahlung seines Gewinnanteils zu fordern. Das kann natürlich nur gelten, solange sein Kapitalanteil durch Verrechnung mit Verlusten nicht unter den Betrag der Pflichteinlage gerutscht ist. Sollten in den Vorjahren bereits Gewinne ausgezahlt worden sein, müssen diese Beträge im Falle eines späteren Verlustes jedoch nicht zurückgezahlt werden. 1364

1.4.6 Kapitalkonten der Gesellschafter

Für den Komplementär gilt grundsätzlich hinsichtlich der Kapitalkonten die Ausführungen zur OHG (vgl. Rdn. 1356 ff.). Hier reicht handelsrechtlich ein einheitliches Kapitalkonto aus. In der Praxis wird jedoch wie bei der OHG für den eingezahlten Beteiligungsanteil ein sog. Kapitalkonto I und für die verbleibenden variablen Größen wie Entnahme, Einlagen, Gewinne und Verluste ein Kapitalkonto II geführt. 1365

Der eingezahlte Beteiligungsanteil des Kommanditisten wird handelsrechtlich seinem einheitlichen Kapitalkonto gutgeschrieben. Weitere Gewinnanteile des Kommanditisten sollen nach § 167 Abs. 2 HGB nur dann diesem Kapitalkonto gutgeschrieben werden, solange die vereinbarte Kapitaleinlage noch nicht erbracht ist. Für den übersteigenden Betrag hat der Kommanditist eine Forderung gegen die KG auf Auszahlung des fraglichen Betrags. Entsprechend muss die KG handelsrechtlich eine Verbindlichkeit gegen den Kommanditisten auf Auszahlung des Gewinnanteils passivieren. 1366

Verluste der KG dürfen dem Kommanditisten nur solange verrechnet werden, bis sein Kapitalkonto aufgezehrt ist. An darüber hinaus gehenden Verlusten nimmt er nicht teil. 1367

Handelsrechtlich werden für den Kommanditisten demnach auch zwei Konten geführt. Das zweite Konto hat aus der Sicht der KG jedoch den Charakter von Fremdkapital. 1368

Diese stark differenzierte handelsrechtliche Sichtweise wird in der Praxis nur sehr selten nachvollzogen. Vielmehr werden auch für den Kommanditisten wie bei den Gesellschaftern einer OHG oder einem Komplementär ein Kapitalkonto I und II geführt. Auf diesem Kapitalkonto II werden ebenfalls Entnahmen, Einlagen, die Gewinne und Verluste dargestellt. Nach herrschender Meinung hat ein solches Kapitalkonto II auch beim Kommanditisten Eigenkapitalcharakter. Sollten jedoch dem Kommanditisten seine Gewinnanteile auf einem Kapitalkonto III in Anlehnung an § 167 Abs. 2 HGB gutgeschrieben werden, gelten für diese Kapitalanteile die gleichen Regelungen wie unter Rdn. 1357 beschrieben. Das Konto hat aus der Sicht der KG Fremdkapitalcharakter. 1369

1.5 Die GmbH & Co. KG

1.5.1 Allgemeines

1370 Durch das Kapitalgesellschaften- und Co-Richtlinie-Gesetz (KapCoRiLiG) werden Personenhandelsgesellschaften, bei denen nicht wenigstens ein persönlich haftender Gesellschafter als natürliche Person beteiligt ist, den ergänzenden Vorschriften für Kapitalgesellschaften (§§ 264 – 330 HGB) unterworfen. Die typische GmbH & Co. KG fällt u. a. unter diesen Anwendungsbereich.

Die für Kapitalgesellschaften geltende Eigenkapitalgliederung des § 266 HGB ist durch § 264c HGB an die Bedürfnisse der GmbH & Co. KG angepasst worden.

§ 264c Abs. 2 Satz 1 HGB lautet:

„*§ 266 Abs. 3 Buchstabe A ist mit der Maßgabe anzuwenden, dass als Eigenkapital die folgenden Posten gesondert auszuweisen sind:*

I. Kapitalanteile

II. Rücklagen

III. Gewinnvortrag/Verlustvortrag

IV. Jahresüberschuss/Jahresfehlbetrag."

1.5.2 Die einzelnen Kapitalanteile der GmbH & Co. KG

1.5.2.1 Kapitalanteile

1371 Unter „Kapitalanteile" sind die Kapitalanteile der Komplementäre und Kommanditisten auszuweisen. Regelmäßig sind die Komplementäre nicht vermögensmäßig beteiligt, sodass unter der Position „Kapitalanteile" nur die der Kommanditisten auszuweisen sind.

1.5.2.2 Rücklagen

1372 Als Rücklagen sind nur solche Beträge auszuweisen, die aufgrund einer gesellschaftsrechtlichen Vereinbarung gebildet worden sind. Eine Unterscheidung nach Gewinn- oder Kapitalrücklagen erfolgt nicht. Regelmäßig handelt es sich um nicht entnahmefähige Gewinnanteile. Die Rücklagen dienen der langfristigen Innenfinanzierung der Gesellschaft und stellen Eigenkapital dar.

1.5.2.3 Gewinnausweis

1373 Die allgemeinen Grundsätze für Personengesellschaften gelten auch hier. Nach h. A. steht der Gewinnanteil dem Gesellschafter regelmäßig bereits am Abschlussstichtag zu. Dies entspricht bei Kapitalgesellschaften einer Bilanzierung nach vollständiger Ergebnisverwendung i. S. d. § 268 Abs. 1 HGB.

Die Gesellschafter können aber auch bestimmen, dass die Gesellschafterversammlung über die Verwendung des Jahresüberschusses beschließt. In diesen Fällen ist der Jahresüberschuss in der Bilanz auszuweisen.

Wird nur über einen Teil des Jahresüberschlusses ein Verwendungsbeschluss gefasst und/oder bei Aufstellung des Jahresabschlusses ein Teil des Jahresüberschusses in den Rücklagen thesauriert, ist der dann verbleibende Jahresüberschuss als Bilanzgewinn auszuweisen.

Die GuV-Rechnung ist in diesen Fällen um folgende Positionen zu verlängern:

Jahresüberschuss

+ Gewinnvortrag

+/./. Gutschrift/Belastung auf Rücklagenkonto

+/./. Gutschrift/Belastung auf Kapitalkonten

+/./. Gutschrift/Belastung auf Verbindlichkeitenkonten

Bilanzgewinn (Ergebnis nach Verwendung)

1.5.2.4 Verlustausweis

Grundsätzlich werden handelsrechtlich Verluste unmittelbar vom Kapitalanteil abgebucht. Für Komplementäre gibt es keine gesetzliche Verpflichtung, Verlustanteile auszugleichen (vgl. §§ 105 Abs. 3, 161 Abs. 2 HGB i. V. m. § 707 BGB).

1374

§ 264c Abs. 2 HGB regelt daher den Verlustausweis wie folgt:

Der auf den Kapitalanteil eines Komplementärs für das Geschäftsjahr entfallende Verlust ist vom Kapitalanteil abzuschreiben. Soweit der Verlust den Kapitalanteil übersteigt, ist er auf der Aktivseite unter der Bezeichnung „Einzahlungsverpflichtungen persönlich haftender Gesellschafter" unter den Forderungen gesondert auszuweisen, soweit eine Zahlungsverpflichtung besteht. Besteht keine Zahlungsverpflichtung, ist der Betrag als „nicht durch Vermögenseinlagen gedeckter Verlustanteil persönlich haftender Gesellschafter" zu bezeichnen und gem. § 268 Abs. 3 auszuweisen.

Auch den Kommanditisten trifft keine Nachschusspflicht (§ 167 Abs. 3 HGB).

Ist der Kapitalanteil eines Kommanditisten durch die Verrechnung von Verlustanteilen unter den Betrag der Hafteinlage gemindert, führt die Entnahme zukünftiger Gewinnanteile vor entsprechender Auffüllung des Kapitalkontos zum Wiederaufleben der Außenhaftung (§ 174 Abs. 4 HGB). Durch diese zulässige Entnahme entsteht insoweit kein gesetzlicher Anspruch der Gesellschaft gegen den Kommanditisten (§ 264c Abs. 2 Satz 7 HGB).

Soweit Verlustanteile bzw. die Entnahmen den Kapitalanteil des Kommanditisten ohne Zahlungsverpflichtung übersteigen, ist der Saldo auf der Aktivseite als „nicht durch Vermögenseinlagen gedeckter Fehlbetrag der Kommanditisten" auszuweisen. Besteht jedoch eine Zahlungsverpflichtung, erfolgt die Aktivierung unter den Forderungen als „Einzahlungsverpflichtungen der Kommanditisten".

1.5.3 Sonderposten für aktivierte Anteile an der Komplementärgesellschaft

1375 Die sog. Einheits-GmbH & Co. KG muss für die von ihr aktivierten Anteile an der Komplementärgesellschaft auf der Passivseite nach dem Posten Eigenkapital einen Sonderposten mit der Bezeichnung „Ausgleichsposten für aktivierte eigene Anteile" bilden. Der Sonderposten ist entweder aus den Rücklagen oder dem Jahresüberschuss zu speisen (Ausschüttungssperre). Reichen diese beiden Beträge nicht aus, muss der Restbetrag von den Kapitalanteilen abgebucht werden, ohne dass dadurch eine Einzahlungsverpflichtung der Kommanditisten wieder auflebt.

1.6 Die stille Gesellschaft

1.6.1 Die typisch stille Gesellschaft

1376 Die stille Gesellschaft ist ebenfalls eine Personengesellschaft, aber keine Handelsgesellschaft. Sie entsteht, wenn sich jemand durch eine Vermögensanlage an einem Handelsgewerbe beteiligt. Der sich so Beteiligende wird als stiller Gesellschafter bezeichnet. Stille Gesellschafter sind mit Beteiligungen an einem Einzelunternehmen, an einer OHG, KG oder GmbH möglich. Dabei handelt es sich jedoch um eine reine Innengesellschaft, die nach außen nicht in Erscheinung tritt.

1377 Der stille Gesellschafter leistet nur eine Vermögenseinlage, ist aber nicht am Gesellschaftsvermögen beteiligt. Also entsteht auch kein Gesamthandsvermögen. Er hat nur eingeschränkte Kontrollrechte i. S. d. § 233 HGB und muss am Gewinn beteiligt sein. Eine Beteiligung am Verlust ist ebenfalls möglich, aber nicht zwingend (§ 231 HGB).

1378 Eine Haftung des still Beteiligten gegenüber Dritten (Außenhaftung) scheidet aus, da der still Beteiligte nach außen hin überhaupt nicht in Erscheinung tritt. Im Innenverhältnis seinem Geschäftsherrn gegenüber ist er nur verpflichtet, seine Einlage zu leisten.

1.6.2 Die atypisch stille Gesellschaft

1379 Wenn die stille Gesellschaft wie oben beschrieben ausgestaltet ist, spricht man von einer typisch stillen Gesellschaft. Sobald der still Beteiligte aber neben einer Beteiligung am Verlust auch an den stillen Reserven und am Firmenwert beteiligt ist, wird er regelmäßig als Mitunternehmer anzusehen sein. Die so ausgestaltete stille Gesellschaft wird dann als atypische stille Gesellschaft bezeichnet. Der Beteiligte an dieser atypisch stillen Gesellschaft erzielt Einkünfte aus Gewerbebetrieb. Die atypisch stille Gesellschaft wird steuerlich ähnlich wie eine KG behandelt (siehe unten).

Dagegen erzielt der typisch still Beteiligte Einkünfte nach § 20 Abs. 1 Nr. 4 EStG.

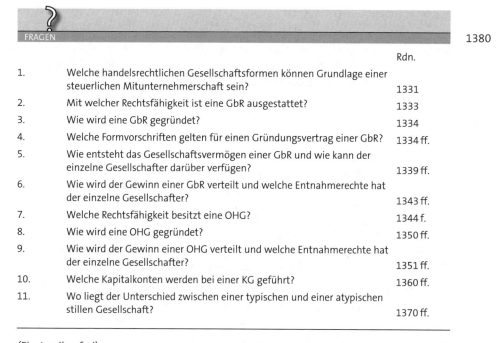

		Rdn.
1.	Welche handelsrechtlichen Gesellschaftsformen können Grundlage einer steuerlichen Mitunternehmerschaft sein?	1331
2.	Mit welcher Rechtsfähigkeit ist eine GbR ausgestattet?	1333
3.	Wie wird eine GbR gegründet?	1334
4.	Welche Formvorschriften gelten für einen Gründungsvertrag einer GbR?	1334 ff.
5.	Wie entsteht das Gesellschaftsvermögen einer GbR und wie kann der einzelne Gesellschafter darüber verfügen?	1339 ff.
6.	Wie wird der Gewinn einer GbR verteilt und welche Entnahmerechte hat der einzelne Gesellschafter?	1343 ff.
7.	Welche Rechtsfähigkeit besitzt eine OHG?	1344 f.
8.	Wie wird eine OHG gegründet?	1350 ff.
9.	Wie wird der Gewinn einer OHG verteilt und welche Entnahmerechte hat der einzelne Gesellschafter?	1351 ff.
10.	Welche Kapitalkonten werden bei einer KG geführt?	1360 ff.
11.	Wo liegt der Unterschied zwischen einer typischen und einer atypischen stillen Gesellschaft?	1370 ff.

(Einstweilen frei)   1381–1389

Kapitel 2: Mitunternehmerschaften

2.1 Allgemeines

Nach § 15 Abs. 1 Nr. 2 EStG sind die Gewinnanteile der Gesellschafter einer OHG, einer KG oder einer anderen Gesellschaft, bei der die Gesellschafter als Mitunternehmer des Betriebs anzusehen sind, Einkünfte aus Gewerbebetrieb. Daraus ist zu erkennen, dass, obwohl der GbR, der OHG und der KG zivilrechtlich eine gewisse Teilrechtsfähigkeit zugestanden wird, die Gesellschaften für Zwecke der Einkommensbesteuerung kein Steuersubjekt sind. Nicht die Personengesellschaft, sondern die Gesellschafter unterliegen der Einkommensbesteuerung.

Aus dieser gesetzlichen Formulierung ergibt sich aber auch, dass der steuerliche Begriff Mitunternehmerschaft weiter gefasst wird als der handelsrechtliche Begriff „Gesellschaft". Als Mitunternehmer ist derjenige anzusehen, der ein gewerbliches Unternehmen gemeinsam mit anderen mit eigenem Unternehmerrisiko und eigener Unternehmerinitiative betreibt.

Das heißt, folgende Tatbestandsmerkmale müssen erfüllt sein:

- es muss ein Gesellschaftsverhältnis (oder Gemeinschaftsverhältnis) vorliegen;
- Gesellschafterstellung (oder Gemeinschafterstellung) der betroffenen Person;
- Mitunternehmereigenschaft des Gesellschafters (Gemeinschafters);
- Gewinnerzielungsabsicht;

TEIL C Besonderheiten bei Personengesellschaften

▶ Einkünfte aus Gewerbebetrieb.

1392 Ein Gesellschaftsverhältnis liegt zweifelsfrei vor, wenn die Mitunternehmereigenschaft bei Gesellschaftern einer OHG, KG oder GbR geprüft werden soll. Diese Personen haben unstreitig auch eine Gesellschafterstellung. Personen in diesem Sinne können sowohl natürliche Personen, Personengesellschaften oder juristische Personen sein.

2.2 Begriff Mitunternehmereigenschaft

1393 Die Vokabel „Mitunternehmereigenschaft" ist eine Wortschöpfung des Steuerrechts (H 15.8 Abs. 1 EStH). Sie ist gegeben, wenn mehrere Personen gemeinsam Initiative entwickeln, um einen gemeinsamen Zweck zu erreichen und dabei gemeinsam das Risiko tragen. Mitunternehmerinitiative hat derjenige, der Geschäftsführungs- oder Vertretungsbefugnis besitzt und Stimm-, Widerspruchs- oder Kontrollrechte ausüben kann. Unternehmerrisiko trägt derjenige, der am Vermögen und an den stillen Reserven sowie am Gewinn und Verlust beteiligt ist. Auch zu übernehmende Haftung und Entnahmerechte sind typische Hinweise für übernommenes Unternehmerrisiko.

1394 Unternehmerrisiko und Unternehmerinitiative müssen nicht gleich ausgeprägt sein. Denkbar ist, dass ein Wenig an Initiative durch ein Mehr an Risiko ausgeglichen wird oder umgekehrt.

1395 Einkünfte einer Mitunternehmerschaft müssen solche aus Gewerbebetrieb sein. Zur Definition der gewerblichen Einkünfte gehören nach § 15 Abs. 2 EStG auch die Gewinnerzielungsabsicht und die Teilnahme am allgemeinen wirtschaftlichen Verkehr. Gewerblichkeit der Einkünfte nach § 15 Abs. 3 Nr. 1 oder 2 EStG reicht aus.

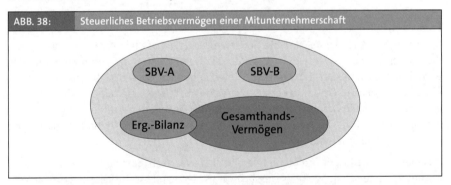

ABB. 38: Steuerliches Betriebsvermögen einer Mitunternehmerschaft

1396 **FRAGEN**

		Rdn.
1.	Wann spricht das Steuerrecht von einer Mitunternehmerschaft?	1390 ff.
2.	Welche Vermögen gehören zum steuerlichen Betriebsvermögen einer Mitunternehmerschaft?	1395

1397–1409 *(Einstweilen frei)*

Kapitel 3: Gründung von Mitunternehmerschaften

3.1 Allgemeines

Die Gründung einer Mitunternehmerschaft kann sich auf verschiedene Art und Weise vollziehen. Man unterscheidet:

- ▶ die Bargründung;
- ▶ die Sachgründung
    - aus dem Privatvermögen,
    - aus dem Betriebsvermögen;
- ▶ die Einbringung eines Betriebs, Teilbetriebs oder Mitunternehmeranteils.

3.1.1 Die Bargründung

Bei einer Bargründung vereinbaren die Gesellschafter, ihre Gesellschafterbeiträge in Geld zu erbringen. Die aufzustellende Eröffnungsbilanz stellt sich so dar, dass der Geldbestand aktiviert und die Kapitalkonten passiviert werden.

BEISPIEL: ▶ A und B gründen zum 1.1. eine GbR. Ihr Gesellschafterbeitrag soll je 20 000 € betragen. Die Beträge werden am 1.1. in bar eingelegt.

Unter der Vorgabe, dass für jeden Gesellschafter ein einheitliches Kapitalkonto geführt werden soll, sieht die Eröffnungsbilanz wie folgt aus:

Eröffnungsbilanz GbR zum 1.1.			
Kasse	40 000 €	Kapital A	20 000 €
		Kapital B	20 000 €
	40 000 €		40 000 €

Unter der Vorgabe, dass ein geteiltes Kapitalkonto für jeden Gesellschafter geführt werden soll, sieht die Eröffnungsbilanz wie folgt aus:

Eröffnungsbilanz GbR zum 1.1.			
Kasse	40 000 €	Kapital I A	20 000 €
		Kapital II A	0 €
		Kapital I B	20 000 €
		Kapital II B	0 €
	40 000 €		40 000 €

Bei der Abwandlung, dass A seine Einlage noch nicht geleistet hat, sieht die Eröffnungsbilanz bei geteiltem Kapitalkonto wie folgt aus:

Eröffnungsbilanz GbR zum 1.1.			
Kasse	20 000 €	Kapital I A	20 000 €
noch ausstehende Einlage des A	20 000 €	Kapital II A	0 €
		Kapital I B	20 000 €
		Kapital II B	0 €
	40 000 €		40 000 €

3.1.2 Die Sachgründung

3.1.2.1 Die Sachgründung aus dem Privatvermögen

1412 Gesellschafter können ihre Einlage bei Gründung der Gesellschaft auch ganz oder teilweise in Sachwerten erbringen. Dieser Vorgang wird nicht als Einlage, sondern als Tauschvorgang gewertet. Der Einbringung z. B. eines Pkws in die zu gründende Gesellschaft steht die Gewährung von Gesellschaftsrechten von Seiten der Gesellschaft gegenüber. Der Pkw ist in der Gesamthandsbilanz mit dem gemeinen Wert zu bewerten (§ 6 Abs. 6 EStG). Auf der Seite des Einbringenden ist ein Veräußerungsvorgang zu beurteilen, der aber nur in den Fällen der §§ 17 und 23 EStG steuerpflichtig ist.

1413 **BEISPIEL:** Wie oben, jedoch erbringt B seine Einlageverpflichtung durch Übertragung seines Pkws, gemeiner Wert 20 000 €, auf die Gesellschaft. Unter der Vorgabe, dass ein geteiltes Kapitalkonto für jeden Gesellschafter geführt werden soll, sieht die Eröffnungsbilanz wie folgt aus:

Eröffnungsbilanz GbR zum 1.1.

Pkw	20 000 €	Kapital I A	20 000 €
Kasse	20 000 €	Kapital II A	0 €
		Kapital I B	20 000 €
		Kapital II B	0 €
	40 000 €		40 000 €

3.1.2.1.1 Sonstige Auswirkungen

1414 Sollte im Rahmen einer Gesellschaftsgründung vereinbart sein, dass einer der Gesellschafter zur Erfüllung seiner Einlage der Gesellschaft ein Grundstück überträgt, ist die Frage der Entstehung von Grunderwerbsteuer zu prüfen.

Die Personengesellschaft hat für grunderwerbsteuerliche Zwecke Rechtsfähigkeit, das heißt, zwischen ihr und dem Einbringenden ist ein grunderwerbsteuerlicher Vorgang gegeben.

3.1.2.1.2 Einbringung eines Grundstücks

1415 **BEISPIEL:** A und B gründen zum 1.1. eine OHG. A soll mit 80 % und B mit 20 % am Vermögen und am Gewinn und Verlust beteiligt sein. Während B seine Einlageverpflichtung durch eine zeitgerechte Überweisung von 20 000 € auf das Bankkonto der Gesellschaft erbringt, überträgt A vereinbarungsgemäß ein unbebautes Grundstück aus seinem Privatvermögen mit einem gemeinen Wert (zugleich Bedarfswert) von 80 000 € auf die OHG. Die GrESt und die Notarkosten i. H. v. 2 000 € zuzüglich 19 % USt übernimmt die OHG.

Die Einbringung des Grundstücks ist nach § 1 Abs. 1 Nr. 1 GrEStG steuerbar und steuerpflichtig. Bemessungsgrundlage ist nach § 8 Abs. 2 Nr. 2 GrEStG der Bedarfswert nach § 138 Abs. 3 BewG. Der Steuersatz beträgt je nach Bundesland 3,5 % bis 6,5 %. Für diese Lösung wird 3,5 % unterstellt. Da A nur zu 80 % an der OHG beteiligt ist, greift § 5 Abs. 2 GrEStG. Danach werden 80 % der GrESt nicht erhoben, weil B zu 80 % an der Gesamthand beteiligt ist.

Die Eröffnungsbilanz stellt sich bei Ausweis getrennter Kapitalkonten wie folgt dar:

Eröffnungsbilanz A und B OHG

Grund und Boden	82 560 €	Kapital I A	80 000 €
VoSt	380 €	Kapital II A	0 €
Bank	20 000 €	Kapital I B	20 000 €
		Kapital II B	0 €
		Verb. FA	560 €
		sonst. Verb.	2 380 €
	102 940 €		102 940 €

3.1.2.2 Die Sachgründung aus dem Betriebsvermögen

Während es bei der Einbringung von Sachwerten aus dem Privatvermögen in den seltenen Fällen der §§ 17 und 23 EStG zu einer Versteuerung stiller Reserven kommt, regelt § 6 Abs. 5 Satz 3 Nr. 1 EStG, dass die Wirtschaftsgüter, die aus einem Betriebsvermögen eines Steuerpflichtigen gegen Gewährung von Gesellschaftsrechten in das Gesamthandsvermögen „seiner" Gesellschaft überführt werden, bei der Gesellschaft mit dem Buchwert anzusetzen sind (kein Wahlrecht).

1416

Daraus ergeben sich aber buchtechnische Probleme bei der Gesellschaft. Wird nur der Buchwert des eingebrachten Wirtschaftsguts in der Gesellschaftsbilanz ausgewiesen, muss natürlich auch das Kapitalkonto zum Ausgleich der Bilanz nur in Höhe des Buchwerts dargestellt werden. Der betroffene Gesellschafter wäre in verschiedener Hinsicht benachteiligt. So wäre die Bemessungsgrundlage für eine vereinbarte Kapitalkontenverzinsung ggf. nicht korrekt und auch bei einer späteren Auseinandersetzung würde ihm ein zu geringer Kapitalanteil zugerechnet.

1417

BEISPIEL: A und B gründen zum 1.7.01 eine OHG. A leistet eine Bareinlage von 300 000 €. B legt ein bebautes Grundstück aus seinem Betriebsvermögen ein, dessen Werte zum 1.7.01 betragen:

1418

	Buchwert	Teilwert
	€	€
Grund und Boden	70 000	100 000
Gebäude	140 000	200 000

Buchtechnisch bieten sich folgende Möglichkeiten an:

a) Ansatz in der OHG-Bilanz mit den Buchwerten:

Eröffnungsbilanz OHG

Grund und Boden	70 000 €	Kapital A	300 000 €
Gebäude	140 000 €	Kapital B	210 000 €
Bank	300 000 €		
	510 000 €		510 000 €

Gesellschafter B ist bei dieser Darstellung insofern benachteiligt, als sein Kapitalkonto zu niedrig ist.

b) Ansatz in der OHG-Bilanz mit den tatsächlichen Werten (Teilwerten), die Unterschiede zwischen Teilwert und Buchwert werden in einer zusätzlichen steuerlichen Ergänzungsbilanz des B ausgewiesen.

Eröffnungsbilanz OHG				Eröffnungsbilanz B			
	€		€		€		€
Grund und Boden	100 000	Kapital A	300 000	Minder-kapital	90 000	Minderwerte Grund und Boden	30 000
Gebäude	200 000	Kapital B	300 000			Gebäude	60 000
Bank	300 000						
	600 000		600 000		90 000		90 000

Im Ergebnis wird für B in der OHG-Bilanz das richtige (d. h. den tatsächlich eingebrachten Werten entsprechende) Kapitalkonto ausgewiesen, trotzdem muss er die stillen Reserven nicht versteuern, denn insgesamt wurden die Buchwerte fortgeführt (Saldierung von OHG- und Ergänzungsbilanz).

1419 Die Buchungen in der OHG-Buchführung:

Bank	300 000 €	an	Kapital A	300 000 €
Grund u. Boden	100 000 €	an	Kapital B	300 000 €
Gebäude	200 000 €			

1420 Zusätzliche Buchung in der Ergänzungs-Buchführung B:

Minderkapital	90 000 €	an	Minderwert Grund u. Boden	30 000 €
			Minderwert Gebäude	60 000 €

Buchung in der Buchführung der Einzelfirma B:

Beteiligung OHG	210 000 €	an	Grund u. Boden	70 000 €
			Gebäude	140 000 €

3.1.2.3 Gründung einer Personengesellschaft durch Einbringung eines Betriebs, Teilbetriebs oder Mitunternehmeranteils in eine Personengesellschaft

3.1.2.3.1 Allgemeines

1421 Eine Personengesellschaft kann auch in der Weise gegründet werden, dass ein bisheriges Einzelunternehmen in die neue Gesellschaft eingebracht wird. Zivilrechtliche Vorschriften ergeben sich aus dem UmwG i. d. F. v. 19. 4. 2007, BGBl 2007 I 542.

Handelsrechtlich ergibt sich eine Betriebsveräußerung und damit eine Betriebseinstellung bzw. Auflösung des übertragenen Einzelunternehmens.

1422 Für die übernehmende Personengesellschaft ist damit ein Anschaffungsvorgang gegeben, was zur Folge hat, dass die eingebrachten Wirtschaftsgüter handelsrechtlich mit den Werten auszuweisen sind, die sich unter Beachtung der Bilanzierungs- und Bewertungsvorschriften (§§ 253, 255 HGB, AK) ergeben.

Steuerlich finden sich Regelungen zur Einbringung in § 24 UmwStG. Hierunter fällt auch die Einbringung eines freiberuflichen Betriebs bzw. Teilbetriebs.

Dabei ist für die Anwendung der vorgenannten Norm die Erfüllung folgender Tatbestandsmerkmale erforderlich: 1423

- Es muss sich um einen Betrieb, Teilbetrieb oder Mitunternehmeranteil handeln,
- dieser muss in eine bestehende oder zu errichtende Personengesellschaft eingebracht werden und
- der Einbringende muss durch die Sacheinlage Mitunternehmer der Gesellschaft werden.

Soweit die vorgenannten Voraussetzungen erfüllt sind, erfasst § 24 UmwStG folgende Fälle: 1424

- Aufnahme eines Gesellschafters in ein bisheriges Einzelunternehmen gegen Geldeinlage oder Einlage anderer Wirtschaftsgüter – dieser Vorgang ist gleichbedeutend mit der Einbringung eines Einzelunternehmens in eine neu gegründete Personengesellschaft.
- Einbringung eines Einzelunternehmens in eine bestehende Personengesellschaft.
- Zusammenschluss von mehreren Einzelunternehmen zu einer Personengesellschaft.
- Eintritt eines weiteren Gesellschafters in eine bestehende Personengesellschaft gegen Geldeinlage oder Einlage anderer Wirtschaftsgüter. Die bisherigen Gesellschafter der Personengesellschaft bringen in diesem Fall – wirtschaftlich betrachtet – ihre Mitunternehmeranteile an der bisherigen Personengesellschaft in eine neue, durch den neu hinzutretenden Gesellschafter vergrößerte Personengesellschaft ein. Der bloße Gesellschafterwechsel bei einer bestehenden Personengesellschaft – ein Gesellschafter scheidet aus, ein anderer erwirbt seine Anteile und tritt an seine Stelle – fällt nicht unter § 24 UmwStG.
- Verschmelzung von zwei Personengesellschaften. In diesem Fall bringen die Gesellschafter der Personengesellschaft, die mit einer anderen Personengesellschaft verschmolzen werden soll, ihre Gesellschaftsanteile (Mitunternehmeranteile) in die aufnehmende Personengesellschaft gegen Gewährung von Mitunternehmeranteilen an dieser Gesellschaft ein. Die aufnehmende PG wird damit Gesellschafterin der einbringenden Personengesellschaft. Die beiden Personengesellschaft können dann zusammengelegt werden.

3.1.2.3.2 Voraussetzungen für die Anwendbarkeit des § 24 UmwStG

Nur die Einbringung eines Betriebs, Teilbetriebs oder eines Mitunternehmeranteils ist nach § 24 UmwStG begünstigt. Dabei ist die Einbringung eines Mitunternehmeranteils in diesem Sinne auch dann gegeben, wenn ein Mitunternehmer nicht seinen gesamten Anteil, sondern nur einen Teil hiervon einbringt. 1425

Die Einbringung eines Betriebs oder Teilbetriebs liegt nur dann vor, wenn die wesentlichen Betriebsgrundlagen eines Betriebs eingebracht werden. Nur dann werden die Rechtsfolgen des § 24 UmwStG herbeigeführt. Werden wesentliche Betriebsgrundlagen zurückbehalten (kein Sonderbetriebsvermögen), sind hinsichtlich der eingebrachten Wirtschaftsgüter die Grundsätze zur Einbringung einzelner Wirtschaftsgüter zu beachten. Werden im Rahmen der Einbringung eines Betriebs einzelne Wirtschaftsgüter zurückbehalten, die keine wesentlichen Betriebsgrundlagen darstellen, sind diese Wirtschaftsgüter noch solange als zum Betriebsvermögen gehörend anzusehen, bis eine Verwertung oder eindeutige Überführung in das Privatvermögen erfolgt.

1426 Werden wesentliche Betriebsgrundlagen zwar zurückbehalten, aber der Personengesellschaft zur Nutzung überlassen, sind diese Wirtschaftsgüter im Sonderbetriebsvermögen des Einbringenden auszuweisen.

1427 § 24 UmwStG kommt auch dann zur Anwendung, wenn im Rahmen einer Einbringung eines Betriebs etc. Vermögen in das Sonderbetriebsvermögen eines Gesellschafters übertragen wird; damit besteht auch hier das Wahlrecht, die Wirtschaftsgüter mit Buchwerten, gemeinen Werten oder Zwischenwerten anzusetzen.

1428 Der Begriff des Teilbetriebs in § 24 UmwStG war bisher identisch mit dem des § 16 EStG. Danach war ein Teilbetrieb ein mit einer gewisser Selbständigkeit ausgestatteter, organisch geschlossener Teil des Gesamtbetriebs, der für sich allein lebensfähig ist. Gemäß § 16 Abs. 1 EStG ist auch eine 100 %ige Beteiligung an einer Kapitalgesellschaft ein Teilbetrieb im vorgenannten Sinne. Der BFH hat dieser Auffassung widersprochen (BFH v. 17. 7. 2008 I R 77/06, BStBl 2009 II 464). Die Finanzverwaltung hat allerdings darauf mit einem Nichtanwendungserlass reagiert (BMF v. 20. 5. 2009, BStBl 2009 I 671).

1429 Weiterhin ist Voraussetzung, dass der Einbringende, der sowohl eine natürliche Person als auch eine Kapitalgesellschaft oder Mitunternehmergemeinschaft sein kann, als Gegenleistung für seine Einbringung Gesellschaftsrechte erhalten muss; er muss also die Stellung eines Mitunternehmers erhalten.

Für die Frage des Einbringungszeitpunkts ist der Übergang des wirtschaftlichen Eigentums an dem eingebrachten Betrieb etc. auf die Personengesellschaft maßgeblich.

3.1.2.3.3 Rechtsfolgen der Einbringung

3.1.2.3.3.1 Ertragsteuerliche Folgerungen

1430 Liegen die Tatbestandsmerkmale des § 24 UmwStG vor, hat die Personengesellschaft das Wahlrecht, den eingebrachten Betrieb, Teilbetrieb oder Mitunternehmeranteil in der Gesamthandsbilanz einschl. der Ergänzungsbilanzen mit dem Buchwert, gemeinen Wert oder mit Zwischenwerten in Ansatz zu bringen. Auf Antrag kann das übernommene Betriebsvermögen mit dem Buchwert oder einem höheren Wert, höchstens mit dem gemeinen Wert angesetzt werden. Der Wert, mit dem das eingebrachte Betriebsvermögen in der Bilanz der Personengesellschaft einschließlich der Ergänzungsbilanzen für ihre Gesellschafter angesetzt wird, gilt für den Einbringenden als Veräußerungspreis. Er ist maßgeblich für die Entstehung eines Veräußerungsgewinns und die zu gewährende Tarifbegünstigung.

3.1.2.3.3.2 Umsatzsteuerliche Behandlung

1431 Die Umsätze im Rahmen einer Geschäftsveräußerung an einen anderen Unternehmer für dessen Unternehmen unterliegen nicht der Umsatzsteuer. Eine Geschäftsveräußerung in diesem Sinne liegt auch vor, wenn ein Unternehmen oder ein in der Gliederung eines Unternehmens gesondert geführter Betrieb im Ganzen entgeltlich in eine Gesellschaft eingebracht wird.

3.1.2.3.3.3 Grunderwerbsteuerliche Behandlung

Soweit im Rahmen einer Einbringung eine Eigentumsübertragung von Grundstücken auf die Personengesellschaft erfolgt, unterliegt dieser Vorgang der Grunderwerbsteuer. Der Besteuerung unterliegt der Gesellschaftsvertrag, da er das Verpflichtungsgeschäft ist, das den Anspruch auf Übereignung des Grundstücks begründet (§ 1 Abs. 1 Nr. 1 GrEStG). Gemäß § 5 Abs. 2 GrEStG ist der Erwerbsvorgang aber in Höhe des Anteils befreit, mit dem der Veräußerer am Vermögen der Personengesellschaft beteiligt ist. Dadurch wird berücksichtigt, dass sich das Alleineigentum des veräußernden Gesamthänders wirtschaftlich als gesamthänderisch gebundene Mitberechtigung am Grundstück fortsetzt.

1432

3.1.2.3.3.4 Ansatz mit Buchwerten

Entscheidet sich die Personengesellschaft, die eingebrachten Wirtschaftsgüter mit Buchwerten in Ansatz zu bringen, erfolgt beim Einbringenden keine Versteuerung der stillen Reserven. In Gesamthandsbilanz und Ergänzungsbilanzen ist darauf zu achten, dass der Grundsatz der Buchwertverknüpfung gewahrt bleibt. Hieraus ergeben sich folgende Konsequenzen:

1433

- Die Personengesellschaft tritt voll in die Rechtsstellung des Einbringenden ein. Sie hat die AfA, erhöhte AfA, Sonder-AfA, und die den steuerlichen Gewinn mindernden Rücklagen des Rechtsvorgängers weiterzuführen.
- Ist die Dauer der Zugehörigkeit eines Wirtschaftsguts zum Betriebsvermögen bedeutsam, ist der Zeitraum der Zugehörigkeit zum Betriebsvermögen des einbringenden Gesellschafters der übernehmenden Personengesellschaft anzurechnen.

Hieraus folgt weiterhin, dass das aus der Gesellschafts- und Ergänzungsbilanz zusammengefasste AfA-Volumen identisch sein muss mit den Buchwerten der eingebrachten Wirtschaftsgüter im Zeitpunkt der Einbringung, ggf. erhöht um nachträgliche Anschaffungskosten (Nebenkosten). Da die stillen Reserven nicht realisiert werden, kommt es auch nicht zur Entstehung eines Veräußerungsgewinns und damit auch nicht zur Anwendung der §§ 16, 34 EStG.

1434

3.1.2.3.3.5 Einbringung zum gemeinen Wert

Einbringungen können auch zum gemeinen Wert erfolgen, wobei dieser die Wertobergrenze darstellt. Ein solcher Tatbestand ist nur dann gegeben, wenn nicht die in der Gesamthandsbilanz ausgewiesenen gemeinen Werte in einer Ergänzungsbilanz (negativ) korrigiert werden. Außerdem liegt diese Möglichkeit der Einbringung nur dann vor, wenn auch ein in der Einzelfirma geschaffener (originärer) Firmenwert (soweit vorhanden) in der Bilanz der Personengesellschaft ausgewiesen wird. Das heißt, dass für die aufnehmende Personengesellschaft hinsichtlich der abnutzbaren Wirtschaftsgüter ein

1435

ganz neues AfA-Volumen entsteht. Die Personengesellschaft hat die Möglichkeit, die betriebsgewöhnliche Nutzungsdauer und die AfA-Methode neu zu bestimmen. Für die jeweiligen Wirtschaftsgüter beginnt eine ganz neue Besitzzeit zu laufen.

3.1.2.3.3.6 Einbringung zu Zwischenwerten

1436 Eine Einbringung zu Zwischenwerten ist gegeben, wenn die Sacheinlage in Gesamthands- und Ergänzungsbilanzen zu Werten über dem Buchwert, aber unter dem gemeinen Wert in Ansatz gebracht wird.

In der Praxis ist eine derartige Gestaltung in der Regel nicht anzutreffen. Sie kann in den Fällen sinnvoll sein, in denen Verluste aus anderen Einkunftsarten durch Aufdeckung von stillen Reserven (bis zur Höhe dieser Verluste) kompensiert werden sollen.

1437 Bei der Einbringung zu Zwischenwerten sind die Buchwerte des eingebrachten Betriebsvermögens aufzustocken. Dabei kommt eine Aufstockung nur in Betracht, soweit in den Buchwerten stille Reserven enthalten sind, da die gemeinen Werte der einzelnen Wirtschaftsgüter nicht überschritten werden dürfen. Die Aufstockung ist, soweit das eingebrachte Betriebsvermögen nicht insgesamt mit seinem gemeinen Wert angesetzt wird, gleichmäßig vorzunehmen.

Gleichmäßige Aufstockung bedeutet, dass die in den Buchwerten der Wirtschaftsgüter des eingebrachten Betriebsvermögens enthaltenen stillen Reserven prozentual gleichmäßig aufzulösen sind. Zu diesem Zweck muss zunächst festgestellt werden, in welchen Wirtschaftsgütern stille Reserven enthalten sind und wie viel sie insgesamt betragen. Diese stillen Reserven sind dann gleichmäßig um den Vonhundertsatz aufzulösen, der dem Verhältnis des aufzustockenden Betrags (Unterschied zwischen dem Buchwert des eingebrachten Betriebsvermögens und dem Wert, mit dem es angesetzt wird) zum Gesamtbetrag der vorhandenen stillen Reserven des eingebrachten Betriebsvermögens entspricht. Dabei ist es nicht zu beanstanden, wenn sich die Aufstockung nur auf das Anlagevermögen beschränkt. Ein originärer Geschäftswert ist nur zu berücksichtigen, wenn die übrigen Wirtschaftsgüter bereits bis zu ihren Teilwerten aufgestockt sind und dann immer noch ein Restbetrag verbleibt.

3.1.2.3.3.7 Beispiel zur Verdeutlichung

1438 Das nachfolgende Beispiel soll die Ausführungen verdeutlichen.

> **BEISPIEL:** A und B gründen eine OHG, an der beide jeweils sowohl am Gesellschaftsvermögen als auch am Gewinn und Verlust sowie an den stillen Reserven zu 50 % beteiligt sein sollen. A erbringt eine Bareinlage i. H. v. 450 000 €, B bringt sein Einzelunternehmen (EU) mit allen Aktiven und Passiven mit Ablauf des 31. 12. 04 in die OHG ein. Soweit durch die Einbringung USt anfällt, zahlt die OHG diese an B. Außerdem hat sich die OHG verpflichtet, alle im Zusammenhang mit der Einbringung anfallenden Nebenkosten zu tragen. Bisher angefallen sind Notarkosten i. H. v. 3 570 € (einschl. 570 € USt) für die Grundstücksübertragung (s. unten). B verzichtet nicht auf USt-Befreiungen. Der Bedarfswert für das Grundstück beträgt 270 000 €.

Auf den 31.12.04 ergibt sich für B folgende Bilanz:

Bilanz zum 31.12.04 EU – Einzelunternehmen des B

Grundstück	150 000 €	Kapital	300 000 €
Maschine	70 000 €	Schulden	100 000 €
Forderungen	180 000 €		
	400 000 €		400 000 €

Stille Reserven sind in folgenden Wirtschaftsgütern enthalten:

Grundstück	120 000 €
Maschine	30 000 €

Im Folgenden wird die umsatzsteuerliche, grunderwerbsteuerliche und ertragsteuerliche Behandlung dieses Sachverhalts dargestellt.

Dabei soll die Einbringung sowohl zu Buchwerten als auch zu gemeinen Werten erfolgen.

Umsatzsteuerliche Behandlung: 1439

Ab 1994 ist die Umsatzsteuerbarkeit der Geschäftsveräußerung im Ganzen entfallen; insoweit entsteht für B keine USt mehr und für die OHG entfällt folgerichtig der VoSt-Abzug.

Grunderwerbsteuerliche Behandlung: 1440

Die im Rahmen der Einbringung erfolgte Eigentumsübertragung des Grundstücks auf die OHG unterliegt der GrESt. Gemäß § 5 Abs. 2 GrEStG ist der Erwerbsvorgang aber in Höhe des Anteils befreit, mit dem der Veräußerer am Vermögen der Personengesellschaft beteiligt ist (hier: 1/2).

Bemessungsgrundlage ist der Bedarfswert (§ 8 Abs. 2 GrEStG). Der Steuersatz beträgt je nach Bundesland 3,5 % bis 6,5 %. Für die Lösung wird 3,5 % unterstellt.

Bei nicht umsatzsteuerbarer Übertragung des Grundstücks auf die OHG ergibt sich dann eine GrESt i. H. v. 4 725 € (270 000 € Bedarfswert x 3,5 %, davon 50 % steuerfrei).

Ertragsteuerliche Behandlung: 1441

▶ Buchwertfortführung

Soll in der Personengesellschaft der Buchwert des eingebrachten Betriebs fortgeführt werden, ergeben sich mehrere Möglichkeiten der Darstellung. So ist z. B. ein Ausweis mit und ohne Ergänzungsbilanzen bzw. mit positiven und negativen Ergänzungsbilanzen möglich.

Wenn in der Personengesellschaft keine Ergänzungsbilanzen dargestellt, aber dennoch die Buchwerte fortgeführt werden sollen, ergibt sich hier folgendes Bild:

Bilanz 1.1.05 der OHG

Grundstück	157 725 €	Kapital A	450 000 €
Maschine	70 000 €	Kapital B	300 000 €
Forderungen	180 000 €	Schulden	100 000 €
Vorsteuer	570 €	Notar	3 570 €
Bank	450 000 €	GrESt	4 725 €
	858 295 €		858 295 €

Erläuterungen:

VoSt = 570 € Notar

Grundstück = 150 000 € + 3 000 € Notar + 4 725 € GrESt

Der Nachteil dieser Darstellungsweise besteht darin, das in der Gesellschaftsbilanz nicht die tatsächlichen Beteiligungsverhältnisse (50 % : 50 %) ausgewiesen werden.

Darüber hinaus werden zusätzlich Gewinnverteilungsabreden erforderlich, da – wirtschaftlich betrachtet – in der Gesamthandsbilanz eine zu niedrige AfA verrechnet wird und bei Veräußerung der Wirtschaftsgüter die stillen Reserven beiden Gesellschaftern zugewiesen werden.

Aufgrund der vorgenannten Nachteile werden in der Praxis regelmäßig Ergänzungsbilanzen aufgestellt, um so in der Gesamthandsbilanz die zutreffende Beteiligungsquote auszuweisen und eine unter wirtschaftlichen Gesichtspunkten richtige Gewinnverteilung zu erreichen. Dabei ist es möglich, mit positiven und negativen Ergänzungsbilanzen zu arbeiten.

1442 ▶ Darstellung mit positiven und neg. Ergänzungsbilanzen:

Bilanz 1.1.05 der OHG

Grundstück	157 725 €	Kapital A	375 000 €
Maschine	70 000 €	Kapital B	375 000 €
Forderungen	180 000 €	Schulden	100 000 €
Vorsteuer	570 €	Notar	3 570 €
Bank	450 000 €	GrESt	4 725 €
	858 295 €		858 295 €

A hatte vereinbarungsgemäß eine Einlage i. H. v. 450 000 € zu erbringen. Dies sind 75 000 € mehr als ihm in der Gesellschaftsbilanz als Kapital gutgeschrieben wurden. Wirtschaftlich betrachtet hat A dem B die hälftigen stillen Reserven abgekauft. A hat damit ein Mehr an Kapital gegenüber dem Handelsbilanzausweis. Dieser Mehrbetrag ist in einer positiven Ergänzungsbilanz, ebenso wie die erworbenen stillen Reserven, darzustellen.

Positive Ergänzungsbilanz A

Grundstück	60 000 €	Mehrkapital	75 000 €
Maschine	15 000 €		
	75 000 €		75 000 €

Unter Berücksichtigung der Gesamthandsbilanz und der positiven Ergänzungsbilanz wäre nun das eingebrachte Betriebsvermögen mit 375 000 € in Ansatz gebracht worden. Dies würde dazu führen, dass B einen Veräußerungsgewinn (nicht begünstigt) i. H. v. 75 000 € zu versteuern hätte. Die Versteuerung eines Veräußerungsgewinns kann nur dadurch vermieden werden, dass für B eine negative Ergänzungsbilanz aufgestellt wird. Damit kommt es unter Berücksichtigung von Gesamthandsbilanz und Ergänzungsbilanzen zum Buchwertansatz.

Negative Ergänzungsbilanz B

Minderkapital	75 000 €	Grundstück	60 000 €
		Maschine	15 000 €
	75 000 €		75 000 €

Die Ergänzungsbilanzen sind nun in den folgenden Wirtschaftsjahren fortzuführen. Dabei würde sich für A in Höhe der AfA für den anteiligen Mehrwert an den stillen Reserven im Rahmen der Ermittlung des einheitlich und gesondert festzustellenden Gewinns eine Verlustzuweisung ergeben (AfA an Maschine); für B ergäbe sich hingegen ein Mehrgewinn (Maschine an Ertrag). Insgesamt können das AfA-Volumen und der AfA-Betrag in der Gesamthands- sowie in den Ergänzungsbilanzen nicht höher sein als die Beträge, die sich bei Fortführung des Einzelunternehmens ergeben würden.

1443 ▶ Die in der Praxis wohl gebräuchlichste Form der Darstellung ist aber die dritte Möglichkeit des Buchwertausweises.

Hierbei wird in der Gesamthandsbilanz der Personengesellschaft jeweils der gemeine Wert der einzelnen Wirtschaftsgüter in Ansatz gebracht. Der Ausgleich erfolgt dann im Rahmen einer negativen Ergänzungsbilanz nur für den Einbringenden.

Gründung von Mitunternehmerschaften

Bilanz 1.1.05 der OHG

Grundstück	277 725 €	Kapital A	450 000 €
Maschine	100 000 €	Kapital B	450 000 €
Forderungen	180 000 €	Schulden	100 000 €
Vorsteuer	570 €	Notar	3 570 €
Bank	450 000 €	GrESt	4 725 €
	1 008 295 €		1 008 295 €

Erläuterungen:

Grundstück = Buchwert 150 000 € + stille Reserven 120 000 € + Notar 3 000 € + GrESt 4 725 €

Maschine = Buchwert 70 000 € + stille Reserven 30 000 €.

Bei dieser Form der Darstellung müsste B nun einen Veräußerungsgewinn i. H.v. 150 000 € versteuern (450 000 € Gesellschaftsrechte ./. 300 000 € Buchwert Betrieb).

Zur Vermeidung ist deshalb eine negative Ergänzungsbilanz für B aufzustellen, in der das Minderkapital und die stillen Reserven auszuweisen sind.

Negative Ergänzungsbilanz B

Minderkapital	150 000 €	Grundstück	120 000 €
		Maschine	30 000 €
	150 000 €		150 000 €

Diese negative Ergänzungsbilanz wäre nun ebenfalls in der Weise fortzuführen, dass jährlich ein anteiliger Ertrag in Höhe der AfA-Differenz zwischen der Absetzung vom Teilwert (in der Gesamthand) und der bei Buchwertfortführung (höchstmögliche AfA) bei der Maschine auszuweisen wäre (Maschine an Ertrag). Beim Grundstück ergibt sich der Ertrag erst bei Entnahme oder Veräußerung.

▶ Einbringung zu gemeinen Werten   1444

Gemäß § 24 Abs. 2 UmwStG kann die Personengesellschaft die Wirtschaftsgüter auch mit ihren gemeinen Werten bewerten. In diesem Fall gelten die eingebrachten Wirtschaftsgüter als im Zeitpunkt der Einbringung von der Personengesellschaft zum gemeinen Wert angeschafft (§ 22 Abs. 3 UmwStG sinngemäß).

Bei der Betriebseröffnung treten an die Stelle der Wiederbeschaffungskosten die Beschaffungskosten. Diese stimmen in der Regel mit dem Preis überein, den der Markt als Veräußerungspreis verlangt, also mit dem gemeinen Wert, jedoch auf jeden Fall mit der Differenz der abzugsfähigen VoSt.

Bilanz 1.1.05 der OHG

Grundstück	277 725 €	Kapital A	450 000 €
Maschine	100 000 €	Kapital B	450 000 €
Forderungen	180 000 €	Schulden	100 000 €
VoSt	570 €	Notar	3 570 €
Bank	450 000 €	GrESt	4 725 €
	1 008 295 €		1 008 295 €

Eine Ergänzungsbilanz ist in diesem Fall nicht aufzustellen, was dazu führt, dass beim Einbringenden B ein Veräußerungsgewinn entsteht.

Dieser ist nach den §§ 16 und 34 EStG begünstigt.

TEIL C — Besonderheiten bei Personengesellschaften

1445 Der Veräußerungsgewinn errechnet sich wie folgt:

Übertragung der Gesellschaftsrechte	450 000 €
./. eingebrachte Buchwerte	300 000 €
= Veräußerungsgewinn	150 000 €

1446 Der Einbringungsgewinn ist in einen laufenden und in einen begünstigten Gewinn aufzuspalten. Maßgeblich hierfür ist in der Regel die Beteiligungsquote des Einbringenden an der neuen Personengesellschaft.

Da B zu 50 % an der OHG beteiligt ist, wäre die Hälfte des Einbringungsgewinns als laufender Gewinn zu behandeln, der auch der GewSt unterliegt (hier: 75 000 €). Für den Restbetrag i. H.v. ebenfalls 75 000 € können die Steuervergünstigungen nach den §§ 16, 34 EStG in Anspruch genommen werden.

1447 **FRAGEN**

		Rdn.
1.	Wie können steuerliche Mitunternehmerschaften gegründet werden?	1410
2.	Was verstehen Sie unter einer Bargründung?	1411
3.	Schildern Sie den Umfang und den Inhalt der Kapitalkonten der einzelnen Mitunternehmer.	1416 ff.
4.	Welches Wahlrecht besteht für wen bei der Einbringung eines Betriebs, eines Teilbetriebs oder eines Mitunternehmeranteils? Welche Konsequenzen ergeben sich dadurch für den Einbringenden?	1421 ff.
5.	Welche Möglichkeiten des Buchwertansatzes hat die aufnehmende Gesellschaft bei der Einbringung eines Betriebes? Welche Vor- und Nachteile ergeben sich bei den jeweiligen Wahlmöglichkeiten?	1433 ff.

1448–1459 *(Einstweilen frei)*

Kapitel 4: Betriebsvermögen der Mitunternehmerschaften

4.1 Gesamthandsvermögen

4.1.1 Notwendiges Gesamthandsvermögen

1460 Der Kaufmann, hier die Handelsgesellschaften, haben ihr Vermögen zu bilanzieren (§ 242 HGB). Damit sind alle Wirtschaftsgüter in der Handelsbilanz der Gesellschaft auszuweisen, die ihr zuzurechnen sind, also im zivilrechtlichen oder wirtschaftlichen Eigentum der Personengesellschaft stehen. Wegen der Maßgeblichkeit der Handelsbilanz für die Steuerbilanz sind diese Werte auch in die Steuerbilanz zu übernehmen.

Aus diesem Grund zählen in der Regel alle Wirtschaftsgüter, die der Gesellschaft zuzurechnen sind, auch zum notwendigen Betriebsvermögen.

4.1.2 Gewillkürtes Betriebsvermögen in der Gesamthand

Gewillkürtes Betriebsvermögen ist demnach im Handelsrecht nicht denkbar. Nach rein steuerlichen Kriterien wäre dagegen sehr wohl gewillkürtes Betriebsvermögen möglich. Würde z. B. eine OHG ihr gehörende Gebäude vermieten, könnten diese Gebäude sehr wohl dazu geeignet und auch bestimmt sein, dem Betrieb der OHG zu dienen und diesen zu fördern. Bei einer Bilanzierung des Gebäudes mit dem dazugehörenden Grund und Boden würden sich die Beleihungsmöglichkeiten für die OHG verbessern. Außerdem tragen die Mieteinnahmen zu einer Verbesserung des betrieblichen Ergebnisses bei. 1461

Würde man aber die Möglichkeit gewillkürten Betriebsvermögens bejahen, bliebe auch die Wahlmöglichkeit, die fraglichen Wirtschaftsgüter als sonstiges Privatvermögen nicht zu bilanzieren. Das widerspräche aber handelsrechtlichen Grundsätzen ordnungsmäßiger Buchführung. Wie oben erwähnt gehören alle Wirtschaftsgüter, die einer Gesellschaft gehören, zum notwendigen Betriebsvermögen und sind in der Handelsbilanz auszuweisen. Selbst wenn sich nach Steuerrecht ein Wahlrecht für gewillkürtes Betriebsvermögen ergeben würde, darf dieses nicht ausgeübt werden, weil die fraglichen Wirtschaftsgüter wegen der Maßgeblichkeit der Handelsbilanz für die Steuerbilanz (§ 5 Abs. 1 EStG) zwingend in der Steuerbilanz auszuweisen sind. 1462

Man kann also zusammenfassen: Bei Personengesellschaften ist zu Gunsten des notwendigen Betriebsvermögens gewillkürtes Betriebsvermögen nicht denkbar.

4.1.3 Steuerliches Privatvermögen der Gesamthand

Mit gleicher Argumentation ist grundsätzlich auch „Privatvermögen" der Personengesellschaften, das nicht bilanziert werden soll, abzulehnen. Eine Ausnahme von diesem Grundsatz findet sich jedoch in H 4.2 (11) „Ausnahme bei privater Nutzung" EStH. Danach gehört ein Grundstück nicht zum steuerlichen Betriebsvermögen der Gesellschaft, wenn es zwar der Gesellschaft gehört, es jedoch einem oder allen Gesellschafter(n) unentgeltlich zur Nutzung für private (Wohn-)Zwecke überlassen wird. Es ist dann anteiliges Privatvermögen des Gesellschafters/der Gesellschafter. 1463

Wird jedoch einem Gesellschafter ein Wirtschaftsgut, z. B. Gebäude, lediglich vorübergehend unentgeltlich zur Nutzung überlassen, liegt eine Nutzungsentnahme vor. Dabei stellt sich die Frage, wem diese Entnahme zuzurechnen ist. Üblicherweise sollten hierzu Vereinbarungen im Gesellschaftsvertrag vorhanden sein. Fehlen diese, sind die Entnahmegewinne den Gesellschaftern nach der Restgewinnverteilungsquote zuzurechnen. 1464

Wenn der Gesellschafter das Wirtschaftsgut jedoch ohne Zustimmung der anderen Gesellschafter nutzt, liegt keine Nutzungsentnahme vor. Die Gesellschaft muss ihre Schadensersatzforderung gegen den unbefugt Nutzenden bilanzieren. 1465

Wird das Wirtschaftsgut dem Gesellschafter jedoch entgeltlich überlassen, gehört es wegen der Maßgeblichkeit der Handelsbilanz für die Steuerbilanz weiterhin zum steuerlichen Betriebsvermögen. 1466

4.2 Sonderbetriebsvermögen

4.2.1 Allgemeines

1467 Zum steuerlichen Betriebsvermögen der Mitunternehmerschaften gehört neben dem Gesamthandsvermögen einschließlich des Vermögens, das in Ergänzungsbilanzen ausgewiesen ist, auch das Sonderbetriebsvermögen. Zum Sonderbetriebsvermögen können Wirtschaftsgüter gehören, die einem, mehreren oder allen Gesellschaftern einer Mitunternehmerschaft zuzurechnen sind. Dienen solche Wirtschaftsgüter unmittelbar dem Betrieb der Personengesellschaft, gehören sie zum notwendigen Sonderbetriebsvermögen I. Dienen sie unmittelbar der Begründung oder Stärkung der Beteiligung des Mitunternehmers, sind sie notwendiges Sonderbetriebsvermögen II.

4.2.2 Notwendiges Sonderbetriebsvermögen I

1468 Zum notwendigen Sonderbetriebsvermögen I gehören insbesondere Wirtschaftsgüter, die einem, mehreren oder allen Mitunternehmer(n) gehören und von der Gesellschaft genutzt werden. Dabei ist es unerheblich, ob die Wirtschaftsgüter aufgrund eines Miet- oder Pachtvertrags oder unentgeltlich überlassen werden.

Gehört dem Gesellschafter ein Wirtschaftsgut nur zum Teil, gehört nur sein Miteigentumsanteil zum Sonderbetriebsvermögen I.

> **BEISPIEL:** ▶ Gesellschafter A und seine Ehefrau sind Eigentümer eines Grundstücks zu je $1/2$. Das Grundstück ist in vollem Umfang an die Gesellschaft für betriebliche Zwecke vermietet.
>
> Zum Sonderbetriebsvermögen I gehört nur der Grundstücksanteil des A mit $1/2$.

4.2.3 Sonderbetriebsvermögen II

1469 Zum notwendigen Sonderbetriebsvermögen II sind Wirtschaftsgüter zu rechnen, die unmittelbar zur Begründung oder Stärkung der Beteiligung an der Personengesellschaft zu dienen bestimmt sind. Dazu gehören z. B.

▶ ein Darlehen, das ein Gesellschafter zum Erwerb seiner Beteiligung an der Personengesellschaft aufgenommen hat,

▶ der GmbH-Anteil eines Kommanditisten bei einer GmbH & Co. KG.

4.2.4 Gewillkürtes Sonderbetriebsvermögen

1470 Zum gewillkürten Sonderbetriebsvermögen gehören Wirtschaftsgüter, die objektiv dazu geeignet und subjektiv dazu bestimmt sind, dem Betrieb der Gesellschaft (Sonderbetriebsvermögen I) und der Beteiligung des Gesellschafters (Sonderbetriebsvermögen II) zu dienen. Die Kriterien dafür sind dieselben wie bei Einzelunternehmern (siehe dazu auch Rdn. 751 ff.).

4.2.5 Buch- und bilanzmäßige Behandlung des Sonderbetriebsvermögens

Nach der Rechtsprechung des BFH ist das Sonderbetriebsvermögen in einer Sonderbilanz für den Gesellschafter auszuweisen. Diese Sonderbilanz erfasst somit nur Wirtschaftsgüter, die zwar steuerlich zum Betriebsvermögen der Personengesellschaft zählen, aber kein Gesamthandsvermögen darstellen und deshalb nicht in die Gesellschaftsbilanz aufgenommen werden können.

1471

Die Sonderbilanz eines Gesellschafters ist damit eine reine Steuerbilanz, die nicht von einer Handelsbilanz abgeleitet ist, weil es keine Handelsbilanz gibt. Buchführungsverpflichteter ist die Personengesellschaft. Die Gewinnermittlungsmethode im Sonderbereich muss immer der Gewinnermittlungsmethode in der Gesamthand entsprechen (H 4.1 „Aufzeichnungs- und Buchführungspflichten" EStH).

1472

Die Bewertung des Sonderbetriebsvermögens erfolgt im Falle der unmittelbaren Anschaffung für die Nutzungsüberlassung nach § 6 Abs. 1 Nr. 1 oder 2 EStG mit den (fortgeführten) Anschaffungskosten/Herstellungskosten (§ 255 Abs. 1 HGB, § 5 Abs. 1 EStG). Wird das Wirtschaftsgut aus einem anderen Betriebsvermögen des Steuerpflichtigen in das Sonderbetriebsvermögen überführt (z. B. zwingend bei Nutzungsänderung), sind nach § 6 Abs. 5 Satz 2 EStG zwingend die Buchwerte fortzuführen.

1473

Wurde das Wirtschaftsgut vor der Überlassung an die Gesellschaft im Privatvermögen des Gesellschafters genutzt, hat die Einlage in das Sonderbetriebsvermögen zum Teilwert zu erfolgen (§ 6 Abs. 1 Nr. 5 EStG). Wie auch bei Einzelunternehmern ist bei der Einlage der Teilwert auf die (fortgeführten) Anschaffungskosten zu begrenzen, wenn die Anschaffung im Privatvermögen weniger als 3 Jahre zurückliegt. Wurden durch das Wirtschaftsgut bei der bisherigen Privatnutzung Einkünfte aus einer Überschusseinkunftsart i. S. d. § 2 Abs. 1 Nr. 4 – 7 EStG erzielt, gelten die Besonderheiten des § 7 Abs. 1 Satz 5 EStG. Bei diesen Wirtschaftsgütern bemisst sich die weitere AfA im Sonderbereich nach den fortgeführten Anschaffungs- oder Herstellungskosten. Dabei darf die Summe der insgesamt in Anspruch genommenen AfA die historischen Anschaffungs- oder Herstellungskosten nicht übersteigen (R 7.3 Abs. 6 EStR).

1474

Buchungen im Zusammenhang mit den Wirtschaftsgütern des Sonderbetriebsvermögens werden laufend in einer Sonderbuchführung erfasst, aus der sich zum Schluss des Geschäftsjahres der Personengesellschaft die entsprechende Sonderbilanz herleitet.

1475

> **BEISPIEL:** An einer OHG sind A und B mit je 50 % beteiligt. A hat der OHG ab 1.1.01 ein Grundstück für eine jährliche Miete von 10 000 € zur Nutzung überlassen. Die Miete wurde bei der OHG gebucht:
>
> Mietaufwand 10 000 € an Bank 10 000 €
>
> Den Grundstücksaufwand (ohne AfA) mit 1 200 € hat A selbst zu tragen. Die AfA beträgt jährlich 1 600 €. Der Wert des Grundstücks beträgt am 1.1.01 100 000 €, davon 20 000 € für Grund und Boden und 80 000 € für das Gebäude.

Die Sonderbilanz für das Sonderbetriebsvermögen zum 1.1.01 (Mietbeginn) zeigt folgendes Bild:

Sonderbilanz A 1.1.01			
	€		€
Grund und Boden	20 000	Kapital	100 000
Gebäude	80 000		
	100 000		100 000

Buchungen in 01 in der Sonderbuchführung des A:

Miete:

Entnahme	10 000 €	an	Mietertrag	10 000 €

Grundstückaufwendungen:

Grundstücksaufwand	1 200 €	an	Einlage	1 200 €

AfA:

AfA	1 600 €	an	Gebäude	1 600 €

1476 **Anmerkung:** Nachdem in der Sonderbuchführung üblicherweise sowohl in der Theorie als auch in der Praxis kein Bankkonto geführt wird, können alle Einnahmen, hier die Mieteinnahme, als privat entnommen und alle Ausgaben, hier der Grundstücksaufwand, als mit privaten Mitteln bezahlt (Einlage) angenommen werden.

Sonder-GuV				Sonderbilanz 31.12.01			
	€		€		€		€
Grundstück-aufwend.	1 200	Miet-ertrag	10 000	Grund und Boden	20 000	Kapital ./. Ent-	100 000
AfA	1 600					nahmen	10 000
Gewinn	7 200			Gebäude	78 400	+ Einlage	1 200
						+ Gewinn	7 200
	10 000		10 000		98 400		98 400

4.2.6 Abgrenzung zu Ergänzungsbilanzen

1477 Von der Sonderbilanz für das Sonderbetriebsvermögen ist die **Ergänzungsbilanz** für den Gesellschafter zu unterscheiden (siehe auch bereits oben Rdn. 1412 ff. **zu Sachgründungen**).

In einer Ergänzungsbilanz werden Wirtschaftsgüter ausgewiesen, die zum Gesamthandsvermögen gehören, deren Bilanzansatz in der Gesellschaftsbilanz aber nicht dem steuerlichen Bilanzansatz entspricht. Ergänzungsbilanzen wirken daher wie **steuerliche Korrekturposten** (Wertberichtigungsposten), die den Ansatz in der Gesellschaftsbilanz auf den steuerlichen Bilanzansatz nach oben oder nach unten korrigieren.

Zum Ausscheiden eines Gesellschafters siehe Rdn. 1620.

1478–1489 *(Einstweilen frei)*

Kapitel 5: Sonderbetriebseinnahmen und -ausgaben

5.1 Allgemeines

Nach § 15 Abs. 1 Nr. 2 EStG gehören neben den Gewinnanteilen aus der Gesellschaft auch die Vergütungen, die ein Mitunternehmer für die Überlassung von Wirtschaftsgütern oder Darlehen und für die Tätigkeit für seine Gesellschaft erhält, zu den Einkünften aus Gewerbebetrieb. Sonderbetriebsausgaben sind nach allgemeiner Anlehnung an § 4 Abs. 4 EStG Aufwendungen, die mit dem Sonderbetriebsvermögen oder mit dem Bezug von Vergütungen im Zusammenhang stehen oder Aufwendungen, die im Zusammenhang mit der Beteiligung stehen.

1490

5.2 Vergütungen für die Überlassung von Wirtschaftsgütern

5.2.1 Allgemeines

Auch wenn der Wortlaut des § 15 Abs. 1 Satz 1 Nr. 2 zweiter Halbsatz EStG nicht eindeutig ist, werden nur Vergütungen für die Überlassung zur Nutzung der Wirtschaftsgüter als Sonderbetriebseinnahmen erfasst. Auch der Kaufpreis für die Überlassung eines Wirtschaftsguts im Rahmen einer Veräußerung stellt sicherlich eine Vergütung dar, dieser Vorgang wird aber unstreitig nicht durch die Vorschrift besteuert. Die Wirtschaftsgüter, die zur Nutzung überlassen werden, können im Alleineigentum eines Mitunternehmers oder im (Bruchteils)Eigentum mehrerer oder aller Mitunternehmer stehen. Außerdem ist denkbar, dass auch nicht Beteiligte Miteigentümer der zur Nutzung überlassenen Gegenstände sind.

1491

Von den Nutzungsentgelten zählen aber nur die Teile zu den Einkünften aus Gewerbebetrieb dieser Mitunternehmerschaft, soweit sie auf Mitunternehmer entfallen.

1492

> **BEISPIEL** (zum Alleineigentum):
> Der Gesellschafter A der A + B OHG überlässt seiner OHG ein seit Jahren im Privatvermögen genutztes unbebautes Grundstück als Lagerplatz für eine monatliche Pacht von 1 000 €. Der Teilwert des Grundstücks beträgt 50 000 €.
>
> Das Grundstück wird ab Beginn der Nutzung durch die OHG notwendiges Sonderbetriebsvermögen I des A. Es ist mit dem Teilwert von 50 000 € in das Sonderbetriebsvermögen einzulegen. Die Pachtzahlungen sind betrieblicher Aufwand der OHG und als solcher zu buchen. Gleichzeitig stellen die Pachtzahlungen Vergütungen i. S. d. § 15 Abs. 1 Nr. 2 2. Halbsatz dar, die in einer Sonder-Gewinn- und -Verlustrechnung zu erfassen sind.
>
> **Buchungen im Gesamthandsbereich:**
>
> | | | | | |
> |---|---|---|---|---|
> | Grundstücksaufwand monatlich | 1 000 € | an | Bank | 1 000 € |
>
> Buchungen im Sonderbereich:
>
> | | | | | |
> |---|---|---|---|---|
> | Grundstück | 50 000 € | an | Einlage | 50 000 € |
> | Entnahme monatlich | 1 000 € | an | Mieterträge | 1 000 € |

Sollten die Nutzungsvergütungen einmal verspätet gezahlt werden, müssen nach den allgemeinen Bilanzierungsregeln in der Gesamthand eine sonstige Verbindlichkeit und im Sonderbereich eine sonstige Forderung ausgewiesen werden.

5.2.2 Nutzungsvergütungen und Umsatzsteuer

1493 Die Personengesellschaft kann also offensichtlich mit einem oder mehreren Gesellschafter(n) in Leistungsbeziehungen treten. Die gewerblich tätige Gesellschaft wird dabei regelmäßig als Unternehmer i. S. d. § 2 UStG anzusehen sein. Aber auch der Mitunternehmer kann, bedingt durch seine Leistungen an die Gesellschaft, zum weiteren Unternehmer werden. Allein die Stellung als Mitunternehmer macht ihn jedoch unstreitig noch nicht zum Unternehmer im umsatzsteuerlichen Sinne. Hierzu bedarf es insbesondere der Selbständigkeit des Mitunternehmers.

1494 Bei dem oben beschriebenen Sachverhalt wird der Gesellschafter A nachhaltig zur Erzielung von (Miet-)Einnahmen tätig. Er erbringt **sonstige Leistungen** im Leistungsaustausch. Der Vorgang ist daher im umsatzsteuerlichen Sinne steuerbar, jedoch nach § 4 Nr. 12 UStG steuerfrei. A könnte für diese Leistung nach § 9 UStG zur Steuerpflicht optieren. Bei der Vermietung beweglicher Sachen wie Pkws käme es ohnehin zu steuerbaren und steuerpflichtigen Umsätzen.

1495 Das bedeutet, dass der Gesellschafter verpflichtet ist, eine **ordnungsgemäße Rechnung** i. S. d. § 14 Abs. 4 UStG zu stellen. Er schuldet die Umsatzsteuer für seine Leistungen. Die Gesamthand hat unter den allgemeinen Voraussetzungen des § 15 UStG den Vorsteuerabzug.

Abwandlung zu vorstehendem Beispiel:

1496 **BEISPIEL:** Gleicher Sachverhalt, jedoch hat A für seine Vermietungsumsätze zur Steuerpflicht optiert. Die monatliche Miete beträgt folgerichtig 1 000 € + 190 € USt. A hat die USt als Monatszahler pünktlich ans Finanzamt abgeführt. Die Vermietung hat zum 1. 1. begonnen.

1497 Buchungen im Gesamthandsbereich:

Grundstücksaufwand monatlich	1 000 €	an	Bank	1 190 €
Vorsteuer monatlich	190 €			

Buchungen im Sonderbereich:

Grundstück	50 000 €	an	Einlage	50 000 €
Entnahmen monatlich	1 190 €	an	Mieterträge	1 000 €
			USt	190 €
USt 11 x	190 €	an	Einlage	190 €

1498 Die Sonderbilanz sähe in diesem Fall wie folgt aus:

Sonderbilanz des A zum 31. 12.

Grundstück	50 000 €	Kapital 01. 01.	0 €
		Einlage 01. 01.	50 000 €
		Entnahmen	14 280 €
		Einlage	2 090 €
		Gewinn	12 000 €
		Kapital 31. 12.	49 810 €
		USt-Schuld	190 €
	50 000 €		50 000 €

5.2.3 Beispiel zu Miteigentum

Wird einer Personengesellschaft ein Wirtschaftsgut überlassen, das im Miteigentum mehrerer Personen steht, die selbst nicht gewerblich tätig sind, gehört dieses Wirtschaftsgut nur insoweit zum Sonderbetriebsvermögen der nutzenden Mitunternehmerschaft, als es einem der Mitunternehmer zuzurechnen ist. Entsprechendes gilt dann auch für die Nutzungsentgelte.

1499

> **BEISPIEL:** Wie oben unter Rdn. 1493 ff., jedoch gehört das Grundstück A und seiner Ehefrau, die nicht Gesellschafterin der A + B OHG ist.

1500

Buchungen im Gesamthandsbereich:

Grundstücksaufwand monatlich	1 000 €	an	Bank	1 190 €
Vorsteuer monatlich	190 €			

Buchungen im Sonderbereich:

Grundstück	25 000 €	an	Einlage	25 000 €
Entnahmen monatlich	595 €	an	Mieterträge	500 €
			USt*	95 €
USt * 11×	95 €	an	Einlage	95 €

Die Sonderbilanz sähe in diesem Fall wie folgt aus:

1501

Sonderbilanz des A zum 31.12.

Grundstück	25 000 €	Kapital 01.01.	0 €
		Einlage 01.01.	25 000 €
		Entnahmen	7 140 €
		Einlage	1 045 €
		Gewinn	6 000 €
		Kapital 31.12.	24 905 €
		USt-Schuld*	95 €
	25 000 €		25 000 €

* Die Buchung auf dem Konto USt und die Bilanzierung einer USt-Schuld sind etwas problematisch. Exakter wäre die Kontenbezeichnung „Verbindlichkeiten wegen USt". Steuerschuldner der USt aus der Vermietungsleistung ist der Vermietungsunternehmer. Dies ist aber zweifelsfrei die Ehegattengemeinschaft A + Ehefrau. Steuerschuldner ist also nicht A. In Theorie und Praxis wird deshalb besser nur der Anteil der Schuld des A an der USt als „Verbindlichkeit wegen USt" ausgewiesen.

1502

5.2.3.1 Mehrere Sonderbilanzen für ein Wirtschaftsgut

Sind mehrere oder alle Miteigentümer des vermieteten Gegenstands gleichzeitig auch Gesellschafter der nutzenden Personengesellschaft, ist für jeden der Gesellschafter eine Sonderbilanz zu führen. Hier sind die vermieteten Wirtschaftsgüter jeweils insoweit zu bilanzieren, als sie den jeweiligen Gesellschaftern zugerechnet werden. Das bedeutet, wenn eine Grundstücksgemeinschaft A, B und C ihr Grundstück an eine Personengesellschaft überlässt, an der A, B und C in beliebiger Höhe beteiligt sind, sind sowohl für A als auch für B und C Sonderbilanzen zu erstellen, in denen jeweils der ent-

1503

sprechende Grundstücksanteil des A, B oder C an der Grundstücksgemeinschaft (z. B. je $1/3$) ausgewiesen wird.

5.2.3.2 Allgemeine Ansatz- und Bewertungsvorschriften

1504 Ansonsten gelten für Fragen des Ansatzes und der Bewertung von Sonderbetriebsvermögen die allgemeinen **steuerlichen** Ansatz- und Bewertungsvorschriften (siehe hierzu insbesondere Rdn. 803 ff.). Da das Handelsrecht keine Sonderbilanzen kennt, entfällt zwangsläufig auch die Maßgeblichkeit der Handelsbilanz für die steuerliche Sonderbilanz.

5.3 Vergütungen für die Hingabe von Darlehen

5.3.1 Allgemeines

1505 Wenn ein Gesellschafter seiner gewerblich tätigen Personengesellschaft ein Darlehen gewährt, muss dieses zunächst bei der Personengesellschaft als Darlehensverbindlichkeit passiviert werden. Gleichzeitig muss der Gesellschafter in seiner Sonderbilanz eine Darlehensforderung aktivieren. Auch dieses Wirtschaftsgut „Forderung" ist ein Wirtschaftsgut i. S. d. R 4.2 Abs. 2 EStR, das unmittelbar der Personengesellschaft dient (Sonderbetriebsvermögen I).

5.3.2 Erträge aus der Hingabe von Darlehen

1506 Wenn ein solches Darlehen marktüblich verzinst wird, sind die Zinsaufwendungen, unabhängig von der Zahlung, Betriebsausgaben bei der Gesellschaft. Sind Zinsaufwendungen im Wirtschaftsjahr bereits entstanden, aber noch nicht fällig oder rückständig, sind bei der Gesellschaft entsprechende Zinsverbindlichkeiten zusätzlich zu passivieren. Auch hier gilt, dass wegen des Wortlauts des § 15 Abs. 1 Nr. 2 Halbsatz 2 EStG entsprechende Zinserträge im Sonderbereich (Sonder-GuV) des jeweiligen Gesellschafters zu erfassen sind und wegen der korrespondierenden Bilanzierung entsprechende Zinsforderungen im Sonderbereich (Sonderbilanz) des Gesellschafters zu erfassen sind. Werden bei der Darlehensgewährung Auszahlungsverluste vereinbart, ist bei der Gesellschaft in Höhe des Damnums, Disagios o. Ä. ein aktiver Rechnungsabgrenzungsposten zu bilden, der der Laufzeit und den jeweiligen Darlehensständen entsprechend aufzulösen ist. Korrespondierend ist wieder in der Sonderbilanz des Gesellschafters ein passiver Rechnungsabgrenzungsposten zu bilden, der in gleicher Höhe wie bei der Gesellschaft gewinnerhöhend aufzulösen ist.

5.3.3 Aufwendungen im Zusammenhang mit der Hingabe von Darlehen

1507 Wenn der Gesellschafter für die Hingabe des Darlehens selbst ein Darlehen (zur Refinanzierung) aufgenommen hat oder ihm sonst wie Aufwendungen in diesem Zusammenhang entstehen, sind diese Beträge als Sonderbetriebsausgaben in der Sonder-GuV zu erfassen. Gegenkonto für eine entsprechende Buchung muss das Konto „Einlage" sein. Wie oben bereits dargestellt, wird im Sonderbereich regelmäßig auf die Darstellung eines Bank- oder Kassenkontos verzichtet. Deshalb können diese Sonderbetriebsausgaben nur aus privaten Mitteln gezahlt worden sein (Einlage).

5.3.4 Beispiel zur Hingabe von Darlehen

BEISPIEL: Der Gesellschafter A der A+B KG gewährt seiner KG am 1.9.01 ein Darlehen i.H.v. 100 000 €, das am selben Tag mit einem Auszahlungsverlust von 5 000 € ausgezahlt wird. Als Verzinsung sind marktübliche Zinsen i.H.v. 5 % vereinbart, die nachschüssig zu zahlen sind. Die KG hat die ersten Zinsen pünktlich am 31.8.02 i.H.v. 5 000 € gezahlt und als Zinsaufwand gebucht. Das Darlehen ist nach 5 Jahren in einer Summe zurückzuzahlen. Weitere Buchungen sind nicht erfolgt.

Um seiner KG das Darlehen gewähren zu können, musste A eine Grundschuld auf sein privates Einfamilienhaus i.H.v. 80 000 € aufnehmen. Dieses Darlehen ist ebenfalls 5 Jahre tilgungsfrei und wird nachschüssig, jedoch mit 6 % verzinst. Zahlungen sind pünktlich erfolgt.

Stellen Sie die Auswirkungen für 01 und 02 für die KG und den Sonderbereich dar und erstellen Sie Sonderbilanzen für A für 01 und 02.

Auswirkungen im Gesamthandsbereich:

Die KG muss das Darlehen mit dem Rückzahlungsbetrag i.H.v. 100 000 € passivieren. Der Auszahlungsverlust i.H.v. 5 000 € ist in einen aktiven Rechnungsabgrenzungsposten einzustellen und linear auf 5 Jahre aufzulösen. Der Zinsaufwand i.H.v. 1 666 € für 01 und von 5 000 € für 02 sind als Betriebsausgaben der KG zu erfassen.

Auswirkungen im Sonderbereich des A:

In einer Sonderbilanz des A ist das Darlehen i.H.v. 100 000 € als Darlehensforderung zu aktivieren, der Auszahlungsgewinn mit 5 000 € in einen passiven Rechnungsabgrenzungsposten einzustellen. Der pRAP ist linear über 5 Jahre aufzulösen. Die Zinserträge sind periodengerecht in der Sonder-GuV zu erfassen.

Gleichzeitig ist das von A aufgenommene Darlehen in seiner Sonderbilanz zu passivieren. Die entstandenen Schuldzinsen sind in seiner Sonder-GuV als Betriebsausgaben zu erfassen. Alle Geldbewegungen stammen aus dem Privatvermögen oder gehen in das Privatvermögen und sind somit als Entnahmen oder Einlagen darzustellen.

Buchungen im Gesamthandsbereich:

01:

Bank	95 000 €	an	Darlehen	100 000 €
RAP	5 000 €			
Zinsaufwand	1 666 €	an	sonst. Verb.	1 666 €
zinsähnl. Aufw.	333 €	an	RAP	333 €

02:

zinsähnl. Aufw.	1 000 €	an	RAP	1 000 €

Durch die vorgenommene Aufwandsbuchung in 02 (5 000 €) ist der Zinsaufwand der KG zutreffend erfasst. Wenn keine weitere Buchung (Auflösung der sonstigen Verbindlichkeiten) erfolgt, bleiben diese in zutreffender Höhe von 1 666 € auch für 02 ausgewiesen.

Buchungen im Sonderbereich:

01:

Darl.-Ford.	100 000 €	an	Einlage	95 000 €
			pRAP	5 000 €

Zinsford.	1 666 €	an	Zinsertr.	1 666 €
pRAP	333 €	an	sonst. betriebl. Ertrag	333 €
Einlage	80 000 €	an	Darlehen	80 000 €
Zinsaufw.	1 600 €	an	sonst. Verb.	1 600 €
02:				
Entnahme	5 000 €	an	Zinsford.	1 666 €
			Zinsertr.	3 334 €
Zinsford.	1 666 €	an	Zinsertr.	1 666 €
pRAP	1 000 €	an	sonst. betriebl. Ertrag	1 000 €
Zinsaufwand	3 200 €	an	Einlage	4 800 €
sonst. Verb.	1 600 €			
Zinsaufw.	1 600 €	an	sonst. Verb.	1 600 €

1511 Die Sonderbilanzen und -GuV-Rechnungen ergeben sich wie folgt:

Sonderbilanz 31. 12. 01

Darlehensforderung	100 000 €	Einlage	95 000 €
Zinsforderung	1 666 €	Einlage	./. 80 000 €
		Gewinn	399 €
		Kapital 31. 12. 01	15 399 €
		Darlehen	80 000 €
		sonst. Verb.	1 600 €
		pRAP	5 000 €
		pRAP	./. 333 €
Bilanzsumme	101 666 €	Bilanzsumme	101 666 €

Sonder-GuV 01

Zinsaufw.	1 600 €	Zinsertrag	1 666 €
Gewinn	399 €	sonst. betriebl. Ertrag	333 €
	1 999 €		1 999 €

Sonderbilanz 31. 12. 02

Darlehensforderung	100 000 €	Kapital 1. 1. 02	15 399 €
Zinsforderung 1. 1. 02	1 666 €	Entnahme	5 000 €
./. Zahlung	1 666 €	Einlage	4 800 €
+ Zinsforderung 9 – 12/02	1 666 €	Gewinn	1 200 €
		Kapital 31. 12. 01	16 399 €
		Darlehen	80 000 €
		sonst. Verb.	1 600 €
		pRAP 1. 1. 02	4 667 €
		Auflösung pRAP	./. 1 000 €
Bilanzsumme	101 666 €	Bilanzsumme	101 666 €

	Sonder-GuV 02		
Zinsaufwand	3 200 €	Zinsertrag	3 334 €
Zinsaufwand	1 600 €	Zinsertrag	1 666 €
Gewinn	1 200 €	sonst. betriebl. Ertrag	1 000 €
	6 000 €		6 000 €

5.4 Vergütungen für die Tätigkeit im Dienst der Gesellschaft

5.4.1 Allgemeines

Die Abgeltung der Tätigkeiten eines Gesellschafters für die Gesellschaft führt immer wieder sowohl in der Theorie als auch in der Praxis zu Schwierigkeiten und Verwechselungen. Einerseits ist es denkbar, dass ein Gesellschafter wegen seiner Tätigkeit für die Gesellschaft, z. B. als Geschäftsführer, (vorab) bei der Gewinnverteilung einen bestimmten Betrag zugedacht bekommt. Andererseits sind auch feste Anstellungsverträge, Geschäftsführerverträge und ähnliche schuldrechtliche Vereinbarungen zwischen Gesellschaft und Gesellschafter denkbar. Diese beiden Gestaltungen sind grundlegend unterschiedlich zu behandeln.

1512

5.4.2 Vorabvergütungen für die Tätigkeit im Dienst der Gesellschaft

In allen Rechtsformen der Personengesellschaften ist es denkbar und auch gängige Praxis, dass im Gesellschaftsvertrag vereinbart ist, dass einem, mehreren oder allen Gesellschafter(n) für ihre Tätigkeit im Dienst der Gesellschaft bestimmte, im Gesellschaftsvertrag festgelegte Beträge bei der Gewinnverteilung vorab zugerechnet werden. Eine solche Vereinbarung hat ausschließlich den Charakter einer Gewinnverteilungsabrede, die bei der Gesellschaft keinerlei Verpflichtung auf Zahlung der Beträge auslöst. Wenn diese Vorgänge für die Gesellschaft aber keine Verbindlichkeit darstellen, können Zahlungen in Folge solcher Vereinbarungen auch keine Betriebsausgaben bei der Gesellschaft sein. Zahlungen auf der Grundlage dieser Gewinnverteilungsabreden sind nichts anderes als Entnahmen der jeweils begünstigten Gesellschafter.

1513

BEISPIEL: Im Gesellschaftsvertrag ist unter § 9 „Gewinnverteilung" vereinbart, dass A wegen seiner Tätigkeit als Geschäftsführer in der Gesellschaft vorab einen Betrag von 60 000 € erhalten soll. Zur Bestreitung seines privaten Lebensunterhaltes lässt er sich monatlich per Dauerauftrag von seiner Gesellschaft einen Betrag von 5 000 € auf sein Privatkonto überweisen. Wegen einer Kontenumstellung bei seiner Bank wurde der Dauerauftrag für Dezember 01 erst am 5.1.02 gemeinsam mit der Überweisung für Januar 02 ausgeführt. Die Gesellschaft buchte in 01 11 x:

1514

| Entnahme des A | 5 000 € | an | Bank | 5 000 € |

Für Dezember 01 buchte sie:

| Entnahme des A | 5 000 € | an | sonst. Verb. | 5 000 € |

Die Behandlung der 11 Überweisungen für Januar bis November 01 seitens der Gesellschaft sind nicht zu beanstanden. Insbesondere handelt es sich bei dieser Vereinbarung nicht um eine Gehaltsvereinbarung. Der Gesellschaft sind keinerlei Verpflichtungen entstanden. Deshalb ist auch der Verzicht auf Buchung als Betriebsausgaben korrekt.

Aus dem gleichen Grund ist der Gesellschaft aber auch zum 31.12.01 keine sonstige Verbindlichkeit entstanden. Gleichzeitig hat auch noch keine Entnahme stattgefunden, sodass die gesamte Buchung zu stornieren ist.

Korrekturen:	Entnahmen	./. 5 000 €
	sonst. Verb.	./. 5 000 €

1515 Damit bleiben diese vorab zuzurechnenden Gewinne Bestandteil des Gesamthandsgewinns der Gesellschaft und sind im Rahmen der Gewinnverteilung beim Gesellschafter A Teil des Gewinns nach § 15 Abs. 1 Nr. 2 Halbsatz 1 EStG. Zwangsläufig entfällt auch der Ansatz einer entsprechenden Sonderbetriebseinnahme im Sonderbereich des A.

5.4.3 Besonderheiten bei der KG

1516 Auf den Komplementär einer KG trifft das oben zu 5.4.2. Geschilderte bezüglich einer Vergütung für seine Tätigkeit bei der Gesellschaft uneingeschränkt zu. Im Rahmen des Gesellschaftsvertrags einer KG ist es aber auch üblich, dem Komplementär für seine den Kommanditisten gegenüber höhere Haftungsübernahme einen zusätzlichen (Vorab)Anteil am Gewinn der Gesellschaft zuzusprechen. Die Praxis bezeichnet diesen Vorteil häufig als Haftungsvergütung. Dabei ist die Bezeichnung als Vergütung jedoch irreführend. Wäre es nämlich eine echte Vergütung für eine Leistung des Komplementärs, müsste die Behandlung als Vorabgewinn wie unter 2. in Frage gestellt werden. Besser erscheint uns daher die Bezeichnung als „Haftungsprämie" (wegen Besonderheiten siehe aber auch unter 5.4.5.3).

1517 Bezüglich dieser Haftungsprämie entsteht der Gesellschaft wieder keinerlei Verpflichtung zur Zahlung. Daher kann die Auszahlung dieser Haftungsprämie nicht als Betriebsausgabe erfasst werden.

> **BEISPIEL:** Der Komplementär einer KG lässt sich für einen geplanten Winterurlaub am 30.12.01 bereits die Hälfte seiner ihm für das Jahr 02 zugedachten Haftungsvergütung auszahlen. Die KG bucht:
>
> Forderung an Gesellschafter   An   Bank
>
> Wenn der KG wegen der zugesagten Vorwegvergütung wegen Haftungsübernahme des Kommanditisten keine Verbindlichkeit entsteht, kann sich auch keine Forderung begründen, wenn der Gesellschafter bereits vor Beginn des Wirtschaftsjahres, für das die Haftungsvergütung wirken soll, sich diese auszahlen lässt. Die KG hätte am 30.12.01 eine Entnahme des Kommanditisten buchen müssen.
>
> | Korrekturen: | Entnahmen Kommanditist | + |
> |---|---|---|
> | | Forderung an Gesellschafter | ./. |

5.4.4 Vergütungen aufgrund schuldrechtlicher Vereinbarungen

1518 Die andere Möglichkeit, Tätigkeiten im Dienst der Gesellschaft abzugelten, besteht in der Vereinbarung von Vergütungen für die Tätigkeit. Solche Vergütungen sind als sog. Sonderbetriebseinnahme nach § 15 Abs. 1 Nr. 2 Halbsatz 2 EStG als gewerbliche Einkünfte des jeweiligen Gesellschafters aus der Mitunternehmerschaft zu besteuern. Für solche Sonderbetriebseinnahmen sind regelmäßig Sonderbilanzen mit Sonder-GuV-Rechnungen aufzustellen.

Eine Sondervergütung liegt vor, wenn der Gesellschafter sich aufgrund eines Vertrags mit seiner Gesellschaft zu einer Tätigkeit verpflichtet hat und die Gesellschaft verpflichtet ist, hierfür ein Entgelt zu zahlen. Verträge dieser Art können auf unterschiedliche Art und Weise zustande kommen und abgeschlossen werden. Neben dem typischen Arbeits- oder Anstellungsvertrag sind auch konkludente Vereinbarungen denkbar. Darüber hinaus ist es auch üblich, im Gesellschaftsvertrag selbst eine Regelung außerhalb der Gewinnverteilung aufzunehmen, die für sich die Qualität eines Geschäftsführungsvertrags besitzt. 1519

Allen diesen Vereinbarungen ist gemeinsam, dass sich die Beteiligten gegenseitig zu Leistungen verpflichten. 1520

Zahlungen aufgrund dieser Vereinbarungen von Seiten der Gesellschaft sind zwingend Betriebsausgaben der Gesamthand. Auf Empfängerseite muss der Gesellschafter seine Vergütungen als Sonderbetriebseinnahmen nach § 15 Abs. 1 Satz 1 Nr. 2 Halbsatz 2 EStG in seinem Sonderbereich ansetzen. Erst dadurch wird die Neutralität dieser Vergütungen in der Mitunternehmerschaft gewährleistet. Der Betriebsausgabe in der Gesamthand steht eine Betriebseinnahme im Sonderbereich des Gesellschafters gegenüber. Die Gewinnauswirkung in der Mitunternehmerschaft ist also identisch mit der Gewinnauswirkung wie oben unter 2. beschrieben.

5.4.5 Umsatzsteuerliche Behandlung der Sonderentgelte

Die Finanzverwaltung hat die umsatzsteuerliche Behandlung der Geschäftsführungs- und Vertretungsleistungen eines Gesellschafters an die Gesellschaft gegen Entgelt in Abschnitt 1.6 des UStAE wie folgt geregelt: 1521

Zwischen Personengesellschaften und ihren Gesellschaftern ist ein Leistungsaustausch möglich (vgl. BFH v. 23.7.1959 V 6/58 U, BStBl 1959 III 379; v. 5.12.2007 V R 60/05, BStBl 2009 II 486). (Das gilt natürlich auch für Leistungen zwischen Kapitalgesellschaften und ihren Anteilseignern.) Unentgeltliche Leistungen von Gesellschaften an ihre Gesellschafter werden durch § 3 Abs. 1b und Abs. 9a UStG erfasst. An einem Leistungsaustausch fehlt es in der Regel, wenn eine Gesellschaft Geldmittel nur erhält, damit sie in die Lage versetzt wird, sich in Erfüllung ihres Gesellschaftszwecks zu betätigen (vgl. BFH v. 20.4.1988 X R 3/82, BStBl 1988 II 792). Das ist z.B. der Fall, wenn ein Gesellschafter aus Gründen, die im Gesellschaftsverhältnis begründet sind, die Verluste seiner Gesellschaft übernimmt, um ihr die weitere Tätigkeit zu ermöglichen (vgl. BFH v. 11.4.2002 V R 65/00, BStBl II 782). 1522

5.4.5.1 Gründung von Gesellschaften, Eintritt neuer Gesellschafter

Eine Personengesellschaft erbringt bei der Aufnahme eines Gesellschafters an diesen keinen steuerbaren Umsatz (vgl. BFH v. 1.7.2004 V R 32/00, BStBl 2004 II 1022). Dies gilt auch für Kapitalgesellschaften bei der erstmaligen Ausgabe von Anteilen (vgl. 1523

EuGH v. 26.5.2005 C-465/03, EuGHE I, 4357). Dagegen sind Sacheinlagen eines Gesellschafters umsatzsteuerbar, wenn es sich um Lieferungen und sonstige Leistungen im Rahmen seines Unternehmens handelt und keine Geschäftsveräußerung i.S.d. § 1 Abs. 1a UStG vorliegt. Die Einbringung von Wirtschaftsgütern durch den bisherigen Einzelunternehmer in die neu gegründete Gesellschaft ist auf die Übertragung der Gesellschaftsrechte gerichtet (vgl. BFH v. 8.11.1995 XI R 63/94, BStBl 1996 II 114; v. 15.5.1997 V R 67/94, BStBl 1997 II 705). Als Entgelt für die Einbringung von Wirtschaftsgütern in eine Gesellschaft kommt neben der Verschaffung der Beteiligung an der Gesellschaft auch die Übernahme von Schulden des Gesellschafters durch die Gesellschaft in Betracht, wenn der einbringende Gesellschafter dadurch wirtschaftlich entlastet wird (vgl. BFH v. 15.5.1997, a.a.O.).

5.4.5.2 Leistungsaustausch oder nicht steuerbarer Gesellschafterbeitrag

1524 Ein Gesellschafter kann an die Gesellschaft sowohl Leistungen erbringen, die ihren Grund in einem gesellschaftsrechtlichen Beitragsverhältnis haben, als auch Leistungen, die auf einem gesonderten schuldrechtlichen Austauschverhältnis beruhen. Die umsatzsteuerrechtliche Behandlung dieser Leistungen richtet sich danach, ob es sich um Leistungen handelt, die als Gesellschafterbeitrag durch die Beteiligung am Gewinn oder Verlust der Gesellschaft abgegolten werden, oder um Leistungen, die gegen Sonderentgelt ausgeführt werden und damit auf einen Leistungsaustausch gerichtet sind. Entscheidend ist die tatsächliche Ausführung des Leistungsaustauschs und nicht allein die gesellschaftsrechtliche Verpflichtung. Dabei ist es unerheblich, dass der Gesellschafter zugleich seine Mitgliedschaftsrechte ausübt. Umsatzsteuerrechtlich maßgebend für das Vorliegen eines Leistungsaustauschs ist, dass ein Leistender und ein Leistungsempfänger vorhanden sind und der Leistung eine Gegenleistung gegenübersteht. Die Steuerbarkeit der Geschäftsführungs- und Vertretungsleistungen eines Gesellschafters an die Gesellschaft setzt das Bestehen eines unmittelbaren Zusammenhangs zwischen der erbrachten Leistung und dem empfangenen Sonderentgelt voraus (vgl. BFH v. 6.6.2002 V R 43/01, BStBl 2003 II 36; v. 16.1.2003 V R 92/01, BStBl 2003 II 732).

Auf die Bezeichnung der Gegenleistung z.B. als Gewinnvorab/Vorabgewinn, Vorwegvergütung, Aufwendungsersatz, Umsatzbeteiligung oder Kostenerstattung kommt es nicht an.

1525 **BEISPIELE:**

▶ Den Gesellschaftern einer OHG obliegen die Führung der Geschäfte und die Vertretung der OHG. Diese Leistungen werden mit dem nach der Anzahl der beteiligten Gesellschafter und ihrem Kapitaleinsatz bemessenen Anteil am Ergebnis (Gewinn und Verlust) der OHG abgegolten.

Die Ergebnisanteile sind kein Sonderentgelt; die Geschäftsführungs- und Vertretungsleistungen werden nicht im Rahmen eines Leistungsaustauschs ausgeführt, sondern als Gesellschafterbeitrag erbracht.

▶ Der Gesellschafter einer OHG erhält neben seinem nach der Anzahl der Gesellschafter und ihrem Kapitaleinsatz bemessenen Gewinnanteil für die Führung der Geschäfte und die Vertretung der OHG eine zu Lasten des Geschäftsergebnisses verbuchte Vorwegvergütung von jährlich 120 000 € als Festbetrag.

- Die Vorwegvergütung ist Sonderentgelt; der Gesellschafter führt seine Geschäftsführungs- und Vertretungsleistungen im Rahmen eines Leistungsaustauschs aus.

▶ Der Gesellschafter einer OHG erhält neben seinem nach der Anzahl der Gesellschafter und ihrem Kapitaleinsatz bemessenen Gewinnanteil für die Führung der Geschäfte und die Vertretung der OHG im Rahmen der Gewinnverteilung auch im Verlustfall einen festen Betrag von 120 000 € vorab zugewiesen (Vorabvergütung).

- Der vorab zugewiesene Gewinn ist Sonderentgelt; der Gesellschafter führt seine Geschäftsführungs- und Vertretungsleistungen im Rahmen eines Leistungsaustauschs aus.

▶ Der Gesellschafter einer OHG erhält für die Führung der Geschäfte und die Vertretung der OHG im Rahmen der Gewinnverteilung 25 % des Gewinns, mindestens jedoch 60 000 € vorab zugewiesen.

- Der Festbetrag von 60 000 € ist Sonderentgelt und wird im Rahmen eines Leistungsaustauschs gezahlt; im Übrigen wird der Gesellschafter auf Grund eines gesellschaftsrechtlichen Beitragsverhältnisses tätig.

5.4.5.3 Besonderheit bei Haftungsvergütungen

Auch andere gesellschaftsrechtlich zu erbringende Leistungen der Gesellschafter an die Gesellschaft können bei Zahlung eines Sonderentgelts als Gegenleistung für diese Leistung einen umsatzsteuerbaren Leistungsaustausch begründen. Sowohl die Haftungsübernahme als auch die Geschäftsführung und Vertretung besitzen ihrer Art nach Leistungscharakter und können daher auch im Fall der isolierten Erbringung Gegenstand eines umsatzsteuerbaren Leistungsaustausches sein. 1526

BEISPIEL:

▶ Der geschäftsführungs- und vertretungsberechtigte Komplementär einer KG erhält für die Geschäftsführung, Vertretung und Haftung eine Festvergütung.

Die Festvergütung ist als Entgelt für die einheitliche Leistung, die Geschäftsführung, Vertretung und Haftung umfasst, umsatzsteuerbar und umsatzsteuerpflichtig (vgl. BFH v. 3.3.2011, V R 24/10, BStBl II 950). Weder die Geschäftsführung und Vertretung noch die Haftung nach §§ 161, 128 HGB haben den Charakter eines Finanzgeschäfts i. S. d. § 4 Nr. 8 Buchstabe g UStG.

5.4.5.4 GmbH & Co. KG

Die Komplementär-GmbH ist mit ihrer Geschäftsführertätigkeit selbständig tätig (s. o.). Nach Abschn. 2.8 Abs. 2 Satz 3 UStAE kann sie nicht als Organgesellschaft in das Unternehmen der KG eingegliedert sein. Inzwischen wird jedoch für die „Einheitsgesellschaft" (KG hält die Mehrheit der Anteile an der Komplementär-GmbH) die Organschaft bejaht. 1527

Steht ein Kommanditist in einem Dienstverhältnis zur Komplementär-GmbH, ist er ihr gegenüber nicht selbständig. Erhält die GmbH Kostenersatz von der KG, bewirkt die GmbH eine steuerbare Leistung an die KG. Dies gilt auch dann, wenn die KG zur Abkürzung des Zahlungswegs die Vergütung unmittelbar an den Kommanditisten auszahlt. 1528

Der Gesellschafter-Geschäftsführer einer GmbH führt grundsätzlich weiterhin keine steuerbaren Umsätze aus, da er im Rahmen eines Dienst- oder Arbeitsvertrags und somit als Arbeitnehmer tätig ist. Der BFH hält es jedoch in 2 Urteilen für möglich, dass 1529 auch der Geschäftsführer der GmbH dieser gegenüber selbständig tätig werden kann (BFH v. 10.3.2005 V R 29/03, BStBl 2005 II 730).

5.4.6 Zusammenfassendes Beispiel zu gewinnunabhängigen Tätigkeitsvergütungen

1530 **BEISPIEL:** A ist Komplementär einer KG, B ist Kommanditist.

A erhält für seine Geschäftsführungstätigkeit seit vielen Jahren von der KG ein monatliches Geschäftsführergehalt i.H.v. zurzeit 5 950 € monatlich. Die Beträge wurden jeweils zum Ende des Monats pünktlich ausgezahlt. Die KG buchte jeweils Gehälter 5 950 € an Bank 5 950 €.

B ist seit Beginn des Jahres angestellter Gärtner mit einer Beschäftigungsdauer von 20 Std./Woche. Sein Gehalt beträgt 1 000 € monatlich. Da B mit dieser Beschäftigung sozialversicherungspflichtig ist, buchte die KG monatlich wie folgt:

Jeweils am Monatsletzten:

Gehälter	900 €	an	Bank	900 €

bei gesetzlicher Fälligkeit der Sozialversicherungsabgaben:

sozialer Aufwand	200 €	an	Bank	200 €

Lohnsteuer wurde von der KG nicht einbehalten. B erklärte beim Finanzamt Einkünfte aus § 19 EStG.

A erhält für seine Tätigkeit bei der KG ein gewinnunabhängiges Entgelt i.H.v. monatlich 5 950 €. Er übt seine Geschäftsführungstätigkeit selbständig i.S.d. § 2 UStG aus, da er als Komplementär gesetzlich mit entsprechenden Vollmachten ausgestattet ist und auch tatsächlich niemandem gegenüber weisungsgebunden ist. Seine sonstige Leistung i.S.d. § 3 Abs. 9 UStG findet gegen Entgelt, also im Leistungsaustausch statt. Die Leistung ist demnach steuerbar und mangels Steuerbefreiung auch steuerpflichtig. Bemessungsgrundlage nach § 10 Abs. 1 UStG ist alles, was die KG aufwendet, jedoch abzüglich der USt, also 5 000 € monatlich. Die USt beträgt monatlich 950 €.

B erhält ebenfalls ein gewinnunabhängiges Entgelt i.H.v. 1 000 €. Als Kommanditist und angestellter Gärtner hat er aber weder gesetzlich noch tatsächlich eine Position, die ihn weisungsungebunden erscheinen lässt. Er ist daher nicht selbständig i.S.d. § 2 UStG. Dennoch sind die Vergütungen, die er von der KG erhält, Sonderbetriebseinnahmen i.S.d. § 15 Abs. 1 Nr. 2 Halbsatz 2 EStG.

1531 **Behandlung in der Gesamthand:**

Der Nettoaufwand der Vergütungen für die Geschäftsführertätigkeit stellt Betriebsausgaben bei der KG dar.

In Höhe der entstehenden USt i.H.v. monatlich 950 € = 11 400 € jährlich hat die KG gegen ihren Geschäftsführer einen Anspruch auf Erteilung einer ordnungsgemäßen Rechnung i.S.d. § 14 Abs. 4 UStG. Bis diese Rechnung vorliegt, muss sie eine Bilanzposition „noch nicht verrechenbare Vorsteuer" aktivieren.

Umbuchungen in der KG:	n.n.v. VoSt	11 400 €	An	Gehälter	11 400 €

Die Behandlung der Vergütung des B ist in Höhe des Nettogehalts und der Sozialversicherungsbeiträge in der KG korrekt.

1532 **Behandlung in den Sonderbereichen:**

Beim Komplementär:

Vergütungen i.S.d. § 15 Abs. 1 Nr. 2 Halbsatz 2 EStG für die Tätigkeit im Dienste der Gesellschaft sind in Höhe der Nettovergütungen, ohne die gesetzliche USt, anzunehmen. Die gesetzlich geschuldete USt ist, soweit noch nicht bezahlt, in der Sonderbilanz als Schuld auszuweisen. Die in den Sonderbereich geflossenen Beträge i. H.v. insgesamt 71 400 € können nur als Entnahme erfasst werden, weil im Sonderbereich typischerweise kein Finanzkonto geführt wird.

Beim Kommanditisten:

Die Vergütungen, die B von der KG erhält, sind ebenfalls Sonderbetriebseinnahmen i. S. d. § 15 Abs. 1 Nr. 2 Halbsatz 2 EStG. Dazu gehören auch die Arbeitnehmerbeiträge zur Sozialversicherung. Nach langjähriger Verwaltungspraxis gehörten die Arbeitgeberbeiträge bisher ebenfalls zu den Vergütungen in diesem Sinne, weil die steuerbefreiende Vorschrift des § 3 Nr. 62 EStG nur für Einkünfte aus § 19 gelten soll. Der BFH hat dann zwischenzeitlich zur Lohnsteuer entschieden, dass diese Arbeitgeberbeiträge kein Bestandteil des Arbeitslohns sind, weil es bei sachgerechter Würdigung des sog. Generationenvertrags am konkreten Vorteil auf der Seite des Arbeitnehmers mangelt (BFH v. 6. 6. 2002 VI R 178/97, BStBl 2003 II 34). Das muss dann auch für Gesellschafter einer Personengesellschaft gelten. Der BFH hat jedoch mit einem weiteren Urteil diese Auffassung wieder aufgegeben, sodass der Ansatz des Arbeitgeberanteils i. H.v. 100 € monatlich als Sonderbetriebseinnahme wieder erforderlich wird (BFH v. 30. 8. 2007 IV R 14/06, BStBl 2007 II 942).

		Sonderbilanz A 31. 12. 01	
		Kapital 1. 1. 01	0 €
		Entnahmen	71 400 €
		Gewinn 01	60 000 €
		Kapital 31. 12. 01	./. 11 400 €
		USt 01	11 400 €
Bilanzsumme	0 €	Bilanzsumme	0 €

		Sonder-GuV 01	
Gewinn	60 000 €	Ertrag (Nettogehalt)	60 000 €

		Sonderbilanz B 31. 12. 01	
		Kapital 1. 1. 01	0 €
		Entnahme	13 200 €
		Gewinn	13 200 €
		Kapital 31. 12. 01	0 €
Bilanzsumme	0 €	Bilanzsumme	0 €

		Sonder-GuV B 01	
Gewinn	13 200 €	Ertrag (Gehalt)	13 200 €

5.4.7 Besonderheiten zu Tätigkeitsvergütungen/ Sonderbetriebseinnahmen

5.4.7.1 Bilanzierungskonkurrenz zugunsten der Personengesellschaft

Denkbar sind Fälle, in denen ein Gesellschafter einer Personengesellschaft gleichzeitig noch ein Einzelunternehmen betreibt. Wenn die Gesellschaft den Einzelunternehmer beauftragt, eine Dienstleistung oder Werkleistung gegen Entgelt an sie zu erbringen,

1533

erhält der Gesellschafter von seiner Gesellschaft eine Vergütung für eine Tätigkeit für seine Gesellschaft. Damit erfüllt dieses Entgelt den Wortlaut des § 15 Abs. 1 Satz 1 Nr. 2 Halbsatz 2 EStG und muss ebenfalls als Sonderbetriebseinnahme in einer Sonder-GuV erfasst werden. Nach h. A. geht der § 15 Abs. 1 Nr. 2 EStG dem § 15 Abs. 1 Nr. 1 EStG vor. Der gesamte Auftrag ist im Einzelunternehmen des Gesellschafters nicht als betrieblicher Vorgang zu erfassen.

1534   War die Leistung des Einzelunternehmers umsatzsteuerbar und -pflichtig, wird in der Praxis die entstandene USt mit der laufenden USt-Voranmeldung der Einzelfirma angemeldet und abgeführt werden. Insoweit liegt im Sonderbereich des Gesellschafters eine Einlage vor.

> **BEISPIEL:** Ein Gesellschafter einer OHG ist gleichzeitig als Rechtsanwalt niedergelassen. Er berät die OHG aufgrund eines Einzelauftrags in einer Rechtsfrage. Das fremdübliche Honorar beträgt 1 000 € zuzüglich USt.
>
> In der Buchführung der Rechtsanwaltskanzlei ist nichts zu veranlassen.
>
> Im Sonderbereich des Gesellschafters ist wie folgt zu buchen:
>
> | | | | | |
> |---|---|---|---|---|
> | Entnahme | 1 190 € | an | Erlöse | 1 000 € |
> | | | | USt | 190 € |
> | USt | 190 € | an | Einlage | 190 € (bei Zahlung durch die Kanzlei) |

5.4.7.2 Sonstige Sonderbetriebseinnahmen

1535   Über den reinen Wortlaut des § 15 Abs. 1 Nr. 2 EStG hinaus gehören noch weitere Einnahmen zu den Einkünften aus Gewerbebetrieb. Das sind insbesondere Veräußerungserlöse für Wirtschaftsgüter des notwendigen oder gewillkürten Betriebsvermögens nach Verrechnung mit den Buchwerten und Entnahmegewinne.

Sachbezüge, die der Gesellschafter im Rahmen seiner Tätigkeit für die Gesellschaft erhält, sind bereits nach den oben dargestellten Grundsätzen als Vergütungen für die Tätigkeit bei der Gesellschaft anzusetzen.

5.4.8 Sonderbetriebsausgaben

1536   Sonderbetriebsausgaben sind Aufwendungen, die mit

▶ den Sonderbetriebseinnahmen,

▶ dem bilanzierten Sonderbetriebsvermögen oder

▶ der Beteiligung an der Personengesellschaft

Zusammenhängen. Sie müssen im Rahmen der einheitlichen und gesonderten Feststellung der Einkünfte der Mitunternehmerschaft mit festgestellt werden. Eine erstmalige Berücksichtigung im Rahmen der Veranlagung des Gesellschafters ist verfahrensrechtlich nicht möglich.

5.4.8.1 Aufwendungen im Zusammenhang mit Sonderbetriebseinnahmen

Wenn ein Mitunternehmer seiner Gesellschaft Wirtschaftsgüter entgeltlich zur Nutzung überlässt, sind die Nutzungsentgelte Sonderbetriebseinnahmen des Gesellschafters (siehe Rdn. 1491 ff.). Alle Aufwendungen, die mit den überlassenen Wirtschaftsgütern zusammenhängen, sind Sonderbetriebsausgaben. Typische Ausgaben sind: AfA, Finanzierungskosten, Reparatur- und Instandsetzungskosten u. Ä.

1537

5.4.8.2 Aufwendungen im Zusammenhang mit bilanziertem Sonderbetriebsvermögen

Es reicht aber auch aus, wenn die Wirtschaftsgüter vom Gesellschafter unentgeltlich an die Gesellschaft überlassen werden. Auch hier sind die Aufwendungen, die durch die Wirtschaftsgüter entstehen, als Sonderbetriebsausgaben beim Gesellschafter abzugsfähig. In Frage kommen dieselben Aufwendungen wie unter a) dargestellt.

1538

5.4.8.3 Aufwendungen, die mit der Beteiligung an der Personengesellschaft zusammenhängen

Hat z. B. ein Gesellschafter seine Beteiligung an einer Personengesellschaft durch Kredit finanziert, ist zum einen das aufgenommene Darlehen als Sonderbetriebsvermögen II zu passivieren (siehe Rdn. 1469). Zum anderen sind die Finanzierungskosten für dieses Darlehen als Sonderbetriebsausgabe abzugsfähig.

1539

5.4.8.4 Nichtabzugsfähigkeit von Sonderbetriebsausgaben nach § 4 Abs. 5 EStG

Auch im Rahmen von Sonderbetriebsvermögen ist es denkbar, dass dem Grunde nach Betriebsausgaben gegeben sind, die aber unter Berücksichtigung des § 4 Abs. 5 EStG den Gewinn der Mitunternehmerschaft nicht in voller Höhe mindern dürfen. Typisches Beispiel hierfür ist die Zurverfügungstellung eines Pkw im Eigentum des Mitunternehmers für seine Gesellschaft. Die betrieblich veranlassten Kosten des Pkw sind in voller Höhe Sonderbetriebsausgabe. Sind aber in den Kosten auch Aufwendungen für Fahrten zwischen Wohnung und Betriebsstätte enthalten, sind wie beim Einzelunternehmer die nicht abzugsfähigen Beträge außerhalb des Sonderbereichs (also bei der Gewinnverteilung) wieder hinzuzurechnen.

1540

FRAGEN ZU DEN KAPITELN 4 UND 5:

1541

		Rdn.
1.	Welche Wirtschaftsgüter zählen zum Gesamthandsvermögen einer Mitunternehmerschaft?	1460 ff.
2.	Warum ist der Ausweis von gewillkürtem Betriebsvermögen bei einer Mitunternehmerschaft grundsätzlich nicht denkbar?	1461 f.
3.	Welche Vermögensgegenstände zählen ausnahmsweise zum steuerlichen Privatvermögen der Gesellschafter?	1463 ff.
4.	Welche Wirtschaftsgüter zählen zum notwendigen oder gewillkürten Betriebsvermögen eines Mitunternehmers	1467 f.

			Rdn.
5.	Erläutern Sie den Unterschied zwischen Sonderbetriebsvermögen I und II und nennen Sie typische Wirtschaftsgüter des Sonderbetriebsvermögens II.		1468 f.
6.	Erläutern Sie den Unterschied zwischen Sonderbilanzen und Ergänzungsbilanzen. Nennen Sie typische Beispiele für deren Notwendigkeit.		1475 ff.
7.	Welche Einnahmen bzw. Ausgaben sind als Sonderbetriebseinnahmen bzw. -ausgaben zu erfassen?		1490
8.	Welche Rolle spielt die Umsatzsteuer im Zusammenhang mit Vergütungen für die Überlassung von Wirtschaftsgütern?		1493 ff.
9.	Was ist zu beachten, wenn die zur Nutzung überlassenen Wirtschaftsgüter nicht im Alleineigentum eines Mitunternehmers stehen?		1499 ff.
10.	Nennen Sie mögliche Sonderbetriebseinnahmen und -ausgaben, wenn ein Mitunternehmer „seiner" Gesellschaft entgeltlich ein Darlehn zur Verfügung stellt.		1506 ff.
11.	Was ist der Unterschied zwischen einer sog. „Vorabvergütung" und einer Vergütung für die Tätigkeit im Dienst der Gesellschaft?		1512 ff.
12.	Was verstehen Sie unter Bilanzierungskonkurrenz zugunsten der Personengesellschaft?		1533 f.
13.	Welche Einnahmen rechnen über den reinen Wortlaut des § 15 Abs. 1 Nr. 2 EStG hinaus noch zu den Sonderbetriebseinnahmen?		1535

1542–1559   (Einstweilen frei)

Kapitel 6: Gewinnermittlung und Gewinnverteilung bei einer Mitunternehmerschaft

6.1 Gewinnermittlung

6.1.1 Allgemeines

1560   Ausgangsbasis für den Gewinn einer Mitunternehmerschaft ist der Gewinn der Personengesellschaft laut Handelsbilanz. Dieser Gewinn ist zunächst, soweit erforderlich, auf einen Steuerbilanzgewinn umzurechnen. Dies ist dann erforderlich, wenn handelsrechtliche Ansatz- oder Bewertungsvorschriften denen des Steuerrechts widersprechen. Hat z. B. eine Personengesellschaft ein anderes Unternehmen übernommen und dabei für den „Firmenwert" einen Betrag von 15 000 € bezahlt, muss dieser Betrag nach Einführung des „BilMoG" ab 1. 1. 2010 mit 15 000 € aktiviert werden und auf wohl 5 Jahre (§ 285 Nr. 13 HGB) abgeschrieben werden. Der Bewertungsvorbehalt des § 5 Abs. 6 EStG gebietet jedoch, diesen erworbenen Firmenwert als immaterielles Wirtschaftsgut zu bilanzieren (§ 5 Abs. 2 im Umkehrschluss) und ihn nach § 7 Abs. 1 Satz 3 EStG auf **15 Jahre** abzuschreiben.

Darüber hinaus ist auch denkbar, dass das Handelsrecht zwingend Bilanzansätze vorschreibt, die steuerlich verboten sind (z. B. Rückstellungen für drohende Verluste aus schwebenden Geschäften, Warenbewertung nach dem Niederstwertprinzip ohne dauernde Wertminderung). Nach diesen erforderlichen Korrekturen ergibt sich der Steuerbilanzgewinn der Gesellschaft i. S. d. § 4 Abs. 1 i.V. m. § 5 EStG.

Die Aufstellung einer sog. „Einheitsbilanz" ist bei heutiger Rechtslage in der Praxis nur noch in ganz seltenen Fällen möglich. 1561

Der sich so ergebende Wert muss jetzt unter Umständen noch wertberichtigt werden, indem eine Ergänzungsbilanz für einen oder mehrere Gesellschafter aufzustellen ist. Die Ergänzungsbilanzen beinhalten Gesellschaftsvermögen (Gesamthandsvermögen), das wegen besonderer Umstände nur einem oder mehreren Gesellschaftern zuzurechnen ist (typisch beim Eintritt oder Wechsel eines Gesellschafters, wenn der Eintretende mehr als den Wert des Kapitalkontos bezahlt). 1562

Im Rahmen der additiven Gewinnermittlung müssen dann zum Gewinn der Personengesellschaft die Ergebnisse der Sonderbilanzen der einzelnen Gesellschafter hinzu addiert werden. Sowohl im Gesamthandsbereich als auch in den Sonderbereichen können dabei aber Betriebsausgaben abgezogen worden sein, die i. S. d. § 4 Abs. 4 EStG auch Sonderausgaben darstellen, die aber der Höhe nach ganz oder teilweise den steuerlichen Gewinn nicht mindern dürfen. Unabhängig davon, ob die Betriebsausgaben den Gesamthandsgewinn oder einen Sonderbilanzgewinn gemindert haben, sind die nicht abzugsfähigen Teile bei der Ermittlung des steuerlichen Gewinns der Mitunternehmerschaft wieder hinzuzurechnen. 1563

In einer Übersicht stellt sich die steuerliche Gewinnermittlung bei einer Mitunternehmerschaft wie folgt dar: 1564

1. Schrift:	Ermittlung des Handelsbilanzgewinns
2. Schritt:	ggf. Umrechnung auf einen Steuerbilanzgewinn
3. Schritt:	Hinzurechnen der Gewinne aus Ergänzungsbilanzen
4. Schritt:	Vornehmen der außerhalb der Gesamthandsbilanz vorzunehmenden Korrekturen (z. B. nach § 4 Abs. 5 EStG, InvZG)
5. Schritt:	Hinzurechnen der Gewinne aus Sonderbilanzen
6. Schritt:	Vornehmen der außerhalb der Sonderbereiche vorzunehmenden Korrekturen
Summe:	Steuerlicher Gewinn der Mitunternehmerschaft nach § 15 Abs. 1 Satz 1 Nr. 2 EStG

Dieser Gewinn ist auch gleichzeitig die Ausgangsgröße zur Ermittlung des Gewerbeertrags (§ 7 Abs. 1 GewStG).

6.1.2 Korrespondierende Bilanzierung

6.1.2.1 Definition

Unter korrespondierender Bilanzierung versteht man die im Gesamthandsbereich und in den Sonderbereichen sich wechselseitig beeinflussende Bilanzierung desselben Sachverhalts. Ausgangspunkt dieser Überlegungen ist, dass das Betriebsvermögen und der Gewinn einer Mitunternehmerschaft sich nach Würdigung eines Sachverhalts in der 1565

Gesamtheit aus Gesamthandsvermögen und Sonderbetriebsvermögen nicht anders darstellen dürfen als bei einem Einzelunternehmer.

6.1.2.2 Beispiel und Anwendung

1566 Folgender Sachverhalt ist beispielhaft unter dem Gesichtspunkt der korrespondierenden Bilanzierung zu behandeln:

> **BEISPIEL:** Die Darlehensgewährung des Gesellschafters an eine Gesellschaft ist in der Sonderbilanz des Gesellschafters als Darlehensforderung und in der Gesamthandsbilanz der Gesellschaft als Darlehensverbindlichkeit zu bilanzieren.

1567 Gerät nun im letzten Beispielfall die Gesellschaft in Zahlungsschwierigkeiten, wird der Gesellschafter darüber nachdenken wollen, ob er seine Forderung, die offensichtlich nicht mehr voll werthaltig ist, abschreiben kann. Dies ist im Sinne einer korrespondierenden Bilanzierung nicht möglich, weil die Gesellschaft ihre Verbindlichkeit mit dem Rückzahlungsbetrag weiterhin passivieren muss und deshalb im Sonderbereich die Forderung mit gleichem Wert aktiviert bleiben muss.

6.2 Gewinnverteilung

1568 Der nach 1 ermittelte steuerliche Gewinn der Mitunternehmerschaft ist dann auf die einzelnen Mitunternehmer zu verteilen.

Zunächst sind die Gewinnanteile am Gesamthandsgewinn der Gesellschaft zu bestimmen (§ 15 Abs. 1 Satz 1 Nr. 2 Halbsatz 1 EStG). Ausgangsbasis ist die gesetzliche Gewinnverteilung (siehe Kapitel 1 für die jeweilige Gesellschaftsform). In der Praxis wird allerdings nur sehr selten auf diese gesetzliche Gewinnverteilung zurückzugreifen sein, weil im Gesellschaftsvertrag anders lautende Vereinbarungen getroffen wurden, die damit sofort die gesetzliche Gewinnverteilung ausschließen. Häufig werden in der Praxis sog. Vorabverfügungen vom Gesamthandsgewinn getroffen.

Das ist typischerweise der Fall:

- ▶ bei Vereinbarungen einer Kapitalverzinsung,
- ▶ bei der Abgeltung einer Haftungsübernahme,
- ▶ bei der Abgeltung von Tätigkeiten für die Gesellschaft und
- ▶ bei der besonderen Zurechnung von Entnahmegewinnen eines Gesellschafters.

1569 Der danach verbleibende Restgewinn ist nach dem vereinbarten Gewinnverteilungsschlüssel auf die einzelnen Gesellschafter zu verteilen. Der sich so für jeden einzelnen Mitunternehmer ergebende Betrag ist gleichzeitig der Zugang des anteiligen Gewinns am Gesamthandsgewinn für jeden Gesellschafter auf seinem Kapitalkonto II. Die Summe der Einzelbeträge muss identisch sein mit dem oben zur Verteilung anstehenden Ausgangsbetrag des steuerlichen Gewinns der Mitunternehmerschaft.

1570 Zu diesen Teilbeträgen ist für jeden Mitunternehmer der Gewinn aus einer für ihn ggf. geführten Ergänzungsbilanz hinzuzurechnen. Außerdem sind die außerbilanziellen Kürzungen und Hinzurechnungen aus dem Gesamthandsbereich an dieser Stelle zu erfassen. Jeder Mitunternehmer wird nach dem Restgewinnverteilungsschlüssel mit den anteiligen Zu- oder Abrechnungen belastet. Die sich an dieser Stelle ergebende Zwischensumme ist der Gewinnanteil i. S. d. § 15 Abs. 1 Satz 1 Nr. 2 Halbsatz 1 EStG. Hierzu werden im Sinne der oben beschriebenen additiven Gewinnermittlung noch die Sonderbilanzgewinne bei den Mitunternehmern addiert und ggf. außerbilanzielle Zu- und Abrechnungen, bezogen auf die Sonderbereiche, berücksichtigt.

Die Summe dieser Einzelbeträge ist der einheitlich festzustellende Gewinn der Mitunternehmerschaft, der dann noch gesondert für jeden Mitunternehmer festzustellen ist (§§ 179, 180 AO).

6.3 Besonderheiten bei bestimmten Entnahmegewinnen

Gewinne, die durch die Entnahme eines oder mehrerer Gesellschafter entstehen, sind grundsätzlich in die Restgewinnverteilung mit einzubeziehen. In der Praxis werden jedoch in den Gesellschaftsverträgen gerade für solche Sachverhalte individuelle Regelungen getroffen. So werden z. B. regelmäßige Gewinne, die aus der Entnahme eines Wirtschaftsguts (Pkw, Gebäude) durch einen oder mehrere Gesellschafter entstehen, nur diesen zugerechnet.

1571

Unabhängig von der Entnahmegewinnzurechnung wird aber die Entnahme immer dem entnehmenden Gesellschafter auf seinem Kapitalkonto II angelastet.

6.4 Zusammenfassendes Beispiel zur Gewinnermittlung und -verteilung

BEISPIEL: ▶ Sachverhalt:

1572

An einer KG sind A mit 80 % und B mit 20 % am Gewinn und Verlust und am Vermögen der Gesellschaft beteiligt. A ist Komplementär bei einer festen Kapitaleinlage von 80 000 €, B hält als Kommanditist 20 000 € Kapital. Diese Beträge sind eingezahlt und werden seit Jahren unverändert auf einem Kapitalkonto I ausgewiesen. Nach den Vereinbarungen im Gesellschaftsvertrag sind diese Kapitalien I mit dem jeweiligen Kontostand zum 1. 1. des Wirtschaftsjahres mit 6 % zu verzinsen. Der Gewinn der KG beträgt bisher 150 000 €.

Die KG betreibt seit Jahren einen Groß- und Einzelhandel mit Zweirädern aller Art. A ist Geschäftsführer. Nach § 6 des Gesellschaftsvertrags steht ihm für diese Tätigkeit eine Vergütung von 6 000 € monatlich zu, die ihm am 5. des jeweiligen Monats bei folgender Buchung überwiesen wird.

| Gehälter | 6 000 € | an | Bank | 6 000 € |

Seit dem 1. 1. 01 ist B stundenweise bei der KG angestellt. Sein der Höhe nach angemessenes Gehalt beträgt brutto 2 000 €. Es wurden Sozialversicherungsbeträge (AN-Anteil) i. H. v. 300 € einbehalten. Das Gehalt wurde vereinbarungsgemäß immer am 5. des folgenden Monats ausgezahlt und wie folgt gebucht:

| Gehälter | 1 700 € | an | Bank | 2 300 € |
| Soz. Aufw. | 600 € | | | |

TEIL C — Besonderheiten bei Personengesellschaften

Außerdem gewährte B der KG am 1.7.00 ein vorläufig tilgungsfreies Darlehen über 100 000 €. Das Darlehen wird angemessen mit 8 % verzinst. Die Zinsen sind jährlich nachschüssig zahlbar und wurden jeweils pünktlich überwiesen. Die KG buchte in 01 ausschließlich wie folgt:

30.6.01:

| Zinsaufwand | 8 000 € | an | Bank | 8 000 € |

Bezüglich der vereinbarten Kapitalverzinsung des Kapitalkontos I buchte die KG in den Abschlussbuchungen für B wie folgt:

31.12.01:

| Zinsaufwand | 1 200 € | an | Zinsverb. | 1 200 € |

Die Buchungen für 00 sind unstreitig korrekt!

Außerdem hat die KG im Jahr 00 einen Investitionsabzugsbetrag nach § 7g Abs. 1 EStG i. H. v. 40 000 € geltend gemacht. Die KG plante nachweislich die Anschaffung eines neuen Firmenwagens im Wert von ca. 100 000 €, der dem A ab Herbst 01 zur Verfügung gestellt werden sollte. Wegen Lieferschwierigkeiten konnte der PKW jedoch erst am 18.1.02 an die KG ausgeliefert werden.

Die KG wünscht das für 01 steuerlich günstigste Ergebnis.

1573 Der **Gesamthandsgewinn** ist wie folgt zu berichtigen:

1. A steht aufgrund der Vereinbarung im Gesellschaftsvertrag ein gewinnunabhängiges Sonderentgelt i. H. v. brutto 72 000 € zu. Die Vergütung ist umsatzsteuerbar und umsatzsteuerpflichtig. Die monatlich gezahlten 6 000 € sind in ein Nettoentgelt und Umsatzsteuer aufzuteilen. Bis zum Vorliegen einer ordnungsgemäßen Rechnung des A hat die KG noch nicht verrechenbare Vorsteuer zu aktivieren.

   Umbuchung: n. n. verr. VoSt   11 495 €   an   Gehälter   11 495 €

2. B bezieht Gehalt von seiner KG. Die Aufwandsbuchungen sind insoweit richtig. Für die Gehaltszahlung „Dez. 01" ist jedoch noch eine Verbindlichkeit einschließlich des Arbeitgeberanteils an der Sozialversicherung einzubuchen.

   Umbuchung: Gehälter   1 700 €   an   Verb.   2 300 €
                Soz. Aufw.   600 €

3. Die Darlehenszinsen (8 000 €) bewirken zu Recht einen Aufwand der KG. Dieser wurde durch die Buchung am 30.6.01 erreicht. Gleichzeitig muss jedoch eine Zinsverbindlichkeit i. H. v. 4 000 € zum 31.12.01 ausgewiesen werden. Dies ist aber offensichtlich in der Bilanz der KG erfolgt. Laut Sachverhalt ist die buchmäßige Behandlung in 00 unstreitig korrekt. Das heißt, dass für das 2. Halbjahr 00 eine entsprechende Zinsverbindlichkeit ausgewiesen wurde. Da sie nicht ausgebucht wurde, ist sie noch in der Bilanz zum 31.12.01 ausgewiesen.

   Umbuchung: keine

4. Für die vereinbarte Kapitalverzinsung der Kapitalkonten I gilt dasselbe wie z. B. für die Haftungsvergütung. Hier ist im Rahmen der Gewinnverteilung verabredet, einen bestimmten Betrag des Gewinns vorab den jeweiligen Gesellschaftern zuzurechnen. Dies führt nicht zu Aufwand der KG und es entsteht keine Verbindlichkeit der KG.

   Umbuchung: Zinsverb.   1 200 €   an   Zinsaufw.   1 200 €

5. Zusammenstellung:

Gewinn lt. GuV bisher:		150 000 €
Gewinnerhöhung wegen VoSt-Anspruch	+	11 495 €
Dez.-Gehalt B	./.	2 300 €
Zinsen Darlehen B		—
Kapitalverzinsung B	+	1 200 €
berichtigter Gewinn		160 395 €

Für den Beteiligten A ist eine **Sonderbilanz** auf den 31.12.01 zu erstellen. 1574
Sein Nettogehalt stellt eine Sonderbetriebseinnahme dar. Die noch abzuführende Umsatzsteuer ist zu passivieren und die insgesamt vereinnahmten Beträge sind als Entnahme zu erfassen.
Danach ergibt sich folgende Sonderbilanz:

Sonderbilanz A

		Kapital 1.1.	0 €
		+ Gewinn	60 505 €
		./. PE	72 000 €
		Kapital 31.12.	./. 11 495 €
		USt	11 495 €
	0 €		0 €

Für den Beteiligten B ist ebenfalls eine **Sonderbilanz** auf den 31.12.01 zu erstellen. 1575
Er hat eine Forderung i.H.v. 2 300 € gegen die KG auf Zahlung des Dezembergehaltes einschl. des AG-Anteils an der Sozialversicherung, eine Darlehensforderung aufgrund des Darlehensvertrags i.H.v. 100 000 € und eine Zinsforderung i.H.v. 4 000 € für die Zinsen für das 2. Halbjahr 01. Diese Wirtschaftsgüter sind notwendiges Sonderbetriebsvermögen I und als solches zu bilanzieren.

Das Bruttogehalt des B ohne AG-Anteil zur Sozialversicherung (siehe BFH v. 6.6.2002 VI R 178/97, BStBl 2003 I 34) stellt eine Sonderbetriebseinnahme dar (24 000 €), das Gleiche gilt für die 8 000 € Zinserträge. Diese 8 000 € Zinsen und die 11 Gehälter einschließlich des AG-Anteils zur Sozialversicherung sind vereinnahmt und werden in Sonderbilanzen üblicherweise als Privatentnahmen dargestellt.

Danach ergibt sich folgende Sonderbilanz:

Sonderbilanz B

Forderung	2 300 €	Kapital 1.1.	104 000 €
Darlehen	100 000 €	+ Gewinn	27 600 €
Zinsforderung	4 000 €	./. PE	8 000 €
		./. PE	25 300 €
		+ Gewinn	8 000 €
	106 300 €		106 300 €

Der verzögerte Liefertermin des Firmenwagens hat keinen Einfluss auf die bisherige oder zukünftige Behandlung des Investitionsabzugsbetrages.

Nach diesen Korrekturen verteilt sich der Gewinn der Mitunternehmerschaft wie folgt:

	Vorab	A	B	Summe
berichtigter Gewinn:	**160 395**			
./. Kapitalverzinsung	4 800	4 800		4 800
	1 200		1 200	1 200
= Restgewinn	154 395			
Verteilung 80/20	154 395	123 516	30 879	154 395
	0			180 395
+ Sond.-Bilanzgewinne		60 505	35 600	96 105
		188 821	64 079	252 900

TEIL C — Besonderheiten bei Personengesellschaften

1576 FRAGEN

		Rdn.
1.	Was verstehen Sie unter additiver Gewinnermittlung?	1560 ff.
2.	Nennen Sie mindestens 3 Einzelprobleme, die eine abweichende Steuerbilanz von der Handelsbilanz erforderlich machen.	1560
3.	Wie kann man die Gewinnermittlung bei einer Mitunternehmerschaft schematisch darstellen?	1564
4.	Was verstehen Sie unter korrespondierender Bilanzierung?	1565 ff.

1577–1589 *(Einstweilen frei)*

Kapitel 7: Besonderheiten

7.1 Besonderheiten beim Abschluss einer GmbH & Co. KG

7.1.1 Allgemeines

1590 Bei dieser Gesellschaftsform handelt es sich rechtlich um eine KG, bei der eine GmbH der Komplementär ist und die einen oder mehrere Kommanditisten hat. In der Praxis sind die Gesellschafter der GmbH häufig gleichzeitig auch die Kommanditisten der KG.

7.1.2 Die Besteuerung der GmbH & Co. KG

1591 Einkommensteuerlich wird die GmbH & Co. KG als Personengesellschaft behandelt, d. h., es ist eine einheitliche und gesonderte Gewinnfeststellung nach den §§ 179 und 180 AO für alle Gesellschafter, also auch für die GmbH, durchzuführen.

Diese Gewinnanteile sind bei allen Gesellschaftern Einkünfte aus Gewerbebetrieb.

Die GmbH hat als Komplementärin ihren Gewinnanteil der Körperschaftsteuer zu unterwerfen. Die Ausschüttungen an ihre Gesellschafter unterliegen den körperschaftsteuerlichen Vorschriften.

Die Kommanditisten haben ihre Gewinnanteile als Einkünfte aus Gewerbebetrieb nach § 15 EStG zu versteuern.

In der Regel sind sie zugleich Gesellschafter der GmbH, dann gehören ihre GmbH-Anteile als Sonderbetriebsvermögen zum steuerlichen Betriebsvermögen der KG. Die Folge ist, dass auch die Ausschüttungen der GmbH an ihre Gesellschafter bei diesen als Einkünfte aus Gewerbebetrieb nach § 20 Abs. 3 EStG zu versteuern sind.

7.1.3 Die Behandlung der Geschäftsführervergütung

Grundsätzlich ist nach § 164 HGB nur der Komplementär zur Geschäftsführung befugt. Im vorliegenden Fall ist der Komplementär aber eine GmbH, die mangels eigener Geschäftsfähigkeit eine natürliche Person als Geschäftsführer benötigt.

1592

Damit wird der Geschäftsführer der GmbH zugleich Geschäftsführer der KG, denn die GmbH hat in der Regel nur die Aufgabe, die Geschäfte der KG zu führen.

Im Normalfall ist der Geschäftsführer der GmbH gleichzeitig Kommanditist der KG, dann gilt die Tätigkeitsvergütung als von der GmbH an den Geschäftsführer ausbezahlt. Dabei wird unterstellt, dass die GmbH diesen Betrag von der KG erstattet bekommt.

Bei der KG ist der Betrag handelsrechtlich eine Betriebsausgabe, aber steuerlich handelt es sich um einen Vorabgewinn für die GmbH.

1593

Bei der GmbH ist der Betrag Vorabgewinn bei Erstattung durch die KG, gleichzeitig aber eine Sonderbetriebsausgabe bei Auszahlung an den Geschäftsführer. Damit wird der Betrag bei der GmbH praktisch zum durchlaufenden Posten.

Beim Geschäftsführer selber ist der Betrag, den er von der GmbH erhält, eine Vergütung nach § 15 Abs. 1 Nr. 2 EStG, denn als Geschäftsführer der GmbH führt er tatsächlich die Geschäfte der KG.

> **BEISPIEL:** An einer GmbH & Co. KG ist die GmbH mit 20 %, die Kommanditisten A und B sind mit je 40 % beteiligt.
>
> A und B sind gleichzeitig Gesellschafter der GmbH mit je 50 %.
>
> Nach den vertraglichen Vereinbarungen ist A Geschäftsführer der GmbH und der KG. Für diese Tätigkeit erhält er eine angemessene Vergütung mit 60 000 € von der GmbH ausgezahlt. Dieser Betrag wird der GmbH von der KG ersetzt.
>
> Bei der KG ist der Betrag handelsrechtlich eine Betriebsausgabe, der bei Zahlung an A als Lohnaufwand gebucht wird. Steuerlich dagegen darf dieser Betrag den Gewinn nicht mindern, sondern erhöht den Gewinnanteil der GmbH.
>
> Bei der GmbH wird bei Zahlung an A gebucht:
>
> | | | | | |
> |---|---|---|---|---|
> | Lohnaufwand | 60 000 € | an | Bank | 60 000 € |
>
> und bei Erstattung von der KG:
>
> | | | | | |
> |---|---|---|---|---|
> | Bank | 60 000 € | an | s. betriebl. Ertr. | 60 000 € |
>
> Bei A erfolgt in der Regel keine Buchung, bei ihm wird der Betrag nach § 15 Abs. 1 Nr. 2 EStG als Einkünfte aus Gewerbebetrieb erfasst.

1594

7.1.4 Das Betriebsvermögen der GmbH & Co. KG

Handelsrechtlich können nur die Vermögensgegenstände bilanziert werden, die zum Gesamthandsvermögen gehören. Dabei spielt die betriebliche Nutzung grundsätzlich keine Rolle.

1595

Das **steuerliche Betriebsvermögen** dagegen umfasst:

7.1.4.1 Gesamthandsvermögen der KG

1596 Das Gesamthandsvermögen der GmbH & Co. KG ist grundsätzlich als notwendiges Betriebsvermögen anzusehen – ausgenommen, es fehlt jeglicher betriebliche Anlass.

7.1.4.2 Sonderbetriebsvermögen der Kommanditisten

1597 Das sind Wirtschaftsgüter, die einem oder mehreren Kommanditisten gehören und der KG zur betrieblichen Nutzung überlassen sind. Diese Wirtschaftsgüter sind in steuerlichen Sonderbetriebsvermögensbilanzen für den jeweiligen Kommanditisten auszuweisen.

7.1.4.3 Sonderbetriebsvermögen der GmbH als Komplementärin

1598 Auch die GmbH kann eigene Wirtschaftsgüter besitzen, die sie der KG zur betrieblichen Nutzung überlässt. Auch diese Wirtschaftsgüter sind in steuerlichen Sonderbetriebsvermögensbilanzen für die GmbH auszuweisen.

7.1.4.4 Die Anteile der Kommanditisten an der GmbH

1599 Nach ständiger Rechtsprechung des BFH zählen auch diese Anteile zum notwendigen Sonderbetriebsvermögen II der KG, die ebenfalls in Sonderbetriebsvermögensbilanzen für die Kommanditisten auszuweisen sind, denn der GmbH-Anteil ermöglicht dem Kommanditisten seinen Einfluss auf die Geschäftsführung der KG.

Dies gilt immer dann, wenn die GmbH neben der Geschäftsführung für die KG keinen eigenen Gewerbebetrieb führt oder nur Wirtschaftsgüter an die KG vermietet.

7.1.5 Besonderheiten der Buchführung bei der GmbH & Co. KG

7.1.5.1 Buchführung bei der KG

1600 Die KG ist als Personengesellschaft zur kaufmännischen Buchführung verpflichtet. In ihrer Buchführung dürfen jedoch nur die Geschäftsvorfälle erfasst werden, die das Gesamthandsvermögen betreffen. Über § 264a HGB hat sie seit dem 1.1.2002 die Vorschriften der §§ 264 bis 330 HGB zu beachten.

Geschäftsvorfälle im Zusammenhang mit dem Sonderbetriebsvermögen der Gesellschafter sind nicht bei der KG, sondern in Sonderbuchführungen für die Gesellschafter zu erfassen.

7.1.5.2 Buchführung bei der GmbH

1601 Die GmbH ist als Handelsgesellschaft zur kaufmännischen Buchführung verpflichtet. In ihrer Buchführung hat sie ihre Beteiligung an der KG, ihre jährlichen Gewinnanteile von der KG und die vereinnahmten und ausgezahlten Tätigkeitsvergütungen zu erfassen.

Für die Aufstellung des Jahresabschlusses hat sie die allgemeinen Grundsätze für Kapitalgesellschaften nach § 266 HGB und des Steuerrechts zu beachten.

Hat die GmbH daneben noch Sonderbetriebsvermögen, muss dies in einer getrennten Sonderbilanz ausgewiesen werden, weil es sich dabei um steuerliches Betriebsvermögen der KG handelt.

7.1.5.3 Buchführung der Kommanditisten

Die Gewinnanteile der Kommanditisten an der KG werden bei der einheitlichen und gesonderten Gewinnfeststellung für die KG ermittelt und vom Finanzamt den einzelnen Gesellschaftern zugerechnet. Allein dafür ist eine gesonderte Buchführung bei dem einzelnen Gesellschafter nicht erforderlich.

1602

Hat ein Kommanditist Sonderbetriebsvermögen, müssen dafür eine Sonderbuchführung eingerichtet und regelmäßig Jahresabschlüsse erstellt werden. Zum Sonderbetriebsvermögen gehören auch die Anteile des Kommanditisten an der GmbH.

Auch für diese Sonderbuchführungen gelten die Grundsätze kaufmännischer Buchführung nach dem HGB, da es sich um steuerliches Betriebsvermögen der KG handelt. Eine Einnahmenüberschussrechnung nach § 4 Abs. 3 EStG ist also nicht zulässig.

7.1.6 Übungsfall zur GmbH & Co. KG

Die Vogel-GmbH & Co. KG wurde am 1.1.01 gegründet. Komplementärin ist die gleichzeitig gegründete Vogel-GmbH mit 20 %, die Kommanditisten sind Fink und Star mit Anteilen von je 40 %.

1603

Fink und Star sind auch die Gesellschafter der GmbH mit je 50 % Anteil.

Fink und Star haben am 1.1.01 als Kommanditisten Einlage von je 80 000 € in die KG geleistet und je 25 000 € in bar als Gesellschafter in die GmbH eingelegt. Beide halten alle Beteiligungen in ihrem Privatvermögen.

Die GmbH hat als Komplementärin am 1.1.01 in die KG 40 000 € in bar eingebracht.

Fink ist Geschäftsführer der GmbH und der KG. Er erhält ein angemessenes Gehalt von monatlich 5 000 € zzgl. USt von der GmbH ausgezahlt, das die KG der GmbH erstattet.

Star vermietet ab 1.1.01 ein bebautes Grundstück für monatlich 1 000 € umsatzsteuerfrei an die KG. Dieses Grundstück hatte Star vor 30 Jahren für 500 000 € erworben. Die Teilwerte betrugen am 1.1.01 für den Grund und Boden = 200 000 €, für das Gebäude = 400 000 €. Die Jahres-AfA beträgt 8 000 €.

Die Mietzahlungen wurden pünktlich geleistet und bei der KG als Aufwand gebucht.

Der Jahresüberschuss der KG für 01 beträgt lt. HB 600 000 €. Bereits bei Aufstellung dieser HB haben Fink und Star eine Gewinnausschüttung der GmbH für 01 von je 42 000 € beschlossen, die im Mai 02 mit je 33 600 € (nach Abzug der Kapitalertragsteuer) an Fink und Star ausgezahlt wurde.

Die GmbH hat in 01 keine KSt-Vorauszahlungen geleistet.

TEIL C — Besonderheiten bei Personengesellschaften

1604 **LÖSUNG** (ohne Soli): Der steuerliche Gewinn der KG berechnet sich wie folgt:

	€
Jahresüberschuss lt. HB	600 000
Gehaltszahlung bei der GmbH: + 60 000 € ./. 60 000	0
Gehalt Fink nach § 15 Abs. 1 Nr. 2 EStG	+ 60 000
Miete Star	+ 12 000
AfA Gebäude, da Sonder-BV	./. 8 000
GmbH-Gewinnanteile Fink und Star 42 000 € × 2 =	+ 84 000
	748 000

1605 Dieser Gewinn verteilt sich wie folgt:

		Vorab €	Restgewinn €	Summe €
GmbH	20 %	+ 60 000 ./. 60 000	120 000	120 000
Fink	40 %	+ 60 000 + 42 000	240 000	342 000
Star	40 %	+ 12 000 ./. 8 000 + 42 000	240 000	286 000
		148 000	600 000	748 000

1606 Buch- und bilanzmäßige Behandlung bei den Gesellschaftern der KG:

Fink hat seinen GmbH-Anteil als Sonderbetriebsvermögen in einer Sonder-BV-Bilanz auszuweisen.

Sonder-BV-Bilanz Fink zum 1. 1. 01

GmbH-Anteil	25 000 €	Kapital	25 000 €

In 01 ist in seiner Sonder-Buchführung zu buchen:

Gehaltszahlung:	Entnahmen	69 600 €	an	Beteilig. Ertrag	60 000 €
				USt	9 600 €
	USt	8 800 €	an	Neueinlage	8 800 €
Gewinnanteil GmbH:	Sonst. Ford.	42 000 €	an	Beteilig. Ertrag	42 000 €

Danach ergibt sich zum 31. 12. 01 folgende SB-Bilanz:

Sonder-BV-Bilanz Fink zum 31. 12. 01

	€		€
GmbH-Anteil	25 000	Kapital AB	25 000
Sonst. Forderungen	42 000	Entnahmen	./. 69 600
		Neueinlage	8 800
		Gewinn	+ 102 000
		Kapital EB	66 200
		USt	800
	67 000		67 000

Star hat seinen GmbH-Anteil und sein bebautes Grundstück nach § 6 Abs. 1 Nr. 5 EStG mit dem Teilwert in einer Sonder-BV-Bilanz zum 1.1.01 auszuweisen. 1607

Sonder-BV-Bilanz Star zum 1.1.01

	€		€
GmbH-Anteil	25 000	Kapital	625 000
Grund u. Boden	200 000		
Gebäude	400 000		

In seiner Sonderbuchführung hat er in 01 zu buchen:

Miete:	Entnahmen	12 000 €	an	Mieterträge	12 000 €
AfA:	AfA	8 000 €	an	Gebäude	8 000 €
Gewinnanteil:	Sonst. Ford.	42 000 €	an	Beteilig. Ertrag	42 000 €

Danach ergibt sich folgende SB-Bilanz:

Sonder-BV-Bilanz Star zum 31.12.01

	€		€
GmbH-Anteil	25 000	Kapital AB	625 000
Grund u. Boden	200 000	Entnahmen	./. 12 000
Gebäude	392 000	Gewinn	+ 46 000
Sonst. Ford.	42 000	Kapital EB	659 000

Die **GmbH** hat in ihrer Gesellschaftsbilanz zum 1.1.01 die Einlagen von ihren Gesellschaftern und ihre eigene Beteiligung an der KG auszuweisen. 1608

Eine Sonder-BV-Bilanz ist für die GmbH nicht zu erstellen, da sie kein Sonder-BV hat.

Bilanz der GmbH zum 1.1.01

	€		€
Beteiligung KG	40 000	Gez. Kapital	50 000
Bank	10 000		

Sie hat in 01 folgende Vorgänge zu buchen:

Geschäftsführer-Gehalt:

Erstattung:	Bank	69 600 €	an	s. betriebl. Ertrag	60 000 €
				USt	9 600 €
Auszahlung:	Lohn	60 000 €	an	Bank	69 600 €
	VoSt	9 600 €			

Gewinnanteil von der KG für 01:

Sonst. Forderung	120 000 €	an	Beteilig. Ertrag	120 000 €

KSt-Rückstellung (keine GewSt wegen § 9 Nr. 2 GewStG):

Zu versteuerndes Einkommen 120 000 €, Tarifbelastung 25 % =				30 000 €
KSt-Rückstellung, da keine Vorauszahlungen				30 000 €
Buchung:	Steueraufwand	30 000 €	an KSt-Rückstellung	30 000 €

Danach erstellt die GmbH zum 31.12.01 folgende Gesellschaftsbilanz

Bilanz der GmbH zum 31.12.01

	€		€
Beteiligung KG	40 000	Gez. Kapital	50 000
Bank	10 000	Jahresüberschuss	90 000
Sonst. Forderung	120 000	KSt-Rückstellung	30 000

Außerhalb der Bilanz sind sowohl bei Fink als auch bei Star je 21 000 € zur Ermittlung des steuerlichen Gewinns abzuziehen (§ 3 Nr. 40 EStG).

1609–1619 *(Einstweilen frei)*

7.2 Eintritt und Austritt eines Gesellschafters

7.2.1 Allgemeines

1620 Ein Wechsel im Beteiligungsverhältnis der Personengesellschaft kann dadurch ausgelöst werden, dass ein Gesellschafter ersatzlos ausscheidet mit der Folge, dass die verbleibenden Gesellschafter seinen Anteil übernehmen.

Für den ausscheidenden Gesellschafter kann aber auch ein neuer Gesellschafter eintreten, sodass das Beteiligungsverhältnis unverändert bleibt.

7.2.2 Ersatzloses Ausscheiden eines Gesellschafters

1621 Steuerrechtlich ist das Ausscheiden die Veräußerung der anteiligen Wirtschaftsgüter mit der Folge, dass beim ausscheidenden Gesellschafter ein Veräußerungsgewinn in Höhe des Unterschieds zwischen seinem Kapitalkonto und der Abfindung entsteht.

Die übernehmenden Gesellschafter haben in Höhe der Abfindung Anschaffungskosten für die anteilig erworbenen Wirtschaftsgüter.

Eine Ergänzungsbilanz ist nicht aufzustellen, da es sich um einen Erwerb der Gesamtheit der verbleibenden Gesellschafter für das Gesamthandsvermögen handelt, sondern die bisherigen Bilanzansätze in der OHG-Bilanz sind um die erworbenen anteiligen stillen Reserven aufzustocken.

1622 **BEISPIEL:** An der OHG sind A, B und C mit je 1/3 beteiligt. Zum 31.12.01 wird folgende Schlussbilanz aufgestellt:

OHG-Bilanz 31.12.01

	€		€
Grundstücke	120 000	Kapital A	120 000
Sonst. Aktiva	240 000	Kapital B	120 000
		Kapital C	120 000
	360 000		360 000

Der Teilwert der Grundstücke beträgt 180 000 € und der sonstigen Aktiva 270 000 €. Die stillen Reserven betragen bei den Grundstücken 60 000 € und den sonstigen Aktiva 30 000 €, davon Anteil C je $1/3$.

Mit Ablauf des Jahres 01 scheidet C gegen eine Abfindung von 150 000 € in bar ersatzlos aus der Gesellschaft aus ($1/3$ der stillen Reserven = 30 000 € + Kapitalkonto mit 120 000 €).

Die Aufstockung ist bei der OHG zu buchen:

Grundstücke	20 000 €	an	Kapital C	30 000 €
Sonstige Aktiva	10 000 €		(Veräußerungsgewinn)	

Anschließend wird gebucht:

Kapital C	150 000 €	an	Abfindungsschuld	150 000 €

Damit ergibt sich folgende OHG-Anfangsbilanz zum 1.1.02:

OHG-Bilanz 1.1.02

	€		€
Grundstücke	140 000	Kapital A	120 000
Sonst. Aktiva	250 000	Kapital B	120 000
		Abfindungsschuld	150 000
	390 000		390 000

Für C ist in 01 ein Veräußerungsgewinn von 30 000 € entstanden. A und B sind ab 1.1.02 mit je 50 % an der OHG beteiligt.

7.2.3 Veräußerung des Gesellschaftsanteils an einen Dritten

Liegt die Abfindung über dem Kapitalkonto des bisherigen Gesellschafters, kann in diesem Fall keine Aufstockung in der OHG-Bilanz vorgenommen werden, da es sich nicht um eine Anschaffung der Gesamtheit aller Gesellschafter für das Gesamthandsvermögen handelt, sondern nur um eine Anschaffung des neuen Gesellschafters. Die Folge ist, dass die durch die Veräußerung aufgedeckten, anteiligen stillen Reserven in einer Ergänzungsbilanz für den neuen Gesellschafter auszuweisen sind.

BEISPIEL: C verkauft seinen Gesellschaftsanteil für 150 000 € an den neu eintretenden Gesellschafter D.

Bei der OHG ist lediglich eine Umbuchung des Kapitals C auf das Kapital D vorzunehmen. Eine Schuld ist nicht auszuweisen, denn die Abfindung betrifft nur D, nicht das Gesamthandsvermögen.

Für D ist folgende Ergänzungsbilanz aufzustellen:

Ergänzungsbilanz D 1.1.02

	€		€
Mehrwert:		Mehrkapital D	30 000
Grundstück	20 000		
Aktiva	10 000		
	30 000		30 000

1625 Für die Fortentwicklung der Bilanzansätze in der Ergänzungsbilanz ist zu beachten, dass der Gesellschafter D an die Bewertungsmethoden und Bewertungsmaßstäbe der Gesellschaft gebunden ist.

Die AfA bemisst sich nach den gesamten anteiligen Anschaffungskosten des D, nicht nur nach dem in der Ergänzungsbilanz ausgewiesenen Mehrwert.

7.3 Übertragung von Wirtschaftsgütern bei Personengesellschaften

1626 Bedingt durch die Tatsache, dass das steuerliche Betriebsvermögen einer Personengesellschaft nicht nur das Gesamthandsvermögen, sondern auch das Sonderbetriebsvermögen umfasst, ergeben sich für die Übertragung von Wirtschaftsgütern folgende Möglichkeiten:

7.3.1 Übertragung eines Wirtschaftsguts aus dem Gesamthandsvermögen

1627 Ein Wirtschaftsgut, das bisher zum Gesamthandsvermögen gehört hat, kann in das **Sonderbetriebsvermögen** oder **in ein anderes Betriebsvermögen** eines Mitunternehmers überführt werden.

Möglich ist auch die Übernahme in **das Privatvermögen** eines Mitunternehmers.

7.3.1.1 Übertragung ins Sondervermögen

1628 Bei Übertragung aus dem Gesamthandsvermögen **in das Sonderbetriebsvermögen** eines Mitunternehmers bleibt das Wirtschaftsgut im steuerlichen Betriebsvermögen der Mitunternehmerschaft. Erfolgt die Übertragung gegen ein angemessenes Entgelt, ist der Vorgang steuerlich wie eine Veräußerung zwischen Fremden zu behandeln.

Bei der Gesellschaft tritt in vollem Umfang Gewinnrealisierung ein. Beim Mitunternehmer ist das Wirtschaftsgut in seiner Sonderbilanz mit den tatsächlichen Anschaffungskosten anzusetzen.

1629 **BEISPIEL:** Aus dem Gesamthandsvermögen einer OHG, an der A mit 50 % beteiligt ist, erwirbt A ein bebautes Grundstück, das er der OHG weiterhin zur Nutzung überlässt. Die Buchwerte im Zeitpunkt des Erwerbs betragen für den Grund und Boden 50 000 €, für das Gebäude 100 000 €. Die Teilwerte betragen zum selben Zeitpunkt für den Grund und Boden 80 000 €, für das Grundstück 150 000 €.

Wenn A das Grundstück mit den Teilwerten 80 000 € + 150 000 € = 230 000 € erwirbt, ist bei der OHG zu buchen:

Sonst. Forderung	230 000 €	an	Grund und Boden	50 000 €
			Gebäude	100 000 €
			s. betriebl. Ertrag	80 000 €

A bucht in seiner Sonderbuchführung:

Grund und Boden	80 000 €	an	Sonst. Verbind.	230 000 €
Gebäude	150 000 €			

1630 Als Folge berechnet sich die AfA bei A künftig aus 150 000 €.

Würde A einen unangemessen hohen Preis, z. B. 300 000 €, bezahlen, liegt hinsichtlich des Mehrbetrags von 70 000 € eine Einlage des A vor. Die OHG hätte in diesem Fall zu buchen:

Bank	300 000 €	an	Grund und Boden	50 000 €
			Gebäude	100 000 €
			s. betriebl. Ertrag	80 000 €
			Kapital A	70 000 €

Erfolgt die Übertragung gegen Minderung von Gesellschaftsrechten, hat der erwerbende Mitunternehmer nach § 6 Abs. 6 EStG das Wirtschaftsgut im Sonderbetriebsvermögen mit dem gemeinen Wert ansetzen. Eine Gewinnrealisierung bei der Personengesellschaft tritt nur insoweit ein, als der Ansatz im Sonderbetriebsvermögen den bisherigen Buchwert übersteigt. 1631

BEISPIEL: Im vorhergehenden Beispiel übernimmt A das bebaute Grundstück gegen Minderung eines Gesellschaftsanteils um 230 000 €. 1632

Buchung bei der OHG:

Kapital A	230 000 €	an	Grund und Boden	50 000 €
			Gebäude	100 000 €
			s. betriebl. Ertrag	80 000 €

Buchung in der Sonderbuchführung A:

Grund und Boden	80 000 €	an	Kapital	230 000 €
Gebäude	150 000 €			

7.3.1.2 Übertragung in einen anderen Betrieb

Die Übertragung aus dem Gesamthandsvermögen **in einen anderen Betrieb** eines Mitunternehmers hat zur Folge, dass das Wirtschaftsgut aus dem Betriebsvermögen der Gesellschaft ausscheidet. 1633

Für die steuerliche Beurteilung und die buchmäßige Behandlung gelten die vorstehenden Ausführungen sinngemäß.

Daraus folgt, dass bei einer angemessenen entgeltlichen Übertragung für die Personengesellschaft in vollem Umfang Gewinnrealisierung eintritt, wenn der Buchwert stille Reserven enthält. Bezahlt der Erwerber ein überhöhtes Entgelt, ist der Mehrpreis als eine Einlage des Mitunternehmers in das Gesellschaftsvermögen zu behandeln.

Erfolgt die Übertragung eines Wirtschaftsguts aus dem Gesamthandsvermögen **in ein anderes Betriebsvermögen** eines Mitunternehmers gegen Minderung von Gesellschaftsrechten, liegt auch hier ein tauschähnlicher Vorgang vor, der nach § 6 Abs. 6 EStG mit dem gemeinen Wert anzusetzen ist.

7.3.1.3 Übertragung ins Privatvermögen

Die Übertragung eines Wirtschaftsguts aus dem Gesamthandsvermögen **in das Privatvermögen** eines Mitunternehmers ist wie ein Veräußerungsgeschäft unter Fremden mit voller Gewinnrealisierung zu behandeln, vorausgesetzt, der Mitunternehmer bezahlt ein angemessenes Entgelt. 1634

Erfolgt dagegen die Übertragung aus dem Gesamthandsvermögen in das Privatvermögen unentgeltlich, liegt stets eine Entnahme vor, die nach § 6 Abs. 1 Nr. 4 EStG mit dem Teilwert anzusetzen ist.

1635 **BEISPIEL:** Der Gesellschafter A soll im vorhergehenden Beispiel das Grundstück gegen Minderung seines Gesellschaftsanteils übernehmen und es künftig der OHG nicht mehr zur Nutzung überlassen.

Die Folge ist, dass das Grundstück Privatvermögen des A wird und die Entnahme mit dem Teilwert erfolgen muss.

Buchung bei der OHG:

Kapital A	230 000 €	an	Grund und Boden	50 000 €
			Gebäude	100 000 €
			s. betriebl. Ertrag	80 000 €

Bei A keine Buchung, da nicht im Betriebsvermögen.

1636 Die Frage, ob und inwieweit die Übertragung mit einer Minderung der Gesellschaftsrechte verbunden ist, bleibt der Vereinbarung unter den Gesellschaftern überlassen. Buchtechnisch ist lediglich zu beachten, dass eine Minderung der Gesellschaftsrechte über das Kapitalkonto I, das als unveränderliches Konto das Beteiligungsverhältnis ausweist, zu buchen ist, während eine Entnahme, die ohne Wirkung auf das Beteiligungsverhältnis bleiben soll, über das variable Kapitalkonto II verbucht wird.

7.3.2 Übertragung eines Wirtschaftsguts aus dem Sonderbetriebsvermögen eines Mitunternehmers

1637 Wirtschaftsgüter, die zum Sonderbetriebsvermögen gehören, können **in das Gesamthandsvermögen** der Personengesellschaft, in ein **Sonderbetriebsvermögen** eines anderen Gesellschafters, **in ein anderes Betriebsvermögen** eines Gesellschafters oder **in das Privatvermögen** überführt werden.

7.3.2.1 Übertragung ins Gesamthandsvermögen

1638 Die Übertragung aus dem Sonderbetriebsvermögen **in das Gesamthandsvermögen** der Personengesellschaft hat zur Folge, dass das Wirtschaftsgut Betriebsvermögen der Gesellschaft bleibt.

Überträgt der Mitunternehmer das Eigentum an dem Wirtschaftsgut aufgrund eines schuldrechtlichen Vertrags gegen ein angemessenes Entgelt auf die Gesellschaft, tritt in Höhe des Unterschieds zwischen Veräußerungserlös und Buchwert volle Gewinnrealisierung ein.

Zahlt die Gesellschaft dem Mitunternehmer einen unangemessen hohen Preis, liegt hinsichtlich des Mehrbetrags eine Entnahme des Mitunternehmers vor.

1639 **BEISPIEL:** Gesellschafter B überträgt einen Lagerplatz, der dem Betrieb der OHG ausschließlich dient und zu Recht als Sonderbetriebsvermögen in der Sonderbilanz geführt wird, in das Gesamthandsvermögen der OHG. Der Buchwert beträgt 100 000 €, der Teilwert 160 000 €. Die OHG bezahlt 200 000 €.

Buchung bei der OHG:

Grundstück	160 000 €	an	Bank	200 000 €
Kapital II B	40 000 €			

Buchung in der Sonderbuchführung B:

Entnahmen	160 000 €	an	Grundstück	100 000 €
			s. betriebl. Ertrag	60 000 €

Die restlichen 40 000 € sind privat verursacht und daher nicht zu buchen.

Erfolgt dagegen die Übertragung gegen Gewährung von Gesellschaftsrechten, liegt ein tauschähnlicher Vorgang vor, bei dem die Personengesellschaft das Wirtschaftsgut in ihrer steuerlichen Gesamtbilanz (Gesellschaftsbilanz einschl. Sonderbilanz) nach § 6 Abs. 6 EStG mit dem gemeinen Wert des hingegebenen Wirtschaftsguts anzusetzen hat. In Höhe der Differenz zwischen dem Ansatz in der steuerlichen Gesamtbilanz der OHG und dem Buchwert in der Sonderbuchführung entsteht ein Gewinn des Gesellschafters B. 1640

BEISPIEL: Im vorhergehenden Beispiel überträgt Gesellschafter B seinen Lagerplatz der OHG gegen Gewährung von 160 000 € zusätzliche Gesellschaftsrechte. 1641

Buchung bei der OHG:

Grundstück	160 000 €	an	Kapital I B	160 000 €

Buchung in der Sonderbuchführung B:

Kapital	160 000 €	an	Grundstück	100 000 €
			s. betriebl. Ertrag	60 000 €

Bei dieser Buchung erhöhen sich zwar die Gesellschaftsrechte des B in der OHG-Bilanz um den tatsächlichen Wert des eingebrachten Wirtschaftsguts, gleichzeitig hat er aber die stillen Reserven (60 000 €) zu versteuern.

7.3.2.2 Übertragung ins Sonderbetriebsvermögen eines anderen Gesellschafters

Überträgt ein Mitunternehmer ein Wirtschaftsgut seines Sonderbetriebsvermögens einem anderen Mitunternehmer, der es ebenfalls der Gesellschaft zur betrieblichen Nutzung überlässt, bleibt dieses Wirtschaftsgut im steuerlichen Betriebsvermögen der Gesellschaft. Es gelangt lediglich **in das Sonderbetriebsvermögen eines anderen Gesellschafters**. 1642

Erfolgt die Veräußerung gegen ein angemessenes Entgelt, erzielt der Veräußerer einen Gewinn in Höhe des Unterschieds zwischen dem Veräußerungserlös und dem Buchwert.

BEISPIEL: Gesellschafter B verkauft seinen Lagerplatz an den Gesellschafter C, der ihn weiterhin der OHG zur Nutzung überlässt, zum angemessenen Preis von 160 000 €. 1643

Buchung in der Sonderbuchführung B:

Sonst. Forderung	160 000 €	an	Grundstück	100 000 €
			s. betriebl. Ertrag	60 000 €

Buchung in der Sonderbuchführung C:

Grundstück	160 000 €	an	Sonst. Verb.	160 000 €

Die Anschaffungskosten des C betragen somit 160 000 €. Mit diesem Wert wird das Grundstück in der Gesamtbilanz der OHG jetzt ausgewiesen.

Wird das Wirtschaftsgut dagegen unentgeltlich auf einen Mitunternehmer übertragen, der es weiter der Gesellschaft zur betrieblichen Nutzung überlässt, liegt keine gewinnrealisierende Entnahme vor. Lediglich die Zurechnung ändert sich. 1644

Erfolgt die Übertragung nur teilweise unentgeltlich, entsteht beim Veräußerer ein Gewinn in Höhe des Unterschieds zwischen dem Veräußerungserlös und dem anteilig darauf entfallenden Buchwert.

Der Erwerber hat das Wirtschaftsgut mit dem Kaufpreis plus anteilig unentgeltlich erworbenem Buchwert anzusetzen.

1645 **BEISPIEL:** Gesellschafter B verkauft seinen Lagerplatz an Gesellschafter C, der ihn weiterhin der OHG zur Nutzung überlässt, für 80 000 € (= 50 % des tatsächlichen Werts).

Buchung in der Sonderbuchführung B:

Sonst. Forderung	80 000 €	an	Grundstück	100 000 €
Privatentnahme	50 000 €		s. betriebl. Ertrag	30 000 €

Das Grundstück wurde zur Hälfte unentgeltlich und zur Hälfte entgeltlich übertragen. Der Gewinn berechnet sich wie folgt: Veräußerungserlös 80 000 € ./. entgeltlich übertragener Teil des Buchwerts 50 000 € = 30 000 €.

Buchung in der Sonderbuchführung des C:

Grundstück	130 000 €	an	Sonst. Verb.	80 000 €
			Einlage	50 000 €

7.3.2.3 Übertragung in ein anderes Betriebsvermögen

1646 Eine Übertragung aus dem Sonderbetriebsvermögen **in ein anderes Betriebsvermögen** des Mitunternehmers liegt vor, wenn ein Wirtschaftsgut nicht mehr den betrieblichen Zwecken der Personengesellschaft, sondern dem Einzelunternehmen des Gesellschafters dient. In diesen Fällen ist grundsätzlich keine gewinnrealisierende Entnahme mit dem Teilwert anzunehmen – es sei denn, die spätere Versteuerung stiller Reserven ist nicht sichergestellt.

7.3.2.4 Übertragung ins Privatvermögen

1647 Eine Übertragung aus dem Sonderbetriebsvermögen **in das Privatvermögen** des Mitunternehmers liegt vor, wenn ein Wirtschaftsgut nicht mehr der Personengesellschaft zur Nutzung überlassen wird, oder wenn der Gesellschafter, dem das Wirtschaftsgut gehört, aus der Personengesellschaft ausscheidet. In diesen Fällen liegt eine gewinnrealisierende Entnahme vor.

1648 **BEISPIEL:** Gesellschafter B legt auf dem bisher von der OHG genutzten Lagerplatz einen Gemüsegarten ausschließlich für den eigenen privaten Bedarf an.

Buchung in der Sonderbuchführung des B:

Kapital	160 000 €	an	Grundstück	100 000 €
			s. betriebl. Ertrag	60 000 €

7.3.3 Übertragung eines Wirtschaftsguts aus einem anderen Betrieb eines Mitunternehmers

1649 Wirtschaftsgüter, die bisher zum Betriebsvermögen eines anderen Betriebs eines Mitunternehmers gehörten, können **in das Gesamthandsvermögen** der Personengesellschaft oder **in das Sonderbetriebsvermögen** des Mitunternehmers überführt werden.

7.3.3.1 Übertragung ins Gesamthandsvermögen

Erfolgt die Übertragung **in das Gesamthandsvermögen** der Gesellschaft gegen ein angemessenes Entgelt, dann ergibt sich im Betrieb des veräußernden Mitunternehmers ein Veräußerungsgewinn in Höhe des Unterschieds zwischen dem Verkaufserlös und dem Buchwert. 1650

Die Gesellschaft hat das Wirtschaftsgut mit dem Kaufpreis zu aktivieren.

BEISPIEL: Gesellschafter A verkauft ein bisher zu seinem Einzelbetrieb gehörendes unbebautes Grundstück zu einem angemessenen Preis von 200 000 € an die Gesellschaft, die es betrieblich nutzt, Buchwert 80 000 €. 1651

Buchung im Einzelunternehmen A:

Sonst. Forderung	200 000 €	an	Grundstück	80 000 €
			s. betriebl. Ertrag	120 000 €

Buchung bei der Gesellschaft:

Grundstück	200 000 €	an	Sonst. Verb.	200 000 €

Zahlt die Personengesellschaft einen überhöhten Preis, liegt hinsichtlich des Mehrpreises eine Entnahme des Gesellschafters vor. 1652

Erfolgt die Übertragung dagegen gegen Gewährung von zusätzlichen Gesellschaftsrechten, liegt ein tauschähnlicher Vorgang vor. Die Personengesellschaft hat das Wirtschaftsgut in ihrer Gesamtbilanz (OHG-Bilanz und Ergänzungsbilanz) mit dem gemeinen Wert anzusetzen.

Vom Ansatz in der Gesamtbilanz hängt es ab, ob bzw. inwieweit bei der Einzelfirma des Gesellschafters ein Veräußerungsgewinn entsteht.

BEISPIEL: Gesellschafter A überträgt sein unbebautes, bisher zu seinem Einzelunternehmen gehörendes Grundstück gegen Gewährung von zusätzlichen Gesellschaftsrechten von 200 000 € in das Gesamthandsvermögen der Personengesellschaft. 1653

Die Personengesellschaft bucht:

Grundstück	200 000 €	an	Kapital A	200 000 €

Keine Buchung in der Ergänzungsbuchführung A. In diesem Fall hat A in der Buchführung seiner Einzelfirma zu buchen:

Beteiligung	200 000 €	an	Grundstück	80 000 €
			s. betriebl. Ertrag	120 000 €

Damit hat A zwar eine Erhöhung seiner Gesellschaftsanteile in der Personengesellschaft erreicht, die dem tatsächlichen Wert des eingebrachten Wirtschaftsguts entsprechen, er muss aber die Versteuerung der stillen Reserven mit 120 000 € in Kauf nehmen.

7.3.3.2 Übertragung ins Sonderbetriebsvermögen

Bei der Überführung eines Wirtschaftsguts aus einem anderen Betrieb eines Mitunternehmers **in sein Sonderbetriebsvermögen** liegt dagegen kein tauschähnlicher Vorgang vor, sondern eine Übertragung aus einem Betrieb in einen anderen Betrieb. 1654

Diese Übertragung erfolgt zum Buchwert, wenn die Versteuerung der stillen Reserven gesichert ist (§ 6 Abs. 5 Satz 2 EStG).

7.3.4 Übertragung eines Wirtschaftsguts aus dem Privatvermögen eines Mitunternehmers

1655 Wirtschaftsgüter des Privatvermögens können **in das Gesamthandsvermögen** der Gesellschaft oder **in das Sonderbetriebsvermögen** des Gesellschafters übertragen werden.

7.3.4.1 Übertragung ins Gesamthandvermögen

1656 Ein privates Wirtschaftsgut kann von der Gesellschaft entgeltlich erworben werden oder durch Gewährung von Gesellschaftsanteilen **in das Gesamthandsvermögen** gelangen.

Überträgt der Mitunternehmer sein privates Grundstück gegen ein angemessenes Entgelt an die Gesellschaft, dann liegt in vollem Umfang beim Gesellschafter ein Veräußerungsgeschäft vor, dessen Versteuerung sich nach den Vorschriften des EStG richtet (z. B. § 23 EStG). Die Gesellschaft hat das Wirtschaftsgut mit den tatsächlichen Anschaffungskosten anzusetzen.

7.3.4.2 Zuvor privat genutztes Grundstück

1657 Überlässt der Gesellschafter der Gesellschaft sein bisher privat genutztes Grundstück zur betrieblichen Nutzung, ist es ab diesem Zeitpunkt **zum Sonderbetriebsvermögen** zu rechnen.

Auch für den Ansatz im Sonderbetriebsvermögen gilt § 6 Abs. 1 Nr. 5 EStG.

7.3.5 Bilanzmäßige Auswirkungen der Vererbung von Mitunternehmeranteilen

1658 Stirbt der Gesellschafter einer Personengesellschaft, dann wird gem. § 727 BGB, §§ 131, 161 HGB die Gesellschaft aufgelöst.

Diese gesetzliche Regelung wird in der Regel den Interessen der Gesellschafter nicht gerecht. Deshalb können im Gesellschaftervertrag abweichende Vertragsklauseln vereinbart werden.

1659 In der nachfolgenden Übersicht sind die wichtigsten Vertragsklauseln und ihre bilanzmäßigen Auswirkungen dargestellt.

ABB. 39:	Vererbung von Mitunternehmeranteilen		
Art der Vertragsklausel	Einfache Nachfolgeklausel	Qualifizierte Nachfolgeklausel	Eintrittsklausel
Inhalt der Vertragsklausel	Der Gesellschaftsvertrag bestimmt, dass die Gesellschaft mit den Erben des verstorbenen Gesellschafters fortgesetzt werden soll.	Der Gesellschaftsvertrag bestimmt, dass bei mehreren Erben die Gesellschaft nur mit einem Miterben fortgesetzt werden soll.	Der Gesellschaftsvertrag bestimmt, dass einzelnen Erben (oder auch Nichterben) ein Recht zum Beitritt in die Gesellschaft eingeräumt wird.

Art der Vertragsklausel	Einfache Nachfolgeklausel	Qualifizierte Nachfolgeklausel	Eintrittsklausel
Folgen	Die Erben treten in die Rechtsstellung des verstorbenen Gesellschafters ein.	Der Gesellschaftsanteil geht im Wege der Sonderrechtsnachfolge unmittelbar auf den Erben über. Damit wird auch nur dieser Rechtsnachfolger des Erblassers. Eine etwaige Erbengemeinschaft wird nicht Gesellschafter der PersGes.	Das Wahlrecht führt dazu, dass die Erben die Aufnahme in die Gesellschaft verlangen können. Der Anteil des Erblassers an der Gesellschaft wächst deshalb zunächst den übrigen Gesellschaftern zu. Erst mit der Ausübung des Wahlrechts geht der entsprechende Anteil auf die neu eintretenden Gesellschafter über.
Bilanzmäßige Auswirkungen	Die Gesellschafter erwerben ihre Anteile unmittelbar und unentgeltlich vom Erblasser. Deshalb führen sie in Höhe ihrer Erbquote das Kapitalkonto des Erblassers fort (§ 6 Abs. 3 EStG). Soweit Sonderbetriebsvermögen vorhanden war, ändert sich an dieser Zuordnung nichts, wenn die WG weiterhin der Gesellschaft zur Nutzung überlassen werden. Auch hier führen die Erben die Buchwerte anteilsmäßig fort.	Der begünstigte Miterbe führt das Kapitalkonto des Erblassers unverändert fort. Sonderbetriebsvermögen des Erblassers wird gesamthänderisches Eigentum der Erbengemeinschaft. Da nur ein Erbe Mitunternehmer wird, wird auch nur sein Anteil an der Erbquote Sonderbetriebsvermögen, während der übrige Teil des Sonderbetriebsvermögens Privatvermögen wird.	Machen die Erben einheitlich von ihrem Wahlrecht auf Eintritt keinen Gebrauch, entsteht noch in der Person des Erblassers ein begünstigter Veräußerungsgewinn. Die bisherigen Gesellschafter erwerben entgeltlich anteilsmäßig die dem Erblasser zuzurechnenden WG. Sie passivieren die Abfindung in der Bilanz der PersGes als Betriebsschuld und stocken die Buchwerte der vorhandenen WG um die realisierten stillen Reserven auf. Bei einem späteren Eintritt (innerhalb von 6 Monaten) mit Rückbeziehung auf den Erbfall wird dann die einfache Nachfolgeklausel angewendet.

TEIL C — Besonderheiten bei Personengesellschaften

1660 FRAGEN

		Rdn.
1.	Wie ist eine GmbH & Co KG typischerweise aufgebaut?	1590
2.	Wie wird die Vergütung für den GmbH-Gesellschafter-Geschäftsführer steuerlich behandelt, wenn die GmbH auch die Geschäfte der KG führt?	1592 ff.
3.	Welchen Umfang hat das steuerliche Betriebsvermögen bei der GmbH & Co KG?	1596 ff.
4.	Welche buchführungstechnischen Erfordernisse ergeben sich, wenn ein Gesellschafter ausscheidet und die verbleibenden Gesellschafter seinen Anteil übernehmen? Dabei soll der Ausscheidende über seinem Kapitalkontostand abgefunden werden.	1621 ff.
5.	Welche buchführungstechnischen Erfordernisse ergeben sich, wenn ein Gesellschafter ausscheidet und ein neuer Gesellschafter seinen Anteil übernimmt? Dabei soll der Ausscheidende über seinem Kapitalkontostand abgefunden werden.	1623 ff.
6.	In welchen Fällen ist die Übertragung von Wirtschaftsgütern zu Buchwerten innerhalb einer Mitunternehmerschaft denkbar?	1626 ff.

1661–1700   *(Einstweilen frei)*

TEIL D: BESONDERHEITEN BEI KAPITALGESELLSCHAFTEN

		Rdn.	Seite
Kapitel 1:	**Zivilrechtliche Grundlagen der GmbH**	1701	548
1.1	Allgemeines	1701	548
	1.1.1 Wesen der GmbH	1702	548
	1.1.2 Stammkapital der GmbH	1703	548
	1.1.3 Die Unternehmergesellschaft	1705	549
1.2	Die Gründung der GmbH	1706	549
	1.2.1 Die Gründungsphasen der GmbH	1706	549
	1.2.2 Allgemeine Voraussetzungen für die Errichtung einer GmbH	1708	550
	1.2.2.1 Überblick (§§ 1 – 5 GmbHG)	1708	550
	1.2.2.2 Begriff der Gesellschaft	1709	550
	1.2.2.3 Gesellschafter einer GmbH	1710	550
	1.2.2.4 Haftungsbeschränkung	1712	551
	1.2.2.5 Wichtige Rechtsfolgen der Eintragung der GmbH in das Handelsregister	1715	551
	1.2.3 Stammkapital der GmbH	1716	552
1.3	Organe der GmbH	1720	552
	1.3.1 Die Gesellschafterversammlung – §§ 48 ff. GmbHG	1721	553
	1.3.2 Der Geschäftsführer – §§ 35 ff. GmbHG	1722	553
	1.3.3 Aufsichtsrat oder Beirat – § 52 GmbHG	1723	553
1.4	Haftung bei der GmbH für Gesellschaftsschulden	1724	553
	1.4.1 Begriffsbestimmung	1724	553
	1.4.2 Haftung der Gesellschafter	1725	554
1.5	Gewinnverteilung bei der GmbH – § 29 GmbHG	1727	554
	1.5.1 Grundsatz (§ 29 Abs. 1 Satz 1 Halbsatz 1 GmbHG)	1728	554
	1.5.2 Ausschluss/Einschränkung (§ 29 Abs. 1 Satz 1 Halbsatz 2, Abs. 2 GmbHG)	1729	554
	1.5.3 Berechnungsschema für den Gewinnanspruch nach § 29 GmbHG	1730	555
	1.5.4 Gewinnanspruch des einzelnen GmbH-Gesellschafters (§ 29 Abs. 3 GmbHG)	1731	555
1.6	Beendigung der GmbH	1732	555
Kapitel 2:	**Handelsrechtliche Grundlagen**	1733	555
2.1	Allgemeines	1733	555
2.2	Ansatzvorschriften	1735	556
	2.2.1 Überblick	1735	556
	2.2.2 Die Vorschriften im Einzelnen	1736	556

				Rdn.	Seite
		2.2.2.1	Aufwendungen für die Gründung eines Unternehmens (§ 248 Abs. 1 Nr. 1 HGB)	1736	556
		2.2.2.2	Aufwendungen für die Ingangsetzung und Erweiterung des Geschäftsbetriebs	1737	557
2.3	Besondere Bewertungsvorschriften			1739	558
	2.3.1	Abschreibungen wegen dauernder Wertminderung		1739	558
	2.3.2	Willkürabschreibung		1740	559
	2.3.3	Handelsrechtliche Wertaufholung		1741	559
	2.3.4	Handelsrechtliche Abschreibung und umgekehrte Maßgeblichkeit		1743	559
2.4	Eigenkapital			1745	560
	2.4.1	Bilanzielle Gliederung des Kapitals		1745	560
	2.4.2	Die Unterkonten im Einzelnen		1746	560
		2.4.2.1	Gezeichnetes Kapital (§ 272 Abs. 1 HGB)	1746	560
		2.4.2.2	Kapitalrücklagen (§ 272 Abs. 2 HGB)	1747	560
		2.4.2.3	Gewinnrücklagen	1748	561
		2.4.2.4	Gewinn- bzw. Verlustvortrag	1749	561
		2.4.2.5	Jahresüberschuss bzw. -fehlbetrag	1750	561
	2.4.3	Gewinn- und Verlustrechnung		1753	562
2.5	Bilanzgewinn			1756	564
	2.5.1	Allgemeines		1756	564
	2.5.2	Aufstellen der Bilanz unter teilweiser Verwendung des Ergebnisses		1757	564
	2.5.3	Abgrenzung: Ergebnisverwendung/Gewinnverwendung		1761	566

Kapitel 3:	Die Steuerbilanz der Kapitalgesellschaft		1763	567
3.1	Allgemeines		1763	567
3.2	Beispiel Handelsbilanz – Steuerbilanz		1764	567

Kapitel 4:	Beteiligungen, Beteiligungserträge und Veräußerungsgewinne			1765	568
4.1	Beteiligungen an Kapitalgesellschaften in der Handelsbilanz			1765	568
4.2	Beteiligungen an Kapitalgesellschaften in der Steuerbilanz			1766	569
4.3	Beteiligungserträge in der Handelsbilanz			1767	569
4.4	Beteiligungserträge in der Steuerbilanz			1768	569
	4.4.1	Offene Ausschüttungen		1768	569
	4.4.2	Beteiligungserträge im Halbeinkünfteverfahren/ Teileinkünfteverfahren		1769	570
		4.4.2.1	Anteilseigner ist ein Personenunternehmen	1769	570
		4.4.2.2	Anteilseigner ist eine Kapitalgesellschaft	1770	570
	4.4.3	Veräußerungsgewinne aus Beteiligungen an Kapitalgesellschaften		1771	570

			Rdn.	Seite
Kapitel 5:	**Verdeckte Einlagen**		1772	571
5.1	Allgemeines		1772	571
5.2	Behandlung bei der Kapitalgesellschaft		1773	571
	5.2.1	Handelsrecht	1773	571
	5.2.2	Steuerrecht	1774	571
	5.2.3	Verdeckte Einlage beim Gesellschafter	1776	572
Kapitel 6:	**Besondere Buchungen bei Kapitalgesellschaften**		1777	573
6.1	Buchungen auf dem Gewinnverwendungskonto		1777	573
6.2	Buchungen im Zusammenhang mit verdeckten Gewinnausschüttungen		1779	574
	6.2.1	Voraussetzungen/Definition der verdeckten Gewinnausschüttung	1779	574
	6.2.2	Buchung der Vorsteuer im Falle der vGA bei aktiviertem Anlagevermögen	1780	574
	6.2.3	Buchung der Umsatzsteuer bei Warengeschäften, die zur verdeckten Gewinnausschüttung führen	1781	575

Teil D: Besonderheiten bei Kapitalgesellschaften
Kapitel 1: Zivilrechtliche Grundlagen der GmbH

1.1 Allgemeines

1701   Die Körperschaftsteuer wird als Ertragsteuer der juristischen Personen bezeichnet. Sie ist eine direkte Steuer, da die Körperschaft als Steuerschuldner auch der Steuerträger ist. Sie ist auch eine Personensteuer. Die Körperschaft kann die von ihr zu zahlende Körperschaftsteuer nicht von der Bemessungsgrundlage für die Körperschaftsteuer abziehen.

Die GmbH ist die zahlenmäßig mit weitem Abstand am häufigsten verwendete Rechtform der Kapitalgesellschaften. Aus diesem Grund beschränken wir uns bei der Darstellung der zivilrechtlichen Grundlagen der Körperschaften im Wesentlichen auf diese Rechtsform.

1.1.1 Wesen der GmbH

1702   Der Begriff der GmbH ist im GmbHG nicht selbständig definiert. Er lässt sich aber wohl wie folgt definieren:

Die Gesellschaft mit beschränkter Haftung (GmbH) ist eine aus einer Person oder mehreren Personen bestehende Gesellschaft (§ 1 GmbHG) mit eigener Rechtspersönlichkeit (§ 13 GmbHG), die ein in Geschäftsanteile zerlegtes Stammkapital hat (§ 5 GmbHG). Sie gilt als Handelsgesellschaft im Sinne des HGB.

Der Zusatz „mit beschränkter Haftung", der auch im Geschäftsverkehr zu verwenden ist, hat insbesondere eine Warnfunktion für Gläubiger dieser GmbH. Diese sollen darauf hingewiesen werden, dass bei dieser Gesellschaftsform nur das Gesellschaftsvermögen als Haftungsmasse zur Verfügung steht (§ 13 Abs. 2 GmbHG).

Dagegen haften die Gesellschafter nach Erbringung ihrer Stammeinlage nicht. Die Bezeichnung „Gesellschaft mit beschränkter Haftung" ist also missverständlich: Nicht die Gesellschaft haftet beschränkt, sondern die Gesellschafter: Sie müssen der Gesellschaft nur das Stammkapital zur Verfügung stellen.

Die GmbH hat nach § 13 GmbHG Rechte und Pflichten. Sie kann z. B.

▶ Eigentum und andere dingliche Rechte an Grundstücken erwerben;
▶ vor Gericht klagen und verklagt werden.

Daraus ist zu entnehmen, dass die GmbH selbst volle Rechtsfähigkeit im Sinne des Zivilrechts besitzt. Sie ist eine **juristische Person**.

1.1.2 Stammkapital der GmbH

1703   Jede GmbH muss gem. § 5 Abs. 1 GmbHG ein sog. Stammkapital haben. Das Stammkapital einer GmbH ist der Betrag, auf den sich die Haftung *der Gesellschafter* der

GmbH beschränkt. Dieses Stammkapital ist von den Gesellschaftern primär bei der Gründung durch ihre Geschäftsanteile aufzubringen.

Die GmbH dagegen haftet nicht nur mit dem Stammkapital, sondern mit ihrem gesamten Vermögen!

Der Nennbetrag jedes Geschäftsanteils muss auf volle Euro lauten. Ein Gesellschafter kann bei Errichtung der Gesellschaft mehrere Geschäftsanteile übernehmen. Die Höhe der Nennbeträge der einzelnen Geschäftsanteile kann verschieden bestimmt werden. Die Summe der Nennbeträge aller Geschäftsanteile muss mit dem Stammkapital übereinstimmen (§ 13 Abs. 2 und 3 GmbHG). 1704

1.1.3 Die Unternehmergesellschaft

Eine Gesellschaft, die mit einem Stammkapital gegründet wird, das den Betrag des Mindeststammkapitals von 25 000 € nach § 5 Abs. 1 GmbHG unterschreitet, muss in der Firma abweichend von § 4 die Bezeichnung „Unternehmergesellschaft (haftungsbeschränkt)" oder „UG (haftungsbeschränkt)" führen (§ 5a Abs. 1 GmbHG). 1705

Abweichend von § 7 Abs. 2 GmbHG darf die Anmeldung erst erfolgen, wenn das Stammkapital in voller Höhe eingezahlt ist. Sacheinlagen sind ausgeschlossen (§ 5a Abs. 2 GmbHG).

In der Bilanz des nach den §§ 242, 264 HGB aufzustellenden Jahresabschlusses ist eine gesetzliche Rücklage zu bilden, in die 1/4 des um einen Verlustvortrag aus dem Vorjahr geminderten Jahresüberschusses einzustellen ist (§ 5a Abs. 3 GmbHG).

1.2 Die Gründung der GmbH

1.2.1 Die Gründungsphasen der GmbH

Im Unterschied zu den Personengesellschaften erfordert die Entstehung der GmbH als konstitutiven Akt gem. § 11 Abs. 1 GmbH **stets** die Eintragung in das Handelsregister. 1706

Das Handelsregister wird bei den Amtsgerichten geführt. Die GmbH wird in Abteilung B des Handelsregister eingetragen (abgekürzt: HRB). Einzelkaufleute und Personengesellschaften werden in Abteilung A des Handelsregisters eingetragen (abgekürzt: HRA).

Die Gründung einer GmbH erfolgt in folgenden Phasen: 1707

▶ Die **Vorgründungsgesellschaft**

So bezeichnet man den Zeitraum vor dem Abschluss des notariell beurkundeten Gesellschaftsvertrags.

▶ Die **Gründungsgesellschaft**

So bezeichnet man den Zeitraum zwischen Abschluss des notariell beurkundeten Gesellschaftsvertrags und der Eintragung in das Handelsregister.

▶ Die Entstehung der GmbH durch **Eintragung** im Handelsregister.

1.2.2 Allgemeine Voraussetzungen für die Errichtung einer GmbH

1.2.2.1 Überblick (§§ 1 – 5 GmbHG)

1708 Die allgemeinen zivilrechtlichen Voraussetzungen, unter denen eine GmbH errichtet wird, sind in § 1 GmbHG geregelt und werden durch die §§ 2, 3, 5 GmbHG erläutert. Nach § 1 GmbHG müssen folgende **Voraussetzungen** erfüllt sein:

- Gesellschaft: privatrechtliche Gesellschaft;
- Gesellschaftsvertrag (Satzung der GmbH);
- Förderungs-, insbesondere Beitragspflicht;
- ein oder mehrere Gesellschafter;
- Beschränkung der Haftung auf das Gesellschaftsvermögen;
- jeder beliebige gesetzlich zulässige Zweck.

1.2.2.2 Begriff der Gesellschaft

1709 Unter einer Gesellschaft versteht man eine **privatrechtliche** Personenvereinigung, deren Mitglieder sich durch einen **Gesellschaftsvertrag (= rechtsgeschäftlich)** zusammengeschlossen haben, um einen bestimmten (nach h. M. erlaubten) Zweck gemeinsam zu verfolgen. Aus dem Begriff der Gesellschaft in § 1 GmbHG ist also im Wesentlichen Folgendes zu entnehmen:

- Die GmbH ist eine privatrechtliche Gesellschaftsform.
- Für die Errichtung einer GmbH muss ein Gesellschaftsvertrag vorliegen.

Für den Gesellschaftsvertrag bei einer GmbH gelten besondere Formerfordernisse (§ 2 GmbHG) und inhaltliche Mindestanforderungen (§ 3 Abs. 1 GmbHG). Dabei ist auch ein vereinfachtes Verfahren i. S. d. § 2 Abs. 1a GmbHG möglich. Die Gesellschaft darf dann höchstens drei Gesellschafter und einen Geschäftsführer haben. Für die Gründung im vereinfachten Verfahren ist das in der Anlage zum GmbHG bestimmte Musterprotokoll zu verwenden. Darüber hinaus dürfen keine vom Gesetz abweichenden Bestimmungen getroffen werden.

1.2.2.3 Gesellschafter einer GmbH

1710 Nach § 1 GmbHG kann eine GmbH durch eine oder mehrere Person(en) errichtet werden. Das bedeutet, dass auch eine „Ein-Mann-GmbH" möglich ist.

Als mögliche Gesellschafter einer GmbH kommen in Betracht:

1711
- Jede juristische Person (des öffentlichen Rechts oder des Privatrechts);
- jede Gesamthandsgemeinschaft
  - OHG und KG
  - GbR (BGH v. 3. 11. 1980, DB 1981, 466);
- die eheliche Gütergemeinschaft;
- die Erbengemeinschaft (§ 2032 ff. BGB), obwohl diese auf Auseinandersetzung gerichtet ist;
- der nichtrechtsfähige Verein (§ 54 BGB).

1.2.2.4 Haftungsbeschränkung

Bei der GmbH steht Gläubigern das Gesellschaftsvermögen der GmbH als Haftungsmasse zur Verfügung. Darüber hinaus haften die Gesellschafter nur, wenn ihre Einlage noch nicht eingezahlt ist.

1712

Vor der Eintragung des Sitzes der Gesellschaft in das Handelsregister besteht die Gesellschaft mit beschränkter Haftung als solche nicht. Ist vor der Eintragung im Namen der Gesellschaft gehandelt worden, so haften die Handelnden persönlich und solidarisch (§ 11 GmbHG).

1.2.2.4.1 Eintragungsvoraussetzungen (§§ 6 – 9 GmbHG)

Bis zu ihrer Eintragung existiert die GmbH als eine Gesellschaft mit beschränkter Haftung rechtlich nicht (§ 11 Abs. 1 GmbHG). Die GmbH wird erst mit ihrer Eintragung in das Handelsregister rechtlich existent.

1713

Für die Eintragung der GmbH in das Handelsregister müssen weitere Voraussetzungen erfüllt sein (sog. Eintragungsvoraussetzungen). Diese Voraussetzungen sind in den §§ 6 bis 9c GmbHG geregelt.

1.2.2.4.2 Anmeldung zum Handelsregister (§ 7 Abs. 1 GmbHG)

Hierbei sind die in § 8 GmbHG aufgeführten Unterlagen, Versicherungen und Unterschriften der Anmeldung beizufügen.

1714

Vorherige (Teil-)Einzahlung auf das Stammkapital (§ 7 Abs. 2 GmbHG):

Die Anmeldung darf nach § 7 Abs. 2 GmbHG nur erfolgen, wenn ein bestimmter Anteil des Gesellschaftskapitals der späteren GmbH eingezahlt, also in den Verfügungsbereich der „GmbH" gelangt ist.

Vorherige Bestellung von Geschäftsführern (§§ 6, 35 GmbHG):

Da die GmbH nicht selbst mit den Anmeldeunterlagen zum zuständigen Amtsgericht gehen bzw. die Einzahlungen auf das Stammkapital überwachen kann, muss dieser Vorgang durch ein Organ der GmbH, einen Menschen, geschehen. Das zuständige Organ ist in diesem Fall der/die Geschäftsführer/in (§§ 6, 35 GmbHG). Das bedeutet, dass vor der Anmeldung der GmbH zur Eintragung in das Handelsregister noch der/die Geschäftsführer/in bestellt werden müssen.

1.2.2.5 Wichtige Rechtsfolgen der Eintragung der GmbH in das Handelsregister

Die GmbH entsteht durch Eintragung ins Handelsregister (§ 11 Abs. 1 GmbHG).

1715

GmbH **gilt** kraft Gesetzes als Handelsgesellschaft (§ 13 Abs. 3 GmbHG) und ist damit Kaufmann (§ 6 HGB), und zwar unabhängig davon, ob sie tatsächlich ein Handelsgewerbe betreibt.

Firmenname einer GmbH (§ 4 GmbHG): Da die GmbH ein Kaufmann ist, hat sie eine Firma.

Diese Firma hat insbesondere zum Gläubigerschutz den Zusatz „Gesellschaft mit beschränkter Haftung" oder „GmbH" zu enthalten (Ausnahmen siehe § 5a GmbHG).

1.2.3 Stammkapital der GmbH

1716 Zur Finanzierung der GmbH muss jeder Gesellschafter auf seinen Geschäftsanteil eine Einlage leisten (§ 14 GmbHG). Dabei muss das Stammkapital mindestens 25 000 € betragen.

Der Geschäftsanteil des einzelnen GmbH-Gesellschafters kann als **Bar- und/oder Sacheinlage** erfolgen. Wird die Stammeinlage in Form von Sachwerten erbracht, muss im Gesellschaftsvertrag geregelt sein, welchen „Geldwert" die Sacheinlage hat (§ 5 Abs. 4 Satz 1 GmbHG).

1717 Aus Gründen des Gläubigerschutzes sind die Gründe für die Werthaltigkeit in einem **Sachgründungsbericht** festzuhalten (§ 5 Abs. 4 Satz 2 GmbHG). Bei der Anmeldung zum Handelsregister ist die Werthaltigkeit in der im Sachgründungsbericht angenommenen Höhe durch Unterlagen (z. B. Wertgutachten durch einen Sachverständigen) zu belegen (§ 8 Abs. 1 Nr. 5 GmbHG). Vorsätzlich falsche Angaben im Sachgründungsbericht werden strafrechtlich verfolgt (§ 82 Abs. 1 Nr. 2 GmbHG).

Kommt das Handelsregistergericht zu der Überzeugung, dass Sacheinlagen überbewertet worden sind, so muss es die Eintragung ablehnen, § 9c Abs. 1 Satz 2 GmbHG.

1718 Nach h. M. ist es nicht zulässig, die Besonderheiten einer Sacheinlage dadurch zu umgehen, dass man eine Bareinlage vereinbart und im Anschluss an ihre Erbringung sofort diese Bareinlage dadurch zurückerhält, dass man an die GmbH ein Wirtschaftsgut veräußert (sog. verschleierte Sacheinlage/verschleierte Sachgründung). Die oben genannten Gläubigerschutzvorschriften, die die Werthaltigkeit von Sacheinlagen durch die Gesellschafter sicherstellen sollen, könnten so leicht umgangen werden.

Liegt eine solche verschleierte Sachgründung vor, ist der zwischen Gesellschaft und Gesellschafter abgeschlossene Kaufvertrag über das Wirtschaftsgut gem. § 134 BGB i. V. m. § 5 Abs. 4 GmbHG nichtig. Der Gesellschafter hat dann einen Anspruch auf Rückübereignung des Wirtschaftsguts, die Gesellschaft einen Anspruch auf Rückzahlung des Kaufpreises.

1719 Vor der Eintragung in das Handelsregister müssen die Stammeinlagen **in einem bestimmten Umfang** bereits erbracht worden sein. Hierbei ist bei Bareinlagen zu unterscheiden zwischen Mehr-Personen-GmbH und der Ein-Mann-GmbH. Außerdem ist zwischen Bar- und Sacheinlagen zu unterscheiden.

Die Anmeldung darf erst erfolgen, wenn auf jede Stammeinlage, soweit nicht Sacheinlagen vereinbart sind, $1/4$ eingezahlt ist. Insgesamt muss aber auf das Stammkapital so viel eingezahlt sein, dass einschließlich der Sacheinlagen die Hälfte des Mindeststammkapitals erreicht ist.

1.3 Organe der GmbH

1720 Da die GmbH nur ein künstliches rechtliches Gebilde ist, wird sie erst handlungsfähig durch real existierende Personen – ihre sog. Organe. Organe bei jeder GmbH sind obligatorisch (zwingend) der Geschäftsführer und die Gesellschafterversammlung, fakultativ (freiwillig) bzw. bei manchen GmbH obligatorisch der Aufsichtsrat/Beirat.

1.3.1 Die Gesellschafterversammlung – §§ 48 ff. GmbHG

Die Gesellschafterversammlung ist das **oberste Willensbildungsorgan** der GmbH.

1721

Der Zuständigkeitsbereich der Gesellschafterversammlung ist insbesondere in den §§ 45 ff. GmbHG niedergelegt, kann jedoch durch den Gesellschaftsvertrag in wesentlichen Punkten eingeschränkt oder erweitert werden. Die gesetzlichen Regelungen sind also überwiegend dispositiv.

Die Entscheidungen der Gesellschafterversammlung werden vom Geschäftsführer umgesetzt.

1.3.2 Der Geschäftsführer – §§ 35 ff. GmbHG

Der Geschäftsführer vertritt die GmbH gerichtlich und außergerichtlich – § 35 GmbHG (Außenverhältnis).

1722

Darüber hinaus ist er auch intern für die Willensbildung zuständig, sofern dies nicht durch Gesetz oder Vertrag oder Beschluss der Gesellschafterversammlung der Gesellschafterversammlung vorbehalten ist (vgl. § 37 GmbHG). Der Geschäftsführer ist auch für die Erfüllung der steuerrechtlichen Pflichten der GmbH zuständig und verantwortlich.

Jede GmbH muss mindestens einen Geschäftsführer haben (§ 6 Abs. 1 GmbHG). Die genaue Anzahl der Geschäftsführer wird im Gesellschaftsvertrag geregelt.

Geschäftsführer einer GmbH kann nur eine natürliche und unbeschränkt geschäftsfähige Person sein (§ 6 Abs. 2 GmbHG)

Als Geschäftsführer kommen Gesellschafter, aber auch Dritte in Betracht.

1.3.3 Aufsichtsrat oder Beirat – § 52 GmbHG

Dieses Organ **kann** bei der GmbH bestellt werden, wenn eine entsprechende Vereinbarung im Gesellschaftsvertrag getroffen wurde (§ 52 Abs. 1 GmbHG).

1723

Ein Aufsichtsrat **muss** allerdings nach dem Betriebsverfassungsgesetz bestellt werden, wenn mehr als 500 Arbeitnehmer bei der GmbH beschäftigt sind.

Hintergrund hierfür ist, dass die Arbeitnehmer durch diese Maßnahme zumindest ein gewisses Maß an Aufsicht über die Unternehmenspolitik der GmbH haben.

1.4 Haftung bei der GmbH für Gesellschaftsschulden

1.4.1 Begriffsbestimmung

Unter der Haftung versteht man allgemein, dass das Vermögen einer natürlichen oder juristischen Person oder Personenvereinigung zur Begleichung von Schulden eingesetzt wird. Gesellschaftsschulden sind Schulden, die durch die Tätigkeit der GmbH begründet werden.

1724

1.4.2 Haftung der Gesellschafter

1725 Nach § 13 Abs. 2 GmbHG haftet ausschließlich die **GmbH** mit ihrem Vermögen für die Schulden der GmbH.

Die **GmbH-Gesellschafter** müssen also nicht den Gläubigern der GmbH gegenüber mit ihrem sonstigen Vermögen für Verbindlichkeiten der GmbH haften.

Eine Haftung der GmbH-Gesellschafter besteht allenfalls gegenüber der GmbH und nicht gegenüber Gläubigern der GmbH.

> **BEISPIEL:** Eine GmbH erwirbt eine Maschine. Der Kaufpreis wird gestundet. Alleiniger Gesellschafter der GmbH ist A, der zugleich auch Geschäftsführer ist.
> Die GmbH schuldet den Kaufpreis gem. § 433 Abs. 2 BGB. A kann nicht in Haftung genommen werden.

1726 Auch der GmbH gegenüber haften die **GmbH-Gesellschafter** nur, wenn und soweit:
- sie ihre Stammeinlage wertmäßig noch nicht erbracht haben oder
- gesellschaftsvertraglich geregelt ist, dass die GmbH-Gesellschafter über die Verpflichtung zur Erbringung der Stammeinlage hinaus verpflichtet sind, weitere Einzahlungen zu leisten (sog. **Nachschusspflicht** nach § 26 GmbHG).

1.5 Gewinnverteilung bei der GmbH – § 29 GmbHG

1727 Jeder GmbH-Gesellschafter will natürlich nicht nur Geld oder Sachwerte in eine GmbH einbringen, sondern letztlich auch am Gewinn der GmbH partizipieren. Dies geschieht durch **Ausschüttung** des Gewinns.

1.5.1 Grundsatz (§ 29 Abs. 1 Satz 1 Halbsatz 1 GmbHG)

1728 Die Gesamtheit der GmbH-Gesellschafter hat nach § 29 Abs. 1 Satz 1 GmbHG grundsätzlich einen Anspruch auf den Jahresüberschuss (Gewinn laut handelsrechtlicher GuV der GmbH) zzgl. Gewinnvortrag bzw. abzgl. des Verlustvortrags.

1.5.2 Ausschluss/Einschränkung (§ 29 Abs. 1 Satz 1 Halbsatz 2, Abs. 2 GmbHG)

1729 Dieser Anspruch kann nach § 29 Abs. 1 Satz 1 Halbsatz 2 GmbHG ausgeschlossen sein durch:
- Gesetz (Ausschüttungssperren),
- Gesellschaftsvertrag,
- Gewinnverwendungsbeschlüsse nach § 29 Abs. 2 GmbHG.

Der Gesellschaftsvertrag kann vorsehen, dass Teile des Jahresüberschusses nur unter bestimmten Umständen ausgeschüttet werden dürfen. Findet keine Ausschüttung statt, so ist der entsprechende Teil in eine Gewinnrücklage oder in einen Gewinnvortrag einzustellen (vgl. § 266 Abs. 3 A. III. HGB). Eine gesetzliche Gewinnrücklage gibt es bei der GmbH nicht.

Neben den gesetzlichen oder gesellschaftsvertraglichen Minderungen des Gewinnanspruchs können die GmbH-Gesellschafter durch einen sog. Gewinnverwendungsbeschluss (i. d. R. mit einfacher Mehrheit – § 47 Abs. 1 GmbHG) den verbliebenen Jahresüberschuss der GmbH in eine Gewinnrücklage einstellen oder als Gewinn vortragen.

1.5.3 Berechnungsschema für den Gewinnanspruch nach § 29 GmbHG

	Jahresüberschuss lt. GuV des Wj
+	Gewinnvortrag vorheriger Wj bzw.
./.	Verlustvortrag vorheriger Wj
./.	gesetzlich vorgeschriebene Einstellung in Rücklagen (Kapitalrücklage/Rücklagen eigene Anteile)
./.	gesellschaftsvertraglich vorgeschriebene Einstellung in Rücklagen
./.	Einstellung in Gewinnrücklage oder Gewinnvortrag durch Gesellschafterbeschluss
=	Gewinnanspruch nach § 29 GmbHG aller GmbH-Gesellschafter

1730

1.5.4 Gewinnanspruch des einzelnen GmbH-Gesellschafters (§ 29 Abs. 3 GmbHG)

Der Gewinnanspruch des einzelnen GmbH-Gesellschafters richtet sich in erster Linie nach den vertraglichen Regelungen im Gesellschaftsvertrag (§ 29 Abs. 3 Satz 1 GmbHG).

1731

Enthält dieser keine Regelung, so ist der Gewinn nach dem Verhältnis der Geschäftsanteile (= Stammeinlage; § 14 GmbHG) zu verteilen.

1.6 Beendigung der GmbH

Die **GmbH endet** nicht mit der Einstellung des laufenden Geschäftsbetriebs. Sie endet regelmäßig mit der **Löschung** (§ 74 GmbHG) der GmbH im Handelsregister.

1732

Kapitel 2: Handelsrechtliche Grundlagen

2.1 Allgemeines

Ausgangspunkt für die Ermittlung des Einkommens und der Körperschaftsteuer ist der handelsrechtliche Jahresabschluss der Kapitalgesellschaft. Die Rechnungslegungsvorschriften sind im 3. Buch des HGB geregelt. Danach sind natürlich vorab die Regelun-

1733

gen für alle Kaufleute aus den §§ 238 bis 261 HGB anzuwenden und zusätzlich die ergänzenden Vorschriften der §§ 264 bis 335 HGB zu beachten.

Der Abschluss eines Einzelunternehmers umfasst die Bilanz und die Gewinn- und Verlustrechnung. Beim Abschluss einer Kapitalgesellschaft sind zusätzlich ein sog. „Anhang" beizufügen und ein Lagebericht zu erstellen. Der Anhang soll, soweit erforderlich, die einzelnen Positionen der Bilanz und der Gewinn- und Verlustrechnung erläutern. Kleine Kapitalgesellschaften sind von der Erstellung des Lageberichts nach § 264 Abs. 1 Satz 4 HGB befreit. Sie dürfen ihre Bilanz auch in einer im Verhältnis zu § 266 HGB verkürzten Form aufstellen. Das bedeutet, dass die arabischen Ziffern der Gliederung des § 266 HGB entfallen dürfen.

1734 Ausgehend von diesem handelsrechtlichen Jahresüberschuss ist dann der Gewinn zu ermitteln, der der Besteuerung zu Grunde gelegt wird. Dazu kann wahlweise eine (abweichende) Steuerbilanz aufgestellt werden oder in Anlehnung an § 60 Abs. 2 EStDV eine Anlage erstellt werden, in der die Positionen aus der Handelsbilanz, die für steuerliche Zwecke so nicht übernommen werden dürfen, umgerechnet werden. Grundsätze der Maßgeblichkeit der Handelsbilanz für die Steuerbilanz (§ 5 Abs. 1 Satz 1 Halbsatz 1 EStG) sind dabei zu beachten. Seit Inkrafttreten des BilMoG sind die Regelungen zur sog. umgekehrten Maßgeblichkeit ab 1. 1. 2010 grundsätzlich aufgehoben.

2.2 Ansatzvorschriften

2.2.1 Überblick

1735 Bei folgenden Aufwendungen sind besondere Ansatzvorschriften bei der Erstellung des Jahresabschlusses einer GmbH zu berücksichtigen:

▶ Aufwendungen für die Gründung eines Unternehmens,

▶ Aufwendungen für die Beschaffung des Eigenkapitals,

▶ Aufwendungen für den Abschluss von Versicherungsverträgen,

▶ Ingangsetzungsaufwendungen.

2.2.2 Die Vorschriften im Einzelnen

2.2.2.1 Aufwendungen für die Gründung eines Unternehmens (§ 248 Abs. 1 Nr. 1 HGB)

1736 Darunter versteht man Aufwendungen, die ausschließlich mit der Gründung der Kapitalgesellschaft zusammenhängen. Typischerweise sind das die Notarkosten für die Errichtung der GmbH und die Gebühren im Zusammenhang mit der Eintragung ins Handelsregister.

> BEISPIEL: ▶ Eine GmbH übernimmt im Rahmen ihrer Gründung sowohl die Notarkosten (3 000 € zzgl. 570 € USt) und die Kosten der Eintragung ins Handelsregister (1 000 €). Die Übernahme dieser Kosten ist in der Satzung der GmbH so vereinbart.

LÖSUNG: Diese Gründungskosten sind bei der GmbH sofort abzugsfähige Betriebsausgaben – Umkehrschluss aus dem Aktivierungsverbot des § 248 Abs. 1 Nr. 1 HGB.

Abwandlung:

Sollte die Übernahme der Kosten durch die GmbH vorher nicht geregelt worden sein, liegt in der Übernahme der eigenen Gründungskosten bereits die erste verdeckte Gewinnausschüttung der Gesellschaft an die Anteilseigner. Das bedeutet, der Aufwand bleibt handelsrechtlich abzugsfähige Betriebsausgabe, muss aber nach § 8 Abs. 3 KStG außerhalb der Bilanz wieder hinzugerechnet werden.

Sinngemäß sind auch die Aufwendungen für die Beschaffung des Eigenkapitals und den Abschluss von Versicherungen zu behandeln.

2.2.2.2 Aufwendungen für die Ingangsetzung und Erweiterung des Geschäftsbetriebs

Dies sind Kosten, die in einer sog. Anlaufphase des Betriebs anfallen. Diese Anlaufphase soll mit der Aufnahme der gewöhnlichen Geschäftstätigkeit enden. Als solche Aufwendungen kommen in Betracht:

- Beratungskosten,
- Planungskosten,
- Organisationskosten,
- Werbekosten zur Einführung,
- Kosten für Schulung des Personals.

Nach § 269 Satz 1 HGB (vor BilMoG) bestand für die Handelsbilanz ein Wahlrecht, diese Aufwendungen als **Bilanzierungshilfe** zu aktivieren. Die Position war dann vor dem Anlagevermögen auszuweisen und im Anhang zu erläutern. Wurden solche Aufwendungen in der Handelsbilanz ausgewiesen, war eine Ausschüttungssperre in Höhe der aktivierten Beträge zu beachten (§ 269 Satz 2 HGB a. F.). Diese Beträge waren nach § 282 HGB ab dem nächsten Geschäftsjahr mit mindestens $1/4$ abzuschreiben. Im Jahr der Aktivierung unterblieb daher eine Abschreibung.

Da es sich bei der Aktivierung dieser Aufwendungen nur um eine handelsrechtliche Bilanzierungshilfe und nicht um einen Vermögensgegenstand/ein Wirtschaftsgut handelte, bestand steuerlich ein Aktivierungsverbot.

BEISPIEL: Eine zum 1. 1. 2008 gegründete GmbH erwarb zum 1. 3. ein Grundstück mit aufstehendem Gebäude (Bj. 1980). Bis dahin waren folgende Aufwendungen entstanden:

Gebühren und Notarkosten im Zusammenhang mit der Gründung der GmbH, die sie lt. Satzung übernehmen muss	4 000 €
Kaufpreis des Grundstücks (davon 80 % Gebäude)	400 000 €
Anschaffungsnebenkosten wie GrESt usw.	20 000 €
Kaufpreis für Betriebs- und Geschäftsausstattung, bND 10 Jahre	140 000 €
Werbekosten vor Eröffnung	10 000 €
Kosten der Planung der Verkaufsstrategie	5 000 €
Kosten der Organisation des Außendienstes	8 000 €

LÖSUNG: Folgende Aufwendungen für Vermögensgegenstände/Wirtschaftsgüter waren in der HB/StB zu aktivieren:

- Grund und Boden, anzusetzen nach § 246 Abs. 1 HGB, § 5 Abs. 1 Satz 1 Halbsatz 1 EStG mit den Anschaffungskosten (§§ 253 Abs. 1, 255 Abs. 1, § 5 Abs. 1 Satz 1 Halbsatz 1. EStG i. H. v. 84 000 €;
- Gebäude, anzusetzen nach § 246 Abs. 1 HGB, § 5 Abs. 1 Satz 1 Halbsatz 1 EStG mit den Anschaffungskosten (§§ 253 Abs. 1, 255 Abs. 2 HGB, § 6 Abs. 1 Nr. 1 EStG i. H. v. 336 000 €; AfA nach § 7 Abs. 4 Nr. 2a EStG = 10/12 v. 2 %,BGA, anzusetzen nach § 246 Abs. 1 HGB, § 5 Abs. 1 Satz 1 Halbsatz 1 EStG mit den Anschaffungskosten (§§ 253 Abs. 1 , 255 Abs. 1 HGB, § 6 Abs. 1 Nr. 1 EStG i. H. v. 140.000 €; AfA nach § 7 Abs. 1 EStG zeitanteilig;
- Ingangsetzungsaufwendungen konnten nach § 269 HGB in der Handelsbilanz wahlweise aktiviert werden mit 23 000 €; sie waren dann ab 2009 mit (mindestens) je ¼ abzuschreiben.

Steuerlich bestand schon immer ein Aktivierungsverbot.

Gründungskosten sind sofort abzugsfähige Betriebsausgaben i. H. v. 4 000 €.

Mit der Einführung des BilMoG wurde der § 269 HGB ersatzlos aufgehoben. Die Möglichkeit der Bildung dieser Bilanzierungshilfe entfällt also.

2.3 Besondere Bewertungsvorschriften

2.3.1 Abschreibungen wegen dauernder Wertminderung

1739   Nach § 253 Abs. 3 Satz 3 HGB besteht für Vermögensgegenstände des Anlagevermögens bei Vorliegen einer dauernden Wertminderung die Verpflichtung, auf den auf Dauer gesunkenen Wert abzuschreiben. Über die grundsätzliche Maßgeblichkeit der Handelsbilanz gilt das auch für die Steuerbilanz (§ 5 Abs. 1 Satz 1 Halbsatz 1 EStG). Das gilt jedoch nur so lange, wie die Steuerpflichtige nicht im Rahmen der Ausübung eines steuerlichen Wahlrechts einen anderen Ansatz wählt (§ 5 Abs. 1 Satz 1 Halbsatz 2 EStG, siehe hierzu insbesondere BMF v. 12. 3. 2010, BStBl 2010 I 239, Rz. 15). Steuerlich besteht nach wie vor das Wahlrecht, auf den auf Dauer gesunkenen Teilwert abzuschreiben (§ 6 Abs. 1 Nr. 2 Satz 2 EStG).

Die einzige für Kapitalgesellschaften zugelassene Ausnahme gilt nach § 255 Abs. 3 Satz 4 HGB für Finanzanlagen. Hier darf bei einer nur vorübergehenden Wertminderung wahlweise der niedrigere Wert angesetzt werden. Steuerrechtlich besteht seit dem StÄndG 1999/2000/2001 das einheitliche Verbot, auf den nur vorübergehend gesunkenen niedrigeren Wert abzuschreiben (s. auch Rdn. 1002).

BEISPIEL: Eine GmbH hält Aktien an einer AG zutreffend im Anlagevermögen und bilanziert sie mit den historischen Anschaffungskosten inkl. Nebenkosten i. H. v. 100 €. Der Börsenkurs beträgt am Bilanzstichtag nur noch 90 € (inkl. Nebenkosten). Bis zur Bilanzaufstellung hat sich der Kurs wieder auf a) 95 €, b) 100 € und c) 105 € erholt.

LÖSUNG: Handelsrechtlich kann in der Variante a) der niedrigere Börsenkurs am Bilansticktag angesetzt werden (§ 255 Abs. 3 Satz 4 HGB). Bei den beiden anderen Varianten ist weiterhin mit den Anschaffungskosten zu bilanzieren.

Da es sich bei den Wertschwankungen – auch bei der Variante a) – nur um vorübergehende Wertveränderungen handelt (siehe auch BMF v. 25. 2. 2000, BStBl 2000 I 372, Rz. 18, 19), ist eine Abschreibung auf den niedrigeren Teilwert in der Steuerbilanz nicht zulässig (§ 6 Abs. 1 Nr. 1 Satz 2 EStG).

2.3.2 Willkürabschreibung

Gemäß § 279 Abs. 1 Satz 1 HGB (vor BilMoG) waren für Kapitalgesellschaften Abschreibungen nach vernünftiger kaufmännischer Beurteilung (Willkürabschreibungen nach § 253 Abs. 4 HGB a. F.) nicht zugelassen. Diese Abschreibung entspricht ebenfalls keinen steuerlichen Regelungen und ist somit verboten. Darüber hinaus wurde sie durch das BilMoG insgesamt aufgehoben.

2.3.3 Handelsrechtliche Wertaufholung

Grundsätzlich bestand (durch das BilMoG aufgehoben) aus dem allgemeinen Teil der Vorschriften des HGB für Wirtschaftsgüter, die bereits am vorangegangenen Bilanzstichtag zum Betriebsvermögen gehörten, ein Wahlrecht, den niedrigen Wert des Vorjahres beizubehalten, auch wenn der Wert zum aktuellen Bilanzstichtag wieder gestiegen ist (Beibehaltungswahlrecht des § 253 Abs. 5 HGB). Diese Regelung galt über § 280 HGB nicht für Kapitalgesellschaften. Diese mussten nach § 280 Abs. 1 HGB bei einer vorangegangenen außerplanmäßigen Abschreibung, die aktuell nicht mehr gerechtfertigt wäre, den Wert auf die Anschaffungs- oder Herstellungskosten bzw. auf die fortgeführten Anschaffungs- oder Herstellungskosten zuschreiben.

§ 280 Abs. 2 HGB a. F. sah zwar eine Ausnahme vom Zuschreibungsgebot für den Fall vor, dass das Steuerrecht die Beibehaltung des niedrigen Werts in der Steuerbilanz von der Beibehaltung des niedrigen Werts in der Handelsbilanz abhängig macht. Diese Ausnahme geht allerdings seit Einführung des steuerlichen Wertaufholungsgebots seit 1999 ins Leere. Die Vorschrift des § 280 HGB wurde daher durch das BilMoG aufgehoben.

2.3.4 Handelsrechtliche Abschreibung und umgekehrte Maßgeblichkeit

Nach § 254 HGB konnten auch Abschreibungen in der Handelsbilanz vorgenommen werden, die ausschließlich auf steuerlichen Vorschriften beruhen (Umgekehrte Maßgeblichkeit der Steuerbilanz für die Handelsbilanz, § 5 Abs. 1 Satz 2 EStG a. F.). Dies galt über § 279 Abs. 2 HGB a. F. auch für Kapitalgesellschaften.

Als Abschreibungen in diesem Sinne konnten vorkommen:

- erhöhte Absetzungen z. B. nach §§ 7h, 7i EStG,
- Sonderabschreibungen z. B. nach § 7g EStG,
- degressive Gebäude-AfA nach § 7 Abs. 5 EStG, soweit steuerlich noch zulässig,
- Teilwertabschreibungen im Umlaufvermögen auf den noch niedrigeren Wert als den handelsrechtlich beizulegenden Wert (R 6.8 Abs. 2 EStR),
- Abzüge nach § 6b EStG oder R 6.6 EStR (Rücklage für Ersatzbeschaffung),
- Bewertungsfreiheit für GWG

Die Vorschrift des § 254 HGB a. F. wurde durch das BilMoG aufgehoben und § 5 EStG entsprechend geändert. Das bedeutet, dass seit dem 1.1.2010 die oben genannten steuerlichen Abschreibungen in Anspruch genommen werden können, auch wenn sie in der Handelsbilanz nicht zum Ansatz kamen (§ 5 Abs. 1 Satz 1, Halbsatz 1 und 2 EStG).

2.4 Eigenkapital
2.4.1 Bilanzielle Gliederung des Kapitals

1745 Eigenkapital ist auch bei Kapitalgesellschaften der Saldo zwischen dem Aktivvermögen und den passivierten Wirtschaftsgütern. Die Kapitalgesellschaft hat danach nur ein Kapitalkonto, das sich aber nach § 266 HGB in verschiedene Unterkonten gliedert:

1. Gezeichnetes Kapital
2. Kapitalrücklage
3. Gewinnrücklagen
4. Gewinn- oder Verlustvortrag
5. Jahresüberschuss/-fehlbetrag

Nach § 268 Abs. 3 HGB ist ein nicht durch Eigenkapital gedeckter Fehlbetrag auf der Aktivseite auszuweisen.

2.4.2 Die Unterkonten im Einzelnen
2.4.2.1 Gezeichnetes Kapital (§ 272 Abs. 1 HGB)

1746 Gezeichnetes Kapital ist das Kapital, auf das die Haftung der Gesellschafter für die Verbindlichkeiten der Kapitalgesellschaft gegenüber den Gläubigern beschränkt ist (§ 272 Abs. 1 Satz 1 HGB). Dieses ist bei der GmbH das Stammkapital (§ 42 Abs. 1 GmbHG i.V. m. § 272 Abs. 1 HGB).

Das gezeichnete Kapital steht darüber hinaus für Ausschüttungen nicht zur Verfügung. Die Gesellschafter einer GmbH müssen das gezeichnete Kapital nicht voll einzahlen. Bei den nicht eingezahlten Beträgen handelt es sich um Forderungen der Gesellschaft an ihre Gesellschafter. Für diese ausstehenden Einlagen sieht § 272 HGB folgende Bilanzierungsmöglichkeiten vor:

Die noch nicht eingeforderten ausstehenden Einlagen auf das gezeichnete Kapital sind unter dem Posten „Gezeichnetes Kapital" offen abzusetzen; der verbleibende Betrag ist als Posten „Eingefordertes Kapital" in der Hauptspalte der Passivseite auszuweisen. Der eingeforderte, aber noch nicht eingezahlte Betrag ist unter den Forderungen gesondert auszuweisen und entsprechend zu bezeichnen.

2.4.2.2 Kapitalrücklagen (§ 272 Abs. 2 HGB)

1747 Als Kapitalrücklagen werden Einlagen der Anteilseigner erfasst, die nicht auf das gezeichnete Kapital geleistet werden.

Hierzu gehören u. a.:

- das Agio (Differenz aus Nennwert und tatsächlicher Einlage), wenn Aktien über ihrem Nennwert ausgegeben werden (§ 272 Abs. 2 Nr. 1 HGB);
- Nachschüsse i. S. d. § 26 GmbHG (§ 272 Abs. 2 Nr. 3 HGB);
- verdeckte Einlagen (§ 272 Abs. 2 Nr. 4 HGB).

Die Kapitalrücklage steht grundsätzlich nicht für Ausschüttungen zur Verfügung, es sei denn, sie wird wegen geplanter Ausschüttungen zugunsten des Bilanzgewinns aufgelöst.

2.4.2.3 Gewinnrücklagen

Gemäß § 272 Abs. 3 HGB dürfen als Gewinnrücklagen nur die Beträge ausgewiesen werden, die im Geschäftsjahr oder einem früheren Geschäftsjahr aus dem Ergebnis gebildet worden sind.

Die Einstellung in die Gewinnrücklagen erfolgt durch Beschluss der Gesellschafterversammlung. Auch diese Rücklagen stehen vorbehaltlich eines Beschlusses der Gesellschafter nicht für Ausschüttungen zur Verfügung.

Sieht ein Beschluss der Gesellschafterversammlung die Einstellung vor, erfolgt der Ausweis unter den **„anderen Gewinnrücklagen"**.

Ist die Einstellung nach dem Gesellschaftsvertrag vorgesehen, erfolgt der Ausweis unter den **„satzungsmäßigen Gewinnrücklagen"**.

2.4.2.4 Gewinn- bzw. Verlustvortrag

Hier sind die Gewinne früherer Jahre auszuweisen, die noch nicht ausgeschüttet und auch noch nicht der Gewinnrücklage zugeführt wurden.

Der Verlustvortrag beinhaltet noch nicht durch Gewinne ausgeglichene Verluste früherer Jahre.

2.4.2.5 Jahresüberschuss bzw. -fehlbetrag

Dieses ist das Ergebnis des laufenden Jahres vor Ergebnisverwendung (Übertrag aus der Gewinn- und Verlustrechnung). Der Ausweis eines Jahresüberschusses erfolgt nur dann, wenn die Bilanz vor erfolgter Gewinnverwendung erstellt wird.

Dieser handelsrechtliche Jahresüberschuss ist die Basis für die Ermittlung des zu versteuernden Einkommens. Änderungen ergeben sich durch Anwendung zwingender steuerlicher Regelungen bei Umrechnung auf den steuerlichen Jahresüberschuss. Darüber hinaus sind nach verschiedenen steuerlichen Vorschriften noch weitere Zu- und Abrechnungen vorzunehmen.

BEISPIELE (für Hinzu- und Abrechnungen der Ermittlung des z. v. E.):

§ 4 Abs. 5 Nr. 1 EStG	Geschenke
§ 4 Abs. 5 Nr. 2 EStG	Bewirtungskosten
§ 4 Abs. 5 Nr. 8 EStG	Geldbußen
§ 4 Abs. 5b EStG	Nichtabzugsfähigkeit der Gewerbesteuer

§ 7g EStG	Investitionsabzugsbetrag
§ 8a KStG	Zinsschranke
§ 9 Nr. 3 KStG	Nicht abziehbarer Teil der Spenden
§ 10 Nr. 2 KStG	KSt, SolZ, USt
§ 10 Nr. 4 KStG	½ der Aufsichtsratsvergütungen
§ 8a KStG	Gesellschafterfremdfinanzierung
§ 8b KStG	Dividenden/Veräußerungsgewinne bei Anteilen an KapG
§ 8 Abs. 3 KStG	Verdeckte Gewinnausschüttungen
§ 8 Abs. 1 KStG i.V. m.§ 4 Abs. 1 EStG	Verdeckte Einlagen (R 40 KStR)

1752 **BEISPIEL:** Eine GmbH hat in 01 einen Jahresüberschuss von 50 000 € ermittelt. Im Juli 01 schenkte sie Kunden 50 Füllfederhalter im Wert von netto 50 € pro Stück. Die GmbH buchte den Einkauf der Geschenke wie folgt:

Geschenkaufwand 2 500 € und Vorsteuer 475 € an Bank 2 975 €

Weitere Folgen hat die A-GmbH aus dem Vorgang bisher noch nicht gezogen. Ermitteln Sie den Jahresüberschuss und das Einkommen der GmbH dar.

LÖSUNG: Die Geschenke stellen nicht abzugsfähige BA gem. § 4 Abs. 5 Nr. 1 EStG dar. Die Korrektur erfolgt außerhalb der Bilanz im Rahmen der Ermittlung des zu versteuernden Einkommens der GmbH. Gemäß § 15 Abs. 1a UStG ist die Vorsteuer ebenfalls nicht abzugsfähig. Die Vorsteuer = USt-Schuld ist innerhalb der Handels- und der Steuerbilanz i.H.v. 475 € zu korrigieren. Entsprechend ist der Jahresüberschuss um 475 € zu mindern. Die Korrektur gem. § 10 Nr. 2 KStG erfolgt jedoch wieder außerhalb der Bilanz im Rahmen der Ermittlung des zu versteuernden Einkommens.

Jahresüberschuss bisher:	50 000 €
./. Steueraufwand	475 €
berichtigter Jahresüberschuss HB/StB	49 525 €
§ 4 Abs. 5 Nr. 1 EStG, § 8 Abs. 1 KStG	+ 2 500 €
§ 10 Nr. 2 KStG	+ 475 €
zu versteuerndes Einkommen	52 500 €

2.4.3 Gewinn- und Verlustrechnung

1753 Neben den Unterkonten des Eigenkapitals ist natürlich die Gewinn- und Verlustrechnung gefordert. Sie endet mit dem Saldo „Jahresüberschuss" (s. o.). Nach § 275 HGB ist die Gewinn- und Verlustrechnung in Staffelform nach dem Gesamtkostenverfahren oder dem Umsatzkostenverfahren aufzustellen. Dabei wird im Regelfall das Gesamtkostenverfahren angewendet. Hier werden die Aufwendungen nach Arten gegliedert.

Dagegen werden die Aufwendungen beim Umsatzkostenverfahren nach Bereichen (Herstellung, Vertrieb, allgemeine Verwaltung) ausgewiesen.

1754 Bei Anwendung des **Gesamtkostenverfahrens** sind auszuweisen:

1. Umsatzerlöse

2. Erhöhung oder Verminderung des Bestands an fertigen und unfertigen Erzeugnissen

3. Andere aktivierte Eigenleistungen

4. Sonstige betriebliche Erträge

5. Materialaufwand

   a) Aufwendungen für Roh-, Hilfs- und Betriebsstoffe und für bezogene Waren

   b) Aufwendungen für bezogene Leistungen

6. Personalaufwand

   a) Löhne und Gehälter

   b) soziale Abgaben und Aufwendungen für Altersversorgung und für Unterstützung, davon für Altersversorgung

7. Abschreibungen

   a) auf immaterielle Vermögensgegenstände des Anlagevermögens und Sachanlagen sowie auf aktivierte Aufwendungen für die Ingangsetzung und Erweiterung des Geschäftsbetriebs

   b) auf Vermögensgegenstände des Umlaufvermögens, soweit diese die in der Kapitalgesellschaft üblichen Abschreibungen überschreiten

8. Sonstige betriebliche Aufwendungen

9. Erträge aus Beteiligungen, davon aus verbundenen Unternehmen

10. Erträge aus anderen Wertpapieren und Ausleihungen des Finanzanlagevermögens, davon aus verbundenen Unternehmen

11. Sonstige Zinsen und ähnliche Erträge, davon aus verbundenen Unternehmen

12. Abschreibungen auf Finanzanlagen und auf Wertpapiere des Umlaufvermögens

13. Zinsen und ähnliche Aufwendungen, davon an verbundene Unternehmen

14. Ergebnis der gewöhnlichen Geschäftstätigkeit

15. Außerordentliche Erträge

16. Außerordentliche Aufwendungen

17. Außerordentliches Ergebnis

18. Steuern vom Einkommen und vom Ertrag

19. Sonstige Steuern

20. Jahresüberschuss/Jahresfehlbetrag

Bei Anwendung des **Umsatzkostenverfahrens** sind auszuweisen: 1755

1. Umsatzerlöse

2. Herstellungskosten der zur Erzielung der Umsatzerlöse erbrachten Leistungen

3. Bruttoergebnis vom Umsatz

4. Vertriebskosten

5. Allgemeine Verwaltungskosten

6. Sonstige betriebliche Erträge
7. Sonstige betriebliche Aufwendungen
8. Erträge aus Beteiligungen, davon aus verbundenen Unternehmen
9. Erträge aus anderen Wertpapieren und Ausleihungen des Finanzanlagevermögens
10. Sonstige Zinsen und ähnliche Erträge, davon aus verbundenen Unternehmen
11. Abschreibungen auf Finanzanlagen und auf Wertpapiere des Umlaufvermögens
12. Zinsen und ähnliche Aufwendungen, davon an verbundene Unternehmen
13. Ergebnis der gewöhnlichen Geschäftstätigkeit
14. Außerordentliche Erträge
15. Außerordentliche Aufwendungen
16. Außerordentliches Ergebnis
17. Steuern vom Einkommen und vom Ertrag
18. Sonstige Steuern
19. Jahresüberschuss/Jahresfehlbetrag.

Veränderungen der Kapital- und Gewinnrücklagen dürfen in der Gewinn- und Verlustrechnung erst nach den Posten „Jahresüberschuss/Jahresfehlbetrag" ausgewiesen werden.

2.5 Bilanzgewinn

2.5.1 Allgemeines

1756 Die Gesamtheit der GmbH-Gesellschafter hat nach § 29 Abs. 1 Satz 1 GmbHG grundsätzlich einen Anspruch auf den Jahresüberschuss aus der handelsrechtlichen GuV der GmbH zzgl. Gewinnvortrag bzw. abzgl. Verlustvortrag.

Grundsätzlicher Gewinnanspruch der Gesellschafter:

Jahresüberschuss lt. GuV des Wj.

+ Gewinnvortrag vorheriger Wj. bzw.

./. Verlustvortrag vorheriger Wj.

= grundsätzlicher Gewinnanspruch

2.5.2 Aufstellen der Bilanz unter teilweiser Verwendung des Ergebnisses

1757 Die Bilanz kann nach § 268 Abs. 1 HGB aber auch unter Berücksichtigung der teilweisen Ergebnisverwendung aufgestellt werden. Eine teilweise Ergebnisverwendung liegt z. B. vor, wenn im Gesellschaftsvertrag vorgesehen ist, dass der Jahresüberschuss nicht oder nur teilweise zur Ausschüttung gelangen soll, sondern stattdessen in Gewinnrücklagen einzustellen ist.

Handelsrechtliche Grundlagen

TEIL D

Der Bilanzgewinn ermittelt sich wie folgt (vgl. § 158 AktG):

Jahresüberschuss (Jahresfehlbetrag)

+ Gewinnvortrag aus dem Vorjahr

./. Verlustvortrag aus dem Vorjahr

+ Entnahmen aus der Kapitalrücklage

+ Entnahmen aus den Gewinnrücklagen

./. Einstellung in die Gewinnrücklagen

= Bilanzgewinn

BEISPIEL: 1758

1. Die A-GmbH weist ein gezeichnetes Kapital (§ 267 Abs. 3 HGB) von 2 Mio. € aus. Folgende Jahresüberschüsse wurden erzielt:

   01 = 200 000 €
   02 = 100 000 €

   a) Nach Aufstellung des Jahresabschlusses wird beschlossen, den Jahresüberschuss vorzutragen.

   Ausweis in der Bilanz

01	=	gezeichnetes Kapital	2 000 000 €
		Jahresüberschuss	200 000 €
02	=	gezeichnetes Kapital	2 000 000 €
		Gewinnvortrag	200 000 €
		Jahresüberschuss	100 000 €

   b) Den Geschäftsführern der GmbH steht das Recht zu, bis zu 30 % des Jahresüberschusses in offene Rücklagen einzustellen. Hiervon wird in 01 und 02 in vollem Umfang Gebrauch gemacht. Die Bilanz wird nach teilweiser Verwendung des Jahresergebnisses aufgestellt. Im Gewinnverwendungsbeschluss wird die Vollausschüttung des Bilanzgewinns beschlossen. Nach § 268 Abs. 1, § 266 Abs. 3 und § 270 Abs. 2 HGB ergibt sich folgender Bilanzausweis:

01	=	gezeichnetes Kapital	2 000 000 €
		andere Gewinnrücklagen	60 000 €
		Bilanzgewinn	140 000 €
02	=	gezeichnetes Kapital	2 000 000 €
		andere Gewinnrücklagen	90 000 €
		Bilanzgewinn	70 000 €

2. Das Grundkapital einer AG i. H. v. 2 Mio. € soll lt. Beschluss im Jahr 01 wie folgt erhöht werden: 1759

   Es sollen 3 000 neue Aktien (Nennwert je 50 €) ausgegeben, von dem aufzubringenden Betrag aber nur 70 % eingefordert werden. Für jede neue Aktie müssen die Anteilseigner 80 € bezahlen. Die Kapitalerhöhung verursacht Kosten von 10 000 €. Nach § 272 Abs. 1, § 272 Abs. 2 und § 248 Abs. 1 HGB ergibt sich folgender Bilanzausweis (bei niedrigstmöglicher Bilanzsumme):

gezeichnetes Kapital	2 150 000 €	
ausstehende Einlagen	45 000 €	
eingefordertes Kapital		2 105 000 €
Kapitalrücklage (Aufgeld)		90 000 €
Jahresfehlbetrag		10 000 €

1760 3. Das gezeichnete Kapital der X-GmbH zum 31.12.01 beträgt 10 Mio. €, die noch ausstehenden Einlagen 2 Mio. €. Davon wurden lt. Beschluss der Gesellschafterversammlung vom 1.12.02 zum 1.3.03 400 000 € eingefordert.

Die Kapitalrücklage zum 31.12.01 betrug 300 000 €. Außerdem wurde in der Gesellschafterversammlung beschlossen, ein in den Vorjahren gewährtes Gesellschafterdarlehen – Nennbetrag 800 000 € – in Eigenkapital umzuwandeln.

Für 02 ergab sich ein Jahresüberschuss von 1 Mio. €. Davon sind der satzungsmäßigen Rücklage 5 % zuzuführen. Der verbleibende Betrag soll zur Ausschüttung vorgesehen werden. Die satzungsmäßige Rücklage betrug bisher 150 000 €. Aus dem Jahr 01 wurde ein Verlustvortrag von 200 000 € übernommen.

Unter Beachtung der §§ 272, 268 HGB ergibt sich folgende Darstellung des Eigenkapitals in der Bilanz zum 31.12.02:

Aktiva:

A)	ausstehende Einlagen auf das gezeichnete Kapital		2 000 000 €
	eingefordert	400 000 €	

Passiva:

A)	Eigenkapital		
	I.	Gezeichnetes Kapital	10 000 000 €
	II.	Kapitalrücklage	1 100 000 €
	III.	Gewinnrücklagen	
	IV.	1. Satzungsmäßige Rücklagen	200 000 €
		Bilanzgewinn	750 000 €

2.5.3 Abgrenzung: Ergebnisverwendung/Gewinnverwendung

1761 Ergebnisverwendung (§ 46 Nr. 1 GmbHG) ist das Verfügen über den Jahresüberschuss durch Einstellung in Gewinnrücklagen und/oder Ausschüttung.

Dagegen liegt eine Gewinnverwendung vor, wenn die Gesellschafterversammlung beschließt, ob der Jahresüberschuss und der bisherige Gewinnvortrag in die Gewinnrücklagen eingestellt, ob er ausgeschüttet oder ob der Gewinnvortrag um den Jahresüberschuss des abgelaufenen Jahres erhöht bzw. bei einem Verlust um diesen gemindert wird.

1762 **FRAGEN ZU DEN KAPITELN 1 + 2:**

		Rdn.
1.	In welche Unterkonten gliedert sich das Kapitalkonto der GmbH?	1745 ff.
2.	Welche nicht abzugsfähigen Aufwendungen werden ausdrücklich im KStG genannt?	1751 ff.
3.	In welcher Form wird die Gewinn- und Verlustrechnung im Jahresabschluss dargestellt und welche Verfahren sind zulässig?	1753 ff.
4.	Was ist der Unterschied zwischen Jahresüberschuss und Bilanzgewinn?	1756 ff.
5.	Welche Rechenschritte sind erforderlich, um aus dem Jahresüberschuss/Jahresfehlbetrag den Bilanzgewinn zu ermitteln?	1756 ff.

Kapitel 3: Die Steuerbilanz der Kapitalgesellschaft

3.1 Allgemeines

Kapitalgesellschaften beachten bei Aufstellung ihrer Handelsbilanzen ausschließlich handelsrechtliche Vorschriften. Eine gemeinsame Handels- und Steuerbilanz, d. h. eine Einheitsbilanz, bei der handelsrechtliche Vorschriften nur insoweit zum Ansatz kommen, als steuerlich nicht zwingend etwas anderes vorgeschrieben ist, ist heute kaum noch denkbar, weil durch ständige Änderungen im Steuerrecht in fast keinem Unternehmen solche Bilanzen möglich sind.

Die Folge ist, dass Kapitalgesellschaften grundsätzlich für steuerliche Zwecke einen zur Handelsbilanz abweichenden Gewinn ermitteln müssen. Dazu ist die Aufstellung einer Steuerbilanz nicht zwingend erforderlich. Vielmehr reicht es aus, wenn sich die Abweichungen für steuerliche Zwecke aus einer Aufstellung i. S. d. § 60 Abs. 2 EStDV ergeben.

3.2 Beispiel Handelsbilanz – Steuerbilanz

Eine GmbH hat folgende Handelsbilanz aufgestellt:

GmbH-Bilanz 31. 12. 01

	€		€
Beteiligungen	280 000	gez. Kapital	800 000
Firmenwert	400 000	Rücklagen	180 000
Sonst. Aktiva	800 000	Rückstellung	100 000
		Jahresüberschuss	400 000
	1 480 000		1 480 000

Zur Aufstellung der Steuerbilanz ist Folgendes zu berücksichtigen:

a) Im Juli 01 hat die GmbH ein Patent (Nutzungsdauer 5 Jahre) für 120 000 € erworben und als Aufwand gebucht.

b) Im Januar wurde ein Konkurrenzunternehmen aufgekauft. Dabei wurden für den Firmenwert 500 000 € bezahlt und mit 20 % abgeschrieben.

c) In den Rückstellungen sind 30 000 € enthalten, die für voraussichtliche Abschlusszahlungen von Personensteuern gewinnmindernd gebildet wurden. Die ebenfalls als Aufwand gebuchten Vorauszahlungen dafür betrugen 60 000 €.

d) Der Vorjahresgewinn wurde voll den freien Rücklagen zugeführt.

Diese Feststellungen ergeben folgende Ansätze in den Steuerbilanzen:

a) Der Erwerb des immateriellen Wirtschaftsguts Patent ist nach § 5 Abs. 2 EStG zu aktivieren und linear abzuschreiben (in 01 = 12 000 €).

b) Der Firmenwert ist steuerlich linear auf 15 Jahre abzuschreiben (§ 7 Abs. 1 EStG).

c) Die Zuführungen zu den Rückstellungen und die Vorauszahlungen dürfen den steuerlichen Gewinn nicht mindern.

d) Keine Änderung.

Danach ergibt sich folgende Steuerbilanz:

	31.12.01		
	€		€
Patent	108 000	gez. Kapital	800 000
Beteiligung	280 000	Rücklagen	180 000
Firmenwert	466 667	Rückstellung	70 000
sonst. Aktiva	800 000	Jahresüberschuss	400 000
		steuerl. Ausgleichsposten	204 667
	1 654 667		1 654 667

Auch dieser Gewinn aus der Steuerbilanz von 400 000 € zzgl. 204 667 € ist noch in mehreren Punkten zu berichtigen. Dies gilt insbesondere für Aufwendungen, die aufgrund besonderer Vorschriften nicht oder nur teilweise abzugsfähig sind, z. B. verdeckte Gewinnausschüttungen, nichtabziehbare Aufwendungen i. S. d. § 10 KStG (Personensteuern, $^1/_2$ best. Vergütungen). Diese Korrekturen sind außerhalb der Bilanz vorzunehmen.

Die Abweichungen zwischen dem Gewinn aus der Handelsbilanz und der Steuerbilanz müssen sich auch aus der Änderung der Erfolgsposten ergeben, die in Form einer Mehr- und Weniger-Rechnung dargestellt werden.

Erfolgsposten	+ Gewinnänderung	./.
	€	€
a) a. o. Aufwand	120 000	
AfA		12 000
b) AfA	66 667	
c) Steuern	30 000	
	216 667	
Abzüglich Gewinnminderungen	./. 12 000	
Steuerlicher Mehrgewinn	204 667	

Der in der Steuerbilanz ausgewiesene Mehrgewinn ist der Unterschied zwischen dem Kapital lt. Handelsbilanz und dem Kapital lt. Steuerbilanz.

Da sich praktisch jedes Jahr dieser Mehrgewinn ergibt, werden diese Mehrgewinne als steuerliche Ausgleichsposten ausgewiesen.

Kapitel 4: Beteiligungen, Beteiligungserträge und Veräußerungsgewinne

4.1 Beteiligungen an Kapitalgesellschaften in der Handelsbilanz

1765 Nach § 271 Abs. 1 HGB liegt eine Beteiligung an einer Kapitalgesellschaft vor, wenn das Halten der Anteile dazu bestimmt ist, dem eigenen Geschäftsbetrieb durch Herstellung einer dauernden Verbindung zu jenen Unternehmen zu dienen. Dies ist im Zweifel bei einer Beteiligung von mehr als 20 % an einer Kapitalgesellschaft gegeben. Die Beteiligungen sind als Anlagevermögen unter den Finanzanlagen auszuweisen.

Die Bewertung erfolgt gem. § 253 Abs. 1 HGB grundsätzlich mit den Anschaffungskosten. Außerplanmäßige Abschreibungen sind vorzunehmen, wenn der beizulegende Wert am Abschlussstichtag voraussichtlich dauerhaft unter den Anschaffungskosten liegt (§ 253 Abs. 3 Satz 3 HGB). Bei einer vorübergehenden Wertminderung besteht handelsrechtlich ein Abschreibungswahlrecht (§ 253 Abs. 3 Satz 4 HGB).

4.2 Beteiligungen an Kapitalgesellschaften in der Steuerbilanz

Beteiligungen gehören auch hier zum nicht abnutzbaren Anlagevermögen. 1766

Die Bewertung erfolgt gem. § 6 Abs. 1 Nr. 2 Satz 1, § 5 Abs. 1 Satz 1 EStG grundsätzlich in Höhe der Anschaffungskosten.

Eine Abschreibung auf den niedrigeren Teilwert ist auch bei einer voraussichtlich dauerhaften Wertminderung in der Steuerbilanz heute nicht mehr zwingend. § 6 Abs. 1 Nr. 2 Satz 2 EStG gewährt nach wie vor ein Wahlrecht zum Ansatz des auf Dauer gesunkenen Teilwerts. Der handelsrechtlich zwingende Ansatz des auf Dauer gesunkenen Wertes (§ 253 Abs. 3 Satz 3 HGB) kann aber durch § 5 Abs. 1 Satz 1, Halbsatz 2 umgangen werden. Bei einer vorübergehenden Wertminderung besteht ein Abschreibungsverbot (§ 6 Abs. 1 Nr. 2 Satz 2).

Das Wertaufholungsgebot gem. § 6 Abs. 1 Nr. 2 Satz 3, Nr. 1 Satz 4 EStG ist zu beachten (zu Einzelheiten, wann nach Auffassung der Verwaltung eine Teilwertminderung von Dauer ist, siehe BMF v. 16. 7. 2014, BStBl 2014 I 1162).

4.3 Beteiligungserträge in der Handelsbilanz

Im Zeitpunkt des Ausschüttungsbeschlusses ist für den Beteiligten der Ausschüttungsbetrag realisiert. Er hat ab diesem Zeitpunkt eine sonstige Forderung zu aktivieren. Verluste der Gesellschaft wirken sich beim Beteiligten nicht unmittelbar aus. Es ist allenfalls denkbar, dass eine andauernde Verlustsituation den Wert der Beteiligung mindert und es dadurch zu einer Abschreibung beim Beteiligten kommt. 1767

4.4 Beteiligungserträge in der Steuerbilanz
4.4.1 Offene Ausschüttungen

Die Beteiligungserträge sind nach § 20 Abs. 1 Nr. 1 i. V. m. Abs. 8 EStG und § 15 EStG im Wirtschaftsjahr der Beschlussfassung der offenen Ausschüttung zu erfassen. Das gilt für den Gesamtbetrag des Ausschüttungsbeschlusses einschließlich der einzubehaltenden Kapitalertragsteuer in Höhe von 25 %. Diese Kapitalertragsteuer stellt bei natürlichen Personen oder Personengesellschaften eine Privatentnahme des beteiligten oder – bei Gesellschaften – eine anteilige Entnahme aller Beteiligten an der Gesellschaft dar. Für Kapitalgesellschaften ist Steueraufwand gegeben, der außerhalb der Bilanz nach § 10 Nr. 2 KStG dem Einkommen hinzuzurechnen ist. 1768

4.4.2 Beteiligungserträge im Halbeinkünfteverfahren/Teileinkünfteverfahren

4.4.2.1 Anteilseigner ist ein Personenunternehmen

1769 Hier greifen die Vorschriften des § 3 Nr. 40 und § 3c EStG. Nach § 3 Nr. 40d EStG sind 40 % (bis 2008 die Hälfte) der Dividende steuerfrei zu stellen. Da dies innerhalb der Buchführung buchtechnisch nicht möglich ist, ist die Abrechnung außerhalb der Bilanz vorzunehmen.

Mit den Erträgen zusammenhängende Aufwendungen wie Depotkosten, Zinsen zur Finanzierung oder Beratungskosten sind nach § 3c Abs. 2 EStG nur zu 60 % (bis 2008 zur Hälfte) abziehbar, und zwar unabhängig davon, ob überhaupt in diesem Wirtschaftsjahr Erträge aus dieser Beteiligung zu versteuern sind. Diese teilweise Nichtabzugsfähigkeit kann auch nur außerhalb der Bilanz durch Hinzurechnung zum Einkommen berücksichtigt werden.

4.4.2.2 Anteilseigner ist eine Kapitalgesellschaft

1770 Die vergleichbare Vorschrift zu § 3 Nr. 40 EStG ist für Kapitalgesellschaften der § 8b KStG. Nach Abs. 1 dieser Vorschrift bleiben u. a. Dividenden bei der Ermittlung des Einkommens außer Ansatz. Das bedeutet, sie sind zu 100 % steuerfrei, wenn der Empfänger eine Kapitalgesellschaft ist. Auch hier kann die Steuerfreistellung nur durch eine Abrechnung der Dividenden außerhalb der Bilanz erfolgen.

Seit dem 1.1.2004 greift die Vereinfachungsregel des § 8b Abs. 5 KStG. Hiernach gelten 5 % der steuerfreien Einnahmen nach § 8b Abs. 1 KStG als nicht abzugsfähige Betriebsausgaben. § 3c EStG wird in der Folge ausdrücklich ausgeschlossen.

Mit den 5 % sind alle Aufwendungen abgegolten, die der Kapitalgesellschaft im Zusammenhang mit den Beteiligungserträgen entstanden sind. Diese Regelung wirkt sich in den allermeisten Fällen günstig für die beteiligte Kapitalgesellschaft aus, weil die tatsächlichen Aufwendungen üblicherweise viel höher liegen (z. B. Finanzierungskosten). Allerdings ist die Regelung des § 8b Abs. 5 KStG auch anzuwenden, wenn feststeht, dass keinerlei Aufwendungen mit den Beteiligungserträgen nach § 8b Abs. 1 KStG in Zusammenhang stehen.

4.4.3 Veräußerungsgewinne aus Beteiligungen an Kapitalgesellschaften

1771 Nach § 8b Abs. 2 KStG bleiben Veräußerungsgewinne aus der Veräußerung von Anteilen an einer Kapitalgesellschaft bei der Ermittlung des Einkommens außer Ansatz. Sie werden also wie die Ausschüttungen aus diesen Gesellschaften steuerfrei gestellt. Nach § 8b Abs. 3 KStG gelten auch hier 5 % des Veräußerungsgewinns als nicht abzugsfähige Betriebsausgaben.

Sowohl die Steuerfreistellung als auch die pauschale Nichtabzugsfähigkeit der Betriebsausgaben kann nur außerhalb der Bilanz erfolgen.

Kapitel 5: Verdeckte Einlagen

5.1 Allgemeines

Nach Abschn. 40 Abs. 1 KStR liegt eine verdeckte Einlage in eine Kapitalgesellschaft vor, wenn

- ein Gesellschafter oder eine ihm nahe stehende Person
- der Gesellschaft außerhalb der gesellschaftsrechtlichen Einlagen
- einen einlagefähigen Vermögensvorteil
- unentgeltlich oder teilweise unentgeltlich zuwendet und
- die Zuwendung durch das Gesellschaftsverhältnis veranlasst ist.

1772

Von diesen verdeckten Einlagen sind die offenen Einlagen zu unterscheiden. Sie liegen vor, wenn ein Gesellschafter entgeltlich, nämlich gegen Gewährung von Gesellschaftsrechten, der Gesellschaft Vorteile zuwendet.

Verdeckte Einlagen sind aber nur dann gegeben, wenn der Gesellschaft ein einlagefähiger Vorteil zugewendet wird. Das ist immer der Fall, wenn sich durch die Einlage eine Aktivposition in der Bilanz erhöht oder eine Passivposition der Bilanz mindert.

Unentgeltliche Nutzungsüberlassungen sind nicht einlagefähig.

5.2 Behandlung bei der Kapitalgesellschaft

5.2.1 Handelsrecht

Die Gesellschafter können die Einlage so behandeln, wie sie der Gesellschaft dienen soll:

1773

- Dient die verdeckte Einlage der Verlustdeckung oder als Ertragszuschuss, so ist die verdeckte Einlage handelsrechtlich als s. b. Ertrag zu erfassen. Im Rahmen der Verwendung des Jahresergebnisses wird sie in eine Gewinnrücklage eingestellt.
- Ist die Stärkung des Eigenkapitals beabsichtigt, kann die verdeckte Einlage – anstelle der Erfassung als s. b. Ertrag – auch als andere Zuzahlung in die Kapitalrücklage gem. § 272 Abs. 2 Nr. 4 HGB eingestellt werden (Buchung an Kapitalrücklage).

In der Handelsbilanz ergibt sich für die Bewertung der verdeckten Einlage ein Spielraum. Sie kann in Höhe

- der effektiven Anschaffungskosten, d. h. bei Unentgeltlichkeit mit 0 €, oder
- der fiktiven Anschaffungskosten, d. h. in Höhe des Verkehrswerts, aber höchstens des Zeitwerts angesetzt werden.

5.2.2 Steuerrecht

Wird eine Steuerbilanz erstellt, ist die verdeckte Einlage als solche auszuweisen. Außerhalb der Bilanz im Rahmen der Körperschaftsteuerveranlagung erhöhen verdeckte Einlagen das steuerliche Einlagekonto (§ 27 KStG).

1774

- Die verdeckte Einlage kann in Anlehnung an die Behandlung in der Handelsbilanz in der Steuerbilanz ebenfalls als s. b. Ertrag erfasst werden. Da verdeckte Einlagen sich nicht auf die Höhe des Einkommens auswirken dürfen (R 40 Abs. 2 KStR), ist steuerrechtlich der Jahresüberschuss im Rahmen der Ermittlung des zu versteuernden Einkommens durch eine außerbilanzielle Kürzung zu korrigieren (§ 8 Abs. 1 KStG, § 4 Abs. 1 Satz 1 EStG).
- Auch die Buchung als „Kapitalrücklage" ist wie im Handelsrecht in der Steuerbilanz zulässig. Wurde die verdeckte Einlage in die Kapitalrücklage eingestellt, hat sie das Ergebnis der Kapitalgesellschaft nicht beeinflusst, sodass eine steuerrechtliche Korrektur im Rahmen der Ermittlung des Einkommens unterbleibt.

1775 Die Bewertung der verdeckten Einlagen erfolgt steuerrechtlich gem. § 6 Abs. 1 Nr. 5 EStG grundsätzlich in Höhe des Teilwerts (R 40 Abs. 4 Satz 1 KStR).

Hinsicht der Anwendung von § 6 Abs. 1 Nr. 5 a) und b) EStG ist Folgendes zu beachten:

- Bei der Einlage von Beteiligungen i. S. des § 17 EStG muss die GmbH diese verdeckt eingelegte Beteiligung stets mit dem Teilwert bewerten, weil auf der Seite des Gesellschafters die verdeckte Einlage der Veräußerung der Anteile gleichsteht. Die Begrenzung auf die Anschaffungskosten nach § 6 Abs. 1 Nr. 5b EStG ist nicht zulässig, weil anderenfalls die Gefahr einer doppelten Besteuerung droht (R 40 Abs. 4 Satz 2 KStR).
- Werden Grundstücke verdeckt eingelegt, findet § 6 Abs. 1 Nr. 5a EStG keine Anwendung. Da § 23 Abs. 1 Satz 5 Nr. 2 EStG diesen Vorgang als Veräußerung qualifiziert, ist auch in diesem Fall auf der Ebene der Kapitalgesellschaft ein verdeckt eingelegtes Grundstück stets mit dem Teilwert zu bewerten (R 40 Abs. 4 Satz 3 KStR). Auch hier würde ansonsten eine Doppelbesteuerung drohen.
- Werden weder Grundstücke, noch Beteiligung eingelegt, gilt auf Ebene der Kapitalgesellschaft § 6 Abs. 1 Nr. 5 EStG uneingeschränkt. Wird z. B. ein Pkw innerhalb von drei Jahren seit Anschaffung eingelegt, ist die Einlage mit dem Teilwert, aber höchstens in Höhe der fortgeführten Anschaffungskosten (§ 6 Abs. 1 Nr. 5a EStG) zu bewerten.

5.2.3 Verdeckte Einlage beim Gesellschafter

1776 Handelsrechtlich liegen beim Gesellschafter nachträgliche Anschaffungskosten der Beteiligung i. H. des Einlagewerts (Verkehrswert, höchstens Zeitwert) vor.

Auch steuerrechtlich liegen nachträgliche Anschaffungskosten vor. Sie bestimmen sich nach dem Wert, mit dem das Wirtschaftsgut bei der Gesellschaft anzusetzen ist.

Wird die Beteiligung an der Kapitalgesellschaft im Betriebsvermögen gehalten, ist § 6 Abs. 6 Satz 2 und 3 EStG zu beachten. Grundsätzlich sind nach Satz 2 die Anschaffungskosten der Beteiligung in Höhe des Teilwerts anzusetzen. Erfolgt die Bewertung der Einlage auf Ebene der Kapitalgesellschaft in Höhe der fortgeführten Anschaffungs- oder Herstellungskosten, ist dieser Wert gem. § 6 Abs. 6 Satz 3 EStG auch für die Bestimmung der nachträglichen Anschaffungskosten der Beteiligung maßgebend.

Kapitel 6: Besondere Buchungen bei Kapitalgesellschaften

6.1 Buchungen auf dem Gewinnverwendungskonto

Erst nach Aufstellung der Handelsbilanz und damit der Feststellung des Jahresüberschusses können die zuständigen Organe (Hauptversammlung oder Gesellschafterversammlung) über die Verwendung des Gewinns beschließen. Auf der Grundlage dieses Beschlusses bzw. dem Verwendungsvorschlag ist nach § 278 HGB die Steuer vom Einkommen und Ertrag zu berechnen.

1777

Häufig wird deshalb der Gewinn auf ein besonderes Gewinnverwendungskonto übertragen.

Buchung:

Jahresüberschuss an Gewinnverwendungskonto

Die weiteren Buchungen ergeben sich aus den Beschlüssen über die Gewinnverwendung.

BEISPIELE: Der Jahresüberschuss von 100 000 € soll voll den Rücklagen zugeführt werden.

1778

Buchung:

Gewinnverwendungskonto an Rücklagen

Der Jahresüberschuss von 100 000 € soll voll ausgeschüttet werden.

Buchung bei Beschluss:

Gewinnverwendungskonto an Verb. ggü Gesellschaftern

Buchung bei Auszahlung:

Verb. ggü. Gesellschaftern
(Auszahlungsbetrag)
und
Verb. ggü. Gesellschaftern
(KapErSt) an Bank

HINWEIS:

Bei offenen Ausschüttungen an Gesellschafter ist von der Kapitalgesellschaft die Kapitalertragsteuer mit 25 % einzubehalten und an das Finanzamt abzuführen. Nach § 44 EStG ist diese Steuer mit der Auszahlung entstanden und zeitgleich an das Finanzamt abzuführen.

Das gilt natürlich sinngleich auch für den einzubehaltenden Solidaritätszuschlag.

6.2 Buchungen im Zusammenhang mit verdeckten Gewinnausschüttungen

6.2.1 Voraussetzungen/Definition der verdeckten Gewinnausschüttung

1779 § 8 Abs. 3 KStG legt zwar fest, dass vGA das Einkommen nicht mindern, eine gesetzliche Definition der vGA enthält das Gesetz jedoch nicht.

Anhand der Rechtsprechung hat sich die Definition der vGA mit den folgenden Voraussetzungen herauskristallisiert:

6.2.2 Buchung der Vorsteuer im Falle der vGA bei aktiviertem Anlagevermögen

1780 **BEISPIEL:** Eine GmbH erwirbt am 1.1. vom Anteilseigner eine Maschine (Wert 100 000 €/ND 5 Jahre) zum Preis von 120 000 € netto.

Buchung der GmbH:

Maschinen	120 000 €			
VoSt	22 800 €	an	Bank	142 800 €
AfA	24 000 €		Maschinen	24 000 €

LÖSUNG: Hat die GmbH ein Wirtschaftsgut vom Anteilseigner zu einem überhöhten Preis erworben und das Wirtschaftsgut mit diesem Wert aktiviert, führt diese Buchung zu keiner Gewinnauswirkung (Aktivtausch). Auf den ersten Blick fehlt es somit an einer Vermögensminderung. Erst die überhöhte AfA würde zu einer Vermögensminderung mit Auswirkung auf den Unterschiedsbetrag nach § 4 Abs. 1 Satz 1 EStG führen.

Es sind jedoch zunächst die Anschaffungskosten i. S. d. § 255 Abs. 1 HGB zu prüfen. Diese betragen lediglich 100 000 €, ansonsten käme es zu einer Überbewertung (Verstoß gegen das Veranlassungsprinzip). Die Anschaffungskosten sind auf 100 000 € zu korrigieren. Damit kommt es zu einer Vermögensminderung (Aufwandsbuchung i. H. v. 20 000 €) mit Auswirkung auf den Unterschiedsbetrag § 4 Abs. 1 Satz 1 EStG. Die AfA mindert sich entsprechend.

Die überhöhte Kaufpreiszahlung führt zu einer vGA, die bei Zufluss beim Anteilseigner nach § 20 Abs. 1 Nr. 1 EStG zu erfassen ist.

HINWEIS:

Für die USt/VoSt bleibt alles beim Alten. Entgelt ist alles, was die GmbH dem Anteilseigner für seine Lieferung der Maschine bezahlt. Vorsteuer ist die gesetzlich geschuldete USt des anderen Unternehmers (Anteilseigner) die in einer ordnungsgemäßen Rechnung für eine Leistung an die GmbH der GmbH in Rechnung gestellt wurde.

Die (wirtschaftlichen) Überlegungen (Fiktionen) der Ertragsteuer sind der Umsatzsteuer fremd.

6.2.3 Buchung der Umsatzsteuer bei Warengeschäften, die zur verdeckten Gewinnausschüttung führen

BEISPIEL 1: Der Anteilseigner liefert an „seine" GmbH im VZ 01 Waren zum Preis von 22 500 € zzgl. 19 % USt (4 275 €). Angemessen wären nur 15 000 € zzgl. USt von 2 850 €. Die GmbH ist zum VoSt-Abzug berechtigt.

a) die GmbH hat die Ware bereits im VZ 01 weiterveräußert.

b) die GmbH veräußert die Ware erst im VZ 02.

LÖSUNG BEISPIEL 1: Umsatzsteuer

Bemessungsgrundlage ist das überhöhte Entgelt i. H.v. 22 500 €. Der Anteilseigner schuldet USt i. H.v. 4 275 €, die GmbH kann die gesondert ausgewiesene USt als VoSt abziehen (A. 10.1 Abs. 2 UStAE).

Buchung der GmbH:

Wareneinkauf	22 500 €			
VoSt	4 275 €	an	Bank	26 775 €

Körperschaftsteuer

In Höhe der Differenz der Nettoentgelte von 7 500 € liegt bei der KapG eine gesellschaftsrechtlich veranlasste Vermögensminderung vor, die nicht im Zusammenhang mit einer offenen Ausschüttung steht.

a) Der Wareneinkauf zum unangemessen hohen Preis hat den Wareneinsatz für den VZ 01 erhöht und somit auch zu einer Einkommensminderung i. H.v. 7 500 € geführt. Bei der Einkommensermittlung der GmbH ist eine vGA i. H.v. 7 500 € hinzuzurechnen.

b) Der als Umlaufvermögen der GmbH auszuweisende Warenbestand erhöht sich nur um die angemessenen Anschaffungskosten der vom Anteilseigner bezogenen Waren i. H.v. 15 000 € (BFH. v. 13. 3. 1985, BFH/NV 1986, 116). Die Differenz i. H.v. 7 500 € führt zu einem gesellschaftsrechtlich bedingten Aufwand, der durch Hinzurechnung einer vGA in gleicher Höhe bei der Einkommensermittlung zu neutralisieren ist. Im Ergebnis führt dies zur gleichen steuerlichen Behandlung, als hätte die GmbH die Waren zum angemessenen Preis erworben und davon unabhängig eine Ausschüttung i. H.v. 7 500 € an den Anteilseigner vorgenommen.

BEISPIEL 2: Die GmbH schenkt ihrem Anteilseigner eine Ware, die sie für 900 € + 171 € USt erworben hat. Der Verkaufspreis beträgt üblicherweise 1 500 € + 285 € USt.

LÖSUNG BEISPIEL 2: Umsatzsteuer

Die unentgeltliche Zuwendung der Ware erfüllt den Tatbestand der unentgeltlichen Wertabgabe nach § 3 Abs. 1b Satz 1 Nr. 1 UStG, da die unentgeltliche Zuwendung aus unternehmensfremden Gründen erfolgt ist (A.3.3 UStAE). Bemessungsgrundlage für die unentgeltliche Wertabgabe ist der Einkaufspreis zzgl. Nebenkosten aber ohne die USt (§ 10 Abs. 4 Satz 1 Nr. 1 sowie Satz 2 UStG). Die USt beträgt somit 19 % von 900 € = 171 €. Sie stellt bei der GmbH Aufwand dar.

Körperschaftsteuer

Steuerbilanz:

▶ die unentgeltliche Warenabgabe führt in der Steuerbilanz zu einem Wareneinsatz i. H.v. 600 €.   - 900 €

▶ die USt auf die uWA ist in der Steuerbilanz als Verbindlichkeit gegenüber dem FA zu passivieren und stellt einen Aufwand dar.   - 171 €

Jahresüberschuss / -fehlbetrag   - 1 071 €

Einkommensermittlung:

▶ Jahresüberschuss / -fehlbetrag	- 1 071 €
▶ Hinzurechnung der vGA in Höhe des gemeinen Werts **netto!**	+ 1 500 €
▶ Hinzurechnung der tatsächlichen USt auf die uWA	+ 171 €
Einkommen:	+ 600 €

Die 600 € stammen aus der Differenz des Warennettowerts (Einkaufs- und Verkaufspreis)

Eine zusätzliche Hinzurechnung der USt auf die uWA nach § 10 Nr. 2 KStG entfällt zwangsläufig, R 37 KStR.

BEISPIEL 3: ▶ Die GmbH verkauft ihrem AE eine Ware zum Preis von
a) 600 € + 114 € USt
b) 1 200 € + 228 € USt.
Der Einkaufspreis betrug 900 € + 171 € USt.
Der Verkaufspreis beträgt üblicherweise 1 500 € + 285 € USt.

LÖSUNG BEISPIEL 3: ▶ **Umsatzsteuer:**

Es handelt sich um eine Lieferung der GmbH an ihren Anteilseigner i. S. d. § 1 Abs. 1 Nr. 1 Satz 1 UStG.

a) Als Bemessungsgrundlage für den Umsatz ist mindestens die so genannte Mindestbemessungsgrundlage, d. h. bei Lieferungen der Einkaufspreis der Ware zzgl. Nebenkosten aber ohne die USt anzusetzen (§ 10 Abs. 5 Nr. 1 i.V. m. § 10 Abs. 4 Satz 1 Nr. 1 UStG).

Die USt beträgt daher 19 % von 900 € = 171 € (bisher 114 €).

b) Da die tatsächlich vereinbarte Bemessungsgrundlage den Einkaufspreis der Ware zzgl. Nebenkosten übersteigt, ist die Mindestbemessungsgrundlage nicht anzusetzen. Die USt beträgt wie ausgewiesen 19 % von 1 200 € = 228 €.

Körperschaftsteuer:

Auswirkung auf Bilanz:	Fall a)	Fall b)
▶ die verbilligte Warenabgabe führt in der Steuerbilanz zu einem Wareneinsatz i. H. v.	900 €	900 €
▶ Ertrag aus der Warenveräußerung	+ 600 €	+ 1 200 €
▶ die zusätzliche USt ist in der Steuerbilanz als Verbindlichkeit gegenüber dem FA zu passivieren und stellt einen Aufwand dar	57 €	0 €
Jahresüberschuss / -fehlbetrag	- 357 €	+ 300 €
Einkommensermittlung:		
Jahresüberschuss / -fehlbetrag	- 357 €	+ 300 €
Hinzurechnung als vGA in Höhe der Differenz zwischen dem gemeinen Wert (netto) zzgl. tatsächlicher USt und dem tatsächlichen Entgelt + USt	1 671 € - 714 €	1 728 € - 1 428 €
vGA Hinzurechnungsbetrage	= 957 €	= 300 €
Einkommen	= + 600 €	+ 600 €

1782–1800 *(Einstweilen frei)*

TEIL E: E-BILANZ UND EINNAHMEN-ÜBERSCHUSS-RECHNUNG (ANLAGE EÜR)

		Rdn.	Seite
Kapitel 1:	**E-Bilanz**	1801	578
1.1	Allgemeines	1801	578
1.2	Persönlicher Anwendungsbereich	1805	579
1.3	Übergangsregelungen	1806	579
1.4	Taxonomie	1807	580
Kapitel 2:	**Anlage EÜR**	1808	581
2.1	Allgemeines	1808	581
2.2	Gesetzliche Grundlagen	1809	581

Teil E: E-Bilanz und Einnahmenüberschuss-Rechnung (Anlage EÜR)

Kapitel 1: E-Bilanz

1.1 Allgemeines

1801 Mit der Einführung der E-Bilanz verfolgt die Finanzverwaltung folgende Ziele:
- Bürokratieabbau (Elektronik statt Papier);
- Nutzung der Daten der E-Bilanz für ein elektronisches Risikomanagementsystem;
- Möglichkeit der Verwaltung, elektronisch Validitätsprüfungen, Verprobungen und Mehrjahresvergleiche durchführen zu können;
- Automatische Auswahl prüfungsrelevanter Fälle;
- Verbesserung des Besteuerungsverfahrens u. a. durch Evaluation steuerlicher Regelungen.

1802 Die gesetzlichen Grundlagen sind verankert in folgenden Vorschriften:
- § 5b EStG;
- § 60 Abs. 1 EStDV;
- § 51 Abs. 4 EStG;
- Verschiedene BMF-Schreiben, insbesondere BMF vom 28. 9. 2011 (BStBl 2011 I 855).

Elektronische Steuererklärungspflichten umfassen ab dem Veranlagungszeitraum bzw. Erhebungszeitraum 2011 sämtliche betriebliche Steuererklärungen, so dass auch eine zeitnahe Regelung für die Einbindung der elektronischen Bilanz und Gewinn- und Verlustrechnung in den elektronischen Deklarationsbereich erforderlich war.

Kernpunkte der elektronischen Übermittlung sind der **technische Übermittlungsstandard** und der **Mindestumfang der zu übermittelnden Daten**. Die Finanzverwaltung hat festgelegt, dass für die technische Übermittlung der allgemein gebräuchliche und in der Unternehmenswelt weit verbreitete **Standard XBRL** (eXtensible Business Reporting Language) für den „amtlich vorgeschriebenen Datensatz" zu verwenden ist. Die Anforderungen an die Erfüllung des technischen Übermittlungsstandards und den Mindestumfang der zu übermittelnden Daten stellt die Unternehmen vor neue Herausforderungen. Sie sind gehalten, die technischen und organisatorischen Voraussetzungen der Konvertierung der Daten in ein von der Finanzverwaltung vorgegebenes Schema (Taxonomie) zu schaffen. Dabei bestehen die Schwierigkeiten in erster Linie sowohl in der rein fachlichen Zuordnung von Buchungsvorgängen (Kontenzuordnungen und Buchungsschemata) als auch in der Zusammenführung, Verprobung und Übersendung der einzelnen Datenbestände (Taxonomiebestandteile).

1803 Zwischenzeitlich wurde der erstmalige Anwendungszeitpunkt durch die „Verordnung zur Festlegung eines späteren Anwendungszeitpunkts der Verpflichtungen nach § 5b EStG (**Anwendungszeitpunktverschiebungsverordnung** – AnwZpvV)" um ein weiteres Jahr verschoben, sodass § 5b EStG nunmehr verpflichtend für Wirtschaftsjahre gilt, die nach dem 31. 12. 2011 beginnen.

Das Bundesministerium der Finanzen hat das ursprüngliche Anwendungsschreiben zur Veröffentlichung der Taxonomie vom 19.1.2010 nochmals in einigen Punkten überarbeitet und dieses in endgültiger Fassung als Schreiben vom 28.9.2011 am 29.9.2011 veröffentlicht. Darin wird nochmals auf die zeitliche Anwendung Bezug genommen. Von der Finanzverwaltung wird es nicht beanstandet werden, wenn für das **erste Wirtschaftsjahr, das nach dem 31.12.2011** beginnt, die Bilanz und Gewinn- und Verlustrechnung für dieses Jahr noch nicht gemäß § 5b EStG nach amtlich vorgeschriebenen Datensatz übermittelt werden und eine Abgabe in Papierform erfolgt (**Nichtbeanstandungsregelung 2012**). Ergänzend wurde darauf hingewiesen, dass eine Gliederung gemäß der Taxonomie dabei nicht erforderlich ist.

Die E-Bilanz ist inzwischen etabliert. Der BMF veröffentlicht regelmäßig die aktuelle Taxonomie, die für die Aufstellung der Bilanzen zu beachten ist. So ist mit BMF-Schreiben vom 27.6.2013 – IV C 6 - S 2133 b/11/ 10016:003 (BStBl 2013 I 844) die Taxonomie 5.2 vom 30.4.2013 veröffentlicht worden, die für Bilanzen gelten, die nach dem 31.12.2013 aufzustellen sind. 1804

1.2 Persönlicher Anwendungsbereich

Die Regelungen des § 5b EStG gelten größenunabhängig für alle Unternehmen, die ihren Gewinn nach § 4 Abs. 1 EStG, § 5 oder § 5a EStG ermitteln: 1805

- ▶ Einzelpersonen
- ▶ Personengesellschaften
- ▶ Körperschaften
- ▶ Hinweis: Inländische Unternehmen müssen auch die ausländische Betriebsstätte mit erfassen.
- ▶ Ausländische Unternehmen nur mit der inländischen Betriebsstätte

Danach sind die Inhalte einer Bilanz (Handelsbilanz nebst Überleitungsrechnung oder Steuerbilanz; dies gilt auch für die Eröffnungsbilanz) sowie die Gewinn- und Verlustrechnung elektronisch an die Finanzverwaltung zu übermitteln, sofern diese nach handels- oder steuerrechtlichen Bestimmungen aufzustellen sind. Für freiwillig aufgestellte Bilanzen sowie Gewinn- und Verlustrechnungen gilt diese Verpflichtung ebenso. Die bisherige Abgabe dieser Unterlagen in Papierform wird durch eine strukturierte Übermittlung nach amtlich vorgeschriebenem Datensatz durch Datenfernübertragung ersetzt.

1.3 Übergangsregelungen

Zur Vermeidung unbilliger Härten wird es in bestimmten Fällen nicht beanstandet, wenn die E-Bilanz erstmals für Wirtschaftsjahre, die nach dem 31.12.2014 beginnen, elektronisch übermittelt wird. 1806

Dies gilt nach dem o. a. BMF-Schreiben vom 28.9.2011 für

- ▶ ausländische Betriebsstätten inländischer Unternehmen,

- inländische Betriebsstätten ausländischer Unternehmen,
- steuerpflichtige wirtschaftliche Geschäftsbetriebe steuerbegünstigter Körperschaften,
- für Betriebe gewerblicher Art juristischer Personen des öffentlichen Rechts.

In dieser Übergangszeit kann die Bilanz sowie die Gewinn- und Verlustrechnung – wie bisher – in Papierform abgegeben werden. Bei Abgabe in Papierform ist die Gliederung gemäß der Taxonomie nicht einzuhalten.

1.4 Taxonomie

1807 Die Taxonomie bildet das Herzstück der E-Bilanz und stellt das Datenschema für die Jahresabschlussdaten dar. Mittels der Taxonomie werden die unterschiedlichen Positionen definiert, aus denen eine Bilanz oder eine Gewinn- und Verlustrechnung bestehen kann. Mit dem nun vorliegenden BMF-Schreiben wird die Taxonomie als amtlich vorgeschriebener Datensatz nach § 5b EStG veröffentlicht. Die Taxonomien können elektronisch unter www.esteuer.de zur Ansicht und zum Abruf aus dem Internet heruntergeladen werden. Betreffend die Kerntaxonomie sind zukünftig die folgenden Berichtsbestandteile innerhalb des sog. Jahresabschluss-Moduls des Datensatzes (je nach Rechtsform) an die Finanzverwaltung zu übermitteln:

- Bilanz,
- Gewinn- und Verlustrechnung,
- Ergebnisverwendung,
- Kapitalkontenentwicklung für Personenhandelsgesellschaften und andere Mitunternehmerschaften,
- steuerliche Gewinnermittlung (für Einzelunternehmen und Personengesellschaften),
- steuerliche Gewinnermittlung bei Personengesellschaften, Sonder- und Ergänzungsbilanzen,
- steuerliche Gewinnermittlung für besondere Fälle (u. a. steuerliche Gewinnermittlung bei Betrieben gewerblicher Art und wirtschaftlichem Geschäftsbetrieb),
- steuerliche Modifikationen (insbesondere Umgliederung/Überleitungsrechnung),
- Detailinformationen zu Positionen (Kontensalden zu einer Position).

Daneben existieren in der Taxonomie noch weitere Berichtsbestandteile, die allerdings freiwillig übermittelt werden können.

HINWEISE:

- Für Wirtschaftsjahre, die nach dem 31.12.2014 beginnen, muss die E-Bilanz nach der neuen Taxonomie 5.3 erstellt werden. Mit Schreiben vom 13.6.2014 hat das Bundesfinanzministerium (BMF) die aktualisierten Taxonomien (Version 5.3) für die

E-Bilanz veröffentlicht (BStBl 2014 I 886). Die neuen Taxonomien (Kern- und Branchentaxonomien) werden von der Finanzverwaltung unter www.esteuer.de zur Ansicht und zum Abruf bereitgestellt.

▶ Die Taxonomien sind grundsätzlich für die Bilanzen der Wirtschaftsjahre zu verwenden, die nach dem 31.12.2014 beginnen. Sie gelten entsprechend für die in Rdn. 1 des BMF-Schreibens vom 28.9.2011 genannten Bilanzen sowie für Eröffnungsbilanzen, sofern diese nach dem 31.12.2014 aufzustellen sind. Es wird nicht beanstandet, wenn die Taxonomien (Version 5.3) auch für das Wirtschaftsjahr 2014 oder 2014/2015 verwendet werden.

▶ Die Taxonomie ist in der Regel nur für ein Jahr zu verwenden.

Die E-Bilanz wird regelmäßig aus den Buchführungsprogrammen abgeleitet; hierfür haben die Softwarehersteller Systeme entwickelt, mit denen die E-Bilanz erstellt und an die Finanzverwaltung übermittelt werden kann.

Kapitel 2: Anlage EÜR

2.1 Allgemeines

Für die Übermittlung der Einnahmenüberschussrechnung ist Anlage EÜR zu verwenden. Nur dann, wenn die Betriebseinnahmen unter der Grenze von 17 500 € liegen, wird es durch die Finanzverwaltung nicht beanstandet, wenn der Steuererklärung statt der Anlage EÜR eine formlose Gewinnermittlung beigefügt wird. 1808

Diese Anlage ist nach § 60 Abs. 4 EStDV für Wirtschaftsjahre, die nach dem 31.12.2010 beginnen, elektronisch der Finanzverwaltung zu übermitteln.

Die Anlage EÜR sieht eine standardisierte Aufschlüsselung der Betriebseinnahmen und -ausgaben vor, die für die Finanzverwaltung zu besseren Kontroll- und Vergleichsmöglichkeiten führen soll.

2.2 Gesetzliche Grundlagen

Häufig wurde in der Literatur die Auffassung vertreten, ein Steuerpflichtiger sei nicht verpflichtet, die Anlage EÜR dem Finanzamt einzureichen; vielmehr sei eine formlose Gewinnermittlung ausreichend. Denn die Pflicht zur Abgabe der Anlage EÜR sei nicht im EStG sondern nur in der EStDV (im § 60 Abs. 4 EStDV) geregelt und für eine solche Regelung fehle die gesetzliche Ermächtigung. 1809

Nachdem das hiermit befasste Finanzgericht sich dieser Argumentation noch angeschlossen hatte, wollte sich der BFH diesen Argumenten nicht anschließen. Nach seiner Auffassung konnte die Abgabepflicht wirksam durch eine Rechtsverordnung begründet werden. Insbesondere bestehe dafür in § 51 Abs. 1 Nr. 1 Buchst. a EStG eine ausreichende Ermächtigungsgrundlage. Nach dieser Vorschrift können Rechtsverordnungen über die Unterlagen, die den Einkommensteuererklärungen beizufügen sind, erlassen werden, soweit dies zur Wahrung der Gleichmäßigkeit der Besteuerung oder zur Vereinfachung des Besteuerungsverfahrens erforderlich ist. Beide Zwecke seien hier erfüllt. Weiter sei die Entscheidung zur Einführung der Anlage EÜR nicht so wesentlich, dass sie ausschließlich vom Parlamentsgesetzgeber hätte getroffen werden dürfen.

Damit stellt § 60 Abs. 4 EStDV eine wirksame Rechtsgrundlage für die Pflicht zur Abgabe der EÜR dar.

1810–1850   *(Einstweilen frei)*

TEIL F: INTERNATIONALE RECHNUNGSLEGUNG UND KONZERNABSCHLUSS

			Rdn.	Seite
Kapitel 1:	**Internationale Rechnungslegung**		**1851**	**585**
1.1	Vorbemerkung		1851	585
1.2	Anwendungsbereich der IAS/IFRS		1853	585
1.3	Erstmalige Umstellung (IFRS 1)		1856	588
1.4	Die Regelungen nach IAS/IFRS		1859	589
	1.4.1	Instrumente	1859	589
	1.4.2	Anforderungen an die IAS/IFRS-Rechnungslegung	1863	590
	1.4.3	Abschlussbestandteile	1865	590
1.5	Abschlussposten		1866	591
1.6	Bewertung		1867	591
	1.6.1	Bewertungsregeln	1867	591
	1.6.2	Erst- und Folgebewertung	1868	592
	1.6.3	Anlagevermögen	1869	592
		1.6.3.1 Allgemeines	1869	592
		1.6.3.2 Immaterielle Vermögenswerte – Firmenwert	1870	593
		1.6.3.3 Sachanlagen	1875	594
		1.6.3.4 Neubewertungsmethode	1877	595
		1.6.3.5 Abschreibungsmethoden	1879	597
		1.6.3.6 Überleitungsrechnung	1880	598
		1.6.3.7 Komponentenansatz	1881	598
		1.6.3.8 Anschaffungs- und Herstellungskosten	1882	598
		1.6.3.9 Finanzanlagen	1883	602
		1.6.3.10 Bewertung des Vorratsvermögens	1889	605
		1.6.3.11 Eigenkapital	1893	608
	1.6.4	Verbindlichkeiten und Rückstellungen (IAS 37)	1894	609
		1.6.4.1 Verbindlichkeiten	1894	609
		1.6.4.2 Rückstellungen	1895	610
	1.6.5	Latente Steuerabgrenzung (IAS 12)	1896	610
	1.6.6	Sonstige Positionen und Anlagen	1898	613
		1.6.6.1 Leasingverträge	1899	613
		1.6.6.2 Bilanzierungshilfen (IAS 38)	1900	615
		1.6.6.3 Sonderposten mit Rücklagenanteilen (IAS 16)	1901	615
		1.6.6.4 Kapitalflussrechnung (IAS 7)	1902	616
		1.6.6.5 Eigenkapital-Veränderungsrechnung (IAS 1.106)	1903	616
	1.6.7	Gewinn- und Verlustrechnung (IAS 1, IAS 8, IAS 18)	1904	616
	1.6.8	Gesamtergebnisrechnung	1905	617
1.7	Beispiel einer Umstellung der Rechnungslegung nach HGB auf Rechnungslegung nach IAS/IFRS		1907	621

			Rdn.	Seite
1.8	Internationale Rechnungslegung bei kleinen und mittleren Unternehmen (IFRS – SMEs)		1908	626

Kapitel 2: Konzernrechnungslegung — 1909 — 629

2.1	Vorbemerkungen			1909	629
2.2	Gesetzliche Regelungen			1910	629
2.3	Begriff des Konzerns			1911	630
2.4	Aufstellungspflicht			1912	630
2.5	Konsolidierungskreis			1913	630
2.6	Inhalt und Form des Konzernabschlusses			1914	630
2.7	Bewertungsvorschriften			1915	631
2.8	Die Vollkonsolidierung			1916	631
	2.8.1	Konsolidierungsgrundsätze		1916	631
	2.8.2	Kapitalkonsolidierung		1918	632
		2.8.2.1	Allgemeines	1918	632
		2.8.2.2	Kapitalkonsolidierung nach IFRS 3	1919	632
		2.8.2.3	Erst- und Folgekonsolidierung	1921	632
		2.8.2.4	Latente Steuerabgrenzung	1922	633
		2.8.2.5	Beispiel einer Erstkonsolidierung	1923	633
	2.8.3	Anteile anderer Gesellschafter		1925	635
		2.8.3.1	Allgemeines	1925	635
		2.8.3.2	Bewertung der Minderheitsanteile (nicht beherrschende Anteile)	1926	635
	2.8.4	Schuldenkonsolidierung		1927	637
	2.8.5	Zwischenergebniseliminierung und Aufwands- und Ertragskonsolidierung (IAS 27)		1928	637

Teil F: Internationale Rechnungslegung und Konzernabschluss

Kapitel 1: Internationale Rechnungslegung

1.1 Vorbemerkung

Die EU hat sich hinsichtlich der Harmonisierung der betrieblichen Rechnungslegung in ihren Mitgliedstaaten verbindlich auf die Einführung und Anwendung internationaler Standards festgelegt, um die unterschiedlichen nationalen Rechnungssysteme zu vermindern und damit eine Angleichung auf internationaler Ebene zu erreichen. Damit soll der Zugang zu ausländischen Kapitalmärkten erleichtert werden.

1851

Diese internationalen Standards sind niedergelegt in den

- IAS (International Accounting Standards),
  soweit die ursprünglichen Standards noch gelten und ab 2002 in den
- IFRS (International Financial Reporting Standards).

Die IFRS werden von einer internationalen Organisation erlassen, dem International Accounting Standards Board (IASB). Die EU-Kommission ist ermächtigt, eine Übernahme der IFRS in europäisches Recht durchzuführen (Endorsement).

Welche Auswirkungen sich durch die internationalen Rechnungslegungsstandards ab 2005 für das deutsche Bilanzrecht ergeben, sind im Wesentlichen durch das Bilanzrechtsreformgesetz (BilReG v. 9.12.2004 BGBl 3166) eingeführt worden. Hierbei geht es um die Angleichung des deutschen Bilanzrechts an die IAS-Verordnung, die bereits 2002 von der EU verabschiedet worden ist. Es werden insbesondere die in der VO vorgesehenen Mitgliedsstaaten-Wahlrechte geregelt.

Zu beachten ist aber Grundsatz, dass sich die steuerliche Gewinnermittlung ausschließlich nach den Vorschriften des EStG und des HGB richtet (BFH vom 25.8.2010 IR 103/09, BStBl 2011 II 215).

1852

Die folgende Darstellung soll einen Einstieg in die internationale Rechnungslegung ermöglichen und dabei auch einen Überblick über Auswirkungen zwischen IFRS-Bilanz, Handelsbilanz und Steuerbilanz verschaffen. Für tieferes Eindringen in die künftig sicher immer wichtiger werdende Materie wird auf die zahlreichen Veröffentlichungen im NWB-Verlag (Herne) und dem Kiehl-Verlag (Ludwigshafen) verwiesen (siehe auch Literaturverzeichnis).

1.2 Anwendungsbereich der IAS/IFRS

Nach dem BilReG sind die Regelungen der IAS/IFRS wie folgt anzuwenden auf

1853

- Konzernabschlüsse
  - Die unmittelbare Anwendung der IAS/IFRS für Mutterunternehmen, die einen Konzernabschluss aufzustellen haben, ergibt sich aus § 315a Abs. 1 HGB. Neben den von der EU übernommenen IAS/IFRS gelten außerdem bestimmte Vorschriften des HGB weiterhin, die die Konzernrechnungslegungspflicht nach nationalem Recht regeln.

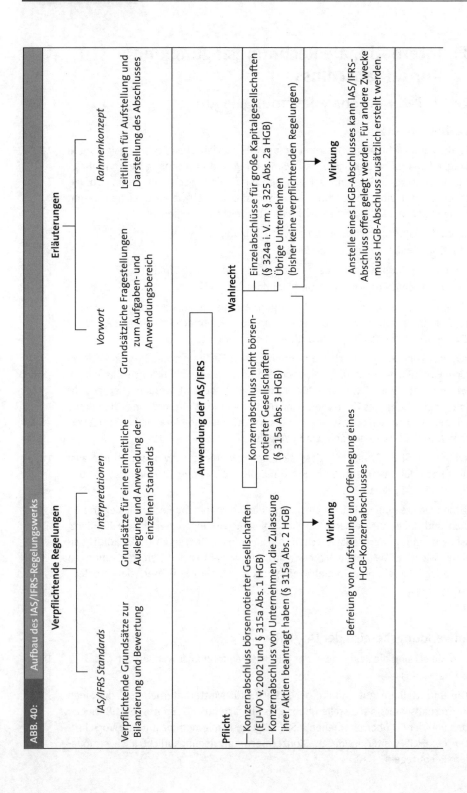

ABB. 40: Aufbau des IAS/IFRS-Regelungswerks

Internationale Rechnungslegung

TEIL F

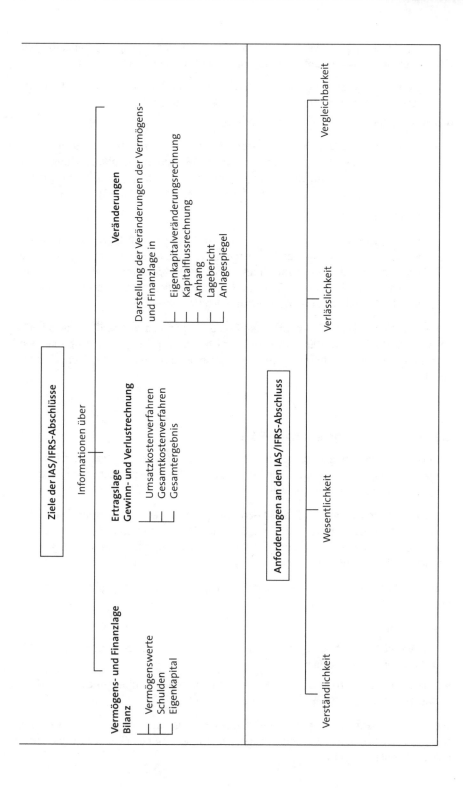

- Die Pflicht zur Anwendung internationaler Rechnungslegungsstandards gilt ebenfalls für Mutterunternehmen, die unter § 315a Abs. 2 HGB fallen.

- Ein Wahlrecht zur Anwendung internationaler Rechnungslegungsstandards besteht für Mutterunternehmen, die unter § 315a Abs. 3 HGB fallen.

1854 ▶ Einzelabschlüsse

- Für große Kapitalgesellschaften nach § 324a HGB i.V. m. § 325 Abs. 2a HGB sind nach IAS/IFRS erstellte Einzelabschlüsse unter bestimmten Voraussetzungen zur Erfüllung der Publizitätspflicht zugelassen (Wahlrecht). Die Voraussetzungen für die befreiende Wirkung ergeben sich dabei aus § 325 Abs. 2a HGB.

- für übrige Unternehmen

  Die Frage, inwieweit kleinere und mittlere Unternehmen IAS/IFRS künftig anwenden sollen oder müssen, ist zurzeit noch offen. Im BilReG sind darüber keine Regelungen enthalten. Daraus folgt, dass diese Unternehmen weiterhin ihre Abschlüsse nach den Vorschriften des HGB aufzustellen haben. Freiwillig ist daneben die Aufstellung eines Abschlusses nach IAS/IFRS möglich.

1855 Am 9.7.2009 hat das IASB (International Accounting Standards Board) die IFRS-SMEs (Small and Medium-sized Entities) veröffentlicht, die Regelungen für Unternehmen enthalten, die nicht öffentlich rechenschaftspflichtig sind. Siehe hierzu unter Rdn. 1908.

1.3 Erstmalige Umstellung (IFRS 1)

1856 Voraussetzung für den erstmaligen IAS/IFRS-Abschluss ist, dass gleichzeitig mit seiner Veröffentlichung die Vergleichsdaten der Vorperiode für die entsprechenden Bestandteile des Abschlusses angegeben werden.

Dafür ist die Erstellung einer IAS/IFRS-Eröffnungsbilanz der Ausgangspunkt auch für die weitere Berichterstattung. Soll also z. B. für den 31.12.07 erstmalig ein IAS/IFRS-Abschluss erstellt werden, muss zum 1.1.06 eine Eröffnungsbilanz aufgestellt werden, die nicht veröffentlicht werden muss.

Dabei sind die IAS/IFRS anzuwenden, die für den Abschlussstichtag gelten (retrospektiv).

Das bedeutet:

▶ alle Vermögenswerte und Schulden sind anzusetzen und zu bewerten, die den IAS/IFRS-Kriterien entsprechen;

▶ alle Vermögenswerte und Schulden, die diesen Kriterien nicht entsprechen, sind herauszunehmen.

Die aus dem Übergang sich ergebenden Anpassungsergebnisse (Gewinne und Verluste) sind grundsätzlich in den Gewinnrücklagen zu erfassen. Zu berücksichtigen sind ebenfalls die latenten Steuern.

Im Anhang sind außerdem darzustellen:
- eine Eigenkapital-Überleitungsrechnung,
- eine Ergebnis-Überleitungsrechnung.

Die Eigenkapital-Überleitungsrechnung ist aufzustellen
- zum Umstellungszeitpunkt von HB auf IFRS und
- zum Bilanzstichtag des letzten nach HGB erstellten Jahresabschlusses.

Dagegen ist der Übergang des Jahresergebnisses nach HGB zum Jahresergebnis nach IFSR zum Bilanzstichtag des letzten nach HGB erstellten Jahresabschlusses darzustellen.

Im Anhang des ersten IFRS-Abschlusses ist darzustellen, wie sich der Übergang von HB auf IFRS-Bilanz auf
- Vermögenslage
- Finanzanlage
- Cashflows

ausgewirkt hat.

1.4 Die Regelungen nach IAS/IFRS

1.4.1 Instrumente

Wesentliche Instrumente zur Harmonisierung der Rechnungslegung sind die bereits erwähnten Standards IAS und IFRS. Hohe Transparenz und Vergleichbarkeit der Abschlüsse ist das Ziel. Das soll mit dem Regelwerk erreicht werden.

Es besteht aus drei Teilbereichen
- **Framework**

    Regelungsbereiche sind insbesondere:
    - Zweck der Rechnungslegung,
    - Grundsätze der Rechnungslegung,
    - Definition der Abschlussposten,
    - Ansatz und Bewertung,
    - Konzepte der Kapitalerhaltung.

    Das Framework stellt grundsätzlich keine IAS/IFRS dar. Es ist im Wesentlichen Auslegungs- und Orientierungshilfe und legt die Rahmenbedingungen und damit die Basis der Standards fest.

- **Standards**

    Sie sind laufend durchnummeriert und regeln spezielle Einzelfragen der Rechnungslegung. Dabei behandelt jeder Standard ein bestimmtes Thema.

1862 ▶ **Interpretations**

Hier werden die einzelnen Standards konkretisiert und ergänzt.

1.4.2 Anforderungen an die IAS/IFRS-Rechnungslegung

1863 Zielsetzung der Abschlüsse soll sein, Informationen über

- ▶ Vermögenslage,
- ▶ Finanzlage sowie
- ▶ Ertragslage

zu geben. Das gilt auch für die eingetretenen Veränderungen. Zugrunde liegende Annahmen dabei sind

- ▶ periodengerechte Erfolgsermittlung,
- ▶ Fortführung des Unternehmens.

1864 Dazu gehören dann Informationen, die den Jahresabschluss aussagekräftig machen, wie:

▶ Verständlichkeit

Klarer und deutlich nachvollziehbarer Aufbau des Abschlusses. Die gegebenen Informationen müssen einem sachverständigen Dritten verständlich sein.

▶ Relevanz

Es sind im Interesse der Adressaten nur entscheidungsrelevante Informationen auszuweisen.

▶ Verlässlichkeit

Die Informationen müssen glaubwürdig, wertneutral und vollständig sein. Maßgebend ist dabei die wirtschaftliche Betrachtungsweise. Grundsätzlich sind alle Geschäftsvorfälle vollständig zu erfassen.

▶ Vergleichbarkeit

Zwei Abschlüsse eines Unternehmens verschiedener Perioden müssen miteinander vergleichbar sein (zeitlicher innerbetrieblicher Vergleich), sowie auch die Vergleichbarkeit mit anderen Unternehmen muss gewährleistet sein (zwischenbetrieblicher Vergleich).

1.4.3 Abschlussbestandteile

1865 Abschlussbestandteile nach IAS/IFRS sind:

- ▶ Bilanz
- ▶ Gesamtergebnisrechnung (siehe Rdn. 1905)
- ▶ Eigenkapitalveränderungsrechnung (siehe Rdn. 1903)
- ▶ Kapitalflussrechnung (Rdn. 1902)
- ▶ Anhang

- Lagebericht (empfohlen)
- Anlagespiegel für Sachanlagen und Goodwill

Es gibt in Bezug auf die Erstellung, Prüfung und Offenlegung grundsätzlich keine größenabhängigen Befreiungen.

1.5 Abschlussposten

Ähnlich wie nach den Regelungen des HGB enthält das Rahmenkonzept die wichtigsten Ansatzregeln für

1866

- Vermögenswerte,
- Schulden/RAP,
- Eigenkapital,
- Erträge und Aufwendungen.

Geschäftsvorfälle, deren Eintreten erst für die Zukunft erwartet wird, sind – wie auch nach HGB – von der Bilanzierung ausgeschlossen. Daraus folgt, dass schwebende Verträge nicht bilanzierungsfähig sind. Dagegen wären drohende Verluste aus solchen Geschäften auszuweisen.

Bei Vermögenswerten ist grundsätzlich die Verfügungsmacht darüber gegeben, wenn zivilrechtliches Eigentum vorliegt. Aber wie bisher auch schon nach HGB, geht das wirtschaftliche Eigentum vor.

1.6 Bewertung

1.6.1 Bewertungsregeln

Die wichtigsten Bewertungsregeln nach dem Rahmenkonzept und den IAS/IFRS sind:

1867

- Realisierbarkeit

  Nicht realisierte Verluste sind zu berücksichtigen.

- Einzelbewertung

  Ausnahmen möglich, wie gewogener Durchschnitt, Fifo.

- Vorsichtsprinzip
- Vergleichbarkeit
- Wertmaßstäbe:
    - Historische Anschaffungs- oder Herstellungskosten, vermindert um Abschreibungen;
    - Fair Value (Zeitwert);
    - Veräußerungswert;
    - Barwert.

Daneben werden in einzelnen Standards weitere Wertmaßstäbe aufgeführt. Sie dürfen aber nicht den grundsätzlichen Wertmaßstäben widersprechen.

1.6.2 Erst- und Folgebewertung

1868 Die Vermögenswerte sind zunächst mit den Anschaffungs- oder Herstellungskosten anzusetzen. Dabei entspricht der Begriff der Anschaffungskosten im Wesentlichen dem des HGB.

Bei den Herstellungskosten gilt aber das Vollkostenprinzip (siehe hierzu unter Rdn. 1882).

Für die Folgebewertung besteht für immaterielle Vermögensgegenstände und Sachanlagen ein Wahlrecht. Für die Vermögenswerte gelten als bevorzugte Methode die fortgeführten Anschaffungs- oder Herstellungskosten (benchmark treatment) oder die alternativ zulässige Neubewertungsmethode (allowed alternativ treatment); (siehe hierzu Rdn. 1877).

1.6.3 Anlagevermögen

1.6.3.1 Allgemeines

1869 Das Anlagevermögen setzt sich zusammen aus:

- Immaterielle Vermögenswerte,
- Sachanlagen,
- Finanzanlagen.

Ein immaterieller Vermögenswert wird nach IAS/IFRS 38 als identifizierbarer, nicht monetärer Vermögenswert ohne physische Substanz definiert, welcher

- in der Produktion genutzt werden kann oder auch
- bei Lieferung von Gütern oder Dienstleistungen, in der Verwaltung oder an Dritte vermietet werden kann.

Die Sachanlagen umfassen alle Vermögenswerte, die

- von dem Unternehmen zur Herstellung oder Lieferung von Waren und Dienstleistungen verwendet werden,
- zur Vermietung an Dritte bzw. für Zwecke der Verwaltung zur Verfügung stehen und
- die länger als eine Abrechnungsperiode genutzt werden können.

Finanzanlagen sind langfristige Vermögenswerte, die der künftigen Erzielung von Einnahmen, Wertsteigerungen oder auch sonstigen finanziellen Vorteilen dienen.

1.6.3.2 Immaterielle Vermögenswerte – Firmenwert

1.6.3.2.1 Allgemeines

Nach IAS 38 besteht sowohl für entgeltlich erworbene als auch für selbsthergestellte immaterielle Vermögenswerte eine Aktivierungspflicht. Sie sind anzusetzen, wenn ihr Nutzen dem Unternehmen zufließt und wenn die Kosten zuverlässig messbar sind. Es besteht Aktivierungsverbot, wenn die genannten Kriterien nicht erfüllt sind.

1870

1.6.3.2.2 Bewertung

▶ Im Zeitpunkt der Anschaffung oder Herstellung:

1871

– Angeschaffte immaterielle Vermögenswerte werden mit den Anschaffungskosten einschließlich der Erwerbsnebenkosten bis zum Zeitpunkt der Betriebsbereitschaft aktiviert.

– Bei selbsthergestellten immateriellen Vermögenswerten gehen alle direkt zurechenbaren Kosten in die Herstellungskosten ein, wie z. B. Patentanmeldung, Abschreibungen, Finanzierungskosten (IAS 23). Eigene Forschungsleistungen sind als Aufwand, Entwicklungskosten dagegen als Herstellungskosten zu aktivieren.

▶ Folgebewertung

Es gilt der Grundsatz:

Immaterielle Vermögenswerte sind im Regelfall mit den fortgeführten Anschaffungs- oder Herstellungskosten zu bewerten.

Möglich ist auch der Ansatz zum Zeitwert (Fair Value).

Dabei sind

– Aufwertungen über die Neubewertungsrücklage zu erfassen;

– Abwertungen, soweit sie die ursprünglichen Anschaffungs- oder Herstellungskosten nicht unterschreiten, mindern zunächst die Neubewertungsrücklage. Erst bei Unterschreiten der ursprünglichen Anschaffungs- oder Herstellungskosten wird die Wertminderung als Aufwand erfasst.

1.6.3.2.3 Abschreibung

Die immateriellen Vermögenswerte sind ab dem Zeitpunkt der Betriebsbereitschaft, auf die Nutzungsdauer verteilt, abzuschreiben.

1872

Als Abschreibungsmethoden sind zulässig

▶ lineare Abschreibung

▶ degressive Abschreibung

▶ verbrauchsabhängige Abschreibung

Soweit der Nutzungsverlauf nicht verlässlich festgelegt werden kann, ist linear abzuschreiben.

Ergeben sich durch einen Werthaltigkeitstest Anhaltspunkte für eine Wertminderung, sind die Vermögenswerte auf den niedrigeren erzielbaren Betrag abzuschreiben.

1.6.3.2.4 Wertaufholung

1873 Soweit außerplanmäßige Abschreibungen vorgenommen wurden, ist bei einem gestiegenen Fair Value, abzüglich der Veräußerungskosten, erfolgswirksam eine Wertaufholung vorzunehmen, und zwar

- ▶ bei nichtabnutzbaren Vermögenswerten:

    bis auf die ursprünglichen Anschaffungs-oder Herstellungskosten (siehe hierzu auch Rdn. 1876).

- ▶ bei abnutzbaren Vermögenswerten:

    bis auf die planmäßig fortgeführten Anschaffungs-oder Herstellungskosten.

Eine Erhöhung über die Anschaffungs- oder Herstellungskosten bzw. über die fortgeführten Anschaffungs- oder Herstellungskosten ist möglich, gilt dann aber als Neubewertung mit den entsprechenden Folgen (siehe hierzu Rnd. 1877).

1.6.3.2.5 Firmenwert

1874 Der Firmenwert ist kein immaterieller Vermögenswert, weil er nicht identifizierbar ist. Er gilt deshalb als Vermögenswert und muss, soweit er entgeltlich erworben wurde, aktiviert werden.

Für den originären Firmenwert besteht auch nach den IFRS ein strenges Aktivierungsverbot.

Der Firmenwert darf nicht planmäßig abgeschrieben werden. Es muss deshalb, wie bei den immateriellen Vermögenswerten mit unbestimmbarer Nutzungsdauer, regelmäßig ein Wertminderungstest durchgeführt werden, der zu einer außerplanmäßigen Abschreibung führen kann.

Eine Wertaufholung ist nicht zulässig.

1.6.3.3 Sachanlagen

1.6.3.3.1 Allgemeines

1875 Sachanlagen sind alle materiellen Vermögenswerte, die dazu bestimmt sind, dem Geschäftsbetrieb dauernd zu dienen.

Nach IAS/IFRS 1 werden die Vermögenswerte in kurzfristige und langfristige unterteilt. Langfristig sind solche, die nicht zum Verkauf oder Verbrauch innerhalb eines Jahres bzw. des typischen Geschäftsablaufs bestimmt sind. Außerdem kann eine Einteilung nach dem Liquiditätsgrad erfolgen. Es gilt das Vollständigkeitsgebot, wonach grundsätzlich alle Vermögenswerte des Anlagevermögens aktivierungspflichtig sind.

1.6.3.3.2 Bewertung

Sie sind zu bewerten nach IAS 16:   1876

- im Zeitpunkt der Anschaffung oder Herstellung mit den Anschaffungs- oder Herstellungskosten,
- in der Folge mit den fortgeführten Anschaffungs- oder Herstellungskosten bzw. durch regelmäßige Neubewertung,
- planmäßige Abschreibung über die wirtschaftliche Nutzungsdauer bzw. soweit erforderlich, außerplanmäßige Abschreibungen oder auch Zuschreibungen sind vorzunehmen.

Nach IAS 36.117 ermitteln sich dabei die fortgeführten Anschaffungs- oder Herstellungskosten so, als wäre in früheren Jahren kein Wertminderungsaufwand (= außerplanmäßige Abschreibung) vorgenommen worden.

BEISPIEL: X-AG erwirbt am 3.1.2006 eine Maschine für 200 000 €. Nutzungsdauer 5 Jahre.
Es sollen die erzielbaren Beträge betragen zum
- 31.12.2006 = 150 000 €
- 31.12.2007 = 130 000 €

Entwicklung:

Anschaffungskosten	200 000 €	Die fiktiven fortgeführten Anschaffungskosten ermitteln sich wie folgt:	
− Abschreibung	40 000 €		
	160 000 €		
− apl. Abschreibung	10 000 €		
Bilanzansatz 31.12.2006	150 000 €	Ansch.-K.	200 000 €
− Abschreibung 4 Jahre	37 500 €	− Abschreib.	40 000 €
	112 500 €	31.12.06	160 000 €
+ Zuschreibung	7 500 €	− Abschreib.	40 000 €
Bilanzansatz 31.12.2007	120 000 €	31.12.2007	120 000 €

Die Wertaufholung ist begrenzt auf 120 000 €.

Eine Erhöhung über die Anschaffungs- oder Herstellungskosten bzw. über die fortgeführten Ansachaffungs- oder Herstellungskosten ist möglich, gilt aber als Neubewertung mit den entsprechenden Folgen (Hinweis auf Rdn. 1877).

1.6.3.4 Neubewertungsmethode

1.6.3.4.1 Allgemeines

Als alternativ zulässige Methode ist die Neubewertungsmethode vorgesehen. Dabei entspricht der Neubewertungsansatz dem beizulegenden Wert im Zeitpunkt der Neubewertung.   1877

Eine Sachanlage, deren beizulegender Zeitwert verlässlich bestimmt werden kann, ist nach dem Ansatz als Vermögenswert zu einem Neubewertungsbetrag anzusetzen, der seinen beizulegenden Zeitwert am Tage der Neubewertung abzüglich nachfolgender kumulierter planmäßiger Abschreibungen und nachfolgender kumulierter Wertminderungsaufwendungen entspricht (IAS 16.31).

1.6.3.4.2 Folgen der Neubewertung bei Sachanlagen

1878 Erstmalige Neubewertung:

▶ Nach IAS 16.39 ist die Werterhöhung im „sonstigen Ergebnis" (Hinweis auf Rdn. 1905) zu erfassen und beim Abschluss im Eigenkapital unter der Position „Neubewertungsrücklage" zu kumulieren. Die Werterhöhung erfolgt damit GuV-neutral (siehe Beispiel).

▶ Wertminderung erfolgswirksam erfassen (IAS 16.40).

Nachfolgende Neubewertungen:

▶ Werterhöhung bei vorangegangener erfolgswirksamen Wertminderung:

Zunächst vorgenommene Wertminderung erfolgswirksam rückgängig machen.

Dann übersteigenden Betrag erfolgsneutral in die Rücklage übernehmen (IAS 16.39).

▶ Wertminderung bei bereits gebildeter Rücklage:

Zunächst Rücklage erfolgsneutral auflösen.

Dann übersteigenden Betrag erfolgswirksam erfassen (IAS 16.40).

Latente Steuern sind dabei grundsätzlich ergebnisverändernd zu erfassen, soweit nicht die Veränderung der Rücklage betroffen ist.

Die Neubewertungsrücklage kann jährlich anteilsmäßig aufgelöst werden (IAS 16.41).

Buchungen jeweils:

Neubewertungsrücklage an Gewinnrücklage (sonstiges Ergebnis)

Bei Ausscheiden des Wirtschaftsguts wird die restliche Rücklage erfolgsneutral aufgelöst. Der eigentliche Vorteil der Neubewertung liegt in dem höheren Ausweis des Vermögens.

BEISPIEL: ▶ Die X-AG erwirbt am 2.1.12 eine Maschine für 120 000 € (netto). Die Nutzungsdauer beträgt 6 Jahre.

Zum 31.12.13 wird eine Neubewertung durchgeführt. Zu diesem Zeitpunkt ergibt sich wegen günstiger Marktentwicklung ein beizulegender Zeitwert in Höhe von 90 000 €. Im Januar 15 wird die Maschine für 60 000 € (netto) veräußert. Steuersatz 30 %.

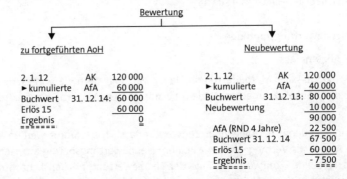

Buchungen Neubewertung:

12:	Sachanlagen	120 000 €	an	Geld		120 000 €
	AfA	20 000 €	an	Sachanlagen		20 000 €
13:	AfA	20 000 €	an	Sachanlagen		20 000 €
	Sachanlagen	10 000 €	an	Neubewertungs-Rücklage		7 000 €
				Latente Steuern		3 000 €
14:	AfA	22 500 €	an	Sachanlagen		22 500 €
	Neubewertungs-Rücklage	1 750 €	an	Gewinnrücklagen		1 750 €
	Latente Steuern	750 €	an	Steuerertrag		750 €
15:	Geld	60 000 €				
	Verlust	7 500 €	an	Sachanlagen		67 500 €
	Latente Steuern	2 250 €	an	Steuerertrag		2 250 €
	Neubewertungs-Rücklage	5 250 €	an	Gewinn-Rücklage		5 250 €

Die Abschreibung des erhöhten beizulegenden Zeitwerts führt zu einem entsprechend höherem Aufwand in der GuV-Rechnung. Die Auflösung der Neubewertungs-Rücklage erfolgt dagegen GuV-neutral. Damit ist der sich ergebende Verlust laut GuV höher als bei der Bewertung zu fortgeführten Anschaffungs- oder Herstellungskosten.

Ein Verstoß gegen das Kongruenzprinzip, wonach die Summe der Gewinne und Verluste mit dem Totalgewinn übereinstimmt, liegt dann nicht vor, wenn zum Vergleich auf das Gesamtergebnis abgestellt wird.

./.	+
7 500 €	2 250 €
	5 250 €
7 500 €	7 500 €

1.6.3.5 Abschreibungsmethoden

Zulässige Abschreibungsmethoden sind:

▶ Lineare Abschreibung,

▶ degressive Abschreibung (geometrisch degressive),

▶ leistungsabhängige Abschreibung.

Bei Bemessung der Abschreibung ist ein voraussichtlich erzielbarer Restwert am Ende der Nutzungsdauer von den Anschaffungs- oder Herstellungskosten abzuziehen. Dieser Restwert soll nicht unterschritten werden. Soweit aber das Sachanlagevermögen bis zum technischen Verbrauch genutzt wird, kommt diese Regelung nicht zur Anwendung.

Die Abschreibung beginnt mit der Betriebsbereitschaft des Vermögenswertes. Die Nutzungsdauer richtet sich nach den voraussichtlichen Nutzungsmöglichkeiten im Unternehmen.

Dabei soll die Abschreibungsmethode den im Unternehmen erwarteten Nutzungsverlauf widerspiegeln. Eine jährliche Überprüfung soll stattfinden und gegebenenfalls bei wesentlichen Änderungen zu einer Anpassung der Abschreibungsmethode führen.

Da eine Abschreibung auf die wirtschaftliche Nutzungsdauer vorgesehen ist, wird sich gegenüber dem HGB die jeweilige Nutzungsdauer verlängern. Sofern die Gründe für eine außerplanmäßige Abschreibung entfallen sind, besteht ein Wertaufholungswahlrecht oder ein Wertaufholungsgebot.

Dabei werden Abwertungen zunächst als Minderung einer bereits gebildeten Neubewertungsrücklage erfasst. Erst wenn diese aufgebraucht ist, wirkt sich der übersteigende Abwertungsbetrag gewinnmäßig aus.

Umgekehrt ist zu verfahren, wenn es nach einer Abwertung zu einer Aufwertung kommt. Dann werden die aufwandswirksamen Abwertungen durch eine Ertragsbuchung rückgängig gemacht und nur der übersteigende Teil wird erfolgsneutral der Neubewertungsrücklage zugeführt.

1.6.3.6 Überleitungsrechnung

1880 Die Veränderungen werden in einer Überleitungsrechnung gemäß IAS 16.73 dargestellt, die so ähnlich gegliedert ist, wie der Anlagespiegel nach HGB (siehe Rdn. 922).

1.6.3.7 Komponentenansatz

1881 Der so genannte Komponentenansatz nach IAS 16 sieht vor, dass Sachanlagen unter bestimmten Voraussetzungen in ihre Einzelteile zerlegt und auch getrennt abzuschreiben sind. Das gilt aber nur, wenn der Grundsatz der Wesentlichkeit beachtet und die einzelne Komponente einen signifikanten Teil der Anschaffungs- oder Herstellungskosten umfasst. Damit sind insbesondere Vermögenswerte gemeint, die aus einzelnen Komponenten mit unterschiedlichen Nutzungsdauern bestehen und die während der Gesamtnutzungsdauer der Sachanlage öfter zu ersetzen sind, z. B. bei Anlagen, deren Antriebsmotoren regelmäßig wegen der kürzeren Nutzungsdauer ausgewechselt werden müssen.

1.6.3.8 Anschaffungs- und Herstellungskosten

1882 Hinsichtlich der Anschaffungskosten nach IAS/IFRS gibt es keine materiellen Unterschiede zu den Regelungen des HGB. Einzelheiten ergeben sich aus den IAS 2 ff. bzw. IAS 16. Eine Definition der Herstellungskosten ist nach den IAS/IFRS nicht vorgesehen. Es gilt aber das Vollkostenprinzip. Danach entsprechen die produktionsbezogenen Herstellungskosten der handelsrechtlichen Wertobergrenze.

Danach besteht eine

▶ Ansatzpflicht für:

- Materialeinzelkosten,
- Fertigungseinzelkosten,
- Sondereinzelkosten der Fertigung,

- Materialgemeinkosten,
- Fertigungsgemeinkosten,
- Herstellungsbezogene Verwaltungskosten, soziale Einrichtungen, betriebliche Altersversorgung,
- Entwicklungskosten.

▶ Ansatzverbot für:

- Allgemeine Verwaltungskosten,
- Vertriebskosten,
- außerordentliche und periodenfremde Aufwendungen, Ertragssteuern,
- Zinsen für Fremdkapital.

Soweit aber dem Herstellungsvorgang direkt zurechenbar, besteht Ansatzwahlrecht (siehe IAS 23).

Zu den Sachanlagen sind grundsätzlich Erläuterungen zu machen, die sich beziehen auf:

▶ Bewertungsmethode,

▶ Abschreibungsmethode,

▶ Nutzungsdauer.

Zur vereinfachten Ermittlung der Anschaffungs- oder Herstellungskosten sind unter den Voraussetzungen des IAS 2.21 und 2.22 auch zulässig:

▶ Die Standardkostenmethode
= hier werden die normale Höhe des Materialeinsatzes, der Löhne, die Leistungsfähigkeit und Kapazitätsauslastung berücksichtigt.

▶ Die retrograde Methode
= hier wird vom Verkaufspreis eine angemessene prozentuale Bruttogewinnmarge abgezogen.

Voraussetzung für die Anwendung dieser Verfahren ist, dass sie im Ergebnis in etwa den tatsächlichen Anschaffungs- oder Herstellungskosten entsprechen.

| ABB. 41: | Bewertungsmaßstäbe nach IAS/IFRS |

Die wesentlichen Bewertungsmaßstäbe ergeben sich aus dem Rahmenkonzept (Framework) und einzelnen Standards

Rahmenkonzept (F 100)

Historische Anschaffungs- oder Herstellungskosten

Nach Änderung des HGB durch das BilMoG bestehen keine wesentlichen Unterschiede mehr zwischen Handelsrecht, IAS und Steuerrecht.

Tageswert (Wiederbeschaffungswert)

Der Geldwert, der im Bilanzierungszeitpunkt für den Erwerb eines Vermögensgegenstands gleicher Art und Güte bzw. zur Begleichung einer Schuld aufzuwenden wäre.

Veräußerungswert bzw. Erfüllungsbetrag

Der Geldwert, der im Bilanzierungszeitpunkt durch Veräußerung eines Vermögenswertes erzielt werden könnte. Schulden werden mit dem Erfüllungsbetrag der erwartungsgemäß gezahlt werden muss, angesetzt.

Barwert

Der diskontierte Nettomittelzufluss, der erzielbar ist.
Bei Schulden ist es der Nettomittelzufluss, der zur Erfüllung notwendig ist.

Bewertung ausgewählter Vermögenswerte

Vermögenswert	Vorschrift	Zugangsbewertung
1. Sachanlagen	IAS 16	Anschaffungs- oder Herstellungskosten
2. immaterielle Vermögenswerte		
a) Grundsatz	IAS 38	Anschaffungs- oder Herstellungskosten
b) selbsthergestellte immaterielle Vermögenswerte (nicht Forschung)	IAS 38	Herstellungskosten (direkt zurechenbare Kosten wie z. B. für Material, Personal, Patentanmeldung (nur Entwicklung)
3. Derivativer Firmenwert	IAS 36	Obergrenze Unterschiedsbetrag zwischen Vermögenswerten und Schulden
4. Vorräte	IAS 2	Anschaffungs- oder Herstellungskosten

Internationale Rechnungslegung — TEIL F

Standards

Fair Value (IAS 16)
Der beizulegende Zeitwert ist der Betrag, zu dem ein Vermögenswert zwischen Sachverständigen, vertragswilligen und voneinander unabhängigen Geschäftspartnern getauscht werden könnte.

Marktwert (IAS 16)
Dient in erster Linie zur Bestimmung des beizulegenden Zeitwerts für unterschiedliche Vermögenswerte in einzelnen Standards (z. B. für Grundstücke).

erzielbarer Betrag (IAS 36)
Ein Vermögenswert wird mit mehr als seinem erzielbaren Betrag bewertet, wenn sein Buchwert den Betrag übersteigt, der durch die Nutzung oder den Verkauf des Vermögenswerts erzielt werden könnte.

Folge: Wertminderungsaufwand

Folgebewertung	Abschreibung - Zuschreibung
a) fortgeführte Anschaffungs- oder Herstellungskosten b) Neubewertung mit fair value	a) planmäßige Abschreibung b) außerplanmäßige Abschreibung c) Zuschreibungsgebot
a) fortgeführte Anschaffungs- oder Herstellungskosten b) Neubewertung mit fair value soweit aktiver Markt besteht	a) planmäßige Abschreibung b) außerplanmäßige Abschreibung c) Zuschreibungsgebot
a) fortgeführte Herstellungskosten b) Neubewertung (siehe 2a)	a) planmäßige Abschreibung b) außerplanmäßige Abschreibung c) Zuschreibungsgebot
regelmäßig Wertminderungstest	a) keine planmäßige Abschreibung b) außerplanmäßige Abschreibung c) Zuschreibungsverbot
a) Anschaffungs- oder Herstellungskosten b) niedrigerer Nettoveräußerungspreis (Niederstwertprinzip)	a) außerplanmäßige Abschreibung b) Zuschreibungsgebot

1.6.3.9 Finanzanlagen

1.6.3.9.1 Allgemeines

1883 Finanzanlagen können Investitionen in fremde Unternehmen oder langfristige Ausleihungen von Geld sein.

Sie gehören zum Anlagevermögen, während die Wertpapiere, Forderungen, liquide Mittel ebenfalls zum Finanzierungsvermögen zählen und beim Umlaufvermögen auszuweisen sind.

Zu den Finanzanlagen zählen:

▶ Anteile an Tochterunternehmen,

▶ Anteile an assoziierten Unternehmen,

▶ Anteile an Gemeinschaftsunternehmen,

▶ übrige Finanzanlagen.

Zu den übrigen Finanzanlagen gehören u. a.:

▶ zu Handelszwecken gehaltene finanzielle Vermögenswerte (*held for trading*).

Diese sind erworben worden, einen Gewinn aus kurzfristigen Preisschwankungen zu erzielen.

▶ bis zur Endfälligkeit gehaltene Finanzinvestitionen (*held to maturity*).

Es liegen hier Vereinbarungen vor, die feste oder bestimmbare Zahlungen mit einer festen Laufzeit aufweisen und die bis zur Endfälligkeit gehalten werden sollen.

▶ zur Veräußerung verfügbare finanzielle Vermögenswerte (*available for sale*).

Dazu gehören sämtliche Vermögenswerte, die nicht unter die anderen Kategorien fallen, wie z. B. Aktien, Anteile an Investmentfonds.

1.6.3.9.2 Bewertung

1884 Die Finanzanlagen unterliegen keiner planmäßigen Wertminderung, deshalb kommen auch keine planmäßigen Abschreibungen in Betracht, sondern nur außerplanmäßige bzw. Zuschreibungen.

Der Unternehmer hat die finanziellen Vermögenswerte nach IFRS 9/IAS 39 beim erstmaligen Ansatz zu deren beizulegenden Zeitwert zu bewerten. Die Transaktionskosten stellen dabei, je nach Kategorie, Anschaffungskosten oder Aufwand dar (siehe Übersicht).

Für die Folgebewertung gilt:

▶ Die zu Handelszwecken erworbenen Wertpapiere müssen erfolgswirksam mit dem beizulegenden Zeitwert angesetzt werden.

▶ Die zur Veräußerung verfügbaren finanziellen Werte werden erfolgsneutral mit dem beizulegenden Zeitwert angesetzt, wobei sich ergebende Gewinne/Verluste in eine Rücklage eingestellt werden.

Internationale Rechnungslegung TEIL F

▶ Die bis zur Fälligkeit gehaltenen Finanzinvestitionen werden nach der Effektivzinsmethode zu den fortgeführten Anschaffungskosten bewertet. Das führt dann jeweils zum Ausweis eines Agios oder Disagios.

Der Unternehmer hat beim erstmaligen Ansatz unter den Voraussetzungen des IFRS 9 ein unwiderrufliches Wahlrecht, Zeitwertveränderungen bei Eigenkapitalinstrumenten erfolgsneutral zu behandeln (siehe auch Rdn 1885 ff.)

TAB. 1: Erstbewertung und Folgebewertung der Finanzanlagen (IAS 39)

Kategorie	held for trading	held to maturity	available for sale
Erstbewertung	Fair Value (ohne Nebenkosten)	Fair Value (mit Nebenkosten)	Fair Value (mit Nebenkosten)
Folgebewertung	Fair Value	fortgeführte Anschaffungskosten	Fair Value
Auswirkungen	erfolgswirksam	Ausweis eines Disagios bzw. eines Agios	Im Regelfall erfolgsneutral mit Rücklagenbildung

BEISPIEL: ▶ X-AG erwirbt am 1.10.10 100 Aktien der Y-AG zum Börsenkurs 20 € je Aktie (available for sale). Die Nebenkosten (Transaktionskosten) betragen 100 €.

Die Börsenkurse entwickeln sich wie folgt:

zum 31.12.10 = 25 €

zum 31.12.11 = 15 € (dauernde Wertminderung)

Welche Buchungen ergeben sich?

LÖSUNG: ▶ Die Erstbewertung erfolgt zum Fair Value (beizulegender Zeitwert). Die dem Erwerb direkt zurechenbaren Transaktionskosten gehören zu den Anschaffungskosten.

Buchung:

| Wertpapiere | 2 100 € | an | Bank | 2 100 € |

Die Folgebewertung zum 31.12.10 erfolgt ebenfalls zum Fair Value. Die Änderungen gegenüber den ursprünglichen Anschaffungskosten sind grundsätzlich erfolgsneutral zu erfassen, auch evtl. latente Steuern.

Buchung:

| Aktien | 400 € | an | Rücklage | 400 € |

Zum 31.12.11 liegt eine signifikante Wertminderung nach IAS 39.61 auf 1 500 € vor. Die gebildete Rücklage ist aufzulösen und die Differenz zwischen den ursprünglichen Anschaffungskosten und dem beizulegenden Wert ist erfolgswirksam zu erfassen (IAS 39.67).

Buchung:

| Rücklage | 1 000 € | an | Aktien | 1 000 € |
| Verlust | 600 € | an | Rücklage | 600 € |

BEISPIEL: ▶ X-AG erwirbt Aktien, die zur Kategorie Handelsbestand gehören sollen. Zahlen und Vorgänge wie zum obigen Beispiel. Dabei sind Erhöhungen und Minderungen als wesentlich zu unterstellen.

Buchungen 1.10.10:

| Aktien | 2 000 € | | | |
| Aufwand | 100 € | an | Bank | 2 100 € |

Buchung 31.12.10:

Aktien	500 €	an	Gewinn	500 €

Buchung 31.12.11:

Verlust	1 000 €	an	Aktien	1 000 €

1.6.3.9.3 Die Regelungen des IFRS 9

1.6.3.9.3.1 Allgemeines

1885 Die Regelungen zum Ansatz und zur Bewertung finanzieller Vermögenswerte sind im neuen IFRS 9 enthalten, die zum Teil schon am 12.9.2009 veröffentlich wurden. Sie sollen nach Vervollständigung und Übernahme durch die EU verpflichtend Anwendung finden. IFRS 9 ersetzt dann IAS 39. Eine freiwillige frühere Anwendung ist aber zulässig.

▶ **Bewertungsgruppen**

1886 Nach der Neuregelung des IFRS 9 gibt es nur noch zwei Bewertungsgruppen:

Bewertung zu Anschaffungskosten bzw. zu fortgeführten Anschaffungskosten (at cost).

Hierunter fallen finanzielle Vermögenswerte, die längerfristig im Unternehmen gehalten werden und die zu festgelegten Terminen Tilgungs- und Zinszahlungen vorsehen.

Bewertung zum Fair Value:

Hierunter fallen grundsätzlich alle anderen finanziellen Vermögenswerte (z.B. Aktien, GmbH-Anteile).

Wertveränderungen wirken sich auf das Ergebnis aus, soweit beim erstmaligen Ansatz nicht auf eine erfolgsneutrale Erfassung im sonstigen Ergebnis optiert wird.

▶ **Optionsmöglichkeiten**

1887 Der Unternehmer hat beim erstmaligen Ansatz unter den Voraussetzungen des IFRS 9 ein unwiderrufliches Wahlrecht, Zeitwertveränderungen bei Eigenkapitalinstrumenten, die nicht zu Handelszwecken gehalten werden, erfolgsneutral zu behandeln. Maßgebend dabei ist, welchem Geschäftsmodell der finanzielle Vermögenswert im Anschaffungszeitpunkt zugeordnet wird.

Die Wertveränderungen haben dann keinen Einfluss auf den Erfolg.

Das gilt auch für einen Veräußerungsgewinn, Veräußerungsverlust und sonstige Wertveränderungen.

Diese Vorgänge werden dabei in einer Neubewertungsrücklage erfasst. Latente Steuern sind zu berücksichtigen. Dagegen sind aber Dividenden ohne Rücksicht auf die erfolgsneutrale Bewertung immer erfolgswirksam zu erfassen.

BEISPIEL: ▶ X-AG erwirbt am 1.10.08 200 Aktien eines börsennotierten Unternehmens für 2 000 €.
Die Transaktionskosten betragen 20 €.
Kein Erwerb zu Handelszwecken. Wahlrecht zur erfolgsneutralen Bewertung nach IFRS 9 wurde ausgeübt. Der Marktwert beträgt zum 31.12.08 2 200 €. Die Papiere werden am 1.4.09 für 2 300 € wieder verkauft.

Welche Buchungen ergeben sich?

LÖSUNG: Buchungen:

1.10.08	Wertpapiere	2 020 €	an	Geldkonto	2 020 €
31.12.08	Wertpapiere	180 €	an	Neubewert.-Rückl.	180 €
1.4.09	Wertpapiere	100 €	an	Neubewert.-Rückl.	100 €
	Geldkonto	2 300 €	an	Wertpapiere	2 300 €
	Neubewert.-Rückl.	280 €	an	Gewinn-Rückl.	280 €

Nicht im IFRS 9 sind geregelt:

▶ Beteiligungen an assoziierten Unternehmen

▶ Beteiligungen an Tochterunternehmen

▶ Joint Ventures

ABB. 42: Finanzinstrumente in IFRS 9 beim erstmaligen Ansatz Einordnung nach jeweiligem Geschäftsmodell

Finanz-instrument	längerfristig gehaltene finanzielle Vermögenswerte mit festgelegten Tilgungs- und Zinszahlungsterminen		übrige finanzielle Vermögenswerte	
Grundsatz	fortgeführte Anschaffungskosten (at cost)		Fair Value	
Optionen		unter bestimmten Voraussetzungen Fair Value		Erfassung der Veränderungen im sonstigen Ergebnis für nicht zu Handelszwecken erworbene finanzielle Vermögenswerte
erstmalige Bewertung	Fair Value + Transaktionskosten	Fair Value	Fair Value	Fair Value + Transaktionskosten
Folgebewertung	fortgeführte Anschaffungskosten	Fair Value	Fair Value	
Erfassung der Veränderungen	Gewinn und Verlust	Gewinn und Verlust		Sonstiges Ergebnis (außer Dividenden)

1.6.3.10 Bewertung des Vorratsvermögens

1.6.3.10.1 Allgemeines

Die Bewertung des Vorratsvermögens richtet sich nach IAS/IFRS 2. Das bezieht sich auf

▶ Handelswaren,

▶ Roh-, Hilfs- und Betriebsstoffe,

▶ unfertige Erzeugnisse,

▶ Fertigerzeugnisse.

Sie sind einzeln wie folgt zu bewerten:

- Bei Anschaffung oder Herstellung mit den Anschaffungs- oder Herstellungskosten. Diese bilden die Wertobergrenze, die Herstellungskosten sind auf Vollkostenbasis zu ermitteln (siehe Rdn. 1882).
- Zu weiteren Bilanzstichtagen mit den Anschaffungs- oder Herstellungskosten oder mit dem niedrigeren Netto-Veräußerungspreis. Dieser Wert orientiert sich nach dem Absatzmarkt. Er entspricht dem zu erwartenden Verkaufspreis abzüglich der noch ausstehenden Fertigungs- und Vertriebskosten. Es gilt das Niederstwertprinzip. Bei Roh-, Hilfs- und Betriebsstoffen erfolgt der Vergleich grundsätzlich mit den Preisen am Beschaffungsmarkt.

Dabei ist aber zu beachten, dass ein gesunkener Wiederbeschaffungswert nicht zwingend zu einer Abschreibung führt. Die Roh-, Hilfs- und Betriebsstoffe können deshalb auch nur dann abgeschrieben werden, wenn die Kosten der damit produzierten Fertigerzeugnisse über deren Netto-Veräußerungswert liegen.

1890 Der Netto-Veräußerungswert ist in jeder Folgeperiode erneut zu ermitteln. Wenn die Gründe, die in einer Vorperiode zu einer Abschreibung geführt haben, nicht mehr vorliegen, ist zwingend eine Wertaufholung durchzuführen. Vorgenommene Abschreibungen bzw. Zuschreibungen, die sich auf Grund einer Wertaufholung ergeben, müssen nicht gesondert in der GuV-Rechnung ausgewiesen werden.

Wenn Vorräte verkauft worden sind, ist der Buchwert dieser Vorräte in der Berichtsperiode als Aufwand zu erfassen, in der die zugehörigen Erträge realisiert sind. Alle Wertminderungen von Vorräten auf den Nettoveräußerungswert sowie alle Verluste bei den Vorräten sind in der Periode als Aufwand zu erfassen, in der die Wertminderungen vorgenommen wurden oder die Verluste eingetreten sind. Wertaufholungen sind als Verminderung des Materialaufwands zu erfassen (IAS 2.34).

BEISPIEL: X-AG hat am 1.10.08 1000 Stück einer bestimmten Ware für 10 € pro Stück erworben. Der Nettoveräußerungspreis betrug zum 31.12.08 jeweils 9 € pro Stück.

Im Folgejahr wurden davon 600 Stück für insgesamt 9 000 € verkauft.

Zum 31.12.09 betrug der Lagerbestand noch 400 Stück, der Nettoveräußerungswert pro Stück 11 €

LÖSUNG: Buchungen 08:

- Erwerb:

  Handelsware 10 000 € an Geldkonto 10 000 €
- Wertminderung:

  Materialaufwand 1 000 € an Handelsware 1 000 €

Buchungen 09:

- Veräußerung:

  Geldkonto 9 000 € an Umsatzerlöse 9 000 €
- Buchwert:

  Materialaufwand 5 400 € an Handelsware 5 400 €
- Wertaufholung:

  Handelsware 400 € an Materialaufwand 400 €

Außerdem sind weitere Angaben in der Bilanz, GuV-Rechnung oder im Anhang zu machen, wie z. B. über

- verwendete Bilanzierungs- und Bewertungsmethoden;
- den Buchwert oder zum Netto-Veräußerungspreis angesetzten Vorräte;
- Betrag der vorgenommenen Wertaufholungen, sowie die Gründe hierfür;
- den Buchwert der Vorräte, die als Sicherheit für Verbindlichkeiten dienen.

Anzahlungen dürfen nach IAS/IFRS nicht mit den Vorräten verrechnet werden (Saldierungsverbot).

Bewertungsvereinfachungsverfahren sind zulässig, wie

- gewogene Durchschnittsmethode,
- Fifo.

Nicht mehr zulässig sind Lifo und Festbewertung.

1.6.3.10.2 Langfristige Fertigungsaufträge

Solche Aufträge liegen vor, wenn sich die Herstellung von Wirtschaftsgütern oder Bauprojekten über mehrere Rechnungsabschnitte erstreckt.

Nach den Regelungen des HGB kam es zur Gewinnrealisierung grundsätzlich erst im Jahr der Abnahme. Nach IAS/IFRS 11 ist aber eine Gewinnrealisierung nach dem Leistungsfortschritt vorzunehmen. Lässt sich das Ergebnis des Auftrags verlässlich schätzen, sind die Auftragserlöse und die Auftragskosten nach dem jeweiligen Leistungsfortschritt zum Bilanzstichtag als Erträge und Aufwendungen zu erfassen. Damit werden Gewinne und anfallende Kosten periodengerecht zugerechnet.

Nach den IAS/IFRS werden dabei zwei Vertragstypen unterschieden, nämlich

- Festpreisverträge

    Hierunter fallen Verträge, bei denen mit dem Auftragnehmer ein fester Preis vereinbart wird.

- Kostenzuschlagsverträge

    Das sind Verträge, in denen mit dem Auftragnehmer die Kosten zuzüglich eines bestimmten Zuschlags vereinbart werden.

Die langfristigen Fertigungsaufträge werden dann nach der *„percentage-of-completion-*Methode" bilanziert. Das bedeutet Teilgewinnrealisierung nach dem jeweiligen Fertigungsgrad. Dabei kann der sich ergebende Teilgewinn nach der *„cost-to-cost-*Methode" nach folgender Formel ermittelt werden:

$$\frac{\text{Aufwand der Periode}}{\text{Gesamtaufwand}} \times \text{Gesamtgewinn} = \text{Teilgewinn}$$

BEISPIEL: Langfristige Auftragsfertigung, Beginn 1.1.04, Fertigstellung 31.12.05.

Gesamtaufwendungen	5 000 000 €
Festpreis	6 000 000 €

Fertigstellung gleichmäßig in beiden Jahren.

LÖSUNG:
Nach HGB:

in 04:		Herstellungskosten (Bilanz)	2 500 000 €
		keine Gewinnauswirkung	
in 05:		aus 04	2 500 000 €
		aus 05	2 500 000 €
		Erlös	6 000 000 €
		Gewinn	1 000 000 €

Nach IAS/IFRS:

in 04:		Aufwendungen	2 500 000 €
		Erlöse	3 000 000 €
		Gewinn	500 000 €

Buchungen:
künftige Ford. an Umsatzerlöse	3 000 000 €
Herst.-Kosten an Vorräte	2 500 000 €

in 05:		Aufwendungen	2 500 000 €
		Erlöse	3 000 000 €
		Gewinn	500 000 €

Buchungen:
Ford. Lief. an Umsatzerlöse	6 000 000 €
Umsatzerlöse an künft. Ford.	3 000 000 €
Herst.-Kosten an Vorräte	2 500 000 €

Da steuerlich eine Teilgewinnrealisierung in der Regel nicht erfolgt, sind passive latente Steuern zu berücksichtigen (siehe Rdn. 1896).

Der IASB hat einen neuen Standard (IFRS 15) veröffentlicht, der u. a. die POC-Methode für weiterhin anwendbar erklärt und darüber hinaus diese Methode auf Erträge aus anderen Leistungen zulässt. Dieser Standard soll anwendbar sein auf Geschäftsjahre, die nach dem 31. 12. 2016 beginnen (siehe auch BBK 13/2014 S. 631).

1.6.3.11 Eigenkapital

1893 Die IFRS sehen für die Darstellung des Eigenkapitals nur eine Mindestgliederung vor.

Nach § 272 Abs. 1a HGB sind die erworbenen eigenen Aktien mit ihrem Nennbetrag offen in einer Vorspalte vom gezeichneten Kapital abzusetzen und der überschießende Betrag mit anderen Gewinnrücklagen zu verrechnen (siehe auch BMF v. 27. 11. 2013, BStBl 2013 I 1615).

Diese Regelung führt insoweit zu einer gleichen Abbildung wie nach IFRS.

Nach IAS 32 liegt bei dem Erwerb eigener Aktien kein finanzieller Vermögenswert vor. Eigene Aktien sind im Zeitpunkt des Erwerbs vom Eigenkapital abzusetzen.

Nach den IAS/IFRS können die eigenen Anteile wie folgt in der Bilanz ausgewiesen werden:
- durch Verrechnung mit dem Eigenkapital,
- durch offene Saldierung in der Bilanz,
- durch Ausweis im Anhang.

BEISPIEL: Die X-AG erwirbt eigene Aktien im Nennwert von 20 000 € für 70 000 €. Das Nominalkapital der AG beträgt 150 000 €, die Kapitalrücklage 500 000 €.

LÖSUNG: Nach IAS/IFRS:

IAS-Bilanz			
	gez. Kapital	150 000	
	./. eig. Anteile	20 000	130 000
	Kapitalrücklage	570 000	
	Agio eig. Anteile	50 000	520 000
	Eigenkapital		650 000

oder

IAS-Bilanz			
	gez. Kapital	150 000	
	Kapitalrücklage	570 000	720 000
	./. eig. Anteile	70 000	70 000
	Eigenkapital		650 000

Eigene Anteile sind mit den Anschaffungskosten bzw. mit dem beizulegenden Wert zu erfassen. Bei Bewertung mit dem beizulegenden Wert kommt es gegebenenfalls auch zu einer Wertaufholung.

Nach IAS/IFRS sind Angaben zum Eigenkapital entweder in der Bilanz oder im Anhang zu machen.

1.6.4 Verbindlichkeiten und Rückstellungen (IAS 37)

1.6.4.1 Verbindlichkeiten

Nach den IAS/IFRS werden die Verbindlichkeiten in zwei Gruppen eingeteilt:

- Kurzfristige Verbindlichkeiten

    Als kurzfristige Verbindlichkeiten sind Schulden auszuweisen, wenn die Tilgung innerhalb von 12 Monaten nach dem Bilanzstichtag fällig ist.

- Langfristige Verbindlichkeiten

    Diese Schulden mit einer Laufzeit von über einem Jahr sind abzuzinsen.

Die Verbindlichkeiten sind wie folgt zu bewerten:
- Kurzfristige Verbindlichkeiten mit dem Rückzahlungsbetrag;
- langfristige Verbindlichkeiten mit dem Barwert.

Wurde ein Darlehen unter Berücksichtigung eines Disagios vereinbart, dann ist der zugeflossene Auszahlungsbetrag zu erfassen. In Höhe dieses Betrags erfolgt dann die erstmalige Bilanzierung. Über die Laufzeit des Darlehens wird der zugeflossene Auszahlungsbetrag bei den Folgebewertungen durch Aufzinsen stufenweise auf den Rückzahlungsbetrag erhöht.

Die Auswirkungen von Wechselkursänderungen im Zusammenhang mit Fremdwährungsverbindlichkeiten ergeben sich aus IAS 21. Danach wird die Währung des primären Wirtschaftsumfeldes, in dem das Unternehmen tätig ist, als funktionale Währung bezeichnet. Das Unternehmen weist bei Erstellung des Abschlusses die Fremdwährungsposten in der funktionalen Währung aus.

Die Fremdwährungstransaktion ist erstmalig in der funktionalen Währung anzusetzen, indem der Fremdwährungsbetrag mit dem am jeweiligen Tag des Geschäftsvorfalls gültigen Kassakurs zwischen der funktionalen Währung und der Fremdwährung umgerechnet wird.

Zu jedem weiteren Bilanzstichtag sind monetäre Posten unter Verwendung des Stichtagskurses umzurechnen.

Umrechnungsdifferenzen sind dann erfolgswirksam in der Periode zu erfassen, in der sie entstanden sind. Dabei sind sowohl unrealisierte Gewinne als auch unrealisierte Verluste auszuweisen.

1.6.4.2 Rückstellungen

1895   Rückstellungen sind nur anzusetzen, wenn

- aus einem Ereignis in der Vergangenheit eine gegenwärtige Verpflichtung entstanden ist,
- ein Abfluss von Ressourcen mit wirtschaftlichem Nutzen zur Erfüllung der Verpflichtung wahrscheinlich ist und
- eine zuverlässige Schätzung der Höhe der Verpflichtung möglich ist.

Außerdem muss die Wahrscheinlichkeit einer Inanspruchnahme größer sein als die Wahrscheinlichkeit, dass das Ereignis nicht eintritt.

Ungewisse Verbindlichkeiten und drohende Verluste aus schwebenden Geschäften sind zurückzustellen, wenn eine bürgerlich-rechtliche oder öffentliche Verpflichtung besteht.

Für Aufwandsrückstellungen besteht ein Passivierungsverbot. Im Anhang sind zu sonstigen Rückstellungen bestimmte Angaben zu machen.

1.6.5 Latente Steuerabgrenzung (IAS 12)

1896   Die latenten Steuern haben im Gegensatz zu den bisherigen Regelungen im HGB in den Abschlüssen nach IAS/IFRS eine größere Bedeutung. Latente Steuern ergeben sich in der Regel, wenn handelsrechtlich und steuerrechtlich unterschiedliche Ansatz- oder Bewertungsmethoden zulässig sind.

Deshalb schreiben die IAS/IFRS 12 vor, dass alle zu versteuernden Differenzen abzugrenzen sind.

Latente Steuern sind nach dem bilanzorientierten Temporary-Konzept zu ermitteln. Das Konzept erfasst in der Regel jede Bilanzierungs- und Bewertungsdifferenz aus dem Vergleich zwischen dem Ansatz in der IFRS-Bilanz und der Steuerbilanz. Diese Differenzen kehren sich dabei künftig steuerbe- oder -entlastend um.

Zu unterscheiden sind:

▶ Aktive latente Steuern

Für aktive latente Steuern besteht nach IAS 12 eine Aktivierungspflicht für mittelgroße und große Kapitalgesellschaften. Grundsätzlich können aktive latente Steuern entstehen, wenn

— Vermögenswerte in der IFRS-Bilanz niedriger ausgewiesen sind als in der Steuerbilanz;

— Verbindlichkeiten in der IFRS-Bilanz höher ausgewiesen sind als in der Steuerbilanz.

▶ Passive latente Steuern

Sie können entstehen, wenn

— Vermögenswerte in der IFRS-Bilanz höher ausgewiesen werden als in der Steuerbilanz;

— Verbindlichkeiten in der IFRS-Bilanz geringer ausgewiesen werden als in der Steuerbilanz.

Auch für passive latente Steuern besteht Passivierungspflicht.

Die Bewertung latenter Steuern erfolgt grundsätzlich mit dem Steuersatz, der zum Bilanzstichtag aktuell ist.

Soweit Bewertungsdifferenzen bei Vermögenswerten und bei den Schulden erfolgswirksam entstanden sind, müssen auch die latenten Steuern erfolgswirksam erfasst werden.

Sind diese Differenzen jedoch erfolgsneutral entstanden, wie z. B. bei der Neubewertung von Sachanlagevermögen nach IAS 16, werden auch die latenten Steuern erfolgsneutral angesetzt.

Bei erfolgsneutraler Neubewertung sind latente Steuern zu berücksichtigen. Dabei werden die latenten Steuern (Steueraufwand/Steuerertrag) ebenfalls erfolgsneutral im sonstigen Ergebnis (OCI) ausgewiesen. Damit wird in der Neubewertungsrücklage nur der Betrag nach Berücksichtigung der latenten Steuern erfasst (IAS 12.61 A).

BEISPIEL: ▶ Die X-AG bildet in der IFRS-Bilanz zum 31.12.08 eine Rückstellung für drohende Verluste aus schwebenden Geschäften in Höhe von 50 000 €. Der Gewinn vor Rückstellungsbildung beträgt 08 200 000 € und 09 180 000 €.

Der Steuersatz ist mit 30 % anzunehmen.

LÖSUNG: ▶ In der Steuerbilanz ist diese Rückstellung nicht zulässig. Deshalb weichen die Ergebnisse laut IFRS-Bilanz und St-Bilanz in den beiden Jahren voneinander ab.

Entwicklung in der IFRS-Bilanz:

Gewinn 08	200 000 €
./. Rückst.	50 000 €
bleiben	150 000 €
x 30 %	./. 45 000 €
bleiben	105 000 €
Gewinn 09	180 000 €
x 30 %	./. 54 000 €
bleiben	126 000 €

Entwicklung in der St-Bilanz:

Gewinn 08	200 000 €
x 30 %	./. 60 000 €
bleiben	140 000 €
Gewinn 09	180 000 €
./. Verlust	./. 50 000 €
bleiben	130 000 €
x 30 %	./. 39 000 €
bleiben	91 000 €

In der IFRS-Bilanz führt die Bildung der Drohverlustrückstellung zu einem geringeren Ergebnis als sich nach der steuerrechtlichen Behandlung ergeben würde. Hier ergibt sich das Minderergebnis erst in einer Folgeperiode.

In der IFRS-Bilanz entsteht somit eine temporäre Differenz mit dem Ergebnis einer zukünftigen Steuerentlastung.

Deshalb ist im Jahr 08 eine aktive latente Steuerabgrenzung zu bilden (50 000 € x 30 % = 15 000 €).

Buchungen:

Aktive latente Steuern	15 000 €	an	Steuerertrag	15 000 €
und in der Folgeperiode				
Steueraufwand	15 000 €	an	aktive latente Steuern	15 000 €

Ein negativer Firmenwert (Goodwill) führt nicht zur Aktivierung eines latenten Steueranspruchs.

Nach IAS/IFRS sind Ansprüche und Schulden aus Steuern getrennt in der Bilanz auszuweisen. Dasselbe gilt für latente Steueransprüche und Steuerschulden. Diese müssen ebenfalls von den tatsächlichen Steueransprüchen und Steuerschulden getrennt ausgewiesen werden.

BEISPIEL: Die X-AG stellt ab 1.1.05 auf IAS/IFRS um. Steuersatz 30 %. Dabei ist unter anderem folgender Sachverhalt zu beurteilen:

Ein Bürogebäude, vor 10 Jahren für 400 000 € hergestellt, wurde, steuerlich zulässig, mit 4 % abgeschrieben. Der Restbuchwert zum 1.1.05 beträgt 240 000 €. Die wirtschaftliche Nutzungsdauer nach IAS/IFRS beträgt 50 Jahre.

LÖSUNG: Das Bürogebäude ist in der IAS/IFRS-Eröffnungsbilanz so zu bewerten, als ob schon von Anfang an nach IAS/IFRS bilanziert worden wäre. Es ist also eine Anpassung der Buchwerte erforderlich.

	HGB/StB	IAS/IFRS
Herst.-Kosten	400 000 €	400 000 €
./. Abschreibungen	160 000 €	80 000 €
	240 000 €	320 000 €

Die Gewinnrücklagen erhöhen sich um 80 000 €.

Buchung: Gebäude 80 000 € an Gewinnrücklagen 80 000 €

Als latente Steuern sind abzugrenzen:

30 % von 80 000 € = 24 000 €

Buchung: Gewinnrücklagen 24 000 € an pass. latente Steuer 24 000 €

1.6.6 Sonstige Positionen und Anlagen

Auf weitere Besonderheiten und Unterschiede in der bilanziellen Behandlung soll noch hingewiesen werden: 1898

1.6.6.1 Leasingverträge

Nach IAS/IFRS 17 richtet sich bei Leasingverträgen die Zurechnung des Gegenstandes danach, wer Chancen und Risiken zu tragen hat. Das kann

▶ der Leasingnehmer sein, wenn folgende Voraussetzungen vorliegen:

– Eigentum wird am Ende der Laufzeit übertragen,

– Kaufoption vorgesehen zu einem Preis, der unter dem beizulegenden Wert liegt,

– Grundmietzeit länger als 75 % der wirtschaftlichen Nutzungsdauer,

– abgezinster Gegenwartswert ist gleich oder größer als der Zeitwert bei Vertragsbeginn.

In diesen Fällen liegt das sogenannte Finanzierungsleasing vor. Es ist wirtschaftlich gleichzusetzen als Kauf mit Finanzierungsfunktion. Hierbei trägt der Leasingnehmer das Investitionsrisiko. Es hat eine Übertragung des Nutzungsrechts an dem Vermögensgegenstand stattgefunden.

Der Leasingnehmer hat den Leasinggegenstand zu aktivieren und gleichzeitig eine entsprechende Verbindlichkeit in der Bilanz auszuweisen.

Der Leasinggeber bilanziert eine Forderung. Die Leasingraten sind in einen Zins-Kosten- und Tilgungsanteil aufzuteilen.

▶ der Leasinggeber sein, wenn die vorstehenden Voraussetzungen beim Leasingnehmer nicht vorliegen.

Hier kommt es zum Operating-Leasing. Es ähnelt einem Mietvertrag, weil das Risiko des Untergangs des Leasinggegenstands beim Leasinggeber liegt und die Laufzeit des Vertrags kürzer als 51 % der betriebsgewöhnlichen Nutzungsdauer ist. Die zu zahlenden Leasingraten sind beim Leasingnehmer als Aufwand zu buchen. Der Leasinggeber bilanziert den Leasinggegenstand im Anlagevermögen und schreibt ihn über die wirtschaftliche Nutzungsdauer ab.

1899 Wegen Probleme bei der Zuordnung von Leasing-Verhältnissen ist eine Änderung des IFSR 17 geplant.

Die Trennung zwischen Finanzierungs-Leasing und Operating-Leasing soll aufgehoben werden.

Unterschieden wird dabei grundsätzlich nach Art des Vermögensgegenstands, nämlich

- Typ A
  hierunter fallen im wesentlichen Vermögensgegenstände der Betriebs- und Geschäftsausstattung und

- Typ B
  hier werden Leasinggeschäfte mit Immobilien erfasst.

Leasingverhältnisse sollen grundsätzlich in der Bilanz des Leasingnehmers erscheinen.

Der Leasingnehmer hat ein Nutzungsrecht am Objekt und damit einen Vermögensgegenstand erhalten, der bei ihm zu aktivieren ist. Außerdem entsteht gleichzeitig eine Verpflichtung zur Zahlung der Leasingraten, die als Verbindlichkeit zu passivieren ist.

Der Leasinggeber hat eine entsprechende Forderung auf die Leasingraten anzusetzen.

Siehe hierzu auch die ausführliche Darstellung in BBK 1/2014 S. 36

ABB. 43:	Grundsätze der Bilanzierung von Leasingverhältnissen beim			
	\multicolumn{2}{c}{Leasingnehmer}	\multicolumn{2}{c}{Leasinggeber}
	Typ A	Typ B	Typ A	Typ B
Erstmaliger Ansatz:				
- Gegenstand	Ansatz Nutzungsrecht mit Barwert, Leasingzahlungen		Ausbuchung Gegenstand	Ansatz Leasinggegenstand
- Verbindlichkeit/Forderung	Ansatz Verbindlichkeit mit Barwert, Leasingzahlungen		Ansatz Forderung mit Barwert, Leasingzahlungen, Ansatz Restvermögenswert	–
Folgebewertung:				
- Gegenstand	Abschreibung Nutzungsrecht	Tilgungsanteil mindert Nutzungsrecht (GuV)	–	Abschreibungen Leasinggegenstand
- Verbindlichkeit/Forderung	Bewertung Verbindlichkeit nach Effektivzinsmethode, Aufteilung in Zinsanteil (GuV) und Tilgung	Tilgungsanteil mindert Verbindlichkeit (GuV)	Ansatz Forderung nach Effektivzinsmethode (Zinsertrag GuV)	Leasingzahlungen (GuV)

1.6.6.2 Bilanzierungshilfen (IAS 38)

Die bisherige Vorschrift des § 269 HGB ist durch das BilMoG aufgehoben worden, sodass sowohl nach HGB als auch nach IFRS Bilanzierungshilfen nicht bilanziert werden dürfen, weil hiermit weder ein immaterieller Vermögensgegenstand erworben noch geschaffen wird.

1900

1.6.6.3 Sonderposten mit Rücklagenanteilen (IAS 16)

Auch hier besteht nach IAS/IFRS ein Ansatzverbot.

1901

In der HB sind nach dem BilMoG anstelle eines Sonderpostens mit Rücklageanteil entsprechend dem darin enthaltenen Fremdkapitalanteil passive latente Steuern auszuweisen. § 273 HGB wurde abgeschafft.

In der IFRS-Bilanz erfüllen diese Sonderposten nicht die Kriterien für eine Passivierung. Es sind ebenfalls passive latente Steuern für den Fremdkapitalanteil auszuweisen.

1.6.6.4 Kapitalflussrechnung (IAS 7)

1902 Diese ist Pflichtbestandteil der IAS/IFRS-Jahresabrechnung. Ziel ist, Informationen über die Finanzlage des Unternehmens bereitzustellen. Dabei werden Zu- und Abflüsse von Zahlungsmittel unterschieden in solche aus

- laufender Geschäftstätigkeit,
- Investitionstätigkeit,
- Finanzierungstätigkeit.

Hierdurch werden mit Hilfe der Mittelherkunfts- und Mittelverwendungsrechnung die Veränderungen des Finanzmittelbestandes erklärt (siehe hierzu ausführlich BBK 1/2015 S. 38).

1.6.6.5 Eigenkapital-Veränderungsrechnung (IAS 1.106)

1903 Nach den Regeln der IAS/IFRS können sich, im Gegensatz zum HGB, zahlreiche erfolgsneutrale Veränderungen des Eigenkapitals ergeben, wie z. B. durch

- Anpassungseffekte durch den Übergang von der HB zur IFRS-Bilanz;
- Bildung von Neubewertungsrücklagen im Zusammenhang mit der Neubewertung beim Anlagevermögen.

Die Adressaten sollen aber einen genauen Einblick in die Entwicklung des Kapitals erhalten. Deshalb ist die Eigenkapital-Veränderungsrechnung ein eigenständiger Bestandteil des IFRS-Abschlusses. Zur Beurteilung der Ertragskraft eines Unternehmens spielt die Eigenkapital-Veränderungsrechnung neben der Gewinn- und Verlustrechnung eine bedeutsame Rolle.

In der Eigenkapital-Veränderungsrechnung werden die Bestände des Eigenkapitals und alle Veränderungen dargestellt, die sich aus dem Gesamtergebnis und den Transaktionen mit den Eigentümern (wie z. B. Einlagen, Ausschüttungen) ergeben haben.

1.6.7 Gewinn- und Verlustrechnung (IAS 1, IAS 8, IAS 18)

1904 Die GuV-Rechnung trägt maßgeblich dazu bei, die Informationsfunktion des Jahresabschlusses zu erfüllen. Wichtige Informationen über Rentabilität und Ertragskraft eines Unternehmens werden damit den Adressaten mitgeteilt. Nach IAS/IFRS sind zugelassen, wie bisher nach HGB auch

- Umsatzkostenverfahren,
- Gesamtkostenverfahren

(siehe hierzu ausführlich Rdn. 1753).

Die Regeln nach IAS/IFRS sehen dabei lediglich eine Mindestgliederung vor. Weitere Untergliederungen können bei Bedarf vorgenommen werden bzw. müssen vorgenommen werden, wenn andere Standards das vorschreiben.

1.6.8 Gesamtergebnisrechnung

Nach IFRS 1.81a muss die Darstellung von Gewinn und Verlust und sonstigem Ergebnis (Gesamtergebnisrechnung) neben den Abschnitten „Gewinn oder Verlust" und „sonstiges Ergebnis" Folgendes zeigen:

- Den Gewinn oder Verlust,
- das sonstige Ergebnis insgesamt,
- das Gesamtergebnis für die Periode, d.h. die Summe aus Gewinn und Verlust und sonstigem Ergebnis.

Möglichkeiten der Darstellung:

- in einer Gesamtrechnung:

- in zwei Rechnungen:

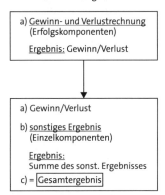

Hierbei muss die Gewinn- und Verlustrechnung der Darstellung des Gesamtergebnisses unmittelbar vorangehen.

Es werden hiermit, vereinfacht gesagt, dargestellt:

- In der Gewinn- und Verlustrechnung die erfolgswirksamen Vorgänge;
- Im sonstigen Ergebnis grundsätzlich die erfolgsneutralen Vorgänge, wie z.B. Neubewertungsergebnisse, Gewinne und Verluste aus Eigenkapitalinstrumenten bei Ausübung der Option.

Die Gewinn- und Verlustrechnung kann dabei nach dem Gesamtkosten- oder nach dem Umsatzkostenverfahren erstellt werden.

Das Rahmenkonzept soll nach den Vorstellungen des IASB überarbeitet werden. Dabei soll auch entschieden werden

- welche Ergebnisbestandteile in der GuV-Rechnung und welche im sonstigen Ergebnis erfasst werden sollen und
- ob und wann im sonstigen Ergebnis erfolgsneutral erfasste Beträge erfolgswirksam in die GuV-Rechnung umgegliedert werden sollen

(weitere Einzelheiten in BBK 21/2013 S. 1033).

Internationale Rechnungslegung — TEIL F

ABB. 44: Unterschiedliche Ansatz- und Bewertungsregelungen nach Handelsrecht und internationaler Rechnungslegung (IAS/IFRS)

Vermögenswerte	Regelungen des HGB (nach Inkrafttreten des BilMoG)	Regelungen nach IAS/IFRS
I. Ansatz der Vermögenswerte		
1. Bilanzierungshilfen	Ansatzverbot (§ 269 HGB a. F. ist aufgehoben)	Ansatzverbot (IAS 38)
2. derivativer Firmenwert	Ansatzgebot (§ 255 Abs. 4 HGB a. F. ist aufgehoben)	Ansatzgebot (IAS 22)
3. latente Steuern	Ansatzgebot bei passiven latenten Steuern Ansatzwahlrecht bei aktiven latenten Steuern (§ 274 Abs. 1 HGB)	Ansatzgebot (IAS 12)
4. Rückstellungen	für bestimmte Aufwandsrückstellungen besteht Passivierungspflicht (§ 249 Abs. 1 HGB); Passivierungswahlrechte existieren nicht mehr (§ 249 Abs. 1 Satz 3 HGB a. F. ist aufgehoben)	Ansatzverbot für Aufwandsrückstellungen (IAS 37)
5. Eigenkapital	eigene Anteile dürfen nicht aktiviert werden; nach § 272 Abs. 1a und 4 HGB besteht die Verpflichtung, das gezeichnete Kapital um die eigenen Anteile zu kürzen	Ausweis eigener Anteile durch Verrechung mit dem Eigenkapital und Ausweis einer Neubewertungsrücklage (IAS 1, 32, 39)
6. Sonderposten mit Rücklageanteil	Ansatzverbot, da die umgekehrte Maßgeblichkeit und damit der § 273 HGB aufgehoben wurde	kein Ansatz eines Sonderpostens, weil kein Maßgeblichkeitsgrundsatz (Trennung von Handelsbilanz und Steuerbilanz)
7. halbfertige Arbeiten	Gewinnrealisierung grundsätzlich erst nach Abnahme des fertigen Werkes (Realisationsprinzip § 252 Abs. 1 HGB)	Gewinnrealisierung nach Leistungsfortschritt bei langfristigen Fertigungsaufträgen (IAS 11)

II. Bewertung der Vermögenswerte	Regelungen des HGB	Regelungen nach IAS/IFRS
1. Sachanlagen	Obergrenze sind AK oder HK (§ 253 Abs. 1 HGB), ggf. Abschreibung auf beizulegenden Wert (§ 253 Abs. 3 HGB)	Neubewertung zulässig (IAS 16) Abschreibung auf Verkaufswert
2. Forderungen	Wertberichtigung erforderlich (§ 253 Abs. 4 HGB), dabei Bildung stiller Reserven möglich	angemessene Wertberichtigung ohne Bildung stiller Reserven (IAS 39)
3. Vorräte ▶ Anschaffungszeitpunkt ▶ Folgebewertung	▶ Anschaffungskosten (§ 253 Abs. 1 HGB) ▶ niedriger beizulegender Wert (§ 253 Abs. 4 HGB)	▶ Anschaffungskosten (IAS 2) ▶ niedrigerer Nettoveräußerungswert
4. Fertigerzeugnisse	Einzelkosten – Gemeinkosten – Werteverzehr (§ 255 Abs. 2 HGB)	Vollkostenbewertung (IAS 2)
5. Fremdwährungsverbindlichkeit	höherer Stichtagskurs zwingend (§ 253 Abs. 1 HGB)	Stichtagskurs, evtl. nicht realisierte Gewinne (IAS 21)
6. kurzfristige Verbindlichkeit	Zugangswert oder höherer Erfüllungsbetrag (§ 253 Abs. 1 HGB)	Rückzahlungsbetrag
7. langfristige Verbindlichkeit	wie kurzfristige Verbindlichkeiten (§ 253 Abs. 1 HGB)	beizulegender Zeitwert (IAS 39)
8. Materialgemeinkosten/ Fertigungsgemeinkosten	Ansatzgebot (§ 255 Abs. 2 Satz 2 HGB)	Ansatzgebot (IAS 2)
9. allgemeine Verwaltungskosten	Ansatzwahlrecht (§ 255 Abs. 2 Satz 3 HGB)	Ansatzverbot (IAS 2)

Internationale Rechnungslegung   TEIL F

1.7 Beispiel einer Umstellung der Rechnungslegung nach HGB auf Rechnungslegung nach IAS/IFRS

BEISPIEL: Die X-AG mit Sitz in Bonn ist eine große Kapitalgesellschaft (§ 267 HGB). Das Geschäftsjahr entspricht dem Kalenderjahr. Sie will ihren Einzelabschluss nach § 324a HGB i.V.m. § 325 Abs. 2 HGB zum 31.12.07 auf die Rechnungslegung nach IAS/IFRS umstellen. Soweit aus den Sachverhalten nichts Gegenteiliges bestimmt ist, entsprechen sich Handelsbilanz und Steuerbilanz.   1907

Der Steuersatz für die Ermittlung der latenten Steuern ist mit 30 % anzunehmen.

Im Rahmen des Einzelabschlusses wurde zum 31.12.05 folgende (stark verkürzte) Handelsbilanz erstellt:

Handelsbilanz X-AG zum 31.12.05

Aktiva		Passiva	
Grundstücke	8 000 000	gez. Kapital	6 000 000
Maschinen	4 500 000	Kapital-Rücklage	3 000 000
Vorräte	5 000 000	Gewinn-Rücklage	2 500 000
Forderungen	3 890 000	Jahresüberschuss	1 800 000
latente Steuern	–	Verbindlichkeiten	7 190 000
		Rückstellungen	900 000
	21 390 000		21 390 000

Aufgabe:

Zu erstellen sind

1. Die IAS/IFRS-Eröffnungsbilanz zum 1.1.06
2. Die Eigenkapital-Überleitungsrechnung zum 1.1.06

Erläuterungen zu den Bilanzposten

1. Grundstück

Auf ein unbebautes Betriebsgrundstück im Buchwert von 500 000 € war in den Vorjahren eine nach § 6b EStG gebildete Rücklage in Höhe von 600 000 € übertragen worden.

Der Zeitwert entspricht dem ursprünglichen Anschaffungswert.

2. Maschinen

Im Januar 03 hatte die AG eine Produktionsmaschine erworben. Die Anschaffungskosten betrugen (netto) 300 000 €. Bei einer angenommenen Nutzungsdauer von 10 Jahren wurden planmäßige lineare Abschreibungen von jährlich 30 000 € vorgenommen. Nach Ablauf von 2 Jahren wurde aber unstreitig festgestellt, dass die Maschine für den Betrieb 15 Jahre nutzbar ist und die ursprüngliche Annahme auf einer Fehleinschätzung beruhte. Für das Jahr 05 wurde deshalb der Restwert vom 31.12.04 auf die Restnutzungsdauer von 13 Jahren verteilt und eine entsprechende Abschreibung vorgenommen.

Das Konto Maschine entwickelte sich wie folgt:

Anschaffung 03	300 000 €
./. AfA 03	30 000 €
31.12.03	270 000 €
./. AfA 04	30 000 €
31.12.04	240 000 €
./. AfA 05	18 462 €
31.12.05	221 538 €

3. Vorräte
   a) Im Bestand an Roh-, Hilfs- und Betriebsstoffen sind Materialien enthalten, die von der AG im Wege des Lifo-Verfahrens bewertet worden sind. Dabei ergab sich in der HB zum 31.12.05 ein Wertansatz von 90 000 €.

   Bei einem Ansatz nach dem gewogenen Durchschnitt hätte sich ein Wert von 105 000 € ergeben.

   b) In den Vorräten zum 31.12.05 sind außerdem selbsthergestellte Erzeugnisse in Höhe von 500 000 € enthalten.

   Bei Ermittlung der Herstellungskosten sind folgende Kosten berücksichtigt worden:

   ▶ Kosten für die Geschäftsleitung   von 10 000 €
   ▶ Kosten für das Personalbüro   von 15 000 €
   ▶ Verwaltungskosten des Material- und Fertigungsbereichs   von 35 000 €

4. Forderungen

Im Forderungsbestand laut HB zum 31.12.05 sind u. a. enthalten:

▶ eine Forderung gegenüber dem Kunden Meier in Höhe von 200 000 € (netto), die als zweifelhaft anzusehen ist. Es ist mit einem wahrscheinlichen Ausfall von 50 % zu rechnen. Im ungünstigsten Fall können es auch 80 % werden. Diese Forderung wurde mit 40 000 € in der HB ausgewiesen.

▶ eine Fremdwährungsforderung in Höhe von 100 000 US-Dollar. Der Kurs hat sich wie folgt entwickelt

  – im Entstehungszeitpunkt 05   120
  – zum 31.12.05   130
  Ansatz in der HB mit   120 000

5. Drohverlustrückstellung

Die AG hatte in 05 eine speziell anzufertigende Maschine zum Festpreis von 10 000 € (netto) verkauft. Zum 31.12.05 war das Wirtschaftsgut fertig gestellt aber noch nicht abgenommen und geliefert worden. Die Herstellungskosten haben auf Grund unvorhergesehener Preissteigerungen 12 000 € betragen. An Transportkosten fallen in 06 noch 500 € an. Der durchschnittliche Unternehmergewinn beträgt 8 % der Herstellungskosten.

Für das Wirtschaftsgut könnte am Markt ein Nettopreis von 15 000 € erzielt werden.

In der HB zum 31.12.05 bilanzierte die AG das Wirtschaftsgut mit 12 000 €.

Lösungen:

1. Grundstück

Der Ansatz und damit die Übertragung steuerfreier Rücklagen (Sonderposten mit Rücklageanteil) ist nach IAS/IFRS nicht zulässig (IAS 16).

Das Grundstück ist damit mit seinen Anschaffungskosten von 1 100 000 € auszuweisen.

Nach dem BilMoG ist ab Geschäftsjahr 2010 die Bildung des Sonderpostens mit Rücklageanteil nicht mehr zulässig. Nach Art. 67 Abs. 3 EGHGB können aber vorhandene Sonderposten bis zur Abwicklung beibehalten werden. Wird von diesem Wahlrecht kein Gebrauch gemacht, ist der Sonderposten in die Gewinnrücklagen einzustellen. In der Steuerbilanz verbleibt es zurzeit noch bei der bisherigen Regelung.

Buchungen:

Grundstücke	600 000 €	an	Gewinnrücklagen	600 000 €
Gewinnrücklagen	180 000 €	an	latente Steuern	180 000 €

2. Maschine

Die Anschaffungskosten der abnutzbaren Wirtschaftsgüter sind nach § 253 Abs. 3 HGB und § 7 Abs. 1 EStG um planmäßige Abschreibungen/AfA zu vermindern. Die betriebsgewöhnliche Nutzungsdauer ist zu Beginn der betrieblichen Nutzung zu schätzen, wobei Fehleinschätzungen durchaus möglich sein können. Eine fehleingeschätzte Nutzungsdauer ist dabei kein Tatbestandsmerkmal des § 253 Abs. 5 HGB. Damit kann eine entsprechende Wertaufholung in der HB/StB nicht vorgenommen werden.

Die AG hat richtigerweise der längeren Nutzungsdauer dadurch Rechnung getragen, dass sie den Restbuchwert auf die Restnutzungsdauer verteilt, abgeschrieben hat. Die IAS/IFRS dagegen sehen eine Abschreibung auf die wirtschaftliche Nutzungsdauer vor. Damit müssen Abschreibungsmethoden und Nutzungsdauer immer dem tatsächlichen Wertverzehr entsprechen. Das ist zum Ende eines jeden Geschäftsjahres zu überprüfen (IAS 16).

Ansatz in der IAS/IFRS-Eröffnungsbilanz:

Anschaffung 03	300 000 €
./. Abschreibung 03	20 000 €
31.12.03	280 000 €
./. Abschreibung 04	20 000 €
31.12.04	260 000 €
./. Abschreibung 05	20 000 €
31.12.05/1.1.06	240 000 €

Buchungen:

Maschinen	18 462 €	an	Gewinnrücklagen	18 462 €
Gewinnrücklagen	5 538 €	an	latente Steuern	5 538 €

3. Vorräte

a) Die Vorräte sind nach den IAS/IFRS grundsätzlich einzeln mit ihren Anschaffungs- oder Herstellungskosten zu bewerten. Da aber in der Regel eine Einzelbewertung zu aufwändig ist, gelten auch hier Vereinfachungsverfahren (IAS 2). Das sind:
- Fifo-Methode
- gewogener Durchschnitt

Die Anwendung der Lifo-Methode ist nicht zulässig. Die für eine Bewertung nach Handelsrecht möglichen Fifo- bzw. Hifo-Methoden sind steuerlich nicht zulässig. Deshalb erfolgt der Ansatz in der IAS/IFRS-Eröffnungsbilanz mit dem gewogenen Durchschnittswert von 105 000 €.

Buchungen:

Vorräte	15 000 €	an	Gewinnrücklagen	15 000 €
Gewinnrücklagen	4 500 €	an	latente Steuern	4 500 €

b) Zu den aktivierungsfähigen Herstellungskosten nach Handelsrecht zählen auch Kostenkategorien, die nicht einbeziehungspflichtig sind, aber einbezogen werden können (§ 255 Abs. 2 HGB).

Dazu gehören die allgemeinen Verwaltungskosten wie hier die Kosten für Geschäftsleitung und Personalbüro. Die Verwaltungskosten für den Material- und Fertigungsbereich dagegen sind aktivierungspflichtig als Material- und Fertigungsgemeinkosten.

Der Ansatz in der Handelsbilanz ist damit zutreffend. In der IFRS-Bilanz dürfen aber allgemeine Verwaltungskosten nicht zu den Herstellungskosten gerechnet werden (IAS 16).

Damit ergibt sich ein zu bilanzierender Bestand von 475 000 €.

Buchung:

Gewinnrücklage	25 000 €	an	Vorräte	25 000 €
latente Steuern	7 500 €	an	Gewinnrücklage	7 500 €

4. Forderungen

Nach dem Vorsichtsprinzip ist die Forderung an den Kunden Meier im Wege der Einzelwertberichtigung mit 40 000 € angesetzt worden. Das ist nicht zu beanstanden.

In der IAS/IFRS-Eröffnungsbilanz darf die Einzelwertberichtigung maximal in Höhe des wahrscheinlich ausfallenden Betrags = 50 % gebildet werden (IAS 39).

Die Forderung ist in der Bilanz 1.1.06 mit 100 000 € anzusetzen.

Buchungen:

Forderungen	60 000 €	an	Gewinnrücklagen	60 000 €
Gewinnrücklagen	18 000 €	an	latente Steuern	18 000 €

Die Fremdwährungsforderung darf nach HGB höchstens mit den Anschaffungskosten = 120 000 € aktiviert werden. Nach IAS/IFRS dagegen erfolgt ein Ansatz mit dem „fair value" am Bilanzstichtag, das sind 130 000 €.

Buchungen:

Forderungen	10 000 €	an	Gewinnrücklagen	10 000 €
Gewinnrücklagen	3 000 €	an	latente Steuern	3 000 €

5. Drohverlustrückstellung

Bei einem erzielbaren Verkaufspreis von 15 000 € abzüglich noch anfallender Veräußerungskosten von 500 € ergibt sich ein Zeitwert von 14 500 € (§ 253 Abs. 4 HGB). Dieser liegt über den Herstellungskosten von 12 000 €. Ein Ansatz wäre unzulässig.

Es ist jedoch eine Rückstellung für drohende Verluste aus schwebenden Geschäften zu bilden (§ 249 Abs. 1 Satz 1 HGB), sowohl in der Handelsbilanz als auch in der IFRS-Bilanz. Aus Vereinfachungsgründen wird auf eine Berichtigung der Handelsbilanz verzichtet.

Diese ermittelt sich wie folgt:

Herstellungskosten	12 000 €
+ Vertriebskosten	500 €
	12 500 €
Verkaufspreis	10 000 €
Rückstellung	2 500 €

Buchung:

Gewinnrücklagen	2 500 €	an	Rückstellungen	2 500 €
latente Steuern	750 €	an	Gewinnrücklagen	750 €

Eine Rückstellung für drohende Verluste aus schwebenden Geschäften ist steuerlich grundsätzlich nicht zulässig.

Sie kann sich steuerlich nur noch ergeben, wenn die Voraussetzungen der § 254 HGB, § 5 Abs. 1a EStG i.V.m. § 5 Abs. 4a Satz 2 EStG vorliegen. Das bezieht sich auf die Absicherung von finanzwirtschaftlichen Risiken im Zusammenhang mit Bewertungseinheiten. Hierbei werden Grundgeschäfte (z. B. Währungsrisiken bei einer Fremdwährungsforderung) durch Abschluss eines Sicherungsinstruments (z. B. durch ein Devisentermingeschäft) abgesichert.

Außerdem sind Drohverlustrückstellungen auch dann in der Steuerbilanz zu passivieren, wenn sie im Zusammenhang mit einem Betriebserwerb übernommen werden (BFH v. 16.12.2009 IR 102/08, BFH/NV 2010, 517).

Nach IAS/IFRS aber sind Drohverlustrückstellungen auszuweisen, wenn unvermeidbare Kosten aus belastenden vertraglichen Verpflichtungen höher sind als der zu erwartende wirtschaftliche Nutzen (IAS 37).

HB 31.12.05		Veränderungen +	Veränderungen −	IFRS-Bilanz 1.1.06
Grundstücke	8 000 000	1) 600 000	–	8 600 000
Maschinen	4 500 000	2) 18 462		4 518 462
Vorräte	5 000 000	3) 15 000	3) 25 000	4 990 000
Forderungen	3 890 000	4) 10 000		3 900 000
latente Steuern	–	5) 8 250		8 250
	21 390 000			22 016 712
gez. Kapital	6 000 000	–		6 000 000
Kapital-Rücklage	3 000 000	–		3 000 000
Gewinn-Rücklage	2 500 000	1) 600 000	1) 180 000	
		2) 18 462	2) 5 538	2 931 174
		3) 15 000	3) 29 500	
		4) 10 000	4) 3 000	
		5) 750	5) 2 500	
		3) 7 500		
Jahresüberschuss	1 800 000	–	–	1 800 000
Verbindlichkeiten	7 190 000	–	–	7 190 000
Rückstellungen	900 000	5) 2 500	–	902 500
latente Steuern	–	1) 180 000		
		2) 5 538		193 038
		3) 4 500		
		4) 3 000		
	21 390 000			22 016 712

Eigenkapital-Überleitungsrechnung zum 1.1.06

	gez. Kapital	Kapital-Rücklage	Gewinn-Rücklage	Jahres-überschuss	gesamt
31.12 05 (HB)	6 000 000	3 000 000	2 500 000	1 800 000	13 300 000
Ingangsetzung	–	–	–	–	–
Grundstücke	–	–	+ 600 000	–	+ 600 000
Maschinen	–	–	+ 18 462	–	+ 18 462
Vorräte	–	–	./. 10 000	–	./. 10 000
Forderungen	–	–	+ 10 000	–	+ 10 000
Rückstellungen	–	–	./. 2 500	–	./. 2 500
lat. Steuern	–	–	–	–	–
aktive lat. Steuern	–	–	+ 8 250	–	+ 8 250
passive lat. Steuern	–	–	./. 193 038	–	./. 193 038
1.1.06 (IFRS)	6 000 000	3 000 000	2 931 174	1 800 000	13 731 174

Das Gesamtkapital zum 1.1.06 beträgt:

9 000 000
2 931 174
1 800 000
_____
13 731 174

1.8 Internationale Rechnungslegung bei kleinen und mittleren Unternehmen (IFRS – SMEs)

1908   Das IASB (International Accounting Standards Board) hat am 9.7.2009 in London den Entwurf eines Rechnungslegungsstandards für kleine und mittlere Unternehmen beschlossen und veröffentlicht. Diese Standards, Small and Medium-sized Entities (IFRS-SMEs) genannt, sehen weitgehende Vereinfachungen gegenüber der „Full IFRS" vor. Der Anwendungsbereich soll sich auf solche Unternehmen beziehend, die keine Verpflichtung zur öffentlichen Rechenschaft haben. Ein überarbeiteter Entwurf wurde 2013 vorgelegt.

Denn nach Auffassung des IASB ist das Interesse der Abschlussadressaten an Abschlüssen nicht kapitalmarktorientierten Unternehmer nicht wesentlich anders als das Interesse der Abschlussadressaten an den Abschlüssen kapitalmarktorientierter Unternehmen.

Es ist das Ziel des IFRS-SME-Abschlusses, Abschlussadressaten mit Informationen über

▶ die finanzielle Lage

▶ die Gewinn- und Verlustlage

▶ den Cashflow

zu versorgen.

Den exakten Anwenderkreis der IFRS-SMEs soll dabei der nationale Gesetzgeber festlegen.

Der Jahresabschluss für die Anwendung der IFRS-SME umfasst

- eine Aufstellung der Vermögens- und Finanzlage (Bilanz)
- eine Gesamtergebnisrechnung
- eine Kapitalflussrechnung
- einen Anhang.

In der IFRS-SME-Rechnungslegung sind ebenfalls Bilanzierungs- und Bewertungswahlrechte enthalten, wobei der Gesamtumfang dieser Wahlrechte aber insgesamt kleiner ist als in der IFRS-Rechnungslegung.

Unterschiedliche Ansätze ergeben sich z. B.

- bei Sachanlagen

    Diese sind mit dem Cost-Model, also den Anschaffungs- oder Herstellungskosten bzw. mit den fortgeführten Anschaffungs- oder Herstellungskosten zu bewerten. Eine Neubewertung ist nicht vorgesehen. Damit entfällt auch die komplizierte Behandlung latenter Steuern.

- bei immateriellen Vermögenswerten

    Auch hier gilt das Cost-Model. Dabei sind aber auch immaterielle Vermögenswerte mit unbegrenzter Nutzungsdauer planmäßig abzuschreiben.

    Aufwendungen für selbst hergestellte Vermögenswerte dürfen nicht bilanziert werden. Das gilt sowohl für Forschungs- als auch für Entwicklungskosten.

- beim Firmenwert

    Der derivative Firmenwert ist ebenfalls planmäßig abzuschreiben. Wenn keine Nutzungsdauer zu bestimmen ist, gilt ein Zeitraum von 10 Jahren. Außerdem ist nach Verrechnung der planmäßigen Abschreibungen zu prüfen, inwieweit eine Wertminderung eingetreten ist.

Auch ist ein Unternehmen beim Übergang zur IFRS-SME-Rechnungslegung nicht verpflichtet, latente Steuern nach dem temporary-Konzept zwischen dem IFRS-SME-Buchwert und den Steuerwerten abzugrenzen, soweit dieses mit übermäßigen Kosten oder Anstrengungen verbunden ist.

Inwieweit die IFRS-SME von der EU übernommen werden, lässt sich zur Zeit nicht absehen. Dringender Handlungsbedarf besteht auch in der BRD deshalb nicht, weil sich hier die Regelungen des Bilanzrechtsmodernisierungsgesetzes (BilMOG) als Alternative zu den IFRS-SME anbieten. Denn mit dem BilMOG soll das HGB-Bilanzrecht zu einer dauerhaften und im Verhältnis zu den internationalen Rechnungslegungsstandards vollwertigen, aber kostengünstigeren und einfacheren Alternative weiterentwickelt werden, ohne die Eckpunkte des HGB-Bilanzrechts aufzugeben. Daraus folgt, dass die HGB-Bilanz auch weiterhin Grundlage der Ausschüttungsbemessung und der steuerlichen Gewinnermittlung bleibt. Gleichzeitig soll damit aber auch die Informationsfunktion des handelsrechtlichen Jahres- und Konzernabschlusses gestärkt werden.

Außerdem soll für kleine und mittelgroße Unternehmen eine echte Alternative zu der Rechnungslegung nach IFRS geboten werden. Eine maßvolle Annäherung der handelsrechtlichen Rechnungslegungsvorschriften an die IFRS war deshalb notwendig. Für konzernrechnungslegungspflichtige, nicht kapitalmarktorientierte Unternehmen bietet der handelsrechtliche Konzernabschluss eine einfachere Möglichkeit im Vergleich zum Konzernabschluss nach IFRS.

Damit wurden die Anforderungen des Kapitalmarktes an eine informationsorientierte Rechnungslegung berücksichtigt und die Fähigkeit der Unternehmen verbessert, sich im Wettbewerb um kostengünstige Fremd- oder Eigenkapitalfinanzierungen am Kapitalmarkt zu behaupten.

FRAGEN

	Rdn.
1. Welchen Zielen dient die Einführung der internationalen Rechnungslegung in den EU-Mitgliedstaaten und wo sind die internationalen Standards niedergelegt?	1851
2. Wonach richtet sich die nationale Gewinnermittlung?	1852
3. Die Regelungen der IAS/IFRS sind für welche Unternehmensabschlüsse anzuwenden?	1853
4. Nach welchen Kriterien ist die erstmalige Umstellung der Rechnungslegung vorzunehmen und wie sind die Vermögenswerte und Schulden in der IFRS-Bilanz anzusetzen?	1856
5. Um einen genauen Überblick über die Veränderung des Eigenkapitals zu erhalten, gehört zwingend zum IFRS-Abschluss welche Darstellung?	1857
6. Das Regelwerk der internationalen Rechnungslegung besteht aus drei Teilbereichen. Was gehört dazu und was wird darin geregelt?	1859
7. Welche Anforderungen soll die IFRS-Rechnungslegung erfüllen?	1863 f.
8. Was gehört zu den Abschlussbestandteilen?	1865
9. Wie lauten die Bewertungsregeln, die sich aus dem Rahmenkonzept ergeben?	1867
10. Nach welchen Grundsätzen richten sich die Erstbewertung und die Folgebewertung?	1868
11. Die immateriellen Vermögenswerte sind wie zu bewerten und abzuschreiben?	1870 ff.
12. Was ist zu veranlassen, wenn der Zeitwert eines Vermögenswertes wieder gestiegen ist?	1873
13. Als was wird ein Geschäftswert angesehen und wie ist die bilanzielle Behandlung?	1874
14. Wie werden Sachanlagen bilanziert und worin unterscheiden sie sich nach Handelsrecht und IFRS?	1875 ff.
15. Welche bilanziellen Folgen können sich aus der Neubewertung von Sachanlagen ergeben?	1877
16. Worin unterscheiden sich Abschreibungsmethoden und Abschreibungsdauer zwischen IFRS, Handelsrecht und Steuerrecht?	1879
17. Was ist unter einem Komponentenansatz zu verstehen und wozu führt dieser bilanzsteuerlich?	1881
18. Bestehen Unterschiede in der Ermittlung der Anschaffungs- oder Herstellungskosten nach IFRS, Handelsrecht und Steuerrecht?	1882

		Rdn.
19.	Welche Vermögenswerte zählen zu den Finanzanlagen?	1883
20.	Wie werden die Sachanlagen nach IFRS bewertet?	1885 f.
21.	Welche Optionsmöglichkeiten sind für Eigenkapitalinstrumente vorgesehen, die nicht zu Handelszwecken gehalten werden?	1887
22.	Wie ist das Vorratsvermögen zu bewerten?	1889 f.
23.	Welche Unterschiede bestehen in der Bilanzierung und Bewertung langfristiger Fertigungsaufträge nach Steuerrecht und IFRS?	1892
24.	Wie ist nach IFRS beim Erwerbe eigener Aktien zu verfahren?	1893
25.	Worin unterscheidet sich der Ansatz latenter Steuern nach Handelsrecht und IFRS?	1896
26.	Welches Ziel hat die Kapitalflussrechnung?	1902
27.	Die Gesamtergebnisrechnung besteht aus welchen Teilen?	1905
28.	Welche Vorgänge werden im sonstigen Ergebnis erfasst?	1906

Kapitel 2: Konzernrechnungslegung

2.1 Vorbemerkungen

Die folgende Darstellung beschränkt sich darauf, die komplizierten Rechtsvorschriften im Zusammenhang mit der Konzernrechnungslegung an einem Grundbeispiel dem Lernenden verständlich zu machen. Soweit das Bedürfnis besteht, intensiver in die Rechtsmaterie einzudringen, wird auf die ausführliche Darstellung der Konzernrechnungslegung in *Meyer*, Bilanzierung nach Handels- und Steuerrecht, NWB-Verlag, verwiesen. 1909

Wegen der Rechtsfolgen des Regierungsentwurfs zum BilRUG Hinweis auf die ausführliche Darstellung in den BBK 5/2015 S. 224.

2.2 Gesetzliche Regelungen

Die wesentlichen Rechnungslegungsvorschriften für Konzernunternehmen enthält das HGB (§§ 290 ff.). Diese gelten insbesondere dann, wenn die Muttergesellschaft eine Kapitalgesellschaft ist. Soweit diese aber in einer anderen Rechtsform betrieben wird, sind auch die Regelungen des Publizitätsgesetzes zu beachten. 1910

Konzernrechtliche Bestimmungen enthalten darüber hinaus auch das AktG und das GmbHG.

Konzernspezifische Vorschriften sind insbesondere in den IAS/IFRS enthalten (IAS 27). Danach sind Konzernabschlüsse für kapitalmarktorientierte Unternehmen für Geschäftsjahre, die am 1. 1. 05 beginnen, zwingend nach IAS/IFRS aufzustellen.

Die verabschiedeten Standards werden dabei nach einem besonderen Verfahren in der EU eingeführt. Sie gelten also nicht unmittelbar für deutsche Konzerne.

Daraus folgt, dass auch weiterhin die nationalen harmonisierten Bilanzrechte regeln, welche Gesellschaften konsolidierte Abschlüsse aufzustellen haben. Auf diese Abschlüsse ist dann das IAS/IFRS-Rechnungssystem anzuwenden.

2.3 Begriff des Konzerns

1911 Die Definition ergibt sich aus dem AktG. Nach § 18 AktG liegt ein Konzern vor, wenn rechtlich selbständige Unternehmen unter einheitlicher Leitung zusammengefasst sind. Dabei unterscheidet man nach dem Verhältnis der Konzernunternehmen zueinander

- den Unterordnungskonzern (die einheitliche Leitung erfolgt auf Grund eines Abhängigkeitsverhältnisses) und den
- Gleichordnungskonzern (die Konzernunternehmen sind voneinander unabhängig).

2.4 Aufstellungspflicht

1912 Die Pflicht zur Aufstellung eines Konzernabschlusses ergibt sich aus § 290 HGB. Danach haben die gesetzlichen Vertreter des Mutterunternehmens in den ersten fünf Monaten des Konzerngeschäftsjahres für das vergangene Geschäftsjahr einen Konzernabschluss und einen Konzernlagebericht aufzustellen. Größenabhängige Befreiungen ergeben sich aus § 293 HGB.

Ein IFRS-Abschluss muss aber künftig nicht mehr aufgestellt werden, wenn das Mutterunternehmen nur Töchter hat, die unter § 296 HGB fallen (§ 290 Abs. 5 HGB n. F.).

2.5 Konsolidierungskreis

1913 Nach § 294 HGB sind in den Konsolidierungskreis das Mutterunternehmen und alle Tochterunternehmen ohne Rücksicht auf den Sitz der Tochterunternehmen einzubeziehen. Nach § 296 HGB besteht ein Einbeziehungswahlrecht.

Nach IAS/IFRS besteht

- Einbeziehungspflicht auch bei stark abweichenden Tätigkeiten;
- Einbeziehungsverbot bei Weiterveräußerungsabsicht;
- Einbeziehungsverbot bei dauernder Beschränkung des Finanzmitteltransfers an das Mutterunternehmen;
- Einbeziehungswahlrecht bei Unwesentlichkeit.

2.6 Inhalt und Form des Konzernabschlusses

1914 Nach § 297 HGB besteht der Konzernabschluss aus der Konzernbilanz, der Konzern-Gewinn- und Verlustrechnung und dem Konzernanhang, sowie aus einer Kapitalflussrechnung und einem Eigenkapitalspiegel.

Der Konzernabschluss ist klar und übersichtlich aufzustellen. Er hat unter Beachtung der Grundsätze ordnungsmäßiger Buchführung ein den tatsächlichen Verhältnissen entsprechendes Bild der Vermögens-, Finanz- und Ertragslage des Konzerns zu vermitteln. Die Verhältnisse der einbezogenen Unternehmen sind so darzustellen, als ob diese Unternehmen insgesamt ein Unternehmen wären.

Die Form- und Gliederungsvorschriften des HGB sind auch für den Konzernabschluss verbindlich.

Der Konzernabschluss stellt im Wesentlichen ein Informationsinstrument dar. Maßgebend für die Dividendenansprüche ist der Einzelabschluss. Das gilt ebenso für die Ertragsbesteuerung.

2.7 Bewertungsvorschriften

Nach § 308 HGB sind die in den Konzernabschluss einbezogenen Unternehmen nach den auf den Jahresabschluss des Mutterunternehmens anwendbaren Bewertungsmethoden einheitlich zu bewerten. Nach dem Recht des Mutterunternehmens können zulässige Bewertungswahlrechte im Konzernabschluss unabhängig von ihrer Ausübung in den Jahresabschlüssen der einbezogenen Unternehmen ausgeübt werden. Es besteht damit keine Maßgeblichkeit der Einzelabschlüsse der einbezogenen Unternehmen für den Konzernabschluss.

1915

2.8 Die Vollkonsolidierung

2.8.1 Konsolidierungsgrundsätze

Nach § 300 HGB ist in dem Konzernabschluss der Jahresabschluss der Muttergesellschaft mit den Jahresabschlüssen der Tochtergesellschaften zusammenzufassen. An die Stelle der dem Mutterunternehmen gehörenden Anteile an den einbezogenen Tochterunternehmen treten die Vermögensgegenstände, Schulden, Rechnungsabgrenzungsposten und Sonderposten der Tochterunternehmen, soweit sie nach dem Recht des Mutterunternehmens bilanzierungsfähig sind.

1916

Es erfolgt keine einfache Addition der Einzelabschlüsse, sondern durch Konsolidierungsmaßnahmen soll erreicht werden, dass der Konzernabschluss die rechtliche und wirtschaftliche Einheit des Konzerns widerspiegelt.

Daraus ergeben sich die folgenden Konsolidierungsmaßnahmen:

1917

- ▶ Kapitalkonsolidierung,
- ▶ Schuldenkonsolidierung,
- ▶ Zwischenergebniseliminierung,
- ▶ Aufwands- und Ertragskonsolidierung,
- ▶ latente Steuerabgrenzung.

2.8.2 Kapitalkonsolidierung

2.8.2.1 Allgemeines

1918 Nach § 301 HGB wird der Wertansatz der dem Mutterunternehmen gehörenden Anteile an einem in den Konzernabschluss einbezogenen Tochterunternehmen mit dem auf diese Anteile entfallenden Betrag des Eigenkapitals des Tochterunternehmens verrechnet. Das Eigenkapital ist mit dem Betrag anzusetzen, der dem Zeitwert der in den Konzernabschluss aufzunehmenden Vermögensgegenstände, Schulden, Rechnungsabgrenzungsposten und Sonderposten entspricht, der diesen an dem für die Verrechnung maßgebenden Zeitpunkt beizulegen ist. Ein nach der Verrechnung verbleibender Unterschiedsbetrag ist in der Konzernbilanz, wenn er auf der Aktivseite steht, als Geschäfts- oder Firmenwert und, wenn er auf der Passivseite steht, unter dem Posten „Unterschiedsbetrag aus der Kapitalkonsolidierung" nach dem Eigenkapital auszuweisen.

Das DRSC hat den Entwurf des DRS 30 veröffentlicht, der insbesondere die §§ 301, 307 und 309 HGB konkretisiert (Hinweis auf die Darstellung in BBK 7/2015 S. 340).

2.8.2.2 Kapitalkonsolidierung nach IFRS 3

1919 Die bisherige Unterscheidung einer Kapitalkonsolidierung bei

- Unternehmenserwerb oder
- Interessenzusammenführung

entfällt.

Nach IFRS 3 ist die Kapitalkonsolidierung nur im Zusammenhang mit dem Unternehmenserwerb durchzuführen.

Hinsichtlich der Erfassung der erworbenen identifizierbaren Vermögenswerte ist nur noch die vollständige Neubewertung zum beizulegenden Zeitwert vorgesehen.

1920 Ein sich dabei ergebender Firmenwert (Goodwill) darf nicht mehr planmäßig abgeschrieben werden, sondern er ist regelmäßig einem Wertminderungstest zu unterziehen und dann entsprechend zu vermindern, soweit dafür die Voraussetzungen vorliegen. Eine Wertaufholung bereits durchgeführter Wertminderungen ist nicht zulässig. Außerdem wird für den Firmenwert keine latente Steuerabgrenzung gebildet.

Bei Anteilserwerb entfallen die Zahlungen auch anteilsmäßig auf den Firmenwert, der dann bei der Kapitalkonsolidierung aufgedeckt wird.

2.8.2.3 Erst- und Folgekonsolidierung

1921 Zu unterscheiden sind:

- Erstkonsolidierung

  Hier werden die Bilanzen der Tochterunternehmen erstmalig in den Konzernkreislauf einbezogen.

- Folgekonsolidierung

  Hier geht es um die Weiterführung der Konsolidierung in den folgenden Geschäftsjahren.

Dabei ist zu beachten, dass der Konzernabschluss auch in den Folgejahren immer wieder aus der Zusammenfassung der Einzelabschlüsse abzuleiten ist. Die Kapitalkonsolidierung ist damit – wie bei der Erstkonsolidierung – ebenfalls in den Folgejahren durchzuführen. In diesem Zusammenhang sind die Werte in der Konzernbilanz durch entsprechende Anpassungsbuchungen, z. B. Abschreibungen, fortzuführen.

2.8.2.4 Latente Steuerabgrenzung

Durch Konsolidierungsmaßnahmen können sich für gleiche Sachverhalte unterschiedliche Wertansätze in den Bilanzen (Konzern- und Einzelbilanzen) ergeben. Weichen dabei die Ansätze in der Konzernbilanz von denen in den Einzelbilanzen ab, z. B. Zeitwert in der Konzernbilanz, Buchwert in der Einzelbilanz, ergeben sich unterschiedliche Ergebnisse zwischen den handelsrechtlichen Ansätzen in der Konzernbilanz und steuerlichen Ansätzen in der Einzelbilanz. Das führt dann zu einer latenten Steuerabgrenzung aus der Konsolidierung.

Es wird also beim Abschluss unterstellt, dass der Konzern Steuerzahlungen zu leisten hätte.

2.8.2.5 Beispiel einer Erstkonsolidierung

	Bilanz Muttergesellschaft		Bilanz Tochtergesellschaft		Kapital-Konsolidierung		Konzernbilanz	
Aktiva	1		2		3		4	
Beteiligung Tochter	1 000	–	–	–	–	2) 1 000	–	–
sonst. Aktiva	800	–	400	–	1) 700	–	1 900	–
Firmenwert	–	–	–	–	2) 210	–	210	–
Passiva								
Kapital	–	300	–	200	2) 200	–	–	300
Rücklagen/ Gewinn	–	800	–	100	2) 100 1) 210 2) 490	1) 700	–	800
sonst. Passiva	–	700	–	100	–	–	–	800
latente Steuern	–	–	–	–	–	1) 210	–	210
Minderheitsanteile	–	–	–	–	–	–	–	–
	1 800	1 800	400	400	1 910	1 910	2 110	2 110

Unterstellt wird, dass die Muttergesellschaft am 31.12.06 die Tochtergesellschaft erwirbt. Die beiden IFRS-Bilanzen von Mutter und Tochter sind – stark vereinfacht – in den Spalten 1 und 2 abgebildet.

In den Vermögenswerten der Tochter sind stille Reserven in Höhe von 700 enthalten. Der Zeitwert der sonstigen Passiva beträgt 100.

Der Ertragssteuersatz ist mit 30 %. anzunehmen. Es ist davon auszugehen, dass die erworbenen Vermögenswerte und Schulden identifizierbar sind und mit den beizulegenden Werten verlässlich bewertet werden können.

Die Konsolidierung ist wie folgt vorzunehmen:

1924 Die zu Zeitwerten angesetzten Vermögenswerte und Schulden in der Einzelbilanz müssen mit dem Buchwert der Beteiligung aufgerechnet werden. Die latenten Steuern sind zu berücksichtigen und ein dann noch verbleibender Differenzbetrag stellt den Firmenwert dar.

Bei der Kapitalkonsolidierung ist dann von der Neubewertungsbilanz der Tochtergesellschaft auszugehen. Aus Vereinfachungsgründen werden in beiden Beispielen beide Schritte zusammengefasst und in Spalte 3 entsprechend umgebucht.

▶ Zeitwert der erworbenen Vermögenswerte 1 100
   abzüglich Buchwerte 400
   bleiben 700

   davon 30 % für latente Steuern 210

▶ Zeitwert (wie oben) 1 100
   abzüglich Passiva 100 1 000
   bleiben Zeitwert des Nettovermögens 790
   Anschaffungskosten der Beteiligung 1 000
   bleibt Firmenwert 210

Daraus ergeben sich folgende Buchungen (Spalte 3):

1)	Anlagevermögen	700	an	Gewinn-Rücklage	700
	Gewinn-Rücklage	210	an	pass. latente Steuern	210
2)	Kapital	300			
	Gewinn-Rücklage	490			
	Firmenwert	210	an	Beteiligung	1 000

▶ Die verbleibenden Werte sind in der Konzernbilanz (Spalte 4) zusammen zu fassen.

Die Erstkonsolidierung ist grundsätzlich erfolgsneutral.

2.8.3 Anteile anderer Gesellschafter

2.8.3.1 Allgemeines

Häufig liegt keine 100 %ige Beteiligung des Mutterunternehmens an dem Tochterunternehmen vor, sondern an diesem sind noch andere Gesellschafter beteiligt. Nach § 307 HGB sind die Anteile anderer Gesellschafter am Eigenkapital als „Ausgleichsposten anderer Gesellschafter" gesondert auszuweisen. Die Ermittlung des Ausgleichspostens richtet sich dabei nach der Höhe des Anteils der anderen Gesellschafter am Eigenkapital. In der Gewinn- und Verlustrechnung sind die Anteile anderer Gesellschafter am Gewinn/Verlust nach dem Posten „Jahresüberschuss/Jahresfehlbetrag" unter entsprechender Bezeichnung gesondert auszuweisen.

1925

HINWEIS:

Nach dem Gesetzentwurf für das BilRUG entfällt der Begriff „Minderheiten". Diese Position ist unter dem Posten „nicht beherrschende Anteile" auszuweisen (§ 307 HGB).

2.8.3.2 Bewertung der Minderheitsanteile (nicht beherrschende Anteile)

Nach IFRS 3.19 ergeben sich zwei Möglichkeiten für die Bewertung der Minderheitsanteile:

1926

- Full goodwill method

    Die Bewertung erfolgt zum Fair Value im Zeitpunkt des Erwerbs. Dabei wird ein Gesamtfirmenwert ermittelt, der anteilig auch auf die Minderheitengesellschafter entfällt.

- Neubewertungsmethode

    Die Bewertung erfolgt zum anteiligen Fair Value aller Vermögenswerte und Schulden der Tochter. Auf der Aktivseite wird nur der auf die Mehrheitsgesellschafter entfallende Firmenwert aufgedeckt.

BEISPIEL:

	Bilanz Muttergesellschaft		Bilanz Tochtergesellschaft		Kapital-Konsolidierung		Konzernbilanz	
Aktiva	1		2		3		4	
Beteiligung Tochter	800	–	–	–	–	2) 800	–	–
sonst. Aktiva	1 000	–	400	–	1) 700	–	2 100	–
Firmenwert	–	–	–	–	2) 168	–	168	–
Passiva								
Kapital	–	300	–	200	1) 210		–	300
Rücklagen/Gewinn	–	800	–	100	2) 240 2) 392 1) 60 2) 98	1) 700	–	800

sonst. Passiva	–	700	–	100	–	–	–	800
latente Steuern	–	–	–	–	–	1) 210	–	210
Minderheits-anteile	–	–	–	–	–	3) 158	–	158
	1 800	1 800	400	400	1 868	1 868	2 268	2 268

Ausgangssachverhalt zunächst wie bei der Erstkonsolidierung (Neubewertungsmethode).

Ergänzung:

An dem Tochterunternehmen sind noch andere Gesellschafter in Höhe von 20 % beteiligt.

Die Konsolidierung ist wie folgt vorzunehmen:

- Zeitwert der erworbenen Vermögenswerte — 1 100
  abzüglich Passiva — 100
  bleiben Zeitwert des Nettovermögens — 1 000
  abzüglich latente Steuern (1 100 – 400 = 700 x 30 %) — 210
  bleiben Zeitwert des Nettovermögens — 790

  davon 80 % — 632
  Anschaffungskosten der Beteiligung — 800
  bleibt Firmenwert — 168
  Der Minderheitsanteil beträgt 20 % von 790 = — 158

- Daraus ergeben sich folgende Buchungen (Spalte 3):

  1) Anlagevermögen 700 an Gewinn-Rücklage 700
     Gewinn-Rücklage 210 an latente Steuern 210
  2) Kapital 240
     Gewinn-Rücklage 392
     Firmenwert 168 an Beteiligung 800
  3) Kapital 60
     Gewinn-Rücklage 98 an Minderheitsanteile 158

- Die verbleibenden Werte sind in die Konzernbilanz zu übernehmen (Spalte 4).

Die Anwendung der Neubewertungsmethode führt dazu, dass die Minderheiten zum anteiligen Nettovermögen der Tochter angesetzt werden (790 x 20 % = 158). Mit der Beteiligung wird das restliche Nettovermögen verrechnet (790 x 80 % = 632). Danach ergibt sich ein Firmenwert von 168 (800 – 632 = 168).

Wenn an dem Tochterunternehmen auch konzernfremde Gesellschafter beteiligt sind, dann entfällt auf diese ebenfalls ein Teil des entsprechenden Reinvermögens. Deshalb ist für diesen Anteil in der Konzernbilanz zum Zeitpunkt der Erstkonsolidierung ein Ausgleichsposten zu bilden, der dann in den Folgeperioden fortzuführen ist. Dieser Ausgleichsposten entspricht damit dem auf die Gesellschafter entfallenden Anteil an den stillen Reserven nach dem Erwerb. Nach IAS 27 sind diese Anteile in der Konzernbilanz getrennt von Eigen- und Fremdkapital und vom Ergebnis des Konzerns auszuweisen.

2.8.4 Schuldenkonsolidierung

Nach § 303 HGB sind Ausleihungen und andere Forderungen, Rückstellungen und Verbindlichkeiten zwischen den in den Konzernabschluss einbezogenen Unternehmen sowie entsprechende Rechnungsabgrenzungsposten wegzulassen. Der Konzern als wirtschaftliche Einheit kann weder Forderungen noch Verbindlichkeiten gegen sich selbst haben.

1927

Hierunter fallen aber auch z. B.:

- Ausstehende Einlagen,
- Bürgschaften,
- Anzahlungen,
- Wechsel.

BEISPIEL: Die X-AG erhält von Tochterunternehmen Wirtschaftsgüter, die mit einer Garantieleistung der Tochter verbunden sind. Die Rückstellung, welche die Tochter dafür gebildet hat, ist dann im Rahmen der Schuldenkonsolidierung zu eliminieren.

2.8.5 Zwischenergebniseliminierung und Aufwands- und Ertragskonsolidierung (IAS 27)

Zwischen den einzelnen Konzerngesellschaften bestehen in der Regel intensive Leistungsbeziehungen.

1928

Analog zu dem Vorgehen bei der Entwicklung der Konzernbilanz hat ebenfalls eine Konsolidierung hinsichtlich der zwischengesellschaftlichen Lieferungen und Leistungen zu erfolgen.

Das geschieht mit Hilfe der

- Zwischenergebniseliminierung (§ 304 HGB)

Hier sind nach IAS/IFRS 27 konzerninterne Lieferungen und Leistungen und daraus sich ergebende unrealisierte Gewinne und Verluste aus dem Konzernabschluss zu eliminieren.

- Aufwands- und Ertragskonsolidierung

Dabei sind nach § 305 HGB in der Konzern-Gewinn- und Verlustrechnung

- bei den Umsatzerlösen die Erlöse aus Lieferungen und Leistungen zwischen den in den Konzernabschluss einbezogenen Unternehmen mit den auf sie entfallenden Aufwendungen zu verrechnen, soweit sie nicht als Erhöhung des Bestands an fertigen und unfertigen Erzeugnissen oder als andere aktivierte Eigenleistungen auszuweisen sind;

▶ andere Erträge aus Lieferungen und Leistungen mit den auf sie entfallenden Aufwendungen zu verrechnen, soweit sie nicht als andere aktivierte Eigenleistungen auszuweisen sind.

BEISPIEL: M-AG (Mutter) erwirbt Material für 5 000 € und veräußert dieses an T-AG (Tochter) für 6 000 €. Diese verkauft es weiter an Dritte für 6 500 €. Zahlungen erfolgten erst im Folgejahr.

M-AG		T-AG		Summe	Konsolidierung	Konzernbilanz
Verbindlichkeiten	5 000 €	Verbindl. verb. U.	6 000 €	11 000 €	- 6 000 €	5 000 €
Ford. verb. U.	6 000 €	Forderungen	6 500 €	12 500 €	- 6 000 €	6 500 €
						Konzern-GuV
Erlöse	6 000 €	Erlöse	6 500 €	12 500 €	- 6 000 €	+ 6 500 €
Einsatz	5 000 €	Einsatz	6 000 €	11 000 €	- 6 000 €	- 5 000 €

BEISPIEL: Aus Lieferungen und Leistungen zwischen dem Mutterunternehmen und dem Tochterunternehmen sind im Jahr 01 Erlöse von 600 angefallen.

Diese setzen sich u. a. wie folgt zusammen (€):

▶ Lieferung einer Maschine an die Muttergesellschaft (Anlagevermögen) in Höhe von 100 mit Konzernherstellungskosten von 80. Die Nutzungsdauer beträgt 5 Jahre.
▶ Lieferungen von WG der Mutter an die Tochter in Höhe von 200 zwecks Weiterveräußerung, die auch vor dem Bilanzstichtag erfolgte.
▶ Lieferung von Waren von der Mutter an die Tochter in Höhe von 300, die sich am Bilanzstichtag noch im Bestand befanden. Konzernherstellungskosten 250.

Bei der Konsolidierung ergibt sich

▶ die Innenumsatzerlöse sind um 600 zu eliminieren;
▶ die aktivierte Maschine ist in Höhe von 100 als aktivierte Eigenleistung auszuweisen. Eine Eliminierung des zwischengesellschaftlichen Gewinns (20) kann nach § 304 HGB unterbleiben;
▶ herauszurechnen sind ebenfalls die am Bilanzstichtag weiterveräußerten WG in Höhe von 200;
▶ die gelieferten Waren stellen eine Bestandsveränderung der fertigen Erzeugnisse dar, die als solche mit 250 auszuweisen ist.

In der konsolidierten Gewinn- und Verlustrechnung ergeben sich damit

▶ eine Minderung der Umsatzerlöse von 600,
▶ eine Erhöhung der anderen aktivierten Eigenleistung von 100,
▶ eine Minderung der sonstigen betrieblichen Erträge von 200,
▶ eine Erhöhung der fertigen Erzeugnisse von 250.

FRAGEN

	Rdn.
1. Welche nationalen gesetzlichen Regelungen gelten für Konzerne und gelten die Regelungen der IAS/IFRS unmittelbar für sie?	1910
2. Was versteht man unter einem Konzern?	1911
3. Worauf erstreckt sich der Konsolidierungskreis nach HGB und IFRS?	1913

	Rdn.
4. Was ist Grundlage der Ertragsbesteuerung und sind die Dividendenansprüche der Aktionäre abhängig vom Konzernabschluss?	1914
5. Müssen bei einem nach HGB erstellten Konzernabschluss immer alle Vermögenswerte und Schulden einheitlich bewertet werden?	1915
6. Werden bei einem Konzernabschluss lediglich die Einzelabschlüsse der Beteiligten Unternehmen addiert?	1916
7. Welche Konsolidierungsmaßnahmen sind beim Konzerabschluss durchzuführen?	1917
8. Welche Maßnahmen sind bei der Kapitalkonsolidierung vorzunehmen und nach welchem Prinzip erfolgt diese beim IFRS 3?	1918 f.
9. Worauf ist bei der Kapitalkonsolidierung die Entstehung eines Firmenwertes zurückzuführen und wie ist dieser bilanzmäßig zu behandeln?	1920
10. Warum wird nach § 306 HGB auch im Konzernabschluss eine latente Steuerabgrenzung vorgenommen?	1922
11. Wie ist die Kapitalkonsolidierung bei der Erstkonsolidierung durchzuführen?	1923
12. Wie sind die Anteile anderer Gesellschafter an dem Tochterunternehmen in der Konzernbilanz dazustellen?	1925
13. Nach welchen beiden Methoden wird bei der Konsolidierung verfahren, wenn noch andere Gesellschafter an dem Tochterunternehmen beteiligt sind und worin unterscheiden sich diese Methoden?	1926
14. Was geschieht bei der Schuldenkonsolidierung?	1927
15. Was versteht man unter der Zwischenergebnis- und Aufwands- und Ertragskonsolidierung?	1928

STICHWORTVERZEICHNIS

Die Zahlen verweisen auf die Randnummern.

A

Abbruchkosten 842
Abgänge, Anlagevermögen 922
– Kontenentwicklung 108
Abgeleitete Buchführungspflicht, AO 17
Abnutzbares Anlagevermögen, Bewertung 931 ff.
– Überschussrechnung 1268
Abschluss, GmbH & Co. KG 1590 ff.
Abschlussposten, internationale Rechnungslegung 1866
Abschreibungen, Anlagevermögen 923
– Buchung 202 ff.
– HGB 1739 ff.
Abschreibungslisten 29
Abschreibungsmethoden, internationale Rechnungslegung 1879
Abstandszahlungen 841
Additive Gewinnermittlung, Personengesellschaft 1563
AfA, Einlagen 1065 ff.
– Wirtschaftsgüter 947 ff.
AfA-Bemessungsgrundlage 960 ff.
AfA-Methoden 962 ff.
– Übersicht 967
Aktiva, Begriff 65 ff.
Aktive Rechnungsabgrenzungsposten 268
Aktivierungsgebot 659
Aktivierungsverbot 659
– immaterielle Wirtschaftsgüter 702
Aktivkonten, Abschluss 125
Aktiv-Passiv-Tausch 74
Aktiv-Tausch 76
Alleineigentum, Wirtschaftsgüter 1491
Allgemeine Bewertungsgrundsätze, abnutzbares Anlagevermögen 931
Amerikanisches Journal 38a
Anfangsbestand, Kontenentwicklung 108
Anlagegitter 922
Anlagegüter, Erwerb 172

Anlagenbuchhaltung 29
Anlagevermögen, Bewertung 918, 930
– Einteilung 920
– Festbewertung 812
– internationale Rechnungslegung 1869 ff.
– Überlassung 643
– Übersicht Bewertung 1009
Anschaffungskosten, Bewertung 828 ff.
– Ermittlung 829
– internationale Rechnungslegung 1882
Anschaffungsnaher Aufwand 882
Anteile, Kommanditisten 1599
Anteilige AfA, Überschussrechnung 1268
Anteilseigener, Vergütungen 1768
Anwendung, IAS/IFRS 1853
Arbeitgeberdarlehen, Buchung 340
Arbeitszimmer 736
Atypisch stille Gesellschaft 1379
Aufbewahrungsfristen 611
– Bücher 21
Aufsichtsrat, GmbH 1723
Aufstellungspflicht, Konzernabschluss 1911
Aufwand, Begriff 866
Aufwandskonsolidierung, Konzernabschluss 1928
Aufwandskonten 113
– Abschluss 132
Aufwendungen, Darlehenshingabe 1507
Aufzeichnungen, Buchführung 22, 610
Aufzeichnungspflichten, Gewinnermittlung 1240
– Verstoß 23
Außenprüfungen, Mehrsteuern 1087
Außenverhältnis, OHG 1348
Ausgleichsposten 1314
Austritt, Gesellschafter 1620 ff.

B

Baraufgabe, Tausch von Wirtschaftsgütern 455
Bargründung, Mitunternehmerschaften 1410 ff.
Bauwerke, fremder Grund und Boden 788

Beirat, GmbH 1723
Beleg, Buchführung 611
Beleihungsunterlage, Buchführung 13
Berichtigungsbuchungen 291 ff.
Besondere Geschäftsvorfälle, Buchung 336 ff.
Bestandskonten 110 f.
– Abschluss 124
Bestandsvergleich, Gewinnermittlung 1290
Besteuerung, Buchführung 13
– GmbH & Co. KG 1591
Beteiligungen, abnutzbares Anlagevermögen 998
– Einlagen 1068
– Kapitalgesellschaften 1765 ff.
Betriebliche Nutzung, Betriebsvermögen 675 f.
Betriebliche Renten 421
Betriebliche Veräußerungsrenten 425
Betriebliche Versorgungsrenten 422
Betriebliches Rechnungswesen, Buchführung 4 ff.
Betriebsabrechnungsbogen 869
– Schema 870
Betriebsaufgabe, Gewinnermittlung 1304
Betriebsausgaben, Betriebsvermögen 736 ff.
– Gewinnermittlung 1221
– Überschussrechnung 1237
Betriebseinbringung, Personengesellschaft 1421
Betriebseinnahmen, Gewinnermittlung 1221
– Überschussrechnung 1250
Betriebsgewöhnliche Nutzungsdauer 952
Betriebsveräußerung, Gewinnermittlung 1304
– Rücklage 1182
Betriebsvermögen, Änderungen 81
– Begriff 669
– Betriebsausgaben 735 ff.
– Gewinnauswirkungen 88
– GmbH & Co. KG 1595
– Handels- und Steuerrecht 669 ff.
– Mitunternehmerschaften 1460 ff.
– Sachgründung 1416
– Übergang 431
– Wirtschaftsgut 672
Betriebsvermögensumschichtungen 73
Betriebsvermögensveränderungen 77
Betriebsvermögensvergleich 1230 ff.
Betriebsvorrichtungen 769, 781

Beweismittel, Buchführung 12
Bewertung, Anlagevermögen 918, 930
– Bilanzpositionen 661
– Einlagen 1060 ff.
– Entnahmen 1046
– Handels- und Steuerrecht 601 ff., 803
– internationale Rechnungslegung 1867
– Rückstellungen 1072
Bewertungseinheiten 627a ff.
Bewertungsgrundsätze, HGB 614
Bewertungsmaßstäbe 828 ff., 912
Bewertungsstetigkeit, Grundsatz 930
Bewertungsverfahren 805 ff.
Bewertungsvorschriften, Konzernabschluss 1915
– Kapitalgesellschaften 1739 ff.
– Sonderbetriebsvermögen 1504
Bewertungszeitpunkt 804
Bezugsnebenkosten, Verbuchung 171
Bezugsrecht, Aktien 391
Bilanzauffassungen 601 ff.
Bilanz, Aufstellungspflicht 58
– Bedeutung 64 ff.
Bilanzänderung 1209 ff.
Bilanzänderung und Bilanzberichtigung, Übersicht 1211
Bilanzaufstellung, Prinzipien 608 ff.
Bilanzausweis, Grundstücke 738
Bilanzberichtigung 1194 ff.
– Betriebsvermögen 676
Bilanzbuch 30
Bilanzenzusammenhang 620 ff.
– Durchbrechung 1207
– Grundsatz 1195
Bilanzidentität 930
Bilanzierung, Beteiligungen 999
– Betriebsvermögen 672
– Geschäftswert 712
– Handels- und Steuerrecht 601 ff.
– Sonderbetriebsvermögen 1471 ff.
Bilanzierungshilfen, internationale Rechnungslegung 1900
Bilanzierungskonkurrenz, Personengesellschaft 1533
Bilanzierungswahlrechte 660
Bilanzierungszeitpunkt 673

Bilanzklarheit, Grundsatz 612
Bilanzkontinuität 930
– Grundsatz 614
Bilanzmäßige Auswirkungen, Vererbung 1658
Bilanzpositionen, Ansatz 657
– Bewertung 662
Bilanzposten, Konto 100
Bilanzschema 65 ff.
Bilanzstichtag 616
Boni 838
– Buchung 175
Börsenpreis, Teilwert 913
Bruttoabschluss, Warenkonto 168
Buchführung, Aufzeichnungen 22
– Bedeutung 11 ff.
– Begriff 1
– GmbH & Co. KG 1600 ff.
– Kernfunktion 6
– Ordnungsmäßigkeit 610
Buchführungsmängel 615
Buchführungspflicht, Handelsrecht 15
– Kapitalgesellschaften 1733
– Verstoß 23
Buchführungssysteme 24 ff.
Buchungen, Wirtschaftsgütertausch 453 ff.
Buchungsbeleg 26
Buchungsgrundsätze, Ratenkauf 413 ff.
Buchungssätze, Allgemeines 117
– Angaben 118
– Auslegung 120
– elementare Übungen 122
– Zusammenfassung 121
Buchwert, Gesellschaftsbilanz 1417
Buchwertansatz, Einbringung 1433
Buchwertausweis, Personengesellschaft 1434
Buchwertfortführung, Beispiel 1438
Buchwertmethode, Kapitalkonsolidierung 1918
Bürgerlich rechtlicher Eigentümer, Zurechnung von Wirtschaftsgütern 630

C

Computerprogramme, immaterielle Wirtschaftsgüter 708

D

Darlehen, Buchung 400
– Überschussrechnung 1254
Darlehensforderung 843
Darlehenshingabe, Übungsfall 1508 ff.
Darlehensverbindlichkeit 843
Datev-Kontenrahmen 52
Degressive AfA 964
Delkredere, Wertberichtigung 376
Direkte Methode, Geschäftswert 721
Direktes Leasing 434
Doppelte Buchführung, Begriff 3, 33 ff.
Drittaufwand 793
Drohende Verluste, Rückstellungen 1110
Durchlaufende Posten, Überschussrechnung 1253
Durchschreibebuchführung 37
Dynamische Bilanzauffassung 603

E

E-Bilanz 1801 f.
EBITDA 701
EDV-Buchführung 46 ff.
– Arbeitsablauf 54
Eigenaufwand 793
Eigenbetrieblich genutzter Grundstücksteil 748
Eigene Wohnzwecke, Grundstücke 753
Eigenkapital, internationale Rechnungslegung 1893
– Kapitalgesellschaften 1745
– Überleitungsrechnung 1857
– Veränderungsrechnung 1903
Eigentumsvorbehalt, Kauf unter 633
Einbauten, vorübergehende Zwecke 773
Einbringung, Betriebsvermögen (§ 24 UmwStG) 1430 ff.
Einfache Buchführung, Begriff 30 ff.
Einheitliches Warenkonto 157
Einkaufkommission 394
Einkaufsverträge, Rückstellungen 1112
Einkommensteuerrecht, Gewinnermittlungsarten 1229 ff.
Einlagebegriff 1060

Einlagen, AfA 975
- Begriff 1060
- Bewertung 1062 ff.
- Kontenabschluss 129
- Überschussrechnung 1260

Einlagenkonto 113

Einnahme-Überschussrechnung 1237 ff.

Eintritt, Gesellschafter 1620 ff.

Einzelbewertung, Grundsatz 805, 930
- Rückstellungshöhe 1084

Einzelkosten 868

Einzelkostencharakter, Anschaffungskosten 830

Einzelrechte, Firmenwert 719

Einzelveräußerungspreis, gemeiner Wert 898
- Teilwertermittlung 905

Endbestand, Kontenentwicklung 108

Entnahmebegriff 1046

Entnahmegewinne, Besonderheiten 1571

Entnahmehandlung 1047

Entnahmekonto 113

Entnahmen,
- Begriff 1046
- Bewertung 1046 ff.
- fiktive 1047 f.
- Kontenabschluss 127
- Überschussrechnung 1260

Entnahmerechte 1363
- GbR 1343
- KG 1363
- OHG 1351

Entstrickung 1047

Erbbaurecht, Besonderheiten 649

Erfolgskonten 112
- Abschluss 130

Erfolgsneutrale Bilanzberichtigung 1205

Erfolgswirksame Berichtigung 1198

Erfüllungsbetrag 1078 ff.

Ergänzungsbilanzen, Sonderbetriebsvermögen 1477

Erhaltungsaufwendungen 884

Erinnerungswert, AfA 959

Eröffnungsbilanz, Gewinnermittlung 1283

Ersatzbeschaffungsfrist 1039

Ersatzloses Ausscheiden, Gesellschafter 1621

Ersatzwirtschaftsgut 1137

Erschließungskosten, Überschussrechnung 1258

Erstbewertung, internationale Rechnungslegung 1868

Erträge, Darlehenshingabe 1506

Ertragskonsolidierung, Konzernabschluss 1928

Ertragskonten 113
- Abschluss 133

Ertragszuschüsse, Anschaffungskosten 852

Erweiterter Buchungssatz 119

Erwerbsnebenkosten, Buchung 170 ff.

EÜR (Anlage EÜR) 1808 f.

EU-Richtlinien-Umsetzungsgesetz, Fahrzeugnutzung 215

F

Fälligkeitsdarlehen, Buchung 402

Festbewertung 810 ff.
- Grenzen 817

Festverzinsliche Wertpapiere, Buchung 385

Festwert, Änderung 816
- Inventur 61

Festwertbildung 813

Fifo-Methode 822

Fiktive Anschaffungskosten 856

Finanzanlagen 998
- internationale Rechnungslegung 1884

Finanzierungskosten 839

Firmenwert, internationale Rechnungslegung 1870

Folgebewertung, internationale Rechnungslegung 1868

Forderungen und Schulden, Erlass 1281

Forderungen, Bewertung 1030 ff.

Formkaufleute HGB 16

Forschung- und Entwicklungskosten 880

Freie Unterkunft, Buchung 349

Freie Verpflegung, Buchung 349

Fremdkapital, Schulden 66 ff.

Fremdkapitalzinsen 873

Fremdwährungsverbindlichkeiten 1045

G

Garantierückstellungen 1088

Gebäude-AfA 972 ff.

Gebäudeabbruch, Herstellungskosten 891
Geldbeschaffungskosten 839
Gemeiner Wert, Abgrenzung 898
- Begriff 909 ff.
Gemeinkosten 868 ff.
Gemischte Konten 115
- Abschluss 137
- Kontokorrentschulden 688
Geringfügige Beschäftigungen, Buchung 350 ff.
Geringwertige Wirtschaftsgüter, AfA 983
Gesamtgewinngleichheit 1245
Gesamthand, gewillkürtes Betriebsvermögen 1461
- steuerliches Privatvermögen 1463
Gesamthandsvermögen 1460
- Grundstücke 759 ff.
- KG 1596
- Übertragung 1627
Gesamtkaufpreis, Aufteilung 845
Gesamtkontenrahmen 45
Gesamtrechtsnachfolge, Einlagen 1064
Geschäftsfreundebücher 29 ff.
Geschäftsführervergütung, GmbH & Co. KG 1592
Geschäftsführung, GbR 1340
- GmbH 1722
- KG 1362
- OHG 1349
Geschäftsvorfälle, Bedeutung 100 ff.
- Begriff 71
- Buchführung 22
- Gewinnauswirkung 88
Geschäftswert, immaterielle Wirtschaftsgüter 712
Geschäftswertermittlung 720 ff.
Geschichtliche Entwicklung, Buchführung 2
Gesellschaft bürgerlichen Rechts, Überblick 1332 ff.
Gesellschafter, Ein- und Austritt 1620 ff.
- Übertragung von Wirtschaftsgütern 1637 ff.
Gesellschafterbeiträge, Bargründung 1411
Gesellschafterbeteiligung, Konzernabschluss 1925
Gesellschaftervergütung, KG 1516
Gesellschaftsversammlung, GmbH 1721
Gesellschaftsgründung, Mitunternehmerschaft 1414
Gesellschaftsverbindlichkeiten, Haftung 1342
Gesellschaftsverhältnis, Mitunternehmerschaften 1390 ff.

Gesellschaftsvermögen, GbR 1339
- OHG 1349
Gesellschaftsvertrag, GbR 1335 ff.
- OHG 1346
Gesetzliche Gewinnverteilung, OHG 1352
Gesetzliche Regelung, Konzernrechnungslegung 1910
Gesetzliche Rücklage 725
Gestaltungsrecht, Betriebsvermögen 681
Getrennte Konten, Kontokorrentschulden 689
Getrennte Warenkonten 160
- Abschluss 167
Gewährleistungen, Rückstellungen 1118
Gewerbesteuerrückstellung 1086
Gewillkürtes Betriebsvermögen 680, 1461
- Betriebsvermögensvergleich 1233
- Einnahme-Überschussrechnung 1247
- Grundstücke 751
Gewillkürtes Sonderbetriebsvermögen 1470
Gewinn- und Verlustrechnung 134
- internationale Rechnungslegung 1904
- Kapitalgesellschaften 1753
Gewinn, Begriff 78
- Mitunternehmerschaft 1560
Gewinnauswirkung, Betriebsvermögen 85
- Bilanzberichtigung 1194
- Geschäftsvorfälle 88
Gewinnbeteiligung, KG 1363
- GmbH 1727
- OHG 1351
Gewinnermittlung,
- dynamische Bilanzauffassung 603
- KG (Übungsfall) 1572 ff.
- Mitunternehmerschaft 1560 ff.
- Wechsel 1283 ff.
Gewinnermittlungsarten 1229 ff.
- Wechsel 1283 ff.
Gewinnermittlungsformel, § 4 Abs. 1 EStG 78
Gewinnkorrekturen, außerhalb der Bilanz 1213
Gewinnrücklagen 725, 1748
Gewinnschätzung 1244, 1289
Gewinnunabhängige Tätigkeitsvergütungen, Übungsfall 1530
Gewinnverteilung, GbR 1343
- Mitunternehmerschaft 1560 ff.
Gewinnverwendungskonto, Buchungen 1778

Gläubigerschutzgedanke, Verbindlichkeiten 1039
Gleichmäßige Aufstockung, Betriebsvermögen 1437
GmbH & Co. KG, Abschluss 1590 ff.
– Sondervergütungen 1527
– Übungsfall 1603 ff.
GmbH, Kapitalgesellschaft 1702 ff.
GmbH-Geschäftsanteil, Erwerb 643
GoB 18, 608 ff.
Grundbücher 27
– Begriff 3
– Journal 32
– Muster 40
Grunderwerbsteuer, Einbringung 1432
Grundsatz des Bilanzenzusammenhangs 621
Grundsätze ordnungsmäßiger Buchführung 19, 608 ff.
Grundstücke, Betriebsvermögen 737
Grundstücke, einheitliche Nutzung 745
– gemischte Nutzung 746
Grundstücksteile, Betriebsvermögen 737
– Einbringung 1415
Grundstücksübertragungen 642
Gründung, GbR 1334
– GmbH 1706 ff.
– Mitunternehmerschaften 1410 ff.
– OHG 1346 ff.
– Personengesellschaft 1421
Gründungskosten 1736
Gruppenbewertung, Grundsatz 807 ff.
GuV-Konto, Abschluss 132 ff.

H

Haben, Begriff 3
Haftung, GbR 1341
– GmbH 1724 ff.
– OHG 1350
Handels- und Steuerbilanz, Vergleich 655 ff.
Handelsbilanz 655
– GoB 608 ff.
– Kapitalgesellschaft 1733 ff.
– Maßgeblichkeit 654
Handelsgesellschaften, Kapitalgesellschaften 1715
Handelsrecht, Buchführungspflicht 15
– Herstellungskostenbegriff 873
– Kapitalgesellschaften 1733 ff.

– Rückstellungen 730 ff., 1073
– Vorratsbewertung 1011 ff.
Handelsvertreter, Ausgleichsanspruch 1109
Hauptabschlussübersicht, Begriff 278 ff.
– Übungsfall 299
Hauptbuch 28 ff.
– Begriff 3
– Geschäftsfreundebuch 32
Herstellungskosten, Begriff 863 ff.
– Einzelfragen Gebäude 888 ff.
– internationale Rechnungslegung 1882
– Überblick 881
HGB, Grundsätze ordnungsmäßiger Buchführung 608 ff.
– Kapitalbegriff 1745 ff.
– Personengesellschaften 1331 ff.
Höchstwertprinzip, Verbindlichkeiten 1043

I

IAS/IFRS 1853 ff.
IFRS, Überblick 1853 ff.
Immaterielle Vermögenswerte, internationale Rechnungslegung 1870
Immaterielle Wirtschaftsgüter 702, 786
Indirekte Methode, Geschäftswert 720
Indirektes Leasing 434
Indossament, Wechsel 357
Industriekontenrahmen 45
Informationsquelle, Buchführung 12
Innenverhältnis, OHG 1348
Instandhaltung, Rückstellungen 1115
Internationale Rechnungslegung, Überblick 1851 ff.
Inventar, Aufstellungspflicht 58
– Begriff 62 f.
Inventarbuch 30
Inventur 59 ff.
– Buchführung 610
Investitionsabzugsbetrag 1192, 1313
Investitionszulagen 854
Investitionszuschüsse 1313

J

Jahresabschluss, Buchungen 200 ff.
– Übungsfall 296
Jahresabschlusskosten, Rückstellung 1115 ff.
Junge Aktien, Erwerb 390

K

Kalkulatorische Kosten 867
Kameralistische Buchführung 57
Kannkaufleute, HGB 16
Kantinenverpflegung, kostenlose 344
Kapital, Begriff 1745
Kapitalangleichung, Einzelunternehmen 624
– Kapitalgesellschaft 626
Kapitalangleichungsbuchungen 622
Kapitalertragsteuer, Buchung 1778
Kapitalflussrechnung 1902
Kapitalgesellschaften
– Anteile 387
– Beteiligungen 998
– Bilanzberichtigung 625
– handelsrechtliche Grundlagen 1701 ff.
– internationale Rechnungslegung 1851 ff.
– latente Steuern 1119
– Wertaufholungsgebot 664
Kapitalkonsolidierung 1918 f.
– Übungsfall 1923
Kapitalkonto 113
– Abschluss 136
– OHG 1356
Kapitalmarktorientierte Unternehmen 1853
Kapitalrücklage 724
Kapitalzuschüsse, Anschaffungskosten 853
Kassenbuch, Buchführung 610
Kaufmannsbegriff, HGB 15 f.
KG, Überblick 1358 ff.
Klarheit, Grundsatz 614
Kommanditgesellschaft, Überblick 1358 ff.
Kommanditisten, Rechtsstellung 1360
Kommissionär, Begriff 393
Kommissionsgeschäfte 640
– Buchungen 393
Komplementärin, GmbH 1598
Komponentenansatz 1881

Konsolidierungsgrundsätze, Konzernabschluss 1916
Konsolidierungskreis, Konzernabschluss 1912
Kontenabschluss 123 ff.
– Schema 139
Kontenarten 109
Kontenentwicklung, Eröffnungsbilanz 104 ff.
– Grundsätze 108
Kontenplan, Begriff 42
Kontenrahmen, Begriff 41
Konto, Begriff 100 ff.
Kontokorrentkonten, Buchführung 610
Kontokorrentschulden 688
Konzernabschluss, IAS 1853
Konzernanhang 1914
Konzernbegriff 1911
Konzernbilanz 1914
Konzern-Gewinn- und Verlustrechnung 1914
Konzernrechnungslegung, Überblick 1909
Korrekturposten, Gewinnermittlung 1284
Korrespondierende Bilanzierung, Personengesellschaft 1565 ff.
Kosten- und Leistungsrechnung, Begriff 8
Kosten, Begriff 866
Kostenrechnung, Grundbegriffe 864
Kostenstellenrechnung 870

L

Ladeneinbauten 775
Lagerbuchhaltung 29
Langfristige Fertigungsaufträge, internationale Rechnungslegung 1892
Latente Steuerabgrenzung, internationale Rechnungslegung 1896
Latente Steuern, Rückstellung 1119
Leasing, Fahrzeuge 217
– steuerliche Behandlung 435 ff.
Leasingarten 434 ff.
Leasinggeschäfte, Buchungen 432 ff.
Leasingverträge 638
– internationale Rechnungslegung 1898
Leistungs-AfA 963
Leistungsentnahmen 1046

Lifo-Methode 819
Lineare AfA 962
Lohnbuchführung 29
Löhne und Gehälter, Buchung 336
Lohnvorschüsse, Buchung 340
Lose-Blatt-Buchführung 24

M

Marktpreis, Teilwert 914
Maßgeblichkeit, Bilanz 620
Maßgeblichkeitsgrundsatz 657
Maßgeblichkeitsprinzip 654 ff.
Mehr-und-Weniger-Rechnung, Überblick 623
Mehrwertsteuer, Verbuchung 140 ff.
Mehrwertsteuerkonten 140
– Abschluss 145
Mietereinbauten 779
Mieterumbauten 779
Mindestvoraussetzungen, Buchführung 25
Miteigentum, Betriebsvermögen 755
– Grundstücke 766
Mitunternehmer, Entnahmen 1056 ff.
– Sonderbetriebsvermögen 1637 ff.
Mitunternehmeranteil, Personengesellschaft 1421
Mitunternehmerschaft 1390 ff.
– Begriff 1393 ff.
– Betriebsvermögen 1460 ff.

N

Nachträgliche Anschaffungskosten, AfA 974
Nachträglicher Herstellungsaufwand 883
Nebenbücher 29
– Begriff 3
Nebenkosten, Buchung 171 ff.
Negative Ergänzungsbilanzen 1442
Neubewertungsmethode, Kapitalkonsolidierung 1919
Neubewertungsrücklage 1878
Nicht abnutzbares Anlagevermögen, Bewertung 935
– Bewertung nach Steuerrecht 994
– Überschussrechnung 1270
Nicht realisierte Gewinne, Bilanzierung 1021

Nicht realisierte Verluste, Bilanzierung 1021
Nicht abziehbare Vorsteuer, Anschaffungskosten 834
Nichtabzugsfähige Betriebsausgaben, Betriebsvermögen 736
– Buchung 263
Nichtunternehmerische Nutzung, Fahrzeug 214
Nießbraucher 639
Nießbrauchsbestellung, Grundstücke 799
Notwendiges Betriebsvermögen 675, 683
Notwendiges Gesamthandsvermögen 1460
Notwendiges Privatvermögen 679
Notwendiges Sonderbetriebsvermögen 1468
Nutzungsänderung, Betriebsvermögen 756
Nutzungsentnahme 1052
Nutzungsrechte, Gebäude und Grundstücke 798
– Überblick 798
Nutzungsüberlassung, Betriebe mit Substanzerhaltungspflicht 645
Nutzungsvergütungen, Wirtschaftsgüter 1493

O

Offene Handelsgesellschaft, Überblick 1344 ff.
OHG, Sondervergütungen 1528
– Überblick 1344 ff.
Organe, GmbH 1720 ff.
Organische Bilanzauffassung 604
Originäre Buchführungspflicht, AO 18

P

Passiva, Begriff 65 ff.
Passive Rechnungsabgrenzungsposten 269
Passivierungsgebot 660
Passivkonten, Abschluss 126
Passiv-Tausch 75
Patentverletzung, Rückstellungen 1094 ff.
Pauschalrückstellung 1104
Pensionsrückstellung 1099
Periodenabgrenzung, Grundsatz 930
Periodengerechte Gewinnermittlung 265
Perioden-Lifo 821
Permanente Inventur 61
Permanente Lifo 820

Stichwörter — VERZEICHNIS

Personengesellschaften, Beteiligung 998
- Entnahmen 1054 ff.
- Grundstücke 759 ff.
- Gründung 1334
- handelsrechtliche Grundlagen 1331 ff.
- Mitunternehmerschaften 1390 ff.
- Übertragung von Wirtschaftsgütern 1626 ff.

Personenkonten 109

Planungsrechnung, Begriff 10

Praxiswert, freie Berufe 723

Preisnachlässe, Buchung 173

Private PKW-Nutzung, Buchung 204

Private Renten 421

Privatnutzung, Fahrzeuge 216

Privatvermögen, Begriff 669
- Personengesellschaft 1463
- Sachgründung 1412
- Übertragung von Wirtschaftsgütern 1655

Prozesskostenrückstellung 1098

Prüfungskosten, Rückstellung 1087 ff.

R

Rabatte 838
- Buchung 174

Ratenkauf, Buchung 411 ff.

Ratenzahlung, Veräußerung von Wirtschaftsgütern 1279

Räumungsentschädigungen 841

Reaktivierung, Bilanzberichtigung 1201

Realisationsprinzip, Bilanzierung 619

Realteilung 1304

Rechnungsabgrenzung, Buchung 267
- Schaubild 274

Rechnungsabgrenzungsposten 267 ff., 733

Rechnungswesen, Aufteilung 5

Rechtsfähigkeit, GbR 1333
- OHG 1345

Rechtsgrundlagen, KG 1359

Regelmäßig wiederkehrende Betriebseinnahmen 1282

Reinvestitionsrücklage 1049 ff.

Rentenbasis, Erwerb einzelner Wirtschaftsgüter 846

Rentenkauf, Buchung 411 ff., 420

Rentenzahlungen, Erwerb von Wirtschaftsgütern 1278
- Wertsicherungsklausel 428

Restwert, AfA 954

Rohgewinn, Begriff 154

Rohgewinnaufschlagssatz 155

Rohgewinnsatz 155

Rücklage für Ersatzbeschaffung 1125
- Bilanzierung 1143
- gewinnerhöhende Auflösung 1148
- Überschussrechnung 1272
- Übersicht 1152

Rücklagen, § 6b Abs. 10 EStG 1186
- § 6b EStG (Überblick) 1185
- Begriff 724 ff., 1122
- Betriebsveräußerung 1182

Rückstellungen, Begriff 729 ff.
- Bewertung 1072 ff.
- internationale Rechnungslegung 1895
- Übersicht 1121
- Verbuchung 275 ff.

Rückzahlungsbetrag, Verbindlichkeiten 1041

S

Sachanlagen, internationale Rechnungslegung 1875

Sachgründung, Mitunternehmerschaft 1412 ff.

Sachkonten, Begriff 51
- Übersicht 114

Sachzuwendungen, Buchung 342

Saldenbilanz, Hauptabschlussübersicht 284

Saldierungsverbot 612

Sammelposten 823

Schätzung, Gewinn 1244

Schaufensteranlagen 775

Scheinbestandteile 780

Scheinmietvertrag 644

Schlussbilanzkonto, Kontenabschluss 124

Schulden, Betriebsvermögen 683
- GbR 1341
- OHG 1350

Schuldenkonsolidierung, Konzernabschluss 1927

Schuldrechtliche Nutzungsverhältnisse 646

Schuldrechtliche Vereinbarungen, Vergütungen 1518

Schuldübernahme 1045a ff.
Schuldzinsen, Abzug 690
Schwebende Geschäfte, Rückstellungen 1110
Schwund, Buchung 184 ff.
Selbständige Gebäudeteile, AfA 982
– Behandlung 768
Selbständige Wirtschaftsgüter, Gebäude 744
Selbstkostenrechnung, Herstellungskosten 864
Sicherungsübereignung 634
Skonti 838
– Buchung 176
Soll, Begriff 3
Sonderabschreibung, § 7g EStG, 969
Sonderbetriebsausgaben 1536 ff.
– Mitunternehmerschaft 1490 ff.
Sonderbetriebseinnahmen, Mitunternehmerschaft 1490
Sonderbetriebsvermögen I 1468
Sonderbetriebsvermögen II 1469
Sonderbetriebsvermögen, Kommanditisten 1597
– Mitunternehmerschaft 1467 ff.
– Übertragung 1637
– Sonderbetriebsvermögen 1471 ff.
– Wirtschaftsgut 1503
Sonderfälle, Betriebsvermögen 83
Sonderposten mit Rücklageanteil 727
Sonderposten, Rücklageanteil 1901
Sonderregelungen, Vorratsvermögen 1028
Sonstige Entgeltsminderungen, Buchung 180 ff.
Sonstige Forderungen 271
Sonstige Mietereinbauten 782
Sonstige Sonderbetriebseinnahmen 1533
Sonstige Verbindlichkeiten 271
Spezial-Leasing 452
Stammkapital, GmbH 1703, 1716 ff.
Standards, internationale Rechnungslegung 1859
Statische Bilanzauffassung 602
Statistik, Begriff 8
Steuer- und Handelsbilanz, Vergleich 655 ff.
Steuerbilanz 656
– GoB 608 ff.
– Kapitalgesellschaft 1763 ff.
– Maßgeblichkeit 654
– Rückstellungen 1075 ff.

Steuerbilanzgewinn, Mitunternehmerschaft 1560
Steuerfreie Rücklagen 1122
Steuerliche Abschreibungen 945
Steuerliche AfA-Methoden 962 ff.
Steuerliche Gewinnermittlung, Kapitalgesellschaften 1730
Steuerliche Sonderabschreibungen, Wertberichtigungen 734
Steuerliches Privatvermögen, Gesamthand 1463
Steuerrecht, abnutzbares Anlagevermögen 937 ff.
– Herstellungskostenbegriff 876
– Rückstellungen 731 ff.
– Vorratsbewertung 1016 ff.
Steuerstundung, Rücklagen 1122
Stichtag, Bewertung 804
Stichtagsprinzip 616
Stille Gesellschaft 1376 ff.
Stille Reserven, Rücklagen 1124
– Überschussrechnung 1272
– Übertragung 1146
Stille Rücklage, Ermittlung 1140
Stornobuchungen 291
Stückzinsen 844
Summenbilanz, Hauptabschlussübersicht 283

T

Tagebuch, Buchführung 30
Tätigkeitsvergütungen, Sonderbetriebseinnahmen 1533 ff.
Tausch, Anschaffungskosten 850
– Baraufgabe 455
Tauschvorgänge, Wirtschaftsgüter 1280
Taxonomie 1807
Technische Nutzungsdauer 957
Teilbetrieb, Einbringung 1421
Teilwert, Begriff 897
– Sachentnahmen 951
– Übersicht 900
Teilwertabschreibung 946
– AfA 978
– Gründe 1008
Teilwertermittlung 901
– Vorräte 1022
Teilwertvermutungen 906
Tilgungsdarlehen, Buchung 408 f.

Totalgewinn, Gewinnermittlung 1283 ff.
Treuhänder 641
Typisch stille Gesellschaft 1376

U

Überschussrechnung 1237 ff.
- Ausnahmen 1262 ff.
- Gewinnermittlung 1288
Übertragung, Wirtschaftsgüter 1626
Übertragungsbuchführung 35
Umgekehrte Maßgeblichkeit 663
Umlaufvermögen, Begriff 1010
- Bewertung 1010 ff.
- Bewertung (Überblick) 1038
- Gruppenbewertung 809
- Überlassung 648
Umsatzkostenverfahren 1753
Umsatzsteuer, Teilwert 899
- Verbuchung 140 ff.
Umsatzsteuerkonto
- Abschluss 146
Umwandlungssteuergesetz, Mitunternehmeranteil 1425
Unechte Zuschüsse 855
Uneinbringliche Forderungen 1033
Unentgeltlicher Erwerb, Betrieb 859
Ungewisse Verbindlichkeiten, Rückstellungen 1085
Unterlassene Abraumbeseitigung, Rückstellungen 1117
Unterlassene Aufwendungen, Rückstellungen 1115
Unternehmenssubstanz, organische Bilanzauffassung 604

V

Veranlagungsjahr, Bilanzberichtigung 1198
Veräußerung, Gesellschaftsanteil 1623
Verbilligtes Essen, Gaststätte 346
Verbindlichkeiten, Betriebsvermögen 684
- Bewertung 1040 ff.
- internationale Rechnungslegung 1894
Verdeckte Einlagen 1772
Verdeckte Gewinnausschüttungen, Beteiligungen 1004
Verdeckter Preisnachlass, Wirtschaftsgüter 456

Vererbung, Mitunternehmeranteile 1658
Vergütungen,
- Darlehenshingabe 1505
- Gesellschafter 1512
- Wirtschaftsgüter 1493
Verkaufskommission 396
Verkaufsverträge, Rückstellungen 1121
Verlustbeteiligung, KG 1363
- OHG 1351
Vermögensermittlung, statische Bilanzauffassung 602
Vermögenswirksame Leistungen, Buchung 338
Versendungskauf 637
Vertragsklauseln, Vererbung von Mitunternehmeranteilen 1659
Vertragsstrafen 838
Vertretung, GbR 1340
- OHG 1349
Vertriebskosten 874
Vollkonsolidierung, Konzernabschluss 1916
Vollkostenprinzip, internationale Rechnungslegung 1882
Vollständigkeit, Buchführung 610
Vorabvergütungen, Gesellschafter 1513
Vorbehaltsnießbrauch 801
Vorbereitende Abschlussbuchungen 201
Vorgründungsgesellschaft 1707
Vorräte, Bewertung 1011 ff.
Vorratsvermögen, Bewertung 1889
- Festbewertung 815
Vorschüsse 1257
Vorsichtsgrundsatz 614, 930
Vorsteuer, Anschaffungskosten 837
Vorsteueraufteilung, Änderung 837
Vorsteuerkonto 143
- Abschluss 145
Vorweggewinn, OHG 1353
Vorzeitige Darlehenstilgung 410

W

Wareneinkaufskonten 162
Wareneinsatz, Begriff 151
Warenentnahmen, Buchung 184
Warengeschäft, Begriffe 151 ff.

Warenkonten, Abschluss 167
- allgemeines 149 ff.

Warenverderb, Buchung 184

Warenverkaufskonto 166

Wechsel der Gewinnermittlungsart 1283 ff.

Wechsel, Begriff 353

Wechselbücher 29

Wechsel-Diskontierung 360

Wechselgeschäft, Buchung 353 ff.

Wechsellauf 355

Wechselobligo, Rückstellung 1103

Wechselprolongation 365 ff.

Wechselprotest 370

Wechselregress 371

Werkswohnungen, Überlassung 343

Wertansätze, Bilanzänderung 1209

Wertaufhellende Tatsachen 618

Wertaufhellende Umstände, Wechselobligo 1104

Wertaufhellungstheorie 618

Wertaufholung, Grundsatz 665

Wertbeeinflussende Tatsachen 619

Wertberichtigungen 734
- Buchung 372 ff.

Wertpapiere, Buchung 385 ff.

Wiederbeschaffungskosten, Teilwertermittlung 902

Widerrufsrecht 1312

Widerspruchsrecht, KG 1362

Wirtschaftliche Nutzungsdauer 957

Wirtschaftlicher Eigentümer, Zurechnung 631

Wirtschaftlicher Umsatz 156
- Begriff 153

Wirtschaftliches Eigentum 631

Wirtschaftsgüter, Betriebsvermögen 672
- Tausch 453
- Überlassung 1491
- Übertragung 1626
- Zurechnung 629

Z

Zahlungsverkehr, Kontokorrentkonto 689

Zeitabschnittsrechnung, Buchführung 1

Zeitlich verlegte Inventur 61

Zeitwert, Teilwert 915

Zinsschranke 701

Zugänge, Kontenentwicklung 108

Zurechnung, Wirtschaftsgüter 674

Zuschlagskalkulation 869

Zuschreibungen, AfA 976
- Anlagevermögen 922

Zuschüsse, Anschaffungskosten 851

Zuschussrücklage 1183

Zuwendungsnießbrauch 799

Zwischenwerte, Einbringung 1436

Steuerfachkurs

Sachverhalte korrekt erkennen, Techniken sicher anwenden!

Wissen vertiefen durch Üben am praktischen Fall

Durch das Üben am praktischen Fall gewinnen Sie die nötige Sicherheit, Sachverhalte genau zu erkennen und Buchungs-, Abschluss- und Berichtigungstechniken korrekt anzuwenden. Die ca. 45 Fälle und Fallgruppen stellen die Besonderheiten der Berichtigungstechnik bei Einzelunternehmen, Personen- und Kapitalgesellschaften dar und handeln sie jeweils in einem kompletten Jahresabschluss ab.

Zahlreiche Berechnungsbeispiele, Hinweise, Formblätter und Lösungen unterstützen Sie aktiv beim Üben. Mit der Kombination aus Praxisnähe und Arbeitshilfen ermöglicht Ihnen diese Sammlung, Ihr Wissen besonders effektiv und intensiv zu vertiefen.

Rechtsstand dieser Auflage ist der 1. 4. 2015. Berücksichtigt wurden dabei die Änderungen der handelsrechtlichen und steuerrechtlichen Regelungen durch Gesetzgebung, Verwaltung und Rechtsprechung.

Aktueller Rechtsstand April 2015!

Fallsammlung Buchführung, Bilanzen, Berichtigungstechnik
Blödtner · Bilke · Heining
10. Auflage. 2015. Ca. 320 Seiten. Ca. € 34,90
ISBN 978-3-482-**42910**-1

Bestellen Sie jetzt unter **www.nwb.de/go/shop**

Bestellungen über unseren Online-Shop:
Lieferung auf Rechnung, Bücher versandkostenfrei.

NWB versendet Bücher, Zeitschriften und Briefe CO₂-neutral. Mehr über unseren
Beitrag zum Umweltschutz unter www.nwb.de/go/nachhaltigkeit

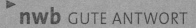